Schwerpunktbereich Scheffler · Besteuerung von Unternehmen Band I

Schwerpunkte

Eine systematische Darstellung der wichtigsten Rechtsgebiete anhand von Fällen
Begründet von Professor Dr. Harry Westermann †

Besteuerung von Unternehmen

Band I:
Ertrag-, Substanz- und Verkehrsteuern

von

Dr. Wolfram Scheffler
o. Professor an der Universität Erlangen-Nürnberg

14., neu bearbeitete und erweiterte Auflage

C.F. Müller

Wolfram Scheffler, Jahrgang 1956, Studium der Betriebswirtschaftslehre an der Universität Mannheim, Promotion 1984, Habilitation 1990, 1990–1991 Professor für Betriebswirtschaftslehre an der Universität zu Köln, 1991–1995 Leiter des Fachgebiets Bilanz-, Steuer- und Prüfungswesen an der Universität Osnabrück, 1995–2020 Inhaber des Lehrstuhls für Betriebswirtschaftslehre, insbesondere Steuerlehre an der Friedrich-Alexander-Universität Erlangen-Nürnberg. Hauptarbeitsgebiete: Internationale Unternehmensbesteuerung einschließlich Besteuerung von EU-Konzernen, Digitalisierung und Besteuerung, Rechnungslegung und Besteuerung, Reform der Grundsteuer.

Kontaktadresse:
Friedrich-Alexander-Universität Erlangen-Nürnberg
Lange Gasse 20, 90403 Nürnberg
E-Mail: wolfram.scheffler@fau.de

Bibliografische Information der Deutschen Nationalbibliothek
Die Deutsche Nationalbibliothek verzeichnet diese Publikation in der Deutschen Nationalbibliografie; detaillierte bibliografische Daten sind im Internet über http://dnb.d-nb.de abrufbar.

ISBN 978-3-8114-5285-5

E-Mail: kundenservice@cfmueller.de
Telefon: +49 89/2183-7923
Telefax: +49 89/2183-7620

www.cfmueller.de
www.cfmueller-campus.de

Satz: PreXtension GbR, Grafrath
Druck: CPI books, Leck

Vorwort

Das deutsche Steuersystem kennt keine eigenständige Unternehmensbesteuerung. Vielmehr ist die Besteuerung der unternehmerischen Geschäftstätigkeit in ein System eingebunden, das zahlreiche Steuerarten mit einer Vielzahl von unterschiedlichen Anknüpfungspunkten aufweist. Für Zwecke dieses Buchs wird unterschieden zwischen

- Ertragsteuern (Besteuerung des finanziellen Ergebnisses)
- Substanzsteuern (Besteuerung des Mittelbestands) und
- Verkehrsteuern (Besteuerung von Verkehrsvorgängen).

Die Erbschaft- und Schenkungsteuer weist nebeneinander Merkmale einer Ertragsteuer, einer Substanzsteuer und einer Verkehrsteuer auf. Da sie nicht eindeutig einer der drei Gruppen zugeordnet werden kann, wird sie als Besteuerung des Vermögenstransfers (Besteuerung der Übertragung von Unternehmen) in einem eigenständigen Abschnitt vorgestellt.

Die drei Bände Besteuerung von Unternehmen bilden eine Einheit. Der Band I: Ertrag-, Substanz- und Verkehrsteuern gibt einen Überblick über die wichtigsten Regelungen der einzelnen Ertrag-, Substanz- und Verkehrsteuern. Stoffauswahl und Umfang der Erläuterungen bestimmen sich in erster Linie danach, inwieweit die zahlreichen Vorschriften für die Besteuerung von Unternehmen relevant sind. Die Erläuterungen sind steuerartenbezogen untergliedert. Fragen der steuerlichen Gewinnermittlung und Vermögensbewertung werden nur kurz angesprochen. Sie werden im Band II: Steuerbilanz ausführlich untersucht. Im Band III: Steuerplanung wird aufgezeigt, wie sich die steuerrechtlichen Regelungen auf die Steuerbelastung von Unternehmen auswirken. Zusammen geben die drei Bände einen prägnanten und dennoch umfassenden Überblick über die von Unternehmen zu beachtenden steuerlichen Normen. Die grundrissartige Darstellung der Unternehmensbesteuerung hat sowohl Vorteile als auch Nachteile:

- Vorteil ist, dass durch die Beschränkung auf die wichtigsten Regelungen dem Anfänger auf dem Gebiet der Unternehmensbesteuerung der Einstieg in diese immer undurchsichtiger werdende Materie wesentlich erleichtert wird. Durch die Ausklammerung von zahlreichen Detailregelungen wird ihm die schwierige Aufgabe abgenommen, wichtige von weniger bedeutsamen Normen zu trennen.
- Nachteil ist, dass in weiten Teilen eine Beschränkung auf die Darstellung der rechtlichen Vorschriften vorgenommen werden muss. Auf die Hintergründe und Interpretationsmöglichkeiten der verschiedenen Normen kann nur kurz eingegangen werden. Das Auffinden der relevanten Vorschriften und ihre Auslegung sind aber nicht so einfach, wie es nach der Lektüre dieses Buchs den Anschein hat. Die Problematik der Steuerwirkungslehre kann gleichfalls nur angedeutet werden.

Bei der Neuauflage wurden die in den letzten vier Jahren verabschiedeten Steuergesetze eingearbeitet. Dazu gehören beispielsweise das Investmentsteuerreformgesetz, das Gesetz zur Anpassung des Erbschaftsteuer- und Schenkungsteuergesetzes an die Rechtsprechung des Bundesverfassungsgerichts, das Gesetz zur Förderung der Elektromobilität, das Gesetz zur Weiterentwicklung der steuerlichen Verlustverrechnung bei Körperschaften, das Gesetz zur Umsetzung der Änderungen der EU-Amtshilferichtlinie und von weiteren Maßnahmen gegen Gewinnkürzungen und -verlagerungen, das Gesetz zur Anpassung kindergeldrechtlicher Regelungen, das Familienentlastungsgesetz, das Gesetz zur Bekämpfung der Steuerumgehung und zur Änderung weiterer steuerlicher Vorschriften, das Gesetz gegen schädliche Steuerpraktiken im Zusammenhang mit Rechteüberlassungen, das Gesetz zur Stärkung der betrieblichen Altersversorgung und zur Änderung anderer Gesetze und das Gesetz zur Vermeidung von Umsatzsteuerausfällen beim Handel mit Waren im Internet und zur Änderung weiterer steuerlicher Vorschriften („Jahressteuergesetz 2018"). Die Aktualisierung der Steuergesetze, der Rechtsprechung und der Verwaltungsanweisungen führt zu zahlreichen Überarbeitungen bei der Einkommen-, Körperschaft- sowie Gewerbesteuer, der Erbschaft- und Schenkungsteuer und der Umsatzsteuer. Die vor kurzem verabschiedete Grundsteuerreform führte zu einer vollständigen Überarbeitung des Teils zur Grundsteuer. Das Gesetz zur weiteren steuerlichen Förderung der Elektromobilität und zur Änderung weiterer steuerlicher Vorschriften („Jahressteuergesetz 2019"), das Dritte Bürokratieentlastungsgesetz, das Gesetz zur Umsetzung des Klimaschutzprogramms 2030 im Steuerrecht, das Gesetz zur Rückführung des Solidaritätszuschlags 1995 sowie das Grundrentengesetz wurden bereits berücksichtigt.

Adressaten sind Anfänger auf dem Gebiet der Unternehmensbesteuerung. Hierzu gehören insbesondere Studierende der Wirtschafts- und Rechtswissenschaften an Universitäten, Hochschulen, Verwaltungs- und Wirtschaftsakademien. Das Buch kann als eine Art Propädeutik für das Studium der Betriebswirtschaftlichen Steuerlehre und des Steuerrechts angesehen werden. Vermittelt wird das Grundlagenwissen, das Voraussetzung und Fundament für eine wissenschaftliche Auseinandersetzung mit den steuerlichen Vorschriften und ihren Wirkungen auf unternehmerische Entscheidungen ist.

Der Band I: Ertrag-, Substanz- und Verkehrsteuern wendet sich darüber hinaus an alle, die sich in der Praxis und Wissenschaft mit den Grundfragen der Unternehmensbesteuerung beschäftigen und einen raschen Einstieg in die Grundzüge unseres Steuersystems suchen, ohne in den Details den Blick für das Wesentliche zu verlieren. Derjenige, der bereits mit dem deutschen Steuerrecht vertraut ist, kann diesen Band als Nachschlagewerk und zur Wissensauffrischung nutzen, um sich schnell und kompakt über die aktuelle Rechtslage zu informieren.

Bei der arbeitsintensiven Aktualisierung des Manuskripts an die aktuelle Rechtslage haben mich Frau Kristin Kerschbaum, M.Sc. sowie Herr Dr. Matthias Blank, Frau Dr. Christina Mair, M.Sc., Frau Nadine Koch, M.Sc. und Herr Lucas Rapp, M.Sc. mit sehr großem Engagement unterstützt. Für diesen Einsatz bedanke ich mich ganz herzlich. Gleichzeitig gilt mein Dank Frau Sandra Büttner, LL.B., Frau Sophie Dinkelmeyer, Frau Lea Geus, B.A., Frau Eva Gottschalk, B.A., Frau Thuy Dung Hoang Tran, B.A., Frau Jessica Müller, B.A., Frau Amelie Trost, B.A. und Herrn Marius Weiß für ihre wertvolle Mithilfe bei der Korrektur des Manuskripts bzw der Druckfahnen.

Nürnberg, im März 2020 *Wolfram Scheffler*

Inhaltsverzeichnis

	Rn.	Seite
Vorwort		V
Abkürzungsverzeichnis		XXI
Schrifttum (Auswahl)		XXVII
Erster Teil **Einführung**	1	1
Erster Abschnitt **Wichtige Begriffe**	2	1
A. Steuer	2	1
B. Steuerarten	9	4
C. Steuergesetzgebungshoheit	12	7
D. Steuerertragshoheit	13	8
E. Steuerverwaltungshoheit	14	9
F. Steuersubjekt, Steuerschuldner, Steuerzahler, Steuerträger, Steuerdestinatär, Steuergläubiger	15	10
G. Steuerobjekt, Bemessungsgrundlage	22	12
H. Steuertarif, Steuersatz	24	12
Zweiter Abschnitt **Merkmale des deutschen Steuersystems**	30	16
A. Fehlen einer eigenständigen Unternehmensbesteuerung	30	16
B. Dependenzen und Interdependenzen	31	17
C. Anknüpfung an zivilrechtliche Wertungen	32	18
D. Wertungsabhängigkeit	34	19
E. Spezielle steuerliche Ungewissheit	37	21
Dritter Abschnitt **Rechtsquellen**	38	23
Zweiter Teil **Die Besteuerung des Erfolgs eines Unternehmens**	49	32
Erster Abschnitt **Überblick über die Ertragsteuern und ihre Beziehungen zueinander**	50	32

A. Gemeinsamkeiten	50	32
B. Unterschiede	51	33
C. Nebeneinander der drei Ertragsteuern	52	34

Zweiter Abschnitt
Einkommensteuer

Einkommensteuer	53	35
A. Überblick	53	35
I. Allgemeine Charakterisierung	53	35
II. Ertragshoheit	57	38
III. Aufbau des Einkommensteuergesetzes	58	39
IV. Schema zur Ermittlung der Einkommensteuer	59	40
B. Persönliche Steuerpflicht (natürliche Personen)	62	44
I. Unbeschränkte Steuerpflicht	63	44
II. Beschränkte Steuerpflicht	64	45
III. Beginn und Ende der Steuerpflicht	66	46
C. Sachliche Steuerpflicht (Summe der Einkünfte)	68	46
I. Einkommensbegriff des Einkommensteuergesetzes	68	46
1. Fehlen einer theoretischen Leitlinie	68	46
2. Einkunftserzielungsabsicht als Voraussetzung der Steuerbarkeit	72	49
II. Einkunftsarten	76	51
1. Bedeutung der richtigen Zuordnung der Einkünfte	76	51
2. Einkünfte aus Land- und Forstwirtschaft	88	54
a) Arten der land- und forstwirtschaftlichen Betriebe	88	54
b) Arten der Einkünfte aus Land- und Forstwirtschaft	89	55
c) Abgrenzung gegenüber den Einkünften aus Gewerbebetrieb	90	55
d) Besonderheiten bei den Einkünften aus Land- und Forstwirtschaft	91	55
3. Einkünfte aus Gewerbebetrieb	92	56
a) Arten und Merkmale eines Gewerbebetriebs	92	56
b) Gewerbliche Einkünfte aus laufender Geschäftstätigkeit	96	59
c) Gewerbliche Einkünfte aus aperiodischen Geschäftsvorfällen	100	61
d) Besonderheiten bei den Einkünften aus Gewerbebetrieb	103	65
4. Einkünfte aus selbständiger Arbeit	105	66
a) Arten der Einkünfte aus selbständiger Arbeit	105	66
b) Abgrenzung gegenüber den Einkünften aus Gewerbebetrieb	106	67
c) Besonderheit bei den Einkünften aus selbständiger Arbeit	109	69
5. Einkünfte aus nichtselbständiger Arbeit	110	69
a) Kennzeichen einer nichtselbständigen Arbeit	110	69
b) Umfang der Einkünfte aus nichtselbständiger Arbeit	111	70

c) Abgrenzung gegenüber den Einkünften aus Gewerbebetrieb und den Einkünften aus selbständiger Arbeit	114	73
d) Besonderheiten bei den Einkünften aus nichtselbständiger Arbeit	115	73
6. Einkünfte aus Kapitalvermögen	124	78
a) Kennzeichen und Umfang der Einkünfte aus Kapitalvermögen	124	78
b) Abgrenzung gegenüber den Einkünften aus Gewerbebetrieb	128	81
c) Besonderheiten bei den Einkünften aus Kapitalvermögen	130	81
7. Einkünfte aus Vermietung und Verpachtung	141	90
a) Kennzeichen und Umfang der Einkünfte aus Vermietung und Verpachtung	141	90
b) Abgrenzung gegenüber den Einkünften aus Gewerbebetrieb und zur Liebhaberei	143	91
c) Besonderheiten bei den Einkünften aus Vermietung und Verpachtung	145	93
8. Sonstige Einkünfte iSd § 22 EStG	146	94
a) Begriff der sonstigen Einkünfte	146	94
b) Umfang der sonstigen Einkünfte iSd § 22 EStG	147	94
c) Besonderheit bei den sonstigen Einkünften iSd § 22 EStG	156	99
9. Kriterien zur Abgrenzung zwischen den sieben Einkunftsarten	157	99
10. Nicht steuerbare Einkünfte	158	100
11. Bedeutung des § 24 EStG	159	101
12. Unterscheidung zwischen Haupt- und Nebeneinkunftsarten	160	101
III. Einkunftsermittlungsmethoden	164	103
1. Gemeinsame Prinzipien	164	103
2. Einteilung der Einkunftsarten nach der Art ihrer Ermittlung	168	105
3. Gewinnermittlungsmethoden	172	106
a) Betriebsvermögensvergleich	172	106
b) Überschuss der Betriebseinnahmen über die Betriebsausgaben	178	108
c) Gewinnermittlung bei Handelsschiffen im internationalen Verkehr	183	110
d) Gewinnermittlung nach Durchschnittssätzen	184	110
e) Schätzung nach § 162 AO	185	111
f) Anwendungsbereich der Gewinnermittlungsmethoden	186	111
g) Gewinnermittlungszeitraum	189	113
h) Betriebliche Erträge und Aufwendungen (Betriebseinnahmen und Betriebsausgaben)	191	113
4. Überschuss der Einnahmen über die Werbungskosten	209	120
a) Einkunftsermittlung	209	120
b) Einnahmen	211	121
c) Werbungskosten	214	121

D. Bemessungsgrundlage (zu versteuerndes Einkommen)	223	126
I. Konzeptionelle Überlegungen	223	126
1. Ausgangspunkt: persönliche Interpretation des Leistungsfähigkeitsprinzips	223	126
2. Zielsetzungen beim Abzug von Sonderausgaben und außergewöhnlichen Belastungen	226	127
3. Abgrenzung gegenüber dem Verlustabzug	230	129
II. Sonderausgaben	231	130
1. Allgemeines	231	130
2. Unbeschränkt abziehbare Sonderausgaben	234	131
3. Beschränkt abziehbare Sonderausgaben	240	134
4. Sonderausgaben-Pauschbetrag und Vorsorgepauschale	263	143
III. Außergewöhnliche Belastungen	265	144
1. Allgemeines	265	144
2. Typisierte außergewöhnliche Belastungen	269	144
3. Nicht typisierte außergewöhnliche Belastungen	271	145
IV. Steuerbegünstigung für schutzwürdige Kulturgüter	275	147
E. Behandlung von Verlusten	278	148
I. Verlustausgleich	279	148
II. Verlustabzug	287	152
F. Steuertarif (tarifliche und festzusetzende Einkommensteuer)	300	157
I. Normaltarif	301	158
II. Progressionsvorbehalt	314	164
III. Gesonderter Steuertarif für Einkünfte aus Kapitalvermögen	316	164
IV. Ermäßigter Steuersatz nach § 34 Abs. 1 EStG (Multiplikator-Mischtarif)	317	165
V. Ermäßigter Steuersatz nach § 34 Abs. 3 EStG	320	167
VI. Ermäßigter Steuersatz nach § 34b EStG	326	169
VII. Begünstigung der nicht entnommenen Gewinne	327	170
VIII. Steuerermäßigungen	333	174
1. Überblick	333	174
2. Steuerermäßigung bei Einkünften aus Gewerbebetrieb	334	174
G. Steuerzahlung	341	179
H. Veranlagung	348	181
I. Alterseinkünfte	356	186
J. Familienleistungsausgleich	367	195
I. Kindergeld	369	196
II. Kinderfreibetrag und Freibetrag für die Betreuung, Erziehung und Ausbildung des Kindes	370	196
III. Weitere steuerliche Maßnahmen der Familienförderung	374	198

Dritter Abschnitt
Körperschaftsteuer 375 199

A. Überblick ... 375 199
I. Allgemeine Charakterisierung ... 375 199
II. Ertragshoheit ... 380 202
III. Aufbau des Körperschaftsteuergesetzes ... 381 203
IV. Schema zur Ermittlung der Körperschaftsteuer ... 382 203
B. Persönliche Steuerpflicht (juristische Personen) ... 383 204
I. Unbeschränkte Steuerpflicht ... 384 204
II. Beschränkte Steuerpflicht ... 385 206
III. Steuerbefreiungen ... 386 206
IV. Beginn und Ende der Steuerpflicht ... 387 207
C. Sachliche Steuerpflicht und Bemessungsgrundlage (zu versteuerndes Einkommen) ... 388 208
I. Einkommensbegriff des Körperschaftsteuergesetzes ... 388 208
II. Abziehbare Aufwendungen ... 392 212
1. Gewinnanteile der persönlich haftenden Gesellschafter einer KGaA ... 393 212
2. Abziehbare Zuwendungen (Spenden und Mitgliedsbeiträge) ... 394 213
III. Nichtabziehbare Aufwendungen ... 395 214
1. Aufwendungen zur Erfüllung von Satzungszwecken ... 396 214
2. Bestimmte Steuerzahlungen ... 397 215
3. Geldstrafen und ähnliche Aufwendungen ... 398 215
4. Hälfte der Aufsichtsratsvergütungen ... 399 215
IV. Steuerfreie Einnahmen ... 400 216
D. Behandlung von Verlusten ... 401 218
I. Körperschaftsteuerlicher Verlustabzug ... 401 218
II. Einschränkungen des Verlustabzugs nach einem Gesellschafterwechsel ... 405 221
E. Steuertarif und Steuerzahlung ... 412 225
F. Körperschaftsteuersystem ... 414 226
I. Besteuerung von Gewinnausschüttungen ... 414 226
1. Ausschüttungen an eine natürliche Person ... 415 226
a) Anteile im Privatvermögen: Abgeltungsteuer ... 415 226
b) Anteile im Betriebsvermögen oder Wahlrecht bei unternehmerischer Beteiligung: Teileinkünfteverfahren ... 416 228
2. Ausschüttungen an eine Kapitalgesellschaft ... 417 230
a) Beteiligung mindestens 10%: Dividendenfreistellung ... 417 230
b) Beteiligung unter 10%: volle Besteuerung ... 418 232
II. Veräußerungsgewinne und -verluste ... 419 234
III. Eigene Aufwendungen des Gesellschafters ... 421 236
IV. Besonderheiten für Banken und Versicherungen ... 422 237

V. Beurteilung 423 239
1. Wirkung: Doppelbesteuerung in pauschalierter Form vermieden 423 239
a) Ausschüttungen an eine natürliche Person (Abgeltungsteuer) 425 240
b) Ausschüttungen an eine natürliche Person (Teileinkünfteverfahren) 426 242
c) Ausschüttungen an eine Kapitalgesellschaft (Dividendenfreistellung) 427 243
2. Nachteile eines Shareholder-Relief-Systems aus betriebswirtschaftlicher Sicht 428 244
3. Wirkungen bei grenzüberschreitenden Beteiligungsverhältnissen 433 247
4. Vor- und Nachteile gegenüber anderen Körperschaftsteuersystemen 434 248
a) Klassisches Körperschaftsteuersystem 435 248
b) Körperschaftsteuerliches Anrechnungsverfahren 436 249
c) Dividendenabzugsverfahren 439 252
d) Dividendenfreistellungsverfahren 442 254
e) Ergebnis 445 256

G. Besonderheiten bei Ermittlung der Körperschaftsteuer 446 258

I. Verdeckte Gewinnausschüttungen 446 258
1. Begriff 447 258
2. Steuerliche Behandlung 451 261

II. Verdeckte Einlagen 452 262
1. Begriff 453 262
2. Steuerliche Behandlung 457 265

III. Einschränkungen beim Abzug von Zinsaufwendungen (Zinsschranke) 459 266

IV. Einschränkungen beim Abzug von Aufwendungen für die Rechteüberlassung (Lizenzschranke) 465 272

Vierter Abschnitt
Gewerbesteuer 467 274

A. Überblick 467 274
I. Allgemeine Charakterisierung 467 274
II. Ertragshoheit 474 279
III. Aufbau des Gewerbesteuergesetzes 475 280
IV. Schema zur Ermittlung der Gewerbesteuer 476 280

B. Steuergegenstand (Gewerbebetrieb) 478 282
I. Arten von Gewerbebetrieben, Inlandsbezug 478 282
II. Mehrheit von Betrieben (sachliche Selbständigkeit) 481 284
III. Beginn und Ende der sachlichen Steuerpflicht 482 285
IV. Steuerbefreiungen 483 286
V. Besonderheiten bei Arbeitsgemeinschaften 484 287
VI. Steuerschuldner 485 287

C. Bemessungsgrundlage ... 486 288

I. Steuerbilanzgewinn als Ausgangsgröße ... 486 288

II. Gewerbesteuerliche Modifikationen (Hinzurechnungen und Kürzungen) ... 490 290

1. Zielsetzungen ... 490 290
2. Aufwendungen für Fremdkapital ... 495 295
3. Gewinnanteile und Geschäftsführungsvergütungen von Komplementären einer KGaA ... 505 301
4. Grundstückserträge ... 506 302
5. Beteiligung an einer inländischen oder ausländischen Personengesellschaft ... 507 303
6. Beteiligung an einer inländischen oder ausländischen Kapitalgesellschaft ... 508 304
   a) Gewinnausschüttungen und Veräußerungsgewinne ... 508 304
   b) Ausschüttungsbedingte Teilwertabschreibungen ... 515 310
7. Beteiligung an einer KGaA ... 516 311
8. Auf ausländische Betriebsstätten entfallender Gewerbeertrag ... 517 312
9. Als Betriebsausgaben abgezogene ausländische Steuern ... 518 312
10. Zuwendungen (Spenden und Mitgliedsbeiträge) ... 519 313

D. Behandlung von Verlusten ... 520 314

E. Steuertarif und Steuerzahlung ... 525 316

F. Ertragsteuerliche Behandlung ... 531 319

G. Zerlegung ... 532 320

Fünfter Abschnitt
Zuschlagsteuern 533 321

A. Kirchensteuer ... 534 321

B. Solidaritätszuschlag ... 538 323

Dritter Teil
Die Besteuerung der Übertragung von Unternehmen 541 326

Erster Abschnitt
Zielsetzung der Besteuerung des Vermögenstransfers 541 326

A. Einordnung in das System der Steuerarten im Hinblick auf die Besteuerungsbasis ... 541 326

B. Ausgestaltung als Erbanfallsteuer ... 542 327

C. Konsequenzen aus der Einordnung als Erbanfallsteuer ... 544 328

I. Bewertungsmaßstab: gemeiner Wert ... 544 328

II. Voraussetzung für steuerliche Verschonungsregeln: transparente und folgerichtige Ausgestaltung ... 545 328

Zweiter Abschnitt
Erbschaft- und Schenkungsteuer 547 330
A. Überblick 547 330
I. Allgemeine Charakterisierung 547 330
II. Ertragshoheit 549 331
III. Aufbau des Erbschaft- und Schenkungsteuergesetzes 550 331
IV. Schema zur Ermittlung der Erbschaft- und Schenkungsteuer 551 332
B. Persönliche Steuerpflicht (natürliche und juristische Personen) 552 333
I. Unbeschränkte Steuerpflicht 553 333
II. Beschränkte Steuerpflicht 554 334
C. Sachliche Steuerpflicht (steuerpflichtige Vorgänge) 555 334
I. Erwerb von Todes wegen 556 335
II. Schenkungen unter Lebenden 557 335
III. Zweckzuwendungen 559 336
IV. Erbersatzsteuer 560 337
D. Bemessungsgrundlage (steuerpflichtiger Erwerb) 561 338
I. Zusammensetzung der Bemessungsgrundlage 561 338
II. Bewertungsstichtag 562 339
III. Bewertungsgrundsätze 563 339
1. Land- und forstwirtschaftliches Vermögen 565 340
2. Grundvermögen 569 342
3. Anteile an Kapitalgesellschaften 573 345
4. Betriebsvermögen 576 349
5. Übrige Vermögenswerte 578 350
6. Abziehbare Belastungen 580 351
7. Kurzbeurteilung 582 352
IV. Sachliche Steuerbefreiungen 583 353
1. Nichtbesteuerung des Zugewinnausgleichs 583 353
2. Begünstigung für Unternehmensvermögen 584 353
3. Begünstigung für zu Wohnzwecken vermietete Grundstücke 593 361
4. Begünstigung für selbst genutzten Wohnraum und weitere Steuerbefreiungen nach § 13 ErbStG 594 361
5. Kurzbeurteilung 596 363
E. Steuertarif und Steuerzahlung 601 366
I. Steuerklassen 602 366
II. Persönliche Freibeträge 603 366
1. Allgemeine Freibeträge 603 366
2. Versorgungsfreibeträge 604 367
III. Steuersatz 605 368
IV. Tarifbesonderheiten 607 370
1. Tarifbegrenzung bei der Übertragung von Unternehmensvermögen 607 370
2. Berücksichtigung von früheren Erwerben 609 372

3. Mehrfacher Erwerb derselben Vermögenswerte	610	373
4. Besonderheiten für Familienstiftungen und -vereine	611	373
V. Verfahrensrechtliche Regelungen	612	373
F. Ertragsteuerliche Behandlung	616	375
G. Zusammenhang zwischen Erbschaft- und Schenkungsteuer sowie Einkommensteuer	617	375
I. Doppelbelastung von Wertsteigerungen	617	375
II. Steuerermäßigung bei der Einkommensteuer	623	379

Vierter Teil
Die Besteuerung der Substanz eines Unternehmens 625 381

Erster Abschnitt
Zielsetzung von Substanzsteuern 625 381

A. Schwierigkeiten der Rechtfertigung von Substanzsteuern	625	381
B. Entwicklungen im Bereich der Substanzsteuern	627	382
C. Notwendigkeit einer Grundsteuerreform	630	383

Zweiter Abschnitt
Grundsteuer 631 384

A. Überblick	631	384
I. Allgemeine Charakterisierung	631	384
II. Ertragshoheit	635	387
III. Aufbau des Grundsteuergesetzes	636	387
IV. Schema zur Ermittlung der Grundsteuer	637	388
B. Steuergegenstand (Grundbesitz)	638	388
I. Formen des Grundbesitzes	638	388
II. Steuerbefreiungen und Erlass der Grundsteuer	642	390
III. Steuerschuldner	645	391
C. Bemessungsgrundlage (Grundsteuerwert des Grundbesitzes)	647	391
D. Steuertarif und Steuerzahlung	653	395
E. Ertragsteuerliche Behandlung	659	398

Fünfter Teil
Verkehrsteuern 660 399

Erster Abschnitt
Überblick über die Verkehrsteuern und ihre Beziehungen zueinander 660 399

A. Zielsetzung von Verkehrsteuern	660	399
B. Aufbau von Verkehrsteuergesetzen	663	400
C. Vermeidung einer verkehrsteuerlichen Doppelbelastung	664	401

Zweiter Abschnitt
Grunderwerbsteuer 667 402

A. Überblick . . . 667 402
I. Allgemeine Charakterisierung . . . 667 402
II. Ertragshoheit . . . 668 403
III. Aufbau des Grunderwerbsteuergesetzes . . . 669 403
IV. Schema zur Ermittlung der Grunderwerbsteuer . . . 670 403
B. Steuergegenstand (Erwerbsvorgänge) . . . 671 404
C. Steuerbefreiungen . . . 677 407
D. Bemessungsgrundlage (Wert der Gegenleistung) . . . 678 408
E. Steuertarif, Steuerschuldner und Steuerzahlung . . . 681 409
F. Verhältnis zur Umsatzsteuer und ertragsteuerliche Behandlung . . . 686 410

Dritter Abschnitt
Umsatzsteuer 688 411

A. Überblick . . . 688 411
I. Allgemeine Charakterisierung . . . 688 411
1. Besteuerungsziel . . . 688 411
2. Besteuerungskonzept: Allphasen-Nettoumsatzsteuer mit sofortigem Vorsteuerabzug (Mehrwertsteuer) . . . 689 413
a) Überblick über mögliche Umsatzsteuersysteme . . . 689 413
b) Nachteil einer Bruttoumsatzsteuer: Kumulationswirkung . . . 690 414
c) Merkmale einer Allphasen-Nettoumsatzsteuer mit sofortigem Vorsteuerabzug (Mehrwertsteuer) . . . 692 416
3. Besteuerungskonzept für grenzüberschreitende Lieferungen und sonstige Leistungen (Grundsatz: Bestimmungslandprinzip) . . . 698 420
a) Methoden zur Vermeidung einer internationalen Doppelbesteuerung . . . 698 420
b) Konflikt zwischen dem Verbrauchsteuercharakter der Umsatzsteuer und dem Binnenmarktgedanken . . . 701 421
II. Ertragshoheit . . . 703 424
III. Aufbau des Umsatzsteuergesetzes . . . 705 425
IV. Schema zur Ermittlung der Umsatzsteuer . . . 706 426
B. Unternehmer, Unternehmen und Gebietsbegriffe . . . 707 427
I. Unternehmer . . . 708 427
II. Unternehmen . . . 714 431
1. Überblick . . . 715 431
2. Organisatorischer Aufbau . . . 717 431
3. Art und Umfang der Tätigkeit . . . 720 432
4. Einordnung von Gegenständen . . . 721 433
III. Gebietsbegriffe . . . 722 433

C. Steuergegenstand (Umsätze)	723	434
I. Entgeltliche Leistungen	724	434
1. Leistungen als Oberbegriff	724	434
2. Lieferungen	728	435
a) Begriff der Lieferung	728	435
b) Ort der Lieferung	731	436
c) Spezielle Formen von Lieferungen	737	438
3. Sonstige Leistungen	740	439
a) Begriff der sonstigen Leistung	740	439
b) Ort der sonstigen Leistung	741	441
4. Sonderfälle	746	444
5. Nicht steuerbare Vorgänge	748	445
II. Unentgeltliche Wertabgaben	749	446
1. Zwecksetzung	749	446
2. Unentgeltliche Abgabe von Gegenständen	751	446
3. Unentgeltliche Abgabe von Dienstleistungen	755	448
III. Einfuhr von Gegenständen im Inland (Einfuhren aus dem Drittlandsgebiet)	758	449
IV. Innergemeinschaftlicher Erwerb	761	450
D. Steuerbefreiungen	766	452
I. Formen und Ziele der Steuerbefreiungen	766	452
II. Belastungswirkungen von Steuerbefreiungen	774	456
1. Steuerfreie Umsätze mit Vorsteuerabzug	775	456
2. Steuerfreie Umsätze ohne Optionsrecht	777	457
3. Steuerfreie Umsätze mit Optionsrecht	783	460
E. Bemessungsgrundlage (Grundsatz: Entgelt)	787	463
F. Steuertarif	796	466
G. Vorsteuerabzug	798	468
I. Persönliche und sachliche Voraussetzungen für den Vorsteuerabzug	798	468
II. Ausschlüsse und Einschränkungen beim Vorsteuerabzug	803	470
III. Berichtigung des Vorsteuerabzugs	807	473
H. Entstehung der Steuer, Steuerschuldner und Haftung für schuldhaft nicht abgeführte Steuer	808	474
I. Besteuerungszeitraum und Rechnungslegungsverpflichtungen	811	476
J. Besonderheiten bei Ermittlung der Umsatzsteuer	822	480
I. Kleinunternehmer	822	480
II. Pauschalierte Vorsteuersätze	823	481
III. Durchschnittssätze für Land- und Forstwirte	824	481
IV. Reiseleistungen	825	482
V. Wiederverkäufer (Differenzbesteuerung)	826	482
VI. Anlagegold	827	484
K. Ertragsteuerliche Behandlung	828	484
I. Betriebsvermögensvergleich	829	484

II. Überschuss der Betriebseinnahmen über die Betriebsausgaben .	832	486
III. Überschuss der Einnahmen über die Werbungskosten	834	487
Sechster Teil **Grundzüge der Konzernbesteuerung**	836	488
Erster Abschnitt **Allgemeine Charakterisierung und Beurteilungsmaßstäbe**	836	488
Zweiter Abschnitt **Körperschaftsteuerliche und gewerbesteuerliche Organschaft**	839	490
A. Voraussetzungen einer Organschaft bei den Ertragsteuern	840	491
B. Besteuerungskonzept	845	494
I. Körperschaftsteuer: Zurechnungstheorie	846	494
II. Gewerbesteuer: modifizierte Einheitstheorie	850	497
C. Wirkungen einer Organschaft bei den Ertragsteuern	852	498
I. Gewinne der Organgesellschaft	853	498
1. Zuordnung der Erfolge der Organgesellschaft	853	498
2. Mutterkapitalgesellschaft	854	500
3. Mutterpersonenunternehmen	855	501
4. Von der Rechtsform des Organträgers unabhängige Rechtsfolgen	861	505
II. Verluste der Organgesellschaft	864	507
III. Verluste des Organträgers	867	509
IV. Eigene Aufwendungen des Organträgers, Bilanzierung der Beteiligung an der Organgesellschaft	869	511
V. Zinsaufwendungen, steuerfreie Einkünfte und Beteiligungserträge der Organgesellschaft	872	513
VI. Innerorganschaftliche Lieferungen und Leistungen	876	516
VII. Erweiterte Kürzung von Grundstückserträgen	879	519
VIII. Zerlegung des Steuermessbetrags	880	519
D. Zusammenfassung	881	521
Dritter Abschnitt **Umsatzsteuerliche Organschaft**	884	524
A. Voraussetzungen	884	524
B. Wirkungen	887	527
C. Vorteile	888	527
Siebter Teil **Grundzüge der internationalen Unternehmensbesteuerung**	891	531

Erster Abschnitt
Doppelbesteuerung als Kernproblem der internationalen Unternehmensbesteuerung 891 531

A. Begriff der internationalen Doppelbesteuerung 891 531
B. Ursachen der internationalen Doppelbesteuerung 895 533
I. Überblick 895 533
II. Nebeneinander von unbeschränkter und beschränkter Steuerpflicht als Hauptursache 896 533
III. Weitere Ursachen für internationale Doppelbesteuerungen 897 534
C. Anrechnungs- und Freistellungsmethode als Grundformen zur Vermeidung der internationalen Doppelbesteuerung 901 536
I. Im Ausland werden positive Einkünfte erwirtschaftet (Gewinnfall) 902 536
1. Konzeption der Anrechnungs- und Freistellungsmethode .. 902 536
a) Anrechnungsmethode 903 537
b) Freistellungsmethode 904 537
c) Vergleich der beiden Methoden 905 538
2. Belastungswirkungen 906 539
3. Vergleich der beiden Methoden 910 542
II. Im Ausland entstehen negative Einkünfte (Verlustfall) 914 544
1. Im Ausland keine Verlustverrechnung 914 544
2. Im Ausland Verlustverrechnung möglich 918 546
a) Im Ausland Verlustrücktrag 919 547
b) Im Ausland Verlustvortrag 920 548
3. Auswertung 921 549
D. Bedeutung von Doppelbesteuerungsabkommen 922 550
I. Funktion von Doppelbesteuerungsabkommen 922 550
II. Aufteilung der Besteuerungsrechte in Doppelbesteuerungsabkommen 926 552
1. Nebeneinander von unbeschränkter und beschränkter Steuerpflicht 927 553
2. Zweimalige unbeschränkte Steuerpflicht 935 558

Zweiter Abschnitt
Besteuerung von deutschen Unternehmen mit internationaler Geschäftstätigkeit 939 559

A. Alternativen 939 559
B. Export von Waren 940 560
C. Errichtung einer Betriebsstätte (Niederlassung) 941 561
D. Gründung einer Tochterkapitalgesellschaft 942 561
I. Finanzierung mit Eigenkapital (Kapitalerhöhung) 942 561
II. Finanzierung mit Fremdkapital (Gesellschafterdarlehen) 946 563
E. Auswertung 948 564

Dritter Abschnitt
Grundzüge der zwischenstaatlichen Erfolgszuordnung: Verrechnungspreise 950 567

A. Zielsetzung der zwischenstaatlichen Erfolgszuordnung: Zuordnungskonzept 950 567

B. Auswirkungen von Verrechnungspreisen für die Unternehmen und die beteiligten Staaten 954 569

I. Positiver oder negativer Steuersatzeffekt 954 569

II. Negativer Zeiteffekt 958 571

C. Merkmale des Fremdvergleichs 961 573

D. Verrechnungspreismethoden 965 575

I. Standardmethoden 965 575
1. Preisvergleichsmethode 966 576
2. Wiederverkaufspreismethode 967 576
3. Kostenaufschlagsmethode 968 577

II. Gewinnorientierte Verrechnungspreise 969 579
1. Funktionsorientierte Gewinnzerlegung 969 579
2. Nettomargenmethode 970 579

III. Kostenverteilung (Kostenumlageverträge) 971 580

Sachverzeichnis 583

Abkürzungsverzeichnis

aA	anderer Ansicht
Abb.	Abbildung
AbgG	Gesetz über die Rechtsverhältnisse der Mitglieder des Deutschen Bundestages (Abgeordnetengesetz)
AbgSt	Abgeltungsteuer (gesonderter Steuersatz nach § 32d EStG)
Abl.	EU Amtsblatt der Europäischen Union
Abs.	Absatz
AEUV	Vertrag über die Arbeitsweise der Europäischen Union
aF	alte Fassung
AfA	Absetzungen für Abnutzung
AfaA	Absetzungen für außergewöhnliche technische oder wirtschaftliche Abnutzung
AG	Aktiengesellschaft
AktG	Aktiengesetz
AltZertG	Altersvorsorgeverträge-Zertifizierungsgesetz
aM	anderer Meinung
AO	Abgabenordnung
AOA	Authorized OECD Approach
ARGE	Arbeitsgemeinschaft
Art.	Artikel
AStG	Gesetz über die Besteuerung bei Auslandsbeziehungen (Außensteuergesetz)
ATAD	Anti Tax Avoidance Directive (Richtlinie zur Bekämpfung von Steuervermeidungspraktiken)
ATLAS	Automatisiertes Tarif- und Lokales Zollabwicklungssystem
Aufl.	Auflage
BB	Betriebs-Berater (Zeitschrift)
BDI	Bundesverband der Deutschen Industrie eV
BEPS	Base Erosion and Profit Shifting
BetrKV	Betriebskostenverordnung
BewÄndG	Gesetz über die Anwendung und Änderung bewertungsrechtlicher Vorschriften
BewG	Bewertungsgesetz
BewRGr	Richtlinien für die Bewertung des Grundvermögens
BFH	Bundesfinanzhof
BFH/NV	Sammlung der Entscheidungen des Bundesfinanzhofs (Zeitschrift)
BFHE	Sammlung der Entscheidungen des Bundesfinanzhofs (vom Bundesfinanzhof herausgegeben)
BFuP	Betriebswirtschaftliche Forschung und Praxis (Zeitschrift)
BGB	Bürgerliches Gesetzbuch
BGBl.	Bundesgesetzblatt
BMF	Bundesministerium der Finanzen
BR-Drucks	Bundesrat-Drucksache

BsGaV	Betriebsstättengewinnaufteilungsverordnung
BStBl.	Bundessteuerblatt
BT-Drucks	Bundestag-Drucksache
Buchst.	Buchstabe
BVerfG	Bundesverfassungsgericht
BVerfGE	Sammlung der Entscheidungen des Bundesverfassungsgerichts (vom Bundesverfassungsgericht herausgegeben)
BZSt	Bundeszentralamt für Steuern
bzw	beziehungsweise
ca.	circa
CCA	cost contribution arrangement
CDFI	Cahiers de droit fiscal international
CPLM	cost plus method
CUPM	comparable uncontrolled price method
DB	Der Betrieb (Zeitschrift)
DBA	Doppelbesteuerungsabkommen
DBW	Die Betriebswirtschaft (Zeitschrift)
dh	das heißt
DRS	Deutsche Rechnungslegungs Standards
DStR	Deutsches Steuerrecht (Zeitschrift)
DStRE	Deutsches Steuerrecht-Entscheidungsdienst (Zeitschrift)
DStZ	Deutsche Steuer-Zeitung (Zeitschrift)
D-VG	Deutsche Verhandlungsgrundlage für Doppelbesteuerungsabkommen im Bereich der Steuern vom Einkommen und Vermögen
DWS	Deutsches Wissenschaftliches Institut der Steuerberater eV
$E_{Ausland}$	ausländische Einkünfte
EBITDA	Earnings Before Interest, Taxes, Depreciation and Amortization
ECLI	European Case Law Identifier
EFG	Entscheidungen der Finanzgerichte (Zeitschrift)
EF-VO	Verordnung über die Einfuhrabgabenfreiheit von Waren im persönlichen Gepäck von Reisenden (Einreise-Freimengen-Verordnung)
EG	Vertrag zur Gründung der Europäischen Wirtschaftsgemeinschaft idF des Unionsvertrags
E_{Inland}	inländische Einkünfte
ErbStG	Erbschaft- und Schenkungsteuergesetz
ErbStR	Erbschaftsteuer-Richtlinien
ESt	Einkommensteuer
EStDV	Einkommensteuer-Durchführungsverordnung
$ESt_{ermäßigt}$	ermäßigte Einkommensteuer
EStG	Einkommensteuergesetz
EStH	Einkommensteuer-Hinweise
ESt_{max}	maximal möglicher Einkommensteuersatz
EStR	Einkommensteuer-Richtlinien
EU	Europäische Union
EuGH	Europäischer Gerichtshof
EÜR	Einnahmen-Überschussrechnung
EUStBV	Einfuhrumsatzsteuer-Befreiungsverordnung
EU-UStB	EU-Umsatz-Steuerberater (Zeitschrift)

EUV	Vertrag über die Europäische Union in der Fassung von Lissabon
eV	eingetragener Verein
EWIV	Europäische wirtschaftliche Interessenvereinigung
EWR	Europäischer Wirtschaftsraum
FA	Finanzamt
FAG	Finanzausgleichsgesetz
FB	Finanz-Betrieb (Zeitschrift)
FG	Finanzgericht
FGO	Finanzgerichtsordnung
FMStFG	Finanzmarktstabilisierungsfondsgesetz
FR	Finanz-Rundschau (Zeitschrift)
FVG	Gesetz über die Finanzverwaltung
FZulG	Gesetzes zur steuerlichen Förderung von Forschung und Entwicklung (Forschungszulagengesetz)
GATT	General Agreement on Tarifs and Trade (Allgemeines Zoll- und Handelsabkommen)
GdbR	Gesellschaft des bürgerlichen Rechts
GewO	Gewerbeordnung
GewSt	Gewerbesteuer
GewStDV	Gewerbesteuer-Durchführungsverordnung
GewStG	Gewerbesteuergesetz
GewStH	Gewerbesteuer-Hinweise
GewStR	Gewerbesteuer-Richtlinien
GG	Grundgesetz
ggf	gegebenenfalls
GmbH	Gesellschaft mit beschränkter Haftung
GmbHG	Gesetz betreffend die Gesellschaften mit beschränkter Haftung
GmbHR	GmbH-Rundschau (Zeitschrift)
GrEStG	Grunderwerbsteuergesetz
GrStG	Grundsteuergesetz
HFR	Höchstrichterliche Finanzrechtsprechung (Zeitschrift)
HGB	Handelsgesetzbuch
HK	Herstellungskosten
Hrsg.	Herausgeber
HS	Halbsatz
idF	in der Fassung
idR	in der Regel
ieS	im engeren Sinne
IFRS	International Financial Reporting Standards
ifst	Institut Finanzen und Steuern eV
InvStG	Investmentsteuergesetz
InvZulG	Investitionszulagengesetz
iSd	im Sinne des
IStR	Internationales Steuerrecht (Zeitschrift)
iVm	in Verbindung mit
iwS	im weiteren Sinne

kg	Kilogramm
KG	Kommanditgesellschaft
KGaA	Kommanditgesellschaft auf Aktien
KiSt	Kirchensteuer
km	Kilometer
KraftStG	Kraftfahrzeugsteuergesetz
KSt	Körperschaftsteuer
$KSt_{Ausland}$	ausländische Körperschaftsteuer
KStG	Körperschaftsteuergesetz
KStH	Körperschaftsteuer-Hinweise
KSt_{Inland}	inländische Körperschaftsteuer
KStR	Körperschaftsteuer-Richtlinien
KWG	Gesetz über das Kreditwesen
LfSt	Landesamt für Steuern
LKW	Lastkraftwagen
LPartG	Gesetz über die Eingetragene Lebenspartnerschaft
LStDV	Lohnsteuer-Durchführungsverordnung
LStH	Lohnsteuer-Hinweise
LStR	Lohnsteuer-Richtlinien
m.a.W.	mit anderen Worten
min	Minimum
Mio.	Million(en)
Mrd.	Milliarde(n)
mwN	mit weiteren Nachweisen
nBA	nichtabziehbare Betriebsausgabe
Nr	Nummer
NWB	Neue Wirtschafts-Briefe (Zeitschrift)
OECD-MA	Muster der Organization for Economic Cooperation and Development für ein Abkommen zur Vermeidung von internationalen Doppelbesteuerungen
OECD-MC	Commentaries on the Articles of the OECD Model Tax Convention
OFD	Oberfinanzdirektion
OG	Organgesellschaft
OHG	Offene Handelsgesellschaft
OT	Organträger
PKW	Personenkraftwagen
REITG	Gesetz über deutsche Immobilien-Aktiengesellschaften mit börsennotierten Anteilen
RFH	Reichsfinanzhof
RLEWG	Richtlinie des Rates der Europäischen Gemeinschaften zur Harmonisierung der Rechtsvorschriften der Mitgliedstaaten über die Umsatzsteuer
6. RLEWG	Sechste Richtlinie 77/388/EWG zur Harmonisierung der Rechtsvorschriften der Mitgliedstaaten über die Umsatzsteuern (Gemeinsames Mehrwertsteuersystem: einheitliche steuerpflichtige Bemessungsgrundlage)
Rn.	Randnummer
RPM	resale price method

RStBl.	Reichssteuerblatt
Rz.	Randziffer
S.	Satz, Seite
s_{AbgSt}	Abgeltungsteuersatz (gesonderter Steuersatz nach § 32d EStG)
$s_{Ausland}$	ausländischer Steuersatz
SE	Europäische Gesellschaft (eine spezielle Form einer Aktiengesellschaft)
s_{ErbSt}	Steuersatz der Erbschaft- und Schenkungsteuer
s_{ESt}	Einkommensteuersatz
SEStEG	Gesetz über steuerliche Begleitmaßnahmen zur Einführung der Europäischen Gesellschaft und zur Änderung weiterer steuerrechtlicher Vorschriften
SGB	Sozialgesetzbuch
s_{Inland}	inländischer Steuersatz
s_{KSt}	Körperschaftsteuersatz
SolZ	Solidaritätszuschlag
SolZG	Solidaritätszuschlaggesetz
Stbg	Die Steuerberatung (Zeitschrift)
StBp	Die steuerliche Betriebsprüfung (Zeitschrift)
SteuerStud	Steuer und Studium (Zeitschrift)
Stmz	Steuermesszahl
stpfl.	steuerpflichtig
StuB	NWB Unternehmensteuern und Bilanzen/Zeitschrift für das Steuerrecht und die Rechnungslegung der Unternehmen/Steuern und Bilanzen (Zeitschrift)
StuW	Steuer und Wirtschaft (Zeitschrift)
SvEV	Sozialversicherungsentgeltverordnung
SWI	Steuer und Wirtschaft International (Zeitschrift)
TNMM	transactional net margin method
TPSM	transactional profit split method
Tz.	Textziffer
ua	unter anderem, und andere
Ubg	Die Unternehmensbesteuerung (Zeitschrift)
UG	Unternehmergesellschaft
UM	Unternehmensbewertung & Management (Zeitschrift)
UmwG	Umwandlungsgesetz
UmwStG	Umwandlungssteuergesetz
UR	Umsatzsteuer-Rundschau (Zeitschrift)
US-GAAP	United States Generally Accepted Accounting Principles
UStAE	Umsatzsteuer-Anwendungserlass (Verwaltungsregelung zur Anwendung des Umsatzsteuergesetzes)
UStDV	Umsatzsteuer-Durchführungsverordnung
UStG	Umsatzsteuergesetz
usw	und so weiter
uU	unter Umständen
UVR	Umsatzsteuer- und Verkehrsteuer-Recht (Zeitschrift)
VBL	Versorgungsanstalt des Bundes und der Länder
VCI	Verband der Chemischen Industrie

VE	Veräußerungserlös
5. VermBG	Fünftes Vermögensbildungsgesetz
VersStG	Versicherungsteuergesetz
Vfg	Verfügung
vgl	vergleiche
VorSt	Vorsteuer
VP	Verrechnungspreis
VVaG	Versicherungsverein auf Gegenseitigkeit
VWG BsGa	Verwaltungsgrundsätze Betriebsstättengewinnaufteilung
W	Wertsteigerungen
WEG	Wohnungseigentumsgesetz
WiSt	Wirtschaftswissenschaftliches Studium (Zeitschrift)
WPg	Die Wirtschaftsprüfung (Zeitschrift)
WRV	Weimarer Reichsverfassung
zB	zum Beispiel
ZEV	Zeitschrift für Erbrecht und Vermögensnachfolge (Zeitschrift)
ZfB	Zeitschrift für Betriebswirtschaft (Zeitschrift)
ZfbF	Schmalenbachs Zeitschrift für betriebswirtschaftliche Forschung (Zeitschrift)
zvE	zu versteuerndes Einkommen

Schrifttum (Auswahl)

A. Kommentare

Blümich EStG, KStG, GewStG, Kommentar, München (Loseblattausgabe)
Boruttau Grunderwerbsteuergesetz, Kommentar, 19. Aufl., München 2019
Dötsch/Pung/Möhlenbrock Die Körperschaftsteuer, Kommentar, Stuttgart (Loseblattausgabe)
Frotscher/Maas Körperschaftsteuergesetz, Gewerbesteuergesetz, Umwandlungssteuergesetz, Kommentar, Freiburg (Loseblattausgabe)
Glanegger/Güroff Gewerbesteuergesetz, Kommentar, 9. Aufl., München 2017
Gosch/Kroppen/Grotherr/Kraft DBA-Kommentar, Herne (Loseblattausgabe)
Gürsching/Stenger Bewertungsrecht, Kommentar, Köln (Loseblattausgabe)
Herrmann/Heuer/Raupach Einkommensteuer- und Körperschaftsteuergesetz, Kommentar, Köln (Loseblattausgabe)
Kapp/Ebeling Erbschaftsteuer- und Schenkungsteuergesetz, Kommentar, Köln (Loseblattausgabe)
Kirchhof Einkommensteuergesetz, Kommentar, 18. Aufl., Köln 2019
Kirchhof/Söhn/Mellinghoff Einkommensteuergesetz, Kommentar, Heidelberg (Loseblattausgabe)
Kroppen/Rasch Handbuch Internationale Verrechnungspreise, Köln (Loseblattausgabe)
Lademann Kommentar zum Einkommensteuergesetz, Stuttgart/München/Hannover (Loseblattausgabe)
Lenski/Steinberg Kommentar zum Gewerbesteuergesetz, Köln (Loseblattausgabe)
Littmann/Bitz/Pust Das Einkommensteuerrecht, Kommentar, Stuttgart (Loseblattausgabe)
Meincke/Hannes/Holtz Erbschaftsteuer- und Schenkungsteuergesetz, Kommentar, 17. Aufl., München 2018
Rau/Dürrwächter Kommentar zum Umsatzsteuergesetz, Köln (Loseblattausgabe)
Reimer/Rust Klaus Vogel on Double Taxation Conventions, Kommentar, 4. Aufl., Alphen aan den Rijn 2015
Rössler/Troll Bewertungsgesetz, Kommentar, München (Loseblattausgabe)
Schmidt Einkommensteuergesetz, Kommentar, 38. Aufl., München 2019
Sölch/Ringleb Umsatzsteuergesetz, Kommentar, München (Loseblattausgabe)
Streck Körperschaftsteuergesetz, Kommentar, 9. Aufl., München 2018
Tipke/Kruse Abgabenordnung, Finanzgerichtsordnung, Kommentar, Köln (Loseblattausgabe)
Troll/Gebel/Jülicher/Gottschalk Erbschaftsteuer- und Schenkungsteuergesetz, Kommentar, München (Loseblattausgabe)
Vogel/Lehner Doppelbesteuerungsabkommen: DBA, Kommentar, 6. Aufl., München 2015
Vögele/Borstell/Engler Verrechnungspreise,4. Aufl., München 2015
Wassermeyer Doppelbesteuerung: DBA, Kommentar, München (Loseblattausgabe)

B. Lehrbücher

Beck/Daumke/Perbey/Radeisen Grundriss des deutschen Steuerrechts, 7. Aufl., Berlin 2015
Birk/Desens/Tappe Steuerrecht, 22. Aufl., Heidelberg 2019
Brähler Internationales Steuerrecht, 8. Aufl., Wiesbaden 2014
Breithecker Einführung in die Betriebswirtschaftliche Steuerlehre, 17. Aufl., Berlin 2016

Brüggemann/Stirnberg Erbschaftsteuer, Schenkungsteuer, 10. Aufl., Achim 2018
Bruschke Grunderwerbsteuer, Kraftfahrzeugsteuer und andere Verkehrsteuern, 7. Aufl., Achim 2016
Djanani/Brähler/Lösel Ertragsteuern, 5. Aufl., Stuttgart 2012
Endres/Spengel International Company Taxation and Tax Planning, Alphen aan den Rijn 2015
Fetzer Einführung in das Steuerrecht, 5. Aufl., Heidelberg 2019
Fischer/Kleineidam/Warneke Internationale betriebswirtschaftliche Steuerlehre, 5. Aufl., Berlin 2005
Frotscher Internationales Steuerrecht, 4. Aufl. München 2015
Grefe Unternehmenssteuern, 22. Aufl., Herne 2019
Haase Internationales und Europäisches Steuerrecht, 5. Aufl., Heidelberg 2017
Hidien/Pohl/Schnitter Gewerbesteuer, 15. Aufl., Achim 2014
Homburg Allgemeine Steuerlehre, 7. Aufl., München 2015
Jacobs Internationale Unternehmensbesteuerung, 8. Aufl., München 2016
Jacobs/Scheffler/Spengel Unternehmensbesteuerung und Rechtsform, 5. Aufl., München 2015
Jäger/Lang/Künze Körperschaftsteuer, 19. Aufl., Achim 2016
Knobbe-Keuk Bilanz- und Unternehmenssteuerrecht, 9. Aufl., Köln 1993
Kosmalla/Dürr Lohnsteuer, 16. Aufl., Achim 2017
Kraft/Kraft Grundlagen der Unternehmensbesteuerung, 5. Aufl., Wiesbaden 2018
Kußmaul Betriebswirtschaftliche Steuerlehre, 7. Aufl., München 2013
Kußmaul Steuern, 3. Aufl., Berlin/München/Boston 2017
Lippross Umsatzsteuer, 24. Aufl., Achim 2017
Marx/Kläne/Korff/Schlarmann Unternehmensbesteuerung, 3. Aufl., Herne 2018
Mössner Steuerrecht international tätiger Unternehmen, 5. Aufl., Köln 2018
Niemeier/Schnitter/Kober/Nöcker/Stuparu Einkommensteuer, 24. Aufl., Achim 2018
Rose Betriebswirtschaftliche Steuerlehre, 3. Aufl., Wiesbaden 1992
Rose/Watrin Erbschaftsteuer mit Schenkungsteuer und Bewertungsrecht, 12. Aufl., Berlin 2009
Rose/Watrin Ertragsteuern, 21. Aufl., Berlin 2017
Rose/Watrin Internationales Steuerrecht, 7. Aufl., Berlin 2016
Rose/Watrin Umsatzsteuer mit Grunderwerbsteuer und kleineren Verkehrsteuern, 18. Aufl., Berlin 2013
Schaumburg Internationales Steuerrecht, 4. Aufl., Köln 2017
Scheffler Besteuerung von Unternehmen, Band II: Steuerbilanz, 9. Aufl., Heidelberg 2018
Scheffler Besteuerung von Unternehmen, Band III: Steuerplanung, 3. Aufl., Heidelberg 2020
Scheffler Internationale betriebswirtschaftliche Steuerlehre, 3. Aufl., München 2009
Schneeloch/Meyering/Patek Betriebswirtschaftliche Steuerlehre, Band 1, Grundlagen der Besteuerung, Ertragsteuern, 7. Aufl., München 2016
Schneeloch/Meyering/Patek Betriebswirtschaftliche Steuerlehre, Band 2, Steuerliche Gewinnermittlung, 7. Aufl., München 2017
Schneeloch/Meyering/Patek Betriebswirtschaftliche Steuerlehre, Band 3, Substanzsteuern, Verkehrsteuern, Besteuerungsverfahren, 7. Aufl., München 2017
Schneider Steuerlast und Steuerwirkung, München/Wien 2002
Schreiber Besteuerung der Unternehmen, 4. Aufl., Wiesbaden 2017
Stobbe Steuern kompakt, 16. Aufl., Sternenfels 2019
Tanski/Jungen Steuerrecht, 12. Aufl., Freiburg 2019
Tipke/Lang Steuerrecht, 23. Aufl., Köln 2018

Erster Teil

Einführung

Im **ersten Abschnitt** werden die **Begriffe erläutert**, die für das Verständnis der Ausführungen zu den zahlreichen, für Unternehmen bedeutsamen Steuerarten hilfreich sind. Der **zweite Abschnitt** skizziert die **Merkmale des deutschen Steuersystems** aus betriebswirtschaftlicher Sicht. Auf diese Weise werden die Ursachen für die Komplexität der Unternehmensbesteuerung erkennbar. Der **dritte Abschnitt** dient dazu, die rechtlichen Rahmenbedingungen für die Besteuerung der unternehmerischen Geschäftstätigkeit, dh die **Rechtsquellen**, vorzustellen. 1

Erster Abschnitt

Wichtige Begriffe

A. Steuer

Steuern sind **definiert als** Geldleistungen, die nicht eine Gegenleistung für eine besondere Leistung darstellen und von einem öffentlich-rechtlichen Gemeinwesen zur Erzielung von Einnahmen allen auferlegt werden, bei denen der Tatbestand zutrifft, an den das Gesetz die Leistungspflicht knüpft; die Erzielung von Einnahmen kann Nebenzweck sein (§ 3 Abs. 1 AO).[1] 2

Charakteristische Merkmale einer Steuer sind:

1. Steuern sind einmalige oder laufende **Geldleistungen**. Sie bewirken einen Abfluss von liquiden Mitteln. Keine Steuern sind Naturalleistungen (wie früher der „Zehnte“ der Bauern) oder Dienstleistungen, wie der Wehrdienst, Melde-, Anzeige- und andere Mitwirkungspflichten.
2. Steuern sind **gegenleistungslos**. Derjenige, der die Steuern schuldet (Steuerschuldner), erwirbt mit der Abführung von Steuern kein unmittelbares Anrecht auf eine bestimmte Leistung desjenigen, der die Zahlungen vereinnahmt (Steuergläubiger).
3. Der Steuerbegriff beinhaltet, dass die Geldleistung von einem öffentlich-rechtlichen Gemeinwesen **hoheitlich auferlegt** wird. Zur Erhebung von Steuern sind neben dem Bund und den Ländern insbesondere Gemeinden, Gemeindeverbände und bestimmte Religionsgemeinschaften mit öffentlich-rechtlichem Status berechtigt.
4. Steuern werden prinzipiell **zur Erzielung von Staatseinnahmen** erhoben *(Fiskalzweck)*. Mit der Erhebung einer Steuer können aber auch Beeinflussungen des

1 Siehe hierzu Roland, SteuerStud 2009, Beilage 1; Tipke/Lang, Steuerrecht, 23. Aufl., Köln 2018, S. 41–47.

Verhaltens der Steuerpflichtigen *(Lenkungszweck)* oder eine Änderung der Einkommens- und Vermögensverteilung *(Umverteilungszweck)* angestrebt werden. Maßnahmen der Wirtschafts- und Sozialpolitik ergänzen den Fiskalzweck.[2]

5. Steuern dienen der **allgemeinen Deckung des öffentlichen Finanzbedarfs**. Es gilt prinzipiell ein Verbot der Zweckbindung einzelner Steuern an bestimmte Staatsausgaben (Grundsatz der Non-Affektation).
6. Zur Zahlung sind nur die Personen oder Institutionen verpflichtet, die mit ihrer Existenz, mit einer Handlung oder mit dem Vorhandensein einer Steuerbemessungsgrundlage einen gesetzlich normierten Tatbestand erfüllen. Der Grundsatz der **Tatbestandsmäßigkeit und Tatbestandsbestimmtheit** (§ 38 AO) verbietet es, Steueransprüche durch Analogieschluss zu begründen oder durch private Vereinbarung zwischen dem Steuerpflichtigen und den Finanzbehörden zu modifizieren.

3 **Einfuhr- und Ausfuhrabgaben** nach Art. 5 Nr 20, 21 des Zollkodexes der Europäischen Union (Unionszollkodex) sind gleichfalls als Steuern anzusehen (§ 3 Abs. 3 AO). Zölle dienen der Warenstromregulierung. Im Vordergrund steht der wirtschaftspolitische Lenkungszweck. Die Erzielung von Einnahmen ist lediglich Nebenzweck. Zölle sind Abgaben, die der Staat nach den Vorgaben des Unionszollkodexes bei Warenbewegungen über die Staatsgrenze (Einfuhr, Ausfuhr, Durchfuhr) erhebt. Bei Warenbewegungen zwischen den Mitgliedstaaten der EU sind Zölle allerdings bereits seit langem abgeschafft worden.

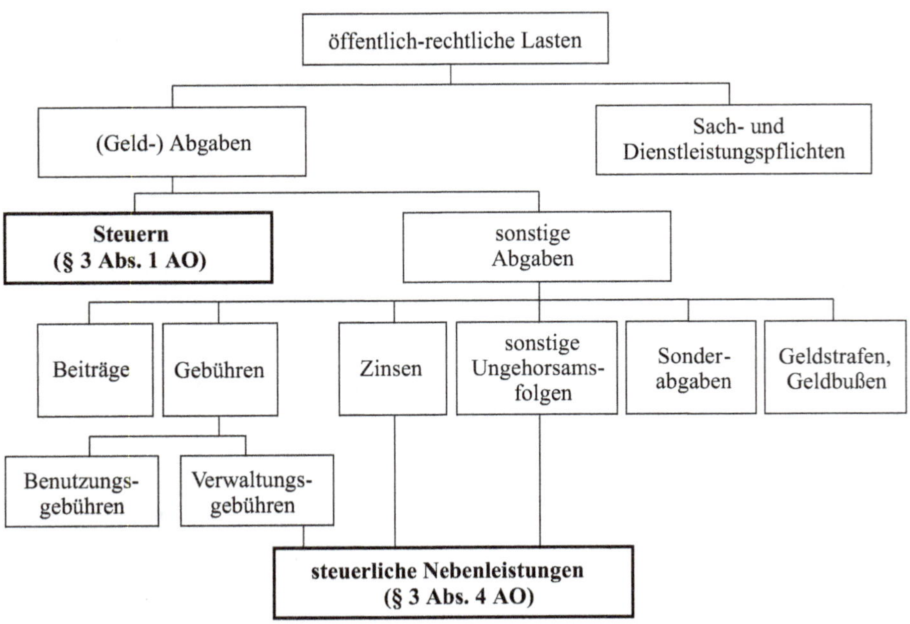

Abb. 1.1: Öffentlich-rechtliche Lasten

2 „Lenkungszweck" und „Umverteilungszweck" können zum Obergriff „Sozialzweck" zusammengefasst werden.

Zwangsgelder, Säumniszuschläge (verspätete Zahlung von Steuern), Verspätungszuschläge (verspätete Abgabe einer Steuererklärung), Verzögerungsgelder, Verspätungsgelder, die Zuschläge nach § 162 Abs. 4 AO (bei Verletzung von Mitwirkungspflichten, die speziell für international tätige Unternehmen bestehen), Zinsen und Kosten sind keine Steuern. Sie werden aber zum Teil als **steuerliche Nebenleistungen** verfahrenstechnisch wie Steuern behandelt (§ 3 Abs. 4 iVm § 37 Abs. 1 AO). 4

Steuern sind nur eine – wenngleich die wichtigste – Form von öffentlichen Abgaben, mit denen die öffentliche Hand aufgrund ihres Hoheitsrechts Einnahmen erzielt. Weitere Finanzabgaben an öffentlich-rechtliche Institutionen sind **Gebühren**, **Beiträge** und **Sonderabgaben**. 5

Gebühren und Beiträge unterscheiden sich hinsichtlich der Art der Gegenleistung. **Gebühren** sind Zahlungen für besondere Leistungen einer öffentlichen Körperschaft oder für die (freiwillige oder erzwungene) **tatsächliche Inanspruchnahme** von öffentlichen Einrichtungen. Sie unterteilen sich in **Verwaltungsgebühren** (zB Ausstellung eines Ausweises oder Passes, Beurkundungen, Erteilung von Bescheinigungen, Genehmigungen, Bauabnahmen oder Einbürgerungen, Pfändungsgebühren, Kosten für die Erteilung einer verbindlichen Auskunft nach § 89 AO, Kosten bei besonderer Inanspruchnahme der Zollbehörden nach § 178 AO, Kosten für die Durchführung eines Verständigungsverfahrens mit einer ausländischen Finanzbehörde nach § 178a AO) und **Nutzungsgebühren** (zB Benutzung von Sportanlagen, Krankenhäusern, Friedhöfen, Büchereien, Schlachthöfen, Nutzung von Verkehrseinrichtungen, wie Häfen, Flughäfen oder öffentlichen Parkplätzen, Inanspruchnahme von öffentlichen Versorgungseinrichtungen für Wasser, Strom oder Gas oder für die Entsorgung, wie Abwasser- und Kanalgebühren). 6

Beiträge stellen Aufwandsersatz für die **mögliche Inanspruchnahme** einer konkreten Leistung einer öffentlichen Einrichtung dar. Auf den konkreten Vorteil für den betreffenden Beitragszahler kommt es im Gegensatz zu Gebühren nicht an. Für die Erhebung eines Beitrags reicht die bloße Möglichkeit der Inanspruchnahme der Leistung aus. Beispiele für Beiträge sind Straßenanliegerbeiträge und Kurtaxen. Besondere Gruppen bilden die Verbandslasten zur Finanzierung einer öffentlich-rechtlichen Körperschaft durch ihre Mitglieder (Beiträge an die Industrie- und Handelskammer, Handwerkskammer oder Steuerberaterkammer) sowie die Beiträge zu den **gesetzlichen Sozialversicherungen** (Renten-, Kranken-, Pflege-, Arbeitslosen- und Unfallversicherung). In einer weiten Abgrenzung des Steuerbegriffs können die „Beiträge" zu den gesetzlichen Sozialversicherungen auch unter den Begriff der Steuern subsumiert werden. 7

Sonderabgabe (außersteuerliche Abgabe) ist ein **Oberbegriff** für ein breites Spektrum öffentlicher Abgaben eigener Art.[3] Die mit diesen parafiskalischen Abgaben verbundenen Zielsetzungen sind so unterschiedlich, dass sich keine allgemeine Definition formulieren lässt. Von Steuern unterscheiden sich Sonderabgaben dadurch, 8

– dass ihr **Aufkommen nicht in den allgemeinen Staatshaushalt eingeht**, sondern in einen Sonderfonds, aus dem die vorgegebenen Ziele finanziert werden, und
– dass sie **nur von einer bestimmten Gruppe** von Bürgern **erhoben** werden.

3 Vgl Tipke/Lang, Steuerrecht, 23. Aufl., Köln 2018, S. 45–48.

Sonderabgaben sind umstritten, weil die Gefahr besteht, dass durch die Anerkennung einer Abgabenkompetenz außerhalb der Finanzverfassung des Grundgesetzes die Abgabenbelastung unüberschaubar wird. Des Weiteren durchbricht die Parafiskalität der Sonderabgaben den Verfassungsgrundsatz der Vollständigkeit des Haushaltsplans und entzieht die Verwendung des Abgabenaufkommens der parlamentarischen Kontrolle. Nach der Rechtsprechung des Bundesverfassungsgerichts[4] sind Sonderabgaben deshalb nur unter sehr restriktiven Voraussetzungen zulässig: Sonderabgaben dürfen nur dann erhoben werden, wenn der verfolgte Zweck in einer besonderen Verantwortung der belasteten Gruppe liegt (Sachverantwortung) und nicht in die Gesamtverantwortung des Staates fällt. Sie müssen die Kriterien **Homogenität der Abgabepflichtigen** (gemeinsame Interessenlage, von anderen Gruppen abgrenzbar), **Gruppenverantwortung** sowie **Gruppennützigkeit** (das Aufkommen ist im Interesse der Abgabenpflichtigen zu verwenden) erfüllen. Beispiele für Sonderabgaben, bei denen eher der Finanzierungszweck im Vordergrund steht, sind Beiträge für den Restrukturierungsfonds (Finanzierung künftiger Restrukturierungs- und Abwicklungsmaßnahmen bei systemrelevanten Banken), die Filmabgabe, die Hebammenabgabe, die Abgabe in Weinbaufonds, die Milchausgleichsabgabe und die Naturschutzabgabe. Eine Sonderabgabe mit Lenkungsaufgabe ist beispielsweise die Ausgleichsabgabe nach dem Schwerbehindertengesetz.

Die Erhebung von Gebühren, Beiträgen und Sonderabgaben folgt dem **Äquivalenzprinzip**. Danach steht die spezielle Entgeltlichkeit der Abgabe im Vordergrund, dh der Grundsatz von Leistung und Gegenleistung. Die Erhebung von Steuern folgt hingegen dem **Leistungsfähigkeitsprinzip**, dh die Belastung richtet sich nach der Fähigkeit des Steuerpflichtigen, zur Finanzierung der staatlichen Ausgaben beizutragen.

B. Steuerarten

9 Das **Steuersystem** umfasst die **Gesamtheit der** in einem Staat erhobenen **Einzelsteuern**. Das Steuersystem der Bundesrepublik setzt sich aus ca. **40 Steuerarten** zusammen.[5] Ihr **Aufkommen** betrug im Jahr 2017 rund 734,5 Mrd. €. Bezogen auf das Bruttoinlandsprodukt von 3 277,3 Mrd. € errechnet sich eine Steuerquote von 22,4%.[6] Vom Gesamtsteueraufkommen entfallen auf die fünf bedeutsamsten Einzelsteuern etwa 85%: Einkommensteuer (283,2 Mrd. €), Umsatzsteuer (226,4 Mrd. €), Gewerbesteuer (52,8 Mrd. €), Energiesteuer (41,0 Mrd. €) und Körperschaftsteuer (29,3 Mrd. €). Nur weitere fünfzehn Steuerarten haben ein Aufkommen von mehr als 0,5 Mrd. €. Die anderen Einzelsteuern, insbesondere örtliche Verbrauch- und Verkehrsteuern, werden wegen ihrer geringen fiskalischen Bedeutung auch als **Bagatellsteuern** bezeichnet.

4 Vgl BVerfG vom 6.11.1984, BStBl. 1984 II, S. 858.

5 Zu einem Überblick über die wichtigsten Steuerarten siehe BMF, Steuern von A bis Z, Ausgabe 2019, Berlin 2019.

6 Bezieht man zusätzlich die Beiträge zu den gesetzlichen Sozialversicherungen mit ein, ergibt sich eine Abgabenquote von 42,4% = 1390,4 Mrd. €/3277,3 Mrd. €.

Die folgende Übersicht zeigt das **Steueraufkommen der 20 wichtigsten Steuerarten im Jahr 2017**:[7]

Steuerart	**in Mrd. €**	**in% des Steueraufkommens**	**Steuerart**	**in Mrd. €**	**in% des Steueraufkommens**
Einkommensteuer	283,2	38,6	Stromsteuer	6,9	0,9
Umsatzsteuer	226,4	30,8	Erbschaft- und	6,1	0,8
Gewerbesteuer	52,8	7,2	Schenkungsteuer		
Energiesteuer	41,0	5,6	Zölle	5,1	0,7
Körperschaftsteuer	29,3	4,0	Alkoholsteuer	2,1	0,3
Solidaritätszuschlag	18,0	2,5	Rennwett- und	1,8	0,2
Tabaksteuer	14,4	2,0	Lotteriesteuer		
Grundsteuer	14,0	1,9	Kaffeesteuer	1,1	0,1
Versicherungsteuer	13,3	1,8	Luftverkehrsteuer	1,1	0,1
Grunderwerbsteuer	13,1	1,8	Biersteuer	0,7	0,1
Kraftfahrzeugsteuer	8,9	1,2	Feuerschutzsteuer	0,5	0,1

Abb. 1.2: Steueraufkommen der 20 wichtigsten Steuerarten im Jahr 2017

In der Literatur finden sich zahlreiche Gliederungen und Systematisierungen der **Steuerarten**, von denen zwei von besonderer Bedeutung sind:

1. Aus **juristischer Sicht** wird zwischen Personen-, Objekt-, Verkehr- und Verbrauchsteuern unterschieden.
2. Bezogen auf die **Besteuerungsbasis** ist eine Einteilung in Steuern auf das am Markt erzielte Einkommen, Besteuerung von Vermögensmehrungen, die unentgeltlich erworben wurden (Erbfall, Schenkungen), Besteuerung des Vermögensbestands (Substanzsteuern) sowie Steuern auf die Verwendung von Einkommen und Vermögen vorzunehmen.

Zu 1. Einteilung nach rechtlichen Kriterien: Gemeinsames Merkmal von **Personensteuern** ist, dass sich die **Steuerpflicht auf eine** natürliche oder eine juristische **Person bezieht**. Personensteuern werden deshalb auch als Subjektsteuern bezeichnet. Bei Ermittlung der Steuerschuld werden die persönlichen Verhältnisse des Steuerpflichtigen (zB Familienstand, Zahl der Kinder, Alter, Krankheit, außergewöhnliche persönliche Ausgaben) berücksichtigt. Personensteuern sollen die Leistungsfähigkeit des steuerpflichtigen Subjekts erfassen (**Leistungsfähigkeitsprinzip**). Zu dieser Gruppe gehören die Einkommen-, Körperschaft-, Erbschaft- und Schenkungsteuer sowie die Kirchensteuer und der Solidaritätszuschlag. 10

Objekt- oder Realsteuern knüpfen an ein **bestimmtes Objekt** an. Die persönlichen Verhältnisse des Inhabers oder Eigentümers sollen die Höhe der Steuerzahlung nicht beeinflussen. Objektsteuern sind die Gewerbesteuer und die Grundsteuer (§ 3 Abs. 2 AO), bei denen der Gewerbebetrieb bzw der Grundbesitz als Steuergegenstand gilt.

7 Siehe hierzu BMF, Datensammlung zur Steuerpolitik, Ausgabe 2018, Berlin 2019, S. 12–13.

Verkehrsteuern stellen auf Vorgänge des wirtschaftlichen **Verkehrs von Gütern und Leistungen** ab. Sie belasten Akte oder Vorgänge des Rechtsverkehrs, die Vornahme von Rechtsgeschäften oder wirtschaftliche Vorgänge. Die persönlichen Verhältnisse der Beteiligten wirken sich auf die Höhe der zu zahlenden Verkehrsteuer im Regelfall nicht aus. Zu den Verkehrsteuern gehören die Grunderwerb-, Versicherung-, Feuerschutz-, Rennwett- und Lotteriesteuer sowie die Kraftfahrzeugsteuer.

Verbrauchsteuern belasten den **Verbrauch von bestimmten Wirtschaftsgütern** (zB Mineralöl, Erdgas, Flüssiggas und Kohle, Strom sowie Alkohol und alkoholhaltige Waren, Bier, Alkopop, Kaffee, Schaumwein, Tabakwaren), ohne auf die persönlichen Verhältnisse des Verbrauchers Rücksicht zu nehmen. **Erhoben** werden die Verbrauchsteuern nicht direkt beim Verbraucher, sondern **indirekt beim Hersteller oder Importeur**. Die Auswahl der besteuerten Güter beruht nicht auf einem einheitlichen Konzept. Aufgrund der mehr oder weniger **willkürlichen Abgrenzung der Steuergegenstände** lassen sich Verbrauchsteuern weder mit dem Leistungsfähigkeitsprinzip noch mit dem Äquivalenzprinzip (Steuern als Gegenleistung für eine bestimmte vom Staat erbrachte Leistung) begründen.

Die **Umsatzsteuer** kann nicht eindeutig zugeordnet werden. Die Umsatzsteuer ist **rechtlich** als **Verkehrsteuer** ausgestaltet. Bezogen auf ihre **wirtschaftliche Wirkung** ist sie jedoch als **Verbrauchsteuer** anzusehen.

11 **Zu 2. Systematisierung nach der Besteuerungsbasis:** Werden die Steuerarten nach der Besteuerungsbasis klassifiziert, sind vier Gruppen zu unterscheiden:

a) **Besteuerung der Einkommenserzielung**, dh von Vermögensmehrungen, die am Markt erwirtschaftet wurden, m.a.W. von Vermögensmehrungen, die auf einem entgeltlichen Leistungsaustausch beruhen (Ertragsteuern)
   - Einkommensteuer
   - Körperschaftsteuer
   - Gewerbesteuer
   - Zuschlagsteuern zur Einkommen- oder Körperschaftsteuer (Kirchensteuer, Solidaritätszuschlag)

b) **Besteuerung von Vermögensmehrungen, die unentgeltlich erworben wurden** (Besteuerung des Vermögenstransfers, bei dem kein Leistungsaustausch stattfindet)
   - Erbschaft- und Schenkungsteuer

c) **Besteuerung des Vermögensbestands**, der für Konsumausgaben verwendet werden könnte, dh Besteuerung des Besitzes von Wirtschaftsgütern (Substanzsteuern)
   - Grundsteuer
   - Vermögensteuer

   (Hinweis: Die Vermögensteuer wird seit dem Jahr 1997 nicht mehr erhoben.)

d) **Besteuerung der Verwendung von Einkommen und Vermögen**, dh der tatsächlichen Verwirklichung von Konsumausgaben (Verkehr- und Verbrauchsteuern)
   - Umsatzsteuer (als allgemeine Verkehrsteuer [rechtliche Sichtweise] bzw allgemeine Verbrauchsteuer [wirtschaftliche Wirkung])
   - spezielle Verkehrsteuern (zB Grunderwerb-, Versicherung-, Feuerschutz-, Rennwett- und Lotteriesteuer sowie Kraftfahrzeugsteuer)
   - spezielle Verbrauchsteuern (zB Energie-, Strom-, Tabak- und Alkohol-, Bier- und Alkopopsteuer).

Die Gliederung dieses Buches orientiert sich an der Einteilung der Steuerarten nach der Besteuerungsbasis. Auf die Charakterisierung der Steuern nach juristischen Gesichtspunkten wird bei den Erläuterungen zu der jeweiligen Steuerart eingegangen.

C. Steuergesetzgebungshoheit

Ein Gesetz kann nur erlassen werden, wenn das Grundgesetz einem Gesetzgebungsorgan die Kompetenz zur Gesetzgebung übertragen hat. Die Gesetzgebungshoheit für Steuern ergibt sich in erster Linie aus Art. 105 GG.[8] 12

Der **Bund** hat die **ausschließliche Gesetzgebungshoheit** über die Zölle und Finanzmonopole (Art. 105 Abs. 1 GG). Für alle übrigen Steuerarten hat der Bund die **konkurrierende Gesetzgebungshoheit**, sofern folgende Voraussetzungen vorliegen:

- Das Aufkommen steht dem Bund ganz oder zum Teil zu (Art. 105 Abs. 2 GG).
- Eine bundesgesetzliche Regelung ist zur Herstellung gleicher Lebensverhältnisse im Bundesgebiet oder zur Wahrung der Rechts- und Wirtschaftseinheit im gesamtstaatlichen Interesse erforderlich (Art. 105 Abs. 2 iVm Art. 72 Abs. 2 GG).
- Es handelt sich weder um eine örtliche Verbrauch- und Aufwandsteuer noch um den Steuersatz der Grunderwerbsteuer (Art. 105 Abs. 2a GG).
- Es handelt sich nicht um die Kirchensteuer (Art. 140 GG iVm Art. 137 Abs. 6 WRV).

Die **Länder** können Gesetze verabschieden, solange und soweit der Bund von seiner konkurrierenden Gesetzgebungshoheit nicht Gebrauch gemacht hat (Art. 105 Abs. 2 GG). Darüber hinaus haben die Länder die ausschließliche Befugnis zur Gesetzgebung über die örtlichen Verbrauch- und Aufwandsteuern, sofern diese nicht mit bundeseinheitlich geregelten Steuerarten gleichartig sind, sowie zur Bestimmung des Steuersatzes der Grunderwerbsteuer (Art. 105 Abs. 2a GG).

Eine Besonderheit gilt bei der Grundsteuer. Der Bund hat zwar für diese Steuerart die konkurrierende Gesetzgebung (Art. 105 Abs. 2 S. 1 GG). Allerdings können die Länder ab dem Jahr 2025 von der bundesgesetzlichen Regelung abweichende länderspezifische Regelungen einführen (Abweichungsgesetzgebung, Öffnungsklausel, Art. 72 Abs. 3 S. 1 Nr 7 GG).

Gemeinden haben kein eigenes Recht zur Steuergesetzgebung. Sie dürfen lediglich die Hebesätze für die Grundsteuer und die Gewerbesteuer festsetzen (Art. 106 Abs. 6 S. 2 GG).

Zusammenfassend ist festzustellen, dass die **Gesetzgebungshoheit im Steuerrecht im Wesentlichen** beim **Bund** liegt. Bundesgesetze über Steuern, deren Aufkommen ganz oder teilweise den Ländern oder den Gemeinden zufließen, dürfen allerdings nur mit **Zustimmung des Bundesrats** erlassen werden (Art. 105 Abs. 3 GG).

8 Zum Umfang der Gesetzgebungskompetenz siehe BVerfG vom 13.4.2017, BVerfGE 145 (2017), S. 171 (Ablehnung der Kernbrennstoffsteuer).

D. Steuerertragshoheit

13 Die **Steuerertragshoheit** beinhaltet das Recht einer staatlichen Gebietskörperschaft, das Aufkommen einer Steuerart ganz oder teilweise zu vereinnahmen. Die Steuerertragshoheit ist in Art. 106 GG geregelt.

Dem **Bund** stehen folgende Abgaben zu (Art. 106 Abs. 1, 3, 6 GG):

- Finanzmonopole,
- Zölle,
- Verbrauchsteuern, sofern sie nicht den Ländern oder den Gemeinden zustehen, also zB die Energie-, Strom-, Tabak-, Kaffee-, Alkohol-, Alkopop- und Schaumweinsteuer,
- Kraftfahrzeugsteuer und sonstige auf motorisierte Verkehrsmittel bezogene Verkehrsteuern (zB Luftverkehrsteuer),
- Versicherungsteuer,
- einmalige Vermögensabgaben und zur Durchführung des Lastenausgleichs erhobene Ausgleichsabgaben,
- Ergänzungsabgaben zur Einkommen- und Körperschaftsteuer, zB Solidaritätszuschlag,
- Abgaben im Rahmen der Europäischen Gemeinschaften,
- ein Anteil an den Gemeinschaftsteuern (Einkommensteuer, Körperschaftsteuer, Umsatzsteuer) sowie
- ein Anteil an der Gewerbesteuerumlage.

Für folgende Steuerarten liegt die Steuerertragshoheit bei den **Ländern** (Art. 106 Abs. 2, 3, 6 GG):

- Erbschaft- und Schenkungsteuer,
- Verkehrsteuern, sofern sie nicht dem Bund oder den Gemeinden zufließen, also zB Grunderwerb-, Feuerschutz- sowie Rennwett- und Lotteriesteuer,
- Biersteuer,
- Spielbankabgabe,
- einen Anteil an den Gemeinschaftsteuern (Einkommensteuer, Körperschaftsteuer, Umsatzsteuer) sowie
- einen Anteil an der Gewerbesteuerumlage.

Die **Gemeinden** erhalten (Art. 106 Abs. 5–7 GG):

- Grundsteuer,
- Gewerbesteuer (abzüglich der Gewerbesteuerumlage),
- örtliche Verbrauch- und Aufwandsteuern (nach Maßgabe der Landesgesetzgebung), zB Hunde- und Vergnügungsteuer,
- einen Anteil an der Einkommensteuer,
- einen Anteil an der Umsatzsteuer sowie
- einen Anteil am Länderanteil der Gemeinschaftsteuern, soweit es die Landesgesetzgebung vorsieht.

Zum Ausgleich des Steuergefälles zwischen Ländern mit einem hohen Steueraufkommen und Ländern mit einem geringen Steueraufkommen sind ein (horizontaler) **Finanzausgleich** zwischen den Ländern sowie Ergänzungszuweisungen des Bundes (vertikaler Finanzausgleich) vorgesehen (Art. 107 GG). Der horizontale Finanzausgleich unterteilt sich in Umsatzsteuer-Ergänzungsanteile (Beteiligung der einzelnen Länder am Länderanteil der Umsatzsteuer) sowie zusätzliche Ausgleichszahlungen zwischen den Ländern („Länderfinanzausgleich"). Die Verfassungen der Länder sehen zur Minderung der Finanzkraftunterschiede zwischen den Gemeinden einen kommunalen Finanzausgleich vor.

Die allgemeinen Regelungen des Grundgesetzes zum bundesstaatlichen Finanzausgleich werden durch das Finanzausgleichsgesetz (FAG) ergänzt. Im FAG werden neben den Grundsätzen für die Verteilung des Umsatzsteueraufkommens, für den Finanzausgleich zwischen den Ländern sowie für die Gewährung von Bundesergänzungszuweisungen auch die detaillierten Verteilungs- und Ausgleichsregelungen festgelegt. Im Zerlegungsgesetz wird insbesondere die Aufteilung der Körperschaftsteuer sowie der Lohnsteuer (als eine Form zur Erhebung der Einkommensteuer) zwischen den Ländern geregelt.

E. Steuerverwaltungshoheit

Bei der **Steuerverwaltungshoheit** ist der Vollzug der Steuergesetze angesprochen. **14**
Die Steuerverwaltungshoheit liegt insbesondere beim Bund und bei den Ländern. **Bundesfinanzbehörden** sind insbesondere das Bundesministerium der Finanzen (BMF), das Bundeszentralamt für Steuern (BZSt) sowie die Hauptzollämter. **Landesfinanzbehörden** bilden die Landesfinanzministerien bzw -senatoren, die Landesämter für Steuern (LfSt) bzw die Oberfinanzdirektionen (OFD) und die (örtlichen) Finanzämter. In Teilbereichen übernehmen die Steuerämter der **Gemeinden** Aufgaben der Steuerverwaltung.

Von den **Bundesfinanzbehörden** werden die Zölle, Finanzmonopole, bundesgesetzlichen Verbrauchsteuern (einschließlich Einfuhrumsatzsteuer und Biersteuer), die Kraftfahrzeugsteuer und die sonstigen auf motorisierte Verkehrsmittel bezogenen Verkehrsteuern sowie die Abgaben im Rahmen der Europäischen Gemeinschaften verwaltet (Art. 108 Abs. 1 GG).

Im Auftrag des Bundes verwalten **Landesfinanzbehörden** die Steuern, die ganz oder zum Teil dem Bund zufließen, dh die Einkommensteuer, Körperschaftsteuer, den Solidaritätszuschlag, die Umsatzsteuer und Versicherungsteuer (Art. 108 Abs. 3 GG). Im eigenen Auftrag verwalten die Landesfinanzbehörden die Erbschaft- und Schenkungsteuer, Grunderwerbsteuer, Feuerschutzsteuer, Rennwett- und Lotteriesteuer, Spielbankabgabe, Gewerbesteuer und Grundsteuer (Art. 108 Abs. 2 GG). Von den **Steuerämtern der Gemeinden** werden die Gewerbesteuer und die Grundsteuer festgesetzt und erhoben. Darüber hinaus kann den Gemeinden die Verwaltung der örtlichen Verbrauch- und Aufwandsteuern übertragen werden (Art. 108 Abs. 4 GG).

Die Aufgaben der verschiedenen Behörden sind im Gesetz über die Finanzverwaltung (FVG) im Einzelnen geregelt.

Die Abb. 1.3 gibt einen Überblick über die wichtigsten Merkmale des Finanzsystems in Deutschland.

Steuerart	**Gesetzgebung**	**Verwaltung**	**Ertragshoheit**
Einkommensteuer	Bund	Länder	Bund Länder Gemeinden
Körperschaftsteuer	Bund	Länder	Bund Länder
Gewerbesteuer	Bund Gemeinden (Hebesatz)	Länder Gemeinden	Gemeinden (Bund, Länder)
Kirchensteuer	Länder	Länder Kirchen	Kirchen
Solidaritätszuschlag	Bund	Länder	Bund
Erbschaft- und Schenkungsteuer	Bund	Länder	Länder
Grundsteuer	Bund Länder (Öffnungsklausel für abweichendes Landesrecht) Gemeinden (Hebesatz)	Länder Gemeinden	Gemeinden
Grunderwerbsteuer	Bund Gemeinden (Steuersatz)	Länder	Länder
Energiesteuer	Bund	Bund	Bund
Stromsteuer	Bund	Bund	Bund
Umsatzsteuer	Bund	Länder	Bund Länder (Gemeinden)

Abb. 1.3: Grundzüge der Verteilung der Steuerkompetenzen

F. Steuersubjekt, Steuerschuldner, Steuerzahler, Steuerträger, Steuerdestinatär, Steuergläubiger

15 Die Begriffe Steuersubjekt, Steuerschuldner, Steuerzahler, Steuerträger, Steuerdestinatär und Steuergläubiger stellen darauf ab, wer die steuerlichen Verpflichtungen erfüllen muss, wer die Steuerbelastung zu tragen hat und wem die Steuereinnahmen zufließen.

16 **Steuersubjekt** oder **Steuerpflichtiger** ist derjenige, der eine durch die Steuergesetze auferlegte Verpflichtung zu erfüllen hat (§ 33 AO). Hierzu gehören insbesondere die Verpflichtung zur Steuerzahlung (materielle Steuerpflicht) sowie Aufzeichnungs-,

Aufbewahrungs-, Erklärungs- und Auskunftspflichten (verfahrensrechtliche Verpflichtungen).

Steuerschuldner ist ein Unterbegriff des Steuerpflichtigen. Steuerschuldner ist derjenige, der den Tatbestand verwirklicht, an den das Gesetz die Leistungspflicht knüpft (§ 43 iVm § 37, § 38 AO). Die Steuerschuldnerschaft bezieht sich nur auf die **materielle Steuerpflicht**. Jeder Steuerschuldner ist gleichzeitig Steuerpflichtiger (Steuersubjekt), aber nicht jeder Steuerpflichtige ist Steuerschuldner. 17

Steuerzahler (Steuerentrichtungsverpflichteter) ist derjenige, der nach dem jeweiligen Steuergesetz die **Steuer an den Fiskus zu leisten hat** (§ 43 AO). In den meisten Fällen stimmen Steuerschuldner und Steuerzahler überein, so zB nach § 36 Abs. 4 EStG, § 19 GewStG, § 28, § 29, § 31 GrStG, § 13a, § 18 Abs. 4, 4a UStG. 18

In **Ausnahmefällen** hat der **Steuerzahler** die **Steuer für Rechnung des Steuerschuldners** einzubehalten und an die Finanzbehörden **abzuführen**. Beispiele hierfür sind die Lohnsteuer (Arbeitgeber für Rechnung des Arbeitnehmers, § 38, § 41a EStG), die Kapitalertragsteuer (Schuldner der Kapitalerträge für den Gläubiger der Kapitalerträge, § 44 EStG), der Steuerabzug bei Bauleistungen (der Leistungsempfänger für den Leistenden, § 48 EStG), die Aufsichtsratsteuer (Kapitalgesellschaft für den Aufsichtsrat, § 50a EStG) und die Versicherungsteuer (Versicherer für den Versicherungsnehmer, § 7 VersStG).

Die Lohnsteuer, die Kapitalertragsteuer, den Steuerabzug bei Bauleistungen und die Aufsichtsratsteuer bezeichnet man auch als Abzugssteuern **(Quellensteuern)**, da die Steuer vom Zahlungsverpflichteten an der Quelle einbehalten und an das Finanzamt abgeführt wird (Abzugsverfahren). Die Auszahlung an den Zahlungsempfänger wird damit auf den Nettobetrag reduziert.

Steuerträger ist derjenige, der eine **Steuer wirtschaftlich trägt**. Steuerschuldner und Steuerträger fallen auseinander, wenn es dem Steuerschuldner gelingt, die von ihm geschuldete Steuer auf eine andere Person – den Steuerträger – zu überwälzen. Kann ein Steuerschuldner seine Absatzpreise in gleichem Umfang wie seine Steuerschuld erhöhen, ist der Abnehmer Steuerträger. Gelingt die Überwälzung nur zum Teil, sind Steuerschuldner und Abnehmer gemeinsam Steuerträger. Bei (mengen- und preismäßig) unveränderten Umsätzen ist ausschließlich der Steuerschuldner der Steuerträger. 19

Als **Steuerdestinatär** wird die Person bezeichnet, die nach dem Willen des Gesetzgebers die Steuer **wirtschaftlich tragen soll**. Bei der Einkommensteuer ist dies der Einkommensbezieher, bei der Erbschaft- und Schenkungsteuer der Erbe oder Beschenkte und bei der Umsatzsteuer der private Endverbraucher. 20

Steuerträger und Steuerdestinatär müssen nicht identisch sein. Kann beispielsweise ein Unternehmer seine Absatzpreise nicht um die bei ihm erhobene Umsatzsteuer oder Energiesteuer erhöhen, wird er zumindest teilweise zum Steuerträger, obwohl der Endverbraucher Steuerdestinatär ist.

Steuergläubiger (Steuerberechtigter) ist das **öffentlich-rechtliche Gemeinwesen, dem die Steuer zusteht**, das also über das Steueraufkommen verfügen kann. Die Steuerertragshoheit ergibt sich aus Art. 106 – Art. 107 GG. Dieser **Gegenbegriff** 21

zum Begriff des Steuerschuldners ist aus betriebswirtschaftlicher Sicht vor allem dann von Bedeutung, wenn es darum geht, inwieweit verfahrensrechtlich Steuerschulden und Steuererstattungsansprüche von unterschiedlichen Steuerarten miteinander verrechnet werden können.

G. Steuerobjekt, Bemessungsgrundlage

22 **Steuerobjekt** (Steuergegenstand) ist der Tatbestand, an den die jeweilige Steuerpflicht anknüpft. Steuerobjekt kann ein Vorgang, ein Zustand oder ein Gegenstand sein. Über die Umschreibung des Steuerobjekts wird die Besteuerung dem Grunde nach festgelegt, dh es wird konkretisiert, **was besteuert wird**. Bei der Einkommensteuer bilden die Einkünfte den Steuergegenstand, bei der Gewerbesteuer der Gewerbebetrieb, bei der Umsatzsteuer entgeltliche Lieferungen und sonstige Leistungen, bei der Kraftfahrzeugsteuer das Halten eines Kraftfahrzeugs zum Verkehr auf öffentlichen Straßen.

23 **Bemessungsgrundlage** ist die **Wert- oder Mengengröße**, die den Umfang des **Steuerobjekts quantifiziert**. Durch die Bemessungsgrundlage wird die Besteuerung der Höhe nach konkretisiert. Bemessungsgrundlage bei der Einkommensteuer ist das zu versteuernde Einkommen, bei der Gewerbesteuer der Gewerbeertrag, bei der Umsatzsteuer das Entgelt und bei der Kraftfahrzeugsteuer der Hubraum, das verkehrsrechtlich zulässige Gesamtgewicht oder die Schadstoff- und Geräuschemission.

H. Steuertarif, Steuersatz

24 Beim **Steuertarif** handelt es sich um eine tabellarische oder formelmäßige **Zusammenstellung, die für jede Höhe der Bemessungsgrundlage den dazugehörenden Steuersatz angibt**. Daraus folgt, dass ein Steuertarif aus zwei Komponenten besteht: Bemessungsgrundlage und Steuersatz. Durch Multiplikation der Bemessungsgrundlage mit dem Steuersatz ergibt sich die Steuerschuld.

25 Der **Steuersatz wird** entweder **durch** eine **Tarifformel** (zB Einkommensteuer), eine **Tariftabelle** (zB Erbschaft- und Schenkungsteuer), einen **Prozentsatz** (zB Körperschaft- oder Umsatzsteuer) oder einen **Geldbetrag pro Einheit** einer Mengen- oder Wertgröße **vorgegeben** (zB Kraftfahrzeug- oder Energiesteuer).

Der **Steuersatz** kann entweder **von der Höhe der Bemessungsgrundlage unabhängig** sein (konstanter Steuersatz) oder **mit ihrer Höhe variieren** (variabler Steuersatz). Ein konstanter Steuersatz führt zu einem **proportionalen Tarif**. Bei variablen Steuersätzen ist zwischen **progressiven, degressiven, regressiven** und **fixen Tarifen** zu unterscheiden. Die meisten Steuerarten kennen proportionale Tarife. Bei wichtigen Steuerarten (insbesondere Einkommensteuer sowie Erbschaft- und Schenkungsteuer) werden jedoch progressive Tarife verwendet. Degressive, regressive und fixe Tarife kommen im deutschen Steuersystem nicht zur Anwendung.

26 Betriebswirtschaftlich ist insbesondere die Unterscheidung zwischen **Durchschnittssteuersatz** und Grenzsteuersatz von Bedeutung. Der Durchschnittssteuersatz errech-

net sich dadurch, dass die **Steuerschuld durch die Bemessungsgrundlage dividiert** wird. Der Durchschnittssteuersatz gibt an, mit welchem Betrag die (steuerrechtliche) Bemessungsgrundlage im Durchschnitt belastet ist:

$$\text{Durchschnittssteuersatz} = \frac{\text{Steuerschuld}}{\text{Bemessungsgrundlage}}$$

Der **Grenzsteuersatz** oder Differenzsteuersatz zeigt, **welche zusätzliche Steuerschuld aus einer Erhöhung der Bemessungsgrundlage** resultiert. Er entspricht dem Steuersatz, mit dem die Veränderung der Bemessungsgrundlage besteuert wird:

$$\text{Grenzsteuersatz} = \frac{\text{Veränderung der Steuerschuld}}{\text{Veränderung der Bemessungsgrundlage}} = \frac{\delta\ \text{Steuerschuld}}{\delta\ \text{Bemessungsgrundlage}}$$

Von einem Grenzsteuersatz kann man nur bei einer infinitesimal kleinen Veränderung (δ) der Bemessungsgrundlage sprechen. Mathematisch gibt der Grenzsteuersatz die erste Ableitung des Steuertarifs wieder. Für die Unternehmenspraxis sind **betragsmäßig eindeutig feststehende Veränderungen der Bemessungsgrundlage** bedeutsamer, wie Erhöhung der Einkünfte um 10 000 €. Bezieht man die in Euro ausgedrückte Veränderung der (steuerrechtlichen) Bemessungsgrundlage auf die dadurch ausgelöste Veränderung der Steuerschuld, erhält man den **Differenzsteuersatz**.

$$\text{Differenzsteuersatz} = \frac{\text{Veränderung der Steuerschuld in Euro}}{\text{Veränderung der Bemessungsgrundlage in Euro}}$$

Bei einem **proportionalen Tarif** stimmen Durchschnittssteuersatz und Differenzsteuersatz überein. Diese Aussage gilt unabhängig davon, wie hoch die Bemessungsgrundlage ist. Bei proportionalen Tarifen decken sich sowohl der Durchschnittssteuersatz als auch der Differenzsteuersatz mit dem vorgegebenen (konstanten) Steuersatz.

Progressive Tarife sind dadurch gekennzeichnet, dass der **Durchschnittssteuersatz umso höher** ist, **je höher die Bemessungsgrundlage ist**. Progressive Tarife weisen den Anstieg des Durchschnittssteuersatzes entweder direkt oder indirekt aus.

Die **direkte** (offene) **Progression** (Abb. 1.4) kann unmittelbar aus dem Tarif ersehen werden. Sie ist dadurch gekennzeichnet, dass sich bei einem Anstieg der Bemessungsgrundlage nicht nur der Durchschnittssteuersatz erhöht, sondern auch der Differenzsteuersatz (Grenzsteuersatz). Der Anstieg des Differenzsteuersatzes verläuft steiler als die Erhöhung des Durchschnittssteuersatzes, sodass unabhängig von der Höhe der Bemessungsgrundlage der Durchschnittssteuersatz immer unter dem Differenzsteuersatz liegt. Beispiele für direkt progressive Steuertarife finden sich bei der Einkommen-, Erbschaft- und Schenkung- sowie Biersteuer und für Lastkraftwagen bei der Kraftfahrzeugsteuer.

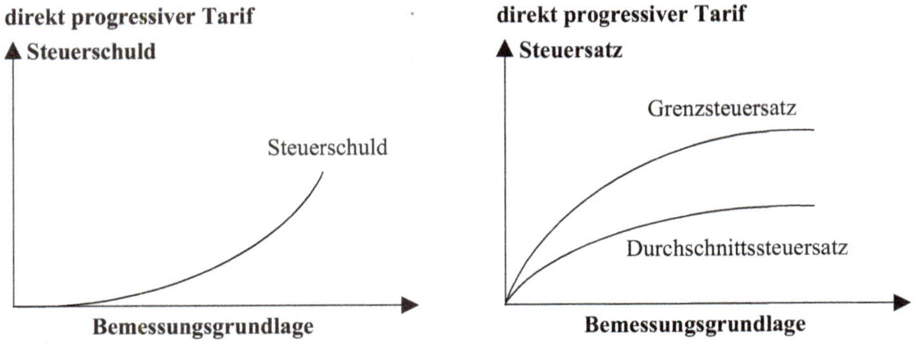

Abb. 1.4: Steuerschuld und Steuersatz bei einem direkt progressiven Tarif

27 Die **indirekte** (versteckte) **Progression** entsteht insbesondere **durch Freibeträge** (Abb. 1.5, oberer Teil). Wird von der Bemessungsgrundlage ein Freibetrag abgezogen, ergibt sich trotz (formal) konstantem Steuersatz ein progressiver Tarif: (1) Liegt die Bemessungsgrundlage unter dem Freibetrag, fällt keine Steuer an. Sowohl Durchschnittssteuersatz als auch Differenzsteuersatz betragen null. (2) Die Teile der Bemessungsgrundlage, die den Freibetrag übersteigen, werden mit dem vorgegebenen Steuersatz belastet, der in diesem Bereich dem Differenzsteuersatz entspricht. Der Durchschnittssteuersatz erhöht sich sukzessive und nähert sich dem Differenzsteuersatz immer mehr an. Aufgrund des Freibetrags kann er ihn aber – mathematisch gesehen – nie erreichen.

28 Freibeträge sind von **Freigrenzen** zu unterscheiden (Abb. 1.5, unterer Teil). Ein Freibetrag stellt einen bestimmten Teil der Bemessungsgrundlage von der Besteuerung frei, lediglich der darüber hinausgehende Teil unterliegt dem Tarif. Auch bei einer Freigrenze fällt keine Steuer an, sofern die Bemessungsgrundlage unter der Freigrenze liegt. Übersteigt die Bemessungsgrundlage die Freigrenze, unterliegt allerdings die gesamte Bemessungsgrundlage der Besteuerung, (im Gegensatz zu einem Freibetrag) nicht nur der Teil, der über die Freigrenze hinausgeht.

Bis zum Erreichen des Grenzwerts betragen sowohl bei Freigrenzen als auch bei Freibeträgen der Durchschnittssteuersatz und der Differenzsteuersatz null. Übersteigt die Bemessungsgrundlage die Freigrenze, entfaltet eine Freigrenze keine Wirkung mehr: Durchschnittssteuersatz und Differenzsteuersatz richten sich in diesem Bereich nach dem vorgegebenen Steuersatz. Beim Übergang von der Freigrenze in den steuerpflichtigen Teil kommt es zu einem sehr hohen Differenzsteuersatz. Durch die kontinuierliche Angleichung des Durchschnittssteuersatzes an den vorgegebenen Steuersatz bei einem Tarif mit Freibetrag bzw durch den starken einmaligen Anstieg des Durchschnittssteuersatzes bei einem Tarif mit Freigrenze entsteht ein (indirekter) Progressionseffekt.

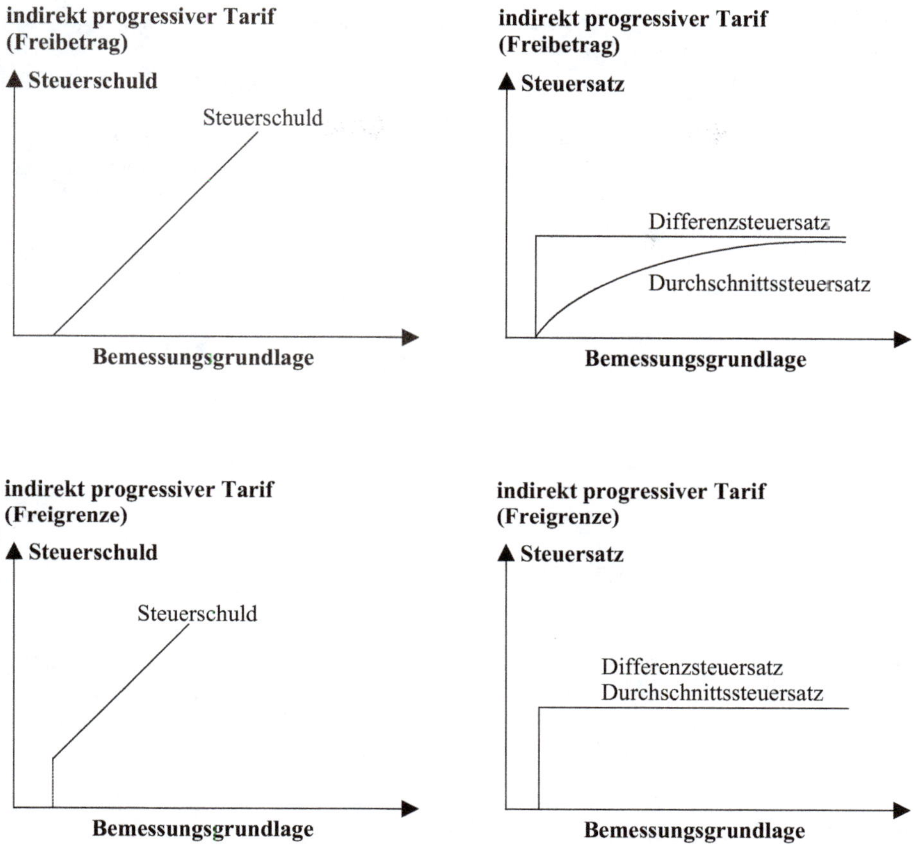

Abb. 1.5: Steuerschuld und Steuersatz bei einem indirekt progressiven Tarif

Beispiel: Gewährt ein Arbeitgeber seinem Arbeitnehmer Sachbezüge, bleiben diese außer Ansatz, wenn sie die Freigrenze von 44 €/Monat nicht übersteigen (§ 8 Abs. 2 S. 11 EStG). Bei Sachbezügen im Wert von 35 €/Monat hat der Arbeitnehmer diese nicht als geldwerten Vorteil zu versteuern, weil die Freigrenze unterschritten wird. Werden die Sachbezüge auf 50 €/Monat erhöht, sind diese in vollem Umfang als Arbeitslohn steuerpflichtig. Beträgt der Einkommensteuersatz des Arbeitnehmers 40%, hat er auf die Sachbezüge in jedem Monat 20 € Einkommensteuer (Lohnsteuer) zu bezahlen. Bezogen auf die zusätzlichen Sachbezüge von 15 €/Monat (= 50 €/Monat – 35 €/Monat) entspricht dies einem Differenzsteuersatz von 133% (= 20 €/ Monat/15 €/Monat).

Freibeträge sind in den Steuergesetzen an den Formulierungen „insoweit“, „soweit“ oder „bis … insgesamt“ erkennbar. Freigrenzen werden mit „wenn“ oder „sofern“ bezeichnet.

Zusätzlich besteht noch eine **spezielle Form** des **Freibetrags**. Übersteigt die Bemes- **29**
sungsgrundlage einen bestimmten Wert, **vermindert sich der Freibetrag sukzessive**, bis er ab einem zweiten (höheren) Wert der Bemessungsgrundlage vollständig entfällt. Diese spezielle Form eines Freibetrags wirkt wie eine gleitende Freigrenze.

Beispiel: Für Gewinne, die bei der Veräußerung eines Betriebs entstehen, wird unter bestimmten Voraussetzungen ein Freibetrag von 45 000 € gewährt. Dieser Freibetrag verringert sich um den Betrag, um den der Veräußerungsgewinn (dh die Bemessungsgrundlage) 136 000 € übersteigt (§ 16 Abs. 4 EStG).

- Bis zu einer Bemessungsgrundlage von 136 000 € wirkt diese Regelung wie ein Freibetrag.
- Zwischen 136000 und 181 000 € geht der steuerfreie Teil der Bemessungsgrundlage schrittweise zurück. Bei einem Veräußerungsgewinn von 150 000 € reduziert sich der Freibetrag auf 31 000 € = 45 000 € – (150 000 € – 136 000 €).
- Bei einer Bemessungsgrundlage von über 181 000 € (= 45 000 € + 136 000 €) ist der Veräußerungsgewinn in vollem Umfang steuerpflichtig.

Zweiter Abschnitt

Merkmale des deutschen Steuersystems

A. Fehlen einer eigenständigen Unternehmensbesteuerung

30 Das deutsche Steuersystem kennt **keine eigenständige Unternehmensbesteuerung**. Vielmehr ist die Besteuerung der unternehmerischen Geschäftstätigkeit in ein System eingebunden, das zahlreiche Steuerarten mit einer Vielzahl von unterschiedlichen Steuerobjekten und Bemessungsgrundlagen umfasst.[9]

Die folgenden Beispiele vermitteln einen ersten Einblick, auf Einzelheiten wird in den späteren Kapiteln eingegangen: Die **Gewinne** eines gewerblichen **Einzelunternehmens** und der Anteil am Gewinn einer gewerblich tätigen Personengesellschaft unterliegen der **Einkommensteuer**. Sie gehen als eine der sieben Einkunftsarten in das zu versteuernde Einkommen einer natürlichen Person (Einzelunternehmer, Gesellschafter einer Personengesellschaft) ein. Da die Kirchensteuer und der Solidaritätszuschlag an die Einkommensteuer anknüpfen, unterliegen die Gewinne **zusätzlich** der **Kirchensteuer** (nur bei kirchensteuerpflichtigen Personen) und dem **Solidaritätszuschlag**.

Die **Erfolge** einer **Kapitalgesellschaft** werden mit **Körperschaftsteuer** belastet. Ergänzend wird der **Solidaritätszuschlag** erhoben. Darüber hinaus werden **Gewinnausschüttungen** einer Kapitalgesellschaft auf Ebene der Gesellschafter (natürliche Personen, die ihre Anteile im Privatvermögen halten) als Einkünfte aus Kapitalvermögen von der **Einkommensteuer** (zuzüglich den beiden **Zuschlagsteuern**) erfasst. Eine Doppelbelastung mit Einkommen- und Körperschaftsteuer wird in pauschalierender Form vermieden: Auf Ebene des Anteilseigners einer Kapitalgesellschaft erfolgt die Entlastung bei der Einkommensteuer dadurch, dass die Dividenden einem

9 Siehe hierzu grundlegend Rose, Betriebswirtschaftliche Steuerlehre, 3. Aufl., Wiesbaden 1992, S. 3–4; Rose, Unternehmenssteuerrecht, 2. Aufl., Berlin 2004, S. 17–18.

Sondersteuersatz von 25% (und nicht dem persönlichen Einkommensteuersatz von bis zu 45%) unterliegen.

Die **Gewerbesteuer** knüpft an die Bemessungsgrundlagen der Personensteuern an, sodass auf den **Gewinnen** eines gewerblich tätigen Unternehmers **neben Einkommen- bzw Körperschaftsteuer** (einschließlich Zuschlagsteuern) auch **Gewerbesteuer** lastet.

Die wichtigsten Tatbestände der **Erbschaft- und Schenkungsteuer** sind „Erwerb von Todes wegen" und „Schenkungen unter Lebenden". Hierunter fallen auch **unentgeltliche Übertragungen** von Einzelunternehmen sowie von Anteilen an Personen- und Kapitalgesellschaften.

Der **inländische Grundbesitz** unterliegt der **Grundsteuer**.

Bei den Verkehrsteuern bilden entgeltliche Lieferungen und sonstige Leistungen (**Umsatzsteuer**) und der Erwerb von Grundstücken (**Grunderwerbsteuer**) die wichtigsten Steuerobjekte. Daneben unterliegen die Zahlung eines Versicherungsentgelts (**Versicherungsteuer**), die Entgegennahme eines Versicherungsentgelts für bestimmte Versicherungen (**Feuerschutzsteuer**), Wetten bei öffentlichen Pferderennen bzw Lotterien und Ausspielungen (**Rennwett- und Lotteriesteuer**), das Halten eines Kraftfahrzeugs zum Verkehr auf öffentlichen Straßen (**Kraftfahrzeugsteuer**) sowie der Betrieb einer Spielbank (**Spielbankabgabe**) der Besteuerung.

Zu den bedeutsamsten Verbrauchsteuern gehören die **Energiesteuer** (Verbrauch von Mineralöl, Erdgas, Flüssiggasen und Kohle, nachwachsenden Energieerzeugnissen (zB Biodiesel) und synthetischen Kohlenwasserstoffen aus Biomasse als Kraft- oder Heizstoff), die **Stromsteuer** (Verbrauch von elektrischem Strom), die **Alkoholsteuer** (Verbrauch von Alkohol und alkoholhaltigen Waren), die **Biersteuer** (Verbrauch von Bier, als lex specialis zur Alkoholsteuer), die **Alkopopsteuer** (Verbrauch von bestimmten branntweinhaltigen Mischgetränken, als lex specialis zur Alkoholsteuer), die **Kaffeesteuer** (Verbrauch von Kaffee), die **Schaumweinsteuer** (Verbrauch von Schaumwein) und die **Tabaksteuer** (Verbrauch von Tabakwaren).

Die auf Gemeindeebene erhobenen Aufwandsteuern erfassen beispielsweise die entgeltliche Abgabe bestimmter alkoholischer und nichtalkoholischer Getränke zum Verzehr an Ort und Stelle (**Getränkesteuer**), das Halten eines Hundes (**Hundesteuer**), das Unterhalten einer Jagd oder einer Fischerei (**Jagd- und Fischereisteuer**), Erlaubnis zum Betrieb einer Gastwirtschaft oder eines Kleinhandels mit Branntwein (**Schankerlaubnissteuer**), Tanzveranstaltungen, Filmvorführungen usw (**Vergnügungsteuer**) und das Innehaben einer Zweitwohnung (**Zweitwohnungsteuer**).

B. Dependenzen und Interdependenzen

Die Komplexität der Unternehmensbesteuerung erhöht sich dadurch, dass die einzelnen Steuerarten nebeneinander anfallen können: **31**

- Bei der Einordnung eines wirtschaftlichen Sachverhalts in das Steuersystem wird zum Teil das **gleiche Steuerobjekt** von **mehreren Steuerarten** erfasst.

Beispiele: Gewerbliche Gewinne unterliegen bei Einzelunternehmern sowohl der Einkommensteuer als auch der Gewerbesteuer, bei Kapitalgesellschaften sowohl der Körperschaftsteuer als auch der Gewerbesteuer.

Entnahmen von Wirtschaftsgütern aus dem Unternehmen für private Zwecke sind sowohl bei der Einkommensteuer und Gewerbesteuer als auch bei der Umsatzsteuer steuerlich relevante Vorgänge.

- Die verschiedenen **Steuerarten** sind in vielfältiger Weise **miteinander verknüpft**. Die Verknüpfungen können über die Bemessungsgrundlage oder durch die Abzugsfähigkeit einer Steuerart bei Ermittlung der Steuerschuld einer anderen Steuerart auftreten.

Beispiele: Die Kirchensteuer bemisst sich nach der Einkommensteuer einer natürlichen Person. Die Kirchensteuer ist wiederum von der Bemessungsgrundlage der Einkommensteuer abzugsfähig. Dies bedeutet, dass sich die Kirchensteuer und die Einkommensteuer gegenseitig beeinflussen.

Die **effektive steuerliche Belastung** der von Unternehmen erzielten Erträge, des unternehmerischen Zwecken dienenden Vermögens und von Verkehrsvorgängen ist deshalb im Regelfall **nicht unmittelbar erkennbar**.[10]

C. Anknüpfung an zivilrechtliche Wertungen

32 **Ziel** der Unternehmensbesteuerung ist es, **wirtschaftliche Tatbestände** zu **erfassen**, wie beispielsweise das am Markt erwirtschaftete Einkommen oder das an einem Stichtag vorhandene Vermögen. **Bei Konkretisierung** der Steuergegenstände, dh bei der Festlegung dessen, was der Besteuerung unterliegt, wird aber **nicht an betriebswirtschaftliche Zielgrößen** – zB kapitaltheoretischer Gewinn, Kapitalwert, Deckungsbeitrag, Unternehmenswert nach der Discounted-Cash-Flow-Methode, Verkehrswert eines Grundstücks – angeknüpft, **vielmehr** bestimmt sich die Steuerbelastung nach **juristisch definierten Bemessungsgrundlagen:** das zu versteuernde Einkommen (§ 2 Abs. 5 EStG, § 7 Abs. 2 KStG), der Gewerbeertrag (§ 6 GewStG), die Bereicherung des Erwerbers (§ 10 ErbStG) oder der in einem speziellen Verfahren ermittelte Grundsteuerwert eines Grundstücks (§ 13 GrStG). Die für die Steuerbilanz geltenden Gewinnermittlungsvorschriften weichen erheblich von den betriebswirtschaftlichen Grundsätzen zur Berechnung des Erfolgs eines Unternehmens ab.

Weitere Abweichungen vom betriebswirtschaftlichen Erfolgs- bzw Vermögensbegriff ergeben sich bei den Personensteuern **durch** die **Berücksichtigung** der **persönlichen Verhältnisse** eines Unternehmers (zB weitere Einkünfte oder Vermögenswerte außerhalb des Unternehmens, Familienstand, Zahl der Kinder, Alter).

Bei der **Bestimmung des Steuersubjekts**, dh bei der Frage, welche Person der Besteuerung unterliegt, wird gleichfalls **auf zivilrechtliche Wertungen** und nicht auf den betriebswirtschaftlichen Unternehmensbegriff **abgestellt**. Eine Kapitalgesellschaft unterliegt als juristische Person der Körperschaftsteuer und der Gewerbesteuer.

10 Zu den Methoden zur Quantifizierung der Steuerbelastung siehe Band III: Steuerplanung, Zweiter Teil.

Unabhängig davon sind zusätzlich die Gesellschafter als natürliche oder juristische Personen steuerpflichtig (Trennungsprinzip). Personengesellschaften sind aufgrund der eingeschränkten zivilrechtlichen Rechtsfähigkeit weder einkommen- noch körperschaftsteuerpflichtig. Als natürliche oder juristische Personen sind die Gesellschafter einer Personengesellschaft Steuersubjekte (Transparenzprinzip). Der Erfolg eines rechtlich unselbständigen Einzelunternehmens wird unmittelbar bei seinem Inhaber erfasst (Einheitsprinzip).

Die **zivilrechtliche Form eines Rechtsgeschäfts** wird **im Steuerrecht prinzipiell** **33**
anerkannt. Die steuerlichen Folgen einer Tätigkeit hängen deshalb häufig davon ab, ob diese über einen Kauf-, Miet- oder Pacht-, einen Darlehens-, einen Arbeitsvertrag oder auf gesellschaftsrechtlicher Basis abgewickelt wird.

Das Merkmal „Anknüpfung an zivilrechtliche Wertungen“ bildet die Hauptursache dafür,[11]

- dass die Steuerbelastung eines Unternehmens von der gewählten **Rechtsform** abhängt,
- dass die verschiedenen Formen der Außenfinanzierung (**Eigen-** und **Fremdfinanzierung, Kreditkauf** und **Leasing**) unterschiedlich besteuert werden,
- dass bei Kapitalgesellschaften die Gesamtsteuerbelastung von der Art der **Gewinnverwendung** (Thesaurierung oder Ausschüttung) bestimmt wird und
- dass die Vorteilhaftigkeit einer **Investition** von der Besteuerung beeinflusst wird.

Allgemein gilt: Je mehr die betriebswirtschaftliche Würdigung eines Sachverhalts von der steuerrechtlichen Einordnung abweicht, desto mehr wirkt sich die Besteuerung auf Rechtsform-, Investitions- und Finanzierungsentscheidungen aus. Ein entscheidungsneutrales Steuersystem würde sich demgegenüber dadurch auszeichnen, dass die ohne Berücksichtigung der Besteuerung feststellbare Rangfolge zwischen verschiedenen Handlungsalternativen mit der Reihenfolge übereinstimmt, die sich ergibt, wenn die steuerlichen Effekte dieser Handlungsalternativen mit einbezogen werden (**Entscheidungsneutralität** in Form von Rangfolgeinvarianz).[12] Im geltenden Steuerrecht ist es nicht ausgeschlossen, dass sich eine Handlungsalternative nur deshalb als vorteilhaft erweist, weil sie steuerlich geringer belastet wird als eine andere (ohne Berücksichtigung von Steuern vorzuziehende) Handlungsalternative. Besonders deutlich wird die fehlende Entscheidungsneutralität des Steuerrechts bei „Steuersparmodellen“, die sich in allgemeiner Form dadurch kennzeichnen lassen, dass sich ein Steuerpflichtiger nur aufgrund von (tatsächlichen oder vermuteten) steuerlichen Vorteilen für eine bestimmte Art der Vermögensanlage entscheidet, für die er sich ohne Betrachtung der steuerlichen Effekte nicht entschieden hätte.

D. Wertungsabhängigkeit

Ein weiteres Merkmal des deutschen Steuersystems ist die Wertungsabhängigkeit. **34**
Dieses Kriterium unterteilt sich in Beurteilungsabhängigkeit und Optionsabhängigkeit.

11 Siehe hierzu ausführlich Band III: Steuerplanung, Dritter bis Fünfter Teil.
12 Siehe hierzu Schneider, Steuerlast und Steuerwirkung, München/Wien 2002, S. 97–101.

35 Die **Beurteilungsabhängigkeit** ergibt sich daraus, dass die Prüfung der Steuerbarkeit eines Vorgangs und der Befreiungsvorschriften, die Ermittlung der Bemessungsgrundlage sowie die Anwendung des Tarifs eine subjektive Komponente aufweisen. Die **Einordnung eines wirtschaftlichen Sachverhalts in** die **steuerlichen Normen gelingt nicht immer in eindeutiger Weise**. Die Höhe der Steuerbelastung bestimmt sich deshalb auch danach, wie der Steuerpflichtige, sein Berater, die Angehörigen der Finanzverwaltung und die Richter der Finanzgerichte den betrachteten wirtschaftlichen Sachverhalt beurteilen und wie sie das Steuerrecht interpretieren. Die beiden **Hauptursachen** für die Beurteilungsabhängigkeit bilden die Komplexität des Steuersystems sowie die Unbestimmtheit zahlreicher steuerlicher Vorschriften:

- Aufgrund der **Komplexität des Steuersystems** bereiten das Erkennen und die Anwendung sämtlicher Regelungen, die für die steuerliche Behandlung eines konkreten Sachverhalts bedeutsam sind, erhebliche Schwierigkeiten. Die Beurteilungsabhängigkeit ergibt sich daraus, dass von den Beteiligten die für den Sachverhalt relevanten Normen nicht vollständig zur Kenntnis genommen oder unterschiedlich ausgelegt werden.
- Die Beurteilungsabhängigkeit wird dadurch verstärkt, dass die steuerlichen Vorschriften zahlreiche unbestimmte Rechtsbegriffe und unklare Formulierungen beinhalten (**Unbestimmtheit der Rechtsnormen**). Dies gilt insbesondere im Bilanzsteuerrecht und bei der Gewinnaufteilung zwischen verbundenen Unternehmen. Beispielsweise bereitet die Konkretisierung der Begriffe Teilwert, Herstellungskosten, verdeckte Gewinnausschüttung oder angemessener Verrechnungspreis für Leistungsbeziehungen zwischen zwei Konzernunternehmen erhebliche Probleme und führt zu zahlreichen Meinungsverschiedenheiten zwischen Steuerpflichtigen und Finanzbehörden.

36 Aufgrund der **Optionsabhängigkeit** des Steuerrechts kann der Steuerpflichtige die Höhe der Steuerschuld zum Teil selbst beeinflussen. Dabei ist zwischen Wahlrechten innerhalb des Rechnungswesens und Wahlrechten außerhalb des Rechnungswesens zu differenzieren:

- **Wahlrechte innerhalb des Rechnungswesens** (rechnungslegungspolitische Wahlrechte) sind **Optionen, die sich auf die Bemessungsgrundlage auswirken**. Sie finden sich insbesondere bei der steuerlichen Gewinnermittlung mithilfe der Steuerbilanz. Bedeutsame Beispiele für rechnungslegungspolitische Wahlrechte bilden die Wahl der Methode zur Berechnung der Abschreibungen von abnutzbaren Wirtschaftsgütern des Anlagevermögens, die Entscheidung über die Inanspruchnahme von Sonderabschreibungen, erhöhten Absetzungen oder von Bewertungsabschlägen, die Inanspruchnahme von Bewertungsvereinfachungen, die Passivierung von steuerfreien Rücklagen oder die Verrechnung eines Investitionsabzugsbetrags. Von erheblicher praktischer Bedeutung ist das im Umwandlungssteuergesetz beim Wechsel der Rechtsform eines Unternehmens im Regelfall gewährte Wahlrecht, die bisherigen Buchwerte fortzuführen oder die stillen Reserven vollständig oder teilweise aufzulösen.
- **Wahlrechte außerhalb des Rechnungswesens** (Rechtswahlmöglichkeiten) erlauben dem Steuerpflichtigen eine **Entscheidung über** die **steuerliche Einordnung eines Sachverhalts**. Beispielsweise hängt es von der Ausübung der Umsatzsteueroption ab, ob eine Leistung umsatzsteuerpflichtig oder umsatzsteuerfrei

ist (§ 9 UStG). Bei Verpachtung eines Betriebs kann der bisherige Betriebsinhaber bestimmen, ob das Entgelt als Einkünfte aus Gewerbebetrieb oder als Einkünfte aus Vermietung und Verpachtung zu qualifizieren ist (§ 16 Abs. 3b EStG). Bei ausländischen Einkünften stehen zum Teil mehrere Methoden zur Vermeidung der internationalen Doppelbesteuerung zur Verfügung (§ 34c EStG, § 26 KStG). Einzelunternehmer und Gesellschafter einer Personengesellschaft können darüber entscheiden, ob sie die Begünstigung für nicht entnommene Gewinne in Anspruch nehmen (§ 34a EStG).

E. Spezielle steuerliche Ungewissheit

Die allgemeine Ungewissheit über die zukünftige Entwicklung wird im Steuerrecht 37
dadurch verstärkt, dass die Höhe der Steuerzahlung, die durch ein Vorhaben ausgelöst wird, im Planungsstadium aufgrund der **langen Verfahrensdauern** und der **Unbeständigkeit der Rechtsnormen** häufig nicht bestimmt werden kann.

Bis zur verbindlichen Entscheidung über die Beurteilung des Sachverhalts können mehrere Jahre vergehen. Nicht nur die Realisierung des Sachverhalts selbst nimmt einige Zeit in Anspruch, zusätzlich sind die Erfassung im Rahmen der steuerlichen Veranlagung und unter Umständen das Ergebnis einer Außenprüfung sowie die Entscheidung über Rechtsmittel abzuwarten. Aufgrund der **langen Verfahrensdauern** vergeht zwischen der Verwirklichung einer betriebswirtschaftlichen Entscheidung und ihrer steuerrechtlichen Würdigung nicht selten ein Zeitraum, der sich über mehr als ein Jahrzehnt erstreckt.

Beispiele: Für einen bestimmten Sachverhalt war strittig, zu welcher Einkunftsart die erzielten Mieteinnahmen gehörten. Das Finanzamt ging davon aus, dass die Voraussetzungen einer „Betriebsaufspaltung“ vorlagen, sodass die Einnahmen als gewerbliche Einkünfte behandelt wurden, während der Steuerpflichtige die Mieten als Einkünfte aus Vermietung und Verpachtung versteuern wollte. Im Anschluss an eine Außenprüfung erließ das Finanzamt im Jahr 1974 für die Jahre 1967–1970 entsprechend geänderte Steuerbescheide. Gegen diese Steuerbescheide erhob der Steuerpflichtige vor dem Finanzgericht Baden-Württemberg Klage. Dieses entschied am 23.6.1977 im Sinne des Finanzamts, woraufhin der Kläger Revision beim Bundesfinanzhof einlegte. In seinem Urteil vom 5.2.1981 entschied auch der Bundesfinanzhof im Sinne des Finanzamts. Der Kläger wandte sich daraufhin mit der Begründung an das Bundesverfassungsgericht, dass die Rechtsprechung des Bundesfinanzhofs seine Grundrechte verletzen würde. Mit Beschluss vom 12.3.1985 hob das Bundesverfassungsgericht das Urteil des Bundesfinanzhofs auf und verwies die Sache an diesen zurück. Erst mit dem Urteil des Bundesfinanzhofs vom 24.7.1986 wurde der Fall endgültig entschieden. Zwischen Streitjahr (1967) und endgültiger Beantwortung, welcher Einkunftsart die Mieteinnahmen zuzurechnen sind (1986), sind 19 Jahre vergangen.

Bei einer Kapitalgesellschaft mit Sitz in Deutschland (Tochterunternehmen eines italienischen Unternehmens) bestand zwischen dem Unternehmen und den Finanzbehörden Uneinigkeit darüber, ob der für die Lieferung der Bekleidungsartikel durch das italienische Mutterunternehmen in Rechnung gestellte Preis in den Jahren 1980 bis 1990 angemessen war. Im Anschluss an zwei Außenprüfungen ergingen in den Jahren 1992 und 1993 geänderte Körperschaftsteuerbescheide. Über den Einspruch des Tochterunternehmens entschied das Finanzgericht Düsseldorf am 8.12.1998. Gegen dieses Urteil wurde sowohl von dem Tochterunternehmen als auch von der Finanzverwaltung Revision eingelegt. Der Bundesfinanzhof hat seine Entscheidung am 17.10.2001 getroffen. Die Finanzverwaltung hat dieses Urteil erst im Jahr 2004 im Bundessteuerblatt veröffentlicht. Für den Steuerpflichtigen bestand erst nach mehr als zwanzig Jahren Klarheit über die zu zahlende Körperschaftsteuer.

Aus der langen Verfahrensdauer resultiert Unklarheit über die abschließende Beurteilung von *in der Vergangenheit* verwirklichten Sachverhalten. Demgegenüber ergeben sich aus der **Unbeständigkeit der steuerlichen Normen** und deren **Interpretation durch Finanzbehörden und Finanzgerichte** erhebliche Schwierigkeiten bei der betragsmäßigen Festlegung der durch ein beabsichtigtes Vorhaben in *zukünftigen* Jahren ausgelösten steuerlichen Folgen. Verhältnismäßig unproblematisch sind in diesem Zusammenhang „große" Steuerreformen, wie die Einführung des Mehrwertsteuersystems bei der Umsatzsteuer im Jahr 1967 oder die Änderung des Konzepts der Grunderwerbsteuer im Jahr 1983, da sich diese bereits frühzeitig abzeichnen. Weitaus weniger vorhersehbar sind **ständige Modifikationen der Einzelsteuergesetze** und **Änderungen der Rechtsprechung.** In den letzten Jahren wurden allerdings auch Änderungen des Besteuerungskonzepts innerhalb kürzester Zeit und ohne ausführliche Diskussion im Gesetzgebungsverfahren umgesetzt. Typische Beispiele hierfür sind die durch die Unternehmensteuerreform 2000 vorgenommenen Änderungen der für Einzelunternehmen, Personen- und Kapitalgesellschaften geltenden Besteuerungskonzeption und deren erneute Veränderung durch die Unternehmensteuerreform 2008. Die Bedeutung dieser speziellen Form der Ungewissheit wird auch daran erkennbar, dass allein im Einkommensteuergesetz die Übergangsvorschriften in § 52 EStG einen Umfang von 75 Absätzen erreichen. Eine weitere Erschwernis für die Steuerpflichtigen ergibt sich daraus, dass in den letzten Jahren bedeutsame Änderungen des Steuerrechts nur wenige Tage vor ihrer erstmaligen Anwendung verabschiedet wurden. So wurden beispielsweise das Jahressteuergesetz 2009 am 24.12.2008 und das Erbschaft- und Schenkungsteuergesetz am 31.12.2008 im Bundesgesetzblatt veröffentlicht, obwohl beide Gesetze erhebliche Neuerungen beinhalten, die bereits ab dem 1.1.2009 zu beachten waren.

Der Gesetzgebungsprozess ist zum Teil so dynamisch, dass zahlreiche steuerliche Normen bereits vor ihrem Inkrafttreten geändert oder aufgehoben werden. Andererseits besteht zum Teil zu dem Zeitpunkt, zu dem ein steuerlich relevanter Vorgang ausgeführt wird, keine gültige steuerrechtliche Vorschrift. Bei der aufgrund eines Beschlusses des Bundesverfassungsgerichts notwendigen Neugestaltung des Erbschaft- und Schenkungsteuergesetzes wurde das Gesetzgebungsverfahren erst Ende Dezember 1996 abgeschlossen. Angewendet wurde das neue Recht jedoch bereits für unentgeltliche Vermögensübertragungen, die ab dem 1.1.1996 vorgenommen wurden.

Dritter Abschnitt

Rechtsquellen

In einer weiten Interpretation gehören zu den steuerlichen Rechtsquellen das Grundgesetz, völkerrechtliche Normen, das primäre und sekundäre Europarecht, Gesetze, Durchführungsverordnungen, Verwaltungsvorschriften und die Rechtsprechung. **38**

(1) Grundgesetz: Von den Vorschriften des **Grundgesetzes** ist für die Besteuerung insbesondere die **Finanzverfassung** von Bedeutung, dh die Regelungen über die Gesetzgebungs-, Ertrags- und Verwaltungshoheit (Art. 105 – Art. 108 GG). Darüber hinaus sind die allgemeinen Grundsätze eines Rechtsstaates (zB Gewaltenteilung, Gesetzesbindung, Art. 20 GG) sowie die Grundrechte (zB Gleichheitsgrundsatz nach Art. 3 GG, Schutz von Ehe und Familie nach Art. 6 GG, Eigentumsgarantie nach Art. 14 GG) zu beachten. **39**

(2) Völkerrechtliche Normen: Bei den **völkerrechtlichen Normen** ist zwischen den **allgemeinen Regeln des Völkerrechts** und **Doppelbesteuerungsabkommen** zu unterscheiden. Die **allgemeinen Regeln des Völkerrechts** sind zwar gegenüber dem innerstaatlichen Recht vorrangig anzuwenden (Art. 25 GG). Sie entfalten aber für die Besteuerung **nur** eine **geringe Wirkung**. Als Beispiel kann die Freistellung der Bezüge von ausländischen Diplomaten von der Besteuerung im Inland angeführt werden. **40**

Wesentlich bedeutsamer sind **Doppelbesteuerungsabkommen** (DBA). Dies sind **bilaterale völkerrechtliche Verträge** zwischen der Bundesrepublik Deutschland und den wichtigsten ausländischen Staaten. Doppelbesteuerungsabkommen werden in innerstaatliches Recht transformiert und gehen als spezielle Regelung den allgemeinen nationalen Steuergesetzen vor (§ 2 AO). Doppelbesteuerungsabkommen dienen in erster Linie dazu, bei grenzüberschreitender Geschäftstätigkeit eine **internationale Doppelbesteuerung** zu **vermeiden** oder zumindest abzuschwächen. Sie enthalten Regelungen, in denen die beiden beteiligten Staaten ihre nationale Steuerhoheit **durch** die Vereinbarung von **gegenseitigen Steuerverzichten** begrenzen, sodass grenzüberschreitend tätige Unternehmer nicht höher belastet werden als Steuerpflichtige, die ihre unternehmerischen Aktivitäten ausschließlich in einem Staat ausüben. Der Hauptanwendungsfall von Doppelbesteuerungsabkommen liegt im Bereich der Einkommen-, Körperschaft- und Gewerbesteuer. Spezielle Doppelbesteuerungsabkommen bestehen für Erbschaften und Schenkungen, die Luft- und Schifffahrt sowie die gegenseitige Amts- und Rechtshilfe (insbesondere Informationsaustausch zwischen den in- und ausländischen Finanzbehörden). Zur Umsetzung der Ergebnisse des **BEPS-Projekts** (Base Erosion and Profit Shifting), das die Zielsetzung der Verhinderung von internationaler Steuergestaltung verfolgt, soll ein multilaterales Doppelbesteuerungsabkommen (**Multilaterales Instrument**) Anwendung finden. Dieses soll eine einheitliche und effiziente Anpassung des bestehenden Doppelbesteuerungsnetzwerks ermöglichen.

(3) Europarecht: Beim **Europäischen Gemeinschaftsrecht** handelt es sich um eine neben dem Völkerrecht bestehende **supranationale Rechtsquelle**, die gleichfalls **41**

dem innerstaatlichen Recht grundsätzlich vorgeht. Die Europäische Union besitzt als zwischenstaatliche Organisation eine eigenständige Rechtsetzungskompetenz. Diese wurde ihr im Vertrag über die Europäische Union und zur Gründung der Europäischen Gemeinschaft, der in Maastricht unterzeichnet und durch die Verträge von Amsterdam und Nizza reformiert wurde, übertragen. Durch den Vertrag von Lissabon (EUV, AEUV) wurde die Europäische Gemeinschaft in die Europäische Union überführt (primäres Gemeinschaftsrecht, Art. 23 Abs. 1 GG). Bei den vom Rat der Europäischen Union und der Europäischen Kommission erlassenen Rechtsakten handelt es sich um sekundäres Gemeinschaftsrecht. Hierzu gehören insbesondere Verordnungen und Richtlinien.[13]

Vom **primären Gemeinschaftsrecht** sind für die Besteuerung in erster Linie die Grundfreiheiten der Gemeinschaftsbürger sowie das Beihilfeverbot bedeutsam. Die **Grundfreiheiten** umfassen folgende Rechte der Bürger der EU:

- **allgemeines Diskriminierungsverbot** aufgrund der Staatsangehörigkeit (Art. 18 AEUV)
- **allgemeines Freizügigkeitsrecht**, dh das Recht eines jeden Bürgers der EU, sich innerhalb der Mitgliedstaaten frei zu bewegen und aufzuhalten (Art. 21 AEUV)
- **Warenverkehrsfreiheit**, dh das Verbot von mengenmäßigen und verschleierten Beeinträchtigungen sowie vergleichbarer Maßnahmen, die den Handel zwischen den Mitgliedstaaten beeinträchtigen (Art. 34 – Art. 37 AEUV)
- **Arbeitnehmerfreizügigkeit**, dh das Recht eines jeden Arbeitnehmers auf Erwerbstätigkeit in jedem Mitgliedstaat, wobei hinsichtlich Beschäftigung, Entlohnung und den sonstigen Arbeitsbedingungen Gleichbehandlung zu gewährleisten ist (Art. 45 – Art. 48 AEUV)
- **Niederlassungsfreiheit**, dh das Recht zur Aufnahme und Ausübung einer Erwerbstätigkeit in einem anderen Mitgliedstaat sowie das Verbot einer Behinderung bei der Gründung und Leitung eines Unternehmens (Art. 49 – Art. 55 AEUV)
- **Dienstleistungsfreiheit**, dh das Recht eines jeden Anbieters von Dienstleistungen auch in den anderen Mitgliedstaaten tätig zu sein (Art. 56 – Art. 62 AEUV)
- **Kapitalverkehrsfreiheit**, dh das Verbot zur Behinderung des Kapitalverkehrs zwischen den Mitgliedstaaten und des Kapitalverkehrs zwischen den Mitgliedstaaten und Drittstaaten (Art. 63 – Art. 66 AEUV).

42 Die Grundfreiheiten sind unmittelbar anwendbares Recht. Jeder Bürger und jedes Unternehmen der Europäischen Union kann sich auf sie berufen, soweit grenzüberschreitende Sachverhalte betroffen sind. Die Grundfreiheiten beinhalten ein **Diskriminierungsverbot** und ein **Behinderungsverbot**: (a) Ausländische Steuerpflichtige dürfen bei ihrer Betätigung im Inland nicht höher belastet werden als inländische Steuerpflichtige, die sich in einer vergleichbaren Situation befinden. (b) Grenzüberschreitende Aktivitäten eines inländischen Steuerpflichtigen dürfen nicht schlechter behandelt werden als vergleichbare rein nationale Vorgänge.

13 Zum Einfluss des Europarechts auf das Steuerrecht siehe zB Frotscher, Internationales Steuerrecht, 4. Aufl., München 2015, S. 21-56; Haase, Internationales und Europäisches Steuerrecht, 5. Aufl., Heidelberg 2017, S. 361-419; Jacobs, Internationale Unternehmensbesteuerung, 8. Aufl., München 2016, S. 109–241; Schaumburg, Internationales Steuerrecht, 4. Aufl., Köln 2017, S. 35-68.

Nach dem **Beihilfeverbot** besteht grundsätzlich das Verbot von staatlichen Beihilfen oder aus staatlichen Mitteln gewährten Beihilfen, die durch Begünstigung ausgewählter Unternehmen oder Produktionszweige den Wettbewerb verfälschen oder zu verfälschen drohen, soweit sie den Handel zwischen den Mitgliedstaaten beeinträchtigen (Art. 107, Art. 108 AEUV). Als Begünstigung wird eine Minderung der üblicherweise anfallenden Belastung verstanden. Dazu gehören überhöhte Abschreibungen (zB Sonderabschreibungen), Bildung von überhöhten Passiva (zB steuerfreie Rücklagen), außerbilanzielle Abzüge von der Bemessungsgrundlage (zB Investitionsabzugsbetrag), Steuerbefreiungen, Steuergutschriften (Steuerermäßigungen), Zahlungsaufschub (Stundung) oder sonstige außergewöhnliche Vereinbarungen. Eine Maßnahme gilt als Beihilfe, wenn sie zu einem Einnahmeverzicht des Staates und zu einer Verbesserung der Stellung des begünstigten Unternehmens gegenüber Konkurrenten führt und sie auf bestimmte Unternehmen oder Branchen beschränkt ist. Bestimmte Beihilfen (zB sozialer Art, Beseitigung von Schäden einer Naturkatastrophe oder Förderung von Gebieten, in denen die Lebenshaltung ungewöhnlich niedrig ist oder eine erhebliche Unterbeschäftigung herrscht) sind ausnahmsweise zulässig.

Verordnungen sind, wie nationales Recht, **für jedermann verbindlich**. Sie gelten in **43**
jedem Mitgliedstaat der Europäischen Union unmittelbar (Art. 288 Abs. 2 AEUV). Verordnungen **dienen** der **Rechtsvereinheitlichung**. Der alle grundlegenden zollrechtlichen Vorschriften zusammenfassende Unionszollkodex ist beispielsweise eine Verordnung.

Im steuerlichen Bereich sind **Richtlinien** von größerer Bedeutung als Verordnungen. Richtlinien verpflichten die Mitgliedstaaten zu einer Anpassung der nationalstaatlichen Vorschriften an die darin vorgegebenen Ziele (Art. 288 Abs. 3 AEUV). Richtlinien haben die **Aufgabe der Rechtsangleichung**, dh sie beschränken sich auf die Vorgabe eines Harmonisierungsziels. In welcher Form und mit welchen Mitteln dieses Vorhaben verwirklicht wird, bleibt innerhalb des vorgegebenen Rahmens den Mitgliedstaaten überlassen. Für den einzelnen Steuerpflichtigen sind die Regelungen einer Richtlinie grundsätzlich **erst nach ihrer Transformation in innerstaatliches Recht verbindlich**. Der Steuerpflichtige kann sich ausnahmsweise direkt auf eine Richtlinie berufen, wenn der Mitgliedstaat seiner Umsetzungsverpflichtung innerhalb der gesetzten Frist nicht nachgekommen ist, die getroffene Regelung inhaltlich hinreichend bestimmt ist und keine Bedingung enthält.

Das **Schwergewicht der Richtlinien** liegt bislang **im Bereich** der **Umsatzsteuer**. **44**
Rechtsgrundlage für die Harmonisierung der indirekten Steuern (Umsatzsteuer, spezielle Verbrauchsteuern) bildet Art. 113 AEUV, nach dem sicherzustellen ist, dass der innergemeinschaftliche Waren- und Dienstleistungsverkehr durch steuerliche Regelungen nicht behindert wird. Die Einführung des Mehrwertsteuersystems, die Regelungen über die Bemessungsgrundlage oder den Ort der Leistung im deutschen Umsatzsteuergesetz sind weitgehend das Ergebnis einer Harmonisierung auf europäischer Ebene. Erhebliche Änderungen des deutschen Umsatzsteuergesetzes ergaben sich im Zusammenhang mit der Errichtung des europäischen Binnenmarktes und der Neufassung der Mehrwertsteuersystemrichtlinie. Bei der Auslegung des nationalen Umsatzsteuergesetzes muss immer geprüft werden, ob dieses mit den Richtlinien vereinbar ist. Die Beschränkung der **Verbrauchsteuern** auf Energieerzeugnisse, Tabak-

waren und Alkohol sowie die Bandbreiten der zulässigen Steuersätze sind durch drei Richtlinien zu den speziellen Verbrauchsteuern vorgegeben. Die konkrete Ausgestaltung der Verbrauchsteuergesetze in Bezug auf grenzüberschreitende Lieferungen von verbrauchsteuerpflichtigen Waren steht gleichfalls im Zusammenhang mit dem freien Waren- und Dienstleistungsverkehr innerhalb der EU.

Da von den **direkten Steuern** (insbesondere Einkommen- und Körperschaftsteuer) im Prinzip keine unmittelbaren Beeinträchtigungen des innergemeinschaftlichen Waren- und Dienstleistungsverkehrs ausgehen, gibt es für die Ertragsteuern nur wenige Richtlinien. Die Begrenzung der Harmonisierung im Bereich der direkten Steuern durch die Grundsätze der Subsidiarität und Erforderlichkeit ermöglicht den **„Wettbewerb der Steuersysteme“**. Für die Harmonisierung im Bereich der Ertragsteuern existiert keine spezielle Vorschrift, sie erfolgt im Rahmen der allgemeinen Angleichung der Rechtssysteme der Mitgliedstaaten (Art. 115 AEUV). Ausnahmen sind die Richtlinie über Fusionen, Spaltungen, Einbringung von Unternehmensteilen und Austausch von Anteilen **(Fusionsrichtlinie)**, die Richtlinie über die Besteuerung von Gewinnausschüttungen innerhalb eines grenzüberschreitend tätigen Konzerns **(Mutter-Tochter-Richtlinie)** sowie die Richtlinie über die Besteuerung von Zinsen und Lizenzgebühren zwischen verbundenen Unternehmen verschiedener Mitgliedstaaten **(Zins-Lizenz-Richtlinie)**. In den letzten Jahren wurden diese durch die Richtlinie über Verfahren zur Beilegung von Besteuerungsstreitigkeiten in der EU (**Streitbeilegungsrichtlinie**), die Richtlinie zur Bekämpfung von Steuermeidungspraktiken (**ATAD-Richtlinie**) und die Ergänzung der Amtshilferichtlinie mit einer europaweiten, einheitlichen Anzeigepflicht für Steuergestaltungsmodelle (**DAC 6-Richtlinie**) erweitert.

Auf dem Gebiet des Verfahrensrechts sind die Richtlinie in Bezug auf die Zusammenarbeit der Verwaltungsbehörden im Bereich der Besteuerung und die Beitreibungsrichtlinie hervorzuheben, die die rechtliche Grundlage für einen Informationsaustausch zwischen den Finanzbehörden der EU-Staaten sowie die gegenseitige Unterstützung bei der Erhebung von Steuern schaffen.

45 *(4) Gesetze:* Die mit Abstand wichtigste steuerliche Rechtsquelle sind **Gesetze**. Dies ergibt sich zum einen aus dem Rechtsstaatsgedanken, wonach ein Eingriff in die Privatsphäre des Bürgers einer gesetzlichen Grundlage bedarf (Art. 20 Abs. 3 GG), und zum anderen aus dem im Steuerbegriff enthaltenen Grundsatz der Tatbestandsmäßigkeit und Tatbestandsbestimmtheit (§ 3 Abs. 1, § 38 AO).[14]

Als **übergreifende Gesetze** sind die Abgabenordnung und das Bewertungsgesetz zu nennen. Die **Abgabenordnung** fasst die wichtigsten Regelungen des **allgemeinen Steuerschuldrechts** sowie des **Steuerverfahrensrechts** zusammen. Sie gilt für alle Steuerarten, die durch Bundesrecht oder das Recht der Europäischen Union geregelt werden, soweit sie durch Bundes- oder Landesfinanzbehörden verwaltet werden (§ 1 AO). Durch die Abgabenordnung werden die **Einzelsteuergesetze entlastet, Wiederholungen und widersprüchliche Regelungen vermieden**. Die Abgabenordnung wird ergänzt durch mehrere Nebengesetze, wie die Finanzgerichtsordnung (gerichtli-

---

14 Zur Bedeutung der Gesetzesmaterialien siehe Hohmann, StuW 2017, S. 177.

cher Rechtsschutz), das Gesetz über die Finanzverwaltung (Behördenorganisation) und das Steuerberatungsgesetz (Einschränkungen des Kreises der zur geschäftsmäßigen Hilfeleistung in Steuersachen befugten Personen sowie Berufsrecht der steuerberatenden Berufe).

Während die Abgabenordnung in erster Linie dem allgemeinen Steuerrecht zuzuordnen ist, zählt das **Bewertungsgesetz** zum besonderen Steuerrecht. Das Bewertungsgesetz enthält **Vorschriften zur Bewertung von Wirtschaftsgütern**. Der Anwendungsbereich des Bewertungsgesetzes (§ 1, § 17 BewG) liegt – soweit Bewertungsfragen angesprochen sind – insbesondere im Bereich der Erbschaft- und Schenkungsteuer (Ermittlung des gemeinen Werts von land- und forstwirtschaftlichem Vermögen, Grundvermögen, Betriebsvermögen und von Anteilen an Personen- und Kapitalgesellschaften) sowie der Grundsteuer (Ermittlung des Grundsteuerwerts des Grundbesitzes).

Die **Regelungen zu Steuersubjekt, Steuerobjekt, Bemessungsgrundlage** und **Steuertarif** sind für die wichtigsten Steuerarten in speziellen **Einzelsteuergesetzen** zusammengefasst. Die wichtigsten Einzelsteuergesetze sind: Einkommensteuergesetz, Körperschaftsteuergesetz, Gewerbesteuergesetz, Erbschaft- und Schenkungsteuergesetz, Grundsteuergesetz, Grunderwerbsteuergesetz und Umsatzsteuergesetz.

Von den **Gesetzen zu besonderen Regelungsbereichen** sind hervorzuheben:

- **Außensteuergesetz** (AStG): Maßnahmen zur Sicherstellung des Steueranspruchs im Inland, zB bei unangemessenen Verrechnungspreisen innerhalb eines internationalen Konzerns, bei Wegzug eines Steuerpflichtigen aus der Bundesrepublik Deutschland oder bei Gründung einer passiv tätigen Kapitalgesellschaft in einem Niedrigsteuergebiet
- **Umwandlungssteuergesetz** (UmwStG): ertragsteuerliche Erleichterungen für Umstrukturierungen von Unternehmen, wie Rechtsformwechsel oder Fusion (als Alternative zur Bewertung des übertragenen Vermögens mit dem gemeinen Wert: Wahlrecht, die bisherigen Buchwerte fortzuführen, um dadurch im Zeitpunkt der Umstrukturierung eine Auflösung und damit Besteuerung stiller Reserven zu vermeiden)
- **Investmentsteuergesetz** (InvStG): einkommensteuerliche Behandlung der Erträge aus in- und ausländischen Investmentfonds
- **Investitionszulagengesetz 2010** (InvZulG 2010): Zulagen für unternehmerische Investitionen in den neuen Bundesländern und in Berlin (für Investitionen bis zum Jahr 2013)
- **Gesetz zur steuerlichen Förderung von Forschung und Entwicklung** (Forschungszulagengesetz, FZulG): Zulage für Forschungen und Entwicklungen im Bereich Grundlagenforschung, industrielle Forschung und experimentelle Entwicklung
- **Vermögensbildungsgesetz** (5. VermBG) und **Wohnungsbau-Prämiengesetz**: Förderung der Vermögensbildung von Arbeitnehmern.

(5) Durchführungsverordnungen: Viele Einzelsteuergesetze werden durch eine **46**
Durchführungsverordnung ergänzt. Durchführungsverordnungen entfalten die gleiche Wirkung wie Gesetze. Sie werden jedoch nicht von der Legislative (Bundestag,

Bundesrat), **sondern von der Exekutive** (im steuerlichen Bereich: Bundesregierung, Bundesministerium der Finanzen) **erlassen**. Allerdings ist zumeist die Zustimmung des Bundesrats erforderlich. Durchführungsverordnungen sind Rechtsverordnungen iSd Art. 80 GG.

Bundestag und Bundesrat bestimmen die wesentlichen Elemente des Besteuerungstatbestands. Zur **Entlastung der formellen Gesetze** konkretisiert die Exekutive in den Durchführungsverordnungen die Ausgestaltung der gesetzlichen Regelung oder spezifiziert Begriffe. Die wichtigsten Durchführungsverordnungen sind die Einkommensteuer-, Lohnsteuer-, Körperschaftsteuer-, Gewerbesteuer- und Umsatzsteuer-Durchführungsverordnung.

Um das Prinzip der Gewaltenteilung nicht zu gefährden, sind Durchführungsverordnungen nur unter **vier Voraussetzungen** zulässig (Art. 80 Abs. 1 GG):

- Es muss eine **gesetzliche Ermächtigung** vorliegen. Beispiele sind § 41 Abs. 1 S. 7, § 51 EStG, § 33 KStG, § 35c GewStG und § 15 Abs. 5, § 26 UStG.
- Die **Ermächtigung** muss nach Inhalt, Zweck und Ausmaß **hinreichend bestimmt** sein.
- Die **Rechtsgrundlage** muss **angegeben** werden.
- Die Verordnung muss **ordnungsgemäß** (im Bundesgesetzblatt oder im Bundesanzeiger) **verkündet** werden.

47 *(6) Verwaltungsvorschriften:* **Verwaltungsvorschriften** beinhalten **Anweisungen** von übergeordneten Verwaltungsbehörden an ihnen unterstellte, **nachgeordnete Behörden** und Amtsträger. Sie unterteilen sich in **Richtlinien** (von der Bundesregierung), **Schreiben** oder Erlasse (von einem Bundes- oder Landesministerium) und **Verfügungen** (von einer Oberfinanzdirektion bzw vom Landesamt für Steuern). Nach dem Regelungszweck ist zwischen norminterpretierenden, ermessenskonkretisierenden, verwaltungsvereinfachenden und organisatorischen Verwaltungsvorschriften zu differenzieren.

Verwaltungsvorschriften geben die **Auffassung der Finanzverwaltung zum geltenden Recht** wieder. Als **interne Anweisungen binden** sie (rechtlich) nur die nachgeordneten Verwaltungsbehörden und die Bediensteten der Finanzverwaltung, aber **nicht** die **Gerichte** oder die **Steuerpflichtigen**. Verwaltungsvorschriften sind der Auslegung von steuerlichen Normen zuzuordnen, nicht der Normenbildung.

Für die Besteuerungspraxis sind Verwaltungsvorschriften sehr bedeutsam, da sie eine **einheitliche Auslegung der Steuergesetze durch** die **Finanzbehörden** sicherstellen und in ihnen eine Vielzahl von Entscheidungen der Finanzgerichte (insbesondere die Rechtsprechung des Bundesfinanzhofs) berücksichtigt ist. Darüber hinaus orientieren sich viele Steuerpflichtige und ihre Berater bei Erstellung der Steuererklärungen an den veröffentlichten Verwaltungsvorschriften.

Die mit Abstand wichtigsten steuerlichen Verwaltungsvorschriften sind die (Steuer-)**Richtlinien**. Sie behandeln **Zweifelsfragen** und **Auslegungsschwierigkeiten** von allgemeiner Bedeutung und geben den Bediensteten in den Finanzämtern Anweisungen, wie sie zur **Vermeidung von unbilligen Härten** und aus Gründen der **Verwaltungsvereinfachung** handeln sollen. Damit soll eine einheitliche Rechtsanwendung durch die Finanzbehörden gewährleistet werden. Richtlinien beziehen sich jeweils auf eine Steuerart: Einkommensteuer-, Körperschaftsteuer-, Gewerbesteuer- und Erbschaftsteuer-Richtlinien.[15] Sie werden von der Bundesregierung mit Zustimmung des Bundesrats erlassen (Art. 108 Abs. 7 GG).

Richtlinien sind im Teil I des Bundessteuerblatts veröffentlicht.

Zur Klärung von ausgewählten Einzelfragen dienen **Schreiben des Bundesministeriums der Finanzen** (BMF-Schreiben) und **Erlasse eines Landesfinanzministeriums** sowie Gleich lautende gemeinsame Erlasse der obersten Finanzbehörden der Länder. Ein BMF-Schreiben wird dann veröffentlicht, wenn die Referatsleiter des Bundes und der Länder eine einheitliche Auffassung vertreten. Auf diese Weise wird trotz Verwaltung der Steuern durch Länderfinanzbehörden ein bundeseinheitliches Vorgehen sichergestellt.

Die wichtigsten Schreiben und Erlasse werden im Teil I des Bundessteuerblatts veröffentlicht (bis 1967 enthielt Teil I des Bundessteuerblatts die Veröffentlichungen des Bundesministeriums der Finanzen und Teil II die Veröffentlichungen der Länder). Zum Teil werden sie auch in Fachzeitschriften (zB Betriebs-Berater, Der Betrieb, Deutsches Steuerrecht) abgedruckt.

Verfügungen, die von einer Oberfinanzdirektion (OFD) bzw einem Landesamt für Steuern (LfSt) erlassen werden, enthalten gleichfalls Anweisungen zur Behandlung von konkreten Einzelfällen. Der Geltungsbereich einer Verfügung ist auf den Bereich der erlassenden Dienststelle begrenzt.

Einige dieser speziellen Verwaltungsvorschriften werden in Fachzeitschriften veröffentlicht.

(7) Rechtsprechung: Die **Rechtsprechung** zu steuerlichen Fragen ergibt sich in erster **48**
Linie aus Entscheidungen der **Finanzgerichte** (FG, erste Instanz) und des **Bundesfinanzhofs** (BFH, zweite und letzte fachliche Instanz). Im Einzelfall sind auch Entscheidungen des **Bundesverfassungsgerichts** (BVerfG) und des **Europäischen Gerichtshofs** (EuGH) von Bedeutung.

In den letzten Jahren waren die Entscheidungen des **BVerfG** zur Zinsbesteuerung, zur steuerlichen Freistellung des Existenzminimums, zur Besteuerung von Altersbezügen sowie zur Bewertung von Grundstücken und anderen Wirtschaftsgütern für substanzsteuerliche Zwecke von allgemeinem Interesse. Die Rechtsprechung des BVerfG hat zu einer deutlichen Erhöhung des Sparer-Freibetrags[16] sowie des steuerfreien Grundfreibetrags, zur Einführung des (seit 2009 nicht mehr erhobenen) Zinsabschlags, zur Nichterhebung der Vermögensteuer sowie zur Neugestaltung des Familienleistungsausgleichs und der Besteuerung von Renten aus der gesetzlichen Rentenversicherung geführt. Das Erbschaft- und Schenkungsteuergesetz wurde aufgrund der Rechtsprechung des Bundesverfassungsgerichts dreimal erheblich verändert: zum Ersten mit Wirkung zum 1.1.1996, zum Zweiten mit Wirkung ab dem 1.1.2009 und zum Dritten mit Wirkung ab dem 1.7.2016. Die Vorschriften zur Bewertung von Grundstücken für die Grund-

15 Bei der Umsatzsteuer wurden die Umsatzsteuer-Richtlinien im Jahr 2010 durch ein sehr umfangreiches BMF-Schreiben ersetzt. Dieser Umsatzsteuer-Anwendungserlass (UStAE) wird regelmäßig aktualisiert.

16 Diese Erhöhung wurde zwischenzeitlich zum Teil wieder zurückgenommen. Darüber hinaus wurde der Sparer-Freibetrag durch den Sparer-Pauschbetrag ersetzt.

steuer wurden zum Ende des Jahres 2019 an die aktuellen Entwicklungen angepasst. Die aktualisierten Werte werden erstmals zum 1.1.2025 angewendet.

Der Schwerpunkt der Rechtsprechung des **EuGH** lag zunächst im Bereich der Umsatzsteuer. In den letzten Jahren hat jedoch die Rechtsprechung zur ertragsteuerlichen Behandlung grenzüberschreitender Geschäftsvorgänge deutlich zugenommen. Dies gilt sowohl für den Inboundfall (im Ausland ansässige Steuerpflichtige erzielen im Inland Einkünfte) als auch für den Outboundfall (deutsche Steuerpflichtige betätigen sich im Ausland). Die Rechtsprechung des EuGH beeinflusst nicht nur die Auslegung der deutschen Steuergesetze, sondern auch das Gesetzgebungsverfahren. Bei zahlreichen Regelungen des deutschen Steuerrechts wird diskutiert, inwieweit diese mit dem primären Gemeinschaftsrecht (insbesondere Grundfreiheiten des Binnenmarkts) oder dem sekundären Gemeinschaftsrecht (insbesondere Richtlinien) vereinbar sind.[17]

Gerichtliche Entscheidungen binden (rechtlich) **nur die am Verfahren beteiligten Personen** (§ 110 FGO). Sie haben – wie Verwaltungsvorschriften – nur einen norminterpretierenden Charakter, keinen normschaffenden. **Entscheidungen des Bundesfinanzhofs**, die vom Bundesministerium der Finanzen **im Teil II des Bundessteuerblatts** (bis 1967 im Teil III) **veröffentlicht** werden, sind jedoch von den Angehörigen der Finanzverwaltung bei der Bearbeitung von vergleichbaren Sachverhalten zu beachten. Diese Entscheidungen werden auch von den meisten Steuerpflichtigen bei der Aufstellung ihrer Steuererklärung akzeptiert. Damit **wirken** die höchstrichterlichen Entscheidungen des Bundesfinanzhofs **faktisch über den** konkreten **Einzelfall hinaus**. Will die Finanzverwaltung ein Urteil des Bundesfinanzhofs nicht allgemein übernehmen, beschränkt sie dessen Anwendungsbereich durch einen – häufig umstrittenen – **Nichtanwendungserlass**,[18] der regelmäßig zeitgleich mit der Veröffentlichung des Urteils des Bundesfinanzhofs im Bundessteuerblatt abgedruckt wird. Entscheidungen des Bundesfinanzhofs, die nicht im Bundessteuerblatt veröffentlicht sind, haben – wie Entscheidungen der Finanzgerichte – keine über den Einzelfall hinausgehende Bedeutung.[19]

Die bedeutsamsten erstinstanzlichen Entscheidungen der Finanzgerichte werden in der Zeitschrift „Entscheidungen der Finanzgerichte“ (EFG, nichtamtliche Veröffentlichung durch Richter des Bundesfinanzhofs) zusammengestellt. Die Entscheidungen des Bundesfinanzhofs werden nicht nur im Bundessteuerblatt veröffentlicht, sondern auch in der Entscheidungssammlung des Bundesfinanzhofs (BFHE, Herausgeber Bundesfinanzhof) und in den (nicht amtlichen) Zeitschriften „Höchstrichterliche Finanzrechtsprechung“ (HFR) sowie „Sammlung der Entscheidungen des Bundesfinanzhofs“ (BFH/NV) und in zahlreichen weiteren Fachzeitschriften.

Der **Aufbau einer Entscheidung** ist gesetzlich vorgegeben. Nach § 105 FGO enthält eine Entscheidung als wichtigste Bestandteile:

(1) Leitsatz (Urteilsformel, Tenor),

---

17 Zu den Normen des deutschen Steuerrechts, die (möglicherweise) gegen europarechtliche Vorgaben verstoßen, siehe die Übersicht von Kessler/Spengel, DB 2019, Beilage 1.

18 Siehe hierzu Djanani/Brähler/Krenzin, StuW 2011, S. 323; Pezzer, DStR 2004, S. 525; Spindler, DStR 2007, S. 1061; Weber-Grellet, in: Tipke (Hrsg.), Festschrift für Joachim Lang zum 70. Geburtstag, Köln 2011, S. 927–938. Der Koalitionsvertrag von CDU, CSU und SPD für die 18. Legislaturperiode, Deutschlands Zukunft gestalten, aus dem Jahr 2013 sah vor, die Anwendung von Nichtanwendungserlassen restriktiv handzuhaben, S. 64.

19 Vgl OFD Hannover, Vfg vom 26.10.2007, UR 2008, S. 281.

(2) Beschreibung des Sachverhalts und
(3) Erläuterung der Entscheidungsgründe.

Aus der **Zitierweise** „BFH vom 4.4.2019, VI R 18/17, BStBl. 2019 II, S. 449" lässt sich entnehmen,

- dass das Urteil am 4.4.2019 verkündet wurde,
- dass das Verfahren vom VI. Senat geführt wurde,[20]
- dass es sich um die Revision einer erstinstanzlichen Entscheidung handelt,
- dass es sich um die 18. Klage handelt, die im Jahr 2017 beim Bundesfinanzhof einging und
- dass das Urteil im Teil II des Bundessteuerblatts, Jahrgang 2019, auf Seite 449 veröffentlicht wurde.

Regelmäßig wird nach dem Leitsatz zusätzlich die Fundstelle des erstinstanzlichen Urteils, dh des Urteils des Finanzgerichts, angegeben (im Beispiel vom FG Düsseldorf).

20 Es gibt insgesamt elf Fachsenate, deren jeweilige Zuständigkeit sich auf bestimmte Sachgebiete bezieht, vgl http://www.bundesfinanzhof.de/gericht/geschaeftsverteilung.

Zweiter Teil

Die Besteuerung des Erfolgs eines Unternehmens

49 Nach einem kurzen Überblick über die Ertragsteuern und ihre Beziehungen zueinander werden die Einkommen-, Körperschaft- und Gewerbesteuer im Einzelnen erläutert sowie die beiden Zuschlagsteuern (Kirchensteuer, Solidaritätszuschlag) vorgestellt.

Erster Abschnitt

Überblick über die Ertragsteuern und ihre Beziehungen zueinander

A. Gemeinsamkeiten

50 Aus betriebswirtschaftlicher Sicht besteht die wichtigste Gemeinsamkeit der **Einkommensteuer**, der **Körperschaftsteuer** und der **Gewerbesteuer** darin, dass sie an **derselben Besteuerungsbasis** anknüpfen: dem finanziellen Ergebnis der unternehmerischen Tätigkeit. Als finanzielles Ergebnis eines Unternehmens wird der **am Markt erwirtschaftete Vermögenszuwachs** verstanden. Die auf einen entgeltlichen Leistungsaustausch zurückzuführenden Vermögensmehrungen werden steuerrechtlich als **Gewinn**, **Überschuss** oder **Ertrag** bezeichnet.

Die drei Ertragsteuern sind **Jahressteuern**. Besteuert wird der in einer Periode (Wirtschaftsjahr, Kalenderjahr) erzielte Erfolg.

Die Steuerschuld wird in einem **Veranlagungsverfahren** ermittelt. Der Steuerpflichtige gibt jährlich eine Einkommen-, Körperschaft- und Gewerbesteuererklärung ab. Anhand der vom Steuerpflichtigen übermittelten Angaben berechnet die Finanzbehörde die Besteuerungsgrundlagen und erlässt den Steuerbescheid (Einkommen- und Körperschaftsteuer) bzw Steuermessbescheid (Gewerbesteuer). Auf die voraussichtliche Steuerschuld werden **vierteljährlich Vorauszahlungen** erhoben. Die Differenz zwischen der tatsächlichen Steuerschuld und der Summe der Vorauszahlungen wird durch eine Abschlusszahlung des Steuerpflichtigen getilgt oder dem Steuerpflichtigen erstattet.

Die Einkommensteuer wird teilweise in einem **Abzugsverfahren** erhoben: Bei **Einkünften aus nichtselbständiger Arbeit** führt der Arbeitgeber die Lohnsteuer an das Finanzamt ab. Bei bestimmten **Einkünften aus Kapitalvermögen** wird vor Auszahlung der Kapitalerträge die Kapitalertragsteuer abgezogen. Bei Bauleistungen hat unter bestimmten Voraussetzungen der Leistungsempfänger für Rechnung des Leistenden einen Steuerabzug vorzunehmen. Diese Abzugssteuern (Quellensteuern) sind keine eigenständigen Steuerarten, sondern **spezielle Erhebungsformen der Einkommensteuer** bzw der Körperschaftsteuer. Die Besonderheit von Abzugssteuern besteht darin, dass sie bei Auszahlung der Einnahmen, dh an der Quelle, einbehalten werden. Die Abzugssteuern werden im Regelfall wie die vierteljährlichen Vorauszahlungen auf die Einkommen- bzw Körperschaftsteuerschuld des Steuerpflichtigen angerechnet. Nur **ausnahmsweise** stellen die Abzugssteuern die **endgültige Steuerbelastung** dar. Ein wichtiger Anwendungsfall für diese Sonderregelung sind die Einkünfte aus Kapitalvermögen, bei denen die Steuerschuld grundsätzlich durch die Erhebung der 25%igen Kapitalertragsteuer abgegolten ist **(Abgeltungsteuer)**.

B. Unterschiede

Die bedeutsamste Abweichung zwischen den Ertragsteuern besteht darin, dass es sich bei der **Einkommen- und der Körperschaftsteuer** um **Personensteuern** handelt, während die **Gewerbesteuer** den **Objektsteuern** zuzurechnen ist. 51

Die Unterscheidung zwischen Personen- und Objektsteuern wirkt sich auf die Steuerpflicht, die Bemessungsgrundlage und den Steuertarif aus:

- Bei der **Einkommensteuer** und bei der **Körperschaftsteuer** steht das **Steuersubjekt** im Vordergrund. Steuerpflichtig sind bei der Einkommensteuer natürliche Personen, bei der Körperschaftsteuer sind es juristische Personen. Bei der **Gewerbesteuer** wird an das **Steuerobjekt** „Gewerbebetrieb" angeknüpft. Die Person des Inhabers des Gewerbebetriebs ist konzeptionell nur für die Steuerschuldnerschaft bedeutsam.
- Die Differenzierung zwischen Personen- und Objektsteuern zeigt sich des Weiteren bei der **Bemessungsgrundlage**. Bei der **Einkommen-** und **Körperschaftsteuer** wird auf das **Nettoergebnis** abgestellt, dh von den Einnahmen werden grundsätzlich alle damit zusammenhängenden Ausgaben abgezogen (sachliche Leistungsfähigkeit, sachliches Nettoprinzip). Bei der Einkommensteuer werden zusätzlich die **persönlichen Verhältnisse** des Steuerpflichtigen (wie Familienstand, Alter, Zahl der Kinder, bestimmte persönliche Ausgaben) **berücksichtigt** (persönliche Leistungsfähigkeit, persönliches Nettoprinzip). Bei der **Gewerbesteuer** sollen die persönlichen Verhältnisse des Inhabers, die Art der Finanzierung, die Eigentumsverhältnisse bei den im Betrieb eingesetzten Wirtschaftsgütern und weitere personenbezogene Merkmale des Inhabers die Bemessungsgrundlage nicht beeinflussen. Die Gewerbesteuer **will** die **tatsächliche Ertragskraft** eines Gewerbebetriebs **besteuern** (Objektcharakter).
- Die **Einkommensteuer** kennt einen **progressiven Steuertarif**. Liegen die Einkünfte unter dem Existenzminimum (für Alleinstehende 9 408 €, für Verheiratete 18 816 €), wird keine Einkommensteuer erhoben.[1] Für Einkünfte, die den Grundfreibetrag übersteigen, erhöht sich der Differenzsteuersatz (Grenzsteuersatz) sukzessive von 14% bis auf 42% (bei Ledigen für Einkünfte ab 57 052 €, bei Verheirateten ab 114 104 €). Ab einem zu versteuernden Einkommen von 270 501 € (Ledige) bzw 541 002 € (Verheiratete) erhöht sich der Steuersatz auf den Spitzen-

1 Die Angaben gelten für das Jahr 2020.

steuersatz von 45% („Reichensteuer"). Demgegenüber ist der **Körperschaftsteuersatz** unabhängig von der Höhe des Gewinns der Kapitalgesellschaft und der Verwendung des Gewinns. Sowohl einbehaltene Gewinne als auch ausgeschüttete Gewinne werden auf Ebene einer Kapitalgesellschaft (einheitlich) mit 15% besteuert. Die **Gewerbesteuer** weist grundsätzlich einen proportionalen Steuersatz auf, der sich aus der Multiplikation von gesetzlich vorgegebener Steuermesszahl (3,5%) und Hebesatz der Gemeinde errechnet. Bei einem Hebesatz von beispielsweise 467% (so in Nürnberg) errechnet sich ein Gewerbesteuersatz von 16,345% (= 3,5% × 467%). Für Einzelunternehmen und Personengesellschaften ergibt sich allerdings durch die Gewährung eines Freibetrags von 24 500 € ein (indirekt) progressiver Tarifverlauf.

C. Nebeneinander der drei Ertragsteuern

52 Bei jeder Steuerart werden die Anknüpfungsmerkmale grundsätzlich unabhängig voneinander festgelegt. Dies kann dazu führen, dass **mehrere Ertragsteuern gleichzeitig** anfallen. Zu unterscheiden sind drei Fälle:[2]

- Unterhält eine natürliche Person ein Unternehmen, das steuerrechtlich nicht als Gewerbebetrieb angesehen wird, unterliegt das finanzielle Ergebnis nur der Einkommensteuer (so zB bei Freiberuflern sowie Land- und Forstwirten).
- Übt eine natürliche Person eine gewerbliche Tätigkeit aus (Einzelunternehmer, Gesellschafter einer gewerblichen Personengesellschaft), werden die Gewinne sowohl mit Einkommensteuer als auch mit Gewerbesteuer belastet. Besteuert werden zum einen das Einkommen einer natürlichen Person und zum anderen der Gewerbeertrag eines Gewerbebetriebs.
- Kapitalgesellschaften gelten aufgrund ihrer Rechtsform generell als Gewerbebetrieb. Bei Kapitalgesellschaften führt dies zu einem Nebeneinander von Körperschaftsteuer (Einkommen einer juristischen Person) und Gewerbesteuer (Gewerbeertrag eines Gewerbebetriebs).

Eine **Mehrbelastung** von Gewerbetreibenden **durch das Nebeneinander von Einkommen- und Gewerbesteuer** wird jedoch dadurch **weitgehend vermieden**, dass bei Einkünften aus Gewerbebetrieb eine Steuerermäßigung gewährt wird (§ 35 EStG). Durch diese Steuerermäßigung wird in pauschalierter Form die Gewerbesteuer auf die Einkommensteuer des Einzelunternehmers bzw des Gesellschafters einer Personengesellschaft angerechnet.

Aufgrund der Trennung zwischen natürlichen und juristischen Personen fallen – rechtlich – die beiden Personensteuern (Einkommen- und Körperschaftsteuer) nicht gleichzeitig an. Bei wirtschaftlicher Betrachtung werden aber die Gewinne, die eine **Kapitalgesellschaft** erwirtschaftet und an ihre Anteilseigner ausschüttet, dreifach erfasst: Die Kapitalgesellschaft bezahlt Körperschaftsteuer und Gewerbesteuer, bei Ausschüttung des Gewinns bezieht der Gesellschafter einkommensteuerpflichtige

2 Zur Quantifizierung der Ertragsteuerbelastung von Unternehmen siehe ausführlich Band III: Steuerplanung, Dritter Teil.

Einkünfte. Wie die daraus resultierende **Doppelbelastung vermieden** wird, hängt davon ab, ob die Anteile an der Kapitalgesellschaft beim Gesellschafter dem Privatvermögen oder dem Betriebsvermögen zugeordnet werden. Gehören die Anteile zum Privatvermögen einer natürlichen Person, erfolgt eine Entlastung durch Festsetzung eines Sondersteuersatzes von 25%, der deutlich unter dem Spitzensteuersatz der Einkommensteuer von 45% liegt **(Abgeltungsteuer)**. Werden die Anteile an der Kapitalgesellschaft dem Betriebsvermögen eines einkommensteuerpflichtigen Gesellschafters zugeordnet, sind die Dividenden zu 40% steuerfrei **(Teileinkünfteverfahren)**, dh die Entlastung wird durch eine Reduzierung der Bemessungsgrundlage erreicht.

Zusätzlich zu den drei Ertragsteuern fällt der **Solidaritätszuschlag** zur Einkommen- und Körperschaftsteuer an. Bei kirchensteuerpflichtigen natürlichen Personen wird des Weiteren die **Kirchensteuer** als Zuschlag zur Einkommensteuer erhoben.

Zweiter Abschnitt

Einkommensteuer

A. Überblick

I. Allgemeine Charakterisierung

Die **Einkommensteuer** ist eine **Personensteuer. Steuerpflichtig** sind **natürliche Personen** mit den von ihnen erzielten Einkünften (§ 1 Abs. 1 EStG). Die Einkommensteuer ist keine allgemeine Bereicherungssteuer, vielmehr werden nur die **Vermögensmehrungen** erfasst, die **durch** eine **Erwerbstätigkeit am Markt erwirtschaftet** werden. Unberücksichtigt bleiben Vermögensmehrungen, die nicht durch eine aktive Teilnahme am Marktgeschehen in Form eines entgeltlichen Leistungsaustauschs erzielt werden (wie Erbschaften, Lotteriegewinne, Wettgewinne, Finderlohn, Belohnungen für Hinweise zur Ergreifung eines Straftäters), empfangene Unterhaltsleistungen sowie die Haushaltsproduktion (produktive Tätigkeiten, für die kein Entgelt bezahlt wird, wie Kochen, Waschen und Heimwerken, soweit sie vom Steuerpflichtigen selbst ausgeübt werden) und die Nutzung von privaten Wirtschaftsgütern. 53

Ein charakteristisches Merkmal der Einkommensteuer ist die Orientierung am **Leistungsfähigkeitsprinzip**. Dieser steuerjuristische Ansatz wirkt sich sowohl auf die Bemessungsgrundlage als auch auf den Steuertarif aus. Der Abgrenzung der steuerpflichtigen Einkünfte liegt eine **sachliche Interpretation** des Leistungsfähigkeitsprinzips zugrunde. Die Summe der Einkünfte wird bei allen Steuerpflichtigen anhand von sachlichen Kriterien berechnet. **Einkommensteuerlich relevant** sind sämtliche **Einnahmen** und **Ausgaben**, die **mit** einer **Tätigkeit im Zusammenhang** stehen, die mit der **Absicht** ausgeübt wird, auf Dauer **Überschüsse zu erzielen**. Liegt keine Einkunftserzielungsabsicht vor, wird die Tätigkeit einkommensteuerlich dem Bereich der (konsumtiven) Einkommensverwendung zugeordnet, der nach der sachlichen In- 54 terpretation des Leistungsfähigkeitsprinzips für die Ermittlung der steuerpflichtigen Einkünfte unbeachtlich ist. Bei der sachlichen Komponente des Leistungsfähigkeitsprinzips geht es darum, den **am Markt erwirtschafteten Vermögenszuwachs** zu erfassen.

Die Bemessungsgrundlage der Einkommensteuer stimmt nicht mit dem Markteinkommen überein (so nach der sachlichen Komponente des Leistungsfähigkeitsprinzips), vielmehr wird lediglich das **disponible Einkommen** der Besteuerung unterworfen (aufgrund der zusätzlichen Berücksichtigung der persönlichen Komponente des Leistungsfähigkeitsprinzips).[3] Die individuellen Verhältnisse des Steuerpflichtigen (zB Familienstand, Zahl der Kinder, Vorsorge für Notlagen und sonstige besondere Lebenslagen, wie Alter, Krankheit oder Pflegebedürftigkeit, oder außergewöhnliche private Ausgaben) werden gleichfalls über die **persönliche Komponente des Leistungsfähigkeitsprinzips** berücksichtigt:

- Steuerpflichtige, deren Einkünfte geringer sind als das Existenzminimum, haben keine Einkommensteuer zu zahlen. Umgesetzt wird diese Zielsetzung durch die Gewährung eines **Grundfreibetrags** (im Jahr 2020 für Alleinstehende 9 408 €, für Verheiratete 18 816 €).
- Bei Überleitung der Summe der Einkünfte aus den sieben Einkunftsarten in die Bemessungsgrundlage „zu versteuerndes Einkommen“ werden gesetzlich im Einzelnen konkretisierte, privat veranlasste Ausgaben abgezogen, die der (konsumtiven) Einkommensverwendung zuzuordnen sind. Durch den Abzug von **Sonderausgaben** und **außergewöhnlichen Belastungen** wird der Grundsatz durchbrochen, dass für die Einkommensteuer nur Tatbestände bedeutsam sind, die im Zusammenhang mit der Einkommenserzielung stehen.
- Der **Steuertarif** ist progressiv ausgestaltet. Für Einkünfte, die den Grundfreibetrag übersteigen, sieht der Einkommensteuertarif einen Anstieg des Grenzsteuersatzes von zunächst 14% auf bis zu 45% vor. Aufgrund der **direkten Progression** fällt die durchschnittliche Einkommensteuerbelastung umso höher aus, je mehr Einkünfte eine natürliche Person bezieht. Der progressive Verlauf des Einkommensteuertarifs ist mit einer **Umverteilung** verbunden. Derjenige, der mehr verdient, zahlt **nicht nur absolut mehr** Einkommensteuer, **sondern** bezogen auf sein Einkommen **auch relativ mehr**.
- **Ehegatten** werden zusammenveranlagt, sodass sich der **Progressionseffekt** des Einkommensteuertarifs **nur auf die Hälfte des** (von den Ehegatten gemeinsam) **zu versteuernden Einkommens** auswirkt (**Splitting-Verfahren**).
- Die Integration des **Familienleistungsausgleichs** (Kindergeld, Kinderfreibetrag) in die Einkommensteuer begründet sich gleichfalls mit der persönlichen Komponente des Leistungsfähigkeitsprinzips.
- Die Regelungen des Einkommensteuergesetzes zu Ehegatten und Ehen sind auch auf Lebenspartner und Lebenspartnerschaften anzuwenden.

Die **persönliche Komponente der Leistungsfähigkeit** wird also an mehreren Stellen des Einkommensteuergesetzes berücksichtigt. Dies führt auch dazu, dass sich die **wirtschaftlichen Effekte** unterscheiden:

3 Siehe hierzu grundlegend Tipke/Lang, Steuerrecht, 23. Aufl., Köln 2018, S. 322–324, S. 339–353.

- Freistellung des Existenzminimums
  Die Integration des Grundfreibetrags in den Einkommensteuertarif wirkt wie ein Abzug von der Bemessungsgrundlage
- Sonderausgaben
  Abzug von der Bemessungsgrundlage: entweder betragsmäßig unbeschränkt oder betragsmäßig beschränkt
- außergewöhnliche Belastungen
  Abzug von der Bemessungsgrundlage: entweder betragsmäßig beschränkt oder nur in dem Umfang, in dem eine zumutbare Belastung überschritten wird („Eigenbeteiligung"), wobei die Höhe der zumutbaren Belastung nach der Höhe des Gesamtbetrags der Einkünfte, dem Familienstand und der Zahl der Kinder gestaffelt ist
- progressiver Tarif
  Umverteilungseffekt (Steuersatzeffekt)
- Ehegattenbesteuerung
  Das Splitting-Verfahren führt gegenüber der Einzelveranlagung der Ehepartner zu einer Abschwächung des Progressionseffekts der Einkommensteuer
- Familienleistungsausgleich
  entweder Gewährung einer betragsmäßig konstanten Steuervergütung (Kindergeld) oder Abzug von der Bemessungsgrundlage, dessen Wirkung aufgrund des progressiven Tarifs von der Höhe der Einkünfte abhängig ist (Kinderfreibetrag).

Bemessungsgrundlage und **Steuersatz** bestimmen sich nicht allein nach dem Leistungsfähigkeitsprinzip, vielmehr werden über die Ausgestaltung der einkommensteuerlichen Normen **zusätzlich wirtschafts- und sozialpolitische Ziele** verfolgt (zB Beschäftigungs-, Vermögensbildungs-, Standort-, Struktur- und Umweltpolitik). Ansatzpunkte hierfür bilden beispielsweise Sonderabschreibungen oder erhöhte Absetzungen, steuerfreie Rücklagen, Zulagen und Zuschüsse, Abzug von als förderungswürdig angesehenen Ausgaben sowie Freibeträge und Steuerermäßigungen für bestimmte Einkünfte bzw beim Anfall von ausgewählten Ausgaben und Sondersteuersätze für bestimmte Einkünfte.

Die einkommensteuerlichen Normen sind also aus **steuerrechtlicher Sicht** mit **drei Zielen** verbunden:[4]

- **Fiskalzweck:** Erfassung des disponiblen Einkommens als Markteinkommen (sachliche Komponente des Leistungsfähigkeitsprinzips) abzüglich zwangsweise anfallender Ausgaben für die Sicherung der eigenen Existenz, Unterhaltsverpflichtungen sowie Ausgaben für die Zukunftsvorsorge (persönliche Komponente)
- **Lenkungszweck:** Modifikation der steuerpflichtigen Bemessungsgrundlage und des Steuertarifs aus wirtschafts- und sozialpolitischen Gründen
- **Umverteilungszweck:** progressiver Verlauf des Einkommensteuertarifs.[5]

Die Einkommensteuer beruht auf dem **Individualprinzip**. Dies bedeutet, dass grund- **55**
sätzlich jede Person für sich steuerpflichtig ist und dass jede Person ihre Einkünfte für

4 Vgl Tipke/Lang, Steuerrecht, 23. Aufl., Köln 2018, S. 71–72.
5 „Lenkungszweck" und „Umverteilungszweck" können zum Obergriff „Sozialzweck" zusammengefasst werden.

sich ermittelt. Eine Ausnahme gilt für Ehegatten, die zusammenveranlagt werden. Die Zusammenveranlagung ist dadurch gekennzeichnet, dass zunächst für den Ehemann und die Ehefrau die Einkünfte getrennt ermittelt werden. Insoweit bleibt es beim Individualprinzip. Erst anschließend werden die Einkünfte der beiden Ehepartner addiert. Lediglich für die weiteren Berechnungsschritte werden die beiden Ehegatten gemeinsam als ein Steuerpflichtiger behandelt. Es findet jedoch keine Haushaltsbesteuerung statt, dh die Kinder sind entsprechend dem Individualprinzip für sich steuerpflichtig, sie werden nicht zusammen mit den Eltern veranlagt.

56 Bei natürlichen Personen, die einer kirchensteuererhebungsberechtigten Religionsgemeinschaft angehören, unterliegen die Einkünfte zusätzlich der **Kirchensteuer**. Bemessungsgrundlage der Kirchensteuer ist regelmäßig die festgesetzte Einkommensteuer (§ 51a Abs. 2 EStG). Als weitere Zuschlagsteuer wird der **Solidaritätszuschlag** erhoben, der sich bei natürlichen Personen gleichfalls grundsätzlich nach der festgesetzten Einkommensteuer berechnet (§ 3 Abs. 1 Nr 1 SolZG).

II. Ertragshoheit

57 Das Aufkommen der Einkommensteuer wird zwischen Bund, Ländern und Gemeinden aufgeteilt. Der **Bund** und die **Länder** erhalten **jeweils die Hälfte des Steueraufkommens, soweit es nicht den Gemeinden zusteht** (Art. 106 Abs. 3 GG). Da die **Gemeinden** zu **15%** am Aufkommen der Lohnsteuer und der veranlagten Einkommensteuer und zu 12% am Aufkommen aus der Kapitalertragsteuer auf bestimmte Einnahmen aus Kapitalanlagen beteiligt sind, gilt folgende Aufteilung (Art. 106 Abs. 5 GG iVm § 1 Gemeindefinanzreformgesetz):

	Bund	**Länder**	**Gemeinden**
Lohnsteuer und veranlagte Einkommensteuer	42,5%	42,5%	15,0%
Kapitalertragsteuer auf bestimmte Einnahmen aus Kapitalanlagen	44,0%	44,0%	12,0%

Abb. 2.1: Aufteilung des Einkommensteueraufkommens zwischen Bund, Ländern und Gemeinden

Die **Verteilung** des Aufkommens der Einkommensteuer **auf die Bundesländer** erfolgt im Verhältnis der in dem jeweiligen Bundesland vereinnahmten Einkommensteuer (Art. 107 Abs. 1 S. 1 GG). Unter bestimmten Voraussetzungen (zB ein Arbeitnehmer arbeitet in einem anderen Bundesland, bei bestimmten Kapitalerträgen liegen Wohnsitz bzw Sitz des Empfängers der Kapitalerträge und Ort der Zahlstelle in unterschiedlichen Ländern) kommt es zu einer Aufteilung der Lohn- und Kapitalertragsteuer zwischen den Ländern (§ 7 – § 8a Zerlegungsgesetz). Die **Verteilung** des **auf die Gemeinden** entfallenden Aufkommens erfolgt im Verhältnis der für die einzelnen Gemeinden ermittelten Einkommensteuerbeträge. Bei der Festlegung des Verteilungsschlüssels werden nur die Steuerbeträge berücksichtigt, die aus zu versteuernden Einkommen von bis zu 35 000 € (für zusammenveranlagte Ehegatten 70 000 €) stammen (§ 2, § 3 Gemeindefinanzreformgesetz).

III. Aufbau des Einkommensteuergesetzes

Das Einkommensteuergesetz ist in dreizehn Abschnitte gegliedert. In diesen sind folgende Regelungen enthalten: **58**

I. **Steuerpflicht** (§ 1, § 1a EStG): Der erste Abschnitt legt fest, wer der Einkommensteuer unterliegt.

II. **Einkommen** (§ 2 – § 24b EStG): Der zweite Abschnitt konkretisiert, was in die einkommensteuerliche Bemessungsgrundlage eingeht und wie diese zu ermitteln ist. Hierzu gehören die sachlichen Voraussetzungen der Besteuerung (Umfang der Besteuerung, Begriffsbestimmungen, bestimmte negative Einkünfte, § 2, § 2a EStG), steuerfreie Einnahmen (§ 3 – § 3c EStG), Vorschriften zur Berechnung des Gewinns (§ 4 – § 7i EStG) und des Überschusses der Einnahmen über die Werbungskosten (§ 8 – § 9a EStG), Rückwirkungen des umsatzsteuerrechtlichen Vorsteuerabzugs (§ 9b EStG), Sonderausgaben (§ 10 – § 10g EStG), Zeitpunkt der Vereinnahmung und Verausgabung (§ 11 – § 11b EStG), nicht abzugsfähige Ausgaben (§ 12 EStG) und als umfangreichster Teil die Abgrenzung des Inhalts der sieben Einkunftsarten (§ 13 – § 24 EStG). Darüber hinaus werden der Altersentlastungsbetrag (§ 24a EStG) und der Entlastungsbetrag für Alleinerziehende (§ 24b EStG) geregelt.

III. **Veranlagung** (§ 25 – § 28 EStG): Veranlagungszeitraum, Steuererklärungspflicht und die Besonderheiten für Ehegatten werden im dritten Abschnitt angesprochen.

IV. **Tarif** (§ 31 – § 34b EStG): Die Höhe des Steuersatzes, die Grundlagen des Familienleistungsausgleichs (einkommensteuerliche Berücksichtigung von Kindern) sowie die außergewöhnlichen Belastungen ergeben sich aus dem vierten Abschnitt. Darüber hinaus enthält dieser Abschnitt den Sondersteuersatz für Einkünfte aus Kapitalvermögen (Abgeltungsteuer, § 32d EStG) sowie die Begünstigung der nicht entnommenen Gewinne bei Gewinneinkünften (§ 34a EStG).

V. **Steuerermäßigungen** (§ 34c – § 35c EStG): Die unter bestimmten Voraussetzungen gewährten Abzüge von der tariflichen Einkommensteuer sind im fünften Abschnitt geregelt. Zu den wichtigsten Steuerermäßigungen gehören die Anrechnung von im Ausland bezahlten Steuern (zur Vermeidung einer internationalen Doppelbesteuerung, § 34c EStG), die Steuerermäßigung bei Einkünften aus Gewerbebetrieb (zum pauschalierten Ausgleich für die zusätzliche Belastung von gewerblichen Einkünften mit Gewerbesteuer, § 35 EStG), die Steuerermäßigung bei Aufwendungen für haushaltsnahe Beschäftigungsverhältnisse, haushaltsnahe Dienstleistungen und Handwerkerleistungen (§ 35a EStG), die Steuerermäßigung bei Belastung mit Einkommen- und Erbschaftsteuer (§ 35b EStG) und die Steuerermäßigung für energetische Maßnahmen bei zu eigenen Wohnzwecken genutzten Gebäuden (§ 35c EStG).

VI. **Steuererhebung** (§ 36 – § 46 EStG): Der sechste Abschnitt fasst die Vorschriften zur Steuererhebung zusammen. Zu unterscheiden ist zwischen der Erhebung der Einkommensteuer (§ 36 – § 37b EStG), dem Steuerabzug vom Arbeitslohn (Lohnsteuer, § 38 – § 42g EStG), dem Steuerabzug vom Kapitalertrag (Kapitalertragsteuer, § 43 – § 45e EStG) und der Veranlagung von Steuerpflichtigen mit steuerabzugspflichtigen Einkünften (§ 46 EStG).

VII. **Steuerabzug bei Bauleistungen** (§ 48 – § 48d EStG): Bei Bauleistungen ist unter bestimmten Voraussetzungen der Leistungsempfänger verpflichtet, 15% des Entgelts einzubehalten und für Rechnung des Leistungserbringers an die Finanzbehörde abzuführen.

VIII. **Besteuerung beschränkt Steuerpflichtiger** (§ 49 – § 50a EStG): Der achte Abschnitt enthält Vorschriften zur Abgrenzung des Umfangs und der Form der Besteuerung von im Ausland ansässigen Personen mit ihren im Inland erzielten Einkünften.

IX. **Sonstige Vorschriften, Bußgeld-, Ermächtigungs- und Schlussvorschriften** (§ 50b – § 58 EStG): Die im neunten Abschnitt zusammengestellten Vorschriften umfassen Besonderheiten bei Bestehen eines Doppelbesteuerungsabkommens, Bußgeldvorschriften, Regelungen zur Umsetzung der Zins-Lizenz-Richtlinie sowie die Rechtsgrundlagen für den Erlass von Durchführungsverordnungen, Übergangsbestimmungen und Regelungen im Zusammenhang mit der Herstellung der Einheit Deutschlands.

X. **Kindergeld** (§ 62 – § 78 EStG): Die Vorschriften zur Festsetzung des Kindergeldes dem Grunde und der Höhe nach sowie zur Auszahlung des Kindergeldes werden grundsätzlich im Einkommensteuergesetz geregelt.

XI. **Altersvorsorgezulage** (§ 79 – § 99 EStG): Die Vorschriften für die Gewährung der Altersvorsorgezulage für Beiträge, die der Steuerpflichtige im Rahmen der privaten Zusatzvorsorge leistet („Riester-Rente“), werden im elften Abschnitt des Einkommensteuergesetzes zusammengefasst.

XII. **Förderbetrag zur betrieblichen Altersvorsorge** (§ 100 EStG): Zur Förderung der betrieblichen Altersvorsorge von Arbeitnehmern mit einem geringen Einkommen (im Jahr nicht mehr als 26 400 €) wird dem Arbeitgeber unter bestimmten Voraussetzungen ein 30%iger Zuschuss, höchstens 288 €/Arbeitnehmer, auf die an ausgewählte Versorgungseinrichtungen gezahlten Beiträge gewährt.

XIII. **Mobilitätsprämie** (§ 101 – § 109 EStG): Für Steuerpflichtige, bei denen sich die Entfernungspauschale aufgrund eines geringen Einkommens nicht auswirkt, wird eine Mobilitätspräme ausbezahlt.

IV. Schema zur Ermittlung der Einkommensteuer

59 Die **Bemessungsgrundlage der Einkommensteuer** – das zu versteuernde Einkommen – setzt sich wie folgt zusammen (§ 2 EStG, R 2 Abs. 1 EStR):

	Einkünfte aus Land- und Forstwirtschaft Ermittlung: in der Regel Gewinnermittlung nach Durchschnittssätzen (§ 13a EStG)
+	Einkünfte aus Gewerbebetrieb Ermittlung: in der Regel Gewinnermittlung durch Betriebsvermögensvergleich (Steuerbilanz, § 5 EStG)
+	Einkünfte aus selbständiger Arbeit Ermittlung: in der Regel Gewinn als Überschuss der Betriebseinnahmen über die Betriebsausgaben (§ 4 Abs. 3 EStG)

+	Einkünfte aus nichtselbständiger Arbeit Ermittlung: Arbeitslohn abzüglich Versorgungsfreibetrag, Zuschlag zum Versorgungsfreibetrag und Werbungskosten (ggf Arbeitnehmer-Pauschbetrag bzw Werbungskosten-Pauschbetrag beim Empfang von Versorgungsbezügen)
+	Einkünfte aus Kapitalvermögen Ermittlung: Kapitalerträge abzüglich Sparer-Pauschbetrag Besonderheiten: Sondersteuersatz von 25% auf die Einnahmen (Abgeltungsteuer, § 32d EStG), kein Abzug der tatsächlich angefallenen Werbungskosten (§ 2 Abs. 2 S. 2 iVm § 20 Abs. 9 EStG)
+	Einkünfte aus Vermietung und Verpachtung Ermittlung: Überschuss der Einnahmen über die Werbungskosten
+	sonstige Einkünfte iSd § 22 EStG Ermittlung: Überschuss der Einnahmen über die Werbungskosten (ggf Werbungskosten-Pauschbetrag)
=	**Summe der Einkünfte (§ 2 Abs. 1 EStG)** (damit verbunden: Verlustausgleich)
–	Altersentlastungsbetrag (§ 24a EStG)
–	Entlastungsbetrag für Alleinerziehende (§ 24b EStG)
–	Freibetrag für Land- und Forstwirte (§ 13 Abs. 3 EStG)
=	**Gesamtbetrag der Einkünfte (§ 2 Abs. 3 EStG)**
–	Verlustabzug (Verlustrücktrag, Verlustvortrag, § 10d EStG)
–	Sonderausgaben (§ 10 – § 10c EStG)
–	außergewöhnliche Belastungen (§ 33 – § 33b EStG)
–	Steuerbegünstigung für zu eigenen Wohnzwecken genutzte Baudenkmale sowie für schutzwürdige Kulturgüter (§ 10f, § 10g EStG)
=	**Einkommen (§ 2 Abs. 4 EStG)**
–	Freibeträge für Kinder (Kinderfreibetrag, Freibetrag für die Betreuung, Erziehung und Ausbildung des Kindes, § 31, § 32 Abs. 6 EStG, sofern günstiger als Kindergeld)
=	**zu versteuerndes Einkommen (§ 2 Abs. 5 EStG)**

Die von einem Steuerpflichtigen erzielten **Einnahmen** lassen sich vier Gruppen zuordnen: **60**

- **Steuerpflichtige Betriebseinnahmen** sind Einnahmen, die bei einer der Gewinneinkunftsarten erfasst werden. Zu den Gewinneinkunftsarten zählen die Einkünfte aus Land- und Forstwirtschaft, aus Gewerbebetrieb und aus selbständiger Arbeit (§ 2 Abs. 2 S. 1 Nr 1 EStG).
- **Steuerpflichtige Einnahmen** stehen im Zusammenhang mit einer der Überschusseinkunftsarten. Das sind die verbleibenden vier Einkunftsarten (§ 2 Abs. 2 S. 1 Nr 2 EStG).
- Bei **steuerfreien Betriebseinnahmen bzw steuerfreien Einnahmen** handelt es sich um Vermögenszuwächse, die zwar bei einer der sieben Einkunftsarten steuerbar sind, die aber von der Besteuerung freigestellt werden.
- **Nicht steuerbare Einnahmen** sind Einnahmen, die keiner der sieben Einkunftsarten zuordenbar sind. Diese Vermögensmehrungen bleiben einkommensteuerlich generell unberücksichtigt.

Hinsichtlich der steuerlichen Behandlung von **Ausgaben** ist zwischen fünf Formen zu unterscheiden:

- **Betriebsausgaben** sind Vermögensminderungen, die bei einer der Gewinneinkunftsarten anfallen.
- Ausgaben, die im Zusammenhang mit einer der Überschusseinkunftsarten stehen, stellen **Werbungskosten** dar.
- **Nichtabziehbare Betriebsausgaben** bzw nichtabziehbare Werbungskosten sind Ausgaben, die zwar einer der sieben Einkunftsarten zugeordnet werden, die jedoch die Höhe der steuerpflichtigen Einkünfte nicht verringern.
- **Sonderausgaben** und **außergewöhnliche Belastungen** sind privat veranlasste Ausgaben, die keiner der sieben Einkunftsarten zurechenbar sind, die jedoch im Hinblick auf die persönliche Komponente des Leistungsfähigkeitsprinzips über den Abzug vom Gesamtbetrag der Einkünfte die einkommensteuerpflichtige Bemessungsgrundlage mindern.
- **Ausgaben**, die keiner der sieben Einkunftsarten zuordenbar sind, zB Kosten der privaten Lebensführung, Ausgaben, die mit einer Tätigkeit zusammenhängen, die nicht mit Einkunftserzielungsabsicht ausgeübt wird (Liebhaberei), und die nicht den Sonderausgaben oder außergewöhnlichen Belastungen zugerechnet werden, sind von der einkommensteuerlichen Bemessungsgrundlage **nicht abziehbar**. Sie werden dem nicht steuerbaren Bereich zugerechnet.

In einer groben Vereinfachung lässt sich die Berechnung der einkommensteuerlichen **Bemessungsgrundlage** wie folgt schematisieren:

	Die am Markt erwirtschafteten Einnahmen (**Erwerbseinnahmen:** Betriebseinnahmen oder Einnahmen) sind steuerpflichtig, soweit sie einer der sieben Einkunftsarten zurechenbar sind und keine Steuerbefreiung gewährt wird.
–	Aufgrund des sachlichen Nettoprinzips sind von den steuerpflichtigen Erwerbseinnahmen die damit zusammenhängenden **Erwerbsaufwendungen** (Betriebsausgaben, Werbungskosten) abzuziehen, sofern kein Abzugsverbot besteht. Das sachlichen Nettoprinzip beinhaltet auch den **Verlustausgleich** (Verlustverrechnung innerhalb eines Jahres) und den **Verlustabzug** (Verlustverrechnung zwischen den Einkünften aus unterschiedlichen Jahren). Das Nettoprinzip wird allerdings durch Einschränkungen beim Verlustausgleich sowie durch die Begrenzungen beim Verlustabzug („Mindestbesteuerung“) zum Teil verletzt.
=	Gesamtbetrag der Einkünfte nach Verlustabzug *(sachliche Komponente des Leistungsfähigkeitsprinzips)*
–	**ausgewählte privat veranlasste Ausgaben** (insbesondere Sonderausgaben, außergewöhnliche Belastungen, Freibeträge für Kinder) *(persönliche Komponente des Leistungsfähigkeitsprinzips)*
=	zu versteuerndes Einkommen (**Bemessungsgrundlage der Einkommensteuer**)

61 Der Steuersatz, der auf die Bemessungsgrundlage „zu versteuerndes Einkommen“ anzuwenden ist, errechnet sich aus dem progressiven Einkommensteuertarif (§ 32a EStG). Das Ergebnis ist die **tarifliche Einkommensteuer** (§ 2 Abs. 5 EStG). Bestimmte steuerfreie Einkünfte gehen zwar nicht in die Bemessungsgrundlage ein, sie werden aber bei der Berechnung des Steuersatzes, der für die steuerpflichtigen Einkünfte maßgebend ist, (progressionssteigernd) berücksichtigt (Progressionsvorbehalt

nach § 32b EStG). Für bestimmte außerordentliche Einkünfte wird ein ermäßigter Steuersatz angewendet (§ 34, § 34b EStG). Bei Einkünften aus Land- und Forstwirtschaft wird eine Tarifglättung vorgenommen (§ 32c EStG). Sondersteuersätze gelten für Einkünfte aus Kapitalvermögen (Abgeltungsteuer nach § 32d EStG) sowie (auf Antrag) bei Gewinneinkünften für nicht entnommene Gewinne (Thesaurierungsbegünstigung nach § 34a EStG).

Um die **festzusetzende Einkommensteuer** zu erhalten, sind von der tariflichen Einkommensteuer mehrere **Steuerermäßigungen** abzuziehen und Hinzurechnungsbeträge zu addieren (§ 2 Abs. 6 EStG, R 2 Abs. 2 EStR):

	tarifliche Einkommensteuer (§ 32a Abs. 1, 5 EStG) unter Berücksichtigung des Progressionsvorbehalts nach § 32b EStG, der Tarifglättung nach § 32c EStG, des ermäßigten Steuersatzes nach § 34 Abs. 1, § 34 Abs. 3 und § 34b EStG sowie der Begünstigung der nicht entnommenen Gewinne nach § 34a EStG (auf Antrag, bei Thesaurierung: Sondersteuersatz 28,25%, bei Entnahme: 25%ige Nachversteuerung) Der Sondersteuersatz für Einkünfte aus Kapitalvermögen (Abgeltungsteuer von 25% nach § 32d EStG) wird grundsätzlich dadurch berücksichtigt, dass die Steuerschuld mit Erhebung der Kapitalertragsteuer abgegolten ist (§ 43, § 43a EStG). Die Einkünfte aus Kapitalvermögen werden deshalb in der Regel im Rahmen der Einkommensteuerveranlagung nicht mehr angesetzt.
–	anrechenbare ausländische Steuern (§ 34c Abs. 1, 6 EStG)
–	Steuerermäßigung bei Einkünften aus Gewerbebetrieb (§ 35 EStG)
–	Steuerermäßigung für bestimmte Zuwendungen zur Förderung staatspolitischer Zwecke (§ 34g EStG)
–	Steuerermäßigung bei Aufwendungen für haushaltsnahe Beschäftigungsverhältnisse, haushaltsnahe Dienstleistungen und Handwerkerleistungen (§ 35a EStG)
–	Steuerermäßigung bei Belastung mit Einkommen- und Erbschaftsteuer (§ 35b EStG)
–	Steuerermäßigung für energetische Maßnahmen bei zu eigenen Wohnzwecken genutzten Gebäuden (§ 35c EStG)
+	Einkommensteuer auf pauschal besteuerte ausländische Einkünfte (§ 34c Abs. 5 EStG)
+	Anspruch auf die Altersvorsorgezulage nach § 79 EStG (sofern die Altersvorsorgebeiträge als Sonderausgaben abgezogen werden, § 10a Abs. 2 EStG)
+	Anspruch auf Kindergeld (sofern das Einkommen um die Freibeträge für Kinder gemindert wird, § 31 S. 4 EStG)
=	**festzusetzende Einkommensteuer**

Mit der Berechnung der festzusetzenden Einkommensteuer ist die **Steuerermittlung**, dh die Berechnung der Einkommensteuerbelastung, abgeschlossen. Zur **Steuerentrichtung** gehört die Festlegung der zu zahlenden Einkommensteuer. Die Höhe der Abschlusszahlung (zu zahlende Einkommensteuer) oder des Erstattungsbetrags ergibt sich, wenn auf die festzusetzende Einkommensteuer die bereits entrichteten bzw einbehaltenen Beträge angerechnet werden (§ 36 Abs. 2, § 48c Abs. 1 EStG):

	festzusetzende Einkommensteuer
–	vierteljährliche Einkommensteuer-Vorauszahlungen
–	einbehaltene Lohnsteuer
–	anzurechnende Kapitalertragsteuer Hinweis: gilt nicht für Einkünfte aus Kapitalvermögen, für die die Kapitalertragsteuer abgeltende Wirkung hat (Abgeltungsteuer nach § 32d EStG)
–	bei Durchführung von begünstigten Forschungs- und Entwicklungsvorhaben: Forschungszulage
–	bei der Erbringung von Bauleistungen: vom Leistungsempfänger einbehaltener Steuerabzug (sofern nicht bereits mit der abzuführenden Lohnsteuer oder den Einkommensteuer-Vorauszahlungen verrechnet)
=	**Abschlusszahlung** (zu zahlende Einkommensteuer) **oder Einkommensteuererstattung**

B. Persönliche Steuerpflicht (natürliche Personen)

62 Der **Einkommensteuer unterliegen** nur **natürliche Personen** (§ 1 EStG). Für Kapitalgesellschaften gilt das Körperschaftsteuergesetz. Eine Personengesellschaft ist weder natürliche noch juristische Person; sie kann deshalb weder bei der Einkommensteuer noch bei der Körperschaftsteuer Steuersubjekt sein. **Gewinne einer Personengesellschaft** werden **den Gesellschaftern zugerechnet** und von diesen versteuert (Transparenzprinzip).

Eines der charakteristischen Merkmale von Personensteuern ist die Unterscheidung zwischen **unbeschränkter Steuerpflicht** und **beschränkter Steuerpflicht**.

I. Unbeschränkte Steuerpflicht

63 Unbeschränkt einkommensteuerpflichtig sind natürliche Personen, die im Inland ihren Wohnsitz oder gewöhnlichen Aufenthalt haben (Steuerinländer, § 1 Abs. 1 S. 1 EStG).

Seinen **Wohnsitz** hat jemand dort, wo er eine Wohnung unter Umständen innehat, die darauf schließen lassen, dass er die Wohnung beibehalten und benutzen wird (§ 8 AO). Der **gewöhnliche Aufenthalt** einer natürlichen Person ist dort, wo sie sich unter Umständen aufhält, die erkennen lassen, dass sie an diesem Ort nicht nur vorübergehend verweilt. Als gewöhnlicher Aufenthalt gilt stets ein Aufenthalt im Inland von mehr als sechs Monaten (§ 9 AO).

Was zum Inland gehört, ist in § 1 Abs. 1 S. 2 EStG detailliert definiert.

Die unbeschränkte Steuerpflicht ist grundsätzlich **unabhängig von** der **Staatsangehörigkeit** der natürlichen Person. Eine **Ausnahme** gilt für Auslandsbeschäftigte, insbesondere Diplomaten und Konsularbeamte. Deutsche Staatsangehörige, die von einer inländischen öffentlichen Kasse Arbeitslohn beziehen, sind in Deutschland auch dann unbeschränkt steuerpflichtig, wenn sie im Inland weder einen Wohnsitz noch ihren gewöhnlichen Aufenthalt haben (erweiterte unbeschränkte Steuerpflicht nach § 1 Abs. 2 EStG). Unter bestimmten Voraussetzungen gelten auch ihre Angehörigen (insbesondere Ehegatte, Kinder) im Inland als unbeschränkt steuerpflichtig.

Die **unbeschränkte Steuerpflicht umfasst** das **Welteinkommen** einer natürlichen Person (Welteinkommensprinzip, Universalitätsprinzip). Sämtliche Einkünfte sind in Deutschland zu versteuern. Ob sie im Inland erzielt werden oder aus dem Ausland stammen, ist grundsätzlich irrelevant. Ausnahmen können sich aus Doppelbesteuerungsabkommen ergeben, die zur Vermeidung einer internationalen Doppelbesteuerung von der Bundesrepublik mit einem ausländischen Staat abgeschlossen wurden.[6]

II. Beschränkte Steuerpflicht

Eine natürliche Person, die im Inland nicht unbeschränkt steuerpflichtig ist, unterliegt in Deutschland der **beschränkten Steuerpflicht**, wenn sie bestimmte, **in § 49 EStG umschriebene inländische Einkünfte** bezieht (Steuerausländer, § 1 Abs. 4 EStG). Der Umfang der beschränkten Steuerpflicht ist auf diese inländischen Einkünfte begrenzt (eingeschränktes Territorialitätsprinzip). **64**

Für die Prüfung der beschränkten Steuerpflicht werden sowohl persönliche als auch sachliche Kriterien herangezogen. Die natürliche Person muss

- **sowohl** ihren **Wohnsitz als auch** ihren **gewöhnlichen Aufenthalt im Ausland** haben (persönliches Merkmal),
  und
- sie muss **im Inland Einkünfte iSd § 49 EStG erzielen** (sachliches Merkmal).

Da die überwiegende Zahl der Staaten das **Nebeneinander von unbeschränkter und beschränkter Steuerpflicht** kennt, werden ausländische Einkünfte sowohl im Inland als auch im Ausland besteuert. Wie diese **internationale Doppelbesteuerung** vermieden oder zumindest abgeschwächt wird, ist die Kernfrage der internationalen Steuerlehre.[7]

Beschränkt Steuerpflichtige, die ihre **Einkünfte überwiegend im Inland** erzielen (Anteil der inländischen Einkünfte mindestens 90% oder die ausländischen Einkünfte betragen nicht mehr als den Grundfreibetrag, im Jahr 2020 9 408 €), werden auf Antrag wie unbeschränkt Steuerpflichtige behandelt (§ 1 Abs. 3 EStG). Der Besteuerungsumfang ist allerdings auf die inländischen Einkünfte iSd § 49 EStG beschränkt. Da die Besteuerung durch das Territorialitätsprinzip begrenzt wird, handelt es sich entgegen der Gesetzesformulierung um eine Unterform der beschränkten Steuerpflicht (**besondere beschränkte Steuerpflicht**). Dieses Wahlrecht geht auf die innerhalb des Europäischen Binnenmarkts gewährten Grundfreiheiten zurück. Es kann insbesondere von Arbeitnehmern in Anspruch genommen werden, die zwar im Ausland wohnen, jedoch im Inland arbeiten („Grenzgänger"). Vorteil dieses Wahlrechts ist, dass sich zum einen die internationale Doppelbesteuerung leichter vermeiden lässt und dass zum anderen im Zusammenhang mit der Ermittlung der Einkünfte und mit personenbezogenen Steuererleichterungen (zB Splitting-Verfahren für Ehegatten) eine Gleichstellung mit Steuerinländern erfolgt. **65**

---

6 Zu den Ursachen von internationalen Doppelbesteuerungen und den grundsätzlichen Möglichkeiten zu ihrer Vermeidung siehe Siebter Teil, Erster Abschnitt, Rn. 891–938.

7 Siehe hierzu einführend Siebter Teil, Erster Abschnitt, Rn. 891–938.

III. Beginn und Ende der Steuerpflicht

66 Die **unbeschränkte Steuerpflicht beginnt mit** der **Geburt** (bzw mit dem Zuzug aus dem Ausland) und **endet mit** dem **Tod** (bzw mit dem Wegzug aus Deutschland). Persönliche Steuerbefreiungen für einzelne Personen oder Personengruppen bestehen bei der Einkommensteuer nicht. Bezieht eine natürliche Person keine oder nur in geringem Umfang steuerpflichtige Einkünfte, wirkt sich die unbeschränkte Steuerpflicht aber materiell nicht aus.

67 Eine im Ausland ansässige natürliche Person ist nur **solange** in Deutschland **beschränkt steuerpflichtig, wie** sie **inländische Einkünfte iSd § 49 EStG** bezieht. Liegt dieses Anknüpfungsmerkmal nicht mehr vor, fehlt eine der Voraussetzungen (das sachliche Merkmal) der beschränkten Steuerpflicht.

C. Sachliche Steuerpflicht (Summe der Einkünfte)

I. Einkommensbegriff des Einkommensteuergesetzes

1. Fehlen einer theoretischen Leitlinie

68 Bei der **Einkommensteuer** wird als **Maßstab zur Messung der sachlichen Leistungsfähigkeit** einer natürlichen Person auf das **erzielte Einkommen** abgestellt. Diese Grundsatzentscheidung macht es erforderlich, **zwischen** der **Einkommenserzielung** (einkommensteuerlich bedeutsam) **und** der **Verwendung des Einkommens für Konsumzwecke** (einkommensteuerlich nicht relevant) **zu trennen**: Die Höhe der steuerpflichtigen Einkünfte wird ausschließlich von Vorgängen beeinflusst, die mit einer wirtschaftlichen, mit Einkunftserzielungsabsicht ausgeübten Tätigkeit in Zusammenhang stehen. Die Verwendung des am Markt erwirtschafteten Vermögenszuwachses darf sich auf die Höhe der steuerpflichtigen Einkünfte nicht auswirken. Sie ist grundsätzlich dem nicht steuerbaren Bereich zuzuordnen.

Das Konzept einer **Besteuerung des erzielten Einkommens** wird von Steuerwissenschaftlern **häufig kritisiert**. Um die Entscheidung zwischen heutigem Konsum einerseits und Sparen bzw Investition zur Finanzierung von zukünftigen Konsumausgaben andererseits durch die Besteuerung nicht zu verzerren, wird zum Teil ein Übergang von der einkommensorientierten Besteuerung (Einkommensteuer nach traditionellem Konzept) auf eine **konsumorientierte Besteuerung gefordert**. Erreichen lässt sich dieses Ziel nicht nur durch eine *Konsumausgabensteuer* (direkte Ermittlung des Konsums), sondern auch innerhalb einer Besteuerung, die formal als Einkommensteuer ausgestaltet ist. Das Konzept der Einkommensteuer müsste in diesem Fall durch eine Freistellung von gesparten/investierten Einkommensteilen (*Cash-Flow-Steuer* oder *sparbereinigte Einkommensteuer*: indirekte Ermittlung des Konsums, indem das Einkommen um die Investitionsausgaben bzw die Veränderung der Ersparnisse korrigiert wird) oder durch eine *zinsbereinigte Einkommensteuer* (Nichtbesteuerung von Zinseinnahmen bzw Nichtabziehbarkeit von Zinsausgaben sowie Steuerbefreiung in Höhe der marktüblichen Verzinsung des Eigenkapitals) modifiziert werden.[8]

---

8 Zur Einführung siehe Treisch, SteuerStud 2000, S. 368 sowie Band III: Steuerplanung, Vierter Teil, Vierter Abschnitt.

Die Entscheidung, bei der sachlichen Interpretation des Leistungsfähigkeitsprinzips auf das am Markt erzielte Einkommen abzustellen, legt noch nicht fest, wie die steuerpflichtigen Vermögensmehrungen zu definieren sind. Für die **Konkretisierung des Einkommensbegriffs** stehen grundsätzlich zwei Konzepte zur Verfügung: **69**

(1) Nach der **Quellentheorie** gelten nur die Zuflüsse als steuerpflichtig, die regelmäßig aus einer Einkunftsquelle fließen. Unregelmäßig entstehende Einkünfte und Veränderungen des Werts des Vermögens (zB Veräußerungsgewinne, Minderungen des Werts eines Wirtschaftsguts) gehen nach dieser Einkommenskonzeption nicht in die Bemessungsgrundlage ein.

(2) Die **Reinvermögensänderungstheorie** differenziert nicht nach der Ursache der Vermögensänderung. Der Besteuerung unterliegen sowohl regelmäßig erzielte Einkünfte als auch die Veränderungen des Werts des Vermögens. Erfasst werden sämtliche, im abgelaufenen Wirtschaftsjahr eingetretene Vermögensmehrungen und -minderungen. Die Veränderung des Vermögens kann auf drei Wegen berechnet werden:

(a) Nach dem **Konzept eines Gesamtvermögensvergleichs** wird der Wert des Vermögens eines Steuerpflichtigen als Ganzes festgestellt. Nach dieser umfassenden Erfolgskonzeption ist der Gewinn als Veränderung des Ertragswerts des Steuerpflichtigen definiert. Der Ertragswert wird dadurch ermittelt, dass sämtliche in der Zukunft zu erwartenden Einzahlungsüberschüsse mit Hilfe eines Kalkulationszinssatzes auf den Betrachtungszeitpunkt abgezinst werden.

(b) Der **Einzelvermögensvergleich** geht grundsätzlich von einzelnen, als solche abgrenzbaren Wirtschaftsgütern aus. Modifiziert wird das daraus abgeleitete Einkommen durch bestimmte Abgrenzungsposten (wie Rechnungsabgrenzungsposten). Die ertragsteuerliche Bemessungsgrundlage eines Jahres hängt entscheidend davon ab, wie der Begriff „Wirtschaftsgut" definiert wird, wie die einzelnen Wirtschaftsgüter bewertet werden und welche Abgrenzungsposten in den Einzelvermögensvergleich einbezogen werden.

(c) Beim **Kassenvermögensvergleich** wird in seiner einfachsten Form das Einkommen mit dem finanzwirtschaftlichen Zahlungsüberschuss gleichgesetzt, also der Differenz zwischen den Einzahlungen und Auszahlungen des abgelaufenen Jahres (Cash-Flow-Steuer). Beim Kassenvermögensvergleich ist eine Kassenrechnung ausreichend. Periodisierungsregelungen, wie Absetzungen für Abnutzungen (Abschreibungen), Rechnungsabgrenzungsposten oder Rückstellungen, bedarf es nicht.

Das deutsche **Einkommensteuergesetz** orientiert sich bei der **Abgrenzung des Einkommensbegriffs nicht** an einer **einheitlichen Leitlinie**. Die Umschreibung der steuerpflichtigen Einkünfte beruht nicht auf einer bestimmten, im Gesetz oder in den Gesetzesbegründungen vorgegebenen Einkommenstheorie. Die **sachliche Steuerpflicht** wird vielmehr **pragmatisch bestimmt**: **Steuerobjekt** der Einkommensteuer bildet die **Summe der Einkünfte aus sieben speziell definierten Einkunftsarten**. **70**

Die sieben **Einkunftsarten** sind (§ 2 Abs. 1 EStG):

- Einkünfte aus Land- und Forstwirtschaft
- Einkünfte aus Gewerbebetrieb
- Einkünfte aus selbständiger Arbeit

- Einkünfte aus nichtselbständiger Arbeit
- Einkünfte aus Kapitalvermögen
- Einkünfte aus Vermietung und Verpachtung
- sonstige Einkünfte iSd § 22 EStG.

71 Die Abgrenzung, **welche Einnahmen innerhalb einer Einkunftsart steuerlich erfasst werden**, folgt gleichfalls **keiner einheitlichen Theorie**. Aus **historischer Sicht** kann in einer groben Vereinfachung formuliert werden, dass das Einkommensteuergesetz **zunächst** der **Quellentheorie** (so das Preußische EStG von 1891) und **anschließend** der **Reinvermögensänderungstheorie** (so das EStG von 1920) folgte. Beide Prinzipien wurden jedoch zu keiner Zeit in reiner Form angewandt. Die anfängliche Entscheidung für die Quellentheorie wurde mit der teilweisen Besteuerung von Veräußerungsgewinnen durchbrochen. In den Zeiten, in denen konzeptionell auf die Reinvermögensänderungstheorie abgestellt wurde, beschränkte sich der Umfang der Besteuerung bei mehreren Einkunftsarten auf die laufenden Zuflüsse.

Seit 1925 kennt das Einkommensteuergesetz prinzipiell ein Nebeneinander von **zwei Einkommensbegriffen** (§ 2 Abs. 2 EStG):

- **Gewinneinkunftsarten** (Einkünfte aus Land- und Forstwirtschaft, aus Gewerbebetrieb, aus selbständiger Arbeit) werden in Anlehnung an die **Reinvermögensänderungstheorie** besteuert.
- Bei den **Überschusseinkunftsarten** (Einkünfte aus nichtselbständiger Arbeit, aus Kapitalvermögen, aus Vermietung und Verpachtung und sonstige Einkünfte iSd § 22 EStG) orientiert sich die Abgrenzung der sachlichen Steuerpflicht eher an der **Quellentheorie**.

Bei **Gewinneinkunftsarten** entspricht die Einkunftsermittlung in Anlehnung an die **Reinvermögensänderungstheorie** dem Ziel der Einkommensteuer. Die positive Beurteilung gilt auch bei deren Konkretisierung. Die Einkunftsermittlung auf der Grundlage eines **Einzelvermögensvergleichs** (Instrument: **Steuerbilanz**) ist deshalb **vom Ansatz her gerechtfertigt**, da die anderen Unterformen der Reinvermögensänderungstheorie aufgrund ihrer Zukunftsbezogenheit nicht mit dem Grundsatz der Tatbestandsmäßigkeit und Tatbestandsbestimmtheit vereinbar sind (Gesamtvermögensvergleich) bzw sich eher in ein konsumorientiertes Besteuerungssystem einordnen lassen (Kassenvermögensvergleich: Cash-Flow-Steuer).

Das Ziel der Einkommensteuer – Besteuerung des durch Markttransaktionen erwirtschafteten Vermögenszuwachses – lässt sich nur erreichen, wenn das am Markt erzielte Einkommen vollständig erfasst wird. Diese Anforderung wird erfüllt, wenn in die steuerpflichtige Bemessungsgrundlage sämtliche Vermögensänderungen eingehen. Für eine Trennung in regelmäßig fließende Einkünfte (die besteuert werden) und in aperiodische Vermögensänderungen sowie Veräußerungsgewinne (die nicht besteuert werden) lässt sich keine ökonomische Begründung anführen. Die bei **Überschusseinkunftsarten** geltende **Quellentheorie ist abzulehnen**, weil bei ihr die ertragsteuerliche Bemessungsgrundlage davon abhängt, aus welchen Komponenten sich das Markteinkommen zusammensetzt.

Bei der Beurteilung der in § 2 Abs. 2 EStG enthaltenen Zweiteilung in Gewinneinkunftsarten und Überschusseinkunftsarten ist allerdings **zu berücksichtigen**, dass bei

Aktivitäten, die einer der **Überschusseinkunftsarten** zugerechnet werden, **in immer größerem Umfang Veräußerungsgewinne** und andere aperiodische Vermögensmehrungen **besteuert** werden. Hervorzuheben sind drei Vorschriften:

- Zu den **Einkünften aus Kapitalvermögen** gehören nach § 20 Abs. 2 EStG auch Gewinne aus der Veräußerung von Kapitalanlagen, obwohl es sich bei dieser Einkunftsart um eine Überschusseinkunftsart handelt. Die generelle Steuerpflicht für Gewinne aus der Veräußerung von privaten Kapitalanlagen wurde zusammen mit der Einführung der Abgeltungsteuer auf Kapitalerträge im Jahr 2009 kodifiziert.
- Ist eine **natürliche Person an einer Kapitalgesellschaft zu mindestens 1% beteiligt**, sind Veräußerungsgewinne auch dann als Einkünfte aus Gewerbebetrieb steuerpflichtig, wenn die **Anteile zum Privatvermögen** gehören (§ 17 EStG). Die Beteiligungsgrenze, ab der Veräußerungsgewinne von Anteilen an Kapitalgesellschaften, die dem Privatvermögen einer natürlichen Person zugerechnet werden, steuerpflichtig sind, wurde im Zeitablauf von 25% über 10% auf 1% gesenkt.
- Bei Wirtschaftsgütern des Privatvermögens, die keine Kapitalanlagen sind, werden Veräußerungsgewinne dann erfasst, wenn zwischen Erwerb und Verkauf nicht mehr als zehn Jahre (Grundstücke) bzw ein Jahr (andere Wirtschaftsgüter) liegen (**privates Veräußerungsgeschäft** nach § 23 iVm § 22 Nr 2 EStG). Diese Haltefrist betrug in früheren Jahren nur zwei Jahre bzw sechs Monate.

Aufgrund der Einführung einer generellen Besteuerung von Veräußerungsgewinnen bei Einkünften aus Kapitalvermögen nach § 20 Abs. 2 EStG sowie der Ausdehnung des Anwendungsbereichs der Sonderregelungen in § 17 EStG und § 23 EStG hat die **Unterscheidung zwischen Gewinn- und Überschusseinkunftsarten** insoweit **an Bedeutung verloren**. Die in § 2 Abs. 2 EStG vorgenommene Zweiteilung wirkt sich in der praktischen Anwendung häufig nicht mehr aus. Bei Wirtschaftsgütern, die im Rahmen einer Überschusseinkunftsart eingesetzt werden, und bei Wirtschaftsgütern, die ohne Einkunftserzielungsabsicht genutzt werden, sind Veräußerungsgewinne nur dann nicht steuerbar, wenn es sich weder um private Kapitalanlagen handelt noch die Voraussetzungen des § 17 EStG (Veräußerung von Anteilen an Kapitalgesellschaften bei einer Beteiligung von mindestens 1%) noch die Voraussetzungen des § 23 EStG (privates Veräußerungsgeschäft) erfüllt sind. Die Zweiteilung in Gewinn- und Überschusseinkunftsarten besteht zwar noch nach dem Wortlaut des § 2 Abs. 2 EStG. Man könnte allerdings auch davon sprechen, dass nach dem geltenden Einkommensteuerrecht Veräußerungsgewinne generell besteuert werden: bei Gewinneinkunftsarten durch den in § 2 Abs. 2 EStG enthaltenen Einkommensbegriff „Gewinn“ und bei Wirtschaftsgütern, die im Rahmen einer Überschusseinkunftsart eingesetzt oder die ohne Einkunftserzielungsabsicht genutzt werden, aufgrund der in § 20 Abs. 2, § 17 und § 23 EStG vorgenommenen Erweiterung der steuerbaren Einkünfte auf Veräußerungsgewinne.

2. Einkunftserzielungsabsicht als Voraussetzung der Steuerbarkeit

Einem Steuerpflichtigen werden **nur dann steuerpflichtige Einkünfte** zugerechnet, **72**
wenn er seine Tätigkeit mit der Absicht ausübt, auf Dauer eine Mehrung des Vermögens, dh einen Überschuss der Einnahmen über die Ausgaben, zu erzielen (**Einkunftserzielungsabsicht**). Liegt Einkunftserzielungsabsicht vor, erhöhen Einnahmen die einkommensteuerliche Bemessungsgrundlage und können Ausgaben, die im wirt-

schaftlichen Zusammenhang mit den steuerpflichtigen Einnahmen stehen, abgezogen werden (Nettoprinzip).

Wird die **Einkunftserzielungsabsicht verneint**, ist die entsprechende Betätigung einkommensteuerlich irrelevant. Bei diesen Tätigkeiten wirken sich weder die Einnahmen noch die Ausgaben steuerlich aus. Derartige Aktivitäten werden der (konsumtiven) Einkommensverwendung zugerechnet, nicht der Einkommenserzielung.

Diese Grundaussagen ergeben sich aus der Zielsetzung der Einkommensteuer. Der mit ihr verfolgte Fiskalzweck kann nur erreicht werden, wenn positive Einkünfte vorliegen. Bei auf Dauer negativen Einkünften könnte der Staat mit der Einkommensteuer keine Einnahmen erzielen.

Einkunftserzielungsabsicht setzt bei jeder der sieben Einkunftsarten eine **auf wirtschaftliche Vermögensmehrung gerichtete Tätigkeit** voraus. Dieses für die Einkommensbesteuerung notwendige Merkmal wird beispielsweise danach beurteilt, ob ein Betrieb nach betriebswirtschaftlichen Grundsätzen geführt wird und nach seiner Wesensart und nach der Art seiner Bewirtschaftung **auf Dauer gesehen nachhaltig mit Gewinnen arbeiten kann.**[9]

73 Wird die Tätigkeit aus privater Veranlassung ausgeübt, dh als Hobby oder ohne die Absicht, zumindest langfristig positive Einkünfte zu erzielen, wird von **Liebhaberei** gesprochen. Der steuerrechtliche Begriff „Liebhaberei" umfasst zwei Merkmale: langjährige Verlusterzielung **(objektives Kriterium)** und Ausübung einer Tätigkeit aus persönlicher Neigung **(subjektives Kriterium)**.

Zu den nicht steuerbaren Tätigkeiten gehören typischerweise das Halten einer Segeljacht, eines Flugzeugs oder eines Reitpferds. Dies gilt auch dann, wenn bei diesen Tätigkeiten in geringem Umfang Einnahmen erzielt werden, wie zB durch die entgeltliche Überlassung für kurze Zeit. **Einkunftserzielungsabsicht** besteht nur, wenn zumindest **langfristig angestrebt** wird, dass die **Einnahmen die Ausgaben übersteigen**. Dies ist in den genannten (idealtypischen) Beispielen üblicherweise nicht der Fall. Mit der Prüfung der Einkunftserzielungsabsicht soll vermieden werden, dass Kosten der privaten Lebensführung entgegen dem Ziel der Einkommensbesteuerung die steuerliche Bemessungsgrundlage mindern.

74 Die Einkunftserzielungsabsicht wird an der **Absicht** gemessen, Überschüsse der Einnahmen über die Ausgaben erzielen zu wollen. Ob tatsächlich eine Vermögensmehrung eintritt, ist grundsätzlich unerheblich.

Die Entscheidung, ob ein Überschuss entsteht, wird in einer **Gesamtbetrachtung** getroffen. Abzustellen ist auf den gesamten Zeitraum, in dem eine Tätigkeit ausgeübt wird. Werden in einzelnen Perioden Verluste ausgewiesen, ist dies unbeachtlich, sofern insgesamt ein Vermögenszuwachs erwirtschaftet wird. Es ist ausreichend, wenn die Einnahmen die Ausgaben in geringem Umfang übersteigen.

75 Zur Beurteilung der Einkunftserzielungsabsicht ist eine **Prognose der zukünftigen Einnahmen und Ausgaben** erforderlich. Insbesondere dann, wenn zu Beginn der Tä-

9 Siehe hierzu grundlegend BFH vom 25.6.1984, BStBl. 1984 II, S. 751 sowie Tipke/Lang, Steuerrecht, 23. Auflage, Köln 2018, S. 354–363.

tigkeit über mehrere Jahre Verluste ausgewiesen werden, bestehen zwischen den Steuerpflichtigen und den Finanzbehörden häufig Meinungsverschiedenheiten, ob und in welchem Zeitraum die Anlaufverluste in der Zukunft (voraussichtlich) durch Vermögensmehrungen kompensiert werden.

Die Finanzverwaltung beurteilt die Einkunftserzielungsabsicht danach, ob langfristig positive **steuerpflichtige Einkünfte** anfallen. Die für das deutsche Einkommensteuerrecht charakteristische Trennung in Gewinn- und Überschusseinkunftsarten hat deshalb nicht nur Einfluss auf die Höhe der bei den einzelnen Einkunftsarten zu versteuernden Einkünfte, sondern auch auf die Prüfung, ob überhaupt steuerpflichtige Einkünfte anfallen. Aus systematischer Sicht ist allerdings ein Abstellen auf eine betriebswirtschaftliche Einkommensdefinition einer juristischen Abgrenzung des Umfangs der Einkünfte vorzuziehen.

Steuerersparnisse aus einer eventuellen Verlustverrechnung werden nicht als Einnahmen gewertet. Sie bleiben bei der Beurteilung der Einkunftserzielungsabsicht unberücksichtigt (§ 15 Abs. 2 S. 2 EStG).

Die Prüfung, ob eine Einkunftserzielungsabsicht vorliegt, bereitet in vielen Fällen erhebliche Schwierigkeiten. Diese Probleme würden entfallen, wenn man Einnahmen generell als steuerpflichtig betrachten würde und die Ausgaben, die der konsumtiven Einkommensverwendung zuzurechnen sind, nicht zum Abzug zulassen würde, dh wenn man sie als nichtabziehbare Betriebsausgaben bzw nichtabziehbare Werbungskosten behandeln würde.[10]

II. Einkunftsarten

1. Bedeutung der richtigen Zuordnung der Einkünfte

Obwohl die sieben Einkunftsarten zur Summe der Einkünfte zusammengefasst werden, ist die Zuordnung zu einer bestimmten Einkunftsart von erheblicher Bedeutung. Die Abgrenzung der Einkunftsarten untereinander wirkt sich auf zehn Ebenen aus: **76**

(a) Ein wirtschaftlicher Sachverhalt ist nur dann einkommensteuerlich relevant, wenn er die Kriterien einer der sieben Einkunftsarten erfüllt. Die **Definition der Einkunftsarten** entscheidet darüber, was Gegenstand der Besteuerung ist. Ist keines der gesetzlich formulierten Merkmale erfüllt, liegen keine steuerbaren Einkünfte vor. Beispielsweise sind Lotteriegewinne, Gewinne aus privaten Spielen und Wetten, Gewinne aus der Teilnahme an einem Preisausschreiben, Erbschaften, Finderlohn sowie Belohnungen für Hinweise zur Ergreifung eines Straftäters nicht **einkommensteuerbar**. Die Haushaltsproduktion (produktive Tätigkeiten, für die kein Entgelt bezahlt wird, wie Kochen, Waschen und Heimwerken, soweit sie vom Steuerpflichtigen selbst ausgeübt werden) wird von dem Einkommensbegriff des EStG gleichfalls nicht erfasst. **77**

(b) Die Unterscheidung zwischen Gewinn- und Überschusseinkunftsarten bestimmt die **Art der Ermittlung der Einkünfte**. Bei Einkünften aus Land- und Forstwirt- **78**

10 Siehe hierzu Hundsdoerfer, Die einkommensteuerliche Abgrenzung von Einkommenserzielung und Konsum, Wiesbaden 2002, S. 331–420.

schaft, Einkünften aus Gewerbebetrieb und Einkünften aus selbständiger Arbeit ist der Besteuerungstatbestand umfassend definiert. In die Bemessungsgrundlage gehen **sowohl laufende Einkünfte als auch Wertsteigerungen und -verluste des zur Einkunftserzielung eingesetzten Vermögens** ein (**Gewinneinkunftsarten:** Reinvermögensänderungstheorie). Bei Einkünften aus nichtselbständiger Arbeit, Einkünften aus Kapitalvermögen, Einkünften aus Vermietung und Verpachtung sowie sonstigen Einkünften iSd § 22 EStG beeinflussen grundsätzlich **nur** die **periodisch anfallenden Vorgänge** die Höhe der Einkünfte. Die Entwicklung des Werts des Vermögens ist vom Ansatz steuerlich irrelevant (**Überschusseinkunftsarten:** Quellentheorie). Aufgrund der Einführung einer generellen Besteuerung von Veräußerungsgewinnen bei Einkünften aus Kapitalvermögen nach § 20 Abs. 2 EStG (private Kapitalanlagen) sowie der Ausdehnung des Anwendungsbereichs der Sonderregelungen in § 17 EStG (Veräußerung von Anteilen an Kapitalgesellschaften bei einer Beteiligung von mindestens 1%) und § 23 EStG (private Veräußerungsgeschäfte) hat sich jedoch insoweit die Besteuerung von Überschusseinkunftsarten an die von Gewinneinkunftsarten angenähert: Bei Gewinneinkunftsarten werden Veräußerungsgewinne aufgrund des in § 2 Abs. 2 EStG enthaltenen Einkommensbegriffs generell besteuert. Bei Wirtschaftsgütern, die im Rahmen einer Überschusseinkunftsart eingesetzt oder die ohne Einkunftserzielungsabsicht genutzt werden, sind Veräußerungsgewinne aufgrund der in § 20 Abs. 2, § 17 und § 23 EStG enthaltenen Regelungen steuerbar.

79 (c) Bei der Prüfung, ob eine **Einkunftserzielungsabsicht** vorliegt, wird auf die steuerpflichtigen Einkünfte abgestellt. Da der Besteuerungsumfang für die einzelnen Einkunftsarten in unterschiedlicher Form abgegrenzt wird (insbesondere bei der Erfassung von Veräußerungsgewinnen), hängt von der Zuordnung einer Tätigkeit zu einer bestimmten Einkunftsart auch ab, ob eine Tätigkeit steuerbar ist (Einkunftserzielungsabsicht wird bejaht) oder eine nicht steuerbare Liebhaberei (Einkunftserzielungsabsicht wird verneint) angenommen wird. Sind Veräußerungsgewinne (Veräußerungsverluste) zu erwarten, kann die Einkunftserzielungsabsicht bei Gewinneinkünften tendenziell eher (weniger) angenommen werden als bei Überschusseinkunftsarten.

80 (d) Bei **Einkünften aus Kapitalvermögen** gilt ein Sondersteuersatz, der mit 25% deutlich unter dem Spitzensteuersatz der Einkommensteuer von 45% liegt (**Abgeltungsteuer** nach § 32d EStG).

81 (e) Zahlreiche **steuerliche Begünstigungen** können nur in Anspruch genommen werden, wenn eine bestimmte Einkunftsart vorliegt. Beispiele sind der Freibetrag für Einkünfte aus Land- und Forstwirtschaft (§ 13 Abs. 3 EStG), der Freibetrag für Versorgungsbezüge (§ 19 Abs. 2 EStG), der Sparer-Pauschbetrag bei den Einkünften aus Kapitalvermögen (§ 20 Abs. 9 EStG), die Freigrenze für Gewinne aus privaten Veräußerungsgeschäften (§ 23 Abs. 3 S. 5 EStG), der Arbeitnehmer-Pauschbetrag bei Einkünften aus nichtselbständiger Arbeit (§ 9a S. 1 Nr 1 Buchst. a EStG), der Werbungskosten-Pauschbetrag für Versorgungsbezüge (§ 9a S. 1 Nr 1 Buchst. b EStG), der Werbungskosten-Pauschbetrag bei bestimmten sonstigen Einkünften iSd § 22 EStG (§ 9a S. 1 Nr 3 EStG) sowie die Begünstigung der nicht entnommenen Gewinne bei Gewinneinkunftsarten (§ 34a EStG), die Steuerermäßigung für Einkünfte aus Gewerbebetrieb zum Ausgleich für die zusätzliche Belastung der gewerblichen Einkünfte mit Gewerbesteuer (§ 35 EStG) und der ermäßigte Steuersatz für die in § 34 und § 34b EStG definierten außerordentlichen Einkünfte (zB Gewinn aus der Veräußerung eines gewerblichen Einzelunternehmens oder des Anteils an einer gewerblich tätigen Personengesellschaft).

(f) Die Zuordnung zu einer Einkunftsart bestimmt den **Besteuerungszeitpunkt**. Bei- **82**
spielsweise gelten **bei buchführungspflichtigen Gewerbetreibenden** die handelsrechtlichen Grundsätze ordnungsmäßiger Buchführung, sodass sich die zeitliche Erfassung der Betriebseinnahmen und -ausgaben nach dem **Realisations- und Imparitätsprinzip** richtet (§ 5 Abs. 1 EStG: Gewinnermittlung als Differenz zwischen Erträgen und Aufwendungen auf der Grundlage einer Steuerbilanz). **Bei** der **Gewinnermittlung nach § 4 Abs. 3 EStG** und der **Überschussrechnung** nach § 8 und § 9 EStG gilt das **Zufluss- und Abflussprinzip**, wonach sich der Besteuerungszeitpunkt prinzipiell an Zahlungsvorgängen (Ein- und Auszahlungen) orientiert (§ 11 EStG).

Darüber hinaus hängt der Gewinnermittlungszeitraum in Teilbereichen von der Einkunftsart ab (§ 4a EStG).

(g) Für den **Ausgleich von negativen mit positiven Einkünften** bestehen mehrere **83**
Beschränkungen, die bei den verschiedenen Einkunftsarten geregelt und jeweils unterschiedlich ausgestaltet sind. Beispiele hierfür sind § 2a, § 15 Abs. 4, § 15a, § 15b, § 17 Abs. 2 S. 6, § 20 Abs. 6, 7, 9, § 22 Nr 3 S. 3–4 und § 23 Abs. 3 S. 7–8 EStG.

(h) Die Einkunftsart bestimmt die **Art der Steuererhebung**. Bei Einkünften aus **84**
nichtselbständiger Arbeit kommt das Lohnsteuerabzugsverfahren zur Anwendung. Bei bestimmten Kapitalerträgen wird Kapitalertragsteuer erhoben.

(i) Zum Teil **übernehmen andere Steuerarten** die bei den einzelnen Einkunftsarten **85**
vorgenommenen **einkommensteuerlichen Wertungen** oder die **einkommensteuerlichen Bemessungsgrundlagen**.

Beispiele: Die Entscheidung, ob Einkünfte aus einem Einzelunternehmen auf Ebene des Inhabers als Einkünfte aus Gewerbebetrieb qualifiziert oder den Einkünften aus selbständiger Arbeit zugerechnet werden, ist auch für die Gewerbesteuer bedeutsam. Liegt einkommensteuerlich ein Gewerbebetrieb vor, gilt dies auch für die Gewerbesteuer (§ 2 Abs. 1 S. 2 GewStG).

Das einem gewerblichen Einzelunternehmen oder einer freiberuflichen Tätigkeit dienende Vermögen wird für die Erbschaft- und Schenkungsteuer der Vermögensart „Betriebsvermögen“ zugerechnet (§ 12 Abs. 5 ErbStG iVm § 95 Abs. 1, § 96 BewG).

Für die Ermittlung der Bemessungsgrundlage der Gewerbesteuer – den Gewerbeertrag – bilden die für die Einkommensteuer festgestellten Einkünfte aus Gewerbebetrieb die Ausgangsgröße (§ 7 S. 1 GewStG).

Die einkommensteuerliche Zuordnung einer Tätigkeit zu den Einkünften aus nichtselbständiger Arbeit bedeutet gleichzeitig, dass regelmäßig die umsatzsteuerliche Unternehmereigenschaft verneint wird (§ 2 Abs. 2 Nr 1 UStG, Abschnitt 2.2 UStAE).

(j) Da nach § 49 Abs. 1 EStG der Inlandsbezug bei den einzelnen Einkunftsarten in **86**
unterschiedlicher Weise abgegrenzt wird, entscheidet die Zuordnung zu einer bestimmten Einkunftsart mit darüber, **ob** Steuerausländer im Inland **beschränkt steuerpflichtig** werden.

87 Die erhebliche Bedeutung, die von der Zuordnung zu einer der sieben Einkunftsarten ausgeht, zeigt, dass das **Ziel der Einkommensteuer, jede wirtschaftliche Tätigkeit in gleicher Weise zu besteuern** (synthetische Einkommensteuer) weit **verfehlt** wird. Die Unterschiede haben in den letzten Jahren sogar noch zugenommen. Das deutsche Einkommensteuergesetz nähert sich immer mehr der Besteuerung von im Einzelnen definierten Einkommensteilen (Schedulensteuer). Besonders deutlich ist dies bei der **Abgeltungsteuer**, durch die für **Einkünfte aus Kapitalvermögen eine Sonderkategorie** mit eigenständigen Besteuerungsregeln geschaffen wird, die sowohl für die Erfassung von Einnahmen (Sondersteuersatz von 25%) als auch für die Berücksichtigung von Ausgaben (kein Abzug von Werbungskosten) besondere Regelungen vorsehen. Diese Schedualisierung der Einkommensteuer führt auch dazu, dass Einkünfte aus Kapitalvermögen nicht in den Verlustausgleich zwischen den Einkunftsarten einbezogen werden.

Im Jahr 2014 betrug die Summe der Einkünfte im Durchschnitt 39 077 €. Die durchschnittlichen Einkünfte bei den einzelnen Einkunftsarten unterscheiden sich erheblich:[11]

– Einkünfte aus Land- und Forstwirtschaft	16 010 €
– Einkünfte aus Gewerbebetrieb	26 671 €
– Einkünfte aus selbständiger Arbeit	37 982 €
– Einkünfte aus nichtselbständiger Arbeit	34 467 €
– Einkünfte aus Kapitalvermögen[12]	5 313 €
– Einkünfte aus Vermietung und Verpachtung	5 007 €
– sonstige Einkünfte iSd § 22 EStG	9 307 €

2. Einkünfte aus Land- und Forstwirtschaft

a) Arten der land- und forstwirtschaftlichen Betriebe

88 Land- und Forstwirtschaft ist die planmäßige Nutzung der natürlichen Kräfte des Bodens zur Erzeugung und Verwertung von Pflanzen und Tieren (Urproduktion, **Bodenbewirtschaftung**).

Das Einkommensteuergesetz nennt im Einzelnen:
- Betriebe des Pflanzenbaus, wie Landwirtschaft, Forstwirtschaft, Weinbau, Gartenbau, Obstbau, Gemüsebau, Baumschulen (§ 13 Abs. 1 Nr 1 S. 1 EStG)
- Tierzucht und Tierhaltung innerhalb bestimmter Grenzen (§ 13 Abs. 1 Nr 1 S. 2 EStG)
- die sonstigen in § 13 Abs. 1 Nr 2–4 EStG iVm § 62 BewG genannten Betriebe, wie Binnenfischerei, Imkerei, Wanderschäferei, Jagd und Forstgenossenschaften
- Einkünfte aus landwirtschaftlicher Tierzucht und Tierhaltung von Genossenschaften, von Personengesellschaften oder von Vereinen, bei denen alle Gesellschafter oder Mitglieder land- und forstwirtschaftlich tätig sind (§ 13b EStG).

---

11 Siehe hierzu und zu weiteren Einzeldaten BMF, Datensammlung zur Steuerpolitik, Ausgabe 2018, Berlin 2019, S. 44.

12 Bei den Einkünften aus Kapitalvermögen sind nur die Einkünfte enthalten, die im Rahmen der Einkommensteuererklärung angegeben wurden.

b) Arten der Einkünfte aus Land- und Forstwirtschaft

Zu den Einkünften aus Land- und Forstwirtschaft gehören nach § 13 Abs. 1, 2 und § 14 EStG: 89

- Einkünfte aus der **eigentlichen land- und forstwirtschaftlichen Tätigkeit**.
- Einnahmen, die im Zusammenhang mit dem land- und forstwirtschaftlichen Hauptbetrieb stehen. Hierzu zählen **Nebenleistungen** (zB Fuhrleistungen) oder Einnahmen aus der **Verpachtung** eines land- und forstwirtschaftlichen Betriebs.
- Einkünfte aus einem land- und forstwirtschaftlichen **Nebenbetrieb**. In Nebenbetrieben werden die Produkte des Hauptbetriebs be- oder verarbeitet. Nebenbetriebe sind unselbständig und dazu bestimmt, dem Hauptbetrieb zu dienen (Beispiele: Molkerei, Käserei).
- die **Produktionsaufgaberente** nach dem Gesetz zur Förderung der Einstellung der landwirtschaftlichen Erwerbstätigkeit.
- Einkünfte aus der **Veräußerung eines land- und forstwirtschaftlichen Betriebs**, Teilbetriebs oder eines Anteils an einem land- und forstwirtschaftlichen Betriebsvermögen.

Veräußerungsgewinne werden nur insoweit erfasst, als sie die in § 14 EStG genannten Grenzen übersteigen. Der steuerpflichtige Teil des Veräußerungsgewinns unterliegt einem ermäßigten Steuersatz (§ 34 EStG). Für bestimmte außerordentliche Einkünfte aus Forstwirtschaft kennt § 34b EStG eine weitere Sonderregelung.

c) Abgrenzung gegenüber den Einkünften aus Gewerbebetrieb

Einkünfte aus Land- und Forstwirtschaft gehen als spezielle Einkunftsart den Einkünften aus Gewerbebetrieb vor (§ 15 Abs. 2 EStG). Abgrenzungsschwierigkeiten entstehen insbesondere dann, wenn sich die **Tätigkeit nicht auf** die **Verwertung von selbst erstellten Erzeugnissen beschränkt**, sondern in nicht unerheblichem Umfang zugekaufte Produkte veräußert oder weitere Dienstleistungen erbracht werden. Ob eine land- und forstwirtschaftliche Tätigkeit vorliegt, ist jeweils nach dem Gesamtbild der Verhältnisse zu entscheiden. Liegen teils gewerbliche und teils land- und forstwirtschaftliche Tätigkeiten vor, sind die Tätigkeiten zu trennen, wenn dies nach der Verkehrsauffassung möglich ist. Sind die verschiedenen Tätigkeiten derart miteinander verflochten, dass sie sich unlösbar gegenseitig bedingen, liegt eine einheitliche Tätigkeit vor. Eine solche einheitliche Tätigkeit ist in Abhängigkeit davon einzuordnen, ob das land- und forstwirtschaftliche oder das gewerbliche Element überwiegt (R 15.5 Abs. 1 EStR). 90

d) Besonderheiten bei den Einkünften aus Land- und Forstwirtschaft

Sofern die Summe der Einkünfte 30 700 € (bei zusammenveranlagten Ehegatten 61 400 €) nicht übersteigt, wird für Einkünfte aus Land- und Forstwirtschaft ein **Freibetrag** von 900 € (1 800 € für zusammenveranlagte Ehegatten) gewährt. Dieser Freibetrag wird nicht – wie es seiner systematischen Stellung entsprechen würde – bei Ermittlung der Einkünfte aus Land- und Forstwirtschaft abgezogen, sondern erst bei Ermittlung des Gesamtbetrags der Einkünfte (§ 13 Abs. 3 EStG). 91

Um natur- und damit sektoralbedingte Gewinnschwankungen auszugleichen, wird auf Antrag die Einkommensteuer aus den durchschnittlichen Einkünften von drei Jahren errechnet. Wenn diese Einkommensteuer niedriger ist als bei einem Ansatz der jeweils erzielten Einkünfte, wird eine Tarifermäßigung gewährt, um diese Differenz auszugleichen (**Tarifglättung**, § 32c EStG).

Für Einkünfte aus Land- und Forstwirtschaft, die der Steuerpflichtige nicht aus einem Betrieb entnimmt, wird auf Antrag ein besonderer Steuersatz von 28,25% angewandt (**Begünstigung der nicht entnommenen Gewinne nach § 34a EStG**). Voraussetzung ist, dass die Einkünfte durch einen Betriebsvermögensvergleich nach § 4 Abs. 1 EStG (Steuerbilanz) ermittelt werden. Werden die zunächst thesaurierten Gewinne in späteren Jahren entnommen, erfolgt eine Nachversteuerung in Höhe von 25% der Entnahme.[13]

3. Einkünfte aus Gewerbebetrieb

a) Arten und Merkmale eines Gewerbebetriebs

92 Einkünfte aus Gewerbebetrieb setzen grundsätzlich das Vorhandensein eines Gewerbebetriebs voraus. Zu unterscheiden ist zwischen **Gewerbebetrieben kraft gewerblicher Betätigung** (§ 15 Abs. 2, Abs. 3 Nr 1 EStG) und **Gewerbebetrieben kraft gewerblicher Prägung** (§ 15 Abs. 3 Nr 2 EStG).

93 *(1) Gewerbebetrieb kraft gewerblicher Betätigung:* Ein **Gewerbebetrieb kraft gewerblicher Betätigung** liegt vor, wenn eine selbständige nachhaltige Betätigung mit der Absicht unternommen wird, Gewinn zu erzielen, und sich diese Betätigung als Beteiligung am allgemeinen wirtschaftlichen Verkehr darstellt. Die Gewerbebetriebseigenschaft erfordert ferner, dass die Tätigkeit weder als Ausübung von Land- und Forstwirtschaft noch als selbständige Arbeit iSd § 18 EStG angesehen wird (§ 15 Abs. 2 EStG).

Nach der Definition des § 15 Abs. 2 EStG umfasst der Begriff Gewerbebetrieb kraft gewerblicher Betätigung **sieben Merkmale:** vier Positivmerkmale und drei Negativmerkmale.[14]

Die **vier Positivmerkmale** eines Gewerbebetriebs lauten:

- **Selbständigkeit**. Die Tätigkeit muss auf eigene Rechnung und Gefahr *(Unternehmerrisiko)* sowie auf eigene Verantwortung *(Unternehmerinitiative)* ausgeübt werden. Ein Gewerbetreibender ist nicht weisungsgebunden, dh seine Tätigkeit beruht auf seiner Initiative und geht auf seinen Willen zurück. Er trägt das Erfolgsrisiko, insbesondere das Vergütungsrisiko. Eine selbständige Tätigkeit ist von der Tätigkeit eines Arbeitnehmers abzugrenzen, der kein unternehmerisches Risiko trägt und der gegenüber seinem Arbeitgeber weisungsgebunden ist.
- **Nachhaltigkeit**. Die Betätigung muss auf die Begründung einer ständigen Erwerbsquelle angelegt sein. Dieses Kriterium ist unstrittig erfüllt, wenn die Tätigkeit regelmäßig und über einen längeren Zeitraum ausgeübt wird. Da eine Wie-

13 Zu Einzelheiten der Begünstigung der nicht entnommenen Gewinne nach § 34a EStG siehe Kapitel F.VII., Rn. 327–332.

14 Zur Interpretation der einzelnen Kriterien durch Finanzverwaltung und Rechtsprechung und zur Abgrenzung der Einkünfte aus Gewerbebetrieb gegenüber anderen Einkunftsarten siehe ausführlich R 15.1–R 15.7 EStR.

derholungsabsicht ausreicht, wird aber bereits eine einmalige Handlung als nachhaltig eingestuft, wenn die Absicht besteht, diese zu wiederholen und daraus eine ständige Erwerbsquelle zu machen.

- **Gewinnerzielungsabsicht**. Entsprechend der allgemein für eine einkommensteuerlich relevante Betätigung erforderlichen Einkunftserzielungsabsicht muss der Steuerpflichtige das Ziel verfolgen, eine positive Differenz zwischen Erträgen und Aufwendungen zu erwirtschaften. Der Steuerpflichtige muss die Absicht haben, sein Betriebsvermögen zu mehren. Betrachtet wird das Gesamtergebnis von der Gründung bis zur Veräußerung oder Aufgabe des Betriebs („Totalgewinn"). Das Streben nach Erzielung von Steuerersparnissen reicht nicht aus. Die Gewinnerzielungsabsicht muss nicht im Mittelpunkt stehen, sie kann auch Nebenzweck sein.
- **Beteiligung am allgemeinen wirtschaftlichen Verkehr**. Die betrieblichen Leistungen müssen der Allgemeinheit gegen Entgelt angeboten werden. Ob der Kundenkreis tatsächlich groß oder eng begrenzt ist, ist ohne Bedeutung. Entscheidend ist, ob die zu beurteilende Tätigkeit nach Art und Umfang dem Bild einer unternehmerischen Marktteilnahme entspricht. Eine Beteiligung am allgemeinen wirtschaftlichen Verkehr liegt auch dann vor, wenn die Leistungen an nur einen einzigen Abnehmer oder nur gegenüber Angehörigen erbracht werden.

Weiterhin wird ein Gewerbebetrieb durch **drei Negativmerkmale** abgegrenzt:

- Es darf sich **nicht** um eine **land- und forstwirtschaftliche Tätigkeit** handeln. Bei Einkünften aus Land- und Forstwirtschaft sind die vier Positivmerkmale eines Gewerbebetriebs gleichfalls erfüllt. Die Einkünfte aus Land- und Forstwirtschaft gehen jedoch den Einkünften aus Gewerbebetrieb als lex specialis vor.
- Es darf **keine** Ausübung eines **freien Berufs** oder **einer sonstigen selbständigen Tätigkeit iSd § 18 EStG** vorliegen. Die Zuordnung zu den Einkünften aus selbständiger Arbeit geht gleichfalls einer Zuordnung zu den Einkünften aus Gewerbebetrieb vor.
- Die Tätigkeit muss den Rahmen einer **Vermögensverwaltung überschreiten**. Diese Voraussetzung ist zwar in § 15 Abs. 2 EStG nicht aufgeführt. Sie wird jedoch aus der Definition des „wirtschaftlichen Geschäftsbetriebs" in § 14 AO abgeleitet. Da Gewerbebetriebe eine Unterform des wirtschaftlichen Geschäftsbetriebs bilden und für das Vorliegen eines wirtschaftlichen Geschäftsbetriebs erforderlich ist, dass die Tätigkeit über den Rahmen einer **Vermögensverwaltung** hinausgeht, stellt das reine Verwalten des eigenen Vermögens keine gewerbliche Betätigung dar. Vermögensverwaltung liegt vor, wenn sich die Tätigkeit als Nutzung von Vermögen im Sinne einer **Fruchtziehung aus zu erhaltenden Substanzwerten** darstellt, wie beispielsweise die verzinsliche Anlage von Kapital, die Vermietung und Verpachtung von unbeweglichem Vermögen oder das Halten von Wertpapieren. Ein **Gewerbebetrieb** liegt vor, wenn die **Ausnutzung von Substanzwertsteigerungen durch Umschichtung** (zB An- und Verkauf von Grundstücken) in den Vordergrund tritt. Dagegen handelt es sich um Vermögensverwaltung, wenn die Vermögensumschichtung nur dazu dient, das vorhandene Vermögen besser zu nutzen, m.a.W. um zukünftig höhere Erträge erzielen zu können. Das **Abgrenzungsmerkmal** bildet die **Art der Tätigkeit**, nicht die Höhe der Einkünfte oder der Umfang des verwalteten Vermögens.

94 Eine Personengesellschaft erzielt Einkünfte aus Gewerbebetrieb, wenn sie gewerblich tätig ist (**gewerblich tätige Personengesellschaft**, § 15 Abs. 3 Nr 1 EStG).[15] Bei der Prüfung, ob bei einer Personengesellschaft ein Gewerbebetrieb kraft gewerblicher Betätigung vorliegt, ist auf die **Tätigkeit der Personengesellschaft abzustellen**, wie sie sich in der gemeinschaftlichen Betätigung ihrer Gesellschafter darstellt. Obwohl die Personengesellschaft selbst nicht einkommensteuerpflichtig ist, wird sie insoweit als Steuerrechtssubjekt behandelt, als sie in der Einheit ihrer Gesellschafter die Merkmale eines Besteuerungstatbestands verwirklicht, der für die Besteuerung ihrer Gesellschafter relevant ist.[16] Damit den Gesellschaftern Einkünfte aus Gewerbebetrieb zugerechnet werden können, ist es also erforderlich, dass die Personengesellschaft als solche einen Gewerbebetrieb führt (Personengesellschaft **übt** auch eine gewerbliche Tätigkeit **aus**).

Erfüllt eine Personengesellschaft nur in Teilbereichen die Merkmale eines Gewerbebetriebs kraft gewerblicher Betätigung, werden dennoch auch die Einkünfte aus solchen Tätigkeiten, die für sich betrachtet die Kriterien einer gewerblichen Betätigung nicht erfüllen und deshalb prinzipiell einer anderen Einkunftsart zuordenbar wären, als gewerbliche Einkünfte behandelt. Aufgrund dieser Umqualifizierung gilt die Personengesellschaft mit ihrer gesamten Tätigkeit als gewerblich tätig. Dies gilt unabhängig davon, ob aus der gewerblichen Tätigkeit Gewinne oder Verluste entstehen.

Die **Infektionstheorie** (Abfärbetheorie) führt zu einer Ungleichbehandlung von Gesellschaftern einer Personengesellschaft gegenüber Einzelunternehmern. Bei einem Einzelunternehmer werden nämlich die einzelnen Tätigkeiten der jeweiligen Einkunftsart zugerechnet. Das Bundesverfassungsgericht sieht die typisierende Regelung in § 15 Abs. 3 Nr 1 EStG unter dem Gesichtspunkt der Praktikabilität der Einkünftezuordnung als mit Art. 3 Abs. 1 GG vereinbar an.[17]

Die einheitliche Zuordnung der Einkünfte einer gemischt tätigen Personengesellschaft zu den Einkünften aus Gewerbebetrieb unterbleibt nur dann, wenn die gewerbliche Tätigkeit gegenüber den nicht gewerblichen Aktivitäten lediglich einen äußerst geringen Anteil ausmacht. Ein äußert geringfügiger Anteil wird angenommen, wenn die gewerblichen Nettoumsätze weniger als 3% der Gesamtnettoumsätze und gleichzeitig weniger als 24 500 € betragen.[18]

Beispiel: Eine Personengesellschaft vermietet Grundstücke. Die Mieteinnahmen gelten prinzipiell auch dann als Einkünfte aus Vermietung und Verpachtung, wenn der Grundbesitz sehr umfangreich ist. Unterhält die Personengesellschaft auf einem ihrer Grundstücke einen Zeitungskiosk, zählen allerdings sämtliche Einkünfte zu den Einkünften aus Gewerbebetrieb, sofern die in dem Zeitungskiosk ausgeübte gewerbliche Tätigkeit nicht von untergeordneter Bedeutung ist. Zu den Einkünften aus Gewerbebetrieb gehören in diesem Fall nicht nur die Ein-

---

15 Zur Bestimmung der Gewerblichkeit von Personengesellschaften siehe Weiss, SteuerStud 2019, S. 427 (Schaubild), S. 456.

16 Siehe hierzu grundlegend BFH vom 25.6.1984, BStBl. 1984 II, S. 751.

17 Vgl BVerfG vom 26.10.2004, HFR 2005, S. 56; BVerfG vom 15.1.2008, BVerfGE 120 (2008), S. 1.

18 Vgl BFH vom 27.8.2014, BStBl. 2015 II, S. 996; BFH vom 27.8.2014, BStBl. 2015 II, S. 999; BFH vom 27.8.2014, BStBl. 2015 II, S. 1002. Der Absolutbetrag von 24 500 € stimmt mit dem gewerbesteuerlichen Freibetrag für Personengesellschaften überein (§ 11 Abs. 1 GewStG). Bei der Gewerbesteuer bilden allerdings nicht die Umsätze, sondern der Gewerbeertrag (der Gewinn) den Bezugspunkt.

nahmen aus dem Zeitungsverkauf, sondern aufgrund der Infektionstheorie auch die Mieteinnahmen.

Die Infektionstheorie kommt auch dann zur Anwendung, wenn sich eine vermögensverwaltend tätige Personengesellschaft an einer (anderen) gewerblich tätigen Personengesellschaft beteiligt. Die Beteiligung an einer gewerblich tätigen Personengesellschaft führt zu Einkünften aus Gewerbebetrieb (Personengesellschaft **bezieht** gewerbliche Einkünfte). Da zumindest teilweise gewerbliche Einkünfte vorliegen, gelten alle Einkünfte der Personengesellschaft als Einkünfte aus Gewerbebetrieb. Dies gilt unabhängig davon, ob die gewerblichen Einkünfte positiv oder negativ sind.

Beispiel: Die AB-GdbR vermietet Grundstücke. Die Mieteinnahmen gelten prinzipiell auch dann als Einkünfte aus Vermietung und Verpachtung, wenn der Grundbesitz sehr umfangreich ist. Beteiligt sich die AB-GdbR an der gewerblich tätigen G-OHG, gelten sämtliche Einkünfte der AB-GdbR als Einkünfte aus Gewerbebetrieb, sofern die Beteiligung an der G-OHG nicht von untergeordneter Bedeutung ist. Zu den Einkünften aus Gewerbebetrieb gehören nicht nur die Gewinnanteile aus der Beteiligung an der G-OHG, sondern aufgrund der Infektionstheorie auch die von der AB-GdbR selbst erzielten Mieteinnahmen.

(2) Gewerbebetrieb kraft gewerblicher Prägung: Eine Personengesellschaft, die nicht zumindest teilweise eine gewerbliche Tätigkeit ausübt, ist grundsätzlich nicht als Gewerbebetrieb anzusehen. Eine Ausnahme betrifft **Personengesellschaften**, bei denen **ausschließlich** eine oder mehrere **Kapitalgesellschaften persönlich haftende Gesellschafter** (Komplementäre) sind und nur diese oder Personen, die nicht Gesellschafter sind, zur Geschäftsführung befugt sind (§ 15 Abs. 3 Nr 2 EStG). Sie werden als gewerblich geprägte Personengesellschaften bezeichnet, die auch dann **in vollem Umfang** als **Gewerbebetrieb** gelten, wenn sie die Merkmale eines Gewerbebetriebs kraft gewerblicher Betätigung (§ 15 Abs. 2 EStG) nicht erfüllen. Wichtigster Anwendungsfall ist die GmbH & Co. KG. 95

Weitere Voraussetzung für die Einordnung als Gewerbebetrieb kraft gewerblicher Prägung ist, dass die Tätigkeit mit Einkunftserzielungsabsicht unternommen wird. Fehlt die Einkunftserzielungsabsicht, liegen keine steuerlich relevanten Einkünfte vor (Liebhaberei).

Die Einordnung einer vermögensverwaltend tätigen Personengesellschaft als Gewerbebetrieb kraft gewerblicher Betätigung lässt sich relativ **leicht vermeiden**:

- Zumindest einer der Komplementäre ist eine natürliche Person.
  Damit sind nicht nur Kapitalgesellschaften persönlich haftende Gesellschafter.
- Die Geschäftsführung wird (auch) einem der Kommanditisten übertragen.
  Damit sind nicht ausschließlich persönlich haftende Gesellschafter (die Komplementär-Kapitalgesellschaft) oder Nichtgesellschafter Geschäftsführer.

b) Gewerbliche Einkünfte aus laufender Geschäftstätigkeit

Nach der Prüfung, welche Tätigkeiten die Kriterien eines Gewerbebetriebs erfüllen, ist zu konkretisieren, **bei welchen Personen Einkünfte aus Gewerbebetrieb vorliegen**. 96

(1) Einkünfte aus gewerblichen Einzelunternehmen (§ 15 Abs. 1 S. 1 Nr 1 EStG): 97
Sämtliche Einkünfte aus einem **gewerblichen Einzelunternehmen** sind von seinem

Inhaber als Einkünfte aus Gewerbebetrieb zu versteuern (Einheitsprinzip). Gewerbetreibende sind beispielsweise Handwerker, Händler, Fabrikanten, Handelsmakler und Gartenbauunternehmer.

98 *(2) Einkünfte aus der Beteiligung an einer gewerblichen Personengesellschaft (Mitunternehmerschaft, § 15 Abs. 1 S. 1 Nr 2 EStG):* Personengesellschaften sind mangels eigenständiger Rechtsfähigkeit **nicht einkommensteuerpflichtig**. **Steuersubjekte sind** ihre **Anteilseigner** (Transparenzprinzip). Voraussetzungen dafür, dass der Gesellschafter einer Personengesellschaft Einkünfte aus Gewerbebetrieb bezieht, sind:

- Die **Personengesellschaft** (OHG, KG, GdbR, GmbH & Co. KG, atypische stille Gesellschaft) oder eine damit vergleichbare Personenvereinigung (Bruchteilsgemeinschaft, Erbengemeinschaft) bildet einen **Gewerbebetrieb** kraft gewerblicher Betätigung oder einen Gewerbebetrieb kraft gewerblicher Prägung.
- Der **Gesellschafter** ist als **Mitunternehmer** der Personengesellschaft anzusehen. Dies erfordert neben der (zivilrechtlichen) **Gesellschafterstellung** das „Tragen von **Unternehmerrisiko**" (Beteiligung am Erfolg und Misserfolg des Unternehmens, Haftungsrisiken) und das „Entfalten von **Unternehmerinitiative**" (Bestimmung der Unternehmenspolitik, Geschäftsführung und Vertretung der Personengesellschaft).[19]
  Der Mitunternehmerbegriff ist ein Typusbegriff, dh ein Mehr an Mitunternehmerrisiko kann ein Weniger an Mitunternehmerinitiative ausgleichen und umgekehrt. Die Mitunternehmerstellung kann sich sowohl aus einer unmittelbaren als auch aus einer mittelbaren Beteiligung ergeben (§ 15 Abs. 1 S. 1 Nr 2 S. 2 EStG).

Die (gewerblichen) **Einkünfte eines Mitunternehmers** setzen sich aus dem Gewinnanteil und den Sondervergütungen zusammen. Der **Gewinnanteil** ergibt sich aus dem Gewinn der Personengesellschaft und dem im Gesellschaftsvertrag vereinbarten Gewinnverteilungsschlüssel (**1. Stufe der Gewinnermittlung**, § 15 Abs. 1 S. 1 Nr 2 S. 1 erster Halbsatz EStG).

Zu den **Sondervergütungen** gehören Tätigkeitsvergütungen (Dienst-, Beratungsvertrag), Darlehenszinsen (Darlehensvertrag) und Einnahmen aus der Überlassung von beweglichen oder unbeweglichen Wirtschaftsgütern (Miet-, Pachtvertrag), die ein Gesellschafter von seiner Personengesellschaft bezieht (**2. Stufe der Gewinnermittlung**, § 15 Abs. 1 S. 1 Nr 2 S. 1 zweiter Halbsatz EStG). Sondervergütungen eines Mitunternehmers werden den Einkünften aus Gewerbebetrieb zugeordnet. Der Arbeitslohn, das Beratungsentgelt, die Darlehenszinsen und Mieteinnahmen werden nicht nach den allgemeinen Abgrenzungskriterien bei den Einkünften aus nichtselbständiger Arbeit, aus selbständiger Arbeit, aus Kapitalvermögen oder aus Vermietung und Verpachtung erfasst.

Die Besteuerung von Personengesellschaften unterscheidet sich also nicht nur hinsichtlich der Steuerpflicht konzeptionell von der Besteuerung von Kapitalgesellschaften, sondern auch bei der Behandlung der Gesellschaft-Gesellschafter-Verträge.

99 *(3) Einkünfte eines persönlich haftenden Gesellschafters einer KGaA (§ 15 Abs. 1 S. 1 Nr 3 EStG):* Die Einkünfte aus Gewerbebetrieb des Komplementärs einer KGaA

19 Vgl statt aller BFH vom 13.7.2017, BStBl. 2017 II, S. 1133.

umfassen wie bei Mitunternehmern einer Personengesellschaft (insbesondere den Komplementären einer KG) die **Gewinnanteile** aus der KGaA, soweit sie aus der Beteiligung als Vollhafter resultieren, und die von der KGaA bezogenen **Sondervergütungen** (zB Einnahmen aus Dienst-, Darlehens-, Miet- oder Pachtverträgen).

Die **KGaA** selbst ist als **juristische Person körperschaftsteuerpflichtig** (§ 1 Abs. 1 Nr 1 KStG). Die Gewinnausschüttungen, die auf die Kommanditaktionäre entfallen, sind im Allgemeinen Einkünfte aus Kapitalvermögen.

c) Gewerbliche Einkünfte aus aperiodischen Geschäftsvorfällen

Als Einkünfte aus Gewerbebetrieb gelten nicht nur die in jedem Jahr anfallenden (laufenden) Einkünfte aus Gewerbebetrieb, sondern auch die nur unregelmäßig auftretenden Vorgänge der **Veräußerung** und der **Aufgabe eines Gewerbebetriebs** (§ 16 EStG) sowie der **Veräußerung von Anteilen an Kapitalgesellschaften** (§ 17 EStG). **100**

(1) Veräußerung und Aufgabe eines Gewerbebetriebs:[20] Zu den Einkünften aus Gewerbebetrieb gehören nach § 16 Abs. 1 S. 1 EStG Gewinne, die erzielt werden bei: **101**

- **Veräußerung** eines ganzen **Gewerbebetriebs** oder eines **Teilbetriebs.**
  Als Teilbetriebsveräußerung gilt auch der Verkauf einer 100%igen Beteiligung an einer Kapitalgesellschaft, sofern die Anteile dem Betriebsvermögen zugeordnet werden.[21]
- Veräußerung des gesamten **Anteils an** einer **Personengesellschaft** durch einen Mitunternehmer.
- Veräußerung des gesamten **Anteils** eines **persönlich haftenden Gesellschafters** einer **KGaA.**

Der ertragsteuerlich relevante **Betriebsveräußerungsgewinn** errechnet sich aufgrund einer eigenständigen Gewinnermittlungsvorschrift wie folgt (§ 16 Abs. 2 EStG):

	Veräußerungserlös
–	Veräußerungskosten
–	Buchwerte der bilanzierten Wirtschaftsgüter
=	Betriebsveräußerungsgewinn

Die **Aufgabe** eines Gewerbebetriebs oder eines Gesellschaftsanteils wird der **Veräußerung gleichgestellt** (§ 16 Abs. 3 EStG). Für die Ermittlung des **Betriebsaufgabegewinns** gilt:

	gemeiner Wert der Wirtschaftsgüter
–	Betriebsaufgabekosten
–	Buchwerte der bilanzierten Wirtschaftsgüter
=	Betriebsaufgabegewinn

20 Siehe hierzu ausführlich Jacobs/Scheffler/Spengel, Unternehmensbesteuerung und Rechtsform, 5. Aufl., München 2015, S. 395–407.

21 Bei Anteilen, die dem Privatvermögen einer natürlichen Person zugeordnet werden, führen die Veräußerungsgewinne nach § 17 EStG zu Einkünften aus Gewerbebetrieb.

Betriebsveräußerungsgewinne und **Betriebsaufgabegewinne** sind grundsätzlich **steuerpflichtig**. Da gewerbliche Einkünfte zu den **Gewinneinkunftsarten** gehören, sind Änderungen des Werts der eingesetzten Wirtschaftsgüter steuerlich generell zu erfassen. Die Trennung der außerordentlichen Einkünfte von den laufenden Einkünften bewirkt bei Gewerbetreibenden also keine Ausdehnung des Besteuerungsumfangs. Die Begründung für diese Aufteilung der gewerblichen Einkünfte liegt vielmehr darin, dass **für** diese **aperiodischen Vorgänge** drei **steuerliche Vergünstigungen** gewährt werden:

– Bei Steuerpflichtigen, die älter als 55 Jahre oder im sozialversicherungsrechtlichen Sinne dauernd berufsunfähig sind, wird der Betriebsveräußerungsgewinn bzw Betriebsaufgabegewinn nur steuerpflichtig, soweit er den **Freibetrag** von 45 000 € übersteigt (§ 16 Abs. 4 EStG). Der Freibetrag wird nur auf Antrag gewährt. Er steht jedem Steuerpflichtigen in seinem Leben nur einmal zu. Der Freibetrag weist Merkmale einer gleitenden Freigrenze auf, da er sich um den Betrag verringert, um den der Veräußerungsgewinn 136 000 € übersteigt.

Bei einem Betriebsveräußerungsgewinn oder -aufgabegewinn von bis zu 136 000 € wird der Freibetrag in vollem Umfang gewährt. Bei einem darüber hinausgehenden Gewinn reduziert er sich sukzessiv. Ab einem Gewinn von 181 000 € (= 45 000 € + 136 000 €) entfällt er vollständig.

– Auf den steuerpflichtigen Teil des Betriebsveräußerungsgewinns bzw -aufgabegewinns wird ein **ermäßigter Steuersatz** angewendet (§ 34 EStG). Die auf die außerordentlichen Einkünfte entfallende Einkommensteuer beträgt das Fünffache des Differenzbetrags zwischen der Einkommensteuer auf die nicht begünstigten Einkünfte zuzüglich eines Fünftels der außerordentlichen Einkünfte (Gewinn aus der Betriebsveräußerung bzw -aufgabe) einerseits und der Einkommensteuer auf die nicht begünstigten Einkünfte andererseits (§ 34 Abs. 1, 2 EStG). Der ermäßigte Steuersatz nach einem **Multiplikator-Mischtarif** führt zu einer **rechnerischen Verteilung** der außerordentlichen Einkünfte **auf fünf Jahre**. Für den Steuerpflichtigen ist mit dem Multiplikator-Mischtarif nur dann eine Entlastung verbunden, wenn seine Einkünfte innerhalb der Progressionszone des Einkommensteuertarifs liegen. Je höher die Einkünfte des Steuerpflichtigen sind, umso geringer fällt die Entlastung des ermäßigten Steuersatzes nach einem Multiplikator-Mischtarif aus. Die Entlastungswirkungen entfallen vollständig, wenn die nicht begünstigten Einkünfte so hoch sind, dass zumindest die erste Proportionalzone erreicht ist.[22]

Alternativ zu dem nur für wenige Steuerpflichtige vorteilhaften ermäßigten Steuersatz nach einem Multiplikator-Mischtarif kann der Steuerpflichtige beantragen, dass Betriebsveräußerungsgewinne bzw Betriebsaufgabegewinne bis zu einem Betrag von 5 Mio. € mit **56% des durchschnittlichen Steuersatzes** besteuert werden. Diese Steuersatzermäßigung ist dadurch begrenzt, dass mindestens der Eingangssteuersatz der Einkommensteuer von 14% angesetzt wird. Voraussetzung für die Inanspruchnahme dieser Form des ermäßigten Steuersatzes ist, dass der Steuerpflichtige mindes-

22 Die progressive Tarifzone des Einkommensteuertarifs endet bei Ledigen bei einem zu versteuernden Einkommen von 57 052 €. Bei Verheirateten liegt der Grenzwert bei 114 104 €. Zur Berechnung des Multiplikator-Mischtarifs siehe Kapitel F.IV., Rn. 317–319.

tens 55 Jahre alt oder im sozialversicherungsrechtlichen Sinne dauernd berufsunfähig ist. Er kann von dem Steuerpflichtigen nur einmal im Leben in Anspruch genommen werden (§ 34 Abs. 2, 3 EStG).[23]

– Der Gewinn unterliegt grundsätzlich **nicht** der **Gewerbesteuer**, da gewerbesteuerlich die Veräußerung bzw Aufgabe des Betriebs eines Einzelunternehmens oder einer Personengesellschaft nicht mehr als werbende Tätigkeit angesehen wird (R 2.6 Abs. 1, R 7.1 Abs. 3 GewStR). Eine Steuerentlastung ist damit aber nur insoweit verbunden, als die ansonsten anfallende Gewerbesteuer nicht über die Steuerermäßigung nach § 35 EStG kompensiert werden würde.

Die Gewinne aus der Veräußerung von Teilen eines Anteils an einer Personengesellschaft oder von Teilen eines Anteils eines persönlich haftenden Gesellschafters einer KGaA gelten als laufende Einkünfte (§ 16 Abs. 1 S. 2 EStG). Damit werden die für Betriebsveräußerungsgewinne vorgesehenen steuerlichen Erleichterungen (Freibetrag nach § 16 Abs. 4 EStG, ermäßigter Steuersatz nach § 34 EStG, keine Gewerbesteuer) nicht gewährt.

(2) Veräußerung von Anteilen an Kapitalgesellschaften:[24] Gewinne aus der **Veräußerung** von **Anteilen an** einer **Kapitalgesellschaft**, die einer natürlichen Person gehören und die **ertragsteuerlich** dem **Privatvermögen** zugerechnet werden, **sind** dann **Einkünfte aus Gewerbebetrieb, wenn** der Gesellschafter innerhalb der letzten fünf Jahre (zu irgendeinem Zeitpunkt) unmittelbar oder mittelbar **zu mindestens 1%** an der Kapitalgesellschaft **beteiligt** war (§ 17 EStG).[25] In diesen Fällen unterscheidet sich die Besteuerung der laufenden Einkünfte von der Erfassung der Wertänderungen der Beteiligung: 102

- Gewinnausschüttungen (Dividenden) sind Einkünfte aus Kapitalvermögen.
- Veräußerungsgewinne gehören zu den Einkünften aus Gewerbebetrieb.

Der Veräußerung der Anteile stehen die Auflösung der Kapitalgesellschaft sowie Kapitalherabsetzungen und Kapitalrückzahlungen gleich, soweit die Rückzahlungen nicht als Dividende gelten (§ 17 Abs. 4 EStG). Die verdeckte Einlage von Anteilen an einer Kapitalgesellschaft in das Vermögen einer (anderen) Kapitalgesellschaft steht einer Veräußerung gleich (§ 17 Abs. 1 S. 2 EStG). Sonderregelungen im Zusammenhang mit der Verlegung des Sitzes oder der Geschäftsleitung der Kapitalgesellschaft sowie mit Einbringungsvorgängen sind in § 17 Abs. 5, 6 EStG enthalten. Die Veräußerung von Anteilen an einer Genossenschaft oder an einer Europäischen Genossenschaft ist gleichfalls steuerpflichtig (§ 17 Abs. 7 EStG).

§ 17 EStG ist **nur** für **Beteiligungen im Privatvermögen** anzuwenden. Die Zuordnung zu den Einkünften aus Gewerbebetrieb nach § 17 EStG geht der Zuordnung zu den Einkünften aus Kapitalvermögen vor (Subsidiaritätsklausel, § 20 Abs. 8 EStG). Dies bedeutet, dass bei einer Beteiligung von mindestens 1% der Veräußerungsgewinn als Einkünfte aus Gewerbebetrieb gilt. Bei einer Beteiligung des Veräußerers von weniger als 1% sind die Veräußerungsgewinne als Einkünfte aus Kapitalvermögen zu versteuern (§ 20 Abs. 2 S. 1 Nr 1 EStG).

---

23 Zur Berechnung des ermäßigten Steuersatzes nach § 34 Abs. 3 EStG siehe Kapitel F.V., Rn. 320–326.

24 Siehe hierzu ausführlich Jacobs/Scheffler/Spengel, Unternehmensbesteuerung und Rechtsform, 5. Aufl., München 2015, S. 466–471.

25 Die Mindestbeteiligungsquote von 1% muss also im Zeitpunkt der Veräußerung nicht mehr bestehen.

Gewinne und Verluste aus der Veräußerung von Anteilen an einer Kapitalgesellschaft, die zum Betriebsvermögen eines gewerblichen Unternehmers zählen, gehören zu den Einkünften aus Gewerbebetrieb (§ 15 iVm § 20 Abs. 8 EStG). Da es sich bei den Einkünften aus Gewerbebetrieb um eine Gewinneinkunftsart handelt, ist bei einer Zuordnung der Anteile zum Betriebsvermögen die Veräußerung der Anteile unabhängig davon steuerbar, in welchem Umfang der Veräußerer an der Kapitalgesellschaft beteiligt ist.

Bei Beteiligungen an Kapitalgesellschaften, die von einer natürlichen Person im Privatvermögen gehalten werden und an der der Veräußerer zu mindestens 1% beteiligt ist, gilt das **Teileinkünfteverfahren**. Nach der eigenständigen Gewinnermittlungsvorschrift in § 17 Abs. 2 EStG errechnet sich der **Veräußerungsgewinn** wie folgt:

	60% des Veräußerungserlöses (§ 3 Nr 40 Buchst. c EStG)
–	60% der Veräußerungskosten (§ 3c Abs. 2 S. 1 EStG)
–	60% der Anschaffungskosten der Anteile (§ 17 Abs. 2a iVm § 3c Abs. 2 S. 1 EStG)
=	Veräußerungsgewinn

Der Veräußerungsgewinn ist nur insoweit steuerpflichtig, als er den **Freibetrag** von 9 060 € übersteigt (§ 17 Abs. 3 EStG). Der Freibetrag nach § 17 Abs. 3 EStG weist den Charakter einer gleitenden Freigrenze auf, da er sich in dem Umfang verringert, in dem der Veräußerungsgewinn 36 100 € übersteigt. Der Freibetrag und der Grenzwert sind jeweils anteilig entsprechend der Beteiligungsquote des Veräußerers anzusetzen. **Gewerbesteuer fällt nicht an**, da die Anteile beim Gesellschafter zum Privatvermögen gehören, dh es liegt kein Gewerbebetrieb vor.

Veräußerungsverluste (Verkaufserlös ist geringer als die Summe aus Anschaffungskosten und Veräußerungskosten) dürfen grundsätzlich als negative Einkünfte aus Gewerbebetrieb geltend gemacht werden. Da einkommensteuerlich sowohl der Veräußerungserlös als auch die Anschaffungskosten und die Veräußerungskosten nur zu 60% erfasst werden, **mindert** der Veräußerungsverlust **die steuerpflichtigen Einkünfte** nur **zu 60%** (§ 3 Nr 40 Buchst. c iVm § 3c Abs. 2 S. 1 EStG). Der Veräußerungsverlust kann allerdings insoweit nicht in den Verlustausgleich oder Verlustabzug einbezogen werden,

- soweit der Gesellschafter die Anteile innerhalb der letzten fünf Jahre durch Erbschaft oder Schenkung erworben hat, es sei denn der Rechtsvorgänger hätte den Veräußerungsverlust geltend machen können;
- soweit die Anteile entgeltlich erworben wurden und die Mindestbeteiligungsquote von 1% nicht während des gesamten Fünf-Jahres-Zeitraums vor der Veräußerung bestanden hat, es sei denn durch den Erwerb der Anteile wurde die Mindestbeteiligungsquote erreicht oder der Erwerb der Anteile hat nach Erreichen der Mindestbeteiligungsquote stattgefunden (§ 17 Abs. 2 S. 6 EStG).

Durch die erste Regelung soll verhindert werden, dass ein Gesellschafter, der zu weniger als 1% an der Kapitalgesellschaft beteiligt ist, seine Anteile unentgeltlich an einen anderen überträgt, bei dem aufgrund des Überschreitens der Mindestbeteiligung der Veräußerungsverlust geltend gemacht werden könnte. Die zweite Regelung macht die Verrechnung des Veräußerungsverlusts grundsätzlich davon abhängig, dass die Anteile innerhalb der letzten fünf Jahre zu einer Beteiligung iSd § 17 EStG gehört haben.

Die wichtigsten Unterschiede bei der Besteuerung der Veräußerung von Anteilen an einer Kapitalgesellschaft durch eine natürliche Person in Abhängigkeit von ihrer ertragsteuerlichen Zuordnung und von dem Umfang, in dem der Veräußerer an der Kapitalgesellschaft beteiligt ist, sind in Abb. 2.2 zusammengestellt.

Zuordnung der Anteile	**Privatvermögen**		**Betriebsvermögen**
Beteiligungsquote	**mindestens 1%**	**weniger als 1%**	**irrelevant (Grundsatz)**
Rechtsgrundlage	§ 17 EStG	§ 20 Abs. 2 EStG	§ 15 EStG
Einkunftsart	Einkünfte aus Gewerbebetrieb	Einkünfte aus Kapitalvermögen	Einkünfte aus Gewerbebetrieb
Besteuerungskonzept	Teileinkünfte-verfahren	Abgeltungsteuer	Teileinkünfte-verfahren
Besteuerungsumfang	zu 60% steuer-pflichtig	zu 100% steuer-pflichtig	zu 60% steuer-pflichtig
Steuersatz	nach dem Normaltarif zwischen 0 und 45%	Sondersteuersatz von 25%	nach dem Normaltarif zwischen 0 und 45%
Freibetrag	bis zu 9 060 € (§ 17 Abs. 3 EStG)	bis zu 801 € für Alleinstehende bzw 1 602 € für Verheiratete (Sparer-Pauschbetrag, § 20 Abs. 9 EStG)	grundsätzlich kein Freibetrag Ausnahme: bei 100%iger Beteiligung bis zu 45 000 €, § 16 Abs. 4 iVm § 16 Abs. 1 S. 1 Nr 1 S. 2 EStG
Veräußerungsverlust	zu 60% mit anderen Einkünften verrechenbar (Ausnahme: § 17 Abs. 2 S. 6 EStG)	nur innerhalb der Einkünfte aus Kapitalvermögen verrechenbar, bei Aktien nur mit Gewinnen aus der Veräußerung von Aktien (§ 20 Abs. 6 EStG)	zu 60% mit anderen Einkünften verrechenbar
Gewerbesteuer	nein	nein	ja

Abb. 2.2: Besteuerung der Veräußerung von Anteilen an einer Kapitalgesellschaft

d) Besonderheiten bei den Einkünften aus Gewerbebetrieb

Für Einkünfte aus Gewerbebetrieb, die der Steuerpflichtige nicht aus einem Betrieb **103**
entnimmt, wird auf Antrag ein besonderer Steuersatz von 28,25% angewandt (**Begünstigung der nicht entnommenen Gewinne nach § 34a EStG**). Voraussetzung

ist, dass die Einkünfte durch einen Betriebsvermögensvergleich nach § 5 EStG (Steuerbilanz) ermittelt werden. Werden die zunächst thesaurierten Gewinne in späteren Jahren entnommen, erfolgt eine Nachversteuerung in Höhe von 25% der Entnahme.[26]

104 Einkünfte aus Gewerbebetrieb, die aus der laufenden Geschäftstätigkeit erwirtschaftet werden, unterliegen nicht nur der Einkommensteuer, sondern **zusätzlich** der **Gewerbesteuer** (§ 2 Abs. 1, § 6, § 7 S. 1 GewStG). Um die daraus resultierende Zusatzbelastung für gewerbliche Einkünfte zumindest abzuschwächen, wird dem Steuerpflichtigen im Rahmen der Einkommensteuer eine Steuerermäßigung im Umfang des 3,8fachen des Gewerbesteuermessbetrags, maximal die tatsächlich zu zahlende Gewerbesteuer, gewährt (§ 35 EStG). Durch diese Steuerermäßigung wird die Gewerbesteuer bis zu einem Hebesatz von 380% vollständig kompensiert. Über die Folgewirkungen auf den Solidaritätszuschlag erhöht sich dieser Grenzwert auf 401% (= 380%×1,055). Bei einem höheren Hebesatz gelingt die **Neutralisation der Gewerbesteuer nicht vollständig**. Diese Situation tritt sehr häufig auf, da im Bundesdurchschnitt der Hebesatz der Gewerbesteuer bei 451% liegt (Bezugsbasis: Gemeinden mit mindestens 50 000 Einwohnern im Jahr 2018).[27]

4. Einkünfte aus selbständiger Arbeit

a) Arten der Einkünfte aus selbständiger Arbeit

105 § 18 EStG enthält **keine allgemeine Definition**, welche Tätigkeiten zu Einkünften aus selbständiger Arbeit führen, **sondern** lediglich eine **Aufzählung** von ausgewählten Tätigkeiten:

- Einkünfte aus **freiberuflicher Tätigkeit** (§ 18 Abs. 1 Nr 1 EStG). Zur ersten Gruppe der Freiberufler gehört die selbständig ausgeübte wissenschaftliche, künstlerische, schriftstellerische, unterrichtende oder erzieherische Tätigkeit (Tätigkeitsberufe). Die zweite Gruppe umfasst die explizit aufgeführten **„Katalogberufe"**, wie Ärzte, Rechtsanwälte, Architekten, Wirtschaftsprüfer, Steuerberater, Heilpraktiker, Journalisten, Dolmetscher und Lotsen. Die dritte Gruppe bilden Tätigkeiten, die einem der „Katalogberufe" ähnlich sind (zB Hebamme, Krankengymnast, Personalberater, Raumgestalter, Unternehmensberater).[28]
- Einkünfte der **Einnehmer einer staatlichen Lotterie**, sofern die Tätigkeit keinen in kaufmännischer Weise eingerichteten Geschäftsbetrieb erfordert (§ 18 Abs. 1 Nr 2 EStG).
- Einkünfte aus **sonstiger selbständiger Arbeit** (§ 18 Abs. 1 Nr 3 EStG). Hierzu gehören beispielsweise die Tätigkeiten von Treuhändern, Nachlass-, Insolvenzverwaltern, Testamentsvollstreckern, Berufsbetreuern oder **Aufsichtsräten**.

---

26 Zu Einzelheiten der Begünstigung der nicht entnommenen Gewinne nach § 34a EStG siehe Kapitel F.VII., Rn. 327–332.

27 Vgl. https://www.statistikportal.de/de/veroeffentlichungen/hebesaetze-der-realsteuern-deutschland. Zur Beurteilung sowie zu Einzelheiten siehe Kapitel F.VII.2., Rn. 334–340. Zum Einfluss auf die Rechtsformwahl siehe Band III: Steuerplanung, Dritter Teil.

28 Bei der Beurteilung, ob ein Beruf einem „Katalogberuf" ähnlich ist, ist auf die Vergleichbarkeit der jeweils ausgeübten Tätigkeit nach den sie charakterisierenden Merkmalen, die Vergleichbarkeit der Ausbildung und die Vergleichbarkeit der Bedingungen, an die ein Gesetz die Ausübung des zu vergleichenden Berufs knüpft, abzustellen.

- 60% der Einkünfte (Gewinnanteile), die die Initiatoren von Wagniskapitalgesellschaften als erfolgsabhängige Tätigkeitsvergütungen in Form von erhöhten Gewinnanteilen bei der Rückgewähr des eingezahlten Kapitals erhalten (**„Carried Interest“**, § 18 Abs. 1 Nr 4 iVm § 3 Nr 40a EStG).

Zu den Einkünften aus selbständiger Arbeit gehören auch die Gewinne aus der **Veräußerung des Vermögens**, eines selbständigen Teils des Vermögens oder eines Anteils am Vermögen, das der selbständigen Arbeit dient (§ 18 Abs. 3 EStG). Bei Beendigung der selbständigen Tätigkeit durch Veräußerung des Betriebs oder durch Betriebsaufgabe werden die Gewinne – wie bei Einkünften aus Gewerbebetrieb – um einen Freibetrag gekürzt und (nur) mit einem ermäßigten Steuersatz besteuert (§ 18 Abs. 3 iVm § 16 Abs. 4, § 34 EStG).

b) Abgrenzung gegenüber den Einkünften aus Gewerbebetrieb

Aus den in § 18 EStG aufgeführten Einkunftskategorien lassen sich in Verbindung mit der Rechtsprechung und den in H 15.6 EStH zusammengestellten Erläuterungen der Finanzverwaltung für eine selbständige Arbeit iSd § 18 EStG folgende charakteristische **Merkmale** ableiten: Selbständigkeit, Nachhaltigkeit der Betätigung, Gewinnerzielungsabsicht sowie Beteiligung am allgemeinen wirtschaftlichen Verkehr. **106**

Diese vier Kriterien stimmen mit den Positivmerkmalen einer gewerblichen Betätigung überein. Die Einkünfte aus selbständiger Arbeit gehen jedoch als spezielle Einkunftsart den Einkünften aus Gewerbebetrieb vor (§ 15 Abs. 2 EStG: Ausüben einer freiberuflichen Tätigkeit als Negativmerkmal bei den Einkünften aus Gewerbebetrieb). **107**

Die **Abgrenzung** zwischen den Einkünften aus selbständiger Arbeit und den Einkünften aus Gewerbebetrieb bereitet **häufig** erhebliche **Schwierigkeiten**. Sie ist jedoch notwendig, da sich diese Abgrenzung sowohl für die Einkommensteuer als auch für die Gewerbesteuer auswirkt:

- Zwar gehören beide Einkunftsarten zur Gruppe der Gewinneinkunftsarten, bei denen der Besteuerungsumfang in Anlehnung an die Reinvermögensänderungstheorie abgegrenzt wird. Der Unterschied ergibt sich jedoch daraus, **wie die Einkünfte ermittelt werden**. Bei Einkünften aus selbständiger Arbeit wird grundsätzlich der Überschuss der Betriebseinnahmen über die Betriebsausgaben errechnet (§ 4 Abs. 3 EStG). Bei Einkünften aus Gewerbebetrieb erfolgt die Gewinnermittlung im Regelfall durch einen Betriebsvermögensvergleich (Steuerbilanz, § 5 EStG). Die Unterscheidung zwischen Ein- und Auszahlungen (Einnahmen-Ausgabenrechnung) bzw Erträgen und Aufwendungen (Betriebsvermögensvergleich) beeinflusst den Zeitpunkt, zu dem ein Geschäftsvorfall gewinnwirksam wird, jedoch nicht den Besteuerungsumfang. Es entsteht also kein Bemessungsgrundlageneffekt, sondern nur ein Zeiteffekt, wobei das Vorzeichen des Zeiteffekts unbestimmt ist.[29]
- Liegen Einkünfte aus selbständiger Arbeit nach § 18 Abs. 1 Nr 1 EStG vor, berechnet sich die **Umsatzsteuer** nach vereinnahmten Entgelten (Istbesteuerung,

29 Zu einem Vergleich der beiden Gewinnermittlungsmethoden siehe Band II: Steuerbilanz, Erster Teil, Sechster Abschnitt, Kapitel B.III.

§ 20 UStG). Bei Gewerbetreibenden ist dies nur der Fall, wenn der Gesamtumsatz nicht mehr als 600 000 € beträgt. Ansonsten erfolgt eine Besteuerung nach vereinbarten Entgelten (Sollbesteuerung, § 16 Abs. 1 UStG). Diese Differenzierung entscheidet darüber, zu welchem Zeitpunkt die Umsatzsteuer fällig wird.

- Die **Begünstigung für thesaurierte Gewinne** kann nur in Anspruch genommen werden, wenn der Gewinn durch einen Betriebsvermögensvergleich ermittelt wird. Bei einer Einnahmen-Ausgabenrechnung nach § 4 Abs. 3 EStG kann eine Besteuerung von einbehaltenen Gewinnen mit dem Sondersteuersatz von 25% nicht beantragt werden (§ 34a Abs. 2 EStG).
- Gewerbesteuer fällt nur an, wenn ein Gewerbebetrieb vorliegt (§ 2 Abs. 1 GewStG); Einkünfte aus selbständiger Arbeit unterliegen dagegen nicht der **Gewerbesteuer**. Durch die Einräumung einer Steuerermäßigung bei den Einkünften aus Gewerbebetrieb nach § 35 EStG hat aber die zusätzliche Belastung von Gewerbetreibenden mit Gewerbesteuer materiell erheblich an Bedeutung verloren.

108 Traditionell bildet das entscheidende **Abgrenzungskriterium** der Einkünfte aus selbständiger Arbeit gegenüber den Einkünften aus Gewerbebetrieb die Frage, **ob** die **Arbeitskraft des Inhabers oder** der **Kapitaleinsatz** bzw die Vermögensumschichtung **im Vordergrund** steht. Wesentliche Kennzeichen einer selbständigen Arbeit sind die **persönliche Arbeitsleistung** und die **persönliche Fachkenntnis** des Berufsträgers, die ihn befähigt, leitend und **eigenverantwortlich** tätig zu werden. Keine Abgrenzungsschwierigkeiten bestehen bei den explizit genannten Katalogberufen. Sehr umstritten ist aber, welche Tätigkeiten den Katalogberufen ähnlich sind. Indizien für die Einordnung der „ähnlichen Berufe" als Einkünfte aus selbständiger Arbeit sind: Vergleichbarkeit der ausgeübten Tätigkeit mit den in § 18 Abs. 1 Nr 1 EStG genannten Katalogberufen, Vergleichbarkeit der Ausbildung (zB Prüfung) sowie Vergleichbarkeit der gesetzlichen Bedingungen für die Ausübung der Tätigkeit (zB berufsrechtliche Regelungen).

Die Beschäftigung von Personal steht der Qualifikation einer Tätigkeit als selbständige Arbeit nicht entgegen, sofern die Mitarbeiter fachlich ausgebildet sind und der **Inhaber innerhalb** des **gesamten Unternehmensbereichs verantwortlich** bleibt (§ 18 Abs. 1 Nr 1 S. 3 EStG). Dies erfordert, dass der Inhaber Arbeitsanweisungen an seine Mitarbeiter gibt, sodass ihm alle Tätigkeiten der Mitarbeiter persönlich zugerechnet werden können. Die Übertragung der Unternehmensleitung an einen Geschäftsführer oder Vertreter sowie das eigenverantwortliche Tätigwerden der Mitarbeiter ist nicht möglich.

Die **Leitidee**, dass bei selbständig Tätigen die Arbeitskraft und bei Gewerbetreibenden der Produktionsfaktor Kapital im Vordergrund steht, **stimmt mit dem heutigen Wirtschaftsleben nur noch bedingt überein**. Aufgrund des Wandels im Bereich der Dienstleistungsberufe stehen einige Wirtschaftszweige einem „typischen" Gewerbebetrieb zum Teil näher als Steuerpflichtige, die steuerrechtlich als Gewerbetreibende angesehen werden. Auch bei Gewerbetreibenden ist eine hochwertige Aus- und Weiterbildung von erheblicher Bedeutung. Freiberufler investieren zum Teil in großem Umfang in technische Geräte (beispielsweise kann der Computertomograph eines Arztes mehr als 2,5 Mio. € kosten), sodass auch bei diesen Berufsgruppen ein hoher Kapitalbedarf besteht. Die Aufzählung in § 18 EStG ist **historisch bedingt. Neue Be-**

rufsbilder (zB im Bereich der elektronischen Datenverarbeitung) werden **nicht berücksichtigt**.

Wie **kasuistisch** die **Abgrenzung zwischen den Einkünften aus selbständiger Arbeit und den Einkünften aus Gewerbebetrieb** ist, zeigen einige ausgewählte Beispiele: (1) Bei einem Fitnessstudio hängt die steuerrechtliche Einordnung davon ab, ob die Nutzung der Geräte überwiegt oder die Unterrichtung, wie die Geräte zu nutzen sind. (2) Steuerberater sind freiberuflich tätig, während der Beratungsstellenleiter eines Lohnsteuerhilfevereins Gewerbetreibender ist. (3) Ein Fotomodell bezieht Einkünfte aus Gewerbebetrieb, während der Modeschöpfer, der die Kleider entwirft, die das Fotomodell trägt, seine Einnahmen als Einkünfte aus selbständiger Arbeit zu versteuern hat. (4) Tanzorchester gelten dann als freiberuflich, wenn sie einen bestimmten Qualitätsstandard erreichen, wobei nicht eindeutig ist, anhand welcher Kriterien dies beurteilt wird. (5) Bei den weiteren Fällen, die die Rechtsprechung beschäftigt haben, wie Büttenredner, Erbensucher, Fakir, Hellseher, Detektiv, Kükensortierer, Klavierstimmer, Plakatkleber oder Rentenberater lässt es sich mit dem „gesunden Menschenverstand" nicht immer eindeutig begründen, ob es sich um eine gewerbliche oder um eine freiberufliche Tätigkeit handelt.[30]

Ein weiterer Kritikpunkt ergibt sich daraus, dass sich durch Gründung einer GmbH & Co. KG – sofern es gewünscht ist – die Gewerblichkeit leicht erreichen lässt, auch wenn die Merkmale eines Gewerbebetriebs kraft gewerblicher Betätigung nicht erfüllt sind. Diese Unternehmen gelten unabhängig von der Art ihrer Tätigkeit nach § 15 Abs. 3 Nr 2 EStG als Gewerbebetrieb kraft gewerblicher Prägung.

c) Besonderheit bei den Einkünften aus selbständiger Arbeit

Für Einkünfte aus selbständiger Arbeit, die der Steuerpflichtige nicht aus einem Be- **109**
trieb entnimmt, wird auf Antrag ein besonderer Steuersatz von 28,25% angewandt **(Begünstigung der nicht entnommenen Gewinne nach § 34a EStG)**. Voraussetzung ist aber, dass die Einkünfte durch einen Betriebsvermögensvergleich nach § 4 Abs. 1 EStG (Steuerbilanz) ermittelt werden.[31] Die Begünstigung der nicht entnommenen Gewinne kann also nur in Anspruch genommen werden, wenn der Steuerpflichtige eine Buchführung einrichtet. Dies ist insoweit bedeutsam, als bei Einkünften aus selbständiger Arbeit der Gewinn regelmäßig durch eine Einnahmen-Ausgabenrechnung nach § 4 Abs. 3 EStG ermittelt wird. Damit kann der Sondersteuersatz nach § 34a EStG von den meisten Freiberuflern nicht beantragt werden.

5. Einkünfte aus nichtselbständiger Arbeit

a) Kennzeichen einer nichtselbständigen Arbeit

Der Begriff „Einkünfte aus nichtselbständiger Arbeit" ist zwar **gesetzlich nicht defi- 110**
niert. Es ist aber unstrittig, dass diese Einkunftsart die Arbeitnehmereigenschaft er-

30 Siehe zu diesen und weiteren Beispielen aus der umfangreichen Rechtsprechung die Zusammenstellung in H 15.6 EStH.

31 Werden die zunächst thesaurierten Gewinne in späteren Jahren entnommen, erfolgt eine Nachversteuerung in Höhe von 25% der Entnahme. Zu Einzelheiten der Begünstigung der nicht entnommenen Gewinne nach § 34a EStG siehe Kapitel F.VII., Rn. 327–332.

fordert (§ 1 Abs. 1 LStDV). **Arbeitnehmer** sind Personen, die im öffentlichen oder privaten Dienst angestellt oder beschäftigt sind oder waren und die aus diesem Dienstverhältnis Arbeitslohn beziehen. Als Arbeitnehmer gelten auch die Rechtsnachfolger dieser Personen, soweit sie Arbeitslohn aus dem früheren Dienstverhältnis ihres Rechtsvorgängers beziehen (Beispiel: Witwenbezüge aus einer Betriebsrente).

Ein **Dienstverhältnis** liegt vor, **wenn** der **Arbeitnehmer** (Beschäftigte) **dem Arbeitgeber** (öffentliche Körperschaft, Unternehmer, Haushaltsvorstand) **seine Arbeitskraft schuldet**. Die typischen Abgrenzungskriterien sind **Unterordnung unter** die **Leitung des Arbeitgebers** und **Weisungsgebundenheit** gegenüber dem Arbeitgeber (§ 1 Abs. 2 LStDV). Die Frage, ob eine Tätigkeit selbständig oder nichtselbständig ausgeübt wird, ist anhand einer Vielzahl von in Betracht kommenden Merkmalen nach dem Gesamtbild der Verhältnisse zu beurteilen. Eine Würdigung nach dem Gesamtbild bedeutet, dass die für und die gegen ein Dienstverhältnis sprechenden Merkmale gegeneinander abzuwägen sind. In diese Gesamtwürdigung ist auch einzubeziehen, wie das der Beschäftigung zugrunde liegende Vertragsverhältnis ausgestaltet worden ist, sofern die Vereinbarungen ernsthaft gewollt und tatsächlich durchgeführt worden sind.[32]

Es kommt nicht auf die Bedeutung der Arbeit, die Höhe und die Art der Entlohnung sowie den Grad der persönlichen Freiheit an, sofern diese Freiheit Ausfluss des Willens des Arbeitgebers ist, dh nicht auf eigenen Entscheidungen des Arbeitnehmers beruht. Ein wichtiges Indiz für die Arbeitnehmereigenschaft ist das **Fehlen** eines **unternehmerischen Risikos**. Beispielsweise beziehen auch Vorstände einer AG, Geschäftsführer einer GmbH, Staatssekretäre und Universitätsprofessoren Einkünfte aus nichtselbständiger Arbeit.

b) Umfang der Einkünfte aus nichtselbständiger Arbeit

111 Arbeitslohn sind **alle Einnahmen**, die dem Arbeitnehmer **aus dem Dienstverhältnis zufließen**. Es ist unerheblich, unter welcher Bezeichnung oder in welcher Form die Einnahmen gewährt werden (§ 2 Abs. 1 LStDV).

Die **Einkünfte aus nichtselbständiger Arbeit umfassen** (§ 19 Abs. 1 EStG, § 2 Abs. 2 LStDV):

- **Gehälter**, **Löhne**, Gratifikationen, Tantiemen und andere Bezüge und Vorteile, die für eine Beschäftigung im öffentlichen oder privaten Dienst gewährt werden, Zuwendungen des Arbeitgebers an seinen Arbeitnehmer und dessen Begleitpersonen anlässlich von Betriebsveranstaltungen und Ausgaben des Arbeitgebers an einen Pensionsfonds, eine Pensionskasse oder für eine Direktversicherung für die betriebliche Altersversorgung. Arbeitslohn sind auch Leistungen, die der Arbeitgeber erbringt, um einen Arbeitnehmer oder diesem nahestehende Personen für den Fall der Krankheit, des Unfalls, der Invalidität, des Alters oder des Todes abzusichern. Die wichtigste Gruppe dieser Zukunftssicherungsleistungen bilden die **Arbeitgeberanteile zu** den **gesetzlichen Sozialversicherungen** (Renten-, Kranken-, Pflege- und Arbeitslosenversicherung). Die Arbeitgeberanteile gelten zwar

32 Vgl BFH vom 14.6.1985, BStBl. 1985 II, S. 661; BFH vom 18.6.2015, BStBl. 2015 II, S. 903.

als Arbeitslohn, sie sind jedoch von der Besteuerung ausgenommen, dh es handelt sich um steuerfreie Einnahmen (§ 3 Nr 62 EStG).[33]

- Wartegelder, Ruhegelder, Witwen- und Waisengelder und andere Bezüge und Vorteile aus früheren Dienstverhältnissen (Hauptanwendungsfälle sind **Beamtenpensionen** sowie **Zahlungen aus einer betrieblichen Pensionszusage**, dh Leistungen aus der betrieblichen Altersvorsorge in der Form einer Direktzusage oder einer Unterstützungskasse: „Betriebsrente").

Die Einordnung als Einkünfte aus nichtselbständiger Arbeit ist **unabhängig davon**, **112**

- **ob** es sich um **laufende oder** um **einmalige Bezüge**, wie Jubiläumszuwendungen, Entschädigungen oder Abfindungen, handelt.
- ob die Leistung in **Geld** besteht **oder** ob eine **Sachleistung** vorliegt. Zu den **geldwerten Vorteilen** gehören beispielsweise die Zurverfügungstellung eines Fahrzeugs zur privaten Nutzung oder von Unterkunft und Verpflegung, die unentgeltliche oder verbilligte Überlassung von Waren oder Dienstleistungen, die Überlassung von Aktienoptionen (Stock Options) sowie der Internetzugang über einen Personalcomputer des Arbeitgebers für private Zwecke.[34]
  Zu den Einnahmen in Geld (und damit nicht zu den Sachleistungen) gehören zweckgebundene Geldleistungen, nachträgliche Kostenerstattungen, Geldsurrogate und andere Vorteile, die auf einen Geldbetrag lauten. Demgegenüber gelten Gutscheine und Geldkarten, die ausschließlich zum Bezug von Waren und Dienstleistungen berechtigen, als Sachleistungen (§ 8 Abs. 1 S. 2, 3 EStG).
- ob der Arbeitnehmer einen **Rechtsanspruch** hat **oder** ob der Arbeitgeber **freiwillig** leistet, zB Leistungen der betrieblichen Altersversorgung.

Einnahmen, die nicht aus Geld bestehen **(Sachbezüge)**, werden **mit** den – um übliche Preisnachlässe geminderten – üblichen **Endpreisen am Abgabeort bewertet** (§ 8 Abs. 2 S. 1 EStG).[35] Aus Vereinfachungsgründen bleiben die Sachbezüge außer Ansatz, wenn sie die Freigrenze von 44 €/Monat nicht übersteigen (§ 8 Abs. 2 S. 11 EStG). **113**

Für bestimmte Leistungen werden **pauschalierende Regelungen** getroffen:

- Der Wert der **freien Kost und Wohnung** einschließlich Heizung und Beleuchtung wird in der Sozialversicherungsentgeltverordnung festgesetzt. Beispielsweise beläuft er sich für die zur Verfügung gestellte Verpflegung (Frühstück, Mittagessen und Abendessen) auf 258 €/Monat (§ 2 Abs. 1 SvEV).
- Bei **Gestellung eines Fahrzeugs** durch den Arbeitgeber wird für den geldwerten Vorteil der Privatfahrten monatlich 1% des inländischen Listenpreises im Zeitpunkt der Erstzulassung (einschließlich des Werts für – auch nachträglich einge-

---

33 Der Bundesfinanzhof (BFH vom 6.6.2002, BStBl. 2003 II, S. 34) geht demgegenüber davon aus, dass es sich bei dem Arbeitgeberanteil zu den gesetzlichen Sozialversicherungen nicht um steuerbaren Arbeitslohn handelt. Nach dieser Auffassung wirkt § 3 Nr 62 EStG lediglich deklaratorisch. Materiell führen die beiden Meinungen zum gleichen Ergebnis: Die Arbeitgeberanteile unterliegen auf Ebene des Arbeitnehmers nicht der Besteuerung.

34 Bei der Überlassung von Aktienoptionen erfolgt die Besteuerung grundsätzlich erst zu dem Zeitpunkt, zu dem die Option ausgeübt wird (BFH vom 24.1.2001, BStBl. 2001 II, S. 509; BFH vom 24.1.2001, BStBl. 2001 II, S. 512). Die private Nutzung von betrieblichen Personalcomputern und Telekommunikationsgeräten ist zwar steuerbar, aber steuerfrei (§ 3 Nr 45 EStG).

35 Vgl BFH vom 30.5.2001, BStBl. 2002 II, S. 230.

baute – Sonderausstattung und der Umsatzsteuer) angesetzt.[36] Zusätzlich gelten für die Fahrten zwischen Wohnung und Arbeitsstätte im Monat 0,03% des Listenpreises pro Entfernungskilometer als Sachbezug. Alternativ zur pauschalen Ermittlung des Sachbezugs aus der privaten Nutzung des Firmenfahrzeugs können die tatsächlich auf diese Nutzung entfallenden anteiligen Gesamtkosten angesetzt werden, sofern die Aufwendungen durch Belege und der Nutzungsanteil durch ein ordnungsgemäß geführtes Fahrtenbuch nachgewiesen werden (§ 8 Abs. 2 S. 2–4 iVm § 6 Abs. 1 Nr 4 S. 2, 3 EStG). Für Familienheimfahrten entfällt der Ansatz eines geldwerten Vorteils, soweit diese als Werbungskosten abgezogen werden können. Ansonsten sind für jeden Entfernungskilometer zwischen dem Ort des eigenen Hausstands und dem Beschäftigungsort 0,002% des Listenpreises anzusetzen (§ 8 Abs. 2 S. 5 EStG).[37]

allgemeine private Nutzung	**Fahrten Wohnung – Arbeitsstätte**	**Familienheimfahrten bei doppelter Haushaltsführung**
1% des Bruttolistenpreises als geldwerter Vorteil der Privatfahrten je Monat	0,03% des Bruttolistenpreises pro Entfernungskilometer als geldwerter Vorteil je Monat	0,002% des Bruttolistenpreises pro Entfernungskilometer als geldwerter Vorteil je Monat, soweit nicht als Werbungskosten abziehbar

Abb. 2.3: Steuerliche Behandlung der Gestellung eines Fahrzeugs durch den Arbeitgeber

- Der Sachbezug für eine dem Arbeitnehmer vom Arbeitgeber zu eigenen Wohnzwecken überlassene Wohnung bleibt unberücksichtigt, soweit das vom Arbeitnehmer gezahlte Entgelt mindestens zwei Drittel des ortsüblichen Mietwerts und dieser nicht mehr als 25 € je qm ohne die nach der Betriebskostenverordnung umlagefähige Kosten beträgt (**Bewertungsabschlag bei Mitarbeiterwohnungen**, § 8 Abs. 2 S. 12 EStG).
- Beim unentgeltlichen oder verbilligten **Bezug von Waren und Dienstleistungen** vom Arbeitgeber wird der geldwerte Vorteil mit der Differenz zwischen dem um 4% verminderten üblichen Verkaufspreis an Endabnehmer und den vom Arbeitnehmer geleisteten Zahlungen bewertet. Der Vorteil ist nur insoweit steuerpflichtig, als er einen Freibetrag von 1 080 €/Jahr übersteigt (§ 8 Abs. 3 EStG).[38]

Sachleistungen des Arbeitgebers, die auch im gesellschaftlichen Verkehr üblich sind und beim Arbeitnehmer zu keiner ins Gewicht fallenden Bereicherung führen, gehören als **bloße Aufmerksamkeiten nicht** zum **Arbeitslohn** (R 19.6 LStR). Aufmerksamkeiten sind beispielsweise **Geschenke bis** zu einem Wert von **60 €** (Blumen, Ge-

36 Bei Elektrofahrzeugen (einschließlich Hybridelektrofahrzeuge und Elektrofahrräder), die nach dem 31.12.2018 und vor dem 1.1.2031 angeschafft werden, ist unter bestimmten Bedingungen der Listenpreis nur zur Hälfte bzw nur zu einem Viertel anzusetzen.

37 Zu Einzelheiten siehe R 8.1 Abs. 9, 10 LStR.

38 Speziell zu den Vorteilen aus der Gewährung eines zinslosen oder zinsverbilligten Arbeitgeberdarlehens siehe BMF-Schreiben vom 19.5.2015, BStBl. 2015 I, S. 484. Für Arbeitnehmer in bestimmten Branchen (zB Versorgungsunternehmen, Luftfahrtunternehmen, Kreditinstitute, Bausparkassen, Reisebüros, Reiseveranstalter, Automobilunternehmen) hat die Finanzverwaltung zur Konkretisierung dieser Vorschrift spezielle Regelungen getroffen.

nussmittel oder ein Buch zum Geburtstag des Arbeitnehmers) oder unentgeltliche Überlassungen von Getränken und Genussmitteln zum Verzehr im Betrieb.

Zuwendungen des Arbeitgebers im Rahmen von **Betriebsveranstaltungen** gehören als Leistungen im ganz überwiegenden betrieblichen Interesse des Arbeitgebers nicht zum Arbeitslohn, wenn es sich um übliche Betriebsveranstaltungen und um bei diesen Veranstaltungen übliche Zuwendungen handelt. Für jede Betriebsveranstaltung wird ein Freibetrag von 110 € pro teilnehmendem Arbeitnehmer gewährt (§ 19 Abs. 1 S. 1 Nr 1a EStG).[39]

c) Abgrenzung gegenüber den Einkünften aus Gewerbebetrieb und den Einkünften aus selbständiger Arbeit

114 Ist eine Person derart in ein Unternehmen eingegliedert, dass sie **weisungsgebunden** ist und **kein unternehmerisches Risiko** zu tragen hat, besitzt sie die Arbeitnehmereigenschaft. Eine dem Charakter nach freiberufliche oder gewerbliche Tätigkeit führt dann zu Einkünften aus nichtselbständiger Arbeit, wenn sie **nicht auf eigene Rechnung und eigene Gefahr** ausgeübt wird (H 15.1 EStH). Zu nennen sind beispielsweise persönliche Abhängigkeit, Weisungsgebundenheit hinsichtlich Ort, Zeit und Inhalt der Tätigkeit, (weitgehend) zeitabhängige Vergütung, feste Arbeitszeiten, kein Kapitaleinsatz, Schulden der Arbeitskraft und nicht eines bestimmten Arbeitserfolgs, Entgeltfortzahlung bei Krankheit und im Urlaub oder Überstundenvergütung.

Für eine Selbständigkeit und damit **gegen die Arbeitnehmereigenschaft sprechen** unter anderem die Abhängigkeit der Höhe der Einnahmen von den eigenen Aktivitäten, dh überwiegend erfolgsabhängige Vergütung, die weitgehend freie Entscheidung über Ort, Zeit und Umfang der Tätigkeiten, die Möglichkeit der Delegation von Arbeiten an Mitarbeiter und keine Fortzahlung der Vergütung im Krankheitsfall.

Arbeitnehmer sind beispielsweise angestellte Ärzte, angestellte Wirtschaftsprüfer oder Steuerberater und unselbständige Reisevertreter. Demgegenüber sind Handelsvertreter oder Versicherungsvertreter im Regelfall Gewerbetreibende.

d) Besonderheiten bei den Einkünften aus nichtselbständiger Arbeit

115 Sofern nicht höhere **Werbungskosten** (= Ausgaben im Zusammenhang mit der Erzielung von Überschusseinkunftsarten, hier den Einkünften aus nichtselbständiger Arbeit) nachgewiesen werden, wird von den Einnahmen der **Arbeitnehmer-Pauschbetrag** von 1 000 € abgezogen (§ 9a S. 1 Nr 1 Buchst. a EStG).[40]

116 Von **Versorgungsbezügen** bleibt ein auf einen Höchstbetrag begrenzter Versorgungsfreibetrag sowie ein Zuschlag zum Versorgungsfreibetrag steuerfrei (§ 19 Abs. 2 EStG). Versorgungsbezüge sind bestimmte Bezüge und Vorteile aus einem früheren Dienstverhältnis, wie **Beamtenpensionen** oder **Renten aus einer betriebli-**

39 Zu Einzelheiten und zur umsatzsteuerlichen Behandlung von Betriebsveranstaltungen siehe BMF-Schreiben vom 14.10.2015, BStBl. 2015 I, S. 832.

40 Steuerpflichtige, die höhere Werbungskosten als den Arbeitnehmer-Pauschbetrag nachgewiesen hatten, konnten im Jahr 2014 im Durchschnitt Werbungskosten von 3 127 € verrechnen, vgl BMF, Datensammlung zur Steuerpolitik, Ausgabe 2018, Berlin 2019, S. 44.

chen Pensionszusage (betriebliche Altersvorsorge in der Form einer Direktzusage oder einer Unterstützungskasse: „Betriebsrente"). Der Zuschlag zum Versorgungsfreibetrag dient zum Ausgleich dafür, dass bei Versorgungsempfängern der Pauschbetrag für die Werbungskosten nur 102 € beträgt (§ 9a S. 1 Nr 1 Buchst. b EStG). Die Höhe des Versorgungsfreibetrags sowie des Zuschlags zum Versorgungsfreibetrag hängt davon ab, in welchem Jahr erstmals Versorgungsbezüge gezahlt wurden. Bei Steuerpflichtigen, bei denen der Versorgungsbeginn im Jahr 2005 oder früher liegt, beträgt der Versorgungsfreibetrag 40% der Versorgungsbezüge, maximal 3 000 €, und der Zuschlag zum Versorgungsfreibetrag 900 €. Liegt der Versorgungsbeginn später, werden im Rahmen der Umstellung der Besteuerung der Alterseinkünfte auf eine nachgelagerte Besteuerung der Prozentsatz und der Höchstbetrag für den Versorgungsfreibetrag sowie der Zuschlag zum Versorgungsfreibetrag stufenweise reduziert. Bei Steuerpflichtigen, die im Jahr 2040 oder später erstmals Versorgungsbezüge beziehen, entfallen der Versorgungsfreibetrag und der Zuschlag zum Versorgungsfreibetrag vollständig. Die einzelnen Werte sind in § 19 Abs. 2 S. 3 EStG in einer Tabelle zusammengestellt.

117 Der Arbeitslohn ist nur dann steuerpflichtig, wenn er nicht unter eine der **Befreiungsvorschriften** fällt. Die Steuerbefreiungen werden zum Teil bei der Definition der Einkünfte aus nichtselbständiger Arbeit (§ 19 Abs. 1 S. 1 Nr 1a, Abs. 2 EStG) und zum Teil bei der Abgrenzung der Einnahmen (§ 8 Abs. 2 S. 11–12, Abs. 3 S. 2 EStG) genannt. Die meisten Steuerbefreiungen finden sich in dem allgemein für Steuerbefreiungen geltenden § 3 EStG.[41] Beispiele hierfür sind:

Nr 2	Lohnersatzleistungen, wie Arbeitslosengeld, Kurzarbeitergeld, Insolvenzgeld
Nr 4	Überlassung von Dienstkleidung und andere Leistungen an bestimmte Angehörige des öffentlichen Dienstes, wie Angehörige der Bundeswehr, der Polizei oder der Berufsfeuerwehr
Nr 13	Reisekosten- und Umzugskostenvergütungen sowie Trennungsgelder aus öffentlichen Kassen
Nr 15	Zuschüsse zur Nutzung von öffentlichen Verkehrsmitteln im Linienverkehrs, die zusätzlich zum geschuldeten Arbeitslohn bezahlt werden (Jobticket)
Nr 16	Erstattung von Reise- und Umzugskosten sowie Mehraufwendungen bei doppelter Haushaltsführung für Arbeitnehmer außerhalb des öffentlichen Dienstes
Nr 19	bestimmte Weiterbildungsleistungen des Arbeitgebers
Nr 26	bestimmte Einnahmen aus nebenberuflichen Tätigkeiten („Übungsleiterfreibetrag"), bis zu 2 400 €
Nr 26a	bestimmte Einnahmen aus nebenberuflichen Tätigkeiten zur Förderung gemeinnütziger, mildtätiger und kirchlicher Zwecke, bis zu 720 €
Nr 28	bestimmte Leistungen nach dem Altersteilzeitgesetz
Nr 29	Gehälter und Bezüge diplomatischer Vertreter ausländischer Staaten
Nr 30	Entschädigungen für die betriebliche Nutzung von Werkzeugen, die einem Arbeitnehmer gehören
Nr 31	Überlassung typischer Berufskleidung
Nr 32	unentgeltliche oder verbilligte Sammelbeförderung von Arbeitnehmern zwischen Wohnung und Arbeitsstätte
Nr 33	Zuschüsse zur Unterbringung und Betreuung von nicht schulpflichtigen Kindern in Kindergärten oder vergleichbaren Einrichtungen

41 Zur Kritik an dieser uneinheitlichen gesetzlichen Einordnung siehe Hey, StuW 2019, S. 17.

Nr 34	bestimmte Leistungen des Arbeitgebers zur Verbesserung des allgemeinen Gesundheitszustandes und der betrieblichen Gesundheitsförderung, bis zu 600 €
Nr 34a	Zuschüsse des Arbeitgebers für ausgewählte Leistungen im Zusammenhang mit der Betreuung von Kindern oder pflegebedürftigen Angehörigen
Nr 37	Überlassung eines betrieblichen (Elektro-)Fahrrads für private Fahrten
Nr 38	Sachprämien, die der Steuerpflichtige für die persönliche Inanspruchnahme von Dienstleistungen von Unternehmen unentgeltlich erhält, die diese zum Zwecke der Kundenbindung im allgemeinen Geschäftsverkehr in einem jedermann zugänglichen planmäßigen Verfahren gewähren (idealtypisches Beispiel: „miles & more-Programm" der Lufthansa), bis zu einem Wert von 1 080 €
Nr 39	unter bestimmten Voraussetzungen die Überlassung von Mitarbeiterbeteiligungen am Unternehmen des Arbeitgebers sowie die Zuwendungen zu speziellen Mitarbeiterbeteiligungsfonds, bis zu 360 €
Nr 45	private Nutzung von betrieblichen Personalcomputern und Telekommunikationseinrichtungen
Nr 46	Vorteile aus dem elektrischen Aufladen von Elektrofahrzeugen an einer festen betrieblichen Einrichtung des Arbeitgebers
Nr 50	durchlaufende Gelder und Auslagenersatz
Nr 51	Trinkgelder (sofern von Dritten freiwillig gezahlt)
Nr 56	Zuwendungen des Arbeitgebers an eine Pensionskasse zum Aufbau einer nicht kapitalgedeckten betrieblichen Altersversorgung, soweit diese Zuwendungen im Kalenderjahr 3% (ab dem Jahr 2025 4%) der Beitragsbemessungsgrenze in der allgemeinen Rentenversicherung nicht übersteigen
Nr 60	Leistungen aus öffentlichen Mitteln an Arbeitnehmer des Steinkohlen-, Pechkohlen- und Erzbergbaues, des Braunkohlentiefbaues und der Eisen- und Stahlindustrie aus Anlass von Stilllegungs-, Einschränkungs-, Umstellungs- oder Rationalisierungsmaßnahmen
Nr 62	der Arbeitgeberanteil zu den gesetzlichen Sozialversicherungen (Renten-, Kranken-, Pflege- und Arbeitslosenversicherung)
Nr 63	Beiträge des Arbeitgebers zu einer kapitalgedeckten betrieblichen Altersversorgung in der Form einer Direktversicherung, einer Pensionskasse oder eines Pensionsfonds sind bis zu 8% der Beitragsbemessungsgrenze in der gesetzlichen Rentenversicherung steuerfrei
Nr 64	Kaufkraftausgleich bei Arbeitnehmerentsendung ins Ausland

Weitere Steuerbefreiungen gelten für

- Zuschläge für Sonntags-, Feiertags- oder Nachtarbeit in dem in § 3b EStG vorgegebenen Rahmen (Begrenzung auf einen bestimmten Prozentsatz vom Grundlohn, wobei als Grundlohn maximal 50 €/Stunde angesetzt werden kann) sowie
- in den in den Lohnsteuer-Richtlinien vorgesehenen Fällen, wie Unterstützungen an Arbeitnehmer in Krankheits- und Unglücksfällen (R 3.11 LStR), Mahlzeiten und Essensmarken (§ 8 Abs. 2 S. 8, 9 EStG, R 8.1 Abs. 7, 8 LStR). Zu weiteren Fällen siehe die Zusammenstellung zu R 19.3 LStR.

Bei Einkünften aus nichtselbständiger Arbeit wird die Einkommensteuer in Form des **118**
Lohnsteuerabzugsverfahrens erhoben. Der **Arbeitgeber** kürzt den Arbeitslohn um die Lohnsteuer und **führt** diese **für Rechnung des Arbeitnehmers** an das Finanzamt **ab** (§ 38 – § 42g EStG).

Der Arbeitgeber hat die *Lohnsteueranmeldung* dem Finanzamt grundsätzlich auf elektronischem Wege nach Maßgabe der Steuerdaten-Übermittlungsverordnung zu übermitteln. Zur

Vermeidung von Härten kann das Finanzamt auf Antrag zulassen, die Erklärung nach amtlich vorgeschriebenem Vordruck beim Finanzamt einzureichen (§ 41a EStG). Die im Rahmen einer *Lohnsteuerbescheinigung* zu bestätigenden Daten sind vom Arbeitgeber nach amtlich vorgeschriebenem Datensatz durch Datenfernübertragung an das Finanzamt zu übermitteln (Elster-Lohn). Dem Arbeitnehmer wird ein Ausdruck ausgehändigt oder elektronisch zur Verfügung gestellt (§ 41b EStG).

Durch den **Lohnsteuerabzug** ist die Einkommensteuerschuld des Arbeitnehmers grundsätzlich abgegolten. Eine **Einkommensteuerveranlagung** wird **nur unter bestimmten Voraussetzungen** durchgeführt, so zB wenn der Arbeitnehmer zusätzlich Einkünfte aus anderen Einkunftsarten bezieht (§ 46 EStG). Da die **Lohnsteuer** keine eigenständige Steuer ist, sondern eine **besondere Erhebungsform der Einkommensteuer**, wird die vom Arbeitgeber für Rechnung des Arbeitnehmers einbehaltene Lohnsteuer im Rahmen der Einkommensteuerveranlagung des Arbeitnehmers **auf** die **festgesetzte Einkommensteuer angerechnet** (§ 36 Abs. 2 Nr 2 EStG).

119 Bei bestimmten Einnahmen kann die Einkommensteuer in pauschaler Form abgegolten werden **(pauschale Lohnsteuer)**:

- Betrieblich veranlasste Sachzuwendungen an Arbeitnehmer, die zusätzlich zum geschuldeten Arbeitslohn erbracht werden, soweit diese 10 000 €/Jahr nicht übersteigen (§ 37b EStG, Pauschsteuersatz 30%).[42]
- Der Arbeitgeber gewährt in einer größeren Zahl von Fällen sonstige Bezüge (§ 40 Abs. 1 S. 1 Nr 1, S. 3 EStG, der Pauschsteuersatz wird in Abhängigkeit von den im Einzelfall geltenden Verhältnissen festgesetzt, die Pauschalierung ist für den einzelnen Arbeitnehmer auf Bezüge von 1 000 €/Jahr begrenzt).
- Die Lohnsteuer ist in einer größeren Zahl von Fällen nachzuerheben, weil der Arbeitgeber die Lohnsteuer nicht vorschriftsmäßig einbehalten hat (§ 40 Abs. 1 S. 1 Nr 2 EStG, der Pauschsteuersatz wird in Abhängigkeit von den im Einzelfall geltenden Verhältnissen festgesetzt).
- Unentgeltliche oder verbilligte **Mahlzeiten im Betrieb** und Arbeitslohn aus Anlass von Betriebsveranstaltungen (§ 40 Abs. 2 S. 1 Nr 1, 1a, 2 EStG, Pauschsteuersatz 25%).
- Erholungsbeihilfen, wenn diese einen bestimmten Betrag nicht übersteigen (§ 40 Abs. 2 S. 1 Nr 3 EStG, Pauschsteuersatz 25%).
- Vergütungen für Verpflegungsmehraufwendungen, soweit diese einen bestimmten Betrag nicht übersteigen (§ 40 Abs. 2 S. 1 Nr 4 EStG, Pauschsteuersatz 25%).
- Unentgeltliche oder verbilligte Übereignung von Datenverarbeitungsgeräten sowie Zuschüsse zu den Aufwendungen des Arbeitnehmers für die Internetnutzung, die zusätzlich zum geschuldeten Arbeitslohn gezahlt werden (§ 40 Abs. 2 S. 1 Nr 5 EStG, Pauschsteuersatz 25%).
- Unentgeltliche oder verbilligte Übereignung von Ladevorrichtungen für Elektrofahrzeuge und Zuschüsse für den Erwerb und die Nutzung dieser Ladevorrichtung, die zusätzlich zum geschuldeten Arbeitslohn geleistet werden (§ 40 Abs. 2 S. 1 Nr 6 EStG, Pauschsteuersatz 25%).
- Unentgeltliche oder verbilligte Übereignung eines betrieblichen (Elektro-)Fahrrads an den Arbeitnehmer (§ 40 Abs. 2 S. 1 Nr 7 EStG, Pauschsteuersatz 25%).

---

42 Siehe hierzu BMF-Schreiben vom 19.5.2015, BStBl. 2015 I, S. 468; BMF-Schreiben vom 28.6.2018, BStBl. 2018 I, S. 814 sowie Bechthold, BB 2015, S. 2266.

- Unentgeltliche oder verbilligte Beförderung eines Arbeitnehmers zwischen Wohnung und Arbeitsstätte und Zuschüsse für Fahrten zwischen Wohnung und Arbeitsstätte, die nicht nach § 3 Nr 15 EStG steuerfrei sind (§ 40 Abs. 2 S. 2, 3 EStG, Pauschsteuersatz 15% mit Minderung der Entfernungspauschale oder 25% ohne Minderung der Entfernungspauschale).
- **Kurzfristige Beschäftigung** (§ 40a Abs. 1 EStG, Pauschsteuersatz 25%).
- **Geringfügige Beschäftigung** (§ 40a Abs. 2, 2a EStG, einheitlicher Pauschsteuersatz 2%, dh einschließlich Solidaritätszuschlag und Kirchensteuer, wenn der Arbeitgeber für den geringfügig Beschäftigten Beiträge nach dem Sozialgesetzbuch VI zu entrichten hat bzw Pauschsteuersatz 20%, wenn der Arbeitgeber keine Beiträge nach dem Sozialgesetzbuch VI zu entrichten hat).
- Aushilfskräfte in der Land- und Forstwirtschaft (§ 40a Abs. 3 EStG, Pauschsteuersatz 5%).
- Kurzfristige im Inland ausgeübte Tätigkeit beschränkt steuerpflichtiger Arbeitnehmer, die einer ausländischen Betriebsstätte des Arbeitgebers zugeordnet werden (§ 40a Abs. 7 EStG, Pauschsteuersatz 30%).
- **Beiträge an eine Pensionskasse zum Aufbau einer nicht kapitalgedeckten betrieblichen Altersversorgung** (insbesondere Zusatzversorgungseinrichtungen des öffentlichen Dienstes, soweit deren Finanzierung im Umlageverfahren erfolgt, wie Versorgungsanstalt des Bundes und der Länder, VBL), bis zu 1 752 €/Jahr und Beiträge für eine Unfallversicherung des Arbeitnehmers bis zu 100 €/Jahr (§ 40b Abs. 1–3 EStG, Pauschsteuersatz 20%).
  Diese Pauschalierung kann auch für Beiträge an Direktversicherungen und Zuwendungen an Pensionskassen in Anspruch genommen werden, sofern der Vertrag vor dem 1.1.2005 abgeschlossen wurde (§ 52 Abs. 40 EStG).
- Bestimmte Sonderzahlungen des Arbeitgebers an eine Versorgungseinrichtung (§ 40b Abs. 4 iVm § 19 Abs. 1 S. 1 Nr 3 S. 2 EStG, Pauschsteuersatz 15%).

Abweichend von der Regelung für die allgemeine Lohnsteuer ist die pauschale Lohnsteuer vom **Arbeitgeber** zu übernehmen. Der Arbeitgeber ist **Schuldner der pauschalen Lohnsteuer**. Die pauschale Lohnsteuer darf nicht auf den Arbeitnehmer überwälzt werden. Der pauschal besteuerte Arbeitslohn und die pauschale Lohnsteuer bleiben bei der Besteuerung des Arbeitnehmers außer Ansatz. Die pauschale Lohnsteuer ist auf die Einkommensteuerschuld des Arbeitnehmers nicht anrechenbar (§ 37b Abs. 3, § 40 Abs. 3, § 40a Abs. 5, § 40b Abs. 5 S. 1 EStG).

Für bestimmte vermögenswirksame Leistungen wird zur Förderung der Vermögens- **120**
bildung von *Arbeitnehmern* eine **Arbeitnehmer-Sparzulage** in Höhe von 9% oder 20% gewährt. Die Sparzulage gilt nicht als steuerpflichtige Einnahme. Begünstigt sind unter anderem Beiträge zu Bausparverträgen von bis zu 470 €/Jahr. Für ausgewählte Vermögensbeteiligungen sind zusätzlich Leistungen von bis zu 400 €/Jahr begünstigt. Voraussetzung für die Gewährung der Arbeitnehmer-Sparzulage ist, dass bestimmte Einkommensgrenzen nicht überschritten werden (grundsätzlich 20 000 € bei Alleinstehenden, 40 000 € bei Verheirateten, § 13 des 5. VermBG).

Die Arbeitnehmer-Sparzulage ergänzt die **Wohnungsbau-Prämie** nach dem Wohnungsbau-Prämiengesetz, die *allen unbeschränkt einkommensteuerpflichtigen Personen* (also nicht nur Arbeitnehmern) für Beiträge an Bausparkassen und diesen gleich gestellten Beiträgen gewährt wird. Die Prämie beträgt 10% der Beiträge, wobei maximal Beiträge bis zu 700 € (Ledige) bzw 1 400 € (Verheiratete) begünstigt sind. Die Prämie ist keine einkommensteuerpflichtige Einnahme. Die Einkommensgrenze beträgt 35 000 € (Ledige) bzw 70 000 € (Verheiratete). Wird die Arbeitnehmer-Sparzulage gewährt, entfällt die Wohnungsbau-Prämie.

121 Sachprämien, die Fluggesellschaften im Rahmen von **Kundenbindungsprogrammen** gewähren, können, soweit die Sachprämien den Freibetrag in Höhe von 1 080 € übersteigen (§ 3 Nr 38 EStG), von dem gewährenden Unternehmen pauschal mit 2,25% des Werts der Sachprämien besteuert werden (**Pauschalierung der Einkommensteuer durch Dritte**, § 37a EStG). Vorbild für diese Sonderregelung ist das „miles & more-Programm" der Lufthansa.

122 Einnahmen aus nichtselbständiger Arbeit sind bei sozialversicherungspflichtigen Arbeitnehmern grundsätzlich im Rahmen der gesetzlichen Sozialversicherungen beitragspflichtig. Soweit die Einnahmen steuerfrei sind oder die Einkommensteuer durch eine Pauschalierung abgegolten wird, sind die Einnahmen in den meisten Fällen bei den gesetzlichen Sozialversicherungen nicht beitragspflichtig (§ 14 SGB IV, § 1 SvEV).

123 Zur Förderung der betrieblichen Altersvorsorge von Arbeitnehmern mit einem geringen Einkommen (im Jahr nicht mehr als 26 400 €) wird dem Arbeitgeber unter bestimmten Voraussetzungen ein 30%iger Zuschuss, höchstens 288 €/Arbeitnehmer, auf die an ausgewählte Versorgungseinrichtungen gezahlten Beiträge gewährt (**Förderbetrag zur betrieblichen Altersvorsorge,** § 100 EStG).

6. Einkünfte aus Kapitalvermögen

a) Kennzeichen und Umfang der Einkünfte aus Kapitalvermögen

124 Das Gesetz enthält **keine allgemeine Definition**, welche Einnahmen unter die Einkünfte aus Kapitalvermögen zu subsumieren sind. Aus der **abschließenden Aufzählung** in § 20 EStG lässt sich aber als gemeinsames Merkmal dieser Einkunftsart die **Überlassung von privatem Geldkapitalvermögen zur Nutzung** erkennen. Erfasst werden zum einen das (laufende) Entgelt für die Nutzungsüberlassung (§ 20 Abs. 1 EStG) und zum anderen die Veränderung des Werts der privaten Kapitalanlage (Besteuerung von Veräußerungsgewinnen, § 20 Abs. 2 EStG).[43]

125 Die Einkünfte aus Kapitalvermögen, die als **Gegenleistung für die Nutzungsüberlassung** anzusehen sind, gliedern sich in vier Gruppen:

- Einkünfte aus der **Beteiligung an Kapitalgesellschaften** (§ 20 Abs. 1 Nr 1, 2 EStG). Hierzu zählen insbesondere die offenen und verdeckten Gewinnausschüttungen einer Kapitalgesellschaft und von Genossenschaften. Die Einkünfte werden demjenigen zugerechnet, der im Zeitpunkt des Gewinnverteilungsbeschlusses wirtschaftlicher Eigentümer der Anteile ist (§ 20 Abs. 5 EStG).

43 Zu Einzelheiten siehe BMF-Schreiben vom 18.1.2016, BStBl. 2016 I, S. 85; BMF-Schreiben vom 20.4.2016, BStBl. 2016 I, S. 475; BMF-Schreiben vom 16.6.2016, BStBl. 2016 I, S. 527; BMF-Schreiben vom 3.5.2017, BStBl. 2017 I, S. 739; BMF-Schreiben vom 12.4.2018, BStBl. 2018 I, S. 624; BMF-Schreiben vom 17.1.2019, BStBl. 2019 I, S. 51; BMF-Schreiben vom 10.5.2019, BStBl. 2019 I, S. 464; BMF-Schreiben vom 16.9.2019, BStBl. 2019 I, S. 889.

Nicht zu den Einnahmen aus Kapitalvermögen gehört die Rückzahlung des überlassenen Kapitals. Die Erfassung von Einnahmen aus Leistungen von Organisationen, die keine Gewinnausschüttungen tätigen können (zB Versicherungsvereine auf Gegenseitigkeit, sonstige juristische Personen des privaten Rechts, nichtrechtsfähige Vereine und Stiftungen sowie Betriebe gewerblicher Art von juristischen Personen des öffentlichen Rechts), an die hinter diesen Organisationen stehenden Personen dient der Gleichstellung mit Anteilseignern einer Kapitalgesellschaft (§ 20 Abs. 1 Nr 9, 10 EStG). Beispielsweise gehören hierzu Abführungen einer Stadtsparkasse an die Stadt als ihren Gewährträger.

- Gewinnanteile aus der **Vergabe** eines **partiarischen** (gewinnabhängigen) **Darlehens** oder aus der Beteiligung als **typisch stiller Gesellschafter** (§ 20 Abs. 1 Nr 4 EStG).
- Entgelte aus **sonstigen Kapitalforderungen** (§ 20 Abs. 1 Nr 5–8 EStG). Unter diese Gruppe fallen Erträge aus Kapitalanlagen ohne Beteiligungscharakter (zB Zinsen aus Hypotheken oder Grundschulden, Renten aus Rentenschulden, Zinsen aus einem Sparbuch, Zinsen aus einem Festgeldkonto, Zinsen aus festverzinslichen Wertpapieren sowie Erträge aus sonstigen Kapitalforderungen, auch wenn die Höhe des Entgelts oder die Höhe der Rückzahlung von einem ungewissen Ereignis abhängt) und Diskontbeträge von Wechseln.
  Steuerpflichtig sind auch die Erträge aus **bestimmten Lebensversicherungen**, die nach dem 31.12.2004 abgeschlossen wurden (Kapitallebensversicherungen und Rentenversicherungen mit Kapitalwahlrecht, soweit keine Rentenzahlungen gewählt werden). Bei diesen Lebensversicherungen gilt als Ertrag die Differenz zwischen der ausbezahlten Versicherungsleistung und der Summe der entrichteten Beträge. Wird die Versicherungsleistung nach Vollendung des 62. Lebensjahres des Steuerpflichtigen und nach Ablauf von mindestens zwölf Jahren seit dem Vertragsabschluss ausbezahlt, sind die Erträge nur zur Hälfte steuerpflichtig (§ 20 Abs. 1 Nr 6 iVm § 52 Abs. 28 S. 7 EStG).[44]
  Bei Lebensversicherungen, die vor dem 1.1.2005 abgeschlossen wurden, sind die Erträge unter bestimmten Voraussetzungen (zB Kapitallebensversicherung mit einer Mindestlaufzeit von zwölf Jahren) nicht steuerbar. Sind diese Voraussetzungen (ausnahmsweise) nicht erfüllt, unterliegen die Zinsanteile als Einkünfte aus Kapitalvermögen der Besteuerung (§ 52 Abs. 28 S. 5 EStG).[45]
- **Stillhalterprämien**, die **für die Einräumung von Optionen** vereinnahmt werden (§ 20 Abs. 1 Nr 11 EStG).

Bei Einkünften aus Kapitalvermögen unterliegen nicht nur die Erträge aus der laufenden Nutzung des Kapitals der Besteuerung (§ 20 Abs. 1 EStG). Vielmehr erfolgt nach **§ 20 Abs. 2 EStG eine umfassende Besteuerung von Gewinnen aus der Veräußerung von Kapitalanlagen**:[46] **126**

44 Bei Verträgen, die vor dem 1.1.2012 abgeschlossen wurden, liegt die Altersgrenze bei 60 Jahren.

45 Zu Einzelheiten der Besteuerung von Erträgen aus Lebensversicherungen siehe BMF-Schreiben vom 1.10.2009, BStBl. 2009 I, S. 1172; BMF-Schreiben vom 6.3.2012, BStBl. 2012 I, S. 238; BMF-Schreiben vom 18.6.2013, BStBl. 2013 I, S. 768.

46 Im Rahmen einer Übergangsvorschrift werden Veräußerungsgewinne dann nicht von § 20 Abs. 2 EStG erfasst, wenn die Kapitalanlage vor dem 1.1.2009 erworben wurde (§ 52 Abs. 28 S. 11–17 EStG).

- Gewinne aus der **Veräußerung von Anteilen an einer Kapitalgesellschaft**, Genussrechten, Wandelschuldverschreibungen und ähnlichen in- und ausländischen Beteiligungen,
- Gewinne aus der Veräußerung oder Abtretung von Dividendenscheinen ohne das Stammrecht und Gewinne aus der isolierten Veräußerung von Zinsscheinen oder von Zinsforderungen,
- Wertzuwächse aus **Termingeschäften** sowie aus der Veräußerung eines als Termingeschäft ausgestalteten Finanzinstruments, wie Optionsgeschäfte, Swaps, Devisentermingeschäfte, Forwards und Futures,
- Gewinne aus der **Veräußerung von Beteiligungen als stiller Gesellschafter** oder von Forderungen aus einem partiarischen Darlehen,
- Gewinne aus der Übertragung von Hypotheken, Grundschulden oder Rentenschulden,
- Gewinne aus der Veräußerung von Ansprüchen aus Lebensversicherungen,
- Gewinne aus der **Veräußerung von sonstigen Kapitalforderungen jeder Art** (hierbei handelt es sich um eine Auffangvorschrift, um die Besteuerung sämtlicher Vermögenszuwächse aus der Veräußerung zu erfassen, Beispiel: Zertifikate) und
- Gewinne im Zusammenhang mit der Aufgabe einer Rechtsposition als Mitglied oder Gesellschafter einer Körperschaft iSd § 1 Abs. 1 Nr 3–5 KStG (zB Versicherungsvereine auf Gegenseitigkeit, sonstige juristische Personen des privaten Rechts, nichtrechtsfähige Vereine und Stiftungen).

Die Wertzuwächse werden nicht nur bei einer Veräußerung (= entgeltliche Übertragung des Eigentums an der Kapitalanlage) erfasst, sondern auch bei der vertragsmäßigen Rückzahlung der Kapitalforderung, der vorzeitigen Rückzahlung, der Endeinlösung einer Forderung oder eines Wertpapiers, der Abtretung einer Kapitalanlage oder der verdeckten Einlage in eine Kapitalgesellschaft (§ 20 Abs. 2 S. 2 EStG). Beim Erwerb bzw bei der Veräußerung von Beteiligungen an vermögensverwaltenden Personengesellschaften erfolgt eine anteilige Zurechnung zu dem erwerbenden bzw veräußernden Gesellschafter (Transparenzprinzip, § 20 Abs. 2 S. 3 EStG).

Zu den Einkünften aus Kapitalvermögen gehören auch besondere Entgelte oder Vorteile, die neben den laufenden Einnahmen oder Wertzuwächsen gewährt werden (§ 20 Abs. 3 EStG).

127 Bei den Einkünften aus Kapitalvermögen werden also **sämtliche Vermögensmehrungen** der Kapitalanlage erfasst. Dies gilt sowohl für laufende Vergütungen als auch für Erfolge aus der Veräußerung der Kapitalanlage. Es ist auch unbedeutend, ob die Einnahmen sicher sind oder ob sie hinsichtlich der Höhe der laufenden Vergütung oder des Einlösungsbetrags ungewiss sind. Die Abgrenzung des Besteuerungsumfangs wird damit bei Einkünften aus Kapitalvermögen in gleicher Weise vorgenommen wie bei den Gewinneinkunftsarten. Die Zuordnung in § 2 Abs. 2 EStG zu den Überschusseinkunftsarten lässt sich nur mit der historischen Entwicklung des Einkommensteuergesetzes erklären. Inhaltlich ist sie seit dem Jahr 2009 unzutreffend. Bei Einkünften aus Kapitalvermögen erfolgt die **Abgrenzung des Besteuerungsumfangs nämlich** seit der Neuordnung der Besteuerung von Einkünften aus Kapitalvermögen im Zusammenhang mit der Einführung der Abgeltungsteuer (§ 32d EStG) **in**

Anlehnung an die Reinvermögensänderungstheorie und **nicht mehr auf Grundlage der Quellentheorie**.

b) Abgrenzung gegenüber den Einkünften aus Gewerbebetrieb

Die **Veräußerung von Anteilen an einer Kapitalgesellschaft, an der eine natürliche Person** innerhalb der letzten fünf Jahre **zu mindestens 1% beteiligt ist**, führt zu Einkünften aus Gewerbebetrieb (§ 17 EStG). Die Zuordnung zu dieser Haupteinkunftsart geht der Zuordnung zu der Nebeneinkunftsart Einkünfte aus Kapitalvermögen vor (§ 20 Abs. 8 EStG). Damit werden diese Veräußerungsgewinne nach dem Teileinkünfteverfahren besteuert (60% des Veräußerungsgewinns unterliegen dem Normaltarif) und nicht nach dem Konzept der Abgeltungsteuer (25% auf den vollen Veräußerungsgewinn). Für diese Differenzierung nach der Beteiligungsquote gibt es keine methodische Begründung. Mit der Einführung einer allgemeinen Veräußerungsgewinnbesteuerung bei den Einkünften aus Kapitalvermögen im Jahr 2009 hat sie (zumindest bei rein nationalen Sachverhalten) ihre Berechtigung verloren. 128

Die **Verwaltung eines Wertpapierbesitzes** bildet **grundsätzlich keinen Gewerbebetrieb**. Dies gilt auch dann, wenn das Vermögen sehr umfangreich ist, wenn der Wertpapierbestand zur Erzielung von Kursgewinnen häufig umgeschichtet wird und wenn die Kapitalanlagen mit Fremdkapital finanziert werden. Von einer Vermögensverwaltung wird solange ausgegangen, wie die An- und Verkäufe und die Verwaltung in der im Privatbereich üblichen Form durchgeführt werden, dh durch Erteilung von Aufträgen an eine Bank. Der An- und Verkauf von Wertpapieren überschreitet grundsätzlich nicht den Rahmen einer Vermögensverwaltung. Einkünfte aus Gewerbebetrieb werden nur in den Ausnahmefällen angenommen, in denen die Tätigkeit die im Kreditwesengesetz definierten Kriterien eines Wertpapierhandelsunternehmens oder Finanzunternehmens erfüllt.[47] 129

c) Besonderheiten bei den Einkünften aus Kapitalvermögen

(1) Begrenzung des Steuersatzes als Vorteil der Abgeltungsteuer: Einnahmen, die als Einkünfte aus Kapitalvermögen erfasst werden, unterliegen der **Kapitalertragsteuer** (§ 43 EStG). Die Kapitalertragsteuer beträgt grundsätzlich **25% der Kapitalerträge** (§ 43a EStG).[48] 130

Für Einkünfte aus Kapitalvermögen gilt ein **gesonderter Steuertarif von 25%** (§ 32d EStG). Da der Sondersteuersatz für Einkünfte aus Kapitalvermögen mit dem Steuersatz der Kapitalertragsteuer übereinstimmt, können Einkünfte aus Kapitalvermögen bei der Einkommensteuerveranlagung grundsätzlich unberücksichtigt bleiben (**Abgeltungsteuer**, § 25 Abs. 1 iVm § 43 Abs. 5 EStG).[49]

---

47 Vgl BFH vom 30.7.2003, BStBl. 2004 II, S. 408; BFH vom 11.10.2012, BStBl. 2013 II, S. 538. Siehe hierzu auch Förster, SteuerStud 2009, S. 348; Ritzrow, SteuerStud 2006, S. 81; Schuhmann, StBp 2008, S. 141; Wagner, StuB 2009, S. 875.

48 Bei Leistungen von Betrieben gewerblicher Art von juristischen Personen des öffentlichen Rechts reduziert sich die Kapitalertragsteuer auf 15%. Zu Einzelheiten des Kapitalertragsteuerabzugs siehe BMF-Schreiben vom 18.1.2016, BStBl. 2016 I, S. 85.

49 Zur Abgeltungsteuer siehe zB Axer, Stbg 2007, S. 201; Behrens, BB 2007, S. 1025; Homburg, DStR 2007, S. 686; Oho/Hagen/Lenz, DB 2007, S. 1322; Paukstadt/Luckner, DStR 2007, S. 653.

Die der Abgeltungsteuer unterliegenden Einkünfte werden auch dann nicht in die Veranlagung einbezogen, wenn *im Rahmen des Einkommensteuergesetzes* an die Begriffe Einkünfte, Summe der Einkünfte, Gesamtbetrag der Einkünfte, Einkommen oder zu versteuerndes Einkommen angeknüpft wird (§ 2 Abs. 5b EStG). Knüpfen *außersteuerliche Rechtsnormen* (zB im Sozialhilferecht) an die im Einkommensteuergesetz verwendeten Begriffe Einkünfte, Summe der Einkünfte, Gesamtbetrag der Einkünfte, Einkommen und zu versteuerndes Einkommen an, werden die Einkünfte, die der Abgeltungsteuer unterliegen, aber berücksichtigt (§ 2 Abs. 5a S. 1 EStG).

131 Der Grundsatz, dass Einkünfte aus Kapitalvermögen bei der Einkommensteuerveranlagung unberücksichtigt bleiben, wird durch mehrere Ausnahmen durchbrochen. Abb. 2.4 enthält dazu einen Überblick.

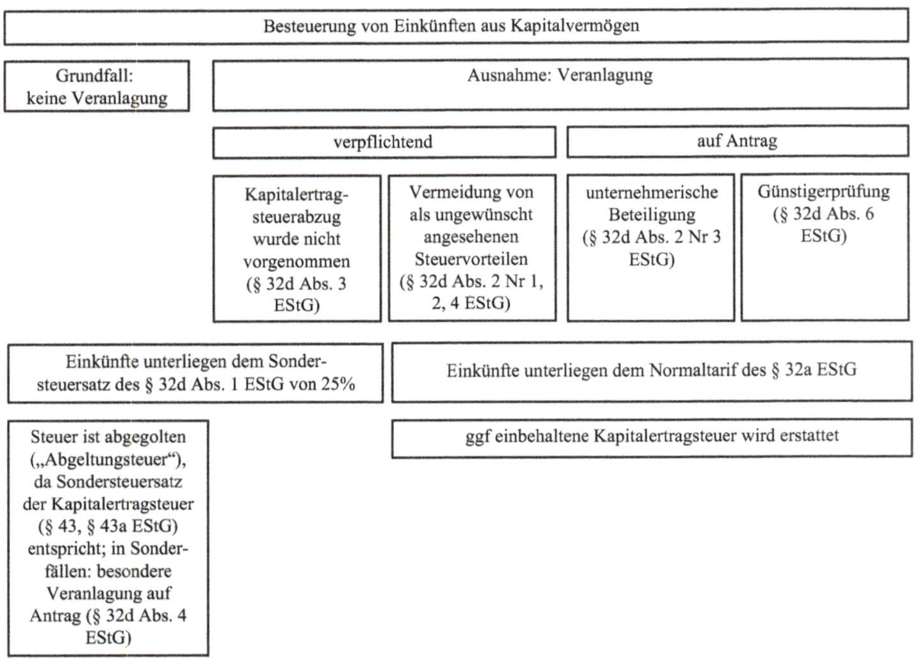

Abb. 2.4: System der Veranlagung bei Einkünften aus Kapitalvermögen

Ein Einbezug in die **Veranlagung** erfolgt **ausnahmsweise** in den Fällen, in denen kein Kapitalertragsteuerabzug vorgenommen wird (§ 32d Abs. 3 EStG). Dies gilt insbesondere für ausländische Kapitalerträge sowie für Gewinne aus der Veräußerung von GmbH-Anteilen.

Bei ausländischen Einkünften erfolgt zur Vermeidung einer internationalen Doppelbesteuerung eine Anrechnung der im Ausland gezahlten Quellensteuer (§ 32d Abs. 1, 5 EStG).[50]

Bemessungsgrundlage für die Abgeltungsteuer bilden grundsätzlich die Einnahmen. Bei Veräußerungsgewinnen wird auf die Differenz zwischen dem erzielten Veräuße-

50 Siehe hierzu ausführlich Hechtner, BB 2009, S. 76.

rungserlös und den beim Erwerb anfallenden Anschaffungskosten abgestellt. Die in unmittelbarem Zusammenhang mit der Veräußerung stehenden Aufwendungen sind abziehbar (§ 20 Abs. 4 S. 1 EStG).

Zur Einschränkung von Steuergestaltungen werden folgende (Festzins-)Darlehen, stille Gesellschaften und partiarische Darlehen **in den Anwendungsbereich der Abgeltungsteuer nicht einbezogen**. Diese Zinsen und Gewinnanteile unterliegen beim Empfänger der Besteuerung nach dem Normaltarif (§ 32d Abs. 2 Nr 1 EStG):

- **Darlehen** und stille Gesellschaften **zwischen nahestehenden Personen**, soweit die den Kapitalerträgen entsprechenden Aufwendungen vom Schuldner bei Einkünften, die der inländischen Besteuerung unterliegen, als Betriebsausgaben oder Werbungskosten abgezogen werden,[51]
- **Gesellschafterdarlehen** und stille Gesellschaften, wenn der Gläubiger an der Kapitalgesellschaft zu mindestens 10% beteiligt ist[52]
  (Dies gilt auch dann, wenn die Kapitalerträge an eine dem Anteilseigner nahestehende Person gezahlt werden.[53]),
- **Back-to-Back-Finanzierungen**
  (Der Schuldner der Kapitalerträge hat seinerseits Kapital an einen Betrieb des Gläubigers überlassen oder ein Dritter überlässt einer Personengesellschaft oder einer Kapitalgesellschaft Kapital und der Dritte kann auf den Gläubiger bzw eine diesem nahestehende Person zurückgreifen. Bei Personengesellschaften ist zusätzlich Voraussetzung, dass der Gläubiger Mitunternehmer der Personengesellschaft ist. Bei Kapitalgesellschaften wird die Back-to-Back-Finanzierung nur erfasst, wenn der Gläubiger oder eine diesem nahestehende Person an der Kapitalgesellschaft zu mindestens 10% beteiligt ist.).

Bei **Lebensversicherungen**, die nach dem 31.12.2004 abgeschlossen wurden, wird die Differenz zwischen der ausbezahlten Versicherungsleistung und der Summe der entrichteten Beträge unter bestimmten Voraussetzungen (Kapitallebensversicherungen und Rentenversicherungen mit Kapitalwahlrecht, soweit keine Rentenzahlungen gewählt werden, Laufzeit des Vertrags mindestens zwölf Jahre und Auszahlung erfolgt erst nach Vollendung des 62. Lebensjahres) nur zur Hälfte besteuert (§ 20 Abs. 1 Nr 6 S. 2 iVm § 52 Abs. 28 S. 7 EStG). Um eine doppelte Begünstigung zu vermeiden, werden diese Erträge nach dem Normaltarif besteuert. Die Anwendung des Sondersteuersatzes für Einkünfte aus Kapitalvermögen scheidet in diesem Fall aus (§ 32d Abs. 2 Nr 2 EStG). Bei diesen Erträgen erfolgt also eine Entlastung durch Reduzierung der Bemessungsgrundlage (nur hälftige Besteuerung der Erträge) und nicht durch Reduzierung des Steuersatzes (Abgeltungsteuer kommt nicht zur Anwendung).

Da sich der Anwendungsbereich der Abgeltungsteuer nur auf die Einkünfte aus Kapi- **132**
talvermögen erstreckt, ist eine **Abgrenzung gegenüber den anderen Einkunftsarten** vorzunehmen. Diese Abgrenzung ist deshalb notwendig, weil Einkünfte aus Ka-

51 Zum Anwendungsbereich siehe BFH vom 29.4.2014, BStBl. 2014 II, S. 986; BFH vom 29.4.2014, BStBl. 2014 II, S. 990; BFH vom 29.4.2014, BStBl. 2014 II, S. 992.
52 Vgl BFH vom 29.4.2014, BStBl. 2014 II, S. 884.
53 Zum Anwendungsbereich siehe BFH vom 29.4.2014, BStBl. 2014 II, S. 995.

pitalvermögen der 25%igen Abgeltungsteuer unterliegen, während die anderen Einkünfte grundsätzlich nach dem Normaltarif besteuert werden.

(a) Die Zuordnung zu den Einkünften aus Kapitalvermögen geht der Einordnung als privates Veräußerungsgeschäft vor (§ 23 Abs. 2 EStG). Dies bedeutet, dass ein privates Veräußerungsgeschäft nur bei Immobilien sowie bei Wirtschaftsgütern, die weder Immobilien noch private Kapitalanlagen sind, vorliegen kann.

(b) Die Zuordnung zu einer der Gewinneinkunftsarten und zu den Einkünften aus Vermietung und Verpachtung geht der Zuordnung zu den Einkünften aus Kapitalvermögen vor (§ 20 Abs. 8 EStG). Wird zusätzlich berücksichtigt, dass bei Dividenden, die außerhalb des Anwendungsbereichs der Abgeltungsteuer bezogen wurden, das Teileinkünfteverfahren (40%ige Steuerbefreiung nach § 3 Nr 40 EStG) gilt, ergeben sich bei einer Zuordnung zu den Einkünften aus Land- und Forstwirtschaft, aus Gewerbebetrieb, aus selbständiger Arbeit oder aus Vermietung und Verpachtung im Vergleich zu einer Zuordnung zu den Einkünften aus Kapitalvermögen folgende Rechtsfolgen:

- Zinsen sowie Gewinne aus der Veräußerung von Kapitalanlagen (soweit keine Anteile an einer Kapitalgesellschaft)
  zu 100% Besteuerung nach dem Normaltarif der Einkommensteuer anstatt 25%ige Abgeltungsteuer auf 100% der Einkünfte
  bei Einkünften aus Gewerbebetrieb: zusätzlich Gewerbesteuer
- Dividenden sowie Gewinne aus der Veräußerung von Anteilen an einer Kapitalgesellschaft
  zu 60% Besteuerung nach dem Normaltarif der Einkommensteuer anstatt 25%ige Abgeltungsteuer auf 100% der Einkünfte
  bei Einkünften aus Gewerbebetrieb: zusätzlich auf 60% der Einkünfte Gewerbesteuer, soweit keine Kürzung nach § 9 Nr 2a, 7, 8 GewStG erfolgt
- Gewinne aus der Veräußerung von Anteilen an einer Kapitalgesellschaft iSd § 17 EStG (Beteiligungsquote mindestens 1%)
  zu 60% Besteuerung nach dem Normaltarif der Einkommensteuer anstatt 25%ige Abgeltungsteuer auf 100% der Einkünfte.

Für Einkünfte aus Kapitalvermögen, die vom Anwendungsbereich der Abgeltungsteuer erfasst werden, wird ein **Sparer-Pauschbetrag** von 801 € (Ledige) bzw 1 602 € (zusammenveranlagte Ehegatten) gewährt (§ 20 Abs. 9 EStG).

133 *(2) Bruttobesteuerung und Einschränkung der Verlustverrechnung als Nachteil der Abgeltungsteuer:* Innerhalb des Anwendungsbereichs der Abgeltungsteuer wird eine **Bruttobesteuerung** vorgenommen. Der Abzug des Sparer-Pauschbetrags ersetzt den Abzug der tatsächlich angefallenen Werbungskosten (§ 20 Abs. 9 EStG). Deshalb dürfen bei Kapitalerträgen, die der Abgeltungsteuer unterliegen, die damit zusammenhängenden **Werbungskosten nicht abgezogen** werden. Das Abzugsverbot gilt beispielsweise für Depotgebühren, Beratungsgebühren und Fremdkapitalzinsen.[54] Durch dieses Abzugsverbot wird das **Nettoprinzip**, das eines der grundlegenden

54 Kosten, die in unmittelbarem wirtschaftlichen Zusammenhang mit der Veräußerung einer Kapitalanlage entstehen, mindern ausnahmsweise die Einkünfte aus Kapitalvermögen (§ 20 Abs. 4 S. 1 EStG).

Prinzipien der Einkommensbesteuerung ist, **nicht beachtet**. In § 2 Abs. 2 S. 2 EStG wird explizit darauf hingewiesen, dass es sich bei diesem Abzugsverbot um eine Ausnahme von dem prinzipiell für die Ermittlung der Einkünfte geltenden (sachlichen) Nettoprinzip handelt.

Der Gesetzgeber begründet die Bruttobesteuerung wie folgt:

- Bei Steuerpflichtigen mit geringen Einkünften aus Kapitalvermögen liegt deshalb kein Verstoß gegen das Nettoprinzip vor, weil bei dieser Gruppe von Steuerpflichtigen die tatsächlich angefallenen Werbungskosten im Regelfall niedriger sind als der Sparer-Pauschbetrag.
- Bei Steuerpflichtigen mit hohen Einkünften aus Kapitalvermögen führt die Besteuerung mit der 25%igen Abgeltungsteuer anstatt einer Besteuerung mit dem persönlichen Einkommensteuersatz von bis zu 45% zu einer derart hohen Entlastung, dass sich damit der in Zusammenhang mit dem Verbot, Werbungskosten abzuziehen, entstehende Verstoß gegen das Nettoprinzip rechtfertigen lässt.

Die gesonderte Behandlung von Einkünften führt auch zu **Einschränkungen beim** 134
Verlustausgleich (§ 20 Abs. 6 EStG):

- Eine Verrechnung von **positiven Einkünften aus Kapitalvermögen** mit negativen Einkünften aus einer anderen Einkunftsart ist nicht möglich.
- **Negative Einkünfte aus Kapitalvermögen** (zB Veräußerungsverluste, gezahlte Stückzinsen) dürfen nur innerhalb der Einkünfte aus Kapitalvermögen verrechnet werden, aber nicht mit positiven Einkünften einer anderen Einkunftsart. Bei negativen Einkünften aus Kapitalvermögen ist darüber hinaus nur ein Verlustvortrag zulässig. Ein Verlustrücktrag scheidet demgegenüber aus.
  Bei Verlusten aus der Veräußerung von Aktien ist der Verlustverrechnungskreis noch enger. Diese Verluste können nur mit Gewinnen aus der Veräußerung von Aktien verrechnet werden.
  Verluste aus Termingeschäften können nur mit Gewinnen aus Termingeschäften verrechnet werden. Betragsmäßig besteht eine Beschränkung auf jährlich 10 000 €.
  Bei Verlusten aus der Uneinbringlichkeit von Kapitalforderungen und aus der Übertragung von wertlosen Kapitalanlagen ist die Verrechnung mit Einkünften aus Kapitalvermögen auf 10 000 €/Jahr beschränkt.

Für beim Erwerb von Kapitalanlagen gezahlte Stückzinsen erfolgt eine Verrechnung bis zur Höhe der positiven Kapitalerträge. Ist die Verrechnung der Stückzinsen nicht vollständig möglich, kommt es zu einem Vortrag in das nächste Kalenderjahr (§ 43a Abs. 3 EStG).

(3) Bei unternehmerischer Beteiligung für Dividenden Wahlrecht zur Anwendung des 135
Teileinkünfteverfahrens: Gesellschafter, die **an der Kapitalgesellschaft unternehmerisch beteiligt** sind, haben die **Option**, die **Dividenden nach dem Teileinkünfteverfahren zu besteuern** (§ 32d Abs. 2 Nr 3 EStG). Von einer unternehmerischen Beteiligung wird ausgegangen, wenn der Anteilseigner entweder eine Beteiligung von mindestens 25% an der Kapitalgesellschaft hält *oder* wenn er an der Kapitalgesellschaft zu mindestens 1% beteiligt ist und er gleichzeitig durch eine berufliche Tätigkeit bei dieser Kapitalgesellschaft einen maßgeblichen unternehmerischen Einfluss

auf deren wirtschaftliche Tätigkeit nehmen kann (zB als Gesellschafter-Geschäftsführer). Die Ausübung dieses Wahlrechts hat **zwei Effekte**:[55]

- Die Dividenden werden nach dem Teileinkünfteverfahren besteuert. Dies bedeutet, dass sie zu 60% dem Normaltarif unterliegen (40%ige Steuerbefreiung nach § 3 Nr 40 EStG).
- Die im Zusammenhang mit der Beteiligung an der Kapitalgesellschaft auf Ebene des Gesellschafters anfallenden **Aufwendungen** sind **zu 60% als Werbungskosten abziehbar** (40%iges Abzugsverbot nach § 3c Abs. 2 EStG).

Das Wahlrecht gilt nur für Dividenden. Gewinne aus der Veräußerung der Beteiligung an der Kapitalgesellschaft unterliegen als Einkünfte aus Gewerbebetrieb generell dem Teileinkünfteverfahren, da bei unternehmerisch beteiligten Gesellschaftern die in § 17 EStG vorgesehene Mindestbeteiligung von 1% überschritten ist.

Entstehen bei **einem unternehmerisch beteiligten Gesellschafter keine Aufwendungen**, ist die Ausübung des Wahlrechts zur Besteuerung nach dem Teileinkünfteverfahren bis zu einem persönlichen Einkommensteuersatz von 41,67% zu empfehlen. Liegt der Einkommensteuersatz des Gesellschafters über 41,67%, führt die Besteuerung der Dividenden mit der Abgeltungsteuer zu einer geringeren Belastung als die Besteuerung nach dem Teileinkünfteverfahren:

Teileinkünfteverfahren	$<$	**Abgeltungsteuer**
60% der Dividenden × s_{ESt}	$<$	100% der Dividenden × s_{AbgSt}
60% × s_{ESt}	$<$	25,00%
s_{ESt}	$<$	**41,67%**

Fallen **auf Ebene des Anteilseigners Ausgaben** an, die im Zusammenhang mit der Beteiligung an der Kapitalgesellschaft stehen, erweitert sich der Bereich, in dem die Beantragung zur Besteuerung der Dividenden nach dem Teileinkünfteverfahren zu empfehlen ist. Bei einer Besteuerung der Dividenden nach dem Teileinkünfteverfahren können die Ausgaben zu 60% als Werbungskosten abgezogen werden, während im Anwendungsbereich der Abgeltungsteuer ein Abzug von Werbungskosten generell ausscheidet. Der anteilige Werbungskostenabzug ist der **Hauptvorteil** der Option zur Besteuerung von Dividenden nach dem Teileinkünfteverfahren.

Bei Einbezug von Werbungskosten empfiehlt sich die Option zum Teileinkünfteverfahren, wenn folgende Ungleichung erfüllt ist:

Teileinkünfteverfahren	$<$	**Abgeltungsteuer**
60% × (Dividenden – Werbungskosten) × s_{ESt}	$<$	Dividenden × s_{AbgSt}
Dividenden – Werbungskosten	$<$	(Dividenden × s_{AbgSt}) / (60% × s_{ESt})

55 Wird der Antrag gestellt, gilt er (sofern er nicht widerrufen wird) für fünf Jahre, ohne dass die Antragsvoraussetzungen in jedem Jahr nachzuweisen sind. Wird der Antrag widerrufen, unterliegen die Dividenden für die Zukunft der Abgeltungsteuer. Eine (erneute) Rückkehr zum Teileinkünfteverfahren ist nicht möglich.

Teileinkünfteverfahren	<	**Abgeltungsteuer**
Werbungskosten	>	[Dividenden × (60% × s_{ESt} – s_{AbgSt})] / [60% × s_{ESt}]
Werbungskosten	>	Dividenden × [1 – 25% / (60% × s_{ESt})]

Bei einem persönlichen Einkommensteuersatz von unter 41,67% ist diese Bedingung immer erfüllt. Zum einen werden die Dividenden beim Teileinkünfteverfahren geringer belastet. Zum anderen können beim Teileinkünfteverfahren die Werbungskosten zu 60% abgezogen werden, während im Anwendungsbereich der Abgeltungsteuer ein Werbungskostenabzug vollständig ausscheidet. Bei einem Einkommensteuersatz von über 41,67% ist der Nachteil des Teileinkünfteverfahrens aus der geringfügig höheren Besteuerung der Dividenden mit dem Vorteil aus dem teilweisen Werbungskostenabzug abzuwägen. Bei einem persönlichen Einkommensteuersatz von 45% ist das Teileinkünfteverfahren vorteilhaft, wenn die Werbungskosten mindestens 7,41% der Dividenden betragen. Bei einem persönlichen Einkommensteuersatz von 42% reichen bereits Werbungskosten von 0,794% der Dividenden aus, damit das Teileinkünfteverfahren vorzuziehen ist.

In der nachfolgenden Übersicht sind die wichtigsten Faktoren für die Entscheidung eines unternehmerisch beteiligten Gesellschafters für die Ausübung des Wahlrechts nach § 32d Abs. 2 Nr 3 EStG zusammengestellt:

steuerlicher Einflussfaktor	**Abgeltungsteuer (wenn kein Antrag gestellt)**	**Teileinkünfteverfahren (wenn Antrag gestellt)**
Umfang der Erfassung der Einnahmen (Dividenden)	zu 100%	zu 60%
Umfang des Abzugs der Werbungskosten (Aufwendungen im Zusammenhang mit der Beteiligung an der Kapitalgesellschaft)	kein Abzug möglich	zu 60%
Sparer-Pauschbetrag	ja	nein
Einbezug in den Verlustausgleich mit anderen Einkunftsarten	nein	ja
Steuersatz	Grundsatz: einheitlich 25% Ausnahme: Günstigerprüfung nach § 32d Abs. 6 EStG (niedrigerer persönlicher Steuersatz)	persönlicher Steuersatz: zwischen 0 und 45%
Einbezug in die Veranlagung	nein (Grundsatz)	ja

Abb. 2.5: Erfassung von Dividenden nach dem Konzept der Abgeltungsteuer und nach dem Teileinkünfteverfahren im Vergleich

136 *(4) Günstigerprüfung für Steuerpflichtige mit einem niedrigen persönlichen Einkommensteuersatz:* Der Steuerpflichtige hat das Wahlrecht, die Einkünfte aus Kapitalvermögen in die Veranlagung einzubeziehen (§ 32d Abs. 6 EStG). Bei der **Günstigerprüfung** handelt es sich allerdings **nicht** um eine „echte" **Veranlagungsoption**, da auch im Rahmen der Günstigerprüfung ein Abzug von Werbungskosten und eine Verrechnung von Veräußerungsverlusten mit positiven Einkünften aus einer anderen Einkunftsart ausscheiden. Diese Einschränkungen ergeben sich aus § 20 Abs. 6, 9 EStG, dh aus der Abgrenzung der Bemessungsgrundlage. Bei § 32d EStG handelt es sich um eine Vorschrift, die die Höhe des Steuersatzes regelt. Der Umfang der Einkünfte aus Kapitalvermögen wird durch § 32d EStG nicht beeinflusst. Das Wahlrecht zum Einbezug in die Veranlagung ist deshalb grundsätzlich nur dann vorteilhaft, wenn der persönliche Einkommensteuersatz unter dem Abgeltungsteuersatz von 25% liegt. Diese Aussage gilt unabhängig davon, wie hoch die angefallenen Werbungskosten oder Veräußerungsverluste sind.

Ein weiterer Vorteil der Günstigerprüfung ergibt sich, wenn bei einer anderen Einkunftsart Verluste entstehen. Im Rahmen der Günstigerprüfung können die Verluste aus anderen Einkunftsarten ausnahmsweise mit positiven Einkünften aus Kapitalvermögen verrechnet werden.[56]

Stellt der Steuerpflichtige den Antrag auf die Günstigerprüfung, erfolgt der Einbezug in die Veranlagung von Amts wegen nur dann, wenn dies für den Steuerpflichtigen günstiger ist. Ist die Besteuerung nach den Regeln der Abgeltungsteuer für den Steuerpflichtigen vorteilhaft, gilt der Antrag auf Einbezug der Kapitalerträge in die Veranlagung als nicht gestellt.

Der Antrag auf Einbezug in die Veranlagung kann jährlich gestellt werden. Er muss für alle Einkünfte aus Kapitalvermögen eines Jahres einheitlich gestellt werden. Bei einer Zusammenveranlagung ist nur eine einheitliche Ausübung des Einbezugswahlrechts für alle Einkünfte aus Kapitalvermögen der beiden Ehegatten möglich.

137 *(5) Besondere Veranlagung:* Wenn im Rahmen des Abzugs der Kapitalertragsteuer nicht alle für den Steuerpflichtigen günstigen Umstände berücksichtigt wurden, kann eine besondere Veranlagung beantragt werden (besondere Veranlagungsoption zum pauschalen Steuersatz, § 32d Abs. 4 EStG). Beispiele für die besondere Veranlagung sind ein nicht vollständig ausgeschöpfter Sparer-Pauschbetrag oder die fehlende Berücksichtigung von im Ausland erhobenen Quellensteuern.

138 *(6) Auswirkungen auf die Zuschlagsteuern:* Die abgeltende Wirkung der Kapitalertragsteuer auf Einkünfte aus Kapitalvermögen (Abgeltungsteuer) wirkt sich auch auf den **Solidaritätszuschlag** aus (§ 3 Abs. 1 Nr 5 SolZG iVm § 32d Abs. 1 EStG). Die Belastung aus der Abgeltungsteuer erhöht sich damit auf 26,38% (= 25,00% + 0,055 × 25,00%).

Bei Steuerpflichtigen, die kirchensteuerpflichtig sind, unterliegen die Einkünfte aus Kapitalvermögen zusätzlich der **Kirchensteuer** (§ 51a Abs. 2b EStG). Die Abziehbarkeit der Kirchensteuer als Sonderausgabe wird in pauschalierender Form berück-

56 Zu einer rechnerischen Analyse siehe Hechtner/Hundsdoerfer, StuW 2009, S. 23.

sichtigt (§ 51a Abs. 2b iVm § 43, § 43a EStG). Der Abgeltungsteuersatz (dh die Einkommensteuer) reduziert sich nach folgender Formel (§ 32d Abs. 1 EStG):

Einkommensteuer = Einkünfte aus Kapitalvermögen / (4 + Kirchensteuersatz in %).

Fasst man die 25%ige Einkommensteuer, den 5,5%igen Solidaritätszuschlag sowie ggf zusätzlich die Kirchensteuer von 8% (Baden-Württemberg, Bayern) bzw 9% (die anderen Bundesländer) zusammen, ergibt sich für Einkünfte aus Kapitalvermögen, die in den Anwendungsbereich der Abgeltungsteuer fallen, folgende Gesamtbelastung:

- ohne Kirchensteuer 26,38% (= 25,00% + 0,055 × 25,00%)
- Kirchensteuersatz 8% 27,82% (= 24,51% + 0,055 × 24,51% + 0,08 × 24,51%)
- Kirchensteuersatz 9% 28,00% (= 24,45% + 0,055 × 24,45% + 0,09 × 24,45%).

(7) Erträge aus Investmentfonds: Die Besteuerung von Erträgen aus Investmentfonds ist im Investmentsteuergesetz (InvStG) geregelt. Das InvStG geht als spezielles Gesetz den allgemeinen Regeln des EStG vor. Am 1.1.2018 kam es zu einem Konzeptionswechsel. Das bis dahin geltende Transparenzprinzip wurde durch eine Besteuerung auf der Grundlage des **Trennungsprinzips** ersetzt. Durch den Übergang auf das Trennungsprinzip wird die Besteuerung der Erträge aus Investmentfonds an die Systematik angelehnt, die bei der Beteiligung an einer Kapitalgesellschaft gilt. Diese Grundidee wird durch mehrere Abweichungen ergänzt, um die Besonderheiten von Investmentfonds zu berücksichtigen.[57] 139

Der Investmentfonds ist körperschaftsteuerpflichtig. In Ausnahmefällen unterliegt er auch der Gewerbesteuer (§ 6, § 15 InvStG). Die Erträge aus dem Investmentfonds sind beim Anleger als Einkünfte aus Kapitalvermögen einkommensteuerpflichtig (§ 20 Abs. 1 Nr 3 EStG iVm § 16 InvStG). Der Besteuerung unterliegen die Ausschüttungen des Investmentfonds. Bei Investmentfonds, die ihre Erträge thesaurieren, wird anstelle der Ausschüttungen eine Vorabpauschale besteuert. Durch diese Vorabpauschale soll mindestens die risikolose Marktverzinsung der Besteuerung unterliegen. Gewinne aus dem Verkauf von Anteilen an Investmentfonds sind gleichfalls steuerpflichtig.

Um eine Doppelbelastung in pauschalierender Form zu vermeiden, erfolgt auf Ebene des Kapitalanlegers eine Teilfreistellung (§ 20 InvStG). Die Höhe der steuerfrei bleibenden Erträge bestimmt sich danach, in welche Vermögenswerte der Investmentfonds investiert und wem die Fondsanteile gehören. Im Folgenden wird davon ausgegangen, dass die Anteile einer natürlichen Person gehören und dass die Fondsanteile dem Privatvermögen zugeordnet werden. Bei Aktienfonds (Aktienanteil über 50%) sind 30% der Erträge steuerfrei. Bei Mischfonds (Aktienanteil zwischen 25 und 50%) beträgt die Teilfreistellung 15% der Erträge. Bei Immobilienfonds (Anteil der Immobilien mehr als 50%) unterliegen beim Anleger 60% der Erträge nicht der Einkommensteuer. Beträgt der Anteil der im Ausland belegenen Immobilien mehr als die

57 Zu Einzelheiten sowie zur Besteuerung von Erträgen aus Investmentfonds, die sich im Betriebsvermögen einer natürlichen Person befinden oder die Kapitalgesellschaften gehören, siehe zB BMF-Schreiben vom 21.5.2019, BStBl. 2019 I, S. 527 sowie Anemüller, ErbStB 2019, S. 87; Bödecker, Ubg 2019, S. 545; Kühn, WiSt 2019, S. 4; Schwarz/Kohl, DB 2018, S. 1947.

Hälfte des Gesamtvermögens des Investmentfonds, erhöht sich der steuerfreie Teil auf 80%. Bei den weiteren Investmentfonds (zB Anlage in festverzinsliche Wertpapiere) wird keine Teilfreistellung gewährt. Für den steuerpflichtigen Teil der Erträge aus einem Investmentfonds wird entsprechend dem für Einkünfte aus Kapitalvermögen verfolgten Konzept die Einkommensteuer durch den Sondersteuersatz von 25% erhoben (Abgeltungsteuer, § 32d EStG).

140 (8) *Kontenabruf durch die Finanzverwaltung:* Die Finanzbehörde kann bei Kreditinstituten über das Bundeszentralamt für Steuern einzelne Daten des Steuerpflichtigen abrufen, wenn dies zur Steuerfestsetzung oder -erhebung erforderlich ist und ein Auskunftsersuchen an den Steuerpflichtigen nicht zum Ziel führt oder keinen Erfolg verspricht (§ 93 Abs. 7 AO).[58] Die Kreditinstitute sind verpflichtet, Kontostammdaten zum Abruf durch das Bundeszentralamt für Steuern bereit zu halten. Diese Verpflichtung bezieht sich jedoch nicht auf Kontostände oder Kontobewegungen. Die Finanzbehörden können nur nachprüfen, ob ein Steuerpflichtiger bei einem bestimmten Kreditinstitut ein Konto oder Depot unterhält. Die Daten können vom Bundeszentralamt für Steuern im automatisierten Verfahren abgerufen werden (§ 93b AO). Andere Behörden können sich an das Finanzamt wenden, um entsprechende Informationen über Kontostammdaten zu erhalten, soweit ein anderes Gesetz an Begriffe des Einkommensteuergesetzes (zB Einkünfte, zu versteuerndes Einkommen) anknüpft (§ 93 Abs. 8 AO). Der automatisierte Abruf von Konteninformationen ist auf die Fälle beschränkt, in denen der Steuerpflichtige die Günstigerprüfung beantragt oder in denen der einkommensteuerliche Einkommensbegriff auch für andere Rechtsgebiete (zB Arbeitslosengeld II, Ausbildungsförderung, Wohngeld) von Bedeutung ist.

7. Einkünfte aus Vermietung und Verpachtung

a) Kennzeichen und Umfang der Einkünfte aus Vermietung und Verpachtung

141 Die pragmatische Abgrenzung des Einkommensbegriffs zeigt sich auch bei den Einkünften aus Vermietung und Verpachtung. § 21 EStG enthält **keine generelle Kennzeichnung** dieser Einkunftsart, **sondern** eine **abschließende Aufzählung** von vier Formen der Nutzungsüberlassung, die als Einkünfte aus Vermietung und Verpachtung gelten. Gemeinsames Merkmal dieser Einkunftsart bildet die **entgeltliche Überlassung von nicht in Geld bestehenden Vermögenswerten** (Realvermögen, insbesondere Sachen und Rechte iSd BGB) **zur Nutzung** an andere Personen im Wege der Vermietung, Verpachtung oder einer ähnlichen Vereinbarung.

Bei den Unterformen der Einkünfte aus Vermietung und Verpachtung handelt es sich im Einzelnen um (§ 21 Abs. 1 EStG):

- Vermietung und Verpachtung von **unbeweglichem Vermögen**, insbesondere Grundstücken, Gebäuden, Schiffen, Erbbaurechten.
- Vermietung und Verpachtung von **Sachinbegriffen**. Unter einem Sachinbegriff versteht man eine Zusammenfassung von beweglichen Wirtschaftsgütern, die einem einheitlichen Zweck dienen und so aufeinander abgestimmt sind, dass sie eine wirtschaftliche Einheit bilden, wie beispielsweise ein (Teil-)Betrieb, ein Fuhrpark, ein Rechenzentrum oder eine Wohnungseinrichtung.

58 Siehe hierzu zB von Wedelstädt, DB 2007, S. 1828.

Nicht zu den Einkünften aus Vermietung und Verpachtung gehört die Überlassung von einzelnen Wirtschaftsgütern des Privatvermögens; sie wird den sonstigen Einkünften iSd § 22 Nr 3 EStG zugerechnet.
- zeitlich begrenzte **Überlassung von Rechten**. Diese Gruppe umfasst insbesondere Einnahmen aus der Überlassung von Urheberrechten, von geschützten oder nicht geschützten Erfindungen und von gewerblichen Erfahrungen, wie Lizenzgebühren.
- **Veräußerung von Miet- und Pachtzinsforderungen**. Derartige Veräußerungserlöse stehen dem Nutzungsentgelt gleich.

Die Einkünfte aus Vermietung und Verpachtung gehören zu den **Überschusseinkunftsarten** (§ 2 Abs. 2 EStG). Steuerlich relevant sind **Vergütungen aus der Nutzungsüberlassung**. Wertänderungen am überlassenen Vermögen, wie Wertsteigerungen von Grund und Boden oder Gebäuden, sind bei den Einkünften aus Vermietung und Verpachtung grundsätzlich nicht steuerbar. Bei den Einkünften aus Vermietung und Verpachtung lehnt sich der Einkunftsbegriff also an die Quellentheorie an. **Ausnahmen** gelten allerdings für **private Veräußerungsgeschäfte**, dh wenn zwischen Anschaffung und Veräußerung von Grundstücken und grundstücksgleichen Rechten nicht mehr als zehn Jahre liegen. Bei anderen Wirtschaftsgütern verkürzt sich dieser Zeitraum grundsätzlich auf ein Jahr. Gewinne aus privaten Veräußerungsgeschäften werden als sonstige Einkünfte iSd § 22 Nr 2 iVm § 23 EStG besteuert. Damit kommt es zu einem Auseinanderfallen der einkommensteuerlichen Zurechnung: Laufende Einkünfte führen zu Einkünften aus Vermietung und Verpachtung, während Veräußerungsgewinne zu den sonstigen Einkünften gehören. Da die Einkommensteuer das Ziel verfolgt, die am Markt erwirtschafteten Vermögensmehrungen zu erfassen, ist die Besteuerung von Veräußerungsgewinnen in gleicher Weise gerechtfertigt wie die Besteuerung der regelmäßig zufließenden Einnahmen. Zu begründen ist nicht die Besteuerung von Veräußerungsgewinnen, sondern deren Nichtbesteuerung.[59] 142

Die grundsätzliche Nichtbesteuerung der Veräußerungsgewinne ist die Hauptursache dafür, dass die Einkünfte aus Vermietung und Verpachtung sehr niedrig ausfallen. Im Jahre 2014 wurden durchschnittlich 5 007 € ausgewiesen. Bis zum Jahr 2002 waren die Einkünfte aus Vermietung und Verpachtung im Durchschnitt sogar negativ.[60]

b) Abgrenzung gegenüber den Einkünften aus Gewerbebetrieb und zur Liebhaberei

(1) Die Vermietung und Verpachtung von Grundbesitz führt als eine Form der Vermögensverwaltung **auch** dann zu **Einkünften aus Vermietung und Verpachtung**, **wenn** der **Grundbesitz sehr umfangreich** ist, wenn die Vermietung an zahlreiche Mieter mit erheblichen Verwaltungsarbeiten verbunden ist oder wenn die überlassenen Räume beim Mieter gewerblichen Zwecken dienen. 143

59 Zum Einfluss der Nichtbesteuerung von Veräußerungsgewinnen bei den Einkünften aus Vermietung und Verpachtung auf die Rendite von Immobilieninvestitionen siehe Scheffler/Blank, DStR 2018, S. 1381.

60 Vgl BMF, Datensammlung zur Steuerpolitik, Ausgabe 2018, Berlin 2019, S. 44; BMF, Datensammlung zur Steuerpolitik, Ausgabe 2010, Berlin 2010, S. 21.

Ein **Gewerbebetrieb** liegt **erst** vor, **wenn besondere Umstände hinzutreten**. Das Nutzungsentgelt stellt beispielsweise dann Einkünfte aus Gewerbebetrieb dar,

- wenn ein ständiger und schneller Wechsel der Mieter eine Tätigkeit erfordert, die über das bei langfristigen Vermietungen übliche Maß hinausgeht, wie Vermietung von Ausstellungsflächen, Messeständen, Tennisplätzen, kurzfristige Vermietung von Sälen, Beherbergung in Hotels und Gaststätten, oder
- wenn der Vermieter zusätzliche Verpflichtungen übernimmt, wie Ersatz von unbrauchbar gewordenen Wirtschaftsgütern oder beim Betrieb eines Campingplatzes das Erbringen von wesentlichen Zusatzleistungen, die über die Bereitstellung des einzelnen Platzes hinausgehen (R 15.7 Abs. 2, 3 EStR).

Ein **Gewerbebetrieb** wird auch dann angenommen, **wenn** die Tätigkeit als (gewerblicher) **Grundstückshandel** zu qualifizieren ist. Ein gewerblicher Grundstückshandel wird vermutet, wenn Grundstücke mit Wiederveräußerungsabsicht erworben werden, dh wenn nicht die Nutzung im Vordergrund steht, sondern das Streben nach Veräußerungsgewinnen. Von einer Vermögensverwaltung wird typisierend ausgegangen, wenn der Steuerpflichtige innerhalb von fünf Jahren nicht mehr als drei Grundstücke veräußert (**Drei-Objekt-Grenze**).[61] Veräußert der Steuerpflichtige mehr als drei Objekte (unbebaute Grundstücke, Gebäude, Eigentumswohnungen), sind die Veräußerungsgewinne steuerpflichtig, da die Tätigkeit den Einkünften aus Gewerbebetrieb zugerechnet wird und diese Einkunftsart als Gewinneinkunftsart der Reinvermögensänderungstheorie folgt. Da der Drei-Objekt-Grenze lediglich indizielle Bedeutung zukommt, können besondere Umstände auch bei einer Veräußerung von weniger als vier Objekten eine gewerbliche Betätigung begründen.[62] Die Abgrenzung zwischen Vermögensverwaltung und gewerblichem Grundstückshandel hat allerdings durch die Ausdehnung der Frist, innerhalb derer die Veräußerung von Grundstücken des Privatvermögens nach § 23 EStG grundsätzlich steuerpflichtig ist, auf zehn Jahre sowie die pauschalierte Kompensation der Gewerbesteuer durch die Steuerermäßigung nach § 35 EStG an Bedeutung verloren.

Die **Verpachtung eines Gewerbebetriebs als Ganzes** führt als Überlassung einer Sachgesamtheit grundsätzlich zu Einkünften aus Vermietung und Verpachtung (§ 21 Abs. 1 Nr 2 EStG). Ausnahmen ergeben sich,

- wenn der Verpächter den Gewerbebetrieb bislang selbst geführt hat (Wahlrecht, § 16 Abs. 3b EStG),[63] und
- im Zusammenhang mit einer Betriebsaufspaltung (Annahme des Vorliegens eines Gewerbebetriebs kraft gewerblicher Betätigung, R 15.7 Abs. 4–8 EStR).[64]

61 Grundstücke, die mehr als zehn Jahre vermietet wurden, sowie Grundstücke, die der Steuerpflichtige mehr als fünf Jahre für eigene Wohnzwecke genutzt hat, werden bei der Berechnung der Drei-Objekt-Grenze nicht mitgezählt.

62 Zu Einzelheiten siehe BMF-Schreiben vom 26.3.2004, BStBl. 2004 I, S. 434. Zu einer Übersicht über die Rechtsprechung siehe Carlé, DStZ 2009, S. 278; Hartrott, BB 2010, S. 2271.

63 Siehe hierzu zB Jacobs/Scheffler/Spengel, Unternehmensbesteuerung und Rechtsform, 5. Aufl., München 2015, S. 410–413.

64 Siehe hierzu zB Jacobs/Scheffler/Spengel, Unternehmensbesteuerung und Rechtsform, 5. Aufl., München 2015, S. 306–312.

(2) Bei den Einkünften aus Vermietung und Verpachtung ist grundsätzlich vom Vorliegen der **Einkunftserzielungsabsicht** auszugehen.[65] Diese Typisierung gilt allerdings dann nicht, wenn besondere Umstände oder Beweisanzeichen gegen das Vorliegen einer Einkunftserzielungsabsicht sprechen oder wenn besondere Arten der Nutzung für sich allein Beweisanzeichen für eine private, nicht mit der Erzielung von Einkünften zusammenhängende Veranlassung sind. Gegen eine Einkunftserzielungsabsicht sprechen beispielsweise eine nicht auf Dauer angelegte Vermietungstätigkeit oder die Vermietung von Ferienwohnungen, wenn die Vermietung nur dazu dient, die Kosten der privaten Freizeitgestaltung zu mindern. 144

Bei einer **langfristigen Vermietung an Angehörige** ist danach zu differenzieren, in welchem Verhältnis die vereinbarte Miete zur ortsüblichen Marktmiete (Kaltmiete zuzüglich der nach der Zweiten Berechnungsverordnung umlagefähigen Kosten) steht:

- Beträgt die **vereinbarte Miete weniger als 66% der ortsüblichen Marktmiete**, ist die Vermietungstätigkeit in einen entgeltlichen und einen unentgeltlichen Teil aufzuteilen (§ 21 Abs. 2 S. 1 EStG). Diese gesetzliche Typisierung führt zu einem anteiligen Werbungskostenabzug. Die auf den entgeltlichen Teil entfallenden Werbungskosten sind abziehbar. Die auf den unentgeltlichen Teil entfallenden Aufwendungen sind nichtabziehbar. Beträgt beispielsweise die vereinbarte Miete 30% der ortsüblichen Marktmiete, wirken sich 30% der Werbungskosten einkunftsmindernd aus.
- Beträgt die **vereinbarte Miete mindestens 66% der ortsüblichen Marktmiete**, ist von einer entgeltlichen Vermietung auszugehen (§ 21 Abs. 2 S. 2 EStG). Damit können die mit der Vermietungstätigkeit zusammenhängenden Werbungskosten in vollem Umfang abgezogen werden.

c) Besonderheiten bei den Einkünften aus Vermietung und Verpachtung

Größere Aufwendungen für die Erhaltung von Gebäuden, die im Zeitpunkt der Maßnahme nicht zu einem Betriebsvermögen gehören und deren Nutzfläche zu mehr als 50% Wohnzwecken dient, können auf zwei bis fünf Jahre verteilt werden (§ 82b EStDV). Diese **Verteilung der Erhaltungsaufwendungen** führt zwar dazu, dass die Ausgaben erst zeitverzögert als Werbungskosten abgezogen werden können (negativer Zeiteffekt). Von Vorteil ist allerdings, dass bei einer Verteilung das zu versteuernde Einkommen geringere Schwankungen aufweist. Der dadurch ausgelöste Progressionseffekt (positiver Steuersatzeffekt) kann so groß sein, dass er den negativen Zeiteffekt überkompensiert. 145

Erhaltungsaufwendungen für Gebäude in Sanierungsgebieten und städtebaulichen Entwicklungsbereichen sowie Erhaltungsaufwendungen bei Baudenkmalen, die durch Zuschüsse nicht gedeckt sind, können gleichfalls auf zwei bis fünf Jahre gleichmäßig verteilt werden (§ 11a, § 11b EStG).

65 Vgl BFH vom 19.4.2005, BStBl. 2005 II, S. 754; BFH vom 10.5.2007, BStBl. 2007 II, S. 873. Zu Einzelheiten siehe BMF-Schreiben vom 8.10.2004, BStBl. 2004 I, S. 933. Zu Ausnahmen siehe BFH vom 28.11.2007, BStBl. 2008 II, S. 515.

8. Sonstige Einkünfte iSd § 22 EStG

a) Begriff der sonstigen Einkünfte

146 Die Bezeichnung „sonstige Einkünfte“ ist ungenau. Da eine definitorische Abgrenzung des Einkommensbegriffs fehlt, werden von dieser Einkunftsart nicht sämtliche Vermögensmehrungen erfasst, die nicht unter eine der anderen sechs Einkunftsarten fallen. § 22 EStG hat nicht den Charakter einer Auffangvorschrift. Steuerpflichtig sind vielmehr **nur die Einnahmen, die in § 22 EStG explizit aufgeführt** sind. Deshalb lautet die genaue Bezeichnung „sonstige Einkünfte iSd § 22 EStG“.

Bei den sonstigen Einkünften iSd § 22 EStG handelt es sich um eine **Zusammenstellung von unterschiedlichen Tätigkeiten**. Eine gemeinsame Definition ist nicht möglich. Darüber hinaus wird zum Teil die Idee der Einkommensteuer aufgegeben, wonach das am Markt erzielte Einkommen der Besteuerung unterliegt. Besonders deutlich wird dies beim Realsplitting (Unterhaltsleistungen des geschiedenen Ehegatten, § 22 Nr 1a EStG).

b) Umfang der sonstigen Einkünfte iSd § 22 EStG

147 Nach § 22 EStG werden sechs Tatbestände dem steuerpflichtigen Bereich zugerechnet.

148 *(1) Wiederkehrende Bezüge (§ 22 Nr 1 EStG):* Wiederkehrende Bezüge sind Bezüge in Geld oder Geldeswert, die **in gewissen Zeitabständen zufließen**, zu keiner anderen Einkunftsart gehören und keine Kaufpreisraten darstellen. Sie müssen auf einer **einheitlichen Rechtsgrundlage** beruhen. Sie dürfen nicht einzeln aufgrund eines jeweils neuen Beschlusses gewährt werden, vielmehr müssen die verschiedenen Zahlungen in einem inneren Zusammenhang stehen. Beispiele für wiederkehrende Bezüge sind Studienbeihilfen und Wohnrechte.

Wiederkehrende Bezüge unterteilen sich wie folgt:

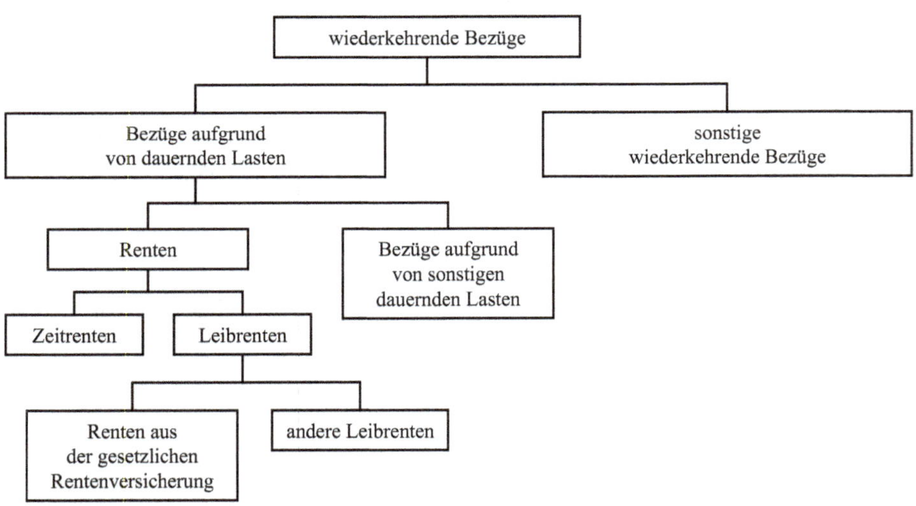

Abb. 2.6: Wiederkehrende Bezüge

Wiederkehrende Bezüge werden nach Abzug der Werbungskosten grundsätzlich in vollem Umfang erfasst. Ausnahmen gelten für Leibrenten (lebenslange Leistungen aufgrund eines Rentenstammrechts), die lediglich in Höhe des in § 22 Nr 1 S. 3 EStG im Einzelnen konkretisierten Prozentsatzes der Besteuerung unterliegen. Die wichtigsten Beispiele für Leibrenten sind Renten aus den gesetzlichen Rentenversicherungen (Arbeiter, Angestellte) oder einer Lebensversicherung auf Rentenbasis. Die Pensionen der Beamten gehören dagegen als nachträgliche Einnahmen aus einem Dienstverhältnis zu den Einkünften aus nichtselbständiger Arbeit (§ 19 Abs. 1 S. 1 Nr 2 EStG).

Bei **Renten aus der gesetzlichen Rentenversicherung**, Leistungen von berufsständischen Versorgungseinrichtungen und landwirtschaftlichen Alterskassen sowie bei Erträgen aus einer **privaten, kapitalgedeckten Lebensversicherung auf Rentenbasis** („Rürup-Versicherung") hängt der Besteuerungsanteil von dem Jahr ab, in dem zum ersten Mal Renten bezahlt werden (§ 22 Nr 1 S. 3 Buchst. a aa EStG). Renten, bei denen der Beginn der Rentenzahlungen im Jahr 2005 oder früher liegt, sind zur Hälfte steuerpflichtig. Liegt der Rentenbeginn später, erhöht sich der steuerpflichtige Teil jährlich um zwei Prozentpunkte (bis zum Jahr 2020) bzw um einen Prozentpunkt (ab dem Jahr 2021). Dies bedeutet, dass Renten, bei denen der Beginn der Zahlungen im Jahr 2040 oder später liegt, in vollem Umfang steuerpflichtig sind. Der genaue Anteil der Renten, die als sonstige Einkünfte steuerpflichtig sind, ist im Gesetz in einer Tabelle zusammengestellt. Diese Regelung steht im Zusammenhang mit dem Übergang der Besteuerung von Alterseinkünften auf die nachgelagerte Besteuerung.[66] Durch die nachgelagerte Besteuerung soll eine Gleichbehandlung der Besteuerung von Renten aus der gesetzlichen Rentenversicherung mit der Besteuerung von Pensionen der Beamten erreicht werden. Die Gleichstellung erfolgt allerdings nur stufenweise. Erst bei Renten, die im Jahr 2040 oder später beginnen, stimmt die steuerliche Behandlung der Alterseinkünfte überein. 149

Der Teil der Renten, der steuerfrei ist, wird in dem Jahr festgelegt, in dem zum ersten Mal Zahlungen bezogen werden. Bei einer späteren Erhöhung der Renten wird der steuerfreie Teil nicht angepasst. Die betragsmäßige Fixierung des steuerfreien Betrags bedeutet, dass Erhöhungen der Rentenzahlungen in vollem Umfang steuerpflichtig sind.

Zur Sicherstellung der Besteuerung von Altersrenten haben die gesetzlichen Rentenversicherungen, berufsständische Versorgungseinrichtungen, Pensionskassen, Pensionsfonds und private Versicherungsunternehmen Rentenzahlungen an eine zentrale Stelle bei der Deutschen Rentenversicherung Bund (§ 81 EStG) zu übermitteln (**Rentenbezugsmitteilung**, § 22a EStG).

Steuerpflichtige, die das 64. Lebensjahr vollendet haben, können bei Ermittlung des Gesamtbetrags der Einkünfte den **Altersentlastungsbetrag** abziehen (§ 24a EStG). Durch den Altersentlastungsbetrag soll für die Einkünfte, die weder Versorgungsbezüge noch Altersrenten sind, ein Ausgleich dafür geschaffen werden, dass die Versorgungs- und Altersbezüge nicht in vollem Umfang der Besteuerung unterliegen, da entweder ein Versorgungsfreibetrag (§ 19 Abs. 2 EStG) gewährt wird oder die Altersbezüge nur in Höhe ihres Ertragsanteils der Besteuerung unterliegen (§ 22 Nr 1 EStG). Mit dem Übergang zur nachgelagerten Besteuerung der Renten

66 Zu Einzelheiten siehe BMF-Schreiben vom 9.11.2016, BStBl. 2016 I, S. 1213.

aus der gesetzlichen Rentenversicherung werden aber der Versorgungsfreibetrag sukzessive abgebaut und der steuerpflichtige Anteil der Alterseinkünfte von Jahr zu Jahr erhöht. Damit hat die Begründung für den Altersentlastungsbetrag seine Berechtigung verloren. Konsequenterweise wird der Altersentlastungsbetrag entsprechend der Reduzierung des Versorgungsfreibetrags und der Erhöhung des steuerpflichtigen Teils der Altersrenten von Jahr zu Jahr verringert. Bei Steuerpflichtigen, die im Jahr 2005 bereits das 64. Lebensjahr vollendet hatten, beträgt der Altersentlastungsbetrag noch 40% der Einkünfte, die keine Versorgungs- oder Altersbezüge sind. Der Abzug ist betragsmäßig auf 1 900 € begrenzt. Sowohl der Prozentsatz als auch der Höchstbetrag gehen immer mehr zurück. Der Umfang der Minderung hängt von dem Kalenderjahr ab, in dem der Steuerpflichtige sein 64. Lebensjahr vollendet. Analog zum Versorgungsfreibetrag sowie zur Besteuerung der Renten aus der gesetzlichen Rentenversicherung entfällt der Altersentlastungsbetrag bei Steuerpflichtigen, die das 64. Lebensjahr im Jahr 2040 oder später vollenden, vollständig.

150 **Andere Leibrenten** werden in Höhe ihres Ertragsanteils besteuert (§ 22 Nr 1 S. 3 Buchst. a bb EStG). Der Ertragsanteil gibt in pauschalierter Form den Zinsanteil wieder. Die Differenz zwischen dem Zahlungsbetrag und dem Ertragsanteil gilt als (nicht steuerbare) Kapitalrückzahlung. Der Ertragsanteil hängt von dem Lebensalter ab, das der Bezieher der Leibrenten in dem Jahr hat, in dem die Leibrente zum ersten Mal bezahlt wird. Der Ertragsanteil ist umso niedriger, je älter der Steuerpflichtige bei Beginn der Rente ist. Ist der Steuerpflichtige bei Beginn des Rentenbezugs beispielsweise 60 Jahre alt, beträgt der steuerpflichtige Ertragsanteil 22%, bei einem Alter von 65 Jahren reduziert sich der Ertragsanteil auf 18%. Der Ertragsanteil bleibt während der Rentenbezugszeit konstant, dh er gilt solange, wie die Rente bezahlt wird.

Die Ertragsanteilsbesteuerung gilt auch für Rentenversicherungen, die vor dem 1.1.2005 abgeschlossen wurden, sowie für Rentenversicherungen, die zwar nach dem 31.12.2004 abgeschlossen wurden, bei denen jedoch die Beiträge nicht nach § 10 Abs. 1 Nr 2 Buchst. b EStG als Sonderausgaben abgezogen werden konnten.

151 *(2) Unterhaltsleistungen, die vom Leistenden als Sonderausgaben abziehbar sind (§ 22 Nr 1a EStG):* Unterhaltsleistungen des geschiedenen oder dauernd getrennt lebenden Ehegatten sind als sonstige Einkünfte zu versteuern, sofern der Zahlungsverpflichtete sie als Sonderausgaben abzieht **(Realsplitting)**. Das Realsplitting ist auf den Betrag von 13 805 € begrenzt (§ 22 Nr 1a iVm § 10 Abs. 1a Nr 1 EStG). Dieser Betrag erhöht sich um die vom Unterhaltsverpflichteten tatsächlich geleisteten Beiträge für eine Kranken- und Pflegeversicherung des Unterhaltsberechtigten, soweit diese Beiträge zur Erlangung von Versicherungsleistungen auf dem sozialhilferechtlich gewährleisteten Leistungsniveau erforderlich sind.[67]

152 *(3) Private Veräußerungsgeschäfte (§ 22 Nr 2 iVm § 23 EStG):* Bei Wirtschaftsgütern, die im Zusammenhang mit einer Überschusseinkunftsart eingesetzt werden oder die ohne Einkunftserzielungsabsicht genutzt werden, sind Wertsteigerungen und -verluste grundsätzlich steuerlich unbeachtlich. Eine Ausnahme gilt für **private Veräußerungsgeschäfte** iSd § 22 Nr 2 iVm § 23 EStG.

67 Vergleichbare Regelungen gelten für auf besonderen Verpflichtungsgründen beruhende Versorgungsleistungen, Leistungen zur Vermeidung eines Versorgungsausgleichs sowie Zahlungen für einen schuldrechtlichen Versorgungsausgleich (§ 22 Nr 1 iVm § 10 Abs. 1a Nr 2–4 EStG).

Als private Veräußerungsgeschäfte gelten (§ 23 Abs. 1 EStG):

- **Verkauf** von **Grundstücken** und grundstücksgleichen Rechten **innerhalb** von **zehn Jahren** nach ihrer Anschaffung

  Nicht steuerbar ist die Veräußerung von Immobilien, die im Zeitraum zwischen Anschaffung oder Fertigstellung und Veräußerung ausschließlich zu eigenen Wohnzwecken oder im Jahr der Veräußerung und in den beiden vorangegangenen Jahren zu eigenen Wohnzwecken genutzt wurden.

- **Verkauf** von **anderen Wirtschaftsgütern innerhalb eines Jahres** nach ihrer Anschaffung.

  Die Veräußerung von Gegenständen des täglichen Gebrauchs ist von der Veräußerungsgewinnbesteuerung ausgenommen. Damit sollen die Wirtschaftsgüter ausgeschlossen werden, die typischerweise bei privater Nutzung einem Wertverlust unterliegen, wie Fahrzeuge, Kleidungsstücke oder Möbel. Durch die Zuordnung zum nicht steuerbaren Bereich wird verhindert, dass bei Wirtschaftsgütern, die für Konsumzwecke genutzt werden, Veräußerungsverluste als negative Einkünfte verrechenbar sind.

  Gewinne, die bei der Veräußerung von Wertpapieren und anderen Kapitalanlagen erzielt werden, sind seit dem Jahr 2009 als Einkünfte aus Kapitalvermögen zu versteuern. Da Gewinne aus privaten Veräußerungsgeschäften den Einkünften aus einer anderen Einkunftsart zuzurechnen sind, soweit sie zu diesen gehören, unterliegen die Veräußerungsgewinne als Einkünfte aus Kapitalvermögen der 25%igen Abgeltungsteuer (§ 20 Abs. 2 iVm § 32d EStG). Dies gilt allerdings nur dann, wenn die Kapitalanlage nach dem 31.12.2008 erworben wurde. Wurde die Kapitalanlage vor dem 1.1.2009 erworben, ist der beim Verkauf erzielte Gewinn nicht steuerbar. Aufgrund einer langfristig wirkenden Übergangsvorschrift werden diese Veräußerungsgewinne von § 20 Abs. 2 EStG nicht erfasst (§ 52 Abs. 28 S. 11–17 EStG).[68] Bei Kapitalanlagen, die vor dem 1.1.2009 erworben wurden, kann kein privates Veräußerungsgeschäft mehr vorliegen, da die für § 23 EStG geltende Haltefrist von einem Jahr inzwischen abgelaufen ist.

  Nach § 22 Nr 2 iVm § 23 EStG steuerbar ist damit insbesondere die Veräußerung von Kunstgegenständen, Antiquitäten, Oldtimern, Edelmetallen, Schmuck, Münzen und Devisen. Zu § 23 EStG und nicht zu § 20 Abs. 2 EStG werden Xetra-Gold Inhaberschuldverschreibungen (börsenfähige Wertpapiere, die dem Inhaber das Recht auf Auslieferung der verbrieften Menge Gold einräumen) zugeordnet. Damit sind die Veräußerungsgewinne nach Ablauf der einjährigen Haltefrist nicht steuerbar.[69]

  Bei Wirtschaftsgütern, die (beispielsweise durch Vermietung) zumindest in einem Jahr als Einkunftsquelle genutzt wurden, verlängert sich die Haltefrist wie bei Gebäuden auf zehn Jahre.

Private Veräußerungsgeschäfte werden bis zu einem Betrag von **600 €** nicht besteuert. Wird diese **Freigrenze** überschritten, unterliegen die Veräußerungsgewinne in vollem Umfang der Besteuerung (§ 23 Abs. 3 S. 5 EStG). **Verluste aus privaten Veräußerungsgeschäften** sind nur insoweit ausgleichsfähig, als im gleichen Jahr, im

---

68 Der in § 23 EStG vorgesehenen Haltefrist von einem Jahr kommt bei Kapitalanlagen keine praktische Bedeutung zu, da sie nur für Kapitalanlagen gilt, die bereits vor dem 1.1.2009 erworben wurden. Für Kapitalanlagen, die nach dem 31.12.2008 erworben werden, ergibt sich die Steuerpflicht für Veräußerungsgewinne aus § 20 Abs. 2 EStG.

69 Vgl BFH vom 12.5.2015, BStBl. 2015 II, S. 834; BFH vom 12.5.2015, BStBl. 2015 II, S. 835.

Vorjahr oder in zukünftigen Jahren Gewinne aus privaten Veräußerungsgeschäften erzielt werden (§ 23 Abs. 3 S. 7, 8 EStG).

153 *(4) Sonstige Leistungen iSd § 22 Nr 3 EStG:* Eine nach § 22 Nr 3 EStG steuerpflichtige Leistung ist **jedes Tun, Dulden oder Unterlassen, das Gegenstand eines entgeltlichen Vertrags sein kann** und **um des Entgelts willen erbracht** wird (H 22.8 EStH). Veräußerungsvorgänge fallen allerdings nicht unter die sonstigen Einkünfte iSd § 22 Nr 3 EStG, sondern unter § 22 Nr 2 iVm § 23 EStG (privates Veräußerungsgeschäft). Gleichfalls nicht erfasst werden Einnahmen, die unter eine der anderen sechs Einkunftsarten zu subsumieren sind (Subsidiarität der sonstigen Einkünfte iSd § 22 Nr 3 EStG gegenüber anderen Einkunftsarten).

Das Gesetz nennt als Beispiele Einkünfte aus **gelegentlichen Vermittlungen** und aus der **Vermietung (einzelner) beweglicher Wirtschaftsgüter**. Weitere Beispiele sind einmalige Bürgschaftsprovisionen, Einsammeln und Verwerten von leeren Flaschen, Vergütung für die Mitnahme in einem PKW, Entgelt für die Einräumung eines Vorkaufsrechts, Vergütungen für die Rücknahme eines Einspruchs in einem Baugenehmigungsverfahren, Bestechungsgelder, die von einem Dritten an einen Arbeitnehmer bezahlt werden, Entgelte, die an einen Erpresser gezahlt werden, Vermittlungsprovisionen, die eine Privatperson von einem Bauträger für die Vermittlung eines Käufers für eine Eigentumswohnung erhält, Entgelt, das eine Privatperson von einem Unternehmen für die Vermittlung eines Arbeitnehmers erhält, Verwertung von Zufallserfindungen, Preisgelder für die Teilnahme als Kandidat an einer Fernsehshow und Entgelt für die Bekanntgabe der Aufgabenstellung vor dem Klausurtermin.

Sonstige Einkünfte nach § 22 Nr 3 EStG sind nur steuerpflichtig, wenn sie die **Freigrenze** von 256 € übersteigen. **Negative sonstige Einkünfte** iSd § 22 Nr 3 EStG dürfen nicht mit anderen Einkünften verrechnet werden. Sie können nur mit positiven sonstigen Einkünften iSd § 22 Nr 3 EStG des Vorjahres oder der folgenden Jahre saldiert werden (§ 22 Nr 3 S. 3, 4 EStG).

154 *(5) Abgeordnetenbezüge (§ 22 Nr 4 EStG):* Zu den steuerpflichtigen **Einnahmen eines Abgeordneten** gehören beispielsweise Entschädigungen, Amtszulagen, Zuschüsse zur Kranken- und Pflegeversicherung, Übergangsgelder, Überbrückungsgelder, Sterbegelder, Versorgungsabfindungen und Versorgungsbezüge.

Aufwandsentschädigungen einschließlich der Tage- und Sitzungsgelder sowie Wahlkampfkostenerstattungen erhöhen die sonstigen Einkünfte nicht.

155 *(6) Leistungen aus Altersvorsorgeverträgen (§ 22 Nr 5 EStG):* **Leistungen aus Altersvorsorgeverträgen** („Riester-Rente") sind in dem Zeitpunkt, in dem die Leistungen an den Steuerpflichtigen ausbezahlt werden, als sonstige Einkünfte steuerpflichtig (§ 22 Nr 5 EStG). Die Leistungen unterliegen in vollem Umfang der Besteuerung, nicht wie Leibrenten nur mit einem bestimmten Prozentsatz. Für Leistungen aus Altersvorsorgeverträgen gilt also das Konzept der nachgelagerten Besteuerung.

Leistungen aus einer betrieblichen Altersvorsorge in Form einer Direktversicherung, eines Pensionsfonds oder einer Pensionskasse sind gleichfalls in dem Zeitpunkt, in dem sie dem Steuerpflichtigen zufließen, in vollem Umfang als sonstige Einkünfte iSd § 22 Nr 5 EStG steuerpflichtig.

c) Besonderheit bei den sonstigen Einkünften iSd § 22 EStG

Für Unterhaltsleistungen, Einkünfte aus wiederkehrenden Bezügen, Leistungen aus Altersvorsorgeverträgen sowie aus einer betrieblichen Altersvorsorge in Form einer Direktversicherung, eines Pensionsfonds oder einer Pensionskasse gilt ein **Werbungskosten-Pauschbetrag** von insgesamt 102 € (§ 9a S. 1 Nr 3 EStG). Die Voraussetzungen für die Anwendung dieses Werbungskosten-Pauschbetrags sind für jeden Ehegatten getrennt zu prüfen. 156

9. Kriterien zur Abgrenzung zwischen den sieben Einkunftsarten

Die Voraussetzungen für das Vorliegen der **sieben Einkunftsarten** überschneiden sich zum Teil. Dennoch sind die Einnahmen einer bestimmten Einkunftsart zuzurechnen. Aus **steuerrechtlicher Sicht** lassen sich die wichtigsten **Unterscheidungskriterien** wie folgt zusammenfassen: 157

- Den Gewinneinkunftsarten (Einkünfte aus Land- und Forstwirtschaft, aus selbständiger Arbeit und aus Gewerbebetrieb) ist gemeinsam, dass die Merkmale Selbständigkeit, Nachhaltigkeit, Gewinnerzielungsabsicht und Beteiligung am allgemeinen wirtschaftlichen Verkehr erfüllt sind und dass der Umfang einer Vermögensverwaltung überschritten wird. Die **Einkünfte aus Land- und Forstwirtschaft** bzw die **Einkünfte aus selbständiger Arbeit gehen** als spezielle Einkunftsart den **Einkünften aus Gewerbebetrieb vor**. Die Abgrenzung zwischen den drei Gewinneinkunftsarten erfolgt dadurch, dass land- und forstwirtschaftliche Betätigungen bzw freiberufliche und die weiteren selbständigen Tätigkeiten iSd § 18 EStG den Einkünften aus Land- und Forstwirtschaft bzw den Einkünften aus selbständiger Arbeit zugerechnet werden. Nur wenn keine dieser speziellen Aktivitäten vorliegt, führt die Tätigkeit zu Einkünften aus Gewerbebetrieb.
- Das entscheidende Unterscheidungsmerkmal der **Einkünfte aus nichtselbständiger Arbeit** von den drei Gewinneinkunftsarten ist die fehlende Selbständigkeit, dh die Arbeitnehmereigenschaft des Steuerpflichtigen.
- Einkünfte aus Kapitalvermögen und Einkünfte aus Vermietung und Verpachtung haben mit den Gewinneinkunftsarten die vier Positivmerkmale (Selbständigkeit, Nachhaltigkeit, Einkunftserzielungsabsicht, Beteiligung am allgemeinen wirtschaftlichen Verkehr) gemeinsam. Die Abgrenzung entscheidet sich danach, ob der Rahmen einer Vermögensverwaltung überschritten wird. Wenn die Tätigkeit als **Vermögensverwaltung** beurteilt wird, liegen Einkünfte aus Kapitalvermögen bzw aus Vermietung und Verpachtung vor. Tätigkeiten, die den Rahmen einer Vermögensverwaltung überschreiten, werden den Einkünften aus Gewerbebetrieb oder einer der beiden anderen Gewinneinkunftsarten zugeordnet. Bei privaten Veräußerungsgeschäften und der Veräußerung von Kapitalanlagen ergibt sich das Unterscheidungsmerkmal gegenüber den Gewinneinkunftsarten gleichfalls dadurch, dass diese Veräußerungsvorgänge im Rahmen einer Vermögensverwaltung anfallen.
- In Abhängigkeit davon, ob Geld oder nicht in Geld bestehende Vermögenswerte zur Nutzung überlassen werden, wird zwischen den **Einkünften aus Kapitalvermögen** und den **Einkünften aus Vermietung und Verpachtung** differenziert.
- Bei den sonstigen Einkünften iSd § 22 Nr 3 EStG fehlt es an der **Nachhaltigkeit** der Tätigkeit sowie an der **Beteiligung am allgemeinen wirtschaftlichen Ver-**

kehr. Der Rahmen einer Vermögensverwaltung wird gleichfalls nicht überschritten.

10. Nicht steuerbare Einkünfte

158 Nicht jede Einnahme stellt einen einkommensteuerbaren Vorgang dar. Der Einkommensteuer unterliegen nicht:

– *Einkünfte, die unter keine der sieben Einkunftsarten fallen.* Die pragmatische Definition des Einkommensbegriffs bedeutet, dass eine **Vermögensmehrung nur** dann steuerbar ist, **wenn die Einordnung in eine der sieben Einkunftsarten** gelingt. Ist dies nicht möglich, handelt es sich um einen Vorgang, der einkommensteuerlich nicht steuerbar ist. Hierzu gehören zB Lotteriegewinne, Gewinne aus privaten Spielen und Wetten, Gewinne aus der Teilnahme an einem Preisausschreiben, Erbschaften, Geschenke, Finderlohn, Belohnungen für Hinweise zur Ergreifung eines Straftäters, mit Preisen verbundene Auszeichnungen, die nicht an eine bestimmte Leistung gebunden sind (zB Kunstpreise, Nobelpreis, Auszeichnung einer Bachelor- oder Masterarbeit, Förderpreis der Nürnberger Steuergespräche). Nicht steuerbar ist auch die Haushaltsproduktion, dh produktive Tätigkeiten, für die kein Entgelt bezahlt wird, wie zB Kochen, Waschen und Heimwerken, soweit sie vom Steuerpflichtigen selbst ausgeübt werden.

– *Einkünfte bei fehlender Einkunftserzielungsabsicht (Liebhaberei).* Wenn eine Tätigkeit prinzipiell einer der sieben Einkunftsarten zurechenbar ist, bleibt sie dennoch steuerlich irrelevant, wenn **keine Einkunftserzielungsabsicht** besteht. Bei jeder Einkunftsart ist Voraussetzung für die Steuerbarkeit, dass der Steuerpflichtige zumindest langfristig einen Überschuss der Einnahmen über die Ausgaben **anstrebt**. Kommt es in einer Gesamtbetrachtung zu keiner Vermögensmehrung, fallen sowohl die positiven als auch die negativen Komponenten nicht unter das Einkommensteuergesetz.

– *Einkünfte, die einem anderen zugerechnet werden (§ 12 Nr 2 iVm § 22 Nr 1 S. 2 EStG).* Die Einkommensteuer trennt generell zwischen der Erzielung von Einkünften und deren Verwendung. **Freiwillige Zuwendungen**, Zuwendungen aufgrund einer freiwillig begründeten Rechtspflicht oder aufgrund gesetzlicher Unterhaltspflichten sind **im zu versteuernden Einkommen des Leistenden enthalten**. Diese Zuwendungen dürfen von ihm nicht abgezogen werden; dem Empfänger werden keine steuerbaren Einnahmen zugerechnet.

Dieser **Grundsatz** wird bei Unterhaltsleistungen an den geschiedenen oder dauernd getrennt lebenden Ehegatten **durchbrochen** (**Realsplitting**, § 10 Abs. 1a iVm § 22 Nr 1a EStG). Diese Unterhaltsleistungen werden innerhalb bestimmter Grenzen vom Leistenden als Sonderausgaben abgezogen und sind vom Empfänger als sonstige Einkünfte iSd § 22 Nr 1a EStG zu versteuern.[70]

Von den **nicht steuerbaren Einnahmen zu trennen sind steuerfreie Einnahmen**. Nicht steuerbare Einnahmen werden vom Einkommensteuergesetz überhaupt nicht erfasst. Steuerfreie

70 Vergleichbare Regelungen gelten für auf besonderen Verpflichtungsgründen beruhende Versorgungsleistungen, Leistungen zur Vermeidung eines Versorgungsausgleichs sowie Zahlungen für einen schuldrechtlichen Versorgungsausgleich (§ 22 Nr 1a iVm § 10 Abs. 1a Nr 2–4 EStG).

Einnahmen gehören dagegen grundsätzlich zu einer der sieben Einkunftsarten, sie bleiben lediglich aufgrund einer speziellen Befreiungsvorschrift (zB § 3, § 3b EStG) bei Ermittlung der Einkünfte außer Ansatz.

11. Bedeutung des § 24 EStG

Nach § 24 EStG gehören zu den Einkünften nach dem Einkommensteuergesetz auch: 159

- **Entschädigungen** für entgangene oder entgehende Einnahmen, Entschädigungen für die Aufgabe oder Nichtausübung einer Tätigkeit und Ausgleichszahlungen an Handelsvertreter.
- **Einkünfte aus** einer **ehemaligen Tätigkeit** oder einem früheren Rechtsverhältnis. Dies gilt auch dann, wenn die Einnahmen dem Rechtsnachfolger zufließen.

  Beispiele: nachträgliche Betriebseinnahmen aus einem Gewerbebetrieb, Beamtenpension, Witwenrente aus einer Versorgungszusage des ehemaligen Arbeitgebers des verstorbenen Ehemanns.

- **Nutzungsvergütungen** für die **Inanspruchnahme von Grundstücken für öffentliche Zwecke** einschließlich darauf entfallender Zinsen.

Wie die Stellung in der Gliederung des Einkommensteuergesetzes zeigt, **gilt** diese Vorschrift **für alle Einkunftsarten.** Die genannten Tatbestände begründen **keine eigenständige Einkunftsart.** Die Zurechnung zu einer der sieben Einkunftsarten richtet sich nach den allgemeinen Abgrenzungskriterien. Die Steuerpflicht der Vergütungen orientiert sich an den für die betreffende Einkunftsart geltenden Einkunftsermittlungsgrundsätzen.

Für die Festlegung des Besteuerungsumfangs hat die explizite Nennung zwar lediglich klarstellende Funktion. Für die Höhe des Steuersatzes ist sie jedoch in Teilbereichen materiell von Bedeutung. Für **Nutzungsvergütungen und Zinsen** (§ 24 Nr 3 EStG), die für einen Zeitraum von mehr als drei Jahren nachgezahlt werden, sowie für **Entschädigungen** (§ 24 Nr 1 EStG) wird in der Weise ein ermäßigter Steuersatz errechnet, dass diese Einkünfte rechnerisch auf fünf Jahre verteilt werden (**ermäßigter Steuersatz nach einem Multiplikator-Mischtarif**, § 34 Abs. 1, Abs. 2 Nr 2, 3 EStG).[71]

12. Unterscheidung zwischen Haupt- und Nebeneinkunftsarten

Zu den **Haupteinkunftsarten** gehören Einkünfte aus Land- und Forstwirtschaft, Einkünfte aus Gewerbebetrieb, Einkünfte aus selbständiger Arbeit und Einkünfte aus nichtselbständiger Arbeit. **Nebeneinkunftsarten** sind Einkünfte aus Kapitalvermögen, Einkünfte aus Vermietung und Verpachtung und sonstige Einkünfte iSd § 22 EStG. 160

Die Unterscheidung zwischen Haupt- und Nebeneinkunftsarten ist **für** die **Abgrenzung der Einkunftsarten untereinander bedeutsam.** Einkünfte werden immer einer Haupteinkunftsart zugerechnet, sofern sie deren Kriterien erfüllen. Die Erfas-

71 Zu dieser Steuersatzermäßigung siehe Kapitel F.IV., Rn. 317–319.

sung im Rahmen einer Nebeneinkunftsart erfolgt nur dann, wenn keine Zuordnung zu einer der Haupteinkunftsarten möglich ist (**Subsidiarität der Nebeneinkunftsarten**).

161 **Bei** den **Haupteinkunftsarten** gibt es **keine Subsidiaritätsklausel**. Die **Abgrenzung** zwischen ihnen erfolgt **über** die **Definition** der Einkunftsarten. So werden bei der Festlegung des Begriffs der Einkünfte aus Gewerbebetrieb die Land- und Forstwirtschaft und die selbständige Arbeit ausdrücklich ausgenommen (§ 15 Abs. 2 EStG). Hinsichtlich des Merkmals der Selbständigkeit unterscheiden sich die Einkünfte aus Land- und Forstwirtschaft, Gewerbebetrieb und selbständiger Arbeit von den Einkünften aus nichtselbständiger Arbeit.

162 Einkünfte aus einer Nebeneinkunftsart werden aufgrund von **Subsidiaritätsklauseln** in folgenden Fällen einer anderen Einkunftsart zugewiesen:

- Soweit **Einkünfte aus Kapitalvermögen** zu einer Haupteinkunftsart oder zu den Einkünften aus Vermietung und Verpachtung gehören, sind sie dort zu erfassen (§ 20 Abs. 8 EStG).
- **Einkünfte aus Vermietung und Verpachtung** sind gegenüber den anderen Einkunftsarten nachrangig (§ 21 Abs. 3 EStG). Die Regelungen in § 20 Abs. 8, § 22 Nr 1 und § 22 Nr 3 EStG gehen aber vor.
- **Wiederkehrende Bezüge** sind vorrangig einer der sechs anderen Einkunftsarten zuzurechnen (§ 22 Nr 1 EStG).
- **Einkünfte aus sonstigen Leistungen** werden nur dann unter § 22 Nr 3 EStG erfasst, wenn sie weder zu einer der anderen sechs Einkunftsarten gehören noch unter eine der anderen Nummern des § 22 EStG fallen.
- Ein **privates Veräußerungsgeschäft** liegt nicht vor, wenn ein Wirtschaftsgut veräußert wird, dessen Wert bei einer der anderen sechs Einkunftsarten anzusetzen ist (§ 23 Abs. 2 EStG).

Beispiele: Ein Gewerbetreibender hält in seinem Betriebsvermögen Aktien. Die Dividenden sind nicht Einkünfte aus Kapitalvermögen, sondern Einkünfte aus Gewerbebetrieb.

Ein Gewerbetreibender vermietet ein Wirtschaftsgut des Betriebsvermögens. Die Mieteinnahmen werden den Einkünften aus Gewerbebetrieb zugerechnet, nicht den Einkünften aus Vermietung und Verpachtung.
Altersrenten aus einer Versorgungszusage des Arbeitgebers („Betriebsrente“) sind zwar Leibrenten iSd § 22 Nr 1 EStG, sie sind aber vom Empfänger als Einkünfte aus nichtselbständiger Arbeit zu versteuern.

163 Die Unterscheidung zwischen Haupt- und Nebeneinkunftsarten und deren Abgrenzung untereinander führt zu einem **Auseinanderfallen von steuerrechtlicher Einordnung einer Tätigkeit** in eine der sieben Einkunftsarten des Einkommensteuergesetzes und Zuordnung zu einer der **wirtschaftlichen Einkommenskategorien**.[72] **Betriebswirtschaftlich** differenziert man die Einkünfte

- danach, ob sie fest vereinbart werden (**Kontrakteinkommen**) oder ob sie gewinnabhängig sind (**Residualeinkommen**), dh wen die Chancen und Risiken aus dem Erfolg oder Misserfolg einer ökonomischen Transaktion treffen, und
- danach, ob die Einkünfte durch den **Einsatz von Geld- und Sachkapital** oder durch den **Einsatz der Arbeitskraft** erzielt werden.

---

72 Vgl Wagner, StuW 2000, S. 109.

Die Abb. 2.7 verdeutlicht die wichtigsten **Unterschiede** zwischen **steuerrechtlicher Einordnung** und **betriebswirtschaftlicher Beurteilung**.

steuerrechtliche Einordnung	**Residualeinkommen**		**Kontrakteinkommen**	
	Einsatz von Geld- und Sachkapital	Einsatz von Arbeitskraft	Einsatz von Geld- und Sachkapital	Einsatz von Arbeitskraft
Gewinneinkünfte	gewerbliche Investitionen Aktien im Betriebsvermögen Veräußerung von Anteilen an Kapitalgesellschaften	freiberufliche Tätigkeit Arbeitseinsatz eines Gewerbetreibenden	Anleihen im Betriebsvermögen Vermietung von Betriebsgrundstücken	
Überschusseinkünfte	Aktien im Privatvermögen private Veräußerungsgeschäfte	Arbeitnehmer mit erfolgsabhängiger Entlohnung sonstige Leistungen iSd § 22 Nr 3 EStG	Anleihen im Privatvermögen Vermietung von privatem Grundvermögen gelegentliche Vermietungen	Arbeitnehmer mit fest vereinbartem Gehalt

Abb. 2.7: Unterschiede bei der Zuordnung von Einkünften nach betriebswirtschaftlichen oder rechtlichen Kriterien

III. Einkunftsermittlungsmethoden

1. Gemeinsame Prinzipien

Die Summe der Einkünfte aus den sieben Einkunftsarten bildet die Ausgangsgröße 164
zur Ermittlung der **Bemessungsgrundlage „zu versteuerndes Einkommen“** (§ 2 Abs. 1, 5 EStG). Die **Höhe der Einkommensteuer hängt** entscheidend **von** der **Art und Weise der Berechnung der Einkünfte ab**.

Für die Berechnung der Höhe der Einkünfte gelten zwar für die verschiedenen Einkunftsarten unterschiedliche Einkunftsermittlungsmethoden. Aus dem Fiskalzweck der Einkommensteuer leiten sich jedoch drei **gemeinsame Merkmale** ab:

- Trennung von Einkommenserzielung und konsumtiver Einkommensverwendung (Nichtabziehbarkeit der Kosten der privaten Lebensführung)
- Nettoprinzip
- Prinzip der Abschnittsbesteuerung.

Die Einkommensteuer stellt auf die **Einkunftserzielung** ab. Der Ermittlung der Sum- 165
me der Einkünfte liegt eine sachliche Interpretation des Leistungsfähigkeitsprinzips zugrunde, dh es wird auf den am **Markt erzielten Vermögenszuwachs** abgestellt. **Persönliche Verhältnisse** und persönliche Ausgaben bleiben **bei** der **Berechnung**

der steuerlich relevanten Vermögensmehrungen ausgeklammert. Die Kosten der privaten Lebensführung mindern die Summe der Einkünfte nicht. **Persönliche Merkmale** – und damit die persönliche Komponente der Leistungsfähigkeit – werden **erst berücksichtigt, wenn** aus den steuerpflichtigen Einkünften die steuerrechtliche Bemessungsgrundlage **„zu versteuerndes Einkommen“ abgeleitet wird**.

166 Aufgrund des Prinzips der **Nettobesteuerung** werden die **Veränderungen des Reinvermögens** besteuert, nicht die Veränderungen des Rohvermögens. Von den steuerpflichtigen Einnahmen sind die Ausgaben abzuziehen, die mit den Einnahmen in wirtschaftlichem Zusammenhang stehen. Die **Ausgaben** müssen in kausalem Zusammenhang zum Betrieb (Gewinneinkunftsarten) bzw zur Tätigkeit der Einkommenserzielung (Überschusseinkunftsarten) stehen, dh sie **müssen durch eine betriebliche oder berufliche Tätigkeit veranlasst** sein. Bei Gewinneinkunftsarten wird die Differenz zwischen den Betriebseinnahmen und den Betriebsausgaben besteuert, bei Überschusseinkunftsarten der Saldo zwischen den Einnahmen und den Werbungskosten. Das Nettoprinzip hat weiterhin zur Folge, dass negative Ergebnisse einer Tätigkeit mit positiven Einkünften aus einer anderen wirtschaftlichen Aktivität verrechenbar sein müssen. Der **Verlustausgleich** erlaubt eine Kompensation im gleichen Jahr (§ 2 Abs. 1, 3 EStG). Bei Verlusten, die innerhalb eines Veranlagungszeitraums nicht ausgeglichen werden können, erfolgt ein interperiodischer Verlustausgleich. Dieser wird als **Verlustabzug** bezeichnet (§ 10d EStG). Im geltenden Recht werden jedoch der Verlustausgleich und der Verlustabzug durch zahlreiche Einzelregelungen eingeschränkt. Soweit diese Beschränkungen wirksam werden, kommt es zu einem Verstoß gegen das Nettoprinzip.

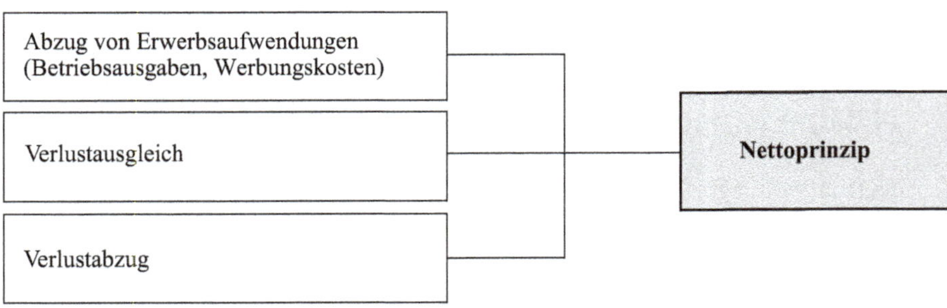

Abb. 2.8: Nettoprinzip

167 Das Prinzip der **Abschnittsbesteuerung** besagt, dass die Höhe der Einkünfte grundsätzlich nur von den **Vorgängen** beeinflusst wird, die **innerhalb des** in der Regel zwölfmonatigen **Einkunftsermittlungszeitraums** eintreten. Vorgänge, die davor oder die danach liegen, bleiben bei den Einkünften des laufenden Jahres unberücksichtigt (§ 2 Abs. 7 EStG). Aufgrund der für jeden Veranlagungszeitraum getrennt durchgeführten Ermittlung der Einkünfte ist es nicht ausgeschlossen, dass ein wirtschaftlicher Sachverhalt in den einzelnen Perioden steuerlich unterschiedlich beurteilt wird.[73] Der Verlustabzug führt dazu, dass das Nettoprinzip dem Abschnittsprinzip vorgeht.

73 Vgl BFH vom 20.5.2010, BStBl. 2010 II, S. 820.

2. Einteilung der Einkunftsarten nach der Art ihrer Ermittlung

Ein wichtiges Kennzeichen der Einkommensteuer ist das **Nebeneinander von zwei Einkommensbegriffen**. Dieses duale System beeinflusst entscheidend die Art der Einkunftsermittlung. Zu differenzieren ist zwischen **Gewinn- und Überschusseinkunftsarten**. Zu den **Gewinneinkunftsarten** gehören die Einkünfte aus Land- und Forstwirtschaft, die Einkünfte aus Gewerbebetrieb und die Einkünfte aus selbständiger Arbeit. Die Einkünfte aus nichtselbständiger Arbeit, die Einkünfte aus Kapitalvermögen, die Einkünfte aus Vermietung und Verpachtung und die sonstigen Einkünfte iSd § 22 EStG gelten als **Überschusseinkunftsarten** (§ 2 Abs. 2 EStG). 168

Bei **Gewinneinkunftsarten** wird die sachliche Steuerpflicht in Anlehnung an die **Reinvermögensänderungstheorie** abgegrenzt, sodass jede Vermögensänderung steuerliche Relevanz besitzt. Periodisch erzielte Einkünfte werden genauso besteuert wie Veräußerungsgewinne. Bei den Aufwendungen wird gleichfalls nicht danach differenziert, ob sie mit laufenden Einkünften im Zusammenhang stehen oder ob sie Wertverluste von Wirtschaftsgütern betreffen. Bei den Gewinneinkunftsarten gilt – wie es in der Bezeichnung zum Ausdruck kommt – der Gewinn als Einkünfte. Die **Gewinnermittlungsmethoden** gliedern sich in:[74] 169

- Betriebsvermögensvergleich nach § 4 Abs. 1 EStG
- Betriebsvermögensvergleich nach § 5 EStG
- Überschuss der Betriebseinnahmen über die Betriebsausgaben (§ 4 Abs. 3 EStG)
- pauschalierte Gewinnermittlung bei Handelsschiffen im internationalen Verkehr (§ 5a EStG)
- Gewinnermittlung nach Durchschnittssätzen (§ 13a EStG)
- Schätzung nach § 162 Abs. 1, 2 AO.

Leitlinie für die **Überschusseinkunftsarten** bildet die **Quellentheorie**, nach der lediglich die laufenden Einkünfte unter den Einkommensbegriff fallen. Nach diesem Ansatz werden einkommensteuerlich nur Tätigkeits- und Nutzungsvergütungen erfasst. Änderungen des Werts des Vermögens bleiben grundsätzlich als nicht steuerbare Tatbestände unberücksichtigt. Diese Aussage gilt unabhängig davon, ob es sich um Wertsteigerungen oder Wertverluste handelt. Bei den Überschusseinkunftsarten gibt es **nur eine Einkunftsermittlungsart**: Zu berechnen ist der Überschuss der Einnahmen über die Werbungskosten (§ 8 – § 9a EStG). 170

Gewinn- und Überschusseinkunftsarten stimmen hinsichtlich der periodisch auftretenden Vorgänge überein. Sie sind nach beiden Konzepten steuerbar. Abweichungen ergeben sich bei der Behandlung von Änderungen des Werts des eingesetzten Vermögens. Bei Gewinneinkunftsarten erhöhen Veräußerungsgewinne die Einkünfte, Wertverluste mindern sie. Demgegenüber ist bei den Überschusseinkunftsarten die Entwicklung des Werts des eingesetzten Vermögens grundsätzlich steuerlich unbeachtlich. Allerdings ist der bei der Veräußerung von Wirtschaftsgütern, die außerhalb einer Gewinneinkunftsart eingesetzt werden, erzielte Gewinn in vielen Fällen steuer- 171

74 Für Gewinne aus der Veräußerung eines Betriebs, Teilbetriebs oder des Anteils an einer Personengesellschaft ist in § 16 Abs. 2 EStG eine eigenständige Gewinnermittlungsvorschrift kodifiziert. Eigenständige Gewinnermittlungsvorschriften gelten auch bei der Veräußerung von Anteilen an einer Kapitalgesellschaft (§ 17 Abs. 2 EStG) und von privaten Kapitalanlagen (§ 20 Abs. 4 EStG).

pflichtig. Damit wird der **konzeptionelle Unterschied** zwischen Gewinn- und Überschusseinkunftsarten **aufgehoben**:[75]

- Zu den **Einkünften aus Kapitalvermögen** gehören auch Veräußerungsgewinne (§ 20 Abs. 2 EStG).
- Ist eine **natürliche Person an einer Kapitalgesellschaft zu mindestens 1% beteiligt**, sind Veräußerungsgewinne auch dann steuerpflichtig, wenn die **Anteile** ertragsteuerlich **zum Privatvermögen** gehören (§ 17 EStG).
- Bei Wirtschaftsgütern des Privatvermögens, die keine Kapitalanlagen sind, werden Veräußerungsgewinne erfasst, wenn zwischen Erwerb und Verkauf nicht mehr als zehn Jahre (Grundstücke) bzw ein Jahr (andere Wirtschaftsgüter) liegen (**privates Veräußerungsgeschäft** nach § 23 iVm § 22 Nr 2 EStG).

Ergebnis: Die Zweiteilung in Gewinn- und Überschusseinkunftsarten besteht zwar noch nach dem Wortlaut des § 2 Abs. 2 S. 1 EStG. Man könnte allerdings auch davon sprechen, dass nach dem geltenden Einkommensteuerrecht Veräußerungsgewinne generell besteuert werden: Bei Gewinneinkunftsarten durch den in § 2 Abs. 2 S. 1 EStG enthaltenen Einkommensbegriff „Gewinn" und bei den Wirtschaftsgütern, die im Rahmen einer Überschusseinkunftsart oder außerhalb der Einkunftserzielung eingesetzt werden, aufgrund der in § 20 Abs. 2, § 17 und § 23 EStG vorgenommenen Erweiterung der steuerbaren Einkünfte auf Veräußerungsgewinne.

3. Gewinnermittlungsmethoden

a) Betriebsvermögensvergleich

172 Beim Betriebsvermögensvergleich gilt als steuerpflichtiger Gewinn die **Vermehrung des Betriebsvermögens (Eigenkapitals), soweit** sie **auf betriebliche Vorgänge zurückzuführen** ist und soweit keine Steuerbefreiungen gelten oder der Abzug von Ausgaben versagt wird (§ 4 Abs. 1 EStG)

	Betriebsvermögen am Schluss des Wirtschaftsjahres
–	Betriebsvermögen zu Beginn des Wirtschaftsjahres (= Betriebsvermögen am Schluss des vorangehenden Wirtschaftsjahres)
=	Veränderung des Eigenkapitals
+	Entnahmen
–	Einlagen
=	**Gewinn des Wirtschaftsjahres nach § 4 Abs. 1 EStG**
–	steuerfreie Betriebseinnahmen
+	nichtabziehbare Betriebsausgaben
±	Investitionsabzugsbetrag nach § 7g Abs. 1–4 EStG
=	**steuerpflichtiger Gewinn**

75 Für die Ermittlung dieser Veräußerungsgewinne gilt jeweils eine eigenständige Gewinnermittlungsvorschrift (§ 20 Abs. 4, § 17 Abs. 2, § 23 Abs. 3 EStG).

Im ersten Block wird die Veränderung des bilanziellen Reinvermögens ermittelt, die 173
sich im abgelaufenen Wirtschaftsjahr ergeben hat. Die **Korrektur** der Veränderung des Eigenkapitals durch **Entnahmen und Einlagen** im zweiten Block dient dazu, den **privaten Bereich von** den **betrieblich veranlassten Geschäftsvorfällen zu trennen**. Im dritten Block wird berücksichtigt, in welchem Umfang die der betrieblichen Sphäre zuzurechnenden Vermögensmehrungen und Vermögensminderungen Einfluss auf den steuerpflichtigen Teil des Gewinns haben, m.a.W. ob für die Betriebseinnahmen eine Steuerbefreiung gilt bzw welche Betriebsausgaben nichtabziehbar sind. Der Investitionsabzugsbetrag nach § 7g Abs. 1–4 EStG ist ein Instrument der Investitionsförderung.

Die Gewinndefinition des § 4 Abs. 1 EStG geht von der Bilanz aus. Da das Eigenka- 174
pitalkonto mit der Gewinn- und Verlustrechnung (GuV) und dem Privatkonto zwei Unterkonten hat, lässt sich im System der doppelten Buchführung der Gewinn auch anhand der Gewinn- und Verlustrechnung ermitteln:

Gewinn- und Verlustrechnung Erträge – Aufwendungen = Gewinn als Saldo der GuV
Privatkonto Einlagen – Entnahmen = Saldo des Privatkontos

	Veränderungen des Eigenkapitals, die **betrieblich veranlasst** sind (= Gewinn)
+	Veränderungen des Eigenkapitals, die **privat veranlasst** sind
=	**Veränderung des Eigenkapitals** (insgesamt)

Eingesetzt in die Berechnungsformel des § 4 Abs. 1 EStG ergibt sich

	Veränderung des Eigenkapitals
–	Saldo des Privatkontos (= Einlagen – Entnahmen)
=	Saldo der Gewinn- und Verlustrechnung (= Erträge – Aufwendungen) (= Gewinn des Wirtschaftsjahres, § 4 Abs. 1 EStG)

Die steuerfreien Betriebseinnahmen, die nichtabziehbaren Betriebsausgaben und der Investitionsabzugsbetrag werden außerhalb der Buchführung korrigiert. Durch diese außerbilanziellen Korrekturen wird der in der Buchhaltung berechnete Gewinn des Wirtschaftsjahres in den steuerpflichtigen Gewinn überführt.

Dem **Betriebsvermögensvergleich nach § 4 Abs. 1 EStG** und dem **Betriebsvermö-** 175
gensvergleich nach § 5 EStG ist **gemeinsam**, dass der Gewinn **auf** der **Grundlage einer doppelten Buchführung** ermittelt wird, die am Ende des Wirtschaftsjahres zu einer Bilanz sowie Gewinn- und Verlustrechnung zusammengefasst wird (§ 60 Abs. 1 EStDV). Für den Umfang der Besteuerung sind sowohl die laufenden Geschäftsvorfälle als auch positive und negative Veränderungen des Werts des Vermögens (zB Veräußerungsgewinne oder -verluste) bedeutsam.

Beim Betriebsvermögensvergleich bestimmt sich der **Zeitpunkt**, zu dem sich ein Geschäftsvorfall erfolgswirksam auswirkt, nach dem **Realisations- und** (unter Einschränkungen) nach dem **Imparitätsprinzip**. Betriebseinnahmen und Betriebsausgaben sind also nicht mit dem Begriffspaar „Ein- und Auszahlungen", sondern mit „Erträgen und Aufwendungen" (= **periodisierte Zahlungen**, § 252 Abs. 1 Nr 4, 5 HGB) gleichzusetzen.

Abgrenzungsmerkmal zwischen den beiden Formen des Betriebsvermögensvergleichs bilden die Grundsätze, die bei Aufstellung der Bilanz und der Gewinn- und Verlustrechnung zu beachten sind. Der Betriebsvermögensvergleich nach **§ 4 Abs. 1 EStG** ist auf der Grundlage einer **eigenständigen Steuerbilanz** durchzuführen. Rechtsgrundlage bilden ausschließlich die steuerlichen Gewinnermittlungsvorschriften (§ 4 – § 7i EStG).

Beim Betriebsvermögensvergleich nach **§ 5 EStG** ist das Betriebsvermögen anzusetzen, das nach den handelsrechtlichen Grundsätzen ordnungsmäßiger Buchführung auszuweisen ist. Das in der **Steuerbilanz** enthaltene Betriebsvermögen wird also **aus** der **Handelsbilanz abgeleitet**. Das in § 5 Abs. 1 S. 1 EStG kodifizierte **Maßgeblichkeitsprinzip** führt dazu, dass die im HGB-Einzelabschluss geltenden Bilanzierungs- und Bewertungsregeln auch für die Ermittlung des steuerpflichtigen Gewinns heranzuziehen sind, sofern dem nicht eine verbindliche steuerliche Bestimmung entgegensteht oder durch Ausübung eines steuerlichen Wahlrechts in der Steuerbilanz ein anderer Ansatz als in der Handelsbilanz gewählt wird.

Die Differenzierung zwischen Betriebsvermögensvergleich nach § 4 Abs. 1 EStG und Betriebsvermögensvergleich nach § 5 EStG ist zwar aus rechtlicher Sicht vorzunehmen. In der praktischen Anwendung besteht jedoch grundsätzlich Übereinstimmung.

176 Der Inhalt der Bilanz sowie der Gewinn- und Verlustrechnung sind dem Finanzamt nach amtlich vorgeschriebenem Datensatz durch Datenfernübertragung zu übermitteln (**E-Bilanz**, § 5b Abs. 1 EStG).[76] Wenn die elektronische Übermittlung für den Steuerpflichtigen mit unbilligen Härten verbunden ist, kann das Finanzamt auf Antrag gestatten, dass alternativ die Handelsbilanz mit Überleitungsrechnung bzw die Steuerbilanz der Steuererklärung in Papierform beigefügt wird (§ 5b Abs. 2 EStG iVm § 60 Abs. 1, 2 EStDV).[77]

177 Zu Einzelheiten einer Gewinnermittlung durch Betriebsvermögensvergleich siehe Band II: Steuerbilanz, Erster Teil, Erster bis Fünfter Abschnitt.

b) Überschuss der Betriebseinnahmen über die Betriebsausgaben

178 Die Ermittlung des Überschusses der Betriebseinnahmen über die Betriebsausgaben nach § 4 Abs. 3 EStG erfordert weder eine laufende Buchführung noch einen Jahresabschluss (Bilanz, Gewinn- und Verlustrechnung), vielmehr ist eine (einfache) Auflistung der angefallenen Betriebseinnahmen und Betriebsausgaben ausreichend.

Der **Gewinn bestimmt sich** grundsätzlich **anhand von Zahlungsvorgängen**, dh nach dem **Zufluss- und Abflussprinzip** (§ 11 EStG):

---

76 § 5b EStG wird zwar den Gewinnermittlungsvorschriften zugeordnet. Materiell handelt es sich allerdings um eine Verfahrensvorschrift.

77 Zu Einzelheiten siehe www.esteuer.de; BMF-Schreiben vom 28.9.2011, BStBl. 2011 I, S. 855 sowie Herrfurth, StuB 2011, S. 779; Herzig/Briesemeister/Schäperclaus, DB 2011, S. 2509.

	Summe der Betriebseinnahmen
–	Summe der Betriebsausgaben
=	**Gewinn des Wirtschaftsjahres**
–	steuerfreie Betriebseinnahmen
+	nichtabziehbare Betriebsausgaben
±	Investitionsabzugsbetrag nach § 7g Abs. 1–4 EStG
=	**steuerpflichtiger Gewinn**

Die direkte **Erfolgswirksamkeit** von Einnahmen und Ausgaben wird bei der Ermittlung des Überschusses der Betriebseinnahmen über die Betriebsausgaben allerdings **zum Teil durchbrochen**. Die wichtigsten Ausnahmen sind: 179

- Ausgaben für den Erwerb von **abnutzbaren Wirtschaftsgütern des Anlagevermögens**, deren Nutzung sich auf einen Zeitraum von mehr als einem Jahr erstreckt (zB Gebäude, maschinelle Anlagen, Betriebs- und Geschäftsausstattung), wirken sich wie bei einem Betriebsvermögensvergleich in Form von planmäßigen **Abschreibungen** gewinnmindernd aus, also nicht bereits im Zeitpunkt der Bezahlung der Investition, sondern erst zeitanteilig in den Jahren, in denen das Wirtschaftsgut genutzt wird (§ 4 Abs. 3 S. 3 EStG).
- Ausgaben für **nicht abnutzbare Wirtschaftsgüter des Anlagevermögens** (zB Grund und Boden, Beteiligungen an Kapitalgesellschaften, Wertpapiere) sowie für **bestimmte Wirtschaftsgüter des Umlaufvermögens** (Anteile an Kapitalgesellschaften, Wertpapiere und vergleichbare nicht verbriefte Forderungen und Rechte, Grund und Boden sowie Gebäude) dürfen erst im Zeitpunkt des Zuflusses des Veräußerungserlöses oder im Zeitpunkt der Entnahme als Betriebsausgaben berücksichtigt werden (§ 4 Abs. 3 S. 4 EStG).
- Einzahlungen aus der Aufnahme eines **Darlehens** gelten nicht als Betriebseinnahmen. Die Rückzahlung eines Darlehens mindert den Gewinn nicht.

Aufgrund dieser und zahlreicher weiterer Durchbrechungen des Zu- und Abflussprinzips handelt es sich bei einer Einnahmen-Ausgabenrechnung nach § 4 Abs. 3 EStG im Ergebnis nicht um ein eigenständiges Gewinnermittlungskonzept. Die Einnahmen-Ausgabenrechnung nach § 4 Abs. 3 EStG stellt **keine Cashflow-Rechnung** dar, **sondern** einen in Teilbereichen **vereinfachten** (unvollständigen) **Betriebsvermögensvergleich**.

Die **Unterschiede** zwischen dem Überschuss der Betriebseinnahmen über die Betriebsausgaben und einem Betriebsvermögensvergleich beschränken sich auf den **Zeitpunkt**, zu dem Betriebseinnahmen und -ausgaben berücksichtigt werden. Der **Totalgewinn**, dh die insgesamt zu versteuernden Einkünfte, ist bei beiden Gewinnermittlungsmethoden **gleich**. Die Zeitdifferenzen gleichen sich spätestens bei Aufgabe oder Veräußerung des Betriebs bzw beim Wechsel zwischen den beiden Gewinnermittlungsmethoden aus. Unterschiede treten im Wesentlichen in folgenden Bereichen auf: Bei einer Einnahmen-Ausgabenrechnung nach § 4 Abs. 3 EStG werden Rückstellungen, Rechnungsabgrenzungsposten, bestimmte Wirtschaftsgüter des Umlaufvermögens (zB Vorräte, Forderungen aus Lieferungen und Leistungen) und Verbindlichkeiten aus Lieferungen und Leistungen nicht berücksichtigt. 180

181 Wird der Gewinn nach § 4 Abs. 3 EStG ermittelt, ist die Einnahmen-Überschussrechnung nach amtlich vorgeschriebenem Datensatz durch Datenfernübertragung zu übermitteln (**E-EÜR**). Sofern die elektronische Übertragung für den Steuerpflichtigen mit unbilligen Härten verbunden ist, kann die Finanzbehörde auf Antrag gestatten, dass alternativ zur Steuererklärung eine Zusammenstellung der Betriebseinnahmen und Betriebsausgaben nach amtlich vorgeschriebenem Vordruck „Anlage EÜR"[78] beigefügt wird (§ 60 Abs. 4 EStDV). Darüber hinaus sind bestimmte Wirtschaftsgüter in ein eigenständiges, laufend zu führendes Verzeichnis aufzunehmen (§ 4 Abs. 3 S. 5 EStG).

182 Zu Einzelheiten einer Gewinnermittlung nach § 4 Abs. 3 EStG siehe ausführlich Band II: Steuerbilanz, Erster Teil, Sechster Abschnitt.

c) Gewinnermittlung bei Handelsschiffen im internationalen Verkehr

183 Bei Gewerbetreibenden mit Geschäftsleitung im Inland kann der Gewinn, soweit er auf den Betrieb von Handelsschiffen im internationalen Verkehr entfällt, auf Antrag des Steuerpflichtigen **pauschaliert** berechnet werden (§ 5a EStG). Wird die Bereederung der Handelsschiffe im Inland durchgeführt, bestimmt sich der Gewinn **nach** der in diesem Betrieb geführten **Tonnage**.[79]

Bei der Gewinnermittlung nach § 5a EStG handelt es sich um eine steuerliche Vergünstigung von Schifffahrtsunternehmen, die in Anlehnung an Regelungen in anderen Staaten eingeführt wurde. Diese Form der Gewinnermittlung ist also den Lenkungszwecknormen zuzuordnen. Ziel dieser Vergünstigung ist die Sicherung von Deutschland als Reedereistandort.[80] Die Steuervergünstigung wird dadurch verstärkt, dass Schifffahrtsunternehmen unter bestimmten Voraussetzungen die für ihre Besatzungsmitglieder für die Beschäftigungszeiten auf dem Schiff abzuführende Lohnsteuer einbehalten können (§ 41a Abs. 4 EStG).

Regelungen zur Vermeidung von Missbräuchen enthalten § 5a Abs. 3 EStG (Zeitpunkt und Bindungswirkung der Antragstellung) sowie § 4 Abs. 5 S. 1 Nr 11 EStG (Einordnung von bestimmten Aufwendungen als nichtabziehbare Betriebsausgaben).

d) Gewinnermittlung nach Durchschnittssätzen

184 Bei kleineren land- und forstwirtschaftlichen Betrieben wird der Gewinn in **pauschaler Form** berechnet. Bei einer **Gewinnermittlung nach Durchschnittssätzen** ist wie folgt vorzugehen (§ 13a EStG iVm Anlage 1a zum EStG):[81]

	Gewinn der landwirtschaftlichen Nutzung
+	Gewinn der forstwirtschaftlichen Nutzung
+	Gewinn der Sondernutzungen (zB Weinbau, Obstbau, Anbau von Blumen und Zierpflanzen, Spargel, Hopfen, Fischzucht, Imkerei, Weihnachtsbaumkulturen)

---

78 Siehe hierzu BMF-Schreiben vom 27.9.2019, BStBl. 2019 I, S. 950.

79 Zu Einzelheiten der Tonnagebesteuerung siehe BMF-Schreiben vom 12.6.2002, BStBl. 2002 I, S. 614; BMF-Schreiben vom 31.10.2008, BStBl. 2008 I, S. 956; BMF-Schreiben vom 10.9.2013, BStBl. 2013 I, S. 1152.

80 Vgl BMF, 27. Subventionsbericht, Berlin 2019, S. 103, S. 401.

81 Zu Einzelheiten siehe BMF-Schreiben vom 10.11.2015, BStBl. 2015 I, S 877.

+	Sondergewinne (insbesondere Veräußerungsgewinne)
+	Einnahmen aus der Vermietung oder Verpachtung von Wirtschaftsgütern des land- und forstwirtschaftlichen Betriebsvermögens
+	Kapitalerträge (Subsidiaritätsklausel nach § 20 Abs. 8 EStG)
=	Gewinn

Bei einer Gewinnermittlung nach Durchschnittssätzen wird nicht der tatsächlich entstandene Gewinn, sondern der nach gesetzlichen Vorgaben festgelegte durchschnittliche Gewinn eines land- und forstwirtschaftlichen Betriebs errechnet. Im Regelfall liegt der auf einer typisierenden Schätzung ermittelte Gewinn unter den nach den allgemeinen Gewinnermittlungsvorschriften (zB Betriebsvermögensvergleich nach § 4 Abs. 1 EStG oder Einnahmen-Ausgabenrechnung nach § 4 Abs. 3 EStG) berechneten Einkünften. Insoweit handelt es sich um eine Subvention für Land- und Forstwirte.[82]

e) Schätzung nach § 162 AO

Die **Schätzung** nach § 162 Abs. 1, 2 AO findet insbesondere dann Anwendung, wenn 185
der Steuerpflichtige die für den Betriebsvermögensvergleich oder die Einnahmen-Ausgabenrechnung **vorgeschriebenen Unterlagen** und **Nachweise nicht** oder mangelhaft **erstellt**. Bei der Schätzung nach § 162 Abs. 1, 2 AO handelt es sich **methodisch nicht** um eine **eigenständige Gewinnermittlungsmethode**. Vielmehr sind dabei jeweils die Grundsätze der Gewinnermittlungsmethode zugrunde zu legen, die der Steuerpflichtige bei ordnungsmäßiger Erfüllung seiner Rechnungslegungspflichten anzuwenden hätte. Die Besonderheit besteht darin, dass die entsprechenden Bemessungsgrundlagenteile von der Finanzbehörde geschätzt werden.

Eine wichtige Form der Schätzung stellen die **von** den **Finanzbehörden festgelegten „Richtsätze“** dar, bei denen der Roh- bzw Reingewinn als bestimmter Prozentsatz des Umsatzes vorgegeben wird.[83] Insoweit handelt es sich bei der Schätzung faktisch doch um eine eigenständige Gewinnermittlungsform.

Von der Schätzung zu unterscheiden ist die **Verprobung**. Bei der Schätzung fehlen ordnungsmäßige Unterlagen, sodass der Gewinn erst zu bestimmen ist. Bei der Verprobung wird ein vom Steuerpflichtigen angegebener Gewinn anhand von Richtsätzen auf seine Plausibilität beurteilt.

Eine Schätzung ist auch dann möglich, wenn ein Steuerpflichtiger bei Sachverhalten, die Vorgänge mit Auslandsbezug betreffen, seine Mitwirkungspflichten verletzt (§ 162 Abs. 3, 4 iVm § 90 Abs. 3 AO). Hauptanwendungsfall für diese spezielle Form der Schätzung bildet die Prüfung der Verrechnungspreise für konzerninterne Lieferungen und Leistungen sowie die Gewinnabgrenzung gegenüber einer im Ausland belegenen Betriebsstätte (zB Niederlassung).

f) Anwendungsbereich der Gewinnermittlungsmethoden

In den meisten Fällen ermitteln **Land- und Forstwirte** ihren **Gewinn nach Durch-** 186
schnittssätzen, Gewerbetreibende durch einen **Betriebsvermögensvergleich nach**

---

82 Im aktuellen Subventionsbericht der Bundesregierung ist § 13a EStG nicht aufgeführt. Allerdings wurde die Kritik des Bundesrechnungshofs (BT-Drucks 17/8428) zum Anlass genommen, die Vorteile der Gewinnermittlung nach Durchschnittssätzen einzuschränken.

83 Zu Einzelheiten siehe BMF-Schreiben vom 8.7.2019, BStBl. 2019 I, S. 605.

§ 5 EStG und **selbständig Tätige iSd § 18 EStG als Überschuss der Betriebseinnahmen über die Betriebsausgaben** nach § 4 Abs. 3 EStG. Diese Aussagen geben den Grundfall wieder. Im Einzelnen ist jedoch bei den Gewinneinkunftsarten stärker zu differenzieren.

Gewinnermittlungsmethode	**Land- und Forstwirte**	**Gewerbetreibende**	**selbständig Tätige iSd § 18 EStG**
Gewinnermittlung nach Durchschnittssätzen (§ 13a EStG)	Voraussetzungen des § 13a Abs. 1 EStG erfüllt oder keine andere Ermittlungsmethode gewählt	nicht möglich	nicht möglich
Einnahmen-Ausgabenrechnung nach § 4 Abs. 3 EStG	Überschreiten der in § 13a Abs. 1 EStG genannten Grenzen und Gewinnermittlung nicht durch Betriebsvermögensvergleich nach § 4 Abs. 1 EStG oder aufgrund des Wahlrechts nach § 13a Abs. 2 EStG	weder (derivative oder originäre) steuerliche Buchführungspflicht noch freiwillig buchführend	Regelfall
Betriebsvermögensvergleich nach § 4 Abs. 1 EStG	originäre steuerliche Buchführungspflicht nach § 141 AO oder freiwillig buchführend aufgrund des Wahlrechts nach § 13a Abs. 2 EStG	nicht möglich	freiwillig buchführend
Betriebsvermögensvergleich nach § 5 EStG	nicht möglich	derivative steuerliche Buchführungspflicht nach § 140 AO oder originäre steuerliche Buchführungspflicht nach § 141 AO oder freiwillig buchführend	nicht möglich

Abb. 2.9: Anwendungsbereich der Gewinnermittlungsmethoden

187 Wer als Kaufmann handelsrechtlich zur Führung von Büchern verpflichtet ist (insbesondere nach dem HGB, AktG, GmbHG), hat diese Verpflichtung auch für die Besteuerung zu erfüllen (§ 140 AO, **derivative** steuerliche **Buchführungspflicht**).

188 Eine eigenständige (**originäre**) steuerliche **Buchführungspflicht** besteht nach § 141 Abs. 1 AO, wenn eine der folgenden Größen überschritten wird:

- für **Land- und Forstwirte** mit einem Umsatz von mehr als 600 000 € oder einem Wirtschaftswert der selbst bewirtschafteten Flächen von mehr als 25 000 € oder einem Gewinn von mehr als 60 000 € und

– für **Gewerbetreibende** mit einem Umsatz von mehr als 600 000 € oder einem Gewinn von mehr als 60 000 €.

g) Gewinnermittlungszeitraum

Bei **Einkünften aus selbständiger Arbeit** stimmt der Gewinnermittlungszeitraum mit dem **Kalenderjahr** überein. Bei Land- und Forstwirten sowie Gewerbetreibenden ist der Gewinn nach dem Wirtschaftsjahr zu ermitteln (§ 4a Abs. 1 EStG). Das Wirtschaftsjahr erstreckt sich **bei Land- und Forstwirten** im Regelfall auf den Zeitraum vom **1. Juli bis 30. Juni**. Besonderheiten für verschiedene Formen einer land- und forstwirtschaftlichen Tätigkeit sind in § 8c EStDV geregelt. **Bei Gewerbetreibenden** deckt sich das Wirtschaftsjahr grundsätzlich mit dem **Kalenderjahr**. Weicht bei Gewerbebetrieben, die im Handelsregister eingetragen sind, der für die Erstellung des handelsrechtlichen Jahresabschlusses zugrunde gelegte Zeitraum vom Kalenderjahr ab (abweichendes Geschäftsjahr), kann dieser Zeitraum steuerlich als Wirtschaftsjahr übernommen werden.[84] **189**

Der Veranlagungszeitraum der Einkommensteuer entspricht dem Kalenderjahr (§ 2 Abs. 7 EStG). Im Regelfall stimmen also sowohl der Gewinnermittlungszeitraum als auch der Veranlagungszeitraum mit dem Kalenderjahr überein. **Deckt sich** ausnahmsweise der **Gewinnermittlungszeitraum nicht mit** dem Kalenderjahr, muss geklärt werden, welchem **Veranlagungszeitraum** der für ein Wirtschaftsjahr ermittelte Gewinn zuzurechnen ist. Bei Land- und Forstwirten ist der Gewinn des Wirtschaftsjahres zeitanteilig (dh grundsätzlich hälftig) auf die beiden Kalenderjahre aufzuteilen. Gewerbetreibende mit einem vom Kalenderjahr abweichenden Wirtschaftsjahr erfassen den Gewinn in dem Veranlagungszeitraum, in dem das Wirtschaftsjahr endet (§ 4a Abs. 2 EStG). **190**

Beispiel: Erstreckt sich bei einem Gewerbetreibenden das Wirtschaftsjahr vom 1.5. bis 30.4., hat er den Gewinn aus dem Zeitraum 1.5.01 bis 30.4.02 in voller Höhe im Jahr 02 zu versteuern.

h) Betriebliche Erträge und Aufwendungen (Betriebseinnahmen und Betriebsausgaben)

(1) Überblick: Der Gewinnermittlung durch Betriebsvermögensvergleich nach **§ 4 Abs. 1 EStG** oder **§ 5 EStG** sowie der Einnahmen-Ausgabenrechnung nach **§ 4 Abs. 3 EStG** liegt der **gleiche Einkommensbegriff** zugrunde. Der **Umfang der Einkünfte** bestimmt sich bei beiden Gewinnermittlungsmethoden in Anlehnung an die **Reinvermögensänderungstheorie. Steuerliche Relevanz** besitzen nicht nur die laufenden Geschäftsvorgänge, sondern **auch** positive und negative Änderungen des Werts der eingesetzten Wirtschaftsgüter (zB **Veräußerungsgewinne**). Die Abgrenzung der Betriebseinnahmen und Betriebsausgaben, dh der Größen, die gewinnerhöhend bzw gewinnmindernd anzusetzen sind, erfolgt nach den gleichen Regeln. **191**

Unterschiede bestehen **hinsichtlich** des **Zeitpunkts**, zu dem sich die Betriebseinnahmen und -ausgaben steuerlich auswirken: Beim Betriebsvermögensvergleich gelten grundsätzlich das Realisations- und Imparitätsprinzip (ergänzt um die weiteren han-

84 Zum Wirtschaftsjahr siehe Fritz, SteuerStud 2010, S. 375. Im Handelsrecht wird von „Geschäftsjahr" (zB § 242 Abs. 1, 2 HGB) gesprochen. Im Steuerrecht wird der Begriff „Wirtschaftsjahr" verwendet.

delsrechtlichen Grundsätze ordnungsmäßiger Buchführung). Bei der Überschussrechnung ist prinzipiell das Zufluss- bzw Abflussprinzip heranzuziehen.

Die **Höhe der steuerpflichtigen Gewinne** hängt davon ab, wie folgende **vier Einflussgrößen** abgegrenzt werden:

- betriebliche Erträge (Betriebseinnahmen)
- steuerfreie Betriebseinnahmen
- betriebliche Aufwendungen (Betriebsausgaben)
- nichtabziehbare Betriebsausgaben.

192 *(2) Betriebliche Erträge (Betriebseinnahmen):* Der Begriff **„Betriebseinnahme"** ist gesetzlich **nicht definiert**. Allgemein versteht man unter Betriebseinnahmen bzw betrieblichen Erträgen **betrieblich veranlasste Mehrungen des Betriebsvermögens**. Bei Gewerbetreibenden sind Betriebseinnahmen grundsätzlich **mit** dem handelsrechtlichen Begriff **„Ertrag" gleichzusetzen**.

Betriebseinnahmen sind **kausal definiert**. Entscheidendes Abgrenzungsmerkmal gegenüber privaten Vorgängen ist die **betriebliche Veranlassung**: Sind für die Vermögensmehrung betriebliche Gründe ursächlich, liegen Betriebseinnahmen vor. Hat die Vermögensmehrung ihre Ursache außerhalb des betrieblichen Bereichs, wird sie entweder bei den Gewinneinkunftsarten nicht erfasst oder ihre Auswirkung auf das Eigenkapital wird durch die Erfassung als Einlage neutralisiert. Diese Begriffsdefinition leitet sich aus einem Umkehrschluss aus der in § 4 Abs. 4 EStG enthaltenen Kodifizierung des Begriffs „Betriebsausgaben" ab.

193 Typische Betriebseinnahmen sind:

- **Entgelte** für zum eigentlichen Betriebszweck gehörende **Lieferungen und Dienstleistungen**, zB Verkauf von selbst erstellten Erzeugnissen, Absatz von Handelswaren, Honorareinnahmen eines Arztes oder Steuerberaters,
- Einnahmen aus der **Veräußerung von** Wirtschaftsgütern des **Betriebsvermögens** und
- Einnahmen für **sonstige betriebliche Leistungen**, die **mittelbar** mit dem eigentlichen **Betriebszweck** im Zusammenhang stehen, zB Testamentsvollstreckung durch einen Rechtsanwalt.

Einlagen sind **keine Betriebseinnahmen**, da sie ihre **Ursache im privaten Bereich** haben. Aufgrund der fehlenden betrieblichen Veranlassung werden sie entweder überhaupt nicht verbucht oder eine Gewinnwirkung wird durch die Verrechnung über das Privatkonto (ein Unterkonto des Eigenkapitalkontos) vermieden. Einlagen, die über das Privatkonto verbucht werden, erhöhen zwar das Betriebsvermögen, aber nicht den Gewinn.

194 *(3) Steuerfreie Betriebseinnahmen:* Betriebseinnahmen erhöhen nur dann den steuerpflichtigen Gewinn, wenn sie nicht steuerbefreit sind. **Steuerfreie Betriebseinnahmen** sind dadurch gekennzeichnet, dass sie zwar die Merkmale einer Betriebseinnahme erfüllen, aber von der Besteuerung ausgenommen sind. Steuerfreie Einnahmen sind **steuerbar, jedoch nicht steuerpflichtig**.

Steuerbefreiungen können entweder im Einkommensteuergesetz enthalten sein oder sich aus anderen Gesetzen, Verordnungen oder Verträgen ergeben. Die wichtigsten

Steuerbefreiungen beziehen sich auf **Investitionszulagen** (zB § 13 InvZulG 2010 für Investitionen bis zum Jahr 2013), die Steuerbefreiung für Sanierungserträge (§ 3a, § 3c Abs. 4 EStG, § 7b GewStG) und auf Einkünfte, bei denen die **internationale Doppelbesteuerung** nach einem Doppelbesteuerungsabkommen durch die **Freistellungsmethode** vermieden wird (zB Gewinne, die auf eine ausländische Betriebsstätte [zB Zweigniederlassung] entfallen, Art. 7 iVm Art. 23A OECD-MA).

Zielsetzung des Körperschaftsteuersystems ist es, bei Gewinnen, die von einer Kapitalgesellschaft ausgeschüttet werden, Doppelbelastungen zu vermeiden. Nach dem in Deutschland geltenden Körperschaftsteuersystem bleiben **Dividenden**, die einer **natürlichen Person** zufließen, die ihre **Anteile im Betriebsvermögen** hält, **zu 40% steuerfrei** (**Teileinkünfteverfahren**, § 3 Nr 40 EStG). Die 40%ige Steuerbefreiung gilt nicht nur für Gewinnausschüttungen, sondern grundsätzlich auch für Gewinne aus der Veräußerung von Anteilen an Kapitalgesellschaften, die sich im Betriebsvermögen eines einkommensteuerpflichtigen Anteilseigners befinden.[85] 195

(4) Betriebliche Aufwendungen (Betriebsausgaben): Betriebsausgaben (betriebliche Aufwendungen) sind dadurch charakterisiert, dass sie zu einer Minderung des Betriebsvermögens führen. Als Betriebsausgaben gelten **Aufwendungen**, die **durch den Betrieb veranlasst** sind (§ 4 Abs. 4 EStG). Nach dieser **kausalen Begriffsabgrenzung** bildet die betriebliche Veranlassung das entscheidende Merkmal für die Abziehbarkeit von Aufwendungen. Die Ausgaben müssen **objektiv mit** dem **Betrieb zusammenhängen** und **subjektiv** dazu bestimmt sein, **dem Betrieb** zu **dienen**. Diese Bedingungen sind erfüllt, wenn die Ausgaben mit bestimmten Betriebseinnahmen in Verbindung stehen oder wenn sie geeignet sind, die Geschäftstätigkeit des Unternehmens allgemein zu fördern. 196

Beispiele: Entlohnung der Mitarbeiter, Verbrauch von Roh-, Hilfs- und Betriebsstoffen, Miete für die Geschäftsräume, Abschreibungen von abnutzbaren Wirtschaftsgütern des Anlagevermögens, Darlehenszinsen, Wertminderung der eingesetzten Wirtschaftsgüter durch Zerstörung, Unfall oder Diebstahl, Kosten für Dienstreisen, Bewirtung von Geschäftsfreunden.

Ist eine Ausgabe durch den Betrieb veranlasst, mindert sie als Betriebsausgabe den Gewinn. Es wird **nicht geprüft, ob** die **Ausgabe zweckmäßig, angemessen** oder **nützlich** ist. Ein Abzug ist auch dann möglich, wenn die Ausgabe nicht zum erhofften Erfolg führt. Es ist ebenfalls unerheblich, ob die Ausgabe im laufenden Betrieb, bereits vor Aufnahme der betrieblichen Tätigkeit (**vorweggenommene Betriebsausgabe**) oder erst nach Einstellung des Geschäftsbetriebs anfällt (**nachträgliche Betriebsausgabe**).

Entnahmen sind **keine Betriebsausgaben**, sie haben ihre **Ursache im privaten Bereich**. Aufgrund der fehlenden betrieblichen Veranlassung werden sie entweder in der Buchführung überhaupt nicht verrechnet oder eine Gewinnwirkung wird durch die Verbuchung über das Privatkonto (ein Unterkonto des Eigenkapitalkontos) vermieden. Die Verbuchung von Entnahmen über das Privatkonto neutralisiert die mit Entnahmen verbundene Minderung des Betriebsvermögens, sodass der Gewinn da- 197

85 Zur Erläuterung des Körperschaftsteuersystems siehe ausführlich Dritter Abschnitt, Kapitel F., Rn. 414–445.

von unbeeinflusst bleibt. Diese Grundsätze führen dazu, dass **Ausgaben für die private Lebensführung** des Steuerpflichtigen oder seiner Familienangehörigen, Zuwendungen an unterhaltsberechtigte Personen, Steuern vom Einkommen und sonstige **Personensteuern**, die Umsatzsteuer auf Umsätze, die Entnahmen sind, die Vorsteuer auf bestimmte nichtabziehbare Betriebsausgaben (Repräsentationsaufwendungen) sowie **Geldstrafen** und vergleichbare Belastungen einschließlich der damit zusammenhängenden Aufwendungen keine Betriebsausgaben sind (§ 12 EStG).[86]

198 Aufwendungen des Steuerpflichtigen für seine Berufsausbildung oder für sein Studium sind nur dann Betriebsausgaben, wenn der Steuerpflichtige zuvor bereits eine Erstausbildung (Berufsausbildung oder Studium) abgeschlossen hat (§ 4 Abs. 9 iVm § 9 Abs. 6 S. 2–5 EStG). Die erstmalige Berufsausbildung und das Erststudium, das zugleich eine Erstausbildung vermittelt, werden grundsätzlich der privaten Sphäre zugeordnet, sodass diese Aufwendungen keine Erwerbsaufwendungen sind. Diese Aufwendungen können allerdings bis zu einem Betrag von 6 000 € als Sonderausgaben abgezogen werden (§ 10 Abs. 1 Nr 7 EStG).

199 Die **Gewerbesteuer** ist nach § 4 Abs. 5b EStG keine Betriebsausgabe. Dies ist insoweit bemerkenswert, als bei der Gewerbesteuer das Merkmal einer Betriebsausgabe in idealtypischer Weise erfüllt ist. Die Gewerbesteuer ist untrennbar mit dem Bestehen eines Gewerbebetriebs verbunden. Wer keinen Gewerbebetrieb unterhält, hat keine Gewerbesteuer zu zahlen. Die betriebliche Veranlassung ist bei der Gewerbesteuer offensichtlich gegeben. Dennoch ist die Nichtabziehbarkeit der Gewerbesteuer begründbar. Die Versagung der Betriebsausgabeneigenschaft durch eine gesetzliche Fiktion dient der Verbesserung der Transparenz des Steuersystems. Da die Gewerbesteuer die Einkünfte aus Gewerbebetrieb nicht mindert, kann ihre Belastung besser ersehen werden. Die Regelung, dass die Gewerbesteuer keine Betriebsausgabe darstellt, trägt auch zu einer klareren Abgrenzung der Steuerertragshoheit über die Ertragsteuern bei. Für die Steuerpflichtigen entsteht dadurch auch kein Nachteil, da bei der Festsetzung des Steuersatzes (genauer der Steuermesszahl nach § 11 Abs. 2 GewStG) berücksichtigt wird, dass die Gewerbesteuer nicht zu den Betriebsausgaben gehört.

200 Bei Aufwendungen zur Förderung von staatspolitischen Zwecken (zB Mitgliedsbeiträge sowie **Spenden** an politische Parteien und an unabhängige Wählervereinigungen) wird generell davon ausgegangen, dass sie **privat veranlasst** sind. Diese Aufwendungen sind also keine Betriebsausgaben. Dies gilt auch dann, wenn die Zuwendungen zumindest teilweise einen Bezug zum Unternehmen haben (§ 4 Abs. 6 EStG).[87]

---

86 Ebenfalls nichtabziehbar sind die auf die genannten Steuerzahlungen entfallenden Nebenleistungen. Nach § 3 Abs. 4 AO gehören dazu zB Verspätungszuschläge (§ 152 AO), Säumniszuschläge (§ 240 AO), Zinsen auf Steuernachforderungen (§ 233a AO), Stundungszinsen (§ 234 AO) und Aussetzungszinsen (§ 237 AO).

87 Für Mitgliedsbeiträge sowie Spenden an politische Parteien und an unabhängige Wählervereinigungen kann eine Steuerermäßigung beantragt werden (§ 34g EStG). Soweit die Steuerermäßigung nach § 34g EStG nicht in Anspruch genommen wird, können die Aufwendungen zur Förderung staatspolitischer Zwecke (aber ohne Zuwendungen an unabhängige Wählervereinigungen) innerhalb von bestimmten Grenzen als Sonderausgaben, dh außerhalb der Gewinnermittlung, abgezogen werden (§ 10b EStG).

(5) Betriebsausgaben, die nichtabziehbar sind: Betriebsausgaben reduzieren die Höhe der steuerpflichtigen Einkünfte nur insoweit, als sie abziehbar sind. Nichtabziehbare Betriebsausgaben führen zwar zu einer Vermögensminderung, sie dürfen aber von den steuerpflichtigen Einkünften aus Gewerbebetrieb nicht abgezogen werden. Betriebsausgaben, die den steuerlichen Gewinn nicht mindern, lassen sich **sechs Gruppen** zuordnen. **201**

(a) **Ausgaben** in unmittelbarem wirtschaftlichen **Zusammenhang mit steuerfreien Einnahmen** können nicht berücksichtigt werden (§ 3c Abs. 1 EStG). Das **Nettoprinzip** bedingt, dass bei Nichterfassung der Betriebseinnahmen auch die damit zusammenhängenden Ausgaben nicht in die Gewinnermittlung eingehen. **202**

Da für Gewinnausschüttungen einer Kapitalgesellschaft sowie für Veräußerungen von Anteilen an Kapitalgesellschaften eine 40%ige Steuerbefreiung gilt (§ 3 Nr 40 EStG), dürfen Betriebsausgaben, die mit diesen Betriebseinnahmen in wirtschaftlichem Zusammenhang stehen, nur zu 60% steuermindernd abgezogen werden (§ 3c Abs. 2 EStG). Dies gilt sowohl für die **Beteiligung an** einer inländischen **Kapitalgesellschaft** als auch für die Beteiligung an einer ausländischen Kapitalgesellschaft.[88]

(b) **Abgrenzungsschwierigkeiten zwischen** dem **betrieblichen Bereich und** den Kosten der **privaten Lebensführung** bilden zum Teil die Begründung dafür, dass der Betriebsausgabenabzug versagt wird. Sind Ausgaben zum Teil betrieblich veranlasst und zum Teil der privaten Sphäre zuzuordnen und lassen sich die beiden Bereiche **nicht objektiv voneinander trennen**, sind die Ausgaben in vollem Umfang nichtabziehbar. Der Grundsatz der Trennung von Einkommenserzielung und konsumtiver Einkommensverwendung (**Nichtabziehbarkeit der Kosten der privaten Lebensführung**, § 12 Nr 1 EStG) wird stärker gewichtet als das Nettoprinzip. Die Gefahr von Manipulationen wird höher eingeschätzt als die Notwendigkeit einer – gemessen an der sachlichen Interpretation des Leistungsfähigkeitsprinzips – sachgerechten Einkunftsermittlung.[89] **203**

Beispiele: Anzug eines Steuerberaters, Aufwendungen für eine Tageszeitung eines Vermögensverwalters, Konzertbesuche eines als Verbandsvertreter tätigen Unternehmers mit dem Ziel der Kontaktaufnahme.

Ist eine **Trennung** zwischen teils privat und teils betrieblich veranlassten Aufwendungen anhand von Unterlagen oder objektiven Merkmalen **in nachprüfbarer Weise möglich** und ist der betriebliche Anteil nicht von untergeordneter Bedeutung, wird das Nettoprinzip beachtet. Diese **Ausgaben** sind **in Höhe des betrieblich** veranlassten **Anteils** als **Betriebsausgaben** abziehbar.[90]

Beispiele: Die Aufteilung auf betrieblich und privat veranlasste Fahrten wird durch ein Fahrtenbuch nachgewiesen. Für Telefonate wird ein Einzelnachweis geführt. Bei gemischt genutz-

---

88 Zur Beurteilung der Einschränkungen der Abziehbarkeit von Aufwendungen auf Ebene des Anteilseigners, die im Zusammenhang mit der Beteiligung an einer Kapitalgesellschaft stehen, siehe Dritter Abschnitt, Kapitel F.III., Rn. 421.

89 Zu weiteren Beispielen siehe H 12.1 EStH.

90 Vgl BFH vom 19.10.1970, BStBl. 1971 II, S. 17 sowie grundlegend zu gemischt veranlassten Reisen BFH vom 21.9.2009, BStBl. 2010 II, S. 672. Siehe hierzu auch BFH vom 21.4.2010, BStBl. 2010 II, S. 685; BFH vom 21.4.2010, BStBl. 2010 II, S. 687; BMF-Schreiben vom 6.7.2010, BStBl. 2010 I, S. 614 sowie Steck, DStZ 2011, S. 191.

ten Personalcomputern sind die Kosten gleichfalls aufzuteilen. Sofern keine zusätzlichen Anhaltspunkte vorliegen, ist typisierend von einer jeweils hälftigen privaten bzw beruflichen Nutzung auszugehen.[91]

Bei **ausschließlich betrieblicher Veranlassung** steht es dem Betriebsausgabenabzug nicht entgegen, wenn daneben ein persönlicher Bezug besteht. Allerdings wird der Abzug zum Teil auf bestimmte Beträge begrenzt.

Beispiele: Dienstreisen, Bewirtung von Geschäftsfreunden, Fahrten zwischen Wohnung und Betrieb, spezielle Arbeitskleidung (Artistengarderobe, Schutzanzüge).

204 Für **Schuldzinsen** enthält **§ 4 Abs. 4a EStG** eine detaillierte Regelung, um betrieblich veranlasste (gewinnmindernd abziehbare) von privat veranlassten (nicht als Betriebsausgabe verrechenbaren) Zinsen abzugrenzen. Der Abzug von Schuldzinsen wird eingeschränkt, wenn Überentnahmen getätigt werden. Überentnahmen liegen vor, wenn die Entnahmen die Summe aus dem Gewinn und den Einlagen des Wirtschaftsjahres übersteigen. Die nichtabziehbaren Schuldzinsen werden typisiert mit 6% der Überentnahmen (abzüglich 2 050 €) angesetzt. Soweit das Darlehen zur Finanzierung des Erwerbs eines Wirtschaftsguts dient, wird der Betriebsausgabenabzug allerdings nicht eingeschränkt.[92]

205 (c) **§ 4 Abs. 5 EStG** schließt bei einer Reihe von Betriebsausgaben aus, dass sie den steuerpflichtigen Gewinn mindern:

- **Geschenke an Nichtarbeitnehmer** mit einem Wert von mehr als 35 € (ohne Umsatzsteuer)
- **30%** der angemessenen und betrieblich veranlassten **Bewirtungskosten**
  Hinweis: Unangemessene Bewirtungskosten sowie nicht betrieblich veranlasste Bewirtungskosten sind keine Betriebsausgaben. Sie sind deshalb in vollem Umfang nichtabziehbar.
- Aufwendungen für **Gästehäuser**
- Aufwendungen für **Jagd, Fischerei, Segeljachten, Motorjachten** oder ähnliche Zwecke
- **Mehraufwendungen für Verpflegung** im Zusammenhang mit Dienstreisen, soweit sie die in § 9 Abs. 4a EStG formulierten Grenzen übersteigen
- Aufwendungen für **Fahrten zwischen dem Betrieb und der Wohnung** des Steuerpflichtigen sowie für Familienheimfahrten, soweit sie bestimmte Grenzen überschreiten
- Mehraufwendungen für eine **betrieblich veranlasste doppelte Haushaltsführung**, soweit sie bestimmte Grenzen überschreiten
- Aufwendungen für ein **häusliches Arbeitszimmer** und dessen Ausstattung
  Ausnahmen: (1) Bildet das Arbeitszimmer den Mittelpunkt der gesamten betrieblichen oder beruflichen Tätigkeit, können die angefallenen Aufwendungen ohne betragsmäßige Beschränkung abgezogen werden. (2) Steht für die betriebliche oder berufliche Tätigkeit kein anderer Arbeitsplatz zur Verfügung, können die Aufwendungen für das Arbeitszimmer bis zu einem Betrag von 1 250 € abgezogen werden.[93]

---

91 Vgl BFH vom 19.2.2004, BStBl. 2004 II, S. 958.

92 Zu Einzelheiten siehe BMF-Schreiben vom 2.11.2018, BStBl. 2018 I, S. 1207.

93 Zu Einzelheiten siehe BMF-Schreiben vom 6.10.2017, BStBl. 2017 I, S. 1320.

Hinweis: Vom Abzugsverbot nicht erfasst sind Aufwendungen für Arbeitsmittel, wie Schreibtisch, Bücherregal oder Personalcomputer.

- Aufwendungen, die die **private Lebensführung berühren und** nach allgemeiner Verkehrsauffassung als **unangemessen** anzusehen sind, dh Ausgaben, die ein ordentlicher und gewissenhafter Unternehmer angesichts der erwarteten Vorteile und Kosten nicht auf sich genommen hätte,[94] zB Ausgaben für einen Luxus-PKW, betrieblichen Sportwagen, Einrichtung des Büros mit sehr teuren Teppichen oder antiken Möbeln oder die Nutzung eines eigenen Flugzeugs für Dienstreisen
- **Geldbußen**, Ordnungsgelder und Verwarnungsgelder
- Zinsen auf hinterzogene Steuern
- Ausgleichszahlungen an Minderheitsgesellschafter einer Organgesellschaft
- **Bestechungs- und Schmiergelder** („nützliche Aufwendungen")
- Aufwendungen, die mit unmittelbaren und mittelbaren Zuwendungen von nicht einlagefähigen Vorteilen zur Verwendung in Betrieben in Zusammenhang stehen, deren Gewinn nach § 5a EStG ermittelt wird (Sonderregelung bei Gewinnermittlung für Handelsschiffe im internationalen Verkehr nach § 5a EStG, um unerwünschte Gestaltungen zu vermeiden)
- Zuschläge nach § 162 Abs. 4 AO bei Verletzung der im Zusammenhang mit Auslandssachverhalten bestehenden Aufzeichnungspflichten
- Jahresbeiträge nach § 12 Abs. 2 Restrukturierungsfondsgesetz, die von Kreditinstituten in den Restrukturierungsfonds einbezahlt werden.[95]

Die **meisten** dieser **Regelungen** nehmen eine **pauschalierende Abgrenzung zwischen** dem **betrieblichen** und dem **privaten Bereich** vor. Bei den im Gesetz genannten Abzugsverboten wird vermutet, dass die Ausgaben zumindest zum Teil auf privaten Überlegungen beruhen und insoweit nicht betrieblich veranlasst sind. Der Grundsatz der Trennung von Einkommenserzielung und Einkommensverwendung geht dem Nettoprinzip vor.

(d) Zum Teil wird der Abzug versagt, wenn die Betriebsausgaben **nicht gesondert aufgezeichnet** werden (§ 4 Abs. 7 EStG). Bei Nichterfüllung der Aufzeichnungsverpflichtungen wird vermutet, dass die betriebliche Veranlassung fehlt. **206**

(e) Wird dem Finanzamt die **Auskunft über** den **Empfänger** der Ausgaben **verweigert**, ist der Betriebsausgabenabzug ausgeschlossen (§ 160 AO). Die Nichtabziehbarkeit beruht auf dem **mangelnden Nachweis** der betrieblichen Veranlassung. **207**

(f) Zinsaufwendungen stellen grundsätzlich Betriebsausgaben dar. Aufgrund einer gesetzlichen Sonderregelung dürfen sie allerdings die steuerliche Bemessungsgrundlage nicht unbegrenzt mindern. Vielmehr ist der Abzug von Zinsaufwendungen grundsätzlich auf das verrechenbare EBITDA (EBITDA: Earnings Before Interest, Taxes, Depreciation and Amortization) begrenzt (**Zinsschranke**, § 4h EStG).[96] Das **208**

94 Vgl BFH vom 27.2.1985, BStBl. 1985 II, S. 458; BFH vom 29.4.2014, BStBl. 2014 II, S. 679.

95 Die Mittel dieses Sondervermögens des Bundes dienen zur Finanzierung künftiger Restrukturierungs- und Abwicklungsmaßnahmen bei systemrelevanten Banken.

96 Zu Einzelheiten der Zinsschranke siehe BMF-Schreiben vom 4.7.2008, BStBl. 2008 I, S. 718 sowie die Erläuterungen im Dritten Abschnitt, Kapitel G.III., Rn. 459–464.

verrechenbare EBITDA entspricht 30% des steuerpflichtigen Gewinns vor Berücksichtigung von Zinsen sowie vor Abzug der Abschreibungen. Zinsaufwendungen, die diese 30%-Grenze übersteigen, können – im Rahmen der Grenzen der Zinsschranke – in die Folgejahre vorgetragen werden (Zinsvortrag). Von ihrer Konzeption her wird also durch die Zinsschranke der Abzug der Zinsen nicht generell ausgeschlossen, sondern „lediglich" zeitlich verzögert.

Der Abzug von für die Überlassung von Rechten bezahlten Vergütungen wird eingeschränkt, wenn die Vergütungen beim Empfänger aufgrund einer von der Regelbesteuerung abweichenden Präferenzregelung (zB Patentbox) einer niedrigen Besteuerung unterliegen und wenn es sich bei dem Empfänger um eine nahestehende Person handelt (**Lizenzschranke**, § 4j EStG).[97] Eine niedrige Besteuerung wird angenommen, wenn die Belastung des Zahlungsempfängers weniger als 25% beträgt.

4. Überschuss der Einnahmen über die Werbungskosten

a) Einkunftsermittlung

209 Bei Überschusseinkunftsarten errechnet sich die Höhe der Einkünfte grundsätzlich aus der **Summe der Einnahmen abzüglich** der **Summe der Werbungskosten** (§ 8 – § 9a EStG).

Der bei Überschusseinkunftsarten geltende Einkommensbegriff orientiert sich methodisch an der **Quellentheorie. Steuerbar** sollen **nur Nutzungs- oder Tätigkeitsvergütungen** sein. Veränderungen des Werts der eingesetzten Wirtschaftsgüter bleiben nach der bei Überschusseinkunftsarten geltenden Konzeption grundsätzlich ausgeklammert. Aufgrund der Einführung einer generellen Besteuerung von Veräußerungsgewinnen bei Einkünften aus Kapitalvermögen nach § 20 Abs. 2 EStG (private Kapitalanlagen) sowie der Ausdehnung des Anwendungsbereichs der Sonderregelungen in § 17 EStG (Veräußerung von Anteilen an Kapitalgesellschaften bei einer Beteiligung von mindestens 1%, wenn die Anteile dem Privatvermögen einer natürlichen Person zugerechnet werden) und § 23 EStG (private Veräußerungsgeschäfte) hat die **Unterscheidung zwischen Gewinn- und Überschusseinkunftsarten** aber materiell **an Bedeutung verloren**: Bei Gewinneinkunftsarten werden Veräußerungsgewinne aufgrund des in § 2 Abs. 2 EStG enthaltenen Einkommensbegriffs generell besteuert. Bei Wirtschaftsgütern, die im Rahmen einer Überschusseinkunftsart eingesetzt oder die ohne Einkunftserzielungsabsicht genutzt werden, sind Veräußerungsgewinne aufgrund der in § 20 Abs. 2, § 17 und § 23 EStG enthaltenen Regelungen steuerbar. Die in § 2 Abs. 2 EStG vorgenommene Zweiteilung der Einkunftsarten wirkt sich in der praktischen Anwendung häufig nicht aus.

210 **Für** die **Feststellung** der Einkünfte ist **kein besonderes Verfahren vorgeschrieben**. Es ist weder eine Buchführung noch ein Jahresabschluss (Bilanz, Gewinn- und Verlustrechnung) erforderlich. Eine Gegenüberstellung von Einnahmen und Werbungskosten ist ausreichend.

97 Zu Einzelheiten der Lizenzschranke siehe sowie die Erläuterungen im Dritten Abschnitt, Kapitel G.IV., Rn. 465–466.

b) Einnahmen

Einnahmen sind **alle Güter**, die **in Geld oder Geldeswert** bestehen und dem Steuerpflichtigen im **Rahmen einer** der **Überschusseinkunftsarten zufließen** (§ 8 Abs. 1 S. 1 EStG). 211

Die Bewertung von **Sachleistungen** (Wohnung, Kost, Waren, sonstige Sachbezüge) orientiert sich am **gemeinen Wert**. Dieser Bewertungsmaßstab wird durch den – um übliche Preisnachlässe geminderten – am Abgabeort üblichen Endpreis oder durch den in der Sozialversicherungsentgeltverordnung festgesetzten Betrag konkretisiert (§ 8 Abs. 2 S. 1 EStG).[98]

Einnahmen sind zu dem Zeitpunkt zu erfassen, zu dem sie dem Steuerpflichtigen zufließen (**Zuflussprinzip**, § 11 Abs. 1 EStG). Zufluss liegt vor, wenn der Steuerpflichtige wirtschaftlich die Verfügungsmacht über Geld oder über ein in Geldeswert bestehendes Wirtschaftsgut erlangt, wie beispielsweise Entgegennahme einer Zahlung, Gutschrift einer Überweisung auf dem Bankkonto, Entgegennahme eines Schecks oder Aufrechnung von gegenseitigen Forderungen. 212

Regelmäßig wiederkehrende Einnahmen, die dem Steuerpflichtigen kurze Zeit vor Beginn oder kurze Zeit nach Beendigung des Kalenderjahres, zu dem sie wirtschaftlich gehören, zugeflossen sind, gelten als im Kalenderjahr ihrer wirtschaftlichen Zugehörigkeit bezogen. Als kurze Zeit gilt ein Zeitraum von bis zu zehn Tagen.

Eine Besonderheit gilt für Ausgaben für Nutzungsüberlassungen von mehr als fünf Jahren, die im Voraus geleistet werden. Der Werbungskostenabzug ist entgegen dem Abflussprinzip gleichmäßig auf den Zeitraum zu verteilen, für den die Vorauszahlung geleistet wird. Der Empfänger kann die Einnahmen im Zuflusszeitpunkt versteuern oder gleichmäßig auf den Vorauszahlungszeitraum verteilen (§ 11 Abs. 1 S. 3, Abs. 2 S. 3 EStG). Wird dieses Wahlrecht ausgeübt, wird insoweit eine Übereinstimmung mit den Gewinnermittlungsmethoden hergestellt (§ 5 Abs. 1 S. 1 Nr 1 EStG).

Die für Überschusseinkunftsarten wichtigsten **steuerfreien Einnahmen** finden sich in dem umfangreichen Katalog des § 3 EStG (zB Lohnersatzleistungen wie Arbeitslosengeld, Kurzarbeitergeld, Schlechtwettergeld, Arbeitslosenhilfe, Krankengeld, Mutterschaftsgeld, Elterngeld), in § 3b EStG (Zuschläge für Sonntags-, Feiertags- und Nachtarbeit: Begrenzung auf einen bestimmten Prozentsatz vom Grundlohn, wobei als Grundlohn maximal 50 €/Stunde angesetzt werden darf), in § 8 Abs. 2 S. 11, 12 EStG, in § 8 Abs. 3 EStG sowie in H 3.0–H 3.65 EStH und in R 3.2–R 3.65, R 3b, R 8.2 LStR. 213

c) Werbungskosten

Nach der gesetzlichen Definition sind **Werbungskosten** Aufwendungen zur Erwerbung, Sicherung und Erhaltung der Einnahmen (§ 9 Abs. 1 S. 1 EStG). Der Wortlaut deutet auf eine finale Begriffsbestimmung hin. Es besteht aber überwiegend die Meinung, dass Werbungskosten in gleicher Weise wie Betriebsausgaben **nach** dem **Veranlassungsprinzip**, also **kausal**, **abzugrenzen** sind.[99] In der praktischen Anwendung gelten als Werbungskosten: 214

98 Zu Einzelheiten siehe R 8.1 LStR.
99 Statt aller BFH vom 28.11.1977, BStBl. 1978 II, S. 105.

- Ausgaben und sonstige Vermögensminderungen,
- die durch ein Verhalten veranlasst sind, das mit der Erzielung von Einnahmen im Zusammenhang steht,
- sofern diese Einnahmen einer der Überschusseinkunftsarten zuzurechnen sind.

Eine **Veranlassung durch** eine der **Überschusseinkunftsarten** liegt vor, wenn die Ausgabe **objektiv im Zusammenhang mit** einer der vier **Überschusseinkunftsarten** steht und **subjektiv zu** deren **Förderung getätigt** wurde.

Durch Anlehnung an das Veranlassungsprinzip stellen auch

- Ausgaben, die sich als erfolglos erweisen,
- Ausgaben bei gesicherten Einnahmen,
- vorweggenommene Ausgaben und
- Ausgaben nach Beendigung der wirtschaftlichen Betätigung

Werbungskosten dar. Bei wörtlicher Interpretation der gesetzlichen (finalen) Werbungskostendefinition dürften diese Ausgaben die Einkünfte nicht mindern.

215 Eine Besonderheit gilt für **Einkünfte aus Kapitalvermögen**, bei denen als Werbungskosten ein Betrag von 801 € (Ledige) bzw 1 602 € (zusammenveranlagte Ehegatten) abgezogen werden kann. Der Abzug des Sparer-Pauschbetrags ersetzt den Abzug der tatsächlich angefallenen Werbungskosten (§ 2 Abs. 2 S. 2 iVm § 20 Abs. 9 EStG). Dies gilt auch in dem Fall, in dem der Steuerpflichtige das Wahlrecht ausübt, die Einkünfte aus Kapitalvermögen in die Veranlagung einzubeziehen (Günstigerprüfung, § 32d Abs. 6 EStG). Bei Einkünften aus Kapitalvermögen, die der Abgeltungsteuer unterliegen, wird also eine Bruttobesteuerung vorgenommen. Durch die damit verbundene **Einschränkung des Nettoprinzips** wird eines der bedeutsamsten Prinzipien der Einkommensbesteuerung verletzt.[100]

216 Der **Abzug von Werbungskosten** ist **nur bei den anderen Überschusseinkunftsarten** möglich, dh bei den Einkünften aus nichtselbständiger Arbeit, bei den Einkünften aus Vermietung und Verpachtung sowie bei den sonstigen Einkünften iSd § 22 EStG. § 9 Abs. 1 S. 3 EStG führt beispielhaft Ausgaben auf, die ohne weitere Prüfung als Werbungskosten abziehbar sind **(Katalogwerbungskosten)**. Diese **Vorschrift** hat überwiegend **deklaratorischen Charakter**, da sich die meisten der genannten Ausgaben unter den allgemeinen Werbungskostenbegriff subsumieren lassen. Die Auflistung in **§ 9 EStG** ist **nicht erschöpfend**. Darüber hinaus können sämtliche Ausgaben abgezogen werden, die den allgemeinen Werbungskostenbegriff erfüllen.

217 Die **Katalogwerbungskosten** umfassen folgende Ausgaben (§ 9 Abs. 1 S. 3 EStG):

- **Schuldzinsen** und auf besonderen Verpflichtungsgründen beruhende Renten und dauernde Lasten, soweit sie mit einer Überschusseinkunftsart im wirtschaftlichen Zusammenhang stehen. Hierzu gehören beispielsweise Schuldzinsen für ein ver-

100 Eine Ausnahme gilt für natürliche Personen, die an der Kapitalgesellschaft unternehmerisch beteiligt sind. Üben diese das Wahlrecht aus, die Dividenden nach dem Teileinkünfteverfahren zu besteuern, sind die im Zusammenhang mit der Beteiligung an der Kapitalgesellschaft anfallenden Aufwendungen des Gesellschafters zu 60% als Werbungskosten abziehbar (§ 32d Abs. 2 Nr 3, § 3c Abs. 2 EStG). Siehe hierzu Kapitel C.II.6., Unterabschnitt c), Rn. 130–140.

mietetes Haus, aber nicht Schuldzinsen für ein Haus, das lediglich mit der Absicht der Weiterveräußerung erworben wird.

- **Steuern vom Grundbesitz**, sonstige **öffentliche Abgaben** und **Versicherungsbeiträge**, soweit sie auf Gebäude oder auf Gegenstände entfallen, die dem Steuerpflichtigen zur Einnahmenerzielung dienen.
- **Beiträge an Berufsstände** und sonstige Berufsverbände, zB Gewerkschaften und Kammern.
- Aufwendungen eines Arbeitnehmers für **Fahrten zwischen Wohnung und Arbeitsstätte**. Zur Abgeltung dieser Aufwendungen wird eine **Entfernungspauschale** angesetzt.[101] Die Entfernungspauschale wird grundsätzlich unabhängig davon gewährt, welches Verkehrsmittel genutzt wird. Sie wird auch berücksichtigt, wenn der Steuerpflichtige zu Fuß zu seiner Arbeitsstätte gelangt oder wenn er als Mitglied einer Fahrgemeinschaft unentgeltlich mitgenommen wird. Durch die Entfernungspauschale können also – ausnahmsweise – Werbungskosten angesetzt werden, ohne dass dem Steuerpflichtigen tatsächlich Ausgaben entstehen. Die Entfernungspauschale gilt allerdings nicht für Flugstrecken und Strecken mit nach § 3 Nr 32 EStG steuerfreier Sammelbeförderung.

  Die Entfernungspauschale wird für jeden Arbeitstag angesetzt, an dem der Steuerpflichtige seine Arbeitsstätte aufsucht. Die Entfernungspauschale beträgt für jeden Entfernungskilometer 0,30 € zwischen der Wohnung des Arbeitnehmers und seiner Arbeitsstätte. In den Jahren 2021 bis 2023 erhöht sich die Entfernungspauschale ab dem 21. Entfernungskilometer auf 0,35 €/Entfernungskilometer und von 2024 bis 2026 auf 0,38 €/Entfernungskilometer.[102] Als Entfernungskilometer gilt die kürzeste, verkehrsgünstigste einfache Wegstrecke, dh Hin- und Rückweg werden nicht addiert. Als Arbeitsstätte gilt die erste Tätigkeitsstätte, dh die ortsfeste betriebliche Einrichtung des Arbeitgebers, der der Arbeitnehmer dauerhaft zugeordnet wird (§ 9 Abs. 4 EStG). Die Entfernungspauschale beträgt höchstens 4 500 €. Diese Begrenzung gilt nicht, wenn der Steuerpflichtige für die Fahrten zwischen Wohnung und Arbeitsstätte einen eigenen oder einen ihm zur Nutzung überlassenen PKW nutzt.

  Mit der Entfernungspauschale sind sämtliche Aufwendungen für den Weg zwischen Wohnung und Arbeitsstätte abgegolten. Die Abgeltungswirkung gilt allerdings nicht für Unfallkosten. Aufwendungen für die Benutzung öffentlicher Verkehrsmittel können angesetzt werden, soweit sie den im Kalenderjahr insgesamt als Entfernungspauschale abziehbaren Betrag übersteigen (§ 9 Abs. 2 S. 1, 2 EStG).

  Behinderte können unter bestimmten Voraussetzungen anstelle der Entfernungspauschale die tatsächlich angefallenen Aufwendungen ansetzen (§ 9 Abs. 2 S. 3, 4 EStG).
- Aufwendungen für beruflich veranlasste Fahrten oder Mehraufwendungen für beruflich veranlasste Übernachtungen sowie Mehraufwendungen für Berufskraftfahrer.

---

101 Zu Einzelheiten siehe BMF-Schreiben vom 31.10.2013, BStBl. 2013 I, S. 1376.

102 Alternativ zur erhöhten Entfernungspauschale können Steuerpflichtige mit geringen Einkünften eine Mobilitätszulage beantragen (§ 101 – § 109 EStG).

- Mehraufwendungen für eine beruflich bedingte **doppelte Haushaltsführung** und Fahrtkosten für wöchentliche Familienheimfahrten. Zur Abgeltung der Aufwendungen für Familienheimfahrten kann für jeden vollen Entfernungskilometer (einfache Wegstrecke) zwischen dem Ort des eigenen Hausstands und der ersten Tätigkeitsstätte eine Entfernungspauschale von 0,30 € verrechnet werden. In den Jahren 2021 bis 2023 erhöht sich die Entfernungspauschale ab dem 21. Entfernungskilometer auf 0,35 €/Entfernungskilometer und von 2024 bis 2026 auf 0,38 €/Entfernungskilometer.
- Aufwendungen für **Arbeitsmittel**, wie Werkzeuge, typische Berufskleidung, Fachbücher oder beruflich genutzte Personalcomputer.
- **Abschreibungen** einschließlich Sonderabschreibungen nach § 7b EStG und erhöhte Absetzungen (Durchbrechung des Abflussprinzips).

  Bei Wirtschaftsgütern mit Anschaffungs- oder Herstellungskosten von bis zu 800 € (ohne Umsatzsteuer) sind diese im Jahr des Zugangs in vollem Umfang als Werbungskosten zu verrechnen (§ 9 Abs. 1 S. 3 Nr 7 iVm § 6 Abs. 2 EStG).

Der **Werbungskostencharakter von Abschreibungen beruht auf** ihrer **Einkunftsermittlungsfunktion**: Der Wertverlust der eingesetzten Wirtschaftsgüter (zB Gebäude) ist den vereinnahmten Nutzungsvergütungen zurechenbar (**Nettoprinzip**). Insoweit ist die Nennung lediglich deklaratorisch. Würde die Vermögensermittlungsfunktion der Abschreibungen stärker betont, wären Abschreibungen als Wertänderungen des Vermögens bei Überschusseinkunftsarten steuerlich nicht relevant. Die Zuordnung zu den Katalogwerbungskosten hätte rechtsbegründende Wirkung.

Verpflegungsmehraufwendungen im Zusammenhang mit Dienstreisen können innerhalb der in § 9 Abs. 4a EStG formulierten Grenzen als Werbungskosten abgezogen werden.

Für Geschenke, Bewirtungskosten, Ausgaben für Gästehäuser, Jagd oder Fischerei, Segel- oder Motorjachten und ähnliche Zwecke, Aufwendungen für ein häusliches Arbeitszimmer, Ausgaben, die die private Lebensführung berühren und die nach allgemeiner Verkehrsauffassung als unangemessen anzusehen sind, Geldbußen, Ordnungsgelder, Verwarnungsgelder, Zinsen auf hinterzogene Steuern, Bestechungs- und Schmiergelder, Ausgaben zur Förderung staatspolitischer Zwecke sowie für Zuschläge bei Verletzung der im Zusammenhang mit Auslandssachverhalten bestehenden Aufzeichnungspflichten gelten die gleichen **Abzugsverbote** und **Beschränkungen** wie bei den Gewinneinkunftsarten (§ 9 Abs. 5 iVm § 4 Abs. 5, 6 EStG).

Aufwendungen des Steuerpflichtigen für seine Berufsausbildung oder für sein Studium sind nur dann Werbungskosten, wenn der Steuerpflichtige zuvor bereits eine Erstausbildung (Berufsausbildung oder Studium) abgeschlossen hat oder wenn die Berufsausbildung oder das Studium im Rahmen eines Dienstverhältnisses stattfindet (§ 9 Abs. 6 EStG). Die erstmalige Berufsausbildung und das Erststudium, das zugleich eine Erstausbildung vermittelt, werden grundsätzlich der privaten Sphäre zugeordnet, sodass diese Aufwendungen keine Erwerbsaufwendungen sind. Diese Aufwendungen können allerdings bis zu einem Betrag von 6 000 € als Sonderausgaben abgezogen werden (§ 10 Abs. 1 Nr 7 EStG).

Die Regelungen zur (eingeschränkten) Abziehbarkeit von Fahrtkosten zwischen Wohnung und Arbeitsstätte sowie von Ausgaben für die beruflich veranlasste doppelte Haushaltsführung gelten nicht nur für Arbeitnehmer, sondern auch bei den anderen Überschusseinkunftsarten (§ 9 Abs. 3 EStG). **218**

Die teilweise **pauschalierende Begrenzung** der Abziehbarkeit der Katalogwerbungskosten **dient** der **Abgrenzung zwischen** Ausgaben, die durch Einnahmen veranlasst sind (Abzug aufgrund des Nettoprinzips) und den Kosten der **privaten Lebensführung** (Nichtberücksichtigung der Verwendung des Einkommens für Konsumzwecke). **219**

Aus Vereinfachungsgründen gelten bei Einkünften aus nichtselbständiger Arbeit und bei bestimmten sonstigen Einkünften iSd § 22 EStG für den Abzug von Werbungskosten **Pauschbeträge**. Diese Pauschbeträge werden angesetzt, wenn der Steuerpflichtige keine höheren Werbungskosten nachweist (§ 9a EStG). Von besonderer Bedeutung sind die Pauschalierung von Fahrtkosten für Dienstreisen bei der Benutzung eines eigenen PKW in Höhe von 0,30 €/km (R 9.5 LStR) sowie die Pauschalierung von bei Dienstreisen entstehenden Verpflegungsmehraufwendungen auf grundsätzlich 28 €/Abwesenheitstag (§ 9 Abs. 4a EStG). **220**

Abgeordnete erhalten zur Abgeltung der durch das Mandat verursachten Aufwendungen eine steuerfreie Kostenpauschale (§ 12 Abs. 2 AbgG). Die Pauschale wird jeweils zu Beginn des Jahres an die Entwicklung der Lebenshaltungskosten angepasst. Für Bundestagsabgeordnete beträgt die Kostenpauschale im Jahr 2020 53 971 €. Diese Kostenpauschale liegt damit deutlich über den üblicherweise gewährten Werbungskostenpauschalen.[103] **221**

Werbungskosten sind **grundsätzlich zu dem Zeitpunkt abziehbar, zu dem die Zahlung geleistet wird** (**Abflussprinzip**, § 11 Abs. 2 EStG). Der Zeitpunkt, zu dem der Abfluss erfolgt, wird beispielsweise wie folgt festgelegt: Leistung einer Zahlung, Einreichung eines Überweisungsauftrags bei der Bank, Hingabe eines Schecks oder Verrechnung von gegenseitigen Forderungen. Eine **Ausnahme** gilt bei Ausgaben für **langlebige Wirtschaftsgüter**, die zeitanteilig in Form von **Abschreibungen** verrechnet werden (§ 9 Abs. 1 S. 3 Nr 7 EStG). **222**

Regelmäßig wiederkehrende Ausgaben, die beim Steuerpflichtigen kurze Zeit vor Beginn oder kurze Zeit nach Beendigung des Kalenderjahres, zu dem sie wirtschaftlich gehören, abgeflossen sind, gelten als im Kalenderjahr ihrer wirtschaftlichen Zugehörigkeit angefallen. Als kurze Zeit gilt ein Zeitraum von bis zu zehn Tagen (§ 11 Abs. 2 S. 2 iVm Abs. 1 S. 2 EStG). Eine Besonderheit gilt für Ausgaben für Nutzungsüberlassungen von mehr als fünf Jahren, die im Voraus geleistet werden. Der Werbungskostenabzug ist entgegen dem Abflussprinzip gleichmäßig auf den Zeitraum zu verteilen, für den die Vorauszahlung geleistet wird (§ 11 Abs. 2 S. 3, 4 EStG).

103 Zur verfassungsrechtlichen Beurteilung siehe BFH vom 21.9.2006, BStBl. 2007 II, S. 114.

D. Bemessungsgrundlage (zu versteuerndes Einkommen)

I. Konzeptionelle Überlegungen

1. Ausgangspunkt: persönliche Interpretation des Leistungsfähigkeitsprinzips

223 Die **Einkommensteuer erfasst** die **Einkommenserzielung**. Der Umfang und die Art der Einkommensverwendung (Konsumausgaben, Investitionen oder Sparen) sollen sich nicht auf die Höhe der Einkommensteuer auswirken. Die Verwendung des erwirtschafteten Einkommens gilt aus einkommensteuerlicher Sicht als nicht steuerbarer Vorgang. Ausgaben, die der Einkommensverwendung zugerechnet werden, dürfen deshalb die Bemessungsgrundlage der Einkommensteuer nicht mindern. Der auf der **sachlichen Interpretation des Leistungsfähigkeitsprinzips** beruhende **Grundsatz der Nichtberücksichtigung der (konsumtiven) Einkommensverwendung** wird insbesondere aus § 12 EStG erkennbar. Nach dieser Vorschrift dürfen bei Ermittlung der Summe der Einkünfte folgende Ausgaben nicht abgezogen werden:

- Ausgaben für den Haushalt des Steuerpflichtigen und für den Unterhalt seiner Familienangehörigen **(Kosten der privaten Lebensführung)**
- Zuwendungen an eine gegenüber dem Steuerpflichtigen oder seinem Ehegatten gesetzlich unterhaltsberechtigte Person **(Unterhaltsleistungen)**
- **Personensteuern** (Einkommen-, Erbschaft- und Schenkungsteuer, Solidaritätszuschlag) und die **Umsatzsteuer auf privat veranlasste Wertabgaben**
- **Geldstrafen** und vergleichbare Belastungen.

224 Der Grundsatz der Nichtbeachtung der (konsumtiven) Einkommensverwendung wird allerdings durch die **persönliche Komponente des Leistungsfähigkeitsprinzips** eingeschränkt. Das Abstellen auf die persönliche Komponente beruht auf **steuerrechtlichen Überlegungen**. Nach diesem Konzept sollen die Einkünfte besteuert werden, über die der Steuerpflichtige frei verfügen kann: das **disponible Einkommen**. Soweit die Einkünfte beispielsweise benötigt werden, um das eigene Existenzminimum zu sichern oder Unterhaltsleistungen gegenüber dem Ehegatten und den Kindern zu erbringen oder um Vorsorge für Notlagen und sonstige besondere Lebenslagen (zB Alter, Krankheit, Pflegebedürftigkeit) zu treffen, sollen die am Markt erwirtschafteten Einkünfte nicht durch Einkommensteuerzahlungen geschmälert werden.

Das auf einem steuerjuristischen Ansatz beruhende **Abstellen auf** das **disponible Einkommen** ist **umstritten**. Zum Teil wird die Auffassung vertreten, dass die Bemessungsgrundlage der Einkommensteuer mit dem am Markt erzielten Einkommen übereinstimmen sollte.[104] Als Begründung für den Vorzug der Besteuerung des Markteinkommens (ausschließliche Berücksichtigung der sachlichen Interpretation des Leistungsfähigkeitsprinzips) gegenüber der Besteuerung des disponiblen Einkommens (zusätzlich Einbezug der persönlichen Interpretation des Leistungsfähigkeitsprinzips) wird angeführt, dass die beiden Fragen „Soll das Ziel einer Umvertei-

104 So beispielsweise Bareis, StuW 1991, S. 38; Schneider, StuW 1984, S. 356; Wosnitza/Treisch, DBW 1999, S. 351.

lung über einen progressiven Einkommensteuertarif verfolgt werden?“ und „Welche persönlichen Ausgaben sollen einkommensteuerlich berücksichtigt werden?“ voneinander zu trennen sind. Es dürfe nicht dazu kommen, dass bei der Berücksichtigung von persönlichen Ausgaben, wie Unterhaltsverpflichtungen gegenüber Kindern (zweite Frage), die durch den progressiven Tarif gewünschte Umverteilung (erste Frage) wieder rückgängig gemacht wird. Dieser Effekt trete aber ein, wenn auf die Besteuerung des disponiblen Einkommens und nicht auf die Besteuerung des Markteinkommens abgestellt wird.[105] Aus methodischer Sicht lässt sich dieser Meinungsstreit nicht lösen. Vielmehr hängt die Festlegung der Leitlinie, die der Einkommensteuer zugrunde liegen soll, von einer Wertentscheidung ab. Im Folgenden wird von der geltenden Rechtslage und der damit verbundenen steuerrechtlichen Sichtweise ausgegangen.

Die persönliche Komponente des Leistungsfähigkeitsprinzips wird erst beachtet, **225**
wenn aus der Summe der Einkünfte die Bemessungsgrundlage „zu versteuerndes Einkommen“ abgeleitet wird. Wie bei der Abgrenzung des Einkommensbegriffs (§ 2 Abs. 1, 2 EStG) **fehlt** eine **allgemeine Definition der berücksichtigungsfähigen Ausgaben**. Es finden sich lediglich an verschiedenen Stellen des Einkommensteuergesetzes Vorschriften, in denen angegeben wird, welche privat veranlassten Ausgaben die einkommensteuerliche Bemessungsgrundlage mindern.

Von den zahlreichen Positionen, mit denen die Summe der Einkünfte in die Bemessungsgrundlage „zu versteuerndes Einkommen“ überführt wird, werden im Folgenden die wichtigsten angesprochen:

- Sonderausgaben (§ 10 – § 10c EStG)
- außergewöhnliche Belastungen (§ 33 – § 33b EStG)
- Steuerbegünstigung für zu eigenen Wohnzwecken genutzte Baudenkmale sowie für schutzwürdige Kulturgüter (Abzug „wie“ Sonderausgaben, § 10f, § 10g EStG).

Auf den Kinderfreibetrag und den Freibetrag für die Betreuung, Erziehung und Ausbildung des Kindes wird im Zusammenhang mit dem **Familienleistungsausgleich** eingegangen.[106]

2. Zielsetzungen beim Abzug von Sonderausgaben und außergewöhnlichen Belastungen

Aus dem System der Einkommensteuer lassen sich für den Abzug von Sonderausga- **226**
ben und außergewöhnlichen Belastungen **drei Rechtfertigungsgründe** ableiten. Kernargument für den Abzug von Sonderausgaben bildet die persönliche Komponente des Leistungsfähigkeitsprinzips, nach dem sich die einkommensteuerliche Bemessungsgrundlage aus dem disponiblen Einkommen des Steuerpflichtigen ergibt.[107] Da-

105 Vgl Siegel, Steuern, in: Korff ua (Hrsg.), Handbuch der Wirtschaftsethik, Band 3, Gütersloh 1999, S. 354.

106 Siehe hierzu Kapitel J., Rn. 367–374.

107 Vgl Kirchhof, Einkommensteuergesetz, Kommentar, 18. Aufl., Köln 2019, § 10 EStG, Rn. 1. Kirchhof/Söhn/Mellinghoff, Einkommensteuergesetz, Kommentar, Heidelberg (Loseblattausgabe), § 10 EStG, Rn. A19.

rüber hinaus sind bei den Sonderausgaben Positionen enthalten, die auf einem Lenkungszweck (Förderzweck) beruhen oder die auf das Nettoprinzip (Ermittlung der Einkünfte als Differenz zwischen Einnahmen und Ausgaben sowie persönliche Zurechnung von Einnahmen) zurückzuführen sind.[108]

227 Die persönliche Komponente des Leistungsfähigkeitsprinzips beinhaltet die Nichtsteuerbarkeit des eigenen und des familiären Existenzminimums.[109] Einkünfte, die für die **Sicherung einer Mindest-Daseinsvorsorge** benötigt werden, dürfen nicht besteuert werden. Ausgaben, die unvermeidbar (zwangsläufig, indisponibel) sind, müssen bei Ermittlung der steuerpflichtigen Bemessungsgrundlage zum Abzug zugelassen werden. Umgekehrt dürfen Ausgaben, die auf einer freien (beliebigen) Einkommensverwendung beruhen, das zu versteuernde Einkommen nicht mindern. Mit der persönlichen Komponente des Leistungsfähigkeitsprinzips kann der Abzug als Sonderausgaben bzw außergewöhnliche Belastung begründet werden,

- wenn und soweit die Ausgaben unvermeidbar (zwangsläufig) sind und
- wenn die Ausgaben nicht bereits durch den Grundfreibetrag bzw den Abzug eines Kinderfreibetrags berücksichtigt werden.[110]

Akzeptiert man die persönliche Komponente des Leistungsfähigkeitsprinzips als eines der Kernmerkmale des deutschen Einkommensteuerrechts, müssen Ausgaben, die zweifellos als zwangsläufig anzusehen sind, als Sonderausgaben oder außergewöhnliche Belastung berücksichtigt werden. Insoweit hat der Gesetzgeber keinen Gestaltungsspielraum.[111]

Bei den privat veranlassten Ausgaben, die die Bemessungsgrundlage der Einkommensteuer reduzieren, tritt ein Progressionseffekt auf. Je höher die Summe der Einkünfte ist, umso höher ist der Entlastungseffekt. Dieser Steuersatzeffekt ist eine logische Folgewirkung des progressiven Einkommensteuertarifs. Bei einer Definition der einkommensteuerlichen Bemessungsgrundlage als „disponibles Einkommen" lösen die abziehbaren Ausgaben einen Progressionseffekt aus. Wenn sich die Bemessungsgrundlage erhöht, steigt der Durchschnittssteuersatz. Diese Aussage gilt auch umgekehrt. Je höher die Sonderausgaben oder außergewöhnlichen Belastungen sind, umso niedriger ist die einkommensteuerpflichtige Bemessungsgrundlage und – damit untrennbar verbunden – umso niedriger fällt der Durchschnittssteuersatz aus. Damit ist die betragsmäßige Entlastung durch den Abzug als Sonderausgaben oder außergewöhnliche Belastung umso höher, je höher die Einkünfte des Steuerpflichtigen vor Abzug dieser Ausgaben sind.

228 Der Abzug als Sonderausgaben wird vom Gesetzgeber zum Teil damit begründet, dass er bestimmte wirtschafts-, sozial- oder kulturpolitische Zwecke erreichen möch-

---

108 Siehe zu diesen Beurteilungskriterien und zur folgenden Einzelanalyse ausführlich Scheffler/Kandel, StuW 2011, S. 236.

109 Vgl BVerfG vom 4.12.2002, BStBl. 2003 II, S. 534.

110 Diese Einschränkung ist notwendig, weil ansonsten beispielsweise auch Ausgaben für die Beschaffung von Nahrungsmitteln oder Kleidung als Sonderausgaben abziehbar wären.

111 Ausgaben, bei denen eine Zuordnung zu den indisponiblen Ausgaben begründbar ist, aber nicht zwingend vorgenommen werden muss, *können* als Sonderausgaben angesehen werden. Fehlt eine definitive Zuordnung zur persönlichen Komponente des Leistungsfähigkeitsprinzips, kann der Gesetzgeber entscheiden, ob er derartige Privatausgaben als Sonderausgaben einordnet oder ob er den Abzug von der steuerpflichtigen Bemessungsgrundlage versagt.

te. Wird auf den **Lenkungszweck** abgestellt, müssen die Ausgaben nicht zwingend von der Bemessungsgrundlage abgezogen werden. Alternativ ist die Einführung einer Steuerermäßigung, dh ein Abzug von der Steuerschuld, möglich. Es ist die Entscheidung des Gesetzgebers, ob er eine steuersatzabhängige oder eine bei allen Steuerpflichtigen betragsmäßig gleich hohe Förderung gewähren möchte.

Bei den im Einkommensteuergesetz als Sonderausgaben bezeichneten Ausgaben handelt es sich in Teilbereichen um Ausgaben, die materiell dem Bereich der Einkommenserzielung zuzuordnen sind.[112] Bei derartigen Ausgaben ist die Zuordnung zu den Sonderausgaben systematisch unzutreffend. Der Sache nach handelt es sich bei diesen Ausgaben um (vorweggenommene) Erwerbsaufwendungen. Derartige Ausgaben müssten nach dem (sachlichen) **Nettoprinzip** in vollem Umfang als Werbungskosten zum Abzug von der Bemessungsgrundlage zugelassen werden. Soweit es durch die Zuordnung zu den Sonderausgaben zu einer betragsmäßigen Begrenzung des Abzugs von der steuerpflichtigen Bemessungsgrundlage kommt, liegt ein Verstoß gegen die Konzeption der Einkommensteuer vor. Insoweit wird die sachliche Komponente des Leistungsfähigkeitsprinzips eingeschränkt. 229

Bei einem Teil der Ausgaben (so bei ausgewählten Unterhaltsleistungen) ist beim Zahlungsverpflichteten ein Abzug als Sonderausgaben nur unter der Voraussetzung zulässig, dass der Empfänger die von ihm vereinnahmten Beträge versteuert Diese Verknüpfung zwischen der Besteuerung der beiden beteiligten Personen regelt im Ergebnis die **persönliche Zurechnung von Einkünften**. In diesem Zusammenhang zeigt sich, dass anhand des Nettoprinzips nicht nur zu entscheiden ist, ob der Zahlungsverpflichtete die von ihm geleisteten Ausgaben abziehen darf. Darüber hinaus ist festzulegen, ob der Zahlungsempfänger steuerpflichtige Einnahmen bezieht. Beim Nettoprinzip ist also im ersten Schritt das „Brutto“ zu bestimmen, von dem im zweiten Schritt Ausgaben abzuziehen sind, um zum „Netto“ zu kommen.[113]

3. Abgrenzung gegenüber dem Verlustabzug

Negative Einkünfte, die durch den (internen und externen) Verlustausgleich im laufenden Jahr nicht ausgeglichen werden können, sind in den **Verlustabzug** einzubeziehen (§ 10d EStG). Beim Verlustabzug handelt es sich um eine **interperiodische Verlustverrechnung**, bei der Verluste eines Jahres mit positiven Einkünften saldiert werden, die der Steuerpflichtige in einem anderen Veranlagungszeitraum erzielt hat. Die Besonderheit besteht darin, dass durch den Verlustabzug über die Verrechnung mit positiven Einkünften, die der Steuerpflichtige in einem anderen Veranlagungszeitraum erzielt hat, das ansonsten bei der Einkommensteuer zu beachtende Abschnittsprinzip zurückgedrängt wird.[114] 230

Der **Verlustabzug** erfolgt vom Gesamtbetrag der Einkünfte und damit auf der gleichen Ebene wie der Abzug von Sonderausgaben und außergewöhnlichen Belastungen

112 Vgl Kirchhof/Söhn/Mellinghoff, Einkommensteuergesetz, Kommentar, Heidelberg (Loseblattausgabe), § 10 EStG, Rn. A46.

113 Zu dieser Interpretation des Nettoprinzips siehe Wagner, StuW 2010, S. 24.

114 Zu Einzelheiten des Verlustabzugs (Verlustverrechnung zwischen den Einkünften aus unterschiedlichen Jahren) sowie zum Zusammenhang mit dem Verlustausgleich (Verlustverrechnung innerhalb des gleichen Jahres) siehe Kapitel E., Rn. 278–299.

(§ 10d Abs. 1 S. 1 EStG). Diese **Gleichstellung ist aber lediglich rechentechnischer Natur**. Materiell besteht zwischen dem Verlustabzug einerseits und den Sonderausgaben sowie außergewöhnlichen Belastungen andererseits ein gravierender Unterschied. Der **Verlustabzug folgt aus** dem bei der Einkunftsermittlung zu beachtenden **Prinzip der Nettobesteuerung**. Er beruht also auf der **sachlichen Komponente des Leistungsfähigkeitsprinzips**. Demgegenüber wird der Abzug von Sonderausgaben und außergewöhnlichen Belastungen mit der persönlichen Interpretation des Leistungsfähigkeitsprinzips begründet.

II. Sonderausgaben

1. Allgemeines

231 Der **Begriff „Sonderausgaben"** ist **gesetzlich nicht definiert**. Vielmehr ist jeweils **im Einzelnen spezifiziert**, welche Ausgaben der Gesetzgeber zum Abzug von der einkommensteuerpflichtigen Bemessungsgrundlage zulässt. Bei Sonderausgaben handelt es sich um eine Zusammenfassung von Sachverhalten, die sich **nicht** unter ein **einheitliches Konzept** einordnen lassen.[115]

Stellt man auf den **Umfang** ab, **in dem Sonderausgaben steuerlich berücksichtigt werden können**, lassen sie sich wie folgt einteilen:

- unbeschränkt abziehbare Sonderausgaben
- beschränkt abziehbare Sonderausgaben.

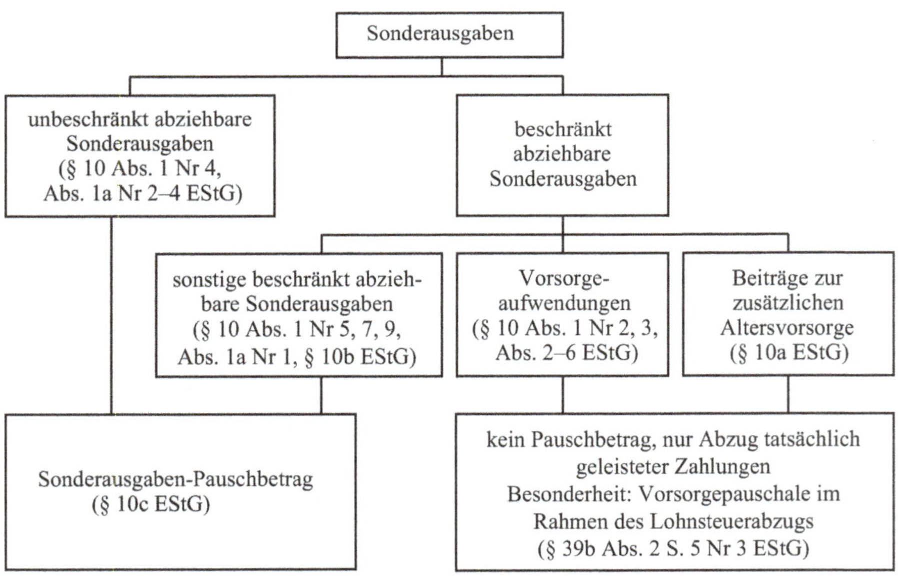

Abb. 2.10: Systematisierung der Sonderausgaben nach dem Umfang ihrer Abziehbarkeit

115 Vgl Tipke/Lang, Steuerrecht, 23. Aufl., Köln 2018, S. 342–343.

Zusätzlich sind der Sonderausgaben-Pauschbetrag und die Vorsorgepauschale zu beachten.

Gemeinsame Voraussetzungen für den Abzug als Sonderausgaben sind, 232

- dass die Aufwendungen **weder Betriebsausgaben noch Werbungskosten** sind, dh die Ausgaben dürfen bei Ermittlung der Einkünfte nicht abgezogen werden, und
- dass sie **nicht im Zusammenhang mit steuerfreien Einnahmen** stehen.

Die Aufwendungen müssen tatsächlich erbracht worden sein. Eine bloße Verpflichtung reicht nicht aus. Sonderausgaben sind in dem Jahr abziehbar, in dem sie geleistet werden (Abflussprinzip, § 11 Abs. 2 EStG).

Bei der Beurteilung der Ausgaben, die nach der gesetzlichen Regelung als Sonderaus- 233
gaben abziehbar sind, wird jeweils geprüft, inwieweit sich die Zuordnung aus der „sachlichen Interpretation des Leistungsfähigkeitsprinzips", dem „Lenkungszweck" (Förderzweck) oder dem „Nettoprinzip" (Ermittlung der Einkünfte als Differenz zwischen Einnahmen und Ausgaben sowie persönliche Zurechnung von Einnahmen) ableiten lässt.

2. Unbeschränkt abziehbare Sonderausgaben

Unbeschränkt abziehbare Sonderausgaben dürfen **in** ihrer **tatsächlich angefallenen** 234
Höhe von der einkommensteuerlichen Bemessungsgrundlage **abgezogen** werden. Eine Begrenzung auf einen bestimmten Höchstbetrag besteht nicht.

(a) **Auf besonderen Verpflichtungsgründen beruhende, lebenslange und wieder-** 235
kehrende Versorgungsleistungen können vom Zahlungsverpflichteten ohne betragsmäßige Begrenzung als Sonderausgaben abgezogen werden, wenn die Zahlungen nicht mit Einkünften in wirtschaftlichem Zusammenhang stehen, die bei der Veranlagung außer Betracht bleiben, wenn der Empfänger unbeschränkt einkommensteuerpflichtig ist und wenn die Versorgungszahlungen auf folgenden Vorgängen beruhen:

- Übertragung des Anteils an einer Personengesellschaft, die Einkünfte aus einer Gewinneinkunftsart bezieht,
- Übertragung eines Betriebs (Einzelunternehmens) bzw Teilbetriebs oder
- Übertragung eines mindestens 50% betragenden Anteils an einer GmbH, sofern der Übergeber als Geschäftsführer tätig war und der Übernehmer diese Tätigkeit nach der Übertragung übernimmt (§ 10 Abs. 1a Nr 2 EStG).[116]

Die vom Leistenden als Sonderausgaben abgezogenen Beträge sind vom Empfänger als sonstige Einkünfte zu versteuern (§ 22 Nr 1a EStG).

– **Ausschließliche Betrachtung der Person, die die Zahlungen leistet (Beurtei-** 236
lungsmaßstab: persönliche Komponente des Leistungsfähigkeitsprinzips). Die vorweggenommene Erbfolge wird zum Teil dadurch vollzogen, dass von der älteren Generation eine Einkunftsquelle übertragen wird und der Begünstigte dem Übertra-

116 Siehe hierzu BMF-Schreiben vom 11.3.2010, BStBl. 2010 I, S. 227 sowie Lux, SteuerStud 2008, S. 220; Neufang, Stbg 2007, S. 592; Röder, DB 2008, S. 146; Spielberger, DB 2008, S. 1063.

genden einen Anspruch auf lebenslang zu zahlende Versorgungsleistungen einräumt. Die Höhe der Versorgungszahlungen bestimmt sich aus dem Versorgungsbedarf des Übertragenden, nicht aus dem Wert des übertragenen Vermögens. Damit liegt keine entgeltliche Geschäftsbeziehung vor, sondern ein privat veranlasster Vorgang.

Bei der Beurteilung sind zwei Denkansätze möglich: (a) Geht man davon aus, dass es sich bei der vorweggenommenen Erbfolge um eine freie Entscheidung handelt, ist die Verpflichtung zur Zahlung von derartigen Unterhaltsleistungen dispositiv. Für keinen der Beteiligten besteht (rechtlich) ein Zwang, eine derartige Vereinbarung zu treffen. (b) Alternativ können derartige Vereinbarungen aber auch so eingeordnet werden, dass sie notwendig sind, um die Einkunftsquelle als solche zu erhalten. Diese Sichtweise geht von der Vorstellung aus, dass die ältere Generation nicht mehr in der Lage ist, als Unternehmer zu agieren. Bei dieser Sichtweise ist von einer Zwangsläufigkeit iwS auszugehen.

Welche dieser beiden Argumentationen zutreffend ist, kann nicht allgemein angegeben werden. Die Einordnung hängt von den subjektiven Vorstellungen der beteiligten Personen und den speziellen Verhältnissen des konkreten Einzelfalls ab. Es sind Konstellationen denkbar, bei denen eine Zuordnung zur persönlichen Komponente des Leistungsfähigkeitsprinzips zutreffend ist (zweiter Ansatz). Andererseits kann diese Regelung auch für steuerplanerische Zwecke genutzt werden, sodass eher von einer Vorschrift auszugehen ist, die der Erleichterung der Unternehmensnachfolge dient, m.a.W. dass es sich insoweit um eine Lenkungsnorm handelt (erster Ansatz).

237 – **Gemeinsame Betrachtung des Leistenden und des Zahlungsempfängers (Beurteilungsmaßstab: Zurechnung von Einkünften nach dem Nettoprinzip)**. Der Abzug von Unterhaltsleistungen als Sonderausgaben beim Leistenden setzt voraus, dass der Empfänger die Versorgungsleistungen als sonstige Einkünfte versteuert (§ 22 Nr 1a EStG). Über diese Verknüpfung zwischen der Besteuerung von zwei Steuerpflichtigen wird bestimmt, wer von den beteiligten Personen die Einkünfte zu versteuern hat. Bei der steuerlichen Einordnung von Unterhaltsleistungen handelt sich auch um eine Regelung zur persönlichen Zurechnung von Einnahmen. Damit ist das Nettoprinzip (sachliche Interpretation des Leistungsfähigkeitsprinzips) angesprochen. Das Nettoprinzip beinhaltet nämlich nicht nur die Frage, welche Ausgaben bei der Ermittlung der Einkünfte abziehbar sind. Zusätzlich ist zu konkretisieren, welche Einnahmen beim Zahlungsempfänger der Besteuerung unterliegen. Soweit Einnahmen an eine andere Person weiterzuleiten sind, sollte diese der Zahlungsempfänger versteuern. Die Steuerpflicht besteht nicht bei demjenigen, dem diese Einnahmen zunächst zufließen, sondern bei demjenigen, bei dem die Einnahmen letztendlich verbleiben. Auch wenn üblicherweise bei der Diskussion um den Inhalt des Nettoprinzips (nur) auf die negative Wertkomponente abgestellt wird, darf nicht übersehen werden, dass auch die positive Wertkomponente konkretisiert werden muss. Da bei der Einkommensteuer Gewinne bzw Überschüsse besteuert werden (§ 2 Abs. 2 EStG), geht es beim Nettoprinzip nicht nur darum, welche Ausgaben als Erwerbsaufwendungen abziehbar sind, sondern auch um die Entscheidung darüber, welche Einnahmen steuerpflichtig sind.[117]

117 Vgl Wagner, StuW 2010, S. 24.

(b) Leistungen aufgrund eines schuldrechtlichen Versorgungsausgleichs sind betragsmäßig unbeschränkt als Sonderausgaben abziehbar (§ 10 Abs. 1a Nr 4 iVm § 22 Nr 1a EStG).[118] Während beim gesetzlichen Versorgungsausgleich die Versorgungsanwartschaften geteilt werden, bezieht beim schuldrechtlichen Versorgungsausgleich im ersten Schritt jeder die Leistungen, die er selbst erworben hat. Erst im zweiten Schritt werden die Versorgungszahlungen entsprechend den unterhaltsrechtlichen Grundsätzen aufgeteilt. Um die beiden Formen des Versorgungsausgleichs gleich zu behandeln, ist es sachgerecht, dass der Zahlungsverpflichtete die Beträge, die er weiterleiten muss, von seiner Bemessungsgrundlage abziehen kann. Insoweit ergibt sich der Abzug als Sonderausgaben aus der persönlichen Komponente des Leistungsfähigkeitsprinzips (isolierte Betrachtung des Unterhaltsverpflichteten). Gleichzeitig wird über die Verknüpfung mit der Besteuerung des Zahlungsempfängers die persönliche Zurechnung von Einkünften geregelt. Insoweit ist das Nettoprinzip angesprochen (gemeinsame Betrachtung des Leistenden und des Zahlungsempfängers). 238

(c) Die **Kirchensteuer** wird in dem Jahr, in dem sie gezahlt wird, ohne betragsmäßige Obergrenze den Sonderausgaben zugeordnet (§ 10 Abs. 1 Nr 4 EStG). 239

Bei Einkünften aus Kapitalvermögen, bei denen die Steuerschuld durch die Erhebung der 25%igen Kapitalertragsteuer abgegolten ist **(Abgeltungsteuer)**, wird die **Abziehbarkeit der Kirchensteuer als Sonderausgaben in pauschalierender Form berücksichtigt** (§ 51a Abs. 2b iVm § 43, § 43a EStG). Der Abgeltungsteuersatz (dh die Einkommensteuer) reduziert sich nach folgender Formel (§ 32d Abs. 1 EStG):

Einkommensteuer = Einkünfte aus Kapitalvermögen/(4 + Kirchensteuersatz in %).

Ein zusätzlicher Abzug der Kirchensteuer als Sonderausgaben im Rahmen der Einkommensteuerveranlagung scheidet aus.

Durch den Abzug der gezahlten Kirchensteuer wird der Grundsatz durchbrochen, dass Personensteuern die einkommensteuerliche Bemessungsgrundlage nicht mindern. Bei der Kirchensteuer handelt sich zweifellos um eine privat veranlasste Ausgabe. Eine Zwangsläufigkeit ieS (im rechtlichen Sinne) liegt nicht vor.[119] Ob eine Zwangsläufigkeit iwS besteht, kann nicht anhand systematischer Überlegungen entschieden werden, vielmehr ist eine Wertentscheidung zu treffen, ob man die Mitgliedschaft in einer Kirchengemeinschaft als sittliche Verpflichtung ansieht.[120] Da für Werturteile keine Vorgaben gemacht werden können, ist der Abzug als Sonderausgaben möglich, aber nicht zwingend.

Unbefriedigend ist, dass nur die Kirchensteuern als Sonderausgaben abziehbar sind, die aufgrund einer gesetzlichen Regelung von inländischen Religionsgemeinschaften erhoben werden, die nach Art. 140 GG iVm Art. 137 Abs. 6 WRV als Körperschaft des öffentlichen Rechts anerkannt werden (insbesondere evangelische Kirche, katholische Kirche sowie jüdische Religionsgemeinschaft). Eine Lösung könnte darin be-

118 Siehe hierzu BMF-Schreiben vom 9.4.2010, BStBl. 2010 I, S. 323. Eine vergleichbare Regelung gilt für Zahlungen zur Vermeidung eines Versorgungsausgleichs (§ 10 Abs. 1a Nr 3 iVm § 22 Nr 1a EStG).

119 Vgl Kirchhof/Söhn/Mellinghoff, Einkommensteuergesetz, Kommentar, Heidelberg (Loseblattausgabe), § 10 EStG, Rn. A28, G5.

120 Vgl Tipke, StuW 2002, S. 169.

stehen, den Abzug der Kirchensteuer aus § 10 Abs. 1 Nr 4 EStG herauszunehmen und in den allgemeinen Spendenabzug nach § 10b EStG zu integrieren. Auf diese Weise könnte auch eine Gleichbehandlung mit anderen Religionsgemeinschaften erreicht werden.[121]

3. Beschränkt abziehbare Sonderausgaben

240 Beschränkt abziehbare Sonderausgaben mindern zwar das zu versteuernde Einkommen. Der Abzug ist aber nur im Rahmen einer **vorgegebenen Höchstgrenze** zulässig:

241 (a) **Unterhaltsleistungen** an den geschiedenen oder dauernd getrennt lebenden unbeschränkt einkommensteuerpflichtigen Ehegatten können bis zu einem Betrag von 13 805 € als Sonderausgaben abgezogen werden. Dieser Betrag erhöht sich um die vom Unterhaltsverpflichteten tatsächlich geleisteten Beiträge für eine Kranken- und Pflegeversicherung des Unterhaltsberechtigten, soweit diese Beiträge zur Erlangung von Versicherungsleistungen auf dem sozialhilferechtlich gewährleisteten Leistungsniveau erforderlich sind (**Realsplitting**, § 10 Abs. 1a Nr 1 EStG). Die vom Unterhaltsverpflichteten als Sonderausgaben abgezogenen Beträge sind vom Empfänger als sonstige Einkünfte iSd § 22 Nr 1a EStG zu versteuern.

Die Unterhaltsleistungen können nur dann als Sonderausgaben abgezogen werden, wenn der Unterhaltsleistende die Identifikationsnummer (§ 139b AO) der unterhaltenen Person in seiner Steuererklärung angibt (§ 10 Abs. 1a S. 7 EStG).

Die Beurteilung der auf besonderen Verpflichtungsgründen beruhenden, lebenslangen und wiederkehrenden Versorgungsleistungen (§ 10 Abs. 1a Nr 2 iVm § 22 Nr 1a EStG), lässt sich auf das Realsplitting weitgehend übertragen. Die Behandlung von Unterhaltsleistungen entspricht im Wesentlichen der persönlichen Komponente des Leistungsfähigkeitsprinzips (isolierte Betrachtung des Unterhaltsverpflichteten). Gleichzeitig wird über die Verknüpfung mit der Besteuerung des Zahlungsempfängers die persönliche Zurechnung von Einkünften geregelt. Insoweit ist das Nettoprinzip angesprochen (gemeinsame Betrachtung des Leistenden und des Zahlungsempfängers).

242 (b) Vorsorgeaufwendungen unterteilen sich in **Altersvorsorgebeiträge**, in Vorsorgeaufwendungen für eine Krankenbasis- und Pflegeversicherung sowie sonstige Vorsorgeaufwendungen. Zu den Altersvorsorgebeiträgen gehören insbesondere die Beiträge zu den gesetzlichen Rentenversicherungen, berufsständischen Versorgungseinrichtungen und landwirtschaftlichen Alterskassen sowie die Beiträge zum Aufbau einer privaten kapitalgedeckten Altersversorgung auf Rentenbasis („Rürup-Versicherung", § 10 Abs. 1 Nr 2 EStG). Eine Rentenversicherung liegt vor, wenn der Vertrag nur monatliche Zahlungen vorsieht, die lebenslang bezahlt werden, und wenn der Beginn der Rentenzahlungen nicht vor Vollendung des 62. Lebensjahres des Steuerpflichtigen liegt. Eine ergänzende Absicherung des Eintritts der Berufsunfähigkeit sowie, unter bestimmten Voraussetzungen, der Hinterbliebenen ist möglich. Der steuer-

121 Vgl Tipke, StuW 2002, S. 170.

freie Arbeitgeberanteil zur gesetzlichen Rentenversicherung ist den Altersvorsorgebeiträgen hinzuzurechnen.[122]

Altersvorsorgebeiträge sind bis zu dem Höchstbeitrag zur knappschaftlichen Rentenversicherung (West) abziehbar. Bei zusammenveranlagten Ehegatten verdoppelt sich der Höchstbeitrag. Im Rahmen des Übergangs zur nachgelagerten Besteuerung von Alterseinkünften wird der Höchstbeitrag aber zunächst nur anteilig gewährt. Im Jahr 2005 belief sich dieser Anteil auf 60%, maximal jedoch 60% der tatsächlich angefallenen Altersvorsorgebeiträge. Der Umfang der abziehbaren Altersvorsorgebeiträge steigt seit dem Jahr 2006 jährlich um zwei Prozentpunkte. Im Jahr 2020 ergibt sich ein abziehbarer Anteil von 90% des Höchstbeitrags. Der Höchstbeitrag zur knappschaftlichen Rentenversicherung entspricht dem Produkt aus dem Beitragssatz zur knappschaftlichen Rentenversicherung (im Jahr 2020 24,7%) und der Beitragsbemessungsgrenze in der knappschaftlichen Rentenversicherung (West) (im Jahr 2020 101 400 €). Somit beträgt der Höchstbeitrag im Jahr 2020 25 046 €, davon wirken sich 90% (= 22 541 €) als Sonderausgaben aus. Der volle Höchstbeitrag wird erst ab dem Jahr 2025 erreicht. **243**

Der Umfang der abziehbaren Altersvorsorgebeiträge mindert sich bei sozialversicherungspflichtigen Arbeitnehmern (Angestellte und Arbeiter) um den steuerfreien Arbeitgeberanteil zur gesetzlichen Rentenversicherung und bei Steuerpflichtigen, die für ihre Altersvorsorge keine eigenen Beiträge aufwenden müssen (zB Beamte) um einen fiktiven Rentenversicherungsbeitrag.

Beispiel: Ein alleinstehender 30-jähriger Arbeitnehmer bezieht im Jahr 2020 einen Bruttoarbeitslohn von 40 000 €. Die Beiträge zur gesetzlichen Rentenversicherung belaufen sich auf 7 440 € (= 18,6% von 40 000 €), die jeweils hälftig (= 3 720 €) vom Arbeitnehmer und Arbeitgeber zu tragen sind. Der Arbeitnehmer zahlt für eine von ihm abgeschlossene kapitalgedeckte Altersversorgung auf Rentenbasis einen Jahresbeitrag von 2 000 €.

	Beiträge zur gesetzlichen Rentenversicherung Arbeitgeber- und Arbeitnehmeranteil	7 440 €
+	Beiträge zur kapitalgedeckten Altersversorgung	2 000 €
=	Summe der Altersvorsorgebeiträge	9 440 €
	berücksichtigungsfähige Altersvorsorgebeiträge 90% des geringeren Betrags aus Höchstbeitrag (= 22 541 €) und den geleisteten Beiträgen (= 9 440 €) hier 90% von 9 440 € =	8 496 €
–	Arbeitgeberanteil zur gesetzlichen Rentenversicherung	3 720 €
=	als Sonderausgaben abziehbar	4 776 €

Seit dem im Jahr 2005 vollzogenen Übergang von der vorgelagerten Besteuerung von **244**
Alterseinkünften zu einer nachgelagerten Besteuerung handelt es sich bei Altersvorsorgebeiträgen materiell nicht mehr um Sonderausgaben. Da die mit diesen Altersvorsorgebeiträgen finanzierten Leistungen als sonstige Einkünfte iSd § 22 Nr 1 EStG besteuert werden, sind Altersvorsorgebeiträge als vorweggenommene Werbungskos-

122 Zu Einzelheiten siehe BMF-Schreiben vom 19.8.2013, BStBl. 2013 I, S. 1087; BMF-Schreiben vom 10.1.2014, BStBl. 2014 I, S. 70; BMF-Schreiben vom 10.4.2015, BStBl. 2015 I, S. 256.

ten anzusehen.[123] Demnach müsste die Zuordnung zum Nettoprinzip der Behandlung als Sonderausgaben vorgehen, da Sonderausgaben definitionsgemäß nur vorliegen, wenn es sich bei den Ausgaben weder um Betriebsausgaben noch um Werbungskosten handelt.[124]

245 (c) Die **Beiträge für eine Krankenversicherung** sind ohne betragsmäßige Begrenzung abziehbar, soweit sie der **Basissicherung** dienen. Darüber hinausgehende Beiträge (zB zur Finanzierung einer Chefarztbehandlung, eines Einzelzimmers im Krankenhaus oder eines Krankengelds) sind nicht als Sonderausgaben abziehbar. Wenn sich aus den Krankenversicherungsbeiträgen ein Anspruch auf Krankengeld ergeben kann, ist der jeweilige Beitrag um 4% zu vermindern (§ 10 Abs. 1 Nr 3 Buchst. a EStG). Gleichfalls als Sonderausgaben abziehbar sind die **Beiträge zur gesetzlichen Pflegeversicherung** (soziale Pflegeversicherung und private Pflege-Pflichtversicherung, § 10 Abs. 1 Nr 3 Buchst. b EStG) sowie die Beiträge zur Krankenbasis- und Pflegeversicherung, die der Steuerpflichtige für seinen Ehegatten oder seinen Lebenspartner und für seine Kinder leistet.

246 Der Abzug der Beiträge zur Krankenbasis- und Pflegeversicherung als Sonderausgaben beruht auf der Rechtsprechung des Bundesverfassungsgerichts.[125] Die persönliche Komponente des Leistungsfähigkeitsprinzips erfordert, dass die Einkünfte, die zur Bestreitung des notwendigen Lebensunterhalts benötigt werden, nicht mit Einkommensteuer belastet werden dürfen. Zum Existenzminimum gehören auch die Ausgaben, die für Kranken- und Pflegeversicherungen geleistet werden, soweit die Versicherungsleistungen auf dem sozialhilferechtlich gewährleisteten Leistungsniveau liegen. Das sachliche Existenzminimum wird durch den Grundfreibetrag von 9 408 € sichergestellt. Die Nichtbesteuerung der Einkünfte, die zur Vorsorge für Krankheit und Pflegebedürftigkeit eingesetzt werden müssen, wird durch den Abzug der Beiträge zur Krankenbasis- und Pflegeversicherung als Sonderausgaben gewährleistet.

Um eine Gleichbehandlung der Steuerpflichtigen zu erreichen, werden nicht nur die von Arbeitnehmern zu zahlenden gesetzlichen Pflichtbeiträge zum Abzug zugelassen, sondern auch Beiträge für private Versicherungen, soweit sie Leistungen vorsehen, die mit der gesetzlichen Pflichtversicherung vergleichbar sind. Die Leitidee von Sonderausgaben, dass (nur) das disponible Einkommen der Besteuerung unterliegen darf, wird also bei Beiträgen zu einer Krankenbasis- und Pflegeversicherung in idealtypischer Weise erkennbar.

---

123 Vgl Intemann/Cöster, DStR 2005, S. 1923; Kirchhof/Söhn/Mellinghoff, Einkommensteuergesetz, Kommentar, Heidelberg (Loseblattausgabe), § 10 EStG, Rn. A25, E276–293; Tipke/Lang, Steuerrecht, 23. Aufl., Köln 2018, S. 495; aM Fischer, BB 2003, S. 877; Wernsmann, StuW 1998, S. 318; differenzierend Weber-Grellet, DStR 2004, S. 1725: Altersvorsorgeaufwendungen haben eine Doppelnatur aus existenzsichernden und erwerbssichernden Aufwendungen. Verfassungsrechtlich bestehen gegen die Einordnung als Sonderausgaben und die begrenzte Abzugsfähigkeit keine Bedenken, vgl BVerfG vom 14.6.2016, BStBl. 2016 II, S. 801.

124 Zu einer weitergehenden Analyse der Besteuerung von Alterseinkünften siehe Kapitel I., Rn. 356–366.

125 Vgl BVerfG vom 13.2.2008, BVerfGE 120 (2008), S. 125.

(d) Unter **sonstigen Vorsorgeaufwendungen** werden folgende Versicherungsbeiträge zusammengefasst (§ 10 Abs. 1 Nr 3a EStG): Beiträge zu Kranken- und Pflegeversicherungen, soweit diese zur Finanzierung von Leistungen dienen, die über die Basisversorgung hinausgehen, Beiträge zur Versicherung gegen Arbeitslosigkeit, Beiträge zu Erwerbs- und Berufsunfähigkeitsversicherungen, die nicht unter § 10 Abs. 1 Nr 2 EStG fallen, Beiträge zu Unfall- und Haftpflichtversicherungen sowie Beiträge zu Risikolebensversicherungen, die nur für den Todesfall eine Leistung vorsehen, und Beiträge zu ausgewählten weiteren Lebensversicherungen. **247**

Für Vorsorgeaufwendungen nach § 10 Abs. 1 Nr 3 und 3a EStG können pro Kalenderjahr insgesamt bis zu 2 800 € abgezogen werden (§ 10 Abs. 4 EStG). Die Abzugsbegrenzung wirkt allerdings nur für die sonstigen Vorsorgeaufwendungen nach § 10 Abs. 1 Nr 3a EStG. Die Vorsorgeaufwendungen für eine Krankenbasis- und Pflegeversicherung (§ 10 Abs. 1 Nr 3 EStG) über 2 800 € dürfen nämlich immer in vollem Umfang abgezogen werden. Ein zusätzlicher Abzug der sonstigen Vorsorgeaufwendungen scheidet dann aber aus. Ergebnis ist, dass die sonstigen Vorsorgeaufwendungen nur in dem Umfang als Sonderausgaben abgezogen werden können, in dem der Höchstbetrag noch nicht durch Beiträge für die Krankenbasis- und Pflegeversicherung aufgebraucht ist.

Für Steuerpflichtige, die ohne eigene Aufwendungen krankenversichert sind, reduziert sich der Höchstbetrag auf 1 900 €. Bei einer Zusammenveranlagung werden die jeweiligen Höchstbeträge der Ehegatten addiert, sodass sich ein gemeinsamer Höchstbetrag von 3 800 €, 4 700 € oder 5 600 € ergibt.

Die Ermittlung der abziehbaren Vorsorgeaufwendungen ist in der nachfolgenden Abbildung zusammengefasst. **248**

Art der Vorsorgeaufwendungen	**Ermittlung der abziehbaren Vorsorgeaufwendungen**
Altersvorsorge (§ 10 Abs. 1 Nr 2 EStG) – gesetzliche Rentenversicherung, berufsständische Versorgungseinrichtungen, landwirtschaftliche Alterskassen – private kapitalgedeckte Altersversorgung auf Rentenbasis („Rürup-Versicherung")	1. Addition der geleisteten Beiträge (einschließlich Arbeitgeberanteil) 2. Ermittlung des (anteiligen) Höchstbetrags *2020: 90% von 25 046 € (50 092 € für zusammenveranlagte Ehegatten)* *ab 2025: 100% des Höchstbetrags zur knappschaftlichen Rentenversicherung* 3. Ermittlung des geringeren Betrags aus geleisteten Beiträgen (1.) und (anteiligem) Höchstbetrag (2.) um Arbeitgeberanteil 4. Kürzung des Betrags aus (3) um den Arbeitgeberanteil
Krankenbasis- und gesetzliche Pflegeversicherung (§ 10 Abs. 1 Nr 3 EStG)	keine gesonderte Ermittlung notwendig, da unbegrenzter Abzug

Art der Vorsorgeaufwendungen	**Ermittlung der abziehbaren Vorsorgeaufwendungen**
sonstige Vorsorgeaufwendungen (§ 10 Abs. 1 Nr 3a EStG) – über Basisversorgung hinausgehende Kranken- und Pflegeversicherungen – Versicherung gegen Arbeitslosigkeit – Erwerbs- und Berufsunfähigkeitsversicherungen, die nicht unter § 10 Abs. 1 Nr 2 EStG fallen – Unfall- und Haftpflichtversicherungen – Risikolebensversicherungen, die nur für den Todesfall eine Leistung vorsehen – ausgewählte weitere Lebensversicherungen	1. Ermittlung des Höchstbetrags für Vorsorgeaufwendungen iSd § 10 Abs. 1 Nr 3 und Nr 3a EStG: 2 800 € (Grundsatz) bzw 1 900 € (für Steuerpflichtige, die ohne eigene Aufwendungen krankenversichert sind); bei zusammenveranlagten Ehegatten werden die jeweiligen Höchstbeträge addiert 2. Ermittlung des Unterschiedsbetrags aus Höchstbetrag (1.) und Vorsorgeaufwendungen für Krankenbasis- und gesetzliche Pflegeversicherung 3. wenn Unterschiedsbetrag aus (2) positiv: Abzug des kleineren Betrags aus positivem Unterschiedsbetrag (2.) und sonstigen Vorsorgeaufwendungen wenn Unterschiedsbetrag aus (2) negativ: kein Abzug der sonstigen Vorsorgeaufwendungen

Abb. 2.11: Ermittlung der abziehbaren Vorsorgeaufwendungen[126]

249 Die Beiträge zum Aufbau einer privaten kapitalgedeckten Altersversorgung auf Rentenbasis sowie zu Kranken- und Pflegeversicherungen können nur dann als Sonderausgaben abgezogen werden, wenn der Steuerpflichtige einer Datenübermittlung zustimmt (§ 10 Abs. 2, 2a EStG).

250 Bei der Beurteilung der eingeschränkten Abziehbarkeit der übrigen Vorsorgeaufwendungen (Beiträge für eine Arbeitslosen-, Berufsunfähigkeits-, Unfall-, Risikolebens- und Haftpflichtversicherung, Beiträge zu Kranken- und Pflegeversicherungen, soweit diese zur Finanzierung von Leistungen dienen, die über die Basisversorgung hinausgehen) lassen sich zwei Sichtweisen vertreten:

– Leitet man aus dem Sozialstaatsgedanken ab, dass eine eigenverantwortliche Vorsorge für die finanziellen Folgen des Todes oder der Beeinträchtigung der Arbeitsfähigkeit einer Absicherung durch die Allgemeinheit vorgeht, lässt sich eine Zwangsläufigkeit iwS annehmen. Der Abzug von Ausgaben für eine private Grundsicherung beruht bei dieser Sichtweise dem Grunde nach auf der persönlichen Komponente des Leistungsfähigkeitsprinzips.[127] Problematisch ist aber, dass die Abziehbarkeit regelmäßig an der für die sonstigen Vorsorgeaufwendungen bestehenden Höchstgrenze scheitert. Diese Einschränkung beim Abzug der Höhe nach lässt sich nur rechtfertigen, wenn man unterstellt, dass derartige Versicherungen bereits durch den Grundfreibetrag abgegolten sind. Ob diese Rechtfertigung zutreffend ist, ist allerdings zumindest zweifelhaft.

---

126 Zu den Altersvorsorgeverträgen („Riester-Rente", § 10a EStG) siehe Unterabschnitt h), Rn. 254–260.

127 Vgl Gunter, DStR 2009, S. 566; Kirchhof/Söhn/Mellinghoff, Einkommensteuergesetz, Kommentar, Heidelberg (Loseblattausgabe), § 10 EStG, Rn. A26, E3; Tipke/Lang, Steuerrecht, 23. Aufl., Köln 2018, S. 495.

- Verneint man eine Zwangsläufigkeit iwS, beruht die Abziehbarkeit dem Grunde nach auf einem Lenkungszweck. Die Zuordnung zu den Sonderausgaben ergibt sich daraus, dass der Staat die Steuerpflichtigen anregen möchte, für die finanziellen Folgen von persönlichen Schicksalsschlägen vorzusorgen. Da der Abzug der Höhe nach stark begrenzt ist, kann dieser Lenkungszweck aber nur ansatzweise verwirklicht werden.

(e) Privat veranlasste Aufwendungen für Dienstleistungen zur Betreuung eines zum **251**
Haushalt des Steuerpflichtigen gehörenden Kindes, das das 14. Lebensjahr noch nicht vollendet hat oder wegen einer vor Vollendung des 25. Lebensjahres eingetretenen körperlichen, geistigen oder seelischen Behinderung außerstande ist, sich selbst zu unterhalten, können in Höhe von zwei Dritteln der Aufwendungen (maximal 4 000 € je Kind) als Sonderausgaben abgezogen werden (§ 10 Abs. 1 Nr 5 EStG). Nicht als **Kinderbetreuungskosten** gelten Ausgaben für Unterricht, die Vermittlung besonderer Fähigkeiten sowie für sportliche und andere Freizeitbetätigungen. Voraussetzung für den Abzug der Kinderbetreuungskosten ist, dass der Steuerpflichtige für die Aufwendungen eine Rechnung erhalten hat und die Zahlung auf das Konto des Erbringers der Leistung erfolgt ist.[128]

Da bei jedem Kind der Bedarf für eine ausreichende Betreuung besteht, ist das Verhältnis zum allgemeinen Kinderfreibetrag und dem Freibetrag für die Betreuung, Erziehung und Ausbildung eines Kindes (§ 31, § 32 Abs. 6 EStG) nicht eindeutig. Wenn diese Freibeträge die Betreuungskosten bereits abdecken, bedarf es keines weiteren Abzugs von privaten Betreuungskosten. Sind der allgemeine Kinderfreibetrag und der Freibetrag für die Betreuung, Erziehung und Ausbildung eines Kindes nicht ausreichend, sind diese Freibeträge zu erhöhen. Die Einführung einer zusätzlichen Sonderregelung ist insoweit eine wenig befriedigende Ersatzlösung.[129]

Mit dem Abzug von Kinderbetreuungskosten will der Gesetzgeber Anreize zur Schaffung von Arbeitsplätzen in Privathaushalten setzen. Das Ziel, mittelbar die Wirtschaft zu fördern, ist die Begründung dafür, dass der Sonderausgabenabzug nur gewährt wird, wenn die Zahlung durch eine Rechnung und die Zahlung auf das Konto des Erbringers nachgewiesen wird. Insoweit beruht der Abzug weder auf der sachlichen noch auf der persönlichen Komponente des Leistungsfähigkeitsprinzips, sondern (zumindest ergänzend) auf einem wirtschaftspolitisch motivierten Lenkungszweck.

(f) Aufwendungen für die erstmalige Berufsausbildung oder für ein Erststudium, das **252**
zugleich eine Erstausbildung vermittelt, gelten grundsätzlich nicht als Erwerbsaufwendungen. Sie können deshalb weder als Betriebsausgabe noch als Werbungskosten abgezogen werden (§ 4 Abs. 9, § 9 Abs. 6 EStG). Allerdings können **Aufwendungen für** die eigene **Berufsausbildung** (Ausbildungskosten) jährlich bis zu 6 000 € als Sonderausgaben abgezogen werden (§ 10 Abs. 1 Nr 7 EStG).[130]

---

128 Knüpfen außersteuerliche Rechtsnormen (zB im Sozialhilferecht) an die im Einkommensteuergesetz verwendeten Begriffe Einkünfte, Summe der Einkünfte, Gesamtbetrag der Einkünfte an, werden die Kinderbetreuungskosten für deren Zwecke bereits bei diesen Größen abgezogen (§ 2 Abs. 5a S. 2 EStG). Durch den Abzug als Sonderausgaben mindern die Kinderbetreuungskosten das Einkommen sowie das zu versteuernde Einkommen, sodass in diesem Fall keine Sonderregelung erforderlich ist.

129 Vgl Seiler, DStR 2006, S. 1635.

130 Vgl BMF-Schreiben vom 22.9.2010, BStBl. 2010 I, S. 721.

Diese Regelung gilt nicht, wenn die Berufsausbildung oder das Erststudium im Rahmen eines Dienstverhältnisses stattfindet. In diesem Fall sind die Ausgaben Werbungskosten bei den Einkünften aus nichtselbständiger Arbeit.

Die Einordnung von Ausbildungskosten in das Konzept der Einkommensteuer hängt davon ab, mit welcher Motivation der Steuerpflichtige eine Ausbildung vornimmt:

- Ist die Ausbildung der beruflichen Sphäre zuordenbar, liegen materiell (vorweggenommene) Erwerbsaufwendungen vor. Der Abzug als (vorweggenommene) Betriebsausgaben bzw Werbungskosten stützt sich auf das Nettoprinzip (sachliche Interpretation des Leistungsfähigkeitsprinzips).[131]
- Liegt eine private Veranlassung vor, handelt es sich nicht um zwangsläufig anfallende Ausgaben. Da der Wunsch, durch ein Studium oder eine anderweitige Berufsausbildung den eigenen Wissenstand, die soziale Anerkennung, den gesellschaftlichen Status und die Verdienstmöglichkeiten zu verbessern, über die Absicherung des Existenzminimums hinausgeht, lässt sich ein Abzug nicht mit der persönlichen Komponente des Leistungsfähigkeitsprinzips begründen.

Die Abgrenzung, ob Ausbildungskosten beruflich oder privat veranlasst sind, lässt sich praktisch nicht durchführen, weil die persönliche Motivation des Steuerpflichtigen durch Angehörige der Finanzverwaltung nicht rechtssicher überprüft werden kann. Die Einführung einer grundsätzlichen Nichtabziehbarkeit von Ausbildungskosten als Erwerbsaufwendungen in § 4 Abs. 9 sowie § 9 Abs. 6 EStG einerseits und die Aufhebung dieses Grundsatzes in § 10 Abs. 1 Nr 7 EStG durch eine Abziehbarkeit von bis zu 6 000 € als Sonderausgaben andererseits lässt sich als Kompromiss zwischen diesen beiden Sichtweisen interpretieren. Unbefriedigend ist allerdings, dass die Zuordnung zu den Sonderausgaben dem Charakter von Ausbildungskosten grundsätzlich widerspricht. Es handelt sich nicht um indisponible Privatausgaben, sondern entweder um Erwerbsaufwendungen oder um disponible Privatausgaben.

253 (g) Beim Besuch von bestimmten **Ersatzschulen** sind bis zu **30% des Entgelts, höchstens 5 000 €**, das der Steuerpflichtige für ein Kind entrichtet, für das er Kindergeld oder den Freibetrag nach § 32 Abs. 6 EStG erhält, als Sonderausgaben abziehbar (§ 10 Abs. 1 Nr 9 EStG).

Die Zuordnung zu den Sonderausgaben ist inhaltlich unzutreffend, da es sich nicht um zwangsweise oder unvermeidbar anfallende Ausgaben handelt. Die existenzsichernde Ausbildung ist durch das staatliche Bildungssystem gewährleistet. Beim Besuch einer Ersatzschule werden Bedürfnisse befriedigt, die über das Existenzminimum hinausgehen. Die Entscheidung, dass das eigene Kind in einer privat geführten Schule ausgebildet wird, beruht auf den persönlichen Präferenzen der Eltern. Sie wird freiwillig getroffen. Insoweit sind die Kosten für den Besuch einer Ersatzschule nicht indisponibel.

---

131 Voraussetzung für den Abzug als Werbungskosten oder Betriebsausgaben soll ein ausreichend bestimmbarer Zusammenhang zwischen den Ausbildungskosten und der Einkunftsart sein, bei der die Ausgaben abgezogen werden sollen. Allerdings stehen dem Abzug als (vorweggenommene) Betriebsausgaben bzw Werbungskosten die in § 4 Abs. 9 sowie § 9 Abs. 6 EStG eingefügten Abzugsverbote entgegen.

(h) Um **Anreize für die private Zusatzvorsorge** zu setzen, wird für Altersvorsorgeverträge (**„Riester-Rente“**) eine steuerliche Förderung gewährt. Analog zum Familienleistungsausgleich ist das **Förderkonzept zweistufig** aufgebaut: Die Gewährung einer einkommensunabhängigen **Altersvorsorgezulage** (§ 79 – § 99 EStG) wird durch den **alternativen Abzug** der Altersvorsorgebeiträge **als Sonderausgaben** (§ 10a EStG), dh als Abzug von der einkommensteuerpflichtigen Bemessungsgrundlage und somit als progressionsabhängige Entlastungswirkung, ergänzt.[132] **254**

Der **geförderte Personenkreis** ist grundsätzlich auf Personen begrenzt, die in der gesetzlichen Rentenversicherung pflichtversichert sind (§ 10a Abs. 1, § 79 EStG). Hierzu gehören unter anderem Arbeitnehmer, Auszubildende, Bezieher von Lohnersatzleistungen (zB Arbeitslosengeld), Scheinselbständige, Wehr- und Zivildienstleistende. Zusätzlich werden Beamte, Arbeitnehmer im öffentlichen Dienst mit einer beamtenähnlichen Zusatzversorgung, Richter, Soldaten, bestimmte Selbständige (zB Lehrer, Erzieher, Künstler) sowie geringfügig Beschäftigte bei Verzicht auf Versicherungsfreiheit gefördert. Nicht nach § 10a Abs. 1 EStG begünstigt sind Nichtpflichtversicherte, wie versicherungsfreie Personen (zB geringfügig Beschäftigte), von der Versicherungspflicht Befreite (zB Steuerberater, Rechtsanwälte) sowie freiwillig Versicherte. Voraussetzung für die Förderung ist, dass der Zulageberechtigte jährlich mindestens 60 € in den Altersvorsorgevertrag einzahlt (§ 86 Abs. 1 S. 4 EStG). **255**

Die steuerliche Förderung der privaten Zusatzvorsorge beschränkt sich auf die Anlageformen, die bestimmte gesetzlich vorgeschriebene Vorgaben erfüllen (§ 80 EStG). Die verschiedenen Kriterien lassen sich in ihrem Kern darin zusammenfassen, dass die **geförderten Altersvorsorgeverträge** eine Absicherung im Alter gewährleisten und dass sie ein erhöhtes Maß an Verbraucherschutz einräumen. Ob diese Anforderungen erfüllt sind, wird dem Anbieter in einem **Zertifizierungsverfahren** bestätigt (§ 1 Abs. 2 AltZertG). **256**

Die **Altersvorsorgezulage** setzt sich aus einer Grundzulage und einer Kinderzulage zusammen (§ 83 EStG). Die Höhe der Altersvorsorgezulage ist abhängig vom Familienstand und von der Zahl der Kinder. **257**

Die **Grundzulage** beträgt **175 €**. Für Zulageberechtigte, die zu Beginn des Beitragsjahres das 25. Lebensjahr noch nicht vollendet haben, erhöht sich die Grundzulage im ersten Beitragsjahr einmalig um 200 € (§ 84 EStG). Bei einer Zusammenveranlagung steht die Grundzulage jedem der beiden **Ehegatten** zu, sofern beide Ehepartner eigenständig Beiträge zu einem Altersvorsorgevertrag leisten. Gehört nur einer der Ehegatten zu dem begünstigten Personenkreis, wird dem anderen Ehegatten die Grundzulage dennoch gewährt, sofern dieser einen auf seinen Namen lautenden Altersvorsorgevertrag abschließt und darauf Beiträge leistet (§ 79 S. 2 EStG).

Die **Kinderzulage** beträgt **für jedes** zu berücksichtigende **Kind 185 €** (vor dem 1.1.2008 geboren) oder **300 €** (nach dem 31.12.2007 geboren, § 85 EStG).

132 Zu Einzelheiten siehe BMF-Schreiben vom 24.7.2013, BStBl. 2013 I, S. 1022; BMF-Schreiben vom 21.12.2017, BStBl. 2018 I, S. 93.

258 **Alternativ** zur Gewährung der Altersvorsorgezulage besteht die Möglichkeit, die Altersvorsorgebeiträge als Sonderausgaben abzuziehen. Für den **Sonderausgabenabzug** gilt ein **Höchstbetrag von 2 100 €** (§ 10a Abs. 1 EStG).

Wird der Sonderausgabenabzug vorgenommen, erhöht sich die tarifliche Einkommensteuer um die Altersvorsorgezulage (§ 2 Abs. 6 S. 2 EStG). Bei einem Abzug der Altersvorsorgebeiträge als Sonderausgaben mindert sich die Einkommensteuer also nur um den Betrag, um den die Reduzierung der Einkommensteuer durch den Sonderausgabenabzug über die Altersvorsorgezulage hinausgeht. Die Zulage wird auf den Altersvorsorgevertrag gutgeschrieben. Im Rahmen der Einkommensteuerveranlagung prüft das Finanzamt, ob der Sonderausgabenabzug für den Steuerpflichtigen günstiger ist als die Gewährung der Altersvorsorgezulage (Günstigerprüfung, § 10a Abs. 2 EStG).

259 Bei zusammenveranlagten Ehegatten steht der Sonderausgabenabzug für Altersvorsorgebeiträge jedem Ehegatten jeweils gesondert zu. Unter bestimmten Voraussetzungen besteht die Möglichkeit, das Recht auf Abzug als Sonderausgaben von einem Ehegatten auf den anderen Ehegatten zu übertragen (§ 10a Abs. 3 EStG).

260 Der Sache nach handelt es sich bei den Beiträgen für Altersvorsorgeverträge um vorweggenommene Werbungskosten, nicht um Sonderausgaben. Mit der Förderung von Altersvorsorgeverträgen verfolgt der Gesetzgeber einen Lenkungszweck. Er möchte einen Anreiz geben, dass die Steuerpflichtigen für ihren Finanzbedarf im Alter Eigenvorsorge betreiben. Der Förderzweck kommt nicht nur in der nachgelagerten Besteuerung zum Ausdruck,[133] sondern auch darin, dass bei Steuerpflichtigen mit geringen Einkünften durch die Altersvorsorgezulage eine Förderung gewährt wird, deren Wirkung über die bei einem Abzug von der Bemessungsgrundlage eintretende Entlastung hinausgeht. Soweit ein Sonderausgabenabzug gewährt wird, ergibt sich ein zusätzlicher Entlastungseffekt daraus, dass nicht nur die vom Steuerpflichtigen selbst geleisteten Zahlungen abziehbar sind, sondern darüber hinaus auch die vom Staat gewährte und auf dem Altersvorsorgevertrag gutgeschriebene Zulage.[134]

261 (i) Zuwendungen (**Spenden** und Mitgliedsbeiträge) für **gemeinnützige, mildtätige und kirchliche Zwecke** sind **bis zu 20% des Gesamtbetrags der Einkünfte** als Sonderausgaben **abziehbar**. Alternativ errechnet sich der maximal abziehbare Betrag aus 0,4% der Summe der Umsätze und der aufgewendeten Löhne und Gehälter. Soweit ein Bezug zur Freizeitgestaltung (so zB bei Sport-, Faschings- und Kleingärtnervereinen) angenommen wird, ist allerdings der Abzug von Mitgliedsbeiträgen ausgeschlossen (§ 10b Abs. 1 EStG). Abziehbare Zuwendungen, die die Höchstgrenzen übersteigen, können im Rahmen der Höchstbeträge in den folgenden Jahren abgezogen werden (Spendenvortrag).[135]

133 Zur Begründung siehe die Analyse der Besteuerung von Alterseinkünften in Kapitel I., Rn. 356–366.

134 Vgl Blümich, EStG, KStG, GewStG, Kommentar, München (Loseblattausgabe), § 10a EStG, Rz. 43.

135 Darüber hinaus sind Einnahmen aus nebenberuflichen Tätigkeiten im Dienst oder Auftrag bestimmter Einrichtungen zur Förderung gemeinnütziger, mildtätiger oder kirchlicher Zwecke bis zu insgesamt 720 € im Jahr steuerfrei (§ 3 Nr 26a EStG). Siehe auch BMF-Schreiben vom 21.11.2014, BStBl. 2014 I, S. 1581.

Spenden, die in den Vermögensstock einer Stiftung des öffentlichen Rechts oder einer steuerbefreiten gemeinnützigen Stiftung des privaten Rechts geleistet werden, können auf Antrag des Steuerpflichtigen zusätzlich im Jahr der Zuwendung und in den nachfolgenden neun Jahren bis zu einem Gesamtbetrag von 1 Mio. € als Sonderausgaben abgezogen werden. Dieser besondere Abzugsbetrag wird innerhalb von zehn Jahren nur einmal gewährt (§ 10b Abs. 1a EStG). Bei zusammenveranlagten Ehegatten verdoppelt sich dieser Betrag auf 2 Mio. €.

Durch den Abzug von Spenden als Sonderausgaben wird für die Steuerpflichtigen ein Anreiz gesetzt, freiwillig die als förderungswürdig angesehenen Organisationen zu unterstützen. Soweit die Steuerpflichtigen Spenden leisten, muss der Staat an die betreffenden Organisationen keine Mittel zahlen. Mit dem Spendenabzug wird eindeutig ein Lenkungszweck verfolgt. Ein Bezug zur persönlichen Komponente des Leistungsfähigkeitsprinzips besteht nicht.

(j) Für **Mitgliedsbeiträge und Spenden an politische Parteien** sowie an unabhängige Wählervereinigungen wird nach § 34g EStG eine Steuerermäßigung von 50% der Ausgaben, maximal jeweils 825 € (für zusammenveranlagte Ehegatten jeweils 1 650 €), gewährt. Soweit diese Steuerermäßigung nicht beantragt wird, können Zuwendungen an politische Parteien (aber nicht an unabhängige Wählervereinigungen) bis zu einem Betrag von 1 650 € (für zusammenveranlagte Ehegatten bis zu 3 300 €) als Sonderausgaben abgezogen werden (§ 10b Abs. 2 EStG). **262**

Die Zulässigkeit des Abzugs von Zuwendungen an Parteien und unabhängige Wählervereinigungen beruht wie bei Spenden auf einem Lenkungszweck. Diese Ausgaben fallen nicht zwangsweise an. Vielmehr beruhen sie auf einer freiwilligen Entscheidung des Steuerpflichtigen.

4. Sonderausgaben-Pauschbetrag und Vorsorgepauschale

Für Sonderausgaben, die keine Vorsorgeaufwendungen sind, wird (zumindest) ein **Sonderausgaben-Pauschbetrag** von 36 € (72 € für zusammenveranlagte Ehegatten) gewährt (§ 10c EStG). **263**

Bei den Vorsorgeaufwendungen können nur die Beträge als Sonderausgaben abgezogen werden, die tatsächlich bezahlt wurden. Ein Pauschbetrag wird grundsätzlich nicht gewährt. Damit sich bei Arbeitnehmern die regelmäßig anfallenden Vorsorgeaufwendungen für die gesetzliche Rentenversicherung sowie die Krankenbasis- und Pflegeversicherung nicht erst nach Ablauf des Kalenderjahres bei der Einkommensteuerveranlagung, sondern bereits im laufenden Jahr auswirken, wird im Rahmen des Lohnsteuerabzugs eine **Vorsorgepauschale** berücksichtigt (§ 39b Abs. 2 S. 5 Nr 3 EStG). Durch die Vorsorgepauschale wird der bei Vorsorgeaufwendungen zulässige Sonderausgabenabzug vorweggenommen. **264**

III. Außergewöhnliche Belastungen

1. Allgemeines

265 Private Lebenshaltungskosten mindern grundsätzlich die einkommensteuerliche Bemessungsgrundlage nicht. Ausnahmen zu dieser allgemeinen Regelung bilden neben Sonderausgaben auch außergewöhnliche Belastungen (§ 33 – § 33b EStG).

Außergewöhnliche Belastungen sind definiert als **zwangsweise erwachsende Aufwendungen** eines Steuerpflichtigen, die **bei** der **überwiegenden Mehrzahl der Steuerpflichtigen** gleicher Einkommensverhältnisse, gleicher Vermögensverhältnisse und gleichen Familienstands **nicht anfallen** (§ 33 Abs. 1 EStG).

Voraussetzungen für den Abzug als außergewöhnliche Belastungen sind:

- Es müssen tatsächlich **Aufwendungen entstanden** sein.
- Die Aufwendungen dürfen **weder Betriebsausgaben noch Werbungskosten noch Sonderausgaben** sein.
- Die **Aufwendungen** müssen **außergewöhnlich** sein.
- Die **Aufwendungen** müssen **zwangsläufig** entstanden sein.
- Sie müssen den Steuerpflichtigen tatsächlich **belasten**.

266 Obwohl die Vorschriften zu den außergewöhnlichen Belastungen in der Gliederung des Einkommensteuergesetzes im vierten Abschnitt „Tarif“ eingeordnet sind, gehören sie **der Sache nach zu den Sonderausgaben**. Wie bei Sonderausgaben handelt es sich bei außergewöhnlichen Belastungen **prinzipiell** um Ausgaben im Zusammenhang mit der **Einkommensverwendung**. Der Abzug von Kosten der privaten Lebensführung kann nur aus der **persönlichen Interpretation des Leistungsfähigkeitsprinzips** abgeleitet werden. Die Minderung der Bemessungsgrundlage beruht sowohl bei außergewöhnlichen Belastungen als auch bei Sonderausgaben auf dem steuerrechtlichen Konzept, nur das disponible Einkommen der Besteuerung zu unterwerfen.

267 Das Einkommensteuergesetz kennt **zwei Formen** von außergewöhnlichen Belastungen:

- normierte Fälle nach § 33a, § 33b EStG (typisierte außergewöhnliche Belastungen) und
- allgemeine Fälle nach § 33 EStG (nicht typisierte außergewöhnliche Belastungen).

268 Außergewöhnliche Belastungen sind nach dem Abflussprinzip in dem Jahr abziehbar, in dem sie gezahlt werden (§ 11 Abs. 2 EStG).

2. Typisierte außergewöhnliche Belastungen

269 Außergewöhnliche Belastungen, die bei einer größeren Zahl von Steuerpflichtigen in etwa gleicher Höhe auftreten, sind in § 33a und in § 33b EStG aufgeführt. Bei diesen konkret umschriebenen und **abschließend bestimmten** Aufwendungen handelt es sich um spezielle Regelungen, die grundsätzlich den (allgemeinen) nicht typisierten außergewöhnlichen Belastungen (§ 33 EStG) vorgehen.

Bei typisierten außergewöhnlichen Belastungen ist der Abzug zwar auf einen **Höchstbetrag begrenzt**, es erfolgt aber grundsätzlich **keine Anrechnung einer zumutbaren Eigenbeteiligung**.

Die normierten Fälle der außergewöhnlichen Belastungen betreffen sozialpolitisch motivierte Steuerentlastungen: 270

- **Unterhaltsleistungen** an Personen, die gegenüber dem Steuerpflichtigen oder seinem Ehegatten gesetzlich unterhaltsberechtigt sind und für die kein Anspruch auf Kindergeld oder einen Kinderfreibetrag besteht, bis zu 9 408 € (entspricht dem Grundfreibetrag) zuzüglich der für diese Person anfallenden Beiträge zur Krankenbasis- und Pflegeversicherung (§ 33a Abs. 1 EStG).
- Bei auswärtiger Unterbringung: **Ausbildungsfreibetrag** für Aufwendungen zur Berufsausbildung von volljährigen Kindern in Höhe von 924 € (§ 33a Abs. 2 EStG). Die finanzielle Belastung aus dem allgemeinen Ausbildungsbedarf wird im Rahmen des Familienleistungsausgleichs (Kindergeld bzw Freibeträge nach § 32 Abs. 6 EStG) abgedeckt. Der bei auswärtiger Unterbringung des Kindes entstehende Sonderbedarf wird durch den Ausbildungsfreibetrag ausgeglichen.
- **Pauschbeträge für Behinderte**, Hinterbliebene und Pflegepersonen, deren Höhe nach dem Grad der Behinderung differenziert wird. Der Maximalbetrag beläuft sich auf 1 420 €. Bei behinderten Menschen, die hilflos sind, erhöht sich der Pauschbetrag auf 3 700 € (§ 33b EStG).

3. Nicht typisierte außergewöhnliche Belastungen

Bei den nicht typisierten außergewöhnlichen Belastungen handelt es sich um Aufwendungen, die die **allgemeine Definition** nach § 33 Abs. 1 EStG **erfüllen und** deren **Tatbestand** in § 33a bzw § 33b EStG **nicht** gesondert **geregelt** ist. 271

Allgemeine außergewöhnliche Belastungen liegen nur vor, wenn die Aufwendungen außergewöhnlich sind und zwangsläufig anfallen. Das Merkmal der **Außergewöhnlichkeit** wird anhand des Grundes für die Zahlung beurteilt, nicht anhand ihrer Höhe. Eine Ausgabe ist **zwangsläufig**, wenn sich der Steuerpflichtige ihr aus rechtlichen, tatsächlichen oder sittlichen Gründen nicht entziehen kann (dem Grunde nach zwangsläufig) und soweit die Zahlung den Umständen nach notwendig ist und einen angemessenen Betrag nicht übersteigt (der Höhe nach zwangsläufig, § 33 Abs. 2 EStG).

Die allgemeinen Fälle der außergewöhnlichen Belastungen weisen drei Gemeinsamkeiten auf:

- Für ihren Abzug wird **kein Höchstbetrag** vorgegeben, sie sind der Höhe nach unbegrenzt abziehbar.
- Die Anerkennung setzt den **Nachweis** über die tatsächlich entstandenen Aufwendungen voraus.
- Der Steuerpflichtige muss einen Teil der Aufwendungen ohne steuermindernde Auswirkung selbst tragen. Die nicht typisierten außergewöhnlichen Belastungen dürfen nur insoweit vom Gesamtbetrag der Einkünfte abgezogen werden, als sie die **zumutbare Belastung übersteigen**.

272 Die Höhe der zumutbaren Belastung des Steuerpflichtigen wird als Prozentsatz des Gesamtbetrags der Einkünfte ausgedrückt. Die „Eigenbeteiligung" liegt in Abhängigkeit von der Höhe des Gesamtbetrags der Einkünfte, vom Familienstand und von der Zahl der Kinder zwischen 1 und 7% des Gesamtbetrags der Einkünfte (§ 33 Abs. 3 EStG). Die zumutbare Belastung wird stufenweise ermittelt, sodass nur der Teil des Gesamtbetrags der Einkünfte, der den jeweiligen im Gesetz genannten Grenzbetrag übersteigt, mit dem jeweils höheren Prozentsatz belastet wird.[136]

Beispiel: Der Gesamtbetrag der Einkünfte eines ledigen, kinderlosen Steuerpflichtigen beträgt 55 000 €. Die zumutbare Belastung beläuft sich auf 3185,30 €:

bis 15 340 €	5%	767,00 €	= 15 340 € × 5%
bis 51 130 €	6%	2 147,40 €	= (51 130 € – 15 340 €) × 6%
bis 55 000 €	7%	270,90 €	= (55 000 € – 51 130 €) × 7%

In der nachfolgenden Abbildung sind die in § 33 Abs. 3 EStG enthaltenen Prozentwerte für ausgewählte Einkommenssituationen in Absolutbeträge umgerechnet:

Gesamtbetrag der Einkünfte	15 000 €	35 000 €	55 000 €	100 000 €
Ledige, ohne Kinder	750 €	1 947 €	3 185 €	6 335 €
Verheirate, ohne Kinder	600 €	1 597 €	2 635 €	5 335 €
Steuerpflichtige mit einem Kind oder mit zwei Kindern	300 €	897 €	1 535 €	3 335 €
Steuerpflichtige mit drei oder mehr Kindern	150 €	350 €	589 €	1 489 €

Abb. 2.12: Umrechnung der zumutbaren Belastung in Absolutbeträge

273 Zu den allgemeinen außergewöhnlichen Belastungen gehört eine Vielzahl von unterschiedlichen Ausgaben. Eine abschließende Aufzählung ist nicht möglich. Wichtige Fälle der nicht typisierten außergewöhnlichen Belastungen sind:[137]

- Krankheitskosten, Heilkuren, soweit es sich um unmittelbare Krankheitskosten handelt,[138]
- Aufwendungen für die krankheitsbedingte Unterbringung in einem Alterswohnheim (aber nicht für die altersbedingte Unterbringung),
- Kosten für die behindertenbedingte Unterbringung in einer betreuten Wohngemeinschaft,
- Ersatzbeschaffung von existenziell notwendigen Gegenständen wie Hausrat und Kleidung nach Brand, Unwetterschäden oder Diebstahl (nicht existenziell notwendig ist ein Pkw),
- Neuanschaffung von Mobiliar, wenn von den ausgetauschten Möbeln eine konkrete Gesundheitsgefährdung ausgeht (zB Verwendung gesundheitsschädlicher Materialien),
- Kosten eines Zivilprozesses, sofern es sich um Aufwendungen handelt, ohne die der Steuerpflichtige Gefahr liefe, seine Existenzgrundlage zu verlieren und seine

136 Vgl BFH vom 19.1.2017, BStBl. 2017 II, S. 684.
137 Zu den Voraussetzungen und zu weiteren Beispielen siehe im Einzelnen R 33.1–R 33.4 EStR.
138 Siehe hierzu aus steuersystematischer Sicht ausführlich Modrzejewski, StuW 2019, S. 144.

lebensnotwendigen Bedürfnisse in dem üblichen Rahmen nicht mehr befriedigen zu können,[139] und
- Lösegelder für die Freilassung von entführten Familienmitgliedern.

Da nach der persönlichen Komponente des Leistungsfähigkeitsprinzips die Ausgaben erfasst werden sollen, die unvermeidbar, zwangsläufig oder indisponibel sind, sollten Ausgaben, die dem Grunde nach als außergewöhnliche Belastung angesehen werden, in vollem Umfang abziehbar sein. Die Begrenzung auf die Ausgaben, die die zumutbare Belastung übersteigen, ist insoweit nicht gerechtfertigt.[140] **274**

IV. Steuerbegünstigung für schutzwürdige Kulturgüter

Aufwendungen für Herstellungs- und Erhaltungsmaßnahmen an schutzwürdigen Kulturgütern können zehn Jahre lang zu jeweils 9% **wie Sonderausgaben** abgezogen werden (§ 10g EStG). Insgesamt werden also 90% der Aufwendungen steuerlich wirksam. **275**

Was als begünstigtes Kulturgut gilt, wird in § 10g Abs. 1 EStG abschließend aufgezählt. Voraussetzungen für die Steuerbegünstigung sind, dass
- die Aufwendungen nicht durch öffentliche oder private Zuwendungen oder durch sonstige Einnahmen (zB Eintrittsgelder) gedeckt sind,
- das Objekt weder zur Erzielung von Einkünften noch zu eigenen Wohnzwecken dient (damit ist eine gleichzeitige Förderung nach § 10f EStG ausgeschlossen) und
- das Objekt für die wissenschaftliche Forschung oder für die Öffentlichkeit zugänglich ist.

Für **eigengenutzte Gebäude**, **die** aus geschichtlichen, künstlerischen oder städtebaulichen Gründen **besonders erhaltungswürdig** sind, enthält § 10f EStG eine **besondere Förderung**. Renovierungs- und Modernisierungsaufwendungen können unter bestimmten Voraussetzungen zehn Jahre lang jeweils zu 9% wie Sonderausgaben abgezogen werden. Es werden also nur 90% der Aufwendungen steuerlich wirksam. **276**

Bei diesen Aufwendungen liegen keine indisponiblen Ausgaben vor. Der Abzug von der einkommensteuerlichen Bemessungsgrundlage beruht auf einem Lenkungszweck. Die Gleichstellung mit den Sonderausgaben („wie“ Sonderausgaben) ist formaler Art. Sie kann nicht mit der persönlichen Interpretation des Leistungsfähigkeitsprinzips begründet werden. Die Förderung könnte auch auf eine andere Art erfolgen, wie beispielsweise über den Abzug von der Steuerschuld (Steuerermäßigung) oder durch direkte Zuschüsse. **277**

139 Vgl BFH vom 17.12.2015, BStBl. 2018 II, S. 742 (entgegen früherer Rechtsprechung). Dies gilt auch für Scheidungskosten, vgl BFH vom 18.5.2017, BStBl. 2017 II, S. 988.

140 Vgl Tipke, Die Steuerrechtsordnung, Band II: Steuerrechtfertigungstheorie, 2. Aufl., Köln 2003, S. 830–831.

E. Behandlung von Verlusten

278 Aufgrund des (sachlichen) **Nettoprinzips** sind von den steuerpflichtigen Erwerbseinnahmen (Betriebseinnahmen, Einnahmen) die damit zusammenhängenden **Erwerbsaufwendungen** (Betriebsausgaben, Werbungskosten) abzuziehen. Dies kann dazu führen, dass die Einkünfte aus einer bestimmten Aktivität negativ werden. Das Prinzip der Nettobesteuerung hat zusätzlich zur Folge, dass negative Einkünfte im Rahmen des Verlustausgleichs und des Verlustabzugs mit positiven Einkünften aus anderen wirtschaftlichen Aktivitäten verrechnet werden können. Der **Verlustausgleich** erlaubt eine Kompensation im gleichen Jahr (§ 2 Abs. 1, 3 EStG). Bei Verlusten, die innerhalb eines Veranlagungszeitraums nicht ausgeglichen werden können, erfolgt ein interperiodischer Verlustausgleich. Dieser wird als **Verlustabzug** bezeichnet (§ 10d EStG). Weder der Abzug von Erwerbsaufwendungen (Betriebsausgaben, Werbungskosten) noch der Verlustausgleich noch der Verlustabzug stellen eine Steuervergünstigung dar. Vielmehr beruhen sie auf dem Grundkonzept der Einkommensbesteuerung, tatsächlich entstandene Vermögensmehrungen zu erfassen.

I. Verlustausgleich

279 Das **Nettoprinzip** beinhaltet den **Verlustausgleich**: Bei jeder Einkunftsart werden den positiven Erfolgskomponenten (Betriebseinnahmen, Einnahmen) die damit im Zusammenhang stehenden Belastungen (Betriebsausgaben, Werbungskosten) gegenübergestellt. Deshalb können bei jeder Einkunftsart negative Einkünfte (Vermögensminderungen) entstehen. Durch die Addition der Ergebnisse der sieben Einkunftsarten zur Summe der Einkünfte werden **negative Einkünfte mit positiven Einkünften verrechnet** (§ 2 Abs. 1, 3 EStG).

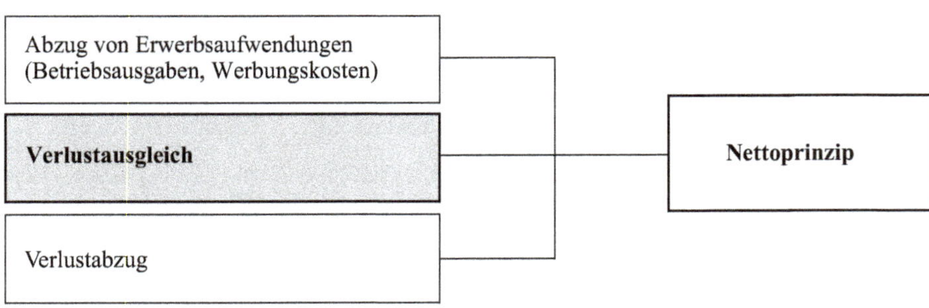

Abb. 2.13: Einordnung des Verlustausgleichs in das Nettoprinzip

280 Verlustausgleich bedeutet, dass sich negative Einkünfte **in dem Veranlagungszeitraum auswirken, in dem sie entstehen**. Die innerperiodische Verlustverrechnung unterteilt sich in einen internen und einen externen Verlustausgleich. Von einem **internen (horizontalen) Verlustausgleich** spricht man, wenn positive und negative Einkünfte innerhalb derselben Einkunftsart zusammengefasst werden. Ein **externer (vertikaler) Verlustausgleich** liegt vor, wenn die positiven Beträge einer Einkunftsart mit den negativen Einkünften einer anderen Einkunftsart saldiert werden.

Der Verlustausgleich wird bei Ermittlung der Summe der Einkünfte durchgeführt (§ 2 281
Abs. 3 EStG). Die Reihenfolge – zuerst interner Verlustausgleich und dann externer Verlustausgleich – ist verbindlich.

Beispiel:

	Einkünfte aus Gewerbebetrieb			
	Gewerbebetrieb A	+ 70 000 €		**interner Verlustausgleich**
	Gewerbebetrieb B	– 100 000 €		
	=	– 30 000 €	– 30 000 €	**externer Verlustausgleich**
+	Einkünfte aus selbständiger Arbeit		+ 70 000 €	
+	Einkünfte aus Vermietung und Verpachtung		+ 10 000 €	
=	Summe aus den sieben Einkunftsarten		50 000 €	

Nach einem internen Verlustausgleich innerhalb der gewerblichen Einkünfte verbleiben negative Einkünfte aus Gewerbebetrieb von 30 000 €. Diese werden über den externen Verlustausgleich mit den positiven Einkünften aus den beiden anderen Einkunftsarten saldiert.

Nach dem **Nettoprinzip** sind sowohl der **interne** als auch der **externe Verlustaus-** 282
gleich uneingeschränkt zu gewähren. Dieses Grundkonzept wird **im geltenden Einkommensteuergesetz grundsätzlich beachtet**.

Zu einer bedeutsamen Einschränkung dieses Prinzips kommt es bei **Einkünften aus** 283
Kapitalvermögen, die der Abgeltungsteuer unterliegen. Bei dieser Einkunftsart ist der Abzug von Werbungskosten durch den Sparer-Pauschbetrag von 801 € (Ledige) bzw 1 602 € (zusammenveranlagte Ehegatten) abgegolten (§ 2 Abs. 2 S. 2 iVm § 20 Abs. 9 EStG). Dieser **Verstoß** gegen **das Nettoprinzip wirkt sich** nicht nur auf die Ermittlung der Einkünfte aus Kapitalvermögen aus, sondern **auch auf den Verlustausgleich** (§ 20 Abs. 6 EStG):

– Eine Verrechnung von **positiven Einkünften aus Kapitalvermögen** mit negativen Einkünften aus einer anderen Einkunftsart ist grundsätzlich nicht möglich.

  Eine Ausnahme gilt, wenn der Steuerpflichtige den Antrag stellt, die Einkünfte aus Kapitalvermögen in die Veranlagung einzubeziehen (Günstigerprüfung, § 32d Abs. 6 EStG). Im Rahmen der Günstigerprüfung können zwar bei den Einkünften aus Kapitalvermögen weiterhin keine Werbungskosten abgezogen werden, aber die positiven Einkünfte aus Kapitalvermögen können ausnahmsweise mit negativen Ergebnissen einer anderen Einkunftsart verrechnet werden.

– **Negative Einkünfte aus Kapitalvermögen** (zB Veräußerungsverluste, beim Erwerb von Kapitalanlagen gezahlte Stückzinsen) dürfen nur innerhalb der Einkünfte aus Kapitalvermögen verrechnet werden, aber nicht mit positiven Einkünften einer anderen Einkunftsart.[141] Bei negativen Einkünften aus Kapitalvermögen ist nur ein Verlustvortrag zulässig. Ein Verlustrücktrag scheidet demgegenüber aus. Bei Verlusten aus der Veräußerung von Aktien ist der Verlustverrechnungskreis

141 Bei gezahlten Stückzinsen erfolgt eine Verrechnung bis zur Höhe der positiven Kapitalerträge. Soweit die Verrechnung nicht möglich ist, kommt es zu einem Vortrag in das nächste Kalenderjahr (§ 43a Abs. 3 EStG).

noch enger. Diese Verluste können nur mit Gewinnen aus der Veräußerung von Aktien verrechnet werden.
Verluste aus Termingeschäften können nur mit Gewinnen aus Termingeschäften verrechnet werden. Betragsmäßig besteht eine Beschränkung auf jährlich 10 000 €.
Bei Verlusten aus der Uneinbringlichkeit von Kapitalforderungen und aus der Übertragung von wertlosen Kapitalanlagen ist die Verrechnung mit Einkünften aus Kapitalvermögen auf 10 000 €/Jahr beschränkt.

284 Eine Besonderheit gilt auch im Zusammenhang mit der **Begünstigung der nicht entnommenen Gewinne nach § 34a EStG**. Durch den Sondersteuersatz für nicht entnommene Gewinne wird eine eigenständige Einkunftskategorie geschaffen. Negative Einkünfte aus anderen Einkunftsquellen können mit den Einkünften, die nach § 34a Abs. 1 EStG mit 28,25% besteuert werden, nicht verrechnet werden (§ 34a Abs. 8 EStG).

285 Darüber hinaus ist der Verlustausgleich in weiteren Bereichen **zum Teil ausgeschlossen bzw nur in eingeschränktem Umfang möglich**. Legt man **rechtliche Kriterien** zugrunde, sind drei Gruppen zu bilden:

(1) als Konsequenz des Nettoprinzips

- Verluste aus einer wegen **fehlender Einkunftserzielungsabsicht** nicht steuerbaren Tätigkeit (Liebhaberei)
- ausländische Verluste, soweit die Einkünfte aufgrund eines Doppelbesteuerungsabkommens **von** der **inländischen Besteuerung freigestellt** sind (Ausnahme: negativer Progressionsvorbehalt nach § 32b EStG).[142]

(2) aufgrund der Abgrenzung des Umfangs der Einkünfte

- negative Einkünfte aus sonstigen Leistungen iSd § 22 Nr 3 EStG (nur interner Verlustausgleich)
- negative Einkünfte aus **privaten Veräußerungsgeschäften** (§ 23 Abs. 3 S. 7, 8 EStG, nur interner Verlustausgleich).

(3) aufgrund von Sonderregelungen (Hauptzweck: Vermeidung von Steuerminderungen, die vom Gesetzgeber als ungerechtfertigt angesehen werden)

- Verluste aus bestimmten (als passiv geltenden) **Einkünften aus Drittstaaten** (§ 2a EStG, nur interner Verlustausgleich mit Einkünften der gleichen Art und aus dem gleichen Staat)
- Verluste aus gewerblicher Tierzucht und Tierhaltung (§ 15 Abs. 4 S. 1, 2 EStG, nur interner Verlustausgleich)
- Verluste aus bestimmten **gewerblichen Termingeschäften** (§ 15 Abs. 4 S. 3–5 EStG, nur interner Verlustausgleich)
- Verluste aus (sowohl typisch als auch atypisch) stillen Gesellschaften, Unterbeteiligungen oder sonstigen Innengesellschaften an Kapitalgesellschaften, wenn der

142 Zur Beurteilung aus europarechtlicher Sicht siehe grundlegend EuGH vom 15.5.2008 *(Lidl Belgium)*, ECLI:EU:C:2008:278 sowie zuletzt EuGH vom 12.6.2018 (*Bevola und Jens W. Trock*), ECLI:EU:C:2018:424. Zum Stand der Diskussion siehe Heckerodt/Schulz, DStR 2018, S. 1457; Heckerodt/Titze/Peter, IStR 2019, S. 571; Ismer/Kandel, IStR 2019, S. 717.

Gesellschafter oder Beteiligte eine Kapitalgesellschaft ist (§ 15 Abs. 4 S. 6–8, § 20 Abs. 1 Nr 4 S. 2 EStG, nur Verlustausgleich mit Gewinnen aus derselben Beteiligung)
- **Verlustanteile** aus der Beteiligung als beschränkt haftender Gesellschafter an einer Personengesellschaft, soweit sie den Umfang der Haftung übersteigen; Hauptanwendungsfall: **Kommanditisten einer KG** (§ 15a, § 20 Abs. 1 Nr 4 S. 2 EStG, nur Verlustausgleich mit Gewinnen aus derselben Beteiligung)
- negative Einkünfte aus **Steuerstundungsmodellen** (§ 15b EStG, nur Verlustausgleich mit Gewinnen aus derselben Einkunftsquelle)
- unter bestimmten Voraussetzungen Verluste aus dem **Verkauf von Anteilen an Kapitalgesellschaften**, die ertragsteuerlich zum Privatvermögen gehören (§ 17 Abs. 2 S. 6 EStG, kein Verlustausgleich).

Aus **betriebswirtschaftlicher Sicht** lassen sich die Regelungen zur Beschränkung des Verlustausgleichs in zwei Gruppen einteilen (Abb. 2.14). Zum einen kann der Verlustausgleich vollständig ausgeschlossen werden, sodass ein negativer Bemessungsgrundlageneffekt entsteht. Zum anderen kann sich durch die Beschränkung des Verlustausgleichs auf Gewinne aus einer vergleichbaren Tätigkeit ein negativer Zeiteffekt ergeben. Soweit der Verlustausgleich innerhalb des jeweiligen Verlustausgleichskreises nicht gelingt, wird der negative Zeiteffekt aber zu einem negativen Bemessungsgrundlageneffekt. Dies gilt auch dann, wenn der Steuerpflichtige außerhalb des betreffenden Verlustausgleichskreises positive Einkünfte bezieht. **286**

negativer Bemessungsgrundlageneffekt (vollständiger Ausschluss des Verlustausgleichs)	**negativer Zeiteffekt (Begrenzung des Verlustausgleichs auf einen eigenständigen Verlustverrechnungskreis)**
Verluste aus einer wegen fehlender Einkunftserzielungsabsicht nicht steuerbaren Tätigkeit (Liebhaberei)	Verluste aus bestimmten (als passiv geltenden) Einkünften aus Drittstaaten (§ 2a EStG)
ausländische Verluste, soweit die Einkünfte aufgrund eines Doppelbesteuerungsabkommens von der inländischen Besteuerung freigestellt sind	Verluste aus gewerblicher Tierzucht und Tierhaltung (§ 15 Abs. 4 S. 1, 2 EStG)
unter bestimmten Voraussetzungen Verluste aus dem Verkauf von Anteilen an Kapitalgesellschaften, die ertragsteuerlich zum Privatvermögen gehören (§ 17 Abs. 2 S. 6 EStG)	Verluste aus bestimmten gewerblichen Termingeschäften (§ 15 Abs. 4 S. 3–5 EStG)
negative Einkünfte aus Kapitalvermögen, soweit ein Abzug von Werbungskosten ausgeschlossen ist (§ 20 Abs. 9 EStG)	Verluste aus (sowohl typisch als auch atypisch) stillen Gesellschaften, Unterbeteiligungen oder sonstigen Innengesellschaften an Kapitalgesellschaften, wenn der Gesellschafter oder Beteiligte eine Kapitalgesellschaft ist (§ 15 Abs. 4 S. 6–8, § 20 Abs. 1 Nr 4 S. 2 EStG)
	Verlustanteile aus der Beteiligung als beschränkt haftender Gesellschafter an einer Personengesellschaft, soweit sie den Umfang der Haftung übersteigen (§ 15a, § 20 Abs. 1 Nr 4 S. 2 EStG)

negativer Bemessungsgrundlageneffekt (vollständiger Ausschluss des Verlustausgleichs)	**negativer Zeiteffekt (Begrenzung des Verlustausgleichs auf einen eigenständigen Verlustverrechnungskreis)**
	negative Einkünfte aus Steuerstundungsmodellen (§ 15b EStG)
	negative Einkünfte aus Kapitalvermögen (gezahlte Stückzinsen, Veräußerungsverluste, Verluste ausTermingeschäften, Verluste aus der Uneinbringlichkeit von Kapitalforderungen, § 20 Abs. 6 EStG)
	negative Einkünfte aus sonstigen Leistungen iSd § 22 Nr 3 EStG
	negative Einkünfte aus privaten Veräußerungsgeschäften (§ 23 Abs. 3 S. 7–8 EStG)

Abb. 2.14: Gruppierung der Regelungen zur Beschränkung des Verlustausgleichs

II. Verlustabzug

287 *(1) Einordnung in das System der Einkommensteuer:* Negative Einkünfte, die durch den (internen und externen) Verlustausgleich im laufenden Jahr nicht ausgeglichen werden können, sind in den **Verlustabzug** einzubeziehen (§ 10d EStG). Beim Verlustabzug handelt es sich um eine **interperiodische Verlustverrechnung**, bei der Verluste eines Jahres mit positiven Einkünften in einem anderen Veranlagungszeitraum saldiert werden.

288 Der **Verlustabzug** erfolgt **vom Gesamtbetrag der Einkünfte** und damit auf der gleichen Ebene wie der Abzug von Sonderausgaben und außergewöhnlichen Belastungen (§ 10d Abs. 1 S. 1, Abs. 2 S. 1 EStG). Diese Gleichstellung ist aber lediglich rechentechnischer Natur. Materiell besteht zwischen dem Verlustabzug einerseits und den Sonderausgaben sowie außergewöhnlichen Belastungen andererseits ein gravierender Unterschied. Bei Sonderausgaben und außergewöhnlichen Belastungen wird die Bemessungsgrundlage durch Kosten der privaten Lebensführung gemindert, deren Abzug ohne ausdrückliche gesetzliche Regelung nicht möglich ist (Grundsatz der Trennung von Einkommenserzielung und konsumtiver Einkommensverwendung). Der Abzug wird mit der persönlichen Interpretation des Leistungsfähigkeitsprinzips begründet. Der **Verlustabzug leitet** sich demgegenüber **aus** dem bei der Einkunftsermittlung zu beachtenden **Nettoprinzip** ab. Er beruht auf der **sachlichen Komponente des Leistungsfähigkeitsprinzips**. Der Verlustabzug ist deshalb notwendiger Bestandteil einer sachgerechten Einkommensbesteuerung. Beim Verlustabzug handelt es sich nicht um eine Subvention, sondern um eine innerhalb des Konzepts der Einkommensteuer unverzichtbare Fiskalzwecknorm.

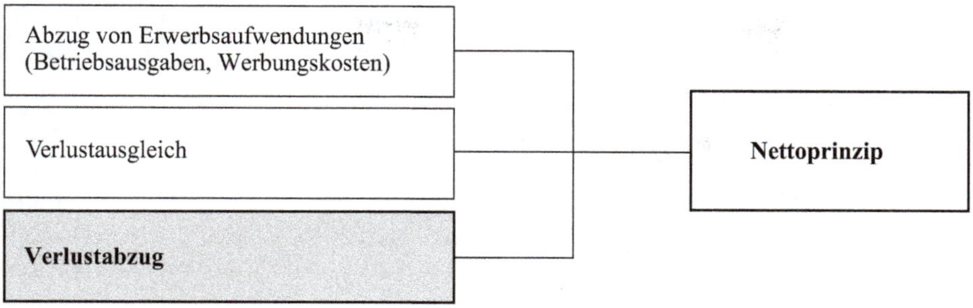

Abb. 2.15: Einordnung des Verlustabzugs in das Nettoprinzip

Das **Nettoprinzip geht** dem **Abschnittsprinzip vor**. Nach dem Abschnittsprinzip 289
wird bei der Einkommensteuer auf die in einem Veranlagungszeitraum geltenden Verhältnisse abgestellt. Der Verlustabzug durchbricht diesen Grundsatz, um zu verhindern, dass die Summe der in den einzelnen Veranlagungszeiträumen zu versteuernden Einkünfte über den insgesamt von einem Steuerpflichtigen erwirtschafteten Einkünften liegt.

Da sowohl der Verlustausgleich als auch der Verlustabzug mit dem Nettoprinzip begründet werden, dürfen Einkünfte, bei denen der **Verlustausgleich** eingeschränkt oder **ausgeschlossen** ist,[143] **auch beim Verlustabzug nicht berücksichtigt** werden.

(2) Formen des Verlustabzugs: Der Verlustabzug weist mit dem Verlustrücktrag und 290
dem Verlustvortrag **zwei Unterformen** auf. Negative Einkünfte, die im Jahr ihrer Entstehung bei Ermittlung des Gesamtbetrags der Einkünfte nicht ausgeglichen werden, können bis zu einem Betrag von 1 Mio. € (bei zusammenveranlagten Ehegatten bis zu 2 Mio. €) mit dem Gesamtbetrag der Einkünfte des unmittelbar vorangegangenen Jahres saldiert werden (**einjähriger, betragsmäßig begrenzter Verlustrücktrag**, § 10d Abs. 1 EStG).

Verluste, die 1 Mio. € (bei zusammenveranlagten Ehegatten 2 Mio. €) übersteigen, 291
und Verluste, die sich im Rahmen des Verlustrücktrags nicht auswirken, weil im Vorjahr keine positiven Einkünfte in entsprechender Höhe angefallen sind, werden mit positiven Einkünften der kommenden Jahre verrechnet. Für den **Verlustvortrag** (§ 10d Abs. 2 EStG) gelten folgende Regelungen:

- Bis zu einem Betrag von 1 Mio. € **(Sockelbetrag)** können Verluste eines Jahres in den Folgejahren ohne weitere Einschränkung vom Gesamtbetrag der Einkünfte abgezogen werden. Voraussetzung ist allerdings, dass in den kommenden Jahren entsprechende positive Einkünfte erzielt werden. Der Sockelbetrag verdoppelt sich bei zusammenveranlagten Ehegatten auf 2 Mio. €.
- Verluste, die den Sockelbetrag übersteigen, können nur bis zu 60% des verbleibenden Gesamtbetrags der Einkünfte der zukünftigen Jahre verrechnet werden. Dies bedeutet, dass von den in Folgejahren nach Abzug des Sockelbetrags ver-

143 Siehe hierzu das vorangehende Kapitel E.I., Rn. 279–286.

bleibenden positiven Einkünften mindestens 40% zu versteuern sind. Die **quotale Beschränkung** des Verlustvortrags wird als „Mindestbesteuerung“ bezeichnet.
- Der Verlustvortrag ist **zeitlich nicht begrenzt**.

292 **Beispiel:** Ein lediger Steuerpflichtiger weist in seinem Einzelunternehmen im Jahr 00 einen Verlust von 4 000 000 € aus. Im Vorjahr hatte er einen positiven Gesamtbetrag der Einkünfte von 1 300 000 €. Der Gesamtbetrag im Jahr 01 beträgt 2 700 000 €.

Nach einem *Verlustrücktrag* ins Vorjahr in Höhe von 1 000 000 € (betragsmäßige Begrenzung) verbleibt ein Verlust von 3 000 000 €. Dieser wird im Jahr 01 im Rahmen des *Verlustvortrags* wie folgt berücksichtigt:

			verrechenbar
	noch nicht verrechneter Verlust	3 000 000 €	
–	Sockelbetrag	1 000 000 €	1 000 000 €
=	verbleiben	2 000 000 €	
–	quotaler Verlustvortrag maximal 60% des nach Abzug des Sockelbetrags verbleibenden Gesamtbetrags der Einkünfte = 60% × (2 700 000 € – 1 000 000 €) =	1 020 000 €	1 020 000 €
=	Verlustvortrag		2 020 000 €

Nach Verlustrücktrag und Vortrag des Sockelbetrags von 1 000 000 € sind von den Verlusten 2 000 000 € noch nicht verrechnet. Von den positiven Einkünften des Folgejahres verbleiben 1 700 000 € (= 2 700 000 € – 1 000 000 €). Aufgrund der quotalen Begrenzung des Verlustvortrags auf 60% des nach Abzug des Sockelbetrags verbleibenden Gesamtbetrags der Einkünfte des Folgejahres 01 können von den noch nicht ausgeglichenen negativen Einkünften im Jahr 01 nur 1 020 000 € verrechnet werden: 60% von 1 700 000 €. 980 000 € (= 2 000 000 € – 1 020 000 €) müssen in die weiteren Jahre vorgetragen werden.

Konsequenz: Der Steuerpflichtige hat in den drei Jahren insgesamt Einkünfte von null. Er hat aber in diesen drei Jahren 980 000 € zu versteuern: 300 000 € in dem Jahr, das dem Verlustjahr vorangeht (Ursache: betragsmäßige Begrenzung des Verlustrücktrags auf 1 000 000 €) und 680 000 € (= 2 700 000 € – 1 000 000 € – 1 020 000 €) in dem Jahr, das auf das Verlustjahr folgt (Ursache: quotale Begrenzung des Verlustvortrags, soweit der Sockelbetrag überschritten ist). Der noch nicht verrechnete Verlust von 980 000 € kann erst in den kommenden Jahren (dh ab dem Jahr 02) im Rahmen des (zeitlich unbeschränkten) Verlustvortrags verrechnet werden.

293 Die betragsmäßigen Beschränkungen des Verlustrücktrags sowie insbesondere die quotale Begrenzung des Verlustvortrags, soweit der Sockelbetrag überschritten ist, sind insbesondere für Steuerpflichtige von Nachteil, die zum einen absolut sehr hohe Einkünfte haben und bei denen zum anderen die Einkünfte sehr großen Schwankungen unterliegen. Davon sind nicht nur natürliche Personen betroffen, sondern in erster Linie Kapitalgesellschaften, für die die in § 10d EStG enthaltenen Regelungen zum Verlustabzug in gleicher Weise gelten (§ 8 Abs. 1 KStG).[144]

294 Natürliche Personen haben zu beachten, dass der **Verlustabzug** nach Ermittlung des Gesamtbetrags der Einkünfte erfolgt, dh der Verlustabzug ist **vor dem Abzug von Sonderausgaben, außergewöhnlichen Belastungen und den sonstigen Abzugsbe-**

144 Zum Verlustabzug bei Kapitalgesellschaften siehe Dritter Abschnitt, Kapitel D.I., Rn. 401–404.

trägen vorzunehmen. Konsequenz ist, dass sich die Sonderausgaben, außergewöhnlichen Belastungen und sonstigen Abzüge im Verlustjahr nicht auswirken. Im Rücktragsjahr und in den Vortragsjahren geht die Abziehbarkeit von diesen Ausgaben insoweit verloren, als der Verlustabzug höher ist als der Gesamtbetrag der Einkünfte vermindert um die Sonderausgaben, außergewöhnlichen Belastungen und die sonstigen Abzugsbeträge.

		Jahr – 01	Jahr 00	Jahr 01	Jahr 02
	Summe der Einkünfte	55 000 €	– 90 000 €	5 000 €	95 000 €
–	Verlustabzug	**– 55 000 €**	**+ 90 000 €**	**– 5 000 €**	**– 30 000 €**
=	Einkommen nach Verlustabzug	0 €	0 €	0 €	65 000 €
–	Sonderausgaben und außergewöhnliche Belastungen	– 12 000 €	– 7 000 €	– 5 000 €	– 11 000 €
	davon steuerlich wirksam	0 €	0 €	0 €	11 000 €
=	zu versteuerndes Einkommen	0 €	0 €	0 €	54 000 €

Der Verlust des Jahres 00 von 90 000 € wird durch den Verlustrücktrag im Jahr -01 nur zum Teil (55 000 €) ausgeglichen. Die verbleibenden 35 000 € können zu 5 000 € im Jahr 01 und zu 30 000 € im Jahr 02 vom Gesamtbetrag der Einkünfte abgezogen werden. Sowohl im Verlustjahr 00 als auch im Rücktragsjahr -01 und im Vortragsjahr 01 wirken sich die Sonderausgaben und außergewöhnlichen Belastungen steuerlich nicht aus. Lediglich im Jahr 02 können die Sonderausgaben und außergewöhnlichen Belastungen trotz Verrechnung eines Verlustvortrags in vollem Umfang abgezogen werden.

(3) Beurteilung: Der Verlustrücktrag führt über die vollständige oder teilweise Erstat- **295**
tung der im letzten Jahr gezahlten Einkommensteuer im Verlustjahr zu einem Zufluss an Zahlungsmitteln. Der Verlustvortrag verbessert die **Liquidität** der Steuerpflichtigen nur insoweit, als in späteren Jahren die Steuerschulden geringer ausfallen. Die **geltende Rechtslage** weist damit **aus Sicht eines Steuerpflichtigen** folgende **Nachteile** auf:

- Die Beschränkung des Verlustrücktrags auf ein Jahr sowie auf 1 Mio. € schränkt den positiven Liquiditätseffekt des Verlustabzugs deutlich ein. Für die Steuerpflichtigen wäre ein **betragsmäßig und zeitlich unbegrenzter Verlustrücktrag** vorzuziehen. Die zeitlichen und betragsmäßigen Begrenzungen des Verlustrücktrags lassen sich zwar betriebswirtschaftlich kritisieren; zu bedenken ist aber, dass der Staat über die in den vergangenen Jahren vereinnahmten Steuern bereits disponiert hat.
- Aus den **quotalen Einschränkungen beim Verlustvortrag, soweit der Sockelbetrag überschritten wird**, resultieren weitere negative Zeiteffekte. Für die Verluste, bei denen diese Beschränkung wirksam wird, wird die Verrechenbarkeit noch weiter in die Zukunft verlagert. Für diese Einschränkungen des Verlustvortrags lassen sich aus steuersystematischer Sicht keine Begründungen anführen, sie beruhen ausschließlich auf haushaltspolitischen Gründen. Die mit der „Mindestbesteuerung" verbundene Verschiebung der Verlustverrechnung in die Zukunft ist hinsichtlich seiner Wirkung mit einem zinslosen „Zwangskredit" der Steuer-

pflichtigen an den Staat vergleichbar. Aus Sicht des Staates handelt es sich materiell um eine verdeckte Kreditaufnahme, die im Haushalt nicht als solche ausgewiesen wird.[145]

296 *(4) Gestaltungsmöglichkeiten:* Grundsätzlich ist, entsprechend der Vorgehensweise des im vorangehenden Abschnitt vorgestellten Beispiels, innerhalb des Verlustabzugs folgende **Reihenfolge** vorgesehen:

- Verlustrücktrag in das vorangehende Kalenderjahr
- Verlustvortrag (so früh wie möglich).

297 Aus Sicht eines Steuerpflichtigen ist diese Verrechnungsreihenfolge bezogen auf den **Zeiteffekt** positiv zu beurteilen. Dennoch empfiehlt es sich in einigen Fällen, das **Wahlrecht** zu nutzen, **auf den Verlustrücktrag** ganz oder teilweise **zu verzichten** (§ 10d Abs. 1 S. 5, 6 EStG):

- Der **Verlustrücktrag ist auf Antrag** des Steuerpflichtigen zumindest so weit **einzuschränken**, dass das Einkommen in dem vorangegangenen Jahr noch mindestens den Grundfreibetrag (für Alleinstehende 9 408 €, für Verheiratete 18 816 €) zuzüglich Sonderausgaben, außergewöhnliche Belastungen und sonstigen Abzugsbeträgen erreicht. Da bei Einkünften bis zur Höhe des Grundfreibetrags keine Einkommensteuer anfällt, wird trotz Beschränkung des Verlustrücktrags die in der Vorperiode bezahlte Einkommensteuer vollständig erstattet. Bei einer Minderung des zu versteuernden Einkommens auf null würde der Verlustrücktrag in Höhe des Grundfreibetrags sowie der Sonderausgaben, außergewöhnlichen Belastungen und sonstigen Abzugsbeträge keine Wirkung entfalten und dennoch für den Verlustvortrag verloren gehen **(Bemessungsgrundlageneffekt)**.

Fortführung des Beispiels:

Stellt der ledige Steuerpflichtige einen Antrag, den Verlustrücktrag in das Jahr -01 auf den Betrag von 33 592 € (= 55 000 € – 12 000 € – 9 408 €) zu begrenzen, beläuft sich seine Einkommensteuer für das Jahr -01 weiterhin auf null. Der Verlustvortrag in das Jahr 02 erhöht sich allerdings um 21 408 € (= Summe aus Sonderausgaben und außergewöhnlichen Belastungen im Jahr -01 sowie Grundfreibetrag) auf 51 408 €. Das zu versteuernde Einkommen im Jahr 02 geht dementsprechend von 54 000 € (so bei vollständigem Verlustrücktrag in das Jahr – 01) auf 32 592 € zurück.

Da für den Verlustvortrag kein Wahlrecht besteht, können sowohl im Verlustjahr als auch im Jahr 01 die Sonderausgaben und außergewöhnlichen Belastungen weiterhin nicht mit steuerlicher Wirkung abgezogen werden.

---

145 Die Beschränkungen des Verlustvortrags wären aus betriebswirtschaftlicher Sicht nur dann vertretbar, wenn der Verlustvortrag verzinslich wäre, vgl Schneider, StuW 2004, S. 293; Schreiber, Besteuerung der Unternehmen, 4. Aufl., Wiesbaden 2017, S. 735–743. Die Forderung wäre also, dass die zeitliche Verschiebung des Verlustvortrags durch eine Erhöhung der Steuererstattung um entsprechende Zinsen ausgeglichen wird. Bei einem verzinslichen Verlustvortrag würde der Charakter der Beschränkungen des Verlustvortrags als eine besondere Form der verdeckten Kreditaufnahme offensichtlich. Allerdings könnte damit der Gesetzgeber seine haushaltspolitischen Ziele nicht verwirklichen. Zur Beurteilung aus rechtlicher Sicht siehe zB Desens, FR 2011, S. 745.

		Jahr – 01	Jahr 00	Jahr 01	Jahr 02
	Summe der Einkünfte	55 000 €	**– 90 000 €**	5 000 €	95 000 €
–	Verlustabzug	**– 33 592 €**	**+ 90 000 €**	**– 5 000 €**	**– 51 408 €**
=	Einkommen nach Verlustabzug	21 408 €	0 €	0 €	43 592 €
–	Sonderausgaben und außergewöhnliche Belastungen	– 12 000 €	– 7 000 €	– 5 000 €	– 11 000 €
	davon steuerlich wirksam	12 000 €	0 €	0 €	11 000 €
=	zu versteuerndes Einkommen	9 408 €	0 €	0 €	32 592 €

– Aufgrund des progressiven Verlaufs des Einkommensteuertarifs ist zusätzlich ein **Steuersatzeffekt** zu berücksichtigen. Je höher das Einkommen im Abzugsjahr ist, umso stärker wirkt sich der Verlustabzug aus. Ist in den kommenden Perioden das Einkommen des Steuerpflichtigen voraussichtlich höher als in dem der Verlustperiode vorangegangenen Jahr, fallen zwar beim Verlustvortrag die Liquiditätsentlastungen später an, sie liegen aber betragsmäßig über den Einkommensteuerrückzahlungen, die beim Verlustrücktrag gewährt werden. Die Vorteile aus dem positiven Steuersatzeffekt wirken stärker als die Nachteile aus dem negativen Zeiteffekt. Je früher in Zukunft wieder positive Einkünfte erzielt werden und je höher diese ausfallen, umso eher empfiehlt es sich, auf den Verlustrücktrag zugunsten des Verlustvortrags zu verzichten. **298**

Sind dagegen im Vorjahr die Einkünfte höher als in den Folgejahren, ist die Entscheidung für den Verlustrücktrag eindeutig: Die Wirkungen des Verlustrücktrags treten sofort ein und fallen gegenüber dem Verlustvortrag höher aus.[146] **299**

F. Steuertarif (tarifliche und festzusetzende Einkommensteuer)

Ausgangspunkt zur Berechnung der tariflichen Einkommensteuer bildet der Normaltarif (§ 32a EStG). Der Normaltarif ist bei Vorliegen von bestimmten steuerfreien Einkünften durch den Progressionsvorbehalt zu modifizieren (§ 32b EStG). Der Normaltarif einschließlich dem Progressionsvorbehalt bezieht sich insgesamt auf die Bemessungsgrundlage der Einkommensteuer, das zu versteuernde Einkommen. Für ausgewählte Einkünfte gilt ein eigenständiger Tarif: gesonderter Steuertarif für Einkünfte aus Kapitalvermögen (§ 32d EStG), drei Formen des ermäßigten Steuersatzes für außerordentliche Einkünfte (§ 34 Abs. 1, § 34 Abs. 3, § 34b EStG), Begünstigung der nicht entnommenen Gewinne (§ 34a EStG) sowie Tarifglättung bei Einkünften aus Land- und Forstwirtschaft (§ 32c EStG).[147] **300**

146 Der Verzicht auf den Verlustrücktrag bietet sich auch an, wenn die Verluste aus negativen Einkünften aus Gewerbebetrieb resultieren. Bei der Gewerbesteuer ist kein Verlustrücktrag vorgesehen, sondern nur ein Verlustvortrag (§ 10a GewStG). Damit kann der Verlustrücktrag im Rahmen der Einkommensteuer dazu führen, dass sich die Steuerermäßigung nach § 35 EStG im Rücktragsjahr nicht mehr oder nur noch teilweise auswirkt.

147 Zu dieser Einteilung der Tarifnormen des EStG siehe Hechtner, BFuP 2017, S. 474–475.

Die tarifliche Einkommensteuer vermindert um die Steuerermäßigungen (insbesondere Steuerermäßigung bei Einkünften aus Gewerbebetrieb) ergibt die **festzusetzende Einkommensteuer**. Danach ist die Steuerermittlung abgeschlossen. Die Steuerermittlung ist von der Steuererhebung (**Steuerzahlung**, Kapitel G., Rn. 341–347) zu trennen.

I. Normaltarif

301 Der Steuersatz, der auf die Bemessungsgrundlage „zu versteuerndes Einkommen" anzuwenden ist, ergibt sich aus dem **Einkommensteuertarif**. Der Normaltarif sieht fünf Tarifzonen vor (§ 32a Abs. 1 EStG):

1. **Nullzone** bis zu einem zu versteuernden Einkommen von 9 408 €:
   Es fällt keine Einkommensteuer an (**Grundfreibetrag**).
2. **erste linear-progressive Tarifzone** für zu versteuernde Einkommen
   zwischen 9 409 und 14 532 €: Einkommensteuer = (972,87 × y + 1 400) × y.
3. **zweite linear-progressive Tarifzone** für zu versteuernde Einkommen
   zwischen 14 532 und 57 051 €: Einkommensteuer = (212,02 × z + 2 397) × z + 972,79.
4. **erste Proportionalzone** für zu versteuernde Einkommen
   zwischen 57 051 und 270 500 €: Einkommensteuer = 0,42 × x – 8 963,74.
5. **zweite Proportionalzone** ab einem zu versteuernden Einkommen von 270 501 €
   („Reichensteuer"): Einkommensteuer = 0,45 × x – 17 078,74.

mit

x = das auf einen vollen Euro-Betrag abgerundete zu versteuernde Einkommen

y = ein Zehntausendstel des den Grundfreibetrag von 9 408 € übersteigenden Teils des auf einen vollen Euro-Betrag abgerundeten zu versteuernden Einkommens

z = ein Zehntausendstel des 14 532 € übersteigenden Teils des auf einen vollen Euro-Betrag abgerundeten zu versteuernden Einkommens.

302 Die **Nullzone** ist auf den aus der persönlichen Komponente des Leistungsfähigkeitsprinzips abgeleiteten Grundgedanken zurückzuführen, dass nur das disponible Einkommen der Besteuerung unterworfen werden darf. Dies bedingt, dass der zur Bestreitung des notwendigen Lebensunterhalts benötigte Betrag (das **Existenzminimum**) nicht mit Einkommensteuer belastet werden darf. Der **Grundfreibetrag** wird aufgrund der Rechtsprechung des Bundesverfassungsgerichts in Anlehnung an das Sozialhilferecht festgesetzt.[148]

Der Grundfreibetrag ist im gesamten Bundesgebiet gleich hoch. Demgegenüber werden die Leistungen im Sozialversicherungsrecht am örtlichen Bedarf ausgerichtet. Die bundeseinheitliche Festsetzung des Grundfreibetrags ist insbesondere für Steuerpflichtige von Nachteil, die in Regionen mit hohen Kosten für die Unterkunft wohnen.[149]

---

148 Vgl BVerfG vom 25.9.1992, BStBl. 1993 II, S. 413. Zur Berechnung des Existenzminimums siehe 12. Existenzminimumbericht, BT-Drucks 19/5400. Zusätzlich zu diesem sächlichen Existenzminimum können die Beiträge zur Kranken- und Pflegeversicherung, soweit diese Versicherungsleistungen auf dem sozialhilferechtlich gewährleisteten Leistungsniveau vorgesehen sind, als Sonderausgaben von der steuerpflichtigen Bemessungsgrundlage abgezogen werden (§ 10 Abs. 1 Nr 3 EStG).

149 Siehe hierzu Dziadkowski, BB 2019, S. 1248.

In der **ersten Progressionszone** steigt der Grenzsteuersatz gleichmäßig von 14 auf bis zu 23,90% an **(linear-progressiver Tarif)**. Es kommt zu einem relativ steilen Anstieg des Grenzsteuersatzes (1,95 Prozentpunkte je 1 000 €). Der Durchschnittssteuersatz erhöht sich in der ersten Progressionszone von 0 auf 6,69%. In der **zweiten Progressionszone** („Tarifknick“) nimmt der Grenzsteuersatz kontinuierlich von 23,90 auf bis zu 42% zu. Die zweite Progressionszone weist gleichfalls einen linear-progressiven Verlauf auf. Der Anstieg fällt aber mit 0,424 Prozentpunkten je 1 000 € erheblich flacher aus als in der ersten Progressionsstufe. In der zweiten Progressionszone nimmt der Durchschnittssteuersatz von 6,69 auf bis zu 26,29% zu. 303

In der **ersten Proportionalzone** beträgt der Grenzsteuersatz konstant 42%. Der Durchschnittssteuersatz steigt in der ersten Proportionalzone von 26,29 auf bis zu 38,69%. In der **zweiten Proportionalzone** erhöht sich der (konstante) Grenzsteuersatz um drei Prozentpunkte auf 45% **(„Reichensteuer“)**. Der Durchschnittssteuersatz von zunächst 38,69% nähert sich in der zweiten Proportionalzone mit jeder Erhöhung des zu versteuernden Einkommens immer mehr dem Grenzsteuersatz von 45%, ohne ihn (mathematisch) vollständig zu erreichen.[150] 304

Beispiele: Bei einem zu versteuernden Einkommen von 14 543 € ist im ersten Schritt die Tarifformel des § 32a Abs. 1 S. 2 Nr 2 EStG anzuwenden. Bei diesem Einkommen beträgt „z“ 0,0011 (= (14 543 € – 14 532 €)/10 000 €). Damit ergibt sich eine tarifliche Einkommensteuer von 975 € (= (212,02 € × 0,0011 + 2 397 €) × 0,0011 + 972,79 €). Den Durchschnittssteuersatz erhält man im zweiten Schritt, indem man die tarifliche Einkommensteuer zum zu versteuernden Einkommen ins Verhältnis setzt: 975 €/14 543 € = 6,70%. 305

Steigt das zu versteuernde Einkommen von 300 000 um 1 € auf 300 001 €, ergibt sich der Grenzsteuersatz durch Division der Veränderung der Steuerschuld durch die Veränderung des zu versteuernden Einkommens. Bei einem zu versteuernden Einkommen von 300 001 € bzw 300 000 € (= „x“) errechnet sich aus der Tarifformel des § 32a Abs. 1 S. 2 Nr 5 EStG eine – ungerundete – tarifliche Einkommensteuer von 117 921,71 € (= 0,45 × 300 001 € – 17 078,74 €) bzw 117 921,26 € (= 0,45 × 300 000 € – 17 078,74 €). Der Anstieg der steuerlichen Bemessungsgrundlage um 1 € löst eine Veränderung der Steuerschuld von 0,45 € (= 117 921,71 € – 117 921,26 €) aus. Der Grenzsteuersatz beträgt damit 45% (= 0,45 €/1 €).

306

zu versteuerndes Einkommen	Einkommensteuer	Durchschnittssteuersatz	Grenzsteuersatz
5 000 €	0 €	0,00%	0,00%
7 500 €	0 €	0,00%	0,00%
10 000 €	86 €	0,86%	15,15%
12 500 €	526 €	4,21%	20,02%
15 000 €	1 085 €	7,24%	24,17%
20 000 €	2 347 €	11,73%	26,29%

150 Der Begriff „Proportionalzone“ wurde aus dem allgemeinen Sprachgebrauch übernommen. Im mathematischen Sinn handelt es sich allerdings nicht um eine proportionale Tarifzone, da eine solche nur vorliegt, wenn sowohl der Grenzsteuersatz als auch der Durchschnittssteuersatz konstant sind.

zu versteuerndes Einkommen	Einkommensteuer	Durchschnittssteuersatz	Grenzsteuer-satz
25 000 €	3 714 €	14,86%	28,41%
30 000 €	5 188 €	17,29%	30,53%
35 000 €	6 767 €	19,33%	32,65%
40 000 €	8 453 €	21,13%	34,77%
45 000 €	10 244 €	22,76%	36,89%
50 000 €	12 142 €	24,28%	39,01%
55 000 €	14 145 €	25,72%	41,13%
60 000 €	16 236 €	27,06%	42,00%
65 000 €	18 336 €	28,21%	42,00%
70 000 €	20 436 €	29,19%	42,00%
75 000 €	22 536 €	30,05%	42,00%
100 000 €	33 036 €	33,04%	42,00%
150 000 €	54 036 €	36,02%	42,00%
200 000 €	75 036 €	37,52%	42,00%
250 000 €	96 036 €	38,41%	42,00%
300 000 €	117 921 €	39,31%	45,00%
375 000 €	151 671 €	40,45%	45,00%
500 000 €	207 921 €	41,58%	45,00%
1 000 000 €	432 921 €	43,29%	45,00%
2 500 000 €	1 107 921 €	44,32%	45,00%

Abb. 2.16: Einkommensteuer, Durchschnittssteuersatz und Grenzsteuersatz für ausgewählte zu versteuernde Einkommen (tabellarische Darstellung)

Die Abb. 2.16 enthält die für ausgewählte zu versteuernde Einkommen ermittelten Durchschnitts- und Grenzsteuersätze. Der Verlauf dieser beiden Kennzahlen wird zusätzlich in der Abb. 2.17 grafisch verdeutlicht.

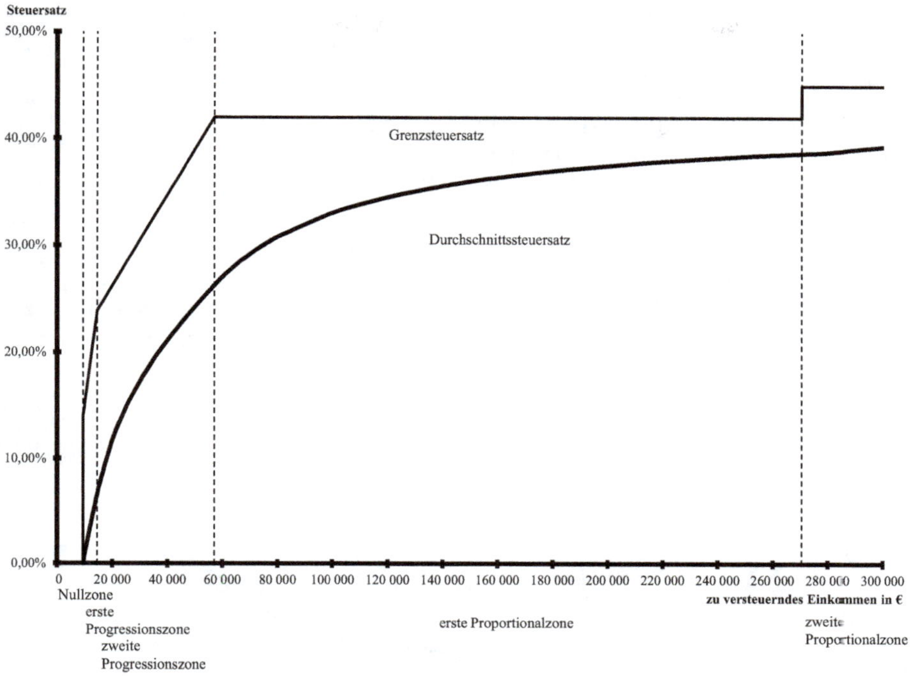

Abb. 2.17: Durchschnittssteuersatz und Grenzsteuersatz für ausgewählte zu versteuernde Einkommen (grafische Darstellung)

Der progressive Verlauf der Einkommensteuer beruht auf einem **Umverteilungsgedanken**, also nicht auf betriebswirtschaftlichen Überlegungen. Diejenigen Steuerpflichtigen, die ein höheres Einkommen erzielen, sollen nicht nur absolut mehr Einkommensteuer bezahlen (dieser Effekt tritt auch bei einem proportionalen Tarif auf), sondern auch eine relativ höhere Einkommensteuerlast tragen. Wie sich die Einkommensteuer auf die Steuerpflichtigen verteilt, wird aus der folgenden Aufstellung deutlich:[151] 307

- Die untere Hälfte der Steuerpflichtigen (Einkünfte bis 31 723 €) leistet zum Einkommensteueraufkommen einen Anteil von 6,4%. Die obere Hälfte zahlt die verbleibenden 93,6%. Die Progressionswirkung des Einkommensteuertarifs wird daran deutlich, dass sich das zu versteuernde Einkommen im Verhältnis 17 : 83 verteilt.
- Das unterste Viertel der Steuerpflichtigen (Einkünfte bis 15 304 €) hat einen Anteil von 0,5% zu tragen, das oberste Viertel (Einkünfte ab 53 670 €) einen Anteil von 76,5%.
- Die 5% Steuerpflichtigen mit dem höchsten Einkommen (Einkünfte ab 115 729 €) finanzieren 41,8% des Einkommensteueraufkommens. Ihr Anteil am zu versteuernden Einkommen liegt mit 26,4% deutlich darunter.

151 Vgl BMF, Datensammlung zur Steuerpolitik, Ausgabe 2018, Berlin 2019, S. 21, S. 49.

- Bei ca. 0,23% der Steuerpflichtigen wurden die Einkünfte mit dem Spitzensteuersatz von 45% („Reichensteuer") besteuert. Diese Steuerpflichtigen tragen zu 11,8% zum Aufkommen der Einkommensteuer bei.

308 Der Einkommensteuertarif verläuft **nicht gleichmäßig linear**. Vielmehr ist die Progressionszone in zwei Bereiche eingeteilt. Der Nachteil dieser Aufteilung besteht darin, dass der Grenzsteuersatz in der ersten Progressionszone relativ stark ansteigt. Diese Vorgehensweise wurde aus fiskalpolitischen Gründen gewählt. Gegenüber einem durchgehend linearen Tarif ergeben sich deutliche Mehreinnahmen. Wie aus der nachfolgenden Abb. 2.18 erkennbar wird, liegt der Grenzsteuersatz des geltenden Einkommensteuertarifs deutlich über dem, der sich bei einem durchgehend linearen Tarif ergeben würde. Will man, wie oft behauptet, die unteren Einkommensgruppen stärker entlasten, ist an diesem **„Mittelstandsbauch"** anzusetzen.[152]

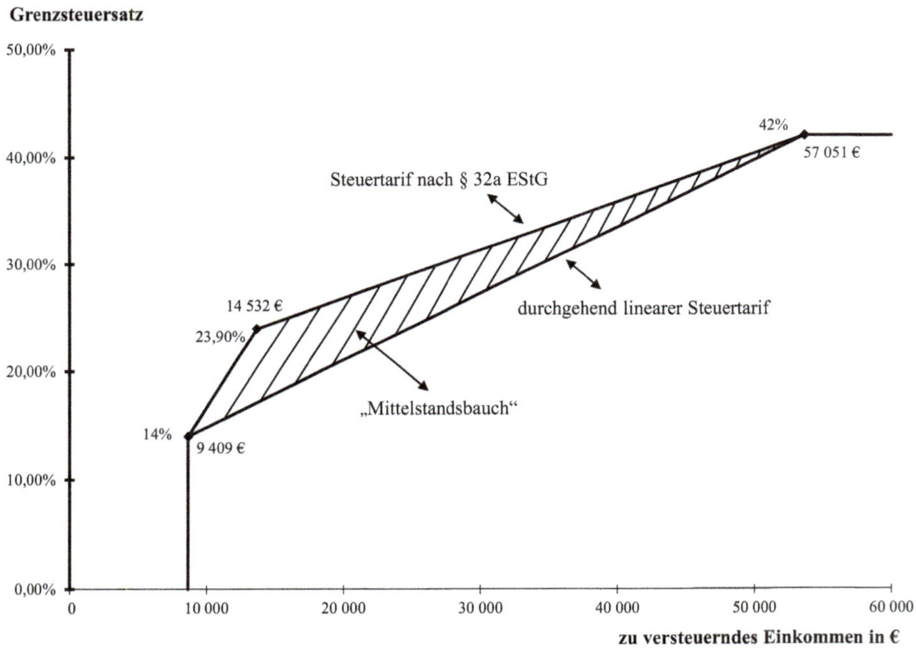

Abb. 2.18: „Mittelstandsbauch"

309 Allgemeine Preissteigerungen führen dazu, dass sich nominell die Einkünfte der Steuerpflichtigen erhöhen, ohne dass die reale Kaufkraft entsprechend ansteigt. Bei einem unveränderten Einkommensteuertarif erhöht sich die Einkommensteuer bei nominal steigenden Einkünften. Um diese **„kalte Progression"** zu vermeiden, werden seit ein paar Jahren die für die Abgrenzung der einzelnen Tarifzonen geltenden Werte regelmäßig erhöht. Diese Anpassung des Einkommensteuertarifs wird als „Rechtsverschiebung" bezeichnet. Die Erhöhung der Werte für die Abgrenzung der einzelnen

152 Siehe hierzu Kruhl, BB 2009, S. 987 (die Abbildung wurde in Anlehnung an diese Quelle erstellt); aA Houben/Baumgarten, ifst-Schrift Nr 476, Berlin 2011.

Tarifzonen ergänzt die Anpassung des Grundfreibetrags an das sozialversicherungsrechtliche Existenzminimum.[153]

Den Steuersatz der ersten Proportionalzone von 42% erreichen Arbeitnehmer mit etwa dem Doppelten des durchschnittlichen Bruttogehalts aller Arbeitnehmer. Im Jahr 2000 lag dieser Wert beim knapp dreifachen, im Jahr 1980 beim fünffachen und im Jahr 1965 beim 15-fachen.[154]

Der progressive Verlauf des Einkommensteuertarifs hat zur Folge, dass sich **Tarifsenkungen** bei Steuerpflichtigen mit hohen Einkünften stärker auswirken als bei Steuerpflichtigen mit niedrigen Einkünften. Darin kann kein Verstoß gegen den mit dem progressiven Steuertarif verbundenen Umverteilungszweck gesehen werden. Vielmehr ist dieser Effekt eine logische Konsequenz eines progressiven Steuertarifs. Wer mit steigenden Einkünften (absolut und relativ) mehr Einkommensteuer bezahlt, wird umgekehrt bei einer Tarifsenkung stärker entlastet. Wer keine oder nur eine niedrige Einkommensteuer zu zahlen hat, kann von einer Tarifsenkung nicht oder nur in geringem Umfang profitieren. 310

Der **Einkommensteuertarif** wird aufgrund der jahresbezogenen Veranlagung auf das jeweilige **Jahreseinkommen** bezogen (§ 2 Abs. 7 EStG). **Um** bei schwankenden Einkünften **Nachteile aus** dem **Abschnittsprinzip** zumindest **abzuschwächen**, wird zum Teil **vorgeschlagen**, dass die **Progression auf das Lebenseinkommen bezogen werden sollte**.[155] Zumindest ist ein Progressionsausgleich über mehrere Jahre wünschenswert. Besonders deutlich werden die Nachteile aus der jahresbezogenen Berechnung des Steuersatzes bei Steuerpflichtigen, die einen Großteil ihrer Einkünfte innerhalb einer kurzen Zeitspanne beziehen. Beispiele hierfür sind Spitzensportler und zum Teil Künstler. 311

Um natur- und damit sektoralbedingte Gewinnschwankungen auszugleichen, wird bei Einkünften aus Land- und Forstwirtschaft auf Antrag die Einkommensteuer aus den durchschnittlichen Einkünften von drei Jahren errechnet. Wenn die Einkommensteuer innerhalb dieses Betrachtungszeitraums niedriger ist als bei einem Ansatz der jeweils erzielten Einkünfte, wird eine Tarifermäßigung gewährt, um diese Differenz auszugleichen (**Tarifglättung**, § 32c EStG). 312

In den meisten Fällen entspricht der aus dem Normaltarif abgeleitete Betrag der **tariflichen Einkommensteuer** (§ 2 Abs. 5 S. 1, Abs. 6 S. 1 EStG). **Abweichungen** ergeben sich, wenn der Progressionsvorbehalt nach § 32b EStG zu berücksichtigen ist. Darüber hinaus kommen für ausgewählte Einkünfte Sondersteuersätze zur Anwendung: gesonderter Steuertarif für Einkünfte aus Kapitalvermögen nach § 32d EStG, 313

---

153 Zur „kalten Progression" siehe zB Broer, DStZ 2012, S. 792; Esser, ifst-Schrift Nr 454, Bonn 2009; Esser, DStR 2009, S. 821; Karl-Bräuer-Institut des Bundes der Steuerzahler eV (Hrsg.), Reform des Lohn- und Einkommensteuertarifs, Berlin 2008; Lammers, Die Steuerprogression im System der Ertragsteuern und ihr verfassungsrechtlicher Hintergrund, Baden-Baden 2008; Scherf, Öffentliche Finanzen, 2. Aufl., Konstanz/München 2011, S. 297–300; Wiswesser, Einkommens- und Gewinnbesteuerung bei Inflation, Frankfurt am Main 1997.

154 Vgl Beznoska/Hentze, Die Einkommensteuer im Zeitverlauf, Institut der deutschen Wirtschaft, Köln 2017.

155 Vgl Homburg, Allgemeine Steuerlehre, 7. Aufl., München 2015, S. 203–207; Kruschwitz/Schneider/Husmann, WiSt 2003, S. 394.

ermäßigter Steuersatz nach § 34 Abs. 1 EStG, nach § 34 Abs. 3 EStG und nach § 34b EStG sowie Begünstigung der nicht entnommenen Gewinne nach § 34a EStG.

II. Progressionsvorbehalt

314 Der **Progressionsvorbehalt** ist dadurch gekennzeichnet, dass bestimmte (steuerfreie) **Einkünfte**, die in der einkommensteuerpflichtigen **Bemessungsgrundlage nicht enthalten** sind, bei der **Berechnung des** auf die steuerpflichtigen Einkünfte anzuwendenden **Durchschnittssteuersatzes mit einbezogen** werden (§ 32b EStG). Die steuerfreien und die steuerpflichtigen Einkünfte werden addiert. Aus dieser Summe wird nach dem Normaltarif die Einkommensteuer berechnet. Die steuerpflichtigen Einkünfte werden mit dem sich daraus ergebenden Durchschnittssteuersatz multipliziert.

315 Vom Progressionsvorbehalt erfasst werden zum einen zahlreiche **Lohnersatzleistungen**, wie Arbeitslosengeld, Kurzarbeitergeld, Insolvenzgeld, Krankengeld, Mutterschaftsgeld, Elterngeld, und zum anderen bestimmte **ausländische Einkünfte**, die von der deutschen Besteuerung nicht erfasst werden, weil sie entweder nicht steuerbar oder nicht steuerpflichtig sind.

Beispiel: Ein lediger Arbeitnehmer erzielt steuerpflichtige Einkünfte von 35 000 €. Des Weiteren bezieht er Arbeitslosengeld von 15 000 €.

Der Progressionsvorbehalt ist dadurch gekennzeichnet, dass die steuerpflichtigen Einkünfte mit dem Steuersatz besteuert werden, der sich ergeben würde, wenn das Arbeitslosengeld gleichfalls der Besteuerung unterliegen würde:

	steuerpflichtige Einkünfte	35 000 €
+	vom Progressionsvorbehalt erfasste steuerfreie Einkünfte	15 000 €
=	für die Berechnung des Steuersatzes maßgebendes Einkommen („Steuersatzeinkommen“)	50 000 €

Aus der sich aus einem „Steuersatzeinkommen“ von 50 000 € ergebenden Einkommensteuer von 12 142 € errechnet sich ein Durchschnittssteuersatz von 24,283%. Mit diesem Steuersatz sind die steuerpflichtigen Einkünfte zu multiplizieren (= 35 000 €). Hieraus ergibt sich eine Einkommensteuer von 8 499 € (= 35 000 € × 24,283%).

Ohne Progressionsvorbehalt beträgt die Einkommensteuer auf die steuerpflichtigen Einkünfte 6 767 € oder 19,334%. Aus dem **Steuersatzeffekt** des Progressionsvorbehalts ergibt sich eine Erhöhung der Einkommensteuer um 1 731 €. Diese Mehrbelastung ist auf die Erhöhung des auf die steuerpflichtigen Einkünfte anzuwendenden Durchschnittssteuersatzes um 4,95 Prozentpunkte zurückzuführen:
1 732 € = 35 000 € × (24,283% – 19,334%).
(Abweichungen beruhen auf Rundungsdifferenzen.)

III. Gesonderter Steuertarif für Einkünfte aus Kapitalvermögen

316 Für **Einkünfte aus Kapitalvermögen** gilt ein **gesonderter Steuertarif**. Dieser liegt mit **25%** deutlich unter dem Spitzensteuersatz der Einkommensteuer von 45% (§ 32d EStG).

Der Sondersteuersatz für Einkünfte aus Kapitalvermögen wird grundsätzlich dadurch berücksichtigt, dass die Steuerschuld mit Erhebung der Kapitalertragsteuer abgegolten ist (§ 43, § 43a EStG). Diese Einkünfte werden deshalb im Rahmen der Einkommensteuerveranlagung grundsätzlich nicht angesetzt (**Abgeltungsteuer**).[156]

IV. Ermäßigter Steuersatz nach § 34 Abs. 1 EStG (Multiplikator-Mischtarif)

Die Einkommensteuerbelastung wird für bestimmte Einkünfte durch eine **Ermäßigung des Steuersatzes nach einem Multiplikator-Mischtarif** reduziert. Begünstigt sind folgende **außerordentliche Einkünfte** (§ 34 Abs. 1, 2 EStG): 317

- **Gewinne** aus der **Veräußerung** oder Aufgabe **eines** land- und forstwirtschaftlichen Betriebs, eines **Gewerbebetriebs** oder eines Betriebs, der zu Einkünften aus selbständiger Arbeit geführt hat,[157]
- **Entschädigungen** iSd § 24 Nr 1 EStG,
- **Nutzungsvergütungen** und Zinsen iSd § 24 Nr 3 EStG, soweit sie für einen Zeitraum von mehr als drei Jahren nachgezahlt werden,
- **Vergütungen**, die **für** eine **mehrjährige Tätigkeit** geleistet werden.

Für außerordentliche Einkünfte wird ein **Multiplikator-Mischtarif** angewendet. Der Multiplikator-Mischtarif lässt sich wie folgt charakterisieren: 318

- Die Einkommensteuer auf die **nicht begünstigten Einkünfte** (= zu versteuerndes Einkommen abzüglich der außerordentlichen Einkünfte) wird **nach den allgemeinen Regeln des Einkommensteuerrechts** berechnet ①.
- Die Einkommensteuer auf die (begünstigten) **außerordentlichen Einkünfte** beträgt das **Fünffache der Einkommensteuerdifferenz** ②,
  wobei die Einkommensteuerdifferenz der Differenz zwischen der Einkommensteuer auf die nicht begünstigten Einkünfte zuzüglich eines Fünftels der außerordentlichen Einkünfte einerseits und der Einkommensteuer auf die nicht begünstigten Einkünfte andererseits entspricht:

$$\text{ESt} = \underbrace{\text{ESt(NE)}}_{①} + \underbrace{5 \times \{\ \text{ESt(NE + AE/5)} - \text{ESt(NE)}\ \}}_{②}$$

mit

ESt	=	Einkommensteuer
ESt(…)	=	tarifliche Einkommensteuer auf Einkünfte in Höhe von (…)
AE	=	**A**ußerordentliche **E**inkünfte (zB Gewinn aus der Veräußerung eines gewerblichen Einzelunternehmens)
NE	=	**N**icht begünstigte **E**inkünfte (verbleibende Einkünfte)
	=	zu versteuerndes Einkommen abzüglich der außerordentlichen Einkünfte.

156 Zu den Einzelheiten der Abgeltungsteuer siehe Kapitel C.II.6., Unterabschnitt c), Rn. 130–140.

157 Sind in dem veräußerten Betriebsvermögen Anteile an Kapitalgesellschaften enthalten, wird der Multiplikator-Mischtarif insoweit nicht angewendet, da diese Veräußerungsgewinne nach dem Teileinkünfteverfahren nur zu 60% in die Bemessungsgrundlage eingehen (§ 3 Nr 40 EStG).

Die vorstehende Formel ist wie folgt zu lesen:

1. Schritt: Berechnung der Einkommensteuer auf die nicht begünstigten Einkünfte ① = ESt(NE)

2. Schritt: Berechnung der Einkommensteuer auf die um 1/5 der außerordentlichen Einkünfte erhöhten nicht begünstigten Einkünfte = ESt(NE + AE/5)

3. Schritt: Subtraktion der im zweiten Schritt ermittelten Einkommensteuer um die im ersten Schritt errechnete Einkommensteuer auf die nicht begünstigten Einkünfte = ESt(NE + AE/5) – ESt(NE)

4. Schritt: Multiplikation der im dritten Schritt errechneten Einkommensteuerdifferenz mit dem Faktor fünf ② 5 × { ESt(NE + AE/5) – ESt(NE) }

5. Schritt: Addition der im ersten und im vierten Schritt ermittelten Einkommensteuer auf die nicht begünstigten Einkünfte ① und der Einkommensteuer auf die außerordentlichen Einkünfte ②.

Beispiel: Ein gewerblich tätiger Einzelunternehmer beendet seine unternehmerische Tätigkeit. Der steuerpflichtige Teil des Betriebsveräußerungsgewinns beträgt 30 000 €. Aus seinen weiteren Tätigkeiten erzielt der Einzelunternehmer Einkünfte von 25 000 €. Sonderausgaben und außergewöhnliche Belastungen werden in Höhe von 5 000 € berücksichtigt. Der Einzelunternehmer ist ledig.

	Betriebsveräußerungsgewinn	30 000 €
+	weitere, nicht begünstigte Einkünfte	25 000 €
=	Summe der Einkünfte = Gesamtbetrag der Einkünfte	55 000 €
–	Sonderausgaben, außergewöhnliche Belastungen	5 000 €
=	Einkommen = zu versteuerndes Einkommen	50 000 €

Nach Abzug der außerordentlichen Einkünfte vom zu versteuernden Einkommen verbleiben nicht begünstigte Einkünfte in Höhe von 20 000 € (= 50 000 € – 30 000 €). Aus dem Normaltarif errechnet sich hierfür eine tarifliche Einkommensteuer von 2 347 € *(1. Schritt).*

Zur Berechnung der Einkommensteuerdifferenz sind zunächst die außerordentlichen Einkünfte durch fünf zu dividieren. Der sich daraus ergebende Betrag (= 6 000 € = 30 000 €/5) ist zu dem verbleibenden zu versteuernden Einkommen zu addieren. Hieraus errechnet sich eine modifizierte Bemessungsgrundlage von 26 000 € (= 20 000 € + 6 000 €), auf die eine Einkommensteuer von 4 000 € entfällt *(2. Schritt).* Die Einkommensteuerdifferenz beträgt damit 1 653 € = 4 000 € – 2 347 € *(3. Schritt).*

Nach Multiplikation der Einkommensteuerdifferenz mit dem Faktor fünf *(4. Schritt)* und Addition der auf das verbleibende zu versteuernde Einkommen entfallenden tariflichen Einkommensteuer *(5. Schritt)* errechnet sich insgesamt eine Einkommensteuer von 10 612 € = 2 347 € + 5 × 1653 €.

Durch die Ermäßigung des Steuersatzes nach einem Multiplikator-Mischtarif ergibt sich gegenüber einer Besteuerung mit dem Normaltarif eine Entlastung von 1 530 € (= 12 142 € – 10 612 €).

319 Der ermäßigte Steuersatz nach dem Multiplikator-Mischtarif (§ 34 Abs. 1 EStG) führt über die Fünftelung der außerordentlichen Einkünfte zu einer **Abschwächung**

des Progressionseffekts, sofern die Einkünfte innerhalb der Progressionszone liegen. In Abhängigkeit von der Höhe der außerordentlichen Einkünfte werden diese mit einem Einkommensteuersatz zwischen 0 und 45% belastet. Die Entlastungen aus der Steuersatzermäßigung nach dem Multiplikator-Mischtarif wirken sich lediglich innerhalb der Progressionszone in größerem Umfang aus. Je höher die Einkünfte des Steuerpflichtigen sind, umso geringer fällt die Entlastung aus der Steuersatzermäßigung nach § 34 Abs. 1 EStG aus. Die Entlastungswirkungen entfallen, wenn die nicht begünstigten Einkünfte so hoch sind, dass die „Proportionalzone" erreicht ist. Die Steuerermäßigung nach dem Multiplikator-Mischtarif dient also lediglich zur Progressionsglättung beim Auftreten von außerordentlichen Einkünften. Durch den Multiplikator-Mischtarif sollen insbesondere in den Fällen steuerliche Nachteile vermieden werden, in denen im Zeitpunkt der Beendigung einer unternehmerischen Tätigkeit sämtliche, sukzessive gebildete stille Reserven „auf einen Schlag" aufgelöst werden.

V. Ermäßigter Steuersatz nach § 34 Abs. 3 EStG

Für Gewinne aus der **Veräußerung** oder Aufgabe **eines** land- und forstwirtschaftlichen Betriebs, eines **Gewerbebetriebs** oder eines Betriebs, der zu Einkünften aus selbständiger Arbeit geführt hat, kann unter bestimmten Voraussetzungen **alternativ** zur Ermäßigung des Steuersatzes nach dem Multiplikator-Mischtarif der **ermäßigte Steuersatz in Höhe von 56% des durchschnittlichen Steuersatzes** in Anspruch genommen werden (§ 34 Abs. 2, 3 EStG).[158] **320**

Für die Steuerermäßigung nach § 34 Abs. 3 EStG gelten folgende **Voraussetzungen**: **321**

- Der Steuerpflichtige hat das 55. Lebensjahr vollendet oder ist im sozialversicherungsrechtlichen Sinne dauernd berufsunfähig.
- Die Steuersatzermäßigung gilt nur für den Teil der außerordentlichen Einkünfte, der 5 Mio. € nicht übersteigt. Außerordentliche Einkünfte, die diesen Wert übersteigen, werden wie die nicht begünstigten Einkünfte nach dem Normaltarif besteuert.
- Der Steuerpflichtige kann die Steuersatzermäßigung von 56% des durchschnittlichen Steuersatzes nur einmal im Leben in Anspruch nehmen.
- Der Steuerpflichtige muss einen Antrag stellen. Der ermäßigte Steuersatz von 56% des durchschnittlichen Steuersatzes kommt nur zur Anwendung, wenn auf den ermäßigten Steuersatz nach dem Multiplikator-Mischtarif verzichtet wird. Eine doppelte Steuersatzermäßigung ist ausgeschlossen.

Der ermäßigte Steuersatz nach § 34 Abs. 3 EStG beträgt **56% des durchschnittlichen Steuersatzes**, der sich ergeben würde, wenn die tarifliche Einkommensteuer nach dem gesamten zu versteuernden Einkommen zuzüglich der dem Progressionsvorbehalt unterliegenden Einkünfte zu bemessen wäre. Der ermäßigte Steuersatz beträgt allerdings **mindestens 14%**. Dieser Mindeststeuersatz stimmt mit dem Grenz- **322**

158 Sind in dem veräußerten Betriebsvermögen Anteile an Kapitalgesellschaften enthalten, wird der ermäßigte Steuersatz nach § 34 Abs. 3 EStG insoweit nicht angewendet, da diese Veräußerungsgewinne nach dem Teileinkünfteverfahren nur zu 60% in die Bemessungsgrundlage eingehen (§ 3 Nr 40 EStG).

steuersatz überein, wenn die Einkünfte den Grundfreibetrag überschreiten (Eingangssteuersatz des Einkommensteuertarifs). Die Steuersatzermäßigung nach § 34 Abs. 3 EStG kommt also nur zur Anwendung, wenn die steuerpflichtigen Einkünfte bei Ledigen mindestens 52 466 € (Einkommenshöhe, die mit einem durchschnittlichen Steuersatz von 25% = 14%/56% besteuert wird) erreichen. Bei zusammenveranlagten Ehegatten erhöht sich dieser Grenzwert auf 104 932 €. Bei einem geringeren Einkommen kommt der Mindeststeuersatz von 14% zur Anwendung.

Da bei Beantragung der Steuersatzermäßigung nach § 34 Abs. 3 EStG der Steuersatz mindestens 14% beträgt, liegt die Besteuerung der außerordentlichen Einkünften zwischen 14% (Mindeststeuersatz) und 25,20% (= 56% des Spitzensteuersatzes von 45%).

323 **Beispiel:** Ein lediger Steuerpflichtiger erzielt aus dem Verkauf seines gewerblichen Einzelunternehmens einen Veräußerungsgewinn, der in Höhe von 65 000 € steuerpflichtig ist. Seine weiteren, nicht begünstigten Einkünfte belaufen sich auf 40 000 €. Als Sonderausgaben und außergewöhnliche Belastungen kann er 5 000 € abziehen.

Berechnung des ermäßigten Steuersatzes

Den ermäßigten Steuersatz erhält man dadurch, dass man den aus dem steuerpflichtigen Einkommen nach dem Normaltarif ermittelten Durchschnittssteuersatz auf 56% des Ausgangswerts reduziert:

	Betriebsveräußerungsgewinn	65 000 €
+	weitere, nicht begünstigte Einkünfte	40 000 €
=	Summe der Einkünfte = Gesamtbetrag der Einkünfte	105 000 €
–	Sonderausgaben, außergewöhnliche Belastungen	5 000 €
=	Einkommen = zu versteuerndes Einkommen	100 000 €
	daraus Einkommensteuer nach dem Normaltarif	33 036 €

Hieraus errechnet sich ein Durchschnittssteuersatz von 33,0362% (= 33 036 €/100 000 € × 100). Der ermäßigte Steuersatz nach § 34 Abs. 3 EStG beträgt damit 18,5003% (= 56% von 33,0362%). Der Mindeststeuersatz 14% kommt nicht zur Anwendung.

Berechnung der Einkommensteuer

Die begünstigten außerordentlichen Einkünfte sind mit dem ermäßigten Steuersatz nach § 34 Abs. 3 EStG zu versteuern, während die Einkommensteuer für das verbleibende zu versteuernde Einkommen aus dem Normaltarif nach § 32a EStG zu berechnen ist:

	nach dem Normaltarif zu versteuerndes Einkommen (verbleibendes zu versteuerndes Einkommen) = 100 000 € – 65 000 €	= 35 000 €	
	darauf Einkommensteuer nach der Tarifformel		= 6 767 €
+	mit dem ermäßigten Steuersatz zu versteuernde außerordentliche Einkünfte	= 65 000 €	
	darauf Einkommensteuer = 65 000 € × 18,5003%		= 12 025 €
=	tarifliche Einkommensteuer		18 792 €

Die Vorteile aus dem ermäßigten Steuersatz belaufen sich auf 14 244 € (= 33 036 € – 18 792 €). Sie lassen sich in **zwei Teileffekte** zerlegen:

9 448 € = 65 000 € × (33,0362% – 18,5003%) beruhen darauf, dass die **außerordentlichen Einkünfte** nur mit dem ermäßigten und nicht mit dem durchschnittlichen Steuersatz belastet werden.

Eine weitere Minderung der Einkommensteuer um 4 671 € ergibt sich daraus, dass die außerordentlichen Einkünfte keine Progressionswirkungen entfalten. Vielmehr wird der Normaltarif unmittelbar auf die **nicht begünstigten Einkünfte** angewendet:
4 795 € = (35 000 € × 33,0362%) – 6 767 €.
(Abweichungen beruhen auf Rundungsdifferenzen.)

Der ermäßigte Steuersatz in Höhe von 56% des durchschnittlichen Steuersatzes (§ 34 Abs. 3 EStG) führt zu einer effektiven Senkung des Einkommensteuersatzes. Bei der Steuersatzermäßigung nach § 34 Abs. 3 EStG handelt es sich um eine **steuerliche Begünstigung**. Der Gewinn aus der Veräußerung eines Unternehmens soll dem Unternehmer **zur Sicherung seiner Altersversorgung** verbleiben. Die Minderung der Einkommensteuer fällt umso höher aus, je höher die außerordentlichen Einkünfte sind. Bei Einkünften von beispielsweise 2 500 000 € ergibt sich eine Reduzierung um 487 485 € = 2 500 000 € × 44,3169 % × (1–0,56). Bei außerordentlichen Einkünften von 5 000 000 € erreicht die Minderung mit 982 485 € ihren höchsten Wert. **324**

In den meisten Fällen ist der Antrag auf Anwendung der Steuersatzermäßigung nach § 34 Abs. 3 EStG (56% des durchschnittlichen Steuersatzes) zu empfehlen. Der ermäßigte Steuersatz nach dem Multiplikator-Mischtarif (§ 34 Abs. 1 EStG) ist nur vorteilhaft, wenn der Steuerpflichtige niedrige außerordentliche Einkünfte zu versteuern hat und auch seine anderen Einkünfte sehr gering sind. Bei diesen Einkommensverhältnissen wirkt die Steuersatzermäßigung nach § 34 Abs. 3 EStG nur zum Teil, da der Mindeststeuersatz von 14% zu beachten ist, während die Fünftelung der außerordentlichen Einkünfte nach § 34 Abs. 1 EStG in dieser Situation ihre höchste Wirkung entfaltet.[159] **325**

VI. Ermäßigter Steuersatz nach § 34b EStG

Für bestimmte außerordentliche Einkünfte aus der Forstwirtschaft (**außerordentliche Holznutzung**) kommt eine spezielle Variante des ermäßigten Steuersatzes zur Anwendung. Der Steuersatz wird auf die Hälfte des durchschnittlichen Steuersatzes ermäßigt. Unter bestimmten Voraussetzungen wird der Steuersatz sogar auf ein Viertel des durchschnittlichen Steuersatzes reduziert (§ 34b EStG). **326**

---

159 Siehe hierzu zB Freyer/Schult, DStR 2001, S. 455; Henning/Hundsdoerfer/Schult, DStR 1999, S. 131; Houben, DStR 2006, S. 200; Jacobs/Scheffler/Spengel, Unternehmensbesteuerung und Rechtsform, 5. Aufl., München 2015, S. 715; Müller/Kalies, FR 2019, S. 698; Schmidt, DB 2000, S. 2401; Schmidtmann, DBW 2012, S. 2418; Siegel, BB 2004, S. 914.

VII. Begünstigung der nicht entnommenen Gewinne

327 Bei **Einzelunternehmen** und **Personengesellschaften** ist die Höhe der Einkommensteuer grundsätzlich unabhängig von der Entscheidung über die Gewinnverwendung. Die Gewinne werden dem Inhaber bzw den Gesellschaftern unabhängig davon als steuerpflichtige Einkünfte zugerechnet, ob die Gewinne entnommen werden oder im Unternehmen verbleiben (Einheitsprinzip bzw Transparenzprinzip). Diese **Grundaussage** wird **durch die Begünstigung der nicht entnommenen Gewinne** nach § 34a EStG **eingeschränkt**. Sind im zu versteuernden Einkommen Einkünfte aus einer Gewinneinkunftsart enthalten, können auf Antrag die Gewinne, die im Unternehmen verbleiben, mit einem **Sondersteuersatz** von **28,25%** besteuert werden (§ 34a Abs. 1 EStG). Dieser Sondersteuersatz gilt nur solange, wie die Gewinne im Unternehmen thesauriert werden. Werden die Gewinne in späteren Jahren entnommen, kommt es zu einer **Nachversteuerung** in Höhe von **25% des entnommenen Betrags** (§ 34a Abs. 4 EStG).[160]

Bleiben die Gewerbesteuer, der Solidaritätszuschlag und die Kirchensteuer unberücksichtigt, gilt vom Grundsatz folgende Besteuerung:

	Gewinn des laufenden Jahres	100,00
–	Einkommensteuer bei Gewinnthesaurierung (§ 34a Abs. 1 EStG) (= 28,25% von 100,00)	28,25
=	thesaurierungsfähiger Gewinn	71,75
–	Nachversteuerung bei Entnahme (§ 34a Abs. 4 EStG) (= 25,00% von 71,75)	17,94
=	verbleiben	53,81
	Gesamtbelastung	46,19

Die Gesamtsteuerbelastung nach Entnahme liegt mit 46,19% höher als der Spitzensteuersatz der Einkommensteuer von 45,00%. Diesem **negativen Steuersatzeffekt** steht der **positive Zeiteffekt** gegenüber, dass die Nachversteuerung solange vermieden werden kann, wie die Gewinne auf Ebene des Einzelunternehmens oder bei der Personengesellschaft thesauriert werden können.

328 Die Begünstigung der nicht entnommenen Gewinne nach § 34a EStG ist **nur** dann **von Vorteil, wenn** der **persönliche Steuersatz** des Steuerpflichtigen deutlich **über 28,25% liegt und** wenn die **Gewinne über einen längeren Zeitraum im Unternehmen verbleiben**: Der positive Zeiteffekt der vorübergehenden Beschränkung der Einkommensteuer auf den Sondersteuersatz von 28,25% muss so hoch werden, dass er den durch die Nachversteuerung ausgelösten negativen Steuersatzeffekt kompensiert.[161]

---

160 Zur Begünstigung der nicht entnommenen Gewinne siehe einführend Grützner, StuB 2007, S. 295 sowie ausführlich BMF-Schreiben vom 11.8.2008, BStBl. 2008 I, S. 838; Cordes, WPg 2007, S. 526; Dörfler/Graf/Reichl, DStR 2007, S. 645; Kleineidam/Liebchen, DB 2007, S. 409; Thiel/Sterner, DB 2007, S. 1099. Zur steuersystematischen Beurteilung siehe Hey, DStR 2007, S. 925.

161 Vgl Blum, BB 2008, S. 322; Brähler/Guttzeit/Scholz, StuW 2012, S. 119; Diller, WiSt 2009, S. 674; Homburg/Houben/Maiterth, ZfbF 2008, S. 29; Houben/Maiterth, StuW 2008, S. 228; Knirsch/Schanz, ZfB 2008, S. 1231; Schiemann, Stbg 2008, S. 141.

Voraussetzungen für die Inanspruchnahme der Begünstigung der nicht entnommenen Gewinne sind: 329

- Die Begünstigung der nicht entnommenen Gewinne kann nur bei **Einkünften aus Land- und Forstwirtschaft, aus Gewerbebetrieb oder aus selbständiger Arbeit** in Anspruch genommen werden (§ 34a Abs. 1 S. 1 EStG).[162]
- Bei Einzelunternehmern bestehen keine betragsmäßigen Beschränkungen. Gesellschaftern einer Personengesellschaft wird die Begünstigung der nicht entnommenen Gewinne nur gewährt, wenn sie an der Personengesellschaft entweder zu mindestens 10% beteiligt sind oder wenn der auf sie entfallende Gewinnanteil mindestens 10 000 € beträgt (§ 34a Abs. 1 S. 3 EStG).
- Der **Gewinn** wird **durch** einen **Betriebsvermögensvergleich** nach § 4 Abs. 1 oder § 5 EStG (Steuerbilanz) **ermittelt** (§ 34a Abs. 2 EStG). Bei einer Gewinnermittlung durch eine Einnahmen-Ausgabenrechnung nach § 4 Abs. 3 EStG, einer Gewinnermittlung nach § 5a EStG (Tonnagebesteuerung bei Handelsschiffen im internationalen Verkehr) oder einer Gewinnermittlung nach Durchschnittssätzen (§ 13a EStG) scheidet die Anwendung des Sondersteuersatzes für einbehaltene Gewinne aus.
- Der Sondersteuersatz wird nur **auf Antrag** gewährt. Der Antrag ist **betriebsbezogen**, dh er ist für jeden Betrieb und für jede Beteiligung an einer Personengesellschaft getrennt zu stellen. Der Antrag ist für den jeweiligen Veranlagungszeitraum zu stellen, eine Bindungswirkung für andere Jahre besteht nicht (§ 34a Abs. 1 S. 2 EStG).
- Der Antrag auf Begünstigung der Gewinne muss nicht den gesamten Gewinn bzw nicht den gesamten Gewinnanteil umfassen. Er kann auf Teile der thesaurierten Gewinne beschränkt werden (§ 34a Abs. 1 S. 1 EStG). Der Antrag kann bis zur Unanfechtbarkeit des Einkommensteuerbescheids für den nächsten Veranlagungszeitraum ganz oder teilweise zurückgenommen werden (§ 34a Abs. 1 S. 4, 5 EStG).

Begünstigt ist maximal der **Gewinn des laufenden Jahres, soweit er den Saldo aus den Entnahmen und den Einlagen übersteigt** (§ 34a Abs. 2 EStG): 330

	Gewinn in der Steuerbilanz (Einzelunternehmen) bzw Anteil am Gewinn der Personengesellschaft
+	bei Gesellschaftern einer Personengesellschaft: Gewinn aus der Ergänzungsbilanz und Gewinn aus der Sonderbilanz
=	Gewinn nach § 4 Abs. 1 bzw § 5 EStG
–	(Entnahmen – Einlagen), sofern der Saldo positiv ist, dh die Entnahmen die Einlagen übersteigen
=	nicht entnommener Gewinn nach § 34a Abs. 2 EStG

Da auf den Gewinn nach § 4 Abs. 1 bzw § 5 EStG abgestellt wird, mindern steuerfreie Betriebseinnahmen die Höhe des begünstigten Gewinns nicht. Diesem Vorteil

162 Nicht begünstigt sind Gewinne, für die der Freibetrag nach § 16 Abs. 4 EStG oder der ermäßigte Steuersatz nach § 34 Abs. 3 EStG in Anspruch genommen wird, sowie die Gewinne der Initiatoren von Wagniskapitalgesellschaften nach § 18 Abs. 1 Nr 4 EStG.

steht gegenüber, dass nichtabziehbare Betriebsausgaben (sowie die Gewerbesteuer und die Einkommensteuer, die mit betrieblichen Mitteln bezahlt werden) den Umfang mindern, in dem der Einzelunternehmer bzw Gesellschafter einer Personengesellschaft den Sondersteuersatz nach § 34a EStG in Anspruch nehmen kann. Übersteigen die nichtabziehbaren Betriebsausgaben die steuerfreien Einnahmen, können deshalb die Vorteile aus der Begünstigung der nicht entnommenen Gewinne nicht in vollem Umfang genutzt werden.[163] Zu einer weiteren Einschränkung des Vorteils der Thesaurierungsbegünstigung kommt es dadurch, dass bei der Festsetzung der im Laufe des Jahres zu zahlenden Vorauszahlungen auf die Einkommensteuer die Begünstigung der nicht entnommenen Gewinne nicht berücksichtigt wird, sondern von der sich aus dem Normaltarif ergebenden Einkommensteuer ausgegangen wird (§ 37 Abs. 3 S. 5 EStG).

331 Durch den Sondersteuersatz für nicht entnommene Gewinne wird eine eigenständige Einkunftskategorie geschaffen. **Negative Einkünfte aus anderen Einkunftsquellen** können mit den Einkünften, die nach § 34a Abs. 1 EStG mit 28,25% besteuert werden, nicht verrechnet werden (§ 34a Abs. 8 EStG). Diese **Einschränkung des Verlustausgleichs** und Verlustabzugs kann dadurch vermieden werden, dass der Antrag auf Besteuerung der thesaurierten Gewinne mit dem Sondersteuersatz nicht gestellt oder zurückgenommen wird.

332 Zu einer **Nachversteuerung** kommt es, wenn innerhalb eines Jahres der positive Saldo der Entnahmen und Einlagen den Gewinn des laufenden Jahres übersteigt, m.a.W. wenn die Entnahmen höher sind als die Summe aus Gewinn des laufenden Jahres und den in diesem Jahr getätigten Einlagen (§ 34a Abs. 4 EStG):

	Entnahmen
–	Einlagen
–	Gewinn des laufenden Jahres nach § 4 Abs. 1 bzw § 5 EStG
=	Nachversteuerungsbetrag nach § 34a Abs. 4 EStG (nur sofern positiv)

Der Nachversteuerungsbetrag ist um die Erbschaft- oder Schenkungsteuer zu kürzen, die anlässlich der Übertragung des Einzelunternehmens oder des Anteils an einer Personengesellschaft entnommen wurde.

Der **Einkommensteuersatz auf den Nachversteuerungsbetrag** beträgt **25%**.

Durch die Art und Weise der Berechnung des Nachversteuerungsbetrags wird folgende **Verwendungsreihenfolge** unterstellt:

- die im Laufe des Jahres entstandenen Gewinne
  Wirkung: keine Nachversteuerung
- ermäßigt besteuerte Gewinne der Vorjahre
  Wirkung: **Nachversteuerung** in Höhe von **25% des entnommenen Betrags**
- Gewinne, die der Regelbesteuerung unterlagen oder die vor dem Jahr 2009 (dh vor Einführung der Begünstigung von thesaurierten Gewinnen) entstanden sind
  Wirkung: keine Nachversteuerung

163 Zur rechnerischen Erfassung dieses Nachteils siehe Band III: Steuerplanung, Dritter Teil, Fünfter Abschnitt.

Der (verfahrenstechnische) Vorteil dieser Verwendungsreihenfolge ist, dass sie in der praktischen Anwendung kaum Probleme bereitet. Insbesondere ist es nicht notwendig, eine gesonderte Eigenkapitalgliederung zu erstellen. Ein wesentlicher (materieller) Nachteil ergibt sich daraus, dass Gewinne, die der Regelbesteuerung unterlagen oder vor dem Jahr 2009 thesauriert wurden, erst dann als entnommen gelten, wenn die Nachversteuerung auf die zunächst mit dem Sondersteuersatz von 28,25% besteuerten Gewinne durchgeführt wurde.

Verfahrenstechnisch ist für jeden Betrieb bzw jeden Anteil an einer Personengesellschaft der nachversteuerungspflichtige Betrag jährlich gesondert festzustellen (**Nachversteuerungskonto**, § 34a Abs. 3 EStG):

	Übernahme des Nachversteuerungsbetrags aus dem Vorjahr
+	thesaurierter Gewinn des laufenden Jahres, für den die Begünstigung des nicht entnommenen Gewinns in Anspruch genommen wird
–	Einkommensteuer von 28,25% auf diesen Betrag
–	Solidaritätszuschlag auf diese Einkommensteuer
–	nachversteuerungspflichtiger Betrag, der nach § 34a Abs. 5 EStG auf einen anderen Betrieb übertragen wird
+	nachversteuerungspflichtiger Betrag, der nach § 34a Abs. 5 EStG von einem anderen Betrieb übernommen wird
–	Nachversteuerungsbetrag nach § 34a Abs. 4 EStG
=	nachversteuerungspflichtiger Betrag nach § 34a Abs. 3 EStG

Zu einer Nachversteuerung kommt es auch in folgenden Fällen (§ 34a Abs. 6 EStG):

- Veräußerung oder Aufgabe des Einzelunternehmens bzw des Anteils an einer Personengesellschaft
- Einbringung des Betriebs bzw des Anteils an einer Personengesellschaft in eine Kapitalgesellschaft
- der Gewinn wird nicht mehr durch einen Betriebsvermögensvergleich ermittelt
- auf Antrag des Steuerpflichtigen.

Bei Veräußerung, Aufgabe oder Einbringung in eine Kapitalgesellschaft kann die auf die Nachversteuerung entfallende Einkommensteuer auf Antrag in regelmäßigen Teilbeträgen entrichtet werden, wenn die sofortige Begleichung für den Steuerpflichtigen mit erheblichen Härten verbunden wäre. Die Stundung kann über einen Zeitraum von bis zu zehn Jahren erfolgen. Stundungszinsen werden nicht erhoben.

Wird der Betrieb oder der Anteil an einer Personengesellschaft unentgeltlich übertragen, hat der Erwerber die Buchwerte fortzuführen (§ 6 Abs. 3 EStG). Dies bedeutet, dass der Erbe bzw Beschenkte auch den Nachversteuerungsbetrag zu übernehmen hat (§ 34a Abs. 7 EStG). Bei der Überführung eines Wirtschaftsguts von einem Betrieb in einen anderen Betrieb des gleichen Steuerpflichtigen unterbleibt eine Nachversteuerung, wenn der Nachversteuerungsbetrag bei dem übernehmenden Betrieb fortgeführt wird (§ 34a Abs. 5 EStG). Die verfahrensrechtliche Zuständigkeit ist in § 34a Abs. 9 EStG geregelt.

VIII. Steuerermäßigungen

1. Überblick

333 Zusätzlich zur Steuerermäßigung für gewerbliche Einkünfte sind zur Ermittlung der **festzusetzenden Einkommensteuer** die weiteren im Einkommensteuergesetz oder in anderen Gesetzen genannten Steuerermäßigungen von der tariflichen Einkommensteuer abzuziehen und einige Hinzurechnungsbeträge zu addieren (§ 2 Abs. 6 EStG, R 2 Abs. 2 EStR):

	tarifliche Einkommensteuer (§ 32a Abs. 1, 5 EStG) unter Berücksichtigung des Progressionsvorbehalts nach § 32b EStG, des ermäßigten Steuersatzes nach § 34 Abs. 1, § 34 Abs. 3 und § 34b EStG sowie der Begünstigung der nicht entnommenen Gewinne nach § 34a EStG (bei Thesaurierung: Sondersteuersatz 28,25%, bei Entnahme in späteren Jahren 25%ige Nachversteuerung) Der Sondersteuersatz für Einkünfte aus Kapitalvermögen (Abgeltungsteuer von 25% nach § 32d EStG) wird grundsätzlich dadurch berücksichtigt, dass die Steuerschuld mit Erhebung der 25%igen Kapitalertragsteuer abgegolten ist (§ 43, § 43a EStG). Die Einkünfte aus Kapitalvermögen werden deshalb im Rahmen der Einkommensteuerveranlagung grundsätzlich nicht mehr angesetzt.
–	anrechenbare ausländische Steuern (§ 34c Abs. 1, 6 EStG)[164]
–	**Steuerermäßigung bei Einkünften aus Gewerbebetrieb (§ 35 EStG)**
–	Steuerermäßigung für bestimmte Zuwendungen zur Förderung staatspolitischer Zwecke (§ 34g EStG)
–	Steuerermäßigung bei Aufwendungen für haushaltsnahe Beschäftigungsverhältnisse, haushaltsnahe Dienstleistungen und Handwerkerleistungen (§ 35a EStG)
–	Steuerermäßigung bei Belastung mit Erbschaftsteuer (§ 35b EStG)[165]
–	Steuerermäßigung für energetische Maßnahmen bei zu eigenen Wohnzwecken genutzten Gebäuden (§ 35c EStG)
+	Einkommensteuer auf pauschal besteuerte ausländische Einkünfte (§ 34c Abs. 5 EStG)
+	Anspruch auf die Altersvorsorgezulage nach § 79 EStG (sofern die Beiträge für einen Altersvorsorgevertrag als Sonderausgaben abgezogen wurden, § 10a Abs. 2 EStG)
+	Anspruch auf Kindergeld (sofern das Einkommen um die Freibeträge für Kinder gemindert wurde, § 31 S. 4 EStG)
=	**festzusetzende Einkommensteuer**

2. Steuerermäßigung bei Einkünften aus Gewerbebetrieb

334 *(1) Grundsätzliche Wirkung:* Steuerpflichtigen, die **Einkünfte aus Gewerbebetrieb** beziehen, wird eine **Steuerermäßigung** in Höhe des **3,8fachen des Gewerbesteuermessbetrags**, maximal die tatsächlich zu zahlende Gewerbesteuer, gewährt. Die

164 Siehe hierzu zB Hüsing, SteuerStud 2007, S. 312; Jacobs, Internationale Unternehmensbesteuerung, 8. Aufl., München 2016, S. 40–57; Scheffler, Internationale betriebswirtschaftliche Steuerlehre, 3. Aufl., München 2009, S. 173–190 sowie Siebter Teil, C I. 1. a), Rn. 903.

165 Siehe hierzu Dritter Teil, Zweiter Abschnitt, Kapitel G.II., Rn. 623–624.

Steuerermäßigung ist auf die Einkommensteuer beschränkt, die anteilig auf die im zu versteuernden Einkommen enthaltenen gewerblichen Einkünfte entfällt (§ 35 Abs. 1 Nr 1 EStG).[166]

Gesellschaftern einer gewerblich tätigen Personengesellschaft sowie den Komplementären einer KGaA wird die Steuerermäßigung insoweit gewährt, als der Gewerbesteuermessbetrag der Personengesellschaft bzw KGaA auf sie entfällt (§ 35 Abs. 1 Nr 2, Abs. 2 EStG).

Durch die Steuerermäßigung nach § 35 EStG soll erreicht werden, dass es bei gewerblichen Einkünften zur gleichen Steuerbelastung kommt wie bei den anderen Einkunftsarten. Die effektive Gewerbesteuerbelastung soll sich also auf null belaufen. Das **Ziel** besteht darin, dass die folgende Gleichung erfüllt ist:

	Gewerbesteuer
+	Einkommensteuer – Steuerermäßigung nach § 35 EStG
=	Einkommensteuer

Bei der Steuerermäßigung für gewerbliche Einkünfte sind nach § 35 Abs. 1 EStG **drei Begrenzungen** zu beachten. Die Einkommensteuer mindert sich nur um das Minimum aus den folgenden Beträgen:

- 3,8facher Gewerbesteuermessbetrag
- tatsächlich zu zahlende Gewerbesteuer
- tarifliche Einkommensteuer, die anteilig auf die im zu versteuernden Einkommen enthaltenen gewerblichen Einkünfte entfällt

Die folgende Beispielrechnung verdeutlicht das Konzept der Steuerermäßigung nach **335**
§ 35 EStG bei gewerblichen Einkünften:

		gewerbliche Einkünfte	freiberufliche Einkünfte
	Gewinn vor Steuern	100,00	100,00
–	Gewerbesteuer (= Gewinn × Steuermesszahl × Hebesatz) bei einem Hebesatz von 400% = 100,00 × 3,5% × 400%	– 14,00	–,–
–	tarifliche Einkommensteuer beim Spitzensteuersatz von 45%	– 45,00	– 45,00
+	Steuerermäßigung nach § 35 EStG (= 3,8 × Gewinn × Steuermesszahl) 3,8 × 100 × 3,5% = 3,8 × 3,50	+ 13,30	–,–
=	Gewinn nach Steuern	54,30	55,00
	entspricht einer Steuerbelastung von	45,70	45,00
	damit Mehrbelastung der gewerblichen Einkünfte (= Nettobelastung mit Gewerbesteuer)	0,70	

166 Zu Einzelheiten siehe R 35 EStR, BMF-Schreiben vom 3.11.2016, BStBl. 2016 I, S. 1187; BMF-Schreiben vom 17.4.2019, BStBl. 2019 I, S. 459.

Die Gesamtbelastung aus Gewerbesteuer und Einkommensteuer beläuft sich auf 45,70. Bei freiberuflich Tätigen unterliegen die Gewinne nur der Einkommensteuer, sodass die Steuerbelastung mit dem Einkommensteuersatz von 45% übereinstimmt. Durch die Gewerbesteuer erhöht sich die Summe der Steuerzahlungen um 0,70: Die Gewerbesteuerzahlung in Höhe von 14,00 wird in Höhe von 13,30 durch die Steuerermäßigung nach § 35 EStG weitgehend neutralisiert.

336 *(2) Begrenzung der Steuerermäßigung auf das 3,8fache des Gewerbesteuermessbetrags, maximal die tatsächlich zu zahlende Gewerbesteuer:* Durch die Steuerermäßigung bei Einkünften aus Gewerbebetrieb nach § 35 EStG wird (ohne Berücksichtigung des Solidaritätszuschlags) die **Gewerbesteuer bei einem Hebesatz von 380%** vollständig **kompensiert**:

Gewerbesteuer	=	Steuerermäßigung nach § 35 EStG
Gewerbeertrag × Steuermesszahl × Hebesatz	=	3,8 × Gewerbeertrag × Steuermesszahl
Hebesatz	=	380%

Liegt der **Hebesatz** der Gewerbesteuer **über 380%**, ist die Belastung von Einkünften aus Gewerbebetrieb mit Gewerbesteuer und Einkommensteuer trotz der Steuerermäßigung nach § 35 EStG höher als die Belastung von nicht gewerblichen Einkünften. Hat die Gemeinde einen **niedrigeren Hebesatz als 380%** festgesetzt, kommt es aber nicht zu einer Entlastung, da die Steuerermäßigung nach § 35 EStG auf die tatsächlich zu zahlende Gewerbesteuer begrenzt ist.

Beim Einbezug des Solidaritätszuschlags erhöht sich der Grenzwert, bis zu dem die Gewerbesteuer vollständig kompensiert wird, auf 401%. Die Kirchensteuer wirkt auf diesen Grenzwert nicht, da bei der Berechnung der Kirchensteuer die Einkommensteuer angesetzt wird, die sich vor Abzug der Steuerermäßigung nach § 35 EStG ergibt (§ 51a Abs. 2 S. 3 EStG):

Belastung der nicht gewerblichen Einkünfte mit Einkommensteuer zuzüglich Solidaritätszuschlag	=	Belastung der gewerblichen Einkünfte mit Gewerbesteuer und Einkommensteuer zuzüglich Solidaritätszuschlag, jeweils unter Berücksichtigung der Steuerermäßigung nach § 35 EStG
$s_{ESt} + s_{ESt} \times s_{SolZ}$	=	$Stmz \times Hebesatz + s_{ESt} - 3{,}8 \times Stmz + (s_{ESt} - 3{,}8 \times Stmz) \times s_{SolZ}$
0	=	$Stmz \times Hebesatz - 3{,}8 \times Stmz - 3{,}8 \times Stmz \times s_{SolZ}$
Hebesatz	=	$3{,}8 + 3{,}8 \times s_{SolZ}$
Hebesatz	=	$3{,}8 + 3{,}8 \times 0{,}055$
Hebesatz	=	400,9%
Hebesatz	=	401% (nach Aufrundung)

mit

s_{ESt}	=	Einkommensteuersatz
s_{SolZ}	=	Solidaritätszuschlagsatz
Stmz	=	Steuermesszahl

Die **effektive Gewerbesteuerbelastung** hängt von der Höhe des Gewerbesteuerhebesatzes ab. Sofern der Ermäßigungsanspruch unter der anteilig auf die gewerblichen Einkünfte entfallenden Einkommensteuer liegt, gelten folgende Aussagen:[167] **337**

- Bei einem Hebesatz von 380% kommt es durch die Gewerbesteuer per Saldo zu einer Entlastung von 0,73% des Gewinns vor Einkommen- und Gewerbesteuer. Dieser Prozentwert stellt den unteren Extremwert dar.
- Da die Steuerermäßigung nach § 35 EStG zusätzlich auf die tatsächlich zu zahlende Gewerbesteuer begrenzt ist, fällt bei Hebesätzen von unter 380% die Entlastung geringer aus. Setzt die Gemeinde den Hebesatz auf den Mindestwert von 200% fest (§ 16 Abs. 4 GewStG), liegt der Vorteil von Gewerbetreibenden nur noch bei 0,39% des Vor-Steuer-Gewinns.
- Durch die Begrenzung der Steuerermäßigung nach § 35 EStG auf das 3,8fache des Steuermessbetrags, steigt ab einem Hebesatz von 380% die effektive Gewerbesteuerbelastung.
- Da bei Einbezug des Solidaritätszuschlags der Grenzwert bei einem Hebesatz von 401% liegt, entspricht bei einem Hebesatz von 400% die Gesamtsteuerbelastung von gewerblichen Einkünften in etwa derjenigen von nicht gewerblichen Einkünften. Die Abweichung (dh Minderbelastung der gewerblichen Einkünfte) kann mit 0,03% des Gewinns vor Steuern praktisch vernachlässigt werden.
- Bei einem Hebesatz von 500% beläuft sich die Mehrbelastung der Einkünfte aus Gewerbebetrieb auf 3,47% des steuerpflichtigen Gewinns.

Hebesatz der Gewerbesteuer	effektive Gewerbesteuerbelastung
200%	– 0,39%
300%	– 0,58%
380%	– 0,73%
400%	– 0,03%
401%	± 0,00%
450%	+ 1,72%
500%	+ 3,47%

Bei einer Beurteilung dieser Aussagen zur effektiven Gewerbesteuerbelastung ist zu berücksichtigen, dass der Hebesatz im Bundesdurchschnitt bei 451% liegt (Bezugsbasis: Gemeinden mit mindestens 50 000 Einwohnern im Jahr 2018).

(3) Begrenzung auf die anteilig im zu versteuernden Einkommen enthaltenen gewerblichen Einkünfte: Die Steuerermäßigung bei Einkünften aus Gewerbebetrieb ist auf die tarifliche Einkommensteuer begrenzt, die anteilig auf die im zu versteuernden Einkommen enthaltenen gewerblichen Einkünfte entfällt **(Ermäßigungshöchstbetrag)**. **338**

167 Siehe hierzu Herzig/Lochmann, DB 2007, S. 1037; Jacobs/Scheffler/Spengel, Unternehmensbesteuerung und Rechtsform, 5. Aufl., München 2015, S. 585–590; Schiffers, GmbHR 2007, S. 505. Zum Einfluss der Gewerbesteuer auf die Rechtsformwahl und die Standortentscheidung siehe Band III: Steuerplanung, Siebter Teil, Zweiter Abschnitt.

Ausgangsgröße für die Berechnung des Ermäßigungshöchstbetrags ist die **tarifliche Einkommensteuer**. Diese ist **um** die nach § 34c EStG **anzurechnenden ausländischen Steuern zu vermindern**. Die Steuerermäßigungen nach § 34f EStG, § 34g EStG, § 35a EStG und § 35c EStG sind erst nach Abzug der Steuerermäßigung nach § 35 EStG zu berücksichtigen.

Die Steuerermäßigung nach § 35 EStG ist auf die tarifliche Einkommensteuer begrenzt, die **anteilig auf die** im zu versteuernden Einkommen enthaltenen **gewerblichen Einkünfte entfällt**. Bei der Berechnung des Anteils der gewerblichen Einkünfte werden nur positive Einkünfte berücksichtigt (§ 35 Abs. 1 S. 2 EStG):

$$\frac{\text{Summe der positiven gewerblichen Einkünfte}}{\text{Summe aller positiven Einkünfte}} \times \text{um die Anrechnung ausländischer Einkünfte geminderte tarifliche Einkommensteuer}$$

Es erfolgt eine einkunftsquellenbezogene Betrachtung. Positive Einkünfte im Sinne dieser Berechnungsformel sind also die positiven Einkünfte aus der jeweiligen Einkunftsquelle. Eine Saldierung der positiven mit den negativen Einkunftsquellen innerhalb der gleichen Einkunftsart (interner Verlustausgleich) und zwischen verschiedenen Einkunftsarten (externer Verlustausgleich) erfolgt nicht.

Beispiel: Ein Steuerpflichtiger hat folgende Einkünfte:

Gewerbebetrieb 1	80 000 €
Gewerbebetrieb 2	– 60 000 €
Vermietung und Verpachtung (Grundstück A)	40 000 €
Vermietung und Verpachtung (Grundstück B)	– 15 000 €

Die Summe der Einkünfte beläuft sich auf 45 000 €. Für die Berechnung des Anteils der Einkommensteuer, der auf die gewerblichen Einkünfte entfällt, werden nur die positiven Einkunftsquellen betrachtet. Damit errechnet sich der Anteil der gewerblichen Einkünfte an der tariflichen Einkommensteuer wie folgt:

80 000 € / (80 000 € + 40 000 €) = 66,67%.

339 Soweit der Ermäßigungshöchstbetrag (= Anteil der tariflichen Einkommensteuer, der auf die gewerblichen Einkünfte entfällt) niedriger ist als das 3,8fache des Gewerbesteuermessbetrags (maximal die tatsächlich zu zahlende Gewerbesteuer), kommt es zu einem **Ermäßigungsüberhang**. Entsteht ein Ermäßigungsüberhang, wird insoweit die Belastung mit Gewerbesteuer durch die Steuerermäßigung nach § 35 EStG nicht abgeschwächt. Die effektive Gewerbesteuerbelastung erhöht sich um den Ermäßigungsüberhang.

Die wichtigsten **Ursachen für einen Ermäßigungsüberhang** sind:

– Der Gewerbeertrag ist aufgrund der gewerbesteuerlichen Korrekturvorschriften höher als die Einkünfte aus Gewerbebetrieb. Besonders deutlich wird dieser Effekt, wenn negative Einkünfte aus Gewerbebetrieb durch die gewerbesteuerlichen Hinzurechnungen zu einem positiven Gewerbeertrag führen. In diesem Fall entfällt die Steuerermäßigung vollständig, da bei der Berechnung der anteiligen Einkommensteuer nur positive Einkünfte aus Gewerbebetrieb berücksichtigt werden.

- Sonderausgaben und außergewöhnliche Belastungen verringern nicht nur die tarifliche Einkommensteuer, sondern gleichzeitig die anteilig auf die gewerblichen Einkünfte entfallende Einkommensteuer.
- Verluste, die nicht aus Einkünften aus Gewerbebetrieb stammen, mindern über den Verlustausgleich oder den Verlustabzug die tarifliche Einkommensteuer. Bei der Berechnung des Anteils der tariflichen Einkommensteuer, die auf gewerbliche Einkünfte entfällt, bleiben diese Verluste unberücksichtigt. Die maximal mögliche Steuerermäßigung nach § 35 EStG geht damit aus zwei Gründen zurück. Zum einen fällt die tarifliche Einkommensteuer niedriger aus. Zum anderen geht der Anteil der gewerblichen Einkünfte an der Summe der positiven Einkünfte zurück.
- Ist der Steuerpflichtige an zwei Gewerbebetrieben beteiligt, von denen einer Verluste und der andere Gewinne ausweist, werden diese beiden Einkunftsquellen sowohl gewerbesteuerlich als auch für die Berechnung der Steuerermäßigung nach § 35 EStG getrennt betrachtet. Es kommt zwar zu keinem internen Verlustausgleich. Allerdings mindert der Gewerbebetrieb, bei dem Verluste entstehen, die tarifliche Einkommensteuer und damit mittelbar den Ermäßigungshöchstbetrag für den Gewerbebetrieb, bei dem Gewinne entstehen.

(4) Kurzbeurteilung: Durch die Steuerermäßigung nach § 35 EStG soll ein Ausgleich **340**
dafür gewährt werden, dass Einkünfte aus Gewerbebetrieb im Gegensatz zu den anderen Einkunftsarten zusätzlich der Gewerbesteuer unterliegen. Es wird eine **Gleichbehandlung von gewerblichen und nicht gewerblichen Einkünften angestrebt**. Durch die Steuerermäßigung bei Einkünften aus Gewerbebetrieb wird aber innerhalb des Einkommensteuergesetzes der Grundgedanke verletzt, wonach die verschiedenen Einkunftsarten als gleichwertig gelten (Konzept einer synthetischen Einkommensteuer). Will man die Gewerbesteuerbelastung (zumindest weitgehend) vermeiden, ist **unmittelbar bei der Gewerbesteuer anzusetzen**. Der Aufbau des Steuersystems wird besser verdeutlicht, wenn die Gewerbesteuer direkt gemindert wird. Die indirekte (Teil-)Kompensation der Gewerbesteuer durch eine Steuerermäßigung im Rahmen der Einkommensteuer erschwert den Überblick über die Höhe der Unternehmenssteuerbelastung. Im geltenden Recht wird die als zu hoch empfundene Belastung mit Gewerbesteuer durch einen Verstoß gegen das Grundkonzept einer anderen Steuerart neutralisiert.[168]

G. Steuerzahlung

Die Festsetzung der Einkommensteuer ist von ihrer Zahlung zu trennen. Bei der **Fest-** **341**
setzung der Einkommensteuer gilt es, die **Höhe der** auf einen Steuerpflichtigen entfallenden **Einkommensteuer zu berechnen**. Es handelt sich um ein **Steuerermittlungsverfahren**. Die Berechnung der **zu zahlenden Einkommensteuer** gehört dagegen zur **Steuererhebung**.

Die Einkommensteuer entsteht mit Ablauf des Kalenderjahres (§ 36 Abs. 1 EStG). **342**
Auf die voraussichtliche Einkommensteuerschuld des Jahres sind **vierteljährlich Vorauszahlungen** zu leisten (§ 37 Abs. 1 EStG). Die am 10. März, 10. Juni, 10. Sep-

168 Zur Kritik an der Gewerbesteuer siehe Vierter Abschnitt, Kapitel A.I., Rn. 470–473.

tember und 10. Dezember eines Jahres fälligen Vorauszahlungen bemessen sich grundsätzlich nach der Einkommensteuer, die sich nach Anrechnung der Steuerabzugsbeträge bei der letzten Veranlagung ergeben hat (§ 37 Abs. 3 S. 2 EStG). Weichen die tatsächlichen Verhältnisse hiervon ab, können die Vorauszahlungen angepasst werden (§ 37 Abs. 3 S. 3 EStG).

343 Als weitere Erhebungsform kennt die Einkommensteuer das **Quellensteuerverfahren** (Abzugsverfahren):

- Bei Einkünften aus nichtselbständiger Arbeit führt der Arbeitgeber für Rechnung des Arbeitnehmers **Lohnsteuer** ab (§ 38 – § 42g EStG).
- Bei bestimmten Kapitalerträgen behält der Schuldner für Rechnung des Gläubigers **Kapitalertragsteuer** ein, die er an die Finanzbehörde weiterleitet (§ 43 – § 45e EStG).
- Bei **Bauleistungen** nimmt unter bestimmten Voraussetzungen der Leistungsempfänger einen Steuerabzug vor (§ 48 – § 48d EStG).

Lohnsteuer, Kapitalertragsteuer und die Abzugssteuer bei Bauleistungen sind **keine eigenständigen Steuerarten, sondern spezielle Erhebungsformen der Einkommensteuer**.

344 Eine **Besonderheit** gilt für Einkünfte aus Kapitalvermögen. Unterliegen diese nach § 32d EStG der 25%igen **Abgeltungsteuer**, ist die Steuerschuld mit Erhebung der gleichfalls 25%igen Kapitalertragsteuer abgegolten (§ 43, § 43a EStG). Da die Kapitalertragsteuer mit dem Sondersteuersteuersatz für Einkünfte aus Kapitalvermögen übereinstimmt, werden diese Einkünfte im Rahmen der Einkommensteuerveranlagung im Regelfall nicht mehr angesetzt. Werden die Einkünfte aus Kapitalvermögen ausnahmsweise in die Veranlagung einbezogen (so zB im Rahmen der Günstigerprüfung nach § 32d Abs. 6 EStG oder nach Ausübung des für unternehmerische Beteiligungen nach § 32d Abs. 2 Nr 3 EStG gewährten Wahlrechts zur Anwendung des Teileinkünfteverfahrens) oder liegen Kapitalerträge vor, die einer der Gewinneinkunftsarten oder den Einkünften aus Vermietung und Verpachtung zugerechnet werden (Subsidiaritätsklausel nach § 20 Abs. 8 EStG), erfolgt eine Besteuerung nach dem Normaltarif. In diesem Fall werden die Einkünfte im Rahmen der Einkommensteuerveranlagung erfasst und die Kapitalertragsteuer auf die festzusetzende Einkommensteuer angerechnet.

345 Zielsetzung des **Steuerabzugs bei Bauleistungen** (§ 48 – § 48d EStG) ist es, den Umfang der Steuerhinterziehung im Baugewerbe einzudämmen. Bauleistungen sind alle Leistungen, die der Herstellung, Instandsetzung, Instandhaltung, Änderung oder Beseitigung von Bauwerken dienen. Die Bauleistungen müssen im Inland erbracht werden, dh mit einem im Inland belegenen Bauwerk in Zusammenhang stehen. Nicht entscheidend ist, ob der Leistungserbringer im Inland oder im Ausland ansässig ist (§ 48 Abs. 1 EStG). Der Steuerabzug für Bauleistungen beträgt 15% des Entgelts zuzüglich Umsatzsteuer (§ 48 Abs. 1, 3 EStG). Zum Abzug verpflichtet ist der Leistungsempfänger, sofern es sich um einen Unternehmer iSd § 2 UStG oder um eine juristische Person des öffentlichen Rechts handelt (§ 48 Abs. 1 S. 1 EStG). Der Steuerabzug ist nicht vorzunehmen, wenn der Leistende dem Leistungsempfänger eine Freistellungsbescheinigung (§ 48b EStG) vorlegt, wenn der Leistungsempfänger nicht mehr als zwei Wohnungen vermietet und die Bauleistungen für diese Wohnung erbracht werden oder wenn die Gegenleistung im laufenden Kalenderjahr weniger als 5 000 € bzw 15 000 € (bei Leistungsempfängern,

die ausschließlich Grundstücke vermieten) beträgt (§ 48 Abs. 1 S. 2, Abs. 2 EStG). Kommt der Leistungsempfänger der Abzugspflicht nicht nach, haftet er für den unterlassenen Steuerabzug (§ 48a Abs. 3 EStG). Zusätzlich kann der Verstoß gegen die Einbehaltungs- und Abzugspflicht mit einer Geldbuße von bis zu 25 000 € geahndet werden (§ 380 Abs. 2 AO).[169]

Eine weitere Form des Abzugsverfahrens findet bei **beschränkt steuerpflichtigen Personen** („Steuerausländer") Anwendung. Beispielsweise ist auf Vergütungen, die beschränkt steuerpflichtige Personen für eine Tätigkeit als Mitglied des Aufsichtsrats, Verwaltungsrats oder eines entsprechenden Überwachungsorgans von inländischen Kapitalgesellschaften erhalten, ein Abzug von 30% der Einnahmen vorzunehmen (Aufsichtsratsteuer). Auf Einkünfte, die durch künstlerische, sportliche, artistische, unterhaltende oder ähnliche Darbietungen im Inland oder deren Verwertung im Inland erzielt werden, sowie auf Einkünfte aus der Nutzungsüberlassung beweglicher Sachen oder Rechte sind grundsätzlich 15% der Einnahmen einzubehalten (§ 50a EStG). **346**

Die **Abschlusszahlung** (zu zahlende Einkommensteuer) oder der **Erstattungsbetrag** ergibt sich dadurch, dass auf die festzusetzende Einkommensteuer die bereits entrichteten bzw einbehaltenen Beträge angerechnet werden (§ 36 Abs. 2, § 48c Abs. 1 EStG): **347**

	festzusetzende Einkommensteuer
–	vierteljährliche Einkommensteuer-Vorauszahlungen
–	einbehaltene Lohnsteuer
–	anzurechnende Kapitalertragsteuer Hinweis: Gilt nicht für Einkünfte aus Kapitalvermögen, für die die Kapitalertragsteuer abgeltende Wirkung hat (Abgeltungsteuer nach § 32d EStG)
–	bei Durchführung von begünstigten Forschungs- und Entwicklungsvorhaben: Forschungszulage
–	bei der Erbringung von Bauleistungen: vom Leistungsempfänger einbehaltener Steuerabzug (sofern nicht bereits bei der abzuführenden Lohnsteuer oder den Einkommensteuer-Vorauszahlungen angerechnet)
=	**Abschlusszahlung** (zu zahlende Einkommensteuer) **oder Einkommensteuererstattung**

H. Veranlagung

(a) Die Einkommensteuer ist eine **Jahressteuer**. Sie ist jeweils für ein Kalenderjahr zu ermitteln (§ 2 Abs. 7 EStG). Die Einkommensteuer wird regelmäßig nach Ablauf des Kalenderjahres (Veranlagungszeitraum) in einem förmlichen Verfahren (**Veranlagungsverfahren**) ermittelt. Zu diesem Zweck muss jeder Steuerpflichtige – sofern keine Verlängerung gewährt wird – bis zum 31. Juli des Folgejahres eine eigenhändig unterschriebene **Einkommensteuererklärung** abgeben (§ 25 Abs. 1, 3 EStG iVm § 149 Abs. 2 AO). Bei Steuerpflichtigen, die Einkünfte aus einer Gewinneinkunftsart erzielen, ist die Steuererklärung nach amtlich vorgeschriebenem Datensatz durch Datenfernübertragung einzureichen (§ 25 Abs. 4 EStG). Die Finanzbehörde ermittelt die **348**

169 Zu Einzelheiten siehe BMF-Schreiben vom 27.12.2002, BStBl. 2002 I, S. 1399.

Besteuerungsgrundlagen von Amts wegen (Untersuchungsgrundsatz, § 88 AO) und erlässt den **Einkommensteuerbescheid**.

Das Einkommensteuergesetz kennt mehrere **Veranlagungsformen**:

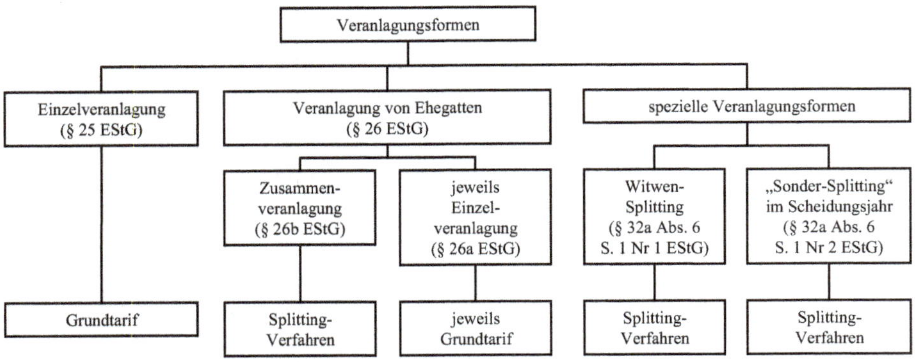

Abb. 2.19: Veranlagungsformen

349 (b) Die Einkommensteuer beruht auf dem **Individualprinzip**. Dieser Grundsatz bedeutet, dass jede einzelne natürliche Person das Einkommen zu versteuern hat, das sie im Veranlagungszeitraum bezogen hat (**Einzelveranlagung**, § 25 EStG). Eine **Ausnahme** gilt **für Ehegatten**, (1) die beide unbeschränkt steuerpflichtig sind und (2) die nicht dauernd getrennt leben. Sie können zwischen der **Zusammenveranlagung** und einer jeweils getrennt durchgeführten Einzelveranlagung wählen (§ 26 EStG). Die beiden Bedingungen müssen entweder zu Beginn des Kalenderjahres vorliegen oder im Verlauf des Jahres eintreten.

Staatsangehörige eines Staates, der Mitglied der EU oder des Europäischen Wirtschaftsraums ist (neben den EU-Staaten Island, Liechtenstein und Norwegen), die im Inland entweder aufgrund ihres Wohnsitzes oder gewöhnlichen Aufenthalts unbeschränkt einkommensteuerpflichtig sind (§ 1 Abs. 1 EStG) oder die aufgrund der Grenzgängerregelung auf Antrag als im Inland unbeschränkt steuerpflichtig gelten (§ 1 Abs. 3 EStG), können sich unter bestimmten Voraussetzungen auch dann für die Zusammenveranlagung mit ihrem nicht dauernd getrennt lebenden Ehegatten entscheiden, wenn dieser im Inland weder einen Wohnsitz noch einen gewöhnlichen Aufenthalt hat (§ 1a Abs. 1 Nr 2 EStG).

350 (c) Die **Zusammenveranlagung** ist dadurch gekennzeichnet, dass im ersten Schritt für den Ehemann und die Ehefrau die Einkünfte getrennt ermittelt werden. Insoweit gilt das Individualprinzip ohne Einschränkung. Die Einkünfte der beiden Ehepartner werden erst im zweiten Schritt zusammengerechnet. Lediglich für die weiteren Berechnungen werden die beiden Ehegatten gemeinsam als ein Steuerpflichtiger behandelt (§ 26b EStG).

Der **wesentliche Vorteil** der Zusammenveranlagung beruht auf dem **Splitting-Verfahren** (§ 32a Abs. 5 EStG). Beim Splitting-Verfahren wird wie folgt vorgegangen: Das gemeinsam zu versteuernde Einkommen der beiden Ehegatten wird halbiert. Für den halbierten Betrag wird wie bei einer Einzelperson unter Anwendung der Tarifformel die Einkommensteuer berechnet. Die sich daraus ergebende Einkommensteuer wird anschließend verdoppelt.

Bei einer Zusammenveranlagung wird auch der **Grundfreibetrag verdoppelt:** 18 816 € = 2 × 9 408 €. Im Gegensatz zum Sozialhilferecht wird bei Ehegatten bei der steuerlichen Freistellung des Existenzminimums **keine Haushaltsersparnis** abgezogen.[170]

Die **Einzelveranlagung von Ehegatten** kommt zur Anwendung, wenn (mindestens) einer der Ehegatten die Einzelveranlagung beantragt. Bei einer Einzelveranlagung werden jedem Ehegatten die von ihm bezogenen Einkünfte zugerechnet und die Einkommensteuer nach den bei ihm geltenden persönlichen Verhältnissen festgesetzt (§ 26a EStG). Sonderausgaben, außergewöhnliche Belastungen sowie die Steuerermäßigung bei Aufwendungen für haushaltsnahe Beschäftigungsverhältnisse, haushaltsnahe Dienstleistungen und Handwerkerleistungen nach § 35a EStG werden demjenigen Ehegatten zugerechnet, der die Aufwendungen wirtschaftlich getragen hat. Auf übereinstimmenden Antrag werden diese Ausgaben bei den beiden Ehegatten jeweils zur Hälfte abgezogen. Besonderheiten beim Verlustabzug nach § 10d EStG sind in § 26a Abs. 3 EStG geregelt. **351**

Im Regelfall ist die **Zusammenveranlagung** für Ehegatten **günstiger** als die Einzelveranlagung. Dies gilt insbesondere dann, wenn die Höhe der Einkünfte der beiden Ehegatten sehr stark differiert, beispielsweise weil nur einer der Ehegatten berufstätig ist. Der Effekt des Splitting-Verfahrens beruht darauf, dass sich die **Progression des Einkommensteuertarifs** jeweils **nur auf die Hälfte des** (insgesamt) **zu versteuernden Einkommens** auswirkt. Dies führt sowohl zu einer Senkung des Grenzsteuersatzes als auch zu einer Reduzierung des Durchschnittssteuersatzes. **352**

Beispiel:	Einkünfte	Grundtarif	Splitting-Verfahren	Differenz
Summe	70 000 €	15 231 €	**13 534 €**	**– 1 696 €**
davon Ehefrau	55 000 €	**14 145 €**	10 634 €	– 3 511 €
			(= 55/70 von 13 534 €)	
Ehemann	15 000 €	**1 085 €**	2 900 €	+ 1 815 €
			(= 15/70 von 13 534 €)	

Der positive Effekt des Splitting-Verfahrens beträgt 1 696 €. Bei der besser verdienenden Ehefrau reduziert sich (rechentechnisch) die anteilige Einkommensteuer um 3 511 € (Steuersatz errechnet sich aus einem Einkommen von 35 000 € und nicht aus einem Einkommen von 55 000 €). Dieser Vorteil wird durch die (rechentechnische) Erhöhung der anteiligen Einkommensteuer des Ehemanns um 1 815 € (Steuersatz errechnet sich aus einem Einkommen von 35 000 € und nicht aus einem Einkommen von 15 000 €) nur zum Teil kompensiert.

170 Zur Berechnung des Existenzminimums von Alleinstehenden und von Ehepaaren siehe 12. Existenzminimumbericht, BT-Drucks 19/5400.

rechentechnische Erhöhung der anteiligen Einkommensteuer des Ehemanns 15 000 € × (19,33% – 7,24%)	= + 1 815 €
rechentechnische Reduzierung der anteiligen Einkommensteuer der Ehefrau 55 000 € × (19,33% – 25,72%)	= – 3 511 €
Reduzierung der gemeinsamen Einkommensteuer im Vergleich zur Einzelveranlagung (Splittingeffekt)	– 1 696 €

(Abweichungen beruhen auf Rundungsdifferenzen.)

Der **Effekt des Splitting-Verfahrens** beläuft sich auf **höchstens 17 078,74 €**. Dieser Wert wird erreicht, wenn ein Ehepartner keine Einkünfte erzielt und der andere Ehegatte mindestens Einkünfte in Höhe des doppelten Betrags der Eingangsstufe der zweiten Proportionalzone (=541 002 € = 2 × 270 501 €) erzielt. Einkünfte, die diesen Wert übersteigen, unterliegen sowohl nach dem Grundtarif als auch nach dem Splitting-Verfahren dem Spitzensteuersatz von 45%. Der Abzugsbetrag von 17 078,74 € dient dazu, den für Einkünfte unterhalb der Eingangsstufe der zweiten Proportionalzone geltenden geringeren Steuersatz zu berücksichtigen. Bei Einkünften von mindestens 541 002 € wird dieser von beiden Ehegatten in vollem Umfang genutzt.[171]

Bei der Berechnung des Grenzwerts von 17 078,74 € wird davon ausgegangen, dass bei keinem der beiden Ehepartner Verluste entstehen. Weist ein Ehepartner negative Einkünfte aus, während bei dem anderen Ehepartner die Einkünfte positiv sind, kann der Effekt des Splitting-Verfahrens aufgrund der Zusammenfassung der Einkünfte auch höher ausfallen (**„innerehelicher" Verlustausgleich**).[172]

Je näher die Einkünfte der beiden Ehegatten **beieinander liegen, umso geringer** fallen **die Effekte des Splitting-Verfahrens** aus. In dem Grenzfall, in dem beide Ehegatten gleich hohe Einkünfte beziehen, stimmt die Einkommensteuerbelastung bei Zusammenveranlagung mit der bei einer Einzelveranlagung der Ehegatten überein:

Beispiel:	Einkünfte	Grundtarif	Splitting-Verfahren	Differenz
Summe	70 000 €	13 534 €	**13 534 €**	0 €
davon Ehefrau	35 000 €	**6 767 €**	6 767 €	0 €
			(= 35/70 von **13 534 €**)	
Ehemann	35 000 €	**6 767 €**	6 767 €	0 €
			(= 35/70 von **13 534 €**)	

353 Die **Berechtigung des Ehegattensplittings** ist **umstritten**. Eine Beurteilung hängt davon ab, wie man die Funktion einer Ehe sieht:

– Betrachtet man die **Ehe** als **Erwerbs- und Verbrauchsgemeinschaft**, ist eine **Zusammenveranlagung von Ehegatten** die logische Konsequenz. Für die Besteuerung ist auf das Gesamteinkommen der zwischen den beiden Ehegatten ge-

171 Liegen die Einkünfte der beiden Ehegatten in der Summe zwischen 114 104 € und 541 002 €, dh innerhalb der ersten Proportionalzone, beträgt der Splittingeffekt höchstens 8 963,74 €.

172 Vgl Maiterth, Jahrbücher für Nationalökonomie und Statistik 2004, S. 708–710.

bildeten Erwerbs- und Verbrauchsgemeinschaft abzustellen.[173] Wie sich die Einkünfte zwischen den beiden Ehegatten verteilen, darf auf die Höhe der Einkommensteuer keinen Einfluss haben. Die **Zusammenveranlagung** ist bei diesem Ansatz dem **Fiskalzweck zuzuordnen**. Es handelt sich nicht um eine Sozialzwecknorm, mit der das Ziel verfolgt wird, die Ehe zu fördern. Die Zusammenveranlagung von Ehegatten stützt sich auch darauf, dass im Sozialhilferecht die beiden Ehegatten gleichfalls als Einheit betrachtet werden (ein Anspruch auf Sozialhilfe besteht nur, wenn das gemeinsame Einkommen einen bestimmten Betrag nicht erreicht). Es wäre widersprüchlich, wenn im Sozialhilferecht das Einkommen und Vermögen der beiden Ehegatten gemeinsam betrachtet und im Steuerrecht jeweils auf das Einkommen des einzelnen Ehegatten abgestellt würde.[174]

– Geht man demgegenüber davon aus, dass sich **jeder der Ehegatten** als **eigenständiger Akteur am Marktgeschehen** beteiligt, hat jeder Ehegatte das von ihm erzielte Markteinkommen selbst zu versteuern. Aus dem Individualprinzip folgt eine Einzelveranlagung der Ehegatten. Die Ehegatten werden wie Gesellschafter einer Personengesellschaft betrachtet, die zwar einen gemeinsamen Zweck verfolgen, aber die Einkünfte entsprechend dem jeweiligen Beitrag zu dem gemeinsam erwirtschafteten Einkommen verteilen. **Gleichen Ehegatten** die **Unterschiede bei den von ihnen erzielten Einkünften aus**, handelt es sich bei dieser Sichtweise um **Einkommensverwendung**. Der Einkommensausgleich gehört danach nicht zum Bereich der Einkommenserzielung. Nach dieser Argumentation ist das **Ehegattensplitting** keine Fiskalzwecknorm, sondern ein **Instrument zur Förderung der Ehe**. Bei dieser Sichtweise wird eine Aufhebung des Ehegattensplittings mit dem Argument begründet, dass der Anstieg des Splittingeffekts mit steigendem Einkommen nicht mehr bestehen würde. Es seien keine Gründe ersichtlich, weshalb die Ehe umso stärker gefördert werden soll, je höher das Einkommen eines Ehegatten im Vergleich zu dem Einkommen des anderen Ehegatten ist. Wenn man die Unterhaltsverpflichtungen gegenüber dem anderen Ehegatten berücksichtigen möchte, biete sich der Abzug eines konstanten Betrags von der Steuerschuld an.[175]

Die Entscheidung, welche dieser beiden Sichtweisen zutreffend ist, kann nicht anhand von wissenschaftlichen Kriterien getroffen werden. Vielmehr muss jeder eine subjektive Wertentscheidung treffen.[176]

Während die Einordnung des Splitting-Verfahrens in das Konzept der Einkommensteuer von der persönlichen Einstellung zur Funktion einer Ehe abhängt, können hinsichtlich seiner materiellen Wirkungen konkrete Aussagen getroffen werden. Eine **354**

173 Vgl BVerfG vom 3.11.1982, BStBl. 1982 II, S. 717; Tipke/Lang, Steuerrecht, 23. Aufl., Köln 2018, S. 112–117, S. 525.

174 Vgl Homburg, StuW 2000, S. 261.

175 Vgl Bareis, StuW 2000, S. 81; Siegel, BFuP 2001, S. 271.

176 Zum Überblick siehe zB Maiterth/Chirvi, StuW 2015, S. 19 mwN. Zur Diskussion siehe auch Bach/Geyer/Wrohlich, StuW 2016, S. 316; Bareis/Siegel, StuW 2016, S. 306; Baumgarten/Houben, StuW 2014, S. 116; Englisch/Becker, Reformbedarf und Reformoptionen beim Ehegattensplitting, ifst-Schrift Nr 510, Berlin 2016; Kube, StuW 2016, S. 332; Rees, StuW 2016, S. 324; Spangenberg, StuW 2016, S. 343; Wissenschaftlicher Beirat beim Bundesministerium der Finanzen, Zur Reform der Besteuerung von Ehegatten, Berlin 2018.

Analyse der **tariflichen Determinanten** des Splitting-Verfahrens zeigt, dass der **Splittingeffekt umso höher** ist,

- je höher der Grundfreibetrag ist,
- je geringer der Eingangssteuersatz ist,
- je höher der Spitzensteuersatz ist und
- je höher der Betrag ist, ab dem der Spitzensteuersatz zur Anwendung kommt.[177]

Eine Auswertung der Lohn- und Einkommensteuerstatistik ergibt, dass vom Splittingeffekt zu rund 90% Ehepaare profitieren, die Kinder haben und bei denen ein Ehepartner nicht oder nur eingeschränkt erwerbstätig ist. Lediglich etwa 10% des Splittingeffekts tritt bei Ehepaaren ohne Kinder auf. Dies lässt den Schluss zu, dass das Splitting-Verfahren **hinsichtlich seiner finanziellen Auswirkungen ein Instrument der Familienförderung darstellt**. Dieser Effekt wird allerdings verdeckt, weil beim Splitting-Verfahren rechtlich an die Zusammenveranlagung von Ehepartnern angeknüpft wird und nicht an das Vorhandensein von Kindern.[178]

355 (d) Unter bestimmten Voraussetzungen kommt bei verwitweten oder geschiedenen Steuerpflichtigen ausnahmsweise auch bei einer Einzelveranlagung das Splitting-Verfahren zur Anwendung. Das **Witwen-Splittung bzw „Sonder-Splitting"** ist auf das Jahr, das dem Tod des Ehegatten folgt, bzw auf das Jahr der Scheidung begrenzt (§ 32a Abs. 6 EStG).

I. Alterseinkünfte

356 Im **geltenden Recht** ist die Besteuerung von Alterseinkünften sehr **unübersichtlich geregelt**. Dies gilt sowohl für den Zeitraum, in dem die Mittel zur Finanzierung der Alterseinkünfte aufgebracht werden (Ansparphase), als auch für den Zeitraum, in dem die Versorgungsbezüge gezahlt werden (Versorgungsphase).[179]

357 Für die **Aufwendungen**, die **zur Finanzierung der Alterseinkünfte** geleistet werden, kennt das Einkommensteuerrecht in Abhängigkeit von der Art der Alterssicherung folgende Möglichkeiten:

- keine Besteuerung, da kein Zufluss von Einnahmen (§ 11 Abs. 1 EStG)
- keine Besteuerung, da nach § 3 Nr 62, 63 EStG steuerfrei

177 Siehe hierzu Schlick, Wirtschaftsdienst 2005, S. 312.

178 Vgl Deutsches Institut für Wirtschaftsforschung, Untersuchung zu den Wirkungen der gegenwärtigen Ehegattenbesteuerung auf Grundlage von fortgeschriebenen Einzeldaten der Einkommensteuerstatistik, Projektbericht 2 zur Forschungskooperation „Mikrosimulation" mit dem Bundesministerium der Finanzen, Berlin, Januar 2003, sowie Maiterth, StuB 2006, S. 427. Siehe hierzu auch Bernhardt/Eichfelder/Selle, DStR 2020, S. 198.

179 Zur Besteuerung von Alterseinkünften siehe beispielsweise Schreiber, Besteuerung der Unternehmen, 4. Aufl., Wiesbaden 2017, S. 62–67 sowie Gunsenheimer, SteuerStud 2007, S. 108; Marx, StuB 2004, S. 717; insbesondere zur privaten Altersversorgung siehe Risthaus, DB 2004, S. 1329 und 1383; speziell zur betrieblichen Altersvorsorge siehe Eckerle, BB 2004, S. 2549; Heubeck/Seybold, DB 2007, S. 592; Kiesewetter/Menzel, StuW 2019, S. 52; Menzel/Tschinkl, SteuerStud 2018, S. 774; Niermann, DB 2004, S. 1449; Wellisch/Näth, BB 2005, S. 18. Siehe auch BMF-Schreiben vom 24.7.2013, BStBl. 2013 I, S. 1022; BMF-Schreiben vom 19.8.2013, BStBl. 2013 I, S. 1087; BMF-Schreiben vom 10.1.2014, BStBl. 2014 I, S. 70; BMF-Schreiben vom 10.4.2015, BStBl. 2015 I, S. 256; BMF-Schreiben vom 6.12.2017, BStBl. 2018 I, S 147.

- keine Besteuerung, da nach § 10 Abs. 1 Nr 2–3a, Abs. 3 EStG oder nach § 10a EStG als Sonderausgaben abziehbar
- im Ergebnis keine Besteuerung, da eine Altersvorsorgezulage gewährt wird (alternativ zum Sonderausgabenabzug nach § 10a EStG)
- eingeschränkte Besteuerung, soweit Beiträge nicht nach § 10 Abs. 1 Nr 3 Buchst. b, Abs. 4 EStG als Sonderausgaben abziehbar sind
- pauschale Besteuerung der Beiträge mit 20% (§ 40b iVm § 52 Abs. 40 EStG)
- volle Besteuerung, da die Aufwendungen nicht abgezogen werden können.

Für die Besteuerung der **Alterseinkünfte** in der Versorgungsphase bestehen gleichfalls mehrere Alternativen: **358**

- Besteuerung als Einkünfte aus nichtselbständiger Arbeit unter Abzug eines Versorgungsfreibetrags (§ 19 Abs. 1 S. 1 Nr 2, Abs. 2 EStG)
- Besteuerung des Unterschiedsbetrags zwischen der Versicherungsleistung und der Summe der entrichteten Beiträge als Einkünfte aus Kapitalvermögen mit dem Sondersteuersatz von 25% (Abgeltungsteuer, § 20 Abs. 1 Nr 6 S. 1 iVm § 32d EStG)
- hälftige Besteuerung des Unterschiedsbetrags zwischen der Versicherungsleistung und der Summe der entrichteten Beiträge als Einkünfte aus Kapitalvermögen nach dem Normaltarif (§ 20 Abs. 1 Nr 6 S. 2 iVm § 32d Abs. 2 Nr 2 EStG)
- Besteuerung als Einkünfte aus Kapitalvermögen mit dem Sondersteuersatz von 25% (Abgeltungsteuer, § 20 Abs. 1 Nr 7 iVm § 32d EStG)
- volle Besteuerung als sonstige Einkünfte iSd § 22 Nr 1 S. 3 Buchst. a aa EStG (mit einer Übergangsfrist von mehreren Jahrzehnten)
- in Höhe des Ertragsanteils Besteuerung als sonstige Einkünfte iSd § 22 Nr 1 S. 3 Buchst. a bb EStG
- volle Besteuerung als sonstige Einkünfte iSd § 22 Nr 5 EStG
- keine Besteuerung, da nicht steuerbar (§ 20 Abs. 1 Nr 6 iVm § 52 Abs. 28 S. 5 EStG).

Der Überblick wird zusätzlich dadurch erschwert, dass die Besteuerung der Alterseinkünfte aufgrund der Rechtsprechung des Bundesverfassungsgerichts[180] mit Wirkung ab dem Jahr 2005 in Teilbereichen konzeptionell neu geregelt wurde und dass diese Änderungen mit einem **sehr langen Übergangszeitraum** verbunden sind. Der Übergangszeitraum ist auch deshalb so lang, weil bei der Anwendung der Neuregelung nicht auf das Jahr abgestellt wird, in dem die Alterseinkünfte ausbezahlt werden, sondern auf das Jahr, in dem zum ersten Mal Versorgungsbezüge zufließen. Die Neuregelungen kommen deshalb erst dann uneingeschränkt zur Anwendung, wenn alle Steuerpflichtigen verstorben sind, bei denen die Versorgungsphase im Jahr 2039 oder früher begonnen hat.

Aus **methodischer Sicht** bestehen für die Besteuerung von Alterseinkünften **zwei Alternativen**: **359**

- Bei einer **vorgelagerten Besteuerung** mindern die Aufwendungen, die zur Finanzierung der Alterseinkünfte aufgewendet werden, die steuerpflichtige Bemes-

180 Vgl BVerfG vom 6.3.2002, BStBl. 2002 II, S. 618.

sungsgrundlage nicht. Sie werden also aus versteuertem Einkommen bezahlt. Steuerpflichtig ist nur die Verzinsung des angesparten Kapitals. Die Minderung des Versorgungskapitals stellt einen nicht steuerbaren Vorgang dar. Durch die Nichtbesteuerung des Rückzahlungsanteils (Tilgungsanteils) wird eine doppelte Besteuerung vermieden.

- Nach dem Konzept einer **nachgelagerten Besteuerung** sind die Zahlungen, die zur Finanzierung der Alterseinkünfte geleistet werden, von der steuerpflichtigen Bemessungsgrundlage abziehbar. Alternativ kann eine nachgelagerte Besteuerung auch dadurch umgesetzt werden, dass die Zahlungen, die zur Finanzierung von Alterseinkünften verwendet werden, nicht als steuerpflichtige Einnahmen erfasst werden. Da die Einkünfte, die für die Altersversorgung angespart werden, nicht der Besteuerung unterliegen, sind die Alterseinkünfte in dem Zeitpunkt, in dem sie ausbezahlt werden, vom Empfänger in vollem Umfang zu versteuern.

Dem **Konzept einer einkommensorientierten Besteuerung entspricht** eine **vorgelagerte Besteuerung.**[181] Diese Leitlinie wird bei Anlagen auf Sparkonten und beim Erwerb von festverzinslichen Wertpapieren in idealtypischer Weise umgesetzt. Die Einzahlung auf die Sparkonten oder der Erwerb von festverzinslichen Wertpapieren stellen Einkommensverwendung dar, sie mindern die steuerpflichtige Bemessungsgrundlage nicht. Der Zufluss von Zinsen ist eine besondere Form des am Markt erzielten Vermögenszuwachses, der als Einkünfte aus Kapitalvermögen zu versteuern ist (§ 20 Abs. 1 Nr 7 EStG). Abhebungen von Sparkonten oder die Einlösung bzw der Verkauf von festverzinslichen Wertpapieren bilden keine steuerbaren Vorgänge. Die Minderung der steuerpflichtigen Einkünfte durch den Abzug des Sparer-Pauschbetrags von 801 € (Ledige) bzw 1 602 € (Verheiratete) nach § 20 Abs. 9 EStG sowie die Besteuerung mit dem Sondersteuersatz von 25%, der deutlich unter dem Spitzensteuersatz der Einkommensteuer von 45% liegt (Abgeltungsteuer nach § 32d EStG), stellt innerhalb dieses Konzepts eine steuerliche Begünstigung dar.

Wie die tabellarische Übersicht (Abb. 2.20) auf den folgenden Seiten zeigt, wird das Konzept einer **vorgelagerten Besteuerung** ansonsten **nur noch bei einigen wenigen Formen der Alterseinkünfte** verfolgt:

- Kapitallebensversicherungen (Vertragsabschluss nach dem 31.12.2004)
  Besonderheit: Die Differenz zwischen der Versicherungsleistung und der Summe der entrichteten Beiträge ist grundsätzlich als Einkünfte aus Kapitalvermögen zu erfassen. Die Besteuerung erfolgt mit dem Sondersteuersatz von 25% (Abgeltungsteuer nach § 32d EStG). Die Erträge sind unter den Voraussetzungen nur zur Hälfte steuerpflichtig, dass die Laufzeit des Vertrags mindestens zwölf Jahre beträgt und die Auszahlung erst nach Vollendung des 62. Lebensjahres erfolgt. In diesem Fall erfolgt eine Besteuerung nach dem Normaltarif (§ 20 Abs. 1 Nr 6 S. 2 iVm § 52 Abs. 28 S. 7, § 32d Abs. 2 Nr 2 EStG).
- private Rentenlebensversicherungen, die nicht als „Rürup-Versicherung“ anerkannt werden (Vertragsabschluss nach dem 31.12.2004).
  Besonderheit: Der in den Rentenleistungen enthaltene Zinsanteil wird durch den

181 Zu einem Vergleich zwischen einkommens- und konsumorientierter Besteuerung siehe Band III: Steuerplanung, Vierter Teil, Vierter Abschnitt.

Ertragsanteil in pauschalierender Form erfasst (sonstige Einkünfte iSd § 22 Nr 1 S. 3 Buchst. a bb EStG). Die Höhe des Ertragsanteils hängt von dem Alter ab, das der Steuerpflichtige bei Beginn der Rente hat (zB bei 65 Jahren 18%), er bleibt über die gesamte Rentenbezugszeit unverändert.

Eine Sonderstellung nehmen Lebensversicherungen ein, die vor dem 1.1.2005 abgeschlossen wurden. Die Erträge aus diesen Kapitallebensversicherungen sind unter bestimmten Voraussetzungen (zB Mindestlaufzeit von zwölf Jahren) nicht steuerbar (§ 20 Abs. 1 Nr 6 iVm § 52 Abs. 28 S. 5 EStG). Kapitallebensversicherungen, die vor dem Jahr 2005 abgeschlossen wurden, sind damit einkommensteuerlich grundsätzlich irrelevant, m.a.W. es kommt zu einer Nichtbesteuerung: Beiträge sind nichtabziehbar, Erträge werden keiner Einkunftsart zugerechnet. Bei Rentenversicherungen, die vor dem Jahr 2005 abgeschlossen wurden, erfolgt demgegenüber eine vorgelagerte Besteuerung: Beiträge sind im Regelfall nichtabziehbar, die Rentenleistungen sind in Höhe des Ertragsanteils steuerpflichtig (§ 22 Nr 1 S. 3 Buchst. a bb EStG).

	Anwartschaftsphase	**Versorgungsphase**
I. Formen mit (tendenziell) nachgelagerter Besteuerung		
gesetzliche Rentenversicherung private, kapitalgedeckte Rentenversicherung („Rürup-Versicherung“) (Voraussetzung: lebenslange Auszahlungen als monatliche Rente mit Beginn nicht vor Vollendung des 62. Lebensjahres)	*Arbeitgeberanteil zur gesetzlichen Rentenversicherung* Beiträge sind steuerfrei (§ 3 Nr 62 EStG) *Arbeitnehmeranteil zur gesetzlichen Rentenversicherung und Beiträge zur privaten, kapitalgedeckten Rentenversicherung* Beiträge sind bis zum Höchstbeitrag zur knappschaftlichen Rentenversicherung als Sonderausgabe abziehbar; vom Gesamtbetrag aus Arbeitgeber- und Arbeitnehmeranteil sind im Jahr 2020 nur 90% abziehbar, dieser Prozentsatz	Einnahmen sind sonstige Einkünfte iSd § 22 Nr 1 S. 3 Buchst. a aa EStG; Besteuerungsanteil erhöht sich von 50% (Rentenbeginn 2005) schrittweise auf bis zu 100% (ab dem Jahr 2040)
	erhöht sich schrittweise auf bis zu 100% (ab dem Jahr 2025); bei der Berechnung des Höchstbeitrags ist der steuerfrei bleibende Arbeitgeberanteil abzuziehen; bei zusammenveranlagten Ehegatten verdoppelt sich der Höchstbeitrag (§ 10 Abs. 1 Nr 2, Abs. 3 EStG)	

	Anwartschaftsphase	Versorgungsphase
Beamtenversorgung betriebliche Altersversorgung in Form einer Direktzusage oder über eine Unterstützungskasse	keine Besteuerung, da kein Zufluss von Einnahmen (§ 11 Abs. 1 EStG)	Einnahmen sind in voller Höhe Einkünfte aus nichtselbständiger Arbeit (§ 19 Abs. 1 Nr 2 EStG) Abzug eines Versorgungsfreibetrags und eines Zuschlags zum Versorgungsfreibetrag von bis zu 3 900 € (Jahr des Versorgungsbeginns 2005), schrittweiser Abbau auf null (ab dem Jahr 2040, § 19 Abs. 2 EStG)
betriebliche, kapitalgedeckte Altersversorgung in der Form einer Direktversicherung, über eine Pensionskasse oder einen Pensionsfonds (Voraussetzung: Versorgungsleistung muss grundsätzlich als Rente oder in Form eines Auszahlungsplans ausgezahlt werden)	Beiträge sind bis zu 8% der Beitragsbemessungsgrenze der gesetzlichen Rentenversicherung steuerfrei (§ 3 Nr 63 EStG), darüber hinaus steuerpflichtig (§ 19 Abs. 1 S. 1 Nr 3 EStG)	Einnahmen sind in voller Höhe sonstige Einkünfte iSd § 22 Nr 5 EStG Abzug eines Werbungskosten-Pauschbetrags von 102 € (§ 9a S. 1 Nr 3 EStG)
Altersvorsorgevertrag („Riester-Rente") (Voraussetzung: Versorgungsleistung muss grundsätzlich als Rente oder in Form eines Auszahlungsplans ausgezahlt werden)	Altersvorsorgezulage von grundsätzlich 175 € zuzüglich 185 € bzw 300 €/Kind (§ 79 – § 99 EStG) oder Abzug als Sonderausgabe bis zu 2 100 € (§ 10a EStG)	Einnahmen sind in voller Höhe sonstige Einkünfte iSd § 22 Nr 5 EStG Abzug eines Werbungskosten-Pauschbetrages von 102 € (§ 9a S. 1 Nr 3 EStG)
II. Formen mit (tendenziell) vorgelagerter Besteuerung		
Kapitallebensversicherung	Beiträge sind nichtabziehbar	Differenz zwischen der Versicherungsleistung und der Summe der entrichteten Beiträge ist in voller Höhe steuerpflichtig (Grundfall), Besteuerung mit Sondersteuersatz von 25% (Abgeltungsteuer, § 20 Abs. 1 Nr 6 S. 1 iVm § 32d EStG) bzw zu 50% (Laufzeit mindestens 12 Jahre und Auszahlung erst nach Vollendung des 62. Lebensjahres) steuerpflichtig, Besteuerung nach dem Normaltarif (§ 20 Abs. 1 Nr 6 S. 2 iVm § 32d Abs. 2 Nr 2 EStG)

	Anwartschaftsphase	Versorgungsphase
Rentenlebensversicherung, die nicht als „Rürup-Versicherung“ anerkannt wird	Beiträge sind nichtabziehbar	Einnahmen sind sonstige Einkünfte iSd § 22 Nr 1 S. 3 Buchst. a bb EStG; Besteuerung in Höhe des Ertragsanteils, der von dem Alter abhängt, das der Steuerpflichtige bei Beginn der Rente hat (zB bei 65 Jahren 18%)
Sparkonto, festverzinsliche Wertpapiere	Anlagebetrag nichtabziehbar	Zinsen sind Einkünfte aus Kapitalvermögen (§ 20 Abs. 1 Nr 7 EStG), Besteuerung mit Sondersteuersatz von 25% (Abgeltungsteuer, § 32d EStG)

Abb. 2.20: Besteuerung von Alterseinkünften in der Anwartschafts- und Versorgungsphase (Vertragsschluss nach dem 31.12.2004)

Die **überwiegende Anzahl an Alterseinkünften** unterliegt dem **Konzept einer nachgelagerten Besteuerung**. Der **Vorteil** einer nachgelagerten Besteuerung gegenüber einer vorgelagerten Besteuerung besteht darin, dass Zinserträge erst in dem Zeitpunkt besteuert werden, in dem die Alterseinkünfte ausbezahlt werden. Aufgrund des langen Betrachtungszeitraums kommt diesem **positiven Zeiteffekt** der nachgelagerten Besteuerung eine sehr große Bedeutung zu.

Beispiel: Ein Steuerpflichtiger wendet zu Beginn des Betrachtungszeitraums zur Finanzierung seiner Alterseinkünfte einmalig einen Betrag von 1 000 € auf. Nach 30 Jahren soll daraus eine einmalige Versorgungsleistung finanziert werden. Die Rendite dieser Versorgungsform beträgt vor Steuern 5%. Der Einkommensteuersatz beläuft sich auf durchschnittlich 30%. 360

Bei einer *vorgelagerten Besteuerung* können aus dem Versorgungsaufwand Zahlungen von 2 807 € = 1 000 € × $(1 + 0{,}05 \times (1 - 0{,}30))^{30}$ finanziert werden. Der einbezahlte Betrag verzinst sich zu 5%. Nach Abzug der Einkommensteuer von 30% verbleibt eine Nettoverzinsung von 3,5%. Unter Berücksichtigung von Zinseszinsen ergibt sich nach 30 Jahren ein Endvermögen von 2 807 €.

Bei einer *nachgelagerten Besteuerung* verfügt der Steuerpflichtige über Mittel in Höhe von 4 322 € = (1 000 €/(1 – 0,30)) × $(1 + 0{,}05)^{30}$ × (1 – 0,30). Da die Versorgungsaufwendungen von der Bemessungsgrundlage abziehbar sind, beläuft sich die Nettobelastung des Steuerpflichtigen bei einer Einzahlung von 1 429 € = 1 000 €/(1 – 0,30) auf 1 000 € = 1 429 € × (1 – 0,30). Der Einzahlungsbetrag von 1 429 € wird mit dem Vor-Steuer-Zinssatz von 5% aufgezinst, da zwischenzeitliche Zinserträge während der Ansparphase noch nicht besteuert werden. Der Auszahlungsbetrag beläuft sich damit auf 6 174 € = 1 429 € × $(1 + 0{,}05)^{30}$. Von dieser Versorgungszahlung ist Einkommensteuer von 1 852 € = 6 174 € × 0,30 zu bezahlen, sodass nach Steuern 4 322 € (= 6 174 € – 1 852 €) verbleiben.

Da sich bei einer nachgelagerten Besteuerung der Abzug der Versorgungsaufwendungen von der Bemessungsgrundlage und deren Besteuerung in der Versorgungsphase ausgleichen, vereinfacht sich die Berechnungsformel (1 000 €/(1 – 0,30)) × $(1 + 0{,}05)^{30}$ × (1 – 0,30) durch Kürzung des Faktors „(1 – 0,30)“ auf 1 000 € × $(1 + 0{,}05)^{30}$.

361 In allgemeiner Form errechnen sich die Versorgungsbezüge bei einer **vorgelagerten Besteuerung** wie folgt:

	Versorgungsaufwendungen / (1 – Steuersatz)	einbezahlter Betrag unter Berücksichtigung der Abziehbarkeit der Versorgungsaufwendungen
×	(1 + Nach-Steuer-Zinssatz)$^{\text{Dauer der Ansparphase}}$	Verzinsung des einbezahlten Betrags
×	(1 – Steuersatz)	Auszahlungsbetrag vermindert um die Besteuerung

nach Kürzung um den Faktor „(1 – Steuersatz)"

Versorgungsaufwendungen × (1 + **Nach-Steuer-Zinssatz**)$^{\text{Dauer der Ansparphase}}$

Bei einer **nachgelagerten Besteuerung** gilt:

Versorgungsaufwendungen × (1 + **Vor-Steuer-Zinssatz**)$^{\text{Dauer der Ansparphase}}$

Eine Analyse der beiden Berechnungsformeln zeigt unmittelbar, dass sich der Vorteil der nachgelagerten Besteuerung ausschließlich aus der Verlagerung der Besteuerung der zwischenzeitlich erzielten Zinserträge in den Versorgungszeitraum ergibt. Aus **Sicht des Steuerpflichtigen** ist also die **nachgelagerte Besteuerung** als **vorteilhaft** zu werten. Da es sich bei dem Steuervorteil einer nachgelagerten Besteuerung im Wesentlichen um einen positiven Zeiteffekt handelt, fällt der Vorteil der nachgelagerten Besteuerung umso höher aus,

- je länger die Dauer der Ansparphase,
- je höher die Rendite des Versorgungsinstruments und
- je höher die Ertragsteuerbelastung ist.

362 **In einem einkommensorientierten Besteuerungssystem** – wie das geltende Einkommensteuergesetz – stellt die nachgelagerte Besteuerung einen **Fremdkörper** dar. Die nachgelagerte Besteuerung folgt dem Leitbild **einer konsumorientierten Besteuerung**, wonach gesparte bzw investierte Beträge von der Bemessungsgrundlage abgezogen werden und konsumierte Beträge besteuert werden. Es muss lediglich von der nicht unrealistischen Annahme ausgegangen werden, dass die Alterseinkünfte in der Versorgungsphase nicht gespart werden, sondern zur Finanzierung der privaten Lebensführung eingesetzt werden. Durch die nachgelagerte Besteuerung werden Anlageformen, die nachgelagert besteuert werden (zB „Riester-Rente", „Rürup-Versicherung") gegenüber Anlageformen begünstigt, die entsprechend dem Konzept der Einkommensteuer vorgelagert besteuert werden (zB Sparbuch, Festgeld, festverzinsliche Wertpapiere).

Versorgungsformen, die nachgelagert besteuert werden, können damit aus Sicht des Steuerpflichtigen auch dann vorteilhaft sein, wenn sie vor Steuern eine Rendite erbringen, die unter denen von Versorgungsformen liegt, die – entsprechend dem Konzept der Einkommensteuer – vorgelagert besteuert werden. Da bei einer nachgelagerten Besteuerung die Vor-Steuer-Rendite einer Versorgungsalternative mit ihrer Nach-Steuer-Rendite übereinstimmt, reduzieren sich bei ihr die Renditeanforderungen auf die Vor-Steuer-Rendite eines vorgelagert besteuerten Versorgungsinstruments multipliziert mit dem Faktor „(1 – Steuersatz)". Im Beispiel sind nachgelagert besteuerte

Versorgungsformen ab einer Vor-Steuer-Rendite von 3,50% = 5% × (1 – 30%) vorgelagert besteuerten Versorgungsformen, die vor Steuern eine Rendite von 5% erbringen, vorzuziehen.

Die für eine einmalige Einzahlung und eine einmalige Auszahlung abgeleiteten Effekte gelten hinsichtlich ihrer Wirkungsrichtung auch dann, wenn jährlich oder monatlich wiederkehrende Beitragszahlungen und regelmäßige Rentenzahlungen in die Betrachtung einbezogen werden. Die Berechnungen werden zwar durch die Anwendung des Annuitätenfaktors sowie von versicherungsmathematischen Regeln umfangreicher. Es verändert sich aber lediglich der absolute Betrag. Der konzeptionelle Vorteil einer nachgelagerten Besteuerung wird davon nicht beeinflusst. **363**

Der **Einbezug von Steuersatzeffekten** führt dazu, dass Entscheidungen über die Auswahl des Versorgungsinstruments komplexer werden: **364**

- Der **negative Zeiteffekt der vorgelagerten Besteuerung** wird dann **abgeschwächt**, wenn die Erträge, wie bei der Anlage auf einem Sparbuch oder beim Erwerb von festverzinslichen Wertpapieren, der Abgeltungsteuer unterliegen. Damit unterliegen die Erträge nicht dem Normaltarif, sondern einem 25%igen Sondersteuersatz. Der negative Zeiteffekt der vorgelagerten Besteuerung wird umso stärker abgeschwächt, je höher in der Ansparphase (Zeitraum, in dem das Kapital für die Alterseinkünfte angespart wird) der persönliche Einkommensteuersatz des Steuerpflichtigen ist, dh je größer die Differenz zwischen dem persönlichen Einkommensteuersatz des Steuerpflichtigen und dem Sondersteuersatz für private Kapitalanlagen ist.
  $\text{Versorgungsaufwand} \times (1 + \text{Zinssatz} \times (1 - s_{\text{AbgSt}}))^{\text{Dauer der Ansparphase}}$
- Der **positive Zeiteffekt der nachgelagerten Besteuerung** wird durch einen positiven Steuersatzeffekt **verstärkt**, wenn im Versorgungszeitraum (Zeitraum, in dem die Alterseinkünfte ausbezahlt werden) für den Steuerpflichtigen ein niedrigerer Steuersatz maßgebend ist als in der Ansparphase.
  $\text{Versorgungsaufwand}/(1 - s_{\text{Anspar}}) \times (1 + \text{Zinssatz})^{\text{Dauer der Ansparphase}} \times (1 - s_{\text{Versorgung}})$
  mit $s_{\text{Anspar}} > s_{\text{Versorgung}}$

Im Folgenden wird für die wichtigsten Formen von Alterseinkünften skizziert, auf welche Weise das Konzept einer **nachgelagerten Besteuerung** verwirklicht wird und durch welche Detailregelungen der grundsätzlich bestehende positive Zeiteffekt verstärkt bzw abgeschwächt wird: **365**

- Bei der **gesetzlichen Rentenversicherung** sind die vom Arbeitgeber geleisteten Beiträge für den Arbeitnehmer steuerfrei (§ 3 Nr 62 EStG). Der vom Arbeitnehmer aufgebrachte Arbeitnehmeranteil sowie die Beiträge zu einer privaten, kapitalgedeckten Rentenversicherung („Rürup-Versicherung“) können als Sonderausgaben abgezogen werden (§ 10 Abs. 1 Nr 2 EStG). Die Einnahmen aus der gesetzlichen Rentenversicherung sowie der privaten Rentenversicherung sind als sonstige Einkünfte iSd § 22 Nr 1 S. 3 Buchst. a aa EStG zu versteuern.
  Abweichungen gegenüber dem Grundkonzept einer nachgelagerten Besteuerung ergeben sich dadurch, dass die Beiträge nur im Rahmen des in § 10 Abs. 3 EStG genannten Höchstbeitrags abziehbar sind und dass dieser Höchstbeitrag im Rahmen einer bis zum Jahr 2025 dauernden Übergangsphase zunächst nur teilweise gewährt wird. Diesem Nachteil steht gegenüber, dass bei der Besteuerung der

Rentenleistungen erst dann eine volle Besteuerung erfolgt, wenn die Versorgungsphase im Jahr 2040 oder später beginnt. Bei einem früheren Rentenbeginn sind die Alterseinkünfte nur zum Teil steuerpflichtig. Die Steuerbelastung wird durch die Gewährung einer Werbungskostenpauschale von 102 € geringfügig abgeschwächt (§ 9a S. 1 Nr 3 EStG).

Der im Jahr 2005 begonnene Übergang zur nachgelagerten Besteuerung der Renten aus der gesetzlichen Altersversorgung musste schrittweise erfolgen, um bei den heutigen Beziehern von Altersrenten eine Doppelbesteuerung zu vermeiden (volle Besteuerung der Altersrenten, obwohl in der Vergangenheit die Beiträge nur in eingeschränktem Umfang abgezogen werden konnten) und um hohe Steuerausfälle zu vermeiden (sofortiger Abzug der Beiträge, ohne dass die Renten sofort in vollem Umfang besteuert werden).[182]

- Bei der **Beamtenversorgung** sowie bei der **betrieblichen Altersversorgung in der Form einer Direktzusage oder über eine Unterstützungskasse** liegen während der Beschäftigungszeit mangels Zufluss keine steuerbaren Einnahmen vor. Die Beamtenpensionen und Betriebsrenten unterliegen als Einkünfte aus nichtselbständiger Arbeit grundsätzlich in vollem Umfang der Besteuerung.

  Entlastungen ergeben sich durch den Abzug eines Versorgungsfreibetrags und eines Zuschlags zum Versorgungsfreibetrag von bis zu 3 900 € (Jahr des Versorgungsbeginns 2005 oder früher), der jedoch schrittweise bis auf null (Versorgungsbeginn ab 2040) abgebaut wird (§ 19 Abs. 2 EStG). Darüber hinaus kann für Versorgungsbezüge ein Werbungskosten-Pauschbetrag von 102 € abgezogen werden (§ 9a S. 1 Nr 1 Buchst. b EStG).
- Bei einer **kapitalgedeckten betrieblichen Altersversorgung in der Form einer Direktversicherung, über eine Pensionskasse oder einen Pensionsfonds** ergibt sich das Konzept der nachgelagerten Besteuerung dadurch, dass die vom Arbeitgeber geleisteten Beiträge auf Ebene des Arbeitnehmers steuerfrei sind (§ 3 Nr 63 EStG). Im Versorgungszeitraum liegen sonstige Einkünfte iSd § 22 Nr 5 EStG vor, die in vollem Umfang steuerpflichtig sind.

  Einschränkungen des Konzepts einer nachgelagerten Besteuerung ergeben sich aus den in § 3 Nr 63 EStG formulierten Begrenzungen (8% der Beitragsbemessungsgrenze der gesetzlichen Rentenversicherung) sowie aus dem Abzug einer Werbungskostenpauschale von 102 € (§ 9a S. 1 Nr 3 EStG).

  Bei Verträgen, die vor dem 1.1.2005 abgeschlossen wurden, kommt es unter bestimmten Voraussetzungen zwar vom Ansatz zu einer vorgelagerten Besteuerung. Die daraus resultierende Belastung wird allerdings durch die Pauschalierung der Einkommensteuer mit 20% deutlich abgeschwächt (§ 40b iVm § 52 Abs. 40 EStG). Bei Kapitallebensversicherungen ist darüber hinaus bei „Altverträgen" die Auszahlung der Versicherungsleistung nicht steuerbar (§ 20 Abs. 1 Nr 6 iVm § 52 Abs. 28 S. 5 EStG).
- Einzahlungen in einen **Altersvorsorgevertrag** („Riester-Rente") mindern als Sonderausgaben das steuerpflichtige Einkommen (§ 10a EStG). Die Auszahlungen sind als sonstige Einkünfte iSd § 22 Nr 5 EStG in vollem Umfang steuerpflichtig. Abweichungen gegenüber der Grundidee einer nachgelagerten Besteuerung ergeben sich insoweit, als der Sonderausgabenabzug auf einen Höchstbetrag

182 Zu den finanziellen Auswirkungen der Übergangsregelung siehe Chirvi/Maiterth, StuW 2019, S. 130.

begrenzt ist. Die Vorteile einer nachgelagerten Besteuerung werden dadurch verstärkt, dass alternativ zum Abzug der Beiträge als Sonderausgaben eine Altersvorsorgezulage gewährt wird, deren finanzielle Entlastung insbesondere bei Steuerpflichtigen mit niedrigen Einkünften stärker wirkt als der Sonderausgabenabzug (§ 79 – § 99 EStG). Des Weiteren wird die Belastung durch den Abzug einer Werbungskostenpauschale von 102 € gemindert (§ 9a S. 1 Nr 3 EStG).

Der Überblick über die Formen, die nachgelagert besteuert werden, zeigt, dass die zur Finanzierung der Alterseinkünfte geleisteten Zahlungen in keinem Fall als Werbungskosten abgezogen werden dürfen, sondern die Nichtbesteuerung in der Ansparphase andere Ursachen hat: Abzug als Sonderausgaben, Steuerbefreiung oder keine steuerbaren Einnahmen. Unterliegen die Alterseinkünfte der Besteuerung, handelt es sich bei den **Aufwendungen zur Finanzierung dieser Alterseinkünfte aus steuersystematischer Sicht** um **Werbungskosten**: Die Aufwendungen werden geleistet, um in der Zukunft Einnahmen zu erzielen. Es handelt sich nicht um Kosten der privaten Lebensführung (so bei der Einordnung als Sonderausgaben) oder um Beträge, die dem steuerfreien oder nicht steuerbaren Bereich zugeordnet werden (so bei Einordnung der Aufwendungen, die vom Arbeitgeber geleistet werden, als steuerfreie bzw nichtsteuerbare Einnahmen des Arbeitnehmers). **366**

J. Familienleistungsausgleich

Nach § 31 EStG erfolgt die **steuerliche Freistellung des Existenzminimums eines Kindes** einschließlich des Aufwands für die Betreuung, Erziehung und Ausbildung des Kindes **367**

- **entweder** durch das **Kindergeld**

  (betragsmäßig konstante Steuervergütung, dh Entlastungswirkung ist unabhängig von der Höhe des Einkommens der Eltern)

- **oder** durch den **Abzug von Freibeträgen**

  (Abzug des Kinderfreibetrags und des Freibetrags für die Betreuung, Erziehung und Ausbildung des Kindes von der Bemessungsgrundlage und damit einkommensabhängige Entlastungswirkung).

Der Abzug des Kinderfreibetrags sowie des Freibetrags für die Betreuung, Erziehung und Ausbildung des Kindes beruht auf dem steuerrechtlichen Konzept, wonach sich die einkommensteuerliche Bemessungsgrundlage aus dem disponiblen Einkommen ergibt **(persönliche Komponente des Leistungsfähigkeitsprinzips)**. Soweit das Einkommen benötigt wird, um das eigene Existenzminimum zu sichern oder Unterhaltsverpflichtungen gegenüber Ehegatten und Kindern zu erfüllen, sollen die am Markt erwirtschafteten Einkünfte nicht besteuert werden.[183] **368**

183 Vgl BVerfG vom 10.11.1998, BStBl. 1999 II, S. 182. Das Abstellen auf das disponible Einkommen ist umstritten. Zum Teil wird die Auffassung vertreten, dass in einem Steuersystem, das an das Markteinkommen anknüpft, private Ausgaben durch einen Abzug von der Steuerschuld zu berücksichtigen sind. Folgt man dieser Auffassung, lässt sich die Berücksichtigung von Unterhaltsverpflichtungen gegenüber Kindern durch Kindergeld im Vergleich zu Kinderfreibeträgen besser begründen, vgl Siegel/Schneider, DStR 1994, S. 597.

I. Kindergeld

369 Der **Familienleistungsausgleich** wird primär **durch** die **Auszahlung des Kindergelds** vorgenommen. Das Kindergeld gilt grundsätzlich als **Steuervergütung**, **nicht** als **Sozialleistung**. Lediglich in dem Umfang, in dem das Kindergeld höher ist als die steuerliche Wirkung des Kinderfreibetrags zuzüglich des Freibetrags für die Betreuung, Erziehung und Ausbildung des Kindes, dient es der Familienförderung (§ 31 EStG).

Die **Rechtsgrundlagen** zur Festsetzung des Kindergelds dem Grunde und der Höhe nach sowie zur Auszahlung des Kindergelds sind im zehnten Abschnitt des Einkommensteuergesetzes enthalten (§ 62 – § 78 EStG). Die (inhaltlich weitgehend gleich lautenden) Regelungen des Bundeskindergeldgesetzes kommen nur in Ausnahmefällen zur Anwendung.[184]

Anspruch auf Kindergeld haben unbeschränkt steuerpflichtige Personen (§ 62 EStG). Kindergeld wird für leibliche **Kinder**, Adoptivkinder, Pflegekinder sowie für in den Haushalt aufgenommene Stief- und Enkelkinder gewährt (§ 63 iVm § 32 EStG). Kinder, die das 18. Lebensjahr vollendet haben, werden nur unter bestimmten Voraussetzungen berücksichtigt (zB Arbeitslosigkeit, Berufsausbildung, Freiwilliges Soziales Jahr, Bundesfreiwilligendienst oder Pflegebedürftigkeit, § 63 iVm § 32 Abs. 4 EStG).[185]

Die **Höhe des Kindergelds** ist unabhängig vom Einkommen der Eltern. Es beträgt (§ 66 EStG):

für das erste und das zweite Kind jeweils	204 €/Monat,
für das dritte	210 €/Monat,
für das vierte und jedes weitere Kind jeweils	235 €/Monat.

Das Kindergeld ist bei der örtlich zuständigen **Familienkasse** (Bundesagentur für Arbeit, Arbeitsagentur) **zu beantragen** (§ 67 EStG). Die Familienkasse **setzt die Höhe** des Kindergelds durch Bescheid **fest und zahlt** das Kindergeld **aus** (§ 70 EStG). Eine **Ausnahme** gilt für **Angehörige des öffentlichen Dienstes**, bei denen das von der Familienkasse festgesetzte Kindergeld zusammen mit dem Arbeitslohn **vom Arbeitgeber ausbezahlt** wird (§ 72 EStG). Das Kindergeld wird monatlich gezahlt (§ 66 Abs. 2 EStG).

II. Kinderfreibetrag und Freibetrag für die Betreuung, Erziehung und Ausbildung des Kindes

370 Wird durch das Kindergeld die steuerliche Freistellung des Existenzminimums eines Kindes nicht erreicht, wird im Rahmen der Einkommensteuerveranlagung der Eltern ein Kinderfreibetrag sowie ein Freibetrag für die Betreuung, Erziehung und Ausbildung des Kindes gewährt (§ 32 Abs. 6 EStG). In diesem Fall beschränkt sich die steu-

184 Zu Einzelheiten der gesetzlichen Regelung siehe auch Dienstanweisung zum Kindergeld nach dem Einkommensteuergesetz vom 1.7.2014, BStBl. 2014 I, S. 918 sowie das Merkblatt Kindergeld, BStBl. 2013 I, S. 199.

185 Vgl BMF-Schreiben vom 8.2.2016, BStBl. 2016 I, S. 226.

erliche Wirkung des Familienleistungsausgleichs auf den nach der persönlichen Komponente des Leistungsfähigkeitsprinzips gebotenen Abzug von der steuerpflichtigen Bemessungsgrundlage. Insoweit unterbleibt eine – darüber hinausgehende – Familienförderung.

Die Höhe des **Kinderfreibetrags** ist in Anlehnung an das von der Besteuerung freizustellende Existenzminimum des Kindes festzusetzen. Der Kinderfreibetrag in Höhe von **5 172 €** dient dazu, den existentiellen Sachbedarf des Kindes von der Besteuerung freizustellen. Zusätzlich zu diesem sächlichen Existenzminimum ist der Bedarf für die Betreuung, Erziehung und Ausbildung als Bestandteil des kindbedingten Existenzminimums von der Besteuerung zu verschonen.[186] Als **Freibetrag für die Betreuung, Erziehung und Ausbildung** des Kindes kann ein Betrag von **2 640 €** abgezogen werden.

Hinweis: Die für den Kinderfreibetrag sowie den Freibetrag für die Betreuung, Erziehung und Ausbildung des Kindes genannten Beträge gelten für Ehegatten, die zusammenveranlagt werden. Die in § 32 Abs. 6 EStG aufgeführten Beträge wurden deshalb verdoppelt.

Diese Freibeträge sind für alle berücksichtigungsfähigen Kinder gleich, obwohl der Bedarf eines Kindes auch von seinem Alter abhängt und danach differiert, in welcher Höhe ein Kind eigene Einkünfte bezieht.

Der Kinderfreibetrag sowie der Freibetrag für die Betreuung, Erziehung und Ausbildung des Kindes von **in der Summe 7 812 €** (= 5 172 € + 2 640 €) werden **im Rahmen der Veranlagung angesetzt**, wenn die daraus resultierende Einkommensteuerminderung höher ist als das im Verlauf des Jahres ausbezahlte Kindergeld. Diese Vorteilhaftigkeitsprüfung wird von der Finanzverwaltung für jedes Kind getrennt vorgenommen (R 31 Abs. 1 EStR). 371

In Abhängigkeit von der Zahl der berücksichtigungsfähigen Kinder gelten folgende Grenzwerte:[187]

Anzahl der Kinder	Kindergeld	Freibeträge nach § 32 Abs. 6 EStG	kritischer (Differenz-) Steuersatz	kritisches zu versteuerndes Einkommen (Splitting-Verfahren)
1	2 448 €	7 812 €	31,34%	67 714 €
2	4 896 €	15 624 €	31,34%	71 620 €
3	7 416 €	23 436 €	31,64%	76 975 €
4	10 236 €	31 248 €	32,76%	86 133 €
5	13 056 €	39 060 €	33,43%	93 191 €
6	15 876 €	46 872 €	33,87%	99 198 €

Abb. 2.21: Kritisches zu versteuerndes Einkommen für die Vorteilhaftigkeit der Freibeträge gegenüber dem Kindergeld

186 Vgl BVerfG vom 10.11.1998, BStBl. 1999 II, S. 182. Zur Berechnung des Existenzminimums von Kindern siehe 12. Existenzminimumbericht, BT-Drucks 19/5400.
187 Siehe hierzu auch Eichfelder/Hechtner, DStZ 2013, S. 227; Hechtner/Hundsdoerfer/Sielaff, FR 2009, S. 55.

Für das erste und zweite Kind wird der kritische Steuersatz wie folgt berechnet: 31,34% × 7 812 € = 204 €/Monat × 12 Monate. Wird bei einem zu versteuernden Einkommen von 67 714 € der Kinderfreibetrag zuzüglich Freibetrag für die Betreuung, Erziehung und Ausbildung des Kindes von in der Summe 7 812 € abgezogen, entspricht die Steuerentlastung (Differenzsteuersatz von 31,34% multipliziert mit der Summe der Freibeträge nach § 32 Abs. 6 EStG in Höhe von 7 812 €) der Höhe des Kindergelds. Bei zwei Kindern wird der Differenzsteuersatz von 31,34% bei einem zu versteuernden Einkommen von 71 620 € erreicht. Bei drei oder mehr Kindern erhöht sich der kritische Differenzsteuersatz aufgrund des höheren Kindergelds kontinuierlich.

Werden bei der Ermittlung des zu versteuernden Einkommens die Freibeträge nach § 32 Abs. 6 EStG abgezogen, wird zur Vermeidung einer zweifachen Berücksichtigung des Familienleistungsausgleichs das Kindergeld bei der Berechnung der festzusetzenden Einkommensteuer hinzugerechnet (§ 31 S. 4 iVm § 2 Abs. 6 S. 3 EStG).

372 Bei den meisten Steuerpflichtigen ist das Kindergeld höher als die Steuerersparnis aus den Kinderfreibeträgen. Vom Familienleistungsausgleich im Umfang von ca. 45 Mrd. € entfallen nur etwas mehr als 8% auf die zusätzliche Entlastung aus den Kinderfreibeträgen.[188]

373 Da der Kinderfreibetrag und der Freibetrag für die Betreuung, Erziehung und Ausbildung des Kindes erst im Rahmen der Veranlagung abgezogen werden (und auch nur dann, wenn diese zu einer höheren Steuerersparnis führen als das Kindergeld), ist für die Höhe der Einkommensteuer-Vorauszahlungen sowie die Höhe der Lohnsteuer die Zahl der Kinder ohne Bedeutung (§ 37 Abs. 3 S. 12 EStG).

Eine Sonderregelung gilt für die Kirchensteuer und den Solidaritätszuschlag. Bei beiden Zuschlagsteuern ist jeweils von der Einkommensteuer auszugehen, die sich nach Abzug der Freibeträge nach § 32 Abs. 6 EStG ergibt. Dies gilt auch dann, wenn im Rahmen der Einkommensteuer diese beiden Freibeträge nicht angesetzt werden, weil das Kindergeld zu einer höheren Begünstigung führt. Ist das Kindergeld höher als die Entlastung aus dem Abzug der Freibeträge nach § 32 Abs. 6 EStG, ist für die Ermittlung der Bemessungsgrundlage der beiden Zuschlagsteuern eine gesonderte Berechnung der Einkommensteuer notwendig (fiktive Bemessungsgrundlage, § 51a Abs. 2 EStG, § 3 Abs. 2 SolZG).

III. Weitere steuerliche Maßnahmen der Familienförderung

374 Außerhalb des Familienleistungsausgleichs (Kindergeld oder Freibeträge für Kinder) finden sich zahlreiche steuerliche Regelungen, die Kinder betreffen. Hierzu gehören insbesondere:

- Aufwendungen zur Betreuung eines Kindes, zB Aufwendungen für die Unterbringung im Kindergarten, Ausgaben für eine Tagesmutter, Beschäftigung einer Haushaltshilfe, Beaufsichtigung von Kindern bei der Erledigung der Hausaufgaben (§ 10 Abs. 1 Nr 5 EStG)
- Sonderausgabenabzug für Schulgeld (§ 10 Abs. 1 Nr 9 EStG)
- Entlastungsbetrag für Alleinerziehende (§ 24b EStG)

188 Vgl BMF, Datensammlung zur Steuerpolitik, Ausgabe 2018, Berlin 2019, S. 53.

- außergewöhnliche Belastungen (Minderung der zumutbaren Belastung, § 33 Abs. 3 EStG)
- Unterhaltsfreibetrag, sofern Familienleistungsausgleich nicht gewährt wird (§ 33a Abs. 1 EStG)
- Ausbildungsfreibetrag (§ 33a Abs. 2 EStG)
- Pauschbetrag für Behinderte (§ 33b Abs. 5 EStG)
- Pauschbetrag für Pflegebedürftige (§ 33b Abs. 6 EStG)
- Steuerermäßigung bei Aufwendungen für die Inanspruchnahme haushaltsnaher Dienstleistungen (§ 35a Abs. 2 EStG)
- Kinderzulage im Rahmen der Altersvorsorgezulage („Riester-Rente", § 85 EStG)
- Erhöhung der Einkommensgrenzen für die Gewährung einer Arbeitnehmer-Sparzulage nach dem 5. VermBG oder einer Wohnungsbau-Prämie nach dem Wohnungsbau-Prämiengesetz.

Dritter Abschnitt

Körperschaftsteuer

A. Überblick

I. Allgemeine Charakterisierung

Juristische **Personen** sind **mit** den von ihnen **erzielten Einkünften körperschaftsteuerpflichtig**. Die Körperschaftsteuer besitzt mit der Einkommensteuer zwei Gemeinsamkeiten: (1) Beide Steuerarten gehören zur Gruppe der **Personensteuern**. (2) Beide besteuern das von einer Person erzielte **Einkommen**. 375

Aus **rechtlicher Sicht** kann die Körperschaftsteuer als **Einkommensteuer für Körperschaften**, insbesondere für Kapitalgesellschaften, bezeichnet werden. Ursache für die selbständige Körperschaftsteuerpflicht von juristischen Personen ist, dass ihre **eigenständige Rechtsfähigkeit** (zB § 1 Abs. 1 AktG, § 13 Abs. 1 GmbHG) aufgrund der **Anknüpfung des Steuerrechts an zivilrechtliche Wertungen** auch für Zwecke der Besteuerung anerkannt wird.

Die Besteuerung des Einkommens von natürlichen und juristischen Personen ist in zwei Gesetzen geregelt (Einkommensteuergesetz für natürliche Personen, Körperschaftsteuergesetz für juristische Personen). Das in Deutschland bestehende Nebeneinander von Einkommen- und Körperschaftsteuergesetz ist nicht zwingend. In anderen Staaten, so zB in den USA, ist die Besteuerung von Körperschaften – wie in Deutschland vor 1920 – in das Einkommensteuergesetz integriert.

Der **Charakter der Körperschaftsteuer** als ertragsabhängige **Personensteuer** wird sowohl bei der Besteuerung dem Grunde nach als auch bei der Besteuerung der Höhe nach deutlich: 376

- Bei der **persönlichen Steuerpflicht** wird auf die unbeschränkte Steuerpflicht (inländische Körperschaften mit ihrem Welteinkommen) und die beschränkte Steuerpflicht (ausländische Körperschaften mit ihren inländischen Einkünften) abgestellt.

- **Bemessungsgrundlage** der Körperschaftsteuer ist das **zu versteuernde Einkommen**. Was als Einkommen gilt und wie das Einkommen zu ermitteln ist, **bestimmt** sich weitgehend **nach** den Vorschriften des **Einkommensteuergesetzes**. Die nach den einkommensteuerlichen Einkunftsermittlungsgrundsätzen berechneten Einkünfte werden lediglich um einige im Körperschaftsteuergesetz geregelte Besonderheiten modifiziert.
- Bei der **Berechnung der Einkünfte** einer juristischen Person gelten die allgemeinen Prinzipien der Einkunftsermittlung, dh die sachliche Komponente des Leistungsfähigkeitsprinzips. Die Trennung von Einkommenserzielung und (konsumtiver) Einkommensverwendung führt bei Kapitalgesellschaften zur **Trennung zwischen der betrieblichen Sphäre und dem gesellschaftsrechtlichen Bereich**. Diese Unterscheidung ist mit der bei natürlichen Personen vorgenommenen Differenzierung zwischen dem betrieblichen Bereich und dem privaten Bereich (Abzugsverbot für Kosten der privaten Lebensführung) vergleichbar.
- Nach dem **Nettoprinzip** unterliegt der Saldo aus den von einer Kapitalgesellschaft erzielten Erträgen und den mit diesen Erträgen im Zusammenhang stehenden Aufwendungen der Besteuerung. Besteuert wird die Veränderung des Reinvermögens, soweit sie auf betriebliche Vorgänge zurückzuführen ist.
- Die Körperschaftsteuer kennt wie die Einkommensteuer eine kalenderjahresbezogene Besteuerung (**Abschnittsprinzip**).
- Die **persönliche Interpretation des Leistungsfähigkeitsprinzips** ist innerhalb der Körperschaftsteuer **nicht zu beachten**, da persönliche Merkmale, wie Familienstand, Alter, Zahl der Kinder oder persönlich bedingte Vermögensminderungen, bei einer juristischen Person nicht vorliegen können. Damit sind Sonderausgaben, außergewöhnliche Belastungen und der Familienleistungsausgleich innerhalb der Körperschaftsteuer ohne Bedeutung. Die Differenzierung zwischen dem am Markt erzielten Einkommen (sachliche Komponente des Leistungsfähigkeitsprinzips) und dem disponiblen Einkommen (persönliche Komponente) ist nur bei natürlichen Personen erforderlich, jedoch nicht bei Kapitalgesellschaften.
- Die Körperschaftsteuer kennt einen **proportionalen Steuersatz**, dh der Steuersatz hängt nicht von der Höhe der Einkünfte ab. Die mit einer progressiven Besteuerung angestrebten Umverteilungsziele können sich nur auf die Einkommensverteilung von natürlichen Personen beziehen, da aus wirtschaftlicher Sicht nur natürliche Personen ihr Einkommen mit dem Ziel erwirtschaften, dieses für Konsumzwecke zu verwenden. Eine Kapitalgesellschaft stellt eine rechtliche Organisation dar, über die natürliche Personen gemeinsam Einkommen erzielen. Eine Kapitalgesellschaft als solche verfolgt keine Konsumziele. Das Einkommen einer Kapitalgesellschaft stellt mittelbar Einkommen ihrer Anteilseigner dar. Die durch eine progressive Besteuerung angestrebte Veränderung der Einkommensverteilung ist erst zu dem Zeitpunkt möglich, zu dem die Gewinne von der Kapitalgesellschaft an ihre Anteilseigner ausgeschüttet werden oder zu dem die Anteilseigner durch Veräußerung der Beteiligung mittelbar über die auf Ebene der Kapitalgesellschaft thesaurierten Gewinne verfügen.

Aufgrund der Anknüpfung des Steuerrechts an zivilrechtliche Wertungen ist die **Besteuerung** von **Körperschaften** (insbesondere Kapitalgesellschaften) **und** die ihrer **Anteilseigner** (Gesellschafter) **strikt** voneinander zu **trennen**. Die Körperschaft (Kapitalgesellschaft) ist als juristische Person körperschaftsteuerpflichtig, ihre Anteilseigner sind als natürliche Personen einkommensteuerpflichtig bzw als juristische Personen körperschaftsteuerpflichtig. Die Einkünfte sind auf den beiden Ebenen getrennt zu ermitteln. Die Körperschaft (Kapitalgesellschaft) und die daran beteiligten Personen unterliegen unabhängig voneinander der Besteuerung. Diese Grundwertung unseres Steuersystems wird mit dem Begriff **„Trennungsprinzip“** gekennzeichnet. 377

Schüttet eine Kapitalgesellschaft die von ihr erwirtschafteten **Gewinne aus**, kommt es zu einer **zweifachen Besteuerung**:

- Auf **Ebene der Kapitalgesellschaft** unterliegen die **Gewinne** der Körperschaftsteuer.
- Der nach Abzug der Körperschaftsteuer verbleibende Gewinn kann ausgeschüttet werden. Die **Gesellschafter** haben die Gewinnausschüttungen **(Dividenden)** als eigene Einkünfte zu versteuern.

Das Nebeneinander von Körperschaftsteuer auf Ebene der Kapitalgesellschaft und Besteuerung auf Ebene der Gesellschafter führt zu einer **Doppelbelastung** der gleichen Einkunftsteile. Aus rechtlicher Sicht liegt keine Doppelbesteuerung vor, da unterschiedliche Personen jeweils das von ihnen erwirtschaftete Einkommen zu versteuern haben. Wirtschaftlich werden aber die gleichen Einkunftsteile zweimal erfasst. Die Dividenden, die der Gesellschafter empfängt, sind die von der Kapitalgesellschaft erwirtschafteten Gewinne. Die von der Kapitalgesellschaft gezahlten Steuern mindern die an die Gesellschafter mögliche Gewinnausschüttung. Anstelle von Doppelbelastung wird deshalb auch von wirtschaftlicher Doppelbesteuerung gesprochen.

Die wirtschaftliche Doppelbesteuerung (Doppelbelastung) wird für natürliche Personen und juristische Personen auf unterschiedliche Weise berücksichtigt. Bei natürlichen Personen ist zusätzlich danach zu differenzieren, ob die Anteile an der Kapitalgesellschaft dem Privatvermögen oder dem Betriebsvermögen zugeordnet werden:[189] 378

- Bei Gewinnen, die **an eine natürliche Person ausgeschüttet** werden, kommt es dadurch zu einer Doppelbelastung der von einer Kapitalgesellschaft erzielten und an ihre Anteilseigner ausgeschütteten Gewinne, dass zusätzlich zu der auf Ebene der Kapitalgesellschaft anfallenden Körperschaftsteuer die Dividenden beim Anteilseigner nochmals erfasst werden. Die auf Gewinnausschüttungen erhobene Einkommensteuer wird jedoch dadurch abgeschwächt, dass auf Ebene des Gesellschafters für die Dividenden eine steuerliche Entlastung gewährt wird **(Shareholder-Relief-System)**.
  (a) Bei Anteilen, die eine natürliche Person im Privatvermögen hält, unterliegen die Dividenden einem Sondersteuersatz von 25%, der deutlich unter dem Spitzensteuersatz der Einkommensteuer von 45% liegt (**Abgeltungsteuer:** Entlastung durch Reduzierung des Steuersatzes, § 32d EStG).

189 In diesem Abschnitt werden nur die Grundzüge der Dividendenbesteuerung vorgestellt. Zu Einzelheiten siehe die Ausführungen zum Körperschaftsteuersystem im Kapitel F., Rn. 414–445.

(b) Bei Anteilen, die eine natürliche Person im Betriebsvermögen hält, sind die Dividenden zu 40% steuerfrei. Der steuerpflichtige Teil in Höhe von 60% der Gewinnausschüttungen unterliegt dem für den Anteilseigner geltenden Einkommensteuersatz (**Teileinkünfteverfahren:** Entlastung durch Reduzierung der Bemessungsgrundlage, § 3 Nr 40 EStG).

- **Dividenden, die an eine andere Kapitalgesellschaft bezahlt werden**, sind auf Ebene des (körperschaftsteuerpflichtigen) Anteilseigners grundsätzlich von der Besteuerung freigestellt (§ 8b Abs. 1, 4 KStG). Die **Dividendenfreistellung** dient dazu, eine zwei- oder mehrfache Belastung mit Körperschaftsteuer zu vermeiden. Leitet die Kapitalgesellschaft die Dividenden an ihre einkommensteuerpflichtigen Anteilseigner weiter (Weiterausschüttung), werden diese im Rahmen der Einkommensteuer in Abhängigkeit von der Zugehörigkeit der Anteile zum Privat- oder zum Betriebsvermögen mit einem Sondersteuersatz von 25% (Abgeltungsteuer) oder zu 60% nach dem allgemein geltenden Einkommensteuertarif (Teileinkünfteverfahren) besteuert.

379 Zusätzlich zum gesellschaftsrechtlichen Bereich sind die **zwischen** einer **Körperschaft und** ihren **Anteilseignern** bestehenden **schuldrechtlichen Leistungsbeziehungen** zu beachten. Aufgrund der rechtlichen Verselbständigung einer Körperschaft können zwischen einer Kapitalgesellschaft und ihren Anteilseignern Kauf-, Dienst-, Darlehens-, Miet- bzw Pacht-, Lizenz- und Beratungsverträge abgeschlossen werden. Diese werden – soweit sie wie zwischen fremden Dritten durchgeführt werden – auch steuerrechtlich dem **betrieblichen Bereich** zugerechnet, dh die Aufwendungen mindern den steuerpflichtigen Gewinn der Kapitalgesellschaft. Auf Ebene des Empfängers richtet sich die Zuordnung zu einer der sieben Einkunftsarten nach den im Ertragsteuerrecht allgemein geltenden Abgrenzungskriterien. Weichen die zwischen einer Kapitalgesellschaft und ihren Anteilseignern abgeschlossenen Verträge von dem ab, was fremde Dritte vereinbart hätten, werden sie nach den Grundsätzen von verdeckten Gewinnausschüttungen und verdeckten Einlagen korrigiert.[190]

Juristische Personen sind **nicht kirchensteuerpflichtig**. Im Gegensatz zu natürlichen Personen erhöht sich deshalb die Ertragsteuerbelastung nicht um die Kirchensteuer. Der **Solidaritätszuschlag** ist jedoch auch von Steuerpflichtigen zu entrichten, die der Körperschaftsteuer unterliegen (§ 2 Nr 3 SolZG). Bemessungsgrundlage für diese Zuschlagsteuer ist grundsätzlich die festgesetzte Körperschaftsteuer (§ 3 SolZG).

II. Ertragshoheit

380 Die Körperschaftsteuer ist eine Gemeinschaftsteuer. Ihr Aufkommen steht dem **Bund und** den **Ländern jeweils zur Hälfte** zu (Art. 106 Abs. 3 GG). Der Anteil der einzelnen Länder errechnet sich nach der in ihrem Gebiet vereinnahmten Körperschaftsteuer. Ist eine Körperschaft in mehreren Bundesländern tätig, findet unter bestimmten

190 Zu verdeckten Gewinnausschüttungen und verdeckten Einlagen siehe Kapitel G.I. und G.II., Rn. 446–458.

Voraussetzungen eine Aufteilung zwischen den Ländern statt. Die Details dieser Aufteilung sind in § 1 – § 6 Zerlegungsgesetz geregelt.

III. Aufbau des Körperschaftsteuergesetzes

Das Körperschaftsteuergesetz ist in sechs Abschnitte untergliedert. Im Einzelnen werden angesprochen: **381**

I. **Steuerpflicht** (§ 1 – § 6a KStG):
Im ersten Abschnitt ist festgelegt, wer körperschaftsteuerpflichtig ist und für wen persönliche Befreiungen von der Körperschaftsteuer bestehen.

II. **Einkommen** (§ 7 – § 22 KStG):
Der zweite Abschnitt regelt, wie die steuerpflichtigen Einkünfte zu ermitteln sind (§ 7 – § 13 KStG) und welche Sondervorschriften für die Organschaft (§ 14 – § 19 KStG) sowie für Versicherungsunternehmen, Pensionsfonds und Genossenschaften gelten (§ 20 – § 22 KStG).

III. **Tarif, Besteuerung bei ausländischen Einkunftsteilen** (§ 23 – § 26 KStG):
Der Körperschaftsteuersatz, die Freibeträge für bestimmte Körperschaften (nicht für Kapitalgesellschaften) sowie die Maßnahmen zur Vermeidung einer internationalen Doppelbesteuerung bei ausländischen Einkünften sind im dritten Abschnitt geregelt.

IV. **Nicht in das Nennkapital geleistete Einlagen und Entstehung und Veranlagung** (§ 27 – § 32a KStG):
Der vierte Abschnitt enthält Vorschriften zur Erfassung der Vermögensmehrungen, die gesellschaftsrechtlich veranlasst sind, und die verfahrensrechtlichen Fragen der Körperschaftsteuer.

V. **Ermächtigungs- und Schlussvorschriften** (§ 33 – § 35 KStG):
Diese sind im fünften Abschnitt zusammengefasst.

VI. **Sondervorschriften für den** mit der Unternehmensteuerreform 2000 vollzogenen **Übergang vom** körperschaftsteuerlichen **Anrechnungsverfahren zum Halbeinkünfteverfahren** (§ 36 – § 39 KStG):
Diese Übergangsregelungen sind nicht mehr von praktischer Bedeutung.

IV. Schema zur Ermittlung der Körperschaftsteuer

Das folgende Schema enthält die wichtigsten Positionen zur Berechnung der Körperschaftsteuer von Kapitalgesellschaften. Zu einer detaillierten Zusammenstellung siehe R 7.1, R 7.2 KStR. **382**

	steuerlicher Gewinn (**bei Kapitalgesellschaften nur Einkünfte aus Gewerbebetrieb**, § 8 Abs. 2 KStG)
–	abziehbare Zuwendungen (§ 9 Abs. 1 Nr 2 KStG)
+	bei Organträgern: zuzurechnendes Einkommen von Organgesellschaften (§ 14, § 17 KStG)
–	bei Organgesellschaften: das dem Organträger zuzurechnende Einkommen (§ 14, § 17 KStG)

=	**Gesamtbetrag der Einkünfte**
–	Verlustabzug (§ 8 Abs. 1 KStG iVm § 10d EStG)
=	**Einkommen**
–	Freibetrag für bestimmte Körperschaften (§ 24, § 25 KStG)
=	**zu versteuerndes Einkommen**
×	Körperschaftsteuersatz (15%, § 23 Abs. 1 KStG)
=	**Steuerbetrag nach Regelsteuersatz**
–	Steuerermäßigungen, insbesondere anrechenbare ausländische Steuern (§ 26 KStG iVm § 34c EStG)
=	**Tarifbelastung**
=	**festzusetzende Körperschaftsteuer**
Ende der Steuerermittlung	
Beginn der Steuererhebung	
–	vierteljährliche Körperschaftsteuer-Vorauszahlungen
–	anzurechnende Kapitalertragsteuer (bei Kapitalerträgen, die einer Kapitalgesellschaft zufließen, hat die Kapitalertragsteuer grundsätzlich keine abgeltende Wirkung, § 32d EStG gilt nur für Einkünfte aus Kapitalvermögen einer natürlichen Person)
–	bei Durchführung von begünstigten Forschungs- und Entwicklungsvorhaben: Forschungszulage
–	bei der Erbringung von Bauleistungen: vom Leistungsempfänger einbehaltener Steuerabzug (sofern nicht bereits bei der abzuführenden Lohnsteuer oder den Körperschaftsteuer-Vorauszahlungen angerechnet)
=	**Abschlusszahlung** (zu zahlende Körperschaftsteuer) oder **Körperschaftsteuererstattung** (§ 31 Abs. 1 KStG iVm § 36, § 48c Abs. 1 EStG)

B. Persönliche Steuerpflicht (juristische Personen)

383 Bei der Besteuerung von juristischen Personen ist wie bei der Einkommensteuer zwischen unbeschränkter Steuerpflicht und beschränkter Steuerpflicht zu unterscheiden.

I. Unbeschränkte Steuerpflicht

384 Unbeschränkt körperschaftsteuerpflichtig sind folgende **Körperschaften**, Personenvereinigungen und Vermögensmassen, die ihre **Geschäftsleitung oder** ihren **Sitz im Inland** haben (§ 1 Abs. 1 KStG):

- **Kapitalgesellschaften** (insbesondere Aktiengesellschaften, Gesellschaften mit beschränkter Haftung einschließlich ihrer Unterform Unternehmergesellschaft (haftungsbeschränkt), Kommanditgesellschaften auf Aktien, Europäische Gesellschaften),
- **Genossenschaften** (zB **Volksbanken**, Raiffeisenbanken, die DATEV, Einkaufsgenossenschaften der Handwerker, Winzergenossenschaften, Wohnungsbaugenossenschaften) sowie Europäische Genossenschaften,

- **Versicherungsvereine** und Pensionsfondsvereine **auf Gegenseitigkeit**,
- sonstige **juristische Personen des privaten Rechts**, zB **eingetragene Vereine** (wie Sportvereine), Stiftungen des privaten Rechts,
- **nichtrechtsfähige Vereine**, Anstalten, Stiftungen und andere Zweckvermögen des privaten Rechts, zB nicht eingetragene Kegelvereine, die **Einzelgewerkschaften**, der Deutsche Gewerkschaftsbund,
- **Betriebe gewerblicher Art von juristischen Personen des öffentlichen Rechts** (zB Gebietskörperschaften, wie Bund, Länder, Gemeinden und öffentlich-rechtliche Religionsgemeinschaften, Universitäten, Innungen, Handwerkskammern, Industrie- und Handelskammern, Steuerberaterkammern, Wirtschaftsprüferkammer, Rundfunkanstalten des öffentlichen Rechts).
  Nach § 4 KStG sind Betriebe gewerblicher Art alle Einrichtungen, die einer nachhaltigen wirtschaftlichen Tätigkeit zur Erzielung von Einnahmen außerhalb der Land- und Forstwirtschaft dienen und die sich innerhalb der Gesamtbetätigung der juristischen Person wirtschaftlich herausheben. Zu den Betrieben gewerblicher Art gehören auch Betriebe, die der Versorgung der Bevölkerung mit Wasser, Gas, Elektrizität oder Wärme, dem öffentlichen Verkehr oder dem Hafenbetrieb dienen. Keinen Betrieb gewerblicher Art bilden Betriebe, die überwiegend der öffentlichen Gewalt dienen (Hoheitsbetriebe). Bei Betrieben gewerblicher Art sind die Absicht, Gewinn zu erzielen, und die Beteiligung am allgemeinen wirtschaftlichen Verkehr nicht erforderlich (§ 8 Abs. 1 S. 2 KStG). Die Besteuerung gewerblicher Betriebe der öffentlichen Hand ist aus wettbewerbspolitischen Gründen geboten, da eine Konkurrenz zu privaten Unternehmen gegeben ist, sofern sich die öffentliche Hand in nicht unerheblichem Maße privatwirtschaftlich betätigt. Beispiele für Betriebe gewerblicher Art der öffentlichen Hand sind öffentlich-rechtliche Banken und **Sparkassen**, Versicherungsanstalten, Friedhofsgärtnereien, Universitätskliniken, Wochen- und Jahrmärkte, Parkhäuser, Schwimmbäder, Veranstaltungshallen (zB Stadthalle), Campingplätze und Klosterbrauereien. Zur Abgrenzung siehe im Einzelnen R 4.1, R 4.2 KStR.

  Hinweis: Soweit die Betriebe in privatrechtlicher Form (zB GmbH, AG) geführt werden, werden sie nach den für diese Rechtsform geltenden Vorschriften besteuert (Beispiel: N-ERGIE AG).

Die **Aufzählung** in § 1 Abs. 1 KStG ist **abschließend**. Die Körperschaftsteuerpflicht von Investmentfonds ergibt sich aus einem gesonderten Gesetz (§ 15 InvStG).

Personengesellschaften sind **weder körperschaftsteuer- noch einkommensteuerpflichtig**, da sie in § 1 Abs. 1 KStG nicht genannt sind und sie auch nicht unter § 1 Abs. 1 EStG fallen. Eine Personengesellschaft ist weder eine natürliche Person noch eine juristische Person. Deshalb werden die über eine Personengesellschaft erzielten Erfolge den Gesellschaftern zugerechnet und von den Gesellschaftern versteuert (Transparenzprinzip, insbesondere § 15 Abs. 1 S. 1 Nr 2 EStG). Spezialfragen zur Abgrenzung zwischen Körperschaft- und Einkommensteuerpflicht regelt § 3 KStG.

Die **Geschäftsleitung** befindet sich an dem Ort, an dem sich der Mittelpunkt der geschäftlichen Oberleitung befindet (§ 10 AO). Der **Sitz** wird durch Gesetz, Gesellschaftsvertrag, Satzung, Stiftungsgeschäft oder vergleichbare rechtliche Regelungen bestimmt (§ 11 AO).

Was zum Inland gehört, ist in § 1 Abs. 3 KStG im Einzelnen definiert. Dieser Inlandsbegriff dient beispielsweise dazu, auch Windkraftanlagen vor der Küste zu erfassen.

Die **unbeschränkte Steuerpflicht** erstreckt sich auf das **Welteinkommen** (§ 1 Abs. 2 KStG). Die juristische Person hat in Deutschland sämtliche Einkünfte zu versteuern, dh die Besteuerung ist unabhängig davon, ob eine juristische Person ihre Einkünfte im Inland oder im Ausland erzielt (Welteinkommensprinzip, Universalitätsprinzip). Ausnahmen können sich aus den zur Vermeidung einer internationalen Doppelbesteuerung mit ausländischen Staaten abgeschlossenen Doppelbesteuerungsabkommen ergeben.[191]

II. Beschränkte Steuerpflicht

385 Die **beschränkte Steuerpflicht** ist **zweigeteilt** (§ 2 KStG):

- Organisationen mit Geschäftsleitung und Sitz im Ausland
- sonstige nicht unbeschränkt steuerpflichtige Organisationen.

Körperschaften, Personenvereinigungen und Vermögensmassen, die **weder** ihre **Geschäftsleitung noch** ihren **Sitz im Inland** haben, sind beschränkt körperschaftsteuerpflichtig, **sofern** sie **inländische Einkünfte iSd § 49 EStG** erzielen (§ 2 Nr 1 KStG). Diese Form der beschränkten Steuerpflicht einer juristischen Person entspricht konzeptionell der beschränkten Steuerpflicht von natürlichen Personen nach § 1 Abs. 4 EStG (eingeschränktes Territorialprinzip für ausländische Kapitalgesellschaften).

Beispiel: Eine ausländische Kapitalgesellschaft unterhält im Inland eine Betriebsstätte (Zweigniederlassung, § 2 Nr 1 KStG iVm § 49 Abs. 1 Nr 2 Buchst. a EStG).

Sonstige Körperschaften, Personenvereinigungen und Vermögensmassen, die nicht unbeschränkt körperschaftsteuerpflichtig sind, unterliegen in dem Umfang der beschränkten Steuerpflicht, in dem sie inländische **Einkünfte** beziehen, **die** vollständig oder teilweise **dem Steuerabzug unterliegen** (§ 2 Nr 2 KStG). Bei diesen beschränkt körperschaftsteuerpflichtigen Organisationen findet keine Veranlagung statt. Die Steuerschuld ist mit dem Abzug der Kapitalertragsteuer abgegolten.

Beispiel: Der Stadt Nürnberg fließen aus der Beteiligung an einer Kapitalgesellschaft Gewinnausschüttungen zu.

III. Steuerbefreiungen

386 Aus **sozial- und wirtschaftspolitischen Gründen** sind bestimmte juristische Personen von der Körperschaftsteuer befreit. Hierzu gehören beispielsweise (§ 5, § 6 KStG):

- Deutsche Bundesbank, Kreditanstalt für Wiederaufbau, Bayerische Landesanstalt für Aufbaufinanzierung,

191 Zur Besteuerung einer grenzüberschreitenden Geschäftstätigkeit siehe ausführlich den Siebten Teil, Rn. 882–964.

- rechtsfähige Pensions-, Sterbe-, Kranken- und Unterstützungskassen (unter bestimmten Voraussetzungen),
- kleinere Versicherungsvereine auf Gegenseitigkeit (unter bestimmten Voraussetzungen),
- Berufsverbände (wie Gewerkschaften, Arbeitgeberverbände), soweit sie keinen wirtschaftlichen Geschäftsbetrieb unterhalten,
- politische Parteien, soweit kein wirtschaftlicher Geschäftsbetrieb unterhalten wird,
- gemeinnützige Körperschaften, soweit kein wirtschaftlicher Geschäftsbetrieb unterhalten wird,
- bestimmte Genossenschaften,
- die Auftragsforschung öffentlich-rechtlicher Wissenschafts- und Forschungseinrichtungen (mit Einschränkungen).

Außerhalb des Körperschaftsteuergesetzes bestehen weitere Steuerbefreiungen (zB § 16 REITG für bestimmte börsennotierte Immobiliengesellschaften sowie § 14 FMStFG für den Finanzmarktstabilisierungsfonds).

Die Steuerbefreiung gilt für inländische juristische Personen, jedoch nicht für beschränkt steuerpflichtige ausländische Körperschaften. Gemeinnützige Gesellschaften sind allerdings auch dann steuerbefreit, wenn sie in einem EU- oder EWR-Staat gegründet und ansässig sind (§ 5 Abs. 2 Nr 2 KStG).

Bei den Steuerbefreiungen nach § 5 KStG handelt es sich um **persönliche Steuerbefreiungen**, dh bestimmte juristische **Personen** werden von der Besteuerung ausgenommen. Dies ist eine Abweichung von den einkommensteuerlichen Regelungen. Die **Einkommensteuer** kennt **nur sachliche Steuerbefreiungen**, wonach bestimmte **Einkünfte** nicht besteuert werden (zB nach § 3 EStG).

Die Befreiung wird für die inländischen Einkünfte aufgehoben, die vollständig oder teilweise dem Steuerabzug (Kapitalertragsteuer) unterliegen (§ 5 Abs. 2 Nr 1 KStG). In diesem Fall liegt eine besondere Form der beschränkten Steuerpflicht vor.

IV. Beginn und Ende der Steuerpflicht

Zivilrechtlich entsteht eine Körperschaft mit Eintragung in das maßgebende Register. **387**
Bei einer Kapitalgesellschaft ist das die Eintragung in das Handelsregister. Im Zeitraum zwischen dem Entschluss zur Gründung einer Körperschaft und dem Abschluss des Gesellschaftsvertrags spricht man von einer **Vorgründungsgesellschaft**. Mit Abschluss des Gesellschaftsvertrags (§ 2 GmbHG) bzw Feststellung der Satzung (§ 23 Abs. 1, § 280 AktG) entsteht die **Vorgesellschaft** (Gründergesellschaft), die bis zur Eintragung der Kapitalgesellschaft ins Handelsregister besteht.

Die **Körperschaftsteuerpflicht beginnt mit** Abschluss des Gesellschaftsvertrags, dh mit Entstehen der **Vorgesellschaft**. Die Vorgründungsgesellschaft ist eine Mitunternehmerschaft (Personengesellschaft) iSd § 15 Abs. 1 S. 1 Nr 2 EStG. Das von einer Vorgründungsgesellschaft erzielte Einkommen ist von den Gründungsgesellschaftern zu versteuern (R 1.1 Abs. 4 KStR, H 1 KStH).

Die Körperschaftsteuerpflicht **endet mit** der **rechtsgültigen Einstellung des Geschäftsbetriebs**, also erst nach Abschluss des Liquidationsverfahrens und nach Ablauf des Sperrjahres (zB § 272 Abs. 1 AktG, § 73 Abs. 1 GmbHG). Während des Abwicklungs- oder Insolvenzverfahrens bleibt die juristische Person körperschaftsteuerpflichtig (R 11 Abs. 2 KStR).

Eine im Ausland ansässige juristische Person ist so lange beschränkt körperschaftsteuerpflichtig, wie sie inländische Einkünfte iSd § 49 EStG bezieht (R 2 Abs. 1 S. 2 KStR).

C. Sachliche Steuerpflicht und Bemessungsgrundlage (zu versteuerndes Einkommen)

I. Einkommensbegriff des Körperschaftsteuergesetzes

388 Bemessungsgrundlage der Körperschaftsteuer ist das **„zu versteuernde Einkommen“** (§ 7 Abs. 1 KStG). Dieses **entspricht** im Regelfall **dem „Einkommen“** nach § 8 Abs. 1 KStG. Was als Einkommen gilt und wie das Einkommen zu ermitteln ist, bestimmt sich nach den Vorschriften des Einkommensteuergesetzes und den körperschaftsteuerlichen Sondervorschriften (§ 8 Abs. 1 S. 1 KStG).

Bei inländischen öffentlich-rechtlichen Rundfunkanstalten beträgt das Einkommen aus dem Geschäft der Veranstaltung von Werbesendungen 16% der Entgelte aus Werbesendungen (§ 8 Abs. 1 S. 3 KStG). Bei einigen Körperschaften ist ausnahmsweise das Einkommen um einen Freibetrag zu kürzen (§ 7 Abs. 2 iVm § 24, § 25 KStG).

Bei unbeschränkt steuerpflichtigen **Kapitalgesellschaften**, Genossenschaften sowie Versicherungs- und Pensionsfondsvereinen auf Gegenseitigkeit gelten **alle Einkünfte** als **Einkünfte aus Gewerbebetrieb** (§ 8 Abs. 2 KStG). Andere juristische Personen (zB Stiftungen) sowie beschränkt steuerpflichtige Körperschaften können sämtliche Einkunftsarten – mit Ausnahme von Einkünften aus nichtselbständiger Arbeit – beziehen (R 8.1 Abs. 2 KStR).

Juristische Personen haben nur eine betriebliche Sphäre. Bei juristischen Personen gibt es also **keine Unterscheidung zwischen unternehmerischem und privatem Bereich**. **Sonderausgaben**, **außergewöhnliche Belastungen** und andere private (nicht betriebliche) Ausgaben **können** bei Ermittlung der körperschaftsteuerpflichtigen Bemessungsgrundlage **nicht abgezogen werden**.

389 Für Kapitalgesellschaften gelten zur Berechnung der Bemessungsgrundlage **„zu versteuerndes Einkommen“** vereinfachend folgende Zusammenhänge:

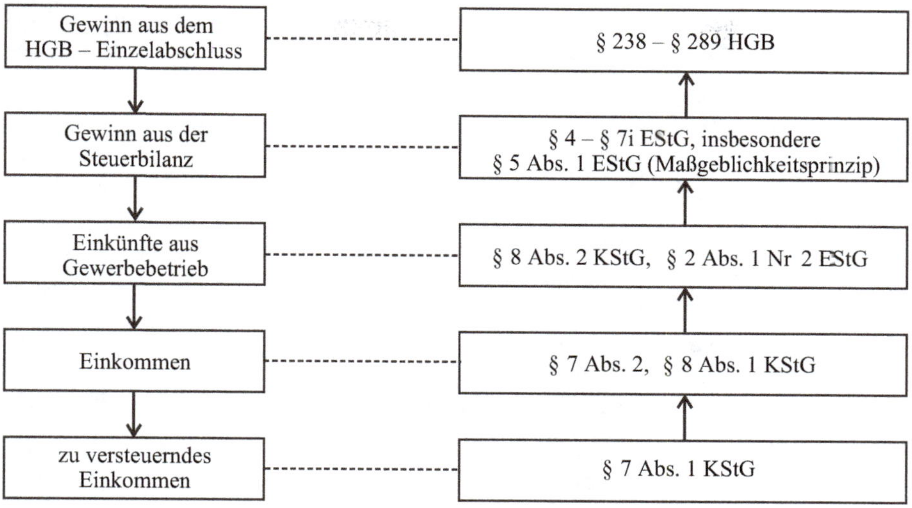

Abb. 2.22: Zusammenhang zwischen handelsrechtlichem Gewinn und dem nach dem KStG zu versteuernden Einkommen

Der **Gewinn aus dem HGB-Einzelabschluss** ist **um** die **einkommensteuerlichen Modifikationen** (Einschränkungen und Durchbrechungen des Maßgeblichkeitsprinzips, steuerfreie Betriebseinnahmen, nichtabziehbare Betriebsausgaben, Investitionsabzugsbetrag) **und** aufgrund spezieller **körperschaftsteuerlicher Regelungen** (Korrektur von unangemessenen Gesellschaft-Gesellschafter-Beziehungen: verdeckte Gewinnausschüttungen und verdeckte Einlagen, nichtabziehbare Aufwendungen, spezielle Steuerbefreiungen) zu **korrigieren.**[192]

Bei den **einkommensteuerlichen Vorschriften** ist jeweils zu prüfen, ob sie ihrer Art nach auf natürliche Personen zugeschnitten sind. Die Vorschriften, die sich auf die sachliche Interpretation des Leistungsfähigkeitsprinzips zurückführen lassen, werden für die körperschaftsteuerliche Einkunftsermittlung übernommen. Regelungen, die auf der persönlichen Komponente des Leistungsfähigkeitsprinzips beruhen, können bei Körperschaften nicht angewendet werden. Eine umfangreiche Zusammenstellung der Vorschriften des Einkommensteuergesetzes und der Einkommensteuer-Durchführungsverordnung, die auch für Kapitalgesellschaften gelten, findet sich in R 8.1 Abs. 1 KStR.

Für die Besteuerung einer Körperschaft sind **insbesondere** die **Regelungen zur Gewinnermittlung** (§ 4 – § 7i EStG) und die **Abgrenzung des Einkommensbegriffs** (§ 13 – § 23 EStG, mit Ausnahme der Einkünfte aus nichtselbständiger Arbeit) anwendbar. **Ob** ein **Vorgang** im Bereich der Körperschaftsteuer **steuerbar** ist, **bestimmt sich danach**, ob er unter eine der Einkunftsarten des **Einkommensteuergesetzes** subsumiert werden kann. Bei der Zuordnung ist allerdings zu beachten, dass bei unbeschränkt steuerpflichtigen Kapitalgesellschaften aufgrund des § 8 Abs. 2

192 Siehe hierzu ausführlich Band II: Steuerbilanz.

KStG und der einkommensteuerlichen Subsidiaritätsklauseln alle Einkünfte als Einkünfte aus Gewerbebetrieb behandelt werden.

390 Das **Trennungsprinzip wirkt** sich **nicht nur auf** die **Steuerpflicht** einer juristischen Person aus, **sondern auch auf** die körperschaftsteuerpflichtige **Bemessungsgrundlage**. Die eigenständige Rechtsfähigkeit einer Kapitalgesellschaft hat zur Folge, dass zusätzlich zum Gesellschaftsverhältnis zwischen einer Kapitalgesellschaft und ihren Gesellschaftern **schuldrechtliche Leistungsbeziehungen** bestehen können. Diese Gesellschaft-Gesellschafter-Verträge werden – sofern sie zu angemessenen Bedingungen abgewickelt werden – dem betrieblichen Bereich zugerechnet. Dies bedeutet, dass sie analog zum Zivilrecht auch steuerrechtlich wie Verträge zwischen fremden Dritten behandelt werden. Die von einer Kapitalgesellschaft an ihre Anteilseigner **gezahlten Vergütungen mindern** das steuerliche **Ergebnis**. **Entgelte für Leistungen** an einen Gesellschafter wirken **gewinnerhöhend**. Auf Ebene des Gesellschafters gelten die allgemeinen Abgrenzungskriterien des Ertragsteuerrechts.

Beispiele: Eine Kapitalgesellschaft schließt mit einem ihrer Gesellschafter einen Dienstvertrag ab. Die Kapitalgesellschaft kann das Gehalt, das sie dem Gesellschafter-Geschäftsführer bezahlt, als Betriebsausgabe abziehen. Der Gesellschafter-Geschäftsführer bezieht wie andere Arbeitnehmer Einkünfte aus nichtselbständiger Arbeit.

Vermietet einer der Gesellschafter an die Kapitalgesellschaft ein Grundstück, hat er die Einnahmen als Einkünfte aus Vermietung und Verpachtung zu versteuern. Die Kapitalgesellschaft verbucht die Mietentgelte gewinnmindernd als Betriebsausgaben.

Gewährt der Gesellschafter der Kapitalgesellschaft ein Darlehen, gelten die Zinsen beim Gesellschafter als Einkünfte aus Kapitalvermögen. Für die Kapitalgesellschaft stellen sie Betriebsausgaben dar.

Vergibt umgekehrt die Kapitalgesellschaft an einen ihrer Gesellschafter ein Darlehen, bilden die Zinsen für die Kapitalgesellschaft steuerpflichtige Betriebseinnahmen. Dient das Darlehen zur Finanzierung des Kaufpreises für die Privatwohnung des Gesellschafters, darf er die Zinsen nicht von seinem steuerpflichtigen Einkommen abziehen, da Ausgaben für die private Lebensführung einkommensteuerlich unbeachtlich sind.

Wie bei der einkommensteuerlichen Einkunftsermittlung beeinflussen nur betrieblich veranlasste Vorgänge den Gewinn. Bei Kapitalgesellschaften gibt es keine Privatsphäre, sondern nur einen betrieblichen Bereich. Allerdings sind **Leistungsbeziehungen** zwischen einer Kapitalgesellschaft und ihren Anteilseignern daraufhin zu **untersuchen, ob** sie ihre **Ursache im gesellschaftsrechtlichen oder im schuldrechtlichen** (dh im betrieblichen) **Bereich** haben: Die zwischen einer Kapitalgesellschaft und ihren Gesellschaftern vereinbarten Leistungsentgelte gehen nach dem Trennungsprinzip in die Gewinn- und Verlustrechnung der Kapitalgesellschaft ein. Dies gilt allerdings nur, soweit die Vertragsbeziehungen wie zwischen unabhängigen Personen abgewickelt werden. Die in Gesellschaft-Gesellschafter-Verträgen getroffenen Vereinbarungen werden deshalb nach den Grundsätzen eines Drittvergleichs (Fremdvergleichs) auf ihre Angemessenheit überprüft. **Bei unangemessenen Vergütungen** besteht lediglich formalrechtlich ein Bezug zum betrieblichen Bereich. Die – gemessen am Drittvergleich – überhöhten oder zu niedrigen Entgelte zählen zur **gesellschaftsrechtlichen Sphäre**. Nach den Grundsätzen von **verdeckten Gewinnausschüttungen** (§ 8 Abs. 3 S. 2 KStG, eine Spezialnorm zur Entnahmevorschrift nach

§ 4 Abs. 1 S. 2 EStG) und **verdeckten Einlagen** (§ 8 Abs. 3 S. 3–6 KStG, eine Sonderregelung für Einlagen nach § 4 Abs. 1 S. 8 EStG) dürfen unangemessene Vertragsvereinbarungen zwischen einer Kapitalgesellschaft und ihren Anteilseignern den körperschaftsteuerpflichtigen Gewinn nicht beeinflussen.[193]

Für die Ermittlung des **steuerpflichtigen Gewinns** einer Kapitalgesellschaft ist es **ohne Bedeutung, ob** das **Einkommen verteilt wird** (§ 8 Abs. 3 S. 1 KStG). Dieser Grundsatz ist auf die sachliche Interpretation des Leistungsfähigkeitsprinzips zurückzuführen und ist mit der Zielsetzung der Einkommensteuer vergleichbar. Bei natürlichen und juristischen Personen wird jeweils **das am Markt erzielte Einkommen besteuert**. Die Art der Einkommensverwendung – dies entspricht bei Kapitalgesellschaften der Entscheidung über die Gewinnverwendung – darf sich auf die ertragsteuerliche Bemessungsgrundlage nicht auswirken.

391 Da eine Kapitalgesellschaft als Formkaufmann (§ 6 HGB) generell buchführungspflichtig ist und bei ihr sämtliche Einkünfte als Einkünfte aus Gewerbebetrieb gelten (§ 8 Abs. 2 KStG), sind ihre Einkünfte durch einen **Betriebsvermögensvergleich nach § 5 EStG** zu ermitteln. Unter Berücksichtigung der körperschaftsteuerlichen Besonderheiten ist die **Gewinndefinition** wie folgt zu konkretisieren:[194]

	Betriebsvermögen am Schluss des Wirtschaftsjahres
–	Betriebsvermögen zu Beginn des Wirtschaftsjahres (= Betriebsvermögen am Schluss des vorangehenden Wirtschaftsjahres)
=	Veränderung des Eigenkapitals
+	offene Gewinnausschüttungen, verdeckte Gewinnausschüttungen, Kapitalrückzahlungen *Vermögensminderungen, die ihre Ursache im Gesellschaftsverhältnis haben, dürfen den Gewinn nicht mindern.*
–	Kapitalerhöhungen, sonstige Gesellschaftereinlagen, verdeckte Einlagen *Vermögensmehrungen, die ihre Ursache im Gesellschaftsverhältnis haben, dürfen den Gewinn nicht erhöhen.*
=	Gewinn der Kapitalgesellschaft nach § 4 Abs. 1, § 5 EStG
–	steuerfreie Betriebseinnahmen (zB § 8b KStG, § 13 InvZulG 2010, § 3a, § 3c Abs. 4 EStG, § 7b GewStG, Art. 7 OECD-MA)
+	nichtabziehbare Betriebsausgaben (zB § 10 KStG, § 4 Abs. 5–7 EStG, § 4h EStG iVm § 8a KStG, § 4j EStG)
±	Investitionsabzugsbetrag nach § 7g Abs. 1–4 EStG
=	steuerpflichtiger Gewinn einer Kapitalgesellschaft (= Einkünfte aus Gewerbebetrieb)

193 Zu verdeckten Gewinnausschüttungen und verdeckten Einlagen siehe Kapitel G.I. und G.II., Rn. 446–458.

194 Siehe hierzu ausführlich Band II: Steuerbilanz sowie die detaillierte Auflistung in R 7.1 KStR.

II. Abziehbare Aufwendungen

392 Ausgangspunkt der körperschaftsteuerlichen Gewinnermittlung bildet das unter Beachtung der handelsrechtlichen Grundsätze ordnungsmäßiger Buchführung ermittelte **Ergebnis der Steuerbilanz**. Der Umfang der abziehbaren Betriebsausgaben stimmt grundsätzlich mit dem im Einkommensteuerrecht überein. **Abweichend** von den allgemeinen ertragsteuerlichen Gewinnermittlungsvorschriften mindern zusätzlich zwei Positionen das steuerpflichtige Einkommen einer Kapitalgesellschaft (§ 9 KStG):

- Gewinnanteile der persönlich haftenden Gesellschafter einer KGaA und
- Zuwendungen (Spenden und Mitgliedsbeiträge) im Rahmen von bestimmten Höchstbeträgen.

1. Gewinnanteile der persönlich haftenden Gesellschafter einer KGaA

393 Eine **Kommanditgesellschaft auf Aktien** ist als Kapitalgesellschaft **selbständig körperschaftsteuerpflichtig** (§ 1 Abs. 1 Nr 1 KStG iVm § 278 AktG). Die **Komplementäre** einer KGaA versteuern wie persönlich haftende Gesellschafter einer KG ihre **Gewinnanteile** einschließlich der Sondervergütungen im Rahmen ihrer Einkommensteuerpflicht als **Einkünfte aus Gewerbebetrieb** (§ 15 Abs. 1 S. 1 Nr 3 EStG). **Um** ein **Nebeneinander von Einkommen- und Körperschaftsteuer** auf die gleichen Einkunftsteile **zu vermeiden**, sind die auf den Komplementär entfallenden **Gewinnanteile** und die an ihn gezahlten Vergütungen für die Geschäftsführung bei der Gewinnermittlung der KGaA als **Betriebsausgaben** abziehbar (§ 9 Abs. 1 Nr 1 KStG). Diese Einkünfte unterliegen auf Ebene des Komplementärs der KGaA der Einkommensteuer. Sie werden bei der KGaA nicht mit Körperschaftsteuer belastet.

Durch den Abzug der **auf** die **Komplementärbeteiligung entfallenden Gewinnanteile** wird die Grundsatzaussage in § 8 Abs. 3 S. 1 KStG aufgehoben, dass die Gewinnverteilung sich auf die Höhe des Einkommens nicht auswirken darf. Insoweit besitzt § 9 Abs. 1 Nr 1 KStG eine rechtsbegründende Wirkung.

Hinsichtlich der Einordnung von **Vergütungen für die Geschäftsführung** sind verschiedene Interpretationen möglich. Nach der hier vertretenen Auffassung sind Geschäftsführungsvergütungen aufgrund des Trennungsprinzips wie das Entgelt für andere schuldrechtliche Vertragsbeziehungen zwischen dem persönlich haftenden Gesellschafter und der KGaA (zB Darlehens-, Miet- und Pachtverträge) dem betrieblichen Bereich zuzurechnen und damit bereits nach den allgemein geltenden Gewinnermittlungsgrundsätzen als Betriebsausgaben abziehbar (§ 4 Abs. 4 EStG). Folgt man dieser Meinung, ist § 9 Abs. 1 Nr 1 KStG in Bezug auf die Vergütungen für die Geschäftsführung lediglich klarstellend.

Vom Abzug ausgeschlossen sind die **Gewinnanteile**, die dem persönlich haftenden Gesellschafter **aus** seiner Beteiligung am **Kommanditkapital** zustehen. Diese Gewinnanteile sind von der KGaA als eigene Einkünfte zu versteuern. Insoweit ergibt sich kein Unterschied zu Kapitalgesellschaften, die als AG oder GmbH geführt werden, bei denen die Verteilung des Einkommens im Rahmen der Gewinnermittlung unberücksichtigt bleibt.

2. Abziehbare Zuwendungen (Spenden und Mitgliedsbeiträge)

Juristische Personen besitzen keine außerbetriebliche Sphäre. Zuwendungen (**Spenden** und Mitgliedsbeiträge) sind deshalb dem betrieblichen Bereich zuzurechnen und als **Betriebsausgaben** bei Ermittlung der Einkünfte abzuziehen. § 9 Abs. 1 Nr 2 KStG erlaubt allerdings den Abzug nur **innerhalb bestimmter Höchstgrenzen**. 394

Zuwendungen (Spenden und Mitgliedsbeiträge) für **gemeinnützige, mildtätige und kirchliche Zwecke** sind **bis zu 20% des Einkommens abziehbar**. Alternativ errechnet sich der maximal abziehbare Betrag aus 0,4% der Summe der Umsätze und der aufgewendeten Löhne und Gehälter. Abziehbare Zuwendungen, die diese Höchstgrenzen übersteigen, können im Rahmen dieser Höchstbeträge in den folgenden Jahren abgezogen werden **(Spendenvortrag)**. Diese Begrenzungen stimmen mit den für natürliche Personen geltenden Höchstbeträgen überein (§ 10b Abs. 1 EStG).

Spenden in den Vermögensstock von bestimmten Stiftungen sowie Mitgliedsbeiträge und Spenden an politische Parteien können von juristischen Personen nicht abgezogen werden. Das Körperschaftsteuergesetz kennt keine dem § 10b Abs. 1a, 2 EStG vergleichbaren Regelungen.

Da die Spenden im Bereich der Körperschaftsteuer bei Ermittlung des Gesamtbetrags der Einkünfte einer Körperschaft abgezogen werden, erhöhen Spenden innerhalb des körperschaftsteuerlichen Verlustabzugs den abziehbaren Verlust. Im Gegensatz hierzu werden bei der Einkommensteuer Spenden als Sonderausgaben vom Gesamtbetrag der Einkünfte, dh bei Ermittlung des Einkommens, abgezogen. Dies führt dazu, dass Spenden, die eine natürliche Person in Verlustjahren leistet, einkommensteuerlich nicht berücksichtigt werden können.

Die Einordnung der Spenden in das System der Körperschaftsteuer ist **umstritten**. Zum Teil wird die Auffassung vertreten, dass Körperschaften neben ihrer betrieblichen Sphäre auch einen außerbetrieblichen Bereich (Privatbereich) haben. Folgt man dieser Auffassung, sind Spenden als Entnahmen anzusehen; sie sind der Einkommensverwendung zuzurechnen. Nach dieser Meinung bewirkt § 9 Abs. 1 Nr 2 KStG, dass die prinzipielle Nichtabziehbarkeit von Spenden zum Teil aufgehoben wird, indem sie innerhalb der vorgegebenen Grenzen **wie** Betriebsausgaben abgezogen werden dürfen.

Die methodisch sehr bedeutsame Diskussion über die Zuordnung von Spenden zum betrieblichen oder außerbetrieblichen Bereich einer Körperschaft wirkt sich in der Besteuerungspraxis nicht aus: Handelsrechtlich werden alle Spenden über ein Aufwandskonto verbucht (sonstige betriebliche Aufwendungen). Zur Ableitung des körperschaftsteuerpflichtigen Gewinns aus dem Handelsbilanzergebnis werden im ersten Schritt sämtliche Spenden wieder hinzugezählt und im zweiten Schritt bei Ermittlung des Gesamtbetrags der Einkünfte der Teil der Spenden subtrahiert, der körperschaftsteuerlich abziehbar ist (R 7.1 Abs. 1 Nr 11, 22 KStR). Der übersteigende Betrag mindert den steuerpflichtigen Gewinn nicht, weil es sich insoweit um nichtabziehbare Betriebsausgaben handelt (erste Auffassung) bzw weil sie dem ertragsteuerlich nicht relevanten Bereich der Einkommensverwendung zugerechnet werden (zweite Auffassung). Unabhängig von der Frage der Begriffsbestimmung hat die Regelung in § 9 Abs. 1 Nr 2 KStG materiell die **Wirkung** einer **Begrenzung des Spendenabzugs** auf den vorgegebenen Höchstbetrag. Spenden werden deshalb zum Teil auch als nur **beschränkt abziehbare Aufwendungen** bezeichnet.

III. Nichtabziehbare Aufwendungen

395 Nichtabziehbare Aufwendungen stellen zwar Minderungen des handelsrechtlichen Ergebnisses einer Kapitalgesellschaft dar, sie reduzieren aber nicht das nach dem Körperschaftsteuergesetz zu versteuernde Einkommen. Da bei Ermittlung des körperschaftsteuerpflichtigen Einkommens an die **einkommensteuerlichen Vorschriften** angeknüpft wird, gelten die dort kodifizierten **Abzugsverbote auch für juristische Personen.**[195]

Der Betriebsausgabenabzug wird **zusätzlich** durch spezielle **körperschaftsteuerliche Regelungen** eingeschränkt (§ 10 KStG):

- Aufwendungen zur Erfüllung von Satzungszwecken
- bestimmte Steuern
- Geldstrafen und ähnliche Aufwendungen
- die Hälfte der Aufsichtsratsvergütungen.

Besteht das Einkommen ausschließlich aus Einkünften, die dem Steuerabzug unterliegen, ist ein Abzug von Betriebsausgaben oder Werbungskosten generell unzulässig (§ 8 Abs. 6 KStG). Diese Regelung betrifft beispielsweise inländische Organisationen, die nach § 2 Nr 2 KStG beschränkt körperschaftsteuerpflichtig sind.

1. Aufwendungen zur Erfüllung von Satzungszwecken

396 Nicht als Betriebsausgaben abziehbar sind Aufwendungen für die Erfüllung von Zwecken des Steuerpflichtigen, die durch Stiftungsgeschäft, Satzung oder sonstige Verfassung vorgeschrieben sind (§ 10 Nr 1 KStG). Diese Vorschrift hat im Wesentlichen deklaratorischen Charakter. Aufwendungen zur Erfüllung von Satzungszwecken sind **grundsätzlich** der **Einkommensverwendung** zuzurechnen. Aufgrund des im Ertragsteuerrecht geltenden Grundsatzes der Trennung von Einkommenserzielung und (konsumtiver) Einkommensverwendung dürfen diese Ausgaben die körperschaftsteuerpflichtige Bemessungsgrundlage generell nicht mindern.

Die Vorschrift ist in erster Linie **für Stiftungen und andere Zweckvermögen von Bedeutung**, weniger für Kapitalgesellschaften. Beispielsweise könnte die Satzung einer Kapitalgesellschaft vorsehen, einen bestimmten Teil des Gewinns an die Gesellschafter zu überweisen oder einem wohltätigen Zweck zuzuführen. Die Abziehbarkeit derartiger Ausgaben entscheidet sich nach den allgemeinen Vorschriften: Die Zahlungen an die Gesellschafter mindern den Erfolg der Kapitalgesellschaft nicht (§ 8 Abs. 3 S. 1, 2 KStG). Spenden sind innerhalb der in § 9 Abs. 1 Nr 2 KStG festgelegten Grenzen abziehbar.

195 Siehe hierzu Zweiter Abschnitt, Kapitel C.III.3., Unterabschnitt h), Rn. 191–208.

2. Bestimmte Steuerzahlungen

Steuern vom Einkommen und sonstige Personensteuern sowie die Umsatzsteuer auf ausgewählte nichtunternehmerisch veranlasste Vermögensminderungen sind nichtabziehbar (§ 10 Nr 2 KStG). Dem Abzugsverbot unterliegen die **Körperschaftsteuer**, der **Solidaritätszuschlag**, die **Erbschaft- und Schenkungsteuer** und **vergleichbare ausländische Personensteuern** sowie die **Umsatzsteuer auf Umsätze, die Entnahmen** oder verdeckte Gewinnausschüttungen sind, sowie die Vorsteuer auf bestimmte nichtabziehbare Betriebsausgaben (Repräsentationsaufwendungen). **397**

§ 10 Nr 2 KStG ist die Parallelvorschrift zu § 12 Nr 3 EStG. Sie **beruht auf** der nach der sachlichen Interpretation des Leistungsfähigkeitsprinzips bei Ertragsteuern bestehenden **Trennung zwischen Einkommenserzielung und -verwendung**.[196]

3. Geldstrafen und ähnliche Aufwendungen

In einem Strafverfahren festgesetzte **Geldstrafen**, sonstige Rechtsfolgen vermögensrechtlicher Art, bei denen der Strafcharakter überwiegt, und **Leistungen zur Erfüllung von Auflagen** oder Weisungen, soweit die Auflagen oder Weisungen nicht lediglich der Wiedergutmachung des durch die Tat verursachten Schadens dienen, mindern den steuerpflichtigen Gewinn einer Kapitalgesellschaft nicht (§ 10 Nr 3 KStG). Das Abzugsverbot gilt auch für damit zusammenhängende Aufwendungen. Diese Vorschrift deckt sich mit dem Abzugsverbot nach § 12 Nr 4 EStG. **398**

Für Geldbußen, Ordnungsgelder und Verwarnungsgelder ergibt sich das Abzugsverbot aus den allgemeinen Gewinnermittlungsvorschriften (§ 4 Abs. 5 S. 1 Nr 8 EStG).

4. Hälfte der Aufsichtsratsvergütungen

Die Hälfte der Aufsichtsratsvergütungen und vergleichbarer Vergütungen kann nicht als Betriebsausgabe abgezogen werden (§ 10 Nr 4 KStG). **399**

Das Abzugsverbot wird damit begründet, dass die Gefahr besteht, dass Aufsichtsratsvergütungen in überhöhtem Umfang gewährt werden. Durch die gesetzliche Regelung eines Abzugsverbots wird **unwiderlegbar vermutet**, dass das **Entgelt zur Hälfte unangemessen** ist. Diese **pauschalierte Vorgehensweise widerspricht den Grundsätzen der körperschaftsteuerlichen Gewinnermittlung**: Aufsichtsratsvergütungen sind durch den Geschäftsbetrieb verursacht. Sie sind deshalb grundsätzlich als Betriebsausgaben abziehbar. Dem gesellschaftsrechtlichen Bereich sind lediglich überhöhte Aufsichtsratsvergütungen zuzurechnen. Ob eine überhöhte Vergütung gezahlt wird, sollte wie bei anderen schuldrechtlichen Gesellschaft-Gesellschafter-Verträgen allgemein üblich jeweils im Einzelfall durch einen Fremdvergleich geprüft werden.

Das in § 10 Nr 4 KStG kodifizierte Abzugsverbot führt zu einer teilweisen Doppelbelastung. Diese wirtschaftliche Doppelbesteuerung entsteht dadurch, dass die Mitglie-

---

196 Ebenfalls nichtabziehbar sind die auf die genannten Steuerzahlungen entfallenden Nebenleistungen. Nach § 3 Abs. 4 AO gehören dazu zB Verspätungszuschläge (§ 152 AO), Säumniszuschläge (§ 240 AO), Zinsen auf Steuernachforderungen (§ 233a AO), Stundungszinsen (§ 234 AO) und Aussetzungszinsen (§ 237 AO).

der des Aufsichtsrats die Vergütungen in vollem Umfang als Einkünfte aus selbständiger Arbeit zu versteuern haben (§ 18 Abs. 1 Nr 3 EStG) und diese Vergütungen bei der Kapitalgesellschaft den steuerpflichtigen Gewinn nur zur Hälfte mindern. In den letzten Jahren wird die Bedeutung der Corporate Governance immer mehr betont. Es ist deshalb wenig sachgerecht, wenn die dafür anfallenden Aufwendungen steuerlich benachteiligt werden.

Nicht vom Abzugsverbot erfasst werden

- der Ersatz von Auslagen, zB Reisekosten, und
- Vergütungen für über die Aufsichtsratstätigkeit hinausgehende Sonderleistungen, wie verschiedene Formen der betriebswirtschaftlichen Beratung.

Die an Vorstände von börsennotierten Aktiengesellschaften gezahlten Vergütungen werden zum Teil als (deutlich) überhöht eingeschätzt. Dies hat zu der steuerpolitischen Forderung geführt, dass bei Vergütungen für Vorstände der Betriebsausgabenabzug auf einen bestimmten Betrag begrenzt werden soll (zB 500 000 €), während der übersteigende Teil den steuerpflichtigen Gewinn der Kapitalgesellschaft nicht mindern soll.[197]

IV. Steuerfreie Einnahmen

400 Die im Einkommensteuergesetz oder in anderen Gesetzen enthaltenen **sachlichen Steuerbefreiungen** gelten auch für die körperschaftsteuerliche Gewinnermittlung (§ 8 Abs. 1 KStG). Von den betrieblich veranlassten Erträgen, die keiner Steuerpflicht unterliegen, sind **Investitionszulagen** (zB § 13 InvZulG 2010 für Investitionen bis zum Jahr 2013) und **Freistellungen nach** einem **Doppelbesteuerungsabkommen** (zur Vermeidung einer internationalen Doppelbesteuerung) hervorzuheben.

Als Konsequenz des geltenden Körperschaftsteuersystems sowie in Ergänzung zu den allgemeinen Maßnahmen zur Vermeidung einer internationalen Doppelbesteuerung werden bei Kapitalgesellschaften **bestimmte Beteiligungserträge** von der Besteuerung ausgenommen:[198]

- **Gewinnanteile** aus der Beteiligung an einer **in- oder ausländischen Kapitalgesellschaft** (Dividendenfreistellung nach § 8b Abs. 1 KStG). Voraussetzung für diese Steuerbefreiung ist eine Beteiligung von mindestens 10% (§ 8b Abs. 4 KStG). Eine Mindestbesitzzeit wird nicht gefordert. Die Dividendenfreistellung wird nicht davon abhängig gemacht, dass die Tochterkapitalgesellschaft bestimmte (aktive) Tätigkeiten ausübt. Sie wird auch gewährt, wenn die Tochterkapitalgesellschaft lediglich vermögensverwaltend (passiv) tätig ist.
  Durch die Steuerbefreiung für Gewinnausschüttungen an eine Kapitalgesellschaft wird eine **zweifache Belastung mit Körperschaftsteuer vermieden**. Körperschaftsteuer soll nur auf Ebene der gewinnerzielenden Kapitalgesellschaft anfallen. Auf Ebene der Kapitalgesellschaft, an die der Gewinn in Form von Dividenden ausgeschüttet wird, soll nicht noch ein weiteres Mal Körperschaftsteuer erho-

197 Vgl zB BT-Drucks 19/7979.

198 Siehe hierzu ausführlich die Erläuterungen zum Körperschaftsteuersystem in Kapitel F., Rn. 414–445.

ben werden. Bei der **Dividendenfreistellung** handelt es sich also **nicht** um eine **Steuervergünstigung**, vielmehr geht es darum, eine Benachteiligung von Gewinnausschüttungen innerhalb eines Konzerns zu vermeiden. Ohne die Dividendenfreistellung würden bei mehrstufigen Beteiligungsketten die Gewinnanteile zwei- oder mehrfach der Körperschaftsteuer unterliegen. Dieser Grundsatz wird allerdings durchbrochen, wenn eine Kapitalgesellschaft zu weniger als 10% an einer anderen Kapitalgesellschaft beteiligt ist.

Für Gewinnausschüttungen einer ausländischen (Tochter-)Kapitalgesellschaft ist die Steuerbefreiung zum Teil doppelt geregelt: zum einen in einem Doppelbesteuerungsabkommen mit dem Ansässigkeitsstaat des Tochterunternehmens (DBA-Schachtelprivileg) und zum anderen im Körperschaftsteuergesetz (Dividendenfreistellung). Da das DBA-Schachtelprivileg häufig nur unter bestimmten Voraussetzungen (zB Beteiligung von mindestens 25%, Mindestbesitzzeit von einem Jahr oder aktive Tätigkeit der Tochterkapitalgesellschaft) gewährt wird, hat das DBA-Schachtelprivileg mit Einführung der Dividendenfreistellung materiell erheblich an Bedeutung verloren.

Voraussetzung für die Steuerbefreiung von Gewinnausschüttungen auf Ebene des Anteilseigners ist, dass diese das Einkommen der Kapitalgesellschaft nicht gemindert haben (§ 8b Abs. 1 S. 2 KStG). Diese gesetzliche Regelung eines Korrespondenzprinzips ist in erster Linie bei grenzüberschreitenden Sachverhalten relevant. Durch sie soll sichergestellt werden, dass die steuerlichen Entlastungen auf Ebene des Anteilseigners nur gewährt werden, wenn die Einkünfte auf Ebene der Kapitalgesellschaft der Besteuerung unterlegen haben. Dies gilt auch dann, wenn die Voraussetzungen des DBA-Schachtelprivilegs vorliegen (§ 8b Abs. 1 S. 3 KStG). Diese Aufhebung des DBA-Schachtelprivilegs durch eine innerstaatliche Norm wird als treaty override bezeichnet.

- **Gewinne aus der Veräußerung eines Anteils an einer anderen Kapitalgesellschaft** (§ 8b Abs. 2 KStG). Die Steuerbefreiung von Veräußerungsgewinnen gilt unabhängig davon, ob die Kapitalgesellschaft, deren Anteile verkauft werden, im Inland oder im Ausland ansässig ist. Eine Mindestbeteiligungsquote oder eine Mindestbesitzzeit wird für die Steuerbefreiung der Veräußerungsgewinne nicht gefordert. Die Steuerbefreiung von Veräußerungsgewinnen stützt sich darauf, dass diese als **„Einmalausschüttung“** angesehen werden. Die Besteuerung soll unabhängig davon sein, ob eine Kapitalgesellschaft ihre Gewinne ausschüttet oder ob der Anteilseigner über die von einer Kapitalgesellschaft thesaurierten Gewinne dadurch mittelbar verfügt, dass er in entsprechendem Umfang Anteile an dieser Kapitalgesellschaft veräußert.
- Nach § 8b Abs. 3 S. 1, 2, Abs. 5 KStG gelten **5% der** Gewinne aus der Veräußerung von Anteilen an Kapitalgesellschaften und der **Dividenden als nichtabziehbare Betriebsausgaben**. § 3c Abs. 1 EStG kommt insoweit nicht zur Anwendung. Das 5%ige Betriebsausgabenabzugsverbot gilt unabhängig von der Höhe der tatsächlich entstandenen Betriebsausgaben. Ein Nachweis niedrigerer Betriebsausgaben ist nicht möglich.

  Ist der Gesellschafter zu weniger als 10% an der ausschüttenden Kapitalgesellschaft beteiligt, sind die Dividenden in vollem Umfang steuerpflichtig (§ 8b Abs. 4 KStG). Deshalb unterbleibt in diesem Fall die Einordnung von 5% der Dividenden in nichtabziehbare Betriebsausgaben.

D. Behandlung von Verlusten

I. Körperschaftsteuerlicher Verlustabzug

401 Die auf dem Nettoprinzip beruhende Gegenüberstellung der Betriebseinnahmen und -ausgaben kann auf Ebene der Kapitalgesellschaft mit dem Ausweis eines negativen Ergebnisses verbunden sein. Da juristische Personen aufgrund ihrer zivilrechtlichen Rechtsfähigkeit selbständig körperschaftsteuerpflichtig sind, kann der **Verlust nur auf Ebene der Kapitalgesellschaft berücksichtigt** werden. Eine direkte Zurechnung der Einkünfte auf die Gesellschafter scheidet aufgrund des **Trennungsprinzips** auch im Verlustfall aus. Es ist konzeptionell ausgeschlossen, dass negative Einkünfte einer Kapitalgesellschaft mit positiven Einkünften eines ihrer Anteilseigner verrechnet werden können. Dieser Grundsatz wird allerdings aufgehoben, wenn die Voraussetzungen für eine (körperschaftsteuerliche und gewerbesteuerliche) Organschaft vorliegen.[199]

Die Verluste der Kapitalgesellschaft können zu einer Minderung des Werts der Anteile führen. Für die ertragsteuerliche Erfassung dieser Wertminderungen und damit für eine **indirekte Verlustverrechnung** auf Ebene des Anteilseigners gelten folgende Grundsätze: Im Privatvermögen scheidet eine Berücksichtigung dieser Wertminderungen grundsätzlich aus (§ 20 Abs. 9 EStG). Gehören die Anteile zum Betriebsvermögen eines Einzelunternehmers oder einer Personengesellschaft, ist eine Teilwertabschreibung möglich, sofern es sich um eine voraussichtlich dauernde Wertminderung handelt (§ 6 Abs. 1 Nr 2 S. 2 EStG). Die Teilwertabschreibung wirkt sich allerdings nur zu 60% gewinnmindernd aus (§ 3c Abs. 2 EStG). Bei Anteilen, die von einer Kapitalgesellschaft gehalten werden, mindern auf Ebene des Gesellschafters Teilwertabschreibungen das steuerpflichtige Einkommen nicht (§ 8b Abs. 3 S. 3 KStG).

402 Bei der Verlustverrechnung auf Ebene der Kapitalgesellschaft ist – wie im Rahmen der Einkommensteuer – zwischen dem (innerperiodischen) **Verlustausgleich** und dem (interperiodischen) **Verlustabzug** zu differenzieren.

Bei **Kapitalgesellschaften** gelten sämtliche Einkünfte als Einkünfte aus Gewerbebetrieb (§ 8 Abs. 2 KStG). Da die gesamte Geschäftstätigkeit einer Kapitalgesellschaft als ein einheitlicher Gewerbebetrieb angesehen wird, **scheiden formal sowohl** ein **interner Verlustausgleich** (Ausgleich mit Einkünften aus einem anderen Gewerbebetrieb) **als auch** ein **externer Verlustausgleich** (Ausgleich mit Einkünften aus einer anderen Einkunftsart) **aus**. Daraus entsteht für Kapitalgesellschaften aber **kein Nachteil**. Das mit dem Verlustausgleich verfolgte Ziel wird bei einer Kapitalgesellschaft dadurch erreicht, dass im Rahmen der Gewinnermittlung sämtliche Erträge und Aufwendungen des laufenden Jahres zusammengefasst und saldiert werden. Damit bedarf es zur Umsetzung des Nettoprinzips weder eines internen noch eines externen Verlustausgleichs.

Die gleichen Aussagen wie für Kapitalgesellschaften gelten für Genossenschaften sowie für Versicherungs- und Pensionsfondsvereine auf Gegenseitigkeit. Bei Organisationen, die nicht nach § 1 Abs. 1 Nr 1–3 KStG körperschaftsteuerpflichtig sind (zB Stiftungen), ist dagegen zwischen mehreren Einkunftsquellen ein Verlustausgleich möglich und aufgrund der getrennten Ermittlung der verschiedenen Einkunftsarten auch notwendig.[200]

---

199 Siehe hierzu ausführlich den Sechsten Teil, Zweiter Abschnitt, Rn. 839–883.

200 Zu den Besonderheiten bei Betrieben gewerblicher Art von juristischen Personen des öffentlichen Rechts siehe § 8 Abs. 7–9 KStG und BMF-Schreiben vom 12.11.2009, BStBl. 2009 I, S. 1303.

Entstehen einer Kapitalgesellschaft aus (typisch oder atypisch) stillen Gesellschaften, Unterbeteiligungen oder sonstigen Innengesellschaften an einer anderen Kapitalgesellschaft Verluste, so können diese nur mit Gewinnen aus derselben Beteiligung verrechnet werden (§ 8 Abs. 1 KStG iVm § 15 Abs. 4 S. 6–8 EStG). Diese Einschränkungen des Verlustausgleichs führen dazu, dass bei Beteiligung einer Kapitalgesellschaft an einer anderen Kapitalgesellschaft eine uneingeschränkte Ergebniskonsolidierung nur durch eine körperschaftsteuerliche Organschaft möglich ist.

Der **Verlustabzug** im Körperschaftsteuerrecht lehnt sich an den einkommensteuerlichen Verlustabzug an (§ 8 Abs. 1 KStG iVm § 10d EStG). Verluste bis zu einem Betrag von 1 Mio. € werden über den Verlustrücktrag mit dem Gewinn des vorangehenden Jahres verrechnet (**einjähriger, betragsmäßig begrenzter Verlustrücktrag**). **403**

Verluste, die 1 Mio. € übersteigen, und negative Einkünfte, die sich im Rahmen des Verlustrücktrags nicht auswirken, weil im Vorjahr keine positiven Einkünfte in entsprechender Höhe angefallen sind, werden mit den in späteren Jahren erzielten Gewinnen verrechnet. Für den **Verlustvortrag** gelten folgende Regelungen:

- Bis zu einem Betrag von 1 Mio. € **(Sockelbetrag)** können Verluste eines Jahres in den Folgejahren ohne weitere Einschränkung vom Gesamtbetrag der Einkünfte abgezogen werden. Der Sockelbetrag wurde eingeführt, um bei kleineren und mittleren Unternehmen den körperschaftsteuerlichen Verlustvortrag nicht einzuschränken („Mittelstandskomponente").
- Verluste, die den Sockelbetrag übersteigen, können nur bis zu 60% des 1 Mio. € übersteigenden Gesamtbetrags der Einkünfte der zukünftigen Jahre verrechnet werden. Dies bedeutet, dass in den Folgejahren von den über den Sockelbetrag hinausgehenden Gewinnen mindestens 40% zu versteuern sind. Die **quotale Beschränkung** des Verlustvortrags wird häufig als „Mindestbesteuerung" bezeichnet.
- Der Verlustvortrag ist **zeitlich nicht begrenzt**.

Beispiel: Eine Kapitalgesellschaft weist im Jahr 00 einen Verlust von 4 000 000 € aus. Im Vorjahr hatte sie einen Gewinn von 1 300 000 €. Der Gewinn im Jahr 01 beträgt 2 700 000 €.

Nach einem *Verlustrücktrag* ins Vorjahr von 1 000 000 € (betragsmäßige Begrenzung) verbleibt ein Verlust von 3 000 000 €. Dieser wird im Jahr 01 im Rahmen des *Verlustvortrags* wie folgt berücksichtigt:

			verrechenbar
	noch nicht verrechneter Verlust	3 000 000 €	
–	Sockelbetrag	1 000 000 €	1 000 000 €
=	verbleiben	2 000 000 €	
–	quotaler Verlustvortrag maximal 60% der nach Abzug des Sockelbetrags verbleibenden Gewinne		
=	60% × (2 700 000 € – 1 000 000 €) =	1 020 000 €	1 020 000 €
=	Verlustvortrag		2 020 000 €

Nach Verlustrücktrag und Vortrag des Sockelbetrags von 1 000 000 € sind von den Verlusten 2 000 000 € noch nicht verrechnet. Von den positiven Einkünften des Folgejahres verbleiben 1 700 000 € (= 2 700 000 € – 1 000 000 €). Aufgrund der quotalen Begrenzung des Verlustvortrags auf 60% des nach Abzug des Sockelbetrags verbleibenden Gesamtbetrags der Einkünfte des Folgejahres 01 können von den noch nicht ausgeglichenen negativen Einkünften im Jahr 01 nur 1 020 000 € verrechnet werden: 60% von 1 700 000 €. 980 000 € (= 2 000 000 € – 1 020 000 €) müssen in die weiteren Jahre vorgetragen werden.

Konsequenz: Die Kapitalgesellschaft hat in den drei Jahren insgesamt Einkünfte von null. Sie hat aber in diesen drei Jahren 980 000 € zu versteuern: 300 000 € in dem Jahr, das dem Verlustjahr vorangeht (Ursache: betragsmäßige Begrenzung des Verlustrücktrags auf 1 000 000 €) und 680 000 € (= 2 700 000 € – 1 000 000 € – 1 020 000 €) in dem Jahr, das auf das Verlustjahr folgt (Ursache: quotale Begrenzung des Verlustvortrags, soweit der Sockelbetrag überschritten ist). Der noch nicht verrechnete Verlust von 980 000 € kann erst in den kommenden Jahren (dh ab dem Jahr 02) im Rahmen des (zeitlich unbeschränkten) Verlustvortrags verrechnet werden.

404 Der Verlustabzug ist **keine Steuervergünstigung**, sondern deshalb notwendig, weil die Körperschaftsteuer nach dem Abschnittsprinzip jährlich erhoben wird. Der auf dem Nettoprinzip beruhende Verlustabzug geht dem Abschnittsprinzip vor, um zu verhindern, dass die Summe der zu versteuernden Einkünfte über den insgesamt von einem Steuerpflichtigen erwirtschafteten Einkünften liegt. Zur Umsetzung des Nettoprinzips ist eine zeitlich und betragsmäßig uneingeschränkte Verlustverrechnung erforderlich. Die quotale Beschränkung des Verlustvortrags über die „Mindestbesteuerung" wäre aus betriebswirtschaftlicher Sicht nur dann akzeptabel, wenn der Verlustvortrag verzinst werden würde. Bei einer Verzinsung des Verlustvortrags würde die Verlagerung der Verlustverrechnung in zukünftige Jahre durch eine Erhöhung der Steuererstattung um entsprechende Zinsen ausgeglichen. Bei einem verzinslichen Verlustvortrag würde der Charakter der quotalen Beschränkungen des Verlustvortrags offen gelegt: Die Einschränkungen des Verlustvortrags führen materiell zu einer besonderen Form der Kreditaufnahme des Staates bei den Unternehmen, die jedoch haushaltsrechtlich nicht als solche ausgewiesen wird. Bei der Kritik ist allerdings zu beachten, dass im Zeitpunkt der Einführung der „Mindestbesteuerung" im Bereich der Körperschaftsteuer Verlustvorträge von ca. 240 Mrd. € bestanden. Ein betragsmäßig nicht eingeschränkter Verlustvortrag wäre zwar betriebswirtschaftlich wünschenswert, er wäre jedoch mit erheblichen haushaltspolitischen Schwierigkeiten verbunden.[201]

Die Einschränkungen beim Verlustabzug sollen grundsätzlich nur zu einer Verzögerung der Verlustverrechnung führen. In einigen Fällen kommt es jedoch dazu, dass der Verlustvortrag teilweise oder vollständig entfällt. Damit kommt es nicht „nur" zu einem negativen Zeiteffekt, vielmehr kann die fehlende Verrechnung von in der Vergangenheit entstandenen Verlusten auch mit einem negativen Bemessungsgrundlageneffekt verbunden sein. Dies ist dann der Fall, wenn aufgrund spezieller steuerlicher Normen oder tatsächlicher Verhältnisse ein Verlustabzug ausscheidet:[202]

---

201 Bis zum 31.12.2013 haben sich die körperschaftsteuerlichen Verlustvorträge auf 637 Mrd. € erhöht. Auf die zwei Prozent Körperschaftsteuerpflichtigen mit den höchsten Verlustvorträgen entfallen ca. 90% aller körperschaftsteuerlichen Verlustvorträge, vgl BMF, Datensammlung zur Steuerpolitik, Ausgabe 2018, Berlin 2019, S. 70.

202 Siehe hierzu BFH vom 26.8.2010, BStBl. 2011 II, S. 826; BMF-Schreiben vom 19.10.2011, BStBl. 2011 I, S. 974.

- Einschränkungen des Verlustabzugs nach einem Gesellschafterwechsel (§ 8c, § 8d KStG),
- Untergang des Verlustvortrags nach gesellschaftsrechtlichen Umstrukturierungen, wie Verschmelzung oder Spaltung (§ 12 Abs. 3 iVm § 4 Abs. 2 S. 2 UmwStG),
- Liquidation, Insolvenz.

II. Einschränkungen des Verlustabzugs nach einem Gesellschafterwechsel

Sowohl die Einkommensteuer als auch die Körperschaftsteuer sind durch eine personenbezogene Besteuerung gekennzeichnet. Den Verlustabzug kann nur die Kapitalgesellschaft in Anspruch nehmen, bei der die negativen Einkünfte entstanden sind. Eine **Übertragung der Verluste** auf die Gesellschafter oder eine andere juristische Person prinzipiell **scheidet aus.**[203] **405**

Denkbar wäre es aber, dass ein nicht genutzter Verlustvortrag durch Veräußerung der Gesellschaftsanteile indirekt (wirtschaftlich) übertragen wird. Wird eine Kapitalgesellschaft, die einen Verlustvortrag ausweist, veräußert, werden die in der Zukunft erzielten Gewinne mit diesem Verlustvortrag verrechnet. Aus Sicht der neuen Anteilseigner entfällt für diese Gewinne die (Vor-)Belastung mit Körperschaftsteuer. Der neue Anteilseigner profitiert dadurch, dass die Dividenden entsprechend höher ausfallen können. Um die daraus resultierenden Gestaltungsmöglichkeiten zu vermeiden, entfällt nach § 8c Abs. 1 S. 1 KStG der Verlustvortrag der Kapitalgesellschaft in vollem Umfang, wenn **mehr als 50 % der Anteils- oder Stimmrechte an einen Erwerber** oder diesem nahestehende Personen **übertragen** werden **(schädlicher Gesellschafterwechsel).**[204]

Beispiel: Die P-AG hat einen Verlustvortrag von 4 000 000 €. B erwirbt 70% der Anteile an der P-AG. Der Verlustvortrag geht in dem Zeitpunkt in vollem Umfang unter, in dem B die Mehrheit der Anteile erwirbt. Die bei der P-AG in der Vergangenheit entstandenen Verluste können von der P-AG nicht mehr verrechnet werden, sie bleiben steuerlich unberücksichtigt.

Eine Kapitalerhöhung steht einem Gesellschafterwechsel gleich, sofern es dadurch zu einer Veränderung der Beteiligungsverhältnisse kommt. **406**

Bei der Berechnung der Quote, bei deren Erreichen es zu einem schädlichen Gesellschafterwechsel kommt, werden alle (mittel- und unmittelbaren) Übertragungen von Anteilen- und Stimmrechten zusammengefasst, die innerhalb eines Zeitraums von fünf Jahren durchgeführt werden.

---

203 Dieser Grundsatz gilt ausnahmsweise nicht, wenn die Voraussetzungen für eine (körperschaftsteuerliche und gewerbesteuerliche) Organschaft vorliegen. Siehe hierzu ausführlich den Sechsten Teil, Zweiter Abschnitt, Rn. 839–883.

204 Zu Einzelheiten siehe BMF-Schreiben vom 28.11.2017, BStBl. 2017 I, S. 1645 sowie Dötsch/Pung, DB 2008, S. 1703; Eisgruber/Schaden, Ubg 2010, S. 73; Herzig/Bohn, DStR 2009, S. 2341; Holle/Weiss, DB 2018, S. 3008; Müller, DB 2017, S. 2898; Scheunemann/Dennissen/Behrens, BB 2010, S. 25; Seer, FR 2015, S. 729; Sommer/Sediqi, FR 2018, S. 67.

Als ein Erwerber gilt auch eine Gruppe von Erwerbern, wenn diese gleich gerichtete Interessen haben. Erreicht keiner der Erwerber eine Beteiligungsquote von 50%, kann die Kapitalgesellschaft aufgrund ihrer eigenständigen Steuersubjekteigenschaft den Verlustabzug auch ohne weitere Einschränkung dann in Anspruch nehmen, wenn sich die Zusammensetzung ihrer Gesellschafter ändert.

Die Einschränkung der Verlustverrechnung auf Ebene der Kapitalgesellschaft betrifft sowohl den Verlustvortrag der Kapitalgesellschaft, dh die in den vergangenen Jahren entstandenen und noch nicht verrechneten Verluste, als auch die Verluste des Jahres, die bis zum Zeitpunkt der Anteilsübertragung entstanden sind (laufende Verluste).

407 Entfällt nach einem Gesellschafterwechsel der Verlustvortrag auf Ebene der Kapitalgesellschaft, deren Anteile übertragen wurden, wird das ansonsten bei Kapitalgesellschaften geltende **Trennungsprinzip durchbrochen**. Für die Besteuerung auf Ebene der Kapitalgesellschaft werden entgegen dem Konzept der eigenständigen Gewinnermittlung von juristischen Personen Vorgänge berücksichtigt, die sich auf Ebene der Gesellschafter ereignen. Der Untergang des Verlustvortrags auf Ebene der Kapitalgesellschaft nach einem Gesellschafterwechsel kann dazu führen, dass die betragsmäßige Beschränkung des Verlustvortrags nicht nur einen negativen Zeiteffekt auslöst, sondern mit einem endgültigen Untergang der Vortragsmöglichkeiten verbunden ist. Aufgrund dieses **negativen Bemessungsgrundlageneffekts** können die in der Vergangenheit entstandenen Verluste einer Kapitalgesellschaft überhaupt nicht verrechnet werden.

Der ursprünglich vorgesehene quotale Untergang des Verlustabzugs der Kapitalgesellschaft bei einer Übertragung von mehr als 25%, aber weniger als 50% der Anteils- oder Stimmrechte wurde als Verstoß gegen den Gleichbehandlungsgrundsatz nach Art. 3 Abs. 1 GG angesehen. Es ist unzulässig, typisierend davon auszugehen, dass sich bei einem Gesellschafterwechsel zwischen 25 und 50% die wirtschaftliche Identität der Kapitalgesellschaft ändert. Bei einem Gesellschafterwechsel zwischen 25 und 50% liegt kein Missbrauch vor, der durch den quotalen Untergang des Verlustabzugs zu verhindern ist.[205] Strittig ist, ob sich die wirtschaftliche Identität einer Kapitalgesellschaft bei einem Übergang von mehr als 50% der Anteils- oder Stimmrechte so ändert, dass damit der vollständige Untergang des Verlustabzugs gerechtfertigt werden kann.[206]

408 Konzerninterne Umstrukturierungen sollen unter bestimmten Voraussetzungen nicht zum Untergang des Verlustabzugs führen. Der Verlustabzug der Kapitalgesellschaft geht deshalb nicht unter, wenn an dem übertragenden und an dem übernehmenden Rechtsträger dieselbe Person zu jeweils 100% mittelbar oder unmittelbar beteiligt ist (§ 8c Abs. 1 S. 4 KStG). Bei dieser **Konzernklausel** wird beachtet, dass es zwar rechtlich zu einem Anteilseignerwechsel kommt, sich aber wirtschaftlich die Verhältnisse nicht geändert haben. Idealtypisches Beispiel für die Anwendung der Konzernklausel ist der Verkauf einer Enkelkapitalgesellschaft zwischen zwei Tochterkapitalgesellschaften, die das gleiche Mutterunternehmen haben.

---

205 Vgl BVerfG vom 29.3.2017, BStBl. 2017 II, S. 1082. Siehe hierzu zB Hohmann, DStZ 2017, S. 550; Kessler/Egelhof/Probst, DStR 2017, S. 1289; Röder, FR 2018, S. 52.

206 Diese Ansicht wird in dem Vorlagebeschluss des FG Hamburg vom 29.8.2017, EFG 2017, S. 1906, vertreten (beim BVerfG unter dem Aktenzeichen 2 BvL 19/17 anhängig).

Der Verlustvortrag bleibt in dem Umfang erhalten, in dem zum Zeitpunkt des schädlichen Beteiligungserwerbs im inländischen Betriebsvermögen stille Reserven vorhanden sind (§ 8c Abs. 1 S. 5–8 KStG). Die **Stille-Reserve-Klausel** geht von der Überlegung aus, dass in dem Umfang, in dem stille Reserven gebildet wurden, die Einkünfte der Kapitalgesellschaft geringer ausgefallen sind. Wären die stillen Reserven nicht gebildet worden, wäre der Verlustvortrag der Kapitalgesellschaft entsprechend geringer. Soweit der (anteilige) gemeine Wert der Anteile (idR der für die Anteile vereinbarte Kaufpreis) höher ist als das (anteilige) steuerliche Eigenkapital der Kapitalgesellschaft, bleibt auch bei einem schädlichen Gesellschafterwechsel der Verlustvortrag der Kapitalgesellschaft erhalten. **409**

Beispiel: Die K-AG weist einen Verlustvortrag von 5 000 000 € und ein steuerbilanzielles Eigenkapital von 2 000 000 € aus. N erwirbt 60% der Anteile an der K-AG. Er entrichtet einen Kaufpreis von 1 800 000 €. Der gemeine Wert der Anteile (= 1 800 000 €) übersteigt das anteilige bilanzielle Eigenkapital (= 1 200 000 € = 2 000 000 € × 60%) um 600 000 €. In Höhe dieser Differenz bleibt der Verlustvortrag der K-AG erhalten. Unter Berücksichtigung der Stille-Reserve-Klausel geht der Verlustvortrag der K-AG durch den Gesellschafterwechsel nur in Höhe von 4 400 000 € (= 5 000 000 € – 600 000 €) anstatt in voller Höhe unter.

Der Verlustvortrag entfällt nach einem Gesellschafterwechsel nicht, wenn der Beteiligungserwerb der Sanierung der Kapitalgesellschaft dient (**Sanierungsklausel,** § 8c Abs. 1a KStG).[207] Eine Sanierung liegt vor, wenn eine Maßnahme dazu dient, die Zahlungsunfähigkeit oder Überschuldung zu verhindern oder zu beseitigen und zugleich die wesentlichen Betriebsstrukturen zu erhalten. **410**

Die Erhaltung der wesentlichen Betriebsstrukturen setzt voraus, (1) dass eine Betriebsvereinbarung mit einer Arbeitsplatzregelung besteht oder (2) dass die Lohnsumme in den nächsten fünf Jahren nach dem Beteiligungserwerb 400% der Ausgangslohnsumme nicht unterschreitet (= im Durchschnitt 80% der bisherigen Lohnsumme) oder (3) dass der Kapitalgesellschaft durch Einlagen wesentliches Betriebsvermögen zugeführt wird. Eine wesentliche Betriebsvermögenszuführung liegt vor, wenn der Kapitalgesellschaft innerhalb von zwölf Monaten nach dem Beteiligungserwerb neues Betriebsvermögen zugeführt wird, das mindestens 25% des in der Steuerbilanz zum Schluss des vorangehenden Wirtschaftsjahres enthaltenen (anteiligen) Aktivvermögens entspricht. Ein Erlass von werthaltigen Verbindlichkeiten durch den Erwerber oder eine ihm nahestehende Person gilt gleichfalls als Zuführung neuen Betriebsvermögens. Leistungen der Kapitalgesellschaft an die Gesellschafter (offene oder verdeckte Gewinnausschüttungen, Kapitalherabsetzungen) innerhalb von drei Jahren nach der Zuführung des neuen Betriebsvermögens mindern den Wert des neu zugeführten Betriebsvermögens.

Keine Sanierung liegt vor, wenn die Kapitalgesellschaft im Zeitpunkt des Beteiligungserwerbs ihren Geschäftsbetrieb im Wesentlichen eingestellt hat oder wenn innerhalb eines Zeitraums von fünf Jahren nach dem Beteiligungserwerb ein Branchenwechsel erfolgt.

207 Die Sanierungsklausel verstößt nicht gegen das Beihilfeverbot nach Art. 107, Art. 108 AEUV, vgl EuGH vom 28.6.2018 *(Andres (faillite Heitkamp BauHolding))*, ECLI:EU:C:2018:505. Zur beihilfrechtlichen Beurteilung siehe zB die Übersicht von Kußmaul/Licht, BB 2018, S. 1948.

411 Nach einem schädlichen Gesellschafterwechsel iSd § 8c KStG geht der Verlustvortrag auf Antrag doch nicht unter, wenn die Kapitalgesellschaft seit ihrer Gründung oder zumindest in den letzten drei Jahren ausschließlich denselben Geschäftsbetrieb unterhalten hat und dieser Geschäftsbetrieb fortgeführt wird (§ 8d Abs. 1 S. 1 KStG). Rechtsfolge des Antrags ist, dass § 8c KStG nicht angewendet wird und dass der (ansonsten untergehende) Verlustvortrag zum **fortführungsgebundenen Verlustvortrag** wird (§ 8d Abs. 1 S. 5–8 KStG).[208]

§ 8d KStG ist nur relevant, wenn nach § 8c KStG der Verlustvortrag untergehen würde. Es muss also ein schädlicher Gesellschafterwechsel vorliegen (Übertragung von mehr als 50% der Anteils- oder Stimmrechte auf einen Erwerber) und es darf keine der in § 8c KStG kodifizierten Ausnahmeregelungen relevant sein (Konzernklausel, Stille-Reserve-Klausel, Sanierungsklausel). Der fortführungsgebundene Verlustvortrag nach § 8d KStG dient insbesondere der Erleichterung von Sanierungen (wenn keine stillen Reserven mehr vorhanden sind) sowie zur Aufnahme von neuen Gesellschaftern in Wachstumsunternehmen (wenn noch keine stillen Reserven vorhanden sind).[209]

Die Regelungen für den fortführungsgebundenen Verlustvortrag kommt nicht zur Anwendung, wenn die verlusterzielende Kapitalgesellschaft ihren Geschäftsbetrieb eingestellt oder ruhend gestellt hat oder wenn die Kapitalgesellschaft als Muttergesellschaft einer ertragsteuerlichen Organschaft fungiert oder wenn sie an einer Personengesellschaft beteiligt ist (§ 8d Abs. 1 S. 2 KStG).

Ein Geschäftsbetrieb umfasst die von einer einheitlichen Gewinnerzielungsabsicht getragenen, nachhaltigen, sich gegenseitig ergänzenden und fördernden Betätigungen der Körperschaft und bestimmt sich nach qualitativen Merkmalen in einer Gesamtbetrachtung. Qualitative Merkmale sind insbesondere die angebotenen Dienstleistungen oder Produkte, der Kunden- und Lieferantenkreis, die bedienten Märkte und die Qualifikation der Arbeitnehmer (§ 8d Abs. 1 S. 3, 4 KStG).

Der zuletzt festgestellte fortführungsgebundene Verlustvortrag geht unter, wenn ein schädliches Ereignis nach § 8d Abs. 2 KStG stattfindet. Als schädliches Ereignis gelten zum einen die Einstellung des Geschäftsbetriebs, die Zuführung des Geschäftsbetriebs zu einer andersartigen Zweckbestimmung und die Aufnahme eines zusätzlichen Geschäftsbetriebs (§ 8d Abs. 2 Nr 1–3 KStG). Der fortführungsgebundene Verlustvortrag geht in diesen Fällen unter, weil der Geschäftsbetrieb nicht unverändert fortgeführt wird. Zum anderen entfällt der fortführungsgebundene Verlustvortrag bei einer Beteiligung der Kapitalgesellschaft an einer Personengesellschaft, bei der Übernahme der Stellung eines Mutterunternehmens einer ertragsteuerlichen Organschaft (Organträger) und bei der Übertragung von Wirtschaftsgütern auf die Kapitalgesellschaft zu einem geringeren Wert als dem gemeinen Wert (§ 8d Abs. 2 Nr 4–6 KStG). Durch die Einordnung dieser Geschäftsvorfälle als schädliches Ereignis soll die Möglichkeit ausgeschlossen werden, dass die bei einem anderen Rechtssubjekt entstande-

208 Siehe hierzu zB Dreßler/Rogall, DB 2016, S. 2375; Förster/von Cölln, DStR 2017, S. 8; Gänsler, WPg 2017, S. 534; Ortmann-Babel/Bolik, DB 2016, S. 2984; Suchanek/Rüsch, Ubg 2016, S. 576; Suchanek/Rüsch, GmbHR 2018, S. 57.

209 Zu den Besonderheiten bei Start-ups siehe Braun/Kopp, DStR 2019, S. 1422.

nen Gewinne bzw stillen Reserven mit dem fortführungsgebundenen Verlustvortrag verrechnet werden.

Die Voraussetzungen des § 8d KStG stellen sowohl bei den vergangenheitsbezogenen Kriterien als auch den zukunftsbezogenen Ereignissen auf die wirtschaftliche Identität der Kapitalgesellschaft ab, bei der die Verluste entstanden sind und bei der zukünftig Gewinne entstehen.

E. Steuertarif und Steuerzahlung

Für die Körperschaftsteuer gilt ein **einheitlicher Steuersatz** von **15%** (§ 23 Abs. 1 KStG). Der Körperschaftsteuersatz ist 412

- unabhängig davon, wie hoch die Bemessungsgrundlage, das zu versteuernde Einkommen, ausfällt (proportionaler Steuertarif: keine Progressionswirkung) und
- unabhängig davon, ob die Gewinne einbehalten oder ausgeschüttet werden (Unabhängigkeit von der Gewinnverwendung: kein gespaltener Steuersatz).

Die **festzusetzende Körperschaftsteuer** errechnet sich nach folgendem Schema:

	Steuerbetrag nach Regelsteuersatz (§ 23 Abs. 1 KStG) (= zu versteuerndes Einkommen × Körperschaftsteuersatz)
–	Steuerermäßigungen, zB nach § 26 Abs. 1 KStG iVm § 34c EStG anrechenbare ausländische Steuern
=	Tarifbelastung
=	festzusetzende Körperschaftsteuer

Die **Körperschaftsteuer** ist eine **Jahressteuer**. Sie ist jeweils für ein Kalenderjahr zu ermitteln (§ 7 Abs. 3 KStG).

Die Körperschaftsteuer ist eine **Veranlagungssteuer**. Der Steuerpflichtige gibt bis zum 31. Juli des Folgejahres nach amtlich vorgeschriebenem Datensatz durch Datenfernübertragung eine Körperschaftsteuererklärung ab (§ 31 Abs. 1a KStG iVm § 149 Abs. 2 AO). Die Finanzbehörde erlässt daraufhin einen Körperschaftsteuerbescheid. Für Veranlagung, Anrechnung, Entrichtung und Vergütung der Körperschaftsteuer sind die für die Einkommensteuer geltenden Vorschriften entsprechend anzuwenden (§ 31 Abs. 1 KStG). 413

Die Körperschaftsteuer **entsteht** grundsätzlich **mit Ablauf des Kalenderjahres** (Veranlagungszeitraum, § 30 KStG). Die Körperschaftsteuer wird grundsätzlich in Form von **vierteljährlichen Vorauszahlungen** auf die voraussichtliche Steuerschuld des Jahres erhoben. Bereits entrichtete bzw einbehaltene Beträge sind auf die festzusetzende Körperschaftsteuer anzurechnen. Für die **Abschlusszahlung** (zu zahlende Körperschaftsteuer) oder den Erstattungsbetrag gilt (§ 31 Abs. 1 KStG iVm § 36, § 48c Abs. 1 EStG):

	festzusetzende Körperschaftsteuer
–	vierteljährliche Körperschaftsteuer-Vorauszahlungen
–	anzurechnende Kapitalertragsteuer (bei Kapitalerträgen, die einer juristischen Person zufließen, hat die Kapitalertragsteuer grundsätzlich keine abgeltende Wirkung, § 32d EStG gilt nur für Einkünfte aus Kapitalvermögen einer natürlichen Person)
–	bei Durchführung von begünstigten Forschungs- und Entwicklungsvorhaben Forschungszulage
–	bei der Erbringung von Bauleistungen: vom Leistungsempfänger einbehaltener Steuerabzug (sofern nicht bereits bei der abzuführenden Lohnsteuer oder den Körperschaftsteuervorauszahlungen angerechnet)
=	Abschlusszahlung (zu zahlende Körperschaftsteuer) oder Körperschaftsteuererstattung

F. Körperschaftsteuersystem

I. Besteuerung von Gewinnausschüttungen

414 Die Ausgestaltung des Körperschaftsteuersystems ist insbesondere dann bedeutsam, wenn eine Kapitalgesellschaft die von ihr erzielten Gewinne ausschüttet. Stellt eine Kapitalgesellschaft ihre Gewinne in die Rücklagen ein (**Thesaurierung**), sind die Gewinne nur von der Kapitalgesellschaft zu versteuern. Aufgrund des Trennungsprinzips werden die einbehaltenen Gewinne dem Gesellschafter nicht zugerechnet. Der Gesellschafter bezieht keine steuerbaren Einkünfte. Im Thesaurierungsfall kommt es generell nur zu einer einmaligen Besteuerung: (1) Unabhängig von der Ausgestaltung des Körperschaftsteuersystems fällt auf Ebene der Kapitalgesellschaft Körperschaftsteuer an. (2) Auf Ebene des Anteilseigners werden keine Ertragsteuern erhoben.

Bei einer **Ausschüttung der Gewinne** ist danach zu **differenzieren**, ob der **Gesellschafter eine natürliche Person oder eine juristische Person** (insbesondere eine andere Kapitalgesellschaft) ist, da Beteiligungserträge im Rahmen der Einkommensteuer und der Körperschaftsteuer unterschiedlich besteuert werden.

1. Ausschüttungen an eine natürliche Person

a) Anteile im Privatvermögen: Abgeltungsteuer

415 Handelt es sich bei dem Gesellschafter um eine natürliche Person, hängt die Besteuerung der Dividenden davon ab, ob die Anteile an der Kapitalgesellschaft zum Privatvermögen oder zum Betriebsvermögen des Gesellschafters gehören. Zunächst wird auf den Grundfall eingegangen, dass die Anteile dem Privatvermögen zugeordnet werden.

Hält eine natürliche Person die Anteile an der Kapitalgesellschaft in ihrem Privatvermögen, führen die Dividenden zu Einkünften aus Kapitalvermögen (§ 20 Abs. 1 Nr 1 EStG). Es kommt zu einem Nebeneinander von Besteuerung der Gewinne auf Ebene der Kapitalgesellschaft mit Körperschaftsteuer und Besteuerung auf Ebene der Anteilseigner mit Einkommensteuer. **Rechtlich** liegt zwar **keine Doppelbesteuerung** vor, da die Gewinne der Kapitalgesellschaft und die Dividenden der Gesellschafter von zwei verschiedenen Rechtssubjekten zu versteuern sind. Aus **betriebswirtschaftlicher Sicht** werden jedoch die **gleichen Einkommensteile belastet**. Es kommt zu einer wirtschaftlichen Doppelbesteuerung. Das Nebeneinander von Gewinnbesteuerung der Kapitalgesellschaft und Besteuerung der Ausschüttungen beim Anteilseigner wird auch als **Doppelbelastung** bezeichnet.

Die **Doppelbelastung von Gewinnen**, die eine Kapitalgesellschaft an ihre Anteilseigner ausschüttet, wird **in pauschalierter Weise vermieden**: Die auf Ebene der Kapitalgesellschaft erhobene Körperschaftsteuer von 15% der Gewinne bleibt auch im Ausschüttungsfall bestehen (Definitivcharakter der Körperschaftsteuer). Die nach Abzug der Körperschaftsteuer verbleibenden Gewinne werden bei einem einkommensteuerpflichtigen Anteilseigner, der die Anteile an der Kapitalgesellschaft in seinem Privatvermögen hält, **nicht** nach dem **Normaltarif** besteuert, **sondern** mit einem **gesonderten Steuertarif**. Einkünfte aus Kapitalvermögen sind zwar in vollem Umfang steuerpflichtig, allerdings gilt für sie grundsätzlich ein Sondersteuersatz von **25%**, der deutlich unter dem Spitzensteuersatz der Einkommensteuer von 45% liegt (**Abgeltungsteuer**, § 32d EStG).[210]

Die **Gesamtsteuerbelastung** von Gewinnen, die eine Kapitalgesellschaft an eine natürliche Person ausschüttet, setzt sich aus der **Körperschaftsteuer** der Kapitalgesellschaft sowie der reduzierten Einkommensteuer des Anteilseigners zusammen. Hält der Anteilseigner seine Anteile im Privatvermögen, erfolgt die Entlastung der **Einkommensteuer** durch eine **Reduzierung des Steuersatzes**:

$$s_{KSt} + (1 - s_{KSt}) \times s_{AbgSt}$$

① ② ③

mit s_{KSt} = Körperschaftsteuersatz, s_{AbgSt} = Abgeltungsteuersatz

Auf Ebene der Kapitalgesellschaft fällt Körperschaftsteuer an ①. Die nach Abzug der Körperschaftsteuer mögliche Dividende ② ist auf Ebene des Anteilseigners mit der 25%igen Abgeltungsteuer besteuert ③.

Die **Grundstruktur der Besteuerung von Gewinnen, die an eine natürliche Person ausgeschüttet werden, die ihre Anteile im Privatvermögen hält (Abgeltungsteuer)**, verdeutlicht das folgende Berechnungsschema:

210 Voraussetzung für die Anwendung des Sondersteuersatzes ist, dass die Gewinnausschüttungen das Einkommen der Kapitalgesellschaft nicht gemindert haben (§ 32d Abs. 2 Nr 4 EStG). Diese gesetzliche Regelung eines Korrespondenzprinzips ist in erster Linie bei grenzüberschreitenden Sachverhalten relevant. Durch sie soll sichergestellt werden, dass die steuerlichen Entlastungen auf Ebene des Anteilseigners nur gewährt werden, wenn die Einkünfte auf Ebene der Kapitalgesellschaft der Besteuerung unterlegen haben.

1.	**Ebene der Kapitalgesellschaft** körperschaftsteuerpflichtiger Gewinn	100,00
–	Körperschaftsteuer von 15% des körperschaftsteuerpflichtigen Gewinns (§ 23 Abs. 1 KStG)	15,00
=	Ausschüttung (Bruttobardividende)	85,00
–	Kapitalertragsteuer von 25% der Ausschüttung (§ 43 Abs. 1 S. 1 Nr 1, § 43a Abs. 1 S. 1 Nr 1 EStG)	21,25
=	Auszahlung (Nettobardividende)	63,75
2.	**Ebene des Gesellschafters (natürliche Person): Abgeltungsteuer** keine weitere Besteuerung, da der gesonderte Steuertarif für Einkünfte aus Kapitalvermögen mit der Kapitalertragsteuer übereinstimmt	
=	Veränderung des Nettovermögens nach Einkommensteuer (Nettobardividende)	63,75
3.	**Gesamtbelastung**	36,25

Nach Abzug der 15%igen Körperschaftsteuer kann die Kapitalgesellschaft aus ihrem Gewinn von 100,00 eine Dividende von 85,00 finanzieren. Auf die Dividende wird eine Kapitalertragsteuer von 25% erhoben. Die Kapitalertragsteuer stimmt mit dem gesonderten Steuertarif für Einkünfte aus Kapitalvermögen (Abgeltungsteuer) überein. Deshalb bleiben die Dividenden bei der Veranlagung des Anteilseigners grundsätzlich außer Ansatz. Dieser gesonderte Steuersatz gilt unabhängig von den persönlichen Verhältnissen des Anteilseigners.[211]

Durch die Gewinnausschüttung erhöht sich das Nettovermögen des Gesellschafters um 63,75. Die steuerliche Gesamtbelastung beträgt also 36,25. Sie setzt sich aus der Körperschaftsteuer der Kapitalgesellschaft von 15,00 und der Einkommensteuer des Anteilseigners (Abgeltungsteuer) von 21,25 zusammen.

b) Anteile im Betriebsvermögen oder Wahlrecht bei unternehmerischer Beteiligung: Teileinkünfteverfahren

416 Hält eine **natürliche Person** die Anteile an der Kapitalgesellschaft in ihrem gewerblichen **Betriebsvermögen**, führen die Dividenden zu Einkünften aus Gewerbebetrieb (§ 15 iVm § 20 Abs. 8 EStG). Die aus dem Nebeneinander von Besteuerung der Gewinne auf Ebene der Kapitalgesellschaft und auf Ebene der Anteilseigner entstehende Doppelbelastung wird bei Anteilen, die ertragsteuerlich dem Betriebsvermögen zugeordnet werden, durch das **Teileinkünfteverfahren** in pauschalierter Form vermieden. Das Teileinkünfteverfahren ist dadurch gekennzeichnet, dass **Dividenden zu 40% steuerfrei** sind. Dies bedeutet, dass Dividenden nur zu 60% steuerpflichtig sind (§ 3 Nr 40 EStG).[212] Hinsichtlich des Steuersatzes gelten keine Besonderheiten, er ergibt sich aus dem Normaltarif (§ 32a EStG).

211 Eine Ausnahme gilt im Rahmen der Günstigerprüfung (§ 32d Abs. 6 EStG).

212 Voraussetzung für die teilweise Steuerbefreiung ist, dass die Gewinnausschüttungen das Einkommen der Kapitalgesellschaft nicht gemindert haben (§ 3 Nr 40 Buchst. d S. 2 EStG). Diese gesetzliche Regelung eines Korrespondenzprinzips ist in erster Linie bei grenzüberschreitenden Sachverhalten relevant. Durch sie soll sichergestellt werden, dass die steuerlichen Entlastungen auf Ebene des Anteilseigners nur gewährt werden, wenn die Einkünfte auf Ebene der Kapitalgesellschaft der Besteuerung unterlegen haben.

Das Teileinkünfteverfahren gilt auch dann, wenn die Anteile im Betriebsvermögen von Land- und Forstwirten bzw Freiberuflern enthalten sind, dh wenn die Dividenden zu Einkünften aus Land- und Forstwirtschaft oder zu Einkünften aus selbständiger Arbeit führen (§ 20 Abs. 8 EStG). Das Teileinkünfteverfahren kommt auch dann zur Anwendung, wenn eine natürliche Person, die ihre Anteile im Privatvermögen hält und die an der Kapitalgesellschaft unternehmerisch beteiligt ist, das in § 32d Abs. 2 Nr 3 EStG enthaltene Wahlrecht ausübt. Eine **unternehmerische Beteiligung** liegt vor, wenn der Gesellschafter entweder an der Kapitalgesellschaft zu mindestens 25% beteiligt ist *oder* wenn er an der Kapitalgesellschaft zu mindestens 1% beteiligt ist und er gleichzeitig durch eine berufliche Tätigkeit bei dieser Kapitalgesellschaft einen maßgeblichen unternehmerischen Einfluss auf deren wirtschaftliche Tätigkeit nehmen kann (zB als Gesellschafter-Geschäftsführer).

Die **Doppelbelastung von Gewinnen** wird auch beim Teileinkünfteverfahren **in pauschalierter Weise vermieden**. Allerdings setzt beim Teileinkünfteverfahren die Pauschalierung nicht am Steuersatz an, sondern an der **Bemessungsgrundlage**. Die nach Abzug der Körperschaftsteuer verbleibenden Gewinne werden nicht in vollem Umfang besteuert. Vielmehr sind die Dividenden aufgrund der 40%igen Steuerbefreiung nach § 3 Nr 40 EStG **nur zu 60% steuerpflichtig**:

$$s_{KSt} + (1 - s_{KSt}) \times 0{,}60 \times s_{ESt}$$

① ② ③ ④

mit s_{KSt} = Körperschaftsteuersatz, s_{ESt} = Einkommensteuersatz

Auf Ebene der Kapitalgesellschaft fällt Körperschaftsteuer an ①. Die nach Abzug der Körperschaftsteuer mögliche Dividende ② ist auf Ebene des Anteilseigners zu 40% steuerfrei, sodass sie nur zu 60% ③ (zB als Einkünfte aus Gewerbebetrieb) nach dem Normaltarif der Einkommensteuer unterliegt ④.

Die **Grundstruktur der Besteuerung von Gewinnen, die an eine natürliche Person ausgeschüttet werden** und die dem **Teileinkünfteverfahren** unterliegen, verdeutlicht das folgende Berechnungsschema:

1.	**Ebene der Kapitalgesellschaft** körperschaftsteuerpflichtiger Gewinn	100,00
–	Körperschaftsteuer von 15% des körperschaftsteuerpflichtigen Gewinns (§ 23 Abs. 1 KStG)	15,00
=	Ausschüttung (Bruttobardividende)	85,00
–	Kapitalertragsteuer von 25% der Ausschüttung (§ 43 Abs. 1 S. 1 Nr 1, § 43a Abs. 1 S. 1 Nr 1 EStG)	21,25
=	Auszahlung (Nettobardividende)	63,75
2.	**Ebene des Gesellschafters (natürliche Person): Teileinkünfteverfahren** **Berechnung der steuerpflichtigen Einkünfte** Bruttobardividende	85,00
–	davon steuerfrei (40%ige Steuerbefreiung nach § 3 Nr 40 EStG)	34,00
=	steuerpflichtige Einkünfte des Anteilseigners	51,00

	Steuerzahlung festzusetzende Einkommensteuer nach dem Normaltarif bei einem Steuersatz von beispielsweise 30%	15,30
–	einbehaltene Kapitalertragsteuer (§ 36 Abs. 2 Nr 2 EStG)	21,25
=	zu zahlende Einkommensteuer (hier Erstattung)	– 5,95
	Zahlungsrechnung Nettobardividende	63,75
+	Einkommensteuererstattung	5,95
=	Veränderung des Nettovermögens nach Einkommensteuer	69,70
3.	**Gesamtbelastung**	30,30

Nach Abzug der 15%igen Körperschaftsteuer kann die Kapitalgesellschaft aus ihrem Gewinn von 100,00 eine Dividende von 85,00 finanzieren. Diese Dividende ist auf Ebene des Anteilseigners zu 40% von der Einkommensteuer befreit, sodass lediglich 60% (zB als Einkünfte aus Gewerbebetrieb) zu versteuern sind. Bei einem Einkommensteuersatz von (angenommen) 30% fällt auf die Dividenden eine festzusetzende Einkommensteuer von 15,30 an.

Bemessungsgrundlage für die Kapitalertragsteuer bildet die Bruttobardividende. Die 40%ige Steuerbefreiung nach § 3 Nr 40 EStG gilt nicht für die Kapitalertragsteuer (§ 43 Abs. 1 S. 3 EStG). Beim Teileinkünfteverfahren ist die Kapitalertragsteuer in vollem Umfang auf die Einkommensteuer des Anteilseigners anrechenbar (§ 36 Abs. 2 Nr 2 EStG). Bei einem Einkommensteuersatz von beispielsweise 30% ist die festzusetzende Einkommensteuer geringer als die anrechenbare Kapitalertragsteuer. Bei der Einkommensteuerveranlagung des Gesellschafters kommt es zu einer Steuererstattung von 5,95.

Durch die Gewinnausschüttung erhöht sich das Nettovermögen des Gesellschafters um 69,70. Die Gesamtbelastung beträgt also 30,30. Sie setzt sich aus der Körperschaftsteuer der Kapitalgesellschaft von 15,00 und der festzusetzenden Einkommensteuer des Anteilseigners von 15,30 zusammen. Die Kapitalertragsteuer, als eine besondere Erhebungsform der Einkommensteuer, führt bei Anwendung des Teileinkünfteverfahrens aufgrund der Anrechnung auf die festzusetzende Einkommensteuer materiell zu keiner Belastung. Insoweit besteht ein konzeptioneller Unterschied zur Besteuerung von Dividenden, die als Einkünfte aus Kapitalvermögen dem 25%igen Sondersteuersatz nach § 32d EStG (der Abgeltungsteuer) unterliegen.

2. Ausschüttungen an eine Kapitalgesellschaft

a) Beteiligung mindestens 10%: Dividendenfreistellung

417 In diesem Abschnitt wird auf den Grundfall eingegangen, bei dem die Dividenden auf Ebene eines körperschaftsteuerpflichtigen Anteilseigners außer Ansatz bleiben (Dividendenfreistellung nach § 8b Abs. 1 KStG). Voraussetzung für die Nichtbesteuerung von Dividenden, die an eine Kapitalgesellschaft gezahlt werden, ist, dass die dividendenempfangende Kapitalgesellschaft an der ausschüttenden Kapitalgesellschaft mindestens zu 10% beteiligt ist (§ 8b Abs. 4 KStG).[213]

213 Voraussetzung für die Dividendenfreistellung ist zusätzlich, dass die Gewinnausschüttungen das Einkommen der Kapitalgesellschaft nicht gemindert haben (§ 8b Abs. 1 S. 2, 3 KStG). Diese gesetzliche Regelung eines Korrespondenzprinzips ist in erster Linie bei grenzüberschreitenden Sachverhalten relevant. Durch sie soll sichergestellt werden, dass die steuerlichen Entlastungen auf Ebene des Anteilseigners nur gewährt werden, wenn die Einkünfte auf Ebene der Kapitalgesellschaft der Besteuerung unterlegen haben.

Die Dividendenfreistellung gilt unabhängig davon, ob die ausschüttende Kapitalgesellschaft im Inland oder im Ausland ansässig ist. Eine Mindestbesitzzeit wird nicht gefordert.

Gewinnausschüttungen von einer inländischen Kapitalgesellschaft **an eine andere inländische Kapitalgesellschaft** lösen bei Vorliegen einer **Beteiligung von mindestens 10%** folgende Besteuerungseffekte aus: Auf Ebene der gewinnerzielenden Kapitalgesellschaft (Tochterkapitalgesellschaft) gilt der Körperschaftsteuersatz von 15% (§ 23 Abs. 1 KStG). Der nach Abzug der Körperschaftsteuer ausschüttbare Betrag wird beim Anteilseigner, der sein Unternehmen in der Rechtsform einer Kapitalgesellschaft führt (Mutterkapitalgesellschaft), von der Besteuerung freigestellt (**Dividendenfreistellung**, § 8b Abs. 1 KStG). Die auf die Gewinnausschüttung erhobene 25%ige Kapitalertragsteuer wird auf Ebene des Anteilseigners angerechnet, die Steuerbefreiung der Dividenden steht dem nicht entgegen (§ 31 Abs. 1 KStG iVm § 36 Abs. 2 Nr 2 EStG).

Bei der Dividendenfreistellung handelt es sich **nicht** um eine **Steuervergünstigung**, vielmehr dient sie dazu, bei Gewinnausschüttungen an eine Kapitalgesellschaft eine **Mehrfachbelastung mit Körperschaftsteuer** zu **vermeiden**.

Die **Mehrfachbelastung** mit Körperschaftsteuer wird **allerdings nicht vollständig vermieden**. Auf Ebene der Kapitalgesellschaft, die die Dividenden vereinnahmt, gelten nämlich 5% der Dividenden als nichtabziehbare Betriebsausgaben (§ 8b Abs. 5 KStG). Diese Regelung bedeutet, dass bei der Mutterkapitalgesellschaft im Ergebnis lediglich 95% der Dividenden von der Besteuerung ausgenommen werden:

1.	**Ebene der Kapitalgesellschaft (Tochterkapitalgesellschaft)** körperschaftsteuerpflichtiger Gewinn	100,00
–	Körperschaftsteuer von 15% des körperschaftsteuerpflichtigen Gewinns (§ 23 Abs. 1 KStG)	15,00
=	Ausschüttung (Bruttobardividende)	85,00
–	Kapitalertragsteuer von 25% der Ausschüttung (§ 43 Abs. 1 S. 1 Nr 1, § 43a Abs. 1 S. 1 Nr 1 EStG)	21,25
=	Auszahlung (Nettobardividende)	63,75
2.	**Ebene des Gesellschafters (Mutterkapitalgesellschaft): Dividendenfreistellung** **Berechnung der steuerpflichtigen Einkünfte** Bruttobardividende	85,00
–	Steuerbefreiung nach § 8b Abs. 1 KStG	85,00
+	Umqualifizierung von 5% der Dividenden in nichtabziehbare Betriebsausgaben (§ 8b Abs. 5 KStG)	4,25
=	steuerpflichtige Einkünfte des Anteilseigners	4,25
	Steuerzahlung festzusetzende Körperschaftsteuer (Steuersatz 15%)	0,64
–	einbehaltene Kapitalertragsteuer (§ 31 KStG iVm § 36 Abs. 2 Nr 2 EStG)	21,25
=	zu zahlende Körperschaftsteuer (hier Erstattung)	– 20,61

	Zahlungsrechnung	
	Nettobardividende	63,75
+	Körperschaftsteuererstattung	20,61
=	Veränderung des Nettovermögens nach Körperschaftsteuer	84,36
3.	**Gesamtbelastung**	15,64

Nach Abzug der 15%igen Körperschaftsteuer kann die Tochterkapitalgesellschaft aus ihrem Gewinn von 100,00 eine Dividende von 85,00 finanzieren. Diese Dividende ist auf Ebene eines körperschaftsteuerpflichtigen Anteilseigners steuerfrei, sofern er an der ausschüttenden Kapitalgesellschaft zu mindestens 10% beteiligt ist. Allerdings gelten 5% der Dividende als nichtabziehbare Betriebsausgaben. Die festzusetzende Körperschaftsteuer beträgt damit 0,64 = 85,00 x 5% x 15%.

Bemessungsgrundlage für die Kapitalertragsteuer bildet die Bruttobardividende. Die Steuerbefreiung nach § 8b Abs. 1 KStG bleibt bei Erhebung der Kapitalertragsteuer unberücksichtigt (§ 43 Abs. 1 S. 3 EStG). Die Kapitalertragsteuer beträgt 25% der Bruttobardividende. Sie ist in vollem Umfang auf die Körperschaftsteuer des Anteilseigners anrechenbar (§ 31 Abs. 1 KStG iVm § 36 Abs. 2 Nr 2 EStG). Da die festzusetzende Körperschaftsteuer wesentlich geringer ist als die anrechenbare Kapitalertragsteuer, kommt es zu einer Steuererstattung von 20,61.

Durch die Gewinnausschüttung erhöht sich das Nettovermögen des Gesellschafters um 84,36. Die Gesamtbelastung beträgt also 15,64. Sie setzt sich zusammen aus der Körperschaftsteuer der Tochterkapitalgesellschaft von 15,00 und der vom Gesellschafter (Mutterkapitalgesellschaft) zu tragenden Körperschaftsteuer von 0,64. Die Kapitalertragsteuer, als eine besondere Erhebungsform der Körperschaftsteuer, führt aufgrund der Anrechnung auf die festzusetzende Körperschaftsteuer materiell zu keiner Belastung.

Durch die Einordnung von 5% der Dividenden als nichtabziehbare Betriebsausgaben wird eine Mehrfachbelastung mit Körperschaftsteuer nicht vollständig vermieden, sondern nur zu 95%. Da diese Belastung bei jeder Dividendenzahlung an eine Kapitalgesellschaft auftritt, wirkt sich dieser Nachteil umso stärker aus, je länger die Beteiligungskette ist.

Bei Weiterausschüttung an eine natürliche Person fällt zusätzlich Einkommensteuer an. Die Einkommensteuer wird entweder als Abgeltungsteuer (Anteile im Privatvermögen: Grundfall) oder entsprechend dem Teileinkünfteverfahren (Anteile im Betriebsvermögen bzw bei unternehmerischer Beteiligung) erhoben.

b) Beteiligung unter 10%: volle Besteuerung

418 Ist die **dividendenempfangende Kapitalgesellschaft** an der ausschüttenden Kapitalgesellschaft **zu weniger als 10% beteiligt**, liegen die Voraussetzungen für die Dividendenfreistellung nicht vor. Dies bedeutet, dass die Dividenden **in vollem Umfang steuerpflichtig** sind (§ 8b Abs. 4 KStG). Diese Steuerpflicht gilt sowohl bei Beteiligung an einer inländischen Kapitalgesellschaft als auch bei Beteiligung an einer ausländischen Kapitalgesellschaft.

Geht die Dividende beim Gesellschafter in vollem Umfang in die körperschaftsteuerliche Bemessungsgrundlage ein (§ 8b Abs. 4 KStG), kommt es zu einer **wirtschaftlichen Doppelbesteuerung** (Doppelbelastung): Die von einer Kapitalgesellschaft erwirtschafteten Gewinne unterliegen nach den allgemeinen Grundsätzen bei ihr der Körperschaftsteuer. Die nach Abzug der Körperschaftsteuer finanzierbare Dividende geht beim Gesellschafter in die körperschaftsteuerpflichtige Bemessungsgrundlage ein. Durch die Besteuerung der Dividenden bei einem körperschaftsteuerpflichtigen Anteilseigner kommt es zu einer **Mehrfachbelastung mit Körperschaftsteuer**. Diese Besteuerung widerspricht dem Konzept, das dem deutschen Körperschaftsteuersystem zugrunde liegt.

Die auf die Gewinnausschüttung erhobene 25%ige Kapitalertragsteuer wird auf Ebene eines im Inland ansässigen Gesellschafters angerechnet. Von ihr geht materiell keine Belastung aus (§ 31 Abs. 1 KStG iVm § 36 Abs. 2 Nr 2 EStG).

Die Mindestbeteiligungsquote als Voraussetzung für die Dividendenbesteuerung wurde eingeführt, damit bei im Ausland ansässigen Gesellschaftern Deutschland das Recht zusteht, im Rahmen der beschränkten Steuerpflicht eine Besteuerung durchzuführen (§ 2 Nr 1 KStG iVm § 49 Abs. 1 Nr 5 Buchst. a EStG). Ohne die Steuerpflicht nach § 8b Abs. 4 KStG müsste auch einer im Ausland ansässigen Kapitalgesellschaft die Kapitalertragsteuer zurückbezahlt werden, ohne dass die Dividenden im Inland besteuert werden würden. Eine Diskriminierung von ausländischen Gesellschaftern, die einen Verstoß gegen die Kapitalverkehrsfreiheit darstellen würde, wird also dadurch vermieden, dass die für ausländische Anteilseigner gewünschte Besteuerung auf inländische Anteilseigner ausgedehnt wird.

1.	**Ebene der Kapitalgesellschaft (Tochterkapitalgesellschaft)** körperschaftsteuerpflichtiger Gewinn	100,00
–	Körperschaftsteuer von 15% des körperschaftsteuerpflichtigen Gewinns (§ 23 Abs. 1 KStG)	15,00
=	Ausschüttung (Bruttobardividende)	85,00
–	Kapitalertragsteuer von 25% der Ausschüttung (§ 43 Abs. 1 S. 1 Nr 1, § 43a Abs. 1 S. 1 Nr 1 EStG)	21,25
=	Auszahlung (Nettobardividende)	63,75
2.	**Ebene des Gesellschafters (Mutterkapitalgesellschaft):** **keine Dividendenfreistellung** **Berechnung der steuerpflichtigen Einkünfte** Bruttobardividende	85,00
–	volle Besteuerung der Dividenden (§ 8b Abs. 4 KStG)	85,00
+	Umqualifizierung von 5% der Dividenden in nichtabziehbare Betriebsausgaben nach § 8b Abs. 5 KStG entfällt	–.–
=	steuerpflichtige Einkünfte des Anteilseigners	85,00
	Steuerzahlung festzusetzende Körperschaftsteuer (Steuersatz 15%)	12,75
–	einbehaltene Kapitalertragsteuer (§ 31 KStG iVm § 36 Abs. 2 Nr 2 EStG)	21,25
=	zu zahlende Körperschaftsteuer (hier Erstattung)	– 8,50
	Zahlungsrechnung Nettobardividende	63,75
+	Körperschaftsteuererstattung	8,50
=	Veränderung des Nettovermögens nach Körperschaftsteuer	72,25
3.	**Gesamtbelastung**	27,75

Nach Abzug der 15%igen Körperschaftsteuer kann die Tochterkapitalgesellschaft aus ihrem Gewinn von 100,00 eine Dividende von 85,00 finanzieren. Diese Dividende ist auf Ebene eines körperschaftsteuerpflichtigen Anteilseigners, der zu weniger als 10% beteiligt ist, in vollem Umfang steuerpflichtig (§ 8b Abs. 4 KStG). Die festzusetzende Körperschaftsteuer beläuft sich auf 12,75 = 85,00 × 15%.

Die Kapitalertragsteuer beträgt 25% der Bruttobardividende. Sie ist auf die Körperschaftsteuer des Anteilseigners anrechenbar. Da die festzusetzende Körperschaftsteuer geringer ist als die anrechenbare Kapitalertragsteuer, kommt es zu einer Steuererstattung von 8,50.

Durch die Gewinnausschüttung erhöht sich das Nettovermögen des Gesellschafters um 72,25. Die Gesamtbelastung beträgt 27,75. Sie setzt sich zusammen aus der Körperschaftsteuer der Tochterkapitalgesellschaft von 15,00 und der vom Gesellschafter zu tragenden Körperschaftsteuer von 12,75. Die Kapitalertragsteuer, als eine besondere Erhebungsform der Körperschaftsteuer, führt aufgrund der Anrechnung auf die festzusetzende Körperschaftsteuer materiell zu keiner Belastung.

Die Mehrfachbelastung mit Körperschaftsteuer wird nur insoweit geringfügig abgeschwächt, als bei der dividendenempfangenden Kapitalgesellschaft nicht der vor Steuer erzielte Gewinn steuerpflichtig ist, sondern nur die nach Abzug der von der ausschüttenden Kapitalgesellschaft gezahlten Körperschaftsteuer finanzierbare Dividende: 12,75 = (100 – 15) × 15%. Bei Weiterausschüttung an eine weitere Kapitalgesellschaft wird aus der Zweifachbelastung mit Körperschaftsteuer eine Dreifachbelastung. Bei Weiterausschüttung an eine natürliche Person fällt zusätzlich Einkommensteuer an.

II. Veräußerungsgewinne und -verluste

419 Das deutsche Körperschaftsteuersystem zeichnet sich dadurch aus, dass Gewinne aus der Veräußerung von Anteilen an einer Kapitalgesellschaft im Regelfall in gleicher Weise wie Dividenden besteuert werden. Dieser Grundsatz leitet sich daraus ab, dass die Veräußerungsgewinne als **„Einmalausschüttung"** angesehen werden. Die Besteuerung soll unabhängig davon sein, ob eine Kapitalgesellschaft ihre Gewinne ausschüttet oder ob der Anteilseigner über die von einer Kapitalgesellschaft thesaurierten Gewinne dadurch mittelbar verfügt, dass er in entsprechendem Umfang Anteile an dieser Kapitalgesellschaft veräußert.

Analog zur Besteuerung von Dividenden gelten für die Besteuerung von **Gewinnen** aus der Veräußerung von Anteilen an einer Kapitalgesellschaft folgende Regeln:

- Gehören die Anteile zum **Privatvermögen** einer **natürlichen Person**, unterliegen die Veräußerungsgewinne der 25%igen **Abgeltungsteuer** (§ 20 Abs. 2 S. 1 Nr 1 iVm § 32d EStG).
  Dies gilt allerdings nur, wenn die natürliche Person zu weniger als 1% an der Kapitalgesellschaft beteiligt ist. Bei einer Beteiligung von 1% oder mehr gehören die Veräußerungsgewinne nach § 17 EStG zu den Einkünften aus Gewerbebetrieb. Diese Veräußerungsgewinne sind zu 60% nach dem Normaltarif steuerpflichtig (Teileinkünfteverfahren). Insoweit wird die Idee der Gleichbehandlung von Dividenden und Veräußerungsgewinnen durchbrochen.
- Befinden sich die Anteile im (gewerblichen) **Betriebsvermögen** einer **natürlichen Person**, sind die Veräußerungsgewinne zu 40% steuerfrei. Die verbleiben-

den 60% werden nach dem Normaltarif entsprechend den persönlichen Verhältnissen des Anteilseigners besteuert (**Teileinkünfteverfahren**, § 15 iVm § 3 Nr 40 EStG).[214]

- Gewinne, die eine **Kapitalgesellschaft** bei der Veräußerung von Anteilen an einer (anderen) Kapitalgesellschaft erzielt, sind **steuerfrei** (§ 8b Abs. 2 KStG). Allerdings gelten **5%** des Veräußerungsgewinns als **nichtabziehbare Betriebsausgaben** (§ 8b Abs. 3 S. 1, 2 KStG). Im Gegensatz zur Besteuerung von Dividenden ist die Nichtbesteuerung von Gewinnen aus der Veräußerung von Anteilen an einer Kapitalgesellschaft nach § 8b Abs. 2 KStG unabhängig davon, wie viele Anteile die veräußernde Kapitalgesellschaft hält. Auch bei Kapitalgesellschaften, die zu weniger als 10% beteiligt sind, wird bei Veräußerungsgewinnen eine Doppelbelastung mit Körperschaftsteuer vermieden, während bei Dividenden dieser systemwidrige Effekt auftritt (§ 8b Abs. 4 KStG).

Die steuerliche Behandlung von **Verlusten** aus der Veräußerung von Anteilen an **420**
einer Kapitalgesellschaft ist weitgehend spiegelbildlich zur Besteuerung von Gewinnen, die bei der Veräußerung von Anteilen an einer Kapitalgesellschaft erzielt werden:

- Werden die Anteile an der Kapitalgesellschaft dem **Privatvermögen** einer **natürlichen Person** zugerechnet, führen die Veräußerungsverluste zu negativen Einkünften aus Kapitalvermögen (§ 20 Abs. 2 S. 1 Nr 1 EStG). Diese Verluste dürfen nur innerhalb der Einkünfte aus Kapitalvermögen verrechnet werden, jedoch nicht mit positiven Einkünften einer anderen Einkunftsart. Bei negativen Einkünften aus Kapitalvermögen ist darüber hinaus nur ein Verlustvortrag zulässig. Ein Verlustrücktrag scheidet demgegenüber aus.
  Bei Verlusten aus der Veräußerung von Aktien ist der Verlustverrechnungskreis noch enger. Diese Verluste können nur mit Gewinnen aus der Veräußerung von Aktien verrechnet werden (§ 20 Abs. 6 EStG).
  Ist die natürliche Person an der Kapitalgesellschaft zu 1% oder mehr beteiligt, sind die Veräußerungsverluste negative Einkünfte aus Gewerbebetrieb (§ 17 EStG). Diese Veräußerungsverluste können grundsätzlich im Rahmen des Verlustausgleichs bzw Verlustabzugs zu 60% berücksichtigt werden.[215]
- Verluste aus dem Verkauf von Anteilen, die im (gewerblichen) **Betriebsvermögen** einer **natürlichen Person** enthalten sind, können nach den allgemeinen Regeln zu 60% mit anderen Einkünften des Gesellschafters verrechnet werden (Teileinkünfteverfahren, § 15 iVm § 3 Nr 40 EStG).[216]
- Verluste, die eine **Kapitalgesellschaft** bei der Veräußerung von Anteilen an einer (anderen) Kapitalgesellschaft ausweist, mindern das körperschaftsteuerpflichtige Einkommen nicht (§ 8b Abs. 3 S. 3 KStG).[217]

---

214 Bei Einkünften aus Land- und Forstwirtschaft sowie bei Einkünften aus selbständiger Arbeit gelten die gleichen Grundsätze.

215 Zu den Ausgleichsbeschränkungen siehe § 17 Abs. 2 S. 6 EStG.

216 Bei Einkünften aus Land- und Forstwirtschaft sowie bei Einkünften aus selbständiger Arbeit gelten die gleichen Grundsätze.

217 Für die Verrechnung von Verlusten aus der Gewährung eines Gesellschafterdarlehens oder der Stellung von Sicherheiten durch den Gesellschafter für einen Kredit der Kapitalgesellschaft gelten gleichfalls Einschränkungen (§ 8b Abs. 3 S. 4–8 KStG).

III. Eigene Aufwendungen des Gesellschafters

421 Bei natürlichen Personen dienen der 25%ige Sondersteuersatz nach § 32d EStG (Abgeltungsteuer) bzw die 40%ige Steuerbefreiung für Dividenden nach § 3 Nr 40 EStG (Teileinkünfteverfahren) dazu, die Doppelbelastung von Gewinnen, die eine Kapitalgesellschaft erzielt und an ihre Anteilseigner ausschüttet, in pauschalierter Form zu vermeiden. Handelt es sich bei dem Anteilseigner um eine (andere) Kapitalgesellschaft, soll über die Dividendenfreistellung nach § 8b Abs. 1 KStG eine Mehrfachbelastung mit Körperschaftsteuer vermieden werden.

Bei der 40%igen bzw vollen Steuerbefreiung handelt es sich **nicht** um eine **„echte" Steuerbefreiung. Vielmehr** liegt eine **„technische" Steuerbefreiung** vor, die dazu dient, eine ertragsteuerliche Doppelbelastung zu vermeiden. Entsprechend dem **Nettoprinzip müssten** auf Ebene des Anteilseigners die **Aufwendungen**, die bei ihm im Zusammenhang mit der Beteiligung an der Kapitalgesellschaft entstehen (zB Depotgebühren, sonstige Aufwendungen zur Verwaltung der Beteiligung, Aufwendungen durch den Besuch der Hauptversammlung, Zinsen aus einer Finanzierung des Kaufpreises für die Anteile), **in vollem Umfang abziehbar** sein. Die Grundidee des § 3c Abs. 1 EStG, wonach die mit steuerfreien Einkünften zusammenhängenden Aufwendungen nichtabziehbar sind, kann auf Dividenden nicht übertragen werden. Die von einer Kapitalgesellschaft ausgeschütteten Gewinne unterliegen auf ihrer Ebene der Körperschaftsteuer. Insoweit wird der Gesellschafter mittelbar belastet. Die (40%ige bzw volle) Steuerbefreiung auf Ebene des Anteilseigners dient „nur" der Vermeidung von Mehrbelastungen, es handelt sich hierbei nicht um eine Steuervergünstigung. Bei der Besteuerung von Dividenden stellt der 25%ige Sondersteuersatz (**Abgeltungsteuer**) gleichfalls **keine Steuervergünstigung** dar, sondern eine Maßnahme zur Vermeidung einer Doppelbelastung. Durch die Vorgabe eines bestimmten Steuersatzes wird die Vorbelastung auf Ebene der Kapitalgesellschaft in pauschaler Form berücksichtigt. Die Vorgabe eines einheitlichen Sondersteuersatzes von 25% kann **nicht als Rechtfertigung für den Ausschluss des Werbungskostenabzugs** auf Ebene des Anteilseigners dienen.[218]

Der Gesetzgeber ist jedoch einen anderen Weg gegangen:[219]

- **Einkommensteuerpflichtige Anteilseigner**, die ihre **Anteile im Privatvermögen** halten, können die Aufwendungen, die ihnen im Zusammenhang mit der Beteiligung an einer Kapitalgesellschaft entstehen, generell nicht als Werbungskosten abziehen (§ 20 Abs. 9 EStG). Dies widerspricht eindeutig dem Nettoprinzip, die niedrigere Besteuerung der Dividenden kann dafür keine Rechtfertigung liefern.
- **Einkommensteuerpflichtige Anteilseigner**, die ihre **Anteile im Betriebsvermögen** halten, können die Aufwendungen, die ihnen im Zusammenhang mit der Be-

218 Diese Argumentation lässt sich nicht auf die Besteuerung von Zinsen übertragen, da Zinsen beim Kapitalnehmer als Betriebsausgaben abziehbar sind. Damit entfällt insoweit eine Vorbelastung.

219 Zur Beurteilung der Einschränkungen der Abziehbarkeit von Aufwendungen, die im Zusammenhang mit Beteiligungen an einer Kapitalgesellschaft stehen, auf Ebene des Anteilseigners siehe Hundsdoerfer, BB 2001, S. 2242; Maiterth, DBW 2002, S. 169; Maiterth/Wirth, DStR 2004, S. 433; Stiller, StuW 2011, S. 75.

teiligung an einer Kapitalgesellschaft entstehen, nur zu 60% als Betriebsausgaben abziehen (§ 3c Abs. 2 EStG). Soweit das Abzugsverbot gilt, wird das Nettoprinzip gleichfalls verletzt.

Ist eine natürliche Person, die ihre Anteile an einer Kapitalgesellschaft im Privatvermögen hält, an dieser Kapitalgesellschaft unternehmerisch beteiligt,[220] kann sie für die Dividenden die Anwendung des Teileinkünfteverfahrens beantragen (§ 32d Abs. 2 Nr 3 EStG). Da in diesem Fall die Gewinnausschüttungen zu 60% steuerpflichtig sind (§ 3 Nr 40 EStG), können 60% der Werbungskosten steuerlich geltend gemacht werden (§ 3c Abs. 2 EStG). Vorteil dieses Wahlrechts ist, dass aus dem vollständigen Abzugsverbot (Abgeltungsteuer) ein „nur" 40%iges Abzugsverbot (Teileinkünfteverfahren) wird.

- **Körperschaftsteuerpflichtige Anteilseigner**, die eine Beteiligung von mindestens 10% halten, können zwar die von ihnen selbst zu tragenden Aufwendungen ohne Einschränkung als Betriebsausgaben abziehen, allerdings gelten 5% der Dividenden als nichtabziehbare Betriebsausgaben (§ 8b Abs. 5 S. 1 KStG). Dem Nachteil der Umqualifizierung von 5% der Dividenden steht der Vorteil gegenüber, dass für die Aufwendungen, die bei einem körperschaftsteuerpflichtigen Anteilseigner anfallen, das Abzugsverbot nach § 3c Abs. 1 EStG nicht zur Anwendung kommt (§ 8b Abs. 5 S. 2 KStG). Damit wird – abgesehen von der 5%igen Umqualifizierung der Dividenden in nichtabziehbare Betriebsausgaben – das Nettoprinzip beachtet.
- Ist eine Kapitalgesellschaft zu weniger als 10% an einer anderen Kapitalgesellschaft beteiligt, sind die Dividenden in vollem Umfang steuerpflichtig (§ 8b Abs. 4 KStG). Die Einschränkungen nach § 3c Abs. 1 EStG sowie die Umqualifizierung von 5% der Dividenden in nichtabziehbare Betriebsausgaben nach § 8b Abs. 5 KStG kommen nicht zur Anwendung. Für die Abziehbarkeit von eigenen Aufwendungen des Gesellschafters kommen die allgemein für Betriebsausgaben geltenden Regelungen zur Anwendung.

IV. Besonderheiten für Banken und Versicherungen

Bei körperschaftsteuerpflichten Anteilseignern sind Erträge aus der Beteiligung an einer anderen Kapitalgesellschaft (Dividenden, Veräußerungsgewinne) grundsätzlich steuerfrei (§ 8b Abs. 1–5 KStG). Diese Steuerbefreiung für Beteiligungserträge wird allerdings nicht allen körperschaftsteuerpflichtigen Anteilseignern gewährt. Vielmehr bestehen für Kredit- und Finanzdienstleistungsinstitute sowie Lebens- und Krankenversicherungsunternehmen und Pensionsfonds **Sonderregelungen** (§ 8b Abs. 7, 8 KStG). 422

Die Dividendenfreistellung und die Nichtberücksichtigung von Veräußerungserfolgen gelten nicht für **Anteile, die Kreditinstituten und Finanzdienstleistungsinsti-**

220 Eine unternehmerische Beteiligung liegt vor, wenn der Gesellschafter entweder an der Kapitalgesellschaft zu mindestens 25% beteiligt ist *oder* wenn er an der Kapitalgesellschaft zu mindestens 1% beteiligt ist und er gleichzeitig durch eine berufliche Tätigkeit bei dieser Kapitalgesellschaft einen maßgeblichen unternehmerischen Einfluss auf deren wirtschaftliche Tätigkeit nehmen kann (zB als Gesellschafter-Geschäftsführer).

tuten nach § 1a KWG zuzurechnen sind, sowie für Anteile, die von Finanzunternehmen iSd KWG mit dem Ziel der kurzfristigen Erzielung eines Eigenhandelserfolgs erworben werden (§ 8b Abs. 7 KStG). Für diese Unternehmen bedeutet dies, dass Dividenden und Gewinne aus der Veräußerung von Anteilen an einer Kapitalgesellschaft steuerpflichtig und dass Veräußerungsverluste abziehbar sind. Aufgrund der vollen Besteuerung der Dividenden entfällt die Umqualifizierung von 5% der Dividenden in nichtabziehbare Betriebsausgaben. Die auf Ebene des Anteilseigners anfallenden Betriebsausgaben können nach den allgemeinen Kriterien abgezogen werden. Das Trennungsprinzip wird in dieser Situation stärker gewichtet als das Ziel, eine mehrfache Belastung mit Körperschaftsteuer auszuschließen.

Auf **Anteile, die bei Lebens- und Krankenversicherungsunternehmen sowie Pensionsfonds den Kapitalanlagen zuzurechnen** sind, sind die Steuerbefreiungen für Erträge aus der Beteiligung an einer Kapitalgesellschaft (Dividendenfreistellung, Nichtberücksichtigung von Veräußerungserfolgen, Umqualifizierung von 5% der Dividenden in nichtabziehbare Betriebsausgaben) gleichfalls nicht anzuwenden (§ 8b Abs. 8 KStG). Zielsetzung dieser Sonderregelung ist es, den Besonderheiten dieser Branche Rechnung zu tragen: (1) Im Gewinnfall wird eine doppelte Begünstigung vermieden, die sich aus dem Nebeneinander von § 8b Abs. 1, 2 KStG und den Vorschriften zu den Rückstellungen für Beitragsrückerstattung nach § 21 KStG ergeben könnte. Dividenden und Veräußerungsgewinne erhöhen das handelsrechtliche Jahresergebnis. Da die Versicherer diese Gewinne weitgehend an ihre Versicherungsnehmer weitergeben müssen, haben sie (aufwandswirksam) Rückstellungen für Beitragsrückerstattungen zu bilden. Wären die Beteiligungserträge nach § 8b Abs. 1, 2 KStG steuerfrei, würden ertragsteuerlich Verluste ausgewiesen, obwohl tatsächlich Gewinne entstehen. Durch § 8b Abs. 8 KStG wird bei Lebens- und Krankenversicherungsunternehmen sowie bei Pensionsfonds dadurch eine Gleichbehandlung von Beteiligungserträgen und Zuführungen zu den Beitragsrückstellungen erreicht, dass beide Größen erfolgswirksam erfasst werden. (2) Vergleichbare Effekte, nur mit umgekehrten Vorzeichen, treten bei Verlusten aus der Veräußerung von Anteilen an Kapitalgesellschaften oder Teilwertabschreibungen auf diese Anteile auf. Ohne die Sonderregelung in § 8b Abs. 8 KStG würde der Nachteil auftreten, dass Veräußerungsverluste sowie Teilwertabschreibungen nach § 8b Abs. 3 S. 3 KStG steuerlich nicht geltend gemacht werden könnten, aber die Rückstellungen für Beitragsrückerstattungen gewinnerhöhend aufzulösen wären. Obwohl handelsrechtlich Verluste entstehen, würden steuerlich positive Einkünfte ausgewiesen. Der Systematik des deutschen Körperschaftsteuersystems (Anteilseigner ist körperschaftsteuerpflichtig: grundsätzlich Dividendenfreistellung) würde es besser entsprechen, wenn Veräußerungsgewinne und -verluste auch bei Lebens- und Krankenversicherungsunternehmen sowie Pensionsfonds nicht erfasst werden würden und Zuführungen bzw Auflösungen der Rückstellungen für Beitragsrückerstattungen, die auf diese Erfolge zurückzuführen sind, gleichfalls unberücksichtigt bleiben würden.[221]

Die aus diesen beiden Sonderregelungen möglichen Gestaltungen (insbesondere Wertpapierleihe) werden durch § 8b Abs. 10 KStG verhindert. Die Sonderregelungen nach § 8b Abs. 7, 8 KStG gelten unter bestimmten Voraussetzungen bei Beteiligungen an Tochterkapitalgesell-

221 Siehe hierzu Siegmund, UM 2004, S. 23.

schaften in einem anderen EU-Staat nicht, sodass insoweit die allgemeinen Regelungen zur Anwendung kommen (§ 8b Abs. 9 KStG).

V. Beurteilung

1. Wirkung: Doppelbesteuerung in pauschalierter Form vermieden

Bei dem in Deutschland verfolgten Konzept zur Besteuerung von Dividenden handelt es sich um eine Unterform der Körperschaftsteuersysteme, bei denen die **Doppelbelastung in pauschalierter Form vermieden** wird. Dieses Ziel wird durch zwei, sich ergänzende Maßnahmen erreicht: 423

- Reduzierung auf Ebene der Kapitalgesellschaft: Die Besteuerung auf Ebene der Kapitalgesellschaft mit Körperschaftsteuer fällt relativ niedrig aus. Der Körperschaftsteuersatz von 15% liegt um 30 Prozentpunkte unter dem Spitzensteuersatz der Einkommensteuer von 45%.
- Reduzierung auf Ebene der Gesellschafter: Auf Ebene der Gesellschafter unterliegen die Dividenden nicht in vollem Umfang der Besteuerung. Vielmehr wird durch einen Sondersteuersatz von 25% (Abgeltungsteuer) oder eine 40%ige Steuerbefreiung (Teileinkünfteverfahren) im Vergleich mit dem Normaltarif eine Abschwächung der Einkommensteuer erreicht.

Das **Zusammenwirken der beiden Entlastungsmaßnahmen** kann dazu führen, dass die steuerliche Belastung von Gewinnen, die eine Kapitalgesellschaft erzielt und an eine natürliche Person ausschüttet,

- über dem für den Gesellschafter relevanten persönlichen Einkommensteuersatz liegt (wirtschaftliche Doppelbelastung wird abgeschwächt),
- mit dem für den Gesellschafter relevanten persönlichen Einkommensteuersatz übereinstimmt (wirtschaftliche Doppelbelastung wird vollständig vermieden) oder
- unter dem für den Gesellschafter relevanten persönlichen Einkommensteuersatz liegt (wirtschaftliche Doppelbelastung wird überkompensiert).

Im Folgenden werden im ersten Schritt die **Belastungswirkungen** der Abgeltungsteuer bzw des Teileinkünfteverfahrens vorgestellt. Dabei erfolgt ein Vergleich mit der Situation, dass eine natürliche Person die Einkünfte nicht mittelbar über eine Kapitalgesellschaft erwirtschaftet, sondern die Einkünfte unmittelbar durch eine eigene Geschäftstätigkeit erzielt. Ergänzend wird darauf eingegangen, wie die bei Ausschüttungen an eine Kapitalgesellschaft geltende Dividendenfreistellung in dieses Konzept einzuordnen ist.[222] Im zweiten Schritt werden die **Nachteile des geltenden Körperschaftsteuersystems aus betriebswirtschaftlicher Sicht** aufgezeigt: fehlende Rechtsformneutralität, fehlende Finanzierungsneutralität sowie fehlende Gewinnverwendungsneutralität. Bei einer **Betrachtung von grenzüberschreitenden Sachverhalten** (Kapitalgesellschaft und ihre Anteilseigner sind in unterschiedlichen Staaten 424

222 Auf die systemwidrige Besteuerung von Dividenden, wenn der Gesellschafter zu weniger als 10% an der ausschüttenden Kapitalgesellschaft beteiligt ist (§ 8b Abs. 4 KStG), wird in diesem Abschnitt nicht eingegangen.

ansässig) ist die Kritik an der Abgeltungsteuer bzw am Teileinkünfteverfahren allerdings erheblich zu relativieren. Im dritten Schritt wird nämlich deutlich, dass die Körperschaftsteuersysteme, bei denen eine Doppelbelastung der von einer Kapitalgesellschaft ausgeschütteten Gewinne in vollem Umfang vermieden wird (körperschaftsteuerliches Anrechnungsverfahren, Dividendenabzugsverfahren und Dividendenfreistellungsverfahren), im grenzüberschreitenden Bereich mit erheblichen Nachteilen verbunden sind. Die Nachteile dieser doppelbesteuerungsvermeidenden Körperschaftsteuersysteme sind so gravierend, dass das bei ausschließlicher Betrachtung von innerstaatlichen Sachverhalten (Kapitalgesellschaft und ihre Anteilseigner sind im gleichen Staat ansässig) zu kritisierende **deutsche Körperschaftsteuersystem als Kompromiss** akzeptiert werden sollte. Zusätzlich wird kurz erläutert, warum das klassische Körperschaftsteuersystem prinzipiell abzulehnen ist.

Die Analysen konzentrieren sich auf das Nebeneinander von Körperschaft- und Einkommensteuer. Die Wirkungen der Gewerbesteuer, des Solidaritätszuschlags und der Kirchensteuer bleiben in diesem Abschnitt unberücksichtigt. Auf die Besonderheiten der Günstigerprüfung (§ 32d Abs. 6 EStG) bzw das Wahlrecht für unternehmerisch beteiligte Gesellschafter (§ 32d Abs. 2 Nr 3 EStG) wird gleichfalls nicht immer gesondert hingewiesen.[223]

a) Ausschüttungen an eine natürliche Person (Abgeltungsteuer)

425 Erwirtschaftet eine natürliche Person ihre Einkünfte durch eine **eigene wirtschaftliche Tätigkeit**, kann es nicht zu einer Doppelbelastung kommen. Bei einer unmittelbaren Einkommenserzielung fällt keine Körperschaftsteuer, sondern nur Einkommensteuer an. Die Belastung der Einkünfte ergibt sich aus dem **persönlichen Einkommensteuersatz des Steuerpflichtigen** (Normaltarif): s_{ESt}.

Wird eine natürliche Person **mittelbar über eine Kapitalgesellschaft** tätig, unterliegen die Dividenden als Einkünfte aus Kapitalvermögen grundsätzlich der **25%igen Abgeltungsteuer**. Zusätzlich ist die (Vor-)Belastung der Gewinne auf Ebene der Kapitalgesellschaft mit **Körperschaftsteuer** zu berücksichtigen.

Ob aus Sicht des Anteilseigners die Abgeltungsteuer (mittelbarer Bezug der Einkünfte über eine Kapitalgesellschaft) im Vergleich zu einem unmittelbaren Bezug der Einkünfte zu einer höheren oder niedrigeren Belastung führt, **hängt von** seinem **persönlichen Einkommensteuersatz** ab:

– Beträgt der **Einkommensteuersatz des Gesellschafters 36,25%**, tritt bei einem Bezug der Einkünfte in Form von Dividenden (Abgeltungsteuer) und einer unmittelbaren wirtschaftlichen Betätigung die **gleiche Gesamtsteuerbelastung** auf:

Belastung bei unmittelbarer Betätigung	=	Belastung bei mittelbarem Bezug (Abgeltungsteuer)
s_{ESt}	=	$s_{KSt} + (1 - s_{KSt}) \times s_{AbgSt}$

223 Die Aussagen zu Anteilen, die einem gewerblichen Betriebsvermögen zugeordnet werden, gelten auch für Anteile, deren Gewinnausschüttungen zu Einkünften aus Land- und Forstwirtschaft oder selbständiger Arbeit führen.

bei $s_{KSt} = 15\%$ und $s_{AbgSt} = 25\%$ gilt

$$s_{ESt} = 0{,}15 + (1 - 0{,}15) \times 0{,}25$$
$$s_{ESt} = 0{,}15 + 0{,}2125$$
$$s_{ESt} = 0{,}3625$$
$$s_{ESt} = 36{,}25\%$$

- Einkommensteuerpflichtige Anteilseigner, deren persönlicher **Einkommensteuersatz unter 36,25%** liegt, werden bei einem mittelbaren Bezug der Einkünfte **höher belastet**. Die Definitivbelastung mit Körperschaftsteuer wird durch die pauschale Besteuerung der Dividenden nur zum Teil ausgeglichen.
  Um diesen Nachteil abzuschwächen, sieht das Konzept der Abgeltungsteuer eine Günstigerprüfung vor. Liegt der persönliche Einkommensteuersatz des Anteilseigners unter 25%, kann er eine Besteuerung seiner Einkünfte entsprechend dem für ihn geltenden Steuersatz beantragen (§ 32d Abs. 6 EStG). Auf diese Weise wird die Vorbelastung aber nur ansatzweise berücksichtigt. Sogar für Steuerpflichtige, die auf die Dividenden keine Einkommensteuer bezahlen, weil ihre Einkünfte unter dem Sparer-Pauschbetrag für Einkünfte aus Kapitalvermögen oder unter dem allgemeinen Grundfreibetrag liegen, verbleibt eine Mehrbelastung. Bei unmittelbarem Bezug der Einkünfte fällt keine Besteuerung an. Bei Beantragung der Günstigerprüfung zahlt der Anteilseigner zwar auf die Dividenden gleichfalls keine Einkommensteuer, aber die auf Ebene der Kapitalgesellschaft angefallene 15%ige Körperschaftsteuer bleibt bestehen (Definitivcharakter der Körperschaftsteuer).
  Je höher der Einkommensteuersatz ist, umso geringer wirkt sich der Nachteil aus dem Definitivcharakter der Körperschaftsteuer aus und umso stärker macht sich der Vorteil aus der über die Abgeltungsteuer vorgenommenen Steuersatzreduzierung bemerkbar.
- Liegt der persönliche **Einkommensteuersatz über 36,25%**, werden bei einer Besteuerung der Dividenden nach dem Konzept der Abgeltungsteuer Gewinne einer Kapitalgesellschaft im Ausschüttungsfall **geringer belastet** als Einkünfte, die aus einer unmittelbaren wirtschaftlichen Betätigung erzielt werden. Der Vorteil aus der pauschalen Besteuerung der Dividenden mit dem Sondersteuersatz von 25%, der um 20 Prozentpunkte unter dem Spitzensteuersatz der Einkommensteuer liegt, wirkt in dieser Situation stärker als die Mehrbelastungen aus der auf Ebene der Kapitalgesellschaft erhobenen Körperschaftsteuer.

Diese allgemeinen Aussagen werden in der nachstehenden Übersicht für ausgewählte Einkommensteuersätze quantifiziert:

persönlicher Einkommensteuersatz	Gesamtbelastung bei der Abgeltungsteuer	unmittelbare wirtschaftliche Betätigung	Mehrbelastung (+) bzw Minderbelastung (–) bei der Abgeltungsteuer
0,00%	15,00%	0,00%	+ 15,00%
10,00%	23,50%	10,00%	+ 13,50%
20,00%	32,00%	20,00%	+ 12,00%

persönlicher Einkommensteuersatz	Gesamtbelastung bei der Abgeltungsteuer	unmittelbare wirtschaftliche Betätigung	Mehrbelastung (+) bzw Minderbelastung (–) bei der Abgeltungsteuer
25,00%	36,25%	25,00%	+ 11,25%
30,00%	36,25%	30,00%	+ 6,25%
36,25%	36,25%	36,25%	± 0,00%
40,00%	36,25%	40,00%	– 3,75%
45,00%	36,25%	45,00%	– 8,75%

Abb. 2.23: Belastungswirkung bei einem mittelbaren Bezug der Einkünfte (Abgeltungsteuer) gegenüber einem unmittelbaren Bezug der Einkünfte (Normaltarif)

Hinweis: Bei einem persönlichen Einkommensteuersatz von unter 25% wird die Günstigerprüfung beantragt, sodass die Einkommensteuer entsprechend den persönlichen Verhältnissen berechnet wird. Die 25%ige Abgeltungsteuer wird ab einem persönlichen Einkommensteuersatz von 25% angesetzt.

b) Ausschüttungen an eine natürliche Person (Teileinkünfteverfahren)

426 Wird eine natürliche Person **mittelbar über eine Kapitalgesellschaft** tätig und werden die Dividenden nach dem Teileinkünfteverfahren besteuert, setzt sich die Belastung aus der Körperschaftsteuer der Kapitalgesellschaft sowie der Besteuerung von 60% der Dividenden nach den persönlichen Verhältnissen des Anteilseigners (nach dem Normaltarif der Einkommensteuer) zusammen. Ob es im Vergleich zu einem unmittelbaren Bezug der Einkünfte zu einer Mehr- oder Minderbelastung kommt, hängt auch beim **Teileinkünfteverfahren** vom **persönlichen Einkommensteuersatz** des Anteilseigners ab:

- Beträgt der **Einkommensteuersatz des Gesellschafters 30,61%**, tritt bei einem Bezug der Einkünfte in Form von Dividenden (Teileinkünfteverfahren) und einer unmittelbaren wirtschaftlichen Betätigung die **gleiche Gesamtsteuerbelastung** auf:

Belastung bei unmittelbarer Betätigung	=	Belastung bei mittelbarem Bezug (Teileinkünfteverfahren)
s_{ESt}	=	$s_{KSt} + (1 - s_{KSt}) \times 0{,}60 \times s_{ESt}$
bei $s_{KSt} = 15\%$ gilt		
s_{ESt}	=	$0{,}15 + (1 - 0{,}15) \times 0{,}60 \times s_{ESt}$
s_{ESt}	=	$0{,}15 + 0{,}51 \times s_{ESt}$
s_{ESt}	=	$0{,}3061$
s_{ESt}	=	$30{,}61\%$

- Einkommensteuerpflichtige Anteilseigner, deren persönlicher **Einkommensteuersatz unter 30,61%** liegt, werden bei einem mittelbaren Bezug **höher belastet**. Die Definitivbelastung mit Körperschaftsteuer wird durch die 40%ige Steuerbefreiung der Dividenden nur zum Teil ausgeglichen. Je höher der Einkommensteuersatz ist, umso geringer wirkt sich der Nachteil aus dem Definitivcharakter der

Körperschaftsteuer aus und umso stärker macht sich der Vorteil der 40%igen Steuerbefreiung für die Dividenden bemerkbar.

- Liegt der persönliche **Einkommensteuersatz über 30,61%**, werden beim Teileinkünfteverfahren Gewinne einer Kapitalgesellschaft im Ausschüttungsfall **geringer belastet** als Einkünfte, die aus einer unmittelbaren wirtschaftlichen Betätigung erzielt werden. Der Vorteil aus der nur 60%igen Besteuerung der Dividenden ist in dieser Situation größer als die Mehrbelastungen aus der auf Ebene der Kapitalgesellschaft erhobenen Körperschaftsteuer.

Diese allgemeinen Aussagen werden in der nachstehenden Übersicht für ausgewählte Einkommensteuersätze quantifiziert:

persönlicher Einkommensteuersatz	Gesamtbelastung beim Teileinkünfteverfahren	unmittelbare wirtschaftliche Betätigung	Mehrbelastung (+) bzw Minderbelastung (–) beim Teileinkünfteverfahren
0,00%	15,00%	0,00%	+ 15,00%
10,00%	20,10%	10,00%	+ 10,10%
20,00%	25,20%	20,00%	+ 5,20%
30,00%	30,30%	30,00%	+ 0,30%
30,61%	30,61%	30,61%	± 0,00%
40,00%	35,40%	40,00%	– 4,60%
45,00%	37,95%	45,00%	– 7,05%

Abb. 2.24: Belastungswirkung bei einem mittelbaren Bezug der Einkünfte (Teileinkünfteverfahren) gegenüber einem unmittelbaren Bezug der Einkünfte (Normaltarif)

c) Ausschüttungen an eine Kapitalgesellschaft (Dividendenfreistellung)

Bei Einkünften, die eine Kapitalgesellschaft aus ihrer eigenen wirtschaftlichen Betätigung erzielt, bestimmt sich die **Gesamtsteuerbelastung** nach dem **Körperschaftsteuersatz**. Bei einem mittelbaren Bezug über eine andere Kapitalgesellschaft (Tochterkapitalgesellschaft) wird die Körperschaftsteuer auf Ebene der Tochtergesellschaft erhoben. Aufgrund der Dividendenfreistellung fällt auf Ebene des Anteilseigners (Mutterkapitalgesellschaft) nicht nochmals Körperschaftsteuer an.[224] Der Unterschied zwischen den beiden Formen einer unternehmerischen Tätigkeit besteht nur darin, dass bei einer mittelbaren wirtschaftlichen Betätigung die Körperschaftsteuer auf Ebene des Tochterunternehmens anfällt, während bei einer unmittelbaren wirtschaftlichen Betätigung die Körperschaftsteuer bei der Kapitalgesellschaft selbst erhoben wird. Die Gesamtsteuerbelastung stimmt in beiden Fällen mit dem Körperschaftsteuersatz von 15% überein: 427

224 Voraussetzung ist, dass die Beteiligung an der Tochterkapitalgesellschaft mindestens 10% beträgt (§ 8b Abs. 4 KStG).

		mittelbare Beteiligung	unmittelbare Beteiligung
	Ebene der Tochterkapitalgesellschaft		
	Gewinn der Tochterkapitalgesellschaft	100	–.–
–	Körperschaftsteuer	15	–.–
=	Dividende	85	–.–
	Ebene des Gesellschafters		
	Dividende bzw eigene Einkünfte	85	100
–	Körperschaftsteuer	steuerfrei	15
=	Erhöhung des Nettovermögens nach Körperschaftsteuer	85	85
	Gesamtsteuerbelastung	15	15

Diese **Grundaussage** wird dadurch **eingeschränkt**, dass bei einem mittelbaren Bezug der Einkünfte 5% der Dividenden, die eine Kapitalgesellschaft vereinnahmt, als nichtabziehbare Betriebsausgaben gelten (§ 8b Abs. 5 S. 1 KStG). Da bei körperschaftsteuerpflichtigen Anteilseignern die Dividenden de facto nur zu 95% von der Besteuerung freigestellt werden, kommt es insoweit bei einer mittelbaren unternehmerischen Betätigung trotz Dividendenfreistellung zu einer Mehrbelastung, die bei einem unmittelbaren Bezug der Einkünfte nicht auftritt.

2. Nachteile eines Shareholder-Relief-Systems aus betriebswirtschaftlicher Sicht

428 *(1) Bezugspunkt: Ausschüttung der Gewinne an eine natürliche Person:* Bei der Beurteilung eines Körperschaftsteuersystems ist zu analysieren, in welcher Form das Nebeneinander von Körperschaftsteuer und Einkommensteuer geregelt ist. Die Analyse der Wirkungen des in Deutschland angewandten Körperschaftsteuersystems konzentriert sich auf den Grundfall, dass die Dividenden **an eine natürliche Person gezahlt** werden (**Ausschüttungsfall**):

- Bei Dividenden, die **an eine Kapitalgesellschaft gezahlt** werden, wird grundsätzlich eine Freistellung gewährt. Diese Dividendenfreistellung beruht auf der Zielsetzung, innerhalb einer Beteiligungskette eine Mehrfachbelastung mit Körperschaftsteuer zu vermeiden. Schüttet die Mutterkapitalgesellschaft die von einer Tochterkapitalgesellschaft vereinnahmten Dividenden an eine natürliche Person aus (dreistufiger Konzernaufbau), kommt es damit zu den gleichen Auswirkungen wie bei der Ausschüttung von Gewinnen, die die ausschüttende Mutterkapitalgesellschaft (zweistufiger Konzernaufbau) selbst erwirtschaftet hat. Diese Grundaussage wird allerdings dadurch eingeschränkt, dass Dividenden bei Kapitalgesellschaften zu 5% als nichtabziehbare Betriebsausgaben gelten und dass die Dividendenfreistellung eine Beteiligung von mindestens 10% voraussetzt. Insoweit kommt es bei drei- oder mehrstufigem Konzernaufbau doch zu einer als unsystematisch anzusehenden Mehrbelastung.
- Auf den **Thesaurierungsfall** muss deshalb nicht eingegangen werden, weil aufgrund des Trennungsprinzips bei einer Einbehaltung von Gewinnen auf Ebene der Gesellschafter eine Besteuerung unterbleibt.

Das in Deutschland geltende Körperschaftsteuersystem gehört zur Gruppe der Shareholder-Relief-Systeme. Bei einem **Shareholder-Relief-System** setzt sich die Gesamtsteuerbelastung von Gewinnen, die eine Kapitalgesellschaft erzielt und an eine natürliche Person ausschüttet, aus der **Körperschaftsteuer** auf Ebene der Kapitalgesellschaft **und** der **ermäßigten Einkommensteuer** auf Ebene der Anteilseigner zusammen. Bei Ermittlung der Einkommensteuer der Anteilseigner werden die persönlichen Verhältnisse des Gesellschafters überhaupt nicht (Abgeltungsteuer) oder nur zum Teil (Teileinkünfteverfahren) berücksichtigt. Aufgrund des einheitlichen Sondersteuersatzes bzw der 40%igen Steuerbefreiung wirkt der progressive Einkommensteuertarif nicht bzw nur auf 60% der Dividenden. Bei der Beurteilung des Shareholder-Relief-Systems aus betriebswirtschaftlicher Sicht wird sich zeigen, dass diese Konzeption der Abgeltungsteuer bzw des Teileinkünfteverfahrens **unternehmerische Entscheidungen beeinflusst**. Dies gilt insbesondere für die Rechtsformwahl, die Entscheidung über die Finanzierung einer Kapitalgesellschaft und die Entscheidung über die Verwendung des von einer Kapitalgesellschaft erzielten Gewinns. **429**

(2) Einfluss auf die Rechtsformwahl: Durch die Abgeltungsteuer wird die Doppelbelastung von Gewinnen, die über eine **Kapitalgesellschaft** erwirtschaftet werden, in pauschalierter Weise vermieden. Der Körperschaftsteuer wird der Charakter einer eigenständigen Unternehmenssteuer zugewiesen, die auch im Ausschüttungsfall bestehen bleibt (Definitivcharakter der Körperschaftsteuer). Die Entlastungswirkung der Abgeltungsteuer besteht darin, dass Dividenden auf Ebene eines einkommensteuerpflichtigen Anteilseigners einem – gemessen am Spitzensteuersatz der Einkommensteuer relativ niedrigen – Sondersteuersatz von 25% unterliegen: **430**

$$s_{KSt} + (1 - s_{KSt}) \times s_{AbgSt}$$

Bei **Einzelunternehmen** und **Personengesellschaften** werden die Einkünfte direkt dem Inhaber bzw den Gesellschaftern zugerechnet. Eine Besteuerung auf Ebene des Unternehmens unterbleibt. Die Steuerbelastung bestimmt sich nach dem persönlichen Einkommensteuersatz des Inhabers bzw Anteilseigners (Normaltarif):

$$s_{ESt}$$

Nach dem Konzept der Abgeltungsteuer ist eine Besteuerung von Gewinnen, die eine Kapitalgesellschaft ausschüttet, entsprechend den individuellen Verhältnissen nur dann gewährleistet, wenn der Anteilseigner einen persönlichen Steuersatz von 36,25% hat. In allen anderen Fällen treten bei einem mittelbaren Bezug der Einkünfte über eine Kapitalgesellschaft gegenüber der Betätigung als Einzelunternehmer oder als Gesellschafter einer Personengesellschaft Mehrbelastungen (persönlicher Steuersatz liegt unter 36,25%) oder Minderbelastungen (persönlicher Steuersatz des Anteilseigners ist höher als 36,25%) auf. Die Folge des Nebeneinanders von Körperschaftsteuer auf Ebene der Kapitalgesellschaft und Abgeltungsteuer auf Ebene des Anteilseigners ist, dass die Besteuerung von ausgeschütteten Gewinnen davon abhängt, in welcher Rechtsform das Unternehmen geführt wird.

Werden die Dividenden nach dem Teileinkünfteverfahren besteuert, gelten die Aussagen analog. Allerdings liegt beim Teileinkünfteverfahren der Grenzwert, bei dessen

Über- bzw Unterschreiten das Ziel einer rechtsformneutralen Besteuerung verfehlt wird, bei 30,61% und nicht bei 36,25%.

Durch die Gewerbesteuer verstärkt sich die Abhängigkeit der Gesamtsteuerbelastung von der gewählten Rechtsform. Gewinne, die eine Kapitalgesellschaft erzielt, sind mit Gewerbesteuer belastet, während bei Einzelunternehmen und Personengesellschaften die Gewerbesteuer durch eine Ermäßigung der Einkommensteuer (Steuerermäßigung für gewerbliche Einkünfte, § 35 EStG) weitgehend neutralisiert wird.[225]

431 *(3) Einfluss auf Finanzierungsentscheidungen:*[226] Vergleichbare Aussagen wie beim Einfluss auf die Rechtsformwahl gelten für den Einfluss auf die Entscheidung darüber, ob der Gesellschafter die Kapitalgesellschaft mit Eigenkapital (Beteiligungsfinanzierung) oder mit Fremdkapital (Gesellschafterdarlehen) finanzieren soll. Bei einer Finanzierung mit **Eigenkapital** fällt im Ausschüttungsfall auf Ebene der Kapitalgesellschaft Körperschaftsteuer an. Zusätzlich unterliegt die Dividende auf Ebene des Anteilseigners der Abgeltungsteuer von 25%:

$$s_{KSt} + (1 - s_{KSt}) \times s_{AbgSt}$$

Bei einer Finanzierung der Kapitalgesellschaft durch ein **Gesellschafterdarlehen** sind die Zinsen auf Ebene der Kapitalgesellschaft als Betriebsausgabe abziehbar, sodass insoweit keine Körperschaftsteuer erhoben wird. Der Gesellschafter hat die Zinsen aus dem Gesellschafterdarlehen als Einkünfte aus Kapitalvermögen zu versteuern. Da die Abgeltungsteuer für die **Zinsen** aus einem Gesellschafterdarlehen grundsätzlich nicht gilt (§ 32d Abs. 2 Nr 1 Buchst. b EStG),[227] richtet sich die Steuerbelastung nach den persönlichen Verhältnissen des Gesellschafters, dh die Zinsen werden nach dem **Normaltarif** besteuert:

$$s_{ESt}$$

Eigen- und Fremdfinanzierung werden nur dann gleich besteuert, wenn der persönliche Einkommensteuersatz 36,25% beträgt. Liegt er darunter, wird die Beteiligungsfinanzierung gegenüber der Gesellschafter-Fremdfinanzierung diskriminiert. Bei einem Einkommensteuersatz von über 36,25% wird die Gesellschafter-Fremdfinanzierung höher belastet als eine Eigenfinanzierung.

Unterliegen die Dividenden beim Anteilseigner dem Teileinkünfteverfahren, gelten die Aussagen analog. Allerdings liegt der Grenzwert, bei dessen Über- bzw Unterschreiten Eigenfinanzierung und Gesellschafterdarlehen zu unterschiedlichen Steuerbelastungen führen, bei 30,61% und nicht bei 36,25%.

Liegen die Einschränkungen für **Zinsen** aus einem Gesellschafterdarlehen nach § 32d Abs. 2 Nr 1 Buchst. b EStG nicht vor,[228] werden die Erträge aus einer Fremdfinanzie-

---

225 Zur Berechnung der effektiven Steuerbelastung unter Einbezug aller Ertragsteuern und der Zuschlagsteuern siehe Band III: Steuerplanung, Dritter Teil.

226 Ausführlich zum Einfluss der Besteuerung auf die Finanzierung, wenn nicht nur die Effekte des Körperschaftsteuersystems beachtet werden, siehe Band III: Steuerplanung, Fünfter Teil.

227 Die Zinsen unterliegen dem Normaltarif, wenn der Gesellschafter, der das Gesellschafterdarlehen gewährt, gleichzeitig an der Kapitalgesellschaft zu mindestens 10% beteiligt ist.

228 Dies gilt, wenn der Gesellschafter, der das Gesellschafterdarlehen gewährt, an der Kapitalgesellschaft zu weniger als 10% beteiligt ist.

rung einer Kapitalgesellschaft auf Ebene des Kapitalgebers nach dem Konzept der **Abgeltungsteuer** besteuert. Da die Zinsen bei Ermittlung des körperschaftsteuerpflichtigen Gewinns der Kapitalgesellschaft abziehbar sind, ist die Fremdfinanzierung (zB Ausgabe einer Anleihe) einer Eigenfinanzierung (insbesondere Kapitalerhöhung) eindeutig vorzuziehen. Auf Ebene des Kapitalgebers werden zwar beide Finanzierungsformen gleich besteuert. Bei einer Fremdfinanzierung kann allerdings die (Vor-)Belastung mit Körperschaftsteuer auf Ebene der kapitalaufnehmenden Kapitalgesellschaft vermieden werden:

Belastung bei Eigenfinanzierung: $s_{KSt} + (1 - s_{KSt}) \times s_{AbgSt}$

Belastung bei Fremdfinanzierung: s_{AbgSt}

(4) Einfluss auf Gewinnverwendungsentscheidungen: Das Nebeneinander von niedriger (definitiver) Körperschaftsteuer und 25%iger Abgeltungsteuer auf Dividenden (Abgeltungsteuer) bzw 60%iger Besteuerung der Dividenden nach dem Normaltarif (Teileinkünfteverfahren) **löst** eine **Tendenz zur Gewinnthesaurierung aus**. Bei Thesaurierung der Gewinne hat der Anteilseigner keine Einkünfte zu versteuern, während bei Ausschüttung zusätzlich die (reduzierte) Einkommensteuer auf die Dividenden anfällt. Damit ist die **Ausschüttung von Gewinnen** gegenüber der Einbehaltung von Gewinnen generell mit einer Mehrbelastung verbunden. **432**

Diese Mehrbelastung beruht auf einem **negativen Zeiteffekt**: Die Besteuerung auf Ebene des Anteilseigners kann solange vermieden werden, wie die Gewinne auf Ebene der Kapitalgesellschaft einbehalten werden. Die (ermäßigte) Einkommensteuer wird erst erhoben, wenn die Gewinne ausgeschüttet werden. Während des Thesaurierungszeitraums kommt es nur zur Belastung mit Körperschaftsteuer. Durch die systematische Benachteiligung von Gewinnausschüttungen und damit die allgemeine Begünstigung von einbehaltenen Gewinnen wird die **Allokationsfunktion des Kapitalmarkts beeinträchtigt**.[229]

3. Wirkungen bei grenzüberschreitenden Beteiligungsverhältnissen

Ein **grenzüberschreitender Sachverhalt** liegt vor, wenn die Kapitalgesellschaft und ihre Anteilseigner in unterschiedlichen Staaten ansässig sind. Bei der Besteuerung von international tätigen Unternehmen ist zwischen dem Outboundfall und dem Inboundfall zu differenzieren: **433**

- Der **Outboundfall** ist dadurch charakterisiert, dass ein im Inland ansässiger Steuerpflichtiger an einer ausländischen Kapitalgesellschaft beteiligt ist.
- Der **Inboundfall** liegt vor, wenn ein ausländischer Steuerpflichtiger Anteile einer im Inland ansässigen Kapitalgesellschaft erwirbt.

Bei einem Shareholder-Relief-System werden auf Ebene des Gesellschafters die Dividenden unabhängig davon besteuert, in welchem Staat die Kapitalgesellschaft ansässig ist. Durch diese Gleichbehandlung des grenzüberschreitenden Sachverhalts

229 Vgl Wagner/Baur/Wader, BB 1999, S. 1296; zu einer differenzierenden Sichtweise vgl Sinn, Tax Policy and the Economy 1991, S. 25.

(Kapitalgesellschaft und Anteilseigner sind in verschiedenen Staaten ansässig) mit dem Inlandssachverhalt (Kapitalgesellschaft und Anteilseigner sind im gleichen Staat ansässig) werden die innerhalb des Europäischen Binnenmarkts geltenden Grundfreiheiten beachtet. Ein Shareholder-Relief-System ist also **„europatauglich"**. Die europarechtlichen Rahmenbedingungen waren das Hauptargument für die Einführung des Shareholder-Relief-Systems in Deutschland durch die Unternehmensteuerreform im Jahr 2000.

Im **Outboundfall** wird die Doppelbelastung gleichfalls in pauschalierter Form vermieden. Der Unterschied gegenüber dem Inlandsfall besteht nur darin, dass sich die Vorbelastung aus der ausländischen Körperschaftsteuer und nicht aus der in Deutschland anfallenden Körperschaftsteuer ergibt. Im **Inboundfall** hängt die Gesamtsteuerbelastung davon ab, welches Körperschaftsteuersystem im Ansässigkeitsstaat des Anteilseigners gilt. Kennt das Ausland auch ein Shareholder-Relief-System, kommt es zu einem Nebeneinander von inländischer Körperschaftsteuer und ermäßigter ausländischer Einkommensteuer, m.a.W. die Doppelbelastung wird im Wohnsitzstaat gleichfalls durch eine Steuersatzermäßigung oder durch eine Reduzierung der Bemessungsgrundlage in pauschalierter Form vermieden.

Hinsichtlich der **Aufteilung der Besteuerungsrechte zwischen den Staaten** weist ein Shareholder-Relief-System den Vorteil auf, dass sowohl der Ansässigkeitsstaat der Tochterkapitalgesellschaft (Körperschaftsteuer) als auch der Ansässigkeitsstaat des Gesellschafters (Einkommensteuer: ermäßigte Besteuerung der Gewinnausschüttungen) an den erzielten Gewinnen partizipieren. Es kommt also nicht zu einer einseitigen Aufteilung der Besteuerungsrechte. Dieser Vorteil besteht sowohl im Outboundfall als auch im Inboundfall, dh er gilt nicht nur aus deutscher Sicht, sondern auch aus der Sicht anderer Staaten.

4. Vor- und Nachteile gegenüber anderen Körperschaftsteuersystemen

434 Die Nachteile des geltenden Körperschaftsteuersystems beruhen darauf, dass bei der Abgeltungsteuer und beim Teileinkünfteverfahren die Doppelbelastung in pauschalierter Form vermieden wird. Als Alternativen zur **vollständigen Vermeidung einer Doppelbelastung** von Gewinnen, die eine Kapitalgesellschaft ausschüttet, stehen das körperschaftsteuerliche Anrechnungsverfahren, das Dividendenabzugsverfahren sowie das Dividendenfreistellungsverfahren zur Wahl. Diese drei Körperschaftsteuersysteme haben gemeinsam, dass sie eine Doppelbesteuerung von ausgeschütteten Gewinnen vollständig vermeiden. Die mit ihnen verbundenen Nachteile sind aber so gravierend, dass das bei ausschließlicher Betrachtung von innerstaatlichen Sachverhalten (Kapitalgesellschaft und ihre Anteilseigner sind im gleichen Staat ansässig) zu kritisierende deutsche Körperschaftsteuersystem als Kompromiss akzeptiert werden sollte. Prinzipiell abzulehnen ist ein **klassisches Körperschaftsteuersystem**, bei dem ausgeschüttete Gewinne generell einer Doppelbelastung unterliegen.

a) Klassisches Körperschaftsteuersystem

435 Beim klassischen Körperschaftsteuersystem werden **Gewinne, die über eine Kapitalgesellschaft erzielt werden, doppelt belastet**. Zur Körperschaftsteuer der Kapi-

talgesellschaft tritt die (ungeschmälerte) Besteuerung der Dividenden beim Anteilseigner mit Einkommensteuer. Für die Vorbelastung der Gewinnausschüttungen mit Körperschaftsteuer erfolgt auf Ebene der Kapitalgesellschaft kein Ausgleich:

$$s_{KSt} + (1 - s_{KSt}) \times s_{ESt}$$

Ein klassisches Körperschaftsteuersystem ist nicht rechtsformneutral (Mehrbelastung von Kapitalgesellschaften), nicht finanzierungsneutral (Benachteiligung der Eigenfinanzierung) und nicht gewinnverwendungsneutral (Bevorzugung der Gewinnthesaurierung). Da die Dividenden in vollem Umfang dem Normaltarif der Einkommensteuer unterliegen, fallen beim klassischen Körperschaftsteuersystem die Nachteile noch stärker aus als bei einem Shareholder-Relief-System.

Durch die Besteuerung von Dividenden mit dem einkommensteuerlichen Normaltarif ist ein klassisches Körperschaftsteuersystem zwar **„europatauglich"**, da auf Ebene des Gesellschafters nicht danach differenziert wird, ob die Dividenden von einer inländischen Kapitalgesellschaft oder von einer im Ausland ansässigen Kapitalgesellschaft gezahlt werden. Beim Outboundfall bleibt aber wie beim rein inländischen Sachverhalt die Doppelbelastung bestehen. Im Inboundfall kommt es nur dann zu einer Doppelbelastung, wenn auch im Ausland die Dividenden mit dem in diesem Staat geltenden einkommensteuerlichen Normaltarif besteuert werden. Kennt der Ansässigkeitsstaat des ausländischen Anteilseigners ein Shareholder-Relief-System, wird die Doppelbesteuerung insoweit im Rahmen der ausländischen Besteuerung in pauschalierter Form vermieden.

Beim klassischen Körperschaftsteuersystem steht bei grenzüberschreitenden Beteiligungen beiden Staaten ein Besteuerungsrecht zu. Der Staat, in dem die Tochterkapitalgesellschaft ansässig ist, kann die Körperschaftsteuer vereinnahmen. Der Ansässigkeitsstaat des Gesellschafters erhebt auf die Gewinnausschüttungen Einkommensteuer. Wie bei einem Shareholder-Relief-System kommt es zu einer **zwischenstaatlichen Aufteilung der Besteuerungsrechte**.

Beim klassischen Körperschaftsteuersystem kann im Vergleich zu einem Shareholder-Relief-System der Körperschaftsteuersatz niedriger festgesetzt werden, sodass die bei diesem System auftretenden Verzerrungen abgeschwächt werden. Wird alternativ der Einkommensteuersatz reduziert, verstärken sich die verzerrenden Wirkungen des klassischen Körperschaftsteuersystems auf unternehmerische Entscheidungen.

b) Körperschaftsteuerliches Anrechnungsverfahren

Beim körperschaftsteuerlichen Anrechnungsverfahren wird die Körperschaftsteuer **436**
nicht als eigenständige (definitive) Unternehmenssteuer angesehen, sondern als Ergänzungssteuer zur Einkommensteuer. Die Körperschaftsteuer wird zwar auf die von einer Kapitalgesellschaft erwirtschafteten Gewinne erhoben. Diese Belastung mit Körperschaftsteuer bleibt allerdings nur so lange bestehen, bis die Kapitalgesellschaft die Gewinne an ihre Anteilseigner ausschüttet. Aufgrund ihres Interimscharakters wird **im Ausschüttungsfall** die **Körperschaftsteuer vollständig neutralisiert**. Die **Gesamtsteuerbelastung** von Gewinnen, die eine Kapitalgesellschaft an eine natürli-

che Person ausschüttet, stimmt mit dem **persönlichen Einkommensteuersatz des Anteilseigners** überein:

$$s_{KSt} + (1 - s_{KSt} + s_{KSt}) \times s_{ESt} - s_{KSt} = s_{ESt}$$

① ② ③ ④

mit s_{KSt} = Körperschaftsteuersatz, s_{ESt} = Einkommensteuersatz

Auf Ebene der Kapitalgesellschaft fällt Körperschaftsteuer an ①. Beim Gesellschafter unterliegt der Gewinn der Kapitalgesellschaft in vollem Umfang nach dem Normaltarif der Einkommensteuer ②. Die Bemessungsgrundlage für die Einkommensteuer des Gesellschafters entspricht dem von der Kapitalgesellschaft erwirtschafteten Gewinn **vor** Steuern, dh die von der Kapitalgesellschaft gezahlte Dividende ($1 - s_{KSt}$) ist um die auf Ebene der Kapitalgesellschaft erhobene Körperschaftsteuer ($+ s_{KSt}$) zu erhöhen. Um eine Doppelbelastung zu vermeiden, wird die von der Kapitalgesellschaft gezahlte Körperschaftsteuer auf die Einkommensteuer des Anteilseigners angerechnet, dh der Anrechnungsanspruch ist von der vom Gesellschafter zu zahlenden Einkommensteuer abzuziehen ③. Da der Anrechnungsanspruch des Anteilseigners mit der von der Kapitalgesellschaft gezahlten Körperschaftsteuer übereinstimmt (① = ③), verbleibt ausschließlich die Einkommensteuer des Anteilseigners (② = ④).

Der Vorteil des körperschaftsteuerlichen Anrechnungsverfahrens ist, dass es **rechtsformneutral** wirkt. Da die Gewinne, die eine Kapitalgesellschaft ausschüttet, nach den persönlichen Verhältnissen des Anteilseigners besteuert werden, kommt es zu einer Gleichbehandlung mit Einzelunternehmern und Gesellschaftern einer Personengesellschaft. Die Besteuerung der Gewinnausschüttungen (Dividenden) nach den persönlichen Verhältnissen des Anteilseigerns führt gleichzeitig dazu, dass das körperschaftsteuerliche Anrechnungsverfahren **finanzierungsneutral** ist. Dividenden und Zinsen aus einem Gesellschafterdarlehen unterliegen der gleichen Belastung.[230]

Das körperschaftsteuerliche Anrechnungsverfahren löst **von seiner Konzeption keine Tendenz zur Thesaurierung von Gewinnen** aus. Beim körperschaftsteuerlichen Anrechnungsverfahren wird im Ausschüttungsfall die Körperschaftsteuer der Kapitalgesellschaft durch die persönliche Einkommensteuer der Anteilseigner ersetzt. Zu einer Mehrbelastung kommt es nur, wenn der persönliche Einkommensteuersatz über dem Körperschaftsteuersatz liegt. Ist der persönliche Einkommensteuersatz geringer als der Körperschaftsteuersatz, führt die Ausschüttung von Gewinnen zu einer Minderung der Gesamtsteuerbelastung. Damit thesaurierte Gewinne nicht begünstigt werden, bedarf es eines körperschaftsteuerlichen Anrechnungsverfahrens, bei dem der Körperschaftsteuersatz mit dem maximal möglichen Einkommensteuersatz übereinstimmt. Innerhalb des körperschaftsteuerlichen Anrechnungsverfahrens entsteht den Steuerpflichtigen durch einen Körperschaftsteuersatz in Höhe des Spitzensteuersatzes der Einkommensteuer grundsätzlich kein Nachteil. Die möglicherweise (vorübergehend) auftretenden Steuersatznachteile lassen sich durch das **Schütt-aus-hol-zurück-Verfahren** vermeiden. Das Schütt-aus-hol-zurück-Verfahren ist dadurch gekennzeichnet, dass die Gewinne an die Anteilseigner zunächst ausgeschüttet werden (schütt-aus) und anschließend der nach Abzug der persönlichen Einkommensteuer verbleibende Betrag der Kapitalgesellschaft wieder zugeführt wird (hol-zurück).

230 Bei dieser Aussage wird davon ausgegangen, dass Zinsen nach dem Normaltarif besteuert werden.

Liegt der Einkommensteuersatz des Anteilseigners unter dem Körperschaftsteuersatz, ist die Kapitaleinlage höher als der Betrag, der bei unmittelbarer Thesaurierung nach Abzug der Körperschaftsteuer verbleibt. Durch dieses Konzept wird die Allokationsfunktion des Kapitalmarkts gestärkt: Ein Anteilseigner wird der Kapitalgesellschaft nur dann die nach Abzug der Einkommensteuer verbleibenden finanziellen Mittel wieder zur Verfügung stellen, wenn er davon überzeugt ist, dass die Manager der Kapitalgesellschaft eine höhere Rendite erwirtschaften als der Anteilseigner selbst oder die Manager anderer Unternehmen.

Liegt der Körperschaftsteuersatz unter dem Spitzensteuersatz der Einkommensteuer, führt das körperschaftsteuerliche Anrechnungsverfahren wie das geltende Körperschaftsteuersystem zu einer Begünstigung der Thesaurierung von Gewinnen, weil Gewinnausschüttungen in dem Umfang zu Mehrbelastungen führen, in dem der persönliche Einkommensteuersatz des Anteilseigners über dem Körperschaftsteuersatz liegt. Liegt eine derartige Datenkonstellation vor, ist insoweit die positive Beurteilung des körperschaftsteuerlichen Anrechnungsverfahrens einzuschränken.

Bei rein nationalen Sachverhalten weist zwar das körperschaftsteuerliche Anrechnungsverfahren erhebliche Vorteile auf. Das körperschaftsteuerliche Anrechnungsverfahren ist allerdings nicht „europatauglich". Die Anrechnung der von einer Kapitalgesellschaft gezahlten Körperschaftsteuer auf die Steuerschuld des Anteilseigners wird im Rahmen des körperschaftsteuerlichen Anrechnungsverfahrens regelmäßig nur für innerstaatliche Sachverhalte gewährt, dh wenn ein deutscher Anteilseigner an einer deutschen Kapitalgesellschaft beteiligt ist. Eine Anrechnung der Körperschaftsteuer über die Grenze ist beim körperschaftsteuerlichen Anrechnungsverfahren üblicherweise nicht vorgesehen. Damit werden **grenzüberschreitende Sachverhalte benachteiligt**.

Ein deutscher Gesellschafter, der an einer ausländischen Kapitalgesellschaft beteiligt **437**
ist (**Outboundfall**), kann die von der ausländischen Kapitalgesellschaft im Ausland gezahlte Körperschaftsteuer nicht auf seine inländische Steuerschuld anrechnen. Im Regelfall hat der deutsche Anteilseigner auch im Ausland keinen Anrechnungsanspruch. Diese Benachteiligung ist **mit den innerhalb der EU geltenden Grundfreiheiten nicht vereinbar**, insbesondere liegt ein Verstoß gegen die Kapitalverkehrsfreiheit vor. Dies war auch ein wesentliches Motiv, weshalb in Deutschland im Jahr 2000 das körperschaftsteuerliche Anrechnungsverfahren aufgegeben wurde. Wie die Entscheidungen des Europäischen Gerichtshofs zeigen,[231] wäre Deutschland bei einer Beibehaltung des körperschaftsteuerlichen Anrechnungsverfahrens verpflichtet, bei Inländern die von ausländischen Kapitalgesellschaften im Ausland gezahlte Körperschaftsteuer auf die inländische Steuerschuld anzurechnen. Diese grenzüberschreitende Anrechnung hätte erhebliche negative Auswirkungen auf das deutsche Steueraufkommen: Deutschland müsste dem inländischen Anteilseigner Körperschaftsteuer erstatten, die von der ausschüttenden Kapitalgesellschaft an den ausländischen Staat bezahlt wurde.

Ein ausländischer Gesellschafter, der an einer inländischen Kapitalgesellschaft betei- **438**
ligt ist (**Inboundfall**), besitzt hinsichtlich der von der inländischen Kapitalgesell-

231 Vgl EuGH vom 7.9.2004 *(Manninen)*, ECLI:EU:C:2004:484; EuGH vom 6.3.2007 *(Meilicke u.a./ Finanzamt Bonn-Innenstadt)*, ECLI:EU:C:2007:132.

schaft gezahlten Körperschaftsteuer im Inland keinen Anrechnungsanspruch. Die Begründung liegt darin, dass diese Dividenden grundsätzlich in Deutschland nicht besteuert werden. Vielmehr sind Dividenden generell (nur) im Ansässigkeitsstaat des Gesellschafters steuerpflichtig. Im Inboundfall steht damit das Steueraufkommen grundsätzlich dem Ausland zu. Im Inland kann nur eine Kapitalertragsteuer auf die Dividenden erhoben werden, deren Höhe bei Bestehen eines Doppelbesteuerungsabkommens regelmäßig auf 15% begrenzt ist (Art. 10 OECD-MA). In den meisten Fällen kann der Gesellschafter die von der inländischen Kapitalgesellschaft gezahlte Körperschaftsteuer nicht auf die in seinem Wohnsitzstaat entstehende Steuerschuld anrechnen. Wird einem ausländischen Anteilseigner einer inländischen Kapitalgesellschaft im Inland ein Anspruch auf Erstattung der von der inländischen Kapitalgesellschaft gezahlten Körperschaftsteuer eingeräumt, bedeutet dies, dass Deutschland im Inboundfall (abgesehen von einer im DBA-Fall ermäßigten Kapitalertragsteuer) keine Einkommensteuer erheben darf, da die Dividenden im Ansässigkeitsstaat des Anteilseigners besteuert werden. Darüber hinaus ist die von inländischen Kapitalgesellschaften gezahlte Körperschaftsteuer bei Gewinnausschüttungen an ausländische Anteilseigner durch den Anrechnungsanspruch zurückzuzahlen, dh das Körperschaftsteueraufkommen beträgt insoweit null. Werden im Ausland Dividenden nicht nach dem Normaltarif besteuert, sondern entsprechend dem dort geltenden Körperschaftsteuersystem nur einer ermäßigten Besteuerung unterworfen, kommt es insoweit zu einer Minderbesteuerung. Die Körperschaftsteuer der Kapitalgesellschaft wird im Inland durch den Anrechnungsanspruch neutralisiert und im Ausland liegt die Belastung unter dem persönlichen Einkommensteuersatz des Anteilseigners.

Die Kombination von europarechtlichen Vorgaben und abkommensrechtlich vereinbarten Regeln zur Aufteilung der Besteuerungsrechte hat dazu geführt, dass das körperschaftsteuerliche Anrechnungsverfahren weltweit an Relevanz verloren hat. Wird eine grenzüberschreitende Anrechnung der Körperschaftsteuer gewährt, kommt es zu erheblichen **Verschiebungen der Besteuerungsrechte**. Diese ließen sich nur vermeiden, wenn sich die beteiligten Staaten auf einen zwischenstaatlichen Finanzausgleich einigen würden. Ein weiterer Grund ist, dass der Aufkommensverlust aufgrund der Neutralisation der Körperschaftsteuer auf Ebene des Anteilseigners durch eine Erhöhung der Einkommensteuer kompensiert werden muss bzw umgekehrt beim Übergang vom körperschaftsteuerlichen Anrechnungsverfahren zu einem Shareholder-Relief-System besteht ein Spielraum für Steuersatzsenkungen.

c) Dividendenabzugsverfahren

439 Das Dividendenabzugsverfahren ist dadurch gekennzeichnet, dass eine Kapitalgesellschaft nur die Gewinne besteuert, die sie thesauriert. Ausgeschüttete Gewinne sind als Betriebsausgaben abziehbar, sodass insoweit auf Ebene der Kapitalgesellschaft keine Körperschaftsteuer anfällt ①. Der Anteilseigner hat die Dividenden nach seinen persönlichen Verhältnissen zu besteuern ②. Die **Gesamtsteuerbelastung** von Gewinnen, die eine Kapitalgesellschaft an eine natürliche Person ausschüttet, bestimmt sich beim Dividendenabzugsverfahren nach dem **persönlichen Einkommensteuersatz des Anteilseigners** (② = ③):

$(1 - 1) \times s_{KSt} + s_{ESt} = s_{ESt}$

① ② ③

mit s_{KSt} = Körperschaftsteuersatz, s_{ESt} = Einkommensteuersatz

Beim Dividendenabzugsverfahren wird eine **Doppelbelastung vollständig vermieden**. Da sich die Gesamtbelastung aus der Einkommensteuer des Anteilseigners ergibt, weist dieses Konzept – wie das körperschaftsteuerliche Anrechnungsverfahren – den Vorteil auf, dass es sowohl **rechtsformneutral** (ausgeschüttete Gewinne werden wie bei Einzelunternehmern und Gesellschaftern einer Personengesellschaft besteuert) als auch **finanzierungsneutral** wirkt (Eigenfinanzierung und Gesellschafterdarlehen werden in gleicher Weise besteuert).[232] **Gewinnverwendungsneutralität** wird allerdings **nicht erreicht**, da thesaurierte Gewinne mit Körperschaftsteuer und ausgeschüttete Gewinne mit dem für den Anteilseigner geltenden persönlichen Einkommensteuersatz belastet werden. Um eine Tendenz zur Gewinnthesaurierung zu vermeiden, muss deshalb der Körperschaftsteuersatz mit dem Spitzensteuersatz der Einkommensteuer übereinstimmen. Steuerpflichtige, deren Einkünfte nicht mit dem Spitzensteuersatz belastet werden, können Mehrbelastungen durch das Schütt-aus-hol-zurück-Verfahren vermeiden. Auch insoweit gelten die gleichen Aussagen wie beim körperschaftsteuerlichen Anrechnungsverfahren.

Das Dividendenabzugsverfahren ist **mit den Grundfreiheiten des Europäischen Binnenmarkts vereinbar**. Auf Ebene der ausschüttenden Kapitalgesellschaft hängt der Betriebsausgabenabzug von ausgeschütteten Gewinnen nicht davon ab, ob der Gesellschafter im Inland oder im Ausland ansässig ist. Beim Gesellschafter erfolgt die Besteuerung mit dem einkommensteuerlichen Normaltarif unabhängig davon, ob es sich bei der ausschüttenden Kapitalgesellschaft um ein inländisches oder um ein ausländisches Unternehmen handelt.

Bei **grenzüberschreitenden Sachverhalten** ist zu beachten, dass Dividenden regelmäßig nur in dem Staat besteuert werden dürfen, in dem der Anteilseigner ansässig ist (Ansässigkeitsstaat). Der Staat, in dem die ausschüttende Kapitalgesellschaft ihren Sitz hat (Quellenstaat), darf auf die Dividenden lediglich eine auf 15% begrenzte Kapitalertragsteuer erheben (Art. 10 OECD-MA). Im **Outboundfall** bedeutet dies Folgendes: (1) Kennt der ausländische Staat gleichfalls ein Dividendenabzugsverfahren, steht bei einer Ausschüttung der Gewinne nur dem Inland ein Besteuerungsrecht zu. Im Ausland fällt weder Körperschaftsteuer noch Einkommensteuer an. (2) Hat das Ausland kein Dividendenabzugsverfahren eingeführt, kommt es zu einer Doppelbelastung. Die Kapitalgesellschaft hat im Ausland Körperschaftsteuer zu bezahlen. Zusätzlich unterliegen im Inland die Dividenden beim Gesellschafter nach dem Normaltarif (ungeschmälert) der Einkommensteuer. 440

Im **Inboundfall** führt das Dividendenabzugsverfahren dazu, dass Gewinne, die an ausländische Anteilseigner ausgeschüttet werden, in Deutschland nicht oder nur in sehr geringem Umfang besteuert werden: (1) Ausländische Anteilseigner einer deut- 441

232 Bei dieser Aussage wird davon ausgegangen, dass Zinsen nach dem Normaltarif besteuert werden.

schen Kapitalgesellschaft können durch Ausschüttung der Gewinne eine Besteuerung in Deutschland (weitgehend) vermeiden. (2) Deutsche Kapitalgesellschaften mit ausländischen Anteilseignern bezahlen im Ausschüttungsfall keine Körperschaftsteuer. Ergebnis ist, dass im Inboundfall das Steueraufkommen in Deutschland gegen null tendiert, da weder Einkommensteuer noch Körperschaftsteuer erhoben werden darf. Werden im Ausland die Gewinne nicht mit dem Normaltarif der Einkommensteuer belastet, tritt in dem Umfang eine Minderbesteuerung ein, in dem im Ausland eine Ermäßigung der Einkommensteuer gewährt wird (so beispielsweise, wenn im Ausland ein Shareholder-Relief-System besteht).[233]

Ein weiterer Nachteil des Dividendenabzugsverfahrens ist, dass im Vergleich zu einem Shareholder-Relief-System ein höherer Einkommensteuersatz erforderlich ist, um die bei einer Ausschüttung der Gewinne fehlende Körperschaftsteuer zu ersetzen. Insoweit besteht zwischen dem Dividendenabzugsverfahren und dem körperschaftsteuerlichen Anrechnungsverfahren kein Unterschied.

d) Dividendenfreistellungsverfahren

442 Beim Dividendenfreistellungsverfahren werden die Gewinne nur auf Ebene der Kapitalgesellschaft besteuert, auf Ebene des Anteilseigners werden die Dividenden in vollem Umfang von der Besteuerung ausgenommen. Beim Dividendenfreistellungsverfahren fällt ausschließlich Körperschaftsteuer an. Ein Nebeneinander von Einkommen- und Körperschaftsteuer und damit eine Doppelbelastung kann nicht auftreten:

s_{KSt}

mit s_{KSt} = Körperschaftsteuersatz

Sind die Kapitalgesellschaft und die Gesellschafter im gleichen Staat ansässig, wird zwar die **Doppelbelastung vollständig vermieden**. Allerdings werden die Gewinnausschüttungen nicht nach den persönlichen Verhältnissen der Anteilseigner besteuert. Vielmehr ergibt sich für jeden Gesellschafter die gleiche Belastung. Dieser Nachteil wirkt umso stärker, je mehr der Körperschaftsteuersatz von dem für den Anteilseigner relevanten Einkommensteuersatz abweicht. Je geringer die Einkünfte des Anteilseigners sind, umso mehr wird er zu hoch belastet.

Die ausschließliche Besteuerung der Gewinne mit Körperschaftsteuer und nicht nach den persönlichen Verhältnissen der Gesellschafter führt dazu, dass das Dividendenfreistellungsverfahren **weder rechtsformneutral noch finanzierungsneutral** ist: (1) Gewinne, die über eine Kapitalgesellschaft erzielt werden, unterliegen der Körperschaftsteuer, während bei Einzelunternehmern und Gesellschaftern einer Personengesellschaft Einkommensteuer anfällt. (2) Bei einer Finanzierung einer Kapitalge-

233 Sind an einer inländischen Kapitalgesellschaft steuerbefreite inländische Organisationen beteiligt, werden beim Dividendenabzugsverfahren auf ausgeschüttete Gewinne keine Ertragsteuern erhoben: Die ausschüttende Kapitalgesellschaft kann die Dividenden als Betriebsausgaben abziehen, sodass insoweit keine Körperschaftsteuer anfällt. Bei einem steuerbefreiten Anteilseigner werden die Dividenden von der Besteuerung ausgenommen. Zu einer doppelten Nichtbesteuerung kommt es auch dann, wenn im Ausland ansässige Kapitalgesellschaften an einer inländischen Kapitalgesellschaft beteiligt sind und im Ausland Dividenden von der Körperschaftsteuer ausgenommen werden (Dividendenfreistellung).

sellschaft mit Eigenkapital richtet sich die Steuerbelastung nach dem Körperschaftsteuersatz, während sich bei Zinsen aus einem Gesellschafterdarlehen die Steuerbelastung aus dem persönlichen Einkommensteuersatz des Anteilseigners ergibt.[234] Diesen beiden Nachteilen steht der Vorteil gegenüber, dass das Dividendenfreistellungsverfahren **gewinnverwendungsneutral** wirkt. Da nur Körperschaftsteuer erhoben wird, ist die Gesamtsteuerbelastung unabhängig davon, ob die Gewinne von der Kapitalgesellschaft einbehalten oder an die Gesellschafter weitergeleitet werden. Gewinnausschüttungen lösen keine zusätzliche Steuerbelastung aus, sie führen auch nicht zu einer Steuerentlastung.

Ein weiterer Vorzug des Dividendenfreistellungsverfahrens ist seine **Vereinbarkeit mit den innerhalb der EU geltenden Grundfreiheiten**. Wird die Nichtbesteuerung von Dividenden unabhängig von der Ansässigkeit der ausschüttenden Kapitalgesellschaft gewährt, werden Inlandssachverhalte und grenzüberschreitende Beteiligungen in gleicher Weise besteuert.

Bei Beteiligungen von deutschen Anteilseignern an ausländischen Kapitalgesell- **443**
schaften sind beim Dividendenfreistellungsverfahren die Gewinnausschüttungen im Inland unabhängig davon steuerfrei, wie hoch die Belastung der ausländischen Kapitalgesellschaft mit (ausländischer) Körperschaftsteuer ist. Der Bundesrepublik Deutschland steht im **Outboundfall** kein Besteuerungsrecht zu. Ist die Belastung von Kapitalgesellschaften im Ausland niedriger als im Inland, löst das Dividendenfreistellungsverfahren einen erheblichen Anreiz aus, sich an ausländischen Kapitalgesellschaften und nicht an inländischen Kapitalgesellschaften zu beteiligen. Diese Bevorzugung des Outboundfalls verstärkt den negativen Einfluss auf das inländische Steueraufkommen.

Im **Inboundfall** ist zwar positiv, dass die Höhe des inländischen Steueraufkommens **444**
unabhängig davon ist, ob die Anteilseigner der Kapitalgesellschaft im Inland oder im Ausland ansässig sind. Wird das Dividendenfreistellungsverfahren nicht weltweit angewandt, kommt es aber zu einer Doppelbelastung von Gewinnen, die eine in Deutschland ansässige Kapitalgesellschaft an ausländische Anteilseigner ausschüttet. Es kommt zu einem Nebeneinander von inländischer Körperschaftsteuer und Einkommensteuer des Gesellschafters nach den im Ausland geltenden Verhältnissen. Damit wird für Steuerausländer die Beteiligung an einer inländischen Kapitalgesellschaft aus steuerlicher Sicht unattraktiv. Wie hoch die Doppelbelastung ausfällt, hängt davon ab, ob im Ausland die Dividenden nach dem Normaltarif besteuert werden oder einer ermäßigten Besteuerung unterliegen (so bei einem Shareholder-Relief-System).

Da beim Dividendenfreistellungsverfahren der Körperschaftsteuersatz aufgrund der fehlenden Besteuerung der Dividenden mit Einkommensteuer höher festgesetzt werden muss und die persönlichen Verhältnisse des Anteilseigners vollständig unberücksichtigt bleiben, fallen beim Dividendenabzugsverfahren im Vergleich zu einem Shareholder-Relief-System die **Verzerrungen bei der Rechtsformwahl und bei Finanzierungsentscheidungen noch deutlicher** aus. Der höhere Körperschaftsteuer-

234 Bei dieser Aussage wird davon ausgegangen, dass Zinsen nach dem Normaltarif besteuert werden.

satz bewirkt gleichzeitig, dass sich die Tendenz zur Beteiligung von Inländern an ausländischen Kapitalgesellschaften sowie die Nachteile für Steuerausländer bei der Beteiligung an inländischen Kapitalgesellschaften verstärken.

e) Ergebnis

445 Wie die tabellarische Zusammenstellung in Abb. 2.25 zeigt, weist ein Shareholder-Relief-System zwar aus betriebswirtschaftlicher Sicht einige Nachteile auf: fehlende Rechtsformneutralität, fehlende Finanzierungsneutralität und fehlende Gewinnverwendungsneutralität. Betrachtet man die Effekte bei grenzüberschreitenden Beteiligungen sowie die Nachteile der anderen Körperschaftsteuersysteme, ist die Kritik am Shareholder-Relief-System (in Deutschland: Abgeltungsteuer bzw Teileinkünfteverfahren) allerdings deutlich abzuschwächen. Bei einem Shareholder-Relief-System steht der Bundesrepublik Deutschland sowohl bei Beteiligungen von ausländischen Anteilseignern an inländischen Kapitalgesellschaften (Inboundfall: Körperschaftsteuer und Kapitalertragsteuer) als auch bei Beteiligungen von inländischen Anteilseignern an ausländischen Kapitalgesellschaften (Outboundfall: Einkommensteuer auf die Dividenden) ein Besteuerungsrecht zu. Das geltende Körperschaftsteuersystem sollte also zumindest als Kompromiss akzeptiert werden.

Diese Auffassung wird dadurch bestätigt, dass auch **international** eine Tendenz zu Körperschaftsteuersystemen festzustellen ist, die die Doppelbelastung in pauschalierter Form vermeiden. Die **Mehrzahl der EU-Länder** hat **ein mit der deutschen Abgeltungsteuer bzw dem deutschen Teileinkünfteverfahren vergleichbares Körperschaftsteuersystem**, dh ein Körperschaftsteuersystem, bei dem die Doppelbelastung von Gewinnen, die eine Kapitalgesellschaft erzielt und an ihre Anteilseigner ausschüttet, lediglich in pauschalierter Form vermieden wird. In den meisten Staaten erfolgt dies auf die Weise, dass die Körperschaftsteuer der Kapitalgesellschaft definitiv ist und dass auf Ebene des Anteilseigners die Besteuerung der Dividenden ermäßigt wird (Shareholder-Relief-System). Die Ermäßigung der Einkommensteuer des Anteilseigners kann entweder über eine Reduzierung der Bemessungsgrundlage (vergleichbar mit dem Teileinkünfteverfahren) oder durch die Begrenzung des Steuersatzes (wie bei der Abgeltungsteuer) erfolgen.[235]

	Shareholder-Relief-System	**klassisches Körperschaftsteuersystem**	**körperschaftsteuerliches Anrechnungsverfahren**	**Dividendenabzugsverfahren**	**Dividendenfreistellungsverfahren**
Belastung bei Ausschüttung	KSt + $ESt_{ermäßigt}$	KSt + ESt	KSt + ESt – KSt	–.– + ESt	KSt –.–
Doppelbelastung vermieden	in pauschalierter Form	nein	ja	ja	ja

235 Vgl Endres/Spengel, International Company Taxation and Tax Planning, Alphen aan den Rijn 2015, S. 102–112.

	Sharehol-der-Relief-System	klassisches Körper-schaftsteu-ersystem	körperschaft-steuerliches Anrech-nungs-verfahren	Dividenden-abzugsver-fahren	Dividenden-freistel-lungs-verfahren
Besteuerung nach den persönlichen Verhältnissen des Gesellschafters	nein	nein	ja	ja	nein
rechtsform-neutral	nein	nein	ja	ja	nein
finanzierungs-neutral	nein	nein	ja	ja	nein
gewinnverwen-dungsneutral	nein	nein	ja (KSt = ESt_{max})	ja (KSt = ESt_{max})	ja
„europa-tauglich"	ja	ja	nein	ja	ja
Wirkung im Outboundfall (inländischer Gesellschafter ist an ausländischer Kapitalgesellschaft beteiligt)	Doppelbelastung in pauschalierter Form vermieden	Doppelbelastung	Aufkommen ↓ (wenn $KSt_{Ausland}$ angerechnet)	ggf Doppelbelastung	kein Aufkommen Outboundfall attraktiver
Wirkung im Inboundfall (ausländischer Gesellschafter ist an inländischer Kapitalgesellschaft beteiligt)	Doppelbelastung in pauschalierter Form vermieden	uU Doppelbelastung	Aufkommen ↓ (wenn KSt_{Inland} angerechnet) ggf Minderbesteuerung	kein Aufkommen, ggf Minderbesteuerung	ggf Doppelbelastung Inboundfall unattraktiver

Abb. 2.25: Vor- und Nachteile der Körperschaftsteuersysteme

Die Körperschaftsteuersysteme, die über eine ermäßigte Besteuerung auf Ebene des Anteilseigners eine Doppelbelastung in pauschalierter Form vermeiden, weisen zwar den Vorteil auf, dass sie mit den im Europäischen Binnenmarkt geltenden Rahmenbedingungen (insbesondere Kapitalverkehrsfreiheit) vereinbar sind, allerdings haben sie aus betriebswirtschaftlicher Sicht den Nachteil, dass sie die Kriterien „Rechtsformneutralität", „Finanzierungsneutralität" sowie „Gewinnverwendungsneutralität" nicht erfüllen. Will man insoweit Kapitalgesellschaften und Einzelunternehmer bzw Personengesellschaften gleich besteuern, müsste das Steuersystem grundlegend reformiert werden. Es dürfte nicht mehr nach der Rechtsform des Unternehmens differenziert werden, vielmehr müsste jede Form des Kapitaleinsatzes in gleicher Weise besteuert werden. Eine Alternative hierfür wäre beispielsweise die vom Sachverständigenrat vorgeschlagene und in den skandinavischen Ländern geltende „dual income tax".[236]

G. Besonderheiten bei Ermittlung der Körperschaftsteuer

I. Verdeckte Gewinnausschüttungen

446 Bei Einzelunternehmen werden privat veranlasste Vermögensminderungen durch die Verbuchung als Entnahme erfolgsneutral behandelt. Bei Kapitalgesellschaften ist zwischen dem betrieblichen Bereich und der gesellschaftsrechtlichen Ebene zu trennen. Deshalb ist es für die Ermittlung des steuerpflichtigen Gewinns einer Kapitalgesellschaft ohne Bedeutung, ob das Einkommen verteilt wird (§ 8 Abs. 3 S. 1 KStG). Entsprechend dem Grundsatz bei den Ertragsteuern, die Einkommenserzielung von der Einkommensverwendung zu trennen, beeinflussen offene Gewinnausschüttungen (Gewinnausschüttungen, die auf einem den gesellschaftsrechtlichen Vorschriften entsprechenden Gewinnverteilungsbeschluss beruhen) die ertragsteuerliche Bemessungsgrundlage nicht. Der für offene Gewinnausschüttungen geltende Grundsatz wird auf verdeckte Gewinnausschüttungen übertragen (§ 8 Abs. 3 S. 2 KStG).

1. Begriff

447 Der Begriff „verdeckte Gewinnausschüttung" ist **gesetzlich nicht definiert**. Das Körperschaftsteuergesetz regelt lediglich die **Rechtsfolge**, indem es festlegt, dass **verdeckte Gewinnausschüttungen** das **Einkommen nicht mindern** (§ 8 Abs. 3 S. 2 KStG).

Von der Rechtsprechung werden Vermögensschmälerungen (**Vermögensminderungen** oder verhinderte Vermögensmehrungen) **auf Ebene der Kapitalgesellschaft** dann als verdeckte Gewinnausschüttung angesehen, **wenn sie**

- **durch** das **Gesellschaftsverhältnis veranlasst** sind,
- sich auf den Gewinn nach § 4 Abs. 1 S. 1 EStG auswirken und
- nicht im Zusammenhang mit einer offenen Gewinnausschüttung stehen.[237]

Eine verdeckte Gewinnausschüttung setzt zusätzlich voraus, dass die auf Ebene der Kapitalgesellschaft eingetretene Vermögensminderung bzw verhinderte Vermögensmehrung die Eignung haben muss, beim Gesellschafter zu einem Beteiligungsertrag iSd § 20 Abs. 1 Nr 1 S. 2 EStG zu führen.[238]

Eine Veranlassung durch das Gesellschaftsverhältnis liegt vor, wenn unter sonst gleichen Umständen einer Person, die nicht Gesellschafter ist, der zu beurteilende Ver-

236 Siehe hierzu beispielsweise Sachverständigenrat zur Begutachtung der gesamtwirtschaftlichen Entwicklung, Jahresgutachten 2003/04, Ziffern 518–632; Jacobs/Scheffler/Spengel, Unternehmensbesteuerung und Rechtsform, 5. Aufl., München 2015, S. 119–128.

237 Vgl zB BFH vom 22.2.1989, BStBl. 1989 II, S. 475; BFH vom 5.6.2002, BStBl. 2003 II, S. 329; BFH vom 14.7.2004, BStBl. 2004 II, S. 1010; R 8.5 Abs. 1 KStR.

238 Vgl BFH vom 7.8.2002, BStBl. 2004 II, S. 131 sowie Bohne, DStR 2008, S. 2444.

mögensvorteil nicht gewährt worden wäre. **Beurteilungsmaßstab** bildet das **Verhalten eines ordentlichen** und **gewissenhaften Geschäftsleiters** (§ 93 Abs. 1 S. 1 AktG, § 43 Abs. 1 GmbHG). Nach dem damit angesprochenen Grundsatz des Drittvergleichs wird das Entgelt daraufhin geprüft, ob es vom **gemeinen Wert** der gelieferten Wirtschaftsgüter oder der erbrachten Leistung abweicht (§ 9 BewG).

Verdeckte Gewinnausschüttungen sind eine spezielle Ausprägung der für die Ein- **448**
kommen- und Körperschaftsteuer geltenden Grundidee, nach der die Einkommenserzielung der Besteuerung unterliegt und die **Einkommensverwendung** (Gewinnverteilung) die **steuerpflichtige Bemessungsgrundlage nicht mindert** (§ 8 Abs. 3 S. 1 KStG).

Aufgrund des Trennungsprinzips können zwischen der Kapitalgesellschaft und ihren Anteilseignern schuldrechtliche Leistungsbeziehungen bestehen. Dazu gehören insbesondere Dienst-, Darlehens-, Lizenz- und Miet- oder Pachtverträge sowie Kaufverträge. Die **Gesellschaft-Gesellschafter-Verträge** werden nicht nur zivilrechtlich, sondern auch **steuerlich** grundsätzlich **wie** Verträge **mit Außenstehenden behandelt**. Dieser Grundsatz gilt aber **nur soweit**, wie die **Leistungsbeziehungen wie zwischen fremden Dritten** durchgeführt werden (Grundsatz des Drittvergleichs).

Dem Grunde nach werden die Vertragsbeziehungen zwischen einer Kapitalgesellschaft und ihren Anteilseignern prinzipiell anerkannt. Die Anerkennungsprüfung erstreckt sich in erster Linie auf die **Beurteilung der Höhe des vereinbarten Entgelts**. Bei der **Angemessenheitsprüfung** wird darauf abgestellt, ob die Verträge zwischen einer Kapitalgesellschaft und ihren Gesellschaftern ihre Ursache im gesellschaftsrechtlichen oder im betrieblichen Bereich haben. **Soweit** das vereinbarte **Entgelt angemessen** ist, wird der Vertrag dem betrieblichen Bereich zugerechnet. Im Rahmen der Gewinnermittlung der Kapitalgesellschaft werden die vereinbarten Vergütungen auf Ebene der Kapitalgesellschaft als **Betriebseinnahmen oder Betriebsausgaben** erfolgswirksam erfasst. Beim Anteilseigner werden sie nach den allgemeinen einkommensteuerlichen Abgrenzungskriterien einer der sieben Einkunftsarten oder dem nicht steuerbaren Bereich zugerechnet.

Unangemessene Vertragsbeziehungen (zB ein unangemessen hohes Gehalt für den Gesellschafter-Geschäftsführer) gelten als **gesellschaftsrechtlich veranlasst**, sie werden als **Gewinnverwendung** angesehen. Der unangemessene Teil der vereinbarten Vergütung **wirkt sich nicht erfolgswirksam aus**. Aufgrund der Einordnung als verdeckte Gewinnausschüttung hat er keinen Einfluss auf die Höhe der Einkünfte der Kapitalgesellschaft.[239]

Die wichtigsten **Formen** von **verdeckten Gewinnausschüttungen** sind (R 8.5 – **449**
R 8.8 KStR):

- Ein Gesellschafter erhält **für** seine **Geschäftsführungstätigkeit** ein **überhöhtes Entgelt**. Soweit das Gehalt im Drittvergleich angemessen ist, mindert es den Gewinn der Kapitalgesellschaft (Personalaufwand), beim Gesellschafter gehört es zu den Einkünften aus nichtselbständiger Arbeit. Der überhöhte Teil ist bei der Gewinnermittlung der Kapitalgesellschaft nichtabziehbar (kein Personalaufwand,

239 Kapitalgesellschaften haben im Anhang Angaben zum Wert der Geschäfte mit nahestehenden Personen zu machen, die nicht zu marktüblichen Bedingungen abgewickelt werden (§ 285 Nr 21 HGB).

sondern Gewinnverwendung). Beim Anteilseigner ist er (wie Dividenden) als Einkünfte aus Kapitalvermögen zu versteuern.
Beurteilungskriterien für die Prüfung der Angemessenheit des Geschäftsführungsgehalts bilden die Art und der Umfang der Tätigkeit, die Ertragsaussichten der Kapitalgesellschaft, das Verhältnis des Geschäftsführungsgehalts zum Gesamtgewinn und zur verbleibenden Kapitalverzinsung sowie die Art und die Höhe der Vergütungen, die vergleichbare Betriebe ihren Geschäftsführern für entsprechende Leistungen gewähren.[240]

- Eine Kapitalgesellschaft macht ihrem Gesellschafter eine **überhöhte Pensionszusage**. Die Pensionsrückstellung ist entsprechend dem vereinbarten Betrag zu passivieren. Soweit der Zuführungsbetrag auf den unangemessenen Teil entfällt, mindert er aber den Gewinn der Kapitalgesellschaft nicht. Vom Gesellschafter sind die Versorgungsleistungen nach dem bei Überschusseinkunftsarten geltenden Zuflussprinzip erst im Zahlungszeitpunkt zu versteuern: der angemessene Teil als Einkünfte aus nichtselbständiger Arbeit, der überhöhte Betrag als Einkünfte aus Kapitalvermögen.
- Eine Kapitalgesellschaft entrichtet für ein Darlehen, das sie bei einem ihrer Gesellschafter aufgenommen hat, **unangemessen hohe Zinsen**.
- Ein Gesellschafter zahlt für ein bei der Kapitalgesellschaft aufgenommenes Darlehen Zinsen, die unter dem Marktzins liegen. In Höhe des Einnahmeverzichts (= verhinderte Vermögensmehrung) der Kapitalgesellschaft handelt es sich um eine verdeckte Gewinnausschüttung.
- Die Kapitalgesellschaft überweist an ihren Gesellschafter ein **zu hohes Mietentgelt** oder verlangt als Vermieterin eine zu niedrige Gegenleistung.
- **Beim Kauf** eines Wirtschaftsguts (zB Fahrzeugs) leistet die Kapitalgesellschaft an ihren Anteilseigner ein **über dem Marktpreis liegendes Entgelt**. Bei der Veräußerung eines Wirtschaftsguts stellt die Kapitalgesellschaft ihrem Gesellschafter einen Betrag in Rechnung, der geringer ist als der gemeine Wert des Wirtschaftsguts.
- Die Kapitalgesellschaft spricht **zugunsten eines ihrer Gesellschafter** einen **Rechtsverzicht** aus, zB verzichtet sie darauf, eine Forderung einzuziehen, die sie gegenüber einem Anteilseigner hat.
- Eine Kapitalgesellschaft richtet **aus Anlass des Geburtstags ihres Gesellschafter-Geschäftsführers** einen **Empfang** aus oder übernimmt die Aufwendungen für eine privat veranlasste Reise des Gesellschafters.

450 Unabhängig von der allgemeinen Definition wird **bei beherrschenden Gesellschaftern**[241] **auch dann** von einer verdeckten Gewinnausschüttung ausgegangen, (1) **wenn es an einer klaren und eindeutigen, im Voraus abgeschlossenen, zivilrechtlich wirksamen Vereinbarung fehlt**, ob und in welcher Höhe der Gesellschafter ein Entgelt erhalten soll,[242] (2) wenn zwar eine angemessene und im Voraus getroffene klare

240 Vgl BFH vom 5.10.1994, BStBl. 1995 II, S. 549; BMF-Schreiben vom 14.10.2002, BStBl. 2002 I, S. 972.

241 Beherrschung setzt grundsätzlich die Mehrheit der Stimmrechte voraus (H 8.5 KStH).

242 Vgl BFH vom 3.11.1976, BStBl. 1977 II, S. 172; BFH vom 17.12.1997, BStBl. 1998 II, S. 545. Zu den Ausnahmen siehe BFH vom 21.7.1982, BStBl. 1982 II, S. 761. Bei Lieferungs- und Leistungsbeziehungen im Rahmen des gewöhnlichen Geschäftsverkehrs beschränken sich die formellen Anforderungen auf diejenigen, die bei Verträgen zwischen fremden Dritten üblich sind, vgl BMF-Schreiben vom 23.2.1983, BStBl. 1983 I, S. 218, Tz. 1.4.1.

und eindeutige Vereinbarung vorliegt, aber die Durchführung nicht mit dieser Vereinbarung übereinstimmt, und (3) wenn die Vereinbarung zivilrechtlich unwirksam ist, so zB wenn **gegen das Selbstkontrahierungsverbot nach § 181 BGB verstoßen** wird.[243]

Eine vertragliche Vereinbarung wird des Weiteren als durch das Gesellschaftsverhältnis veranlasst angesehen, wenn ein ordentlicher und gewissenhafter Geschäftsleiter zwar das Geschäft abgeschlossen hätte, aber das Geschäft aus anderen Gründen als nicht mit dem Grundsatz des Fremdvergleichs vereinbar angesehen wird. **Unübliche Geschäfte gelten** auch dann **als nicht ernsthaft gewollt** und damit als verdeckte Gewinnausschüttung, wenn sie für die Kapitalgesellschaft vorteilhaft sind. Beispielsweise werden die Vereinbarung einer ausschließlich gewinnabhängigen Geschäftsführungsvergütung oder Vereinbarungen, wonach kein laufendes Gehalt bezahlt wird, sondern lediglich Pensionsleistungen zugesagt werden, als nicht ernsthaft gewolltes Geschäft beurteilt.[244] Die Begründung liegt darin, dass sich nach dem Grundsatz des Drittvergleichs *beide* Vertragspartner wie ordentliche und gewissenhafte Geschäftsleiter verhalten müssen. In der Literatur wird sehr anschaulich von der „Verdoppelung" des gewissenhaften und ordentlichen Geschäftsleiters gesprochen.[245]

Eine verdeckte Gewinnausschüttung kann auch bei Vertragsbeziehungen mit einem Nichtgesellschafter vorliegen, sofern dieser im Verhältnis zu einem der Gesellschafter als **nahestehende Person** gilt (insbesondere Ehegatte, Kind, Konzernunternehmen) und die Vorteilsgewährung an die nahestehende Person mittelbar dem Gesellschafter zurechenbar ist (H 8.5 KStH).

2. Steuerliche Behandlung

Auf **Ebene der Kapitalgesellschaft** besteht die steuerliche Konsequenz einer verdeckten Gewinnausschüttung darin, dass die Vergütungen, die als unangemessen gelten, den steuerpflichtigen **Gewinn** der Kapitalgesellschaft **nicht beeinflussen**. Soweit die Vergütungen das handelsrechtliche Ergebnis der Kapitalgesellschaft gemindert haben, ist die **Aufwandsverbuchung durch** eine (außerbilanzielle) **Zurechnung auszugleichen**.[246] **451**

Verdeckte Gewinnausschüttungen werden ertragsteuerlich weitgehend **wie offene Gewinnausschüttungen behandelt**. Auf **Ebene der Kapitalgesellschaft** unterliegen verdeckte Gewinnausschüttungen der **Körperschaftsteuer sowie der Gewerbesteuer**.

Die Besteuerung der verdeckten Gewinnausschüttung auf **Ebene des Anteilseigners** erfolgt wie bei Gewinnausschüttungen, die auf einem ordentlichen Gewinnverwen-

243 Die formalen Anforderungen stellen aber kein absolutes Tatbestandsmerkmal dar, sondern lediglich ein widerlegbares Indiz für eine gesellschaftsrechtliche Verursachung. Ein solches Indiz darf nicht ausschlaggebend sein, wenn der Sachverhalt nicht beweisbedürftig ist, sondern aus anderen Quellen mit hinreichender Sicherheit festgestellt werden kann, vgl BVerfG vom 7.11.1995, BStBl. 1996 II, S. 34.

244 Vgl BFH vom 17.5.1995, BStBl. 1996 II, S. 204; BFH vom 27.3.2001, BStBl. 2002 II, S. 111; BMF-Schreiben vom 28.1.2005, BStBl. 2005 I, S. 387.

245 Vgl Baumhoff, Verrechnungspreise für Dienstleistungen, Köln ua 1986, S. 139–141.

246 Vgl BFH vom 29.6.1994, BStBl. 2002 II, S. 366. Zu Einzelheiten siehe BMF-Schreiben vom 28.5.2002, BStBl. 2002 I, S. 603.

dungsbeschluss beruhen. Dies bedeutet, dass bei verdeckten Gewinnausschüttungen wie bei anderen Dividenden grundsätzlich die 25%ige Kapitalertragsteuer einzubehalten ist (§ 43, § 43a EStG). Die weitere Behandlung hängt davon ab, wer Anteilseigner der Kapitalgesellschaft ist.[247]

Durch § 32a Abs. 1 KStG wird die Einordnung von verdeckten Gewinnausschüttungen als Einkünfte aus Kapitalvermögen auch dann vorgenommen, wenn nach den allgemeinen verfahrensrechtlichen Regelungen der (bestandskräftige) Steuerbescheid des Anteilseigners nicht mehr geändert werden kann (formelles Korrespondenzprinzip).

II. Verdeckte Einlagen

452 Das Gegenstück zu Einlagen bei einkommensteuerpflichtigen Personen sind bei **Kapitalgesellschaften** Kapitalerhöhungen, sonstige Gesellschaftereinlagen und verdeckte Einlagen. Durch diese soll verhindert werden, dass gesellschaftsrechtlich veranlasste Mehrungen des Betriebsvermögens den Gewinn einer Kapitalgesellschaft erhöhen. Derartige Vermögensmehrungen erhöhen zwar das Eigenkapital der Kapitalgesellschaft, sie sind aber nicht gewinnwirksam (§ 8 Abs. 3 S. 3 KStG).

1. Begriff

453 Der Begriff „verdeckte Einlage“ ist **gesetzlich nicht definiert**. Das Körperschaftsteuergesetz regelt lediglich die **Rechtsfolge**, indem es festlegt, dass **verdeckte Einlagen** das **Einkommen nicht erhöhen** (§ 8 Abs. 3 S. 3 KStG).

Eine verdeckte Einlage liegt vor, wenn ein **Gesellschafter** oder eine ihm nahestehende Person **der Kapitalgesellschaft einen bilanzierungsfähigen Vermögensvorteil zuwendet**, **sofern** diese Zuwendung

- **durch** das **Gesellschaftsverhältnis veranlasst** ist und
- nicht im Zusammenhang mit einer ordentlichen („offenen“) Kapitalerhöhung steht.[248]

Eine Veranlassung durch das Gesellschaftsverhältnis ist gegeben, wenn ein Nichtgesellschafter bei Anwendung der Sorgfalt eines ordentlichen Kaufmanns der Kapitalgesellschaft diesen Vermögensvorteil nicht eingeräumt hätte (R 8.9 Abs. 3 S. 2 KStR). Als Vermögensvorteil gilt nicht nur die Mehrung des Vermögens der Kapitalgesellschaft, sondern auch die Vermeidung einer Vermögensminderung.

454 Bei der Prüfung, ob eine verdeckte Einlage vorliegt, bildet der Teilwert den **Vergleichsmaßstab** (R 8.9 Abs. 4 KStR).[249] Bei einem Beschaffungsgeschäft (der Gesellschafter ist der leistende Vertragspartner) stimmt der Teilwert grundsätzlich mit dem gemeinen Wert, dh mit dem Fremdvergleichspreis, überein. Bei Absatzgeschäf-

---

247 Siehe hierzu ausführlich Zweiter Teil, Dritter Abschnitt, Kapitel F.I., Rn. 414–418.

248 Vgl BFH vom 26.10.1987, BStBl. 1988 II, S. 348; BFH vom 6.11.2003, BStBl. 2004 II, S. 416; R 8.9 Abs. 1 KStR.

249 Vgl BMF-Schreiben vom 12.4.2005, BStBl. 2005 I, S. 570, Tz. 5.2.

ten (die Kapitalgesellschaft ist der leistende Vertragspartner) liegt der Teilwert unter dem gemeinen Wert, da der Teilwert im Gegensatz zum Fremdvergleichspreis keinen Gewinnaufschlag enthält.[250]

Verdeckte Einlagen beruhen wie verdeckte Gewinnausschüttungen auf dem Grundgedanken der Ertragsbesteuerung, das am Markt erzielte Einkommen zu erfassen. Deshalb dürfen **nur betrieblich veranlasste Vorgänge den Gewinn eines Unternehmens erhöhen**. Bei einer verdeckten Einlage steht jedoch der Leistung des Gesellschafters keine Gegenleistung der Kapitalgesellschaft gegenüber.[251]

Obwohl verdeckte Einlagen und verdeckte Gewinnausschüttungen die gleiche Aufgabe haben – Trennung des gesellschaftsrechtlichen Bereichs von den betrieblich veranlassten Geschäftsvorgängen – und nach ihrem Wortlaut spiegelbildlich definiert sind, unterscheiden sie sich in ihrem **Anwendungsbereich**. Verdeckte Gewinnausschüttungen erfassen jede Zuwendung eines Vermögensvorteils durch die Kapitalgesellschaft an ihre Gesellschafter. **Verdeckte Einlagen** werden demgegenüber **nur** dann angenommen, wenn der Anteilseigner der Kapitalgesellschaft einen **bilanzierungsfähigen Vermögensvorteil** zuwendet. Es muss also in der Steuerbilanz der Kapitalgesellschaft entweder zu einer Erhöhung der Aktiva oder zu einer Minderung der Passiva gekommen sein.[252] **Gegenstand einer verdeckten Einlage** können **nur** materielle und immaterielle **Wirtschaftsgüter** sein. **Nutzungen** sind **nicht einlagefähig**; sie werden nicht als verdeckte Einlagen qualifiziert. **455**

Korrigiert werden deshalb nur folgende Vorgänge: Überpreislieferungen der Kapitalgesellschaft an ihren Gesellschafter, Überpreisleistungen der Kapitalgesellschaft an ihren Gesellschafter sowie Unterpreislieferungen des Gesellschafters an die Kapitalgesellschaft. Insoweit deckt sich – mit umgekehrtem Vorzeichen – der Anwendungsbereich von verdeckten Einlagen und verdeckten Gewinnausschüttungen.

Demgegenüber führen **Unterpreisleistungen des Gesellschafters** an die Kapitalgesellschaft – im Gegensatz zu Unterpreislieferungen des Gesellschafters – **nicht** zu einer verdeckten Einlage. Bei der **Beurteilung** sind **zwei Aspekte** gegeneinander **abzuwägen**:

- Will man bei der Gewinnermittlung von Kapitalgesellschaften sämtliche aus dem Gesellschaftsverhältnis resultierenden Beeinflussungen des Gewinns neutralisieren, lässt sich die Differenzierung nach der Bilanzierungsfähigkeit des Vermögensvorteils nicht rechtfertigen.
- Bei einer Ausdehnung des Anwendungsbereichs von verdeckten Einlagen auf Unterpreisleistungen der Anteilseigner an die Kapitalgesellschaft wäre es möglich, durch Dienstleistungen und Nutzungsüberlassungen gegenüber einer Kapitalgesellschaft, für die kein oder ein unangemessen niedriges Entgelt vereinbart wird, Steuerersparnisse zu erzielen: Auf Ebene der Kapitalgesellschaft wäre der Gewinn dadurch zu vermindern, dass die Differenz zwischen der vereinbarten und der angemessenen Vergütung aufwandswirksam verbucht wird. Auf Ebene des Anteilseigners könnten jedoch keine Einkünfte angesetzt werden, da eine Besteu-

250 Vgl Borstell/Brüninghaus/Dworaczek, IStR 2001, S. 758.
251 Vgl BFH vom 27.7.1988, BStBl. 1989 II, S. 271.
252 Vgl BFH vom 24.5.1984, BStBl. 1984 II, S. 747. Zu Einzelheiten siehe R 8.9 Abs. 1 KStR.

erung von fiktiven Einnahmen (dh von Solleinnahmen) dem Konzept einer Besteuerung des am Markt erzielten Einkommens (m.a.W. von Isteinnahmen) widerspricht. Ohne eine ausdrückliche gesetzliche Regelung können fiktive Einnahmen nicht besteuert werden.[253] Bei einer Ausdehnung des Anwendungsbereichs der verdeckten Einlagen auf Unterpreisleistungen der Gesellschafter würde der Einkommensbegriff um erzielbare, aber aufgrund von unangemessenen Vertragsbeziehungen zwischen einer Kapitalgesellschaft und ihren Anteilseignern nicht erzielte Einkünfte erweitert werden. Unter den Einkommensbegriff würden dann auch fiktive, tatsächlich nicht bezogene Einkünfte fallen. Eine derartige Regelung wäre mit einer weitreichenden Neuausrichtung des Systems der Ertragsteuern verbunden.

456 Für die einzelnen Gesellschaft-Gesellschafter-Verträge ergeben sich nach geltender Rechtslage folgende Einordnungen (R 8.9 KStR):

- Ein zu **geringes Geschäftsführungsgehalt** oder eine fehlende Pensionszusage gelten **nicht** als **verdeckte Einlage**.[254]
- Stellt der Gesellschafter der Kapitalgesellschaft **für** ein **Darlehen keine** oder unter dem Marktzins liegende **Zinsen** in Rechnung, führt dies gleichfalls zu **keiner Korrektur**. Die Zahlung von überhöhten Zinsen durch den Gesellschafter an die Kapitalgesellschaft stellt allerdings eine verdeckte Einlage dar. Die Geldmittel, die das angemessene Entgelt übersteigen, stellen eine Einlage eines bilanzierungsfähigen Vermögensvorteils dar.
- Analog werden **Miet- bzw Pachtverträge** behandelt. Fehlende oder zu geringe Entgelte der Kapitalgesellschaft an die Anteilseigner werden anerkannt, während überhöhte Zahlungen der Gesellschafter an die Kapitalgesellschaft hinsichtlich des unangemessenen Teils als verdeckte Einlage zu korrigieren sind.
- Bei **Veräußerungsgeschäften** (Lieferungen) werden **unangemessene Entgelte grundsätzlich korrigiert**. Beim Kauf eines Wirtschaftsguts (zB Gebäudes) durch die Kapitalgesellschaft bildet die Differenz zwischen dem tatsächlichen Wert des Wirtschaftsguts und dem geringeren Entgelt eine verdeckte Einlage. Erwirbt ein Gesellschafter ein Wirtschaftsgut von der Kapitalgesellschaft, stellt ein gemessen am Drittvergleich überhöhter Kaufpreis eine verdeckte Einlage dar.
- **Rechtsverzichte**, zB Forderungserlass durch einen Gesellschafter, erfüllen die Voraussetzungen einer **verdeckten Einlage**. Die Zuwendung eines bilanzierungsfähigen Vermögensvorteils besteht darin, dass bei der Kapitalgesellschaft die Verbindlichkeit auszubuchen ist. Beim Erlass einer Darlehensforderung gegenüber der Kapitalgesellschaft tätigt der Gesellschafter allerdings nur in Höhe des werthaltigen Teils der Forderung eine verdeckte Einlage.[255]

Nicht bilanzierungsfähige Vermögenszuwendungen werden **ausnahmsweise als verdeckte Einlage** erfasst, wenn bei einer Nutzungsüberlassung aufgrund des fehlenden oder zu geringen Entgelts auf Ebene des Anteilseigners auf Dauer ein Verlust ein-

253 Vgl BFH vom 26.10.1987, BStBl. 1988 II, S. 348.

254 Diese Aussage bezieht sich nur auf noch nicht entstandene Gehaltsansprüche. Eine verdeckte Einlage liegt aber dann vor, wenn der Gesellschafter-Geschäftsführer (nachträglich) auf einen entstandenen Gehaltsanspruch verzichtet, vgl BFH vom 15.6.2016, BStBl. 2016 II, S. 903.

255 Vgl BFH vom 9.6.1997, BStBl. 1998 II, S. 307.

tritt oder wenn die Gestaltung zu willkürlich schwankenden Gewinnverlagerungen führt.[256]

2. Steuerliche Behandlung

Auf **Ebene der Kapitalgesellschaft** sind verdeckte Einlagen wie offene Einlagen **erfolgsneutral zu erfassen** (§ 8 Abs. 3 S. 3 KStG). Die über eine verdeckte Einlage eintretende Vermögensmehrung, die sich entweder aufgrund der Aktivierung des empfangenen Wirtschaftsguts oder der Ausbuchung eines Passivpostens ergibt, führt zu einer Erhöhung des bilanziellen Eigenkapitals des Tochterunternehmens. Diese Erhöhung des Eigenkapitals ist von der Kapitalgesellschaft als nicht in das Nennkapital geleistete Einlagen auf einem gesonderten Konto auszuweisen (**steuerliches Einlagekonto**, § 27 KStG). Soweit verdeckte Einlagen den Steuerbilanzgewinn der Kapitalgesellschaft erhöht haben, sind sie bei der Ermittlung des zu versteuernden Einkommens durch einen außerbilanziellen Abzug zu korrigieren. **457**

Beim Gesellschafter stellen verdeckte Einlagen **nachträgliche Anschaffungskosten für** die **Anteile an** der **Kapitalgesellschaft** dar.[257] Hat der Gesellschafter die Anteile ertragsteuerlich in seinem Betriebsvermögen aktiviert, ist auf dem Beteiligungskonto ein Zugang (nachträgliche Anschaffungskosten) zu verbuchen. Insoweit hat eine verdeckte Einlage keine Auswirkung auf den Gewinn des Gesellschafters.

Überträgt der Gesellschafter im Rahmen einer **Unterpreislieferung** ein Wirtschaftsgut des Betriebsvermögens, erhöht sich im Betrieb des Gesellschafters der Veräußerungsgewinn um den Betrag, der als verdeckte Einlage angesehen wird. Bei Wirtschaftsgütern des Privatvermögens wirkt sich die Korrektur des Entgelts ertragsteuerlich nur dann aus, wenn die Voraussetzungen für ein privates Veräußerungsgeschäft vorliegen oder wenn Anteile an einer anderen Kapitalgesellschaft eingelegt werden, an der der Gesellschafter zu mindestens 1% beteiligt ist oder wenn private Kapitalanlagen eingelegt werden (§ 23 Abs. 1 S. 5 Nr 2, § 17 Abs. 1 S. 2, § 20 Abs. 2 S. 2 EStG). **458**

Unterpreisleistungen lösen beim Gesellschafter keine steuerlichen Konsequenzen aus, da sie nicht als verdeckte Einlage angesehen werden. Vom Gesellschafter ist nur die tatsächlich gezahlte Vergütung zu versteuern. Die Differenz zum (höheren) angemessenen Entgelt ist nicht steuerbar.

Bei der Vergabe eines unverzinslichen Darlehens durch den Gesellschafter ist zu beachten, dass die Kapitalgesellschaft die Verbindlichkeit mit ihrem Barwert zu passivieren hat (§ 6 Abs. 1 Nr 3 EStG). Somit kommt es im Zeitpunkt der Vergabe des Darlehens in Höhe der Differenz zwischen dem Nennwert und dem Barwert der Verbindlichkeit zu einer Gewinnerhöhung.[258] Diese Gewinnerhöhung wird während der Laufzeit des Darlehens durch eine sukzessive Aufzinsung der Verbindlichkeit wieder ausgeglichen. Per Saldo verbleibt auf Ebene der Kapitalgesellschaft ein negativer Zeiteffekt. Es gibt aber auch Situationen, in denen ein erhöhter Ertragsausweis erwünscht ist. Ein Beispiel hierfür bilden Maßnahmen zur Sanierung von Kapi-

256 Vgl BFH vom 8.11.1960, BStBl. 1960 III, S. 513.
257 Vgl BFH vom 12.2.1980, BStBl. 1980 II, S. 494.
258 Siehe hierzu Band II: Steuerbilanz, Erster Teil, Dritter Abschnitt, Kapitel B.II.

talgesellschaften. Durch die Gewährung eines zinslosen Gesellschafterdarlehens kommt es in Höhe der Differenz zwischen Nennwert und Barwert des Darlehensbetrags zu einem Erfolgsausweis, der mit den Verlusten der Kapitalgesellschaft verrechnet werden kann.

Verdeckte Einlagen erhöhen das Einkommen der Kapitalgesellschaft, soweit die verdeckte Einlage auf Ebene des Gesellschafters ausnahmsweise das Einkommen gemindert hat (gesetzliche Regelung eines Korrespondenzprinzips, § 8 Abs. 3 S. 4 KStG). Diese Sonderregelung kommt in erster Linie bei grenzüberschreitenden Sachverhalten zur Anwendung. Durch diese Vorgehensweise soll erreicht werden, dass auf Ebene der Kapitalgesellschaft die verdeckte Einlage nur dann erfolgsneutral erfasst wird, wenn der Anteilseigner keine Betriebsausgaben oder Werbungskosten abgezogen hat.[259]

Die Einordnung als verdeckte Einlage auf Ebene der Kapitalgesellschaft erfolgt auch dann, wenn nach einer Korrektur auf Ebene des Anteilseigners der (bestandskräftige) Körperschaftsteuerbescheid der Kapitalgesellschaft nach den allgemeinen verfahrensrechtlichen Regelungen nicht mehr geändert werden kann (§ 32a Abs. 2 KStG, formelles Korrespondenzprinzip).

III. Einschränkungen beim Abzug von Zinsaufwendungen (Zinsschranke)

459 Eine Kapitalgesellschaft wird häufig nicht nur mit Eigenkapital, sondern auch mit Fremdkapital finanziert. Zinsaufwendungen stellen grundsätzlich Betriebsausgaben dar. Aufgrund einer gesetzlichen Sonderregelung dürfen sie allerdings die steuerliche Bemessungsgrundlage nicht unbegrenzt mindern. Vielmehr ist der Abzug von Zinsaufwendungen grundsätzlich auf das verrechenbare EBITDA begrenzt (**Zinsschranke**, § 4h EStG). Das verrechenbare EBITDA entspricht 30% des steuerpflichtigen Gewinns vor Berücksichtigung von Zinsen sowie vor Abzug der Abschreibungen. Zinsaufwendungen, die diese 30%-Grenze übersteigen, können – im Rahmen der Grenzen der Zinsschranke – in die Folgejahre vorgetragen werden (Zinsvortrag). Diese für alle Unternehmen geltende Regelung wird für Kapitalgesellschaften grundsätzlich übernommen, allerdings durch einige Sonderregelungen modifiziert (§ 8a KStG).[260]

Das steuerliche EBITDA entspricht dem steuerpflichtigen Gewinn vor Berücksichtigung der Zinsaufwendungen und -erträge sowie vor Verrechnung der Absetzungen

259 Siehe hierzu zB Dörfler/Adrian, Ubg 2008, S. 373; Schnitger/Rometzki, BB 2008, S. 1648.

260 Zu Einzelheiten siehe BMF-Schreiben vom 4.7.2008, BStBl. 2008 I, S. 718 sowie Bohn/Loose, DStR 2011, S. 241; Herzig/Bohn, DStR 2009, S. 2344; Herzig/Liekenbrock, DB 2010, S. 690; Kessler/Lindemer, DB 2010, S. 472; Köhler/Hahne, DStR 2008, S. 1505; Kußmaul/Pfirmann/Meyerring/Schäfer, BB 2008, S. 135. Zu den finanziellen Auswirkungen der Zinsschranke siehe Blaufus/Lorenz, StuW 2009, S. 323; Blaufus/Lorenz, ZfB 2009, S. 503; Brähler/Kühner, DB 2012, S. 1222; Hundsdoerfer/Lorenz/Sielaff, ZfbF 2012, S. 366; Maßbaum/Klotzkowski/Sureth, ZfB 2012, S. 1389; Rauch/Brähler/Göttsche, WPg 2010, S. 1066; Watrin/Pott/Richter, StuW 2009, S. 256. Zur verfassungsrechtlichen Diskussion siehe den Vorlagebeschluss des BFH vom 14.10.2015, BStBl. 2017 II, S. 1240 (beim BVerfG unter dem Aktenzeichen 2 BvL 1/16 anhängig). Nach Art. 4 ATAD besteht für Deutschland die Verpflichtung, eine Beschränkung des Abzugs von Fremdkapitalaufwendungen vorzusehen.

für Abnutzungen einschließlich der Aufwendungen für geringwertige Wirtschaftsgüter:

	steuerpflichtiger Gewinn (vor Berücksichtigung der Zinsschranke)
+	(Zinsaufwendungen – Zinserträge)
+	planmäßige Abschreibungen (AfA) sowie Absetzungen für außergewöhnliche Abnutzung (AfaA) nach § 7 EStG
+	Aufwendungen für geringwertige Wirtschaftsgüter nach § 6 Abs. 2, 2a EStG
=	steuerliches EBITDA (**E**arnings **B**efore **I**nterest, **T**axes, **D**epreciation and **A**mortization)
×	30%
=	verrechenbares EBITDA

Von den Einschränkungen nach § 4h EStG sind die Aufwendungen aus der vorübergehenden Überlassung von Geldkapital (insbesondere Darlehenszinsen) sowie die Auf- und Abzinsungsbeträge aus unverzinslichen Verbindlichkeiten und unverzinslichen Forderungen betroffen. Die Laufzeit des Fremdkapitals ist unbedeutend. Erfasst werden sowohl lang- als auch kurzfristige Kapitalüberlassungen. Der Abzug von Mieten und Leasingraten („Sachdarlehen") wird nicht eingeschränkt. Dies gilt auch hinsichtlich der in den Mieten oder Leasingraten enthaltenen Finanzierungsanteile.

Für den Abzug von Zinsaufwendungen sind folgende Regelungen vorgesehen: **460**

- Die Einschränkungen beim Abzug von Zinsaufwendungen beziehen sich auf den **negativen Zinssaldo**, dh die Zinsaufwendungen sind insoweit unbeschränkt abziehbar, soweit sie mit Zinserträgen verrechnet werden können. Nur soweit die Zinsaufwendungen die Zinserträge übersteigen, ist die Zinsschranke zu prüfen (§ 4h Abs. 1 EStG).
- Für den Abzug des negativen Zinssaldos wird eine **Freigrenze** von 3 Mio. € gewährt. Wenn der Nettozinsaufwand unter dieser Freigrenze liegt, besteht keine Abzugsbeschränkung (§ 4h Abs. 2 S. 1 Buchst. a EStG).
- Bei Unternehmen, die nicht zu einem Konzern gehören, wird der Abzug von Zinsaufwendungen nicht eingeschränkt (**Konzernklausel, Stand-alone-Klausel**, § 4h Abs. 2 S. 1 Buchst. b EStG).
  Bei Kapitalgesellschaften kommt die Konzernklausel allerdings nur dann zur Anwendung, wenn von dem Nettozinsaufwand weniger als 10% auf Verbindlichkeiten von Gesellschaftern entfallen, die zu mehr als 25% an der Kapitalgesellschaft beteiligt sind. Beträgt der Anteil der Zinsaufwendungen aus Gesellschafterdarlehen von wesentlich beteiligten Gesellschaftern 10% oder mehr („schädliche Gesellschafter-Fremdfinanzierung"), kann diese Ausnahme von der Zinsschranke nicht in Anspruch genommen werden (§ 8a Abs. 2 KStG).
- Bei Unternehmen, die zu einem Konzern gehören, kommen die Einschränkungen der Zinsschranke nicht zur Anwendung, sofern nachgewiesen werden kann, dass die Eigenkapitalquote des betrachteten Unternehmens mindestens so hoch ist, wie die Eigenkapitalquote des Konzerns im Konzernabschluss (**Eigenkapitalvergleich, Escapeklausel**).[261] Der Eigenkapitalvergleich wird grundsätzlich auf Ba-

261 Ein Unterschreiten der Eigenkapitalquote des Konzerns um bis zu zwei Prozentpunkte ist unschädlich.

sis eines Konzernabschlusses durchgeführt, der nach den IFRS aufgestellt wurde (§ 4h Abs. 2 S. 1 Buchst. c EStG).

Entfallen bei Kapitalgesellschaften, die zu einem Konzern gehören, mindestens 10% des Nettozinsaufwands auf Verbindlichkeiten gegenüber wesentlich beteiligten Gesellschaftern, die im Konzernabschluss nicht konsolidiert wurden („schädliche Gesellschafter-Fremdfinanzierung“), wird der Eigenkapitalvergleich nicht durchgeführt (§ 8a Abs. 3 KStG).

Kapitalgesellschaften, bei denen mindestens 10% der Zinsaufwendungen auf die Gesellschafter-Fremdfinanzierung entfallen („schädliche Gesellschafter-Fremdfinanzierung“), können also nur die Verrechnung von Zinsaufwendungen mit Zinserträgen und die Freigrenze von 3 Mio. € in Anspruch nehmen. Die Ausnahmen, die durch die Konzernklausel und den Eigenkapitalvergleich vorgesehen sind, kommen bei einer „schädlichen Gesellschafter-Fremdfinanzierung“ nicht zur Anwendung.

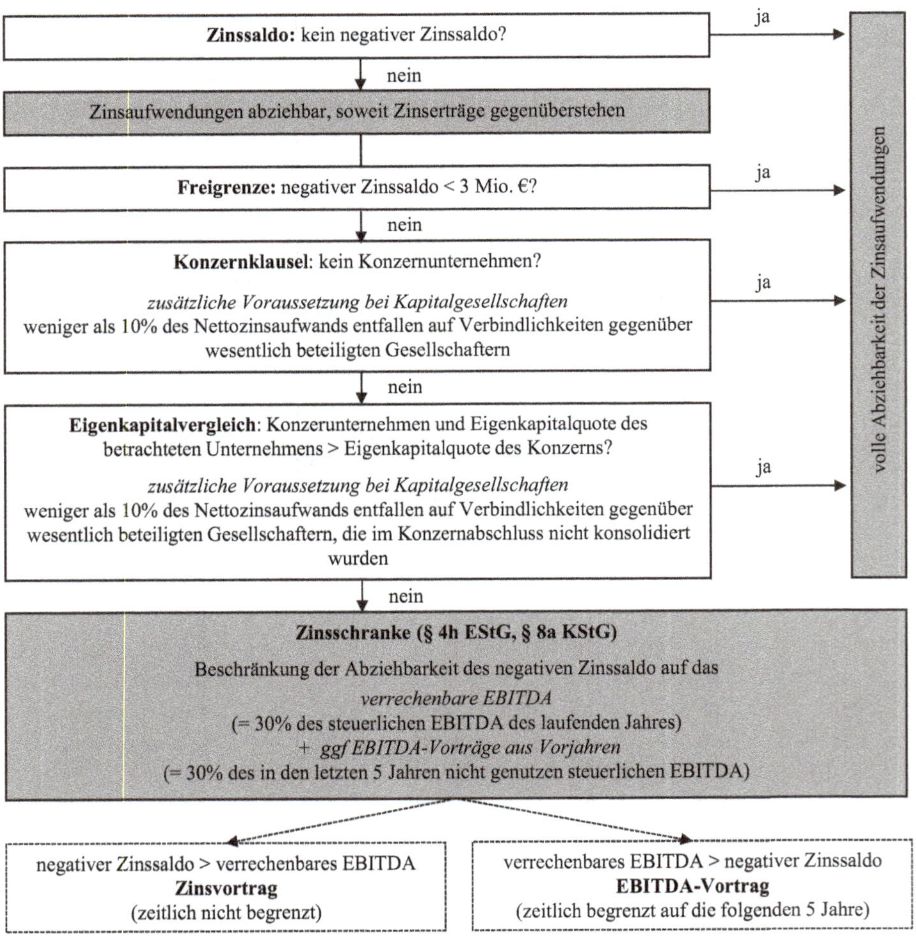

Abb. 2.26: Voraussetzungen für die Anwendung der Zinsschranke (§ 4h EStG, § 8a KStG)

Wenn die Freigrenze, die Konzernklausel und der Eigenkapitalvergleich nicht zur Anwendung kommen, kann der Teil des verrechenbaren EBITDA, der den negativen Zinssaldo übersteigt, in die folgenden fünf Jahre vortragen werden (**EBITDA-Vortrag**, § 4h Abs. 1 S. 3 EStG). Insoweit erhöht sich in den folgenden Jahren der Umfang der maximal abziehbaren Fremdkapitalzinsen. **461**

Sofern die Zinsaufwendungen sowohl die Zinserträge als auch das verrechenbare EBITDA (ggf zuzüglich eines EBITDA-Vortrags) übersteigen, können sie im Rahmen der Grenzen der Zinsschranke zeitlich unbegrenzt vorgetragen werden (**Zinsvortrag**, § 4h Abs. 1 S. 4–6 EStG). Von ihrer Konzeption her wird also durch die Zinsschranke der Abzug der Zinsen nicht generell ausgeschlossen, sondern „lediglich" zeitlich verzögert. Soweit sich der Zinsvortrag in späteren Jahren nicht auswirkt, wird allerdings aus dem **negativen Zeiteffekt** ein negativer Bemessungsgrundlageneffekt.[262]

Beispiel 1 (grundsätzliche Wirkung der Zinsschranke) **462**

Die A-AG weist folgende Gewinn- und Verlustrechnung auf:

	Umsatzerlöse	20 000 000 €
–	Material- und Personalaufwand	11 000 000 €
–	Abschreibungen	4 000 000 €
+	Zinserträge	500 000 €
–	Zinsaufwendungen	5 500 000 €
	(davon gegenüber dem Mehrheitsgesellschafter 2 000 000 €)	
=	handelsrechtlicher Jahresüberschuss (= steuerpflichtiger Gewinn vor Anwendung der Zinsschranke)	0 €

Die Zinsaufwendungen sind mit den Zinserträgen zu verrechnen. Der negative Zinssaldo (= 5 500 000 € – 500 000 €) liegt mit 5 000 000 € über der Freigrenze von 3 000 000 €. Damit sind die Voraussetzungen des § 4h EStG grundsätzlich erfüllt. Da 40% des Nettozinsaufwands (= 2 000 000 € von 5 000 000 €) aus einem Darlehen des Mehrheitsgesellschafters stammen, können die Ausnahmen „Konzernklausel" und „Eigenkapitalvergleich" nicht in Anspruch genommen werden (§ 8a Abs. 2, 3 KStG).

Das für die Berechnung der Zinsschranke relevante steuerliche EBITDA entspricht dem steuerpflichtigen Gewinn vor Anwendung der Zinsschranke erhöht um die Abschreibungen sowie den negativen Zinssaldo:

	steuerpflichtiger Gewinn vor Anwendung der Zinsschranke	0 €
+	Abschreibungen	4 000 000 €
+	negativer Zinssaldo	5 000 000 €
=	für die Berechnung der Zinsschranke heranzuziehendes steuerliches EBITDA	9 000 000 €

262 Bei Kapitalgesellschaften wirken sich die Beschränkungen des § 8c KStG nach einem Gesellschafterwechsel auch auf den Zinsvortrag aus (§ 8a Abs. 1 S. 3 KStG).

Insgesamt können Zinsaufwendungen von 3 200 000 € gewinnmindernd abgezogen werden:

	Verrechnung mit den Zinserträgen	500 000 €
+	verrechenbares EBITDA (= 30% des für die Berechnung der Zinsschranke heranzuziehenden steuerlichen EBITDA) (= 30% von 9 000 000 €)	2 700 000 €

Ergebnis: Von den Zinsaufwendungen von 5 500 000 € sind im laufenden Jahr 3 200 000 € abziehbar: 500 000 € durch Verrechnung mit den Zinserträgen und 2 700 000 € im Rahmen der 30%-Grenze. Als nichtabziehbare Zinsaufwendungen verbleiben 2 300 000 € (= 5 500 000 € – 3 200 000 €). Obwohl sich der handelsrechtliche Jahresüberschuss auf 0 € beläuft, ergibt sich ein steuerpflichtiger Gewinn von 2 300 000 €. Die nichtabziehbaren Zinsaufwendungen sind im Rahmen des Zinsvortrags in zukünftigen Jahren verrechenbar. Da das verrechenbare EBITDA (= 2 700 000 €) den negativen Zinssaldo (= 5 000 000 €) nicht übersteigt, entsteht kein EBITDA-Vortrag.

Fallmodifikation (Einbezug eines EBITDA-Vortrags): Verfügt die A-AG zusätzlich über einen EBITDA-Vortrag aus dem Vorjahr von 1 000 000 €, sind von den Zinsaufwendungen von 5 500 000 € im laufenden Jahr 4 200 000 € abziehbar: 500 000 € durch Verrechnung mit den Zinserträgen und darüber hinaus 3 700 000 € im Rahmen des verrechenbaren EBITDA aus dem laufenden Jahr (= 2 700 000 €) erhöht um den EBITDA-Vortrag (= 1 000 000 €). Als nichtabziehbare Zinsaufwendungen verbleiben 1 300 000 € (= 5 500 000 € – 4 200 000 €). Die nichtabziehbaren Zinsaufwendungen sind im Rahmen des Zinsvortrags in zukünftigen Jahren verrechenbar. Da das verrechenbare EBITDA den negativen Zinssaldo nicht übersteigt, entsteht kein weiterer EBITDA-Vortrag.

463 **Beispiel 2 (Wirkung von steuerfreien Betriebseinnahmen am Beispiel einer Holdinggesellschaft)**

Die H-AG bezieht ausschließlich Beteiligungserträge und Zinseinnahmen. Der Erwerb der Beteiligungen (Beteiligungsquote jeweils über 10%) wurde weitgehend mit Fremdkapital finanziert. Die Gewinn- und Verlustrechnung der H-AG hat folgendes Aussehen:

	Dividenden	20 000 000 €
–	allgemeine Aufwendungen	1 000 000 €
+	Zinserträge	500 000 €
–	Zinsaufwendungen	5 500 000 €
=	handelsrechtlicher Jahresüberschuss	14 000 000 €

Die Zinsaufwendungen sind mit den Zinserträgen zu verrechnen. Der negative Zinssaldo (= 5 500 000 € – 500 000 €) liegt mit 5 000 000 € über der Freigrenze von 3 000 000 €. Die Konzernklausel kann nicht in Anspruch genommen werden, weil die H-AG zusammen mit ihren Tochterunternehmen einen Konzern bilden. Die Voraussetzungen für die Ausnahme nach dem Eigenkapitalvergleich liegen nicht vor, wenn die Eigenkapitalquote im Einzelabschluss der H-AG unter der im Konzernabschluss ausgewiesenen Eigenkapitalquote liegt. Damit sind die Voraussetzungen des § 4h EStG erfüllt.

Bei der Berechnung des steuerpflichtigen Gewinns ist zu berücksichtigen, dass Dividenden aufgrund der Dividendenfreistellung außer Ansatz bleiben und 5% der Dividenden als nichtabziehbare Betriebsausgaben gelten (§ 8b Abs. 1, 4, 5 KStG). Insoweit unterscheidet sich der steuerpflichtige Gewinn vom handelsrechtlichen Jahresüberschuss:

	Dividenden bleiben außer Ansatz (§ 8b Abs. 1, 4 KStG)	0 €
+	5% der Dividenden gelten als nichtabziehbare Betriebsausgaben (§ 8b Abs. 5 KStG)	1 000 000 €
–	allgemeine Aufwendungen	1 000 000 €
+	Zinserträge	500 000 €
–	Zinsaufwendungen (davon gegenüber dem Mehrheitsgesellschafter 2 000 000 €)	5 500 000 €
=	steuerpflichtiger Gewinn	– 5 000 000 €

Das für die Berechnung der Zinsschranke relevante steuerliche EBITDA beläuft sich auf null:

	steuerpflichtiger Gewinn	– 5 000 000 €
+	negativer Zinssaldo	5 000 000 €
=	für die Berechnung der Zinsschranke heranzuziehendes steuerliches EBITDA	0 €

Ergebnis: Von den Zinsaufwendungen von insgesamt 5 500 000 € sind im Rahmen der Verrechnung mit den Zinserträgen 500 000 € abziehbar. Ein darüber hinausgehender Abzug im Rahmen der 30%-Grenze scheidet aus. Die Ursache liegt darin, dass bei der 30%-Grenze vom steuerpflichtigen Gewinn ausgegangen wird, der durch die Dividendenfreistellung (als ein Beispiel für steuerfreie Betriebseinnahmen) deutlich vom Ergebnis der handelsrechtlichen Gewinn- und Verlustrechnung abweicht.

Hinweis: Dieser Nachteil lässt sich vermeiden, wenn es gelingt, mit den Tochterkapitalgesellschaften eine körperschaftsteuerliche Organschaft zu begründen. Da für die Berechnung der abziehbaren Zinsaufwendungen Organträger und Organgesellschaft als *ein* Betrieb gelten, werden die Einschränkungen hinsichtlich des Abzugs der Zinsaufwendungen nicht bei der Organgesellschaft und dem Organträger getrennt berechnet, sondern auf den Organkreis als Ganzes bezogen (§ 15 S. 1 Nr 3 KStG). Da von *einem* Betrieb ausgegangen wird, kommen aufgrund der Ausnahmeregelung „Konzernklausel“ bzw „Stand-alone-Klausel“ (§ 4h Abs. 2 S. 1 Buchst. b EStG) die Einschränkungen der Zinsschranke nicht zur Anwendung.

Die Einschränkungen hinsichtlich des Abzugs von Zinsaufwendungen nach § 4h **464**
EStG und § 8a KStG weisen aus systematischer Sicht folgende **Merkmale** auf:[263]

- Es handelt sich um eine **spezielle Regelung für die Finanzierung mit Fremdkapital**. Diese damit verbundenen Einschränkungen des Abzugs von Fremdkapitalaufwendungen gehen den allgemeinen Missbrauchsvorschriften (insbesondere § 42 AO) vor.
- Die Wirkungen beschränken sich auf die Ebene der Kapitalgesellschaft, die die Zinsen bezahlt (**Betriebsausgabenabzugsverbot**). Die Besteuerung auf Ebene des Zinsempfängers ist von der Zinsschranke nicht betroffen. Er versteuert die Zinseinnahmen nach den bei ihm geltenden Regeln. Dies gilt auch dann, wenn ein Gesellschafter der Kapitalgesellschaft ein Darlehen gewährt. Die Zinsen werden also nicht in verdeckte Gewinnausschüttungen umqualifiziert.
- Von der Konzeption soll die Abzugsbeschränkung lediglich vorübergehend wirken (**vorübergehendes** Betriebsausgabenabzugsverbot). Soweit der negative

263 Siehe hierzu Herzig/Bohn, IStR 2009, S. 253 (mit einem Rechtsvergleich zu Zinsabzugsbeschränkungen in anderen Staaten).

Zinssaldo das verrechenbare EBITDA übersteigt, kann er ohne zeitliche Beschränkung vorgetragen werden (Zinsvortrag).

- Es werden alle Zinsaufwendungen erfasst, dh von der Zinsschranke ist **sowohl** die **Gesellschafter-Fremdfinanzierung als auch** die **Fremdfinanzierung bei Nichtgesellschaftern** betroffen.
- Es wird nicht darauf abgestellt, ob der Empfänger der Zinsen im Inland oder im Ausland ansässig ist (**Unabhängigkeit von der Ansässigkeit des Fremdkapitalgebers**).
- Die Begrenzung des Abzugs von Zinsaufwendungen hängt nicht vom Anteil des Fremdkapitals am Gesamtkapital ab, vielmehr ist die **Abzugsbeschränkung auf eine gewinnabhängige Größe bezogen** (steuerliches EBITDA).

IV. Einschränkungen beim Abzug von Aufwendungen für die Rechteüberlassung (Lizenzschranke)

465 Der Abzug von für die Überlassung von Rechten bezahlten Vergütungen wird eingeschränkt, wenn die Vergütungen beim Empfänger aufgrund einer von der Regelbesteuerung abweichenden Präferenzregelung einer niedrigen Besteuerung unterliegen und wenn es sich bei dem Empfänger um eine nahestehende Person handelt (**Lizenzschranke**, § 4j EStG).[264]

Von den Abzugsbeschränkungen nach § 4j EStG werden nicht nur Lizenzen erfasst, sondern alle **Aufwendungen** für die Überlassung der Nutzung oder des Rechts auf Nutzung von Rechten, insbesondere von Urheberrechten und gewerblichen Schutzrechten, von gewerblichen, technischen, wissenschaftlichen und ähnlichen Erfahrungen, Kenntnissen und Fertigkeiten, wie beispielsweise Plänen, Mustern und Verfahren (§ 4j Abs. 1 S. 1 EStG).

Beim Empfänger muss es sich um eine dem Zahlungsverpflichteten **nahestehende Person** iSd § 1 Abs. 2 AStG handeln. Diese Voraussetzung ist insbesondere bei einer Beteiligung von mindestens 25% erfüllt (§ 4j Abs. 1 S. 1 EStG iVm § 1 Abs. 2 AStG). Die Abzugsbeschränkung kann nicht durch die Zwischenschaltung von nahestehenden Personen in einem Staat mit einer hohen Ertragsteuerbelastung (§ 4j Abs. 1 S. 2 EStG) oder den Einsatz von Betriebsstätten (§ 4j Abs. 1 S. 3 EStG) vermieden werden.

Die Vergütung muss beim Empfänger aufgrund einer **Präferenzregelung** einer gegenüber der Regelbesteuerung niedrigeren Besteuerung unterliegen (§ 4j Abs. 1 S. 1, 4 EStG). Typischer Anwendungsfall für eine Präferenzregelung sind die Sondersteuersätze für die Verwertung von immateriellen Wirtschaftsgütern (Patentbox). Präferenzregelungen führen allerdings beim Zahlungsverpflichteten dann nicht zu einer Einschränkung des Betriebsausgabenabzugs, wenn die Präferenzregelung auf dem von der OECD verfolgten **Nexus-Ansatz** beruht. Nach dem Nexus-Ansatz werden Präferenzregelungen insbesondere dann als zulässig angesehen, wenn die Schaffung

264 Siehe hierzu zB Geurts/Staccioli, IStR 2017, S. 514; Grotherr, Ubg 2017, S. 233; Kußmaul/Ditzler, StB 2018, S. 8; Ritzer/Stangl/Karnath, DK 2017, S. 68.

des immateriellen Wirtschaftsguts (Forschung und Entwicklung) in demselben Staat erfolgt wie deren Verwertung.

Die Lizenzschranke kommt auch dann nicht zur Anwendung, wenn die im Ausland erzielten Erträge des Zahlungsempfängers aufgrund der Regelungen für die Hinzurechnungsbesteuerung (§ 7 – 14 AStG) bereits in Deutschland besteuert werden (§ 4j Abs. 1 S. 5 EStG).

Eine niedrige Besteuerung wird angenommen, wenn die Besteuerung im Ausland aufgrund einer nicht dem Nexus-Ansatz entsprechenden Präferenzregelung niedriger als 25% ist (§ 4j Abs. 2 EStG). Der **Betriebsausgabenabzug** wird nicht vollständig **eingeschränkt**, sondern nur **in dem Umfang, in dem die ausländische Besteuerung unter 25%** liegt (§ 4j Abs. 3 EStG):

$$\frac{25\% - \text{tatsächliche Belastung im Ausland}}{25\%}$$

Je höher (niedriger) die Belastung im Ausland ist, umso geringer (höher) sind in Deutschland die Einschränkungen beim Betriebsausgabenabzug. Bei einer ausländischen Ertragsteuerbelastung von beispielsweise 5% können 80% (= (25% – 5%) / 25%) der Aufwendungen für die Rechteüberlassung nicht als Betriebsausgaben abgezogen werden. Die verbleibenden 20% der Zahlungen mindern den steuerpflichtigen Gewinn. Bei einer Auslandssteuer von 10% ergibt sich ein Abzugsverbot von 60% (= 15% / 25%) der Aufwendungen.

Sowohl die Lizenzschranke (§ 4j EStG) als auch die Zinsschranke (§ 4h EStG, § 8a **466**
KStG) führen zu einer Einschränkung beim Abzug von Zahlungen, die betrieblich veranlasst sind. Trotz ihrer vergleichbaren Wirkung und ihrer ähnlichen Bezeichnung bestehen zwischen diesen beiden Regelungen deutliche Unterschiede.

Von der Lizenzschranke werden **lediglich Zahlungen an nahestehende Personen** erfasst, während bei der Zinsschranke alle Fremdfinanzierungsaufwendungen einbezogen werden. Die Person des Zahlungsempfängers ist bei der Zinsschranke lediglich bei den Erweiterungen des Abzugsverbots für Gesellschafterdarlehen nach § 8a KStG von Bedeutung. Von dieser Regelung der Zinsschranke sind nur Kapitalgesellschaften betroffen. Bei der Lizenzschranke wird grundsätzlich nicht nach der Rechtsform der Beteiligten differenziert.

Bei der Lizenzschranke kommt es nur dann zu einer Einschränkung des Betriebsausgabenabzugs, wenn die Zahlungen **beim Empfänger** aufgrund einer nicht dem Nexus-Ansatz entsprechenden Präferenzregelung einer **niedrigen Besteuerung** unterliegen. Demgegenüber ist bei der Zinsschranke das Betriebsausgabenabzugsverbot unabhängig von der Höhe der Besteuerung beim Zahlungsempfänger.

Nach dem Wortlaut werden sowohl bei der Lizenzschranke als auch bei der Zinsschranke sowohl innerstaatliche als auch **grenzüberschreitende Zahlungen** erfasst. Aufgrund des Abstellens auf eine Präferenzregelung kann die Lizenzschranke allerdings nur bei grenzüberschreitenden Zahlungen zur Anwendung kommen. Innerhalb von Deutschland sind für Lizenzeinnahmen keine steuerlichen Begünstigungen vorgesehen.

Bei der Lizenzschranke wird auf den **Bruttobetrag** der Aufwendungen abgestellt, während bei der Zinsschranke das Abzugsverbot auf den negativen Zinssaldo bezogen wird, dh die Zinsschranke kommt nur insoweit zur Anwendung, als die Zinsaufwendungen die Zinserträge übersteigen (Nettobetrachtung).

Die Lizenzschranke sieht **keine Ausnahmeregelungen** vor, während bei der Zinsschranke mit der Freigrenze von 3 Mio. € sowie der Konzernklausel und dem Eigenkapitalvergleich drei Regelungen bestehen, bei deren Vorliegen der Abzug der Fremdfinanzierungsaufwendungen nicht eingeschränkt wird.

Bei der Lizenzschranke wird auf die **absolute Höhe der Aufwendungen** für die Rechteüberlassungen abgestellt. Bei der Zinsschranke bezieht sich das Abzugsverbot auf eine gewinnabhängige Größe (das verrechenbare EBITDA).

Das sich bei der Lizenzschranke ergebende Abzugsverbot ist **definitiv**, während bei der Zinsschranke der nicht abziehbare Teil der Fremdfinanzierungsaufwendungen zeitlich unbegrenzt vorgetragen werden kann. Soweit der Zinsvortrag wirksam ist, tritt lediglich ein negativer Zeiteffekt auf.

Vierter Abschnitt

Gewerbesteuer

A. Überblick

I. Allgemeine Charakterisierung

467 Die Gewerbesteuer ist eine **Real- oder Objektsteuer** (§ 3 Abs. 2 AO). Im Gegensatz zu einer Personensteuer wird bei der Gewerbesteuer nicht auf eine natürliche oder juristische Person abgestellt. **Besteuert** werden soll die **Ertragskraft eines Objekts**: die Ertragskraft **des Gewerbebetriebs**. Die **Person des Gewerbetreibenden** und seine persönlichen Eigenschaften sollen **keinen Einfluss** auf die Gewerbesteuer haben. Bei der Gewerbesteuer handelt es sich von der Konzeption her um eine Steuer auf den Betrieb als solchen, auf die hinter dem Betrieb stehende Person kommt es nicht an.

Die Gewerbesteuerbelastung soll nicht davon abhängen, in welcher Rechtsform das Unternehmen geführt wird **(Rechtsformneutralität)**, ob das Unternehmensvermögen mit Eigen- oder Fremdkapital finanziert ist, ob im Betrieb eigene oder gemietete Wirtschaftsgüter eingesetzt werden **(Finanzierungsneutralität)** und ob die Gewinne ausgeschüttet oder thesauriert werden **(Gewinnverwendungsneutralität)**. Persönliche Merkmale werden lediglich bei der Steuerschuldnerschaft (Wer hat die Gewerbesteuer zu zahlen?) berücksichtigt. Auf die sachliche Steuerpflicht (Was wird besteuert?) haben sie keinen Einfluss.

468 Die Ermittlung der Bemessungsgrundlage für die Gewerbesteuer beruht auf zwei nicht konsistenten Leitideen:

- kein Abzug von Finanzierungsaufwendungen
  Bezugspunkt ist ein Unternehmer, der das Unternehmen vollständig mit Eigenkapital finanziert und der die benötigten Wirtschaftsgüter über eine Einlage zur Ver-

fügung stellt. Da im Steuerrecht keine kalkulatorischen Zinsen abgezogen werden dürfen, sollen Fremdkapitalzinsen sowie der Finanzierungsanteil von Mieten und Pachten den Gewerbeertrag gleichfalls nicht mindern.

- Abzug eines Unternehmerlohns
  Bei Einzelunternehmen darf ein (kalkulatorischer) Unternehmerlohn steuerrechtlich gleichfalls nicht verrechnet werden. Dieser wird pauschal durch einen Freibetrag berücksichtigt. Bei Kapitalgesellschaften mindert das tatsächlich an den Geschäftsführer gezahlte Entgelt den Gewerbeertrag.

Die Gewerbesteuer ist eine **Gemeindesteuer** (§ 1, § 4 GewStG). Hieraus leitet sich **469** auch ihr **Inlandscharakter** ab. Gewerbebetriebe unterliegen nur insoweit der Gewerbesteuer, als sie im Inland betrieben werden (§ 2 Abs. 1 S. 1 GewStG).

Die Gewerbesteuer gehört zu den **Ertragsteuern**, sie knüpft an den Erfolg eines Unternehmens an. **Bemessungsgrundlage** der Gewerbesteuer ist der **Gewerbeertrag** (§ 6 GewStG). Die beiden gewinnunabhängigen Besteuerungstatbestände „Lohnsumme" und „Gewerbekapital" wurden 1980 bzw 1998 abgeschafft.

Die Gewerbesteuer gehört zu den fiskalpolitisch umstrittensten Steuerarten. Ihre Er- **470** hebung kann weder mit dem Leistungsfähigkeitsprinzip noch mit dem Äquivalenzprinzip begründet werden.

(a) Die Gewerbesteuer **entspricht nicht dem Prinzip der Besteuerung nach der** **471** **wirtschaftlichen Leistungsfähigkeit** einer Person, wonach das von einem Steuerpflichtigen am Markt erwirtschaftete Einkommen besteuert werden soll:

– Die Ermittlung der Bemessungsgrundlage orientiert sich am **Objektcharakter**, der bereits **vom Ansatz her dem Leistungsfähigkeitsprinzip entgegensteht**. Das Konzept einer Objektsteuer besteht darin, die in einem Gewerbebetrieb erzielten Erträge unabhängig von der Finanzierungsform und den Eigentumsverhältnissen an den eingesetzten Vermögenswerten zu erfassen. Mit dieser Begründung wird der Abzug von Aufwendungen zum Teil versagt. Von besonderer Bedeutung sind in diesem Zusammenhang die Korrekturvorschriften für Schuldzinsen und in Mietaufwendungen enthaltene Zinsanteile. Durch die teilweise Nichtabziehbarkeit von betrieblichen Aufwendungen wird das **Nettoprinzip verletzt**.

– Durch den Inlandscharakter der Gewerbesteuer werden **lediglich inländische Erträge** erfasst. Nach dem Leistungsfähigkeitsprinzip ist es aber ohne Bedeutung, ob das Markteinkommen im Inland oder im Ausland erwirtschaftet wurde. In die gewerbesteuerliche Bemessungsgrundlage gehen damit die am Markt erwirtschafteten Erträge nur unvollständig ein.

– Das Leistungsfähigkeitsprinzip wird des Weiteren dadurch verletzt, dass nur Gewerbebetriebe der Gewerbesteuer unterliegen. Andere Formen der wirtschaftlichen Betätigung (zB Land- und Forstwirtschaft, freiberufliche Tätigkeit, Vermögensverwaltung) lösen keine Gewerbesteuer aus. Die Gewerbesteuer ist eine **Sondersteuer für Gewerbebetriebe**. Die Erhebung der Gewerbesteuer führt zu einer **Mehrfachbelastung von Gewinnen** eines Gewerbebetriebs.[265]

265 Nach Ansicht des BVerfG stellt diese Ungleichbehandlung keinen Verstoß gegen den Grundsatz der Gleichbehandlung (Art. 3 GG) dar, vgl BVerfG vom 26.10.2004, HFR 2005, S. 56; BVerfG vom 15.1.2008, BVerfGE 120 (2008), S. 1.

Ursprünglich wurde der Nichteinbezug von Freiberuflern damit begründet, dass die nationalsozialistischen Grundsätze eine Herausnahme der freien Berufe aus der Gewerbesteuer erfordern.[266] Diese Begründung ist offensichtlich nicht sachgerecht.

Bei Land- und Forstwirten stützt sich der Nichteinbezug in die Gewerbesteuer darauf, dass Betriebe der Land- und Forstwirtschaft der Grundsteuer unterliegen und ein Nebeneinander von Grund- und Gewerbesteuer vermieden werden soll. Offen bleibt allerdings, weshalb Land- und Forstwirte sowie Gewerbetreibende unterschiedliche Steuern bezahlen müssen und weshalb bei Land- und Forstwirten die Besteuerung mit Grundsteuer deutlich niedriger ausfällt als die Belastung von Gewerbetreibenden mit Gewerbesteuer.

Die Korrektur dieser Doppelbelastung von Gewerbetreibenden durch die Steuerermäßigung nach § 35 EStG kann für diese Zusatzbelastung nur zum Teil einen Ausgleich bieten: Diese (unter bestimmten Voraussetzungen gewährte) Steuerermäßigung gilt nur für einkommensteuerpflichtige Gewerbetreibende. Bei der Rechtsform „Kapitalgesellschaft" kann die Steuerermäßigung nach § 35 EStG weder von der Kapitalgesellschaft selbst noch von ihren Gesellschaftern in Anspruch genommen werden. Auch in dem Fall, in dem die Gewerbesteuer bei allen Gewerbebetrieben nominell die gleiche Höhe aufweist, kommt es durch die Steuerermäßigung nach § 35 EStG zu einer **rechtsformabhängigen Belastung**: Bei Einzelunternehmen und Personengesellschaften wird die Belastung mit Gewerbesteuer in pauschalierender Form neutralisiert. Bei Kapitalgesellschaften bleibt die Gewerbesteuerbelastung bestehen. Darüber hinaus ist es aus systematischer Sicht unverständlich, weshalb die (offensichtlich als zu hoch eingeschätzte) Gewerbesteuerbelastung durch einen Verstoß gegen die Grundkonzeption der Einkommensteuer (Gleichwertigkeit aller Einkunftsarten) gemindert wird und nicht (direkt) durch eine Aufhebung oder Reform der Gewerbesteuer.

Die für Gewerbetreibende entstehende Mehrbelastung ist auch deshalb unbefriedigend, weil der Begriff des Gewerbebetriebs sehr kasuistisch abgegrenzt wird. Insbesondere aufgrund der Entwicklungen des Wirtschaftslebens hinsichtlich der Bedeutung des Kapitaleinsatzes sowie der persönlichen Mitarbeit des Inhabers ist es zweifelhaft, ob die Unterschiede zwischen Gewerbetreibenden und selbständig Tätigen iSd § 18 EStG so bedeutsam sind, dass damit die Belastung von Gewerbetreibenden mit Gewerbesteuer gerechtfertigt werden kann. Aufgrund des Wandels im Berufsbild der freien Berufe stehen einige Wirtschaftszweige einem „typischen" Gewerbebetrieb zum Teil näher als die Steuerpflichtigen, die steuerrechtlich als Gewerbetreibende angesehen werden. Zum einen ist auch bei Gewerbetreibenden eine hochwertige Aus- und Weiterbildung unverzichtbar. Zum anderen besteht auch bei Freiberuflern für die Beschaffung von technischen Geräten ein hoher Kapitalbedarf. Zur einzelfallbezogenen Vorgehensweise der Rechtsprechung siehe beispielsweise die Zusammenstellung in H 15.6 EStH.

– Die Gewerbesteuer führt zu einer **standortabhängigen Steuerbelastung von Unternehmen**. Daraus resultieren sowohl im nationalen als auch im internationalen Bereich **Wettbewerbsverzerrungen**. Innerhalb von Deutschland beeinflusst die Gewerbesteuer die Standortwahl dadurch, dass aufgrund des von der jeweiligen Gemeinde festzulegenden Hebesatzes die Höhe der Gewerbesteuer davon abhängt, in welcher Gemeinde der Betrieb unterhalten wird. Für international tätige Unternehmen entstehen Wettbewerbsverzerrungen dadurch, dass diese Steuerart im Ausland entweder

266 Vgl Gesetzesbegründung in RStBl. 1937, S. 694.

nicht bekannt ist oder dass den der Gewerbesteuer vergleichbaren Steuern nicht die gleiche Bedeutung zukommt.

– Durch Anknüpfung an die Bemessungsgrundlagen der Personensteuern kommt es zu einer **rechtsformabhängigen Besteuerung von Gesellschaft-Gesellschafter-Verträgen**. Die Vorteile von Kapitalgesellschaften gegenüber Einzelunternehmen und Personengesellschaften werden durch den gewerbesteuerlichen Freibetrag und die gewerbesteuerlichen Korrekturvorschriften nur zum Teil kompensiert.

(b) Nach dem **Äquivalenzprinzip** wird die Gewerbesteuer damit begründet, dass **Gewerbebetriebe für** die **Gemeinden besondere Belastungen** mit sich bringen, die von denjenigen ausgeglichen werden sollen, die diese Mehrausgaben verursacht haben. Nach § 3 Abs. 1 AO sind **Steuern** aber als **gegenleistungslose Geldleistungen** definiert, sodass das Äquivalenzprinzip generell nicht als Begründung für die Erhebung einer bestimmten Steuerart herangezogen werden sollte. Aber selbst dann, wenn man von dieser Grundsatzkritik absieht, stehen zahlreiche Argumente einer **Rechtfertigung** der Gewerbesteuer **mit** dem **Äquivalenzprinzip entgegen**: 472

– Die **Belastungen**, die von einem Gewerbebetrieb ausgehen, lassen sich **nur schwer quantifizieren**.

– Die Höhe der **Gewerbesteuer bestimmt sich nicht nach der Belastung, die ein Gewerbebetrieb verursacht**. Bemessungsgrundlage bildet vielmehr der Gewerbeertrag. Zwischen der von einem Unternehmen ausgelösten Belastung und seinem Ertrag besteht jedoch weder unmittelbar noch mittelbar ein Zusammenhang. Darüber hinaus muss der Hebesatz, dh der Steuersatz, für alle Unternehmen innerhalb einer Gemeinde in gleicher Höhe festgesetzt werden (§ 16 Abs. 4 S. 1 GewStG). Der Hebesatz darf also nicht (auch nicht näherungsweise) nach der Belastung differenziert werden, die von dem einzelnen Gewerbebetrieb oder einer bestimmten Gruppe von Unternehmen ausgeht.

– **Auch** andere **Unternehmen**, zB Land- und Forstwirte sowie Freiberufler, führen für die Gemeinden zu **Belastungen, ohne** dass sie über die **Gewerbesteuer** zur Finanzierung des Gemeindehaushalts herangezogen werden. Das idealtypische Leitbild, bei Gewerbetreibenden stehe der Produktionsfaktor Kapital im Vordergrund, während bei den freien Berufen und der Land- und Forstwirtschaft der persönliche Arbeitseinsatz dominiere, stimmt mit dem heutigen Wirtschaftsleben nur bedingt überein (Verstoß gegen die Nutzenäquivalenz).

– Das Vorhandensein eines Gewerbebetriebs ist nicht nur mit negativen Effekten verbunden. Die Ansiedlung von **Unternehmen** weist **für** eine **Gemeinde auch Vorteile** auf. Verwiesen sei nur auf die Bereitstellung von Arbeitsplätzen.

– Die **Leistungen der Gemeinden** (zB Straßenbau, Anschluss an das Versorgungsnetz: Wasser, Gas, Strom, Fernwärme, Müllabfuhr) werden von den Nutzungsberechtigten zumindest zum großen Teil bereits **durch Beiträge und Gebühren** bzw Marktentgelte **abgegolten** (Verstoß gegen die Kostenäquivalenz).

– Die **Leistungen** einer Gemeinde **kommen allen Einwohnern zugute**, nicht nur den gewerblichen Unternehmen. Der **Finanzierungsbedarf der Gemeinden** wird letztendlich dadurch **verursacht**, dass **natürliche Personen** dort **wohnen**.[267] Die Unternehmen werden nicht um ihrer selbst willen geführt, vielmehr bilden sie sowohl für die Inhaber als auch die Arbeitnehmer das Instrument, um Erwerbseinkünfte zu erwirtschaften. Diese Aussagen zeigen, dass sämtliche Lasten, die eine Gemeinde zu tragen hat, letztendlich immer von Menschen ausgehen. Wie verfehlt der Versuch ist, die Erhebung der Gewerbesteuer mit dem Äquivalenzprinzip zu begründen, zeigt die beispielhafte Auflistung der von einer Gemeinde zu erfüllenden Aufgaben: Kinderbetreuung, öffentlicher Personennahverkehr, Feuerwehr, Katastrophenschutz, Unterbringung von Asylberechtigten sowie Kulturangebot (Bücherei, Museum, Theater, Musikschulen, Volkshochschule), soziale Aufgaben (Jugendhaus, Altenheim, Sozialstation), Sportanlagen und Erholungseinrichtungen (zB Freibad, Hallenbad, Sportplatz, Fußballstadion, Grünanlagen).[268]

473 (c) Da sich die Gewerbesteuer weder mit dem Leistungsfähigkeitsprinzip noch mit dem Äquivalenzprinzip rechtfertigen lässt, verbleibt **nur eine Funktion**: Die Gewerbesteuer dient dazu, die **Gemeindehaushalte zu finanzieren**. Da die meisten Staaten keine Gewerbesteuer kennen, wird deutlich, dass der Finanzbedarf der Gemeinden auch ohne Gewerbesteuer gedeckt werden kann. Der Finanzierungszweck von Steuern wäre mit einem **Zuschlag auf** die **Einkommensteuer und Körperschaftsteuer**, der den Gemeinden zusteht, **besser** zu erreichen.[269] Vorbild für die Gemeindeeinkommensteuer können beispielsweise die USA sowie die Schweiz sein. Durch die Anknüpfung an die Personensteuern würde das Leistungsfähigkeitsprinzip (Nettoprinzip, Welteinkommensprinzip) beachtet. Zur Finanzierung der Leistungen einer Gemeinde würden alle Einwohner und juristischen Personen beitragen, die einseitige Belastung von Gewerbetreibenden entfiele. Es würde auch die systematische Inkonsequenz vermieden, dass bei der Gewerbesteuer nicht wie bei der Einkommen- und Körperschaftsteuer das Leistungsfähigkeitsprinzip gilt, sondern ein Zusammenhang zwischen Steuerlast und Leistungen der Gemeinde hergestellt wird.

Die Kritik an der Gewerbesteuer hat dazu geführt, dass zahlreiche weitere Reformüberlegungen vorgestellt wurden. Hervorzuheben ist der Vorschlag der Kommission „Steuergesetzbuch“, nach dem die Finanzierung der Gemeinden nach einem Vier-Säulen-Modell erfolgen soll: (1) Grundsteuer, (2) Bürgersteuer: Zuschlag auf das zu versteuernde Einkommen von 3 bis 4%, (3) Kommunale Unternehmensteuer: etwa 6 bis 8% auf den Gewinn der Unternehmen und (4) Beteiligung am Lohnsteueraufkommen: zB 2% der von den örtlichen Unternehmen gezahlten Bruttolöhne.[270]

---

267 Vgl RFH vom 7.5.1940, RStBl. 1940, S. 714.

268 Siehe hierzu beispielsweise die sehr informative Broschüre der Stadt Nürnberg, Was kostet Nürnberg?, https://www.nuernberg.de/internet/referat2/publikationen.html.

269 Siehe hierzu statt aller BDI/VCI (Hrsg.), Verfassungskonforme Reform der Gewerbesteuer, Konzept einer kommunalen Einkommen- und Gewinnsteuer, Köln 2001 sowie Hey, StuW 2002, S. 314; Wissenschaftlicher Arbeitskreis „Steuerrecht“ des DWS, Vorschlag einer kommunalen Einkommen- und Körperschaftsteuer, Berlin 2010.

270 Vgl http://www.stiftung-marktwirtschaft.de/fileadmin/user_upload/Dokumente/Steuerpolitisches-Programm-Druckfassung.pdf.

II. Ertragshoheit

Das **Aufkommen** der Gewerbesteuer **steht** weitgehend den **Gemeinden zu** (Art. 106 Abs. 6 S. 1 GG). **Bund und Länder** sind **durch** eine **Umlage an** der **Gewerbesteuer beteiligt** (Art. 106 Abs. 6 S. 4, 5 GG iVm § 6 Gemeindefinanzreformgesetz). Die Weiterleitung eines Teils der Gewerbesteuer an den Bund und an die Länder wird durch die Beteiligung der Gemeinden an der Einkommensteuer ausgeglichen (15% der Lohnsteuer und der veranlagten Einkommensteuer sowie 12% der Kapitalertragsteuer auf bestimmte, im Einzelnen aufgezählte Einnahmen, Art. 106 Abs. 5 S. 1, 2 GG iVm § 1 Gemeindefinanzreformgesetz).[271] In Berlin und Hamburg stehen der Gemeindeanteil an der Einkommensteuer dem Land zu (§ 7 Gemeindefinanzreformgesetz). In der Summe liegt die Beteiligung der Gemeinden an der Einkommensteuer deutlich über der Gewerbesteuerumlage. **474**

Die Höhe der **Gewerbesteuerumlage**[272] wird dadurch ermittelt, dass das Istaufkommen der Gewerbesteuer einer Gemeinde durch den von ihr festgesetzten Hebesatz geteilt und mit einem Vervielfältiger multipliziert wird (§ 6 Gemeindefinanzreformgesetz). Der Vervielfältiger bezieht sich also auf den Steuermessbetrag. Seine Höhe ergibt sich durch Addition eines Bundesvervielfältigers und eines Landesvervielfältigers:

- Der Bundesvervielfältiger beträgt 14,50%.
- Der Landesvervielfältiger beträgt seit dem Jahr 2020 für alle Bundesländer 20,50%.

Durch diese Vorgehensweise wird zum einen die Aufteilung der Gewerbesteuerumlage auf Bund und Länder geregelt. Zum anderen wird bewirkt, dass die **absolute Höhe** der Gewerbesteuerumlage einer Gemeinde **unabhängig davon** ist, in welcher **Höhe** sie den **Gewerbesteuerhebesatz** festsetzt. Die Gewerbesteuerumlage beansprucht aber – relativ gesehen – einen umso größeren Anteil am Gewerbesteueraufkommen einer Gemeinde, je niedriger der von ihr festgesetzte Hebesatz ist. Die Aufteilung des Länderanteils orientiert sich daran, in welcher Höhe Gewerbesteuer in dem Gebiet der einzelnen Länder vereinnahmt wird (§ 3 FAG).

Die Gewerbesteuer steht der Gemeinde zu, in der die gewerblichen Unternehmen eine Betriebsstätte unterhalten (§ 4 GewStG). Hat ein Gewerbebetrieb in mehreren Gemeinden eine Betriebsstätte oder erstreckt sich eine Betriebsstätte über mehrere Gemeinden, wird die Gewerbesteuer auf die beteiligten Gemeinden aufgeteilt (**gewerbesteuerliche Zerlegung**, § 28 – § 34 GewStG).

Zum **Ausgleich** für die im Jahr 1998 **aufgehobene Gewerbesteuer vom Kapital** erhalten die Gemeinden einen **Anteil von 2,2% am** (um die Vorwegzuweisungen an den Bund zum Ausgleich für die Belastungen aus dem Bundeszuschuss zur Rentenversicherung der Arbeiter und Angestellten verminderten) **Aufkommen der Umsatzsteuer** (Art. 106 Abs. 5a GG, § 1 Abs. 1 FAG).[273]

---

271 Nicht berücksichtigt wird beispielsweise, die auf Dividenden entfallende Kapitalertragsteuer.

272 Siehe hierzu BMF, Die Entwicklung der Gewerbesteuerumlage seit der Gemeindefinanzreform 1969, Berlin 2019.

273 Zur Verteilung des Gemeindeanteils an der Umsatzsteuer siehe Fünfter Teil, Dritter Abschnitt, Kapitel A.II., Rn. 703–704.

III. Aufbau des Gewerbesteuergesetzes

475 Das Gewerbesteuergesetz umfasst zehn Abschnitte:

I. **Allgemeines** (§ 1 – § 6 GewStG)
Im ersten Abschnitt wird geregelt, wem die Gewerbesteuer zusteht (Steuerertragshoheit), wer der Gewerbesteuer unterliegt (Definition des Steuergegenstands), wer von ihr befreit ist, wer Steuerschuldner ist und was die Bemessungsgrundlage der Gewerbesteuer ist.

II. **Bemessung der Gewerbesteuer** (§ 7 – § 11 GewStG)
Im zweiten Abschnitt werden die Einzelheiten zur Berechnung der Bemessungsgrundlage sowie die Steuermesszahl der Gewerbesteuer festgelegt.

III. Der dritte Abschnitt ist mit Aufhebung der Gewerbesteuer vom Kapital im Jahr 1998 entfallen.

IV. **Steuermessbetrag** (§ 14 – § 15 GewStG)
Die Festsetzung des Steuermessbetrags, die Steuererklärungspflicht, die Erhebungsberechtigung für den Verspätungszuschlag sowie die Möglichkeit zur Pauschalierung der Gewerbesteuer sind im vierten Abschnitt zusammengefasst.

V. **Entstehung, Festsetzung und Erhebung der Steuer** (§ 16 – § 21 GewStG)
Der fünfte Abschnitt enthält die wichtigsten verfahrensrechtlichen Fragen.

VI. **Zerlegung** (§ 28 – § 34 GewStG)
Wie die Gewerbesteuer auf die beteiligten Gemeinden aufzuteilen ist, wenn sich ein Unternehmen nicht nur in einer Gemeinde wirtschaftlich betätigt, wird im sechsten Abschnitt konkretisiert.

VII. **Gewerbesteuer der Reisegewerbebetriebe** (§ 35a GewStG)
Besonderheiten für Reisegewerbebetriebe sind Gegenstand des siebten Abschnitts.

VIII. **Änderung des Gewerbesteuermessbescheids von Amts wegen** (§ 35b GewStG)
Die Anknüpfung der Gewerbesteuer an die Einkünfte aus Gewerbebetrieb führt dazu, dass sich bei einer Änderung auf Ebene der Einkommen- und Körperschaftsteuer Rückwirkungen auf die Gewerbesteuer ergeben können.

IX. **Durchführung** (§ 35c GewStG)
Der neunte Abschnitt beinhaltet mehrere Ermächtigungsvorschriften für die Bundesregierung und das Bundesministerium der Finanzen.

X. **Schlussvorschriften** (§ 36 GewStG)
Der zeitliche Geltungsbereich ist im zehnten Abschnitt des Gewerbesteuergesetzes geregelt.

IV. Schema zur Ermittlung der Gewerbesteuer

476 Bemessungsgrundlage der Gewerbesteuer ist der **Gewerbeertrag** (§ 6 GewStG). Der Gewerbeertrag ist **aus** den nach einkommen- oder körperschaftsteuerlichen Vorschriften ermittelten **Einkünften aus Gewerbebetrieb abzuleiten** (§ 7 S. 1 GewStG). Die **gewerbesteuerlichen Korrekturen** nach § 8 – § 9 GewStG haben **mehrere Funktionen**:

- Gewährleistung des **Objektcharakters** der Gewerbesteuer
- Sicherung des **Inlandscharakters** der Gewerbesteuer
- Verhinderung einer **gewerbesteuerlichen Doppelbelastung** oder **Nichtbesteuerung**
- Vermeidung des **Nebeneinanders von Gewerbesteuer und Grundsteuer**
- Umsetzung von **sozial- und wirtschaftspolitischen Zielen sowie von haushaltspolitischen Motiven**.

Das **Berechnungsschema der Gewerbesteuer** ist wie folgt aufgebaut: **477**

Ausgangsgröße: Einkünfte aus Gewerbebetrieb (§ 7 S. 1 GewStG)
ermittelt nach einkommen- oder körperschaftsteuerlichen Vorschriften

\+ **Hinzurechnungen (§ 8 GewStG)**

- ein Viertel folgender Finanzierungsaufwendungen, soweit sie in der Summe den Freibetrag von 100 000 € übersteigen:
  (1) Entgelte für Schulden, die wirtschaftlich mit dem Betrieb zusammenhängen, (2) Renten und dauernde Lasten, die wirtschaftlich mit dem Betrieb zusammenhängen, (3) Gewinnanteile eines (typisch) stillen Gesellschafters, (4) ein Fünftel der Miet- und Pachtzinsen (einschließlich Leasingraten) für die Benutzung von beweglichen Wirtschaftsgütern des Anlagevermögens, die im Eigentum eines anderen stehen, (5) die Hälfte der Miet- und Pachtzinsen (einschließlich Leasingraten) für die Benutzung von unbeweglichen Wirtschaftsgütern des Anlagevermögens, die im Eigentum eines anderen stehen, sowie (6) ein Viertel der Aufwendungen für die zeitlich befristete Überlassung von Rechten (insbesondere Lizenzen und Konzessionen, mit Ausnahme von Lizenzen, die ausschließlich zum Weiterverkauf daraus abgeleiteter Rechte berechtigen)
- Gewinnanteile und Geschäftsführungsvergütungen von Komplementären einer KGaA (bei der KGaA)
- Hinzurechnung von Gewinnausschüttungen einer inländischen oder ausländischen Kapitalgesellschaft (unter bestimmten Voraussetzungen: insbesondere Beteiligungsquote unter 15%)
- Anteile am Verlust einer inländischen oder ausländischen Personengesellschaft
- bei Kapitalgesellschaften: die bei der Körperschaftsteuer abziehbaren Zuwendungen (Spenden und Mitgliedsbeiträge)
- ausschüttungsbedingte Teilwertabschreibungen (aufwandswirksam verrechnete Wertminderungen von Anteilen an einer Kapitalgesellschaft, die durch Gewinnausschüttungen entstanden sind; die Hinzurechnung erfolgt nur, soweit die Gewinnausschüttungen nicht der Gewerbesteuer unterliegen)
- ausländische Steuern, die nach § 34c Abs. 2, 3 EStG bei Ermittlung der Einkünfte abgezogen werden (die Hinzurechnung wird nur vorgenommen, wenn die Auslandssteuern auf Erträge entfallen, die nicht der Gewerbesteuer unterliegen)

– **Kürzungen (§ 9 GewStG)**

- Grundstückserträge, grundsätzlich 0,11% des Grundsteuerwerts der zum Betriebsvermögen des Unternehmers gehörenden Betriebsgrundstücke
- Anteile am Gewinn einer inländischen oder ausländischen Personengesellschaft
- Anteile am Gewinn einer inländischen Kapitalgesellschaft (unter bestimmten Voraussetzungen: insbesondere Beteiligungsquote mindestens 15%)
- Anteile von Komplementären am Gewinn einer KGaA (beim Komplementär)
- Gewerbeertrag einer ausländischen Betriebsstätte

- bis zu einem Höchstbetrag Zuwendungen (Spenden und Mitgliedsbeiträge) für gemeinnützige, mildtätige und kirchliche Zwecke (gilt für alle Rechtsformen)
- Anteile am Gewinn einer ausländischen Kapitalgesellschaft (unter bestimmten Voraussetzungen: insbesondere Beteiligungsquote mindestens 15% bzw bei Bestehen eines DBA mit Mindestbeteiligungsquote 10%)

=	**Gewerbeertrag vor Verlustabzug, Abrundung und Freibetrag**
–	nicht ausgeglichene negative Gewerbeerträge der Vorjahre, gewerbesteuerlicher **Verlustvortrag** nach § 10a GewStG (bis zu 1 Mio. € unbeschränkt, darüber hinaus bis zu 60% des verbleibenden positiven Gewerbeertrags)
–	Abrundung auf volle 100 € (§ 11 Abs. 1 S. 3 GewStG)
–	**Freibetrag** von 24 500 € (nur für Einzelunternehmen und Personengesellschaften, § 11 Abs. 1 S. 3 GewStG)
=	**Gewerbeertrag**
×	**Steuermesszahl** 3,5% (§ 11 Abs. 2 GewStG)
=	**Steuermessbetrag der Gewerbesteuer** (§ 14 S. 1 GewStG) ggf Zerlegung des Steuermessbetrags (§ 28 – § 34 GewStG)
×	**Gewerbesteuerhebesatz** (von der jeweiligen Gemeinde festgesetzt, mindestens 200%, § 16 GewStG)
=	**Gewerbesteuer**
–	vierteljährliche Gewerbesteuer-Vorauszahlungen (§ 19 GewStG)
=	Abschlusszahlung (**zu zahlende Gewerbesteuer**) oder Gewerbesteuererstattung (§ 20 GewStG)

B. Steuergegenstand (Gewerbebetrieb)

I. Arten von Gewerbebetrieben, Inlandsbezug

478 Der Gewerbesteuer **unterliegt jeder stehende Gewerbebetrieb, soweit** er **im Inland betrieben** wird (§ 2 Abs. 1 S. 1 GewStG).

Der Gewerbesteuer unterliegen auch die Reisegewerbebetriebe, soweit sie im Inland betrieben werden (§ 35a GewStG). Das Reisegewerbe ist eine berufliche Tätigkeit, die keine Geschäftsräume erfordert und außerhalb der Räume einer gewerblichen Niederlassung stattfindet (§ 55 GewO, Beispiel: Schausteller).

479 *(1) Gewerbebetrieb als Steuergegenstand:* Die sachliche Steuerpflicht einer Objektsteuer bestimmt sich danach, wie der Steuergegenstand abgegrenzt wird. Als **Gewerbebetrieb** und damit als **Steuerobjekt der Gewerbesteuer** gelten:

1. gewerbliche Unternehmen iSd Einkommensteuergesetzes (§ 2 Abs. 1 GewStG) Hierzu gehören
   - Gewerbebetriebe kraft gewerblicher Betätigung (§ 15 Abs. 2, Abs. 3 Nr 1 EStG)
   - Gewerbebetriebe kraft gewerblicher Prägung (§ 15 Abs. 3 Nr 2 EStG).

2. Gewerbebetriebe kraft Rechtsform (§ 2 Abs. 2 GewStG)
3. Gewerbebetriebe kraft wirtschaftlichen Geschäftsbetriebs (§ 2 Abs. 3 GewStG).

– *Gewerbliche Unternehmen iSd Einkommensteuergesetzes:* Ein **Gewerbebetrieb kraft gewerblicher Betätigung** liegt vor, wenn eine selbständige, nachhaltige, mit Gewinnerzielungsabsicht unternommene Tätigkeit ausgeübt wird, die sich als Beteiligung am allgemeinen wirtschaftlichen Verkehr darstellt, sofern es sich nicht um die Ausübung von Land- und Forstwirtschaft oder um die Ausübung einer selbständigen Arbeit iSd § 18 EStG handelt und wenn der Umfang einer Vermögensverwaltung (§ 14 AO) überschritten wird (§ 15 Abs. 2 EStG).

Durch den Rückgriff des Gewerbesteuergesetzes auf die einkommensteuerliche Gewerbebetriebsdefinition wird die **Gewerbesteuerpflicht immer** dann angenommen, **wenn** die Inhaber eines Einzelunternehmens oder die Gesellschafter einer Personengesellschaft **Einkünfte aus Gewerbebetrieb** beziehen. Bei Personengesellschaften, die nur hinsichtlich eines Teils ihrer Geschäftstätigkeit die Kriterien der gewerblichen Betätigung erfüllen (gemischt tätige Personengesellschaften), ist wie bei der Einkommensteuer die gesamte Tätigkeit der Personengesellschaft als Gewerbebetrieb anzusehen, sofern die gewerbliche Tätigkeit gegenüber den nicht gewerblichen Aktivitäten nicht lediglich einen äußerst geringen Anteil ausmacht (Infektionstheorie, Abfärbetheorie, § 2 Abs. 1 S. 2 GewStG iVm § 15 Abs. 3 Nr 1 EStG).

Als **Gewerbebetrieb kraft gewerblicher Prägung** gilt in vollem Umfang die mit Einkunftserzielungsabsicht unternommene Tätigkeit einer Personengesellschaft, sofern ausschließlich eine oder mehrere Kapitalgesellschaften persönlich haftende Gesellschafter sind und nur diese oder Personen, die nicht Gesellschafter sind, zur Geschäftsführung befugt sind (§ 15 Abs. 3 Nr 2 EStG). **Hauptanwendungsfall** ist die **GmbH & Co. KG**.

– *Gewerbebetriebe kraft Rechtsform:* Bei **Gewerbebetrieben kraft Rechtsform** hängt die Gewerbesteuerpflicht nicht von der Art der Tätigkeit ab, sondern von der Rechtsform des Unternehmens. Die Gewerbesteuer knüpft an den Betrieb einer **Kapitalgesellschaft** (insbesondere AG, KGaA, GmbH einschließlich ihrer Unterform UG (haftungsbeschränkt), SE), den Betrieb einer Genossenschaft einschließlich einer Europäischen Genossenschaft und den Betrieb eines Versicherungs- und Pensionsfondsvereins auf Gegenseitigkeit an. Diese Organisationen bilden – unabhängig davon, welche Tätigkeit sie ausüben – einen Steuergegenstand der Gewerbesteuer (§ 2 Abs. 2 S. 1 GewStG).

Liegen die Voraussetzungen für eine körperschaftsteuerliche Organschaft vor, gilt die abhängige Kapitalgesellschaft (dh die Organgesellschaft) als Betriebsstätte des Organträgers (dh des Mutterunternehmens). Die Organgesellschaft (Tochterkapitalgesellschaft) bildet keinen selbständigen Gewerbebetrieb, deshalb entfällt für sie die Gewerbesteuerpflicht (**gewerbesteuerliche Organschaft**, § 2 Abs. 2 S. 2 GewStG). Die Voraussetzungen für eine gewerbesteuerliche Organschaft stimmen mit denjenigen für eine körperschaftsteuerliche Organschaft überein.[274]

274 Zur körperschaft- und gewerbesteuerlichen Organschaft siehe Sechster Teil, Zweiter Abschnitt, Rn. 839–883.

– *Gewerbebetriebe kraft wirtschaftlichen Geschäftsbetriebs:* Die nicht als Gewerbebetrieb kraft Rechtsform angesehenen **juristischen Personen** und nichtrechtsfähigen Vereine unterliegen **insoweit** der Gewerbesteuer, **als sie einen wirtschaftlichen Geschäftsbetrieb unterhalten** (§ 2 Abs. 3 GewStG).[275] Ein wirtschaftlicher Geschäftsbetrieb wird angenommen, wenn eine selbständige Tätigkeit nachhaltig und mit Einnahmeerzielungsabsicht unternommen wird und über den Rahmen einer Vermögensverwaltung hinausgeht (§ 14 AO). Die Gewerbesteuerpflicht beschränkt sich auf den gewerblichen Teil des wirtschaftlichen Geschäftsbetriebs. Land- und forstwirtschaftliche Geschäftsbetriebe sind von der Gewerbesteuerpflicht ausgenommen.

Beispiel: Ein Verein betreibt in eigener Regie ein Vereinslokal oder erhebt im Rahmen einer Festveranstaltung Eintritt.

480 *(2) Abgrenzung des Inlandsbezugs:* Gewerbebetriebe unterliegen der **Gewerbesteuer nur insoweit, als** sie **im Inland betrieben** werden. Voraussetzung hierfür ist, dass im Inland eine Betriebsstätte unterhalten wird (§ 2 Abs. 1 S. 3 GewStG). Bei inländischen Unternehmen werden deshalb **Betriebsstätten, die im Ausland belegen sind**, von der Gewerbesteuer **nicht erfasst**. Ausländische Unternehmen entrichten lediglich für ihre inländische Betriebsstätte Gewerbesteuer.

Was zum Inland zählt, ist in § 2 Abs. 7 GewStG detailliert geregelt. Dieser Inlandsbegriff dient (wie bei der Einkommen- und Körperschaftsteuer) beispielsweise dazu, auch Windkraftanlagen vor der Küste zu erfassen.

Der für die Gewerbesteuerpflicht entscheidende Begriff der **Betriebsstätte** ist **definiert als feste Geschäftseinrichtung oder Anlage, die der Tätigkeit eines Unternehmens dient**. Als Betriebsstätte gelten insbesondere die Stätte der Geschäftsleitung, Zweigniederlassungen, Geschäftsstellen, Fabrikations- oder Werkstätten, Warenlager, Ein- und Verkaufsstellen, Bergwerke, Steinbrüche oder andere Stätten der Gewinnung von Bodenschätzen sowie Bauausführungen und Montagen, wenn sie länger als sechs Monate dauern (§ 12 AO, R 2.9 GewStR).

II. Mehrheit von Betrieben (sachliche Selbständigkeit)

481 Steuergegenstand der Gewerbesteuer ist nicht eine Person, sondern ein **Gewerbebetrieb**. Unterhält **dieselbe Person mehrere Betriebe**, ist zu klären, wie diese voneinander **abzugrenzen** sind.

Als **Abgrenzungsmerkmal** dient das Kriterium der **„sachlichen Selbständigkeit“** (R 2.4 GewStR).

– *Einzelunternehmen:* Grundsätzlich bildet **jeder Betrieb** einen **eigenständigen Steuergegenstand**, der für sich der Gewerbesteuer unterliegt. Lediglich Betriebe, die eine wirtschaftliche Einheit bilden, sind zu einem Steuergegenstand zusammenzufassen. Ob die Betriebe in derselben Gemeinde oder in verschiedenen Gemeinden liegen, ist in diesem Zusammenhang ohne Bedeutung.

275 Zur Körperschaftsteuerpflicht von Betrieben gewerblicher Art siehe § 1 Abs. 1 Nr 6, § 4 KStG sowie Rn. 384.

Hat ein Gewerbetreibender mehrere **Betriebe unterschiedlicher Art**, ist jeder Betrieb für sich zu besteuern, zB Maschinenfabrik und Druckerei oder Bäckerei und Schrotthandel. Die Betriebe sind **nur** dann **zusammenzufassen, wenn** sie sachlich so eng zusammenhängen, dass sie nach der Verkehrsauffassung und den Betriebsverhältnissen eine **wirtschaftliche Einheit** bilden (Beispiele: Bäckerei mit angegliedertem Café, Metzgerei mit dazu gehörender Speisegaststätte). Bei **enger finanzieller, wirtschaftlicher** und **organisatorischer Verflechtung** können auch verschiedene Tätigkeiten wie Tabakwareneinzelhandel und Lotto-Toto-Annahmestelle einen einheitlichen Betrieb bilden.

Betriebe gleicher Art sind gleichfalls **nur** dann zu einem Steuergegenstand zusammenzufassen, **wenn** sie eine **wirtschaftliche Einheit** bilden, dh wirtschaftlich, finanziell und organisatorisch innerlich zusammenhängen. Kriterien hierfür sind beispielsweise gleicher Kunden- und Lieferantenkreis, einheitliche Geschäftsleitung oder einheitliches Finanzierungskonzept.

– *Personengesellschaften:* Die **gesamte Tätigkeit** einer Personengesellschaft wird zu **einem einheitlichen Betrieb zusammengefasst**. Eine Personengesellschaft kann **nur einen Steuergegenstand** bilden. Dies gilt **auch** dann, **wenn** sie **unterschiedliche Tätigkeiten** ausübt.

Die relative Rechtsfähigkeit einer Personengesellschaft und das Abstellen auf das Objekt „Gewerbebetrieb" haben zur Konsequenz, dass **jede Personengesellschaft für sich zu betrachten** ist. Mehrere Personengesellschaften werden auch dann nicht zu einem einheitlichen Steuergegenstand zusammengefasst, wenn Beteiligungsidentität vorliegt, dh wenn an den Personengesellschaften die gleichen Personen im gleichen Verhältnis beteiligt sind.

– *Kapitalgesellschaften:* Wie bei Personengesellschaften wird die **gesamte Tätigkeit** einer Kapitalgesellschaft ihrem **einheitlichen Gewerbebetrieb** zugerechnet. Aufgrund des Trennungsprinzips wird **jede Kapitalgesellschaft selbständig besteuert**. Zu einer Durchbrechung dieses Grundgedankens kommt es, wenn die Voraussetzungen einer gewerbesteuerlichen Organschaft vorliegen (§ 2 Abs. 2 S. 2 GewStG). In diesem Fall gilt die Organgesellschaft (Tochterkapitalgesellschaft) als Betriebsstätte des Organträgers (Mutterunternehmen).[276]

III. Beginn und Ende der sachlichen Steuerpflicht

Beginn und Ende der sachlichen Steuerpflicht sind **rechtsformabhängig ausgestaltet** (R 2.5, R 2.6 GewStR): 482

– **Einzelunternehmen und Personengesellschaften** gelten ab dem Zeitpunkt als Gewerbebetrieb iSd Gewerbesteuergesetzes, zu dem alle Voraussetzungen eines werbenden Gewerbebetriebs erfüllt sind. Dies erfordert eine **nach außen gerichtete Tätigkeit**. **Vorbereitungshandlungen** unterliegen **noch nicht** der Gewerbesteuer.

276 Zur körperschaft- und gewerbesteuerlichen Organschaft siehe Sechster Teil, Zweiter Abschnitt, Rn. 839–883.

Die Gewerbesteuerpflicht **endet mit der Einstellung der nach außen gerichteten werbenden Tätigkeit**. Während des **Liquidationsverfahrens** sind Einzelunternehmen und Personengesellschaften **nicht mehr** als Gewerbebetrieb anzusehen. Gewinne aus der Veräußerung oder der Aufgabe des Gewerbebetriebs oder des gesamten Anteils an einer Personengesellschaft unterliegen deshalb nicht der Gewerbesteuer (R 2.6 Abs. 1, R 7.1 Abs. 3 GewStR).

Mit der **Verpachtung** eines Gewerbebetriebs im Ganzen **erlischt** regelmäßig die **Gewerbesteuerpflicht** des Verpächters. Eine **Ausnahme** bildet die **Betriebsaufspaltung**, bei der unter bestimmten Voraussetzungen die (verpachtende) Besitzgesellschaft als Gewerbebetrieb gilt (R 2.2 GewStR, R 15.7 EStR).[277]

– Bei **Kapitalgesellschaften** beginnt die Gewerbesteuerpflicht mit Aufnahme der nach außen gerichteten Geschäftstätigkeit, spätestens **mit der Eintragung ins Handelsregister**. Kapitalgesellschaften verlieren als Gewerbebetrieb kraft Rechtsform ihre Gewerbebetriebseigenschaft **erst** mit Einstellung sämtlicher Aktivitäten. Dies ist der Zeitpunkt, zu dem das **Liquidationsverfahren** mit der Verteilung des Vermögens an die Gesellschafter und Ablauf des Sperrjahres **abgeschlossen** ist. Die im Zusammenhang mit der Liquidation einer Kapitalgesellschaft aufgelösten stillen Reserven unterliegen deshalb nicht nur der Körperschaftsteuer, sondern auch der Gewerbesteuer (R 2.6 Abs. 2, R 7.1 Abs. 4 GewStR).

IV. Steuerbefreiungen

483 Für bestimmte Gewerbebetriebe kennt das Gewerbesteuergesetz **persönliche Steuerbefreiungen** (§ 3 GewStG). Von der Gewerbesteuer sind beispielsweise folgende Organisationen befreit: Deutsche Bundesbank, Kreditanstalt für Wiederaufbau, Bayerische Landesanstalt für Aufbaufinanzierung, Hauberg-, Wald-, Forst- und Laubgenossenschaften, gemeinnützige Organisationen, kleinere Hochsee- und Küstenfischereien, rechtsfähige Pensions-, Sterbe-, Kranken- und Unterstützungskassen (unter bestimmten Voraussetzungen), Berufsverbände (unter bestimmten Voraussetzungen), private Schulen, land- und forstwirtschaftliche Genossenschaften (unter bestimmten Voraussetzungen), Krankenhäuser und Altenheime (unter bestimmten Voraussetzungen), bestimmte Unternehmens- und Kapitalbeteiligungsgesellschaften und Wirtschaftsförderungsgesellschaften, die Auftragsforschung öffentlich-rechtlicher Wissenschafts- und Forschungseinrichtungen (mit Einschränkungen) sowie die Betreiber von kleinen Solaranlagen (zB Eigenheimbesitzer).

Die persönlichen Steuerbefreiungen nach § 3 GewStG sind mit denen nach § 5 KStG vergleichbar.

277 Siehe hierzu zB Jacobs/Scheffler/Spengel, Unternehmensbesteuerung und Rechtsform, 5. Aufl., München 2015, S. 306–312.

V. Besonderheiten bei Arbeitsgemeinschaften

Arbeitsgemeinschaften können als Gesellschaften des bürgerlichen Rechts wie jede andere Personengesellschaft grundsätzlich die Voraussetzungen eines Gewerbebetriebs kraft gewerblicher Betätigung erfüllen (§ 2 Abs. 1 GewStG). Arbeitsgemeinschaften, deren Zweck sich auf die **Erfüllung eines einzigen Vertrags** (Werkvertrag, Werklieferungsvertrag) beschränkt, sind allerdings **nicht gewerbesteuerpflichtig**. Die Gewerbebetriebseigenschaft wird **wegen fehlender Nachhaltigkeit** verneint. Die Betriebsstätten der Arbeitsgemeinschaft gelten anteilig als Betriebsstätten der beteiligten Mitunternehmer (§ 2a GewStG). **484**

Die Sonderregelung für Arbeitsgemeinschaften dient in erster Linie der Steuervereinfachung, da eine Gewerbesteuerpflicht der Arbeitsgemeinschaft aufgrund der Kürzung der Gewinnanteile an der Arbeitsgemeinschaft auf Ebene der Gesellschafter materiell ohne Bedeutung wäre (§ 9 Nr 2 GewStG). Von praktischer Bedeutung ist die Sonderregelung für Arbeitsgemeinschaften insbesondere für die Baubranche (gemeinsame Abwicklung eines Bauprojekts, häufig an der Firmierung ARGE erkennbar), für Banken (gemeinsame Platzierung von Aktien oder Anleihen) und für die Filmindustrie (gemeinsame Produktion eines Films als Auftragsproduktion).

Ist an einer gewerblichen Arbeitsgemeinschaft ein Freiberufler beteiligt (zB Architekt an einer Bau-ARGE), verhindert § 2a GewStG grundsätzlich, dass die Einkünfte des Freiberuflers als gewerblich qualifiziert werden. Insoweit wirkt sich die Sonderregelung in § 2a GewStG auch materiell aus.

VI. Steuerschuldner

Der **Steuergegenstand umschreibt** die **sachliche Steuerpflicht**. Durch den Steuergegenstand wird abgegrenzt, **was** der **Gewerbesteuer unterliegt**. Davon zu trennen ist die **persönliche Steuerpflicht**. Sie wird bei Objektsteuern über die **Steuerschuldnerschaft** konkretisiert. Mit der Steuerschuldnerschaft wird festgelegt, **wer** die **Gewerbesteuer zu entrichten hat**. **485**

Steuerschuldner ist der **Unternehmer**. Als Unternehmer gilt derjenige, **für dessen Rechnung das Unternehmen betrieben wird** (§ 5 Abs. 1 S. 1, 2 GewStG). Dies ist bei **Einzelunternehmen** der **Inhaber** und bei **Kapitalgesellschaften** die **Gesellschaft**. Bei Gewerbebetrieben kraft wirtschaftlichen Geschäftsbetriebs iSd § 2 Abs. 3 GewStG ist Steuerschuldner die jeweilige juristische Person bzw der Verein.

Bei Personengesellschaften stimmt die Unternehmereigenschaft bei der Einkommensteuer mit der bei der Gewerbesteuer überein. Unternehmer sind bei beiden Ertragsteuern die einzelnen Mitunternehmer, dh die Gesellschafter.[278] Trotz übereinstimmender Festlegung der Unternehmereigenschaft ist die **Personengesellschaft Steuerschuldner der Gewerbesteuer** (§ 5 Abs. 1 S. 3 GewStG). Demgegenüber sind einkommensteuerlich die Gesellschafter (Mitunternehmer) steuerpflichtig und damit Steuerschuldner. Der abweichenden Regelung der Steuerschuldnerschaft kommt ins-

278 Vgl BFH vom 3.5.1993, BStBl. 1993 II, S. 616.

besondere die Funktion zu, dass der Gewerbesteuermessbescheid sowie der Gewerbesteuerbescheid direkt an die Personengesellschaft gerichtet werden können und dass im Falle von rückständigen Gewerbesteuerzahlungen unmittelbar in das Gesellschaftsvermögen der Personengesellschaft vollstreckt werden kann. Zusätzlich haften die Gesellschafter – wie für jede Zahlungsverpflichtung, die das Gesellschaftsvermögen betrifft – für die Gewerbesteuerschuld der Personengesellschaft (§ 128, § 161 iVm § 171 HGB).

Eine Ausnahme gilt für Personengesellschaften in der Rechtsform „Europäische wirtschaftliche Interessenvereinigung" (EWIV), bei der aufgrund von europarechtlichen Vorgaben, die Mitunternehmer (Gesellschafter) Steuerschuldner sind. Die Mitunternehmer haften als Gesamtschuldner (§ 5 Abs. 1 S. 4 GewStG).

C. Bemessungsgrundlage

I. Steuerbilanzgewinn als Ausgangsgröße

486 Bemessungsgrundlage der Gewerbesteuer ist der **Gewerbeertrag** (§ 6 GewStG). Dieser ermittelt sich wie folgt (§ 7 S. 1 GewStG):

	Gewinn aus dem Gewerbebetrieb, zu ermitteln nach einkommen- oder körperschaftsteuerlichen Vorschriften
+	Hinzurechnungen nach § 8 GewStG
–	Kürzungen nach § 9 GewStG
=	Gewerbeertrag

Ausgangsgröße zur Berechnung des Gewerbeertrags bildet der nach den Vorschriften des Einkommensteuergesetzes oder Körperschaftsteuergesetzes zu ermittelnde **Gewinn aus** dem **Gewerbebetrieb** (§ 7 S. 1 GewStG).

Die Sonderregelungen für im internationalen Verkehr tätige Seeschifffahrtsunternehmen sowie für Werbesendungen von inländischen öffentlich-rechtlichen Rundfunkanstalten werden für die Gewerbesteuer übernommen (§ 7 S. 3 GewStG).

Der Gewinn aus dem Gewerbebetrieb **entspricht** den **Einkünften aus Gewerbebetrieb** nach § 15 Abs. 1 EStG bzw § 8 Abs. 1, 2 KStG. Die Einkünfte aus Gewerbebetrieb sind für die Gewerbesteuer aber grundsätzlich **selbständig** zu **ermitteln**. Durch die verfahrensrechtliche Bindung an die Einkommen- oder Körperschaftsteuer wird lediglich sichergestellt, dass die einkommen- oder körperschaftsteuerlichen Gewinnermittlungsgrundsätze auch für die Gewerbesteuer gelten.

Für die einzelnen **Rechtsformen** setzt sich die **Ausgangsgröße** wie folgt zusammen:

487 – *Einzelunternehmen:* Ausgangsgröße ist der **Gewinn nach § 15 Abs. 1 S. 1 Nr 1 EStG**. Erfasst werden allerdings nur die **Einkünfte aus der laufenden Geschäftstätigkeit**. Da bei Einzelunternehmen die sachliche Gewerbesteuerpflicht bereits mit der Einstellung der nach außen gerichteten werbenden Tätigkeit endet, sind **Gewinne aus der Veräußerung oder Aufgabe des Gewerbebetriebs iSd § 16 EStG nicht gewerbesteuerpflichtig** (R 2.6 Abs. 1, R 7.1 Abs. 3 GewStR).

Gewinne aus der Veräußerung von Beteiligungen an einer Kapitalgesellschaft, an der eine natürliche Person zu mindestens 1% beteiligt ist, führen zwar im Rahmen der Einkommensteuer zu Einkünften aus Gewerbebetrieb (§ 17 EStG). Da diese Vorschrift allerdings nur zur Anwendung kommt, wenn die Anteile ertragsteuerlich zum Privatvermögen gehören, ist die sachliche Gewerbesteuerpflicht nicht gegeben: Es liegt kein Gewerbebetrieb vor. Bei Gewinnen aus der Veräußerung von Kapitalanlagen (§ 20 Abs. 2 EStG) sowie bei privaten Veräußerungsgeschäften (§ 23 EStG) liegen weder für die Einkommensteuer noch für die Gewerbesteuer gewerbliche Einkünfte vor.

– *Personengesellschaften:* Da auch für die Gewerbesteuer die Gesellschafter einer 488
Personengesellschaft als (Mit-)Unternehmer gelten, bildet die **Ausgangsgröße** zur Ermittlung des Gewerbeertrags die **Summe der Einkünfte der Mitunternehmer** nach § 15 Abs. 1 S. 1 Nr 2 EStG. Hierzu gehören ihre Anteile am Gewinn der Personengesellschaft sowie die Sondervergütungen (Einnahmen aus schuldrechtlichen Leistungsbeziehungen mit der Personengesellschaft, wie Vergütungen für die Geschäftsführungstätigkeit, aus Gesellschafterdarlehen oder aus der Vermietung von Wirtschaftsgütern an die Personengesellschaft).

Gewinne nach § 16 EStG (**Betriebsveräußerungs-, Betriebsaufgabegewinne**) wirken sich grundsätzlich weder bei Einzelunternehmen noch bei Personengesellschaften auf die gewerbesteuerliche Bemessungsgrundlage aus (R 2.6 Abs. 1, R 7.1 Abs. 3 GewStR). Voraussetzung ist, dass der *gesamte* Mitunternehmeranteil veräußert oder aufgegeben wird. Gewinne aus der Veräußerung oder Aufgabe *eines Teils* des Anteils an der Personengesellschaft gelten als laufende und damit gewerbesteuerpflichtige Gewinne (§ 16 Abs. 1 S. 2 EStG iVm § 7 S. 1 GewStG).

Eine Gewerbesteuerpflicht besteht auch insoweit, als der Gewinn aus dem Verkauf oder der Aufgabe des Betriebs oder eines Teilbetriebs einer Personengesellschaft bzw eines Anteils an einer Personengesellschaft nicht auf eine unmittelbar beteiligte natürliche Person entfällt, m.a.W. insoweit, als Kapitalgesellschaften an der Personengesellschaft beteiligt sind (§ 7 S. 2 GewStG).

Dividenden, die an eine natürliche Person gezahlt werden, sind einkommensteuerlich zu 40% steuerfrei, damit zusammenhängende Betriebsausgaben können nur zu 60% abgezogen werden (§ 3 Nr 40, § 3c Abs. 2 EStG). Dividenden, die an eine Kapitalgesellschaft gezahlt werden, bleiben grundsätzlich außer Ansatz, allerdings gelten 5% der Dividenden als nichtabziehbare Betriebsausgaben, im Übrigen können die auf Ebene des Anteilseigners anfallenden Aufwendungen in vollem Umfang abgezogen werden (§ 8b Abs. 1, 4, 5 KStG). Da eine Personengesellschaft weder einkommensteuerpflichtig noch körperschaftsteuerpflichtig ist, werden die Einkünfte den an der Personengesellschaft beteiligten Gesellschaftern zugerechnet (Transparenzprinzip). Gewerbesteuerlich ist allerdings die Personengesellschaft Steuerschuldner (§ 5 Abs. 1 S. 3 GewStG). Bei Ermittlung der Ausgangsgröße des Gewerbeertrags der Personengesellschaft werden die im Zusammenhang mit dem Teileinkünfteverfahren bzw der Dividendenfreistellung geltenden Regelungen übernommen (§ 7 S. 4 GewStG). Bei der Erfassung der Dividenden ist deshalb bei Ermittlung des Gewerbeertrags einer Personengesellschaft danach zu unterscheiden, in welchem Verhältnis an der Personengesellschaft natürliche Personen bzw juristische Personen (insbesondere Kapitalgesellschaften) beteiligt sind. Siehe hierzu auch § 8b Abs. 6 KStG.

– *Kapitalgesellschaften:* Als Gewinn aus Gewerbebetrieb gilt das **körperschaftsteu-** 489
erpflichtige Einkommen der Kapitalgesellschaft **vor Verlustabzug**. Im körper-

schaftsteuerpflichtigen Einkommen vor Verlustabzug sind **sowohl** die **laufenden Erfolge als auch** die im Rahmen eines **Liquidationsverfahrens** erzielten **Einkünfte** enthalten. Damit unterliegen auch die bei Auflösung der Kapitalgesellschaft aufzulösenden stillen Reserven der Gewerbesteuer (R 2.6 Abs. 2, R 7.1 Abs. 4 GewStR).

Der körperschaftsteuerliche Verlustabzug und die Freibeträge nach § 24 und § 25 KStG werden für die Gewerbesteuer nicht übernommen (R 7.1 Abs. 4 S. 2 Nr 2 GewStR).

Entsprechen die im Zusammenhang mit schuldrechtlichen Gesellschaft-Gesellschafter-Verträgen getroffenen Vereinbarungen nicht den zwischen fremden Dritten üblichen Vereinbarungen, handelt es sich bei den entsprechenden Vergütungen um verdeckte Gewinnausschüttungen. Die als verdeckte Gewinnausschüttung angesehenen Vergütungen mindern den körperschaftsteuerpflichtigen Gewinn nicht. Über die Anknüpfung der Gewerbesteuer an die Einkünfte aus Gewerbebetrieb gilt dies auch für die Gewerbesteuer (§ 7 S. 1 GewStG iVm § 8 Abs. 3 S. 2 KStG). Analog erhöhen verdeckte Einlagen weder bei der Körperschaftsteuer noch bei der Gewerbesteuer die steuerpflichtige Bemessungsgrundlage der Kapitalgesellschaft (§ 7 S. 1 GewStG iVm § 8 Abs. 3 S. 3, 4 KStG).[279]

II. Gewerbesteuerliche Modifikationen (Hinzurechnungen und Kürzungen)

1. Zielsetzungen

490 *(1) Bedeutung des Objektcharakters der Gewerbesteuer:* Die gewerbesteuerlichen Modifikationen unterteilen sich in Hinzurechnungen und Kürzungen. Die Wirkung einer **Hinzurechnung** besteht darin, dass die Ausgangsgröße „Einkünfte aus Gewerbebetrieb“ um bestimmte Beträge erhöht wird, die bei Ermittlung des einkommen- oder körperschaftsteuerlichen Gewinns erfolgsmindernd abgezogen wurden (§ 8 GewStG). **Kürzungen** sind dadurch gekennzeichnet, dass die Summe aus den Einkünften aus Gewerbebetrieb und den Hinzurechnungen um die Größen zu mindern sind, die nicht in den Gewerbeertrag eingehen sollen (§ 9 GewStG).

Durch Anknüpfung an die **Bemessungsgrundlage einer Personensteuer** wird der **Objektcharakter** der Gewerbesteuer **verletzt**. Die wichtigste **Aufgabe der** gewerbesteuerlichen **Hinzurechnungen und Kürzungen** besteht darin, die **Abweichungen zwischen** einer **Personensteuer und** einer **Objektsteuer auszugleichen**, m.a.W. die Einkünfte aus Gewerbebetrieb des Inhabers sind in den Gewerbeertrag des Unternehmens zu überführen.

Die gewerbesteuerlichen Korrekturen sind in erster Linie auf die bei der einkommen- und körperschaftsteuerlichen Gewinnermittlung zu beachtende **sachliche** Komponente des Leistungsfähigkeitsprinzips zurückzuführen: Aufgrund des Nettoprinzips sind Aufwendungen für die Inanspruchnahme von Fremdkapital (insbesondere Darlehens-

279 Zu verdeckten Gewinnausschüttungen und verdeckten Einlagen siehe Dritter Abschnitt, Kapitel G.I. und G.II., Rn. 446–458.

zinsen, Gewinnanteile eines typisch stillen Gesellschafters) und Entgelte für gemietete Wirtschaftsgüter (Mieten, Pachten, Leasingraten) bei den Personensteuern als Betriebsausgabe abzugsfähig. Die individuellen Verhältnisse, wie die Art der Finanzierung und die Eigentumsverhältnisse von betrieblich genutzten Wirtschaftsgütern, werden bei der Ermittlung der Einkünfte aus Gewerbebetrieb des Inhabers berücksichtigt.

Die über die Ausgangsgröße in die Gewerbesteuer gelangenden **Eigenschaften einer Personensteuer** sind **durch Hinzurechnungen und Kürzungen auszugleichen, soweit sie dem Objektcharakter widersprechen**. Dies gelingt **aber nur zum Teil**: Insbesondere nehmen die Art der Finanzierung und der Umfang von Gesellschaft-Gesellschafter-Verträgen Einfluss auf die Höhe der zu zahlenden Gewerbesteuer. Die daraus resultierende **finanzierungs- und rechtsformabhängige Besteuerung steht** der **Konzeption einer Objektsteuer entgegen**.

Gewinnverwendungsneutralität wird allerdings erreicht, da bei der Ermittlung der Einkünfte aus Gewerbebetrieb unbedeutend ist, ob die Gewinne thesauriert oder ausgeschüttet werden. Diese Aussage gilt auch dann, wenn der Einzelunternehmer oder der Gesellschafter einer Personengesellschaft im Rahmen seiner Einkommensteuer die Begünstigung der nicht entnommenen Gewinne nach § 34a EStG in Anspruch nimmt. Mit § 34a EStG wird nur über die Höhe des Einkommensteuersatzes entschieden, aber nicht über die Höhe der Einkünfte aus Gewerbebetrieb. Auch die Zurechnung dieser Gewinnanteile zum Inhaber bzw Gesellschafter wird durch die Thesaurierungsbegünstigung nicht verändert. Bei Kapitalgesellschaften ist die Höhe der Einkünfte aus Gewerbebetrieb generell unabhängig davon, ob das Einkommen verteilt wird (§ 8 Abs. 3 S. 1 KStG).

Da bei Ermittlung des Gewerbeertrags von den Einkünften aus Gewerbebetrieb auszugehen ist, wirkt sich die **persönliche Komponente des Leistungsfähigkeitsprinzips** auf die **Gewerbesteuer nicht** aus. Für die erst nach Ermittlung der Summe der Einkünfte abzuziehenden Sonderausgaben und außergewöhnlichen Belastungen sowie die erst auf dieser Ebene vorzunehmende Berücksichtigung des Familienstands, des Alters, der Zahl der Kinder und weiterer personenbezogener Merkmale des Steuerpflichtigen bedarf es keiner gewerbesteuerlichen Korrekturvorschriften. Insoweit wird der Objektcharakter der Gewerbesteuer gewahrt.

(2) Verletzungen des Ziels „Rechtsformneutralität der Gewerbesteuer“: Die wich- **491**
tigsten **Verstöße gegen das Ziel der Rechtsformneutralität** ergeben sich bei der gewerbesteuerlichen Behandlung schuldrechtlicher Verträge zwischen dem Unternehmen und seinem Inhaber bzw Gesellschafter.

Vertragsart	Einzelunternehmen	Personengesellschaft	Kapitalgesellschaft
Geschäftsführungsvertrag	Vertrag nicht möglich, deshalb keine Minderung des Gewerbeertrags Belastung abgeschwächt durch Freibetrag in Höhe von 24 500 €	Gehalt in Ausgangsgröße enthalten und keine Kürzung, deshalb keine Minderung des Gewerbeertrags Belastung abgeschwächt durch Freibetrag in Höhe von 24 500 €	Gehalt in Ausgangsgröße nicht enthalten und keine Hinzurechnung, deshalb Minderung des Gewerbeertrags
Gesellschafterdarlehen	Vertrag nicht möglich, deshalb keine Minderung des Gewerbeertrags	Zinsen in Ausgangsgröße enthalten und keine Kürzung, deshalb keine Minderung des Gewerbeertrags	Zinsen in Ausgangsgröße nicht enthalten und Hinzurechnung von nur 25% der Zinsen, deshalb Minderung des Gewerbeertrags um 75% der Zinsen
Mietvertrag über bewegliches Wirtschaftsgut des Anlagevermögens (zB Fahrzeug, Maschine)	Vertrag nicht möglich, deshalb keine Minderung des Gewerbeertrags Belastung abgeschwächt durch Minderung des Gewerbeertrags um die Abschreibungen auf das Wirtschaftsgut	Mieten in Ausgangsgröße enthalten und keine Kürzung, deshalb keine Minderung des Gewerbeertrags Belastung abgeschwächt durch Minderung des Gewerbeertrags um die Abschreibungen auf das Wirtschaftsgut	Mieten in Ausgangsgröße nicht enthalten und Hinzurechnung von nur 5% (= 1/4 von 20%) der Mieten, deshalb Minderung des Gewerbeertrags um 95% der Mieten
Mietvertrag über unbewegliches Wirtschaftsgut des Anlagevermögens (zB Gebäude)	Vertrag nicht möglich, deshalb keine Minderung des Gewerbeertrags Belastung abgeschwächt durch Minderung des Gewerbeertrags um die Abschreibungen auf das Wirtschaftsgut sowie durch Abzug von 0,11% des Grundsteuerwerts des Grundstücks	Miete in Ausgangsgröße enthalten und keine Kürzung, deshalb keine Minderung des Gewerbeertrags Belastung abgeschwächt durch Minderung des Gewerbeertrags um die Abschreibungen auf das Wirtschaftsgut sowie durch Abzug von 0,11% des Grundsteuerwerts des Grundstücks	Mieten in Ausgangsgröße nicht enthalten und Hinzurechnung von nur 12,50% (= 1/4 von 50%) der Mieten, deshalb Minderung des Gewerbeertrags um 87,50% der Mieten

Abb. 2.27: Verletzungen der Zielsetzung „Rechtsformneutralität" bei Verträgen zwischen Unternehmen und Inhaber bzw Gesellschafter

Bei der Beurteilung der gewerbesteuerlichen Vorteile von Kapitalgesellschaften ist zu beachten, dass sich diese auf die zu zahlende Gewerbesteuer beziehen. Bei Einzelunternehmen und Personengesellschaften wird die zu zahlende Gewerbesteuer durch die Steuerermäßigung für gewerbliche Einkünfte nach § 35 EStG weitgehend kompensiert.

(3) Verletzungen des Ziels „Finanzierungsneutralität der Gewerbesteuer“: Bei den Grundformen zur **Außenfinanzierung** lassen sich – bei isolierter Betrachtung des zu finanzierenden Unternehmens – folgende **Unterschiede** in der Berücksichtigung der Vergütung im Rahmen des Gewerbeertrags erkennen: 492

Finanzierungsart	Umfang des Einbezugs der Vergütung in den Gewerbeertrag
Eigenfinanzierung (Gewinn)	in vollem Umfang im Gewerbeertrag enthalten
Darlehen (Zinsen)	zu 25% im Gewerbeertrag enthalten
typische stille Gesellschaft (Gewinnanteil)	zu 25% im Gewerbeertrag enthalten
Sachdarlehen (Mietvertrag über bewegliches Wirtschaftsgut des Anlagevermögens: Miete)	zu 25% von 20% im Gewerbeertrag enthalten, dh pauschalierende Erfassung des Finanzierungsanteils in Höhe von 20% der Miete
Sachdarlehen (Mietvertrag über unbewegliches Wirtschaftsgut, insbesondere Gebäude: Miete)	zu 25% von 50% im Gewerbeertrag enthalten, dh pauschalierende Erfassung des Finanzierungsanteils in Höhe von 50% der Miete; kein Abzug der Grundstückserträge (0,11% des Grundsteuerwerts des Grundstücks)

Abb. 2.28: Verletzungen der Zielsetzung „Finanzierungsneutralität“

(4) Weitere Aufgaben der gewerbesteuerlichen Korrekturen: Die Aufgaben der **Hinzurechnungen** und **Kürzungen** beschränken sich nicht darauf, den **Objektcharakter der Gewerbesteuer umzusetzen**. Zusätzlich haben sie **weitere Funktionen** zu erfüllen: 493

- **Sicherung des Inlandscharakters**. Da die Gewerbesteuer eine Gemeindesteuer ist, erfasst sie nur Erfolge, die im Inland erzielt werden. Ausländische Gewinne unterliegen nicht der Gewerbesteuer. Verluste, die im Ausland entstanden sind, mindern den inländischen Gewerbeertrag grundsätzlich nicht.
- **Vermeidung einer gewerbesteuerlichen Doppelbelastung**. Erträge sollen nur bei einem Gewerbebetrieb in den Gewerbeertrag eingehen. Es ist zu verhindern, dass die gleichen Erfolgsanteile bei zwei Gewerbebetrieben der Besteuerung unterliegen.
- **Vermeidung einer gewerbesteuerlichen Nichtbesteuerung**. Gehen bestimmte Erträge nicht in den Gewerbeertrag des Unternehmens ein, dürfen die damit zusammenhängenden Aufwendungen nicht abgezogen werden.
- **Vermeidung eines Nebeneinanders von Gewerbesteuer und Grundsteuer**. Die Grundsteuer gilt wie die Gewerbesteuer als Objektsteuer (§ 3 Abs. 2 AO). Da eine zweifache Belastung mit Objektsteuern ausgeschlossen werden soll, dürfen auch bei Gewerbebetrieben Gewerbesteuer und Grundsteuer nicht kumulativ erhoben werden.
- **Umsetzung von sozial- und wirtschaftspolitischen sowie haushaltspolitischen Zielen**. Die Bemessungsgrundlage wird zum Teil gekürzt, um aus sozial- und wirtschaftspolitischen Motiven die Gewerbesteuerbelastung der Unternehmen zu

reduzieren. Zum Teil wird zur Erhöhung des Gewerbesteueraufkommens eine Hinzurechnung vorgenommen, obwohl es dadurch zu einer gewerbesteuerlichen Doppelbelastung kommt.

494 *(5) Überblick über die Hinzurechnungen und Kürzungen nach § 8 und § 9 GewStG:* Die in der Abb. 2.29 vorgenommene Zuordnung der gewerbesteuerlichen Korrekturvorschriften bestimmt sich nach dem primären Ziel der jeweiligen Hinzurechnung bzw Kürzung. Auf eine mehrfache Zuordnung und eine Diskussion von Abgrenzungsschwierigkeiten wird verzichtet. Darüber hinaus wurden die Ziele Verhinderung einer gewerbesteuerlichen Doppelbelastung oder Nichtbesteuerung und Vermeidung des Nebeneinanders von Gewerbesteuer und Grundsteuer in einer Spalte zusammengefasst.

Umsetzung des Objektcharakters	**Sicherung des Inlandscharakters**	**Vermeidung einer Doppelbelastung mit Objektsteuern bzw gewerbesteuerliche Nichterfassung**	**sozial- und wirtschaftspolitische Ziele sowie haushaltspolitische Gründe**
Hinzurechnungen (§ 8 GewStG)			
§ 8 Nr 1 GewStG Hinzurechnung von Finanzierungsaufwendungen (insbesondere Zinsen, Gewinnanteile von typischen stillen Gesellschaftern, Mieten, Leasingraten)	§ 8 Nr 8 GewStG Verluste aus der Beteiligung an einer ausländischen Personengesellschaft	§ 8 Nr 8 GewStG Verluste aus der Beteiligung an einer inländischen Personengesellschaft	§ 8 Nr 5 GewStG Dividenden, bei denen die Voraussetzungen des gewerbesteuerlichen Schachtelprivilegs nicht erfüllt sind
§ 8 Nr 4 GewStG Gewinnanteile und Geschäftsführervergütungen von Komplementären einer KGaA (bei der KGaA)	§ 8 Nr 12 GewStG als Betriebsausgaben abgezogene ausländische Steuern	§ 8 Nr 10 GewStG ausschüttungsbedingte Teilwertabschreibungen	§ 8 Nr 9 GewStG Zuwendungen (Spenden) iSd § 9 KStG
Kürzungen (§ 9 GewStG)			
	§ 9 Nr 2 GewStG Gewinne aus der Beteiligung an einer ausländischen Personengesellschaft § 9 Nr 3 GewStG auf ausländische Betriebsstätten entfallender Gewerbeertrag	§ 9 Nr 1 GewStG Grundstückserträge (idR in pauschalierter Form) § 9 Nr 2 GewStG Gewinne aus der Beteiligung an einer inländischen Personengesellschaft	§ 9 Nr 5 GewStG abziehbare Zuwendungen (Spenden)

Umsetzung des Objektcharakters	**Sicherung des Inlandscharakters**	**Vermeidung einer Doppelbelastung mit Objektsteuern bzw gewerbesteuerliche Nichterfassung**	**sozial- und wirtschaftspolitische Ziele sowie haushaltspolitische Gründe**
	§ 9 Nr 7, 8 GewStG Gewinne aus der Beteiligung an einer ausländischen Kapitalgesellschaft	§ 9 Nr 2a GewStG Gewinne aus Anteilen an einer inländischen Kapitalgesellschaft § 9 Nr 2b GewStG Gewinne aus der Beteiligung an einer (inländischen) KGaA (beim Komplementär)	

Abb. 2.29: Überblick über die wichtigsten Hinzurechnungen und Kürzungen und ihre Zielsetzungen

Im Jahr 2013 beliefen sich die Hinzurechnungen auf insgesamt 7,1% der Einkünfte aus Gewerbebetrieb, bei den Kürzungen waren es insgesamt 8,3%. Dies bedeutet, dass im Durchschnitt der Gewerbeertrag um 1,2% über der Ausgangsgröße „Einkünfte aus Gewerbebetrieb" lag.[280]

Die gewerbesteuerlichen Modifikationen werden nicht ausschließlich in der nach dem Aufbau des Gewerbesteuergesetzes vorgesehenen Reihenfolge vorgestellt. Vielmehr werden die Hinzurechnungen und Kürzungen, soweit sie sachlich zusammengehören, zu Gruppen zusammengefasst, um die zwischen ihnen bestehenden Beziehungen zu verdeutlichen.

2. Aufwendungen für Fremdkapital

Bei der Hinzurechnung von einem **Viertel der im Zusammenhang mit der Aufnahme von Fremdkapital stehenden Aufwendungen** handelt es sich um die **bedeutsamste Hinzurechnungsvorschrift**. Die Hinzurechnung erfolgt nur insoweit, als die Summe der Finanzierungsaufwendungen den **Freibetrag** von **100 000 €** übersteigt (§ 8 Nr 1 GewStG). 495

(1) Erfasste Aufwendungen: Von der gewerbesteuerlichen Hinzurechnung nach § 8 Nr 1 GewStG werden folgende **Finanzierungsaufwendungen** erfasst:[281]

- Entgelte für Schulden, die wirtschaftlich mit dem Betrieb zusammenhängen,
- Renten und dauernde Lasten, die wirtschaftlich mit dem Betrieb zusammenhängen,

280 Vgl BMF, Datensammlung zur Steuerpolitik, Ausgabe 2018, Berlin 2019, S. 68.

281 Zu Einzelheiten siehe Gleich lautende Erlasse der obersten Finanzbehörden der Länder vom 2.7.2012, BStBl. 2012 I, S. 654 sowie Köhler/Hahne, DStR 2008, S. 1505; Maus, SteuerStud 2011, S. 136. Zur verfassungsrechtlichen Beurteilung siehe BVerfG vom 29.2.2012, BStBl. 2016 II, S. 557.

- Gewinnanteile des (typisch) stillen Gesellschafters, die der Unternehmer gezahlt hat,
- ein Fünftel der Miet- und Pachtzinsen (einschließlich Leasingraten) für die Benutzung von beweglichen Wirtschaftsgütern des Anlagevermögens, die im Eigentum eines anderen stehen,[282]
- die Hälfte der Miet- und Pachtzinsen (einschließlich Leasingraten) für die Benutzung von unbeweglichen Wirtschaftsgütern des Anlagevermögens, die im Eigentum eines anderen stehen, sowie
- ein Viertel der Aufwendungen für die zeitlich befristete Überlassung von Rechten (insbesondere Lizenzen und Konzessionen, mit Ausnahme von Lizenzen, die ausschließlich zum Weiterverkauf daraus abgeleiteter Rechte berechtigen).

Von der Summe der Finanzierungsaufwendungen wird ein **Freibetrag** von **100 000 €** abgezogen. Die Finanzierungsaufwendungen, die den Freibetrag übersteigen, werden zu 25% dem Gewerbeertrag hinzugerechnet.

Beispiel: Der Gewerbetreibende E hat Darlehenszinsen von 400 000 €, Leasingraten für betrieblich genutzte Fahrzeuge von 50 000 € sowie Mieten für Gebäude von 80 000 € zu bezahlen.

Die Finanzierungsaufwendungen errechnen sich wie folgt:

	Darlehenszinsen	400 000 €
+	20% der Leasingraten für bewegliche Wirtschaftsgüter des Anlagevermögens (= 20% von 50 000 €)	10 000 €
+	50% der Mieten für unbewegliche Wirtschaftsgüter des Anlagevermögens (= 50% von 80 000 €)	40 000 €
=	Summe der Finanzierungsaufwendungen	450 000 €

Nach Abzug des Freibetrags von 100 000 € verbleiben Finanzierungsaufwendungen von 350 000 €. Von diesen ist ein Viertel hinzuzurechnen. Die Ausgangsgröße ist also um 87 500 € (= 25% von 350 000 €) zu erhöhen.

496 Da die **Zinsen und damit vergleichbare Entgelte, Gewinnanteile, Mieten, Pachten, Leasingraten und Lizenzen** bei der einkommen- bzw körperschaftsteuerlichen Einkunftsermittlung als Betriebsausgaben die Einkünfte aus Gewerbebetrieb in vollem Umfang gemindert haben, führt die Hinzurechnung von einem Viertel der Finanzierungsaufwendungen dazu, dass diese Aufwendungen bei Ermittlung des Gewerbeertrags **in folgendem Umfang abziehbar** sind:

	hinzuzurechnender Anteil	**abziehbarer Anteil**
Entgelte für Schulden	25,00%	75,00%
Renten und dauernde Lasten	25,00%	75,00%

282 Bei Mieten oder Leasingraten für bestimmte Elektrofahrzeuge und für Fahrräder reduziert sich die Hinzurechnung um die Hälfte, dh es wird lediglich ein Zehntel der Mieten oder Leasingraten hinzugerechnet.

	hinzuzurechnender Anteil	**abziehbarer Anteil**
Gewinnanteile eines (typisch) stillen Gesellschafters	25,00%	75,00%
Miet- und Pachtzinsen (einschließlich Leasingraten) für die Benutzung von beweglichen Wirtschaftsgütern des Anlagevermögens (grundsätzliche Regelung)	5,00% = 25,00% von 20,00%	95,00%
Mieten und Leasingraten für bestimmte Elektrofahrzeuge und für Fahrräder	2,50% = 25,00% von 20,00% × 50%	97,50%
Miet- und Pachtzinsen (einschließlich Leasingraten) für die Benutzung von unbeweglichen Wirtschaftsgütern des Anlagevermögens	12,50% = 25,00% von 50,00%	87,50%
Lizenzen	6,25% = 25,00% von 25,00%	93,75%

Abb. 2.30: Umfang der Abziehbarkeit von Finanzierungsaufwendungen im Rahmen der Gewerbesteuer

– Zu den **Schulden**, die wirtschaftlich mit dem Betrieb zusammenhängen, zählen nicht nur langfristige Darlehen, sondern auch kurzfristige Darlehen. Als **Entgelt** gilt jede Gegenleistung für die Überlassung von Geldkapital. Hierzu gehören insbesondere fest vereinbarte Zinsen, sonstige laufzeitbezogene und darlehenshöhenabhängige Zahlungen, gewinnabhängige Vergütungen, gewinnabhängige Zinszuschläge sowie das Damnum oder Disagio. Zu den Entgelten für Schulden werden auch der fiktive Zinsanteil aus gewährten Skonti, die nicht dem gewöhnlichen Geschäftsverkehr entsprechen, sowie die Diskontbeträge aus der Veräußerung von Wechselforderungen oder anderen Geldforderungen gezählt (§ 8 Nr 1 Buchst. a GewStG). Geschäftsübliche Skonti werden von der Hinzurechnung nicht erfasst. **497**

Nicht hinzugerechnet werden die Aufwendungen, die sich aus einer Bewertung von Verbindlichkeiten und Rückstellungen mit ihrem Barwert ergeben (§ 6 Abs. 1 Nr 3, Nr 3a Buchst. e EStG). Dies bedeutet, dass die Aufwendungen, die sich aus der Aufzinsung der Verbindlichkeit ergeben, bei Ermittlung des Gewerbeertrags in vollem Umfang abziehbar sind.

Die Hinzurechnung erfolgt nur, wenn die Entgelte für Schulden bei Ermittlung der Einkünfte aus Gewerbebetrieb abgezogen wurden. Soweit die Begrenzung beim Abzug von Zinsaufwendungen nach § 4h EStG und § 8a KStG (**Zinsschranke**) zur Anwendung kommt, unterbleibt bei Ermittlung des Gewerbeertrags eine Hinzurechnung. Können die Zinsaufwendungen im Rahmen der Einkommen- oder Körperschaftsteuer nicht abgezogen werden, sind sie in der Ausgangsgröße zur Ermittlung des Gewerbeertrags enthalten. Diese Zinsaufwendungen unterliegen damit **in vollem Umfang** der **Gewerbesteuer**. Würden sie nach § 8 Nr 1 Buchst. a GewStG hinzugerechnet, würde es zu einer mehrfachen Belastung mit Gewerbesteuer kommen.

498 – Bei **Renten und dauernden Lasten** beschränkt sich die **Hinzurechnung** auf **den Teil der Zahlung, der aufwandswirksam verrechnet wurde** (Zinsanteil, Risikokomponente, § 8 Nr 1 Buchst. b S. 1 GewStG). Die Tilgungsanteile werden nicht hinzugerechnet, da sie nicht als Betriebsausgabe abziehbar sind. Der Auflösungsbetrag, der im Zeitpunkt des Wegfalls der Zahlungsverpflichtung gewinnerhöhend zu verbuchen ist, wird von der gewerbesteuerlichen Korrektur gleichfalls nicht erfasst.

Pensionsverpflichtungen gegenüber Arbeitnehmern fallen zwar unter den Begriff Renten und dauernde Lasten. Da sie dem laufenden Geschäftsbetrieb zugerechnet werden, unterbleibt allerdings eine Hinzurechnung (§ 8 Nr 1 Buchst. b S. 2 GewStG).

499 – Die **Gewinnanteile** eines stillen Gesellschafters werden beim Hauptgesellschafter nur dann hinzugerechnet, wenn eine typisch stille Gesellschaft besteht (§ 8 Nr 1 Buchst. c GewStG). Die Beschränkung der Hinzurechnung auf Gewinnanteile, die einem **typisch stillen Gesellschafter** zustehen, ergibt sich daraus, dass nur diese als Betriebsausgabe die Einkünfte aus Gewerbebetrieb des Hauptgesellschafters gemindert haben.

Atypische stille Gesellschafter sind Mitunternehmer. Die auf sie entfallenden Gewinnanteile sind Einkünfte aus Gewerbebetrieb und damit in der Ausgangsgröße enthalten (§ 7 S. 1 GewStG iVm § 15 Abs. 1 S. 1 Nr 2 EStG). Einer Hinzurechnung bedarf es insoweit nicht.

500 – Zu den **Miet- oder Pachtzinsen** gehören auch **Leasingraten**, die **für die Überlassung von** (beweglichen oder unbeweglichen) **Wirtschaftsgütern des Anlagevermögens** bezahlt werden (§ 8 Nr 1 Buchst. d, e GewStG). Nicht hinzugerechnet werden Nutzungsvergütungen für die Überlassung von Wirtschaftsgütern des Umlaufvermögens.

Von der Hinzurechnung erfasst werden nicht nur die laufenden Zahlungen, sondern auch die vom Mieter bzw Pächter übernommenen Instandsetzungen, Instandhaltungen und Versicherungen, soweit sie über die gesetzliche Verpflichtung nach dem BGB hinausgehen. Nicht hinzuzurechnen sind reine Betriebskosten, wie Ausgaben für Wasser, Strom und Heizung.

Mieten sowie **Leasingraten** setzen sich (kalkulatorisch) aus einem Zins- und einem Tilgungsanteil zusammen. Über die Nutzungsdauer summieren sich die Tilgungsanteile auf die Anschaffungskosten, die für das zur Nutzung überlassene Wirtschaftsgut beim Vermieter bzw Leasinggeber anfallen. Der Tilgungsanteil kann also mit den Abschreibungen gleichgesetzt werden. Der Zinsanteil repräsentiert das Entgelt für die vom Vermieter bzw vom Leasinggeber übernommene Finanzierungsfunktion. Die rechnerische Aufteilung der Leasingraten in die beiden Komponenten „Zinsanteil" (Zinsen) und „Abschreibungen" (AfA) verdeutlicht, dass Miet- bzw Leasingverträge wirtschaftlich einem Annuitätendarlehen gleichgesetzt werden können. Der Unterschied besteht nur darin, dass nicht Geld überlassen wird, sondern bewegliche oder unbewegliche Wirtschaftsgüter (Sachdarlehen). Die in § 8 Nr 1 GewStG vorgesehene Hinzurechnung von Entgelten für Schulden (Zinsen) sowie des in pauschalierter Form festgesetzten Zinsanteils der Mieten bzw Leasingraten führt dazu, dass Mietverträge, Leasing und der Kreditkauf gewerbesteuerlich grundsätzlich gleich behandelt werden. Bei Wirtschaftsgütern, die Eigentum des Unternehmens sind, mindern

Abschreibungen den Gewerbeertrag. Gemietete oder geleaste Wirtschaftsgüter sind in der Steuerbilanz des Mieters bzw Pächters nicht aktiviert, sodass eine (unmittelbare) aufwandswirksame Verbuchung der auf diese im Gewerbebetrieb eingesetzten Wirtschaftsgüter entfallenden Wertminderungen ausscheidet. **Hinzugerechnet wird nur** der in den Mieten bzw Leasingraten enthaltene **Zinsanteil**. Der auf die Abschreibungen entfallende Teil (= Miete bzw Leasingrate abzüglich Zinsanteil) ist auch bei der Gewerbesteuer abziehbar.

Der Zinsanteil wird **pauschalierend auf 20% (Mobilien) bzw 50% (Immobilien) der Mieten bzw Leasingraten** festgesetzt. Die Vorgabe eines bestimmten Finanzierungsanteils ist mit einer sehr weitgehenden Pauschalierung verbunden. Der Finanzierungsanteil der Mieten bzw Leasingraten ist nämlich umso höher, (1) je höher der Zinssatz ist, aus dem sich die Mieten bzw Leasingraten errechnen und (2) je länger die Nutzungsdauer des zur Nutzung überlassenen Wirtschaftsguts ist. Die Abweichungen zwischen dem tatsächlichen Finanzierungsanteil und dem gesetzlich fingierten Finanzierungsanteil fallen zum Teil beträchtlich aus. Die Trennung in bewegliche Wirtschaftsgüter und unbewegliche Wirtschaftsgüter stellt eine zu grobe Pauschalierung der Faktoren dar, aus denen die Nutzungsentgelte berechnet werden.[283]

Bei Mieten oder Leasingraten für bestimmte Elektrofahrzeuge und für Fahrräder reduziert sich die Hinzurechnung um die Hälfte, dh es wird lediglich ein Zehntel der Mieten oder Leasingraten hinzugerechnet. Die Reduzierung der Hinzurechnung erfolgt aus umweltpolitischen Gründen. Durch sie soll ein Anreiz zum Gebrauch von umweltfreundlichen Fahrzeugen gesetzt werden.

– Einer Sachkapitalüberlassung gleichgestellt wird die **zeitlich befristete Überlassung von Rechten**. Hierzu gehören insbesondere Lizenzen und Konzessionen. Der **Zinsanteil** wird **pauschalierend** mit **25% der Aufwendungen** gleichgesetzt (§ 8 Nr 1 Buchst. f GewStG). Eine zeitlich befristete Überlassung liegt nicht vor, wenn das Recht endgültig übertragen wird.[284] **501**

Von der Hinzurechnung nicht erfasst werden Vergütungen für Lizenzen, die ausschließlich zum Weiterverkauf daraus abgeleiteter Rechte berechtigen. In diesem Fall hat der Lizenznehmer wirtschaftlich die Stellung eines Handelsvertreters, sodass keine Fremdfinanzierung unterstellt wird.

Die Hinzurechnung erfolgt nur, wenn die Vergütungen für die Rechteüberlassung bei Ermittlung der Einkünfte aus Gewerbebetrieb abgezogen wurden. Soweit die Begrenzungen nach § 4j EStG **(Lizenzschranke)** zur Anwendung kommen, unterbleibt bei Ermittlung des Gewerbeertrags eine Hinzurechnung. Können die Vergütungen im Rahmen der Einkommen- oder Körperschaftsteuer nicht abgezogen werden, sind sie in der Ausgangsgröße zur Ermittlung des Gewerbeertrags enthalten. Diese Aufwendungen unterliegen damit **in vollem Umfang** der **Gewerbesteuer**.

(2) Beurteilung: Die Hinzurechnung von Finanzierungsaufwendungen (Zinsen oder in Nutzungsvergütungen enthaltene Zinsanteile) **beruht auf** dem **Objektcharakter**. **502**

283 Siehe hierzu ausführlich Scheffler, BB 2007, S. 874 sowie Band III: Steuerplanung, Fünfter Teil, Zweiter Abschnitt.

284 Siehe hierzu Rapp, FR 2017, S. 563.

Die Höhe der **Gewerbesteuer** soll **unabhängig** davon sein, **ob** die in einem Gewerbebetrieb eingesetzten Vermögenswerte mit **Eigenkapital oder** mit **Fremdkapital** finanziert sind. Die Höhe des Gewerbeertrags soll auch nicht dadurch beeinflusst werden, ob der **Inhaber** des Gewerbebetriebs **Eigentümer der eingesetzten Wirtschaftsgüter** ist **oder** ob er die für den Betrieb benötigten Wirtschaftsgüter gegen Entgelt **von einem fremden Dritten zur Nutzung überlassen** bekommt. Der Grundsatz einer finanzierungsneutralen Gewerbesteuerbelastung würde allerdings eine volle Hinzurechnung der Zinsen bzw der in den Nutzungsvergütungen enthaltenen Zinsanteile erfordern:[285]

- Bei einer Finanzierung mit Eigenkapital können keine Finanzierungsaufwendungen abgezogen werden. Stellt der Eigentümer die benötigten Wirtschaftsgüter zur Verfügung, kann er gleichfalls keine Finanzierungsaufwendungen für das gebundene Sachkapital abziehen. Dies ergibt sich daraus, dass das Ertragsteuerrecht an Zahlungen anknüpft, sodass keine kalkulatorischen Werte, wie kalkulatorische Zinsen, abgezogen werden können.
- Bei einer Finanzierung mit Fremdkapital mindern die Zinsen die Ausgangsgröße zur Ermittlung des Gewerbeertrags, da sie im Rahmen der Einkommen- bzw Körperschaftsteuer grundsätzlich als Betriebsausgabe abgezogen werden dürfen. Der Betriebsausgabenabzug ergibt sich aus dem Nettoprinzip, dh der sachlichen Komponente des Leistungsfähigkeitsprinzips. Da nach dem Objektcharakter das mit Eigenkapital finanzierte Unternehmen das Leitbild bildet, ist bei einer Fremdfinanzierung der Betriebsausgabenabzug im Rahmen der Gewerbesteuer durch eine gegenläufige Hinzurechnung zu kompensieren. Konsequenz ist, dass Fremdkapitalzinsen den Gewerbeertrag nicht mindern. Vergleichbare Aussagen gelten für den in den Nutzungsvergütungen enthaltenen Zinsanteil, die für die Überlassung von beweglichen Wirtschaftsgütern, von unbeweglichen Wirtschaftsgütern sowie für die zeitlich befristete Überlassung von Rechten gezahlt werden.

503 Die Beschränkung der **Hinzurechnung auf ein Viertel der Fremdfinanzierungsaufwendungen steht** also dem **Objektcharakter entgegen**. Sie wurde aus wirtschaftspolitischen Gründen eingeführt: Der Abzug von Fremdfinanzierungsaufwendungen soll zwar im Rahmen der Gewerbesteuer eingeschränkt werden, allerdings soll die Gewerbesteuerbelastung der Unternehmen nicht zu hoch werden. Diese Begründung stellt erstens eine Verletzung des Systems der Gewerbesteuer dar. Zweitens erkennt der Gesetzgeber damit an, dass es sich bei der Gewerbesteuer um eine Zusatzbelastung für Gewerbebetriebe handelt. Werden die Fremdkapitalaufwendungen in vollem Umfang hinzugerechnet, geht der Gesetzgeber davon aus, dass die daraus entstehende Belastung für die Unternehmen nicht tragbar ist. Dieser Widerspruch wirft erneut die Frage nach der allgemeinen Berechtigung der Gewerbesteuer auf.

Verstärkt wird die Kritik durch den Freibetrag von 100 000 €, der insbesondere kleinere und mittlere Unternehmen entlasten soll. Zum einen widerspricht eine Belastung

285 Bei den folgenden Analysen werden die im Rahmen der Einkommen- und Körperschaftsteuer geltenden Grundwertungen nicht auf ihre Berechtigung überprüft. Eine finanzierungsneutrale Besteuerung könnte aber auch dadurch erreicht werden, dass bei der Einkommen- und Körperschaftsteuer die für die Eigenfinanzierung gegenüber einer Fremdfinanzierung bestehenden Nachteile aufgehoben werden. Demgegenüber sieht der Objektcharakter vor, dass die für die Eigenfinanzierung bestehenden Nachteile bei der Gewerbesteuer auf die Fremdfinanzierung übertragen werden.

mit Gewerbesteuer in Abhängigkeit von der Größe des Unternehmens dem Objektcharakter der Gewerbesteuer. Zum anderen wird durch den Freibetrag die Benachteiligung der Eigenfinanzierung gegenüber einer Fremdfinanzierung (Geld- oder Sachdarlehen) verstärkt.

Der in den Zuführungen zu Pensionsrückstellungen enthaltene Zinsanteil wird deshalb nicht hinzugerechnet, weil ansonsten davon ein bedeutender Durchführungsweg der betrieblichen Altersversorgung betroffen wäre. Die fehlende Hinzurechnung dieser Fremdfinanzierungsaufwendungen stellt eine sozialpolitisch motivierte Lenkungsmaßnahme dar. Sie ist ein Baustein zur Förderung der betrieblichen Altersversorgung. Mit dem Objektcharakter der Gewerbesteuer (Ziel, die Finanzierungsneutralität zu erreichen) ist die Nichthinzurechnung nicht vereinbar.

Die Aufwendungen für Fremdkapital werden auch dann hinzugerechnet, wenn sie beim Empfänger der Gewerbesteuer unterliegen. In diesem Fall kommt es zu einer **gewerbesteuerlichen Mehrfachbelastung der Entgelte**: Beim Empfänger unterliegen die Entgelte und Nutzungsvergütungen nach den allgemeinen Regelungen der Gewerbesteuer. Beim Zahlungsverpflichteten sind die Aufwendungen nur zu 75% abziehbar. Ein Viertel der Zinsen, der Gewinnanteile, der Zinsanteile und damit vergleichbare Entgelte unterliegen auch bei ihm der Gewerbesteuer. Per Saldo kommt es zu einer 125%igen Erfassung der Entgelte.

Eine Sonderregelung gilt für **Kreditinstitute**. Bei Kreditinstituten erfolgt eine Hinzu- **504**
rechnung der Entgelte für Schulden und diesen gleich gestellten Beträgen nur insoweit, als das Fremdkapital den Ansatz der zum Anlagevermögen gehörenden Grundstücke, Gebäude, Betriebs- und Geschäftsausstattung, Schiffe, Anteile an Kreditinstituten und sonstigen Unternehmen sowie der Forderungen aus Vermögenseinlagen als stiller Gesellschafter und aus Genussrechten das Eigenkapital übersteigt (**§ 19 GewStDV**). Durch diese Vorschrift wird der besonderen Situation von Kreditinstituten Rechnung getragen, deren Hauptfunktion in der Aufnahme und Weiterleitung von Kapital besteht. Da Kreditinstitute typischerweise nur über eine geringe Eigenkapitalquote verfügen, würde eine Hinzurechnung von Entgelten für Schulden entsprechend den allgemeinen Kriterien die Gewerbesteuerbelastung des Kreditgeschäfts deutlich erhöhen. Im Hinblick auf eine Gleichstellung mit anderen Unternehmen ist eine Hinzurechnung nur insoweit gerechtfertigt, als der eigene Geschäftsbetrieb eines Kreditinstituts über Fremdkapital finanziert wird. Bei Gegenständen, über die Leasingverträge abgeschlossen wurden, kann gleichfalls eine Fremdfinanzierung vorgenommen werden, ohne dass es bei den Schuldzinsen zu einer Hinzurechnung nach § 8 Nr 1 GewStG kommt. Diese Regelung gilt entsprechend für Pfandleiher, für Gewerbetreibende, die bestimmte Asset-Backed-Securities-Geschäfte betreiben, sowie für ausgewählte Finanzdienstleistungsinstitute (insbesondere Leasingunternehmen).

3. Gewinnanteile und Geschäftsführungsvergütungen von Komplementären einer KGaA

Bei der Ermittlung des Gewerbeertrags einer **KGaA** sind die auf die **Komplementä- 505**
re entfallenden **Gewinnanteile und** die an sie gezahlten **Geschäftsführungsvergütungen** hinzuzurechnen (§ 8 Nr 4 GewStG).

Eine KGaA ist eine Kapitalgesellschaft. Sie unterliegt als Gewerbebetrieb kraft Rechtsform der Gewerbesteuer (§ 2 Abs. 2 GewStG). Die auf die Komplementäre entfallenden Beträge mindern den körperschaftsteuerpflichtigen Gewinn der KGaA (§ 9 Abs. 1 Nr 1 KStG). Bei Ermittlung des Gewerbeertrags der KGaA ist deshalb der Abzug im Bereich der körperschaftsteuerlichen Gewinnermittlung durch eine gewerbesteuerliche Korrektur auszugleichen.

Die Gewinnanteile und die Vergütungen für die Geschäftsführung werden auf Ebene der Komplementäre lediglich mit Einkommensteuer belastet (§ 15 Abs. 1 S. 1 Nr 3 EStG). Eine gewerbesteuerliche Erfassung bei den persönlich haftenden Anteilseignern scheitert daran, dass nicht diese den Gewerbebetrieb unterhalten, sondern die KGaA.

Bei der Ermittlung des Gewerbeertrags der KGaA werden die Gewinnanteile auf die Komplementärbeteiligung und die Geschäftsführungsvergütungen hinzugerechnet, soweit diese an Komplementäre gezahlt werden. Entgelte aus Darlehens-, Miet- oder Pachtverträgen mindern dagegen auch dann den Gewerbeertrag der KGaA, wenn sie an die Komplementäre entrichtet werden. Diese Minderung wird allerdings insoweit wieder zurückgenommen, als die Zinsen und der Zinsanteil der Mieten nach § 8 Nr 1 GewStG zu einem Viertel hinzugerechnet werden.

Die Begründung für die Hinzurechnung nach § 8 Nr 4 GewStG ergibt sich aus dem **Objektcharakter**. Besteuert werden soll der (gesamte) Gewerbeertrag der KGaA. Der Gewerbebetrieb einer KGaA umfasst neben dem Bereich der Kommanditaktionäre auch denjenigen der Komplementäre. Durch diese Hinzurechnung wird gleichzeitig eine teilweise **Nichtbesteuerung mit Gewerbesteuer vermieden**.

4. Grundstückserträge

506 Der Gewerbeertrag ist um **0,11% des Grundsteuerwerts des Grundbesitzes**, der sich im Betriebsvermögen des Unternehmers befindet, zu kürzen (§ 9 Nr 1 S. 1 GewStG). Heranzuziehen ist der nach dem siebten Abschnitt der besonderen Bewertungsvorschriften des Bewertungsgesetzes ermittelte Grundsteuerwert des Grundbesitzes.

Erträge aus der Nutzung von Grundstücken werden aus dem Gewerbeertrag herausgerechnet, um eine **Doppelbelastung mit Grundsteuer und Gewerbesteuer zu vermeiden**. Deshalb unterbleibt die Kürzung nach § 9 Nr 1 GewStG, wenn der Grundbesitz von der Grundsteuer befreit ist. Aufgrund der theoretischen und praktischen Schwierigkeiten, den Gesamterfolg des Unternehmens auf einzelne Wirtschaftsgüter aufzuteilen, müssen die Erträge, die auf den Grundbesitz entfallen, pauschaliert werden.

Inwieweit das Ziel einer Neutralisation des Nebeneinanders von Gewerbe- und Grundsteuer erreicht wird, hängt davon ab, wie hoch die Rendite des Grundbesitzes ist.

Erhöhung des Gewerbeertrags	=	Minderung des Gewerbeertrags
mit dem Grundbesitz erzielter Ertrag	=	Kürzung nach § 9 Nr 1 S. 1 GewStG
Rendite × Verkehrswert	=	0,11% × Grundsteuerwert

Geht man vereinfachend davon aus, dass der Grundsteuerwert mit dem Verkehrswert übereinstimmt, gilt

Rendite × Grundsteuerwert	=	0,11% × Grundsteuerwert
Rendite	=	0,11%

Ist die mit dem Grundbesitz erzielte Rendite höher als 0,11% des Grundsteuerwerts, gelingt es durch die Kürzung nach § 9 Nr 1 S. 1 GewStG nur zum Teil, das Nebeneinander von Grundsteuer und Gewerbesteuer zu vermeiden. Entgegen der Zielsetzung der Kürzung von Grundstückserträgen kommt es insoweit zu einer Doppelbelastung mit Grund- und Gewerbesteuer. Bei einer Rendite von weniger als 0,11%, übersteigt die pauschalierte Kürzung die erzielten Erträge, sodass es insoweit zu einer Überkompensation kommt.

Bei **vermögensverwaltenden Grundstücksunternehmen** wird anstelle der pauschalierenden Kürzung ein individueller Abzug der auf die Verwaltung und Nutzung des eigenen Grundbesitzes entfallenden Gewerbeerträge vorgenommen (**erweiterte Kürzung** nach § 9 Nr 1 S. 2–4 GewStG). Die Einschränkungen der erweiterten Kürzungen nach § 9 Nr 1 S. 5–6 GewStG sollen als unerwünscht angesehene Gestaltungen vermeiden.

5. Beteiligung an einer inländischen oder ausländischen Personengesellschaft

Die **Gewinne aus der Beteiligung an einer (Tochter-)Personengesellschaft** werden **507**
aus dem Gewerbeertrag gekürzt (§ 9 Nr 2 GewStG). **Verluste** aus der Beteiligung an einer Personengesellschaft fallen unter die **Hinzurechnung** nach § 8 Nr 8 GewStG. Beide Korrekturvorschriften gelten sowohl für Beteiligungen an **inländischen** Personengesellschaften als auch für Beteiligungen an **ausländischen Personengesellschaften**.

Personengesellschaften sind Schuldner der Gewerbesteuer (§ 5 Abs. 1 S. 3 GewStG). Im Bereich der Einkommen- und Körperschaftsteuer werden die von einer Personengesellschaft erwirtschafteten Erfolge den beteiligten Gesellschaftern anteilig als Einkünfte aus Gewerbebetrieb zugerechnet (Transparenzprinzip, § 15 Abs. 1 S. 1 Nr 2 EStG). Hält der Gesellschafter einer Personengesellschaft die **Anteile** an einer (Tochter-)Personengesellschaft **im Betriebsvermögen** seines eigenen Gewerbebetriebs, erhöhen die Gewinnanteile aus der Personengesellschaft bzw vermindern die zugerechneten Verluste die Ausgangsgröße zur Ermittlung des Gewerbeertrags des von dem Gesellschafter unterhaltenen Gewerbebetriebs.

Die Kürzung der Gewinne aus der Beteiligung an einer in- oder ausländischen Personengesellschaft auf Ebene des Gesellschafters nach § 9 Nr 2 GewStG dient mehreren Zwecken:

- Um den **Objektcharakter** der Gewerbesteuer zu wahren, dürfen die Gewinne nur auf Ebene der (Tochter-)Personengesellschaft berücksichtigt werden. Aufgrund der relativen Rechtsfähigkeit einer Personengesellschaft ist sie gegenüber Außenstehenden werbend tätig. Obwohl die Gesellschafter als (Mit-)Unternehmer anzusehen sind, sollte deshalb die Gewerbesteuer nicht bei den Gesellschaftern anfal-

len. Dies wird durch die Kürzung der Gewinne aus der Beteiligung an einer Personengesellschaft auf Ebene des Gesellschafters erreicht.
- Die Kürzung der Anteile am Gewinn einer ausländischen Personengesellschaft dient der Sicherstellung des **Inlandscharakters** der Gewerbesteuer.
- Durch die Kürzung auf Ebene des Gesellschafters wird eine **gewerbesteuerliche Doppelbelastung** der von einer inländischen Personengesellschaft erwirtschafteten Gewinne **vermieden**: Besteuert wird der Gewerbeertrag lediglich auf Ebene der inländischen Personengesellschaft. Die Beteiligungserträge gehen in den Gewerbeertrag des vom Anteilseigner geführten Gewerbebetriebs nicht nochmals ein.

Die korrespondierende Hinzurechnung von Verlusten aus der Beteiligung an einer in- oder ausländischen Personengesellschaft nach § 8 Nr 8 GewStG hat die gleichen Aufgaben: Sicherstellung des Objektcharakters und des Inlandscharakters der Gewerbesteuer sowie Vermeidung einer gewerbesteuerlichen Nichtbesteuerung durch Berücksichtigung der Verluste sowohl auf Ebene der Personengesellschaft als auch auf Ebene des Gesellschafters.

6. Beteiligung an einer inländischen oder ausländischen Kapitalgesellschaft

a) Gewinnausschüttungen und Veräußerungsgewinne

508 Für Gewinne, die eine (Tochter-)Kapitalgesellschaft an Gesellschafter ausschüttet (Dividenden), die ihre Anteile in ihrem Betriebsvermögen halten, sowie für Gewinne aus dem Verkauf der Anteile sind mehrere gewerbesteuerliche Korrekturvorschriften von Bedeutung:
- **Gewinne aus der Beteiligung an einer** nicht steuerbefreiten **inländischen (Tochter-)Kapitalgesellschaft** werden bei der Ermittlung des Gewerbeertrags des Gesellschafters gekürzt, wenn der Gesellschafter zu Beginn des Kalenderjahres zu mindestens 15% an der Kapitalgesellschaft beteiligt ist (§ 9 Nr 2a GewStG). Das **gewerbesteuerliche Schachtelprivileg** bezieht sich sowohl auf offene Gewinnausschüttungen (Dividenden) als auch auf verdeckte Gewinnausschüttungen.

  Veräußerungsgewinne werden allerdings nach § 9 Nr 2a GewStG **nicht** aus dem Gewerbeertrag **gekürzt**. Zusätzlich ist zu beachten, dass sich die Einordnung von 5% der Dividenden als nichtabziehbare Betriebsausgabe nach § 8b Abs. 5 KStG bzw § 8b Abs. 3 S. 1, 2 KStG über § 7 S. 1 GewStG bei körperschaftsteuerpflichtigen Anteilseignern auch auf die Gewerbesteuer auswirkt (§ 9 Nr 2a S. 4 GewStG).
- Offene oder verdeckte **Gewinnausschüttungen** einer **ausländischen (Tochter-) Kapitalgesellschaft** sind bei Ermittlung des Gewerbeertrags des inländischen Gesellschafters gleichfalls zu kürzen. Die Voraussetzungen für die Anwendung des gewerbesteuerlichen Schachtelprivilegs stimmen bei der Beteiligung an einer ausländischen Kapitalgesellschaften mit denen bei der Beteiligung an einer inländischen Kapitalgesellschaft überein. Die Beteiligung des inländischen Gesellschafters an der ausländischen Kapitalgesellschaft muss zu Beginn des Kalenderjahres mindestens 15% betragen (§ 9 Nr 7 GewStG).

Besteht mit dem Sitzstaat der Tochterkapitalgesellschaft ein Doppelbesteuerungsabkommen und ist in dem Doppelbesteuerungsabkommen eine niedrigere Mindestbeteiligungsquote vereinbart (zB 10%), wird das gewerbesteuerliche Schachtelprivileg bereits ab dieser niedrigeren Beteiligungsquote gewährt (§ 9 Nr 8 GewStG).

Auch bei Beteiligung einer inländischen Kapitalgesellschaft an einer ausländischen (Tochter-)Kapitalgesellschaft kommt es aufgrund der Anknüpfung der Ausgangsgröße zur Ermittlung des Gewerbeertrags an die Einkünfte aus Gewerbebetrieb zu einer Einordnung von 5% der Dividende als nichtabziehbare Betriebsausgabe (§ 9 Nr 7 S. 2 iVm Nr 2a S. 4, § 9 Nr 8 S. 3 iVm Nr 2a S. 4 GewStG).

Gewinne aus der **Veräußerung von Anteilen** an einer ausländischen Kapitalgesellschaft fallen – wie Gewinne aus der Veräußerung von Anteilen an einer inländischen Kapitalgesellschaft – **nicht** unter diese gewerbesteuerliche **Kürzung**.

- **Dividenden**, die entweder nach § 3 Nr 40 EStG zu 40% oder nach § 8b Abs. 1 KStG vollständig steuerfrei sind und bei denen die Voraussetzungen für das **gewerbesteuerliche Schachtelprivileg** nach § 9 Nr 2a, 7 GewStG **nicht erfüllt** sind, werden bei Ermittlung des Gewerbeertrags des inländischen Gesellschafters insoweit **hinzugerechnet**, als sie in die Ausgangsgröße nicht einbezogen werden (§ 8 Nr 5 GewStG).[286] Handelt es sich bei dem Gesellschafter um eine natürliche Person, erfolgt die Hinzurechnung zu 40%. Anteilseigner, die ihr Unternehmen in der Rechtsform einer Kapitalgesellschaft führen, haben derartige Gewinnausschüttungen im Umfang von 95% hinzuzurechnen. Diese Hinzurechnung gilt sowohl für Beteiligungen an inländischen Kapitalgesellschaften als auch für Beteiligungen an ausländischen Kapitalgesellschaften. Im Ergebnis unterliegen die Gewinnausschüttungen, bei denen die Voraussetzungen des gewerbesteuerlichen Schachtelprivilegs nicht vorliegen, auf Ebene des Gesellschafters – unabhängig davon, in welcher Rechtsform er sein Unternehmen führt – in vollem Umfang der Gewerbesteuer.

  Der gewerbesteuerlichen Hinzurechnung nach § 8 Nr 5 GewStG unterliegen nur Gewinnausschüttungen. **Veräußerungsgewinne** werden von ihr nicht erfasst. Die gewerbesteuerliche Erfassung von Gewinnen aus der Veräußerung von Anteilen an einer in- oder ausländischen Kapitalgesellschaft ist deshalb unabhängig von der Beteiligungsquote.
- Ist eine **Kapitalgesellschaft** an einer in- oder ausländischen Kapitalgesellschaft **zu weniger als 10%** beteiligt, kommt die Dividendenfreistellung nicht zur Anwendung (§ 8b Abs. 1, 4 KStG). Diese Dividenden sind **in vollem Umfang** körperschaftsteuerpflichtig und **gewerbesteuerpflichtig**. Diese Dividenden sind in der Ausgangsgröße zur Ermittlung des Gewerbeertrags enthalten (§ 7 S. 1 GewStG). Eine Hinzurechnung nach § 8 Nr 5 GewStG ist nicht notwendig. Eine Kürzung über das gewerbesteuerliche Schachtelprivileg (§ 9 Nr 2a, 7 GewStG) scheidet aus, da die dafür erforderliche Mindestbeteiligung von 15% nicht erreicht wird.

286 Eine Hinzurechnung unterbleibt auch dann, wenn die Voraussetzungen eines DBA-Schachtelprivilegs erfüllt sind, vgl BFH vom 23.6.2010, BStBl. 2011 II, S. 129.

Fallen auf Ebene des Gesellschafters Aufwendungen an, die in unmittelbarem Zusammenhang mit den Gewinnausschüttungen einer (Tochter-)Kapitalgesellschaft stehen, mindern diese den Kürzungsbetrag (§ 9 Nr 2a S. 3, Nr 7 S. 2, Nr 8 S. 2 GewStG).

Auf Anteile, die bei Lebens- und Krankenversicherungsunternehmen sowie Pensionsfonds den Kapitalanlagen zuzurechnen sind, sind die Steuerbefreiungen für Erträge aus der Beteiligung an einer Kapitalgesellschaft (Dividendenfreistellung, Nichtberücksichtigung von Veräußerungserfolgen) nicht anzuwenden (§ 8b Abs. 8 KStG). Die Steuerpflicht für Dividenden und Veräußerungsgewinne gilt insoweit auch im Rahmen der Gewerbesteuer, da für diese Unternehmen das gewerbesteuerliche Schachtelprivileg nicht gilt (§ 9 Nr 2a S. 5, Nr 7 S. 2, Nr 8 S. 4 GewStG).

509 Mit dem **gewerbesteuerlichen Schachtelprivileg** für Gewinnanteile aus der Beteiligung an einer (in- oder ausländischen) Kapitalgesellschaft wird vom Ansatz her die gleiche **Zielsetzung** verfolgt wie mit der Kürzung von Gewinnen aus der Beteiligung an einer Personengesellschaft:

- Die Kürzung auf Ebene des Anteilseigners beruht auf dem **Objektcharakter**. Die Gewerbesteuer wird bei dem Unternehmen erhoben, das die Erfolge durch eine nach außen gerichtete werbende Tätigkeit erwirtschaftet, dh bei der (Tochter-) Kapitalgesellschaft.
- Gleichzeitig wird eine **gewerbesteuerliche Doppelbelastung** durch Besteuerung auf Ebene der Kapitalgesellschaft und auf Ebene des Anteilseigners **vermieden**. Diese beiden Funktionen werden aber nur dann erfüllt, wenn der Gesellschafter mindestens zu 15% an der Kapitalgesellschaft beteiligt ist (Schachtelbeteiligung). **Bei Beteiligungen von weniger als 15%** kommt es entgegen dem Konzept der Gewerbesteuer zu einer **zwei- oder mehrfachen Belastung**, sofern die Anteile an der Kapitalgesellschaft zum Gewerbebetrieb eines Gesellschafters gehören. Insoweit unterscheidet sich das gewerbesteuerliche Schachtelprivileg von der Behandlung einer Beteiligung an einer Personengesellschaft, bei der die Kürzung der Beteiligungserträge nach § 9 Nr 2 GewStG nicht von dem Umfang abhängt, in dem der Gesellschafter an der Personengesellschaft beteiligt ist.
- Die Kürzung von Erträgen aus der Beteiligung an einer ausländischen Kapitalgesellschaft dient in erster Linie der Wahrung des **Inlandscharakters**. Sofern im Ausland Gewerbesteuer oder eine vergleichbare Abgabe erhoben wird, verhindert sie zusätzlich eine gewerbesteuerliche Doppelbelastung. Diese beiden Ziele werden bei Beteiligungen von weniger als 15% gleichfalls nicht erreicht.

510 Die Prinzipien des Teileinkünfteverfahrens (Gesellschafter ist eine natürliche Person) bzw der Dividendenfreistellung (Gesellschafter ist eine Kapitalgesellschaft) werden für die Gewerbesteuer nur zum Teil übernommen. Insbesondere in zwei Bereichen gelten für die **Gewerbesteuer andere Grundsätze als** für die **Einkommen- bzw Körperschaftsteuer**:

- Die gewerbesteuerlichen Kürzungen nach § 9 Nr 2a, 7, 8 GewStG sowie die gewerbesteuerliche Hinzurechnung nach § 8 Nr 5 GewStG beziehen sich nur auf Gewinnausschüttungen, jedoch nicht auf Veräußerungsgewinne. Damit wird eine der Zielsetzungen des deutschen Körperschaftsteuersystems, die **Gleichbehandlung von Dividenden und Veräußerungsgewinnen, nicht erreicht**.
- Bei Nichtvorliegen der Voraussetzungen für das gewerbesteuerliche Schachtelprivileg gehen die Gewinnausschüttungen auf Ebene des Anteilseigners in vollem

Umfang in den Gewerbeertrag ein. Damit kommt es bei einer **Beteiligung von weniger als 15%** zu einer gewerbesteuerlichen Mehrfachbelastung von Gewinnen, die mittelbar über eine Kapitalgesellschaft erzielt werden. Im Rahmen der Einkommensteuer wird eine **Doppelbelastung** unabhängig von der Beteiligungsquote vermieden. Bei der Körperschaftsteuer wird die Doppelbelastung nur dann ausgeschlossen, wenn die Kapitalgesellschaft an der ausschüttenden Kapitalgesellschaft eine Beteiligung von mindestens 10% hält. Demgegenüber wird bei der Gewerbesteuer eine zweifache Belastung nur dann vermieden, wenn die (höhere) Mindestbeteiligungsquote von 15% erreicht wird. Dieses Auseinanderfallen von einkommen- bzw körperschaftsteuerlicher und gewerbesteuerlicher Behandlung beruht auf haushaltspolitischen Gründen. Es geht ausschließlich darum, das Gewerbesteueraufkommen der Gemeinden zu erhöhen. Steuersystematische Überlegungen können nicht angeführt werden.

Das Nebeneinander von Teileinkünfteverfahren (Gesellschafter ist eine natürliche Person), Dividendenfreistellung (Gesellschafter ist eine Kapitalgesellschaft, die eine Beteiligung von mindestens 10% hält) bzw volle Besteuerung der Dividenden (eine Kapitalgesellschaft ist zu weniger als 10% an der ausschüttenden Kapitalgesellschaft beteiligt) im Bereich der Einkommen- und Körperschaftsteuer auf der einen Seite und der gewerbesteuerlichen Korrekturvorschriften auf der anderen Seite führt **auf Ebene des Gesellschafters** zu folgenden gewerbesteuerlichen Effekten: 511

(a) Führt der **Anteilseigner** der Tochterkapitalgesellschaft sein Unternehmen in der Rechtsform eines **Personenunternehmens**, gehen die Dividenden und Veräußerungsgewinne zu 60% in die Ausgangsgröße zur Ermittlung des Gewerbeertrags des Anteilseigners ein (§ 7 S. 1 GewStG iVm § 3 Nr 40 EStG). Liegt die Beteiligungsquote bei mindestens 15%, bewirkt das gewerbesteuerliche Schachtelprivileg nach § 9 Nr 2, 7 GewStG, dass auf Ebene des Gesellschafters der steuerpflichtige Teil der Dividenden aus dem Gewerbeertrag herausgerechnet wird. Eine gewerbesteuerliche Doppelbelastung wird vollständig vermieden. 512

Bei einer Beteiligung von unter 15% unterliegen die Gewinnausschüttungen auf Ebene des Anteilseigners in vollem Umfang der Gewerbesteuer (40%ige Hinzurechnung nach § 8 Nr 5 GewStG). Entgegen der Zielsetzung der gewerbesteuerlichen Modifikationen kommt es zu einer gewerbesteuerlichen Doppelbelastung von Gewinnen, die über eine (inländische) Kapitalgesellschaft erzielt werden.

Da das gewerbesteuerliche Schachtelprivileg Gewinne aus der Veräußerung von Anteilen an Kapitalgesellschaften nicht erfasst, unterliegen diese nicht nur zu 60% der Einkommensteuer, sondern auch zu 60% der Gewerbesteuer. Diese Aussagen beziehen sich sowohl auf Beteiligungen an inländischen Kapitalgesellschaften als auch auf Beteiligungen an ausländischen Kapitalgesellschaften.

	Gewinn-ausschüttungen (Beteiligungs-quote ≥ 15%)	**Gewinn-ausschüttungen (Beteiligungs-quote < 15%)**	**Veräußerungs-gewinne (unabhängig von der Beteiligungs-quote)**
Ausgangsgröße (§ 7 GewStG iVm § 3 Nr 40 EStG)	zu 60% enthalten	zu 60% enthalten	zu 60% enthalten
Wortlaut des gewerbesteuerlichen Schachtelprivilegs (§ 9 Nr 2, 7 GewStG)	Kürzung	keine Kürzung	keine Kürzung
gewerbesteuerliche Hinzurechnung von Gewinnanteilen, die nicht unter das gewerbesteuerliche Schachtelprivileg fallen (§ 8 Nr 5 GewStG)	keine Hinzurechnung	Hinzurechnung	keine Hinzurechnung
materielle Bedeutung des gewerbesteuerlichen Schachtelprivilegs bzw der gewerbesteuerlichen Hinzurechnung	Kürzung der 60% der Dividenden, die einkommensteuerpflichtig sind	Hinzurechnung der 40% der Dividenden, die einkommensteuerlich steuerfrei sind	keine
Gesamteffekt: gewerbesteuerliche Belastung	keine Erfassung	volle Erfassung	60%ige Erfassung

Abb. 2.31: Gewerbesteuerliches Schachtelprivileg (Personenunternehmen als Anteilseigner)

513 (b) Ist der **Anteilseigner eine (andere) inländische Kapitalgesellschaft**, werden sowohl Gewinnausschüttungen als auch Gewinne aus der Veräußerung von Anteilen an einer in- oder ausländischen Kapitalgesellschaft von der Körperschaftsteuer freigestellt. Über die Anknüpfung der Gewerbesteuer an die Einkünfte aus Gewerbebetrieb sind diese Beteiligungserträge in der Ausgangsgröße zur Berechnung des Gewerbeertrags des Anteilseigners nicht enthalten (§ 7 S. 1 GewStG iVm § 8b Abs. 1, 2 KStG). Das gewerbesteuerliche Schachtelprivileg nach § 9 Nr 2a, 7, 8 GewStG ist insoweit nicht notwendig, da die körperschaftsteuerliche Dividendenfreistellung sowie die Steuerbefreiung für Gewinne aus der Veräußerung von Anteilen einer Kapitalgesellschaft im Bereich der Körperschaftsteuer zu einer weitergehenden Entlastung von Beteiligungserträgen führen und diese Steuerbefreiungen über die Anknüpfung an die Einkünfte aus Gewerbebetrieb auch für die Gewerbesteuer gelten.

	Gewinnausschüttungen (Beteiligungsquote ≥ 15%)	**Gewinnausschüttungen (10% ≤ Beteiligungsquote < 15%)**	**Gewinnausschüttungen (Beteiligungsquote <10%)**	**Veräußerungsgewinne (unabhängig von der Beteiligungsquote)**
Ausgangsgröße (§ 7 S. 1 GewStG iVm § 8b KStG)	zu 5% enthalten	zu 5% enthalten	zu 100% enthalten	zu 5% enthalten
Wortlaut des gewerbesteuerlichen Schachtelprivilegs (§ 9 Nr 2a, 7, 8 GewStG)	Kürzung	keine Kürzung	keine Kürzung	keine Kürzung
gewerbesteuerliche Hinzurechnung von Gewinnanteilen, die nicht unter das gewerbesteuerliche Schachtelprivileg fallen (§ 8 Nr 5 GewStG)	keine Hinzurechnung	Hinzurechnung	keine Hinzurechnung	keine Hinzurechnung
materielle Bedeutung des gewerbesteuerlichen Schachtelprivilegs bzw der gewerbesteuerlichen Hinzurechnung	keine	Hinzurechnung von 95% der Dividenden	keine	keine
Gesamteffekt: gewerbesteuerliche Belastung	5%ige Erfassung	volle Erfassung	volle Erfassung	5%ige Erfassung

Abb. 2.32: Gewerbesteuerliches Schachtelprivileg (Kapitalgesellschaft als Anteilseigner)

Eine Ausnahme gilt für Dividenden, die der Gesellschafter von einer Kapitalgesellschaft bezieht, an der er zu weniger als 15% beteiligt ist. Ab einer Beteiligung von 10% sind diese Beteiligungserträge zwar im Bereich der Körperschaftsteuer steuerfrei, sie gehen aber auf Ebene des Anteilseigners in den Gewerbeertrag ein (95%ige Hinzurechnung nach § 8 Nr 5 GewStG).[287] Bei einer Beteiligung von weniger als 10% erhöhen sie sowohl die Bemessungsgrundlage der Körperschaftsteuer (§ 8b Abs. 4 KStG) als auch die der Gewerbesteuer (§ 7 S. 1 GewStG).

Die Einordnung von 5% der Dividenden, die einer inländischen Kapitalgesellschaft zufließen, sowie von 5% der Veräußerungsgewinne als nichtabziehbare Betriebsaus-

287 Besteht mit dem Sitzstaat der Tochterkapitalgesellschaft ein Doppelbesteuerungsabkommen und ist in dem Doppelbesteuerungsabkommen eine niedrigere Mindestbeteiligungsquote vereinbart (zB 10%), wird das gewerbesteuerliche Schachtelprivileg bereits ab dieser niedrigeren Beteiligungsquote gewährt (§ 9 Nr 8 iVm § 8 Nr 5 GewStG).

gaben gilt auch für die Gewerbesteuer: Diese Beträge sind nach § 7 S. 1 GewStG iVm § 8b Abs. 5, Abs. 3 S. 1, 2 KStG in der Ausgangsgröße enthalten. Das gewerbesteuerliche Schachtelprivileg gilt insoweit nicht (§ 9 Nr 2a S. 4, Nr 7 S. 2, Nr 8 S. 3 GewStG). Insoweit unterliegen auch Dividenden und Veräußerungsgewinne der Gewerbesteuer.

514 (c) Befinden sich die Anteile an der Kapitalgesellschaft im Betriebsvermögen einer **Personengesellschaft**, hängt die gewerbesteuerliche Behandlung davon ab, wer Gesellschafter der Personengesellschaft ist (§ 7 S. 4 GewStG). Soweit an der Personengesellschaft natürliche Personen beteiligt sind, gelten die gleichen Grundsätze wie bei Einzelunternehmen. In dem Umfang, in dem an der Personengesellschaft Kapitalgesellschaften beteiligt sind, kommen die Regelungen zur Anwendung, die bei Kapitalgesellschaften für Beteiligungserträge maßgebend sind.

b) Ausschüttungsbedingte Teilwertabschreibungen

515 Im Zusammenhang mit dem gewerbesteuerlichen Schachtelprivileg ist die Hinzurechnung von **ausschüttungsbedingten Teilwertabschreibungen** zu beachten (§ 8 Nr 10 Buchst. a GewStG). Unter ausschüttungsbedingten Teilwertabschreibungen werden **Minderungen des steuerbilanziellen Wertansatzes einer Beteiligung** an einer Kapitalgesellschaft verstanden, die **dadurch** entstehen, **dass** die beim Erwerb der Anteile vorhandene und im Kaufpreis vergütete **Rücklagen** und stillen Reserven aufgelöst und an die Anteilseigner **ausgeschüttet werden**.

Ist der Gesellschafter an der ausschüttenden Kapitalgesellschaft mindestens zu 15% beteiligt, werden die Gewinnausschüttungen auf Ebene des Gesellschafters aus dem Gewerbeertrag gekürzt (§ 9 Nr 2a, 7, 8 GewStG). Um zu **verhindern**, dass **zusätzlich zur gewerbesteuerfreien Vereinnahmung der Gewinnausschüttung** der Gewerbeertrag durch eine **Teilwertabschreibung** gemindert wird, wird die mit einer derartigen Teilwertabschreibung verbundene Verrechnung von Aufwendungen wieder neutralisiert. Die Hinzurechnung wird sowohl bei ausschüttungsbedingten Teilwertabschreibungen auf Beteiligungen an einer inländischen Kapitalgesellschaft als auch bei ausschüttungsbedingten Teilwertabschreibungen auf Beteiligungen an einer ausländischen Kapitalgesellschaft vorgenommen.

Hinzuzurechnen sind auch Gewinnminderungen als Folge von Veräußerungen oder Entnahmen von Anteilen oder bei Herabsetzungen des Kapitals oder Auflösung einer Körperschaft (§ 8 Nr 10 Buchst. b GewStG).

Die Hinzurechnung von ausschüttungsbedingten Teilwertabschreibungen dient sowohl dem **Objektcharakter** als auch der **Sicherstellung** einer **einmaligen Belastung** von gewerblichen Erträgen. Die Erfolge werden auf Ebene der gegenüber Außenstehenden tätigen Kapitalgesellschaft erfasst. Beim Gesellschafter dürfen weder Gewinnausschüttungen (Kürzung nach § 9 Nr 2a, 7, 8 GewStG) noch ausschüttungsbedingte Teilwertabschreibungen (Hinzurechnung nach § 8 Nr 10 GewStG) Einfluss auf die Höhe des Gewerbeertrags nehmen.

Die **Hinzurechnung nach § 8 Nr 10 GewStG** hat **innerhalb des geltenden Körperschaftsteuersystems** lediglich **ergänzenden Charakter**, da Teilwertabschreibungen auf Anteile an Kapitalgesellschaften nur zu 60% (einkommensteuerpflichtige Anteilseigner, § 3 Nr 40 iVm § 3c Abs. 2 EStG) oder überhaupt nicht gewinnmindernd berücksichtigt werden dürfen (körperschaftsteuerpflichtige Anteilseigner, § 8b Abs. 3 S. 3 KStG). Nur in dem Umfang, in dem sich die steuerpflichtigen Einkünfte aus Gewerbebetrieb verringert haben, kommt es bei Ermittlung des Gewerbeertrags zu einer Hinzurechnung von ausschüttungsbedingten Teilwertabschreibungen. In den Fällen, in denen sie die Ausgangsgröße nicht gemindert haben, bedarf es gewerbesteuerlich keiner Hinzurechnung, um eine Nichtbesteuerung von Beteiligungserträgen auszuschließen.

Bei Minderheitsbeteiligungen (Beteiligungsquote geringer als 15%) kommt weder das gewerbesteuerliche Schachtelprivileg zur Anwendung noch werden Gewinnminderungen aufgrund von ausschüttungsbedingten Teilwertabschreibungen durch eine Hinzurechnung neutralisiert (§ 8 Nr 5, 10 GewStG).

7. Beteiligung an einer KGaA

Die **Gewinnanteile aus der Beteiligung an einer KGaA** sind **auf Ebene des persönlich haftenden Gesellschafters** bei Ermittlung des Gewerbeertrags des von ihm unterhaltenen Gewerbebetriebs zu **kürzen** (§ 9 Nr 2b GewStG). Zur Beurteilung der materiellen Bedeutung dieser Vorschrift muss unterschieden werden, ob der persönlich haftende Gesellschafter eine natürliche oder eine juristische Person ist. 516

Ist der **Komplementär** einer KGaA eine **natürliche Person**, bezieht er zwar Einkünfte aus Gewerbebetrieb (§ 15 Abs. 1 S. 1 Nr 3 EStG), die Beteiligung selbst stellt aber keinen Gewerbebetrieb dar. Der Komplementär unterliegt deshalb mit seinen Gewinnanteilen und sonstigen Bezügen nicht der Gewerbesteuer. Eine gewerbesteuerliche Doppelbelastung kann prinzipiell nicht entstehen. Einer Kürzung nach § 9 Nr 2b GewStG bedarf es in diesem Fall nicht.

Ist der **persönlich haftende Gesellschafter** einer KGaA eine **Kapitalgesellschaft** (zB bei einer GmbH & Co. KGaA), gehen die Gewinnanteile und sonstigen Bezüge beim Komplementär in die Ausgangsgröße zur Berechnung des Gewerbeertrags ein, weil Kapitalgesellschaften Gewerbebetriebe kraft Rechtsform sind. Aufgrund der auf Ebene der KGaA vorgenommenen Hinzurechnung nach § 8 Nr 4 GewStG würden die auf den Komplementär entfallenden Gewinnanteile sowohl beim Komplementär als auch bei der KGaA mit Gewerbesteuer belastet. Durch die Kürzung nach § 9 Nr 2b GewStG kann der persönlich haftende Gesellschafter seine Anteile am Gewinn der KGaA und die Geschäftsführungsvergütungen von der Ausgangsgröße abziehen. Der Erfolg unterliegt ausschließlich auf Ebene der KGaA der Gewerbesteuer. Die Kürzung nach § 9 Nr 2b GewStG auf Ebene des Komplementärs ist mit der Kürzung von Gewinnen aus der Beteiligung an einer Personengesellschaft oder einer Kapitalgesellschaft nach § 9 Nr 2, 2a GewStG vergleichbar. Die Kürzung von Gewinnanteilen aus der Beteiligung an einer KGaA auf Ebene des Komplementärs beruht auf dem **Objektcharakter** der Gewerbesteuer sowie dem Bestreben, eine gewerbesteuerliche **Doppelbelastung auszuschließen**.

8. Auf ausländische Betriebsstätten entfallender Gewerbeertrag

517 Der **Gewerbeertrag, der auf eine ausländische Betriebsstätte entfällt**, ist aus dem Gewerbeertrag herauszurechnen (§ 9 Nr 3 S. 1 GewStG). Diese Kürzung wird mit dem **Inlandscharakter** der Gewerbesteuer begründet: Der Gewerbesteuer unterliegen nur Gewerbebetriebe, soweit sie im Inland betrieben werden (§ 2 Abs. 1 S. 1 GewStG). Erträge, die über eine im Ausland belegene Betriebsstätte erzielt werden, sind im Rahmen der Gewerbesteuer generell nicht steuerbar, da sie von der sachlichen Steuerpflicht nicht erfasst werden. Der Kürzung nach § 9 Nr 3 S. 1 GewStG kommt also nur eine klarstellende Funktion zu.

Herausgerechnet wird nicht nur der Gewinn der ausländischen Betriebsstätte. Die anteilig auf die Auslandsbetriebsstätten entfallenden Hinzurechnungen und Kürzungen (zB anteilige Aufwendungen für eine Fremdfinanzierung) sind gleichfalls zu korrigieren.

Bei im internationalen Verkehr tätigen Seeschifffahrtsunternehmen gelten 80% des Gewerbeertrags als auf eine im Ausland belegene Betriebsstätte entfallend. Dieser Betrag ist aus der Ausgangsgröße herauszurechnen (§ 9 Nr 3 S. 2–5 GewStG).

9. Als Betriebsausgaben abgezogene ausländische Steuern

518 Ausländische Steuern, **die** bei Ermittlung der Einkünfte aus Gewerbebetrieb **als Betriebsausgaben abgezogen** wurden, sind **hinzuzurechnen**, soweit sie auf Einkünfte entfallen, die nicht in den Gewerbeertrag eingehen (§ 8 Nr 12 GewStG).

Diese Hinzurechnung kommt dann zur Anwendung, wenn die internationale Doppelbesteuerung ausnahmsweise nicht durch Anrechnung der im Ausland bezahlten Steuer auf die inländische Einkommen- bzw Körperschaftsteuer oder durch Freistellung der Auslandseinkünfte von der deutschen Besteuerung vermieden wird, sondern durch Abzug der im Ausland entrichteten Steuern von den Einkünften aus Gewerbebetrieb (Abzugsmethode nach § 34c Abs. 2, 3 EStG oder § 26 Abs. 2 S. 2 KStG). Der Betriebsausgabenabzug wird für die Gewerbesteuer wieder rückgängig gemacht, soweit die ausländischen Steuern auf Einkünfte entfallen, die bei Ermittlung des Gewerbeertrags außer Ansatz bleiben oder nach § 9 GewStG gekürzt werden.

Die Hinzurechnung der Auslandssteuern ist aufgrund des **Inlandscharakters** der Gewerbesteuer und zur Vermeidung einer gewerbesteuerlichen Minderbesteuerung notwendig. Die im Ausland ausgeübte Geschäftstätigkeit darf keinen Einfluss auf die Höhe des inländischen Gewerbeertrags haben. Werden die Gewinnanteile nach § 9 Nr 2 GewStG (Beteiligung an einer ausländischen Personengesellschaft) oder nach § 9 Nr 7, 8 GewStG (Beteiligung an einer ausländischen Kapitalgesellschaft) gekürzt bzw bleiben die Gewerbeerträge im Inland unbesteuert (ausländische Betriebsstätte, § 2 Abs. 1 S. 1, § 9 Nr 3 S. 1 GewStG, sowie steuerfreie Erträge aus der Beteiligung an einer ausländischen Kapitalgesellschaft, § 3 Nr 40 EStG bzw § 8b Abs. 1, 2 KStG), sind die im Ausland gezahlten Steuern hinzuzurechnen, sofern sie bei der einkommen- oder körperschaftsteuerlichen Gewinnermittlung als Betriebsausgabe die Ausgangsgröße zur Ermittlung des Gewerbeertrags gemindert haben.

10. Zuwendungen (Spenden und Mitgliedsbeiträge)

Soweit Zuwendungen (**Spenden** und Mitgliedsbeiträge) zur Förderung **gemeinnütziger, mildtätiger oder kirchlicher Zwecke** aus Mitteln des Gewerbebetriebs geleistet werden, können sie **bis zu** einem Betrag von **20%** der um die Hinzurechnungen nach § 8 Nr 9 GewStG erhöhten **Einkünfte aus Gewerbebetrieb gekürzt werden**. Alternativ errechnet sich der maximal abziehbare Betrag aus 0,4% der Summe der Umsätze und der aufgewendeten Löhne und Gehälter. Abziehbare Zuwendungen, die diese Höchstgrenzen übersteigen, können im Rahmen dieser Höchstbeträge in den folgenden Jahren abgezogen werden (**Spendenvortrag**, § 9 Nr 5 S. 1, 8 GewStG). 519

Einzelunternehmen und Personengesellschaften können für **Zuwendungen, die in den Vermögensstock einer Stiftung** des öffentlichen Rechts oder einer steuerbefreiten gemeinnützigen Stiftung des privaten Rechts geleistet werden, zusätzlich im Jahr der Zuwendung und in den nachfolgenden neun Jahren eine Kürzung von bis zu einem Gesamtbetrag von 1 Mio. € vornehmen. Dieser besondere Abzugsbetrag wird innerhalb des Zehnjahreszeitraums nur einmal gewährt (§ 9 Nr 5 S. 9–11 GewStG).

Mitgliedsbeiträge und **Spenden an Parteien** sind bei Ermittlung des Gewerbeertrags **nicht abzugsfähig**.

Der Abzug von Spenden von der gewerbesteuerlichen Bemessungsgrundlage kann nur mit **gesellschaftspolitischen Zielen** begründet werden. Da bei natürlichen Personen diese Ausgaben als Sonderausgaben abgezogen werden (§ 10b EStG), haben sie die Ausgangsgröße zur Ermittlung des Gewerbeertrags nicht verringert, sodass es einer speziellen Kürzungsvorschrift bedarf, wenn Spenden den Gewerbeertrag mindern sollen. Bei Kapitalgesellschaften ergibt sich das gleiche Ergebnis auf einem umständlicheren Weg: Die Spenden mindern – soweit sie als Betriebsausgaben abziehbar sind (§ 9 Abs. 1 Nr 2 KStG) – im ersten Schritt die Ausgangsgröße „Einkünfte aus Gewerbebetrieb" (§ 7 S. 1 GewStG), im zweiten Schritt sind sie nach § 8 Nr 9 GewStG hinzuzurechnen, um im dritten Schritt nach § 9 Nr 5 GewStG wieder gekürzt zu werden.

Der Unterschied bei der Einordnung von Spenden (einkommensteuerlich gelten sie als Einkommensverwendung, im Bereich der Körperschaftsteuer werden sie bei Ermittlung des Einkommens abgezogen) wirkt sich also auf die Höhe der bei Ermittlung des Gewerbeertrags abziehbaren Beträge nicht aus. Der **Umfang der abziehbaren Spenden** ist grundsätzlich **bei allen Rechtsformen gleich** und unabhängig von den persönlichen Merkmalen des Betriebsinhabers.

Eine **Ausnahme** gilt für **Zuwendungen**, die **in den Vermögensstock von** bestimmten **Stiftungen** geleistet werden. Diese Ausgaben **mindern nur bei Einzelunternehmen und Personengesellschaften den Gewerbeertrag**. Bei Kapitalgesellschaften können diese Ausgaben weder bei der Körperschaftsteuer noch bei der Gewerbesteuer geltend gemacht werden. Zusätzlich ist zu beachten, dass der **Höchstbetrag** von 1 Mio. € im Bereich der Gewerbesteuer **unternehmensbezogen** ermittelt wird, während er im Rahmen der Einkommensteuer jedem Gesellschafter gewährt wird. Insoweit kommt es innerhalb von Personenunternehmen zu einer weiteren rechtsformabhängigen Besteuerung.

D. Behandlung von Verlusten

520 Der **Gewerbeertrag** kann nicht nur dann **negativ** sein, wenn die Ausgangsgröße zur Ermittlung des Gewerbeertrags – die Einkünfte aus Gewerbebetrieb – einen Verlust ausweist, sondern auch dann, wenn bei einer positiven Ausgangsgröße die Kürzungen betragsmäßig größer sind als die Summe aus Einkünften aus Gewerbebetrieb und Hinzurechnungen. Umgekehrt ist es möglich, dass einkommen- oder körperschaftsteuerliche Verluste durch die gewerbesteuerlichen Korrekturen zu einem positiven Gewerbeertrag werden.

Bei der Gewerbesteuer kann eine negative Bemessungsgrundlage **nur** über einen **Verlustvortrag** Berücksichtigung finden (§ 10a GewStG). Das Gewerbesteuergesetz kennt **weder** einen **Verlustausgleich noch** einen **Verlustrücktrag**.

521 Eine Verrechnung von negativen Gewerbeerträgen eines Gewerbebetriebs mit positiven Gewerbeerträgen eines anderen Gewerbebetriebs ist auch dann nicht möglich, wenn beide Betriebe dem gleichen Inhaber gehören. Der Ausschluss des betriebsübergreifenden **Verlustausgleichs** beruht auf dem Objektcharakter. Für die Gewerbesteuer ist auf die Erfolge des jeweiligen Objekts „Gewerbebetrieb" abzustellen, nicht auf die Summe der gewerblichen Einkünfte, die einer Person im Veranlagungszeitraum aus mehreren Quellen zufließt.[288]

522 Für den gewerbesteuerlichen **Verlustvortrag** gelten die gleichen Grundsätze wie im Bereich der Einkommen- und Körperschaftsteuer:[289]

- Bis zu einem Betrag von 1 Mio. **€ (Sockelbetrag)** können negative Gewerbeerträge eines Jahres in den Folgejahren mit positiven Gewerbeerträgen verrechnet werden. Der Sockelbetrag wurde eingeführt, um bei kleineren und mittleren Unternehmen den gewerbesteuerlichen Verlustvortrag nicht einzuschränken („Mittelstandskomponente").
- Negative Gewerbeerträge, die den Sockelbetrag übersteigen, können nur bis zu 60% mit positiven Gewerbeerträgen der zukünftigen Jahre verrechnet werden. Dies bedeutet, dass von den in Folgejahren nach Abzug des Sockelbetrags verbleibenden positiven Gewerbeerträgen mindestens 40% zu versteuern sind. Diese **quotale Beschränkung** des Verlustvortrags wird häufig als „Mindestbesteuerung" bezeichnet.
- Der Verlustvortrag ist **zeitlich nicht begrenzt**.

Beispiel: Bei einer Kapitalgesellschaft entsteht im Jahr 00 ein negativer Gewerbeertrag von 4 000 000 €. Im Vorjahr hatte sie einen positiven Gewerbeertrag von 1 300 000 €. Der Gewerbeertrag im Folgejahr 01 beträgt 2 700 000 €.

Ein *Verlustrücktrag* ist bei der Gewerbesteuer nicht möglich. Der *Verlustvortrag* in das Jahr 01 errechnet sich wie folgt:

288 Zur Abgrenzung der sachlichen Selbständigkeit eines Betriebs siehe Kapitel B.II., Rn. 481.

289 Am 31.12.2013 beliefen sich die gewerbesteuerlichen Verlustvorträge auf 657,0 Mrd. €, vgl BMF, Datensammlung zur Steuerpolitik, Ausgabe 2018, Berlin 2019, S. 70.

			verrechenbar
	negativer Gewerbeertrag	4 000 000 €	
–	Sockelbetrag	1 000 000 €	1 000 000 €
=	verbleiben	3 000 000 €	
–	quotaler Verlustvortrag maximal 60% des nach Abzug des Sockelbetrags verbleibenden Gewerbeertrags		
=	60% × (2 700 000 € – 1 000 000 €) =	1 020 000 €	1 020 000 €
=	Verlustvortrag		2 020 000 €

Nach Vortrag des Sockelbetrags von 1 000 000 € sind von den negativen Gewerbeerträgen des Jahres 00 3 000 000 € noch nicht verrechnet. Vom positiven Gewerbeertrag des Folgejahres 01 verbleiben 1 700 000 € (= 2 700 000 € – 1 000 000 €). Aufgrund der quotalen Begrenzung des Verlustvortrags auf 60% des nach Abzug des Sockelbetrags verbleibenden positiven Gewerbeertrags des Folgejahres 01 können von den noch nicht ausgeglichenen negativen Gewerbeerträgen im Jahr 01 nur 1 020 000 € verrechnet werden: 60% von 1 700 000 €. 1 980 000 € (= 3 000 000 € – 1 020 000 €) müssen in die weiteren Jahre vorgetragen werden.

Konsequenz: Der Steuerpflichtige hat in den drei Jahren insgesamt einen Gewerbeertrag von null. Er hat aber in diesen drei Jahren 1 980 000 € zu versteuern: 1 300 000 € in dem Jahr, das dem Verlustjahr vorangeht (Ursache: kein gewerbesteuerlicher Verlustrücktrag) und 680 000 € (= 2 700 000 € – 1 000 000 € – 1 020 000 €) in dem Jahr, das auf das Verlustjahr folgt (Ursache: quotale Begrenzung des gewerbesteuerlichen Verlustvortrags, soweit der Sockelbetrag überschritten ist). Der noch nicht verrechnete negative Gewerbeertrag von 1 980 000 € kann erst in den kommenden Jahren (dh ab dem Jahr 02) im Rahmen des (zeitlich unbeschränkten) Verlustvortrags verrechnet werden.

Hinweis: Im Rahmen der Körperschaftsteuer bleibt ein nicht verrechenbarer Betrag von 980 000 €. Bei der Gewerbesteuer sind es deshalb 1 000 000 € mehr (= 1 980 000 € – 980 000 €), weil bei der Gewerbesteuer im Gegensatz zur Körperschaftsteuer kein Verlustrücktrag möglich ist.

Voraussetzungen für den gewerbesteuerlichen Verlustvortrag sind die **Unternehmensidentität** und die **Unternehmeridentität**. Das Merkmal **Unternehmensidentität** besagt, dass der negative Gewerbeertrag nur bei dem Gewerbebetrieb ausgeglichen werden darf, bei dem er entstanden ist (Objektcharakter). 523

Wird ein Gewerbebetrieb als Ganzes auf einen anderen Unternehmer übertragen, gehen die nicht ausgeglichenen negativen Gewerbeerträge verloren (§ 10a S. 8 iVm § 2 Abs. 5 GewStG). Hieraus schließen sowohl die Finanzrechtsprechung[290] als auch die Finanzverwaltung,[291] dass für den gewerbesteuerlichen Verlustvortrag neben der Unternehmensidentität zusätzlich eine **Unternehmeridentität** erforderlich ist. Der Verlustvortrag wird **nur** insoweit anerkannt, als die Verluste auf **den Unternehmer** entfallen, **bei dem sie entstanden sind**. Deshalb wird bei einer Änderung der Anzahl oder der Zusammensetzung der Gesellschafter einer Personengesellschaft sowie bei der Einbringung eines Einzelunternehmens in eine Personengesellschaft der Verlust-

290 Vgl BFH vom 3.5.1993, BStBl. 1993 II, S. 616.
291 Vgl R 10a.3 GewStR.

vortrag nur in Höhe des Anteils gewährt, zu dem keine Änderung der Beteiligungsverhältnisse eingetreten ist (§ 10a S. 4–5 GewStG). Die Begründung hierfür liegt darin, dass gewerbesteuerlich die Gesellschafter einer Personengesellschaft als Unternehmer gelten und nicht die Personengesellschaft.

524 Bei **Kapitalgesellschaften** bleibt nach einem Gesellschafterwechsel der Verlustabzug der Kapitalgesellschaft aufgrund des Trennungsprinzips grundsätzlich erhalten. Dieser Grundsatz wird wie bei der Körperschaftsteuer durchbrochen, wenn **mehr als 50% der Anteils- oder Stimmrechte an einen Erwerber** oder diesem nahestehende Personen **übertragen werden** (schädlicher Gesellschafterwechsel). Sofern nicht eine der Ausnahmeregelungen (Konzernklausel, Stille-Reserve-Klausel, Sanierungsklausel) zur Anwendung kommt oder die Voraussetzungen für den fortführungsgebundenen Verlustvortrag vorliegen (fortführungsgebundener Verlustvortrag), **entfällt der Verlustvortrag der Kapitalgesellschaft** in vollem Umfang (§ 10a S. 10 GewStG iVm § 8c, § 8d KStG).[292]

Diese Einschränkung gilt auch für den Fehlbetrag einer Personengesellschaft, soweit der negative Gewerbeertrag einer (unmittelbar oder mittelbar über eine andere Personengesellschaft beteiligten) Kapitalgesellschaft zuzurechnen ist.

E. Steuertarif und Steuerzahlung

525 Der Gewerbeertrag ist auf volle 100 € abzurunden. **Bei Einzelunternehmen und Personengesellschaften** ist ein **Freibetrag** von **24 500 €** abzuziehen (§ 11 Abs. 1 S. 3 Nr 1 GewStG). Kapitalgesellschaften steht grundsätzlich kein Freibetrag zu. Eine Ausnahme gilt für bestimmte, in § 11 Abs. 1 S. 3 Nr 2 GewStG aufgezählte Unternehmen, bei denen der Gewerbeertrag um 5 000 € gemindert wird.

Mit dem Freibetrag von 24 500 € sollen **gewerbesteuerliche Nachteile** von Personenunternehmen **gegenüber Kapitalgesellschaften ausgeglichen** werden, soweit der Inhaber bzw die Gesellschafter das Unternehmen leiten:

- Bei Einzelunternehmen kann der Inhaber keinen Geschäftsführungsvertrag abschließen. Damit können für die Geschäftsführungstätigkeit des Inhabers keine Aufwendungen verrechnet werden.
- Bei Personengesellschaften ist es zwar möglich, dass der Gesellschafter mit der Personengesellschaft einen Dienstvertrag abschließt. Das Gehalt mindert auch auf der ersten Stufe den Gewinn der Personengesellschaft. Aufgrund der Mitunternehmerkonzeption werden allerdings die für die Geschäftsführung vereinbarten Vergütungen dem gewerblichen Bereich zugerechnet (§ 15 Abs. 1 S. 1 Nr 2 EStG). Da die Ausgangsgröße zur Ermittlung des Gewerbeertrags der Personengesellschaft mit der Summe der Einkünfte aus Gewerbebetrieb der Gesellschafter übereinstimmt und für die Geschäftsführungsvergütungen keine Kürzung vorgesehen ist, mindern sie den Gewerbeertrag der Personengesellschaft nicht. Insoweit besteht zwischen Einzelunternehmen und Personengesellschaften im Ergebnis kein Unterschied.

292 Zur Einschränkung des Verlustabzugs einer Kapitalgesellschaft nach einem Gesellschafterwechsel siehe Zweiter Teil, Dritter Abschnitt, Kapitel D.II., Rn. 405–411.

- Kapitalgesellschaften können aufgrund des Trennungsprinzips für ihre Gesellschafter-Geschäftsführer Betriebsausgaben verrechnen. Da hierfür keine Hinzurechnung vorgenommen wird, fällt der Gewerbeertrag einer Kapitalgesellschaft insoweit geringer aus als bei Einzelunternehmen und Personengesellschaften, als für die Geschäftsführungstätigkeit der Gesellschafter Aufwendungen verrechnet werden.

Bei Einzelunternehmen und Personengesellschaften wird die Geschäftsführung durch den Inhaber bzw die Gesellschafter durch den Freibetrag von 24 500 € berücksichtigt. Bei Kapitalgesellschaften kann der tatsächlich angefallene Aufwand abgezogen werden. Aufgrund der geringen Höhe des Freibetrags und seiner Unabhängigkeit von der Zahl der geschäftsführenden Gesellschafter wird das Ziel einer **rechtsformunabhängigen Besteuerung** mit Gewerbesteuer aber **nur unzureichend umgesetzt**. Dies widerspricht dem Charakter einer Objektsteuer. Im Ergebnis werden Einzelunternehmen und Personengesellschaften benachteiligt. Der Abzug des Freibetrags von 24 500 € begünstigt nur auf den ersten Blick Personenunternehmen. De facto führt er dazu, dass der Nachteil von Personenunternehmen lediglich abgeschwächt wird.

Nach Multiplikation des steuerpflichtigen Teils des Gewerbeertrags mit der **Steuermesszahl** erhält man den Steuermessbetrag. Die Steuermesszahl beträgt unabhängig **526**
von der Höhe der Bemessungsgrundlage 3,5% (§ 11 Abs. 2 GewStG). Die Steuermesszahl hängt nicht von der Rechtsform des Gewerbebetriebs ab. Sie gilt für gewerbliche Unternehmen iSd Einkommensteuergesetzes (Einzelunternehmen und Personengesellschaften), für Gewerbebetriebe kraft Rechtsform (insbesondere Kapitalgesellschaften) und Gewerbebetriebe kraft wirtschaftlichen Geschäftsbetriebs.[293]

Für die Festsetzung des **Steuermessbetrags** der Gewerbesteuer ist folgendes Schema **527**
heranzuziehen (§ 14 S. 1 GewStG):

	Gewerbeertrag (§ 6 – § 9 GewStG)
–	Freibetrag (§ 11 Abs. 1 S. 3 GewStG) (nur Einzelunternehmen, Personengesellschaften)
=	steuerpflichtiger Gewerbeertrag
×	Steuermesszahl von 3,5% (§ 11 Abs. 2 GewStG)
=	Steuermessbetrag der Gewerbesteuer (§ 14 GewStG)

Nach Multiplikation des Steuermessbetrags mit dem von der Gemeinde festgesetzten **528**
Hebesatz steht die **Gewerbesteuerschuld** des Unternehmers fest (§ 16 Abs. 1 GewStG).

Die Gemeinden können den Hebesatz grundsätzlich entsprechend ihrem Finanzbedarf festsetzen (Art. 28 Abs. 2 S. 3, Art. 106 Abs. 6 S. 2 GG). Der Hebesatz muss für alle Unternehmen, die in der jeweiligen Gemeinde eine Betriebsstätte unterhalten, in gleicher Höhe festgesetzt werden (§ 16 Abs. 4 S. 1 GewStG).

Setzt die Gemeinde einen Hebesatz von unter 200% fest, wird zur Berechnung der Gewerbesteuer ein Hebesatz von 200% zugrunde gelegt. Der **Hebesatz** beträgt also **mindestens 200%** (§ 16 Abs. 4 S. 2 GewStG).

293 Für Hausgewerbetreibende gilt eine besondere Regelung (§ 11 Abs. 3 GewStG).

Im Jahr 2018 lag der Gewerbesteuerhebesatz im (mit der Einwohnerzahl gewogenen) **Durchschnitt aller Gemeinden bei 407%**. **Tendenziell** ist der Hebesatz **in Großstädten höher**: Bezieht man nur die Gemeinden mit mindestens 50 000 Einwohnern ein, errechnet sich für **2018** ein gewogener Durchschnitt von **451%**. Bei den Großstädten mit mehr als 500 000 Einwohnern liegt der Hebesatz in einer Bandbreite zwischen 490% (München) und 410% (Berlin).[294]

Bei einem **Hebesatz** von beispielsweise **400% beträgt** die **Gewerbesteuerbelastung** 14,00% (= 3,5% × 400%) des Gewerbeertrags.

529 Da **Kapitalgesellschaften** kein Freibetrag gewährt wird, entspricht der nach der Formel „Steuermesszahl × Hebesatz“ berechnete Wert sowohl dem Grenz- als auch dem Durchschnittssteuersatz. Für Kapitalgesellschaften gilt also für die Gewerbesteuer ein **proportionaler Steuertarif**.

Der Freibetrag von 24 500 € führt dazu, dass bei **Einzelunternehmen** und **Personengesellschaften** der Grenzsteuersatz der Gewerbesteuer über ihrem Durchschnittssteuersatz liegt. Mit Zunahme des Gewerbeertrags nähert sich der Durchschnittssteuersatz immer mehr dem Grenzsteuersatz, ohne ihn – mathematisch betrachtet – zu erreichen (**progressiver Steuertarif**). Bei einem Hebesatz von beispielsweise 400% entwickeln sich Durchschnitts- und Grenzsteuersatz der Gewerbesteuer bei Personenunternehmen wie in Abb. 2.33 dargestellt.

Gewerbeertrag (vor Freibetrag)	Gewerbesteuer	Durchschnitts-steuersatz	Grenzsteuersatz
bis zu 24 500 €	0 €	0,00%	0,00%
25 000 €	70 €	0,28%	14,00%
50 000 €	3 570 €	7,14%	14,00%
100 000 €	10 570 €	10,57%	14,00%
150 000 €	17 570 €	11,71%	14,00%
200 000 €	24 570 €	12,29%	14,00%
250 000 €	31 570 €	12,63%	14,00%
300 000 €	38 570 €	12,86%	14,00%
400 000 €	52 570 €	13,14%	14,00%
500 000 €	66 570 €	13,31%	14,00%
750 000 €	101 570 €	13,54%	14,00%
1 000 000 €	136 570 €	13,66%	14,00%
2 500 000 €	346 570 €	13,86%	14,00%

Abb. 2.33: Durchschnitts- und Grenzsteuersatz der Gewerbesteuer für Einzelunternehmen und Personengesellschaften (Hebesatz 400%)

294 Vgl https://www.statistikportal.de/de/veroeffentlichungen/hebesaetze-der-realsteuern-deutschland.

Die Gewerbesteuer ist eine **Jahressteuer**. **Erhebungszeitraum** ist das **Kalenderjahr** (§ 14 S. 2, 3 GewStG). Der Steuerschuldner hat für den Gewerbebetrieb bis zum 31. Juli des Folgejahres nach amtlich vorgeschriebenem Datensatz durch Datenfernübertragung eine Gewerbesteuererklärung abzugeben (§ 14a GewStG iVm § 149 Abs. 2 AO, § 25 GewStDV). Auf der Grundlage dieser Gewerbesteuererklärung nimmt das **Finanzamt** die Ermittlung des Steuermessbetrags vor und erlässt den **Gewerbesteuermessbescheid**. Im Gewerbesteuermessbescheid werden die Steuerpflicht und die Bemessungsgrundlage festgelegt. Zahlungsverpflichtungen ergeben sich aus dem Gewerbesteuermessbescheid nicht, sie werden erst durch den **Gewerbesteuerbescheid des Gemeindesteueramts** ausgelöst (§ 182 Abs. 1, § 184 AO). Zur Ausfertigung des Gewerbesteuerbescheids ist von der Gemeinde lediglich der Steuermessbetrag des Gewerbebetriebs mit dem in ihrem Gebiet geltenden Hebesatz zu multiplizieren. Der Gewerbesteuermessbescheid des Finanzamts hat verfahrensrechtlich für den Gewerbesteuerbescheid der Gemeinde die Funktion eines Grundlagenbescheids (§ 171 Abs. 10, § 175 AO). **530**

Die Entstehung der Gewerbesteuerschuld, die Erhebung von vierteljährlichen Vorauszahlungen, die Abrechnung über die Vorauszahlungen und die Festsetzung einer Abschlusszahlung oder eines Erstattungsbetrags sind in § 18 – § 21 GewStG geregelt.

F. Ertragsteuerliche Behandlung

Bei der Gewerbesteuer ist der Betriebsausgabenbegriff (Aufwendungen, die durch den Betrieb veranlasst sind, § 4 Abs. 4 EStG) in idealtypischer Weise erfüllt: Ohne das Vorliegen eines Gewerbebetriebs würde weder der Inhaber Einkünfte aus Gewerbebetrieb beziehen noch würde Gewerbesteuer anfallen. Dennoch stellen die **Gewerbesteuer** und die darauf entfallenden Nebenleistungen (zB Säumniszuschläge, Verspätungszuschläge) bei Ermittlung der Einkünfte aus Gewerbebetrieb **keine Betriebsausgabe dar** (§ 4 Abs. 5b EStG).[295] Die Gewerbesteuer hat also keinen Einfluss auf die Höhe der tariflichen Einkommen- bzw Körperschaftsteuer des Inhabers des Gewerbebetriebs. **531**

Bei Gewerbetreibenden, die als Einzelunternehmer oder Gesellschafter einer Personengesellschaft tätig sind, hat die Gewerbesteuer aber Auswirkungen auf die festzusetzende Einkommensteuer. Durch eine **Steuerermäßigung** im Rahmen der Einkommensteuer im Umfang des 3,8fachen des Gewerbesteuermessbetrags wird bei Einzelunternehmen und Personengesellschaften die Gewerbesteuerbelastung in pauschalierter Form kompensiert (§ 35 EStG).[296]

295 Verfassungsrechtlich bestehen gegen das Abzugsverbot keine Bedenken, vgl BVerfG vom 12.7.2016, BStBl. 2016 II, S. 812.

296 Zu Einzelheiten und zur Beurteilung siehe Zweiter Abschnitt, Kapitel F.VIII.2., Rn. 334–340. Zu den Einflüssen auf die Rechtsformwahl siehe Band III: Steuerplanung, Dritter Teil. Zum Einfluss auf die nationale Standortwahl siehe Band III: Steuerplanung, Siebter Teil, Zweiter Abschnitt.

G. Zerlegung

532 Die Gewerbesteuer steht der Gemeinde zu, in der die gewerblichen Unternehmen eine Betriebsstätte unterhalten (§ 4 Abs. 1 GewStG).[297] Die Gewerbesteuer soll nach dem Willen des Gesetzgebers zur Deckung der Lasten beitragen, die den Gemeinden durch Gewerbebetriebe entstehen (Äquivalenzprinzip). Das Gewerbesteueraufkommen ist **in folgenden Fällen zwischen den beteiligten Gemeinden aufzuteilen** (§ 4, § 28 Abs. 1 GewStG):

- Ein Gewerbebetrieb unterhält in mehreren Gemeinden Betriebsstätten.
- Die Betriebsstätte desselben Gewerbebetriebs erstreckt sich über mehrere Gemeinden.
- Eine Betriebsstätte wird innerhalb eines Kalenderjahres in eine andere Gemeinde verlegt.

Die durch einen Betrieb verursachten Lasten sind nur schwer messbar. Sie lassen sich auch nicht in theoretisch einwandfreier Form den einzelnen Gemeinden verursachungsgerecht zurechnen. Der für den Gewerbebetrieb als Ganzes ermittelte einheitliche Steuermessbetrag wird deshalb mit Hilfe einer gesetzlich vorgegebenen Schlüsselgröße in pauschalierender Weise auf die Gemeinden verteilt, in denen eine Betriebsstätte unterhalten wird (**Zerlegung**).

Zerlegungsmaßstab bildet grundsätzlich das **Verhältnis der gezahlten Arbeitslöhne** (§ 29 Abs. 1 Nr 1, § 31 GewStG).[298] Erstreckt sich eine Betriebsstätte auf mehrere Gemeinden (mehrgemeindliche Betriebsstätte), ist die Zerlegung unter Berücksichtigung der durch das Vorhandensein der Betriebsstätte erwachsenden Gemeindelasten vorzunehmen (§ 30 GewStG). In Sonderfällen erfolgt eine individuelle Aufteilung des Steuermessbetrags (§ 33 GewStG). Bei Kleinbeträgen (Steuermessbeträge bis 10 €) unterbleibt eine Zerlegung (§ 34 GewStG).

Die **Zerlegung** wird **vom Finanzamt durchgeführt**. Im **Zerlegungsbescheid** wird der auf die beteiligten Gemeinden entfallende Zerlegungsbetrag festgesetzt. Jede Gemeinde berechnet die ihr zustehende Gewerbesteuer durch Multiplikation des auf sie entfallenden Anteils am Steuermessbetrag des Gewerbebetriebs mit dem von ihr festgesetzten Hebesatz.

297 Für Windkraftanlagen, die sich auf dem Festlandsockel befinden, wird das Besteuerungsrecht in nach den von den zuständigen Landesregierungen erlassenen Rechtsverordnungen geregelt (§ 4 Abs. 2 GewStG).

298 Eine Sonderregelung gilt für Betriebe, die Anlagen zur Erzeugung von Strom und anderen Energieträgern sowie Wärme aus Windenergie und solarer Strahlungsenergie betreiben (§ 29 Abs. 1 Nr 2 GewStG).

Fünfter Abschnitt

Zuschlagsteuern

Als **Zuschlagsteuern** gelten die **Steuerarten, deren Bemessungsgrundlage eine andere Steuerart ist**. Hierzu gehören die Kirchensteuer sowie der Solidaritätszuschlag. 533

A. Kirchensteuer

Die Kirchensteuer ist eine **Personensteuer**, die unmittelbar **an** die **Einkommensteuer anknüpft**. **Kirchensteuerpflichtig** sind natürliche Personen, die einer als Körperschaft des öffentlichen Rechts anerkannten Kirche (zB römisch-katholische, evangelisch-lutherische Kirche, jüdische Kultusgemeinden) angehören und in deren Bereich ihren Wohnsitz oder gewöhnlichen Aufenthalt haben. 534

Der Anteil der kirchensteuerpflichtigen Steuerpflichtigen betrug im Jahr 2014 in den alten Bundesländern 61,97%. In den neuen Bundesländern war er mit 19,4% deutlich geringer.[299]

Bemessungsgrundlage der Kirchensteuer ist im Regelfall die **festzusetzende Einkommensteuer** (§ 51a Abs. 2 EStG iVm den Kirchensteuergesetzen der Länder). Bei der Berechnung der festzusetzenden Einkommensteuer sind jedoch mehrere Besonderheiten zu berücksichtigen, sodass für die Ermittlung der Bemessungsgrundlage der Kirchensteuer eine spezielle Einkommensteuer zu berechnen ist. Eine **gesonderte Berechnung der Einkommensteuer** für kirchensteuerliche Zwecke ist in folgenden Fällen erforderlich: 535

- Bei der Ermittlung der Bemessungsgrundlage der Kirchensteuer wird generell davon ausgegangen, dass die Kinder des Steuerpflichtigen einkommensteuerlich über den **Abzug des Kinderfreibetrags** einschließlich des **Freibetrags für die Betreuung, Erziehung und Ausbildung der Kinder** Berücksichtigung finden. Werden die Freibeträge nach § 32 Abs. 6 EStG nicht in Anspruch genommen, ist die festzusetzende Einkommensteuer entsprechend zu modifizieren (§ 51a Abs. 2 S. 1 EStG). Dieser Fall tritt ein, wenn das Kindergeld bei der Einkommensteuer zu einer höheren Entlastung der Familie führt als die Freibeträge für Kinder. Damit erhöht sich die Bemessungsgrundlage der Kirchensteuer: Der Abzug der Freibeträge nach § 32 Abs. 6 EStG vom Einkommen führt in dieser Situation zu einer geringeren Minderung der festzusetzenden Einkommensteuer als die Erhöhung des Kindergelds.
- Die 40%ige Freistellung von Dividenden (§ 3 Nr 40 EStG) und die 40%ige Abzugsbeschränkung für Erwerbsaufwendungen, die mit der Beteiligung an einer Kapitalgesellschaft zusammenhängen (§ 3c Abs. 2 EStG), wirken sich auf die kirchensteuerliche Bemessungsgrundlage nicht aus (§ 51a Abs. 2 S. 2 EStG). Für die Kirchensteuer sind sowohl die **Dividenden** als auch die damit zusammenhängen-

299 Vgl BMF, Datensammlung zur Steuerpolitik, Ausgabe 2018, Berlin 2019, S. 83.

den Betriebsausgaben bzw Werbungskosten jeweils **in voller Höhe anzusetzen**, nicht nur zu 60%. Die Entlastungswirkungen des Teileinkünfteverfahrens wirken sich nur auf die Einkommensteuer aus, jedoch nicht auf die Kirchensteuer.

- Die **Steuerermäßigung für gewerbliche Einkünfte nach § 35 EStG** mindert zwar die festzusetzende Einkommensteuer, jedoch **nicht** die Bemessungsgrundlage der Kirchensteuer (§ 51a Abs. 2 S. 3 EStG). Die Minderung der Gewerbesteuerbelastung von Einzelunternehmern und Gesellschaftern einer Personengesellschaft durch die Steuerermäßigung nach § 35 EStG wird also für die Kirchensteuer nicht übernommen.

Zum Teil wird die Kirchensteuer als Zuschlag zum Messbetrag der Grundsteuer, als Zuschlag zum Grundsteuerwert des Grundbesitzes oder als Kirchgeld erhoben.

536 Der **Kirchensteuersatz** beträgt in Baden-Württemberg und Bayern 8% und in den anderen Bundesländern 9%. Bei sehr hohen Einkommen besteht in manchen Fällen die Möglichkeit der Kirchensteuerkappung. Die **Kirchensteuerkappung** ist dadurch gekennzeichnet, dass die Kirchensteuer auf einen bestimmten Prozentsatz des Einkommens begrenzt wird, beispielsweise auf 3% des Einkommens anstatt 8% bzw 9% der Einkommensteuer. Bei einer Pauschalierung der Einkommensteuer wird auch die Kirchensteuer pauschaliert. Im Regelfall beträgt die Kirchensteuer 7% der pauschalen Lohnsteuer.

Bei einer Pauschalierung der Lohnsteuer für geringfügige Beschäftigte nach § 40a Abs. 2 EStG enthält der Pauschsteuersatz von 2% des Lohns auch den Solidaritätszuschlag und die Kirchensteuer, sodass in diesem Fall ausnahmsweise eine gesonderte Berechnung der (pauschalen) Kirchensteuer entfällt.

Die Kirchensteuer wird in fast allen Bundesländern **von den Finanzämtern festgesetzt und eingezogen**. In Bayern unterhalten die Kirchen Kirchensteuerämter. Bei Steuerpflichtigen, die Einkünfte aus nichtselbständiger Arbeit beziehen, wird die Kirchensteuer als Zuschlag zur Lohnsteuer vom Arbeitgeber einbehalten und an das Finanzamt abgeführt (Kirchenlohnsteuer).

537 Die **effektive Kirchensteuerbelastung** wird dadurch verringert, dass die im Veranlagungszeitraum gezahlte Kirchensteuer als **Sonderausgabe** das zu versteuernde Einkommen einer natürlichen Person mindert und damit sowohl die Einkommensteuer als auch ihre eigene Bemessungsgrundlage reduziert (§ 10 Abs. 1 Nr 4 EStG). Die Kirchensteuer gehört zu den unbeschränkt abzugsfähigen Sonderausgaben, sodass für ihren Abzug keine betragsmäßige Grenze besteht. Der Abzug der Kirchensteuer als Sonderausgabe ist insoweit bemerkenswert, als ansonsten Personensteuern als nichtabziehbare Ausgaben gelten (§ 12 Nr 3 EStG).[300]

Bei Einkünften aus Kapitalvermögen, bei denen die Steuerschuld durch die Erhebung der 25%igen Kapitalertragsteuer abgegolten ist (**Abgeltungsteuer**), wird die **Abzugsfähigkeit der Kirchensteuer als Sonderausgabe in pauschalierender Form berücksichtigt** (§ 51a Abs. 2b iVm § 43, § 43a EStG). Der Abgeltungsteuersatz (dh die Einkommensteuer) reduziert sich nach folgender Formel (§ 32d Abs. 1 EStG):

Einkommensteuer = Einkünfte aus Kapitalvermögen/(4 + Kirchensteuersatz in %).

300 Zur Beurteilung siehe Zweiter Abschnitt, Kapitel D.II.2., Rn. 234–239.

Bei Einkünften aus Kapitalvermögen von 100,00 und einem Kirchensteuersatz von 8% errechnet sich eine Einkommensteuer von 24,51 (= 100,00 / (4 + 0,08)) und eine Kirchensteuer von 1,96 (= 24,51 × 8%). Bei einem Kirchensteuersatz von 9% beläuft sich die Einkommensteuer auf 24,45 (= 100,00 / (4 + 0,09)) und die Kirchensteuer auf 2,20 (= 24,45 × 9%).

B. Solidaritätszuschlag

Der Solidaritätszuschlag wird als **Ergänzungsabgabe zur Einkommensteuer** und **zur Körperschaftsteuer** erhoben (§ 1 Abs. 1 SolZG). Eine Ergänzungsabgabe dient zur Deckung eines zusätzlichen Finanzbedarfs des Bundes. Sie stellt eine Alternative zur Erhöhung von Verbrauchsteuern dar. Die Erhebung einer Ergänzungsabgabe ist zeitlich zu befristen, wenn mit ihr ein vorübergehender aufgabenbezogener Mehrbedarf des Bundes finanziert werden soll. Der Solidaritätszuschlag soll zur Deckung der im Zusammenhang mit der deutschen Wiedervereinigung entstandenen finanziellen Belastungen beitragen. Zunächst wurde er nur in den Jahren 1991 und 1992 erhoben (Solidaritätszuschlag 1991). Das seit 1995 geltende Solidaritätszuschlaggesetz enthält demgegenüber keine zeitliche Befristung.[301] **538**

Der Solidaritätszuschlag gehört zu den Personensteuern. Das Aufkommen des Solidaritätszuschlags steht ausschließlich dem Bund zu (Art. 106 Abs. 1 Nr 6 GG). Nach dem Solidaritätszuschlaggesetz gelten sowohl **natürliche Personen** als auch **juristische Personen** als **Steuersubjekte** (§ 2 SolZG).

Bemessungsgrundlage für den Solidaritätszuschlag bildet grundsätzlich die **festzusetzende Einkommen-** bzw **Körperschaftsteuer** (§ 3 Abs. 1 Nr 1 SolZG). Der Solidaritätszuschlag fällt auch an, wenn die Einkommen- oder Körperschaftsteuer außerhalb des Veranlagungsverfahrens erhoben wird. Er berechnet sich in diesen Fällen aus den (vierteljährlichen) Vorauszahlungen zur Einkommen- oder Körperschaftsteuer, aus der Lohnsteuer, der Kapitalertragsteuer oder dem Steuerabzugsbetrag nach § 50a EStG (§ 1, § 3 Abs. 1 Nr 2–6 SolZG). Auf den Steuerabzug bei Bauleistungen wird kein Solidaritätszuschlag erhoben, da im SolZG nicht auf § 48 EStG verwiesen wird. **539**

Wie bei der Kirchensteuer bildet die festzusetzende Einkommensteuer die Bemessungsgrundlage für den Solidaritätszuschlag, die sich unter Berücksichtigung des Kinderfreibetrags einschließlich der Freibeträge für die Betreuung, Erziehung und Ausbildung der Kinder ergibt. Dies gilt auch dann, wenn im Rahmen der Einkommensteuer der Familienleistungsausgleich über das Kindergeld erfolgt (§ 3 Abs. 2, 2a SolZG).

Die **Steuerermäßigung für gewerbliche Einkünfte nach § 35 EStG sowie die Entlastungen im Zusammenhang mit dem Teileinkünfteverfahren** bzw der Dividen-

301 Zur verfassungsrechtlichen Beurteilung siehe zB Niedersächsisches Finanzgericht vom 21.3.2013, ECLI:DE:FGNI:2013:0821.7K143.08.0A (beim BVerfG unter dem Aktenzeichen 2 BvL 6/14 anhängig); BFH vom 21.7.2011, BFH/NV 2011, S. 1616; BFH vom 15.6.2016, BStBl. 2016 II, S. 846 sowie die Ausarbeitung der Wissenschaftlichen Dienste des Deutschen Bundestags, WD 4 – 3000 – 099/19 vom 28.8.2019.

denfreistellung (§ 3 Nr 40 EStG, § 8b KStG) **mindern** nicht nur die Einkommensteuer, sondern – im Gegensatz zur Kirchensteuer – auch die **Bemessungsgrundlage des Solidaritätszuschlags**.

Einkommensteuerpflichtige Personen haben den Solidaritätszuschlag nur dann zu bezahlen, wenn die Bemessungsgrundlage mindestens 972 € (einzeln veranlagte natürliche Personen) bzw 1 944 € (zusammenveranlagte Ehegatten) beträgt (§ 3 Abs. 3–5 SolZG). Diese **Nullzone** ist als **Freigrenze** ausgestaltet. Die Nullzone gilt nicht für die Körperschaftsteuer (juristische Personen) und die Kapitalertragsteuer.

540 Der **Steuersatz** des Solidaritätszuschlags beträgt **5,5%** (§ 4 S. 1 SolZG). Bei Überschreiten der Nullzone wird der Solidaritätszuschlag auf 20% der Differenz zwischen der Bemessungsgrundlage und der **Freigrenze** nach § 3 Abs. 3–5 SolZG begrenzt (§ 4 S. 2 SolZG). Aufgrund dieser **Gleitregelung** wird der Solidaritätszuschlag erst dann in vollem Umfang erhoben, wenn die festzusetzende Einkommensteuer mindestens 1 341 € (einzeln veranlagte natürliche Personen) bzw 2 682 € (zusammenveranlagte Ehegatten) beträgt.[302]

Beispiel: Für ein zusammenveranlagtes Ehepaar wird eine Einkommensteuer von 2 500 € festgesetzt.

Aus der Bemessungsgrundlage von 2 500 € würde sich ein Solidaritätszuschlag von 137,50 € ergeben. Aufgrund der Gleitregelung reduziert er sich um 26,30 € auf 111,20 €:

	Bemessungsgrundlage: festzusetzende Einkommensteuer	2500,00 €
–	Freigrenze	1944,00 €
=	Unterschiedsbetrag	556,00 €
	davon 20% (= zu zahlender Solidaritätszuschlag)	111,20 €

Die abgeltende Wirkung der Kapitalertragsteuer für Einkünfte aus Kapitalvermögen (**Abgeltungsteuer**) wirkt sich auch auf den Solidaritätszuschlag aus. Fasst man die 25%ige Einkommensteuer, den Solidaritätszuschlag sowie ggf die Kirchensteuer zusammen, ergibt sich für Einkünfte aus Kapitalvermögen, die in den Anwendungsbereich der Abgeltungsteuer fallen, folgende Gesamtbelastung (§ 3 Abs. 1 Nr 5 SolZG iVm § 32d Abs. 1 EStG):[303]

–	ohne Kirchensteuer	26,38% = 25,00% + 0,055 × 25,00%
–	Kirchensteuersatz 8%	27,82% = 24,51% + 0,055 × 24,51% + 0,08 × 24,51%
–	Kirchensteuersatz 9%	28,00% = 24,45% + 0,055 × 24,45% + 0,09 × 24,45%

302 Als Einstieg in die schrittweise Abschaffung des Solidaritätszuschlags wird die Freigrenze im Jahr 2021 so erhöht, dass die Mehrzahl der einkommensteuerpflichtigen Personen den Solidaritätszuschlag nicht mehr bezahlen müssen. Erreicht wird dieses Ziel durch eine Erhöhung der Freigrenze auf 16 956 € (Einzelveranlagung) bzw 33 912 € (Zusammenveranlagung) und eine Anpassung der Gleitregelung. Der Solidaritätszuschlag auf die Einkünfte aus Kapitalvermögen (Abgeltungsteuer) und auf die Körperschaftsteuer soll unverändert bleiben. Siehe hierzu Beznoska/Hentze, DB 2019, S. 1397; Broer, DB 2019, S. 2641; Höppner/Schewe, FR 2019, S. 881.

303 Durch die Reduzierung der Abgeltungsteuer auf 24,51% bzw 24,45% wird die Abzugsfähigkeit der Kirchensteuer als Sonderausgabe berücksichtigt.

Als Personensteuer mindert der Solidaritätszuschlag weder bei der Einkommen- bzw Körperschaftsteuer noch bei der Gewerbesteuer die Bemessungsgrundlage. Er ist **weder** als **Betriebsausgabe noch** als **Werbungskosten noch** als **Sonderausgabe** abziehbar (§ 12 Nr 3 EStG, § 10 Nr 2 KStG, § 7 S. 1 GewStG). Im Gegensatz zur Kirchensteuer reduziert der Solidaritätszuschlag nicht seine eigene Bemessungsgrundlage.

Dritter Teil

Die Besteuerung der Übertragung von Unternehmen

Erster Abschnitt

Zielsetzung der Besteuerung des Vermögenstransfers

A. Einordnung in das System der Steuerarten im Hinblick auf die Besteuerungsbasis

541 Die unentgeltliche Übertragung von Vermögenswerten im Erbfall oder durch Schenkung unterliegt der Erbschaft- und Schenkungsteuer. Die **Einordnung** der Erbschaft- und Schenkungsteuer **in das System der Steuerarten** ist nicht einfach. In Abhängigkeit von der gewählten Betrachtung kann die Erbschaft- und Schenkungsteuer als Substanzsteuer, als Ertragsteuer oder als Verkehrsteuer angesehen werden:

- **Hinsichtlich** der **Bemessungsgrundlage** weist die Erbschaft- und Schenkungsteuer das Merkmal einer **Substanzsteuer** auf. Bemessungsgrundlage bildet der Wert der Bereicherung, also der Wert des unentgeltlich übertragenen Vermögens. Die übertragenen Wirtschaftsgüter sind grundsätzlich mit dem Verkehrswert (= gemeiner Wert) zu bewerten. Die Bemessungsgrundlage wird nach den Verhältnissen ermittelt, die an dem Tag gelten, an dem die unentgeltliche Vermögensübertragung stattfindet (Stichtagsprinzip).
- Gemessen an ihren **wirtschaftlichen Auswirkungen** kommt der Erbschaft- und Schenkungsteuer eine **Ergänzungsfunktion zur Einkommen- und Körperschaftsteuer** zu, m.a.W. die Erbschaft- und Schenkungsteuer stellt eine besondere Form der **Ertragsbesteuerung** dar. Aufgrund des pragmatisch abgegrenzten Einkommensbegriffs gilt der Zugang von Wirtschaftsgütern, dem kein entgeltlicher Leistungsaustausch zugrunde liegt, einkommen- und körperschaftsteuerlich nicht als Besteuerungstatbestand. Es wäre aber prinzipiell möglich, die Besteuerung dieser Form der Erhöhung der wirtschaftlichen Leistungsfähigkeit in das System der Ertragsteuern zu integrieren. Dazu müsste man nur den unentgeltlichen Vermögenszugang als gesonderte Einkunftsart definieren. Eine getrennte Regelung für Einkommen, das über einen entgeltlichen Leistungsaustausch am Markt erwirtschaftet wird (Einkommen- bzw Körperschaftsteuer), und für den unentgeltlichen Mittelerwerb (Erbschaft- und Schenkungsteuer) als eigenständige Steuerarten ist international eine weit verbreitete Alternative. Diese Trennung ist aber nicht zwingend.
- Die **Anknüpfung an** (unentgeltliche) **Vermögensübertragungen** im Erbfall oder durch Schenkung entspricht dem Wesen einer **Verkehrsteuer**, die auf bestimmte Verkehrsvorgänge (Vorgänge des Rechtsverkehrs oder des technischen Verkehrs)

abstellt. Zu beachten ist allerdings, dass nicht der Vermögenstransfer als solcher besteuert wird (so beispielsweise bei der Grunderwerbsteuer), vielmehr unterliegt auf Ebene des Erwerbers der Wert des übertragenen Vermögens der Besteuerung.

B. Ausgestaltung als Erbanfallsteuer

Die Erbschaft- und Schenkungsteuer ist als **Erbanfallsteuer** konzipiert. Besteuert wird das Vermögen, das ein Steuerpflichtiger im Erbfall oder durch Schenkung erwirbt. Erfasst wird die **Bereicherung des Erwerbers**. Die Höhe der Steuerbelastung bestimmt sich nach den persönlichen **Verhältnissen des Begünstigten**. **542**

Eine Erbschaft- und Schenkungsteuer könnte auch als **Nachlasssteuer** ausgestaltet sein. Nach diesem – in Deutschland 1919 kurzfristig verfolgten – Prinzip wird der Nachlass erfasst. Die Besteuerung erfolgt auf Ebene des Erblassers nach den bei ihm geltenden Verhältnissen. Eine Nachlasssteuer bildet die letzte Steuerzahlung des Erblassers.

Beispiel: Beim Tod eines verwitweten Mannes geht das Vermögen auf seine fünf Kinder über. Nach der in Deutschland geltenden Konzeption der Erbschaftsteuer als Erbanfallsteuer liegen auf Ebene der Kinder insgesamt fünf, jeweils getrennt zu behandelnde steuerbare Vorgänge vor. Bei einer Nachlasssteuer würde nur einmal Erbschaftsteuer erhoben: auf Ebene des verstorbenen Vaters.

Die **Erbanfallsteuer ist** einer **Nachlasssteuer vorzuziehen**. Dies wird auch durch das Bundesverfassungsgericht bestätigt:[1] **543**

– Eine **Erbanfallsteuer** ist **mit** der **Einkommensteuer besser kombinierbar** als eine Nachlasssteuer. Bei beiden Steuerarten werden die bei einer Person eingetretenen Vermögensmehrungen erfasst. Der Unterschied besteht nur hinsichtlich der Art des Mittelerwerbs: am Markt erzielt (mit Leistungsaustausch) bzw unentgeltlich (ohne Leistungsaustausch). Bei einer Erbanfallsteuer kann der auf den einzelnen Begünstigten entfallende Anteil, dh der Wert des ihm zufließenden Vermögenszugangs, nach seinen persönlichen Verhältnissen besteuert werden. Folgt man dieser Argumentation, ist die Erbschaft- und Schenkungsteuer in erster Linie als eine Sonderform der Ertragsteuern anzusehen. Um die bei einer Ertragsteuer zu erfassende Vermögensmehrung konkretisieren zu können, ist an dem Tag, an dem der Vermögenstransfer erfolgt (steuertechnische Festlegung des Besteuerungszeitpunkts wie bei den Verkehrsteuern), der gemeine Wert der übertragenen Wirtschaftsgüter zu ermitteln (stichtagsbezogene Festlegung der Bemessungsgrundlage wie bei einer Substanzsteuer).

– Eine **Nachlasssteuer** lässt sich innerhalb eines Steuersystems, das **auf** die **Besteuerung des Konsums abstellt**, damit begründen, dass man die unentgeltliche Übertragung des Vermögens als (im Erbfall: letzten) Konsum des Übertragenden interpretiert. Im deutschen Steuerrecht dominiert jedoch eine einkommensorientierte Sichtweise. **Innerhalb eines einkommensorientierten Besteuerungskonzepts** weist eine Nachlasssteuer den Nachteil auf, dass sie zu einer **Doppelbelastung der Ersparnisse**

1 Vgl BVerfG vom 22.6.1995, BStBl. 1995 II, S. 671.

führt: (1) Das Einkommen wird in dem Jahr besteuert, in dem durch Markttransaktionen eine Vermögensmehrung erwirtschaftet wird. (2) Der Teil des Einkommens, der nicht ausgegeben wird, wird bei der gleichen Person in dem Zeitpunkt nochmals erfasst, in dem sie die Ersparnisse im Erbfall oder durch Schenkung unentgeltlich überträgt.

C. Konsequenzen aus der Einordnung als Erbanfallsteuer

I. Bewertungsmaßstab: gemeiner Wert

544 Das Ziel der Erbschaft- und Schenkungsteuer, die Bereicherung des Erben bzw Beschenkten zu erfassen, wirkt sich unmittelbar auf die Bewertung des übertragenen Vermögens aus. Die gleichmäßige Belastung der Steuerpflichtigen setzt voraus, dass die zu einer Erbschaft oder Schenkung gehörenden Wirtschaftsgüter so bewertet werden, dass deren Werte in ihrer Relation realitätsgerecht abgebildet werden.[2] Aus dem bei der Erbschaft- und Schenkungsteuer geltenden Konzept einer **stichtagsbezogenen Besteuerung** leitet sich ab, dass die Vermögenswerte einheitlich mit ihrem Verkehrswert zu bewerten sind. Im Steuerrecht ist mit dem Verkehrswert der am Bewertungsstichtag geltende gemeine Wert angesprochen (§ 9 BewG). In Konkretisierung seiner Rechtsprechung aus dem Jahr 1995 hat das Bundesverfassungsgericht im Jahr 2006 entschieden, dass bei der Bewertung sichergestellt sein muss, dass alle Vermögenswerte mit einem Wert erfasst werden, der zumindest näherungsweise dem gemeinen Wert entspricht.[3] Die Bewertung zum gemeinen Wert darf nicht nur bei Geld und anderen finanziellen Vermögenswerten erfolgen. Der Wertmaßstab „gemeiner Wert“ muss vielmehr für das gesamte Vermögen herangezogen werden. Dies bedeutet, dass auch für Grundvermögen, Betriebsvermögen sowie land- und forstwirtschaftliches Vermögen der gemeine Wert zu ermitteln ist. Es kommt nicht – wie noch im Beschluss des Bundesverfassungsgerichts aus dem Jahr 1995 – nur auf eine vergleichbare Wertrelation zum gemeinen Wert an, vielmehr ist (zumindest näherungsweise) der gemeine Wert als solcher zu ermitteln. Nach der Rechtsprechung des Bundesverfassungsgerichts aus dem Jahr 2006 ist beispielsweise eine jeweils hälftige Erfassung des gemeinen Werts auch dann nicht zulässig, wenn diese Unterbewertung bei allen Wirtschaftsgütern vorgenommen werden würde.

II. Voraussetzung für steuerliche Verschonungsregeln: transparente und folgerichtige Ausgestaltung

545 Nach der Rechtsprechung des Bundesverfassungsgerichts darf der Gesetzgeber **außerfiskalische Förderungs- und Lenkungsziele** verfolgen. Allerdings sind die beiden Ebenen „Bewertung“ sowie „Lenkungs- und Förderungszweck“ strikt voneinan-

2 Vgl BVerfG vom 22.6.1995, BStBl. 1995 II, S. 671.
3 Vgl BVerfG vom 7.11.2006, BStBl. 2007 II, S. 192.

der zu trennen. Auf der ersten Ebene hat (zumindest näherungsweise) eine Bewertung zum gemeinen Wert zu erfolgen. Die steuerlichen Verschonungsregeln dürfen erst auf der zweiten Ebene ansetzen.[4] **Voraussetzungen** für die Gewährung von steuerlichen Verschonungsregeln sind:

- Der Gesetzgeber muss den Lenkungszweck deutlich erkennen lassen, weil nur so geprüft werden kann, ob für die Erleichterung ausreichende Gemeinwohlgründe vorliegen.
- Die Begünstigung muss offen ausgewiesen werden. Sie darf nicht in den Bewertungsregeln versteckt sein.
- Zwischen dem Lenkungszweck und dem Ausmaß der steuerlichen Begünstigung muss ein innerer Zusammenhang bestehen.
- Der Kreis der Begünstigten muss nach sachgerechten Kriterien abgegrenzt werden.
- Die Lenkungsnorm muss gleichheitsgerecht ausgestaltet sein, dh die Begünstigungswirkungen müssen ausreichend zielgenau sein und sie müssen innerhalb des Kreises der Begünstigten möglichst gleichmäßig eintreten.

Hinsichtlich der **Mittel zur Erreichung der Lenkungs- und Förderungsziele** hat das Bundesverfassungsgericht keine Vorgaben formuliert. Die Entlastungen können als teilweise Steuerbefreiung, als vollständige Steuerbefreiung, als Freibetrag, als Bewertungsabschlag oder über eine Steuersatzdifferenzierung gewährt werden.

Diese Leitlinien hat das Bundesverfassungsgericht in einer weiteren Entscheidung zur **546**
Erbschaft- und Schenkungsteuer konkretisiert.[5] Nach dem Gebot der folgerichtigen Ausgestaltung des steuerrechtlichen Ausgangstatbestands **bedürfen Abweichungen eines besonderen sachlichen Grundes**. Dabei steigen die Anforderungen an die Rechtfertigung mit dem Umfang und dem Ausmaß der Begünstigung. Bezogen auf die Erbschaft- und Schenkungsteuer hat das Bundesverfassungsgericht dem Gesetzgeber den **Entscheidungsspielraum** eingeräumt, **kleine und mittelständische inhabergeführte Unternehmen** zur Sicherung ihres Bestands und damit auch zur Erhaltung der Arbeitsplätze von der Erbschaft- und Schenkungsteuer **weitgehend oder vollständig zu befreien**. Voraussetzung ist jedoch, dass tragfähige Rechtfertigungsgründe angeführt werden können. Dem Gesetzgeber steht es frei, bei Unternehmen mit einer geringen Anzahl an Arbeitnehmern an die Voraussetzung für eine Entlastung geringere Anforderungen zu stellen. Bei der unentgeltlichen **Übertragung von großen Unternehmen** ist es aber nicht gerechtfertigt, wenn eine umfassende Verschonung ohne Bedingung gewährt wird. Bei der Übertragung von großen Unternehmen darf deshalb eine Privilegierung nur dann erfolgen, wenn eine **Prüfung** durchgeführt wird, **inwieweit für die Entlastung** von der Erbschaft- und Schenkungsteuer **ein konkreter Bedarf besteht**. Aufgrund dieser Vorgaben wurden die bei der Übertragung von Unternehmensvermögen gewährten Entlastungen im Jahr 2016 erneut überarbeitet.

4 Vgl BVerfG vom 7.11.2006, BStBl. 2007 II, S. 192.
5 Vgl BVerfG vom 17.12.2014, BStBl. 2015 II, S. 50.

Zweiter Abschnitt

Erbschaft- und Schenkungsteuer

A. Überblick

I. Allgemeine Charakterisierung

547 Der Erbschaft- und Schenkungsteuer unterliegt in erster Linie der **Vermögensübergang von Wirtschaftsgütern** auf eine oder mehrere andere Personen **im Erbfall**. Zusätzlich werden **Schenkungen** erfasst. Der Einbezug von Schenkungen ist deshalb notwendig, weil die Erbschaftsteuer ansonsten durch unentgeltliche Vermögensübertragungen (kurz) vor dem Tod des Übertragenden leicht vermieden werden könnte. Die weiteren steuerpflichtigen Vorgänge (**Zweckzuwendungen**, **Erbersatzsteuer**) dienen gleichfalls dazu, den Hauptzweck der Erbschaftsteuer – Besteuerung des unentgeltlichen Vermögensübergangs durch Vererbung – sicherzustellen (§ 1 ErbStG).

Die Erbschaft- und Schenkungsteuer gehört zu den **Personensteuern**. Diese Zuordnung wirkt sich auf die Steuerpflicht, die Bemessungsgrundlage und den Steuertarif aus. Die Erbschaft- und Schenkungsteuer stellt als Personensteuer auf das Steuersubjekt ab. **Steuerpflichtig** sind sowohl natürliche als auch juristische Personen (§ 2 ErbStG).

Die **Bemessungsgrundlage** bildet der Wert der Bereicherung des Erwerbers, dh der Überschuss des erhaltenen Vermögens über die übernommenen Belastungen und zu erfüllenden Verpflichtungen (§ 10 ErbStG). Wie bei der Einkommen- und Körperschaftsteuer gilt das Nettoprinzip (sachliche Interpretation des Leistungsfähigkeitsprinzips).

Aus dem Tarif der Erbschaft- und Schenkungsteuer wird die persönliche Komponente des Leistungsfähigkeitsprinzips besonders deutlich. Die Erbschaftsteuer kennt einen progressiven Tarif. Die **Höhe des Steuersatzes** hängt zum einen vom Wert des unentgeltlich übertragenen Vermögens, dh der Bemessungsgrundlage, und zum anderen von der Art der familiären bzw verwandtschaftlichen Verbundenheit des Übertragenden mit dem Begünstigten, dh den persönlichen Verhältnissen des Steuerpflichtigen, ab. Der Steuersatz liegt zwischen 7 und 50%. Die Höhe des **persönlichen Freibetrags** hängt ebenfalls in starkem Maße von den persönlichen Verhältnissen des Steuerpflichtigen (Verwandtschaftsgrad zwischen den beteiligten Personen) ab (§ 15 – § 19 ErbStG).

548 **Steuerliche Verschonungsregeln** sind insbesondere für folgende Wirtschaftsgüter vorgesehen:

– Unternehmensvermögen: sachliche Steuerbefreiung von 85% des begünstigten Vermögens und Abzugsbetrag von bis zu 150 000 € (Regelverschonung, § 13a Abs. 1, 2 iVm § 13b ErbStG) oder alternativ sachliche Steuerbefreiung von 100% des begünstigten Vermögens (Vollverschonung, § 13a Abs. 10 Nr 1 ErbStG iVm § 13b ErbStG);

bei Großerwerben (ab 26 Mio. €)[6] sukzessive Reduzierung dieser Begünstigung durch das Abschmelzmodell (§ 13c ErbStG) oder Verschonungsbedarfsprüfung (§ 28a ErbStG)
Steuerermäßigung für Personen der Steuerklassen II und III, damit auf das übertragene Unternehmensvermögen keine höhere Erbschaft- oder Schenkungsteuer anfällt als bei Personen der Steuerklasse I (Tarifbegrenzung nach § 19a ErbStG)

- zu Wohnzwecken vermietete Grundstücke: sachliche Steuerbefreiung von 10% (§ 13d ErbStG)
- selbst genutzter Wohnraum: sachliche Steuerbefreiung von 100% bei der unentgeltlichen Übertragung an den Ehegatten oder den Lebenspartner bzw sachliche Steuerbefreiung bis zu einer Wohnfläche von 200 qm bei der Vererbung an ein Kind (§ 13 Abs. 1 Nr 4a–4c ErbStG).

II. Ertragshoheit

Das Aufkommen der Erbschaft- und Schenkungsteuer **fließt den Ländern zu** (Art. 106 Abs. 2 Nr 2 GG). **549**

III. Aufbau des Erbschaft- und Schenkungsteuergesetzes

Das Erbschaft- und Schenkungsteuergesetz untergliedert sich in fünf Abschnitte: **550**

I. Steuerpflicht (§ 1 – § 9 ErbStG)
Im ersten Abschnitt wird abgegrenzt, welche Vorgänge dem Grunde nach der Erbschaft- und Schenkungsteuer unterliegen (§ 1, § 3 – § 8 ErbStG), wer persönlich steuerpflichtig ist (§ 2 ErbStG) und zu welchem Zeitpunkt die Steuer entsteht (§ 9 ErbStG).

II. Wertermittlung (§ 10 – § 13d ErbStG)
Zur Wertermittlung gehören die Abgrenzung der Bemessungsgrundlage (steuerpflichtiger Erwerb, § 10 ErbStG), Regelungen zum Bewertungsstichtag (§ 11 ErbStG) und zu den Bewertungsgrundsätzen (§ 12 ErbStG) sowie die sachlichen Steuerbefreiungen (§ 13 – § 13d ErbStG).

III. Berechnung der Steuer (§ 14 – § 19a ErbStG)
Die Zuordnung zu einer der Steuerklassen (§ 15 ErbStG) bestimmt die Höhe der persönlichen Freibeträge (§ 16 – § 18 ErbStG), die Höhe des Steuersatzes (§ 19 ErbStG) und den Umfang von Steuerermäßigungen (§ 19a ErbStG). Eine Zusammenrechnung von Vermögensübertragungen, die ein Steuerpflichtiger innerhalb eines Zeitraums von zehn Jahren von derselben Person erhält, sieht § 14 ErbStG vor.

IV. Steuerfestsetzung und Erhebung (§ 20 – § 35 ErbStG)
Der vierte Abschnitt fasst die wichtigsten verfahrensrechtlichen Regelungen zusammen, wie Steuerschuldner, Veranlagung und Zahlung der Steuer, Wahl-

6 Dieser Wert entspricht dem Betrag, ab dem nach § 19 ErbStG der Spitzensteuersatz zur Anwendung kommt.

rechte beim Erwerb von bestimmten Vermögenswerten, Stundungs- und Erlassmöglichkeiten (insbesondere § 28, § 28a ErbStG), Anzeigeverpflichtungen und örtliche Zuständigkeiten.

V. **Ermächtigungs- und Schlussvorschriften** (§ 36 – § 37a ErbStG)
Der fünfte Abschnitt enthält neben Ermächtigungsvorschriften und Regelungen zur Geltungsdauer Sondervorschriften aus Anlass der Herstellung der Einheit Deutschlands.

IV. Schema zur Ermittlung der Erbschaft- und Schenkungsteuer

551 Die Berechnung der Erbschaft- und Schenkungsteuer ist im folgenden, vereinfachten Schema wiedergegeben:[7]

sachliche Steuerpflicht und Bemessungsgrundlage (§ 1, § 10 ErbStG)

- *Erwerb von Todes wegen*
  steuerlicher Wert des gesamten Vermögensanfalls abzüglich der Nachlassverbindlichkeiten
- *Schenkungen unter Lebenden*
  Bereicherung des Erwerbers
- *Zweckzuwendungen*
  Verpflichtung des mit der Zuwendungsauflage beschwerten Zuwendungsempfängers
- *Erbersatzsteuer* (jeweils nach 30 Jahren das Vermögen von Stiftungen und Vereinen, soweit sie wesentlich im Interesse einer Familie errichtet worden sind)
  Wert des Vermögens der Familienstiftung bzw des Familienvereins

– allgemeine sachliche Steuerbefreiungen (§ 13 ErbStG), insbesondere für Hausrat und selbst genutzten Wohnraum

– bei der Übertragung von Unternehmensvermögen: sachliche Steuerbefreiung von 85% des begünstigten Vermögens und Abzugsbetrag von bis zu 150 000 € (Regelverschonung) bzw 100% des begünstigten Vermögens (Vollverschonung, § 13a, § 13b ErbStG), mit Einschränkungen für große Unternehmen (Abschmelzmodell nach § 13c ErbStG, Verschonungsbedarfsprüfung nach § 28a ErbStG)

– bei der Übertragung von zu Wohnzwecken vermieteten Grundstücken: sachliche Steuerbefreiung von 10% (§ 13d ErbStG)

= **Bereicherung des Erwerbers**

– Nichtbesteuerung des Zugewinnausgleichs (§ 5 ErbStG)

– allgemeiner persönlicher Freibetrag (§ 16 ErbStG), in Abhängigkeit von der Steuerklasse (§ 15 ErbStG), zB 500 000 € (Ehegatte, Lebenspartner) oder 400 000 € (Kinder)

– für Ehegatten, Lebenspartner und Kinder zusätzlich Versorgungsfreibetrag (§ 17 ErbStG), bis zu 256 000 € (Ehegatte, Lebenspartner) oder bis zu 52 000 € (Kinder)

– Abrundung auf volle 100 € (§ 10 Abs. 1 S. 6 ErbStG)

= **steuerpflichtiger Erwerb** (nach Abzug der persönlichen Freibeträge, § 10 Abs. 1 S. 1 ErbStG)

---

7 Zu einem differenzierten Berechnungsschema siehe R E 10.1 ErbStR.

×	Steuersatz (§ 19 ErbStG) (in Abhängigkeit von der Steuerklasse und der Höhe der Bemessungsgrundlage zwischen 7 und 50%) Besonderheit: Berücksichtigung von früheren Erwerben (Zusammenrechnung von allen Erwerben von derselben Person innerhalb eines Zehnjahreszeitraums, § 14 ErbStG)
=	**tarifliche Erbschaft- und Schenkungsteuer**
–	Steuerermäßigungen Hauptanwendungsfall: Bei der Übertragung von Unternehmensvermögen wird für Personen der Steuerklasse II und III (zB Geschwister, Nichten und Neffen, Familienfremde) die Erbschaft- und Schenkungsteuer auf den Betrag reduziert, der dem entspricht, der sich für Personen der Steuerklasse I (zB Ehegatte, Lebenspartner, Kind) ergibt (Tarifbegrenzung nach § 19a ErbStG).
–	Ermäßigungen bei mehrfachem Erwerb derselben Vermögenswerte (§ 27 ErbStG)
–	anrechenbare ausländische Steuern (§ 21 ErbStG)
=	**festzusetzende Erbschaft- und Schenkungsteuer**

Bei der Übertragung von Unternehmen besteht unter bestimmten Voraussetzungen die Möglichkeit, eine Stundung (§ 28 ErbStG) oder einen (teilweisen) Erlass (Verschonungsbedarfsprüfung, § 28a ErbStG) der Erbschaft- und Schenkungsteuer zu beantragen.

B. Persönliche Steuerpflicht (natürliche und juristische Personen)

Als **Personensteuer** unterscheidet die Erbschaft- und Schenkungsteuer analog zur Einkommen- und Körperschaftsteuer zwischen unbeschränkter und beschränkter Steuerpflicht. **552**

I. Unbeschränkte Steuerpflicht

Die unbeschränkte Steuerpflicht ist gegeben, wenn der Vorgang entweder von einem Inländer ausgeht oder die Vermögensübertragung an einen Inländer erfolgt (§ 2 Abs. 1 Nr 1 S. 1 ErbStG). Unbeschränkte Steuerpflicht besteht also, **wenn an** dem **Vermögensübergang ein Inländer beteiligt** ist. **553**

Als Inländer gelten insbesondere natürliche Personen, die im Inland ihren Wohnsitz oder ihren gewöhnlichen Aufenthalt haben, sowie juristische Personen mit Sitz oder Geschäftsleitung im Inland (§ 2 Abs. 1 Nr 1 S. 2 Buchst. a, d ErbStG). Diese Form der unbeschränkten Erbschaftsteuer- und Schenkungsteuerpflicht entspricht der Grundform der unbeschränkten Steuerpflicht im Rahmen der Einkommen- und Körperschaftsteuer.

Die unbeschränkte Steuerpflicht hängt von der Ansässigkeit der an der unentgeltlichen Vermögensübertragung beteiligten Personen ab. Entsprechend dem Konzept einer Erbanfallsteuer ist der Erbe oder der Beschenkte der Steuerpflichtige. Der Empfänger des unentgeltlich übertragenen Vermögens ist dann in Deutschland unbeschränkt steuerpflichtig, wenn er selbst und/oder der Übertragende in Deutschland ansässig ist. Die unbeschränkte Steuerpflicht des Erwerbers kann also nur dann vermieden werden, wenn sowohl der Empfänger des Vermögens als auch der Übertragende nicht in Deutschland ansässig sind.

Was zum Inland gehört, wird in § 2 Abs. 2 ErbStG festgelegt.

Eine unbeschränkte Steuerpflicht des Erwerbers entsteht auch dann, wenn an der Vermögensübertragung natürliche Personen beteiligt sind, die die deutsche Staatsangehörigkeit besitzen und die sich nicht länger als fünf Jahre dauernd im Ausland aufgehalten haben, ohne im Inland einen Wohnsitz zu unterhalten (§ 2 Abs. 1 Nr 1 S. 2 Buchst. b ErbStG). Durch die erweiterte unbeschränkte Steuerpflicht für Abwanderer soll verhindert werden, dass die deutsche Erbschaft- und Schenkungsteuer durch eine kurzfristige oder vorübergehende Wohnsitzverlagerung ins Ausland umgangen wird.

Als Inländer gelten auch deutsche Staatsangehörige, die im Inland weder einen Wohnsitz noch einen gewöhnlichen Aufenthalt haben und die zu einer inländischen juristischen Person des öffentlichen Rechts in einem Dienstverhältnis stehen und dafür Arbeitslohn aus einer inländischen öffentlichen Kasse beziehen, sowie die zu ihrem Haushalt gehörenden Angehörigen, die die deutsche Staatsangehörigkeit besitzen (§ 2 Abs. 1 Nr 1 S. 2 Buchst. c ErbStG). Die erweiterte unbeschränkte Steuerpflicht für Auslandsbedienstete (insbesondere Diplomaten und Konsularbeamte) ist mit der entsprechenden Regelung im Bereich der Einkommensteuer (§ 1 Abs. 2 EStG) vergleichbar.

Die unbeschränkte Steuerpflicht des Erwerbers **erstreckt sich auf** den **gesamten** (in- und ausländischen) **Vermögensanfall**. In Umsetzung der für Personensteuern geltenden Prinzipien erfasst die Erbschaft- und Schenkungsteuer im Rahmen der unbeschränkten Steuerpflicht sowohl steuerpflichtige Vorgänge **im Inland** als auch Vermögensübertragungen, die **im Ausland** stattfinden (Weltvermögensprinzip, Universalitätsprinzip).

II. Beschränkte Steuerpflicht

554 Eine beschränkte Steuerpflicht des Erwerbers entsteht, wenn der Vermögensanfall aus **Inlandsvermögen** oder Nutzungsrechten an Wirtschaftsgütern des Inlandsvermögens besteht **und** wenn an der Vermögensübertragung **kein Inländer beteiligt** ist. Die beschränkte Steuerpflicht von Steuerausländern ist auf das Inlandsvermögen begrenzt (eingeschränktes Territorialprinzip, § 2 Abs. 1 Nr 3 ErbStG iVm § 121 BewG). Diese Form der Steuerpflicht ist mit der beschränkten Einkommen- bzw Körperschaftsteuerpflicht von „Steuerausländern“ vergleichbar.

C. Sachliche Steuerpflicht (steuerpflichtige Vorgänge)

555 Die Erbschaft- und Schenkungsteuer kennt vier **steuerpflichtige Vorgänge** (§ 1 ErbStG):

– Erwerb von Todes wegen

- Schenkungen unter Lebenden
- Zweckzuwendungen
- Erbersatzsteuer: alle 30 Jahre das Vermögen von Stiftungen oder Vereinen, sofern sie im Wesentlichen im Interesse einer Familie errichtet worden sind.

Die Konkretisierung dieser vier **Besteuerungstatbestände** des Erbschaft- und Schenkungsteuergesetzes **orientiert sich** sehr stark **an zivilrechtlichen Normen**. **Insbesondere** zum **Erbrecht** und **Familienrecht** bestehen starke Verbindungen.

I. Erwerb von Todes wegen

Das Anknüpfungsmerkmal Erwerb von Todes wegen umfasst im Einzelnen: **556**

- **reale unmittelbare Erwerbe von Todes wegen** (§ 3 Abs. 1 Nr 1, Nr 2 S. 1, Nr 3–4 ErbStG). **Haupttatbestand** ist der Erwerb durch **Erbanfall** (Nachfolge in das Vermögen eines Verstorbenen aufgrund gesetzlicher Erbfolge, eines Erbvertrags oder Testaments).
- **reale mittelbare Erwerbe von Todes wegen** (§ 3 Abs. 2 Nr 2–7, § 6 ErbStG). Hierzu gehören beispielsweise der (mittelbare) Erwerb aufgrund einer Auflage, die der Erblasser dem unmittelbaren Erwerber auferlegt hat, Abfindungen oder Entgelte für die Ausschlagung der Erbschaft oder für den Verzicht auf einen entstandenen Pflichtteilsanspruch.
- **fiktive Erwerbe von Todes wegen bei Gesellschaftsverhältnissen** (§ 3 Abs. 1 Nr 2 S. 2–3 ErbStG). Der Übergang des Gesellschaftsanteils bei Tod eines Gesellschafters auf die anderen Gesellschafter ist insoweit steuerbar, als der Wert der Anteile die Abfindungsansprüche Dritter übersteigt.
- Der **Übergang von Vermögen auf eine** vom Erblasser angeordnete **Stiftung** sowie damit vergleichbare Vermögensmassen nach ausländischem Recht (zB Trust, § 3 Abs. 2 Nr 1 ErbStG).

II. Schenkungen unter Lebenden

Die Erbschaft- und Schenkungsteuer hat zum Ziel, **sämtliche unentgeltliche Vermö-** **557**
gensübertragungen zu erfassen. Deshalb stellen Schenkungen gleichfalls steuerbare Vorgänge dar. Die **Besteuerung von Schenkungen unter Lebenden soll** eine **Umgehung der Erbschaftsteuer vermeiden**, die ansonsten durch eine unentgeltliche Vermögensübertragung (kurz) vor dem Tod des Übertragenden möglich wäre.

Die Besteuerungsvorgänge lassen sich in **zwei Gruppen** einteilen:

- reale Schenkungen unter Lebenden (§ 7 Abs. 1–4 ErbStG),
- fiktive Schenkungen unter Lebenden bei Gesellschaftsverhältnissen (§ 7 Abs. 5–8 ErbStG).

Die Steuerbarkeit von **realen Schenkungen unter Lebenden** wird in § 7 Abs. 1–4 ErbStG festgelegt. Der **wichtigste Anwendungsfall** wird umschrieben als **„freigebige Zuwendung** unter Lebenden, **soweit** der **Bedachte** durch sie auf Kosten des Zuwendenden **bereichert wird“** (§ 7 Abs. 1 Nr 1 ErbStG). Die erste Voraussetzung der

Freigebigkeit ist erfüllt, wenn der **Zuwendende einen Bereicherungswillen** hat, dh einen eigenen Nachteil in Kauf nimmt, ohne dass eine Verpflichtung besteht, dem Zuwendungsempfänger einen Vermögensvorteil zu verschaffen. Als zweites Abgrenzungsmerkmal muss eine **tatsächliche Bereicherung des Zuwendungsempfängers** vorliegen.

558 Zu den **fiktiven Schenkungen unter Lebenden bei Gesellschaftsverhältnissen** gehören:

- Schenkung von Anteilen an einer Personengesellschaft mit **Buchwertklausel** (§ 7 Abs. 5 ErbStG). Der Besteuerung wird nicht der Buchwert der Anteile zugrunde gelegt, sondern der tatsächliche Wert des Gesellschaftsanteils. Soweit die Bereicherung den Buchwert übersteigt (insbesondere dann, wenn der gemeine Wert des Anteils am Gesamthandsvermögen einer Personengesellschaft höher ist als der Steuerbilanzwert des Gesellschaftsanteils), gilt sie als auflösend bedingt erworben.
- Ausstattung des Anteils an einer Personengesellschaft mit einer **überhöhten Gewinnbeteiligung** (§ 7 Abs. 6 ErbStG). Der Kapitalwert der überhöhten Gewinnbeteiligung wird als selbständige Schenkung definiert.
- **Übergang von Gesellschaftsanteilen an** die **übrigen Gesellschafter**, **soweit** der erbschaft- und schenkungsteuerliche **Wert der Anteile** den **Abfindungsanspruch** des Ausscheidenden **übersteigt** (§ 7 Abs. 7 ErbStG). Diese Vorschrift ist mit der beim Tod eines Gesellschafters geltenden Regelung nach § 3 Abs. 1 Nr 2 S. 2–3 ErbStG vergleichbar.
- Erhöhungen des Werts von Anteilen an einer Kapitalgesellschaft, die eine an der Kapitalgesellschaft unmittelbar oder mittelbar beteiligte natürliche Person oder Stiftung (Bedachter) durch die Leistung einer anderen Person (Zuwendender) an die Kapitalgesellschaft erlangt (§ 7 Abs. 8 ErbStG). Erfasst werden insbesondere Erhöhungen des Werts der Anteile durch disquotale Einlagen in eine Kapitalgesellschaft. Die **überproportionale Einlage eines Gesellschafters** in das Vermögen einer Kapitalgesellschaft wird als mittelbare Schenkung an die Mitgesellschafter angesehen.[8]

III. Zweckzuwendungen

559 Zweckzuwendungen sind Zuwendungen von Todes wegen oder freigebige Zuwendungen (Schenkungen), die **mit** der **Auflage verbunden** sind, **sie zugunsten eines bestimmten Zwecks zu verwenden**, oder die von der Verwendung zugunsten eines bestimmten Zwecks abhängig sind, soweit hierdurch die Bereicherung des Erwerbers gemindert wird (§ 1 Abs. 1 Nr 3, § 8 ErbStG). Aus Sicht des Zuwendenden können Zweckzuwendungen als mit Auflagen verbundene Spenden angesehen werden.

Voraussetzungen für eine Zweckzuwendung sind:

- Es ist ein objektiv bestimmter Zweck feststellbar.

---

8 Zu Einzelheiten siehe Gleich lautende Erlasse der obersten Finanzbehörden der Länder vom 14.3.2012, BStBl. 2012 I, S. 331.

- Die Zuwendung ist nicht für bestimmte Personen einzusetzen, sondern für einen unbestimmten Personenkreis.
- Die Zuwendung kommt nicht den Interessen des Zuwendenden zugute (zB Grabpflege).

Eine steuerliche Erfassung beim **Zuwendungsempfänger** ist nicht möglich, weil dieser **nicht bereichert** wird. Der Zuwendungsempfänger kann die erhaltene Zuwendung mit der Belastung verrechnen, die dadurch entsteht, dass er die Zuwendung für einen bestimmten Zweck verwenden muss. Mit der Regelung zur Zweckzuwendung sollen erbschaftsteuerlich Bereicherungen erfasst werden, die nicht einer Person, sondern einem bestimmten Zweck zukommen. Dies führt dazu, dass im Bereich der Erbschaft- und Schenkungsteuer der **Zweck** zur Abgrenzung einer steuerbaren Vermögensmehrung (steuerrechtlich) **verselbständigt** wird und diese – zivilrechtlich nicht rechtsfähige Vermögensmasse – als durch die Zuwendung bereichert gilt. Nicht der Zuwendungsempfänger als Person wird bereichert, sondern der **Zweck selbst**. Die Bereicherung des Zwecks muss mit der Bereicherungsminderung bei dem mit der Verwendungsauflage beschwerten Zuwendungsempfänger übereinstimmen.

Die theoretische Begründung für die Besteuerung einer Zweckzuwendung ist unklar. Methodisch leichter zu begründen und praktisch leichter durchführbar wäre es, wenn man bei der Berechnung des Werts der Bereicherung den Abzug von Auflagen, bestimmte Zwecke zu finanzieren, einschränken würde.

Die Besteuerung von Zweckzuwendungen ist für die Praxis von geringer Bedeutung. Dies gilt auch deshalb, weil die Zweckzuwendungen steuerfrei sind, wenn sie ausschließlich kirchlichen, gemeinnützigen oder mildtätigen Zwecken gewidmet sind (§ 13 Abs. 1 Nr 17 ErbStG).

Beispiel: Ein Unternehmer überweist der Universität, an der er früher studiert hat, 1 Mio. € mit der Auflage, daraus Stipendien für Studierende zu gewähren, die ein Auslandssemester absolvieren.

Bereichert ist der Zweck „Finanzierung von Stipendien". Der Geldbetrag fließt zwar der Universität zu, diese juristische Person muss aber den Geldbetrag entsprechend den Vorgaben des Spenders verwenden. Aus Sicht des Zuwendungsempfängers (Universität) gleichen sich Zugang und Auflage wertmäßig aus.

Es liegt eine Zweckzuwendung vor (§ 1 Abs. 1 Nr 3, § 8 ErbStG). Die Zweckzuwendung ist zwar steuerbar, aber – wie häufig bei Zweckzuwendungen – von der Erbschaft- und Schenkungsteuer befreit (§ 13 Abs. 1 Nr 17 ErbStG).

IV. Erbersatzsteuer

Bei juristischen Personen kann ein **erbschaft- und schenkungsteuerpflichtiger Vorgang** grundsätzlich **nur** dann eintreten, wenn ihnen durch Erwerb von Todes wegen oder als Schenkung **Vermögenswerte übertragen werden**. Dieses **Prinzip** wird **bei Familienstiftungen und Familienvereinen durchbrochen**. Familienstiftungen und -vereine sind dadurch gekennzeichnet, dass ihr Zweck im Wesentlichen darin besteht, das Vermögen einer oder mehrerer Familien zu binden. Da bei diesen beiden 560 rechtlich selbständigen Rechtsträgern keine Gesellschaftsanteile übertragen werden können, wäre ohne den Besteuerungsgegenstand **„Erbersatzsteuer“** nach einer Einbringung des Vermögens in eine Familienstiftung oder in einen Familienverein der Übergang des Vermögens von einer Generation auf die nachfolgende Generation möglich, ohne dass Erbschaft- oder Schenkungsteuer anfallen würde. Um dies zu vermeiden, wird das Vermögen von Familienstiftungen und -vereinen **im Zeitabstand von jeweils 30 Jahren** der Erbersatzsteuer unterworfen (§ 1 Abs. 1 Nr 4 ErbStG).

Der Dreißigjahreszeitraum beginnt grundsätzlich mit der ersten Übertragung von Vermögenswerten auf die Familienstiftung oder den Familienverein (§ 9 Abs. 1 Nr 4 ErbStG).

Die Erbersatzsteuer für Familienstiftungen und -vereine hat die Aufgabe, eine **Gleichstellung mit anderen Formen der Vermögensbindung** herzustellen. Bei privater Vermögensanlage, Einzelunternehmen, Personen- oder Kapitalgesellschaften werden im Zeitpunkt des Todes der älteren Generation die übertragenen Wirtschaftsgüter bzw Gesellschaftsanteile mit Erbschaft- und Schenkungsteuer belastet. Da bei Familienstiftungen und -vereinen keine Wirtschaftsgüter oder Anteile übertragen werden, sondern lediglich der Kreis der begünstigten Personen wechselt, wird durch die Erbersatzsteuer **in typisierender Form nach jeweils 30 Jahren ein Generationenwechsel unterstellt**.

Die **Gründung** einer Familienstiftung (sowie damit vergleichbare Vermögensmassen nach ausländischem Recht, zB Trust) unterliegt als Erwerb von Todes wegen oder als Schenkung unter Lebenden der Erbschaft- und Schenkungsteuer (§ 3 Abs. 2 Nr 1, § 7 Abs. 1 Nr 8 ErbStG).

D. Bemessungsgrundlage (steuerpflichtiger Erwerb)

I. Zusammensetzung der Bemessungsgrundlage

561 Als **steuerpflichtiger Erwerb** gilt **grundsätzlich** die **Bereicherung des Erwerbers, soweit** sie **nicht steuerfrei** ist (§ 10 Abs. 1 S. 1 ErbStG).

Für die einzelnen steuerpflichtigen Vorgänge bestimmt sich die **Bemessungsgrundlage** nach folgenden Grundsätzen:

- **Erwerb von Todes wegen**. Steuerlicher Wert des gesamten Vermögensanfalls abzüglich der Nachlassverbindlichkeiten (insbesondere § 10 Abs. 1 S. 1–4, Abs. 5 ErbStG). Die Abzugsfähigkeit wird zum Teil eingeschränkt (§ 10 Abs. 6, 8–10 ErbStG).
- **Schenkungen unter Lebenden**. Bereicherung des Erwerbers (insbesondere § 10 Abs. 1 S. 1 ErbStG).
- **Zweckzuwendungen**. Verpflichtung des mit der Verwendungsauflage beschwerten Zuwendungsempfängers (§ 10 Abs. 1 S. 5 ErbStG).
- **Erbersatzsteuer**. Wert des Vermögens der Familienstiftung oder des Familienvereins (§ 10 Abs. 1 S. 7, Abs. 7 ErbStG).

Die Bemessungsgrundlage ist auf volle 100 € abzurunden (§ 10 Abs. 1 S. 6 ErbStG).

II. Bewertungsstichtag

Die Erbschaft- und Schenkungsteuer ist eine stichtagsbezogene Steuer. Für die Wertermittlung sind grundsätzlich die im Zeitpunkt der Entstehung der Steuer geltenden Verhältnisse ausschlaggebend. Dies folgt daraus, dass die Erbschaft- und Schenkungsteuer auch als Substanzsteuer eingeordnet werden kann. **562**

Die wichtigsten **Bewertungsstichtage** sind der **Zeitpunkt des Todes des Erblassers**, der **Zeitpunkt der Ausführung der Schenkung** oder der **Zeitpunkt des Eintritts der Verpflichtung des Beschwerten** bzw jeder **Zeitpunkt**, der **jeweils 30 Jahre** nach dem Zeitpunkt des ersten Übergangs von Vermögen auf die Familienstiftung bzw den Familienverein liegt (§ 11 iVm § 9 ErbStG).

III. Bewertungsgrundsätze

Das **Konzept einer stichtagsbezogenen Besteuerung** lässt sich am besten verwirklichen, wenn die Bemessungsgrundlage aus den aktuellen Verkehrswerten abgeleitet wird. Mit dem Tageswert ist im steuerlichen Sinne der zum Bewertungsstichtag zu ermittelnde **gemeine Wert** angesprochen.[9] **563**

Eine Bewertung mit dem gemeinen Wert ist auch dann sachgerecht, wenn man die Erbschaft- und Schenkungsteuer als eine besondere Form der Ertragsbesteuerung ansieht, nach der die ohne Leistungsaustausch eingetretene Vermögensmehrung der Besteuerung unterliegt.

Der gemeine Wert ist definiert als der Preis, der im gewöhnlichen Geschäftsverkehr nach der Beschaffenheit des Wirtschaftsguts bei einer Veräußerung zu erzielen wäre (§ 9 BewG). Beim gemeinen Wert handelt es sich um einen objektivierten Wert. Deshalb sind alle Umstände zu beachten, die den Preis beeinflussen. Ungewöhnliche oder persönliche Verhältnisse bleiben unberücksichtigt. Als persönliche Verhältnisse sind auch Verfügungsbeschränkungen anzusehen, die in der Person des Steuerpflichtigen oder seines Rechtsvorgängers begründet sind. Das gilt insbesondere für Verfügungsbeschränkungen, die auf letztwilligen Anordnungen beruhen.

Beispiel: Eine Mutter überlässt ihrem Sohn einen Anteil an einer Personengesellschaft mit der Auflage, diese Anteile nicht an Familienfremde zu veräußern.

Für die Bewertung der Wirtschaftsgüter gelten bei der Erbschaft- und Schenkungsteuer **spezielle steuerrechtliche Bewertungsgrundsätze**, deren Konkretisierung von der Art des Wirtschaftsguts abhängt. Deshalb ist eine **Abgrenzung zwischen den steuerrechtlichen Vermögensarten erforderlich**. Im Folgenden werden die für die einzelnen Vermögenswerte heranzuziehenden Bewertungsgrundsätze vorgestellt und anhand der Zielsetzung der Erbschaft- und Schenkungsteuer sowie den vom Bundesverfassungsgericht vorgegebenen Leitlinien beurteilt. **564**

9 Vgl BVerfG vom 7.11.2006, BStBl. 2007 II, S. 192.

1. Land- und forstwirtschaftliches Vermögen

565 – *Begriff:* Land- und Forstwirtschaft ist die planmäßige Nutzung der natürlichen Kräfte des Bodens, um pflanzliche und tierische Erzeugnisse zu gewinnen sowie deren Verwertung. Zum land- und forstwirtschaftlichen Vermögen gehören alle **Wirtschaftsgüter, die einem Betrieb der Land- und Forstwirtschaft dauernd zu dienen bestimmt sind** (§ 158 Abs. 1 BewG). Hierzu gehören insbesondere der Grund und Boden, die Wirtschaftsgebäude, die stehenden Betriebsmittel, der normale Bestand an umlaufenden Betriebsmitteln, die immateriellen Wirtschaftsgüter sowie die Wohngebäude und der dazugehörende Grund und Boden (§ 158 Abs. 3 BewG). Zum land- und forstwirtschaftlichen Vermögen gehören auch Verbindlichkeiten, soweit mit den genannten Wirtschaftsgütern ein wirtschaftlicher Zusammenhang besteht (§ 158 Abs. 5 BewG).

Zum land- und forstwirtschaftlichen Vermögen **gehören nicht**: Grund und Boden sowie Gebäude, die nicht land- und forstwirtschaftlichen Zwecken dienen, Kleingartenland, Geschäftsguthaben, Wertpapiere und Beteiligungen, Überbestände an umlaufenden Betriebsmitteln, bestimmte Sondertierbestände, Geldforderungen und Zahlungsmittel sowie Pensionsverpflichtungen (§ 158 Abs. 4 BewG).[10]

Ein Betrieb der Land- und Forstwirtschaft gliedert sich in den Wirtschaftsteil, die Betriebswohnungen und den Wohnteil (§ 160 BewG):

- Der **Wirtschaftsteil** umfasst die land- und forstwirtschaftlichen Nutzungen, die Nebenbetriebe, das Abbauland, das Geringstland und das Unland.
- **Betriebswohnungen** sind Wohnungen einschließlich des dazugehörigen Grund und Bodens, die einem Betrieb der Land- und Forstwirtschaft zu dienen bestimmt sind, aber nicht dem Wohnteil zuzurechnen sind.
- Zum **Wohnteil** eines Betriebs der Land- und Forstwirtschaft gehören Gebäude und Gebäudeteile, die dem Betriebsinhaber, den zu seinem Haushalt gehörenden Familienangehörigen und den Altenteilern zu Wohnzwecken dienen.

566 – *Bewertung:* Der gemeine Wert des land- und forstwirtschaftlichen Vermögens wird unter Berücksichtigung der **tatsächlichen Verhältnisse** und der **Wertverhältnisse** zum **jeweiligen Besteuerungsstichtag** ermittelt (§ 12 Abs. 3 ErbStG iVm § 151 Abs. 1 S. 1 Nr 1, § 161 BewG). Der gemeine Wert ergibt sich durch Addition des Werts des Wirtschaftsteils, des Werts der Betriebswohnungen und des Werts des Wohnteils abzüglich der mit den Betriebswohnungen und dem Wohnteil in unmittelbarem wirtschaftlichen Zusammenhang stehenden Verbindlichkeiten (§ 168 BewG).[11]

567 Der **Wirtschaftsteil** wird mit dem gemeinen Wert bewertet, wie er sich bei einer Fortführung des land- und forstwirtschaftlichen Betriebs ergibt (§ 162 BewG). Bei der Ermittlung des gemeinen Werts des Wirtschaftsteils ist von der nachhaltigen Er-

10 Zur Abgrenzung zwischen land- und forstwirtschaftlich genutzten Flächen und Grundvermögen siehe § 159 BewG.

11 Die im Folgenden erläuterten Bewertungsregeln gelten nur für im Inland belegene Betriebe der Land- und Forstwirtschaft. Bei im Ausland belegenen Betrieben der Land- und Forstwirtschaft ist der gemeine Wert direkt, dh ohne Rückgriff auf ein typisierendes gesetzliches Verfahren, zu ermitteln (§ 12 Abs. 7 ErbStG iVm § 31, § 151 Abs. 4 BewG).

tragsfähigkeit des land- und forstwirtschaftlichen Betriebs auszugehen. Aufgrund dieser Fortführungsprämisse ist der bei ordnungsmäßiger Bewirtschaftung üblicherweise nachhaltig erzielbare Reingewinn zu bestimmen. Der Reingewinn umfasst das ordentliche Ergebnis abzüglich der Entlohnung für den Betriebsinhaber und der nicht entlohnten Arbeitskräfte und abzüglich der Zinsaufwendungen für Verbindlichkeiten, die in unmittelbarem wirtschaftlichen Zusammenhang mit dem Betrieb der Land- und Forstwirtschaft stehen. Der Reingewinn wird vereinfachend mit Hilfe von **Reingewinnsätzen je Hektar** land- und forstwirtschaftlicher Nutzung ermittelt. Diese Reingewinnsätze werden nach der Art der land- und forstwirtschaftlichen Nutzung, nach der Region, nach der maßgeblichen Nutzungsart (Betriebsform oder Verwertungsform) und der Betriebsgröße differenziert. Die konkreten Werte sind in den umfangreichen Anlagen 14–18 zum Bewertungsgesetz festgelegt. Der jeweils relevante Reingewinn ist mit einem Zinssatz von 5,5% **zu kapitalisieren**. Der Kapitalisierungsfaktor beträgt 18,6 (§ 163, § 165 Abs. 1 BewG).

Bei vielen Betrieben sind die gesetzlich vorgegebenen Reingewinnsätze so niedrig, dass sich nach Abzug des Unternehmerlohns und der Fremdkapitalaufwendungen nur ein sehr geringer oder sogar ein negativer Reingewinn ergibt. Als **Mindestwert** ist deshalb der kapitalisierte Wert des Pachtzinses für den Grund und Boden und der übrigen Wirtschaftsgüter (Besatzkapital) anzusetzen. Der Pachtpreis und der Wert des Besatzkapitals sind gleichfalls in den Anlagen 14–18 zum Bewertungsgesetz im Einzelnen vorgegeben. Im Gegensatz zu den Reingewinnsätzen handelt es sich hierbei um einen Bruttowert. Deshalb ist vom kapitalisierten Wert des Pachtzinses für den Grund und Boden und der übrigen Wirtschaftsgüter der gemeine Wert der Verbindlichkeiten abzuziehen (§ 164, § 165 Abs. 2 BewG).

Wird der Betrieb der Land- und Forstwirtschaft innerhalb von 15 Jahren nach der Übertragung veräußert bzw aufgegeben oder werden innerhalb der fünfzehnjährigen Behaltensfrist wesentliche Wirtschaftsgüter aus dem Betrieb entnommen, erfolgt mit Wirkung für die Vergangenheit eine Bewertung mit dem Liquidationswert (**Nachbewertungsvorbehalt**, § 162 Abs. 3, 4 iVm § 166 BewG). Bei der Ermittlung des Liquidationswerts wird für den Grund und Boden der Bodenrichtwert und für die übrigen Wirtschaftsgüter deren gemeiner Wert angesetzt. Zur Berücksichtigung der Liquidationskosten wird ein Abschlag von 10% vorgenommen. Der Nachbewertungsvorbehalt kommt nicht zur Anwendung, wenn der Veräußerungserlös innerhalb von sechs Monaten zum Erwerb eines anderen land- und forstwirtschaftlichen Betriebs verwendet wird (**Reinvestitionsklausel**).

Die **Betriebswohnungen** und der **Wohnteil** sind wie bebaute Grundstücke des Grundvermögens zu bewerten. Besonderheiten, die sich bei einer räumlichen Verbindung mit der Hofstelle ergeben, werden durch einen Abschlag von 15% berücksichtigt (§ 167 iVm § 180 – § 197 BewG). Durch diese Bewertung soll der gemeine Wert bestimmt werden (§ 177 BewG). **568**

Weist der Steuerpflichtige nach, dass der gemeine Wert des Wirtschaftsteils, der Betriebswohnungen oder des Wohnteils niedriger ist als der nach der gesetzlich vorgesehenen Bewertung ermittelte Wert, ist der geringere Wert heranzuziehen (**Öffnungsklausel**, § 165 Abs. 3, § 167 Abs. 4 BewG).

2. Grundvermögen

569 – *Begriff:* Zum Grundvermögen gehören **Grund und Boden, Gebäude,** sonstige Bestandteile und Zubehör, Erbbaurechte, **Wohnungseigentum** (Eigentumswohnungen), Teileigentum, Wohnungserbbaurechte und Teilerbbaurechte nach dem Wohnungseigentumsgesetz, soweit es sich nicht um land- und forstwirtschaftliches Vermögen oder Betriebsgrundstücke handelt (§ 176 Abs. 1 BewG, Abschnitt 1 BewRGr).

Betriebsvorrichtungen zählen **nicht zum Grundvermögen**. Sie stellen Betriebsvermögen dar (§ 176 Abs. 2 Nr 2 BewG). Die schwierige Abgrenzung zwischen dem Grundvermögen und den Betriebsvorrichtungen wird anhand von zwei Kriterien vorgenommen: Zum einen ist der Begriff des Gebäudes genau definiert. Zum anderen muss eine Betriebsvorrichtung eine besondere Beziehung zu dem betreffenden Betrieb aufweisen.[12]

Ein Bauwerk ist dann als **Gebäude** anzusehen, wenn es Menschen oder Sachen durch räumliche Umschließung Schutz gegen Witterungseinflüsse gewährt, den Aufenthalt von Menschen gestattet, fest mit dem Grund und Boden verbunden, von einiger Beständigkeit und ausreichend standfest ist.[13] Zu den **Betriebsvorrichtungen** gehören Maschinen und maschinelle Anlagen sowie alle Vorrichtungen, mit denen ein Gewerbe unmittelbar betrieben wird. Sofern derartige Vorrichtungen von der Gebäudedefinition nicht erfasst werden, sind sie auch dann Betriebsvermögen, wenn sie zivilrechtlich selbständige Bauwerke oder Teile von Bauwerken sind, zB Großanlagen in der Chemieindustrie.

Das Grundvermögen unterteilt sich in folgende wirtschaftliche Einheiten:

- **unbebaute Grundstücke** (§ 178 BewG) und
- **bebaute Grundstücke** (§ 180 BewG).

Bei bebauten Grundstücken ist weiter zwischen Ein- und Zweifamilienhäusern, Mietwohngrundstücken, Wohnungs- und Teileigentum, Geschäftsgrundstücken, gemischt genutzten Grundstücken sowie sonstige bebaute Grundstücken zu unterscheiden (§ 181 BewG).

Bei Erbbaurechten, Gebäuden auf fremdem Grund und Boden sowie Grundstücken im Zustand der Bebauung handelt es sich nicht um eigenständige Grundstücksarten. Für ihre Bewertung und Zurechnung gelten jedoch spezielle Regelungen (§ 192 – § 197 BewG).

570 – *Bewertung:*[14] Der gemeine Wert von Grundvermögen wird unter Berücksichtigung der **tatsächlichen Verhältnisse** und der **Wertverhältnisse** zum **jeweiligen Besteuerungsstichtag** ermittelt. Die Wertermittlung erfolgt außerhalb der Veranlagung zur

12 Zur Abgrenzung des Grundstücksbegriffs siehe ausführlich Band II: Steuerbilanz, Erster Teil, Zweiter Abschnitt, Kapitel A.II.3.

13 Vgl Gleich lautende Erlasse der obersten Finanzbehörden der Länder vom 5.6.2013, BStBl. 2013 I, S. 734, Tz. 2 sowie BFH vom 15.6.2005, BStBl. 2005 II, S. 688; BFH vom 24.5.2007, BStBl. 2008 II, S. 12; BFH vom 23.9.2008, BStBl. 2009 II, S. 986.

14 Im Folgenden werden lediglich die Grundzüge der Grundstücksbewertung für Zwecke der Erbschaft- und Schenkungsteuer vorgestellt. Siehe hierzu ausführlich R B 176.1 – R B 198 ErbStR sowie Band II: Steuerbilanz, Zweiter Teil, Vierter Abschnitt.

Erbschaft- und Schenkungsteuer in einem gesonderten Verfahren (§ 12 Abs. 3 ErbStG iVm § 151 Abs. 1 S. 1 Nr 1, Abs. 2 BewG).[15]

Für die Bewertung von Grundvermögen existieren mit den Bodenrichtwerten, dem Vergleichswertfahren, dem Ertragswertverfahren und dem Sachwertverfahren vier Bewertungsmethoden. Ihr Anwendungsbereich bestimmt sich nach der Art des Grundstücks:

Grundstücksform	Bewertungsverfahren
unbebaute Grundstücke	Bodenrichtwert
Wohnungseigentum (Eigentumswohnungen), Teileigentum sowie Ein- und Zweifamilienhäuser	Grundsatz: Vergleichswertverfahren Ausnahme: Sachwertverfahren (es liegt kein Vergleichswert vor)
Mietwohngrundstücke sowie Geschäftsgrundstücke und gemischt genutzte Grundstücke	Grundsatz: Ertragswertverfahren Ausnahme: Sachwertverfahren (die auf dem örtlichen Grundstücksmarkt übliche Miete kann nicht ermittelt werden)
sonstige bebaute Grundstücke	Sachwertverfahren

Abb. 3.1: Anwendungsbereich der Bewertungsverfahren für Grundvermögen für Zwecke der Erbschaft- und Schenkungsteuer

Bei **unbebauten Grundstücken** ergibt sich der erbschaft- und schenkungsteuerlich relevante Wert aus den von den Gutachterausschüssen nach dem Baugesetzbuch ermittelten **Bodenrichtwerten**. Der Bodenrichtwert ist mit der Quadratmeterzahl des Grundstücks zu multiplizieren.

Bebaute Grundstücke werden in Abhängigkeit von der jeweiligen Grundstücksart nach dem Vergleichs-, Ertrags- oder Sachwertverfahren bewertet (§ 182 Abs. 1 BewG). Für Wohnungseigentum (Eigentumswohnungen), Teileigentum sowie Ein- und Zweifamilienhäuser gilt grundsätzlich das **Vergleichswertverfahren** (§ 182 Abs. 2 BewG). Beim Vergleichswertverfahren sind die Kaufpreise heranzuziehen, die hinsichtlich der den Wert bestimmenden Merkmale mit dem zu bewertenden Grundstück hinreichend übereinstimmen. Grundlage hierfür bilden die von den Gutachterausschüssen nach dem Baugesetzbuch mitgeteilten Kaufpreise oder Vergleichsfaktoren (zB Durchschnittspreise pro Quadratmeter Wohnfläche, § 183 BewG).

Mietwohngrundstücke sowie Geschäftsgrundstücke und gemischt genutzte Grundstü- **571**
cke, für die sich auf dem örtlichen Grundstücksmarkt eine übliche Miete ermitteln lässt, sind im Regelfall nach dem **Ertragswertverfahren** zu bewerten (§ 182 Abs. 3 BewG). Beim Ertragswertverfahren sind der Wert des Gebäudes (**Gebäudeertragswert**) und der Wert des Grund und Bodens (**Bodenwert**) zunächst getrennt zu ermitteln und anschließend zu addieren (§ 184 Abs. 1, 3 BewG). Der Bodenwert entspricht dem Wert des unbebauten Grundstücks. Er ist aus den Bodenrichtwerten abzuleiten

15 Die im Folgenden erläuterten Bewertungsregeln gelten nur für im Inland belegene Grundstücke. Bei im Ausland belegenen Grundstücken ist der gemeine Wert direkt, dh ohne Rückgriff auf ein typisierendes gesetzliches Verfahren, zu ermitteln (§ 12 Abs. 7 ErbStG iVm § 31, § 151 Abs. 4 BewG).

(§ 184 Abs. 2 iVm § 179 BewG). Zur Ermittlung des **Gebäudeertragswerts** ist vom Reinertrag des Grundstücks auszugehen. Der Reinertrag des Grundstücks entspricht dem Rohertrag abzüglich der Bewirtschaftungskosten. Um eine doppelte Erfassung des Grund und Bodens zu vermeiden, ist der Reinertrag des Grundstücks um die angemessene Verzinsung des Bodenwerts zu vermindern. Die Verzinsung des Bodenwerts entspricht dem Zinssatz, mit dem der Verkehrswert von Grundstücken marktüblich verzinst wird. Der nach diesem Abzug verbleibende Reinertrag des Gebäudes ist mit dem in der Anlage 21 zum Bewertungsgesetz vorgegebenen Vervielfältiger zu multiplizieren. Der Vervielfältiger bestimmt sich nach dem Liegenschaftszins und der Restnutzungsdauer des Gebäudes. Die Restnutzungsdauer errechnet sich aus der typisierend vorgegebenen wirtschaftlichen Gesamtnutzungsdauer (Anlage 22) und dem Alter des Gebäudes am Bewertungsstichtag (§ 185 – § 188 BewG).

	Bodenrichtwert
×	Grundstücksfläche
=	**Bodenwert** (§ 184 Abs. 2 iVm § 179 BewG)
	Rohertrag (§ 186 BewG) vertraglich vereinbarte Jahresmiete oder übliche Jahresmiete
–	Bewirtschaftungskosten (§ 187 BewG, Anlage 23) von den Gutachterausschüssen ermittelter Wert oder gesetzlicher Pauschalwert
=	Reinertrag des Grundstücks (§ 185 Abs. 1 BewG)
–	Verzinsung des Bodenwerts (§ 185 Abs. 2, § 188 BewG) von den Gutachterausschüssen ermittelter Wert oder gesetzlicher Pauschalwert
=	Reinertrag des Gebäudes (§ 185 Abs. 2 BewG)
×	Vervielfältiger (§ 185 Abs. 3 BewG, Anlage 21) gesetzlicher Pauschalwert
=	**Gebäudeertragswert** (§ 185 BewG)
+	**Bodenwert** (§ 184 Abs. 2 iVm § 179 BewG)
=	**Ertragswert des bebauten Grundstücks (§ 184 BewG)** mindestens Bodenwert (§ 184 Abs. 3 BewG)

572 Eine Bewertung nach dem **Sachwertverfahren** erfolgt bei Wohnungs- und Teileigentum sowie Ein- und Zweifamilienhäusern, bei denen die für das Vergleichswertverfahren erforderlichen Daten nicht vorliegen, bei Geschäftsgrundstücken und gemischt genutzten Grundstücken, bei denen das Ertragswertverfahren nicht angewendet werden kann, und bei sonstigen bebauten Grundstücken (§ 182 Abs. 4 BewG). Beim Sachwertverfahren sind der jeweils getrennt ermittelte Wert des Gebäudes (Gebäudesachwert) und der Bodenwert zum vorläufigen Sachwert zusammenzufassen. Zur Anpassung an den gemeinen Wert ist der vorläufige Sachwert mit einer Wertzahl zu multiplizieren (§ 189 Abs. 1, 3 BewG). Der **Bodenwert** stimmt mit dem Wert des unbebauten Grundstücks überein (Bodenrichtwert, § 189 Abs. 2 iVm § 179 BewG). Zur Ermittlung des **Gebäudesachwerts** ist von den Regelherstellungskosten auszugehen. Die Regelherstellungskosten (gewöhnliche Herstellungskosten) je Flächeneinheit sind mit der Bruttogrundfläche zu multiplizieren. Die Regelherstellungskosten sind in der Anlage 24 zum BewG typisierend vorgegeben. Sie werden nach der Gebäudeart, der Gebäudeklasse bzw Nutzung, dem Ausstattungsstandard und dem Baujahr differenziert. Die Regelherstellungskosten wurden auf Basis der im Jahr 2010 geltenden Verhältnisse ermittelt. Zur Anpassung an die aktuellen Verhältnisse wird dieser Ausgangswert mit dem vom Statistischen Bundesamt veröffentlichten Baupreisindex multipliziert.[16] Vom Gebäuderegelherstellungswert ist eine Alterswertminderung abzuziehen. Diese „Abschreibungen" bestimmen sich nach dem Verhältnis des Alters des Gebäudes am Bewertungsstichtag zu seiner wirtschaftlichen (Gesamt-)Nutzungsdauer. Nach Abzug der Alterswertminderung muss mindestens ein Betrag von 30% des Gebäuderegelherstellungswerts verbleiben (§ 190 BewG). Der vorläufige Sachwert ist mit einer **Wertzahl** zu multiplizieren. Diese hängt vom vorläufigen Sachwert und bei einigen Grundstücksarten von den Bodenrichtwerten ab (§ 191 BewG, Anlage 25).

	Bodenrichtwert
×	Grundstücksfläche
=	**Bodenwert** (§ 189 Abs. 2 iVm § 179 BewG)
	Regelherstellungskosten für eine Flächeneinheit (§ 190 Abs. 1 BewG) gesetzlicher Pauschalwert
×	Bruttogrundfläche
×	Baupreisindex (§ 190 Abs. 2, 3 BewG)
=	Gebäuderegelherstellungswert (§ 190 Abs. 1–3 BewG, Anlage 24)
–	Alterswertminderung (§ 190 Abs. 4 BewG) höchstens 70% des Gebäuderegelherstellungswerts
=	**Gebäudesachwert** (§ 190 BewG)
+	**Bodenwert** (§ 189 Abs. 2 iVm § 179 BewG)
=	vorläufiger Sachwert (§ 189 Abs. 3 S. 1 BewG)
×	**Wertzahl** (§ 189 Abs. 3 S. 2, § 191 BewG, Anlage 25) von den Gutachterausschüssen ermittelter Wert oder gesetzlicher Pauschalwert
=	**Sachwert des bebauten Grundstücks (§ 189 BewG)**

Der Steuerpflichtige kann bei jedem Verfahren nachweisen, dass der gemeine Wert des unbebauten oder bebauten Grundstücks niedriger ist als der nach einem der schematischen Verfahren errechnete Wert (**Öffnungsklausel**, § 198 BewG).

3. Anteile an Kapitalgesellschaften

Für Anteile an einer Kapitalgesellschaft gilt ein **dreistufiges Bewertungskonzept**:[17] 573

- Anteile, die an einer deutschen Börse gehandelt werden, sind mit dem niedrigsten am Bewertungsstichtag festgestellten **Börsenkurs** zu bewerten (§ 12 Abs. 2 ErbStG iVm § 11 Abs. 1 BewG).

---

16 Es ist auf die Preisindizes für die Bauwirtschaft abzustellen, die das Statistische Bundesamt für den Neubau in konventioneller Bauart von Wohn- und Nichtwohngebäuden jeweils als Jahresdurchschnitt ermittelt. Diese Preisindizes sind für alle Bewertungsstichtage des folgenden Kalenderjahres anzuwenden. Das BMF veröffentlicht die maßgebenden Baupreisindizes jeweils zu Beginn des Jahres im BStBl. Für das Jahr 2020 siehe BMF-Schreiben vom 28.1.2020, BStBl. 2020 I, S. 209.

17 Es werden lediglich die Grundzüge zur Bewertung von Anteilen an Kapitalgesellschaften dargestellt. Siehe hierzu ausführlich R B 11.1 – R B 11.8 ErbStR sowie Band II: Steuerbilanz, Zweiter Teil, Zweiter Abschnitt.

- Für Anteile, die nicht an einer deutschen Börse notiert sind, bei denen jedoch innerhalb des letzten Jahres zwischen fremden Dritten tatsächlich Verkäufe stattgefunden haben, ist der gemeine Wert der Anteile an der Kapitalgesellschaft **aus den bei** diesen **Verkäufen vereinbarten Preisen abzuleiten** (§ 12 Abs. 2 ErbStG iVm § 11 Abs. 2 S. 1, 2 BewG).
- Werden die Anteile nicht an der Börse gehandelt und kann der gemeine Wert auch nicht aus Verkäufen abgeleitet werden, die innerhalb des letzten Jahres zwischen fremden Dritten abgewickelt wurden, ist der gemeine Wert der Anteile **unter Berücksichtigung der Ertragsaussichten der Kapitalgesellschaft oder einer anderen anerkannten, auch im gewöhnlichen Geschäftsverkehr für nichtsteuerliche Zwecke üblichen Methode zu ermitteln**. Es ist die Methode anzuwenden, die ein Erwerber bei der Bemessung des Kaufpreises zugrunde legen würde. Bei ertragsschwachen Unternehmen bildet der Substanzwert die Untergrenze (§ 12 Abs. 2 ErbStG iVm § 11 Abs. 2 S. 2, 3 BewG).

Die Ermittlung des Werts der Anteile erfolgt wie bei den anderen Wirtschaftsgütern auf den Zeitpunkt der Entstehung der Erbschaft- und Schenkungsteuer (§ 12 Abs. 1, 2 ErbStG). Sofern der Wert der Anteile aus den Ertragsaussichten oder einer anderen Methode der Unternehmensbewertung abgeleitet wird, erfolgt die Wertermittlung in einem gesonderten Verfahren (§ 151 Abs. 1 S. 1 Nr 3 BewG).

574 Ist der gemeine Wert durch eine Unternehmensbewertung zu ermitteln, sind grundsätzlich die in der Betriebswirtschaftslehre üblichen ertragswertbezogenen Methoden – **Discounted-Cashflow-Verfahren** oder **Ertragswertverfahren** – zu verwenden. Andere Methoden können nur herangezogen werden, wenn sie im gewöhnlichen Geschäftsverkehr für nichtsteuerliche Zwecke anerkannt und üblich sind. Diese Voraussetzungen erfüllen insbesondere vergleichsorientierte Methoden sowie die **Multiplikatormethode**.

Alternativ zu einer Bewertung mit Hilfe eines nach betriebswirtschaftlichen Grundsätzen durchgeführten Ertragswertverfahrens kann ein **vereinfachtes Ertragswertverfahren** angewendet werden, wenn dieses nicht zu offensichtlich unzutreffenden Ergebnissen führt (§ 199 Abs. 1 BewG). Beim vereinfachten Ertragswertverfahren sind die einzelnen Schritte zur Ermittlung des Werts der Anteile an einer Kapitalgesellschaft gesetzlich geregelt (§ 200 – § 203 BewG):

	Jahresertrag, abgeleitet aus dem Durchschnitt der Betriebsergebnisse der letzten drei Jahre (Durchschnittsertrag, § 201, § 202 BewG)
×	**Kapitalisierungsfaktor** (§ 203 BewG): 13,75
=	Ertragswert des betriebsnotwendigen Vermögens (§ 200 Abs. 1 BewG)
+	gemeiner Wert des **nicht betriebsnotwendigen Vermögens** abzüglich der damit zusammenhängenden Schulden (§ 200 Abs. 2 BewG)[18]
+	gemeiner Wert von **Beteiligungen** an (anderen) Personen- oder Kapitalgesellschaften (§ 200 Abs. 3 BewG)

18 Nicht betriebsnotwendige Wirtschaftsgüter sind definiert als Wirtschaftsgüter, die aus dem Unternehmen herausgelöst werden können, ohne die eigentliche Unternehmenstätigkeit zu beeinträchtigen.

+	Wirtschaftsgüter, die **in den letzten beiden Jahren** vor dem Bewertungsstichtag **eingelegt** wurden, abzüglich der damit zusammenhängenden Schulden (§ 200 Abs. 4 BewG)
=	gemeiner Wert des Betriebsvermögens der Kapitalgesellschaft
×	**Beteiligungsquote**
=	Wert der Anteile an der Kapitalgesellschaft

Ausgangspunkt zur Bewertung nach dem vereinfachten Ertragswertverfahren bildet 575 der **zukünftig** nachhaltig **zu erzielende** (ausschüttbare) **Jahresertrag**. Zu dessen Ermittlung bildet der Durchschnitt der in den letzten drei Jahren von der Kapitalgesellschaft tatsächlich erzielten Betriebsergebnisse (Durchschnittsertrag) die Grundlage (§ 201 Abs. 1, 2 BewG). Um den ausschüttbaren Gewinn zu erhalten, sind die steuerpflichtigen Einkünfte aus Gewerbebetrieb um steuerfreie Betriebseinnahmen zu erhöhen und um nichtabziehbare Betriebsausgaben zu kürzen. Da die **nachhaltig** zu erzielenden Betriebsergebnisse zu ermitteln sind, sind die tatsächlich erzielten (Steuerbilanz-)Gewinne um außerordentliche Erträge und Aufwendungen zu korrigieren und um aperiodische Vorgänge zu bereinigen (§ 202 Abs. 1 S. 2 BewG). Die Abschreibungen auf den entgeltlich erworbenen Geschäfts- oder Firmenwert sind herauszurechnen, weil der Wert des Anteils unabhängig davon sein soll, ob neben dem (nicht aktivierten) originären Geschäfts- oder Firmenwert ein (aktivierungspflichtiger) derivativer Geschäfts- oder Firmenwert vorhanden ist. Der **Ertragsteueraufwand** wird pauschal mit 30% eines positiven Betriebsergebnisses angesetzt (§ 202 Abs. 3 BewG). Um einen doppelten Abzug der Ertragsteuern zu vermeiden, sind die tatsächlich von der Kapitalgesellschaft gezahlten Steuern zu addieren. Sofern für die Geschäftsführungstätigkeit eines Gesellschafters keine Aufwendungen verrechnet wurden, ist ein angemessener **Unternehmerlohn** abzuziehen. Erträge und Aufwendungen, die im Zusammenhang mit Wirtschaftsgütern stehen, für die ein eigenständiger gemeiner Wert anzusetzen ist, sind zur Vermeidung einer doppelten Erfassung zu kürzen bzw zu addieren. Aus dem sich daraus ergebenden **Betriebsergebnis nach Steuern** der letzten drei Jahre ist ein ungewichteter Durchschnittsertrag zu bestimmen. Der **Durchschnittsertrag** ermittelt sich damit wie folgt:

	Ausgangswert: Gewinn nach § 4 Abs. 1 S. 1 EStG iVm § 8 KStG einschließlich steuerfreier Einnahmen und nichtabziehbarer Betriebsausgaben
±	**nicht nachhaltig erzielbare Erträge und Aufwendungen (außerordentliche Erträge und Aufwendungen)**
+	erhöhte Abschreibungen, Bewertungsabschläge, Investitionsabzugsbeträge, Teilwertabschreibungen (auf den Jahresertrag wirken sich damit nur die planmäßigen Abschreibungen aus)
–	Wertaufholungen nach vorangegangener Teilwertabschreibung
+	Zuführungen zu steuerfreien Rücklagen
–	Auflösung von steuerfreien Rücklagen
–	einmalige Veräußerungsgewinne/außerordentliche Erträge
+	einmalige Veräußerungsverluste/außerordentliche Aufwendungen
+	Investitionszulagen, wenn in Zukunft mit weiteren Investitionszulagen gerechnet werden kann

+	**Abschreibungen auf den (derivativen) Geschäfts- oder Firmenwert**
+	**tatsächlich verrechneter Ertragsteueraufwand (Körperschaftsteuer, Solidaritätszuschlag, Gewerbesteuer)**
–	**angemessener Unternehmerlohn** und angemessener Lohn für mitarbeitende Familienmitglieder (sofern nicht bereits als Personalaufwand berücksichtigt)
±	**Erträge, übernommene Verluste und Aufwendungen im Zusammenhang mit Wirtschaftsgütern, für die der gemeine Wert getrennt ermittelt wird** (nicht betriebsnotwendiges Vermögen, Beteiligungen an Personen- oder Kapitalgesellschaften sowie Wirtschaftsgüter, die in den letzten beiden Jahren vor dem Bewertungsstichtag eingelegt wurden)
=	Betriebsergebnis vor Unternehmenssteuern
–	**Ertragsteueraufwand**: pauschaliert in Höhe von 30% des positiven Betriebsergebnisses
=	**Betriebsergebnis nach Unternehmenssteuern** arithmetisches Mittel der Betriebsergebnisse nach Unternehmenssteuern der letzten drei Jahre (Addition der Ergebnisse und Division durch drei)
=	**nachhaltig erzielbarer Jahresertrag**

Zur Ermittlung des **Ertragswerts des betriebsnotwendigen Vermögens** ist der nachhaltig erzielbare Jahresertrag mit dem **Kapitalisierungsfaktor von 13,75** zu multiplizieren (§ 203 BewG). Der Kapitalisierungsfaktor von 13,75 gilt für alle Unternehmen und ist in jedem Jahr gleich.

Bis zum Jahr 2015 wurde der Kapitalisierungsfaktor als Kehrwert des Kalkulationszinssatzes berechnet. Der Kalkulationszinssatz setzte sich aus den beiden Komponenten „Basiszins" und „Zuschlag" zusammen (§ 203 BewG aF). Der Basiszins wurde aus der langfristig erzielbaren Rendite öffentlicher Anleihen abgeleitet. Er wurde jeweils auf den ersten Börsentag eines Jahres ermittelt und für alle Erwerbe des betreffenden Kalenderjahres verwendet. Der Risikozuschlag betrug für alle Unternehmen und in jedem Jahr einheitlich 4,50%. Die langfristig erzielbare Rendite öffentlicher Anleihen wird im geltenden Recht für die Besteuerung von bestimmten Erträgen aus Investmentfonds benötigt (Vorabpauschale). Für den Beginn des Jahres 2020 wurde zu diesem Zweck ein Zinssatz von 0,07% errechnet.[19] Würde man diesen Zinssatz für das vereinfachte Ertragswertverfahren heranziehen, würde sich ein Kalkulationszinssatz von 4,57% (= 0,07% + 4,5%) ergeben. Damit würde der Kapitalisierungsfaktor für Bewertungen, die im Jahr 2020 durchgeführt werden, 21,8818 (= 1 / 5,02%) betragen.[20] Bezogen auf diese Berechnungen ergibt sich nach aktueller Rechtslage eine um ca. 30% niedrigere Bemessungsgrundlage: (21,8818 – 13,75) / 21,8818.

Zum Ertragswert des betriebsnotwendigen Vermögens ist der jeweils getrennt ermittelte gemeine Wert des nicht betriebsnotwendigen Vermögens, der Beteiligungen an Personen- oder Kapitalgesellschaften sowie der Wirtschaftsgüter, die in den letzten beiden Jahren vor dem Bewertungsstichtag eingelegt wurden, zu addieren.

19 Vgl BMF-Schreiben vom 29.1.2020, BStBl. 2020 I, S. 218.

20 Der gesetzlich vorgegebene Kapitalisierungsfaktor von 13,75 entspricht rechnerisch einem Basiszins von 2,7727% = 13,75 / (2,7727% + 4,50%).

Bei **Familienunternehmen** wird vom Wert der Anteile ein **Abschlag von bis zu 30%** vorgenommen, wenn der Gesellschaftsvertrag oder die Satzung Bestimmungen enthält, die (1) die Ausschüttung auf höchstens 37,5% des um die auf den Gewinnanteil oder die Ausschüttungen aus der Gesellschaft entfallenden Steuern vom Einkommen gekürzten Betrages des steuerrechtlichen Gewinns beschränken, (2) die Verfügung über den Anteil an der Kapitalgesellschaft auf Mitgesellschafter, auf Angehörige iSd § 15 AO oder auf eine Familienstiftung beschränken und (3) für den Fall des Ausscheidens aus der Gesellschaft eine Abfindung vorsehen, die unter dem gemeinen Wert des Anteils an der Kapitalgesellschaft liegt. Diese Voraussetzungen müssen zwei Jahre vor der Übertragung und über einen Zeitraum von 20 Jahren nach der Übertragung vorliegen (§ 13a Abs. 9 ErbStG). Bezogen auf die im Jahr 2020 vorgenommene Bewertung reduziert sich durch das Zusammenwirken dieses **Vorab-Bewertungsabschlags** für bestimmte Familienunternehmen und der Festlegung des Kapitalisierungsfaktors auf 13,75 (§ 203 BewG) der Wert der Anteile auf etwas weniger als die Hälfte: 13,75 × (1 – 30%) bezogen auf 21,8818. Der Vorab-Bewertungsabschlag wird nur bei der Übertragung von Anteilen an Personen- oder Kapitalgesellschaften gewährt, jedoch nicht bei der Übertragung von Einzelunternehmen.[21]

4. Betriebsvermögen

– *Begriff:* Das **Betriebsvermögen** umfasst **alle Teile eines Gewerbebetriebs, die** bei der steuerlichen Gewinnermittlung **in der Steuerbilanz aktiviert oder passiviert werden** (Bestandsidentität, § 12 Abs. 5 ErbStG iVm § 151 Abs. 1 S. 1 Nr 2, § 95 BewG). Wirtschaftsgüter, die für eine freiberufliche Tätigkeit genutzt werden, werden dem Betriebsvermögen von Gewerbetreibenden gleichgestellt (§ 96 BewG). 576

Die einer gewerblich tätigen oder gewerblich geprägten **Personengesellschaft** gehörenden Wirtschaftsgüter (Gesamthandsvermögen) zählen immer zum Betriebsvermögen. Bei Personengesellschaften gehören zum Betriebsvermögen zusätzlich die Wirtschaftsgüter, die im Eigentum eines Gesellschafters stehen und die dem Betrieb der Personengesellschaft oder der Mitunternehmerstellung des Gesellschafters dienen (Sonderbetriebsvermögen, § 12 Abs. 5 ErbStG iVm § 151 Abs. 1 S. 1 Nr 2, § 97 Abs. 1 Nr 5 BewG).

– *Bewertung:*[22] Der Wert des Betriebsvermögens wird unter Berücksichtigung der **tatsächlichen Verhältnisse** und der **Wertverhältnisse** zum **jeweiligen Besteuerungsstichtag** ermittelt. Die Wertermittlung erfolgt außerhalb der Veranlagung zur Erbschaft- und Schenkungsteuer in einem gesonderten Verfahren (§ 12 Abs. 5 ErbStG iVm § 151 Abs. 1 S. 1 Nr 2 BewG).[23] 577

21 Zu Gestaltungsansätzen bei Einzelunternehmen siehe Watrin/Linnemann, Ubg 2017, S. 461.

22 Im Folgenden werden lediglich die Grundzüge der Bewertung von Betriebsvermögen dargestellt. Siehe hierzu ausführlich R B 95 – R B 109.3 ErbStR sowie Band II: Steuerbilanz, Zweiter Teil, Dritter Abschnitt.

23 Die im Folgenden erläuterten Bewertungsregeln gelten nur für inländisches Betriebsvermögen. Dazu gehören auch Beteiligungen an ausländischen Personen- und Kapitalgesellschaften, sofern sie einem inländischen Betriebsvermögen zugerechnet werden. Bei im Ausland belegenen Betriebsvermögen (zB ausländische Betriebsstätte) ist der gemeine Wert direkt, dh ohne Rückgriff auf ein typisierendes gesetzliches Verfahren, zu ermitteln (§ 12 Abs. 7 ErbStG iVm § 31, § 151 Abs. 4 BewG).

Das **Betriebsvermögen** von Gewerbetreibenden (gewerbliche Einzelunternehmen), das Betriebsvermögen von freiberuflich Tätigen (Einzelunternehmer, der Einkünfte aus freiberuflicher Tätigkeit erzielt) sowie die Anteile an einer gewerblich oder freiberuflich tätigen Personengesellschaft sind mit dem gemeinen Wert anzusetzen. Die Bewertung erfolgt wie bei Anteilen an einer Kapitalgesellschaft (§ 12 Abs. 5 ErbStG iVm § 109, § 11 Abs. 2 BewG). Da bei Einzelunternehmen und Personengesellschaften eine Börsennotierung ausscheidet, verbleiben zwei Bewertungsalternativen:

- Der Wert des Einzelunternehmens bzw des Anteils an einer Personengesellschaft bestimmt sich **nach dem Preis, der bei Verkäufen vereinbart wurde, die innerhalb des letzten Jahres zwischen fremden Dritten tatsächlich durchgeführt wurden** (§ 12 Abs. 5 ErbStG iVm § 11 Abs. 2 S. 1, 2 BewG).
- Kann der gemeine Wert nicht aus Verkäufen abgeleitet werden, die innerhalb des letzten Jahres zwischen fremden Dritten abgewickelt wurden, ist der gemeine Wert der Anteile **unter Berücksichtigung der Ertragsaussichten des Einzelunternehmens bzw der Personengesellschaft oder nach einer anderen anerkannten, auch im gewöhnlichen Geschäftsverkehr für nichtsteuerliche Zwecke üblichen Methode** zu ermitteln. Es ist die Methode anzuwenden, die ein Erwerber bei der Bemessung des Kaufpreises zugrunde legen würde. Bei ertragsschwachen Unternehmen bildet der Substanzwert die Untergrenze (§ 12 Abs. 5 ErbStG iVm § 11 Abs. 2 S. 2, 3 BewG).

Zur Erläuterung des Ertragswertverfahrens, eines anderen Verfahrens, das im gewöhnlichen Geschäftsverkehr für nichtsteuerliche Zwecke anerkannt und üblich ist, sowie des vereinfachten Ertragswertverfahrens (§ 199 Abs. 2 iVm § 200 – § 203 BewG) kann auf den vorstehenden Unterabschnitt „Bewertung von Anteilen an Kapitalgesellschaften" verwiesen werden. Bei Personengesellschaften werden diese Grundsätze aber nur zur Bewertung des Anteils am Gesellschaftsvermögen (Gesamthandsvermögen) angewandt (§ 202 Abs. 1 S. 1 BewG). Der gemeine Wert von Wirtschaftsgütern, die einem der Gesellschafter gehören und die dazu bestimmt sind, dem Betrieb der Personengesellschaft oder der Mitunternehmerstellung des Gesellschafters zu dienen (Sonderbetriebsvermögen), wird getrennt davon ermittelt (§ 97 Abs. 1 S. 1 Nr 5 BewG). Die Einzelheiten zur Aufteilung des Werts des Gesamthandsvermögens einer (gewerblich oder freiberuflich tätigen) Personengesellschaft und der Ermittlung des Werts des Anteils sind in § 97 Abs. 1a BewG geregelt.

5. Übrige Vermögenswerte

578 – *Begriff:* Bei den übrigen Vermögenswerten werden die Wirtschaftsgüter zusammengefasst, die nicht land- oder forstwirtschaftliches Vermögen, Grundvermögen oder Betriebsvermögen sind. Für den Umfang der übrigen Vermögenswerte besteht **keine gesetzliche Definition**.

Zu den übrigen Vermögenswerten gehören insbesondere:

- verzinsliche und unverzinsliche **Kapitalforderungen** jeder Art (zB Ansprüche auf Rückzahlung eines privaten Darlehens, festverzinsliche Anleihen, Zerobonds, Sparbriefe)
- Spareinlagen, **Bankguthaben**, sonstige laufende Guthaben (zB aus Bausparverträgen)

- Geschäftsguthaben bei einer Genossenschaft und Anteile an Investmentfonds
- Einlagen eines typischen stillen Gesellschafters
  Hinweis: Einlagen eines atypischen stillen Gesellschafters gehören zum Betriebsvermögen.
- Nießbrauchrechte, Rechte auf Renten und andere wiederkehrende Nutzungen und Leistungen
- Erfindungen und Urheberrechte
- Überbestand an umlaufenden Betriebsmitteln eines Betriebs der Land- und Forstwirtschaft
- **Edelmetalle, Edelsteine**, Perlen, Münzen, Medaillen
- **Schmuckgegenstände**, Luxusgegenstände
- Kunstgegenstände und Sammlungen.

– *Bewertung:* Die Bewertung der übrigen Vermögenswerte bestimmt sich nach den **allgemeinen Bewertungsvorschriften des Bewertungsgesetzes** (§ 12 Abs. 1 ErbStG iVm § 1 – § 16 BewG). Bewertungsmaßstab ist grundsätzlich der **gemeine Wert** (Verkehrswert, § 9 BewG). **579**

Bei Wertpapieren und Schuldbuchforderungen, die an einer Börse notiert sind, ist der Börsenpreis heranzuziehen. Bei einem Teil der Vermögenswerte wird der gemeine Wert mit Hilfe von Ersatzwerten wie Nennwert, Rückzahlungswert, Gegenwartswert oder Kapitalwert bestimmt (§ 12 – § 16 BewG).[24]

6. Abziehbare Belastungen

Aufgrund des bei Personensteuern geltenden **Nettoprinzips** dürfen vom Wert der übergegangenen aktiven Wirtschaftsgüter die damit zusammenhängenden Belastungen abgezogen werden. Als **Nachlassverbindlichkeiten** sind abziehbar (§ 10 Abs. 5 ErbStG): **580**

- **Erblasserschulden**, dh Schulden, die vor dem Erbfall beim Erblasser entstanden sind und die auf den Erben als Gesamtrechtsnachfolger nach § 1967 Abs. 1 BGB übergehen. Voraussetzung für den Abzug ist, dass diese Nachlassverbindlichkeiten nicht mit einem zum Erwerb gehörenden Einzelunternehmen, Anteil an einem Gewerbebetrieb, Betrieb der Land- und Forstwirtschaft oder Anteil an einem Betrieb der Land- und Forstwirtschaft in wirtschaftlichem Zusammenhang stehen. Die fehlende Berücksichtigung von Schulden in Zusammenhang mit der Übertragung dieser Art von Unternehmensvermögen als Erblasserschulden ergibt sich daraus, dass die Schulden bei der Bewertung dieser Vermögenswerte bereits abgezogen wurden. Bei diesem Abzugsverbot handelt es sich also nicht um einen Verstoß gegen das Nettoprinzip. Vielmehr dient es dazu, einen doppelten Abzug auszuschließen.
- **Erbanfallschulden**, dh Schulden, die ihre Ursache im Erbfall haben und die vom Erben selbst zu erfüllen sind, wie Verbindlichkeiten aus Vermächtnissen, Auflagen und geltend gemachten Pflichtteilen und Erbersatzansprüchen.
- **Erbfallkosten**, dh Kosten der Bestattung des Erblassers, die Kosten für ein angemessenes Grabdenkmal und die übliche Grabpflege sowie die Kosten, die dem

24 Zu Einzelheiten siehe R B 12.1 – R B 13 ErbStR.

Erwerber unmittelbar im Zusammenhang mit der Abwicklung, Regelung oder Verteilung des Nachlasses oder mit der Erlangung des Erwerbs entstehen (zB Prozesskosten zur Abwehr von Ansprüchen eines Vermächtnisnehmers, Kosten eines Steuerberaters zur Erstellung der Erbschaftsteuererklärung). Für die Erbfallkosten kann ohne Nachweis ein Betrag von insgesamt 10 300 € abgezogen werden.[25]

581 Die abziehbaren Belastungen werden grundsätzlich nach den Vorschriften des Ersten Teils des Bewertungsgesetzes mit ihrem **gemeinen Wert bewertet**. Zum Teil kommt einer der im allgemeinen Teil des Bewertungsgesetzes genannten Ersatzwerte wie Nennwert, Gegenwartswert oder Kapitalwert zur Anwendung (§ 12 Abs. 1 ErbStG iVm § 9, § 12 – § 16 BewG).

Die Abzugsfähigkeit von Belastungen wird in einigen Fällen eingeschränkt. Von der steuerpflichtigen Bemessungsgrundlage können **nicht abgezogen** werden:

- Schulden und Lasten, die im Zusammenhang mit Wirtschaftsgütern stehen, deren Übergang nicht der Erbschaft- und Schenkungsteuer unterliegt; bei teilweiser Steuerbefreiung wird der Abzug nur in dem Umfang eingeschränkt, in dem der Vermögenswert steuerfrei übertragen werden kann (Nettoprinzip, § 10 Abs. 6 ErbStG), diese Einschränkung ist mit der für die Einkommensteuer nach § 3c Abs. 1 EStG geltenden Regelung konzeptionell vergleichbar,
- die vom Erwerber zu entrichtende eigene Erbschaft- und Schenkungsteuer (kein Abzug von Personensteuern, § 10 Abs. 8 ErbStG)
- Auflagen, die dem Beschwerten selbst zugutekommen, da insoweit keine Belastung vorliegt (§ 10 Abs. 9 ErbStG)

  Beispiel: Ein Onkel schenkt seinem Neffen 2 000 € mit der Auflage, dass der Neffe dafür Bücher erwirbt, die er für sein Studium der Betriebswirtschaftlichen Steuerlehre benötigt.

- ist der Erwerber verpflichtet, den erhaltenen Anteil an einer Personen- oder Kapitalgesellschaft unverzüglich weiter zu übertragen und ist der steuerliche Wert dieses Anteils höher als der gesellschaftsrechtliche Abfindungsanspruch, ist nur der (niedrigere) Abfindungsanspruch zu erfassen (§ 10 Abs. 10 ErbStG). Auf diese Weise wird verhindert, dass der Erwerber mehr besteuert als er tatsächlich erhält.

7. Kurzbeurteilung

582 Die **gesetzlichen Vorschriften** zur Bewertung der einzelnen Vermögenswerte **entsprechen** weitgehend **der Zielsetzung, die für die Besteuerung des Vermögenstransfers als Leitlinie dient**. Die für die Erbschaft- und Schenkungsteuer prinzipiell zu fordernde Bewertung mit den aktuellen Verkehrswerten wird grundsätzlich bei allen Vermögenswerten vorgenommen.

Eine **Ausnahme** gilt für land- und forstwirtschaftliches Vermögen, bei dem zu vermuten ist, dass die gesetzliche Regelung zu erheblichen Abweichungen vom gemeinen Wert führt. Ein Indiz für diese Aussage ist der Nachbewertungsvorbehalt: Wird

25 Dieser Abzugsbetrag ist unabhängig von der Anzahl der Erben, vgl BFH vom 24.2.2010, BStBl. 2010 II, S. 491. Insoweit wird von der Idee einer Erbanfallsteuer abgewichen und ein Element einer Nachlasssteuer eingebaut.

der land- und forstwirtschaftliche Betrieb innerhalb von fünfzehn Jahren nach der unentgeltlichen Übertragung veräußert oder aufgegeben, erfolgt mit Wirkung für die Vergangenheit eine Bewertung mit dem Liquidationswert (§ 162 Abs. 3, 4 iVm § 166 BewG). Dieser Nachbewertungsvorbehalt ist nur zu begründen, wenn die ansonsten beim land- und forstwirtschaftlichen Vermögen vorgenommene Bewertung zu einem Wert führt, der deutlich unter dem tatsächlichen gemeinen Wert liegt.[26]

IV. Sachliche Steuerbefreiungen

1. Nichtbesteuerung des Zugewinnausgleichs

Für Ehepaare ist der gesetzliche Güterstand die Zugewinngemeinschaft (§ 1363 **583**
BGB). Bei Beendigung der Zugewinngemeinschaft durch Tod eines Ehegatten, durch Scheidung der Ehe oder durch Vereinbarung eines anderen Güterstands ist der während des Bestehens der Zugewinngemeinschaft erwirtschaftete Vermögenszuwachs gleichmäßig auf die beiden Ehegatten aufzuteilen. Entspricht die Aufteilung des Vermögens nicht diesem Verhältnis, ist die Differenz von demjenigen auszugleichen, der mehr Vermögenswerte erhält (**Zugewinnausgleich**). Die fiktive Ausgleichsforderung (Beendigung der Zugewinngemeinschaft durch Tod eines Ehegatten) oder die tatsächlich bestehende Ausgleichsforderung (Beendigung der Zugewinngemeinschaft in den anderen Fällen) wird **auf Ebene des Begünstigten nicht der Erbschaft- und Schenkungsteuer unterworfen** (§ 5 ErbStG).

Beispiel: Das kinderlose Ehepaar lebt im Güterstand der Zugewinngemeinschaft. Als der Ehemann stirbt, hinterlässt er ein Vermögen von 1 000 000 €. Zum Zeitpunkt der Eheschließung verfügte der Ehemann über ein Vermögen von 250 000 €, die Ehefrau hatte damals kein Vermögen besessen.

Der steuerpflichtige Erwerb der Ehefrau vor Abzug von Freibeträgen ergibt sich durch Abzug des Zugewinnausgleichs vom Wert des Vermögens. Der Wert des Zugewinnausgleichs berechnet sich, indem vom Wert des Endvermögens (= 1 000 000 €) der Wert des Anfangsvermögens (= 250 000 €) subtrahiert wird (= 750 000 € = 1 000 000 € – 250 000 €). Der Ehefrau stehen 50% des Zugewinnausgleichs zu (= 375 000 € = 750 000 € / 2). Dieser Betrag entspricht der fiktiven Ausgleichsforderung der Ehefrau im Zeitpunkt des Todes des Ehemanns. Der steuerpflichtige Erwerb der Ehefrau vor Abzug von Freibeträgen beträgt damit nur 625 000 € (= 1 000 000 € – 375 000 €).

Da für eingetragene Lebenspartnerschaften materiell das gleiche Güterrecht wie für Ehegatten gilt (§ 6 LPartG), bleibt der Zugewinnausgleich auch beim überlebenden Lebenspartner außer Ansatz.

2. Begünstigung für Unternehmensvermögen

(1) Abgrenzung des begünstigten Vermögens: Für mittelständische Unternehmen sind **584**
die für den unentgeltlichen Betriebsübergang nach § 13a, § 13b ErbStG gewährten Vergünstigungen von besonderer Bedeutung. Als Grundformen stehen die Regelver-

26 Vgl Eisele, ZEV 2007, S. 550; Viskorf, FR 2007, S. 624.

schonung und die Vollverschonung zur Wahl. Bei großen Unternehmen (Erwerbe ab 26 Mio. €) erfolgt die Entlastung durch das Abschmelzmodell (§ 13c ErbStG) oder die Verschonungsbedarfsprüfung (§ 28a ErbStG).[27] Die erbschaftsteuerlichen Entlastungen bei der Übertragung von Unternehmensvermögen sind unabhängig von der Person des Erwerbers. Um dieses Ziel zu erreichen, können Personen der Steuerklassen II und III (zB Geschwister, Nichten und Neffen, Familienfremde) die Tarifbegrenzung nach § 19a ErbStG in Anspruch nehmen, sodass bei ihnen für das begünstigte Vermögen keine höhere Erbschaft- oder Schenkungsteuer anfällt als bei Personen der Steuerklasse I (insbesondere Ehegatten und Kinder).

Zum grundsätzlich begünstigungsfähigen **Unternehmensvermögen** gehören gewerbliche oder freiberufliche **Einzelunternehmen, Anteile an einer** gewerblich oder freiberuflich tätigen **Personengesellschaft**, Betriebe der Land- und Forstwirtschaft **sowie Anteile an einer Kapitalgesellschaft, an der der Übertragende zu mehr als 25% unmittelbar beteiligt war.**[28] Voraussetzung ist, dass der Betrieb im Inland, in einem anderen EU-Staat oder in einem EWR-Staat belegen ist bzw dass die Kapitalgesellschaft in einem dieser Staaten ihren Sitz oder ihre Geschäftsleitung hat (§ 13b Abs. 1 ErbStG).

Die für Unternehmensvermögen gewährten Begünstigungen sind unabhängig davon, ob die Übertragung im Erbfall oder durch Schenkung (vorweggenommene Erbfolge) erfolgt.

Das grundsätzlich **begünstigungsfähige Vermögen** ist nur in dem Umfang begünstigt, in dem es das Verwaltungsvermögen übersteigt (§ 13b Abs. 2 ErbStG).[29] Nicht zum Verwaltungsvermögen, sondern zum **begünstigten Vermögen** gehören die Vermögenswerte, die ausschließlich und dauerhaft der Erfüllung von Schulden aus Altersversorgungsverpflichtungen dienen (§ 13b Abs. 3 ErbStG). Zum **Verwaltungsvermögen** und damit zum nicht begünstigten Vermögen gehören beispielsweise Dritten zur Nutzung überlassene Grundstücke (mit zahlreichen Ausnahmen), Anteile an Kapitalgesellschaften, wenn die Beteiligungsquote 25% oder niedriger ist, Kunstgegenstände, Wertpapiere und vergleichbare Forderungen sowie Finanzmittel (Zahlungsmittel, Geschäftsguthaben, Geldforderungen und andere Forderungen), die 15% des Werts des Betriebsvermögens übersteigen (§ 13b Abs. 4 ErbStG).[30] Die betriebli-

27 Siehe hierzu Beznoska/Hentze, DB 2016, S. 2433; Erkis, DStR 2016, S. 1441; Halaczinsky, UVR 2016, S. 364; Hubert, StuB 2015, S. 743; Kischisch/Maiterth, DB 2015, S. 2033; Korezkij, DStR 2016, S. 2434; Maiterth, DB 2017, S. 1042; Meyering/Müller-Thomczik/Hiltl, DStR 2019, S. 2329 und S. 2379; Reich, DStR 2016, S. 1459; Reich, DStR 2016, S. 2447; Reich, DStR 2017, S. 1858; Thonemann-Micker, DB 2016, S. 2312; Viskorf/Löcherbach/Jehle, DStR 2016, S. 2425.

28 Bei der Berechnung der Mindestbeteiligungsquote werden die Anteile, die dem Erblasser oder Schenker unmittelbar zuzurechnen sind, und die Anteile weiterer Gesellschafter zusammengerechnet, wenn der Übertragende und die weiteren Gesellschafter untereinander verpflichtet sind, über die Anteile nur einheitlich zu verfügen oder ausschließlich auf andere derselben Verpflichtung unterliegende Anteilseigner zu übertragen und das Stimmrecht gegenüber nichtgebundenen Gesellschaftern einheitlich auszuüben (Poolvereinbarung: Verfügungsbeschränkung und Stimmrechtsbindung).

29 Besteht das Vermögen zu mindestens 90% aus Verwaltungsvermögen, entfallen die für Unternehmensvermögen vorgesehenen Begünstigungen vollständig (§ 13b Abs. 2 S. 2 ErbStG).

30 Zu den Ausnahmen siehe die Investitionsklausel in § 13b Abs. 5 ErbStG (unter engen Voraussetzungen kann Verwaltungsvermögen bei einer Investition nachträglich als begünstigtes Vermögen behandelt werden, wenn sich diese Verwendung aus einem vom Erblasser vorgefassten Plans ergibt).

chen Schulden werden konsolidiert und anteilig dem begünstigten und dem nicht begünstigten Vermögen zugeordnet (konsolidierte Nettobetrachtung, § 13b Abs. 6, 8 ErbStG). Das Verwaltungsvermögen wird allerdings als begünstigtes Vermögen behandelt, soweit sein Wert 10% des begünstigungsfähigen Vermögens nicht übersteigt (unschädliches Verwaltungsvermögen, § 13b Abs. 7 S. 1 ErbStG). Voraussetzung für die Einordnung als unschädliches Verwaltungsvermögen ist, dass es sich nicht um Wirtschaftsgüter handelt, die weniger als zwei Jahre dem Unternehmensvermögen zugerechnet werden (junges Verwaltungsvermögen, § 13b Abs. 7 S. 2 ErbStG). In mehrstufigen Unternehmensstrukturen mit Beteiligungsgesellschaften wird das begünstigte Vermögen über eine konsolidierte Betrachtung ermittelt (Verbundvermögensaufstellung, § 13b Abs. 9 ErbStG).

Ist die Verfügung über die Gewinnanteile oder den Gesellschaftsanteil beschränkt, wird unter bestimmten Voraussetzungen vom Wert des begünstigten Vermögens ein Abschlag von bis zu 30% vorgenommen (**Vorab-Bewertungsabschlag für bestimmte Familienunternehmen**, § 13a Abs. 9 ErbStG). Insoweit wird über die Bewertung indirekt ein Freibetrag gewährt, der vor Anwendung der Begünstigungen für Unternehmensvermögen abgezogen wird. Dieser führt zusätzlich zu einer entsprechenden Erhöhung der Grenze zwischen kleinen und großen Unternehmen von 26 Mio. € auf 37,14 Mio. €: 26 Mio. € / (1 – 30%). Der Vorab-Bewertungsabschlag wird nur bei der Übertragung von Anteilen an Personen- oder Kapitalgesellschaften gewährt, jedoch nicht bei der Übertragung von Einzelunternehmen.[31]

Zusammenfassend ergibt sich folgendes stark vereinfachtes Berechnungsschema:

	gemeiner Wert des begünstigungsfähigen Vermögens
–	Nettowert des (nicht begünstigten) Verwaltungsvermögens
+	unschädliches Verwaltungsvermögen (10%-Grenze, sofern kein junges Verwaltungsvermögen)
=	Wert des begünstigten Vermögens bei Familienunternehmen bei Verfügungsbeschränkungen: Abschlag von bis zu 30% (Vorab-Bewertungsabschlag)

(2) Umfang der Begünstigung bei kleinen Unternehmen (Regelverschonung oder **585**
Vollverschonung):[32] Im Zusammenhang mit den erbschaft- und schenkungsteuerlichen Begünstigungen für Unternehmensvermögen gilt ein Unternehmen als klein, wenn der Wert des begünstigten Vermögens 26 Mio. € nicht übersteigt (§ 13a Abs. 1 ErbStG). Dieser Wert stimmt mit dem Betrag überein, ab dem der Spitzensteuersatz der Erbschaft- und Schenkungsteuer zur Anwendung kommt (§ 19 Abs. 1 ErbStG).

Die Grenze bezieht sich auf die Erwerbe, die der jeweilige Erbe bzw Beschenkte von derselben Person erhält. Verfügen in einer Familie mit zwei Kindern beide Ehegatten über begünstigtes Vermögen, kann der Gesamtwert des Vermögens bis zu 104 Mio. € betragen: 26 Mio. € × 2 Übertragende × 2 Erwerber. Unter Berücksichtigung des 30%igen Vorab-Bewertungsabschlags für Familienunternehmen kann sich der Grenz-

31 Zu Gestaltungsansätzen bei Einzelunternehmen siehe Watrin/Linnemann, Ubg 2017, S. 461.
32 Siehe hierzu ausführlich R E 13a.1 – R E 13b.30 ErbStR.

wert, bis zu dem ein kleines Unternehmen angenommen wird, auf 148,57 Mio. € erhöhen: 104 Mio. € / (1 – 30%).

586 Für das begünstigte Unternehmensvermögen stehen bei kleinen Unternehmen zwei Modelle zur Wahl. Bei der **Regelverschonung** wird ein Verschonungsabschlag sowie ein Abzugsbetrag gewährt:

- Der **Verschonungsabschlag** besteht in einer **85%igen Steuerbefreiung** für das begünstigte Unternehmensvermögen (§ 13a Abs. 1 ErbStG).
- Für den Teil des Vermögens, der nach Abzug des Verschonungsabschlags verbleibt, wird ein **Abzugsbetrag** von **150 000 €** gewährt (§ 13a Abs. 2 ErbStG). Der Abzugsbetrag weist Merkmale einer gleitenden Freigrenze auf. Er verringert sich, wenn der Wert des nach Berücksichtigung des Verschonungsabschlags verbleibenden Vermögens 150 000 € übersteigt, um 50% des diese Wertgrenze übersteigenden Betrags. Bis zu einem Wert des begünstigten Unternehmensvermögens (vor Berücksichtigung des Verschonungsabschlags) von 1 Mio. € wird der Abzugsbetrag in vollem Umfang gewährt. Er entfällt ab einem Wert des Unternehmensvermögens (vor Berücksichtigung des Verschonungsabschlags) von 3 Mio. €.
  Der Abzugsbetrag kann innerhalb von zehn Jahren für Übertragungen, die von derselben Person ausgehen, nur einmal berücksichtigt werden.

Beispiel: Der gemeine Wert eines durch Schenkung übertragenen gewerblichen Einzelunternehmens beträgt 2 500 000 €. Nach Abzug des 85%igen Verschonungsabschlags und des auf 37 500 € reduzierten Abzugsbetrags sind davon 337 500 € steuerpflichtig:

	gemeiner Wert des Unternehmensvermögens	2 500 000 €
–	Verschonungsabschlag von 85% (§ 13a Abs. 1 ErbStG)	2 125 000 €
=	verbleiben	375 000 €
–	Abzugsbetrag (§ 13a Abs. 2 ErbStG) 150 000 € – 0,50 × (375 000 € – 150 000 €)	37 500 €
=	steuerpflichtiger Teil	337 500 €

Der Erwerber kann sich durch eine unwiderrufliche Erklärung für die **Vollverschonung** entscheiden. Bei der Vollverschonung erhöht sich der Verschonungsabschlag auf eine **100%ige Steuerbefreiung** (§ 13a Abs. 10 ErbStG).

587 Der Gesetzgeber hat mit der Lohnsummenprüfung und der Behaltensfrist zwei Kriterien eingeführt, bei deren Erfüllung er die Begünstigung für Unternehmensvermögen als gerechtfertigt ansieht. Bei der Vollverschonung gelten im Vergleich zur Regelverschonung höhere Anforderungen an die Lohnsummenregelung und die Behaltensfrist. Die Vollverschonung setzt zusätzlich voraus, dass der Anteil des Verwaltungsvermögens nicht über 20% liegt (§ 13a Abs. 10 S. 2, 3 ErbStG).

588 Bei der **Lohnsummenprüfung** darf innerhalb einer vorgegebenen Lohnsummenfrist eine bestimmte Mindestlohnsumme nicht unterschritten werden. Die Höhe der Mindestlohnsumme hängt von der Anzahl der Beschäftigten ab. Bei der **Regelverschonung** sind innerhalb einer fünfjährigen Lohnsummenfrist folgende Mindestlohnsummen zu erreichen (§ 13a Abs. 3 ErbStG):

- Bei bis zu 5 Beschäftigten entfällt die Lohnsummenprüfung.
- Bei mehr als 5 Beschäftigte, aber nicht mehr als 10 Beschäftigte beträgt die Mindestlohnsumme 250%.
- Bei mehr als 10 Beschäftigte, aber nicht mehr als 15 Beschäftigte ist eine Mindestlohnsumme von 300% einzuhalten.
- Bei mehr als 15 Beschäftigte erhöht sich die Mindestlohnsumme auf 400%.

Entscheidet sich der Erwerber für die **Vollverschonung,** verlängert sich die Lohnsummenfrist auf sieben Jahre. Zusätzlich erhöht sich die Mindestlohnsumme (§ 13a Abs. 10 ErbStG):

- Bei bis zu 5 Beschäftigten ist keine Lohnsummenprüfung durchzuführen.
- Bei mehr als 5 Beschäftigte, aber nicht mehr als 10 Beschäftigte beträgt die Mindestlohnsumme 500%.
- Bei mehr als 10 Beschäftigte, aber nicht mehr als 15 Beschäftigte beläuft sich die Mindestlohnsumme auf 565%.
- Bei mehr als 15 Beschäftigte wird die Mindestlohnsumme auf 700% festgesetzt.

Bei der Anzahl der Beschäftigten werden Beschäftigte in Mutterschutz oder Elternzeit, Langzeiterkrankte und Auszubildende nicht mitgerechnet. Ausgangslohnsumme bildet die durchschnittliche Lohnsumme der letzten fünf vor der unentgeltlichen Übertragung des Unternehmensvermögens endenden Wirtschaftsjahre. In mehrstufigen Unternehmensstrukturen werden die Anzahl der Beschäftigten und die Lohnsummen der Tochterunternehmen anteilig dem Mutterunternehmen zugeordnet.

Die Mindestlohnsumme wird nicht in jedem Jahr geprüft, sondern erst nach Ablauf der fünf- bzw siebenjährigen Lohnsummenfrist. Liegt die Summe der jährlichen Lohnsummen unter der Mindestlohnsumme, entfällt mit Wirkung für die Vergangenheit der Verschonungsabschlag in dem Umfang, in dem die Summe der jährlichen Lohnsummen unter der Mindestlohnsumme liegt.

Beispiel: Beträgt bei einem Unternehmen mit mehr als 15 Beschäftigten die Summe der jährlichen Lohnsummen nach Ablauf der fünfjährigen Behaltensfrist (Regelverschonung) 300% der Ausgangslohnsumme, wird die Mindestlohnsumme im Umfang von (400 – 300) / 400 = 25% unterschritten. Der Verschonungsabschlag reduziert sich nachträglich auf 63,75% = 85% × (100% – 25%).

	Regelverschonung	**Vollverschonung**
Umfang der Begünstigung	• Verschonungsabschlag: Steuerbefreiung von 85% • Abzugsbetrag von bis zu 150 000 €	Verschonungsabschlag: Steuerbefreiung von 100%
Lohnsummenprüfung (bei Verstoß anteiliger Wegfall des Verschonungsabschlags) Lohnsummenfrist	 5 Jahre	 7 Jahre

	Regelverschonung	**Vollverschonung**
Mindestlohnsumme		
– bis zu 5 Beschäftigte	keine Lohnsummenprüfung	keine Lohnsummenprüfung
– mehr als 5 Beschäftigte und nicht mehr als 10 Beschäftigte	250% der Ausgangslohnsumme (= im Durchschnitt 50,00% / Jahr)	500% der Ausgangslohnsumme (= im Durchschnitt 71,43% / Jahr)
– mehr als 10 Beschäftigte und nicht mehr als 15 Beschäftigte	300% der Ausgangslohnsumme (= im Durchschnitt 60,00% / Jahr)	565% der Ausgangslohnsumme (= im Durchschnitt 80,71% / Jahr)
– mehr als 15 Beschäftigte	400% der Ausgangslohnsumme (= im Durchschnitt 80,00% / Jahr)	700% der Ausgangslohnsumme (= im Durchschnitt 100,00% / Jahr)
Behaltensfrist (bei Verstoß zeitanteiliger Wegfall des Verschonungsabschlags)	5 Jahre	7 Jahre

Abb. 3.2: Regelverschonung und Vollverschonung für begünstigtes Unternehmensvermögen im Vergleich (kleine Unternehmen)

589 Der 85%ige Verschonungsabschlag und der Abzugsbetrag (Regelverschonung) bzw der 100%ige Verschonungsabschlag (Vollverschonung) entfallen auch dann, wenn innerhalb der fünfjährigen **Behaltensfrist** (Regelverschonung) bzw innerhalb der siebenjährigen Behaltensfrist (Vollverschonung) der Erbe oder Beschenkte sein unternehmerisches Engagement aufgibt oder wesentlich einschränkt. Die Begünstigungen entfallen mit Wirkung für die Vergangenheit beispielsweise, wenn innerhalb der Behaltensfrist eines der folgenden Ereignisse eintritt (§ 13a Abs. 6 ErbStG):

- Veräußerung des Einzelunternehmens, der Beteiligung an der Personengesellschaft, des land- und forstwirtschaftlichen Betriebs oder der Anteile an der Kapitalgesellschaft[33]
- Aufgabe des Unternehmens, Veräußerung von wesentlichen Betriebsgrundlagen, Überführung von wesentlichen Betriebsgrundlagen in das Privatvermögen
- Entnahmen des Erwerbers bzw Gewinnausschüttungen an den Erwerber eines Anteils an einer Kapitalgesellschaft innerhalb der Behaltensfrist, die die ihm zuzurechnenden Gewinne um mehr als 150 000 € übersteigen (Überentnahmen)[34]
- bei Kapitalgesellschaften: Aufhebung der Poolvereinbarung (Verfügungsbeschränkung oder der Stimmrechtsbindung).

33 Dies gilt auch dann, wenn die Veräußerung aufgrund einer Insolvenz des Unternehmens (BFH vom 4.2.2010, BStBl. 2010 II, S. 663) oder bei Freiberuflern aufgrund der fehlenden berufsrechtlichen Voraussetzungen für eine Fortführung durch den Erwerber erfolgt (BFH vom 17.3.2010, BStBl. 2010 II, S. 749).

34 Dies gilt auch dann, wenn die Entnahme zu dem Zweck erfolgt, die Erbschaft- und Schenkungsteuer zu bezahlen, vgl BFH vom 11.11.2009, BStBl. 2010 II, S. 305.

Der Verschonungsabschlag entfällt bei einem Verstoß gegen die Behaltensfrist zeitanteilig ab dem Jahr, in dem das schädliche Ereignis eintritt (§ 13a Abs. 6 S. 2 ErbStG).[35]

Beispiel: Wird ein unentgeltlich erworbenes Einzelunternehmen im dritten auf den Erwerb folgenden Jahr veräußert, reduziert sich bei der Regelverschonung der Verschonungsabschlag im Umfang von (5 – 3) / 5 = 2 / 5. Der Verschonungsabschlag beträgt damit nur noch 51% = 85% × (1 – 2 / 5) des begünstigten Unternehmensvermögens.

Die Nachversteuerung unterbleibt, wenn der Veräußerungserlös innerhalb von sechs Monaten in begünstigtes Unternehmensvermögen reinvestiert wird (**Reinvestitionsklausel**, § 13a Abs. 6 S. 3, 4 ErbStG).[36]

Die **Mindestlohnsumme** und die **Behaltensfrist** sind **gemeinsam zu beachten**, dh sie werden parallel angewendet. Werden beide Voraussetzungen nicht (vollständig) eingehalten, wird der Verschonungsabschlag nach der Vorschrift gemindert, aus der sich der höhere Kürzungsbetrag ergibt.

Die **Mitwirkungspflichten des Erwerbers** zur Prüfung der Mindestlohnsumme und Behaltensfrist sowie die verfahrensrechtlichen Regelungen bei Nichteinhaltung dieser Voraussetzungen für die Begünstigung von Unternehmensvermögen sind in § 13a Abs. 7–8 ErbStG geregelt.

(3) Einschränkungen des Umfangs der Begünstigung für große Unternehmen (Abschmelzmodell oder Verschonungsbedarfsprüfung).[37] Das Bundesverfassungsgericht hat dem Gesetzgeber aufgegeben, für große Unternehmen die erbschaft- und schenkungsteuerlichen Begünstigungen von einer Bedürfnisprüfung abhängig zu machen. Bei großen Unternehmen ist zu prüfen, ob eine Verschonung erforderlich ist. Diese Vorgabe wird bei großen Unternehmen durch eine Einschränkung des Verschonungsabschlags (Abschmelzmodell, § 13c ErbStG) oder alternativ durch eine Verschonungsbedarfsprüfung (§ 28a ErbStG) umgesetzt. **590**

Im Zusammenhang mit den erbschaft- und schenkungsteuerlichen Begünstigungen für Unternehmensvermögen wird von einem großen Unternehmen ausgegangen, wenn der Wert des begünstigten Unternehmensvermögens, den der jeweilige Erbe bzw Beschenkte von derselben Person erhält, 26 Mio. € übersteigt (§ 13c Abs. 1 ErbStG).

Beim **Abschmelzmodell** reduziert sich der Verschonungsabschlag schrittweise jeweils um einen Prozentpunkt für jede zusätzliche 750 000 €, die der Wert des begünstigten Unternehmensvermögens den Grenzwert von 26 Mio. € übersteigt. Ab einem Wert des begünstigten Vermögens von 90 Mio. € entfällt sowohl bei der Regelverschonung als auch der Vollverschonung ein Verschonungsabschlag (§ 13c Abs. 1 ErbStG).[38] **591**

35 Bei Überentnahmen entfällt der Verschonungsabschlag in vollem Umfang.

36 Bei Überentnahmen und bei Aufhebung der Poolvereinbarung kann die Reinvestitionsklausel nicht genutzt werden.

37 Siehe hierzu ausführlich R E 13c.1 – R E 13c.5, R E 28a.1 – R E 28a.6 ErbStR.

38 Unter Berücksichtigung des Vorab-Bewertungsabschlags für bestimmte Familienunternehmen von bis zu 30%, erhöhen sich diese Grenzwerte auf 37,14 Mio. € bzw 128,57 Mio. €.

	Verschonungs-abschlagsmodell (Regelverschonung)	Verschonungs-abschlagsmodell (Vollverschonung)	Verschonungs-bedarfsprüfung
Rechtsgrundlage	§ 13c ErbStG	§ 13c ErbStG	§ 28a ErbStG
Lohnsummenfrist	5 Jahre	7 Jahre	7 Jahre
Mindestlohnsumme	bis zu 400% (abhängig von der Anzahl der Beschäftigten)	bis zu 700% (abhängig von der Anzahl der Beschäftigten)	bis zu 700% (abhängig von der Anzahl der Beschäftigten)
Behaltensfrist	5 Jahre	7 Jahre	7 Jahre
Umfang der Begünstigung	ab einem Vermögen von mehr als 26 Mio. € schrittweise Verringerung des Verschonungsabschlags von 85% auf bis zu 0% (ab einem Vermögen von mehr als 90 Mio. €)	ab einem Vermögen von mehr als 26 Mio. € schrittweise Verringerung des Verschonungsabschlags von 100% auf bis zu 0% (ab einem Vermögen von mehr als 90 Mio. €)	Erlass der ErbSt, soweit die ErbSt nicht aus dem verfügbaren Vermögen beglichen werden kann verfügbares Vermögen = 50% der Summe aus übertragenem nicht begünstigten Vermögen zuzüglich vorhandenem nicht begünstigten Vermögen

Abb. 3.3: Verschonungsabschlagsmodell und Verschonungsbedarfsprüfung im Vergleich (große Unternehmen)

592 Bis zu einem Wert des begünstigten Vermögens von 90 Mio. € kann der Steuerpflichtige alternativ zum Abschmelzmodell eine **Verschonungsbedarfsprüfung** beantragen (§ 28a ErbStG). Da ab einem Wert des begünstigten Vermögens von 90 Mio. € der Verschonungsabschlag nicht mehr gewährt wird, verbleibt für diese Steuerpflichtigen als Entlastungsmaßnahme ausschließlich die Verschonungsbedarfsprüfung.

Die Verschonungsbedarfsprüfung setzt nicht, wie das Abschmelzmodell, an der steuerpflichtigen Bemessungsgrundlage an, sondern an der festzusetzenden Erbschaft- und Schenkungsteuer. Beim Abschmelzmodell wird eine mit zunehmendem Wert des Unternehmensvermögens prozentual sinkende Steuerbefreiung gewährt. Demgegenüber besteht bei der Verschonungsbedarfsprüfung die Erleichterung darin, dass die Erbschaft- und Schenkungsteuer soweit erlassen wird, wie der Steuerpflichtige nachweist, dass er persönlich nicht in der Lage ist, die Erbschaft- und Schenkungsteuer aus seinem verfügbaren Vermögen zu begleichen (§ 28a Abs. 1 ErbStG).

Als verfügbares Vermögen gilt die Hälfte der Summe aus dem mit dem Unternehmen übertragenen nicht begünstigten Vermögen zuzüglich das beim Erwerber vor der Erbschaft bzw Schenkung vorhandene nicht begünstigte Vermögen (§ 28a Abs. 2 ErbStG).

Die nach der Verschonungsbedarfsprüfung verbleibende Erbschaft- oder Schenkungsteuer kann ganz oder teilweise bis zu sechs Monate gestundet werden, wenn die Einziehung bei Fälligkeit eine erhebliche Härte für den Erwerber bedeuten würde und der Anspruch nicht gefährdet erscheint. Eine erhebliche Härte liegt insbesondere vor, wenn der Erwerber einen Kredit aufnehmen oder verfügbares Vermögen veräußern muss, um die Steuer entrichten zu können. Die Stundung erfolgt verzinslich (§ 28a Abs. 3 ErbStG).

Bei der Verschonungsbedarfsprüfung sind hinsichtlich der Lohnsummenprüfung und der Behaltensfrist die gleichen Kriterien zu beachten wie bei der Vollverschonung (§ 28a Abs. 4 ErbStG).

3. Begünstigung für zu Wohnzwecken vermietete Grundstücke

Bebaute Grundstücke, die zu Wohnzwecken vermietet werden und im Inland, einem **593** anderen EU-Staat oder einem EWR-Staat belegen sind und nicht zum begünstigten Betriebsvermögen bzw land- und forstwirtschaftlichen Vermögen gehören, werden nur mit 90% ihres gemeinen Werts angesetzt. Für diese bebauten Grundstücke gilt also eine anteilige Steuerbefreiung von 10% ihres gemeinen Werts (§ 13d ErbStG).

Die unter Berücksichtigung dieser Steuerbefreiung anfallende Erbschaft- und Schenkungsteuer wird auf Antrag bis zu zehn Jahre gestundet, soweit diese ansonsten nur bei der Veräußerung dieses Vermögens entrichtet werden kann (§ 28 Abs. 3 ErbStG).

4. Begünstigung für selbst genutzten Wohnraum und weitere Steuerbefreiungen nach § 13 ErbStG

Die Übertragung von bebauten Grundstücken an den Ehegatten, den Lebenspartner **594** oder an Kinder ist von der Erbschaft- und Schenkungsteuer befreit, (1) sofern diese im Inland, einem anderen EU-Staat oder einem EWR-Staat belegen sind und (2) sofern darin eine Wohnung zu eigenen Wohnzwecken genutzt wird, die den Mittelpunkt des familiären Lebens darstellt. Zweitwohnsitze (zB Ferienwohnung) sind nicht begünstigt. Die weiteren Voraussetzungen für die Steuerbefreiung bei der **Übertragung eines Familienheims** sind davon abhängig, in welcher Form und an wen die Übertragung erfolgt:[39]

- Die **Schenkung** eines Familienheims durch einen Ehegatten **an den anderen Ehegatten** sowie die Schenkung eines Familienheims durch einen Lebenspartner an den anderen Lebenspartner sind ohne zusätzliche Bedingung von der Erbschaft- und Schenkungsteuer befreit (§ 13 Abs. 1 Nr 4a ErbStG).
- Im **Erbfall** ist die Übertragung eines Familienheims **an den überlebenden Ehegatten** bzw Lebenspartner nur dann steuerfrei, soweit der Erblasser darin bis zum Erbfall eine Wohnung zu eigenen Wohnzwecken genutzt hat und wenn der überlebende Ehegatte bzw Lebenspartner diese innerhalb der nächsten zehn Jahre selbst **zu eigenen Wohnzwecken nutzt**. Die fehlende Selbstnutzung ist dann unschädlich, wenn für die ausbleibende Selbstnutzung zwingende Gründe, wie Pflegebedürftigkeit oder Tod, bestehen (§ 13 Abs. 1 Nr 4b ErbStG).

39 Siehe hierzu Brey/Merz/Neufang, BB 2009, S. 132.

- Im **Erbfall** ist die Übertragung eines Familienheims **an die Kinder** bzw Kinder verstorbener Kinder nur dann steuerfrei, soweit der Erblasser darin bis zum Erbfall eine Wohnung zu eigenen Wohnzwecken genutzt hat und wenn der Erwerber das Familienheim innerhalb der nächsten zehn Jahre selbst **zu eigenen Wohnzwecken nutzt**. Die Steuerbefreiung gilt nur **soweit** die **Wohnfläche** der selbst genutzten Wohnung **200 qm nicht übersteigt**. Übersteigt die Wohnfläche 200 qm, ist die Übertragung des Familienheims an Kinder oder Kinder verstorbener Kinder insoweit anteilig steuerpflichtig. Die fehlende Selbstnutzung ist dann unschädlich, wenn für die ausbleibende Selbstnutzung zwingende Gründe, wie Pflegebedürftigkeit oder Tod, bestehen (§ 13 Abs. 1 Nr 4c ErbStG).

595 Die weiteren in § 13 ErbStG aufgeführten **sachlichen Steuerbefreiungen lassen sich nicht anhand** eines **einheitlichen Kriteriums ordnen**, da sie unterschiedliche **gegenstands-, zweck- oder anlassbezogene Sachverhalte** betreffen. Zum Teil sind die Steuerbefreiungen auf einen bestimmten Betrag begrenzt, sodass sie wie ein Freibetrag wirken.

Steuerbefreit sind beispielsweise:

- **Hausrat** einschließlich Wäsche und Kleidungsstücke, andere bewegliche körperliche Gegenstände bis zu einem bestimmten Betrag, der vom Verwandtschaftsgrad abhängt (gegenstandsbezogene Steuerbefreiung von bis zu 41 000 €, § 13 Abs. 1 Nr 1 ErbStG)
  Diese Befreiung gilt nicht für Gegenstände des land- und forstwirtschaftlichen Vermögens, des Grundvermögens und des Betriebsvermögens sowie für Zahlungsmittel, Wertpapiere, Münzen, Edelmetalle, Edelsteine und Perlen.
- Grundbesitz, Kunstgegenstände, Kunstsammlungen, wissenschaftliche Sammlungen, Bibliotheken und Archive, deren Erhaltung im öffentlichen Interesse liegt (gegenstandsbezogene Steuerbefreiung, § 13 Abs. 1 Nr 2–3 ErbStG)
- bis zu bestimmten Grenzen Geldzuwendungen unter Lebenden, die eine Person für Pflegeleistungen erhält (zweckbezogene Steuerbefreiung, § 13 Abs. 1 Nr 9–9a ErbStG)
- Gegenstände, die durch Tod des beschenkten Abkömmlings an den Schenker zurückfallen (anlassbezogene Steuerbefreiung, § 13 Abs. 1 Nr 10 ErbStG)
- **Zuwendungen** unter Lebenden **zum Zweck des** angemessenen **Unterhalts oder** zur **Ausbildung** des Bedachten (zweckbezogene Steuerbefreiung, § 13 Abs. 1 Nr 12, Abs. 2 ErbStG)
- übliche **Gelegenheitsgeschenke** (anlassbezogene Steuerbefreiung, § 13 Abs. 1 Nr 14 ErbStG)
- Zuwendungen an bestimmte Religionsgemeinschaften sowie **Zuwendungen**, die ausschließlich **kirchlichen**, **gemeinnützigen** oder **mildtätigen Zwecken gewidmet** sind (zweckbezogene Steuerbefreiung, § 13 Abs. 1 Nr 16, 17 ErbStG)
- **Zuwendungen an politische Parteien** und Vereine ohne Parteicharakter, die an Wahlen teilnehmen, zB Landesvereinigung FREIE WÄHLER Bayern eV (zweckbezogene Steuerbefreiung, § 13 Abs. 1 Nr 18 ErbStG).

5. Kurzbeurteilung

596 – *Begünstigung für Unternehmensvermögen:* Die sehr weitgehenden Begünstigungen für Unternehmensvermögen erfüllen insoweit die Vorgaben des Bundesverfassungsgerichts,[40] als sie grundsätzlich erst auf der zweiten Ebene (Besteuerungsebene) ansetzen. Auf der ersten Ebene (Bewertungsebene) wird Unternehmensvermögen wie andere Vermögenswerte mit dem gemeinen Wert bewertet. Die Begünstigungen werden gewährt, um die Fortführung des Betriebs und dessen Arbeitsplätze zu sichern. Der Gesetzgeber gibt also den Lenkungszweck ausdrücklich vor. Die Begünstigung für Unternehmensvermögen wird offen ausgewiesen, dh sie wird nicht in die Bewertungsregeln integriert. Positiv zu werten ist auch, dass die Begünstigungen von der Lohnsummenprüfung und einer Behaltensfrist abhängig gemacht werden. Die Einschränkungen für große Unternehmen beruhen gleichfalls auf Vorgaben des Bundesverfassungsgerichts.[41] Unterschiedliche Auffassungen werden dazu vertreten, ob das Ausmaß der Begünstigung zu weit geht oder zu gering ausfällt bzw ob die für die Begünstigungen zu erfüllenden Bedingungen zu weit oder zu eng formuliert werden.

Bei der Verschonungsbedarfsprüfung wird im Rahmen der Festsetzung der auf das übertragene Unternehmensvermögen erhobenen Erbschaft- und Schenkungsteuer auch das beim Erwerber vorhandene Vermögen sowie das mitübertragene nicht begünstigte Vermögen berücksichtigt. Es wird diskutiert, inwieweit eine derartige Verknüpfung mit dem verfügbaren Vermögen des Erwerbers mit dem Konzept einer Erbanfallsteuer, die den Wert der Bereicherung des Erwerbers erfassen möchte, vereinbar ist.

Die Praktikabilität der Begünstigungen für Unternehmensvermögen wird häufig sehr negativ eingeschätzt. Die Inanspruchnahme der Begünstigungen für Unternehmensvermögen ist für den Erwerber mit erheblichen Arbeitsbelastungen verbunden. Es ist über einen Zeitraum von fünf bzw sieben Jahren zu prüfen, inwieweit die dafür geforderten Voraussetzungen vorliegen. Die Mindestlohnsumme und die Behaltensfrist führen zu einer Einschränkung der unternehmerischen Flexibilität. Dieser Nachteil wird bei Kapitalgesellschaften durch die Notwendigkeit, die Poolvereinbarung während der (ggf mehrfach neu anlaufenden) Behaltensfrist fortzuführen, verstärkt. Bei der Verschonungsbedarfsprüfung ist zusätzlich zum Wert des übertragenen Vermögens der Wert des Vermögens zu ermitteln, das der Erwerber bereits besitzt.

597 – *Begünstigung für vermietete Grundstücke:* Es ist nicht erkennbar, weshalb für vermietete Grundstücke eine 10%ige Steuerbefreiung gewährt wird. Wie bei Unternehmensvermögen kann diese Steuerbefreiung nicht mit der eingeschränkten Fungibilität von Grundvermögen und der Verpflichtung gegenüber den Mietern gerechtfertigt werden. Diese Aspekte beeinflussen bereits den gemeinen Wert des Grundstücks. Sie können nicht nochmals als Begründung für eine (anteilige) Steuerbefreiung angeführt werden. Darüber hinaus ist zu berücksichtigen, dass die Steuerbefreiung unabhängig von der Dauer gewährt wird, über die das Grundstück für Wohnzwecke vermietet wird, da insoweit keine Behaltensfrist zu beachten ist.

40 Vgl BVerfG vom 7.11.2006, BStBl. 2007 II, S. 192.
41 Vgl BVerfG vom 17.12.2014, BStBl. 2015 II, S. 50.

598 – *Begünstigung für Familienheime:* Die verfassungsrechtliche Vorgabe, dass Vermögen mit dem Wert eines durchschnittlichen Einfamilienhauses ohne Belastung mit Erbschaft- und Schenkungsteuer übertragen werden soll,[42] wurde durch eine deutliche Erhöhung der persönlichen Freibeträge umgesetzt. Die Freistellung von Familienheimen (sachliche Steuerbefreiung) führt zu einer zweifachen Begünstigung von selbst genutztem Wohnraum. Damit wird die Übertragung von selbst genutztem Wohnraum gegenüber der Übertragung von anderen Wirtschaftsgütern bevorteilt, ohne dass der Gesetzgeber dafür eine ausreichende Begründung angegeben hat.

599 – *Vorschlag: persönliche Steuerbefreiungen anstatt sachliche Steuerbefreiungen:* Aus ökonomischer Sicht hängt die Einordnung der Erbschaftsteuer in das Steuersystem davon ab, welches Motiv einer Erbschaft zugrunde liegt.[43] In einer groben Vereinfachung kann zwischen drei grundlegenden Motiven differenziert werden: (1) Ein bedeutsames Erbschaftsmotiv dürfte der Wunsch des Erblassers sein, Vermögen nicht nur für sich selbst, sondern auch für die Familie, der er angehört, zu bilden und zu erhalten. Bei dynastisch motivierten Erbschaften wird Besitz weniger aus individueller Sicht, sondern eher generationenübergreifend gesehen. Die Erbschaftsteuer bedroht den Fortbestand des dynastischen Vermögens oder schränkt ihn zumindest erheblich ein. Bei dieser Argumentation kommt es nicht darauf an, in welcher Form das Vermögen gebildet wird, sei es Unternehmensvermögen, vermietete Immobilien, selbst genutzte Immobilien, Wertpapiere oder irgendwelche anderen Vermögenswerte. Ausschlaggebend ist vielmehr, dass das gebildete Vermögen nicht vollständig in der Familie verbleibt, sondern zumindest in Teilen für die Bezahlung der Erbschaftsteuer verwendet werden muss. Erblasser mit dynastischer Perspektive werden auf die Erbschaftsteuer mit entsprechenden Änderungen ihres Verhaltens reagieren. Die Erbschaftsteuer wirkt also nicht entscheidungsneutral. Eine der möglichen Verhaltensänderungen kann darin bestehen, dass die Erblasser zu Lebzeiten weniger Vermögen bilden, als sie es täten, fiele nicht nur ein Teil, sondern das gesamte Vermögen ihren Nachkommen zu. (2) Egoistisch motivierte Erbschaften sind dadurch gekennzeichnet, dass sich der Erblasser durch Aussicht auf eine Erbschaft vom zukünftigen Erben ein entsprechendes Verhalten erhofft (zB Pflegeleistungen). Bei dieser Argumentation löst die Erbschaftsteuer aus Sicht des Erblassers eine Verteuerung der Leistungen aus, die er von seinen Erben erwartet. Aus Sicht der Erben könnten derart motivierte Erbschaften als besondere Leistung interpretiert werden. Da bei einem derartigen Motiv wirtschaftlich betrachtet ein Leistungsaustausch vorliegt, müssten derartige Leistungen der Einkommensteuer unterliegen. (3) Zu unbeabsichtigten Erbschaften kommt es dann, wenn der Erblasser zwar nicht die Absicht hatte, jemandem etwas zu hinterlassen, er aber dennoch am Ende seines Lebens ein Vermögen zurücklässt. Besonders deutlich wird dies bei einem Steuerpflichtigen, der durch einen Unfall stirbt und der

42 Vgl BVerfG vom 22.6.1995, BStBl. 1995 II, S. 671.

43 Siehe hierzu Homburg, Allgemeine Steuerlehre, 7. Aufl., München 2015, S. 134–137. Für die Erhebung einer bestimmten Steuerart sind aber nicht nur ökonomische Gesichtspunkte relevant. Die Erbschaft- und Schenkungsteuer ist auch ein Instrument des Sozialstaates (Art. 20 Abs. 1 GG), um zu verhindern, dass Reichtum in den Händen weniger kumuliert wird und dass das Vermögen allein aufgrund von Herkunft oder persönlicher Verbundenheit unverhältnismäßig anwächst, vgl Minderheitsvotum in BVerfG vom 17.12.2014, BStBl. 2015 II, S. 50. Siehe auch Art. 123 Abs. 3 S. 1 der Verfassung des Freistaates Bayern: „Die Erbschaftssteuer dient auch dem Zwecke, die Ansammlung von Riesenvermögen in den Händen einzelner zu verhindern."

kein Testament erstellt hat. Wenn der Erblasser überhaupt nicht die Absicht hatte, etwas zu vererben, kann man davon ausgehen, dass die Erbschaftsteuer keine Verhaltensänderungen bewirkt. Der Erblasser wird weder zu Lebzeiten mehr konsumieren, noch wird er sich veranlasst sehen, Steuervermeidungsaktivitäten zu entfalten. Die Erbschaftsteuer ist in diesem Fall nicht Bestandteil des Entscheidungskalküls des Erblassers. Da keine Effizienznachteile entstehen, spielt es keine Rolle wie hoch die Erbschaftsteuer ausfällt. Sie könnte sogar konfiskatorisch sein. Auch bei unbeabsichtigten Erbschaften spielt es keine Rolle, welche Vermögenswerte übertragen werden. Es kommt allein darauf an, dass die Erbschaft als solche unbeabsichtigt war.

Aus den vorstehenden Überlegungen lässt sich ableiten, dass ein effizientes Erb- **600**
schaftsteuersystem dynastisch motivierte Erbschaften von der Steuer verschonen sollte.[44] Demgegenüber können unbeabsichtigte Erbschaften durchaus intensiv besteuert werden. Einem Erbe ist es aber in der Regel nicht anzusehen, ob ihm dynastische Motive zugrunde liegen oder ob es unbeabsichtigt war. Es erscheint aber plausibel, dass Erbschaften, die an nahe Angehörige gehen, also an die eigenen Kinder oder Ehegatten, viel eher auf einem dynastischen Motiv beruhen als beispielsweise Erbschaften an entfernte Verwandte.

Folgt man dieser Argumentation, erscheint es aus ökonomischer Sicht gerechtfertigt, Erbschaften, die an entfernte Verwandte gehen, steuerlich stärker zu belasten als Erbschaften an nahe Angehörige.[45] Konsequenz dieser Überlegungen ist, dass sich persönliche Steuerbefreiungen weitaus eher rechtfertigen lassen als sachliche Steuerbefreiungen. Diese Idee wird im deutschen Erbschaftsteuergesetz bereits ansatzweise verwirklicht. Die für die Höhe der persönlichen Freibeträge und den Steuersatz relevante Einteilung der Steuerklassen nimmt nämlich eine Differenzierung nach dem Verwandtschaftsgrad vor. Auch die vom Bundesverfassungsgericht aufgestellte Forderung, bei Übertragungen innerhalb einer Familie Vermögen im Wert eines durchschnittlichen Einfamilienhauses von der Erbschaftsteuer freizustellen,[46] weist in diese Richtung.

Bei einer Neugestaltung der Erbschaftsteuer sollte deshalb die Differenzierung der Erbschaftsteuer in Abhängigkeit von der verwandtschaftlichen Nähe zwischen Erblasser und Erbe weiter ausgebaut werden. Erbschaften an nahe Angehörige, insbesondere Ehegatten und Kinder, sollten von der Erbschaftsteuer freigestellt werden. Erbschaften an entfernte Verwandte und sonstige Erben können demgegenüber weiterhin besteuert werden. Dabei sollte es keine Rolle spielen, ob Unternehmensvermögen, vermietete Grundstücke, ein Familienheim oder andere Vermögenswerte vererbt werden. Der Übergang von sachlichen auf persönliche Steuerbefreiungen hätte auch den Vorteil, dass sich die Diskussion erübrigen würde, ob die Begünstigungen für Unternehmensvermögen zu großzügig oder zu gering ausfallen und welche Voraussetzungen für diese Begünstigungen zu erfüllen sind.

---

44 Vgl Scheffler/Wigger, BB 2006, S. 2443.

45 Art. 123 Abs. 3 S. 2 der Verfassung des Freistaates Bayern schreibt ausdrücklich eine Staffelung der Erbschaftsteuer nach dem Verwandtschaftsverhältnis vor.

46 Vgl BVerfG vom 22.6.1995, BStBl. 1995 II, S. 671.

E. Steuertarif und Steuerzahlung

601 Beim Steuertarif wird der Charakter der Erbschaft- und Schenkungsteuer als **Personensteuer** besonders deutlich. Der **Verwandtschaftsgrad** des Begünstigten zum Erblasser oder Schenker **bestimmt** die **Zuordnung zu einer der Steuerklassen**. Die Differenzierung entsprechend den persönlichen Verhältnissen ist materiell von erheblicher Bedeutung, da sowohl die **Höhe der persönlichen Freibeträge** als auch der **Steuersatz davon abhängen, welcher Steuerklasse der Erwerber zugeordnet wird**.

Innerhalb der drei Steuerklassen verläuft der **Tarif progressiv**, dh der Steuersatz steigt mit einer Erhöhung der steuerpflichtigen Bemessungsgrundlage (stark) an.

I. Steuerklassen

602 In **Abhängigkeit von** den persönlichen Verhältnissen (insbesondere **verwandtschaftliche Nähe** zwischen dem Übertragenden und dem Erwerber) erfolgt die Zuordnung zu einer der **drei Steuerklassen** (§ 15 ErbStG):

- **Steuerklasse I: Ehegatte**, Lebenspartner, **Kinder**, Stiefkinder, die Abkömmlinge der Kinder (**Enkelkinder**, Stiefenkelkinder, Urenkel) sowie bei Erwerb von Todes wegen die Eltern und Großeltern
- **Steuerklasse II: Eltern** und **Großeltern** (bei Schenkungen unter Lebenden), **Geschwister**, **Nichten und Neffen**, Stiefeltern, Schwiegerkinder und -eltern, der geschiedene Ehegatte und der Lebenspartner einer aufgehobenen Lebenspartnerschaft
- **Steuerklasse III:** alle **übrigen Erwerber** und die Zweckzuwendungen.

Im Zeitpunkt der **Errichtung** von **Familienstiftungen** und -vereinen bestimmt sich die Steuerklasse nach dem Verwandtschaftsgrad des entferntest Berechtigten zum Erblasser oder Schenker. Bei der **erneuten Besteuerung** nach Ablauf des Dreißigjahreszeitraums durch die Erbersatzsteuer erfolgt eine Zuordnung zur Steuerklasse I (§ 15 Abs. 2 S. 1, 3 ErbStG).

Bei einer Schenkung durch eine Kapitalgesellschaft oder Genossenschaft ist die Steuerklasse zugrunde zu legen, die sich aus dem persönlichen Verhältnis des Erwerbers zu der an der Gesellschaft unmittelbar oder mittelbar beteiligten natürlichen Person oder Stiftung ergibt, durch die sie veranlasst ist (§ 15 Abs. 4 ErbStG).

II. Persönliche Freibeträge

1. Allgemeine Freibeträge

603 Die **Höhe des** einem **unbeschränkt Steuerpflichtigen** zustehenden **Freibetrags hängt von** seiner **Steuerklasse ab**. Nach den Vorgaben des Bundesverfassungsgerichts muss bei der Ausgestaltung und Bemessung der Erbschaft- und Schenkungsteuer die **Erbrechtsgarantie** beachtet werden.[47] Dem Recht des Erblassers zu vererben

47 Vgl BVerfG vom 22.6.1995, BStBl. 1995 II, S. 671.

entspricht das Recht des Erben zu erben. Das Erbrecht ergänzt insoweit die Eigentumsgarantie (Art. 14 GG). Im Hinblick auf das Ziel, die private Vermögensordnung zu wahren, ist bei der **Vererbung an den Ehegatten und die Kinder** die Erbschaftsteuer so zu begrenzen, dass das Familiengut durch den Erbfall nicht unangemessen beeinträchtigt wird. Dies bedeutet, dass jedem Steuerpflichtigen der jeweils auf ihn übergehende **Nachlass zumindest zum deutlich überwiegenden Teil steuerfrei** zukommen muss und dass **kleinere Vermögen** von der Erbschaftsteuer **vollständig auszunehmen** sind. Als Anhaltspunkt für die Höhe des (persönlichen) **erbschaftsteuerlichen Freibetrags** dient das Gebrauchsvermögen, dessen Umfang abstrakt mit dem **Wert eines durchschnittlichen Einfamilienhauses** umschrieben wird. In Anlehnung an den Grundfreibetrag bei der Einkommensteuer kann von einem **(steuerfrei zu stellenden) erbschaft- und schenkungsteuerlichen Existenzminimum** gesprochen werden.

Von dem im Erbfall oder durch Schenkung übertragenen Vermögen sowie bei Zweckzuwendungen bleiben folgende Beträge steuerfrei (**persönliche Freibeträge**, § 16 Abs. 1 ErbStG):

– bei **Ehegatten**, Lebenspartnern	**500 000 €**
– bei **Kindern** und bei Enkeln, deren Eltern verstorben sind	**400 000 €**
– bei **Enkeln**, deren Eltern noch leben	200 000 €
– bei den übrigen Personen der Steuerklasse I	100 000 €
– bei Personen der Steuerklasse II	20 000 €
– bei den übrigen Personen der Steuerklasse III und bei Zweckzuwendungen	20 000 €

Für die Erbersatzsteuer von Familienstiftungen und -vereinen beträgt der Freibetrag 800 000 €. Dieser Wert errechnet sich aus einer Verdoppelung des Freibetrags, der Kindern gewährt wird (§ 15 Abs. 2 S. 3 iVm § 16 Abs. 1 Nr 2 ErbStG).

Für Mitgliedsbeiträge an Personenvereinigungen, die nicht lediglich Leistungen für ihre eigenen Mitglieder erbringen (anderenfalls liegt keine Zuwendung vor, da es an der Freigebigkeit fehlt) und für die auch keine sachliche Steuerbefreiung nach § 13 ErbStG besteht, gilt ein jährlicher Freibetrag von 300 € pro Mitglied (§ 18 ErbStG).

Ausgangspunkt für die beschränkt erbschaft- und schenkungsteuerpflichtigen Personen zustehenden Freibeträge bilden die unbeschränkt Steuerpflichtigen gewährten Freibeträge. Diese Freibeträge werden aber nur anteilig gewährt. Das Verhältnis bestimmt sich nach dem Wert der beschränkt steuerpflichtigen Vermögenserwerbe zu den von derselben Person in den letzten zehn Jahren insgesamt gewährten Vermögensvorteilen (§ 16 Abs. 2 ErbStG).

2. Versorgungsfreibeträge

Dem **überlebenden Ehegatten** oder dem überlebenden Lebenspartner wird **zusätzlich** zum allgemeinen persönlichen Freibetrag (500 000 €) ein **Versorgungsfreibetrag** von bis zu **256 000 €** gewährt (§ 17 Abs. 1 S. 1 ErbStG). In der Summe addieren sich die beiden persönlichen Freibeträge auf bis zu 756 000 €. Zusätzlich ist die Nichtbesteuerung des Zugewinnausgleichs zu beachten (§ 5 ErbStG). 604

Der Versorgungsfreibetrag wird um den Kapitalwert der Versorgungsbezüge gekürzt, die nicht der Erbschaftsteuer unterliegen. Der Kapitalwert wird nach dem allgemeinen Teil des Bewertungsgesetzes ermittelt (§ 17 Abs. 1 S. 2 ErbStG iVm § 14 BewG). Die Minderung des Versorgungsfreibetrags erfolgt beispielsweise dann, wenn Ansprüche auf Witwen-/Witwerrenten aus der gesetzlichen Rentenversicherung, nach beamtenrechtlichen Regelungen oder aufgrund von betrieblichen Versorgungszusagen bestehen.

Kindern steht bei Erwerb von Todes wegen bis zum Alter von 27 Jahren ebenfalls ein **Versorgungsfreibetrag** zu. Seine Höhe liegt **in Abhängigkeit vom Alter** des Kindes **zwischen 52 000 und 10 300 €**. Er verringert sich mit zunehmendem Alter des Kindes (§ 17 Abs. 2 S. 1 ErbStG). Der Versorgungsfreibetrag wird wie beim überlebenden Ehegatten bzw Lebenspartner gekürzt, wenn dem Kind Ansprüche auf Versorgungsbezüge zustehen, die nicht der Erbschaftsteuer unterliegen, wie Waisenrenten (§ 17 Abs. 2 S. 2, 3 iVm § 13 BewG).

Beschränkt Steuerpflichtigen wird der Versorgungsfreibetrag dann gewährt, wenn durch die Staaten, in denen der Erblasser ansässig war oder der Erwerber ansässig ist, Amtshilfe geleistet wird (§ 17 Abs. 3 ErbStG).

III. Steuersatz

605 Der **Erbschaftsteuertarif** verläuft **progressiv**. Der **Steuersatz hängt** sowohl **von** der **Höhe des steuerpflichtigen Erwerbs** als auch **von** der **Steuerklasse** des Steuerpflichtigen **ab**. Der Steuersatz wird in Form einer Tabelle vorgegeben, deren Zeilen den Wert des steuerpflichtigen Erwerbs und deren Spalten die Steuerklasse enthalten (**Stufentarif**, § 19 Abs. 1 ErbStG).

Wert des steuerpflichtigen Erwerbs (§ 10 ErbStG) bis einschließlich …	Steuerklasse I	Steuerklasse II	Steuerklasse III
75 000 €	7%	15%	30%
300 000 €	11%	20%	30%
600 000 €	15%	25%	30%
6 Mio. €	19%	30%	30%
13 Mio. €	23%	35%	50%
26 Mio. €	27%	40%	50%
über 26 Mio. €	30%	43%	50%

Abb. 3.4: Erbschaftsteuertarif (tabellarische Darstellung)

In der (günstigsten) **Steuerklasse I** steigt der Steuersatz beispielsweise **von 7%** (steuerpflichtiger Erwerb bis zu 75 000 €) über 15% (Erwerb bis zu 600 000 €) und 23% (Erwerb bis zu 13 Mio. €) auf **bis zu 30%** (Erwerb von über 26 Mio. €) an. In der **Steuerklasse II** erhöht sich der Steuersatz von **15%** über 25%, 35% auf bis zu **43%**. Die Differenz zwischen den beiden Steuerklassen von zunächst 8 Prozentpunkten steigt mit jeder Progressionsstufe um einen Prozentpunkt auf bis zu 13 Prozentpunkte.

In der **Steuerklasse III** gilt ein zweigeteilter Tarif. Bis zu einem steuerpflichtigen Erwerb von 6 Mio. € beträgt der Steuersatz **30%**. Liegt der Wert des steuerpflichtigen Erwerbs über 6 Mio. €, gilt ein Steuersatz von **50%**.

Bei der Besteuerung des Vermögens einer Familienstiftung oder eines Familienvereins ist der Steuersatz der Steuerklasse I heranzuziehen, der für die Hälfte des steuerpflichtigen Vermögens gelten würde (§ 15 Abs. 2 S. 3 ErbStG).

Die **in** der **Tariftabelle wiedergegebenen Werte** stellen – bezogen auf den steuerpflichtigen Erwerb nach Abzug der Steuerbefreiungen und Freibeträge – **Durchschnittssteuersätze** dar. Es handelt sich nicht um Grenzsteuersätze. Die **Höhe der Erbschaft- und Schenkungsteuer** ergibt sich unmittelbar aus dem **steuerpflichtigen Erwerb multipliziert mit** dem dazugehörigen (Durchschnitts-)**Steuersatz**.

Die nachfolgende **Abbildung** zeigt den Verlauf des Durchschnittssteuersatzes für die Steuerklassen I, II und III. In der Steuerklasse I steigt der **auf den steuerpflichtigen Erwerb bezogene Durchschnittssteuersatz** auf bis zu 30% für Erwerbe von über 26 Mio. € an. Bezogen auf den Vermögenserwerb vor Abzug des persönlichen Freibetrags bleibt er immer (knapp) unter 30%. Bei steuerpflichtigen Erwerben von bis zu 600 000 € steigt der Durchschnittssteuersatz aufgrund der Steuersatzerhöhungen von 7 auf 11% und von 11 auf 15% stark an. Bei steuerpflichtigen Erwerben von über 600 000 € sind die Sprünge bei einem Wert des steuerpflichtigen Erwerbs von 6 Mio. €, 13 Mio. € bzw 26 Mio. € deutlich erkennbar. **606**

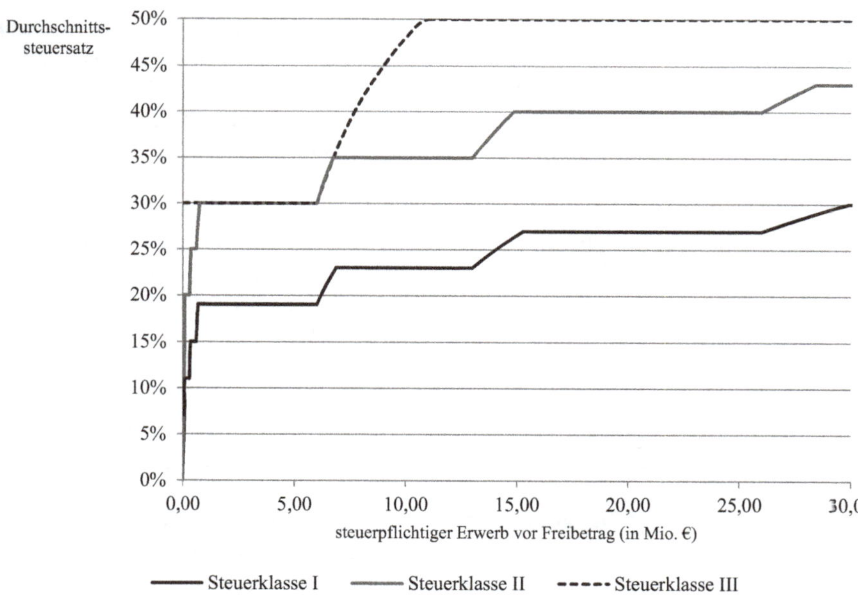

Abb. 3.5: Erbschaftsteuertarif (grafische Darstellung)[48]

48 Darstellung in Anlehnung an Bachmann/Baumann/Schuler, DStR 2013, S. 2645.

Unerwünschte Zusatzbelastungen bei geringfügigem Überschreiten einer der Wertgrenzen des Stufentarifs vermeidet die Begrenzung nach § 19 Abs. 3 ErbStG (**Härteausgleich**): Der Unterschied zwischen der sich aus dem Tarif ergebenden Steuer und der Steuer, die sich errechnen würde, wenn der Erwerb die vorangehende Wertgrenze nicht überschritten hätte, wird nur zur Hälfte (Steuersatz bis zu 30%) bzw zu drei Vierteln (Steuersatz über 30%) erhoben.

Beispiel: Ein Erwerber der Steuerklasse I hat einen steuerpflichtigen Erwerb von 610 000 € zu versteuern. Hieraus ergibt sich eine tarifliche Steuer von 115 900 € (Wertgrenze: 6 Mio. €, Steuersatz: 19%). Dieser Wert ist mit dem Betrag zu vergleichen, der sich bei der unmittelbar vorhergehenden Wertgrenze (600 000 €) und dem dort gültigen Steuersatz (15%) ergeben hätte: 90 000 € (= 600 000 € × 15%). Die Differenz zwischen diesen beiden Beträgen beläuft sich auf 25 900 € (= 115 900 € – 90 000 €). Diese Differenz wird maximal in Höhe von 50% des Betrags erhoben, um den der Erwerb die vorangehende Wertgrenze übersteigt: 10 000 € (= 610 000 € – 600 000 €). Davon die Hälfte sind 5 000 €.

Unter Berücksichtigung des Härteausgleichs beträgt die Steuer 95 000 € (= 90 000 € + 50% von 10 000 €). Durch den Härteausgleich reduziert sich die Erbschaftsteuer um 20 900 € (= 115 900 € – 95 000 €).

IV. Tarifbesonderheiten

1. Tarifbegrenzung bei der Übertragung von Unternehmensvermögen

607 Nach den vom Bundesverfassungsgericht aufgestellten Grundsätzen sollen sich die **Entlastungen für die Besteuerung der Übertragung von Unternehmensvermögen** an **sachlichen Kriterien** orientieren.[49] Bei der Ermittlung der **steuerpflichtigen Bemessungsgrundlage** wird diese Forderung erfüllt, da der Verschonungsabschlag und der Abzugsbetrag (§ 13a, § 13b ErbStG) bzw die Ausgestaltung des Abschmelzmodells (§ 13c ErbStG) nicht vom Verwandtschaftsgrad zwischen dem Übertragenden und dem Begünstigten abhängen. Der teilweise oder vollständige Erlass der Erbschaft- und Schenkungsteuer aufgrund der Verschonungsbedarfsprüfung (§ 28a ErbStG) ist auch unabhängig davon, an wen das Unternehmensvermögen übertragen wird. Damit sich bei der Übertragung von Unternehmensvermögen auch der **Steuersatz** nur anhand von sachlichen Kriterien bestimmt, wird bei der Übertragung von Betriebsvermögen, Betrieben der Land- und Forstwirtschaft sowie (bei wesentlicher Beteiligung) Anteilen an Kapitalgesellschaften an Personen der Steuerklassen II und III (zB Geschwister, Nichten und Neffen, Familienfremde) eine Steuerermäßigung gewährt, die zu einer Gleichstellung mit der Übertragung an Ehegatten, Lebenspartner oder Kinder führt. Gesetzestechnisch wird dies dadurch erreicht, dass für Personen der Steuerklassen II und III von der tariflichen Erbschaft- und Schenkungsteuer ein **Entlastungsbetrag** abgezogen wird. Der Entlastungsbetrag entspricht der **Differenz zwischen** der in der **Steuerklasse II bzw III** ermittelten (anteilig auf das Unternehmensvermögen entfallenden) Erbschaft- und Schenkungsteuer **und** der bei einer Besteuerung nach der **Steuerklasse I** auf das Unternehmensvermögen entfallenden Erbschaft- und Schenkungsteuer (§ 19a ErbStG).

49 Vgl BVerfG vom 22.6.1995, BStBl. 1995 II, S. 671.

Zur **Ermittlung des Entlastungsbetrags** sind **fünf Schritte** erforderlich (§ 19a Abs. 3–4 ErbStG): **608**

- *1. Schritt*: Ermittlung des **Anteils des begünstigten Vermögens** (nach Abzug des Verschonungsabschlags und des Abzugsbetrags) **am gesamten Vermögensanfall**
- *2. Schritt*: Ermittlung der (tariflichen) Erbschaft- und Schenkungsteuer **nach der für den Erwerber relevanten Steuerklasse und Aufteilung** nach dem im ersten Schritt ermittelten Verhältnis
- *3. Schritt*: Ermittlung der (fiktiven) Erbschaft- und Schenkungsteuer **nach der Steuerklasse I und Aufteilung** entsprechend dem im ersten Schritt ermittelten Verhältnis
- *4. Schritt*: Berechnung des Entlastungsbetrags in Höhe der **Differenz zwischen dem im zweiten und dritten Schritt ermittelten Anteil des begünstigten Unternehmensvermögens an der Erbschaft- und Schenkungsteuer**
- *5. Schritt*: **Minderung der tariflichen Erbschaft- und Schenkungsteuer** (berechnet nach der für den Erwerber relevanten Steuerklasse) **um den Entlastungsbetrag**.

Beispiel: Der kinderlose und ledige Einzelunternehmer E setzt für sein gesamtes Vermögen den langjährigen Mitarbeiter M als Erben ein. Der Einzelunternehmer E und der Mitarbeiter M sind nicht miteinander verwandt. Der Nachlass besteht aus dem Einzelunternehmen mit einem gemeinen Wert von 4 Mio. € sowie Wertpapieren mit einem Kurswert von 1 Mio. €. Die Einschränkungen für große Unternehmen müssen nicht beachtet werden, da der Grenzwert von 26 Mio. € nicht überschritten wird.

1. Schritt: Ermittlung des Anteils des begünstigten Vermögens (nach Abzug der für Unternehmensvermögen gewährten Begünstigungen) am gesamten Vermögensanfall

	begünstigtes Vermögen (Einzelunternehmen)	4 000 000 €
–	85%iger Verschonungsabschlag (Regelverschonung, § 13a Abs. 1 ErbStG)	3 400 000 €
–	Abzugsbetrag (§ 13a Abs. 2 ErbStG) entfällt, da 150 000 € – 50% × (600 000 € – 150 000 €) < 0 €	
=	steuerpflichtiger Teil des begünstigten Vermögens	600 000 €
+	nicht begünstigtes Vermögen (Kapitalanlagen)	1 000 000 €
=	Wert des gesamten Vermögensanfalls	1 600 000 €
	davon Anteil des begünstigten Vermögens 600 000 / 1 600 000 × 100%	37,50%

2. Schritt: Ermittlung der (tariflichen) Erbschaft- und Schenkungsteuer nach der für den Erwerber relevanten Steuerklasse (= Steuerklasse III) und Aufteilung nach dem im ersten Schritt ermittelten Verhältnis

	Wert des gesamten Vermögensanfalls	1 600 000 €
–	abziehbare Belastungen (Pauschale für Bestattungskosten, § 10 Abs. 5 Nr 3 ErbStG)	10 300 €
–	persönlicher Freibetrag (§ 16 Abs. 1 Nr 7 ErbStG)	20 000 €
=	steuerpflichtiger Erwerb (§ 10 Abs. 1 ErbStG)	1 569 700 €
×	Steuersatz nach Steuerklasse III	30%
=	Erbschaft- und Schenkungsteuer nach Steuerklasse III	470 910 €

	davon Anteil des begünstigten Vermögens 470 910 € × 37,50%	176 591 €

3. Schritt: Ermittlung der (fiktiven) Erbschaft- und Schenkungsteuer nach der Steuerklasse I und Aufteilung nach dem im ersten Schritt ermittelten Verhältnis

	steuerpflichtiger Erwerb (§ 10 Abs. 1 ErbStG)	1 569 700 €
×	Steuersatz nach Steuerklasse I	19%
=	Erbschaft- und Schenkungsteuer nach Steuerklasse I	298 243 €
	davon Anteil des begünstigten Vermögens 298 243 € × 37,50%	111 841 €

4. Schritt: Berechnung des Entlastungsbetrags als Differenz zwischen dem im zweiten und dritten Schritt ermittelten Anteil des begünstigten Unternehmensvermögens an der Erbschaft- und Schenkungsteuer

	Anteil des begünstigten Vermögens nach Steuerklasse III	176 591 €
–	Anteil des begünstigten Vermögens nach Steuerklasse I	111 841 €
=	**Entlastungsbetrag** nach § 19a Abs. 4 ErbStG	64 750 €

5. Schritt: Minderung der tariflichen Erbschaft- und Schenkungsteuer (berechnet nach der für den Erwerber relevanten Steuerklasse) um den Entlastungsbetrag

	tarifliche Erbschaft- und Schenkungsteuer nach Steuerklasse III (2. Schritt)	470 910 €
–	Entlastungsbetrag nach § 19a Abs. 4 ErbStG (4. Schritt)	64 750 €
=	festzusetzende Erbschaft- und Schenkungsteuer	406 160 €

Die Tarifbegrenzung wird nur gewährt, wenn der Erwerber das unternehmerische Engagement fortführt. Die Tarifbegrenzung fällt deshalb mit Wirkung für die Vergangenheit (teilweise) weg, wenn der Erwerber innerhalb der fünfjährigen Behaltensfrist (Regelverschonung) bzw innerhalb der siebenjährigen Behaltensfrist (Vollverschonung) das unternehmerische Engagement aufgibt oder wesentlich einschränkt (§ 19a Abs. 5 iVm § 13a ErbStG).

2. Berücksichtigung von früheren Erwerben

609 Bei der Erbschaft- und Schenkungsteuer wird grundsätzlich jeder Erwerbsvorgang für sich betrachtet. Insoweit macht sich der Charakter der Erbschaft- und Schenkungsteuer als Verkehrsteuer bemerkbar. Um zu verhindern, dass durch eine Aufspaltung einer Vermögensübertragung in mehrere (anteilige) Übertragungsvorgänge eine mehrfache Ausnutzung von Freibeträgen und eine Abschwächung der erbschaft- und schenkungsteuerlichen Progression erreicht wird, sind **alle Vermögensvorteile zusammenzurechnen**, die dem Steuerpflichtigen **innerhalb** eines Zeitraums **von zehn Jahren** von derselben Person eingeräumt werden (§ 14 ErbStG).

Beispiel: Ein Vater will seinem Kind Vermögen mit einem Wert von 2 Mio. € übertragen. Es ist nicht möglich, durch eine Aufteilung in fünf (selbständige) Schenkungen von jeweils 400 000 € den Freibetrag nach § 16 ErbStG fünfmal in Anspruch zu nehmen. Der Freibetrag von 400 000 € wird nur dann erneut gewährt, wenn zwischen den einzelnen Schenkungen ein Zeitraum von mindestens zehn Jahren liegt.

Nach der Zusammenrechnung der innerhalb von zehn Jahren stattfindenden steuerpflichtigen Erwerbe **bestimmen sich** sowohl der **Freibetrag** als auch der **Steuersatz für** den **Gesamterwerb**. Von der sich daraus ergebenden Steuer wird die Erbschaft- und Schenkungsteuer abgezogen, die bereits bei den vorangehenden Erwerben angefallen ist (§ 14 Abs. 1 ErbStG). Die durch jeden weiteren Erwerb ausgelöste Steuer darf nicht mehr als 50% dieses Erwerbs betragen (§ 14 Abs. 3 ErbStG).

3. Mehrfacher Erwerb derselben Vermögenswerte

Unterliegt bei Personen der Steuerklasse I (Ehegatte, Lebenspartner, Kinder, Enkel, Eltern, Großeltern) von Todes wegen **dasselbe Vermögen innerhalb** von **zehn Jahren mehrfach der Besteuerung**, wird eine **Steuerermäßigung** eingeräumt. Ihre Höhe bestimmt sich nach dem Zeitraum zwischen den einzelnen Erwerben. Die Steuerermäßigung liegt zwischen 50% (Zeitraum weniger als ein Jahr) und 10% (Zeitraum bis zu zehn Jahre) der auf das Vermögen entfallenden Erbschaft- und Schenkungsteuer (§ 27 ErbStG). 610

Beispiel: A erbt im Januar 01 von seinen Eltern Vermögenswerte. Im März 04 stirbt A. Das Vermögen geht auf sein Kind B über. Die von B zu entrichtende Erbschaft- und Schenkungsteuer reduziert sich um 35%.

4. Besonderheiten für Familienstiftungen und -vereine

Bei der Aufhebung einer Familienstiftung oder eines Familienvereins sowie beim Formwechsel eines Familienvereins in eine Kapitalgesellschaft wird unter bestimmten Voraussetzungen eine Steuerermäßigung gewährt (§ 26 ErbStG). 611

V. Verfahrensrechtliche Regelungen

Im Zusammenhang mit den verfahrensrechtlichen Regelungen sind der Zeitpunkt der Steuerentstehung, die Steuerschuldnerschaft, Veranlagung, Fälligkeit, Anzeigeverpflichtungen, Stundungsmöglichkeiten und Optionsrechte anzusprechen. 612

Der **Zeitpunkt der Entstehung** der Erbschaft- und Schenkungsteuer ist in Abhängigkeit vom jeweiligen Besteuerungstatbestand geregelt (§ 9 ErbStG). Die Erbschaft- und Schenkungsteuer entsteht

- bei Erwerb von Todes wegen mit dem **Tod des Erblassers** (mit mehreren Ausnahmen), nicht erst im Zeitpunkt der Testamentseröffnung oder der Auseinandersetzung der Erbengemeinschaft,
- bei Schenkungen unter Lebenden mit **Ausführung der Zuwendung**, nicht bereits im Zeitpunkt des Schenkungsversprechens,
- bei Zweckzuwendungen bei **Eintritt der Verpflichtung** des Beschwerten, nicht erst mit Ausführung der Zuwendung, und
- bei Familienstiftungen und -vereinen (Erbersatzsteuer) **im Turnus von 30 Jahren**.

Schuldner der Erbschaft- und Schenkungsteuer ist grundsätzlich **der Bereicherte** (Erbe, Beschenkter, der mit der Ausführung der Zuwendung Beschwerte). Die Erbersatzsteuer ist von der Familienstiftung bzw dem Familienverein zu entrichten. **Bei Schenkungen** unter Lebenden sind **zusätzlich der Schenker** und **bei Zweckzuwendungen** des Weiteren **derjenige, der die Zuwendung ausführen muss**, Steuerschuldner (§ 20 Abs. 1 ErbStG). Gibt es mehrere Steuerschuldner, sind diese Gesamtschuldner (§ 421 BGB, § 44 AO). Eine Sonderregelung für fortgesetzte Gütergemeinschaften enthält § 20 Abs. 2 iVm § 4 ErbStG. Zur Sicherstellung des Steueraufkommens kodifiziert das Erbschaft- und Schenkungsteuergesetz **mehrere Haftungstatbestände** (§ 20 Abs. 3–7 ErbStG).

613 Die Erbschaft- und Schenkungsteuer ist grundsätzlich eine **Veranlagungssteuer**. Der **Steuerpflichtige gibt** eine **Steuererklärung ab** (§ 31 Abs. 1–6 ErbStG). Die **Finanzbehörde** ermittelt die Steuerschuld und **erlässt** einen **Erbschaft- bzw Schenkungsteuerbescheid**. Das Finanzamt kann allerdings verlangen, dass die Steuererklärung auf einem amtlichen Vordruck abgegeben wird, in dem der Steuerpflichtige die Steuer selbst zu berechnen hat (Selbstveranlagung, § 31 Abs. 7 ErbStG). Die Steuerschuld ist **innerhalb eines Monats nach Bekanntgabe des Steuerbescheids** bzw der Selbstveranlagung **zu tilgen**. Von der Festsetzung der Erbschaft- und Schenkungsteuer wird aus Vereinfachungsgründen abgesehen, wenn die Steuerschuld den Betrag von 50 € nicht übersteigt (Kleinbetragsgrenze, § 22 ErbStG).

Erbschaft- und schenkungsteuerpflichtige Vorgänge sind dem zuständigen Finanzamt in der Regel **innerhalb von drei Monaten anzuzeigen** (§ 30, § 33, § 34 ErbStG). Anzeigepflichtig sind beispielsweise Erben, Beschenkte, Schenker, Notare und Vermögensverwalter. Welches Finanzamt örtlich zuständig ist, ergibt sich aus § 35 ErbStG. Im Regelfall ist es das Finanzamt, in dessen Zuständigkeitsbereich der Erblasser bzw Schenker ansässig ist. Zwischen den Erbschaft- und Schenkungsteuerstellen sowie den Wohnsitzfinanzämtern findet in Form von Kontrollmitteilungen ein Informationsaustausch statt, wenn das übertragene bzw erhaltene Vermögen mehr als 250 000 € beträgt.[50]

614 Bei begünstigtem Vermögen iSd § 13b Abs. 2 ErbStG wird beim Erwerb von Todes wegen dem Erwerber die darauf entfallende Erbschaft- und Schenkungsteuer auf Antrag gestundet. Die Stundung ist auf einen Zeitraum von maximal sieben Jahren begrenzt (§ 28 Abs 1 ErbStG). Der erste Jahresbetrag ist ein Jahr nach der Steuerfestsetzung fällig und wird bis dahin zinslos gestundet. Ab dem zweiten Jahr nach der Steuerfestsetzung betragen die Stundungszinsen für jeden Monat 0,5% (§ 234, § 238 AO). Diese Sonderregelung kommt neben den allgemeinen Stundungsmöglichkeiten nach § 222 AO zur Anwendung.[51] Beim Erwerb von zu Wohnzwecken vermietetem Grundvermögen (§ 13d ErbStG) wird die darauf entfallende Erbschaft- und Schenkungsteuer auf Antrag bis zu zehn Jahren gestundet, soweit diese ansonsten nur bei der Veräußerung dieses Vermögens entrichtet werden kann. Diese Stundungsmöglichkeit gilt entsprechend für den Erwerb von Wohnraum, den der Erwerber selbst

50 Vgl Gleich lautende Erlasse der obersten Finanzbehörden der Länder vom 12.3.2015, BStBl. 2015 I, S. 225.

51 Für die Erbersatzsteuer von Familienstiftungen und -vereinen wird eine entsprechende Stundung gewährt (§ 28 Abs. 2 ErbStG).

nutzt. Unter bestimmten Voraussetzungen (zB Ende der Selbstnutzung, bei Weiterverschenkung) endet die Stundung (§ 28 Abs. 3 ErbStG).

Im **Regelfall** ist die Erbschaft- und Schenkungsteuer in einem **Einmalbetrag** zu begleichen. In bestimmten Fällen bestehen für die Entrichtung der Steuerschuld **alternative Vorgehensweisen**: **615**

- Familienstiftungen und -vereine können die **Erbersatzsteuer in 30 gleichen Jahresbeträgen tilgen**. Unter Verwendung des gesetzlich vorgeschriebenen Zinssatzes von 5,5% ergibt sich bei vorschüssiger Zahlung eine Jahresannuität von 6,52% der Gesamtsteuerschuld (§ 24 ErbStG).
- **Bei unentgeltlichem Erwerb von Renten** oder anderen wiederkehrenden Nutzungen und Leistungen berechnet sich die Erbschaft- und Schenkungsteuer nach deren Kapitalwert. Der Steuerpflichtige hat das Wahlrecht, entweder die Erbschaft- und Schenkungsteuer sofort zu entrichten oder die Steuerschuld **in Jahresraten zu tilgen** („Verrentung"). Der in den einzelnen Jahren zu überweisende Betrag stimmt mit dem Produkt aus dem jeweiligen Jahreswert der Nutzung oder Leistung und dem für den gesamten Erwerb maßgebenden Steuersatz überein (§ 23 Abs. 1 ErbStG). Der Steuerpflichtige hat zusätzlich die Möglichkeit, die Jahressteuer zum jeweils nächsten Fälligkeitstermin mit ihrem Kapitalwert abzulösen (§ 23 Abs. 2 ErbStG).

F. Ertragsteuerliche Behandlung

Die Erbschaft- und Schenkungsteuer ist als Personensteuer **bei** den **Ertragsteuern** grundsätzlich **nichtabziehbar** (§ 12 Nr 3 EStG, § 10 Nr 2 KStG, § 7 S. 1 GewStG).[52] **616**

G. Zusammenhang zwischen Erbschaft- und Schenkungsteuer sowie Einkommensteuer

I. Doppelbelastung von Wertsteigerungen

Die Erbschaft- und Schenkungsteuer und die Einkommensteuer fallen unabhängig voneinander an. Akzeptiert man das Nebeneinander von Erbschaftsteuer und Einkommensteuer, ergibt sich hinsichtlich der **Wertsteigerungen**, die in dem Zeitraum entstanden sind, in dem ein Wirtschaftsgut dem Erblasser bzw Schenker gehört hat, eine **Doppelbelastung**. Der Umfang der daraus resultierenden Doppelbelastung hängt davon ab, ob zuerst die Einkommensteuer oder zuerst die Erbschaft- und Schenkungsteuer anfällt.[53] **617**

52 Die einzelnen Jahresbeträge sind auch nicht als Sonderausgaben abziehbar, wenn bei unentgeltlichem Erwerb von Renten oder anderen wiederkehrenden Nutzungen und Leistungen eine „Verrentung" der Erbschaft- und Schenkungsteuer stattfindet (§ 23 ErbStG iVm § 10 Abs. 1a Nr 2 EStG), vgl BFH vom 18.1.2011, BStBl. 2011 II, S. 680.

53 Siehe hierzu Dautzenberg/Heyeres, StuW 1992, S. 302; Huber/Reimer, DStR 2007, S. 2042; Kahle/Goldschmidt, Ubg 2016, S. 49; Klotz, DStZ 1974, S. 347; Rave/Mannweiler/Kühnold, BB 2008, S. 753.

618 *(1) Einkommensteuer vor Erbschaft- und Schenkungsteuer:* Ausgangspunkt bildet der **Grundfall**, dass die Einkommensteuer vor der Erbschaft- und Schenkungsteuer erhoben wird. Erzielt ein Steuerpflichtiger steuerpflichtige Veräußerungsgewinne durch Realisation von Wertsteigerungen seines Vermögens, hat er darauf Einkommensteuer zu bezahlen. Der nach Abzug der Einkommensteuer verbleibende Betrag kann auf den Erben oder Beschenkten übertragen werden. Der Erwerber hat die Erbschaft- und Schenkungsteuer auf diesen Nettowert zu entrichten. Nach Abzug der Einkommensteuer des Übertragenden und der Erbschaft- und Schenkungsteuer des Übernehmenden verbleibt ein Vermögen von

$$W \times (1 - s_{ESt}) \times (1 - s_{ErbSt})$$

mit W = Wertsteigerungen, s_{ESt} = Einkommensteuersatz, s_{ErbSt} = Steuersatz der Erbschaft- und Schenkungsteuer.

Bei Wertsteigerungen von 100, einem Einkommensteuersatz von 40% und einem Steuersatz der Erbschaft- und Schenkungsteuer von 30% verfügt der Erbe bzw Beschenkte über ein Vermögen von

$$42 = 100 \times (1 - 0{,}4) \times (1 - 0{,}3).$$

Die Steuerbelastung setzt sich aus der Einkommensteuer ① und der Erbschaft- und Schenkungsteuer auf das nach Abzug der Einkommensteuer verbleibende Vermögen ② zusammen:

$$W \times [s_{ESt} + s_{ErbSt} \times (1 - s_{ESt})]$$

$$\underbrace{40\% \times 100}_{①} + \underbrace{30\% \times 60}_{②} = 58.$$

619 *(2) Erbschaft- und Schenkungsteuer vor Einkommensteuer:* Wird das Vermögen vor dem Zeitpunkt, zu dem die Wertsteigerungen durch Veräußerung realisiert werden, unentgeltlich übertragen, fällt zuerst Erbschaft- und Schenkungsteuer an. Bemessungsgrundlage bildet der gemeine Wert, dh die Erbschaft- und Schenkungsteuer wird auf den aktuellen Stichtagswert erhoben (Bewertungsmaßstab gemeiner Wert), nicht auf die Anschaffungskosten. Ist der Erbe bzw Beschenkte an den ertragsteuerlichen Wert des Erblassers bzw Schenkers gebunden (zB bei der unentgeltlichen Übertragung eines Betriebs, § 6 Abs. 3 EStG), werden die vor der Vermögensübertragung entstandenen Wertsteigerungen zu dem Zeitpunkt mit Einkommensteuer belastet, zu dem der Erbe bzw Beschenkte das an ihn übertragene Vermögen veräußert. Bei einem Steuersatz der Erbschaft- und Schenkungsteuer von 30% fällt auf die bis zur Vermögensübertragung entstandenen Wertsteigerungen von 100 Erbschaft- und Schenkungsteuer von 30 an. Im Zeitpunkt der (späteren) Veräußerung entsteht ein Veräußerungsgewinn von 100, der bei einem Einkommensteuersatz von 40% eine Einkommensteuer von 40 auslöst. Insgesamt sind vom Erben bzw Beschenkten Steuern von 70 zu bezahlen. Von den realisierten Wertsteigerungen verbleiben ihm lediglich 30:

$$30 = 100 - 100 \times 0{,}3 - 100 \times 0{,}4$$

In Formeln gilt für das **verbleibende Vermögen**

$W \times (1 - s_{ErbSt} - s_{ESt})$

und für die Summe der **zu zahlenden Steuern**

$W \times (s_{ESt} + s_{ErbSt})$.

Fällt die Erbschaft- und Schenkungsteuer vor der Einkommensteuer an, entsteht gegenüber der umgekehrten zeitlichen Reihenfolge eine Mehrbelastung von 12 = 70 – 58. Diese **Mehrbelastung** entspricht der Erbschaft- und Schenkungsteuer auf die Einkommensteuer, die auf die im Zeitpunkt des Erbfalls oder der Schenkung noch nicht realisierten Wertsteigerungen entfällt:

$s_{ErbSt} \times (W \times s_{ESt})$

$40\% \times (100 \times 30\%) = 12 = 70 - 58$.

Diese systemwidrige Mehrbelastung kann **bei der Übertragung von folgenden Vermögenswerten** auftreten:

- Betriebsvermögen: Fortführung der Buchwerte nach § 6 Abs. 3 EStG
  abgeschwächt: Reduzierung der Erbschaft- und Schenkungsteuer, soweit die Voraussetzungen für die Begünstigung von Unternehmensvermögen erfüllt werden
- Anteile an Kapitalgesellschaften bei einer Beteiligung von mehr als 1%: Fortführung der Anschaffungskosten nach § 17 Abs. 2 S. 5 EStG
  abgeschwächt: Reduzierung der Erbschaft- und Schenkungsteuer, soweit die Voraussetzungen für die Begünstigung von Unternehmensvermögen erfüllt werden (Voraussetzung ua eine Beteiligung des Übertragenden von mehr als 25%)
- private Kapitalanlagen: Fortführung der Anschaffungskosten nach § 20 Abs. 4 S. 6 EStG
- Wirtschaftsgüter, bei denen die Veräußerung als privates Veräußerungsgeschäft steuerpflichtig ist: Fortführung der Anschaffungskosten nach § 23 Abs. 1 S. 3 EStG
  aufgehoben: wenn der Erbe bzw Beschenkte die Behaltensfristen von zehn Jahren (Grundstücke) bzw von einem Jahr (andere Wirtschaftsgüter) beachtet, sodass die Veräußerung bei der Einkommensteuer nicht steuerbar ist.

(3) Ansätze zur Vermeidung der Mehrbelastung: Will man diese Mehrbelastung verhindern, ist die auf der Differenz zwischen dem gemeinen Wert und den Anschaffungskosten des Wirtschaftsguts **latent lastende Einkommensteuer von der Bemessungsgrundlage der Erbschaft- und Schenkungsteuer abzuziehen**. In diesem Fall ist die Höhe der Gesamtsteuerbelastung unabhängig davon, ob zuerst die Erbschaft- und Schenkungsteuer oder zuerst die Einkommensteuer anfällt: 620

Erbschaft- und Schenkungsteuer	$W \times (1 - s_{ESt}) \times s_{ErbSt}$
Einkommensteuer	$W \times s_{ESt}$
Summe	$W \times [s_{ESt} + s_{ErbSt} \times (1 - s_{ESt})]$

Der Abzug der (latent) auf den Wertsteigerungen lastenden Einkommensteuerbelastung von der Bemessungsgrundlage der Erbschaft- und Schenkungsteuer kann mit dem der Erbschaft- und Schenkungsteuer zugrunde liegenden Bereicherungsprinzip begründet werden (§ 10 Abs. 1 ErbStG). Dem Abzug der zukünftig anfallenden Einkommensteuer steht jedoch das Stichtagsprinzip gegenüber, wonach aufschiebend bedingte Lasten (hier die Einkommensteuer, die erst im Zeitpunkt der Veräußerung des übertragenen Wirtschaftsguts anfällt) nicht zu berücksichtigen sind (§ 6 BewG).[54] Nach der hier vertretenen Auffassung ist das aus dem Bereicherungsprinzip abzuleitende **Nettoprinzip gewichtiger als** eine **formale Interpretation des Stichtagsprinzips**.

621 Die **Alternative** zum Abzug der latenten Einkommensteuerschuld von der Bemessungsgrundlage der Erbschaft- und Schenkungsteuer besteht darin, die **ertragsteuerliche Bemessungsgrundlage um die gezahlte Erbschaft- und Schenkungsteuer aufzustocken**. Aus Sicht des Erben bzw Beschenkten ergeben sich für beide Formen zur Abschwächung einer übermäßigen Doppelbelastung mit Einkommensteuer sowie Erbschaft- und Schenkungsteuer die gleichen Belastungswirkungen: Bei Wertsteigerungen im übertragenen Vermögen von 100 und einem Steuersatz für die Erbschaft- und Schenkungsteuer von 30% ergibt sich eine Erbschaft- und Schenkungsteuer von 30. Wird der ertragsteuerliche Wert des Wirtschaftsguts um diesen Betrag erhöht, reduziert sich der einkommensteuerpflichtige Veräußerungsgewinn auf 70 (= Wertsteigerungen – Buchwertaufstockung in Höhe der Erbschaft- und Schenkungsteuer). Bei einem Einkommensteuersatz von 40% errechnet sich eine Einkommensteuer von 28 (= 70 × 40%). In der Summe fallen Steuern von 58 an. Die Übereinstimmung dieses Alternativvorschlags zum Vorgehen in dem Fall, dass die Übertragung vor der Veräußerung erfolgt, mit dem Fall, dass die Einkommensteuer vor der Erbschaft- und Schenkungsteuer erhoben wird, lässt sich formelmäßig nachweisen:

$W \times [s_{ErbSt} + s_{ESt} \times (1 - s_{ErbSt})]$ oder

$W \times [s_{ESt} + s_{ErbSt} \times (1 - s_{ESt})]$.

622 Beim Vergleich der beiden Vorschläge sind mehrere Aspekte zu berücksichtigen. Der Abzug der latent auf den Wertsteigerungen lastenden Einkommensteuer von der erbschaft- und schenkungsteuerlichen Bemessungsgrundlage (erster Vorschlag) lässt sich aus dem der Erbschaft- und Schenkungsteuer zugrunde liegenden Bereicherungsprinzip ableiten. Er ist also aus systematischer Sicht vorzuziehen. Die Erhöhung der ertragsteuerlichen Bemessungsgrundlage (Alternativvorschlag) lässt sich aber praktisch leichter umsetzen, da keine Schätzung von zukünftigen Werten erforderlich ist. Diesem verfahrenstechnischen Vorteil steht gegenüber, dass er aus Sicht des Steuerpflichtigen zu einem negativen Zeiteffekt führt. Zusätzlich ist zu beachten, dass sich die beiden Ansätze auf die Verteilung des Steueraufkommens auswirken, da die Erbschaft- und Schenkungsteuer und die Ertragsteuern nach unterschiedlichen Kriterien zwischen dem Bund, den Ländern und den Gemeinden verteilt werden.

54 Vgl BFH vom 17.2.2010, BStBl. 2010 II, S. 641.

II. Steuerermäßigung bei der Einkommensteuer

Sind bei der Ermittlung der Einkommensteuer Einkünfte einbezogen worden, die im laufenden Jahr oder in den vorangegangenen vier Jahren im Erbfall der Erbschaft- und Schenkungsteuer unterlegen haben, wird auf Antrag des Steuerpflichtigen bei der Einkommensteuer nach § 35b EStG eine Steuerermäßigung gewährt.[55] Die auf die einkommensteuerpflichtigen Einkünfte entfallende Einkommensteuer wird um einen bestimmten Prozentsatz gekürzt. Dieser Prozentsatz entspricht dem durchschnittlichen Steuersatz der Erbschaft- und Schenkungsteuer, der sich ergibt, wenn die festgesetzte Erbschaft- und Schenkungsteuer auf die Summe aus steuerpflichtigem Erwerb erhöht um den persönlichen Freibetrag, den Versorgungsfreibetrag sowie den steuerfreien Zugewinnausgleich bezogen wird. **623**

Beispiel: Ein Steuerpflichtiger der Steuerklasse III erbt ein unbebautes Grundstück, dessen gemeiner Wert 400 000 € und dessen Anschaffungskosten 100 000 € betragen. Der Erwerber veräußert dieses Grundstück innerhalb der zehnjährigen Behaltensfrist zum gemeinen Wert.

Bei der Erbschaft- und Schenkungsteuer ergibt sich nach Abzug des persönlichen Freibetrags von 20 000 € ein steuerpflichtiger Erwerb von 380 000 € (= 400 000 € – 20 000 €). Nach Multiplikation mit dem Steuersatz von 30% erhält man eine festzusetzende Erbschaft- und Schenkungsteuer von 114 000 €. Die Veräußerung unterliegt als privates Veräußerungsgeschäft der Einkommensteuer (§ 23 EStG). Bei einem Einkommensteuersatz von (angenommen) 42% beläuft sich die tarifliche Einkommensteuer auf 126 000 € (= [400 000 € – 100 000 €] × 42%).

Zur Berechnung der Steuerermäßigung nach § 35b EStG ist die festzusetzende Erbschaft- und Schenkungsteuer von 114 000 € auf den um den Freibetrag erhöhten steuerpflichtigen Erwerb von 400 000 € (= 380 000 € + 20 000 €) zu beziehen. Der Prozentsatz für die Steuerermäßigung nach § 35b EStG beträgt damit 28,50% (= 114 000 €/400 000 € × 100). Dieser Wert ist mit der auf dem Veräußerungsgewinn lastenden Einkommensteuer zu multiplizieren: 28,50% × 126 000 € = 35 910 €. Nach Abzug dieser Steuerermäßigung verbleibt eine tarifliche Einkommensteuer von 90 090 € (= 126 000 € – 35 910 €).

Die Steuerermäßigung nach § 35b EStG beruht zwar auf einem anderen Konzept als die beiden im vorangehenden Kapitel vorgestellten Ansätze. Sie ist aber dennoch **grundsätzlich geeignet**, die übermäßige Doppelbelastung der beim Erblasser bzw Schenker eingetretenen Wertsteigerungen und beim Erben bzw Beschenkten realisierten Wertsteigerungen zu vermeiden:

$$s_{ESt} + s_{ErbSt} - s_{ESt} \times s_{ErbSt}$$

Eine Umformung zeigt, dass damit das gleiche Ergebnis entsteht wie bei dem systematisch korrekten Abzug der latenten Einkommensteuerbelastung von der Bemessungsgrundlage der Erbschaft- und Schenkungsteuer:

$$s_{ESt} + s_{ErbSt} \times (1 - s_{ESt})$$

Die gesetzliche Regelung enthält allerdings mehrere **Einschränkungen**, die ihre Wirksamkeit deutlich beeinträchtigt: **624**

55 Siehe hierzu Hechtner, BB 2009, S. 486; Herzig/Joisten/Vossel, DB 2009, S. 584; Schulte/Birnbaum/Hinkers, BB 2009, S. 300.

- Die Steuerermäßigung nach § 35b EStG kann nur beantragt werden, wenn die Erbschaft- und Schenkungsteuer durch einen Erbfall entstanden ist. Die durch Schenkungen ausgelöste Erbschaft- und Schenkungsteuer führt zu keiner einkommensteuerlichen Entlastung.
- Die Steuerermäßigung nach § 35b EStG wird nur natürlichen Personen gewährt. Juristische Personen können sie nicht in Anspruch nehmen.
- Die Steuerermäßigung nach § 35b EStG wirkt nur auf die Einkommensteuer, aber nicht auf die Gewerbesteuer.
- Die Steuerermäßigung nach § 35b EStG kann nur dann in Anspruch genommen werden, wenn die Einkommensteuer im Jahr der unentgeltlichen Übertragung oder in einem der nächsten vier Jahre entsteht. Wird die Einkommensteuer später fällig, liegen die Voraussetzungen für eine Ermäßigung der Einkommensteuer nicht vor.

Vierter Teil

Die Besteuerung der Substanz eines Unternehmens

Erster Abschnitt

Zielsetzung von Substanzsteuern

A. Schwierigkeiten der Rechtfertigung von Substanzsteuern

Charakteristisches Merkmal von Substanzsteuern ist, dass sie auf das Vorhandensein von bestimmten Vermögenswerten abstellen. Besteuert wird der Vermögensbestand. Die Höhe der Erträge, die mit diesen Wirtschaftsgütern erzielt werden, hat auf die Substanzsteuern grundsätzlich keinen Einfluss. Substanzsteuern werden regelmäßig erhoben: Besteuert wird jeweils das zu einem bestimmten Stichtag – grundsätzlich der Beginn eines Kalenderjahres – vorhandene Vermögen. **625**

Die **Berechtigung zur Erhebung von Substanzsteuern** ist umstritten. Obwohl der Besitz von Vermögenswerten aus zwei Blickwinkeln betrachtet werden kann, lässt sich die Erhebung von Substanzsteuern aus ökonomischer Sicht nur schwer begründen:[1] **626**

– Stellt man auf die **Möglichkeit zur Bedürfnisbefriedigung** ab, ist das einer Person gehörende Vermögen als Potenzial zu charakterisieren, aus dem Konsumausgaben finanziert werden können. Bei dieser Sichtweise sind das **zu Beginn des Abrechnungszeitraums vorhandene Vermögen und das im Verlauf der Periode erwirtschaftete Einkommen zusammenzufassen**. Die Summe der beiden Größen ergibt den Umfang der während eines Jahres möglichen Konsumausgaben. Steuerrechtlich sind also das Anfangsvermögen und das in der abgelaufenen Periode erzielte Einkommen in einer einheitlichen Bemessungsgrundlage zusammenzufassen. Für eine Differenzierung in eine Einkommensteuer (Besteuerung des erzielten Einkommens mit einem verhältnismäßig hohen Steuersatz) und in eine Substanzsteuer (zB Besteuerung des Vermögens mit einem relativ geringen Steuersatz) besteht bei dieser Sichtweise keine Berechtigung.

– Bei einer Besteuerung, die an die (tatsächliche) **Bedürfnisbefriedigung** anknüpft, ist der Besitz von Vermögenswerten als eine Form der Bedürfnisbefriedigung anzusehen. Bei diesem Ansatz wird auf die Verwendung der einem Steuerpflichtigen zur Verfügung stehenden Mittel abgestellt. Ein Steuerpflichtiger kann die ihm zur Verfü-

1 Zu den Möglichkeiten zur Konkretisierung des Besteuerungsgegenstands siehe Schneider, Steuerlast und Steuerwirkung, München/Wien 2002, S. 239–254.

gung stehenden Mittel entweder konsumieren oder sparen. Knüpft man an die realisierte Bedürfnisbefriedigung an, sind die **während eines Abrechnungszeitraums getätigten Konsumausgaben einer Person und der zu Beginn vorhandene Vermögensbestand** zu besteuern. Es kommt zu einem Nebeneinander von Konsumbesteuerung und Substanzbesteuerung. Abzulehnen ist jedoch eine Besteuerung des Einkommens und des vorhandenen Vermögens, weil es ansonsten zu Doppelbelastungen der Ersparnisse kommt. Das am Markt erwirtschaftete Einkommen wird im Zeitpunkt seiner Entstehung mit Einkommensteuer belastet. Der Teil des Einkommens, den eine Person spart, wird als Vermögensbesitz von den Substanzsteuern erfasst.

B. Entwicklungen im Bereich der Substanzsteuern

627 In der Besteuerungspraxis ist **derzeit** nur **eine Substanzsteuer** bedeutsam: Der Grundbesitz unterliegt der jährlich zu entrichtenden **Grundsteuer**.

628 Die **Gewerbesteuer vom Kapital** (als eine Unterform der Gewerbesteuer) wurde zum 1.1.1998 **abgeschafft**. Der damit verbundene Einnahmenausfall der Gemeinden wird durch eine Beteiligung der Gemeinden am Aufkommen der Umsatzsteuer ausgeglichen.

Die **Vermögensteuer** wird seit dem 1.1.1997 **nicht mehr erhoben**. Zum Ausgleich für das den Ländern entfallende Vermögensteueraufkommen wurden zwei Steuern erhöht, die gleichfalls den Ländern zufließen: Bei der Erbschaft- und Schenkungsteuer wurden die Bemessungsgrundlage (insbesondere die Bewertung von Grundstücken) und der Steuertarif so reformiert, dass sich das Aufkommen dieser Steuerart erhöht. Bei der Grunderwerbsteuer wurde der Steuersatz von 2,0% auf 3,5% angehoben.

629 Das Vermögensteuergesetz besteht zwar noch. Die **Vermögensteuer darf** aber – in der vorliegenden Gesetzesfassung – aufgrund einer Entscheidung des Bundesverfassungsgerichts **nicht mehr erhoben werden**:[2]

(1) Ein **Verstoß gegen** den Grundsatz der Gleichbehandlung nach **Art. 3 Abs. 1 GG** ergibt sich daraus, dass die einem Steuerpflichtigen gehörenden **Vermögenswerte** zu einer Bemessungsgrundlage **zusammengefasst** und (grundsätzlich) mit einem einheitlichen Steuersatz besteuert werden, **obwohl** in dem noch bestehenden Vermögensteuergesetz **für die einzelnen Vermögensarten sehr unterschiedliche Bewertungsregeln gelten**. Der Hauptkritikpunkt ergibt sich daraus, dass der für die Vermögensteuer herangezogene Wert von Grundstücken lediglich zwischen 10 und 20% der aktuellen Verkehrs- und Veräußerungswerte beträgt, während bei anderen Vermögenswerten (insbesondere bei Kapitalanlagen) eine zeitnahe Bewertung vorgenommen wird.

(2) Das Bundesverfassungsgericht hat darüber hinaus ausgeführt, dass die **Vermögensteuer konzeptionell als Sollertragsteuer** anzusehen ist. Die Vermögensteuer wird zwar als wiederkehrende Steuer auf den zu Beginn eines Kalenderjahres vorhan-

2 Vgl BVerfG vom 22.6.1995, BStBl. 1995 II, S. 655.

denen Vermögensbestand erhoben, sie soll jedoch aus den üblicherweise zu erwartenden Vermögenserträgen finanziert werden können.

Die vom Bundesverfassungsgericht formulierten Kritikpunkte beziehen sich auf die konkrete Ausgestaltung des (noch bestehenden, aber nicht mehr anwendbaren) Vermögensteuergesetzes. In der steuerpolitischen Diskussion wird regelmäßig die Forderung erhoben, das Vermögensteuergesetz so umzugestalten, dass die Vermögensteuer wieder erhoben werden darf. Deshalb ist nicht ausgeschlossen, dass die Vermögensteuer wieder eingeführt wird. Voraussetzung dafür ist, dass die für die Bewertung der einzelnen Vermögensarten geltenden Regeln reformiert werden. Dies erfordert, dass sämtliche Vermögenswerte mit dem gemeinen Wert bewertet werden.[3] Bei einer erneuten Erhebung der Vermögensteuer müsste allerdings bei der Erbschaft- und Schenkungsteuer sowie der Grunderwerbsteuer der Steuersatz wieder gesenkt werden, da die Erhöhungen bei diesen beiden Steuerarten mit der Nichterhebung der Vermögensteuer begründet wurden.

C. Notwendigkeit einer Grundsteuerreform

Das Bundesverfassungsgericht hat die Vorschriften zur Bewertung für bebaute **630** Grundstücke in den „alten“ Bundesländern als nicht mit dem Gleichheitsgrundsatz vereinbar angesehen.[4] Die Unvereinbarkeit mit Art. 3 Abs. 1 GG ergibt sich daraus, dass sich aufgrund der Aussetzung des für eine Hauptfeststellung vorgesehenen Sechs-Jahres-Turnus (§ 21 Abs. 1 BewG iVm Art. 2 Abs. 1 S. 3 BewÄndG 1965) innerhalb des Grundvermögens erhebliche Wertverzerrungen ergeben haben. Seit der letzten Hauptfeststellung zum 1.1.1964 gab es bei den Faktoren, die den Wert eines Grundstücks beeinflussen, erhebliche Veränderungen, die bei der Bewertung für Zwecke der Grundsteuer nicht in angemessener Form berücksichtigt werden. In den „neuen“ Bundesländern fand die letzte Hauptfeststellung zum 1.1.1935 statt, sodass sich diese Aussagen auch auf die dort belegenen Grundstücke übertragen lassen.

Das Bundesverfassungsgericht hat den Gesetzgeber aufgefordert, bis spätestens zum 31.12.2019 für die Grundsteuer eine gesetzliche Neuregelung zu treffen. Für die Umsetzung dieser Neuregelung hat das Bundesverfassungsgericht dem Gesetzgeber und damit auch der Verwaltung einen Zeitraum von maximal fünf Jahren eingeräumt.

Bei der zum Ende des Jahres 2019 verabschiedeten Grundsteuerreform wurden hinsichtlich der Abgrenzung des Steuergegenstands, der Bewertungskonzeption und den verfahrensrechtlichen Regelungen keine grundlegenden Änderungen vorgenommen. Kern der Neuregelung bildet eine Aktualisierung der Vorschriften zur Bewertung des Grundbesitzes. Diese Regelungen sind in einem am Ende des BewG eingefügten Siebten Abschnitt enthalten (§ 218 – § 266 BewG). Der Wert wird nicht mehr als Einheitswert bezeichnet, sondern als Grundsteuerwert (§ 219 Abs. 1 BewG).

Die Grundsteuerwerte sollen zum 1.1.2022 festgesetzt werden (§ 266 Abs. 1 BewG) und erstmals zum 1.1.2025 zur Anwendung kommen (§ 36 GrStG). Die Grundsteuer-

3 Vgl BVerfG vom 7.11.2006, BStBl. 2007 II, S. 192. Diese Entscheidung bezieht sich zwar auf die Erbschaft- und Schenkungsteuer. Die dort aufgestellten Grundsätze lassen sich aber auf die Vermögensteuer übertragen.

4 Vgl BVerfG vom 10.4.2018, BVerfGE 148 (2018), S. 147.

werte sollen zukünftig nach jeweils sieben Jahren neu bestimmt werden (Hauptfeststellung, § 221 BewG).

Während des Gesetzgebungsverfahrens wurde insbesondere kontrovers diskutiert, ob sich die Bemessungsgrundlage aus dem Wert des Grundstücks ableitet (wertabhängiges Modell, WAM) oder ob sich der Grundsteuerwert ausschließlich nach seiner Größe, gemessen an der Fläche, bestimmt (wertunabhängiges Modell, WUM). Als Kompromiss wurde eine zweistufige Lösung gewählt: Die aufgrund der konkurrierenden Gesetzgebung des Bundes (Art. 105 Abs. 2 S. 1 GG) verabschiedeten Regelungen sehen eine Bemessungsgrundlage vor, die sich in typisierender Weise am Wert des Grundstücks orientiert. Allerdings können die Bundesländer aufgrund einer Öffnungsklausel (Abweichungsbefugnis, Art. 72 Abs. 3 S. 1 Nr 7 GG) für die Grundsteuer ab dem Jahr 2025 von der bundesgesetzlichen Regelung abweichende länderspezifische Regelungen einführen.[5]

Zweiter Abschnitt

Grundsteuer

A. Überblick

I. Allgemeine Charakterisierung

631 Die Grundsteuer gehört zu den **Real- oder Objektsteuern** (§ 3 Abs. 2 AO). Besteuert wird ein bestimmter Steuergegenstand: der Grundbesitz. Wie bei der Gewerbesteuer soll sich die Höhe der Grundsteuer nach objektiven Tatbeständen richten und nicht von den persönlichen Merkmalen einer natürlichen oder juristischen Person abhängen.

Dem Charakter einer Objektsteuer entsprechend stehen die Begriffe „Steuergegenstand" und „Steuerschuldner" im Mittelpunkt. Die bei Personensteuern vorgenommene Unterteilung in persönliche und sachliche Steuerpflicht ist für Objektsteuern anzupassen. **Steuergegenstand** der Grundsteuer ist der **inländische Grundbesitz** (§ 1 Abs. 1, § 2 GrStG). Wer Eigentümer des Grundstücks ist, ist nur insoweit von Bedeutung, wer **Steuerschuldner** der Grundsteuer ist (§ 10 GrStG).

Bei der Grundsteuer sollen sich die Art der Finanzierung und die Form der Nutzung des Objekts sowie die persönlichen Verhältnisse des Eigentümers nicht auf die Bemessungsgrundlage auswirken. Abgestellt wird auf den steuerlich relevanten Wert des Grundstücks: den Grundsteuerwert (§ 13 GrStG). Aufgrund der Bruttobesteuerung sind Verbindlichkeiten zur Finanzierung des Grundbesitzes nicht abziehbar. Die Art und Weise des Einsatzes des Grundbesitzes und die Höhe der damit erzielten Er-

5 Zu den Auswirkungen der Öffnungsklausel auf den Finanzausgleich siehe § 8 Abs. 2 FAG.

träge haben grundsätzlich keinen Einfluss auf die Höhe der zu zahlenden Grundsteuer. Die Grundsteuer fällt auch dann an, wenn der Eigentümer das Gebäude oder die Eigentumswohnung zu eigenen Wohnzwecken nutzt.

Stichtag zur Ermittlung der Bemessungsgrundlage ist jeweils der Beginn des Kalenderjahres (§ 9 Abs. 1 GrStG).

Nach dem den Objektsteuern zugrunde liegenden Konzept ist bei der Grundsteuer auch der **Steuersatz unabhängig von** den **individuellen Verhältnissen** des Eigentümers. Wie bei der Gewerbesteuer setzt sich der Steuersatz aus einer **Kombination von** gesetzlich vorgegebener **Steuermesszahl** (§ 14, § 15 GrStG) und von der Gemeinde festgesetztem **Hebesatz** zusammen (§ 25 GrStG).

Die Grundsteuer ist eine **Gemeindesteuer** (§ 1 GrStG). Damit gilt für die Grundsteuer wie für die Gewerbesteuer das **Inlandsprinzip**. Steuergegenstand kann nur der im Inland belegene Grundbesitz sein.

Da die Grundsteuer eine Real- oder Objektsteuer ist, kann sie **nicht mit dem Leis-** **632**
tungsfähigkeitsprinzip gerechtfertigt werden.[6] Bei einer Steuer, die dem Leistungsfähigkeitsprinzip folgt, müssten alle Wirtschaftsgüter erfasst werden, die einem Steuerpflichtigen zugeordnet werden, und nicht nur der Grundbesitz. Besteuert werden müsste das Weltvermögen und nicht nur die im Inland belegenen Vermögenswerte. Wird auf das Leistungsfähigkeitsprinzip abgestellt, sollte das objektive Nettoprinzip angewendet werden. Dies würde bedeuten, dass vom Wert des Grundbesitzes die damit zusammenhängenden Verbindlichkeiten abzuziehen sind. Nach dem subjektiven Nettoprinzip müsste bei der Grundsteuer das persönliche Existenzminimum des Eigentümers berücksichtigt werden, dh die für eigene Wohnzwecke genutzten Grundstücke müssten von der Besteuerung ausgenommen werden. Die Argumente, die bei einer Begründung der Grundsteuer mit dem Leistungsfähigkeitsprinzip angeführt werden, sprechen eher für eine (umfassende) Vermögensteuer als für eine Steuer, bei der nur der Grundbesitz besteuert wird.

Zum Teil wird die Grundsteuer damit gerechtfertigt, dass mit ihr in pauschalierter Form die mit dem Grundbesitz erzielbaren Erträge erfasst werden sollen (Grundsteuer als Sollertragsteuer). Bei einer Einordnung als Sollertragsteuer stellt sich jedoch das Problem einer **Zweifachbelastung** der mit dem Grundbesitz erzielten Erträge: Die tatsächlich erzielten Einkünfte aus der Nutzung des Grundbesitzes werden im Rahmen der Einkommen- bzw Körperschaftsteuer besteuert. Zusätzlich muss aus diesen Einnahmen die Grundsteuer finanziert werden. Gründe, die eine derartige Zusatzbelastung rechtfertigen, sind nicht ersichtlich.

Die Grundsteuer wird auch damit begründet, dass sie einen Ausgleich dafür bieten soll, dass Bodenerträge von Land- und Forstwirten und Erträge aus Grundvermögen bei der Einkommensteuer nicht vollständig erfasst werden. Ursachen dafür sind die zum Teil pauschalierte Ermittlung der Einkünfte aus Land- und Forstwirtschaft (§ 13a EStG) und die (unter bestimmten Voraussetzungen) Nichtbesteuerung von Ge-

6 Siehe hierzu ausführlich Scheffler/Roith, Leitlinien für eine Grundsteuerreform, ifst-Schrift Nr 526, Berlin 2018, S. 25–29 mwN. Zur Rechtfertigung der Grundsteuer siehe auch Tipke/Lang, Steuerrecht, 23. Auflage, Köln 2018, S. 955–958.

winnen aus der Veräußerung von Grundstücken, die ertragsteuerlich dem Privatvermögen zugerechnet werden (§ 23 EStG). Hieraus kann aber keine ausreichende Begründung für die Erhebung der Grundsteuer abgeleitet werden. Es ist keine Begründung dafür zu erkennen, dass zum Ausgleich von unsystematischen Regelungen bei einer Steuerart eine weitere Steuerart erhoben wird. Sachgerecht ist eher eine Anpassung der einkommensteuerlichen Einkunftsermittlungsgrundsätze.

633 Wird das Leistungsfähigkeitsprinzip als Rechtfertigung für die Erhebung der Grundsteuer abgelehnt, bleibt nur die Möglichkeit, für die Ausgestaltung der Grundsteuer das **Äquivalenzprinzip** heranzuziehen.[7] Das Äquivalenzprinzip verbindet die Einnahmen- und die Ausgabenseite einer Gemeinde miteinander und versucht darüber die Allokation von öffentlichen Gütern zu steuern. Diese Funktion wird im Wesentlichen durch die Belastung der Bürger erreicht (Einnahmen der Gemeinden), die Anreize schafft, den Umfang des Leistungsangebots der Gemeinden mit zu beeinflussen (Ausgaben der Gemeinden). Es sollen nur die Personen zur Grundsteuer herangezogen werden, die die Leistung der Gemeinden in Anspruch nehmen (können).

Hinsichtlich des persönlichen Bezugspunkts kennt das Äquivalenzprinzip mit der Individualäquivalenz und der **Gruppenäquivalenz** zwei Unterformen. Die Individualäquivalenz widerspricht dem Steuerbegriff, wonach Steuern Geldleistungen sind, denen keine konkrete Gegenleistung gegenübersteht (§ 3 Abs. 1 AO). Bei der Gruppenäquivalenz stellt die Steuer eine Gegenleistung für die Leistungen der Gemeinden dar, die nicht über Gebühren oder Beiträge einer konkreten Person zugeordnet werden können bzw bei denen eine Zuordnung auf bestimmte Personen nicht gewünscht ist. Da es sich bei der Grundsteuer um eine Steuer handelt, deren Aufkommen einer Gemeinde zusteht, gehören zu der Gruppe, die die Grundsteuer aufbringen soll, alle in der betrachteten Gemeinde ansässigen Bürger. Das **Nebeneinander von Grundsteuer und Einkommensteuer** kann damit begründet werden, dass zum einen die Leistungen des Bundes und der Länder durch die Einkommensteuer und die Leistungen der Gemeinden über die Grundsteuer finanziert werden und zum anderen die Einkommensteuer dem Leistungsfähigkeitsprinzip und die Grundsteuer dem Äquivalenzprinzip folgt.

Als sachlichen Bezugspunkt können entweder die bei der Gemeinde anfallenden Ausgaben (kostenorientierte Interpretation) oder die bei den Bürgern durch die Leistungen der Gemeinde entstehenden Vorteile (nutzenorientierte Interpretation) gewählt werden. Bei der kostenorientierten Interpretation des Äquivalenzprinzips müsste sich das Grundsteueraufkommen aus den grundstücksbezogenen Ausgaben der Gemeinden ableiten. Die weiteren Leistungen, die eine Gemeinde für ihre Bürger erbringt, müssten unberücksichtigt bleiben. Bei Ablehnung der kostenorientierten Interpretation des Äquivalenzprinzips ist im Umkehrschluss auf dessen **nutzenorientierte Interpretation** abzustellen. Dies bedeutet, dass bei der Ausgestaltung der Grundsteuer auf den Nutzen abzustellen ist, den die Bürger aus den Leistungen der Gemeinde haben.

Bei der Umsetzung der nutzenorientierten Sichtweise besteht das praktisch nicht lösbare Problem, dass sich der Nutzen, den der einzelne Bürger von den Leistungen der Gemeinde hat, nicht bzw nur sehr schwer quantifizieren lässt. Wird eine grundstücks-

7 Siehe hierzu ausführlich Scheffler/Roith, Leitlinien für eine Grundsteuerreform, ifst-Schrift Nr 526, Berlin 2018, S. 30–41 mwN.

bezogene Besteuerung gewünscht, ist zu entscheiden, in welcher Form der Nutzen pauschalierend erfasst wird. Nach der hier vertretenen Auffassung stellt eine Anknüpfung an den Wert einer Immobilie eine bessere Näherungslösung dar als ein Abstellen auf die Größe einer Immobilie. Damit wird eine **wertorientierte Bemessungsgrundlage** einer Besteuerung nach der Fläche des Grundstücks vorgezogen.

Wird auf den Nutzen abgestellt, der beim Bürger aus den Leistungen einer Gemeinde **634** entsteht, bedeutet dies, dass bei der Grundsteuer nicht auf den Eigentümer des Grundbesitzes abzustellen ist, sondern auf diejenigen Personen, die im Besitz der Immobilie sind. Bei selbstgenutztem Wohnraum sind Steuerschuldner und Steuerträger identisch. Bei vermietetem Grundbesitz wird die Belastung des Mieters dadurch erreicht, dass der Eigentümer die von ihm an die Gemeinde gezahlte Grundsteuer an den Mieter weitergibt. Durch die **Umlage der Grundsteuer** über die Betriebskostenabrechnung (§ 556 BGB iVm § 2 Nr 1 BetrKV) wird der Mieter zum Steuerträger. Der Vermieter ist lediglich Steuerzahler. Die Erhebung der Grundsteuer beim Eigentümer lässt sich verwaltungsmäßig leichter durchführen als eine Erhebung bei den Mietern.

II. Ertragshoheit

Das **Aufkommen** der Grundsteuer **steht** den **Gemeinden zu** (Art. 106 Abs. 6 S. 1 **635** GG).

Erhebungsberechtigt ist die Gemeinde, in der sich der Grundbesitz befindet. Erstreckt sich der Steuergegenstand auf mehrere Gemeinden, erfolgt eine anteilige Zurechnung (grundsteuerliche Zerlegung, § 1 iVm § 22 – § 24 GrStG).

III. Aufbau des Grundsteuergesetzes

Die sechs Abschnitte des Grundsteuergesetzes haben folgenden Inhalt: **636**

I. **Steuerpflicht** (§ 1 – § 12 GrStG)
Der erste Abschnitt legt die Berechtigung der Gemeinden zur Erhebung der Grundsteuer, den Steuergegenstand, die Steuerbefreiungen, den Stichtag für die Festsetzung und die Entstehung der Grundsteuer, den Steuerschuldner und die Haftung fest.

II. **Bemessung der Grundsteuer** (§ 13 – § 24 GrStG)
Im zweiten Abschnitt sind die Vorschriften zur Steuermesszahl, Veranlagung und Zerlegung zusammengefasst.

III. **Festsetzung und Entrichtung der Grundsteuer** (§ 25 – § 31 GrStG)
Dieser Abschnitt enthält die wichtigsten verfahrensrechtlichen Regelungen der Grundsteuer.

IV. **Erlass der Grundsteuer** (§ 32 – § 34 GrStG)
Im vierten Abschnitt ist erläutert, unter welchen Voraussetzungen auf die Erhebung der Grundsteuer verzichtet werden kann.

V. **Übergangs- und Schlussvorschriften** (§ 36 – § 38 GrStG)
Von besonderer Bedeutung sind die Regelungen zur erstmaligen Anwendung der Neuregelungen zur Grundsteuer ab dem Jahr 2025.

IV. Schema zur Ermittlung der Grundsteuer

637 Die **Berechnung** der Grundsteuer erfolgt in einem **dreistufigen Verfahren**. Im ersten Schritt wird in einem gesonderten Verfahren die **Bemessungsgrundlage „Grundsteuerwert"** ermittelt. Im zweiten Schritt ist aus der Bemessungsgrundlage und der gesetzlich geregelten Steuermesszahl der **Steuermessbetrag** abzuleiten. Im dritten Schritt wird der Steuermessbetrag mit dem von der Gemeinde vorgegebenen **Hebesatz** multipliziert:

	Steuergegenstand: inländischer Grundbesitz (Betriebe der Land- und Forstwirtschaft, Grundstücke des Grundvermögens, Betriebsgrundstücke, § 2 GrStG) **Bemessungsgrundlage: Grundsteuerwert** des Grundbesitzes oder seines steuerpflichtigen Teils (§ 13 GrStG)
×	**Steuermesszahl** (§ 14, § 15 GrStG) 0,55‰ für Betriebe der Land- und Forstwirtschaft 0,34‰ für Grundstücke Besonderheiten: 0,255‰ für ausgewählte Formen von als förderungsfähig eingestuften Wohnimmobilien 0,306‰ für bebaute Grundstücke, auf denen sich Baudenkmäler befinden
=	**Steuermessbetrag der Grundsteuer** (§ 13 GrStG) ggf Zerlegung des Steuermessbetrags (§ 22 – § 24 GrStG)
×	**Grundsteuerhebesatz** (von der jeweiligen Gemeinde festgesetzt, § 25 GrStG) Für Betriebe der Land- und Forstwirtschaft und für Grundstücke können unterschiedliche Hebesätze festgesetzt werden. Für baureife Grundstücke kann aus städtebaulichen Gründen unter bestimmten Voraussetzungen ein höherer Hebesatz festgesetzt werden (Grundsteuer C)
=	**Grundsteuerschuld** (§ 27, § 28 GrStG)
–	vierteljährliche Grundsteuer-Vorauszahlungen (§ 29 GrStG)
=	**Grundsteuerzahllast** oder -erstattung (§ 30 GrStG)

B. Steuergegenstand (Grundbesitz)

I. Formen des Grundbesitzes

638 Steuergegenstand der Grundsteuer ist der **Grundbesitz** iSd Bewertungsgesetzes (§ 2 GrStG, § 218 BewG). Hierzu gehören:

- Betriebe der Land- und Forstwirtschaft (§ 232 – § 234 BewG)
- Grundstücke des Grundvermögens (§ 243, § 244 BewG)
- Betriebsgrundstücke (§ 99 BewG).

Über die inhaltliche Definition des Begriffs „Grundbesitz" wird **festgelegt, was der Grundsteuer unterliegt**. Vermögenswerte, die weder Betriebe der Land- und Forstwirtschaft, Grundstücke des Grundvermögens noch Betriebsgrundstücke sind, werden von dieser speziellen Substanzsteuer nicht erfasst.

– *Betriebe der Land- und Forstwirtschaft:* Land- und Forstwirtschaft ist die planmäßige Nutzung der natürlichen Kräfte des Bodens zur Erzeugung von Pflanzen und Tieren sowie die Verwertung der dadurch selbst gewonnenen Erzeugnisse. Zum land- und forstwirtschaftlichen Vermögen gehören alle **Wirtschaftsgüter, die einem Betrieb der Land- und Forstwirtschaft dauernd zu dienen bestimmt sind** (§ 232 Abs. 1 BewG). Beim land- und forstwirtschaftlichen Vermögen sind insbesondere folgende Vermögenswerte einzubeziehen (§ 232 Abs. 3 BewG): 639

- Grund und Boden
- Wirtschaftsgebäude (dh nicht Wohngebäude)
- stehende Betriebsmittel, dh totes Inventar (zB Maschinen, Geräte, Fahrzeuge) sowie lebendes Inventar (zB Zug-, Zuchttiere, Milchkühe, Legehennen)
- der Bestand an umlaufenden Betriebsmitteln, der für die gesicherte Fortführung des Betriebs benötigt wird (zB land- und forstwirtschaftliche Produkte, Mastvieh, Dünger, Saatgut, soweit sie bis zur nächsten Ernte erforderlich sind)
- immaterielle Wirtschaftsgüter.

Zum land- und forstwirtschaftlichen Vermögen **gehören** beispielsweise **nicht**: Gebäude, die Wohnzwecken oder anderen nicht land- und forstwirtschaftlichen Zwecken dienen, bestimmte Sondertierbestände, Zahlungsmittel, Geldforderungen, Geschäftsguthaben und Wertpapiere, Geldschulden sowie Überbestände an umlaufenden Betriebsmitteln (§ 232 Abs. 4 BewG).

Ein Betrieb der Land- und Forstwirtschaft umfasst die land- und forstwirtschaftlichen Nutzungen (landwirtschaftliche Nutzung, forstwirtschaftliche Nutzung, weinbauliche Nutzung, gärtnerische Nutzung, übrige land- und forstwirtschaftlichen Nutzungen), die Nutzungsarten (Abbauland, Geringstland, Unland, Hofstelle) sowie die Nebenbetriebe (§ 234 BewG).

– *Grundstücke des Grundvermögens:* Zum Grundvermögen gehören Grund und Boden, Gebäude, sonstige Bestandteile und Zubehör, Erbbaurechte, Wohnungseigentum (Eigentumswohnungen), Teileigentum (Sondereigentum an nicht zu Wohnzwecken dienenden Räumen eines Gebäudes, zB Verkaufsladen), Wohnungserbbaurechte und Teilerbbaurechte nach dem Wohnungseigentumsgesetz (§ 243 Abs. 1 BewG). 640

Die Zuordnung zum land- und forstwirtschaftlichen Vermögen geht der Zuordnung zum Grundvermögen vor (§ 243 Abs. 1 BewG). Die Abgrenzung zwischen diesen beiden Vermögensarten in Sonderfällen (zB Nutzung als Standort für Windenergieanlagen) ist in § 233 BewG geregelt.

Betriebsvorrichtungen und Bodenschätze zählen **nicht** zum **Grundvermögen**, sie stellen Betriebsvermögen dar (§ 243 Abs. 2, 3 BewG). Die im Einzelfall schwierige Abgrenzung zwischen Grundvermögen und Betriebsvorrichtungen wird anhand von **zwei Kriterien** vorgenommen: Zum einen ist der Begriff des Gebäudes genau definiert. Zum anderen muss eine Betriebsvorrichtung eine besondere Beziehung zu dem betreffenden Betrieb aufweisen.

Das Grundvermögen unterteilt sich in **unbebaute Grundstücke** sowie bebaute Grundstücke. Unbebaute Grundstücke sind Grundstücke, auf denen sich keine benutzbaren Gebäude befinden. Die Benutzbarkeit beginnt zum Zeitpunkt der Bezugsfertigkeit (§ 246 BewG). **Bebaute Grundstücke** sind Grundstücke, auf denen sich benutzbare Gebäude befinden (§ 248 BewG). Bei bebauten Grundstücken wird zwischen Einfamilienhäusern, Zweifamilienhäusern, Mietwohngrundstücken, Wohnungseigentum (Eigentumswohnungen), Teileigentum, Geschäftsgrundstücken, gemischt genutzten Grundstücken und sonstige bebauten Grundstücken differenziert (§ 249 BewG).

Erbbaurechte werden mit dem Erbbaurechtsgrundstück und Gebäude auf fremdem Grund und Boden werden mit dem dazugehörenden Grund und Boden zusammengefasst (§ 244 Abs. 3, § 261, § 262 BewG).

641 – *Betriebsgrundstücke:* Betriebsgrundstück ist der zu einem Gewerbebetrieb gehörende Grundbesitz, soweit er losgelöst von seiner Zugehörigkeit zu dem Gewerbebetrieb zum Grundvermögen gehören würde oder einen Betrieb der Land- und Forstwirtschaft bilden würde (§ 2 GrStG, § 99, § 218 S. 2, 3 BewG).

II. Steuerbefreiungen und Erlass der Grundsteuer

642 Obwohl es sich bei der **Grundsteuer** um eine **Objektsteuer** handelt, bestehen Steuerbefreiungen, die von den individuellen Verhältnissen des Eigentümers abhängig sind. Beispielsweise ist der Grundbesitz folgender Rechtsträger von der Grundsteuer befreit (**persönliche Steuerbefreiung**, § 3 GrStG):

- inländische juristische Personen des öffentlichen Rechts (insbesondere Bund, Länder, Gemeinden), soweit der Grundbesitz öffentlichen Zwecken dient,
- verschiedene Organisationen, sofern der Grundbesitz für gemeinnützige oder mildtätige Zwecke genutzt wird,
- Religionsgemeinschaften.

643 Neben den persönlichen Befreiungen bestehen auf bestimmte Grundstücke beschränkte Befreiungen von der Grundsteuer (**sachliche Steuerbefreiung**). Soweit sich nicht bereits nach § 3 GrStG eine persönliche Steuerbefreiung für den Eigentümer des Grundbesitzes ergibt, wird beispielsweise für Bestattungsplätze, dem öffentlichen Verkehr dienende Straßen, Wege, Plätze, Wasserstraßen, Häfen und Schienenwege, Verkehrsflughäfen, Grundbesitz, der für Zwecke der Wissenschaft, des Unterrichts oder der Erziehung genutzt wird (wie Universitätsgebäude), und für Grundbesitz von Krankenhäusern keine Grundsteuer erhoben (§ 4 GrStG). Weitere Voraussetzungen für eine Steuerbefreiung sind in § 5 – § 8 GrStG enthalten.

644 Für bestimmte Kulturgüter und Grünanlagen sowie für Betriebe der Land- und Forstwirtschaft und für bebaute Grundstücke, bei denen der Ertrag um mehr als 50% unter dem normalen Rohertrag liegt, wird die Grundsteuer ganz oder teilweise erlassen (§ 32 – § 35 GrStG).

III. Steuerschuldner

Schuldner der Grundsteuer ist **derjenige, dem der Grundbesitz** bei der Feststellung des Grundsteuerwerts (persönlich) **zugerechnet wird** (§ 10 Abs. 1 GrStG). Ist der Steuergegenstand mehreren Personen zuzurechnen, sind sie Gesamtschuldner (§ 10 Abs. 2 GrStG). 645

Neben der Steuerschuldnerschaft kennt das Grundsteuergesetz eine persönliche und eine dingliche **Haftung**: Der Nießbraucher und (zeitlich befristet) der Erwerber haften neben dem Eigentümer bzw dem bisherigen Eigentümer des Grundstücks **persönlich** für die Grundsteuer (§ 11 GrStG). Die Grundsteuer ruht als öffentliche Last auf dem Steuergegenstand. Diese **dingliche Haftung** ermöglicht eine unmittelbare Zwangsvollstreckung (§ 12 GrStG). 646

C. Bemessungsgrundlage (Grundsteuerwert des Grundbesitzes)

Die folgenden Ausführungen beschränken sich auf die Vorschriften, die auf Bundesebene verabschiedet wurden.[8] 647

– *Grundsätze:* Bemessungsgrundlage der Grundsteuer ist der **Grundsteuerwert des Grundbesitzes** bzw dessen steuerpflichtiger Teil (§ 13 GrStG). Maßgebend ist der Grundsteuerwert zu Beginn des Kalenderjahres, für das die Grundsteuer festgesetzt wird (§ 9 GrStG).

Der Wert des inländischen Grundbesitzes wird in einem gesonderten Verfahren festgestellt (§ 219, § 220 BewG). Die Grundsteuerwerte werden jeweils nach sieben Jahren ermittelt (Hauptfeststellung, § 221 Abs. 1 BewG). Die erste Hauptfeststellung für die durch die Grundsteuerreform eingeführten Bewertungsregeln findet zum 1.1.2025 statt. Die Ermittlung des für diese Hauptfeststellung relevanten Grundsteuerwerts wird bereits für den 1.1.2022 durchgeführt (§ 266 Abs. 1 BewG).

Zu den **verfahrensrechtlichen Fragen** im Zusammenhang mit einer Wert-, Art- oder Zurechnungsfortschreibung, Nachfeststellung und Aufhebung des Grundsteuerwerts siehe § 222 – § 226 BewG. Bei Fortschreibungen sowie Nachfeststellungen sind jeweils die tatsächlichen Verhältnisse zugrunde zu legen. Bei den Wertverhältnissen ist jedoch auf die Wertverhältnisse der letzten Hauptfeststellung abzustellen (§ 227 BewG).

Die Steuerpflichtigen haben **Erklärungen zur Feststellung der Grundsteuerwerte** für den Hauptfeststellungszeitpunkt abzugeben, wenn sie hierzu durch die Finanzbehörde aufgefordert werden. Eine Änderung der tatsächlichen Verhältnisse, die sich auf die Höhe des Grundsteuerwerts, die Vermögensart oder die Grundstücksart auswirkt oder zu einer erstmaligen Feststellung führen kann, ist auf den Beginn des fol-

8 Siehe hierzu zB Eisele, NWB 2019, S. 2043; Höreth/Stelzer, DStZ 2019, S. 607; Hubert, StuB 2019, S. 533; Jarass/Trautvetter, BB 2019, S. 1751; Löhr, DStR 2019, S. 1433; Ramp, SteuerStud 2019, S. 799; Scheffler in Scheffler/Hey, Aktuelle Fragen der Grundsteuerreform: Wirkungen und Gesetzgebungskompetenz, ifst-Schrift Nr 530, Berlin 2019, S. 6–45 (zum Referentenentwurf); Wünsche, BB 2019, S. 1821.

genden Kalenderjahres **anzuzeigen**. Dies gilt auch dann, wenn das Eigentum oder das wirtschaftliche Eigentum an einem auf fremdem Grund und Boden errichteten Gebäude übergegangen ist (§ 228 BewG).

648 – *Bewertung der Betriebe der Land- und Forstwirtschaft:* Betriebe der Land- und Forstwirtschaft und Betriebsgrundstücke, die losgelöst von ihrer Zugehörigkeit zu einem Gewerbebetrieb einen Betrieb der Land- und Forstwirtschaft bilden würden, sind nach den gleichen Grundsätzen zu bewerten (§ 218 S. 2 BewG).

Betriebe der Land- und Forstwirtschaft werden mit dem **Ertragswert** bewertet. Der Ertragswert ist definiert als der bei ordnungsmäßiger und schuldenfreier Bewirtschaftung mit entlohnten fremden Arbeitskräften nachhaltig erzielbare Reinertrag multipliziert mit dem Faktor 18,6 (§ 236 BewG). Der Reinertrag wird für die einzelnen Formen der land- und forstwirtschaftlichen Betriebe in typisierter Form vorgegeben (§ 237 – § 242 BewG iVm den Anlagen 27–35).

	Summe der Reinerträge der Land- und Forstwirtschaft (§ 237, § 238 BewG)
×	Kapitalisierungsfaktor von 18,6 (§ 236 Abs. 4 BewG)
=	**Grundsteuerwert** (Ertragswert des Betriebs der Land- und Forstwirtschaft, § 239 Abs. 1 BewG) Abrundung auf volle hundert € (§ 230 BewG)

Abb. 4.1: Bewertung von Betrieben der Land- und Forstwirtschaft

649 – *Bewertung der Grundstücke des Grundvermögens:* Grundstücke des Grundvermögens und Betriebsgrundstücke, die losgelöst von ihrer Zugehörigkeit zu einem Gewerbebetrieb zum Grundvermögen gehören würden, sind nach den gleichen Grundsätzen zu bewerten (§ 218 S. 3 BewG).

Bei unbebauten Grundstücken ergibt sich der Grundsteuerwert aus der Multiplikation von Fläche und Bodenrichtwert (§ 247 BewG). Der Bodenrichtwert ist der durchschnittliche Lagewert des Grund und Bodens für eine Mehrheit von Grundstücken innerhalb eines abgegrenzten Gebiets, die nach ihren Grundstücksmerkmalen weitgehend übereinstimmen und für die im Wesentlichen gleiche allgemeine Wertverhältnisse vorliegen. Die Bodenrichtwerte werden durch unabhängige Gutachterausschüsse ermittelt und veröffentlicht (§ 192 – § 199 BauGB).

650 Bei **bebauten Grundstücken** stehen mit dem Ertragswertverfahren und dem Sachwertverfahren zwei Bewertungsmethoden zur Verfügung (§ 250 Abs. 1 BewG). Einfamilienhäuser, Zweifamilienhäuser, Mietwohngrundstücke und Wohnungseigentum (Eigentumswohnungen) sind nach dem **Ertragswertverfahren** zu bewerten (§ 250 Abs. 2 BewG).

Das für die Grundsteuer zukünftig geltende Ertragswertverfahren lehnt sich an das vereinfachte Ertragswertverfahren nach § 17 Abs. 2 S. 1 Nr 2 ImmoWertV an. Der Grundsteuerwert ergibt sich aus den mit dem Grundstück auf Dauer erzielbaren Reinerträgen. Diese Erträge sind auf den Bewertungsstichtag abzuzinsen (**Barwert des Reinertrags**). Bei der Berechnung des Barwerts der Erträge ist zu berücksichtigen, dass die Nutzungsdauer eines Gebäudes zeitlich begrenzt ist, dh die auf das Gebäude entfallenden Erträge sind nur für die am Bewertungsstichtag verbleibende Restnutzungsdauer abzuzinsen. Am Ende der Restnutzungsdauer eines Gebäudes erwirtschaftet dieses keine Erträge mehr. Es verbleibt lediglich der Wert des Grund und Bodens. Es wird unterstellt, dass der Wert des Grund und Bodens am Ende der Restnutzungsdauer des Gebäudes seinem heutigen Wert entspricht. Dieser Wert ist entsprechend der Restnutzungsdauer des Gebäudes abzuzinsen (**abgezinster Bodenwert**).

Die wirtschaftliche Gesamtnutzungsdauer, die Nettokaltmiete, die Bewirtschaftungskosten, der Liegenschaftszinssatz und bei Ein- und Zweifamilienhäusern der Umrechnungskoeffizient werden in § 252 – § 257 BewG und den dazu gehörenden Anlagen 36–41 vorgegeben. Damit verbunden ist, dass bei Ermittlung des Grundsteuerwerts nach dem Ertragswertverfahren sehr weitgehende Typisierungen vorgenommen werden:

1. Wert des Grund und Bodens

	Grundstücksfläche
×	Bodenrichtwert
=	Wert des Grund und Bodens (§ 257 Abs. 1 S. 1 iVm § 247 BewG) bei Ein- und Zweifamilienhäusern zur Berücksichtigung abweichender Grundstücksgrößen durch Umrechnungskoeffizient modifiziert (§ 257 Abs. 1 S. 2 BewG, Anlage 36)
×	Abzinsungsfaktor $(1+\text{Liegenschaftszinssatz})^{\text{Rest–Nutzungsdauer}}$ (§ 257 Abs. 2 BewG iVm § 256 BewG, Anlage 41)
=	**abgezinster Bodenwert** (Wert des Grund und Bodens, § 257 BewG)

2. Wert des Gebäudes

	Nettokaltmiete (jährlicher Rohertrag, ohne Betriebskostenumlage), differenziert nach Grundstücksart, Bundesland, Wohnfläche und Baujahr des Gebäudes, angepasst durch Mietniveaustufen zur Berücksichtigung der Mietniveauunterschiede zwischen den Gemeinden innerhalb eines Bundeslandes (§ 254 BewG iVm Anlage 39, Mietniveau-Einstufungsverordnung)
–	nicht umlagefähige Bewirtschaftungskosten (§ 255 BewG iVm Anlage 40)
=	jährlicher Reinertrag (§ 253 Abs. 1 BewG)
×	Vervielfältiger $\{(1+\text{Liegenschaftszinssatz})^{\text{Rest–Nutzungsdauer}} - 1\}$ / $\{(1+\text{Liegenschaftszinssatz})^{\text{Rest–Nutzungsdauer}}$ $\times$ Liegenschaftszinssatz$\}$ (§ 253 Abs. 2, § 256 BewG iVm Anlagen 37, 38)
=	**Barwert des Reinertrags** (Wert des Gebäudes, § 253 – § 256 BewG)

3. Zusammenfassung des Werts des Grund und Bodens und des Werts des Gebäudes

	abgezinster Bodenwert (§ 257 BewG)
+	Barwert des Reinertrags (§ 253 – § 256 BewG)
=	**Grundsteuerwert** (Ertragswert des bebauten Grundstücks einschließlich Außenanlagen, § 252 BewG) Abrundung auf volle hundert € (§ 230 BewG) Mindestwert: 75% des Bodenwerts (§ 251 iVm § 247, § 257 Abs. 1 BewG, Anlage 36)

Abb. 4.2: Bewertung von bebauten Grundstücken nach dem Ertragswertverfahren

651 Der Grundsteuerwert von Geschäftsgrundstücken, gemischt genutzten Grundstücken, Teileigentum und sonstigen bebauten Grundstücken bestimmt sich nach dem **Sachwertverfahren** (§ 250 Abs. 3 BewG). Die Ermittlung des Grundsteuerwerts auf der Grundlage des Sachwertverfahrens orientiert sich an dem Sachwertverfahren nach § 21 – § 23 ImmoWertV.

Beim Sachwertverfahren werden der Wert des Gebäudes (Gebäudesachwert) und der Wert des Grund und Bodens (Bodenwert) getrennt ermittelt (§ 258 Abs. 1 BewG). Der **Bodenwert** wird so ermittelt wie bei einem unbebauten Grundstück (§ 258 Abs. 2 iVm § 247 BewG).

Ausgangspunkt zur Bestimmung des **Gebäudesachwerts** bilden die Normalherstellungskosten des Gebäudes (§ 259 Abs. 1 BewG iVm Anlage 42). Die Normalherstellungskosten werden differenziert nach Gebäudeart und dem Baujahr des Gebäudes gesetzlich vorgegeben. Die in der Anlage 42 ausgewiesenen Normalherstellungskosten sind auf das Jahr 2010 bezogen. Sie sind entsprechend dem Baupreisindex anzupassen, den das Statistische Bundesamt für das Vierteljahr vor dem Hauptfeststellungzeitpunkt ermittelt hat (§ 259 Abs. 3 BewG). Die Normalherstellungskosten werden mit der Brutto-Grundfläche des Gebäudes multipliziert (§ 259 Abs. 2 BewG). Vom Gebäudenormalherstellungswert ist eine Alterswertminderung abzuziehen (§ 259 Abs. 4 BewG). Die Alterswertminderung ergibt sich aus dem Verhältnis des Alters des Gebäudes am Bewertungsstichtag zu seiner wirtschaftlichen Gesamtnutzungsdauer („lineare Abschreibung"). Der Alterswertabschlag ist auf 70% begrenzt, dh als Gebäudesachwert sind mindestens 30% des Gebäudenormalherstellungswerts anzusetzen.

Die Summe aus Bodenwert und Gebäudesachwert bildet den **vorläufigen Sachwert** des bebauten Grundstücks. Der vorläufige Sachwert ist zur Ermittlung des für die Grundsteuer relevanten Werts mit einer **Wertzahl** zu multiplizieren (§ 258 Abs. 3 iVm § 260 BewG, Anlage 43). Die Wertzahl dient dazu, den **Grundsteuerwert** an die objektiv-realen Marktbedingungen anzupassen.

Zur Ermittlung des Grundsteuerwerts nach dem Sachwertverfahren sind folgende Schritte vorzunehmen:

1. Wert des Grund und Bodens

	Grundstücksfläche
×	Bodenrichtwert
=	**Bodenwert:** Wert des Grund und Bodens (§ 258 Abs. 2 iVm § 247 BewG)

2. Wert des Gebäudes

	Brutto-Grundfläche
×	Normalherstellungskosten
×	Baupreisindex
=	Sachwert des Gebäudes für Neubauten
–	Alterswertminderung, höchstens 70%
=	**Gebäudesachwert:** Wert des Gebäudes (§ 258 Abs. 1, § 259 BewG, Anlagen 38, 42)

3. Zusammenfassung des Werts des Grund und Bodens und des Werts des Gebäudes

	Bodenwert
+	Gebäudesachwert
=	**vorläufiger Sachwert** des bebauten Grundstücks (§ 258 Abs. 3 S. 1 BewG)
	Wertzahl (§ 258 Abs. 3 S. 2, § 260 BewG, Anlage 43)
=	**Grundsteuerwert:** Sachwert des bebauten Grundstücks einschließlich Wert der Außenanlagen (§ 258 Abs. 3 BewG) Abrundung auf volle hundert € (§ 230 BewG) Mindestwert: 75% des Bodenwerts (§ 251 S. 1 iVm § 247 BewG)

Abb. 4.3: Bewertung von bebauten Grundstücken nach dem Sachwertverfahren

– *Kurzbeurteilung:* Die Vorschriften zur Bewertung des Grundvermögens zeichnen sich durch weitgehende Typisierungen aus. Als Begründung wird mehrfach ausgeführt, dass die im Gesetz vorgesehenen Vorgaben der Bewertungsparamater der Vereinfachung des Besteuerungsverfahrens dienen und dass sie eine IT-gestützte Erhebung der Grundsteuer ermöglichen sollen. Der Steuerpflichtige muss lediglich die Anschrift, die Grundstücksart (beim Sachwertverfahren zusätzlich die Gebäudeart), die Grundstücksfläche, die Wohnfläche bzw Brutto-Grundfläche des Gebäudes und das Baujahr des Gebäudes angeben. Diese Angaben sind vermutlich im Regelfall mit vertretbarem Aufwand beschaffbar. Damit erscheint die Kritik an einer wertorientierten Bewertung im Hinblick auf die fehlende Administrierbarkeit nicht berechtigt. **652**

Obwohl sich die grundsteuerliche Bemessungsgrundlage am Wert des Grundstücks orientiert, ist fraglich, ob der Grundsteuerwert mit dem Verkehrswert übereinstimmt. Überschlägige Berechnungen deuten darauf hin, dass sich gegenüber dem Marktwert einer Immobilie erhebliche Abweichungen ergeben.[9] Für die Grundsteuer können derartige Abweichungen akzeptiert werden, da sich die Abweichungen zwischen Marktwert und Grundsteuerwert lediglich auf die innerhalb einer Gemeinde befindlichen Grundstücke beziehen und sich damit bei allen Grundstücken einer Gemeinde in etwa gleicher Weise auswirken. Eine lediglich näherungsweise Beachtung der Wertverhältnisse ist zwar nicht perfekt, aber besser als eine vollständige Negierung des Werts einer Immobilie.

Die Grundsteuerwerte können aber nicht ohne weitere Analysen für die Vermögensteuer übernommen werden, da bei dieser Steuerart auch die Wertrelationen zu Grundstücken in anderen Gemeinden und zu anderen Vermögensarten zu beachten sind.

D. Steuertarif und Steuerzahlung

Der **Steuersatz** der Grundsteuer errechnet sich aus der **Kombination von Steuermesszahl und Hebesatz**. **653**

9 Vgl Löhr, DStR 2019, S. 1433; Scheffler in Scheffler/Hey, Aktuelle Fragen der Grundsteuerreform: Wirkungen und Gesetzgebungskompetenz, ifst-Schrift Nr 530, Berlin 2019, S. 42–45.

654 Die **Steuermesszahl** hängt von der Art des Grundbesitzes ab (§ 14, § 15 Abs. 1 GrStG). Sie beträgt

- für Betriebe der Land- und Forstwirtschaft 0,55‰
- für unbebaute Grundstücke 0,34‰
- für Ein- und Zweifamilienhäuser, Mietwohngrundstücke und Eigentumswohnungen 0,34‰
- für Geschäftsgrundstücke, gemischt genutzte Grundstücke, Teileigentum und sonstige bebaute Grundstücke 0,34‰.

Die Dreiteilung bei Grundstücken entsprechend den anzuwendenden Bewertungsverfahren wirkt sich bei der Steuermesszahl derzeit nicht aus, da für die drei Gruppen der gleiche Wert genannt wird. Möglicherweise wird es in der Zukunft bei den Steuermesszahlen zu Differenzierungen kommen.

Für förderungsfähige **Immobilien im sozialen Wohnungsbau** sowie (auf Antrag) für Immobilien von kommunalen Wohnungsbaugesellschaften, gemeinnützigen Wohnungsbaugesellschaften und von Wohnungsbaugenossenschaften reduziert sich nach § 15 Abs. 2–4 GrStG die Steuermesszahl um ein Viertel auf 0,255‰ (= 75%×0,34‰). Mit dieser Minderung der Steuermesszahl sollen Anreize zur Schaffung und Verfügbarmachung von günstigem Wohnraum gesetzt werden. Der Lenkungszweck setzt nicht an der Bemessungsgrundlage an, sondern über die Senkung der Steuermesszahl am Steuersatz.

Für bebaute Grundstücke, auf denen sich Gebäude befinden, die Baudenkmäler im Sinne des jeweiligen Landesdenkmalschutzgesetzes sind, ermäßigt sich die Steuermesszahl um ein Zehntel auf 0,306‰ (= 90%×0,34‰, § 15 Abs. 5 GrStG). Durch diese Ermäßigung der Steuermesszahl soll berücksichtigt werden, dass bei denkmalgeschützten Gebäuden häufig erhöhte Unterhaltskosten anfallen oder Nutzungsbeschränkungen bestehen.

Erstreckt sich der **Grundbesitz über mehrere Gemeinden**, wird der einheitlich ermittelte **Steuermessbetrag** den einzelnen Gemeinden **anteilig zugerechnet**. Zerlegungsmaßstab bildet grundsätzlich die Flächengröße (§ 22, § 23 GrStG). Im Einzelfall erfolgt aus Vereinfachungsgründen an Stelle der Zerlegung ein Steuerausgleich zwischen den beteiligten Gemeinden (§ 24 GrStG).

Das **Produkt aus Bemessungsgrundlage** (Grundsteuerwert) und **Steuermesszahl** ergibt den **Steuermessbetrag** (§ 13 GrStG).

655 Der Steuermessbetrag ist mit dem von der Gemeinde festgelegten Hebesatz zu multiplizieren (§ 25 Abs. 1–3 GrStG). Die **Hebesätze** für **land- und forstwirtschaftliche Betriebe und** für **Grundstücke** können **voneinander abweichen.** Innerhalb der beiden Gruppen müssen sie aber grundsätzlich einheitlich sein (§ 25 Abs. 4 GrStG). Da die Grundsteuerwerte erst ab dem Jahr 2025 anzuwenden sind, kann noch nicht angegeben werden, in welcher Höhe die Gemeinden nach der Grundsteuerreform den Hebesatz festsetzen.

656 Die Gemeinden haben die Möglichkeit, aus städtebaulichen Gründen für **unbebaute baureife Grundstücke** einen höheren Hebesatz festzusetzen (§ 25 Abs. 5 GrStG). Damit wird von dem Grundsatz abgewichen, dass der Hebesatz für die sich in einer

Gemeinde befindlichen Grundstücke einheitlich sein muss. Baureife Grundstücke sind unbebaute Grundstücke, die nach Lage, Form und Größe und ihrem sonstigen tatsächlichen Zustand sowie nach öffentlich-rechtlichen Vorschriften sofort bebaubar sind. Eine erforderliche, aber noch nicht erteilte Baugenehmigung sowie zivilrechtliche Gründe, die einer sofortigen Bebauung entgegenstehen, sind unbeachtlich. **Städtebauliche Gründe** sind insbesondere die Deckung eines erhöhten Bedarfs an Wohn- und Arbeitsstätten sowie Gemeinbedarfs- und Folgeeinrichtungen, die Nachverdichtung bestehender Siedlungsstrukturen oder die Stärkung der Innenentwicklung. Durch die **Grundsteuer C** soll der finanzielle Anreiz geschaffen werden, baureife Grundstücke einer sinnvollen Nutzung durch Bebauung zuzuführen. Der rein finanzielle Nutzen eines unbebauten Grundstücks als Spekulationsobjekt soll durch den besonderen (höheren) Hebesatz auf baureife Grundstücke verringert werden.

Die Gemeinde hat die Grundsteuer C auf einen bestimmten Gemeindeteil zu beschränken, **657**
wenn nur für diesen Gemeindeteil die städtebaulichen Gründe vorliegen. Der Gemeindeteil muss mindestens 10% des Gemeindegebiets umfassen und in dem Gemeindeteil müssen mehrere baureife Grundstücke belegen sein. Die genaue Bezeichnung der baureifen Grundstücke, deren Lage sowie das Gemeindegebiet, auf das sich die Grundsteuer C bezieht, sind jeweils nach den Verhältnissen zu Beginn eines Kalenderjahres von der Gemeinde zu bestimmen, in einer Karte nachzuweisen und im Wege einer Allgemeinverfügung öffentlich bekannt zu geben. In der Allgemeinverfügung sind die städtebaulichen Erwägungen nachvollziehbar darzulegen und die Wahl des Gemeindegebiets, auf das sich der gesonderte Hebesatz beziehen soll, zu begründen.

Die Grundsteuer wird **jährlich** erhoben. Sie bestimmt sich nach den Verhältnissen zu **658**
Beginn des Kalenderjahres. Die Grundsteuerschuld **entsteht** mit dem Festsetzungszeitpunkt **am 1. Januar** (§ 9 GrStG).

Jedem **Hauptfeststellungszeitpunkt** (Ermittlung des Grundsteuerwerts) **folgt** eine **Grundsteuerhauptveranlagung**. Der bei der Hauptveranlagung festgesetzte Steuermessbetrag gilt grundsätzlich erst von dem Kalenderjahr an, das zwei Jahre nach der Hauptveranlagung beginnt (§ 16 GrStG iVm § 221 BewG). Eine Ausnahme gilt für die Hauptfeststellung zum 1.1.2025, dh die erste Hauptfeststellung nach der Grundsteuerreform. Die zu diesem Zeitpunkt ermittelten Grundsteuerwerte sind bereits zu diesem Zeitpunkt für die Grundsteuer zu übernehmen (§ 36 GrStG). Findet für den Grundsteuerwert eine **Wert-, Art- oder Zurechnungsfortschreibung** statt, kommt es zu einer **Neuveranlagung** der Grundsteuer (§ 17 GrStG iVm § 222 BewG). Einer **Nachfeststellung** des Grundsteuerwerts folgt bei der Grundsteuer eine **Nachveranlagung** (§ 18 GrStG iVm § 223 BewG). Wird der Grundsteuerwert für den Grundbesitz aufgehoben, wird der Bescheid über den Steuermessbetrag gleichfalls **aufgehoben** (§ 20 GrStG iVm § 224 BewG).

Eine **Grundsteuererklärung** ist **nicht abzugeben**. Die Grundsteuerveranlagung erfolgt im Anschluss an die Feststellung des Grundsteuerwerts. Der Steuerschuldner ist allerdings verpflichtet, Änderungen hinsichtlich der Nutzung oder der Eigentumsverhältnisse ganz oder teilweise von der Grundsteuer befreiter Steuergegenstände dem Finanzamt anzuzeigen (§ 19 GrStG). Zusätzlich hat der Steuerpflichtige im Zusammenhang mit der Ermittlung des Grundsteuerwerts Erklärungs- und Anzeigepflichten zu erfüllen (§ 228 BewG).

Die Grundsteuer wird **für das Kalenderjahr festgesetzt**. Wenn sich die Grundsteuer gegenüber dem Vorjahr nicht ändert, kann die Grundsteuer durch öffentliche Bekanntmachung festgesetzt werden (§ 27 GrStG). Die Grundsteuer ist **in Vierteljahresbeträgen zu entrichten**. Für Kleinbeträge gelten spezielle Regelungen. Der Steuerpflichtige hat, solange die Höhe der Jahressteuer noch nicht bekannt gegeben wurde, Vorauszahlungen auf die Jahressteuer zu entrichten. Sie betragen jeweils ein Viertel der zuletzt festgesetzten Jahressteuer. Über die Vorauszahlungen findet nach Bekanntgabe des Steuerbescheids eine Abrechnung statt (Abschlusszahlung bzw Erstattung, § 28 – § 31 GrStG). Im Regelfall stimmt allerdings die Summe der Vorauszahlungen mit der Grundsteuerschuld überein.

E. Ertragsteuerliche Behandlung

659 Die ertragsteuerliche Behandlung der Grundsteuer hängt von der Verwendung des Grundbesitzes ab.

Ist der Grundbesitz einem **gewerblichen Betriebsvermögen** zuzurechnen, ist die Grundsteuer sowohl **bei** der **Einkommensteuer** als auch **bei** der **Gewerbesteuer** als **Betriebsausgabe** abziehbar (§ 4 Abs. 4 EStG, § 7 S. 1 GewStG). Bei Kapitalgesellschaften mindert die Grundsteuer die Bemessungsgrundlage der Körperschaftsteuer und der Gewerbesteuer (§ 8 Abs. 1 KStG, § 7 S. 1 GewStG). Die Gewerbesteuer reduziert sich zusätzlich dadurch, dass 0,11% des Grundsteuerwerts aus dem Gewerbeertrag gekürzt werden (§ 9 Nr 1 S. 1 GewStG). Durch diese Kürzung wird in pauschalierender Form eine Doppelbelastung mit Gewerbesteuer und Grundsteuer vermieden.

Dient der Grundbesitz einer **freiberuflichen Tätigkeit**, verringert die Grundsteuer aufgrund ihres Abzugs als **Betriebsausgabe** die Einkünfte aus selbständiger Arbeit (§ 4 Abs. 4 EStG). Die Grundsteuer eines **land- und forstwirtschaftlichen Betriebs** ist bei der Ermittlung der Einkünfte aus Land- und Forstwirtschaft als **Betriebsausgabe** abzugsfähig. Wird das Grundstück zur Erzielung von Einkünften aus **Vermietung und Verpachtung** eingesetzt, handelt es sich bei der Grundsteuer um **Werbungskosten** (§ 9 Abs. 1 S. 3 Nr 2 EStG).

Grundsteuer auf Grundbesitz, der **mit keiner Einkunftsart zusammenhängt** (zB selbstgenutzter Wohnraum), ist einkommensteuerlich **weder** als **Betriebsausgabe noch** als **Werbungskosten** abzugsfähig. Ein **Sonderausgabenabzug scheidet** gleichfalls **aus.**

Fünfter Teil

Verkehrsteuern

Erster Abschnitt

Überblick über die Verkehrsteuern und ihre Beziehungen zueinander

A. Zielsetzung von Verkehrsteuern

Die Verkehrsteuern lassen sich in eine allgemeine Verkehrsteuer und mehrere spezielle Verkehrsteuern einteilen. Die **allgemeine Verkehrsteuer** ist die **Umsatzsteuer**. Sie wird ergänzt um Steuerarten, die **ausgewählte Verkehrsvorgänge** besteuern. Hierzu gehören insbesondere die 660

- **Grunderwerbsteuer:** Erwerb von Grundstücken
- **Versicherungsteuer:** Zahlung eines Versicherungsentgelts
- **Feuerschutzsteuer:** Entgegennahme eines Versicherungsentgelts für bestimmte Versicherungen
- **Rennwett- und Lotteriesteuer:** Wetten bei öffentlichen Pferderennen bzw Lotterien und Ausspielungen
- **Kraftfahrzeugsteuer:** Halten eines Kraftfahrzeugs zum Verkehr auf öffentlichen Straßen
- **Spielbankabgabe:** Betrieb einer Spielbank.

Gemeinsames Merkmal von Verkehrsteuern ist, dass sie nicht an den wirtschaftlichen Erfolg (wie Gewinn) **anknüpfen**, sondern **an Verkehrsvorgänge**. Es kann sich sowohl um Vorgänge des Rechtsverkehrs als auch um Vorgänge des technischen Verkehrs handeln. Steuergegenstand einer **Rechtsverkehrsteuer** sind beispielsweise Lieferungen, der Erwerb von Grundstücken oder die Zahlung eines Versicherungsentgelts. Das bedeutsamste Beispiel für eine **Realverkehrsteuer** ist die Kraftfahrzeugsteuer, die das Halten eines Kraftfahrzeugs zum Verkehr auf öffentlichen Straßen erfasst. 661

Grundlage für die Besteuerung bildet die Durchführung eines Verkehrsvorgangs. Bei den Verkehrsteuern ist es nicht entscheidend, ob die Transaktion zu einer Mehrung des Vermögens der Vertragspartner geführt hat.

Die **Bemessungsgrundlage** einer Verkehrsteuer stimmt im Regelfall mit dem **Bruttowert** (zB Wert der Gegenleistung, Entgelt, Wetteinsatz, Bruttospielbetrag) **oder** einer **technischen Größe** (zB Hubraum des Motors eines Fahrzeugs, Gewicht eines Fahrzeugs, Schadstoff- und Kohlendioxidemissionen) überein. Die **persönlichen Verhältnisse** des Steuerpflichtigen haben grundsätzlich **keinen Einfluss auf** die **Steuerpflicht und** die **Höhe** der Steuerzahlung.

Bei den Verkehrsteuern bestimmt sich die **Höhe der Steuerzahlung** nach dem **jeweiligen Verkehrsvorgang**, dh jeder Verkehrsvorgang wird für sich betrachtet. Im Gegensatz zu den Ertragsteuern erfolgt **keine periodenbezogene Besteuerung**. Zum Teil wird zwar die Steuerschuld in einem Jahressteuerbescheid endgültig festgesetzt und müssen die Steuerzahlungen in bestimmten Zeitabschnitten geleistet werden. Ein typisches Beispiel hierfür ist die Umsatzsteuer, bei der eine Umsatzsteuerjahreserklärung und (monatlich) Voranmeldungen abzugeben sind. Diese Regelungen haben aber keinen Einfluss auf die Höhe der zu zahlenden Verkehrsteuer. Es handelt sich hierbei lediglich um erhebungstechnische Regelungen, die dazu dienen, die Steuererhebung zu vereinfachen.

Schuldner von Verkehrsteuern **ist** im Regelfall **der Unternehmer**. **Wirtschaftlich** sollen diese Steuerarten **jedoch** die Verwendung von Einkommen für Konsumzwecke belasten, also **den** privaten (nichtunternehmerischen) **Verbraucher treffen**. Der private Verbraucher wird aber durch seinen Konsum nur in dem Umfang mit Verkehrsteuern belastet, in dem es dem Steuerschuldner (dem Unternehmer) gelingt, die Verkehrsteuern über eine Erhöhung der Absatzpreise auf den Steuerdestinatär (den Abnehmer) zu überwälzen.

Aus dieser Zielsetzung der Verkehrsteuern leitet sich ab, dass bei ihnen lediglich im Inland stattfindende Vorgänge besteuert werden.

662 **Inwieweit sich die Verkehrsteuern rechtfertigen lassen ist fraglich**. Die Bedenken ergeben sich insbesondere daraus, dass für die Auswahl **der steuerpflichtigen Verkehrsvorgänge keine einheitliche Leitlinie** besteht. Es ist keine eindeutige Ausrichtung im Hinblick auf die Besteuerung der von einer natürlichen Person innerhalb einer Periode getätigten Konsumausgaben erkennbar. So ist beispielsweise unklar, inwieweit der Erwerb eines Grundstücks oder die Zahlung eines Entgelts für eine Rechtsschutzversicherung als Konsum anzusehen ist. Die Besteuerung der konsumtiven Einkommensverwendung erfolgt darüber hinaus in vielfältiger Form, ohne dass die verschiedenen Verkehrsteuern aufeinander abgestimmt sind. Des Weiteren ist zu beachten, dass die Verkehrsteuern zusätzlich zur Besteuerung des erzielten Einkommens mit Ertragsteuern anfallen, sodass an **zwei unterschiedlichen Besteuerungsgrundlagen** angeknüpft wird: Die **Einkommenserzielung** unterliegt den Ertragsteuern. Die **Verwendung dieses Einkommens für Konsumzwecke** löst eine Belastung mit Verkehrsteuern aus.

B. Aufbau von Verkehrsteuergesetzen

663 Der Aufbau der Verkehrsteuergesetze ist weitgehend vergleichbar. Er entspricht der **bei der Bearbeitung von Verkehrsteuerfällen einzuhaltenden Reihenfolge**:

1. Steuergegenstand (Abgrenzung der Steuerbarkeit)
2. Steuerbefreiungen (Entscheidung über die Steuerpflicht)
3. Bemessungsgrundlage
4. Steuersatz
5. Steuerschuldner
6. Verfahrensfragen (Entstehung, Veranlagung, Entrichtung).

Im ersten Schritt muss bestimmt werden, ob der zu beurteilende Vorgang Gegenstand der Besteuerung sein kann (zB eine Lieferung bei der Umsatzsteuer) oder ob es sich um einen nicht steuerbaren Vorgang handelt. Ist die Steuerbarkeit zu bejahen, ist im zweiten Schritt zu prüfen, ob eine Steuerbefreiung besteht oder ob es sich um einen steuerpflichtigen Tatbestand handelt. Den Zusammenhang zwischen steuerpflichtigen, steuerbefreiten und nicht steuerbaren Geschäftsvorgängen zeigt folgende Übersicht:

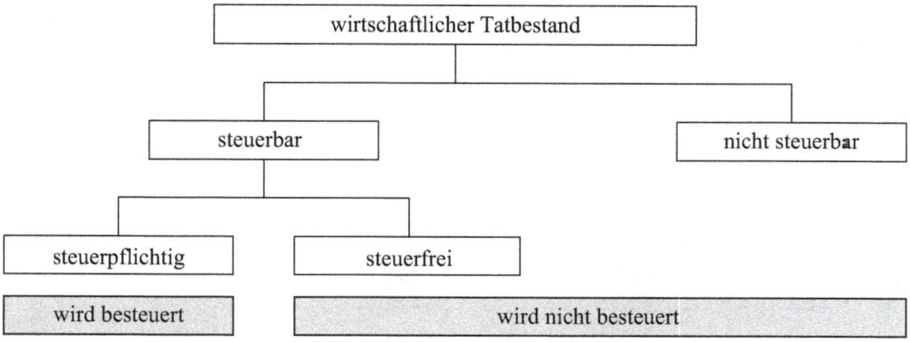

Abb. 5.1: Steuerbarkeit, Steuerpflicht und Steuerbefreiung im Rahmen von Verkehrsteuern

Die im dritten Schritt zu beantwortende Frage nach der Höhe der Bemessungsgrundlage stellt sich nur dann, wenn ein Vorgang steuerbar und nicht steuerbefreit ist. Die Höhe der Steuerbelastung von steuerpflichtigen Vorgängen kann im vierten Schritt angegeben werden, wenn die Bemessungsgrundlage (zB Entgelt) mit dem Steuersatz (zB 19%) multipliziert wird. Im fünften Schritt ist festzulegen, wer Schuldner der Verkehrsteuer ist. Die verfahrensrechtlichen Regelungen hinsichtlich Entstehung, Veranlagung und Entrichtung sind im sechsten Schritt zu bearbeiten.

C. Vermeidung einer verkehrsteuerlichen Doppelbelastung

Das Nebeneinander von allgemeiner Verkehrsteuer (dh der Umsatzsteuer) und den **664**
verschiedenen speziellen Verkehrsteuern kann dazu führen, dass ein bestimmter wirtschaftlicher Tatbestand gleichzeitig von zwei oder mehreren Steuerarten erfasst wird. Eine **verkehrsteuerliche Doppelbelastung** soll allerdings weitgehend **vermieden** werden. Dieses Ziel wird insbesondere **durch Steuerbefreiungen** erreicht, dh ein bei mehreren Verkehrsteuern steuerbarer Besteuerungstatbestand wird durch eine Steuerbefreiung bei einer der Verkehrsteuern von der Besteuerung ausgenommen. Die meisten Steuerbefreiungen befinden sich im Umsatzsteuergesetz. Dies führt dazu, dass die **speziellen Verkehrsteuern** regelmäßig **der allgemeinen Verkehrsteuer vorgehen**.

Beispiele: Grundstücksumsätze sind sowohl bei der Grunderwerbsteuer (Steuergegenstand: Kaufvertrag, der den Anspruch auf Übereignung eines Grundstücks begründet) als auch bei der Umsatzsteuer (Steuergegenstand: Lieferung eines Grundstücks) steuerbar. Eine Steuerpflicht besteht aber nur bei der Grunderwerbsteuer. Für die Umsatzsteuer wird eine Steuerbefreiung gewährt (§ 4 Nr 9 Buchst. a UStG).

Umsätze, die unter das Rennwett- und Lotteriegesetz fallen, Leistungen aufgrund eines Versicherungsverhältnisses iSd Versicherungsteuergesetzes sowie Versicherungen, die unter das Feuerschutzsteuergesetz fallen, sind gleichfalls umsatzsteuerbar, aber nicht umsatzsteuerpflichtig (§ 4 Nr 9 Buchst. b, Nr 10 UStG).

665 Leistungen von Spielbanken sind umsatzsteuerpflichtig. Da für diese Leistungen keine umsatzsteuerliche Befreiung gewährt wird, kommt es zu einem Nebeneinander von Spielbankabgabe und Umsatzsteuer. Um eine Doppelbelastung zu vermeiden, sehen einige Bundesländer vor, die auf die Spielumsätze entfallende Umsatzsteuer auf die Spielbankabgabe anzurechnen.

666 Umsatzsteuer und Kraftfahrzeugsteuer fallen nebeneinander und unabhängig voneinander an. Die Kraftfahrzeugsteuer wird auf das Halten von Fahrzeugen zum Verkehr auf öffentlichen Straßen erhoben, während der Erwerb des Fahrzeugs und die laufenden Aufwendungen mit Umsatzsteuer belastet werden, sofern keine umsatzsteuerliche Befreiungsvorschrift zur Anwendung kommt. Zusätzlich zur Kraftfahrzeugsteuer fällt auf die Versicherung des Fahrzeugs Versicherungsteuer an.

Zweiter Abschnitt

Grunderwerbsteuer

A. Überblick

I. Allgemeine Charakterisierung

667 Die **Grunderwerbsteuer** ist eine **spezielle Verkehrsteuer**. Steuergegenstand sind **Erwerbsvorgänge, die sich auf inländische Grundstücke beziehen**. Als Erwerb gelten die Eigentumsübertragung und der Übergang der wirtschaftlichen Verfügungsmacht auf einen anderen Rechtsträger. Im Kern soll der Übergang der **wirtschaftlichen Verwertungsbefugnis an einem Grundstück** besteuert werden. Die Grunderwerbsteuer kann als eine Art Umsatzsteuer für die Lieferung von Grundstücken bezeichnet werden.[1]

Der Ausgestaltung der verschiedenen Besteuerungsgegenstände und der Festlegung der Bemessungsgrundlage liegen zwar wirtschaftliche Überlegungen zugrunde. Bei der **gesetzestechnischen Umsetzung** wird allerdings in starkem Maße auf außersteuerliche Rechtsvorschriften Bezug genommen (zB Kaufvertrag, Auflassung). Die **Verknüpfung** unseres Steuersystems **mit** dem **Zivilrecht** zeigt sich bei der Grunderwerbsteuer **besonders deutlich**.

1 Zu einer Analyse der Zielsetzung der Grunderwerbsteuer und zur Abgrenzung gegenüber der Umsatzsteuer siehe Tipke/Lang, Steuerrecht, 23. Aufl., Köln 2018, S. 1177–1179.

II. Ertragshoheit

Das **Aufkommen** der Grunderwerbsteuer **steht den Ländern zu** (Art. 106 Abs. 2 Nr 3 GG). Die Grunderwerbsteuer kann durch Landesgesetzgebung ganz oder teilweise den Gemeinden zugeordnet werden (Art. 106 Abs. 7 S. 2 GG). **668**

III. Aufbau des Grunderwerbsteuergesetzes

Die Normen zur Grunderwerbsteuer sind in neun Abschnitten zusammengefasst: **669**

I. Gegenstand der Grunderwerbsteuer (§ 1, § 2 GrEStG)
II. Steuervergünstigungen (§ 3 – § 7 GrEStG)
III. Bemessungsgrundlage (§ 8, § 9 GrEStG)
IV. Steuerberechnung, insbesondere Steuersatz (§ 11, § 12 GrEStG)
V. Steuerschuld (§ 13 – § 15 GrEStG)
VI. Nichtfestsetzung der Steuer, Aufhebung oder Änderung der Steuerfestsetzung (§ 16 GrEStG)
VII. Örtliche Zuständigkeit, Anzeigepflichten und weitere Verfahrensfragen (§ 17 – § 22 GrEStG)
VIII. Durchführung (Ermächtigung zur Vereinfachung des Besteuerungsverfahrens, § 22a GrEStG)
IX. Zeitlicher Anwendungsbereich (§ 23 GrEStG).

IV. Schema zur Ermittlung der Grunderwerbsteuer

Nach Prüfung der Steuerbarkeit (Abgrenzung des Steuergegenstands) und der Steuerpflicht (Nichtvorliegen einer Steuerbefreiung) wird die Bemessungsgrundlage ermittelt. Zur Festsetzung der Grunderwerbsteuer ist die Bemessungsgrundlage mit dem Steuersatz zu multiplizieren: **670**

	Steuergegenstand: Erwerbsvorgänge, die sich auf inländische Grundstücke beziehen (§ 1, § 2 GrEStG) **Steuerpflicht:** steuerbare Erwerbsvorgänge, sofern keine (anteilige) Befreiung gewährt wird (§ 3 – § 7 GrEStG) **Bemessungsgrundlage** Grundsatz: Wert der Gegenleistung (§ 8 Abs. 1, § 9 GrEStG) Ausnahme: Grundbesitzwert nach § 176 – § 198 BewG, § 8 Abs. 2 GrEStG iVm § 151 Abs. 1 S. 1 Nr 1, § 157 Abs. 1–3 BewG)
×	**Steuersatz:** abhängig vom Bundesland (im Jahr 2020 zwischen 3,5 und 6,5%, Art. 105 Abs. 2a S. 2 GG, § 11 Abs. 1 GrEStG iVm Art. 125a Abs. 1 GG und den entsprechenden Ländergesetzen)
–	Abrundung auf volle € (§ 11 Abs. 2 GrEStG)
=	**Grunderwerbsteuer**

B. Steuergegenstand (Erwerbsvorgänge)

671 Steuergegenstand der Grunderwerbsteuer sind **Rechtsgeschäfte** (Erwerbsvorgänge, Umsätze), **soweit sie sich auf inländische Grundstücke beziehen** (§ 1 GrEStG).

Der **Grundstücksbegriff** des Grunderwerbsteuergesetzes umfasst (§ 2 GrEStG):
- Grundstücke iSd bürgerlichen Rechts (unbebaute Grundstücke sowie bebaute Grundstücke)
- Erbbaurechte
- Gebäude auf fremdem Grund und Boden
- dinglich gesicherte Sondernutzungsrechte iSd § 15 WEG und des § 1010 BGB.

Entgegen den bürgerlich-rechtlichen Wertungen **gelten Betriebsvorrichtungen** (Maschinen und sonstige Vorrichtungen aller Art, die zu einer Betriebsanlage gehören), Mineralgewinnungsrechte und sonstige Gewerbeberechtigungen sowie das Recht des Grundstückeigentümers auf den Erbbauzins für die Grunderwerbsteuer **nicht als Grundstücke** (§ 2 Abs. 1 S. 2 GrEStG). Umsätze über diese Wirtschaftsgüter bilden keinen Steuergegenstand der Grunderwerbsteuer. Die **Abgrenzung des Grundstücksbegriffs entspricht** der im **Bewertungsgesetz** vorgenommenen Abgrenzung der Vermögensart „Grundvermögen" (§ 68 BewG).[2]

672 Die Rechtsgeschäfte, die Grunderwerbsteuer auslösen, sind in § 1 GrEStG abschließend aufgezählt. Die **Erwerbsvorgänge** lassen sich in **einen Haupttatbestand, sechs Nebentatbestände** und **vier Ersatztatbestände** einteilen.

Aus dem **Haupttatbestand** wird die Grundidee der Grunderwerbsteuer deutlich. Besteuert werden **obligatorische**, auf Übertragung des Eigentums an inländischen Grundstücken gerichtete **Verpflichtungsgeschäfte** (insbesondere Kaufvertrag). Die **Neben- und Ersatztatbestände dienen** im Wesentlichen **dazu, den als zu eng angesehenen Haupttatbestand zu erweitern**. Als steuerbare Transaktionen werden deshalb auch Eigentumsübertragungen ohne obligatorisches Geschäft, Zwischengeschäfte und die Erlangung der (direkten oder indirekten) wirtschaftlichen Verfügungsmacht über Grundstücke angesehen:

Haupttatbestand	Nebentatbestände	Ersatztatbestände
Kaufvertrag (§ 1 Abs. 1 Nr 1 GrEStG)	Eigentumsübergang ohne obligatorisches Geschäft (§ 1 Abs. 1 Nr 2–4 GrEStG) Zwischengeschäfte (§ 1 Abs. 1 Nr 5–7 GrEStG)	allgemeiner Ersatztatbestand (§ 1 Abs. 2 GrEStG) besondere Ersatztatbestände • Änderungen des Gesellschafterbestands einer Personengesellschaft (§ 1 Abs. 2a GrEStG) • Anteilsvereinigung und Übertragung vereinigter Anteile (§ 1 Abs. 3, 4 GrEStG)

2 Zur Abgrenzung des Grundstücksbegriffs siehe ausführlich Band II: Steuerbilanz, Erster Teil, Zweiter Abschnitt, Kapitel A.II.3.

Haupttatbestand	Nebentatbestände	Ersatztatbestände
		• wirtschaftliche Beteiligung (§ 1 Abs. 3a GrEStG)

Abb. 5.2: Steuerbare Tatbestände im Rahmen der Grunderwerbsteuer

Als **Haupttatbestand** bei der Grunderwerbsteuer gilt der **Kaufvertrag** oder ein anderes Rechtsgeschäft, das den Anspruch auf Übereignung eines inländischen Grundstücks begründet (§ 1 Abs. 1 Nr 1 GrEStG). Besteuert wird bereits das Verpflichtungsgeschäft. 673

Bei den **Nebentatbeständen** unterscheidet das Gesetz den Eigentumsübergang ohne obligatorisches Geschäft und die Nebengeschäfte. Mit den Nebentatbeständen werden weitere Formen des Übergangs des Eigentums an einem Grundstück erfasst. Sie ergänzen also den Haupttatbestand „Kaufvertrag". 674

Ein **Eigentumsübergang ohne obligatorisches Geschäft** liegt in folgenden Fällen vor:

a) Auflassung ohne obligatorisches Verpflichtungsgeschäft (§ 1 Abs. 1 Nr 2 GrEStG)

   Beispiel: Übereignung eines Grundstücks aufgrund eines Schadensersatzanspruchs iSd § 249 S. 1 BGB oder aufgrund einer ungerechtfertigten Bereicherung iSd § 812 BGB.

b) Eigentumsübergang, wenn kein auf Übereignung gerichtetes Rechtsgeschäft vorangegangen ist und auch keine Auflassung erforderlich ist (Übergang kraft Gesetzes, § 1 Abs. 1 Nr 3 GrEStG)

   Beispiele: Gesamtrechtsnachfolge (Erbfall, Umwandlung durch Verschmelzung), partielle Gesamtrechtsnachfolge (Umwandlung durch Spaltung), aus einer Personengesellschaft wird durch Anwachsung ein Einzelunternehmen (Ausscheiden der übrigen Gesellschafter), Enteignung.

   Ausgenommen sind der Übergang des Eigentums durch Flurbereinigungen, Umlegungen und im Zwangsversteigerungsverfahren.

c) Meistgebot im Zwangsversteigerungsverfahren (§ 1 Abs. 1 Nr 4 GrEStG)

Als **Zwischengeschäfte** gelten:

a) Begründung eines Anspruchs auf Abtretung von Ansprüchen oder Rechten (§ 1 Abs. 1 Nr 5 GrEStG)
b) Begründung eines Anspruchs auf Abtretung der Rechte aus einem Kaufangebot (§ 1 Abs. 1 Nr 6 GrEStG)
c) Abtretung von Rechten ohne anspruchsbegründendes Rechtsgeschäft (§ 1 Abs. 1 Nr 7 GrEStG).

Bei den **Ersatztatbeständen** ist zwischen dem allgemeinen Ersatztatbestand und den besonderen Ersatztatbeständen zu unterscheiden. Der **allgemeine Ersatztatbestand** gilt als erfüllt, wenn die rechtliche oder wirtschaftliche Verfügungsmacht ohne Begründung eines Anspruchs auf Übereignung übertragen wird (§ 1 Abs. 2 GrEStG). 675

Beispiel: Nach Ablauf eines Pachtvertrags geht die wirtschaftliche Verfügungsmacht an einem Gebäude auf fremdem Grund und Boden auf den Verpächter über.

Bei den **besonderen Ersatztatbeständen** werden drei Formen des Wechsels in der Zusammensetzung der Gesellschafter einer Personen- oder Kapitalgesellschaft erfasst. Bei den besonderen Ersatztatbeständen geht die wirtschaftliche Verfügungsmacht an einem Grundstück (mittelbar) durch die Übertragung von Gesellschaftsanteilen über (**share deal**). Die besonderen Ersatztatbestände beruhen auf einer wirtschaftlichen Sichtweise. Steuertechnisch wird allerdings auf bestimmte gesellschaftsrechtliche Vorgänge abgestellt:

a) **Änderungen des Gesellschafterbestands einer Personengesellschaft** (§ 1 Abs. 2a GrEStG)[3]
innerhalb von fünf Jahren werden mindestens 95% der Anteile am Gesellschaftsvermögen einer Personengesellschaft, zu deren Gesamthandsvermögen ein inländisches Grundstück gehört, auf neue Gesellschafter übertragen

Beispiel: An der T-OHG sind A mit 40%, B mit 25% und C mit 35% beteiligt. Die drei Gesellschafter verkaufen innerhalb von drei Jahren nacheinander ihre Anteile an D, E und F. Die Anteilsverkäufe haben keinen Einfluss auf die Rechtsfähigkeit der T-OHG. Sie ist weiterhin Eigentümerin der Grundstücke, die sich im Gesamthandsvermögen befinden. Dennoch wird nach dem dritten Anteilseignerwechsel auf die sich im Gesellschaftsvermögen der T-OHG befindenden Grundstücke Grunderwerbsteuer erhoben.

b) **Anteilsvereinigung** und die Übertragung bzw der Übergang von vereinigten Anteilen (§ 1 Abs. 3 GrEStG)
Übertragung von Anteilen an einer Personen- oder Kapitalgesellschaft, zu deren Vermögen ein inländisches Grundstück gehört, wenn dadurch mindestens 95% der Anteile in der Hand des Erwerbers vereinigt werden, sowie die Übertragung von mindestens 95% der Gesellschaftsanteile auf ein anderes Rechtssubjekt[4]

Beispiele: A erwirbt von B, der Alleingesellschafter der T-GmbH ist, sämtliche Anteile.
C erwirbt zu einem Stichtag von mehreren Personen alle Anteile an der M-GmbH.
C besitzt bereits 60% der Anteile an der K-AG. Es gelingt ihm, weitere Anteile im Umfang von 37% zu erwerben.

Anteilsvereinigung			
sukzessive Übertragung von Anteilen (Anteilsvereinigung)		**Übertragung von vereinigten Anteilen**	
mit schuldrechtlichem Vertrag, zB Kaufvertrag (§ 1 Abs. 3 Nr 1 GrEStG)	ohne schuldrechtlichen Vertrag, zB Erbfall, Einziehung (§ 1 Abs. 3 Nr 2 GrEStG)	mit schuldrechtlichem Vertrag, zB Kaufvertrag, (§ 1 Abs. 3 Nr 3 GrEStG)	ohne schuldrechtlichen Vertrag, zB Erbfall, Einziehung (§ 1 Abs. 3 Nr 4 GrEStG)

Abb. 5.3: Anteilsvereinigung und Übertragung von vereinigten Anteilen

c) sofern kein anderer besonderer Ersatztatbestand vorliegt: **wirtschaftliche Beteiligung** (§ 1 Abs. 3a GrEStG)[5]

3 Siehe hierzu Gleich lautende Erlasse der obersten Finanzbehörden der Länder vom 12.11.2018, BStBl. 2018 I, S. 1314 sowie Behrens/Wagner, DB 2019, S. 1868.
4 Zur Zusammenfassung von Anteilen, die abhängigen Personen gehören, siehe § 1 Abs. 4 GrEStG.
5 Siehe hierzu Gleich lautende Erlasse der obersten Finanzbehörden der Länder vom 19.9.2018, BStBl. 2018 I, S. 1078.

einem Erwerber werden Grundstücke fiktiv zugerechnet, wenn er an einer (zwischengeschalteten) Personen- oder Kapitalgesellschaft, zu deren Vermögen ein inländisches Grundstück gehört, zu mindestens 95% wirtschaftlich beteiligt ist. Durch diesen speziellen Ersatztatbestand sollen insbesondere Erwerbsvorgänge mit Real Estate Transfer Tax-Blocker-Strukturen (RETT-Blocker) der Besteuerung unterworfen werden.

In der Abb. 5.3a werden die Normen gegeneinander abgegrenzt, die bei einem Gesellschafterwechsel bei Personen- oder Kapitalgesellschaften, die inländische Grundstücke besitzen, zu beachten sind.[6]

Norm	§ 1 Abs. 2a GrEStG	§ 1 Abs. 3 GrEStG	§ 1 Abs. 3a GrEStG
betroffene Rechtsform	Personengesellschaften	Personen- und Kapitalgesellschaften	
Art des Gesellschafterwechsels	Übertragung auf neue Gesellschafter	Übertragung auf einen Erwerber	
Betrachtungszeitraum	5 Jahre	irrelevant	
Steuerschuldner	Gesellschaft	Erwerber	
Bemessungsgrundlage	Wert des Grundstücks (§ 8 Abs. 2 GrEStG)		
Anwendungsreihenfolge	1	2	3

Abb. 5.3a: Grunderwerbsteuer bei der Übertragung von Gesellschaftsanteilen (share deal)

Wenn **mehrere steuerbare Vorgänge nacheinander** auftreten, wird die Grunderwerbsteuer lediglich insoweit erhoben, als die Bemessungsgrundlage die des vorangehenden Steuergegenstands übersteigt (§ 1 Abs. 6 S. 2 GrEStG). **676**

C. Steuerbefreiungen

Grundstücksumsätze sind nur steuerpflichtig, wenn keine **Steuerbefreiung** gewährt wird. Die Steuerbefreiungen haben zum Teil die Aufgabe, den als zu weit empfundenen Bereich der steuerbaren Vorgänge einzuschränken. **677**

Folgende Erwerbsvorgänge sind von der Grunderwerbsteuer befreit:
- Erwerbsvorgänge bis zu einer Bemessungsgrundlage von 2 500 € (Freigrenze für **Bagatellfälle**, § 3 Nr 1 GrEStG)
- unentgeltliche Übertragungen durch **Schenkungen** oder im **Erbfall** (§ 3 Nr 2, 3 GrEStG)

6 In gekürzter Form übernommen von Wagner, DB 2019, S. 1287.

- Grundstücksumsätze **zwischen Ehegatten** oder Lebenspartnern (aber nicht Grundstücksumsätze zwischen nichtehelichen Lebensgemeinschaften) bzw in gerader Linie verwandten Personen (§ 3 Nr 4–7 GrEStG)
- Rückerwerb im Rahmen von Treuhandverhältnissen (§ 3 Nr 8 GrEStG)
- bestimmte Grunderwerbe durch Körperschaften des öffentlichen Rechts und unter bestimmten Voraussetzungen der Erwerb von Grundstücken im Rahmen einer Öffentlichen Privaten Partnerschaft (§ 4 GrEStG)
- unter bestimmten Voraussetzungen anteilige Befreiung für Transaktionen zwischen Gesamthandsgemeinschaften und ihren Mitgliedern (insbesondere Personengesellschaften, jedoch nicht Kapitalgesellschaften, § 5, § 6 GrEStG)[7]

  Beispiel: A ist zu 40% an der M-OHG beteiligt, die weiteren 60% werden von B gehalten. Veräußert A an die M-OHG ein Grundstück bzw erwirbt A von der M-OHG ein Grundstück, ist die Übertragung im Umfang von 40% steuerfrei (§ 5 bzw § 6 GrEStG). Die Übertragung des Grundstücks ist damit nur zu 60%, dh in Höhe der Beteiligungsquote des Mitgesellschafters B, steuerpflichtig.

- unter eng gefassten Bedingungen ausgewählte Umstrukturierungsvorgänge innerhalb eines Konzerns, insbesondere Verschmelzungen und Spaltungen (§ 6a GrEStG).[8]

D. Bemessungsgrundlage (Wert der Gegenleistung)

678 Bemessungsgrundlage der Grunderwerbsteuer ist **grundsätzlich** der **Wert der Gegenleistung** (§ 8 Abs. 1 GrEStG). In den Fällen, in denen eine Gegenleistung nicht vorhanden oder nicht zu ermitteln ist, sowie bei Umwandlungen iSd (handelsrechtlichen) Umwandlungsgesetzes, beim Wechsel im Bestand von Personengesellschaften und bei Anteilsvereinigungen bemisst sich die Grunderwerbsteuer ausnahmsweise nach dem Wert des Grundstücks (Ersatzbemessungsgrundlage, § 8 Abs. 2 GrEStG iVm § 151 Abs. 1 S. 1 Nr 1, § 157 Abs. 1–3, § 176 – § 198 BewG).

679 *(1) Wert der Gegenleistung:* Beim Kauf eines Grundstücks gehört zum Wert der Gegenleistung nicht nur der Kaufpreis. Die grunderwerbsteuerliche Bemessungsgrundlage ergibt sich vielmehr aus der **Addition der in § 9 GrEStG im Einzelnen genannten Größen**. Diese sind so vielfältig, dass der Wert der Gegenleistung weder mit „dem, was der Veräußerer erhält" noch mit „dem, was der Erwerber aufwendet" gleichgesetzt werden kann:

---

7 Siehe hierzu Gleich lautende Erlasse der obersten Finanzbehörden der Länder vom 12.11.2018, BStBl. 2018 I, S. 1334.

8 Siehe hierzu Gleich lautende Erlasse der obersten Finanzbehörden der Länder vom 19.6.2012, BStBl. 2012 I, S. 662 sowie Arnold, Umstrukturierung inländischer Konzerne unter Beachtung des § 6a GrEStG, Wiesbaden 2015; Joisten, Ubg 2017, S. 394; Kittl/Lorenz, DStR 2019, S. 897; Scheunemann/Dennissen/Behrens, BB 2010, S. 30; Schwedhelm/Zapf, DStR 2016, S. 1906, S. 1967; Wischott/Arnold/Petersen, Ubg 2016, S. 449; Wösthoff, DStR 2016, S. 721.

	Kaufpreis
+	vom Käufer übernommene sonstige Leistungen (zB Hypothek, Grundschuld)
+	dem Verkäufer vorbehaltene Nutzungen (zB Wohnrecht, Nießbrauch)
=	**eigentliche Gegenleistung** (§ 9 Abs. 1 Nr 1 GrEStG)
+	Zusatzleistungen, zB nachträglich vereinbarte Leistungen des Käufers (Erhöhung des Kaufpreises, weitere Erbbauzinsen)
+	auf den Käufer kraft Gesetzes übergehende Belastungen (zB Wohnrechte, Nießbrauchrechte)
+	Leistungen an Dritte für Erwerbsverzicht (zB Abfindung von Vorkaufsrechten)
+	Leistungen von Dritten an den Verkäufer für die Grundstücksüberlassung (zB ein Nachbar zahlt an den bisherigen, ihm lästigen Eigentümer einen bestimmten Betrag, um diesen zum Verkauf des Grundstücks an eine andere Person zu bewegen)
=	**erweiterte Gegenleistung** (§ 9 Abs. 2 GrEStG)
=	**Bemessungsgrundlage** „Wert der Gegenleistung“

Für die anderen grunderwerbsteuerpflichtigen Transaktionen wird der Wert der Gegenleistung gleichfalls durch explizite Nennung der einbezogenen Größen abgegrenzt (§ 9 GrEStG).

(2) Wert des Grundstücks: Wird der Wert des Grundstücks als Bemessungsgrundlage herangezogen, gelten die in § 176 – § 198 BewG normierten Bewertungsregeln (§ 8 Abs. 2 GrEStG iVm § 151 Abs. 1 S. 1 Nr 1, § 157 Abs. 1–3 BewG). Für die **Ersatzbemessungsgrundlage** werden die gleichen Grundsätze herangezogen wie für die Bewertung von Grundvermögen (einschließlich Betriebsgrundstücke) für erbschaft- und schenkungsteuerliche Zwecke. Da mit diesen Bewertungsregeln das Ziel verfolgt wird, den gemeinen Wert des Grundstücks zu bestimmen, stimmt die Ersatzbemessungsgrundlage „Wert des Grundstücks“ (§ 8 Abs. 2 GrEStG) im Ansatz mit der grundsätzlich heranzuziehenden Bemessungsgrundlage „Wert der Gegenleistung“ (§ 8 Abs. 1 GrEStG) überein.[9] **680**

E. Steuertarif, Steuerschuldner und Steuerzahlung

Der **Steuersatz** der Grunderwerbsteuer ist für alle Erwerbsvorgänge einheitlich. Die **681** Länder haben die Befugnis den Steuersatz der Grunderwerbsteuer festzusetzen (Art. 105 Abs. 2a GG). Machen sie von diesem Recht keinen Gebrauch, gilt für die Grunderwerbsteuer ein Steuersatz von 3,5% (Art. 105 Abs. 2a S. 2 GG, § 11 Abs. 1 GrEStG iVm Art. 125a Abs. 1 GG und den entsprechenden Ländergesetzen).

Die Steuer ist auf volle Euro nach unten abzurunden (§ 11 Abs. 2 GrEStG).

In den letzten Jahren wurde der Steuersatz von den meisten Bundesländern sukzessive erhöht. Im Jahr 2020 gilt der Steuersatz von 3,5% nur noch in Bayern und Sachsen. In den anderen Bundesländern gelten Steuersätze von bis zu 6,5%. Dieser höchste Steuersatz kommt im Jahr 2020 in den Bundesländern Brandenburg, Nordrhein-

9 Zur Bewertung von Grundvermögen für erbschaft- und schenkungsteuerliche Zwecke siehe Band II: Steuerbilanz, Zweiter Teil, Vierter Abschnitt.

Westfalen, Saarland, Schleswig-Holstein und Thüringen zur Anwendung. Weitere Erhöhungen des Steuersatzes für die Grunderwerbsteuer sind nicht ausgeschlossen.

Diese Entwicklung ist äußerst bemerkenswert. Bei der grundlegenden Reform der Grunderwerbsteuer im Jahr 1983 wurden zahlreiche Steuerbefreiungen aufgehoben und zum Ausgleich der Steuersatz von 7 auf 2% reduziert. Inzwischen nähert sich der Steuersatz der Grunderwerbsteuer wieder seinem Ausgangsniveau. Aufgrund des deutlich geringeren Umfangs an Steuerbefreiungen gilt der höhere Steuersatz aber nunmehr für eine wesentlich breitere Bemessungsgrundlage.

Die sukzessive Erhöhung des Steuersatzes und der starke Anstieg der Immobilienpreise hat dazu geführt, dass sich das Aufkommen der Grunderwerbsteuer im Zeitraum 2009 bis 2018 von 4,9 Mrd. € auf 14,1 Mrd. € erhöht hat.[10] Damit hat sich das Aufkommen aus dieser Steuerart im letzten Jahrzehnt fast verdreifacht.

682 **Steuerschuldner** sind grundsätzlich die an dem Erwerbsvorgang als Vertragsteile beteiligten Personen (§ 13 Nr 1 GrEStG). Sie haften als Gesamtschuldner (§ 421 BGB, § 44 AO). In Kaufverträgen wird in Abweichung von der gesetzlichen Regelung **überwiegend vereinbart, dass** der **Erwerber** des Grundstücks die **Grunderwerbsteuer allein übernimmt**. Für einige Neben- und Ersatztatbestände gelten Sonderregelungen (§ 13 Nr 2–8 GrEStG).

683 Gerichte, Behörden und Notare sowie in bestimmten Fällen die an dem Erwerbsvorgang beteiligten Partner (zB Änderung des Gesellschafterbestands einer Personengesellschaft, Anteilsvereinigung) haben dem Finanzamt grunderwerbsteuerpflichtige Tatbestände anzuzeigen (§ 18 – § 20 GrEStG). Das **Finanzamt** setzt in einem **Steuerbescheid** die Höhe der Grunderwerbsteuer fest (§ 17 GrEStG). Die **Steuer** wird in der Regel **einen Monat nach Bekanntgabe** des Steuerbescheids **fällig** (§ 15 GrEStG).

684 Der Grunderwerb wird vom Grundbuchamt nur dann im Grundbuch eingetragen, wenn eine Unbedenklichkeitsbescheinigung vorliegt. Diese wird von der Finanzbehörde regelmäßig erst ausgestellt, wenn die Grunderwerbsteuer bezahlt ist (§ 22 GrEStG).

685 In einigen Fällen wird unter bestimmten Voraussetzungen die Grunderwerbsteuer ganz oder teilweise erstattet (zB Rückgängigmachung eines Kaufvertrags) bzw auf ihre Erhebung verzichtet (§ 16 GrEStG).

F. Verhältnis zur Umsatzsteuer und ertragsteuerliche Behandlung

686 Die Lieferung von inländischen Grundstücken ist umsatzsteuerbar, wenn die Lieferung gegen Entgelt durch einen Unternehmer im Rahmen seines Unternehmens im Inland erfolgt (Haupttatbestand nach § 1 Abs. 1 Nr 1 UStG). Um eine verkehrsteuerliche Doppelbelastung zu vermeiden, ist die Lieferung von Grundstücken, die unter das

10 Vgl https://de.statista.com/statistik/daten/studie/235811/umfrage/einnahmen-aus-der-grunderwerbsteuer.

Grunderwerbsteuergesetz fallen, von der Umsatzsteuer befreit (§ 4 Nr 9 Buchst. a UStG).[11]

Entrichtet **der Erwerber** die **Grunderwerbsteuer**, ist sie **Bestandteil der Anschaffungskosten** des Grund und Bodens und des Gebäudes. Im Zeitpunkt der Investition ist die Grunderwerbsteuer deshalb erfolgsneutral. Rückwirkungen auf die Ertragsteuern ergeben sich über höhere Gebäudeabschreibungen und durch eine Verminderung des Veräußerungsgewinns für den Grund und Boden bzw das Gebäude. 687

Die bei einer Sacheinlage (Einbringung eines Grundstücks in das Vermögen einer Personen- oder Kapitalgesellschaft) anfallende Grunderwerbsteuer ist anteilig auf Grund und Boden sowie das Gebäude aufzuteilen. Die bei einer Änderung im Gesellschafterbestand einer Personengesellschaft (§ 1 Abs. 2a GrEStG) oder bei einer Anteilsvereinigung oder einer Übertragung von vereinigten Anteilen (§ 1 Abs. 3 GrEStG) erhobene Grunderwerbsteuer kann sofort als Betriebsausgabe abgezogen werden. Sie wird nicht den Anschaffungskosten der Gesellschaftsanteile zugerechnet.[12]

Übernimmt der **Verkäufer** die **Grunderwerbsteuer**, ist sie bei ihm **als Betriebsausgabe abziehbar**, sofern das Grundstück ertragsteuerlich seinem Betriebsvermögen zugerechnet wurde. Bei Grundstücken des Privatvermögens kann die Grunderwerbsteuer vom Veräußerer nur in den Fällen als Werbungskosten abgezogen werden, in denen der Veräußerungsvorgang steuerlich relevant ist, dh bei privaten Veräußerungsgeschäften iSd § 23 EStG.

Dritter Abschnitt

Umsatzsteuer

A. Überblick

I. Allgemeine Charakterisierung

1. Besteuerungsziel

Der Umsatzsteuer unterliegen insbesondere **Leistungen, die ein Unternehmer im Inland gegen Entgelt im Rahmen seines Unternehmens erbringt**. Besteuert werden grundsätzlich alle Umsätze von wirtschaftlichen Leistungen im weitesten Sinn. Im Gegensatz zu den speziellen Verkehrsteuern (zB Grunderwerbsteuer, Versicherungsteuer) erfolgt **keine Beschränkung auf ausgewählte Vorgänge**. 688

11 Auf diese Umsatzsteuerbefreiung kann unter bestimmten Voraussetzungen verzichtet werden. Zur Umsatzsteueroption nach § 9 UStG siehe Dritter Abschnitt, Kapitel D.II., Rn. 783–786.

12 Vgl BFH vom 2.9.2014, BStBl. 2015 II, S. 260 bzw BFH vom 14.3.2011, BStBl. 2012 II, S. 281; BFH vom 20.4.2011, BStBl. 2011 II, S. 761.

Steuerrechtlich knüpft die Umsatzsteuer an Verkehrsvorgänge – Lieferungen und sonstige Leistungen – an. Dies bedeutet, dass hinsichtlich der Ausgestaltung der steuerbaren Vorgänge und der Durchführung des Besteuerungsverfahrens die Umsatzsteuer eine **Verkehrsteuer** ist, die **von Unternehmern zu entrichten** ist.

Gemessen an ihrer **wirtschaftlichen Wirkung** handelt es sich bei der Umsatzsteuer jedoch um eine (allgemeine) **Verbrauchsteuer**. Nach dem Willen des Gesetzgebers soll die Umsatzsteuer von den Unternehmern an die privaten (nichtunternehmerischen) Endabnehmer weitergegeben werden. Die Umsatzsteuer soll die konsumtive Einkommensverwendung belasten. Der **Unternehmer** soll **lediglich Steuerzahler** sein. **Steuerdestinatär** (derjenige, der nach dem Willen des Gesetzgebers die Steuer wirtschaftlich tragen soll) ist der **private Endverbraucher**.

Da die Umsatzsteuer nur von privaten Endverbrauchern getragen werden soll, erfolgt **für Umsätze zwischen Unternehmern** eine **Entlastung**. Steuertechnisch wird die angestrebte Nichtbelastung des „unternehmerischen Verbrauchs" durch den **Vorsteuerabzug** erreicht. Der Vorsteuerabzug ist dadurch gekennzeichnet, dass **das Finanzamt die einem Unternehmer von einem anderen Unternehmer in Rechnung gestellte Umsatzsteuer erstattet**. Die Belastungswirkung für den privaten Endverbraucher entsteht dadurch, dass er bei der Inanspruchnahme einer Leistung die im Rechnungspreis enthaltene Umsatzsteuer an den Unternehmer zu entrichten hat, ohne dass ihm dafür ein Vorsteuerabzugsrecht zusteht. Der Steuerdestinatär geht verfahrensrechtlich mit den Finanzbehörden grundsätzlich keine Beziehung ein.

Aufgrund des Vorsteuerabzugs wird häufig **behauptet**, dass die **Umsatzsteuer** für Unternehmer ein **„durchlaufender Posten"** ist: Die von den Abnehmern erhaltene Umsatzsteuer ist an das Finanzamt abzuführen und die für Vorleistungen bezahlte Umsatzsteuer (Vorsteuer) wird über die Saldierung mit der Umsatzsteuerschuld neutralisiert. Diese Aussage beruht auf der **Prämisse, dass** der beabsichtigte **Überwälzungsprozess in vollem Umfang gelingt**. Ob der private Endverbraucher zum Steuerdestinatär wird, hängt aber von den jeweiligen Marktverhältnissen ab. Insoweit lassen sich über die Belastungswirkungen der Umsatzsteuer keine generellen Aussagen formulieren. Die Umsatzsteuer kann nur unter der **Voraussetzung** als „durchlaufender Posten" angesehen werden, dass **trotz** des um die Umsatzsteuer **erhöhten Preises** die **nachgefragte Menge nicht zurückgeht**. Eine Preiselastizität von null kann zwar für einzelne Produkte gegeben sein. Aufgrund der Begrenzung der Konsumausgaben auf das von den privaten Endverbrauchern erzielte Einkommen ist es jedoch nicht möglich, dass diese Annahme in einer gesamtwirtschaftlichen Betrachtung erfüllt ist. Die Umsatzsteuer schmälert im Vergleich zu der Situation, in der keine oder eine niedrigere Umsatzsteuer anfällt, die Menge der Güter, die mit dem verfügbaren Einkommen erworben werden können. Damit muss es zu **negativen Mengeneffekten** kommen. Eine Gesamtbeurteilung darf aber nicht isoliert aus den umsatzsteuerlichen Wirkungen abgeleitet werden, sondern ist erst dann möglich, wenn bekannt ist, über welchen Weg die Staatsausgaben ansonsten finanziert werden und welche Reaktionen der Unternehmer und der privaten Endverbraucher daraus resultieren. Da dieses Wissen nach dem derzeitigen Stand der Steuerwirkungslehre nicht vorliegt, kann zu den Effekten der Umsatzsteuer allgemein und damit auch zu der Auffassung, dass die Umsatzsteuer ein durchlaufender Posten ist, keine eindeutige Stellungnahme gegeben werden. Es lässt sich lediglich die **Tendenz** formulieren,

- dass eine **Überwälzung der Umsatzsteuer umso mehr gelingt, je unelastischer die Nachfrage nach einem Produkt ist** bzw umgekehrt,
- dass die Überwälzung an den privaten Endverbraucher umso weniger möglich ist, je stärker der Nachfrager auf eine Erhöhung des Produktpreises reagiert.[13]

2. Besteuerungskonzept: Allphasen-Nettoumsatzsteuer mit sofortigem Vorsteuerabzug (Mehrwertsteuer)

a) Überblick über mögliche Umsatzsteuersysteme

Das Ziel der Umsatzsteuer – die Belastung der konsumtiven Einkommensverwendung – lässt sich über mehrere Wege erreichen, von denen zwei hervorgehoben werden: **689**

- Allphasen-Bruttoumsatzsteuer
- Allphasen-Nettoumsatzsteuer mit sofortigem Vorsteuerabzug.

In der **Bundesrepublik Deutschland** wurde aufgrund europarechtlicher Vorgaben im **Jahr 1967** die Umsatzsteuer grundlegend reformiert. Das bis dahin geltende Allphasen-Bruttoumsatzsteuersystem wurde durch eine **Allphasen-Nettoumsatzsteuer mit sofortigem Vorsteuerabzug** ersetzt (zum Teil auch als subtraktive Mehrwertsteuerberechnung durch Vorsteuerabzug, als Vorsteuerabzugsverfahren oder als Mehrwertsteuer bezeichnet).

Neben diesen beiden Grundformen sind aus methodischer Sicht **weitere Ansätze denkbar:**

- **Anzahl der besteuerten Wirtschaftsstufen**. Der Allphasenumsatzsteuer, bei der jeder Umsatz eine Besteuerung auslöst, stehen eine Einphasenumsatzsteuer (nur Besteuerung der gegenüber nichtunternehmerischen Endverbrauchern erbrachten Leistungen: Einzelhandelssteuer, sales tax) und eine Mehrphasenumsatzsteuer (Beschränkung auf ausgewählte Umsatzstufen) gegenüber.
- **Unterformen einer Nettoumsatzsteuer**. Alternativ zur subtraktiven Berechnung der Umsatzsteuer durch Vorsteuerabzug sind eine additive Ermittlung der Umsatzsteuer sowie eine subtraktive Berechnung der Umsatzsteuer durch Vorumsatzabzug (Vorumsatzverfahren) möglich.
- **Zeitpunkt des Vorsteuerabzugs**. Anstelle eines sofortigen Vorsteuerabzugs kann ein zeitanteiliger Abzug (Pro-rata-temporis-Abzug) gewährt werden.

Im Folgenden werden die aus wettbewerbspolitischer Sicht nachteiligen Wirkungen einer Allphasen-Bruttoumsatzsteuer beschrieben. Im Anschluss daran wird gezeigt, dass eine Allphasen-Nettoumsatzsteuer mit sofortigem Vorsteuerabzug diese negativen Effekte nicht auslöst. Eine Analyse der Rückwirkungen auf die Höhe des Steuersatzes schließt den Vergleich der beiden Grundkonzepte für die Ausgestaltung des Umsatzsteuersystems ab. Auf diese Weise werden die Vorteile des EU-weit geltenden Umsatzsteuersystems herausgearbeitet. Auf die anderen Formen wird nicht eingegangen, da diese in der Besteuerungspraxis keine Anwendung finden.

---

13 Zur Überwälzung der Umsatzsteuer siehe zB Homburg, Allgemeine Steuerlehre, 7. Aufl., München 2015, S. 124–131; Schneider, Steuerlast und Steuerwirkung, München/Wien 2002, S. 30–40; Schreiber, Besteuerung der Unternehmen, 4. Aufl., Wiesbaden 2017, S. 749–753; Wagner/Weber, ZfbF 2016, S. 401.

b) Nachteil einer Bruttoumsatzsteuer: Kumulationswirkung

690 Die Umsatzsteuer löst dann einen **Kumulationseffekt** aus, wenn der **gleiche Wert einer Ware oder Leistung** mehrmals, dh **auf mehreren Umsatzstufen, der Besteuerung unterliegt**. Bei der Allphasen-Bruttoumsatzsteuer kommt es dadurch zu einer **Steuerkumulation**, dass sich auf jeder Stufe die Umsatzsteuer nach der gesamten Wertschöpfung (Wertschöpfung des jeweils leistenden Unternehmers zuzüglich Wert der Vorleistungen) bemisst, ohne dass die auf Vorleistungen entrichtete Umsatzsteuer abgezogen werden kann.

Der **entscheidende Einwand** gegen eine Allphasen-Bruttoumsatzsteuer besteht darin, dass sie **wettbewerbsverzerrend** wirkt. Aufgrund der Kumulationswirkung ist die **Umsatzsteuerbelastung umso höher, je mehr Umsatzstufen** am Wertschöpfungsprozess beteiligt sind. Die Mehrbelastungen beruhen zum einen darauf, dass die **auf den Vorstufen erwirtschaftete Wertschöpfung mehrfach der Umsatzsteuer unterliegt**, und zum anderen darauf, dass der Kumulationseffekt durch **Umsatzsteuer auf die Umsatzsteuer** (Steuer-auf-die-Steuer-Effekt) verstärkt wird.

Bei einer Bruttoumsatzsteuer lässt sich die Umsatzsteuerbelastung dadurch reduzieren, dass die Zahl der Wirtschaftsstufen durch Angliederung vorgelagerter oder nachgelagerter Produktions- bzw Handelsunternehmen verringert wird. Die Kumulationswirkungen einer Allphasen-Bruttoumsatzsteuer lösen deshalb eine **Tendenz zu einer vertikalen Konzentration** aus.

691 **Beispiel:** Beim Verkauf eines Produkts an private Endverbraucher kann ein Preis von 3 000 € erzielt werden. Dieser Wert enthält noch keine Umsatzsteuer. Der Umsatzsteuersatz beträgt 19%.

Zur Vereinfachung der Analysen wird die (wenig realistische) Annahme getroffen, dass die Umsatzsteuer in vollem Umfang überwälzbar ist. Ist die Umsatzsteuer nur zum Teil überwälzbar, treten hinsichtlich der Wirkungsrichtung prinzipiell die gleichen Effekte auf. Allerdings lassen sich die Auswirkungen der Anzahl der Wertschöpfungsstufen von den Auswirkungen der fehlenden Überwälzbarkeit rechentechnisch nicht so einfach trennen.

Fall 1: einstufiger Warenweg. Die Wertschöpfung von 3 000 € wird allein durch das Unternehmen 1 erbracht.

Unternehmen 1

	Wertschöpfung des Unternehmens 1	3 000,00 €
+	Umsatzsteuer (= 19% von 3 000,00 €)	570,00 €
=	Rechnungspreis für die Lieferung an den privaten Endverbraucher	3 570,00 €
	insgesamt anfallende Umsatzsteuer	570,00 €

Fall 2: zweistufiger Warenweg. Das Unternehmen 1 erwirtschaftet eine Wertschöpfung von 2 000 €, das Unternehmen 2 eine Wertschöpfung von 1 000 €.

Unternehmen 1

	Wertschöpfung des Unternehmens 1	2 000,00 €
+	Umsatzsteuer (= 19% von 2 000,00 €)	380,00 €
=	Rechnungspreis	2 380,00 €

Unternehmen 2

	Einstandspreis (= Rechnungspreis der Vorstufe)	2 380,00 €
+	Wertschöpfung des Unternehmens 2	1 000,00 €
+	Umsatzsteuer (= 19% von 3 380,00 €)	642,20 €
=	Rechnungspreis für die Lieferung an den privaten Endverbraucher	4 022,20 €
	insgesamt anfallende Umsatzsteuer	1 022,20 €

Im Vergleich zum einstufigen Warenweg beträgt die **Mehrbelastung beim zweistufigen Warenweg 452,20 €** (= 1 022,20 € – 570,00 €). Dieser Nachteil für den privaten Endverbraucher beruht darauf, dass die Wertschöpfung des Unternehmens 1 sowohl bei diesem als auch auf der nachfolgenden Stufe der Besteuerung unterliegt: 380,00 € = 2 000,00 € × 19%. Zusätzlich erhöht sich beim Unternehmen 2 die Bemessungsgrundlage durch die auf der ersten Stufe erhobene Umsatzsteuer. Es kommt zur Umsatzsteuer auf die Umsatzsteuer: 72,20 € = 380,00 € × 19%.

Fall 3: dreistufiger Warenweg. An dem Produktionsprozess sind drei Unternehmen beteiligt, bei denen jeweils eine Wertschöpfung von 1 000 € entsteht.

Unternehmen 1

	Wertschöpfung des Unternehmens 1	1 000,00 €
+	Umsatzsteuer (= 19% von 1 000,00 €)	190,00 €
=	Rechnungspreis	1 190,00 €

Unternehmen 2

	Einstandspreis (= Rechnungspreis der Vorstufe)	1 190,00 €
+	Wertschöpfung des Unternehmens 2	1 000,00 €
+	Umsatzsteuer (= 19% von 2 190,00 €)	416,10 €
=	Rechnungspreis	2 606,10 €

Unternehmen 3

	Einstandspreis (= Rechnungspreis der Vorstufe)	2 606,10 €
+	Wertschöpfung des Unternehmens 3	1 000,00 €
+	Umsatzsteuer (= 19% von 3 606,10 €)	685,16 €
=	Rechnungspreis für die Lieferung an den privaten Endverbraucher	4 291,26 €
	insgesamt anfallende Umsatzsteuer	1 291,26 €

Durch die mehrmalige Besteuerung verstärken sich **beim dreistufigen Warenweg** die Nachteile der Bruttoumsatzsteuer. Gegenüber dem einstufigen Warenweg belaufen sich die **Mehrbelastungen** auf 721,26 € (= 1 291,26 € – 570,00 €). Gegenüber dem zweistufigen Warenweg sind es 269,06 € (= 1 291,26 € – 1 022,20 €). Die Kumulationseffekte beruhen zum einen auf der mehrfachen Erfassung der von den Unternehmen auf den Vorstufen erwirtschafteten Wertschöpfung und zum anderen auf dem Steuer-auf-die-Steuer-Effekt.

	insgesamt anfallende Umsatzsteuer	**Mehrbelastung gegenüber einstufigem Warenweg**	**Mehrbelastung gegenüber zweistufigem Warenweg**
einstufiger Warenweg	570,00 €	–.–	–.–
zweistufiger Warenweg	1 022,20 €	452,20 €	–.–
dreistufiger Warenweg	1 291,26 €	721,26 €	269,06 €

c) Merkmale einer Allphasen-Nettoumsatzsteuer mit sofortigem Vorsteuerabzug (Mehrwertsteuer)

692 Im Rahmen der **Harmonisierung der indirekten Steuern innerhalb der Europäischen Union** (damals Europäische Wirtschaftsgemeinschaft) wurde im **Jahr 1967** die Allphasen-Bruttoumsatzsteuer durch die **Allphasen-Nettoumsatzsteuer mit sofortigem Vorsteuerabzug** ersetzt.

693 *(1) Wirkungsweise:* Ein **nichtkumulatives System** besitzt die positive Eigenschaft, dass die **Höhe der Umsatzsteuer**, die auf der konsumtiven Einkommensverwendung lastet, **unabhängig von** der **Anzahl der** am Wertschöpfungsprozess beteiligten **Unternehmen** ist. Dieses Ziel wird durch ein **Nettoumsatzsteuersystem** erreicht, bei dem im Ergebnis auf jeder Stufe lediglich die von ihr erwirtschaftete Wertschöpfung besteuert wird. Bei einem Nettoumsatzsteuersystem errechnet sich die Umsatzsteuerschuld eines Unternehmers nicht aus seinen Bruttoumsätzen, sondern aus der von ihm erwirtschafteten Wertschöpfung (**Mehrwertsteuer**). Der **Rechnungspreis erhöht sich** auf **jeder Umsatzstufe um** die von dem jeweiligen Unternehmen erwirtschaftete **Wertschöpfung und die darauf entfallende Umsatzsteuer**.

Der **Hauptvorteil** eines Nettoumsatzsteuersystems ist, dass es **weder** zu einer **Mehrfacherfassung der auf den Vorstufen erbrachten Wertschöpfung noch** zur **Umsatzsteuer auf die Umsatzsteuer** kommt. Die insgesamt anfallende Umsatzsteuer entspricht dem Produkt aus der Summe der Nettowertschöpfungen und dem Umsatzsteuersatz.

Merkmal einer **subtraktiven Mehrwertsteuerberechnung durch Vorsteuerabzug** ist, dass zunächst auf jeder Umsatzstufe die Umsatzsteuer auf den Gesamtwert der Leistungen berechnet wird. Anschließend wird von der Umsatzsteuerschuld des Unternehmers die Umsatzsteuer abgezogen, die auf die von dem Unternehmer bezogenen Vorleistungen entfällt. Auf jeder Umsatzstufe ist nur die Differenz zwischen der Umsatzsteuer auf die abgesetzten Leistungen und der Umsatzsteuer auf die von anderen Unternehmen in Anspruch genommenen Vorleistungen an das Finanzamt abzuführen. Die Umsatzsteuer auf Vorleistungen wird allgemein als Vorsteuer bezeichnet:

	Ausgangsrechnungen **Umsatzsteuer auf Unternehmensleistungen** (= Umsätze × Steuersatz)
–	Eingangsrechnungen **Vorsteuer: Umsatzsteuer auf Vorleistungen** (= Vorleistungen × Steuersatz)
=	Umsatzsteuerschuld des Unternehmers

Beispiel: Beim Verkauf eines Produkts an private Endverbraucher kann ein Preis von 3 000 € erzielt werden. Dieser Wert enthält noch keine Umsatzsteuer. Der Umsatzsteuersatz beträgt 19%. Zur Vereinfachung wird davon ausgegangen, dass die Umsatzsteuer in vollem Umfang überwälzbar ist. **694**

Fall 1: einstufiger Warenweg. Die Wertschöpfung von 3 000 € wird allein durch das Unternehmen 1 erbracht.

Unternehmen 1

	Rechnungsstellung	
	Wertschöpfung des Unternehmens 1	3 000 €
+	Umsatzsteuer (= 19% von 3 000 €)	570 €
=	Rechnungspreis für die Lieferung an den privaten Endverbraucher	3 570 €
	Steuerberechnung	
	Umsatzsteuer in Ausgangsrechnungen	570 €
–	Vorsteuer (Umsatzsteuer in Eingangsrechnungen)	–.–
=	abzuführende Umsatzsteuer	570 €
	insgesamt anfallende Umsatzsteuer	570 €

Fall 2: dreistufiger Warenweg. An dem Produktionsprozess sind drei Unternehmen beteiligt, bei denen jeweils eine Wertschöpfung von 1 000 € entsteht.

Unternehmen 1

	Rechnungsstellung	
	Wertschöpfung des Unternehmens 1	1 000 €
+	Umsatzsteuer (= 19% von 1 000 €)	190 €
=	Rechnungspreis	1 190 €
	Steuerberechnung	
	Umsatzsteuer in Ausgangsrechnungen	190 €
–	Vorsteuer (Umsatzsteuer in Eingangsrechnungen)	–.–
=	abzuführende Umsatzsteuer	190 €

Unternehmen 2

	Rechnungsstellung Wert der Vorleistungen ohne Umsatzsteuer	1 000 €
+	Wertschöpfung des Unternehmens 2	1 000 €
+	Umsatzsteuer (= 19% von 2 000 €)	380 €
=	Rechnungspreis	2 380 €
	Steuerberechnung	
	Umsatzsteuer in Ausgangsrechnungen	380 €
–	Vorsteuer (Umsatzsteuer in Eingangsrechnungen)	190 €
=	abzuführende Umsatzsteuer	190 €

Unternehmen 3

	Rechnungsstellung	
	Wert der Vorleistungen ohne Umsatzsteuer	2 000 €
+	Wertschöpfung des Unternehmens 3	1 000 €

+	Umsatzsteuer (= 19% von 3 000 €)	570 €
=	Rechnungspreis für die Lieferung an den privaten Endverbraucher	3 570 €
	Steuerberechnung	
	Umsatzsteuer in Ausgangsrechnungen	570 €
–	Vorsteuer (Umsatzsteuer in Eingangsrechnungen)	380 €
=	abzuführende Umsatzsteuer	190 €
	insgesamt anfallende Umsatzsteuer	570 €

Die Ergebnisse für den **zweistufigen Warenweg** lassen sich durch Verkürzung des für den dreistufigen Warenweg vorgestellten Rechenwegs auf einfache Weise ableiten.

Da sich auf jeder Umsatzstufe der Rechnungspreis um die von dem jeweiligen Unternehmen erwirtschaftete Wertschöpfung und die darauf entfallende Umsatzsteuer erhöht, ist der Rechnungspreis für die Lieferung an den privaten Endverbraucher unabhängig von der Anzahl der am Wertschöpfungsprozess beteiligten Unternehmen. Die insgesamt anfallende Umsatzsteuer entspricht dem Produkt aus der Summe der Nettowertschöpfungen und dem Umsatzsteuersatz. Es kommt weder zu einer mehrfachen Erfassung der von den Unternehmen auf der Vorstufe erwirtschafteten Wertschöpfung (keine Doppelbelastung) noch zur Umsatzsteuer auf die Umsatzsteuer (kein Steuer-auf-die-Steuer-Effekt).

695 Bei einer subtraktiven Mehrwertsteuerberechnung mit Vorsteuerabzug ist der **Zeitpunkt** festzulegen, **zu dem der Vorsteuerabzug geltend gemacht werden kann**. Aufgrund der europarechtlichen Vorgaben kennt das deutsche Umsatzsteuerrecht einen **Sofortabzug**, dh die Umsatzsteuer auf Vorleistungen mindert im Zeitpunkt der Anschaffung (zB Erwerb von Maschinen oder von Roh-, Hilfs- oder Betriebsstoffen) die Umsatzsteuerschuld des die Vorleistungen in Anspruch nehmenden Unternehmers. In den **einzelnen Perioden** bemisst sich die Umsatzsteuer damit – vereinfachend formuliert – nach der **Differenz zwischen Verkauf und Einkauf**. Da sich die Zahlungswirkungen im Zeitablauf ausgleichen, bestimmt sich in einer **Totalbetrachtung** die von einem Unternehmer zu zahlende Umsatzsteuer aus der von ihm erwirtschafteten **Wertschöpfung**.

696 *(2) Beurteilung:* Obwohl durch die Allphasen-Nettoumsatzsteuer mit sofortigem Vorsteuerabzug **Kumulationswirkungen** vermieden werden, fällt deren **Einschätzung nicht uneingeschränkt positiv** aus: Ein **Nachteil** der Allphasen-Nettoumsatzsteuer ist, dass dieses Besteuerungskonzept **im Vergleich zu** einer (kumulativen) **Allphasen-Bruttoumsatzsteuer** einen **höheren Steuersatz** bedingt, um das gleiche Steueraufkommen zu erzielen. So betrug bis zum Jahr 1967 der allgemeine Umsatzsteuersatz 4% des Rechnungspreises (einschließlich Umsatzsteuer). Beim Übergang auf das Mehrwertsteuersystem wurde der Steuersatz auf 10% des Nettoentgelts (ohne Umsatzsteuer) angehoben. Zwischenzeitlich ist er auf 19% gestiegen.

Die beiden Aspekte **„Kumulationswirkung"** und **„Höhe des Steuersatzes"** lösen einen **Zielkonflikt** aus. Die Beurteilung der beiden Umsatzsteuersysteme fällt deshalb bei einer **branchenorientierten Betrachtung** differenziert aus:

- Für Wirtschaftszweige, bei denen **mehrere Unternehmen am Wertschöpfungsprozess beteiligt** sind, gilt es Kumulationswirkungen zu vermeiden. Diese Branchen werden eine **Allphasen-Nettoumsatzsteuer mit Vorsteuerabzug** einer Allphasen-Bruttoumsatzsteuer **vorziehen**.

- Für **Branchen, die durch einen einstufigen Wertschöpfungsprozess gekennzeichnet sind** oder bei denen die Unternehmen nur wenige Vorleistungen in Anspruch nehmen (insbesondere personalintensive Dienstleistungsunternehmen sowie im Handwerk), macht sich der **negative Steuersatzeffekt** sehr stark bemerkbar. Diese Branchen profitieren von den Vorzügen einer Allphasen-Nettoumsatzsteuer nicht oder nur in geringem Umfang. Der bei diesem Konzept höhere Steuersatz führt jedoch tendenziell zu einer Erhöhung des zu fordernden Rechnungspreises. Damit drohen Absatzverluste durch **Verlagerung der Nachfrage** zu anderen Leistungen. Darüber hinaus erhöht sich die Gefahr, dass steuerehrliche Unternehmer durch Personen verdrängt werden, die Steuerhinterziehung („Schwarzarbeit") betreiben.

Ein weiterer Nachteil einer Allphasen-Nettoumsatzsteuer mit Vorsteuerabzug ist, dass sie **hohe Erhebungskosten** verursacht. Die Abgrenzung zwischen dem unternehmerischen und dem nichtunternehmerischen (privaten) Bereich, die Prüfung von Steuerbarkeit und Steuerpflicht, die Festlegung der Bemessungsgrundlage, die Abgrenzung zwischen dem allgemeinen und dem ermäßigten Steuersatz und die Durchführung des Vorsteuerabzugs sind arbeitsintensiv und mit erheblichen praktischen Schwierigkeiten verbunden. Darüber hinaus ist zu bedenken, dass sich die in diesem Zusammenhang auftretenden Detailfragen auf jeder Unternehmensstufe stellen. Obwohl sich bei Leistungen innerhalb der Unternehmerkette wegen des Vorsteuerabzugs das Steueraufkommen de facto nicht erhöht, entsteht bei den Finanzbehörden und den Unternehmen bei der Durchführung des Umsatzsteuer- und des Vorsteuerabzugsverfahrens ein erheblicher Verwaltungsaufwand.

Theoretisch lässt sich die Besteuerung des privaten Endverbrauchs auch durch eine **697**
Einphasenumsatzsteuer erreichen, bei der Lieferungen zwischen Unternehmen nicht besteuert werden und sich die Umsatzsteuer aus dem für Leistungen an einen Endverbraucher vereinbarten Verkaufspreis errechnet. **Prinzipiell** könnte **mit** einer solchen **Einzelhandelssteuer (sales tax) das gleiche Ergebnis** erzielt werden wie mit einer Allphasen-Nettoumsatzsteuer. Eine Einzelhandelssteuer lässt sich zwar gesetzestechnisch sehr einfach ausgestalten. In der praktischen Handhabung stellt sich aber das Problem, den Übergang vom unternehmerischen in den nichtunternehmerischen (privaten) Bereich zu erfassen. Bei einer Einzelhandelssteuer ist die **Gefahr von Steuerhinterziehungen größer** als bei einer Allphasen-Nettoumsatzsteuer mit Vorsteuerabzug. Bei einer Allphasen-Nettoumsatzsteuer mit Vorsteuerabzug ist der Steuerunehrliche aufgrund des fehlenden Vorsteuerabzugs zumindest mit der Umsatzsteuer auf die von ihm in Anspruch genommenen Vorleistungen belastet. Demgegenüber kann bei einer Einzelhandelssteuer die Umsatzsteuer durch Vortäuschen der Unternehmereigenschaft vollständig hinterzogen werden. Derartige „Gestaltungen" ließen sich nur durch umfangreiche Kontrollmaßnahmen nachweisen (zB Überprüfung der Unternehmereigenschaft an der Kasse von Baumärkten oder Cash-and-Carry-Märkten).

Darüber hinaus ist durch die allgemeine Steuerpflicht von Leistungen sowie durch die Geltendmachung des Vorsteuerabzugsrechts durch den leistungsempfangenden Unternehmer dem Fiskus bei einer Allphasen-Nettoumsatzsteuer mit Vorsteuerabzug der Umfang des unternehmerischen Handelns in größerem Umfang bekannt als bei einer Einzelhandelssteuer. Wer den Vorsteuerabzug in Anspruch nimmt, muss auch seine

Ausgangsleistungen angeben. Voraussetzung für den Vorsteuerabzug ist das Vorliegen einer Rechnung. Damit kann der leistende Unternehmer nicht davon ausgehen, dass seine Leistungen dem Fiskus nicht bekannt werden. Dieser Vorteil einer Allphasen-Nettoumsatzsteuer mit Vorsteuerabzug ist nicht nur für die Umsatzsteuer relevant, sie wirkt sich auch auf das Aufkommen der Ertragsteuern positiv aus.

3. Besteuerungskonzept für grenzüberschreitende Lieferungen und sonstige Leistungen (Grundsatz: Bestimmungslandprinzip)

a) Methoden zur Vermeidung einer internationalen Doppelbesteuerung

698 Die **grenzüberschreitende Geschäftstätigkeit** eines Unternehmens kann prinzipiell **sowohl im Inland als auch im Ausland** einen **Anknüpfungspunkt** für eine umsatzsteuerliche Erfassung bilden. Um eine Doppelbesteuerung von grenzüberschreitenden Lieferungen und sonstigen Leistungen zu vermeiden, ist entweder im Exportland (Staat, von dem aus die Leistung erbracht wird) oder im Importland (Ort des Verbrauchs bzw Staat, in dem sich der leistungsempfangende Unternehmer befindet) eine Freistellung von der Umsatzsteuer zu gewähren. Durch die Wahl der Methode, mit deren Hilfe eine **zweifache umsatzsteuerliche Erfassung** von grenzüberschreitenden Lieferungen und sonstigen Leistungen **vermieden** wird, wird festgelegt, **ob** sich die **Umsatzsteuerbelastung** von grenzüberschreitenden Leistungen **nach dem inländischen oder nach dem ausländischen Steuerniveau** richtet. Darüber hinaus hängt davon ab, welchem Staat das Steueraufkommen zufließt. Als Alternativen stehen das Bestimmungslandprinzip und das Ursprungslandprinzip zur Verfügung.[14]

699 Kennzeichen des **Bestimmungslandprinzips** ist, dass sich die Höhe der Umsatzsteuer nach den Verhältnissen richtet, die in dem Staat gelten, in dem der private Endverbrauch stattfindet. Das Bestimmungslandprinzip wird dadurch umgesetzt, dass **Ausfuhren im Exportstaat von der Besteuerung ausgenommen** werden, während **im Importstaat Einfuhren umsatzsteuerpflichtig** sind. Beim Bestimmungslandprinzip richtet sich die umsatzsteuerliche Belastung nach dem Steuerniveau des Importstaates. Die Steuerbelastung errechnet sich dadurch, dass auf die gesamte Wertschöpfung der Umsatzsteuersatz angewendet wird, der in dem Staat gilt, in dem die konsumtive Einkommensverwendung stattfindet. Beim Bestimmungslandprinzip steht das Umsatzsteueraufkommen dem Importstaat zu. Der Exportstaat nimmt keine Umsatzsteuer ein, da er für Ausfuhren im Rahmen der Umsatzsteuer eine Steuerbefreiung vorsieht.

700 Beim **Ursprungslandprinzip** bestimmt sich die Höhe der umsatzsteuerlichen Belastung des privaten Endverbrauchs nach den Verhältnissen des Staates, von dem aus die Leistung erbracht wird. In welchem Staat der Abnehmer ansässig ist, ist für die Höhe der Umsatzsteuer ohne Bedeutung. Nach dem Grundkonzept des Ursprungslandprinzips sind **Exporte** in dem Staat, in dem der leistungserbringende Unternehmer ansässig ist, in gleicher Weise **steuerpflichtig** wie Leistungen an inländische Abnehmer.

14 Zu den Konzepten der Umsatzbesteuerung des grenzüberschreitenden Leistungsaustauschs siehe zB Scheffler, Internationale betriebswirtschaftliche Steuerlehre, 3. Aufl., München 2009, S. 555–569; Sopp, SteuerStud 2011, S. 440.

Lieferungen innerhalb eines Staates werden genauso behandelt wie Lieferungen in das Ausland. Die Besteuerung erfolgt ausschließlich in dem Staat, in dem der leistende Unternehmer sein Unternehmen betreibt. Der Importstaat erhebt auf **Einfuhren keine Umsatzsteuer**. Beim Ursprungslandprinzip steht das Steueraufkommen dem Exportstaat zu. In dem Staat, in dem der private Endverbrauch stattfindet, fällt keine Umsatzsteuer an, da nach dem Konzept des Ursprungslandprinzips Importe nicht steuerbar sind.

b) Konflikt zwischen dem Verbrauchsteuercharakter der Umsatzsteuer und dem Binnenmarktgedanken

Nach dem **Ziel der Umsatzsteuer**, den Verbrauch von Gütern und die Inanspruchnahme von Dienstleistungen durch private Endverbraucher zu erfassen, ist das **Bestimmungslandprinzip vorzuziehen**. Das Nebeneinander von Besteuerung der Einfuhren und Nichtbesteuerung von Ausfuhren gewährleistet eine Besteuerung nach den Verhältnissen, die in dem Staat gelten, in dem die konsumtive Einkommensverwendung stattfindet. Während der Verbrauchsteuercharakter der Umsatzsteuer eine Ausrichtung am Bestimmungslandprinzip erfordert, lässt sich das mit dem **europäischen Binnenmarkt** verfolgte Ziel – keine Beeinträchtigungen des grenzüberschreitenden Waren- und Dienstleistungsverkehrs innerhalb der EU – mit dem **Ursprungslandprinzip** wesentlich besser erreichen. Nach dem Ursprungslandprinzip ist es nämlich für die Unternehmer sowohl hinsichtlich der Höhe der Umsatzsteuer als auch im Hinblick auf die verfahrensrechtlichen Verpflichtungen unbedeutend, ob sie eine Leistung an einen inländischen Abnehmer oder an einen Kunden in einem anderen Mitgliedstaat der EU erbringen. Gilt das Ursprungslandprinzip, kann die EU umsatzsteuerlich als ein einheitliches Erhebungsgebiet angesehen werden. Damit entfällt die Notwendigkeit, für den innergemeinschaftlichen Warenverkehr Grenzkontrollen durchzuführen. Bei Geltung des Ursprungslandprinzips werden beispielsweise Lieferungen von Nürnberg nach Fürth umsatzsteuerlich in gleicher Weise besteuert wie Lieferungen von Nürnberg nach Paris. 701

Im Zusammenhang mit der **Schaffung des europäischen Binnenmarkts war** deshalb **zunächst vorgesehen**, für grenzüberschreitende Lieferungen innerhalb der EU das **Ursprungslandprinzip umzusetzen**. Das Aufkommen der Umsatzsteuer sollte allerdings so verteilt werden, als ob das Bestimmungslandprinzip gelten würde, dh bei grenzüberschreitenden Lieferungen sollte das Aufkommen dem Importstaat (Staat, in dem der Abnehmer ansässig ist) und nicht dem Exportstaat (Staat, in dem der liefernde Unternehmer sein Unternehmen betreibt) zustehen. Ergänzend war für den Leistungsaustausch zwischen Unternehmern ein grenzüberschreitender Vorsteuerabzug vorgesehen, dh ein Unternehmer sollte auch die Umsatzsteuer als Vorsteuer abziehen können, die er an Unternehmer in einem anderen Mitgliedstaat der EU gezahlt hat. Die mit dem Übergang vom Bestimmungslandprinzip auf das Ursprungslandprinzip ansonsten verbundene Verschiebung des Umsatzsteueraufkommens zugunsten von Ländern mit Exportüberschüssen und zu Lasten von Ländern mit Importüberschüssen sollte über ein zwischenstaatliches Clearing-Verfahren (umsatzsteuerlicher Finanzausgleich innerhalb der EU) ausgeglichen werden **(Gemeinsamer-Markt-Prinzip)**.

Da die Mitgliedstaaten ihre Finanzhoheit behalten wollten und **sich** über die Ausgestaltung des grenzüberschreitenden Vorsteuerabzugs sowie des Clearing-Verfahrens **nicht einigen konnten**, wurde das Gemeinsamer-Markt-Prinzip nicht umgesetzt, sondern **ein modifiziertes Übergangssystem eingeführt** (Art. 28a – Art. 28p 6. RLEWG aF, jetzt Art. 402 Mehrwertsteuersystemrichtlinie). Diese Richtlinie wurde durch das Umsatzsteuer-Binnenmarktgesetz mit Wirkung zum 1.1.1993 in das deutsche Umsatzsteuergesetz integriert. Das zentrale Konzept dieser Übergangsregelung besteht darin, dass innerhalb der EU **für Lieferungen zwischen Unternehmern** das **Bestimmungslandprinzip** – wenn auch verfahrenstechnisch in anderer Form als bei Lieferungen in Staaten, die nicht Mitglied der EU sind – beibehalten wird. Bei **Lieferungen an private Endverbraucher** (Nichtunternehmer) wird die Besteuerung dagegen grundsätzlich nach dem **Ursprungslandprinzip** vorgenommen. Diese beiden Grundgedanken werden jedoch durch zahlreiche Ausnahmen modifiziert, um zu vermeiden, dass aus den unterschiedlichen Umsatzsteuersätzen innerhalb der EU Wettbewerbsverzerrungen entstehen.

Der zeitliche Geltungsbereich der **Übergangsregelung war** zunächst **auf vier Jahre beschränkt** (Art. 281 6. RLEWG aF). Am 1.1.1997 sollte die Übergangsregelung durch eine generelle Besteuerung des innergemeinschaftlichen Leistungsaustauschs nach dem Ursprungslandprinzip ersetzt werden. In Art. 281 6. RLEWG aF war vorgesehen, dass sich die modifizierte Übergangsregelung **automatisch verlängert**, wenn der Rat der EU nicht vor Ablauf der Übergangsfrist eine endgültige Regelung verabschiedet. Da innerhalb des Vierjahreszeitraums keine entsprechende Vereinbarung getroffen wurde, gilt die modifizierte Übergangsregelung noch heute. Im Rahmen des Ersatzes der 6. RLEWG durch die Mehrwertsteuersystemrichtlinie ist deshalb konsequenterweise für die seit dem Jahr 1993 geltende Rechtslage keine zeitliche Befristung mehr vorgesehen.

702 Die Konflikte, die sich aus dem Charakter der Umsatzsteuer als Verbrauchsteuer einerseits und dem mit dem Europäischen Binnenmarkt verfolgten Ziel eines freien Waren- und Dienstleistungsverkehrs innerhalb des Gemeinschaftsraums andererseits ergeben, haben dazu geführt, dass die umsatzsteuerliche Behandlung von **grenzüberschreitenden Leistungsbeziehungen innerhalb der EU** und die Erfassung von **Leistungsbeziehungen mit in einem Drittstaat ansässigen Abnehmer** auf **unterschiedlichen Besteuerungsprinzipien und Rechtsvorschriften** beruhen. Darüber hinaus bestehen für Lieferungen und sonstige Leistungen voneinander abweichende Besteuerungskonzepte.

Die umsatzsteuerliche Behandlung der grenzüberschreitenden Geschäftstätigkeit ist in die allgemeinen Regelungen des Umsatzsteuergesetzes integriert. Diese Vorschriften werden im weiteren Verlauf entsprechend dem Aufbau des UStG erläutert. Abb. 5.4 gibt einen Überblick über die Grundstruktur der umsatzsteuerlichen Erfassung der grenzüberschreitenden Geschäftstätigkeit.

Leistungsart	**umsatzsteuerliche Erfassung**
Lieferungen in Drittstaaten	Bestimmungslandprinzip
Lieferungen innerhalb der Europäischen Union Grundsatz	
a) Lieferungen an vorsteuerabzugsberechtigte Unternehmer	Bestimmungslandprinzip
b) Lieferungen an Privatpersonen	Ursprungslandprinzip
Sonderregelungen	
a) Lieferungen an steuerbefreite Unternehmer, Kleinunternehmer, Land- und Forstwirte sowie nichtsteuerpflichtige Unternehmer (‚Halbunternehmer')	Grundsatz: Ursprungslandprinzip Ausnahme: Bestimmungslandprinzip – bei Überschreiten der Erwerbsschwelle (in Deutschland 12 500 €/Jahr) – nach Option durch den Empfänger – bei der Lieferung von verbrauchsteuerpflichtigen Waren
b) Versandhandel	Grundsatz: Ursprungslandprinzip Ausnahme: Bestimmungslandprinzip – bei Überschreiten der Lieferschwelle (in Deutschland 100 000 €/Jahr) – nach Option durch den liefernden Unternehmer – bei der Lieferung von verbrauchsteuerpflichtigen Waren
c) Lieferung von neuen Fahrzeugen	Bestimmungslandprinzip
sonstige Leistungen Grundsatz	
a) sonstige Leistungen gegenüber Unternehmer	Bestimmungslandprinzip
b) sonstige Leistungen gegenüber Privatpersonen	Ursprungslandprinzip

Abb. 5.4: Überblick über die umsatzsteuerliche Erfassung grenzüberschreitender Geschäftstätigkeit

Ab dem Jahr 2022 soll bei grenzüberschreitenden Lieferungen innerhalb der EU das Nebeneinander von steuerfreier innergemeinschaftlicher Lieferung im Ausfuhrstaat und steuerpflichtigem innergemeinschaftlichen Erwerb im Einfuhrstaat aufgehoben werden. Das Bestimmungslandprinzip soll bei Lieferungen innerhalb der EU dadurch erreicht werden, dass der leistende Unternehmer in seinem Ansässigkeitsstaat eine steuerpflichtige Leistung erbringt, deren Steuersatz sich nach den Verhältnissen des Staates richtet, in dem sich der Empfänger befindet. Der exportierende Unternehmer führt diese Umsatzsteuer an die Finanzbehörde in seinem Ansässigkeitsstaat ab. Diese Regelung führt gegenüber der geltenden Rechtslage dazu, dass zum einen die Steuererhebung vom Einfuhrstaat in den Ausfuhrstaat verlagert wird und zum anderen die Steuerschuld vom einführenden Unternehmer auf den exportierenden Unternehmer übergeht. Materiell ergeben sich keine Änderungen. Die Neugestaltung soll dazu dienen, den Umsatzsteuerbetrug einzuschränken.[15]

II. Ertragshoheit

703 Die Umsatzsteuer ist nach der Einkommensteuer (mit ihren verschiedenen Erhebungsformen) **die zweitwichtigste Einnahmequelle** des Staates. Im Jahr 2017 betrug ihr Aufkommen 226,4 Mrd. €. Der **Anteil** der Umsatzsteuer **am Gesamtsteueraufkommen** beläuft sich **auf 30,8%**.

704 Bei der Umsatzsteuer handelt es sich um eine Gemeinschaftsteuer. Dies bedeutet, dass das Aufkommen der Umsatzsteuer grundsätzlich dem **Bund und** den **Ländern gemeinsam zusteht**. Bei der Festsetzung ist von folgenden Grundsätzen auszugehen: (1) Im Rahmen der laufenden Einnahmen haben der Bund und die Länder gleichmäßig Anspruch auf Deckung ihrer notwendigen Ausgaben. Dabei ist der Umfang der Ausgaben unter Berücksichtigung einer mehrjährigen Finanzplanung zu ermitteln. (2) Die Deckungsbedürfnisse des Bundes und der Länder sind so aufeinander abzustimmen, dass ein angemessener Ausgleich erzielt, eine Überbelastung der Steuerpflichtigen vermieden und die Einheitlichkeit der Lebensverhältnisse im Bundesgebiet gewahrt wird. (3) Zusätzlich werden bei der Festsetzung der Anteile des Bundes und der Länder an der Umsatzsteuer Steuermindereinnahmen berücksichtigt, die den Ländern seit dem 1.1.1996 aus der Berücksichtigung von Kindern im Einkommensteuerrecht entstehen. Die konkrete Verteilung wird durch Bundesgesetz bestimmt, das der Zustimmung des Bundesrats bedarf (Art. 106 Abs. 3 GG). Die Anteile sind neu zu bestimmen, wenn sich das Verhältnis zwischen den Einnahmen und Ausgaben des Bundes und der Länder wesentlich anders entwickelt (Art. 106 Abs. 4 GG).

Die Gemeinden erhalten gleichfalls einen Anteil an der Umsatzsteuer (Art. 106 Abs. 5a GG). Die Beteiligung der Gemeinden an der Umsatzsteuer soll einen Ausgleich für die im Jahr 1998 aufgehobene Gewerbesteuer vom Kapital bieten.

Ab dem Jahr 2020 erhält der Bund vom Aufkommen der Umsatzsteuer 52,81%, die Länder 45,20% und die Gemeinden 2,00% (§ 1 Abs. 1 FAG).[16] Der Bund gibt von seinem Anteil im Jahr 2020 knapp 9,0 Mrd. € ab. Dieser Betrag geht zu etwas mehr als 6,6 Mrd. € und zu 2,4 Mrd. € an die Gemeinden. Ab dem Jahr 2021 gehen vom Bund etwa 0,1 Mrd. € mehr an die Länder (§ 1 Abs. 1 FAG).

---

15 Vgl Vorschlag für eine Richtlinie des Rates zur Änderung der Richtlinie 2006/112/EG in Bezug auf die Einführung der detaillierten technischen Maßnahmen für die Anwendung des endgültigen Mehrwertsteuersystems für die Besteuerung des Handels zwischen Mitgliedstaaten vom 25.5.2018, COM(2018) 329 final 2018/0164 (CNS). Siehe hierzu und zu weiteren geplanten Maßnahmen zB Huschens, UVR 2018, S. 364; Ismer, Entwicklungslinien der Umsatzsteuer, in: Umsatzsteuerforum/Bundesministerium der Finanzen (Hrsg.), 100 Jahre Umsatzsteuer in Deutschland, 1918–2018, Festschrift, Köln 2018, S. 935–954; Vellen, EU-UStB 2018, S. 24.

16 Im Gesetz werden die Werte mit acht Nachkommastellen angegeben.

Der **Länderanteil** am Aufkommen der Umsatzsteuer wird grundsätzlich im Verhältnis der Einwohnerzahl auf die einzelnen Ländern verteilt (Art. 107 Abs. 1 S. 4 GG). Diese Regelung wird durch Zu- und Abschläge modifiziert, um die jeweilige Finanzkraft der Länder zu berücksichtigen (Art. 107 Abs. 2 S. 1–4 GG). Die Einzelheiten sind in § 2 und § 4 – § 10 FAG geregelt. Eine am Länderdurchschnitt je Einwohner gemessene kommunale Steuerkraftschwäche kann zu Ergänzungszuweisungen des Bundes führen (Gemeindesteuerkraft-Bundesergänzungszuweisungen, Art. 107 Abs. 2 S. 5, 6 GG, § 11 FAG).

Als Kriterien für die Verteilung des **Gemeindeanteils** am Umsatzsteueraufkommen zwischen den Gemeinden werden das Gewerbesteueraufkommen, die Anzahl der sozialversicherungspflichtig Beschäftigten sowie die sozialversicherungspflichtigen Entgelte herangezogen (§ 5a Gemeindefinanzreformgesetz).

III. Aufbau des Umsatzsteuergesetzes

Das Umsatzsteuergesetz enthält sieben Abschnitte, die sich entsprechend der rechtlichen Ausgestaltung als Verkehrsteuer wie folgt unterteilen: **705**

I. Steuergegenstand und Geltungsbereich (§ 1 – § 3g UStG)
Im ersten Abschnitt wird über die Steuerbarkeit eines Verkehrsvorgangs entschieden. Zur Abgrenzung des Steuergegenstands der Umsatzsteuer müssen zahlreiche Begriffe konkretisiert werden, wie Unternehmer, Unternehmen, Fahrzeuglieferer, Inland, Gemeinschaftsgebiet, Lieferungen, sonstige Leistungen, innergemeinschaftlicher Erwerb, Ort der Lieferung, Ort der sonstigen Leistung sowie Ort von unentgeltlichen Leistungen.

II. Steuerbefreiungen und Steuervergütungen (§ 4 – § 9 UStG)
Ein steuerbarer Vorgang ist nur dann steuerpflichtig, wenn er nicht steuerbefreit ist. Der Umfang der Steuerbefreiungen und der im Einzelfall mögliche Verzicht auf die Steuerbefreiung (Umsatzsteueroption) sind im zweiten Abschnitt geregelt.

III. Bemessungsgrundlagen (§ 10, § 11 UStG)
Im dritten Abschnitt wird für die einzelnen Steuergegenstände die Höhe der Bemessungsgrundlage festgelegt.

IV. Steuer und Vorsteuer (§ 12 – § 15a UStG)
Der vierte Abschnitt enthält Vorschriften über die Höhe des Steuersatzes, zur Entstehung der Steuer, zum Steuerschuldner, zur Haftung bei Abtretung, Verpfändung oder Pfändung von Forderungen, zur Ausstellung und Aufbewahrung von Rechnungen, zu den Auswirkungen eines unrichtigen oder unberechtigten Steuerausweises sowie zum Vorsteuerabzug oder zur Berichtigung des Vorsteuerabzugs.

V. Besteuerung (§ 16 – § 22f UStG)
Die wichtigsten Verfahrensfragen (insbesondere Steuerberechnung, Besteuerungszeitraum, Mitwirkungspflichten des Unternehmers, die Sonderregelung für Kleinunternehmer und zur Besteuerung nach vereinnahmten Entgelten, besondere Pflichten für Betreiber eines elektronischen Marktplatzes) wurden in den fünften Abschnitt aufgenommen.

VI. Sonderregelungen (§ 23 – § 25f UStG)
Der sechste Abschnitt beinhaltet Pauschalierungsmöglichkeiten, Sonderregelungen für Land- und Forstwirte, Reiseleistungen, Umsätze von gebrauchten Gegenständen durch Wiederverkäufer (Differenzbesteuerung), innergemeinschaftliche Dreiecksgeschäfte und Umsätze mit Anlagegold, Vorschriften zur Haftung beim Handel auf einem elektronischen Marktplatz sowie Versagung des Vorsteuerabzugs und der Steuerbefreiung bei der Beteiligung an einer Steuerhinterziehung.

VII. Durchführung, Bußgeld-, Straf-, Verfahrens-, Übergangs- und Schlussvorschriften (§ 26 – § 29 UStG), zB Umsatzsteuer-Identifikationsnummer, Umsatzsteuer-Nachschau.

Ergänzt wird das UStG durch vier Anlagen, in denen unter anderem die Gegenstände zusammengestellt sind, die dem ermäßigten Steuersatz unterliegen, sowie die Gegenstände, bei deren Lieferung der Leistungsempfänger die Umsatzsteuer schuldet (Umkehrung der Steuerschuldnerschaft).

IV. Schema zur Ermittlung der Umsatzsteuer

706 Die umsatzsteuerliche Behandlung eines Verkehrsvorgangs löst zahlreiche Detailfragen aus. Für den Regelfall ist die Berechnung der Umsatzsteuer auf Ebene der Unternehmen in folgendem **vereinfachenden Schema** wiedergegeben:

Steuergegenstand (§ 1 – § 3g UStG)

- entgeltliche Lieferungen und sonstige Leistungen eines Unternehmers im Rahmen seines Unternehmens im Inland (§ 1 Abs. 1 Nr 1 UStG)
  (einschließlich entgeltlichen Leistungen gleichgestellte unentgeltliche Wertabgaben, § 3 Abs. 1b, 9a UStG)
- Einfuhr von Gegenständen im Inland (Einfuhrumsatzsteuer, § 1 Abs. 1 Nr 4 UStG)
  Hinweis: Die Einfuhrumsatzsteuer bezieht sich auf Einfuhren aus einem Nicht-EU-Staat (Drittlandsgebiet).
- innergemeinschaftlicher Erwerb im Inland gegen Entgelt (§ 1 Abs. 1 Nr 5 UStG)
  Hinweis: Ein innergemeinschaftlicher Erwerb liegt bei der Einfuhr eines Unternehmers aus einem anderen Mitgliedstaat der EU (übriges Gemeinschaftsgebiet) vor.

Steuerpflicht besteht nur, wenn keine Steuerbefreiung gewährt wird (§ 4 – § 9, § 15 Abs. 2, 3 UStG)

- Steuerbefreiungen mit Vorsteuerabzugsrecht
- Steuerbefreiungen ohne Vorsteuerabzugsrecht und ohne Optionsmöglichkeit
- Steuerbefreiungen ohne Vorsteuerabzugsrecht, aber mit dem Wahlrecht, auf die Steuerbefreiung zu verzichten (Umsatzsteueroption)

Bemessungsgrundlage (§ 10, § 11 UStG)

Grundsatz:	Entgelt (§ 10 Abs. 1 UStG)
weitere Wertmaßstäbe:	gemeiner Wert, Einkaufspreis, Selbstkosten, entstandene Ausgaben, Zollwert (§ 10 Abs. 4, § 11 UStG)

×	**Steuersatz** (§ 12 UStG) allgemeiner Steuersatz: 19% (§ 12 Abs. 1 UStG) ermäßigter Steuersatz: 7% (§ 12 Abs. 2 UStG)
=	**Umsatzsteuer**
–	**abziehbare Vorsteuer** (§ 15, § 15a UStG)
=	**Steuerschuld** (§ 16 – § 22 UStG) Zahllast (positiv) bzw Erstattungsanspruch (negativ)
–	Vorauszahlungen Voranmeldungszeitraum: meistens Kalendermonat (§ 18 Abs. 1, 2, 2a UStG)
=	**Ausgleich der Differenz zwischen Jahressteuerschuld und Summe der Vorauszahlungen** (§ 18 Abs. 3, 4 UStG)

B. Unternehmer, Unternehmen und Gebietsbegriffe

Zur Prüfung der Steuerbarkeit und der Steuerpflicht eines Vorgangs sind die **inhaltlichen Abgrenzungen** der Begriffe Unternehmer, Unternehmen, Inland, Ausland, Gemeinschaftsgebiet und Drittlandsgebiet von grundlegender Bedeutung. Diese Begriffe **werden** insbesondere **für die Abgrenzung der Steuergegenstände** entgeltliche Leistungen (Lieferungen, sonstige Leistungen), Einfuhr von Gegenständen im Inland und innergemeinschaftlicher Erwerb im Inland, für die Anwendung der Vorschriften zu den Steuerbefreiungen sowie für die Bestimmung des Orts einer Lieferung und des Orts einer sonstigen Leistung **benötigt**. Darüber hinaus sind sie für den Vorsteuerabzug bedeutsam. 707

I. Unternehmer

Unternehmer ist, **wer eine gewerbliche oder berufliche Tätigkeit selbständig ausübt** (§ 2 Abs. 1 S. 1 UStG). In diesem Zusammenhang stellen sich drei Fragen: 708

- Wer kann Unternehmer sein? (persönliches Kriterium: Unternehmerfähigkeit)
- Was ist als gewerbliche oder berufliche Tätigkeit anzusehen? (sachliches Kriterium)
- Welche Personen sind selbständig? (sachliches Kriterium)

(1) Unternehmerfähigkeit: Die Unternehmerfähigkeit ist weit abzugrenzen. Unternehmer ist **jedes selbständig tätige Wirtschaftsgebilde, das nachhaltig Leistungen gegen Entgelt ausführt** (Abschnitt 2.1 UStAE). Unternehmer können natürliche Personen (Einzelunternehmer), Personengesellschaften, Kapitalgesellschaften und andere Personenzusammenschlüsse (zB Erbengemeinschaften, Arbeitsgemeinschaften, Kartelle, Genossenschaften, Vereine) sowie Körperschaften des öffentlichen Rechts (zB öffentliche Verkehrsbetriebe, Sparkassen, Industrie- und Handelskammern) sein.[17] 709

17 Die Besonderheiten für juristische Personen des öffentlichen Rechts sind in § 2b UStG geregelt.

Bei Gemeinschaften muss die **Unternehmereigenschaft auf jeder Ebene** getrennt **geprüft** werden:

- Sowohl eine Personengesellschaft als auch ihre Gesellschafter können Unternehmer sein.
- Bei Kapitalgesellschaften erfüllen gleichfalls sowohl die Gesellschaft selbst als auch ihre Anteilseigner das Merkmal „Unternehmerfähigkeit".
- Ehegatten sind umsatzsteuerlich getrennt zu betrachten, sodass jeder der beiden Unternehmer sein kann.

Da bei Ehegatten umsatzsteuerlich – im Gegensatz zur Einkommensteuer – keine Zusammenveranlagung erfolgt, können bei verheirateten Personen der Ehemann, die Ehefrau und die Gesellschaft des bürgerlichen Rechts „Ehemann & Ehefrau" gleichzeitig und nebeneinander als Unternehmer auftreten.

Die Frage nach der **Unternehmereigenschaft** ist **entscheidend dafür, wem eine Leistung zuzuordnen ist**. Schwierigkeiten können sich bei Gemeinschaften ergeben, weil geklärt werden muss, ob die Gemeinschaft als Ganzes oder ein einzelnes Mitglied Unternehmer ist. Als **Grundsatz** gilt: **Unternehmer ist, wer nach außen im eigenen Namen Leistungen bewirkt und empfängt**.

710 *(2) Gewerbliche oder berufliche Tätigkeit:* Gewerblich oder beruflich ist **jede nachhaltige Tätigkeit zur Erzielung von Einnahmen** (§ 2 Abs. 1 S. 3 UStG). Dieses Kriterium weist drei Merkmale auf:

- Erbringen von Leistungen im wirtschaftlichen Sinne
- Nachhaltigkeit
- Absicht zur Erzielung von Einnahmen.

Eine gewerbliche oder berufliche Tätigkeit setzt voraus, dass **Leistungen im wirtschaftlichen Sinne** ausgeführt werden (Abschnitt 1.1 Abs. 3, Abschnitt 2.3 Abs. 1 UStAE). Zu den Leistungen im wirtschaftlichen Sinne gehören die Veräußerung von Gegenständen und das Erbringen von Leistungen. Stellt sich eine Betätigung lediglich als Leistung im Rechtssinne dar, ohne eine wirtschaftliche Leistung zu sein, liegt keine gewerbliche oder berufliche Tätigkeit vor. Beispielsweise ist das Halten von Giro-, Bauspar- und Sparkonten sowie Wertpapieren für sich allein nicht als unternehmerische Betätigung anzusehen. Das bloße „Einsammeln von Nutzungen und Erträgen" aus einem Kapitalbestand entspricht im Regelfall dem üblichen Bild einer Vermögensverwaltung. Durch die Beteiligung als Gesellschafter an einer Personen- oder Kapitalgesellschaft oder einer anderen Personenvereinigung allein wird keine Leistung im wirtschaftlichen Sinne erbracht. Damit die Gesellschafter umsatzsteuerlich als Unternehmer angesehen werden, müssen sie eine eigenständige gewerbliche oder berufliche Tätigkeit ausüben.

Eine Tätigkeit wird nachhaltig ausgeübt, wenn sie auf Dauer zur Erzielung von Einnahmen angelegt ist. Für das Vorliegen des Merkmals **Nachhaltigkeit** sprechen insbesondere (Abschnitt 2.3 Abs. 5–7 UStAE):

- mehrjährige Tätigkeit und planmäßiges Handeln, dh die **tatsächliche Wiederholung** gleichartiger Geschäfte
- mit **Wiederholungsabsicht** vorgenommene einmalige Handlungen

- die Vornahme mehrerer gleichartiger Handlungen unter Ausnutzung derselben Gelegenheit oder desselben dauernden Verhältnisses (zB Parzellierung und Baureifmachung eines Grundstücks)
- die Schaffung eines Dauerzustands durch eine einmalige Handlung (zB langfristige Duldung eines Eingriffs in den eigenen Rechtskreis durch Bestellung eines Nießbrauchs)
- Beteiligung am Markt, **Auftreten wie ein Händler** (planmäßiges Vorgehen) oder Unterhalten eines Geschäftslokals.

Nachhaltigkeit liegt beispielsweise beim nicht nur vorübergehenden, sondern auf Dauer angelegten Verkauf einer Vielzahl von Gegenständen über eine Internet-Plattform vor. Nicht entscheidend ist, ob beim Einkauf dieser Gegenstände bereits eine Wiederverkaufsabsicht bestand.[18]

Zur Begründung der Unternehmereigenschaft reicht die **Absicht zur Erzielung von Einnahmen** aus (Abschnitt 2.3 Abs. 8, 9 UStAE). Voraussetzung ist lediglich, dass die Leistungen gegen Entgelt erbracht werden. Eine **Gewinnerzielungsabsicht** – wie sie im Rahmen der Einkommensteuer für das Vorliegen von Einkünften aus Gewerbebetrieb erforderlich ist – wird für die umsatzsteuerliche Unternehmereigenschaft **nicht gefordert**. Unternehmer kann auch derjenige sein, der durch seine Tätigkeit lediglich Kostendeckung anstrebt oder Verluste in Kauf nimmt. Der ertragsteuerliche Begriff der Liebhaberei ist für die Umsatzsteuer kein Kriterium zur Abgrenzung der Unternehmereigenschaft.

Unternehmer kann auch derjenige sein, der ernsthaft die Absicht hatte, Einnahmen zu erzielen, tatsächlich aber keine Umsätze tätigt (fehlgeschlagene Unternehmensgründung, **„umsatzloser Unternehmer“**). Diese Einordnung als Unternehmer iSd Umsatzsteuergesetzes ist deshalb von Bedeutung, weil eine der Voraussetzungen für den Vorsteuerabzug ist, dass die Unternehmereigenschaft vorliegt.

Bei der Lieferung von neuen Fahrzeugen werden Privatpersonen Unternehmern gleichgestellt, wenn sie neue Fahrzeuge an einen in einem anderen Mitgliedstaat der EU ansässigen Abnehmer liefern. Gleiches gilt für inländische Unternehmer, die das Fahrzeug nicht im Rahmen ihres Unternehmens veräußern (§ 2a UStG). Diese Regelung dient dazu, die Lieferung eines neuen Fahrzeugs generell nach dem Bestimmungslandprinzip zu besteuern (§ 4 Nr 1 Buchst. b iVm § 6a, § 15 Abs. 4a UStG).

Zusammenfassend: Der umsatzsteuerliche **Unternehmerbegriff** ist **weiter als** der im Einkommen-, Körperschaft- oder Gewerbesteuerrecht verwendete **Begriff „Gewerbebetrieb“**. Unternehmer iSd Umsatzsteuergesetzes sind nicht nur Gewerbetreibende, sondern auch diejenigen Personen oder Personenzusammenschlüsse, die eine land- und forstwirtschaftliche, vermietende bzw verpachtende Tätigkeit ausüben oder die freiberuflich tätig sind (zB Ärzte, Architekten, Rechtsanwälte und Steuerberater).

(3) Selbständigkeit: Weitere Voraussetzung für das Vorliegen der Unternehmereigenschaft ist die **Selbständigkeit** der Betätigung. Eine selbständige Tätigkeit liegt vor, 711

18 Vgl BFH-Urteil vom 26.4 2012, BStBl. 2012 II, S. 634. Zur umsatzsteuerlichen Unternehmereigenschaft beim Betrieb von Anlagen zur Energieerzeugung (zB Solaranlagen) siehe Abschnitt 2.5 UStAE.

wenn sie **auf eigene Rechnung und eigene Verantwortung** ausgeübt wird. **Nicht selbständig sind Arbeitnehmer und Organgesellschaften** (§ 2 Abs. 2 UStG).

Unternehmer kann **nur** sein, **wer** hinsichtlich Art, Umfang, Ort und Zeit seiner Tätigkeit **keinen Weisungen unterliegt**. Die **Handlungsfreiheit muss auf** den **Willen des Betroffenen selbst zurückgeführt werden können** und nicht lediglich Ausfluss des Willens des Auftraggebers sein. Arbeiter, Angestellte, Beamte und Richter sind deshalb als solche nicht Unternehmer (§ 2 Abs. 2 S. 1 Nr 1 UStG). Dies gilt auch dann, wenn sie hinsichtlich der Gestaltung ihrer Arbeit weitgehende Freiheiten besitzen, da diese Freiheiten auf einer Vereinbarung zwischen Arbeitgeber und Arbeitnehmer und nicht auf einer einseitigen Entscheidung des Arbeitnehmers beruhen. Im Regelfall wird die Voraussetzung der Selbständigkeit entsprechend den einkommen- und gewerbesteuerlichen Regelungen abgegrenzt. Wer (einkommensteuerlich) Einkünfte aus nichtselbständiger Arbeit bezieht, ist umsatzsteuerlich grundsätzlich nicht Unternehmer, da die Voraussetzung „Selbständigkeit" nicht erfüllt ist (Abschnitt 2.2 Abs. 2 UStAE).

Jede natürliche Person kann sowohl selbständig als auch unselbständig tätig sein. Die fehlende Unternehmereigenschaft bezieht sich nur auf Tätigkeiten im Zusammenhang mit dem Arbeits- oder Dienstverhältnis. Werden unabhängig davon weitere Tätigkeiten selbständig ausgeübt, können insoweit umsatzsteuerlich relevante Leistungen vorliegen.

Beispiele: Ein verbeamteter Hochschullehrer übt zusätzlich eine schriftstellerische oder vortragende Tätigkeit aus. Ein Arbeitnehmer ist als Aufsichtsrat im eigenen Unternehmen tätig. Ein in einem Krankenhaus angestellter Arzt ist insoweit selbständig tätig, als ihm für die Behandlung von Patienten ein von dem Krankenhaus unabhängiges Liquidationsrecht zusteht.

Kapitalgesellschaften haben als juristische Personen keine außerbetriebliche Sphäre (Privatsphäre). Sie sind deshalb **grundsätzlich selbständig** tätig. Kapitalgesellschaften **verlieren jedoch** die **Unternehmereigenschaft**, **wenn** sie **finanziell**, **wirtschaftlich** und **organisatorisch** in den Betrieb eines anderen Unternehmens **eingegliedert** sind (§ 2 Abs. 2 S. 1 Nr 2 UStG). Sind diese Voraussetzungen einer umsatzsteuerlichen Organschaft erfüllt, ist lediglich der Organträger, dh das Mutterunternehmen, Unternehmer iSd Umsatzsteuergesetzes. Die Leistungen der Tochtergesellschaft (Organgesellschaft) sind nicht bei ihr steuerbar, sondern auf Ebene des beherrschenden Unternehmens (Organträger).[19]

712 *(4) Beginn und Ende der Unternehmereigenschaft:* Die **Unternehmereigenschaft beginnt** mit der ersten nach außen erkennbaren, auf eine Unternehmertätigkeit gerichteten Aktivität. Sie wird bereits mit Vorbereitungshandlungen begründet, sofern die spätere Ausführung von Leistungen ernsthaft beabsichtigt ist und die Ernsthaftigkeit dieser Absicht durch objektive Merkmale nachgewiesen oder glaubhaft gemacht wird. Zu den Vorbereitungshandlungen gehören beispielsweise das Anmieten von Büro- oder Lagerräumen, der Einkauf von Waren und die Durchführung von Werbemaßnahmen. Die Unternehmereigenschaft **endet** mit dem letzten Tätigwerden. Sie er-

19 Zu Einzelheiten der umsatzsteuerlichen Organschaft siehe Sechster Teil, Dritter Abschnitt, Rn. 884–890.

lischt erst, wenn der Unternehmer alle Rechtsbeziehungen abgewickelt hat, die mit dem (aufgegebenen) Betrieb im Zusammenhang stehen (Abschnitt 2.6 UStAE).

(5) Begriff des „Halbunternehmers“: Im Zusammenhang mit dem Besteuerungstatbestand „innergemeinschaftlicher Erwerb“ (Einfuhren aus einem anderen Mitgliedstaat der EU)[20] gelten für Abnehmer, die die Merkmale eines umsatzsteuerlichen Unternehmers iSd § 2 UStG nicht erfüllen und die Gegenstände aus einem anderen Mitgliedstaat der EU erwerben, bestimmte Sonderregelungen. Zu diesen **„Halbunternehmern“** gehören (§ 1a Abs. 3 UStG): **713**

- Unternehmer, die nur steuerfreie Umsätze ausführen, die zum Ausschluss vom Vorsteuerabzug führen
- Kleinunternehmer iSd § 19 UStG
- Land- und Forstwirte, die der Pauschalbesteuerung nach § 24 UStG unterliegen
- juristische Personen, die nicht Unternehmer sind oder die den Gegenstand nicht für ihr Unternehmen erwerben.

II. Unternehmen

Lieferungen und sonstige Leistungen sind nur dann steuerbar, wenn sie von einem Unternehmer **„im Rahmen seines Unternehmens“** ausgeführt werden (§ 1 Abs. 1 Nr 1 S. 1 UStG). Ein Unternehmer kann den Vorsteuerabzug nur in Anspruch nehmen, wenn die Leistung **für sein Unternehmen** ausgeführt wird (§ 15 Abs. 1 UStG). **714**

1. Überblick

Das **Unternehmen umfasst die gesamte gewerbliche oder berufliche Tätigkeit des Unternehmers** (§ 2 Abs. 1 S. 2 UStG). Im Gegensatz dazu werden private, dh nichtunternehmerische, Tätigkeiten nicht „im Rahmen seines Unternehmens“ ausgeführt. Grundsätzlich sind unternehmerische Tätigkeiten nur solche, die sich **auf Gegenstände des Unternehmens erstrecken** (zB Verkauf von Waren) **oder mit Hilfe von Unternehmensgegenständen ausgeübt werden** (zB Überlassung eines Fahrzeugs durch eine Leasinggesellschaft). **715**

Die **Abgrenzung des umsatzsteuerlichen Unternehmens** lässt sich nach drei **Kriterien** vornehmen: **716**

- Abgrenzung im Hinblick auf den organisatorischen Aufbau
- Abgrenzung nach Art und Umfang der Tätigkeit
- Abgrenzung aufgrund der Einordnung von Gegenständen.

2. Organisatorischer Aufbau

Das Unternehmen umfasst die gesamte selbständige nachhaltige Tätigkeit eines Unternehmers zur Erzielung von Einnahmen. **Jeder Unternehmer hat nur ein Unternehmen.** Der Grundsatz der Unternehmenseinheit gilt unabhängig davon, wie viele **717**

20 Siehe hierzu Kapitel C.IV., Rn. 761–765.

Betriebe oder Betriebsstätten ein Unternehmer unterhält. Der Grundsatz der Unternehmenseinheit ist auch dann zu beachten, wenn in den einzelnen Betrieben unterschiedliche Tätigkeiten ausgeübt werden.

Beispiele: Ein Bäcker vermietet zusätzlich Wohnungen. Ein Einzelkaufmann unterhält eine Buchhandlung, ein Lebensmittelgeschäft und übt eine land- und forstwirtschaftliche Tätigkeit aus.

Im Hinblick auf den Grundsatz der Unternehmenseinheit unterscheidet sich das Umsatzsteuerrecht von der einkommensteuerlichen Behandlung, bei der unterschiedliche Tätigkeiten einer Person jeweils einer der sieben Einkunftsarten zuzuordnen sind und bei der innerhalb einer Einkunftsart auf den einzelnen Betrieb oder die jeweilige Tätigkeit abgestellt wird.

718 Der Gesamtumsatz des umsatzsteuerlichen Unternehmens entspricht der Summe der Einzelumsätze aus den verschiedenen Betrieben und Tätigkeiten des Unternehmers. Für das eine umsatzsteuerliche Unternehmen ist nur **eine Umsatzsteuererklärung** abzugeben, in der sämtliche Umsätze des Unternehmers zusammengefasst werden.

719 **Leistungsbeziehungen zwischen den** einzelnen **Betrieben eines Unternehmers sind** grundsätzlich **nicht steuerbar**, da es an einem Leistungsaustausch zwischen zwei Vertragspartnern fehlt **(Innenumsätze)**. Eine **Ausnahme** gilt für das **innergemeinschaftliche Verbringen**. Die Überführung eines Gegenstands in eine in einem anderen Mitgliedstaat der EU belegene Betriebsstätte des Unternehmers zur nicht nur vorübergehenden Verwendung gilt als (im Inland steuerfreie) innergemeinschaftliche Lieferung (§ 3 Abs. 1a iVm § 6a Abs. 2 UStG). Die Überführung eines Gegenstands aus einer in einem anderen EU-Staat belegenen Betriebsstätte in das Inland gilt als ein (im Inland steuerbarer und steuerpflichtiger) innergemeinschaftlicher Erwerb (§ 1a Abs. 2 UStG).

3. Art und Umfang der Tätigkeit

720 Umsatzsteuerlich werden **alle Leistungen zusammengefasst**, die ein Unternehmer im Rahmen seines Unternehmens ausführt. Die Leistungen unterteilen sich in **Grund- und Hilfsgeschäfte** (Abschnitt 2.7 Abs. 2 UStAE).

Grundgeschäfte umfassen Leistungen, die zum **eigentlichen Zweck** der jeweiligen unternehmerischen Betätigung gehören.

Beispiel: Verkauf von Backwaren durch einen Bäcker.

Zu den **Hilfsgeschäften** gehören alle Leistungen, die zwar nicht den Hauptgegenstand des Unternehmens bilden, die aber der **Geschäftsbetrieb** des Unternehmens **üblicherweise mit sich bringt**.

Beispiele: Verkauf von Wirtschaftsgütern des Anlagevermögens (zB nicht mehr benötigte Ladeneinrichtung eines Bäckers), von überzähligen Inventarstücken oder von Altpapier und Schrott.

4. Einordnung von Gegenständen

Die Zuordnung von Gegenständen zum Unternehmensvermögen oder zum Privatvermögen richtet sich nicht nach der Art des Gegenstands, sondern nach der Art seines Einsatzes. Dient ein Gegenstand der gewerblichen oder beruflichen Tätigkeit des Unternehmers, liegt ein **Unternehmensgegenstand** vor. Fehlt dieser Zusammenhang, gehört der Gegenstand nicht zum Unternehmensvermögen **(Privatgegenstand)**. **721**

Bei der Umsatzsteuer werden die Begriffspaare Unternehmensgegenstand und Privatgegenstand verwendet, während im Zusammenhang mit der sachlichen Zurechnung bei den Ertragsteuern zwischen Wirtschaftsgütern des Betriebsvermögens und Wirtschaftsgütern des Privatvermögens differenziert wird.

Bei Gegenständen, die sowohl für unternehmerische als auch für nichtunternehmerische Zwecke genutzt werden **(gemischt genutzte Gegenstände)**, hat der Unternehmer grundsätzlich ein **Zuordnungswahlrecht** (Abschnitt 3.3 Abs. 1 iVm Abschnitt 15.2b, Abschnitt 15.2c UStAE):

- Der Unternehmer kann den Gegenstand insgesamt seinem Unternehmen zuordnen.
- Er kann ihn vollständig seinem nichtunternehmerischen Bereich zuordnen.
- Er kann ihn entsprechend dem geschätzten unternehmerischen Nutzungsanteil seinem Unternehmen und im Übrigen seinem nichtunternehmerischen Bereich zuordnen.

Wird der Gegenstand zu weniger als 10% für unternehmerische Zwecke genutzt, gilt der Erwerb als nicht für das Unternehmen ausgeführt (§ 15 Abs. 1 S. 2 UStG). Bei einer derart geringen unternehmerischen Nutzung hat der Unternehmer ausnahmsweise kein Zuordnungswahlrecht. Der Gegenstand ist in vollem Umfang als Privatgegenstand anzusehen.

III. Gebietsbegriffe

Bei den umsatzsteuerlichen Gebietsbegriffen ist zwischen Inland, Ausland, Gemeinschaftsgebiet und Drittlandsgebiet zu differenzieren. **722**

Diese Unterteilung entscheidet mit darüber, ob bzw in welchem Staat es zu einer Umsatzbesteuerung kommt. Liegt der Ort der Leistung im Inland, kommt es nicht darauf an, welche Staatsangehörigkeit der Unternehmer besitzt, wo sich der Wohnsitz bzw Sitz des Unternehmers befindet, ob der Unternehmer im Inland eine Betriebsstätte unterhält, wo die Rechnung ausgestellt wird oder an welchem Ort die Zahlungen geleistet werden (§ 1 Abs. 2 S. 3 UStG).

<table>
<tr><th>Deutschland</th><th>die weiteren EU-Staaten</th><th>Nicht-EU-Staaten</th></tr>
<tr><td>Inland</td><td colspan="2">Ausland</td></tr>
<tr><td colspan="2">Gemeinschaftsgebiet</td><td rowspan="2">Drittlandsgebiet</td></tr>
<tr><td>Inland</td><td>übriges Gemeinschaftsgebiet</td></tr>
</table>

Abb. 5.5: Gebietsbegriffe des Umsatzsteuergesetzes

Inland ist das **Gebiet der Bundesrepublik Deutschland** mit Ausnahme des Gebiets von Büsingen, der Insel Helgoland, der Freihäfen (Freizonen des Kontrolltyps I nach § 1 Abs. 1 S. 1 Zollverwaltungsgesetz, dh die Freihäfen Bremerhaven und Cuxhaven), der Gewässer und Watten zwischen der Hoheitsgrenze und der jeweiligen Strandlinie sowie der deutschen Schiffe und der deutschen Luftfahrzeuge in Gebieten, die zu keinem Zollgebiet gehören. Als **Ausland** gilt das **Gebiet, das nicht zum Inland gehört** (§ 1 Abs. 2 UStG).

Das **Gemeinschaftsgebiet** umfasst das **Gebiet der Europäischen Union** (zuzüglich Monaco). Es unterteilt sich in das Inland und das übrige Gemeinschaftsgebiet. **Drittlandsgebiet** ist der Teil des Auslands, der **außerhalb des Gemeinschaftsgebiets** liegt (§ 1 Abs. 2a UStG).

C. Steuergegenstand (Umsätze)

723 Der Umsatzsteuer unterliegen (§ 1 UStG):

- die **Lieferungen und sonstigen Leistungen**, die ein Unternehmer im Inland gegen Entgelt im Rahmen seines Unternehmens ausführt.
  Die unentgeltliche Abgabe oder Verwendung von Gegenständen des Unternehmens und die unentgeltliche Erbringung von Dienstleistungen werden unter bestimmten Voraussetzungen Lieferungen und sonstigen Leistungen gegen Entgelt gleichgestellt (unentgeltliche Wertabgaben, § 3 Abs. 1b, 9a UStG).
- die **Einfuhr** von Gegenständen im Inland (Einfuhrumsatzsteuer) und
- der **innergemeinschaftliche Erwerb** im Inland gegen Entgelt.

I. Entgeltliche Leistungen

1. Leistungen als Oberbegriff

724 Haupttatbestand der Umsatzsteuer bilden **Lieferungen und sonstige Leistungen**, die **ein Unternehmer im Inland gegen Entgelt im Rahmen seines Unternehmens** ausführt (§ 1 Abs. 1 Nr 1 S. 1 UStG). Damit ein umsatzsteuerbarer Tatbestand vorliegt, sind also **fünf Voraussetzungen** zu erfüllen:

- Leistung (Lieferung oder sonstige Leistung)
- von einem Unternehmer
- im Rahmen seines Unternehmens
- im Inland
- gegen Entgelt.

725 Lieferungen und sonstige Leistungen lassen sich zum **Oberbegriff „Leistung“** zusammenfassen. Der Begriff **„Leistung“** wird für die Umsatzsteuer **weit gefasst** (Abschnitt 1.1 Abs. 3 UStAE). In Anlehnung an das bürgerliche Recht (§ 241 BGB) bildet **jedes Verhalten** (Tun, Dulden, Unterlassen) einem anderen gegenüber, **das Gegenstand des Rechtsverkehrs sein kann**, einen umsatzsteuerlich relevanten Steuergegenstand, sofern nicht nur rechtlich, sondern **auch wirtschaftlich eine Leistung** vorliegt. Dabei kommt es nicht darauf an, ob das Verhalten einem bestimmten bürgerlich-rechtlichen Schuldverhältnis zugerechnet werden kann.

Keine wirtschaftliche Leistung bildet die bloße Entgeltentrichtung (zB Barzahlung oder Überweisung). Die Entrichtung des Entgelts ist als Gegenleistung Teil des (einen) Leistungsaustauschs. Das **Unterhalten von Spar-, Giro- und Bausparkonten** oder eines Wertpapierdepots stellt für sich allein gleichfalls keine Leistung im wirtschaftlichen Sinn dar.

Besteuert wird die tatsächlich bewirkte Leistung (**Erfüllungsgeschäft**), **nicht** das 726
Verpflichtungsgeschäft. Steuergegenstand ist die Lieferung eines Gegenstands oder das Erbringen einer sonstigen Leistung, nicht der Abschluss eines Kaufvertrags oder eines anderen schuldrechtlichen Vertrags.

Lieferungen und sonstige Leistungen sind nur steuerbar, wenn ein **Leistungsaus-** 727
tausch vorliegt (Abschnitt 1.1 Abs. 1 UStAE). Ein Leistungsaustausch **setzt voraus**, dass ein **Leistender und** ein **Leistungsempfänger** vorhanden sind und dass der **Leistung** eine **Gegenleistung** (umsatzsteuerlich: Entgelt) gegenübersteht. Ein Leistungsaustausch kommt nur zustande, wenn Leistung und Gegenleistung in einem wechselseitigen Zusammenhang stehen. Der unmittelbare Zusammenhang zwischen Leistung und Gegenleistung wird als **spezielle Entgeltlichkeit** bezeichnet.

2. Lieferungen

a) Begriff der Lieferung

Lieferungen sind Leistungen, durch die ein Unternehmer (oder in seinem Auftrag ein 728
Dritter) den Abnehmer (oder in dessen Auftrag einen Dritten) befähigt, im eigenen Namen über einen Gegenstand zu verfügen (**Verschaffung der Verfügungsmacht**, § 3 Abs. 1 UStG).

Gegenstand einer Lieferung können sein (Abschnitt 3.1 Abs. 1 UStAE): 729

- **körperliche Gegenstände** (Sachen iSd § 90 BGB, Tiere iSd § 90a BGB), zB Gebäude, Maschinen, Rohstoffe, Lebensmittel, Konsumgüter, Kühe, Pferde
- Sachgesamtheiten (Zusammenfassung mehrerer selbständiger Gegenstände zu einem einheitlichen Ganzen, das wirtschaftlich als ein anderes Verkehrsgut angesehen wird als die Summe der einzelnen Gegenstände, zB Fabrikanlage, Kunstsammlung)
- **Wirtschaftsgüter**, die im Wirtschaftsverkehr **wie körperliche Sachen behandelt** werden, **zB Energie** (Strom, Licht, Dampf, Wärme, Kälte, Wasserkraft).

Rechte und andere immaterielle Wirtschaftsgüter **können nicht Gegenstand einer Lieferung sein**. Ihre Übertragung stellt eine sonstige Leistung dar.

Die **Verfügungsmacht** wird **dadurch verschafft, dass** die **wirtschaftliche Substanz** 730
eines Gegenstands endgültig vom Leistenden **auf** den **Leistungsempfänger übergeht** (Abschnitt 3.1 Abs. 2 UStAE). Der Abnehmer muss faktisch in der Lage sein, mit dem Gegenstand nach Belieben zu verfahren, insbesondere muss er ihn nutzen und veräußern können. Die Verschaffung der Verfügungsmacht ist vorwiegend durch einen **tatsächlichen Vorgang** charakterisiert, der im Regelfall mit dem Übergang des bürgerlich-rechtlichen Eigentums verbunden ist. Der Übergang des bürgerlich-rechtlichen Eigentums ist aber keine notwendige Bedingung für die umsatzsteuerliche Ein-

ordnung als Lieferung; der Übergang des wirtschaftlichen Eigentums (§ 39 AO) ist ausreichend. So liegt beispielsweise bei Übergabe eines Gegenstands unter Eigentumsvorbehalt eine Lieferung vor. Bei der Sicherungsübereignung wird demgegenüber durch die Übertragung des (bürgerlich-rechtlichen) Eigentums keine Verfügungsmacht verschafft (Abschnitt 3.1 Abs. 3 S. 1, 4 UStAE). Wird bei Abschluss eines Leasingvertrags der Leasinggegenstand (wirtschaftlich) dem Leasingnehmer zugeordnet, liegt eine Lieferung vor, obwohl zivilrechtlich der Leasingvertrag als Mietvertrag einzuordnen ist, in dessen Rahmen nicht das (bürgerlich-rechtliche) Eigentum am Leasinggegenstand übertragen wird, sondern lediglich das Recht zu dessen Nutzung eingeräumt wird (Abschnitt 3.5 Abs. 5 UStAE).

b) Ort der Lieferung

731 Eine **Lieferung** ist **nur** dann in Deutschland **steuerbar**, **wenn** sie **im Inland ausgeführt** wird. Der **Ort der Lieferung** hängt davon ab, welche Art von Lieferung vorliegt.

732 *(1) Bewegte Lieferung:* Wird der **Gegenstand** der Lieferung durch den Lieferer, den Abnehmer oder eine vom Lieferer bzw vom Abnehmer beauftragte Person **befördert oder versendet**, liegt der Ort der Lieferung an dem **Ort**, **an dem** sich der Gegenstand bei **Beginn der Beförderung oder Versendung befindet**. Befördern ist jede Fortbewegung eines Gegenstands, dh der Abnehmer holt den Gegenstand selbst ab **(Abholung)** oder der leistende Unternehmer überbringt den Gegenstand **(Auslieferung)**. Eine **Versendung** liegt vor, wenn jemand die Beförderung durch einen selbständigen Beauftragten (zB Spediteur, Frachtführer) ausführen bzw besorgen lässt (§ 3 Abs. 6 UStG).

Beispiele: Ein Student aus Nürnberg erwirbt für seine Examensfeier bei einem Weinhändler in Iphofen sechs Kisten Fränkischen Silvaner. Der Ort der Lieferung liegt in Iphofen, da dort die Beförderung beginnt. Dies gilt unabhängig davon,

- ob der Student den Wein in Iphofen selbst abholt (Abholung),
- ob der Winzer den Wein mit seinem Lieferwagen nach Nürnberg ausliefert (Auslieferung),
- ob der Wein durch einen Spediteur ausgeliefert wird, der von dem Winzer beauftragt wurde (Versendung) oder
- ob der Wein im Auftrag des Studenten durch einen Spediteur ausgeliefert wird (Versendung).

Durch den Ort der Lieferung wird gleichzeitig der Zeitpunkt der Lieferung festgelegt. Die Lieferung gilt in dem Zeitpunkt als ausgeführt, in dem die Verfügungsmacht verschafft wird (Abschnitt 3.12 Abs. 7 UStAE).

733 *(2) Unbewegte Lieferung:* Wird der **Gegenstand weder befördert noch versendet**, stimmt der Ort der Lieferung mit dem Ort überein, an dem sich der Gegenstand **zur Zeit der Verschaffung der Verfügungsmacht befindet** (§ 3 Abs. 7 UStG). Zu diesem Zeitpunkt gilt die unbewegte Lieferung als ausgeführt (Abschnitt 3.12 Abs. 7 UStAE).

Als unbewegte Lieferungen gelten insbesondere die Verschaffung des Eigentums an einem Gegenstand ohne Übergabe (§ 929 S. 2, § 930, § 931 BGB), Grundstückslieferungen, Werklieferungen mit Montage, Lieferungen des Sicherungsgebers an den Sicherungsnehmer bei Verwertung des Sicherungsguts und Lieferungen zwischen Kommittent und Kommissionär im Kommissionsgeschäft.

Beispiel: Der Bootshändler L aus Lübeck verkauft ein in ein Schiffsregister eingetragenes Sportboot an K, der seinen Wohnsitz in Köln hat. Das Sportboot liegt im Hafen von Kiel und ist an M vermietet.

Der Käufer K erwirbt das Eigentum an dem Boot durch Einigung sowie durch Abtretung des Herausgabeanspruchs des liefernden Bootshändlers L gegenüber dem Mieter des Boots M (§ 929 S. 1, § 931 BGB). Ort der Lieferung ist Kiel, da sich dort das Boot zu dem Zeitpunkt befindet, zu dem dem Käufer K die Verfügungsmacht an dem Boot verschafft wird.

(3) Einfuhr von Gegenständen im Inland (Einfuhren aus dem Drittlandsgebiet): Gelangt ein Gegenstand durch Beförderung oder Versendung aus dem Drittlandsgebiet in das Inland und ist der Lieferer Schuldner der Einfuhrumsatzsteuer (Vertragsbedingungen zB frei Haus, versteuert und verzollt), liegt der Ort der Lieferung aufgrund einer speziellen Regelung ausnahmsweise im Inland (§ 3 Abs. 8 UStG).[21] **734**

Beispiel: Der Unternehmer CH liefert aus Appenzell Käse nach Nürnberg. CH übernimmt den Transport und die Einfuhrumsatzsteuer. Da die Schweiz nicht Mitglied der EU ist, liegt der Ort der Lieferung in Deutschland. Die Lieferung des Käses durch CH ist in Deutschland steuerbar.

Durch diese Sonderregelung ist gewährleistet, dass die Einfuhrumsatzsteuer nicht nur dann als Vorsteuer abgezogen werden kann, wenn der empfangende Unternehmer die Umsatzsteuer schuldet, sondern auch dann, wenn der leistende (ausländische) Unternehmer Schuldner der Umsatzsteuer ist. Ist der empfangende (inländische) Unternehmer Steuerschuldner, kann er die Einfuhrumsatzsteuer nach den allgemeinen Regeln abziehen (§ 15 Abs. 1 S. 1 Nr 2 UStG). Würde der Ort der Lieferung des Drittstaatunternehmers nicht nach § 3 Abs. 8 UStG ins Inland verlagert, würde er im Inland keine steuerbare Leistung erbringen. Damit könnte der Drittstaatunternehmer die von ihm gezahlte Einfuhrumsatzsteuer nicht als Vorsteuer geltend machen.

(4) Innergemeinschaftlicher Erwerb im Inland (Erwerb eines Gegenstands von einem Unternehmer aus einem anderen Mitgliedstaat der EU durch einen Unternehmer): Der innergemeinschaftliche Erwerb wird in dem Mitgliedstaat bewirkt, in dem sich der Gegenstand **am Ende der Beförderung oder Versendung** befindet (§ 3d S. 1 UStG). Der Ort des innergemeinschaftlichen Erwerbs liegt also grundsätzlich beim (inländischen) Abnehmer.[22] **735**

Eine Ausnahme gilt in den Fällen, in denen der Erwerber gegenüber dem Lieferer eine ihm von einem *anderen* EU-Staat erteilte Umsatzsteuer-Identifikationsnummer verwendet. In diesem Fall gilt der innergemeinschaftliche Erwerb grundsätzlich als in dem Staat bewirkt, der diese Umsatzsteuer-Identifikationsnummer ausgegeben hat (§ 3d S. 2 UStG).

(5) Sonderregelungen für die Bestimmung des Orts der Lieferung: Spezielle Regelungen für den Ort der Lieferung gelten für Beförderungen und Versendungen an private Abnehmer oder an steuerbefreite Unternehmer, Kleinunternehmer, Land- und Forstwirte und nichtunternehmerische juristische Personen („Halbunternehmer"), für Lie- **736**

21 Zur Einfuhr von Gegenständen aus dem Drittlandsgebiet siehe Kapitel III., Rn. 758–760.
22 Zum innergemeinschaftlichen Erwerb siehe Kapitel IV., Rn. 761–765.

ferungen und Restaurationsleistungen während einer Beförderung an Bord eines Schiffs, in einem Luftfahrzeug oder in einer Eisenbahn sowie für die Lieferung von Gas, Elektrizität, Wärme und Kälte (§ 3c, § 3e, § 3g UStG).

c) Spezielle Formen von Lieferungen

737 Die Umsätze im Rahmen einer **Geschäftsveräußerung** an einen anderen Unternehmer für dessen Unternehmen unterliegen nicht der Umsatzsteuer. Diese Umsätze gelten aufgrund einer gesetzlichen Ausnahmevorschrift als **nicht steuerbar**. Als Geschäftsveräußerung gelten die entgeltliche oder unentgeltliche Übertragung eines Unternehmens im Ganzen oder eines gesondert geführten Betriebs und die Einbringung in eine Gesellschaft (§ 1 Abs. 1a UStG, Abschnitt 1.5 UStAE). Bei der entgeltlichen Übertragung an einen vorsteuerabzugsberechtigten Unternehmer dient diese Regelung im Wesentlichen der Steuervereinfachung. Bei der unentgeltlichen Übertragung eines Unternehmens im Rahmen der vorweggenommenen Unternehmensnachfolge verhindert sie das Entstehen von Mehrbelastungen, wenn der Erwerber die ansonsten anfallende Umsatzsteuer nicht als Vorsteuer abziehen könnte.

738 Als Lieferung gegen Entgelt gilt die Überführung eines Gegenstands des Unternehmens aus dem Inland in das übrige Gemeinschaftsgebiet durch einen Unternehmer zu seiner Verfügung, sofern der Gegenstand nicht nur vorübergehend im Ausland verwendet wird (**innergemeinschaftliches Verbringen**, § 3 Abs. 1a UStG). Eine Lieferung nach § 1 Abs. 1 Nr 1 UStG liegt nicht vor, da der inländische Betriebsteil und der ausländische Betriebsteil zivilrechtlich und umsatzsteuerlich ein einheitliches Unternehmen bilden. Die Überführung eines Gegenstands zwischen zwei Betriebsteilen desselben Unternehmens erfüllt mangels Leistungsaustauschs nicht die Voraussetzungen einer Lieferung. Durch die Erfassung als innergemeinschaftliches Verbringen wird jedoch eine **entgeltliche Lieferung fingiert**.

Beispiel: Ein Unternehmer überführt von seiner Berliner Zentrale Waren an seine in Innsbruck gelegene Verkaufsniederlassung (steuerrechtlich: Betriebsstätte).

739 **Besondere Formen von Lieferungen** bilden:

- **Kommissionsgeschäfte** (§ 3 Abs. 3 UStG)
- **Werklieferungen** (§ 3 Abs. 4 UStG)

  Beispiel: Werklieferungen sind die Leistungen einer Anzugschneiderei, wenn der Stoff vom Schneider beschafft wird. Wird der Stoff vom Kunden gestellt (Materialbeistellung), handelt es sich bei der Fertigung des Anzugs nicht um eine Lieferung, sondern um eine sonstige Leistung (Werkleistung).

- **Gehaltslieferungen** (§ 3 Abs. 5 UStG)

  Beispiel: Ein Landwirt übergibt einer Zuckerfabrik eine Ladung Zuckerrüben. Diese entnimmt den Zuckergehalt und gibt die Rübenschnitzel zurück. Die Lieferung des Landwirts erstreckt sich nur auf den Zuckergehalt. Weitere Beispiele sind Fettgehalt der Milch, Stärkegehalt der Kartoffeln, Ölgehalt des Rapses und Schwefelgehalt des Schwefelkieses.

- **Reihengeschäfte** (§ 3 Abs. 6a, Abs. 7 S. 2 UStG, Abschnitt 3.14 UStAE). Ein Reihengeschäft liegt vor, wenn mehrere Unternehmer über denselben Gegenstand Umsatzgeschäfte abschließen und der Gegenstand bei der Beförderung oder Versendung unmittelbar vom ersten Unternehmer an den letzten Abnehmer gelangt.

Bei der Festlegung des Orts der Lieferung ist danach zu differenzieren, ob der erste Unternehmer, der letzte Abnehmer oder ein Zwischenhändler (Abnehmer, der gleichzeitig Lieferer ist) die Beförderung oder Versendung des Gegenstands übernimmt. Zusätzlich ist danach zu unterscheiden, ob der Gegenstand im Inland verbleibt, in einen anderen Mitgliedstaat oder in das Drittlandsgebiet oder aus dem Drittlandsgebiet in das Gemeinschaftsgebiet gelangt.
Das Reihengeschäft ist aufzuteilen in eine bewegte Lieferung (Bestimmung des Orts der Lieferung nach § 3 Abs. 6 S. 1 UStG) und andere unbewegte Lieferungen (Bestimmung des Orts der Lieferung nach § 3 Abs. 7 S. 2 UStG). Die Beförderung oder Versendung des Gegenstands ist nur einer der Lieferungen zuzuordnen. Die Lieferungen, die der Beförderungs- bzw Versendungslieferung (bewegte Lieferung) vorangehen (nachfolgen), gelten als an dem Ort ausgeführt, an dem die Beförderung bzw Versendung beginnt (endet).

Beispiel: Unternehmer B aus Berlin erwirbt Waren von Unternehmer A aus Augsburg. B veräußert die Waren an C in Chemnitz weiter. Es wird vereinbart, dass A die Waren direkt an C liefert. Die Auslieferung durch A an C gilt gleichzeitig als Lieferung von A an B und als Lieferung von B an C.

Die Lieferung von A an B ist eine bewegte Lieferung; ihr Ort liegt in Augsburg (Beginn der Beförderung, § 3 Abs. 6a S. 2 iVm § 3 Abs. 6 S. 1 UStG). Die Lieferung von B an C ist eine unbewegte Lieferung. Der Ort dieser Lieferung liegt in Chemnitz, da dort die Beförderung endet (§ 3 Abs. 7 S. 2 Nr 2 UStG).

- Ausgabe von (Einzweck- oder Mehrzweck-)**Gutscheinen** (§ 3 Abs. 13–15 iVm § 10 Abs. 1 S. 6 UStG)
- Vereinfachungsregelungen für das Verbringen von Waren in ein in einem anderen Mitgliedstaat belegenes **Konsignationslager** (Auslieferungslager) des Unternehmers (§ 6b iVm § 1a Abs. 2a UStG)

3. Sonstige Leistungen

a) Begriff der sonstigen Leistung

Sonstige Leistungen sind Leistungen, die keine Lieferungen sind. Sie umfassen **jedes positive Verhalten** (Tun). Sie können **auch** in einem **Unterlassen** oder im **Dulden einer Handlung** oder **eines Zustands** bestehen (§ 3 Abs. 9–11a UStG). 740

Als sonstige Leistungen gelten beispielsweise (Abschnitt 3.1 Abs. 4, Abschnitt 3.5 UStAE):

- **Dienstleistungen** (zB Leistungen von freiberuflich tätigen Unternehmern [wie Steuerberater, Rechtsanwälte], Vermittlungsleistungen, Spediteurleistungen, Marktforschung, Telekommunikation, Rundfunk- und Fernsehdienstleistungen, auf elektronischem Weg erbrachte sonstige Leistungen, die Gewährung des Zugangs zu Erdgas- oder Elektrizitätsnetzen)

Eine auf elektronischem Weg erbrachte sonstige Leistung ist eine Leistung, die über das Internet oder ein elektronisches Netz erbracht wird und deren Erbringung in hohem Maße auf Informationstechnologie angewiesen ist; dh die Leistung ist im Wesentlichen automatisiert, sie wird mit nur minimaler menschlicher Beteiligung erbracht und wäre ohne Informationstechnologie nicht möglich *(Online-Geschäfte)*. Hierzu zählen insbesondere: Bereitstellung von Web-Sites, Web-Hosting, Fernwartung von Programmen und Ausrüstungen, Bereitstellung von Software und deren Aktualisierung, Bereitstellung von Bildern (einschließlich Fotos und Bildschirmschoner), Bereitstellung von Texten und Informationen (zB E-Books, Online-Zeitschriften, Online-Nachrichten, Online-Verkehrsinformationen, Online-Wetterberichte, Bannerwerbung), Bereitstellung von Datenbanken (zB Suchmaschinen), Bereitstellung von Musik, Klingeltönen, Filmen und Spielen einschließlich Glücksspielen und Lotterien, von Sendungen und Veranstaltungen aus den Bereichen Politik, Kultur, Kunst, Sport, Wissenschaft und Unterhaltung, Fernunterrichtsleistungen, Online-Versteigerungen, Erbringung bzw Weiterleitung von Audio- und audiovisuellen Inhalten über Kommunikationsnetze, Online-Versteigerungen sowie Internet-Service-Pakete, die mehr als nur die Gewährung des Zugangs zum Internet ermöglichen und weitere Elemente umfassen (Abschnitt 3a.12 UStAE).

Nicht zu den auf elektronischem Weg erbrachten sonstigen Leistungen gehören Geschäfte, bei denen lediglich Werbung, Bestellung und Zahlungsabwicklung elektronisch erfolgen, während die Lieferung oder sonstige Leistung selbst auf traditionellem Weg erbracht wird *(Offline-Geschäfte)*. Zu den Offline-Geschäften gehören beispielsweise die Bestellung eines Buchs oder von Kino- oder Theaterkarten per Internet. Für die umsatzsteuerliche Behandlung von Offline-Geschäften gelten die Regelungen, die für die jeweiligen Lieferungen bzw sonstigen Leistungen anzuwenden sind, Besonderheiten treten nicht auf.

- Gebrauchs- oder Nutzungsüberlassungen (zB **Vermietung**, Verpachtung, **Kreditgewährung**, Einräumung eines Nießbrauchsrechts, Erlaubnis, an dem eigenen Gebäude eine Reklametafel anzubringen)
- Übertragung von Wertpapieren und Anteilen (zB Aktien, GmbH-Anteile, festverzinsliche Wertpapiere, Fondsanteile)
- Einräumung, **Übertragung** oder Wahrnehmung **von** Patenten, **Urheberrechten** und Markenrechten, Firmenwert, Kundenstamm, Überlassung von Know-how, die Gestattung der Nutzung des eigenen Namens für Werbezwecke, Überlassung von Fernsehübertragungsrechten, Freigabe eines Berufsfußballspielers gegen Ablösezahlung
- **Unterlassen** ist der bewusste Verzicht auf die Vornahme eigener Handlungen. Das Unterlassen beinhaltet nur dann eine sonstige Leistung, wenn durch den Verzicht auf eine eigene Tätigkeit einem anderen Beteiligten ein wirtschaftlicher Vorteil zugewendet werden soll

  Beispiel: Vereinbart ein Unternehmer mit einem Handelsvertreter, dessen Vertrag ausgelaufen ist, dass der Handelsvertreter in den nächsten beiden Jahren keine eigenständige gewerbliche Tätigkeit ausübt, erbringt der Handelsvertreter mit der Erfüllung des Wettbewerbsverbots eine sonstige Leistung.

- Werkleistungen (§ 3 Abs. 10 UStG)

  Beispiel: Ein Kunde beauftragt einen Schneider, aus dem von ihm zur Verfügung gestellten Stoff einen Anzug herzustellen. Wird der Stoff vom Schneider beschafft, liegt eine Lieferung (Werklieferung) vor.

- Umtauschleistungen (als Sonderfall von Werkleistungen)

  Beispiel: Ein Landwirt bringt Äpfel zu einer Mosterei und bittet diese, daraus Apfelsaft herzustellen. Der Landwirt muss nicht warten, bis die von ihm gebrachten Äpfel gepresst sind, vielmehr erhält er sofort eine entsprechende Menge Apfelsaft. Die Mosterei erbringt eine sonstige Leistung. Diese wird dadurch vergütet, dass der Landwirt für die Tätigkeit der Mosterei pro Flasche Apfelsaft einen bestimmten Preis zu entrichten hat (Arbeitserfolg gegen Werklohn). Gegenüber dem Grundfall einer Werkleistung wird auf die Identität der vom Besteller beigestellten Gegenstände verzichtet. Aufgrund der Sonderregelung des § 3 Abs. 10 UStG treten die Folgen des Tauschgeschäftes nach § 3 Abs. 12 UStG (Lieferung der Äpfel gegen Lieferung des Apfelsaftes) nicht ein.

- **Reiseleistungen**
- Abgabe von verzehrfertig zubereiteten Speisen, wenn das Dienstleistungselement überwiegt (zB Mittagessen im Restaurant)[23]
- Dienstleistungskommission (Verkauf von Dienstleistungen im eigenen Namen für fremde Rechnung, § 3 Abs. 11, 11a UStG, Abschnitt 3.15 UStAE).

Beispiel für eine Leistungseinkaufskommission: Spediteur A besorgt für seinen Kunden im eigenen Namen und für Rechnung des Kunden die Beförderung von Maschinen. Die Beförderungsleistung wird von Spediteur B erbracht. Es liegen folgende Beförderungsleistungen vor: Spediteur B gegenüber Spediteur A sowie Spediteur A gegenüber seinem Kunden.

Beispiel für eine Leistungsverkaufskommission: Der Eigentümer einer Ferienwohnung beauftragt ein Reisebüro, im eigenen Namen und auf Rechnung des Eigentümers Mieter für kurzfristige Ferienaufenthalte zu werben. Es werden folgende Leistungen erbracht: Eigentümer gegenüber dem Reisebüro (Vermietungsleistung) sowie Reisebüro gegenüber den Urlaubern (Reiseleistung).

b) Ort der sonstigen Leistung

Bei grenzüberschreitenden Leistungen soll aufgrund des wirtschaftlichen Charakters der Umsatzsteuer als allgemeine Verbrauchsteuer **grundsätzlich** das **Bestimmungslandprinzip** verwirklicht werden. Erreicht wird dieses Ziel durch eine in Abhängigkeit von der Leistungsart vorgenommene Festlegung des Orts der sonstigen Leistung. Auf das Ursprungslandprinzip wird nur zurückgegriffen, um eine Nichtbesteuerung zu vermeiden bzw um den innerstaatlichen Besteuerungsanspruch zu sichern. Deshalb wird als Auffangvorschrift ergänzend der Ort, von dem aus der leistende Unternehmer sein Unternehmen betreibt, als Ort der sonstigen Leistung angenommen. **741**

Sonstige **Leistungen**, die **an einen Unternehmer** für dessen Unternehmen erbracht werden, gelten grundsätzlich als an dem Ort ausgeführt, von dem aus der Leistungsempfänger sein Unternehmen betreibt (§ 3a Abs. 2 UStG). Sofern die sonstige Leistung an die Betriebsstätte eines Unternehmers ausgeführt wird, gilt der Ort der Betriebsstätte des Leistungsempfängers als Ort der sonstigen Leistung.[24] Bei sonstigen Leistungen zwischen Unternehmern gilt also im Grundsatz das **Bestimmungslandprinzip**.

---

23 Zur Abgrenzung von Lieferungen und sonstigen Leistungen bei der Abgabe von Speisen und Getränken siehe Abschnitt 3.6 UStAE. Diese Differenzierung ist für die Höhe des Steuersatzes relevant. Die Lieferung von Lebensmitteln unterliegt dem ermäßigten Steuersatz von 7% (§ 12 Abs. 2 Nr 1 UStG iVm Anlage 2), während für sonstige Leistungen der allgemeine Steuersatz von 19% gilt.

24 Der Ort der sonstigen Leistung liegt auch dann beim Leistungsempfänger, wenn die sonstige Leistung an eine ausschließlich nichtunternehmerisch tätige juristische Person erbracht wird, der eine Umsatzsteuer-Identifikationsnummer erteilt worden ist oder wenn die sonstige Leistung an eine juristische Person erbracht wird, die sowohl unternehmerisch als auch nichtunternehmerisch tätig ist, sofern die sonstige Leistung nicht ausschließlich für den privaten Bedarf des Personals oder eines Gesellschafters bestimmt ist.

742 Bei sonstigen **Leistungen an Nichtunternehmer** gilt als Ort der sonstigen Leistung grundsätzlich der Ort, von dem aus der leistende Unternehmer sein Unternehmen betreibt (§ 3a Abs. 1 UStG). Wird die sonstige Leistung von einer Betriebsstätte des Unternehmers ausgeführt, gilt die Betriebsstätte als der Ort der sonstigen Leistung. Als Nichtunternehmer werden Leistungsempfänger behandelt, die die Voraussetzungen des Unternehmerbegriffs (§ 2 UStG) im Umsatzsteuerrecht nicht erfüllen. Darüber hinaus werden auch Unternehmer als Nichtunternehmer betrachtet, wenn sie die sonstige Leistung nicht für ihr Unternehmen in Anspruch nehmen.[25] Bei sonstigen Leistungen an Nichtunternehmer wird also im Grundsatz das **Ursprungslandprinzip** umgesetzt.

743 § 3a Abs. 1 UStG und § 3a Abs. 2 UStG besitzen für sonstige Leistungen zwar den Charakter einer **Grundsatzregelung**. Dennoch kommen diese Vorschriften **nur ausnahmsweise zur Anwendung**, da das Umsatzsteuerrecht für wichtige Leistungsarten **spezielle Regelungen** kennt, die zu einem abweichenden Ort der sonstigen Leistung führen.

Als Alternativen für den Ort, von dem aus der Leistungsempfänger sein Unternehmen betreibt (Grundsatzregelung nach § 3a Abs. 2 UStG, wenn der Leistungsempfänger ein Unternehmer ist) bzw von dem aus der leistende Unternehmer sein Unternehmen betreibt (Grundsatzregelung nach § 3a Abs. 1 UStG, wenn der Leistungsempfänger kein Unternehmer ist), kommen folgende Leistungsorte in Frage:

- Ort, von dem aus der Abnehmer sein Unternehmen betreibt (§ 3g Abs. 1 UStG)
- Ort, an dem der Abnehmer die Gegenstände tatsächlich nutzt oder verbraucht (§ 3g Abs. 2 UStG)
- Abgangsort des Beförderungsmittels (§ 3e UStG)
- Ort, an dem die Personenbeförderung bewirkt wird (Beförderungsstrecke, § 3b Abs. 1 S. 1–2 UStG)
- Ort, an dem eine (nicht innergemeinschaftliche) Gegenstandsbeförderung bewirkt wird (Beförderungsraum, § 3b Abs. 1 S. 3 UStG)
- Ort, an dem eine innergemeinschaftliche Gegenstandsbeförderung beginnt (§ 3b Abs. 3 UStG)
- Tätigkeitsort des Unternehmers bei der Leistungserbringung (§ 3a Abs. 3 Nr 3, § 3b Abs. 2 UStG)
- Belegenheitsort des Grundstücks (§ 3a Abs. 3 Nr 1 UStG)
- Ort, an dem das Beförderungsmittel dem Empfänger tatsächlich zur Verfügung gestellt wird (§ 3a Abs. 3 Nr 2 UStG)
- Ort, an dem der vermittelte Umsatz ausgeführt wird (§ 3a Abs. 3 Nr 4 UStG)
- Ort, an dem die Veranstaltung tatsächlich durchgeführt wird (§ 3a Abs. 3 Nr 5 UStG)
- Wohnsitz oder Sitz des Leistungsempfängers (§ 3a Abs. 4, § 3a Abs. 5 UStG)
  Bei sonstigen Leistungen auf dem Gebiet der Telekommunikation, Rundfunk- und Fernsehdienstleistungen sowie auf elektronischem Weg erbrachten sonstigen

25 In gleicher Weise behandelt werden juristische Personen, wenn sie ausschließlich nichtunternehmerisch tätig sind und ihnen keine Umsatzsteuer-Identifikationsnummer erteilt wurde oder wenn sie sowohl unternehmerisch als auch nichtunternehmerisch tätig sind, die sonstige Leistung allerdings ausschließlich für den privaten Bedarf des Personals oder eines Gesellschafters bestimmt ist.

Leistungen kann die Besteuerung in dem Mitgliedstaat erfolgen, in dem der leistende Unternehmer ansässig, wenn der Unternehmer nur in einem Mitgliedstaat ansässig ist und der Gesamtbetrag dieser sonstigen Leistungen insgesamt 10 000 € nicht übersteigt (§ 3a Abs. 5 S. 3–5 iVm § 14 Abs. 7 S. 3 UStG). Diese ausnahmsweise Anwendung des Ursprungslandprinzips dient der Vereinfachung für Unternehmen mit geringen Umsätzen.
- Inland (§ 3a Abs. 6 UStG)
- Drittlandsgebiet (§ 3a Abs. 7, § 3a Abs. 8 UStG).

Welcher Leistungsort im konkreten Fall zur Anwendung kommt, richtet sich danach,
- welche Art von sonstigen Leistungen erbracht wird,
- ob der Abnehmer ein Unternehmer oder ein Nichtunternehmer ist,
- wo der Leistungsempfänger seinen Wohnsitz oder Sitz hat,
- wo der leistende Unternehmer ansässig ist bzw von wo aus er sein Unternehmen betreibt und
- wo eine Leistung genutzt oder ausgewertet wird.

Für jede sonstige Leistung ist zu untersuchen, ob eine Ausnahmevorschrift den Ort der sonstigen Leistung abweichend von den Grundsatzregelungen nach § 3a Abs. 1, 2 UStG verlegt. Eine Besteuerung entsprechend den Grundsatzregelungen des § 3a Abs. 1, 2 UStG kommt nur in den Fällen zur Anwendung, in denen keine Sonderregelung gilt. Hierzu gehören beispielsweise sonstige Leistungen durch Vermögensverwalter, Testamentsvollstrecker, Treuhänder, Insolvenzverwalter, Notare (soweit sie keine Grundstücksgeschäfte beurkunden), Tierärzte und Schiedsrichter im Rahmen von Schiedsgerichtsverfahren. § 25 Abs. 1 S. 4 UStG verweist auf die Grundsatzregelung in § 3a Abs. 1 UStG.

Bei sonstigen Leistungen zwischen Unternehmern wird das Bestimmungslandprinzip **744**
entweder durch einen der speziellen Leistungsorte oder durch die als eine Art „Auffangnorm" fungierende Grundsatzregelung des § 3a Abs. 2 UStG erreicht. Wird eine sonstige Leistung an einen Nichtunternehmer erbracht, wird das Bestimmungslandprinzip nur dann umgesetzt, wenn für die sonstige Leistung ein spezieller Leistungsort geregelt ist. Anderenfalls kommt durch die Grundsatzregelung des § 3a Abs. 1 UStG das Ursprungslandprinzip zur Anwendung. Das Ursprungslandprinzip widerspricht zwar der Zielsetzung der Umsatzsteuer als Verbrauchsteuer, es dient jedoch dazu, eine umsatzsteuerliche Nichtbesteuerung zu vermeiden. Durch die EU-weite Vereinheitlichung der Bestimmungen zur Festlegung des Leistungsorts ist zwar die Gefahr einer Doppelbesteuerung oder Nichtbesteuerung vermindert worden. Der komplizierte Aufbau und die zahlreichen Konkurrenzbeziehungen zwischen den einzelnen Vorschriften erschweren jedoch ihre praktische Anwendung.

Der Ort der sonstigen Leistung entscheidet darüber, wo ein Umsatz getätigt wird. **In** **745**
Deutschland liegt nur dann ein **steuerbarer Umsatz** vor, **wenn** der **Leistungsort im Inland** liegt. Befindet sich der Ort der sonstigen Leistung im Ausland, liegt im Inland keine steuerbare Leistung vor. Die umsatzsteuerliche Erfassung der sonstigen Leistung richtet sich nach den im Ausland geltenden Verhältnissen.

Bei **sonstigen Leistungen an einen in einem anderen Mitgliedstaat ansässigen Unternehmer** kommt es zu einer **Umkehrung der Steuerschuldnerschaft** (§ 13b

Abs. 1 UStG-anderer Mitgliedstaat). Steuerschuldner ist der (ausländische) Leistungsempfänger, nicht – wie es dem Konzept der Umsatzsteuer entspricht – der leistungserbringende (inländische) Unternehmer. Von der Idee werden damit grenzüberschreitende sonstige Leistungen an Unternehmer innerhalb der EU in vergleichbarer Weise besteuert wie grenzüberschreitende Lieferungen zwischen EU-Unternehmern. Die Verlagerung des Orts der sonstigen Leistung in das Land des Abnehmers und der Übergang der Steuerschuldnerschaft auf den leistungsempfangenden Unternehmer bei sonstigen Leistungen ist im Ergebnis der **steuerlichen Behandlung einer innergemeinschaftlichen Lieferung** bei der Lieferung von Gegenständen (Ort der Lieferung im Exportstaat, Steuerbefreiung im Exportstaat, Empfänger verwirklicht den steuerbaren Vorgang und schuldet damit die Umsatzsteuer) **vergleichbar**.

4. Sonderfälle

746 Umsätze, die **aufgrund** einer **gesetzlichen oder behördlichen Anordnung** ausgeführt werden oder die nach gesetzlichen Vorschriften als ausgeführt gelten, sind gleichfalls steuerbare Leistungen (§ 1 Abs. 1 Nr 1 S. 2 UStG). Diese Regelung ist lediglich klarstellend, da bei der Umsatzsteuer der Grund, weshalb eine Leistung erbracht wird, generell ohne Einfluss auf die Steuerbarkeit ist.

747 Die Gegenleistung für eine Lieferung oder sonstige Leistung muss nicht in Geld bestehen, sie kann ihrerseits eine Lieferung oder sonstige Leistung sein. Ein **Tausch** liegt vor, wenn das Entgelt für eine Lieferung in einer (anderen) Lieferung besteht. Ein **tauschähnlicher Umsatz** ist dadurch definiert, dass das Entgelt für eine sonstige Leistung in einer Lieferung oder (anderen) sonstigen Leistung besteht (§ 3 Abs. 12 UStG). Bei einem Tausch bzw tauschähnlichen Umsatz liegen zwei Umsätze vor, von denen jeder jeweils die eigene Leistung und die Gegenleistung für die Leistung des Vertragspartners ist.

Beispiele: Autohändler A überträgt einen Kleinwagen an den Schreinermeister S. Der Autohändler A erhält als Gegenleistung von S die Anfertigung von Einbauschränken für sein Büro. Es liegen zwei Umsätze vor:

(1) Lieferung eines Kleinwagens durch den Autohändler A, für die vom Schreinermeister S die Gegenleistung „Einbauschränke" erbracht wird.

(2) Lieferung von Einbauschränken (Werklieferung) durch den Schreinermeister S, für die vom Autohändler A die Gegenleistung „Kleinwagen" erbracht wird.

Die ordnungsgemäße Entsorgung von Abfällen stellt grundsätzlich eine sonstige Leistung dar (§ 3 Abs. 9 EStG). Besitzt der zur Entsorgung überlassene Abfall einen wirtschaftlichen Wert (werthaltiger Abfall), liegt allerdings ein tauschähnlicher Umsatz vor (§ 3 Abs. 12 EStG), wenn nach den übereinstimmenden Vorstellungen der Vertragspartner der überlassene Abfall die Höhe der Vergütung für die Entsorgungsleistung oder die Entsorgung die Barvergütung für die Lieferung des Abfalls beeinflusst hat. Der Entsorgungsleitung steht die Lieferung des werthaltigen Abfalls gegenüber. Sofern der Wert einer der beiden Leistungen den Wert der anderen Leistung übersteigt (z.B. Wert der Entsorgungsleistung ist höher als der Wert des zu entsorgenden Abfalls), liegt ein Tausch mit Baraufgabe vor (Abschnitt 3.16 UStAE).

5. Nicht steuerbare Vorgänge

Eine Leistung ist nur dann nach § 1 Abs. 1 Nr 1 UStG Steuergegenstand der Umsatzsteuer, wenn die fünf Voraussetzungen – Lieferung oder sonstige Leistung, eines Unternehmers, im Rahmen seines Unternehmens, im Inland, gegen Entgelt – erfüllt sind. Fehlt mindestens eine der Voraussetzungen, ist der betrachtete Vorgang nicht steuerbar. **748**

Keinen Steuergegenstand der Umsatzsteuer bilden beispielsweise:

- **Innenumsätze**. Bei Umsätzen innerhalb eines umsatzsteuerlichen Unternehmens, wie bei der Überführung von Gegenständen von einer Betriebsstätte an eine andere, demselben Unternehmer gehörende Betriebsstätte, findet kein Leistungsaustausch statt.
  Ausnahme: Das innergemeinschaftliche Verbringen (Überführung von einer inländischen Betriebsstätte zu einer in einem anderen Mitgliedstaat der EU belegenen Betriebsstätte bzw umgekehrt) *gilt* als Lieferung (§ 3 Abs. 1a UStG) bzw als innergemeinschaftlicher Erwerb (§ 1a Abs. 2 UStG).
- **Leistungen eines Nichtunternehmers**. Die Unternehmereigenschaft ist nicht gegeben.
  Ausnahme: Lieferung von neuen Fahrzeugen an einen in einem anderen EU-Staat ansässigen Abnehmer (§ 2a UStG).
- **Einmaliger Verkauf** einer privaten Sammlung **durch** einen **Nichtunternehmer**. Mangels Nachhaltigkeit wird der Veräußerer nicht zum Unternehmer.
- **Einmaliger Verkauf einer privaten Sammlung bzw eines privaten Gegenstands durch einen Unternehmer**. Die Veräußerung wird nicht im Rahmen seines Unternehmens ausgeführt.
- **Lieferung im Ausland**. Die Leistung wird nicht im Inland ausgeführt.
  Beachte: Lieferungen *ins* Ausland sind steuerbar, da für Lieferungen, bei denen der Gegenstand befördert oder versendet wird (bewegte Lieferung), der Ort der Lieferung dort liegt, wo sich der Gegenstand bei Beginn der Beförderung oder Versendung befindet (§ 3 Abs. 6 UStG). Für Ausfuhrlieferungen und innergemeinschaftliche Lieferungen gilt allerdings eine Steuerbefreiung (§ 4 Nr 1 UStG). In diesem Zusammenhang wird nochmals der systematische Unterschied zwischen einem nicht steuerbaren Vorgang (Lieferung *im* Ausland) und einem steuerbaren, aber steuerfreien Vorgang deutlich (Lieferung *ins* Ausland).
- **Schadensersatzleistungen**. Es findet kein Leistungsaustausch statt, weil der Geschädigte gegenüber dem Schädiger keine Leistung ausführt. Schadensersatz wird geleistet, weil der Schädiger nach Gesetz oder Vertrag für den Schaden und seine Folgen aufkommen muss (Abschnitt 1.3 UStAE).
- **Schenkung**. Da der Beschenkte keine Gegenleistung erbringt, ist die Voraussetzung „gegen Entgelt" nicht erfüllt.
- **Erbschaft und Erbauseinandersetzung**. Bei einer Erbschaft erwirbt der Erbe von Todes wegen und nicht durch Leistungsaustausch. Auch bei der Erbauseinandersetzung findet zwischen den Erben kein Leistungsaustausch statt.
- Umsätze im Rahmen einer **Geschäftsveräußerung** (entgeltliche oder unentgeltliche Übertragung eines Unternehmens im Ganzen) sind aufgrund einer gesetzlichen Ausnahmevorschrift **nicht steuerbar** (§ 1 Abs. 1a UStG).

II. Unentgeltliche Wertabgaben

1. Zwecksetzung

749 Die **unentgeltlichen Wertabgaben** unterteilen sich in

- **unentgeltliche Abgabe von Gegenständen** (§ 3 Abs. 1b UStG), mit den Unterformen Gegenstandsentnahmen, Sachzuwendungen an Arbeitnehmer und andere unentgeltliche Zuwendungen,
- **unentgeltliche Abgabe von Dienstleistungen** (§ 3 Abs. 9a UStG), mit den Unterformen private Verwendung von Gegenständen durch den Unternehmer oder durch sein Personal sowie unentgeltliche Erbringung von Dienstleistungen für Privatzwecke des Unternehmers oder seines Personals.

750 Unentgeltliche Wertabgaben erfassen **tatsächliche**, vom Willen des Unternehmers gesteuerte **Wertabgaben des Unternehmens zu unternehmensfremden** (privaten, gesellschaftsrechtlichen) **Zwecken**. Sie können nicht nur bei **Einzelunternehmern** stattfinden, sondern auch bei **Personen- und Kapitalgesellschaften** sowie bei den anderen Organisationen, die umsatzsteuerlich Unternehmer sind (wie Vereine oder Betriebe gewerblicher Art von juristischen Personen des öffentlichen Rechts).

Die umsatzsteuerliche Erfassung von unentgeltlichen Wertabgaben ist notwendiger Bestandteil des Umsatzsteuersystems. Dadurch wird berücksichtigt, dass **Unternehmer**, Gesellschafter einer Personenvereinigung und Arbeitnehmer ihren Konsum über das Unternehmen befriedigen können, obwohl sie (auch) **private Endverbraucher** sind. **Ohne** die Besteuerung der unentgeltlichen Wertabgaben aus dem Unternehmen **wäre** durch Zwischenschaltung eines Unternehmens ein **umsatzsteuerfreier privater Endverbrauch möglich**. Eigenständige Vorschriften sind deshalb notwendig, weil derartige Vorgänge nicht unter den Haupttatbestand „Lieferung und sonstige Leistung nach § 1 Abs. 1 Nr 1 UStG“ fallen: Beim Verbrauch von Werten des Unternehmens durch den Unternehmer liegt kein Leistungsaustausch vor, da es an der dafür notwendigen grundlegenden Voraussetzung – Beteiligung von zwei selbständigen Rechtspersonen – fehlt. Beim Verbrauch durch eine dem Unternehmer nahestehende Person (zB Ehegatte, Kinder, Gesellschafter) oder durch einen Arbeitnehmer scheidet eine Besteuerung als Lieferung bzw sonstige Leistung aus, wenn für die Wertabgaben kein Entgelt gezahlt wird.

2. Unentgeltliche Abgabe von Gegenständen

751 Einer **Lieferung gegen Entgelt** werden **gleichgestellt** (§ 3 Abs. 1b S. 1 UStG, Abschnitt 3.2, 3.3 sowie Abschnitt 1.8 UStAE):

- die Entnahme von Gegenständen durch einen Unternehmer aus seinem Unternehmen für Zwecke, die außerhalb des Unternehmens liegen **(Gegenstandsentnahmen)**
- die unentgeltliche Zuwendung von Gegenständen durch einen Unternehmer an sein Personal für dessen privaten Bedarf (**Sachzuwendungen an Personal**) Ausnahme: Aufmerksamkeiten
- jede andere unentgeltliche Zuwendung eines Gegenstands **(andere unentgeltliche Zuwendungen)**

Ausnahmen: Geschenke von geringem Wert und Warenmuster für Zwecke des Unternehmens.

Die **unentgeltliche Abgabe** von Gegenständen wird nur dann umsatzsteuerlich erfasst, wenn der Gegenstand oder seine Bestandteile zum **vollen** oder **teilweisen Vorsteuerabzug berechtigt** haben. Die Besteuerung als Gegenstandsentnahme unterbleibt, wenn beim Erwerb des Gegenstands oder seiner Bestandteile (überhaupt) kein Vorsteuerabzug möglich war (§ 3 Abs. 1b S. 2 UStG). Durch diese Einschränkung wird eine umsatzsteuerliche Doppelbelastung vermieden.

(1) Gegenstandsentnahmen: Eine Gegenstandsentnahme ist gegeben, wenn ein Unter- **752**
nehmer **Gegenstände aus seinem Unternehmen für Zwecke** entnimmt, die **außerhalb des Unternehmens** liegen (§ 3 Abs. 1b S. 1 Nr 1 UStG). Voraussetzung für eine Gegenstandsentnahme ist, dass der Gegenstand als Unternehmensgegenstand dem Unternehmen zugerechnet wurde. Gegenstandsentnahmen sind mit einer Sachentnahme im ertragsteuerlichen Sinne vergleichbar (Privatentnahme eines Gegenstands).

Beispiele: Ein Metzger entnimmt Wurstwaren für sein Abendessen. Ein Computerhändler schenkt einer Schule, von der er einen der Lehrer privat gut kennt, drei Personalcomputer. Ein Bäcker schenkt seinem Sohn einen bislang zu unternehmerischen Zwecken genutzten PKW.

(2) Sachzuwendungen an das Personal: Die unentgeltliche Zuwendung eines Gegen- **753**
stands durch einen Unternehmer an sein Personal für dessen privaten Bedarf wird einer Lieferung gegen Entgelt gleichgestellt, wenn es sich nicht nur um Aufmerksamkeiten handelt (§ 3 Abs. 1b S. 1 Nr 2 UStG, Abschnitt 1.8 UStAE).

Durch den Begriff **Personal** werden neben Arbeitnehmern auch Pensionäre, Auszubildende, Praktikanten sowie die Gesellschafter-Geschäftsführer einer Kapitalgesellschaft erfasst. Es muss sich um eine **unentgeltliche Zuwendung** handeln. Umsätze, bei denen Mitarbeiter aufgrund des Dienstverhältnisses einen „Personalrabatt" (einschließlich der verbilligten Lieferung von „Jahreswagen" an Werksangehörige in der Automobilbranche) erhalten, fallen unter den umsatzsteuerlichen Haupttatbestand des § 1 Abs. 1 Nr 1 UStG, weil ein Entgelt entrichtet wird.

Die unentgeltliche Zuwendung muss **aus unternehmerischen Gründen für** den **privaten**, dh außerhalb des Dienstverhältnisses liegenden, **Bedarf des Personals** ausgeführt werden. Nicht steuerbare Leistungen liegen vor, wenn die Zuwendung überwiegend durch die unternehmerische Zweckbestimmung veranlasst ist. Sofern die betrieblichen Interessen des Arbeitgebers überwiegen, ist die unentgeltliche Zuwendung auch dann nicht steuerbar, wenn die Zuwendung gleichzeitig der Befriedigung des privaten Bedarfs des Arbeitnehmers dient. Beispiele für nicht steuerbare Vorgänge sind die Bereitstellung von typischer Arbeitskleidung oder die Überlassung von Werkzeugen zur beruflichen Nutzung.

Die unentgeltliche Zuwendung eines Gegenstands an einen Arbeitnehmer aus privaten Gründen des Unternehmers ist eine Gegenstandsentnahme des Unternehmers nach § 3 Abs. 1b S. 1 Nr 1 UStG. Diese Differenzierung ist aber nur aus steuerrechtlicher Sicht bedeutsam. Materiell ergeben sich keine Unterschiede, weil Gegenstandsentnahmen wie Sachzuwendungen an Arbeitnehmer besteuert werden.

Nicht steuerbar sind **Aufmerksamkeiten**. Aufmerksamkeiten sind Zuwendungen des Arbeitgebers, die nach ihrer Art und ihrem Wert Geschenken entsprechen, die im gesellschaftlichen Bereich üblicherweise ausgetauscht werden und die zu keiner ins Gewicht fallenden Bereicherung des Arbeitnehmers führen. Zu den Aufmerksamkeiten gehören auch gelegentliche Sachzuwendungen bis zu einem Wert von 60 € (mit Umsatzsteuer), wie die Überreichung eines Blumenstraußes, eines Buchs, einer Eintrittskarte für ein Handballspiel oder eines fränkischen Schlehengeistes zum Geburtstag des Arbeitnehmers, oder die unentgeltliche Überlassungen von Getränken und Genussmitteln zum Verzehr im Betrieb (Abschnitt 1.8 Abs. 3 UStAE iVm R 19.6 LStR).

754 *(3) Andere unentgeltliche Zuwendungen:* Unentgeltliche Zuwendungen von Gegenständen, die keine Gegenstandsentnahmen und keine Sachzuwendungen an Arbeitnehmer darstellen, werden einer entgeltlichen Lieferung gleichgestellt, sofern beim Erwerb des Gegenstands zumindest zum Teil ein Vorsteuerabzug möglich war. Ausgenommen sind Geschenke bis zu einem Wert von 35 € (ohne Umsatzsteuer) sowie Warenmuster und Verkaufshilfen für Zwecke des Unternehmens (zB Kataloge, Werbeprospekte, Probierpackungen im Getränke- und Lebensmitteleinzelhandel, Verkaufsständer, § 3 Abs. 1b S. 1 Nr 3 UStG, Abschnitt 3.3 Abs. 10–20 UStAE).

Geschenke an Personen, die nicht zum Personal des Unternehmens gehören, mit einem Wert von mehr als 35 € (ohne Umsatzsteuer) sind nicht als Betriebsausgaben abziehbar (§ 4 Abs. 5 S. 1 Nr 1 EStG). Für die darauf entfallende Umsatzsteuer wird kein Vorsteuerabzug gewährt (§ 15 Abs. 1a S. 1 UStG). Um eine zweifache umsatzsteuerliche Belastung zu vermeiden, unterbleibt insoweit eine Besteuerung als unentgeltliche Wertabgabe (§ 3 Abs. 1b S. 2 UStG).

Die Wertabgaben werden nur dann als andere unentgeltliche Zuwendungen (§ 3 Abs. 1b S. 1 Nr 3 UStG) erfasst, wenn sie **im unternehmerischen Interesse getätigt** werden. Bei Wertabgaben, die aus nichtunternehmerischen (privaten) Gründen getätigt werden, handelt es sich um Gegenstandsentnahmen (§ 3 Abs. 1b S. 1 Nr 1 UStG).

Hauptanwendungsfälle für die anderen unentgeltlichen Zuwendungen sind Sachspenden an Vereine, Sachprämien an die Altkunden für die Vermittlung von Neukunden, Sachprämien für den Abschluss eines längerfristigen Vertrags, Geschenke an Geschäftsfreunde aus Anlass eines Geschäftsjubiläums, Warenabgaben anlässlich von Preisausschreiben und Verlosungen zu Werbezwecken. Die Steuerbarkeit entfällt nicht, wenn der Empfänger die zugewendeten Gegenstände in seinem Unternehmen verwendet.

3. Unentgeltliche Abgabe von Dienstleistungen

755 Einer **sonstigen Leistung gegen Entgelt** werden **gleichgestellt** (§ 3 Abs. 9a UStG, Abschnitte 3.2, 3.4 sowie Abschnitt 1.8 UStAE):

- die Verwendung eines dem Unternehmen zugeordneten Gegenstands, der zum vollen oder teilweisen Vorsteuerabzug berechtigt hat, durch den Unternehmer für Zwecke, die außerhalb des Unternehmens liegen (**Nutzungsentnahme**), oder für den privaten Bedarf seines Personals, sofern keine Aufmerksamkeiten vorliegen.
- die unentgeltliche Erbringung einer anderen sonstigen Leistung durch den Unternehmer für Zwecke, die außerhalb des Unternehmens liegen (**Leistungsentnahme**), oder für den privaten Bedarf seines Personals, sofern keine Aufmerksamkeiten vorliegen.

Nicht steuerbar ist die Gewährung von unentgeltlichen sonstigen Leistungen, die aus unternehmerischen Gründen gewährt werden.

Die Differenzierung zwischen einer unentgeltlichen Abgabe von Gegenständen und einer unentgeltlichen Abgabe von Dienstleistungen gibt die im Umsatzsteuerrecht grundlegende Unterscheidung zwischen Lieferungen und sonstigen Leistungen wieder. Hinsichtlich der Begründung und der Wirkung stimmen beide Formen einer unentgeltlichen Wertabgabe überein. Zielsetzung ist es, einen umsatzsteuerfreien privaten Endverbrauch durch den Unternehmer, durch eine ihm nahestehende Person oder durch das Personal des Unternehmers zu vermeiden. **756**

Beispiele für Nutzungsentnahmen: private Verwendung eines Unternehmensgegenstands durch den Unternehmer (Fahrzeuge, Baumaschinen, Werkzeuge, Ferienwohnungen); unentgeltliche Nutzung des Internets sowie von Telekommunikationsgeräten (Telefon, Fax) und Computern.

Beispiele für Leistungsentnahmen: Einsatz von betrieblichen Arbeitskräften im privaten Bereich des Unternehmers, zB in seinem Haushalt, seinem Garten oder beim Bau seines Eigenheims.

Beispiele für die private Verwendung von Gegenständen durch das Personal und unentgeltliche Dienstleistungen für Privatzwecke des Personals: unentgeltliche Nutzung von Unternehmensgegenständen, wie Fahrzeuge, Baumaschinen, Werkzeuge oder Ferienwohnungen; unentgeltliche private Nutzung des Internets am Arbeitsplatz; unentgeltlicher Einsatz von Betriebspersonal im Haushalt oder Garten eines Geschäftsführers.

Nicht erfasst werden betriebliche Fort- und Weiterbildungsmaßnahmen, die Überlassung von Arbeitsschutzkleidung, die Zurverfügungstellung von Parkplätzen auf dem Betriebsgelände, Zuwendungen im Zusammenhang mit Betriebsveranstaltungen innerhalb des üblichen Rahmens (bis zu einem Wert von 110 € pro teilnehmendem Arbeitnehmer, mit Umsatzsteuer), die Zurverfügungstellung von Betriebskindergärten sowie unter bestimmten Voraussetzungen die Sammelbeförderung von Arbeitnehmern. Bei diesen Leistungen überlagert das betriebliche Interesse des Arbeitgebers die Befriedigung des privaten Bedarfs der Arbeitnehmer. **757**

III. Einfuhr von Gegenständen im Inland (Einfuhren aus dem Drittlandsgebiet)

Die **Einfuhr von Gegenständen im Inland** oder in den österreichischen Gebieten Jungholz und Mittelberg ist umsatzsteuerbar (Einfuhrumsatzsteuer, § 1 Abs. 1 Nr 4 UStG). Eine Einfuhr im Inland liegt vor, wenn ein Gegenstand bei der Beförderung oder Versendung **aus dem Drittlandsgebiet ins Inland** gelangt. Durch die Formulierung „Einfuhr im Inland“ anstatt „Einfuhr ins Inland“ wird der Sonderfall abgedeckt, dass aufgrund spezieller zollrechtlicher Bestimmungen die Einfuhrumsatzsteuer nicht bereits zu dem Zeitpunkt fällig wird, zu dem der Gegenstand *ins* Inland gelangt, sondern erst in dem Zeitpunkt, in dem der Gegenstand *im* Inland in den zoll- und steuerrechtlich freien Verkehr überführt wird (zB bei Abholung von im Ausland bestellten Waren beim Hauptzollamt im Nürnberger Hafen). **758**

Bei der Einfuhr ins Inland handelt es sich um einen tatsächlichen Vorgang. Die Einfuhrumsatzsteuer fällt **unabhängig** davon an, **ob** die Einfuhr **von** einem **Unterneh-**

mer oder von einem **Nichtunternehmer durchgeführt** wird. Es wird nicht vorausgesetzt, dass ein Entgelt gezahlt wird oder dass ein Leistungsaustausch vorliegt.

Von der Einfuhrumsatzsteuer befreit sind Waren, die zum persönlichen Ge- oder Verbrauch im persönlichen Gepäck eingeführt werden, sofern die in § 2 EF-VO genannten Mengen- und Wertgrenzen nicht überschritten sind. Mengengrenzen gelten für Tabakwaren, Alkohol und alkoholhaltige Getränke, Arzneimittel und Kraftstoffe. Für andere Waren gilt eine Wertgrenze von 430 € (Einreise mit Flugzeug oder Schiff), 300 € (Einreise auf anderen Verkehrswegen) bzw 175 € (Reisende unter 15 Jahren, unabhängig vom Verkehrsmittel).

Die Sendung von Waren aus dem Drittland ist von der Einfuhrumsatzsteuer befreit, wenn ihr Gesamtwert pro Sendung 22 € nicht übersteigt (§ 1a EUStBV). Die Befreiung für derartige Kleinsendungen entfällt ab 2021.[26]

759 Bei Lieferungen zwischen dem Inland und dem Drittlandsgebiet (Staaten, die nicht der EU angehören) soll sich die Höhe der Umsatzsteuer nach den Verhältnissen des Staates richten, in dem der Endverbrauch stattfindet. Das **Bestimmungslandprinzip** hat zur Konsequenz, dass **Einfuhren** (Importe) der **Umsatzsteuer** unterliegen und dass **Ausfuhren** (Exporte) **von** der **Umsatzsteuer zu befreien** sind. Die Erhebung der Einfuhrumsatzsteuer beruht auf dem Charakter der Umsatzsteuer als Verbrauchsteuer und soll auf den Absatzmärkten die gleichen Wettbewerbsbedingungen für in- und ausländische Anbieter sichern.

Die Einfuhrumsatzsteuer ist nicht nur wirtschaftlich eine Verbrauchsteuer. Im Unterschied zu den übrigen Tatbeständen der Umsatzsteuer wird sie auch **verfahrensrechtlich als Verbrauchsteuer behandelt** (§ 21 Abs. 1 UStG). Für die Festsetzungsverjährung und die Steueraufsicht gelten deshalb spezielle Regelungen der Abgabenordnung (§ 169 Abs. 2 S. 1 Nr 1, § 209 – § 217 AO).

760 **Bei sonstigen Leistungen** fällt **keine Einfuhrumsatzsteuer** an. Bei sonstigen Leistungen wird das Bestimmungslandprinzip über die Festlegung des Orts der sonstigen Leistung verwirklicht.

IV. Innergemeinschaftlicher Erwerb

761 Die Einfuhr eines Gegenstands aus dem übrigen Gemeinschaftsgebiet (dh aus einem anderen Mitgliedstaat der EU) ist **vom Empfänger** als **innergemeinschaftlicher Erwerb** zu versteuern, wenn drei Voraussetzungen erfüllt sind (§ 1 Abs. 1 Nr 5, § 1a Abs. 1 UStG, Abschnitt 1a.1 UStAE):

- Der Gegenstand gelangt bei der **Lieferung** an den Abnehmer **aus einem anderen Mitgliedstaat der EU in das Inland**.
- Der **Erwerber** ist ein **vorsteuerabzugsberechtigter Unternehmer, der den Gegenstand für sein Unternehmen erwirbt**.
- Die **Lieferung wird von einem Unternehmer gegen Entgelt im Rahmen seines Unternehmens ausgeführt**. Die Lieferung darf nicht aufgrund der Sonderregelung für Kleinunternehmer (§ 19 Abs. 1 UStG-anderer Mitgliedstaat) von der Umsatzbesteuerung ausgenommen sein.

26 Vgl Art. 3 der Richtlinie 2017/2455/EU des Rates vom 5.12.2017.

Der **Ort des innergemeinschaftlichen Erwerbs** liegt **im Inland**, da der innergemeinschaftliche Erwerb – entgegen der Grundsatzregelung für die Festlegung des Orts von bewegten Lieferungen nach § 3 Abs. 6 UStG – grundsätzlich in dem Mitgliedstaat der EU bewirkt wird, in dem sich der Gegenstand **am Ende der Beförderung oder Versendung befindet** (§ 3d S. 1 UStG). **Schuldner** der Umsatzsteuer für den innergemeinschaftlichen Erwerb ist der **erwerbende** (inländische) **Unternehmer** (§ 13a Abs. 1 Nr 2 UStG). 762

Für **Einfuhren** aus einem anderen Mitgliedstaat der EU **durch Privatpersonen** gilt das Ursprungslandprinzip. Der Erwerb des Gegenstands ist im Ausland (= dem anderen EU-Staat) steuerbar und im Regelfall auch steuerpflichtig. Im **Inland** wird **kein steuerbarer Vorgang** verwirklicht. Der Ort der Lieferung liegt im Ausland, wenn es sich um eine bewegte Lieferung handelt (§ 3 Abs. 6 UStG).

Einfuhren durch **„Halbunternehmer"** (steuerbefreite Unternehmer, Kleinunternehmer, Land- und Forstwirte und nichtunternehmerische juristische Personen) gelten nur dann als **innergemeinschaftlicher Erwerb, wenn entweder** die **Erwerbsschwelle** von 12 500 €/Jahr **überschritten** ist **oder** der **Erwerber von** seinem **Optionsrecht Gebrauch macht** (§ 1a Abs. 3, 4 UStG). 763

Der Erwerb eines neuen Fahrzeugs (PKW, LKW, Schiff, Flugzeug) durch einen „Halbunternehmer" gilt auch dann als innergemeinschaftlicher Erwerb, wenn die Erwerbsschwelle nicht überschritten ist (§ 1a Abs. 5 S. 1 UStG). Der Erwerb durch eine Privatperson stellt gleichfalls einen innergemeinschaftlichen Erwerb dar. Die fehlende Unternehmereigenschaft ist insoweit ohne Bedeutung (§ 1b UStG).

Erwirbt ein „Halbunternehmer" verbrauchsteuerpflichtige Waren (Mineralöle, Alkohol, alkoholische Getränke, Tabakwaren), liegt unabhängig von der Erwerbsschwelle ein innergemeinschaftlicher Erwerb vor (§ 1a Abs. 5 UStG).

Als innergemeinschaftlicher Erwerb gegen Entgelt gilt die Überführung eines Gegenstands des Unternehmens aus dem übrigen Gemeinschaftsgebiet in das Inland durch einen Unternehmer zu seiner Verfügung, sofern der Gegenstand nicht nur vorübergehend im Inland verwendet wird (§ 1a Abs. 2 UStG, Abschnitt 1a.2 UStAE). Hauptanwendungsfall für das **innergemeinschaftliche Verbringen** ist die Überführung eines Gegenstands von einer Betriebsstätte, die sich in einem anderen Mitgliedstaat der EU befindet, in eine inländische Betriebsstätte des Unternehmers. Obwohl prinzipiell ein (nicht steuerbarer) Innenumsatz vorliegt, wird das innergemeinschaftliche Verbringen dem innergemeinschaftlichen Erwerb gegen Entgelt (dh dem Leistungsaustausch zwischen zwei Vertragspartnern) gleichgestellt. 764

Zu den Einzelheiten von innergemeinschaftlichen Reihengeschäften und innergemeinschaftlichen Dreiecksgeschäften siehe die Abschnitte 3.14 und 25b.1 UStAE. Ein **Reihengeschäft** ist dadurch gekennzeichnet, dass mehrere Unternehmer über denselben Gegenstand Umsatzgeschäfte abschließen und der Gegenstand bei der Beförderung oder Versendung unmittelbar vom ersten Unternehmer an den letzten Abnehmer gelangt (§ 3 Abs. 6a, Abs. 7 S. 2 UStG). Ein **innergemeinschaftliches Dreiecksgeschäft** liegt vor, wenn drei Unternehmer über denselben Gegenstand Umsatzgeschäfte abschließen und dieser Gegenstand unmittelbar vom ersten Lieferer an den letzten Abnehmer gelangt, die Unternehmer jeweils in unterschiedlichen Mit- 765 gliedstaaten umsatzsteuerlich erfasst werden, der Gegenstand aus dem Gebiet eines Mitgliedstaates in das Gebiet eines anderen Mitgliedstaates gelangt und der Gegenstand durch den ersten Lieferer oder den ersten Abnehmer befördert bzw versendet wird (§ 25b UStG).

D. Steuerbefreiungen

I. Formen und Ziele der Steuerbefreiungen

766 Steuerbare Lieferungen und sonstige Leistungen sind **nur dann steuerpflichtig, wenn keine Steuerbefreiung** vorliegt (§ 4 – § 9 UStG). Die **Nichterhebung der Umsatzsteuer** kann auf **zwei Ursachen** beruhen, die aus systematischen Gründen voneinander zu trennen sind:

- Es liegt keiner der in § 1 UStG aufgeführten Steuergegenstände vor. Der Vorgang ist **nicht steuerbar**. Da nicht steuerbare Vorgänge generell umsatzsteuerlich nicht erfasst werden, erübrigt sich eine Prüfung der Steuerpflicht.
- Eine Leistung gilt als **steuerbarer Umsatz**, dennoch fällt aufgrund einer **Steuerbefreiung** keine Umsatzsteuer an. Es muss jeweils nachgewiesen werden, dass die zu beurteilende (steuerbare) Leistung von der Umsatzsteuerpflicht ausgenommen wird.

Die **meisten Steuerbefreiungen** sind in **§ 4 UStG** zusammengefasst. Weitere Steuerbefreiungen gelten beispielsweise beim innergemeinschaftlichen Erwerb bestimmter Gegenstände bzw für bestimmte Einfuhrgegenstände (§ 4b bzw § 5 UStG). Die umsatzsteuerlichen Befreiungstatbestände sind **weitgehend nach objektiven Merkmalen** abgegrenzt. Nur § 4 Nr 19 UStG (Umsätze von Blinden) enthält eine personenbezogene Befreiung.

In Abhängigkeit von der mit einer umsatzsteuerlichen Befreiung verfolgten **Zielsetzung** lassen sich fünf Gruppen bilden:

Gruppe 1	Gruppe 2	Gruppe 3	Gruppe 4	Gruppe 5
Besteuerung nach dem Bestimmungslandprinzip	sozial, kultur- und wirtschaftspolitische Überlegungen	Vermeidung eines Nebeneinanders von Umsatzsteuer und speziellen Verkehrsteuern	Vermeidung einer zweifachen Umsatzsteuerbelastung	keine Benachteiligung des grenzüberschreitenden Leistungsaustauschs

Abb. 5.6: Gruppierung der Befreiungen von der Umsatzsteuer

767 **Gruppe 1: Besteuerung nach dem Bestimmungslandprinzip**

- **Ausfuhrumsätze** (insbesondere Ausfuhrlieferungen und innergemeinschaftliche Lieferungen, § 4 Nr 1, § 6 – § 7 UStG)
- Umsätze für die Seeschifffahrt und die Luftfahrt (§ 4 Nr 2 iVm § 8 UStG)
- bestimmte grenzüberschreitende Beförderungen (§ 4 Nr 3 UStG)
- Lieferungen von Gold an Zentralbanken (§ 4 Nr 4 UStG)

- bestimmte Vermittlungsleistungen (§ 4 Nr 5 UStG)
- bestimmte Leistungen der Eisenbahnen (§ 4 Nr 6 Buchst. a UStG)
- bestimmte Lieferungen von eingeführten Gegenständen (§ 4 Nr 6 Buchst. c UStG)
- bestimmte Personenbeförderungen mit Wasserfahrzeugen (§ 4 Nr 6 Buchst. d UStG)
- bestimmte Leistungen an Vertragsparteien des Nordatlantikvertrags, diplomatische Missionen und zwischenstaatliche Einrichtungen (§ 4 Nr 7 UStG).

Ausfuhrlieferungen und innergemeinschaftliche Lieferungen sind steuerbar, da bei **768**
einer Lieferung *ins* Ausland der Ort der Lieferung im Inland liegt. Es handelt sich um eine bewegte Lieferung, sodass sich der Ort der Lieferung dort befindet, wo die Beförderung bzw Versendung beginnt (§ 3 Abs. 6 UStG). Bei Exporten liegt der Ort der Lieferung also in Deutschland. Die Nichterhebung von deutscher Umsatzsteuer setzt deshalb voraus, dass für Lieferungen ins Ausland eine Steuerbefreiung gewährt wird. Bei den **Steuerbefreiungen für Ausfuhrlieferungen** (Exporte in das Drittlandsgebiet) **und für innergemeinschaftliche Lieferungen** (Exporte in einen anderen EU-Staat) handelt es sich **nicht** um eine **Steuervergünstigung**. Die Steuerbefreiung für Exporte beruht vielmehr auf der Konzeption der Umsatzsteuer als Verbrauchsteuer, wonach eine Besteuerung entsprechend dem **Bestimmungslandprinzip** angestrebt wird. Die Höhe der Umsatzsteuer soll sich nach den Verhältnissen des Staates richten, in dem der Abnehmer ansässig ist. Um dieses Ziel zu erreichen, dürfen Exporte (Ausfuhrlieferungen, Lohnveredelungen an Ausfuhrgegenständen, innergemeinschaftliche Lieferungen und ähnliche Leistungen im grenzüberschreitenden Verkehr) im Inland nicht besteuert werden.[27]

Eine **Ausfuhrlieferung** (§ 4 Nr 1 Buchst. a iVm § 6 UStG, Abschnitte 6.1–6.12 UStAE) liegt insbesondere vor, wenn der Unternehmer oder ein ausländischer Abnehmer den Gegenstand **in das Drittlandsgebiet** befördert oder versendet. Die Unternehmereigenschaft des Abnehmers wird nicht gefordert, sodass auch Nichtunternehmer diese Steuerbefreiung nutzen können.

Beispiel: Ein japanischer Tourist nimmt fünf Schwarzwälder Kuckucksuhren, die er in Heidelberg gekauft hat, „tax free“ mit nach Hause.

Der Unternehmer muss das Vorliegen der Voraussetzungen für die Steuerbefreiung nach § 6 Abs. 4 UStG nachweisen. Der Nachweis hat durch einen Ausfuhrnachweis (§ 8 – § 11 UStDV) und einen Buchnachweis (§ 13 UStDV) zu erfolgen. Art und Inhalt des Ausfuhrnachweises sind davon abhängig, ob der Unternehmer bzw der Abnehmer den Gegenstand der Lieferung in das Drittlandsgebiet befördert oder versendet und ob der Gegenstand der Lieferung vor der Ausfuhr be- oder verarbeitet wurde. Seit 1.7.2009 ist EU-einheitlich am elektronischen Ausfuhrverfahren teilzunehmen. Dieses wird in Deutschland durch das ATLAS-Verfahren (Automatisiertes Tarif- und Lokales Zollabwicklungssystem) umgesetzt. Der von der Ausfuhrzollstelle erstellte Ausgangsvermerk wird als umsatzsteuerlicher Ausfuhrnachweis anerkannt (Abschnitt 6.7a UStAE).

27 Im Ausland fällt nach den dort geltenden Voraussetzungen Umsatzsteuer an, sofern im Ausland eine Einfuhr (§ 1 Abs. 1 Nr 4 UStG-Drittstaat) oder ein innergemeinschaftlicher Erwerb (§ 1 Abs. 1 Nr 5 UStG-anderer Mitgliedstaat) vorliegt.

769 Die Grundform einer **innergemeinschaftlichen Lieferung** (§ 4 Nr 1 Buchst. b iVm § 6a Abs. 1 UStG, Abschnitte 6a.1–6a.8 UStAE) ist dadurch gekennzeichnet,

- dass der Unternehmer oder der Abnehmer den Gegenstand **in das übrige Gemeinschaftsgebiet** (dh in einen anderen EU-Staat) befördert oder versendet,
- der **Abnehmer** ein **Unternehmer** ist, der den **Gegenstand für sein Unternehmen erworben** hat,
- der Erwerb des Gegenstands beim Abnehmer in einem anderen Mitgliedstaat als innergemeinschaftlicher Erwerb versteuert wird,[28]
- der abnehmende (ausländische) Unternehmer gegenüber dem liefernden (inländischen) Unternehmer eine gültige Umsatzsteuer-Identifikationsnummer verwendet und
- der abnehmende Unternehmer im Ausland seine umsatzsteuerlichen Verpflichtungen erfüllt.

Der Unternehmer muss das Vorliegen der Voraussetzungen für die Steuerbefreiung nach § 6a Abs. 3 UStG nachweisen. Zum Nachweis des Transports in den Bestimmungsstaat sieht § 17a UStDV eine Vermutungsregel vor. Demnach benötigt der Lieferer für die Inanspruchnahme der Steuerbefreiung der innergemeinschaftlichen Lieferung zwei (sich nicht widersprechende) Nachweisdokumente über den grenzüberschreitenden Transport des Gegenstands. Als Belege kommen z.B. der CMR-Frachtbrief, das Konnossement sowie die Gelangensbestätigung in Betracht. Das Finanzamt kann eine bestehende Vermutung widerlegen (§ 17a Abs. 3 UStDV). Greift die Vermutungsregel nach § 17a UStDV nicht, muss der Lieferer den Transport durch das Doppel der Rechnung (§ 14, § 14a UStG) sowie eine Gelangensbestätigung (§ 17b Abs. 2 UStDV) oder einen Alternativnachweis (§ 17b Abs. 3 UStDV) belegen. Wurde der Gegenstand der Lieferung vor der Beförderung oder Versendung in das übrige Gemeinschaftsgebiet be- oder verarbeitet, sind im Belegnachweis nach § 17c UStDV zusätzliche Angaben erforderlich. Vorgaben zum Buchnachweis enthält § 17d UStDV.

Die Steuerbefreiung wird nur gewährt, wenn und soweit der liefernde (inländische) Unternehmer eine (ordnungsgemäße) Zusammenfassende Meldung (§ 18a UStG) abgegeben hat. Im Hinblick auf die jeweilige Lieferung muss die Zusammenfassende Meldung daher richtig und vollständig sein (§ 4 Nr 1 Buchst. b UStG).

770 **Gruppe 2: sozial-, kultur- und wirtschaftspolitische Überlegungen**

- **Umsätze im Geld- und Kreditverkehr** (Gewährung und Vermittlung von Krediten, Umsätze mit gesetzlichen Zahlungsmitteln, Umsätze im Geschäft mit Forderungen, Schecks und anderen Handelspapieren, Einlagengeschäfte, Zahlungs- und Überweisungsverkehr, Wertpapiergeschäfte, Übertragung von Gesellschaftsanteilen, Übernahme von Bürgschaften, Verwaltung von Investmentfonds nach dem Investmentgesetz, Verkauf von Briefmarken zum aufgedruckten Wert, § 4 Nr 8 UStG),
- Umsätze aus der Tätigkeit als Bausparkassenvertreter, Versicherungsvertreter und Versicherungsmakler (§ 4 Nr 11 UStG)
- Post-Universaldienstleistungen, zB Beförderung von Briefsendungen bis zu einem Gewicht von 2 000 Gramm durch die Deutsche Post AG oder einen ande-

28 Lieferungen an Nichtunternehmer stellen keine (steuerfreie) innergemeinschaftliche Lieferung dar. Sie sind vom Empfänger auch nicht als innergemeinschaftlicher Erwerb zu versteuern. Da bei Lieferungen an Nichtunternehmer innerhalb der EU das Ursprungslandprinzip gilt, fällt bei einer Lieferung eines deutschen Unternehmers an einen Nichtunternehmer aus einem anderen EU-Staat deutsche Umsatzsteuer an.

ren Unternehmer, der diese Leistungen in Deutschland flächendeckend anbietet (§ 4 Nr 11b UStG)
- **Vermietung und Verpachtung von Grundstücken** (§ 4 Nr 12–13 UStG)
- **Umsätze im Gesundheitsbereich** (§ 4 Nr 14–17 UStG)
- Umsätze im Zusammenhang mit sozialen und kulturellen Aufgaben (§ 4 Nr 18, 20–27 UStG)
- Umsätze zwischen selbständigen Gliederungen politischer Parteien (§ 4 Nr 18a UStG)
- Umsätze von Blinden (§ 4 Nr 19 UStG)
- sonstige Leistungen von selbständigen, im Inland ansässigen Zusammenschlüssen von Personen, deren Mitglieder eine dem Gemeinwohl dienende nichtunternehmerische Tätigkeit oder eine dem Gemeinwohl dienende Tätigkeit ausüben, die nach § 4 Nr 11b, 14–18, 20–25 oder 27 UStG steuerfrei ist, gegenüber ihren im Inland ansässigen Mitgliedern, soweit diese Leistungen für unmittelbare Zwecke der Ausübung dieser Tätigkeiten verwendet werden und der Zusammenschluss von seinen Mitgliedern lediglich die genaue Erstattung des jeweiligen Anteils an den gemeinsamen Kosten fordert (§ 4 Nr 29 UStG).

Das Motiv für die Befreiungen lässt sich in den meisten Fällen auf **sozial-, kultur- und wirtschaftspolitische Überlegungen** zurückführen. Durch die Nichtbesteuerung von ausgewählten Umsätzen wird das Ziel verfolgt, den privaten **Verbraucher zu entlasten.** Bei der Steuerbefreiung für die Vermietung von Wohnraum oder im Gesundheitsbereich wird diese Zielsetzung besonders deutlich. Die im Umsatzsteuergesetz enthaltenen **Befreiungen berücksichtigen** allerdings die **individuellen Verhältnisse des Endverbrauchers nicht**, weil die Technik des Umsatzsteuersystems bedingt, dass die Voraussetzungen für die Umsatzsteuerbefreiungen auf Ebene des leistenden Unternehmers zu prüfen sind. Sie kommen sowohl leistungsfähigen als auch weniger leistungsfähigen Mietern oder Patienten zugute. Die Befreiungen können deshalb nur damit begründet werden, dass die Inanspruchnahme von bestimmten Leistungen generell umsatzsteuerlich nicht belastet werden soll. Die beabsichtigte Entlastung des privaten Endverbrauchers wird nur erreicht, wenn die Wettbewerbsverhältnisse den Unternehmer zwingen, die Steuerbefreiung über eine entsprechende Reduzierung des Absatzpreises an den nichtunternehmerischen Abnehmer weiterzugeben.

Die Steuerbefreiung von **Umsätzen im Geld- und Kreditverkehr** leitet sich aus dem Verbrauchsteuercharakter der Umsatzsteuer ab. Bei typischen Finanzumsätzen findet **kein privater Endverbrauch** statt: Entweder werden Finanzmittel lediglich umgeschichtet oder der Endverbraucher beschafft sich die finanziellen Mittel, die ihm – in der Zukunft – Konsum ermöglichen.

Gruppe 3: Vermeidung eines Nebeneinanders von Umsatzsteuer und speziellen Verkehrsteuern 771

- Umsätze, die bei einer speziellen Verkehrsteuer steuerbar sind (Grunderwerbsteuer, Rennwett- und Lotteriesteuer, Versicherungsteuer, Feuerschutzsteuer, § 4 Nr 9, 10 UStG)[29]

29 Versicherungen, die unter das Feuerschutzsteuergesetz fallen, können gleichzeitig unter das Versicherungsteuergesetz subsumiert werden.

Um eine **Doppelbelastung mit Verkehrsteuern** zu **verhindern** und den Vorrang der speziellen Verkehrsteuern vor der allgemeinen Verkehrsteuer (Umsatzsteuer) zu gewährleisten, sind Umsätze, die durch eine der speziellen Verkehrsteuern erfasst werden, im Rahmen der Umsatzsteuer steuerfrei.

772 **Gruppe 4: Vermeidung einer zweifachen Umsatzsteuerbelastung**

- Lieferungen von Gegenständen, für die der Vorsteuerabzug ausgeschlossen ist oder die der Unternehmer ausschließlich für steuerfreie Tätigkeiten verwendet hat (§ 4 Nr 28 UStG)

Bei Lieferungen von Gegenständen, bei denen der Unternehmer beim Erwerb die Vorsteuer nicht abziehen konnte, **verhindert** die Steuerbefreiung beim Abgang aus dem Unternehmensvermögen eine **zweifache Umsatzsteuerbelastung** desselben Gegenstands.

773 **Gruppe 5: keine Benachteiligung des grenzüberschreitenden Leistungsaustauschs**

- bestimmte Einfuhren und bestimmte innergemeinschaftliche Erwerbe (§ 4 Nr 4a iVm Anlage 1, Nr 4b, § 4b, § 5 UStG)

Die Steuerbefreiung für Importe von bestimmten Gegenständen soll insbesondere sicherstellen, dass die Steuerbefreiung unabhängig davon gewährt wird, ob die Lieferung von einem inländischen oder einem ausländischen Unternehmer erbracht wird.

II. Belastungswirkungen von Steuerbefreiungen

774 Hinsichtlich ihrer materiellen Auswirkungen lassen sich die Steuerbefreiungen in **drei Gruppen** einordnen:

- steuerfreie Umsätze **mit Vorsteuerabzug** (§ 4 Nr 1–7 iVm § 15 Abs. 3 UStG)[30]
- steuerfreie Umsätze **ohne Optionsrecht** und ohne Vorsteuerabzug (§ 4 Nr 8 Buchst. h–i, Nr 9 Buchst. b, Nr 10–11b, 14–18a, 20–29 iVm § 15 Abs. 2 UStG)
- steuerfreie Umsätze **mit Optionsrecht**; Vorsteuerabzug abhängig von der Ausübung der Option (§ 4 Nr 8 Buchst. a–g, Nr 9 Buchst. a, Nr 12, 13, 19 iVm § 9 UStG).

1. Steuerfreie Umsätze mit Vorsteuerabzug

775 Steuerfreie Umsätze, bei denen das **Vorsteuerabzugsrecht** bestehen bleibt, werden von der **Umsatzsteuer vollständig entlastet**: Das Erbringen der Leistung (Absatz) ist steuerfrei. Die auf Vorleistungen (Einkauf) erhobene Umsatzsteuer wird durch den Vorsteuerabzug neutralisiert.

Zu den steuerfreien Umsätzen mit Vorsteuerabzugsrecht gehören vor allem Ausfuhrumsätze (Hauptanwendungsfall: **Ausfuhrlieferungen** und **innergemeinschaftliche Lieferungen**). Exporte sollen grundsätzlich nach dem Bestimmungslandprinzip be-

30 Dies gilt auch für Umsätze, die nach § 4 Nr 8 Buchst. a–g, Nr 10 oder Nr 11 UStG steuerfrei sind und sich unmittelbar auf Gegenstände beziehen, die in das Drittlandsgebiet ausgeführt werden.

steuert werden. Dies bedeutet, dass auf ihnen im Inland keine Umsatzsteuer lasten darf.

Beispiel: Unternehmen 2 bezieht von Unternehmen 1 Vorprodukte im Wert von (netto) 60 000 €. Die darauf entfallende Umsatzsteuer beträgt 11 400 € (= 60 000 € × 19%). Unternehmen 2 erwirtschaftet eine Wertschöpfung von 40 000 € und veräußert das Endprodukt steuerfrei an einen ausländischen Abnehmer für 100 000 €. **776**

Die auf den von Unternehmen 1 bezogenen Vorprodukten lastende Umsatzsteuer (= 11 400 €) wird dem Unternehmen 2 im Rahmen des Vorsteuerabzugs von der inländischen Finanzbehörde erstattet. Die Exportleistung löst *im Inland* keine umsatzsteuerlichen Belastungen aus.

		Unternehmen 1	**Unternehmen 2**
Rechnungsstellung			
	Wert der Vorleistungen ohne Umsatzsteuer	–.–	60 000 €
+	Wertschöpfung des Unternehmens	60 000 €	40 000 €
+	Umsatzsteuer (19% bzw steuerfrei)	11 400 €	0 €
=	Rechnungspreis	71 400 €	100 000 €
Steuerberechnung			
	Umsatzsteuer in Ausgangsrechnungen	11 400 €	0 €
–	abziehbare Vorsteuer in Eingangsrechnungen	–.–	11 400 €
=	abzuführende Umsatzsteuer bzw Erstattung (–)	11 400 €	– 11 400 €

Aus der letzten Zeile ist erkennbar, dass für die Ausfuhrlieferung im Inland keine Umsatzsteuerbelastung entsteht. Bei Exportleistungen beträgt damit das Umsatzsteueraufkommen in Deutschland null. Die Besteuerung des Endverbrauchs erfolgt entsprechend dem Bestimmungslandprinzip im ausländischen Staat (Besteuerungsgegenstand: innergemeinschaftlicher Erwerb oder Einfuhrumsatzsteuer).

2. Steuerfreie Umsätze ohne Optionsrecht

Bei steuerfreien Umsätzen, für die kein Optionsrecht besteht, fällt auf Ebene des Unternehmers, der diese **Leistung** erbringt, **keine Umsatzsteuer** an. Der Steuerbefreiung der Leistung steht der **Nachteil** gegenüber, dass die dem (steuerfrei) leistenden Unternehmer **für Vorleistungen in Rechnung gestellte Umsatzsteuer nicht erstattet** wird (§ 15 Abs. 2 UStG). **777**

Im Ausland wird zum Teil der Steuersatz auf 0% festgesetzt (**Nullsatz**). Für die Höhe der Ausgangsrechnung ist es unbedeutend, ob die Umsatzsteuer deshalb nicht erhoben wird, weil eine Steuerbefreiung gewährt wird oder weil der Steuersatz 0% beträgt. Der entscheidende Unterschied besteht beim Vorsteuerabzug. Bei steuerfreien Leistungen entfällt grundsätzlich die Möglichkeit, die für Vorleistungen entrichtete Vorsteuer geltend zu machen. Demgegenüber wird bei einem Nullsatz der Vorsteuerabzug nicht eingeschränkt, da formal eine steuerpflichtige Leistung erbracht wird, auch wenn sich der Steuersatz und damit die Steuerschuld auf null belaufen.

778 Die **Belastungswirkungen** aus dem Nebeneinander von steuerfreier Leistung und fehlendem Vorsteuerabzug **hängen davon ab**, ob die steuerfreie Leistung gegenüber einem privaten Endverbraucher **(Endstufenbefreiung)** oder an einen vorsteuerabzugsberechtigten Unternehmer **(Zwischenstufenbefreiung)** erbracht wird.

779 – *Leistungen an Endverbraucher (Endstufenbefreiung):* Bei **Leistungen gegenüber einem privaten Endverbraucher** beschränkt sich der Vorteil der Steuerbefreiung auf die umsatzsteuerliche **Nichterfassung der Wertschöpfung des letzten Unternehmers** in der Unternehmerkette. Die Umsatzsteuer auf den Vorstufen wird, sofern die Überwälzung gelingt, aufgrund des fehlenden Vorsteuerabzugs dem Endverbraucher vom letzten Unternehmer der Wertschöpfungskette in Rechnung gestellt. Die Vorteile aus der Endstufenbefreiung fallen deshalb umso niedriger aus, je mehr Vorleistungen der an den Endverbraucher leistende Unternehmer von anderen Unternehmen in Anspruch nimmt oder mit anderen Worten, je geringer seine eigene (steuerbefreite) Wertschöpfung ist.

780 **Beispiel:** Unternehmen 2 erbringt Leistungen im Wert von 100 000 €. *Ohne Steuerbefreiung* hat der Endverbraucher einen Rechnungspreis von 119 000 € zu entrichten (Umsatzsteuerbelastung des Konsums 19 000 €). Die Verteilung der Wertschöpfung innerhalb der Unternehmerkette hat bei steuerpflichtigen Leistungen hierauf keinen Einfluss, da die auf Leistungen innerhalb der Unternehmerkette anfallende Umsatzsteuer durch den Vorsteuerabzug kompensiert wird.

Sind die *Leistungen* des Unternehmens 2 *von der Umsatzsteuer befreit* und erwirtschaftet das Unternehmen 2 die Wertschöpfung allein (zB Dienstleistungen, **Fall 1**), kann es den Rechnungspreis auf 100 000 € reduzieren. Die Entlastung des Endverbrauchers gelingt in vollem Umfang.

Nimmt Unternehmen 2 von Unternehmen 1 Vorleistungen von 30 000 € **(Fall 2)** bzw 60 000 € **(Fall 3)** in Anspruch, erhöht sich der Rechnungspreis auf 105 700 € (111 400 €). Die Belastung des privaten Endverbrauchs in Höhe von 5 700 € (11 400 €) entspricht der Umsatzsteuer, die das steuerpflichtig leistende Unternehmen 1 dem steuerfrei leistenden Unternehmen 2 in Rechnung stellt und die das Unternehmen 2 nicht als Vorsteuer abziehen kann. Die Entlastung des Endverbrauchers (13 300 € bzw 7 600 €) beschränkt sich auf den Betrag, der bei steuerpflichtigen Leistungen auf die Wertschöpfung des steuerfrei leistenden Unternehmens 2 entfallen würde (70 000 € × 19% bzw 40 000 € × 19%).

Fall 2		**Unternehmen 1**	**Unternehmen 2**
Rechnungsstellung			
	Wert der Vorleistungen mit Umsatzsteuer	–.–	35 700 €
+	Wertschöpfung des Unternehmens	30 000 €	70 000 €
+	Umsatzsteuer (19% bzw steuerfrei)	5 700 €	0 €
=	Rechnungspreis	35 700 €	105 700 €
	davon Umsatzsteuer	5 700 €	5 700 €
Steuerberechnung			
	Umsatzsteuer in Ausgangsrechnungen	5 700 €	0 €
–	abziehbare Vorsteuer in Eingangsrechnungen	–.–	0 €
=	abzuführende Umsatzsteuer	5 700 €	0 €

Fall 3		**Unternehmen 1**	**Unternehmen 2**
Rechnungsstellung			
	Wert der Vorleistungen mit Umsatzsteuer	–.–	71 400 €
+	Wertschöpfung des Unternehmens	60 000 €	40 000 €
+	Umsatzsteuer (19% bzw steuerfrei)	11 400 €	0 €
=	Rechnungspreis	71 400 €	111 400 €
	davon Umsatzsteuer	11 400 €	11 400 €
Steuerberechnung			
	Umsatzsteuer in Ausgangsrechnungen	11 400 €	0 €
–	abziehbare Vorsteuer in Eingangsrechnungen	–.–	0 €
=	abzuführende Umsatzsteuer	11 400 €	0 €

– *Leistungen an vorsteuerabzugsberechtigte Unternehmer (Zwischenstufenbefreiung):* Werden die steuerfreien Lieferungen oder sonstigen Leistungen nicht an einen privaten Endverbraucher, sondern an einen Unternehmer erbracht, der selbst steuerpflichtige Umsätze ausführt **(Zwischenstufenbefreiung)**, löst der fehlende Vorsteuerabzug **Mehrbelastungen** aus: Dem Unternehmer, der die steuerfreien Leistungen tätigt, steht für die **Umsatzsteuer**, die er **für** von ihm in Anspruch genommene **Vorleistungen** entrichtet hat, **kein Vorsteuerabzugsrecht** zu. Der Leistungsempfänger kann sie gleichfalls nicht als Vorsteuer geltend machen, da ihm für seine Vorleistungen (formal) keine Umsatzsteuer in Rechnung gestellt wird. **781**

Für den dem steuerfrei leistenden Unternehmer nachfolgenden steuerpflichtigen Unternehmer erhöht sich der Preis für die Vorleistungen um die darauf lastende Umsatzsteuer, dh die Umsatzsteuer, die der steuerfrei leistende Unternehmer nicht als Vorsteuer abziehen kann. Damit erhöht sich die umsatzsteuerliche Bemessungsgrundlage für Leistungen des steuerpflichtigen Unternehmers gegenüber einem Endverbraucher. Es kommt – entgegen dem Konzept einer Nettoumsatzsteuer – zu einer **kumulativen Wirkung**.

Die **Mehrbelastung** setzt sich aus **zwei Komponenten** zusammen:

(1) die Umsatzsteuer, die bei dem steuerfrei leistenden Unternehmer nicht als Vorsteuer abziehbar ist *(Ebene des steuerfrei leistenden Unternehmers)*, zuzüglich

(2) die Umsatzsteuer auf diese nicht als Vorsteuer abziehbare Umsatzsteuer, dh dem Steuer-auf-die-Steuer-Effekt *(Ebene des Unternehmers, an den die steuerfreie Leistung erbracht wird)*.

Beispiel: Am Produktionsprozess sind die Unternehmen U1, U2 und U3 beteiligt. Die Wertschöpfung beträgt bei U1 20 000 €, bei U2 30 000 € und bei U3 50 000 €. Erbringen alle *drei Unternehmen steuerpflichtige Leistungen* (Ausgangsfall) und ist die Umsatzsteuer in vollem Umfang überwälzbar, beträgt der Rechnungspreis des U3 119 000 €. Der private Endverbraucher hat eine Umsatzsteuer von 19 000 € zu tragen. **782**

Sind die *Umsätze von U2 steuerfrei*, stellt U2 aufgrund der Annahme der vollständigen Überwälzbarkeit der Umsatzsteuer für seine Leistungen eine Rechnung über 53 800 € aus. Dieser

Wert setzt sich zusammen aus: Wertschöpfung von U1 (= 20 000 €), Wertschöpfung von U2 (= 30 000 €) und Umsatzsteuer auf die Leistungen von U1, die bei U2 nicht als Vorsteuer abziehbar ist (= 3 800 €).

U3 kann gleichfalls keine Vorsteuer abziehen, da in der Rechnung von U2 keine Umsatzsteuer offen ausgewiesen ist. Unter Berücksichtigung seiner Wertschöpfung von 50 000 € beläuft sich sein Rechnungspreis auf 123 522 € = 53 800 € + 50 000 € + 19% Umsatzsteuer auf 103 800 €.

Das vom privaten Endverbraucher zu leistende Entgelt erhöht sich gegenüber dem Ausgangsfall, bei dem auch die Leistungen des U2 steuerpflichtig sind, um 4 522 €. Die Mehrbelastung setzt sich aus der bei U2 nichtabziehbaren Umsatzsteuer von 3 800 € und 19% Umsatzsteuer auf diesen Betrag zusammen. Die Umsatzsteuer auf die Umsatzsteuer (Steuer-auf-die-Steuer-Effekt) von 722 € ergibt sich, wenn U2 den Nachteil aus der bei ihm nicht als Vorsteuer abziehbaren Umsatzsteuer über die Erhöhung des Nettoverkaufspreises an U3 weitergibt. Gelingt die Weiterbelastung, erhöht sich der von U3 für Vorleistungen gezahlte Preis, sodass die bei U2 nichtabziehbare Umsatzsteuer bei U3 in die umsatzsteuerpflichtige Bemessungsgrundlage eingeht.

		Unternehmen 1	**Unternehmen 2**	**Unternehmen 3**
Rechnungsstellung				
	Wert der Vorleistungen mit Umsatzsteuer	–.–	23 800 €	53 800 €
+	Wertschöpfung des Unternehmens	20 000 €	30 000 €	50 000 €
+	Umsatzsteuer (19% bzw steuerfrei)	3 800 €	0 €	19 722 €
=	Rechnungspreis	23 800 €	53 800 €	123 522 €
	davon Umsatzsteuer	3 800 €	3 800 €	23 522 €
Steuerberechnung				
	Umsatzsteuer in Ausgangsrechnungen	3 800 €	0 €	19 722 €
–	abziehbare Vorsteuer in Eingangsrechnungen	–.–	0 €	0 €
=	abzuführende Umsatzsteuer	3 800 €	0 €	19 722 €

Die Summe der Beträge in der letzten Zeile entspricht der auf dem privaten Endverbrauch lastenden Umsatzsteuer: 3 800 € + 0 € + 19 722 € = 23 522 €. Die Zwischenstufensteuerbefreiung löst eine Mehrbelastung von 4 522 € aus: 23 522 € – 19 000 € = 3 800 € + 3 800 € × 19%.

3. Steuerfreie Umsätze mit Optionsrecht

783 Um die innerhalb eines Nettoumsatzsteuersystems systemwidrige **Kumulationswirkung** der Umsatzsteuer bei steuerfreien Leistungen innerhalb der Unternehmerkette **zu vermeiden**, besteht für ausgewählte Umsätze das **Wahlrecht**, **auf** die **Steuerbefreiung zu verzichten** (Umsatzsteueroption nach § 9 UStG).

Wird die **Umsatzsteueroption** ausgeübt, entfällt die Umsatzsteuerbefreiung. Dies hat zwei Effekte: Zum einen sind die **Umsätze** nicht nur steuerbar, sondern auch **steuerpflichtig**. Zum anderen wird dem leistenden Unternehmer nunmehr der **Vorsteuerabzug** gewährt.

Wird von dem Optionsrecht kein Gebrauch gemacht, sind die Leistungen – wie in der Steuerbefreiungsvorschrift vorgesehen – steuerfrei. Damit bleibt auch der Nachteil bestehen, dass auf Ebene des Unternehmers, der die steuerfreien Leistungen erbringt, ein Vorsteuerabzug ausscheidet.

Der **Verzicht auf** die **Steuerbefreiung** kann **nur für Umsätze** erklärt werden, die nach **§ 4 Nr 8 Buchst. a–g, Nr 9 Buchst. a, Nr 12, 13 oder 19 UStG** steuerfrei sind (§ 9 UStG). Die Umsatzsteueroption kann also nur für ausgewählte Finanzumsätze, Umsätze im Zusammenhang mit Grundstücken und Umsätze von Blinden ausgeübt werden. **784**

Voraussetzungen für die Behandlung als steuerpflichtige Umsätze sind: **785**

- Der Unternehmer muss die **Umsatzsteueroption ausüben**.
- Die Leistungen müssen an einen anderen Unternehmer für dessen Unternehmen erbracht werden (**Steuerbefreiung innerhalb der Unternehmerkette**: Zwischenstufenbefreiung). Bei Leistungen an private Endverbraucher kann auf die Steuerbefreiung nicht verzichtet werden, weil ansonsten der bei einer Endstufenbefreiung gewünschte Entlastungseffekt nicht eintreten würde.
- Bei Vermietungs- und Verpachtungsumsätzen (§ 4 Nr 12 S. 1 Buchst. a UStG) und weiteren mit Grundstücken zusammenhängenden Umsätzen (§ 4 Nr 9 Buchst. a, Nr 12 S. 1 Buchst. b, c UStG) darf der Leistungsempfänger das Grundstück nachweislich nur für Umsätze verwenden, bei denen ein Vorsteuerabzug zulässig ist. Diese Einschränkung des Wahlrechts hat die Aufgabe, Missbräuche zu vermeiden, die im Zusammenhang mit Grundstücken entstehen könnten, die Wohnzwecken oder anderen nichtunternehmerischen Zwecken dienen.

Bei der Lieferung von Grundstücken kann die Umsatzsteueroption nicht nachträglich ausgeübt werden: Der Verzicht auf Befreiung von der Umsatzsteuer ist bei der Lieferung von Grundstücken im Zwangsversteigerungsverfahren durch den Vollstreckungsschuldner an den Ersteher bis zur Aufforderung zur Abgabe von Geboten im Versteigerungstermin zulässig (§ 9 Abs. 3 S. 1 UStG). Bei anderen Grundstückslieferungen ist die Umsatzsteueroption im notariell zu beurkundenden Kaufvertrag zu erklären (§ 9 Abs. 3 S. 2 UStG).

Die **Entscheidung** über die Ausübung der Umsatzsteueroption bei Lieferungen und sonstigen Leistungen an andere Unternehmer **hängt davon ab, in welchem Umfang es gelingt, die** bei einem Verzicht auf die Steuerbefreiung anfallende **Umsatzsteuer** über eine Erhöhung der Absatzpreise an den Abnehmer **weiterzugeben**: **786**

– Ist die **Umsatzsteuer vollständig überwälzbar**, empfiehlt sich generell die **Option zur Steuerpflicht** der ansonsten steuerfreien Umsätze. Zwar muss die in der Ausgangsrechnung ausgewiesene Umsatzsteuer an das Finanzamt abgeführt werden, aber zuvor kann die auf Vorleistungen entfallende Umsatzsteuer als Vorsteuer abgezogen werden. Eine vollständige Überwälzung der Umsatzsteuer gelingt,

(1) wenn entweder der Abnehmer selbst zum Vorsteuerabzug berechtigt ist oder

(2) wenn (ausnahmsweise) die Nachfrage des leistungsempfangenden, nicht vorsteuerabzugsberechtigten Unternehmers so unelastisch ist, dass sich der um die Umsatzsteuer erhöhte Rechnungspreis durchsetzen lässt.

Praktisch relevant ist der Fall 1. Beim Fall 2 stellt sich die Frage, weshalb der leistende Unternehmer nicht bereits zuvor seinen Preisspielraum ausgeschöpft hat.

– Ist die **Umsatzsteuer nicht** oder nur zum Teil **überwälzbar** (elastische Nachfrage), muss der leistungserbringende Unternehmer die **Vorteile** der Option **aus dem Vorsteuerabzug** mit den **Nachteilen** aus der ganz oder zum Teil **zu tragenden Umsatzsteuer** auf die eigene Leistung **vergleichen**. Die Summe aus Vorsteuererstattung und Erhöhung des (Brutto-)Rechnungspreises (sofern die Überwälzung der Umsatzsteuer zumindest teilweise gelingt) muss höher sein als die abzuführende Umsatzsteuer.

Ist die Nachfrage des leistungsempfangenden, nicht vorsteuerabzugsberechtigten Unternehmers nicht vollständig elastisch, hängt die Entscheidung über die Ausübung der Umsatzoption von folgendem Kriterium ab:

Vorteil der Umsatzsteueroption			>	**Nachteil der Umsatzsteueroption**
Vorsteuer	+	Erhöhung des Rechnungspreises	>	abzuführende Umsatzsteuer
VorSt	+	$(RP_{nach} - RP_{vor})$	>	$RP_{nach} \times s/(1+s)$

mit	VorSt	=	Vorsteuer
	RP_{vor}	=	Rechnungspreis vor Ausübung der Option
	RP_{nach}	=	Rechnungspreis nach Ausübung der Option
	s	=	Umsatzsteuersatz (dezimal)

Gesucht ist der **Rechnungspreis, der mindestens erzielt werden muss**, damit die Entscheidung zugunsten einer Ausübung der Umsatzsteueroption ausfällt:

$$RP_{nach} > (RP_{vor} - VorSt) \times (1+s)$$

Ist die **Überwälzung der Umsatzsteuer vollständig ausgeschlossen**, gilt: $RP_{nach} = RP_{vor}$. Das Vorteilhaftigkeitskriterium reduziert sich auf:

$$VorSt > RP_{vor} \times s/(1+s)$$

Beispiel: Vor Ausübung der umsatzsteuerlichen Option erhält der Unternehmer von seinem Kunden 100 000 €. Vorsteuer fällt in Höhe von 12 000 € an. Dem Unternehmer gelingt es, nach einer Ausübung der Umsatzsteueroption den Rechnungspreis um 6 000 € auf 106 000 € zu erhöhen. Der Umsatzsteuersatz beträgt 19%.

Vorsteuerabzug und Erhöhung des Entgelts erbringen Vorteile von 18 000 €. Die abzuführende Umsatzsteuer beläuft sich lediglich auf 16 924 € (= 106 000 € × 0,19/1,19). Die Ausübung der Option ist vorteilhaft, da die *kritische Grenze* bereits *bei einer Erhöhung des Rechnungspreises* auf 104 720 € (= [100 000 € – 12 000 €] × 1,19) erreicht ist.

Ist *keine Erhöhung des Rechnungspreises möglich*, empfiehlt sich die Entscheidung für eine Steuerpflicht dann, wenn die Vorsteuer mindestens 15 966 € (= 100 000 € × 0,19/1,19) beträgt.

– Eine Option zur Steuerpflicht ist im Einzelfall auch von Vorteil, um eine Berichtigung des Vorsteuerabzugs nach § 15a UStG zu vermeiden.

E. Bemessungsgrundlage (Grundsatz: Entgelt)

Die Umsatzsteuer kennt **keine einheitliche Bemessungsgrundlage**, vielmehr wird die Bemessungsgrundlage in **Abhängigkeit von der Art des Steuergegenstands** festgelegt. Einen Überblick über die Alternativen zur Bestimmung der umsatzsteuerlichen Bemessungsgrundlage gibt Abb. 5.7. 787

Lieferungen und sonstige Leistungen, innergemeinschaftlicher Erwerb	**unentgeltliche Abgabe von Gegenständen**	**unentgeltliche Abgabe von Dienstleistungen**	**Importe aus dem Drittlandsgebiet**
Entgelt vermindert um Preisnachlässe und erhöht um Nebenkosten (§ 10 Abs. 1 UStG)	Einkaufspreis oder Selbstkosten (§ 10 Abs. 4 S. 1 Nr 1 UStG)	entstandene Ausgaben (§ 10 Abs. 4 S. 1 Nr 2, 3 UStG)	Zollwert (§ 11 UStG)

Abb. 5.7: Bemessungsgrundlagen bei der Umsatzsteuer

(1) Entgelt als grundsätzliche Bemessungsgrundlage: Für **Lieferungen und sonstige Leistungen** sowie für **innergemeinschaftliche Erwerbe** bildet das **Entgelt** die **Bemessungsgrundlage**. Entgelt ist alles, was den **Wert der Gegenleistung** bildet, **die der leistende Unternehmer** vom Leistungsempfänger oder von einem anderen als dem Leistungsempfänger für die Leistung **erhält** oder erhalten soll. Bemessungsgrundlage bildet das Nettoentgelt, dh die für diese Leistung gesetzlich geschuldete **Umsatzsteuer gehört nicht zur Bemessungsgrundlage**, obwohl sie Bestandteil des Preises im bürgerlich-rechtlichen Sinne ist (§ 10 Abs. 4 S. 1, 2 UStG, Abschnitt 10.1 UStAE).[31] 788

Dem **Entgelt** kommt eine **Doppelfunktion** zu: Zum einen ist das Entgelt bei Lieferungen und sonstigen Leistungen sowie bei innergemeinschaftlichen Erwerben **Voraussetzung für** die **Steuerbarkeit** (§ 1 Abs. 1 Nr 1, 5 UStG). Zum anderen dient es bei diesen beiden Haupttatbeständen der Umsatzsteuer als **Bemessungsgrundlage**.

Das **Entgelt vermindert** sich **um Preisnachlässe** (zB Rabatt, Skonto) und **erhöht** sich **um Nebenkosten** (zB Verpackung, Transport, Trinkgeld an den Unternehmer). Zu Einzelheiten siehe Abschnitt 10.2 UStAE.

Die Beträge, die der Unternehmer im Namen und für Rechnung eines anderen vereinnahmt und verausgabt (durchlaufende Posten), gehören nicht zum Entgelt (§ 10 Abs. 1 S. 5 UStG, Abschnitt 10.4 UStAE).

Bemessungsgrundlage ist grundsätzlich das **vereinbarte Entgelt** (**Sollbesteuerung**, § 16 Abs. 1 S. 1 UStG). **Nachträgliche Änderungen** der Bemessungsgrundlage (zB Skontoabzug, nachträglicher Rabatt, Preisnachlass aufgrund eines Produktmangels, teilweiser oder vollständiger Ausfall von Forderungen, im Voraus bezahlte Leistung wird nicht erbracht, Rückgängigmachung einer Lieferung) führen zur **Berichtigung der Umsatzsteuer** (§ 17 UStG). Die Berichtigung der Umsatzsteuer bei Änderungen

31 Bei einem innergemeinschaftlichen Erwerb sind Verbrauchsteuern, die vom Erwerber geschuldet oder entrichtet werden, in die Bemessungsgrundlage einzubeziehen (§ 10 Abs. 1 S. 3 UStG).

des Entgelts beruht auf dem wirtschaftlichen Charakter der Umsatzsteuer als allgemeine Verbrauchsteuer: Besteuert werden soll die tatsächlich realisierte Einkommensverwendung. Bei einer Besteuerung nach vereinnahmten Entgelten (Istbesteuerung, § 20 UStG) kann unmittelbar auf das tatsächlich vereinnahmte Entgelt abgestellt werden.

789 Beim **Tausch**, bei tauschähnlichen Umsätzen und bei Hingabe an Zahlungs statt (an Stelle der vereinbarten Zahlung wird eine andere Form der Gegenleistung gewählt) werden grundsätzlich **zwei steuerbare Umsätze verwirklicht**. Bei diesen Umsätzen bildet jeweils der **Wert der erhaltenen Lieferung oder sonstigen Leistung** abzüglich der darin enthaltenen Umsatzsteuer die Bemessungsgrundlage für die hingegebene Leistung (§ 10 Abs. 2 S. 2, 3 UStG). Der Wert des anderen Umsatzes wird durch den subjektiven Wert für die tatsächlich erhaltene und in Geld ausdrückbare Gegenleistung bestimmt. Subjektiver Wert ist derjenige, den der Leistungsempfänger der Leistung beimisst, die er sich verschaffen will und deren Wert dem Betrag entspricht, den er zu diesem Zweck aufzuwenden bereit ist. Dieser Wert umfasst alle Ausgaben einschließlich der Nebenleistungen, die der Empfänger der jeweiligen Leistung aufwendet, um diese Leistung zu erhalten. Soweit der Leistungsempfänger konkrete Aufwendungen für die von ihm erbrachte Gegenleistung getätigt hat, ist der gemeine Wert (§ 9 BewG) dieser Gegenleistung nicht maßgeblich. Hat der Empfänger keine konkreten Aufwendungen für seine Gegenleistung getätigt, ist als Entgelt ausnahmsweise für die Leistung der gemeine Wert dieser Gegenleistung anzusetzen. Soweit der Wert des Entgelts nicht ermittelt werden kann, ist er zu schätzen (Abschnitt 10.5 UStAE).

790 *(2) Weitere Formen der umsatzsteuerlichen Bemessungsgrundlage:* Bei den anderen Steuergegenständen verwendet das Umsatzsteuergesetz den Einkaufspreis, die Selbstkosten, die entstandenen Ausgaben und den Zollwert als Bemessungsgrundlage.

791 – Bei der **unentgeltlichen Abgabe von Gegenständen** (Gegenstandsentnahmen, Sachzuwendungen an das Personal, andere unentgeltliche Zuwendungen) sowie beim innergemeinschaftlichen Verbringen (Überführung eines Gegenstands in eine in einem anderen EU-Staat belegene Betriebsstätte) entspricht die Bemessungsgrundlage dem **Einkaufspreis zuzüglich** der **Nebenkosten** für den Gegenstand (ursprünglich entgeltlicher Erwerb durch den Unternehmer) **oder** den **Selbstkosten** (Eigenerstellung) **im Zeitpunkt des Umsatzes** (§ 10 Abs. 4 S. 1 Nr 1 UStG). Diese Werte werden aus den Wiederbeschaffungs- bzw Wiederherstellungskosten im Besteuerungszeitpunkt abgeleitet.

Da es bei der Besteuerung der unentgeltlichen Wertabgaben in erster Linie um eine Korrektur des Vorsteuerabzugs geht, wird nicht auf den beim Verkauf erzielbaren Erlös (gemeiner Wert nach § 9 BewG) abgestellt. Eine Handelsspanne bzw ein Gewinnaufschlag wird also in die Bemessungsgrundlage nicht eingerechnet. Allerdings erhöhen Wertsteigerungen zwischen dem Zeitpunkt des Erwerbs bzw der Herstellung und dem Zeitpunkt der Entnahme, der Zuwendung oder des innergemeinschaftlichen Verbringens des Gegenstands die umsatzsteuerliche Bemessungsgrundlage. Durch die Nichtberücksichtigung des Gewinnaufschlags geht insoweit der Verkehrsteuercharakter dem Verbrauchsteuercharakter der Umsatzsteuer vor.

Beispiel: Ein Autohändler schenkt seiner Tochter einen Vorführwagen. Bemessungsgrundlage bildet der am Tag der Gegenstandsentnahme geltende Einkaufspreis des Fahrzeugs von 25 000 €, nicht der beim Verkauf üblicherweise erzielbare Erlös von 35 000 €.

– Bei **Verwendung von Unternehmensgegenständen durch den Unternehmer für unternehmensfremde Zwecke** oder für den **privaten Bedarf seines Personals** ist die Umsatzsteuer nach den **entstandenen Ausgaben** zu bemessen, **soweit sie zum** vollen oder teilweisen **Vorsteuerabzug berechtigt haben** (§ 10 Abs. 4 S. 1 Nr 2 UStG). 792

Die Beschränkung der Bemessungsgrundlage auf die Aufwendungen, bei denen zuvor ein Vorsteuerabzug geltend gemacht wurde, ergibt sich aus dem Ziel der Besteuerung von unentgeltlichen Wertabgaben für nichtunternehmerische Zwecke, den Vorsteuerabzug zu korrigieren. Die Nutzungsentnahmen und die Verwendung von Gegenständen durch das Personal des Unternehmers lösen deshalb nur dann Umsatzsteuer aus, wenn zuvor ein Vorsteuerabzug in Anspruch genommen wurde.

Grundsätzlich werden zur Bestimmung der Ausgaben die bei der Einkommensteuer verrechneten Aufwendungen übernommen, sodass der anteilige (kalkulatorische) Unternehmerlohn nicht mit einbezogen wird.

Zu den Ausgaben gehören auch die Anschaffungs- oder Herstellungskosten eines Wirtschaftsguts, das dem Unternehmen zugeordnet wird und das für die Erbringung der sonstigen Leistung verwendet wird. Betragen die Anschaffungs- oder Herstellungskosten mindestens 500 €, sind diese bei der Berechnung der Aufwendungen auf zehn Jahre (Grundstücke) bzw fünf Jahre (andere Wirtschaftsgüter) zu verteilen (§ 10 Abs. 4 S. 1 Nr 2 S. 2, 3 iVm § 15a UStG). Die im Rahmen der ertragsteuerlichen Gewinnermittlung angesetzte betriebsgewöhnliche Nutzungsdauer ist nicht maßgebend. Die gesetzliche Vorgabe für die zeitliche Verteilung der Anschaffungs- oder Herstellungskosten im Bereich der Umsatzsteuer führt insbesondere bei Gebäuden dazu, dass die Bemessungsgrundlage in den ersten Jahren relativ hoch ausfällt, da die Anschaffungs- oder Herstellungskosten bei der Berechnung der entstandenen Ausgaben nur über zehn Jahre anstatt über 33 1/3, 40 bzw 50 Jahre (so in § 7 Abs. 4 EStG) verteilt werden.

Wie bei Gegenstandsentnahmen bildet nicht der gemeine Wert (Verkehrswert, § 9 BewG) die Bemessungsgrundlage. Der vom Unternehmer üblicherweise erzielbare Gewinnaufschlag geht nicht in die Bemessungsgrundlage ein. Durch die Nichtberücksichtigung des Gewinnaufschlags wird insoweit – wie bei Gegenstandsentnahmen – der Verkehrsteuercharakter der Umsatzsteuer stärker gewichtet als der Verbrauchsteuercharakter.

Beispiel: Ein Autovermieter überlässt seiner Tochter für deren Urlaubsfahrt einen Mietwagen. Die Umsatzsteuer errechnet sich aus den Aufwendungen für das Fahrzeug, die während der Urlaubsfahrt entstehen. Dazu gehören auch die anteilig auf den Zeitraum der Urlaubsfahrt entfallenden Abschreibungen auf das Fahrzeug. Da der Gewinnaufschlag unberücksichtigt bleibt, wird nicht auf den bei der Vermietung an Fremde verlangten (üblicherweise höheren) Preis abgestellt.

– Bei **unentgeltlichen Dienstleistungen durch den Unternehmer für Zwecke, die außerhalb des Unternehmens liegen**, oder für den **privaten Bedarf seines Personals** errechnet sich die Umsatzsteuer aus den **entstandenen Ausgaben** (§ 10 Abs. 4 S. 1 Nr 3 UStG). Die entstandenen Ausgaben gehen generell in die umsatzsteuerliche Bemessungsgrundlage ein. Eine Differenzierung danach, inwieweit ein Vorsteuerabzug möglich war, wird nicht vorgenommen. 793

794 – Die Bemessungsgrundlage einer **Einfuhr im Inland** (Import aus dem Drittlandsgebiet) ergibt sich aus dem Wert des eingeführten Gegenstands nach den Vorschriften zur Bestimmung des **Zollwerts**. Dem Zollwert werden die Zölle, andere Verbrauchsteuern und die Transportkosten bis zum ersten inländischen Bestimmungsort hinzugerechnet. Bei Einfuhren, die nicht dem Wertzoll unterliegen, wird die Einfuhrumsatzsteuer auf Grundlage des Entgelts berechnet (§ 11 UStG).

795 – Für entgeltliche Lieferungen und sonstige Leistungen von Einzelunternehmern an ihnen nahestehende Personen, von Personen- und Kapitalgesellschaften an ihre Anteilseigner oder diesen nahestehende Personen und von Unternehmern an ihr Personal oder dessen Angehörige aufgrund eines Dienstverhältnisses besteht eine **Mindestbemessungsgrundlage**. Liegt bei diesen Umsätzen das Entgelt unter dem Einkaufspreis, den Selbstkosten bzw den entstandenen Ausgaben, sind die für die unentgeltliche Abgabe oder Verwendung von Gegenständen oder die unentgeltliche Erbringung von Dienstleistungen heranzuziehenden Werte anzusetzen (§ 10 Abs. 5 UStG). Da bei entgeltlichen Leistungen prinzipiell das Entgelt die Bemessungsgrundlage bildet, wäre bei einer uneingeschränkten Beibehaltung dieses Grundsatzes **durch Vereinbarung** eines **geringfügigen Entgelts** auf einfache Weise eine **Reduzierung der Umsatzsteuer möglich**. Die Mindestbemessungsgrundlage gewährleistet, dass Leistungen an nahestehende Personen, für die ein unangemessen niedriges Entgelt vereinbart wird, die gleiche Umsatzsteuerbelastung auslösen wie unentgeltliche Leistungen.

Beispiel: Ein Autohändler schenkt seiner Tochter einen Vorführwagen. Bemessungsgrundlage für diese unentgeltliche Wertabgabe für nichtunternehmerische Zwecke iSd § 3 Abs. 1b S. 1 Nr 1 UStG bildet der Einkaufspreis des Fahrzeugs von 25 000 €.

Wird ein Entgelt von 10 € vereinbart, ist der Grundtatbestand „entgeltliche Lieferung" nach § 1 Abs. 1 Nr 1 UStG erfüllt. Die Umsatzsteuer würde sich auf 1,90 € belaufen. Damit wäre der private Endverbrauch der Tochter nahezu nicht mit Umsatzsteuer belastet: Der Autohändler hat beim Erwerb des Fahrzeugs den Vorsteuerabzug geltend gemacht. Beim Verkauf an seine Tochter würde nur die auf das vereinbarte Entgelt entfallende Umsatzsteuer erhoben. Durch die Mindestbemessungsgrundlage wird diese systemwidrige Minderbelastung vermieden. Die Bemessungsgrundlage wird auf den Einkaufspreis erhöht, sodass sowohl bei der Schenkung als auch beim Verkauf zu 10 € die Umsatzsteuer auf den Einkaufspreis von 25 000 € erhoben wird.

Wenn der Einkaufspreis, die Selbstkosten oder die entstandenen Ausgaben über dem marktüblichen Entgelt liegen, wird die Mindestbemessungsgrundlage auf das marktübliche Entgelt begrenzt (§ 10 Abs. 5 S. 1 HS 2 UStG). Liegt das gezahlte Entgelt über dem marktüblichen Entgelt, aber unter dem Einkaufspreis, den Selbstkosten oder den entstandenen Ausgaben, ergibt sich die Bemessungsgrundlage aus dem gezahlten Entgelt (Grundsatzregelung), sodass sich die Mindestbemessungsgrundlage nicht auswirkt (§ 10 Abs. 5 S. 2 iVm Abs. 1 UStG).

F. Steuertarif

796 Der **allgemeine Steuersatz** (Regel-, Normalsteuersatz) der Umsatzsteuer beträgt **19%** (§ 12 Abs. 1 UStG). Er gilt, wenn weder der ermäßigte Steuersatz noch die Sonderregelungen für Land- und Forstwirte zur Anwendung kommen. Bezogen auf den (Brutto-)Rechnungspreis sind dies rund 15,97% (= 0,19/1,19 × 100).

Der **ermäßigte Steuersatz** von **7%** auf die umsatzsteuerliche Bemessungsgrundlage (ca. 6,54% des Bruttopreises = 0,07/1,07 × 100) gilt für Umsätze, die in § 12 Abs. 2 UStG einschließlich der Anlage 2 zum Umsatzsteuergesetz aufgeführt sind. Hierzu gehören **beispielsweise** die **Lieferung von land- und forstwirtschaftlichen Erzeugnissen, zahlreichen Lebensmitteln,**[32] **Büchern** und **Zeitschriften (auch in elektronischer Form)**, Kunstgegenständen (sofern vom Urheber überlassen), Krankenfahrstühlen, Körperersatzstücken, die Leistungen von Zahntechnikern, Theatervorführungen, Zirkusvorführungen, Umsätze aufgrund von urheberrechtlich geschützten Rechten, Leistungen von gemeinnützigen, mildtätigen und kirchlichen Körperschaften, die Beförderung von Personen im **Schienenbahnverkehr**, die **Beförderung von Personen im Nahverkehr** (Linienverkehr, Taxi), Übernachtungen im Hotel sowie Erzeugnisse für Zwecke der Monatshygiene.[33] **797**

Der **ermäßigte Steuersatz wirkt wie** eine **teilweise Steuerbefreiung**. In einem Allphasen-Nettoumsatzsteuersystem mit sofortigem Vorsteuerabzug bleibt die Begünstigung allerdings nur dann erhalten, **wenn** die **Leistung**, für die der ermäßigte Steuersatz angewendet wird, **an** den privaten **Endverbraucher erbracht** wird. Die **Entlastung bezieht sich auf die gesamte Wertschöpfung**, nicht nur auf die Wertschöpfung des Unternehmers, der die Leistungen an den Endverbraucher erbringt:

	(allgemeiner Umsatzsteuersatz – ermäßigter Umsatzsteuersatz)
×	gesamte Wertschöpfung innerhalb der Unternehmerkette

Wird der Umsatz, für den der ermäßigte Steuersatz gilt, **gegenüber einem vorsteuerabzugsberechtigten Unternehmer** ausgeführt, wird die Minderung der Umsatzsteuer durch eine Erhöhung der Umsatzsteuerschuld des nachfolgenden Unternehmers neutralisiert: Der Senkung der Umsatzsteuer auf Vorleistungen steht in gleicher Höhe die Minderung des Vorsteuerabzugs gegenüber. Aufgrund dieser **Nachholwirkung** kann der private Endverbraucher von einer Ermäßigung des Steuersatzes, die für Leistungen innerhalb der Unternehmerkette eingeräumt wird, nicht profitieren.

Beispiel: Am Produktionsprozess sind drei Unternehmen beteiligt, bei denen jeweils eine Wertschöpfung von 1 000 € entsteht. Es wird unterstellt, dass die Umsatzsteuer in vollem Umfang überwälzbar ist.

Fall 1: Steuerermäßigung auf der Endstufe. Auf den ersten beiden Stufen gilt der allgemeine Steuersatz von 19%. Für Leistungen des Unternehmens 3 ermäßigt sich der Steuersatz auf 7%.

---

32 Begünstigt ist nur die *Lieferung* von Lebensmitteln. Wenn bei der Abgabe von verzehrfertig zubereiteten Speisen das Dienstleistungselement überwiegt (so beispielsweise beim Mittagessen im Restaurant), liegt eine *sonstige Leistung* vor. Für sonstige Leistungen gilt der allgemeine Steuersatz. Zur Abgrenzung von Lieferungen und sonstigen Leistungen bei der Abgabe von Speisen und Getränken siehe Abschnitt 3.6 UStAE.

33 Zu Einzelheiten siehe Abschnitte 12.1–12.16 UStAE. Die Umsätze, die dem ermäßigten Umsatzsteuersatz unterliegen, machen ca. 13% der steuerpflichtigen Umsätze aus, vgl BMF, Datensammlung zur Steuerpolitik, Ausgabe 2018, Berlin 2019, S. 75. Zur Beurteilung siehe den Bericht des Bundesrechnungshofs in BT-Drucks 17/2290 (neu); Englisch, UR 2010, S. 400; Ismer/Kaul/Reiß/Rath, Analyse und Bewertung der Strukturen von Regel- und ermäßigten Sätzen bei der Umsatzbesteuerung unter sozial-, wirtschafts-, steuer- und haushaltspolitischen Gesichtspunkten, Endbericht eines Forschungsgutachtens im Auftrag des Bundesministeriums der Finanzen (BMF), Saarbrücken 2010.

	Umsatzsteuer des Unternehmens 1:	190 €	–	0 €	=	190 €
+	Umsatzsteuer des Unternehmens 2:	380 €	–	190 €	=	190 €
+	Umsatzsteuer des Unternehmens 3:	**210 €**	–	380 €	=	– 170 €
=	insgesamt anfallende Umsatzsteuer					210 €
	Entlastung durch Ermäßigung des Steuersatzes auf der letzten Stufe					
=	3 000 € × (19% – 7%) = 570 € – 210 € =					360 €

Fall 2: Steuerermäßigung auf einer Vorstufe. Der Umsatzsteuersatz beträgt auf der ersten Stufe 7%, auf den beiden nachfolgenden Stufen 19%.

	Umsatzsteuer des Unternehmens 1:	**70 €**	–	0 €	=	70 €
+	Umsatzsteuer des Unternehmens 2:	380 €	–	**70 €**	=	310 €
+	Umsatzsteuer des Unternehmens 3:	570 €	–	380 €	=	190 €
=	insgesamt anfallende Umsatzsteuer					570 €
	Entlastung durch Ermäßigung des Steuersatzes auf einer Vorstufe					keine

Die Kommission beabsichtigt, den Mitgliedstaaten zukünftig bei der Festlegung der Mehrwertsteuersätze mehr Flexibilität zu gewähren. Neben einem Normalsteuersatz (mindestens 15%) können die Mitgliedstaaten drei ermäßigte Steuersätze sowie einen Nullsteuersatz (Steuerbefreiung mit Recht auf Vorsteuerabzug) einführen. Der bisherige Positivkatalog an ermäßigt zu besteuernden Umsätzen wird durch einen Negativkatalog ersetzt, der die Umsätze aufführt, die stets dem Normalsteuersatz unterliegen. Der Initiative liegt unter anderem die Begründung zugrunde, dass durch die weitgehende Umsetzung des Bestimmungslandprinzips für Steuerpflichtige keine signifikanten Vorteile mehr bestünden, sich in den Mitgliedstaaten mit den niedrigsten Mehrwertsteuersätzen niederzulassen.[34]

G. Vorsteuerabzug

I. Persönliche und sachliche Voraussetzungen für den Vorsteuerabzug

798 Für eine Allphasen-Nettoumsatzsteuer ist kennzeichnend, dass Kumulationseffekte vermieden werden. Dieses Ziel wird über den Vorsteuerabzug erreicht (§ 15, § 15a UStG). **Über** den **Vorsteuerabzug** wird **entschieden**, **wie** der private **Endverbrauch**

34 Vgl Vorschlag für eine Richtlinie des Rates zur Änderung der Richtlinie 2006/112/EG in Bezug auf die Mehrwertsteuersätze vom 18.1.2018, COM(2018) 20 final 2018/0005 (CNS).

im umsatzsteuerlichen Sinne abgegrenzt wird. Die Umsatzsteuer belastet materiell nur denjenigen, der die Umsatzsteuer, die er auf in Anspruch genommene Leistungen bezahlt hat, nicht als Vorsteuer geltend machen kann (nichtunternehmerischer/privater Endverbrauch). Wem die in Rechnung gestellte Umsatzsteuer vom Finanzamt erstattet wird, für den stellt die an den leistungserbringenden Unternehmer bezahlte Umsatzsteuer wirtschaftlich keine Belastung dar (unternehmerischer Verbrauch).

Als **Vorsteuerabzug** wird das **Recht** bezeichnet, **von** der **eigenen Umsatzsteuerschuld** die **Steuerbeträge abzuziehen, die beim Bezug von Vorleistungen** (Lieferungen oder sonstige Leistungen) an die leistenden Unternehmer und bei der Einfuhr an das Hauptzollamt **gezahlt wurden** bzw für innergemeinschaftliche Erwerbe oder beim Übergang der Steuerschuld auf den Leistungsempfänger an die Finanzbehörden abzuführen sind:

Umsatzsteuer
- in den Ausgangsrechnungen ausgewiesene Umsatzsteuer
- Umsatzsteuer auf Einfuhren und innergemeinschaftliche Erwerbe
- Umsatzsteuer bei Übergang der Steuerschuld auf den Leistungsempfänger

– **Vorsteuer**
- in den Eingangsrechnungen ausgewiesene Umsatzsteuer
- Umsatzsteuer auf Einfuhren und innergemeinschaftliche Erwerbe
- Umsatzsteuer bei Übergang der Steuerschuld auf den Leistungsempfänger

---

= Zahllast (positiv) bzw Erstattungsanspruch (negativ)

Der Vorsteuerabzug **vermeidet** bei mehrstufigen Leistungserstellungsprozessen eine **Steuerkumulierung**. Durch die Vermeidung des Steuer-auf-die-Steuer-Effekts wird insoweit eine **wettbewerbsneutrale Umsatzbesteuerung** sichergestellt.

Die Gewährung des Vorsteuerabzugs hängt sowohl von persönlichen als auch von **799**
sachlichen Kriterien ab.

– **Persönliche Voraussetzung**. Zum Vorsteuerabzug berechtigt sind ausschließlich **Unternehmer** (§ 15 Abs. 1 S. 1 UStG). Unerheblich ist, ob es sich um einen inländischen oder einen ausländischen Unternehmer handelt. Entscheidend ist nur, ob die Unternehmereigenschaft iSd § 2 Abs. 1 UStG erfüllt ist.

Dem **Unternehmerbegriff** kommen also **zwei Aufgaben** zu. Zum einen hängt von ihm ab, **ob** eine **Lieferung oder sonstige Leistung** bzw ein innergemeinschaftlicher Erwerb **steuerbar** ist. Zum anderen grenzt er ab, **bei wem** die **Umsatzsteuer nicht zu** einer **Belastung führen soll**.

– **Sachliche Voraussetzungen**. Als Vorsteuer abziehbar ist in erster Linie die **(deutsche) Umsatzsteuer für Lieferungen und sonstige Leistungen, die von einem anderen Unternehmer für das Unternehmen** des empfangenden Unternehmers **ausgeführt** werden (§ 15 Abs. 1 S. 1 Nr 1 UStG).

Als Vorsteuer kann nur die **gesetzlich geschuldete Umsatzsteuer** abgezogen wer- **800**
den. Wird in der Rechnung die Umsatzsteuer zu hoch ausgewiesen (zB allgemeiner Steuersatz anstatt ermäßigter Steuersatz, zu hohe Bemessungsgrundlage oder steuerfreie Leistung wird als steuerpflichtig behandelt), darf die über den gesetzlich ge-

schuldeten Betrag hinausgehende Umsatzsteuer nicht als Vorsteuer abgezogen werden. Aus dieser Regelung entstehen steuerliche Mehrbelastungen: Der Leistungserbringer muss die in der Rechnung ausgewiesene Umsatzsteuer an das Finanzamt abführen. Dies gilt auch insoweit, als die ausgewiesene Umsatzsteuer über die gesetzlich geschuldete Umsatzsteuer hinausgeht (§ 14c UStG). Diese Mehrbelastungen lassen sich nur vermeiden, wenn der Rechnungsaussteller die Rechnung berichtigt (§ 14c Abs. 1 S. 2, Abs. 2 S. 3, § 17 UStG, § 31 Abs. 5 UStDV).

Der Vorsteuerabzug setzt zusätzlich voraus, dass der Unternehmer eine nach § 14, § 14a UStG ausgestellte **Rechnung** besitzt. Die Rechnung muss **mindestens folgende Angaben** enthalten: Name und Anschrift des leistenden Unternehmers, Name und Anschrift des Leistungsempfängers, Steuernummer oder Umsatzsteuer-Identifikationsnummer des leistenden Unternehmers, Rechnungsdatum, fortlaufende Rechnungsnummer, Menge und handelsübliche Bezeichnung des Gegenstands der Lieferung bzw Art und Umfang der erbrachten sonstigen Leistung, Zeitpunkt der Leistung bzw Zeitpunkt der Vereinnahmung des Entgelts, das nach Steuersätzen und einzelnen Steuerbefreiungen aufgeschlüsselte Entgelt für die Lieferung oder sonstige Leistung, den anzuwendenden Steuersatz sowie den auf das Entgelt entfallenden Steuerbetrag bzw bei einer Steuerbefreiung einen Hinweis darauf, dass für die Leistung eine Steuerbefreiung gilt. Wird die Rechnung vom Leistungsempfänger ausgestellt, ist die Angabe „Gutschrift" aufzunehmen.

801 **Weiterhin abziehbar** sind insbesondere folgende Vorsteuerbeträge:

- Die **Einfuhrumsatzsteuer**, sofern der Gegenstand für das Unternehmen eingeführt wird und die Einfuhrumsatzsteuer entstanden ist (§ 15 Abs. 1 S. 1 Nr 2 UStG).
- Die **Umsatzsteuer**, die bei einem **innergemeinschaftlichen Erwerb** von Gegenständen für das Unternehmen angefallen ist (§ 15 Abs. 1 S. 1 Nr 3 UStG).
- Die Umsatzsteuer, die für Leistungen angefallen ist, bei denen die **Steuerschuldnerschaft nach § 13b UStG auf den Leistungsempfänger übergegangen** ist, soweit diese Leistungen für das Unternehmen des Unternehmers ausgeführt worden sind (§ 15 Abs. 1 S. 1 Nr 4 UStG).

802 Als **nicht für das Unternehmen ausgeführt** gilt die Lieferung, Einfuhr oder der innergemeinschaftliche Erwerb eines Gegenstands, den der Unternehmer zu weniger als 10% für sein Unternehmen nutzt (§ 15 Abs. 1 S. 2 UStG). Bei einem derart geringen unternehmerischen Nutzungsanteil liegt eine der sachlichen Voraussetzungen für den Vorsteuerabzug nicht vor. Für gemischt genutzte Gegenstände, bei denen der unternehmerische Nutzungsanteil mindestens 10% beträgt, hat der Unternehmer ein Zuordnungswahlrecht (Abschnitt 3.3 Abs. 1 UStAE).

II. Ausschlüsse und Einschränkungen beim Vorsteuerabzug

803 Das Recht zum Abzug der Vorsteuer wird in Teilbereichen ausgeschlossen oder eingeschränkt. Die **Ausschlüsse und Einschränkungen des Vorsteuerabzugs** lassen sich **drei Gruppen** zuordnen:

- pauschalierte Abgrenzung zwischen dem unternehmerischen und dem nichtunternehmerischen Bereich

- Vorsteuer im Zusammenhang mit steuerfreien Umsätzen
- Beteiligung an einer Steuerhinterziehung.

(1) Pauschalierte Abgrenzung zwischen dem unternehmerischen und dem nichtunternehmerischen Bereich: Nichtabziehbar sind Vorsteuerbeträge, die auf Repräsentationsaufwendungen entfallen. Als Repräsentationsaufwendungen gelten Aufwendungen, die ertragsteuerlich nach § 4 Abs. 5 S. 1 Nr 1–4, Nr 7 EStG oder nach § 12 Nr 1 EStG bei Ermittlung der Einkünfte nichtabziehbar sind. Das Abzugsverbot gilt allerdings nicht für die 30% der angemessenen und nachgewiesenen Bewirtungsaufwendungen, die ertragsteuerlich nicht als Betriebsausgaben abgezogen werden dürfen (§ 15 Abs. 1a UStG). **804**

Der Ausschluss des Vorsteuerabzugs betrifft Aufwendungen für Geschenke an Personen, die nicht Arbeitnehmer sind, unangemessene Bewirtungsaufwendungen, Aufwendungen für Gästehäuser, Aufwendungen für Jagd, Fischerei sowie Segel- und Motorjachten, unangemessene Aufwendungen, die die private Lebensführung berühren und Aufwendungen der privaten Lebensführung.

Die ertragsteuerliche Nichtabziehbarkeit von Repräsentationsaufwendungen beruht im Wesentlichen darauf, dass sich diese Vorgänge eher der **konsumtiven Einkommensverwendung** und weniger der Einkommenserzielung zurechnen lassen. Aus dem Charakter der Umsatzsteuer als Verbrauchsteuer folgt, dass mit diesen Vorgängen eine **umsatzsteuerliche Belastung verbunden** sein muss. Die umsatzsteuerliche Belastung wird dadurch erreicht, dass die auf die Repräsentationsaufwendungen entfallende Umsatzsteuer nicht als Vorsteuer abgezogen werden darf.

Das Vorsteuerabzugsverbot gilt nicht für Aufwendungen für ein häusliches Arbeitszimmer und dessen Ausstattung (§ 4 Abs. 5 S. 1 Nr 6b EStG). Die Begrenzung des Betriebsausgaben- bzw Werbungskostenabzugs für Aufwendungen für Fahrten zwischen Wohnung und Betriebsstätte (§ 4 Abs. 5 S. 1 Nr 6 EStG) wirkt sich umsatzsteuerlich gleichfalls nicht aus. Diese Aussage leitet sich daraus ab, dass in § 15 Abs. 1a UStG nicht auf die ertragsteuerlich geltenden Einschränkungen verwiesen wird. Damit sind für diese Aufwendungen die allgemein für den Vorsteuerabzug geltenden Regelungen anzuwenden.

Vom Ausschluss des Vorsteuerabzugs nicht erfasst werden auch Vorsteuerbeträge, die auf Aufwendungen entfallen, die ertragsteuerlich nach § 4 Abs. 5 S. 1 Nr 5, 8–13, Abs. 5b, Abs. 6 EStG nicht als Betriebsausgaben abziehbar sind, sowie reine Geldgeschenke (diese fallen ertragsteuerlich unter § 4 Abs. 5 S. 1 Nr 1 EStG). Hieraus ergeben sich jedoch keine materiellen Konsequenzen, da es sich jeweils um Geldleistungen handelt, auf die prinzipiell keine Umsatzsteuer erhoben wird.[35]

Verwendet der Unternehmer ein Grundstück sowohl für unternehmerische Zwecke als auch für Zwecke, die außerhalb des Unternehmens liegen, oder für den privaten Bedarf seines Personals, ist der Vorsteuerabzug insoweit ausgeschlossen, als die Vorsteuer nicht auf die Verwendung des Grundstücks für Zwecke des Unternehmens entfällt. Als Vorsteuer kann nur die in Rechnung gestellte Umsatzsteuer abgezogen wer-

35 Zu den Einschränkungen des Vorsteuerabzugs bei der Lieferung eines neuen Fahrzeugs durch einen Nichtunternehmer siehe § 15 Abs. 4a iVm § 2a UStG.

den, die auf den unternehmerisch genutzten Anteil entfällt (§ 15 Abs. 1b, Abs. 4 S. 4 UStG). Durch dieses Abzugsverbot sollen steuerplanerische Gestaltungen eingeschränkt werden. Bei einer Zuordnung des gesamten Grundstücks zum Unternehmensvermögen könnten ansonsten dadurch positive Zeiteffekte erzielt werden, dass beim Erwerb von gemischt genutzten Grundstücken die gezahlte Umsatzsteuer im Zugangszeitpunkt in vollem Umfang abgezogen wird (also auch für den Teil, der auf die private Nutzung entfällt), während die Korrektur durch die Erfassung der privaten Nutzung als unentgeltliche Wertabgabe erst sukzessive in der Nutzungsphase erfolgt.[36]

805 *(2) Vorsteuer im Zusammenhang mit steuerfreien Umsätzen:* Bei den dem unternehmerischen Bereich zugeordneten Vorleistungen ist das Vorliegen der persönlichen und sachlichen Voraussetzungen nicht in jedem Fall ausreichend, um den Vorsteuerabzug geltend machen zu können. Vielmehr ist die Umsatzsteuer für Leistungen, Einfuhren und innergemeinschaftliche Erwerbe vom **Vorsteuerabzug ausgeschlossen**, die ein Unternehmer zur Ausführung **folgender Umsätze** verwendet (§ 15 Abs. 2 UStG):

- steuerfreie Umsätze und
- Umsätze im Ausland, die steuerfrei wären, wenn sie im Inland ausgeführt würden.

Der Ausschluss des Vorsteuerabzugs im Zusammenhang mit steuerfreien Umsätzen tritt in bestimmten Fällen nicht ein (§ 15 Abs. 3 UStG). Hervorzuheben ist die Gewährung des **Vorsteuerabzugs für steuerfreie Ausfuhrumsätze** (insbesondere Ausfuhrlieferungen und innergemeinschaftliche Lieferungen). Die Beziehungen zwischen Steuerbefreiungen und Vorsteuerabzug wurden bereits in Kapitel D.II., Rn. 774–786, im Zusammenhang mit den Steuerbefreiungen erläutert. Der Vorsteuerabzug für Ausfuhrlieferungen und innergemeinschaftliche Lieferungen dient dazu, entsprechend dem Bestimmungslandprinzip eine Umsatzsteuerbelastung von Ausfuhrumsätzen im Exportstaat (hier Deutschland) zu vermeiden und die umsatzsteuerliche Erfassung in das Importland (hier Ausland) zu verlagern.

Ist bei steuerfreien Umsätzen an einen privaten Endverbraucher der Vorsteuerabzug ausgeschlossen, beschränkt sich der Vorteil aus einer Steuerbefreiung auf die Wertschöpfung, die der letzte Unternehmer in der Unternehmerkette erwirtschaftet hat, dh auf die Wertschöpfung des Unternehmers, der die Leistung an den Endverbraucher erbringt. Dem Ziel, bestimmte Umsätze nicht mit einer allgemeinen Verbrauchsteuer zu belasten, würde es besser entsprechen, wenn der Vorsteuerabzug für alle steuerfreien Umsätze geltend gemacht werden könnte. Auf diese Weise könnten zum einen die beabsichtigte Entlastung des privaten Endverbrauchers vollständig erreicht (Endstufenbefreiung) und zum anderen Kumulationswirkungen bei Steuerbefreiungen innerhalb der Unternehmerkette vermieden werden (Zwischenstufenbefreiung).

Sofern ein Unternehmer unterschiedliche Leistungen erbringt, ist die **Vorsteuer aufzuteilen in** Beträge, die aufgrund der zugehörigen Umsätze **abziehbar** sind, **und** in

36 Aufgrund des Abzugsverbots für die Umsatzsteuer, die auf den nichtunternehmerisch genutzten Anteil entfällt (§ 15 Abs. 1b UStG), wird konsequenterweise die private Nutzung nicht als unentgeltliche Wertabgabe besteuert (§ 3 Abs. 9a Nr 1 UStG).

Beträge, die aufgrund der zugehörigen Umsätze **nichtabziehbar** sind. Der Teil, der wirtschaftlich den zum Ausschluss des Vorsteuerabzugs führenden Umsätzen zurechenbar ist, darf nicht abgezogen werden. Der Unternehmer darf den nichtabziehbaren Teil nach sachgerechten Kriterien schätzen (§ 15 Abs. 4 UStG). Als **Aufteilungsmaßstäbe** stehen beispielsweise bei der Nutzung von Gebäuden die Fläche oder bei Maschinen die Betriebsstunden zur Wahl (Abschnitte 15.16, 15.17 UStAE). Die Anwendung des Umsatzschlüssels (Verhältnis der Umsätze, die den Vorsteuerabzug ausschließen, zu den Umsätzen, die zum Vorsteuerabzug berechtigen) kann nur dann als Aufteilungsmaßstab herangezogen werden, wenn keine andere wirtschaftliche Zurechnung der Vorsteuerbeträge möglich ist. Für ausgewählte Sachverhalte werden für die Aufteilung der Vorsteuer durch § 43 UStDV Erleichterungen eingeräumt (Abschnitt 15.18 UStAE).

(3) Vorsteuer bei Beteiligung an einer Steuerhinterziehung: Sofern der Unternehmer **806** wusste oder hätte wissen müssen, dass er sich mit der von ihm erbrachten Leistung oder seinem Leistungsbezug an einem Umsatz beteiligt, der in einer vom Leistenden oder einem anderen Beteiligten auf einer vorhergehenden oder nachfolgenden Umsatzstufe begangenen Hinterziehung von Umsatzsteuer oder Erlangung eines nicht gerechtfertigten Vorsteuerabzugs iSd § 370 AO oder Schädigung des Umsatzsteueraufkommens iSd § 26b, § 26c UStG einbezogen war, ist der Vorsteuerabzug zu versagen (§ 25f UStG). Diese Regelung dient dazu, dass der Staat keine Vorsteuern erstatten muss, obwohl der Vertragspartner des Unternehmers die Umsatzsteuer schuldhaft nicht abführt.

III. Berichtigung des Vorsteuerabzugs

Ändern sich im Zeitablauf die Verhältnisse, die für den Vorsteuerabzug maßgebend **807** sind, findet eine **Vorsteuerberichtigung** statt (§ 15a Abs. 1–4 UStG). Die Vorsteuerberichtigung kann sowohl zugunsten als auch zuungunsten des Unternehmers ausfallen. Zu einer Vorsteuerberichtigung kommt es beispielsweise, wenn ein Gegenstand zunächst im Zusammenhang mit steuerpflichtigen Umsätzen und in späteren Jahren für steuerfreie Umsätze genutzt wird. Die Vorsteuerberichtigung wird nur durchgeführt, wenn die Nutzungsänderung innerhalb von zehn Jahren (Grundstücke) bzw fünf Jahren (übrige Wirtschaftsgüter, insbesondere Fahrzeuge) eintritt. Die Korrektur erfolgt zeitanteilig (§ 15a Abs. 5 UStG). Für nachträgliche Anschaffungs- oder Herstellungskosten, den Wechsel des umsatzsteuerlichen Status sowie für Veräußerungen und Entnahmen gelten vergleichbare Grundsätze (§ 15a Abs. 6–10 UStG). Vereinfachungsregelungen enthalten § 44, § 45 UStDV.[37]

37 Zu Einzelheiten siehe Abschnitte 15a.1–15a.12 UStAE. Bei der Veräußerung eines Gegenstands kann eine Berichtigung des Vorsteuerabzugs durch die Option zur Steuerpflicht der Lieferung nach § 9 UStG vermieden werden.

H. Entstehung der Steuer, Steuerschuldner und Haftung für schuldhaft nicht abgeführte Steuer

808 *(1) Zeitpunkt der Entstehung der Umsatzsteuer:* Die Umsatzsteuer wird **im Regelfall** nach vereinbarten Entgelten berechnet (**Sollbesteuerung**, § 16 Abs. 1 UStG).

Ausnahmsweise kann eine Berechnung nach vereinnahmten Entgelten gestattet werden (**Istbesteuerung**, § 20 UStG). Der Antrag auf Besteuerung nach vereinnahmten Entgelten kann von Unternehmern gestellt werden,

- deren Gesamtumsatz im vorangegangenen Kalenderjahr nicht mehr als 600 000 € betragen hat oder
- die nicht buchführungspflichtig sind oder
- die als Freiberufler tätig sind.

Der **Zeitpunkt der Entstehung** der Umsatzsteuer ist in § 13 UStG detailliert geregelt: Für Lieferungen und sonstige Leistungen entsteht die Umsatzsteuer **bei** Berechnung nach **vereinbarten Entgelten (Sollbesteuerung) mit Ablauf des Voranmeldungszeitraums, in dem die Leistungen ausgeführt** worden sind (§ 13 Abs. 1 Nr 1 Buchst. a S. 1–3 UStG). Bei **Anzahlungen** entsteht die Umsatzsteuer abweichend hiervon bereits mit Ablauf des Voranmeldungszeitraums, in dem das (Teil-)Entgelt vereinnahmt worden ist (**Mindest-Istbesteuerung**, § 13 Abs. 1 Nr 1 Buchst. a S. 4 UStG).

Bei Besteuerung nach **vereinnahmten Entgelten (Istbesteuerung)** entsteht die Umsatzsteuer **mit Ablauf des Voranmeldungszeitraums**, **in dem** das **Entgelt vereinnahmt** worden ist (§ 13 Abs. 1 Nr 1 Buchst. b UStG).

Der Abzug der Vorsteuer erfolgt in dem Zeitraum, in dem die Voraussetzungen vollständig vorliegen. Dies gilt unabhängig davon, ob die Umsatzsteuer nach vereinbarten Entgelten (Sollbesteuerung, § 16 UStG) oder nach vereinnahmten Entgelten (Istbesteuerung, § 20 UStG) berechnet wird.

Bei der unentgeltlichen Abgabe oder Verwendung von Gegenständen und der unentgeltlichen Erbringung von Dienstleistungen entsteht die Umsatzsteuer unabhängig von der Besteuerungsform mit Ablauf des Voranmeldungszeitraums, in dem die unentgeltlichen Wertabgaben nach § 3 Abs. 1b, 9a UStG ausgeführt worden sind (§ 13 Abs. 1 Nr 2 UStG). Die Umsatzsteuer auf einen innergemeinschaftlichen Erwerb entsteht grundsätzlich mit Ausstellung der Rechnung (§ 13 Abs. 1 Nr 6 UStG). Für die Einfuhrumsatzsteuer gelten die zollrechtlichen Vorschriften (§ 13 Abs. 2 iVm § 21 Abs. 2 UStG).

Bei **Berichtigung der Bemessungsgrundlage** (zB Skontoabzug, nachträglicher Rabatt, Preisnachlass aufgrund eines Produktmangels, uneinbringliche Forderungen, bezahlte Leistung wird nicht erbracht, Rückgängigmachung von Leistungen) ist die Umsatzsteuer mit Ablauf des Voranmeldungszeitraums zu korrigieren, in dem die Änderung eingetreten ist (§ 18 Abs. 1 S. 3 iVm § 17 Abs. 1 S. 7 UStG). Sonderregelungen enthalten § 13 Abs. 1 Nr 1 Buchst. c–e, Nr 3, 5, 7–9 UStG.

809 *(2) Schuldner der Umsatzsteuer:* **Steuerschuldner** ist grundsätzlich der leistende **Unternehmer**. Beim innergemeinschaftlichen Erwerb ist es der Erwerber (§ 13a UStG).

Für bestimmte Leistungen ist **ausnahmsweise** der **Leistungsempfänger Steuerschuldner**, wenn er Unternehmer ist. Bei einem Übergang der Steuerschuldnerschaft ist der Leistungsempfänger „echter" Steuerschuldner, nicht nur Haftungsschuldner.

Zu einem Übergang der Steuerschuldnerschaft kommt es insbesondere bei sonstigen Leistungen, die von einem im übrigen Gemeinschaftsgebiet ansässigen Unternehmer erbracht werden und bei denen der Ort der sonstigen Leistung im Inland liegt (§ 13b Abs. 1 UStG).[38] Nach § 13b Abs. 2 UStG kommt es auch in folgenden Fällen zu einem Übergang der Steuerschuldnerschaft auf den Leistungsempfänger: Werklieferungen, Lieferungen sicherungsübereigneter Gegenstände durch den Sicherungsgeber an den Sicherungsnehmer außerhalb des Insolvenzverfahrens, Umsätze, die unter das Grunderwerbsteuergesetz fallen, bestimmte Bauleistungen von Subunternehmern (Werklieferungen und sonstige Leistungen, die der Herstellung, Instandsetzung, Instandhaltung, Änderung oder Beseitigung von Bauwerken dienen, mit Ausnahme von Planungs- und Überwachungsleistungen), unter bestimmten Voraussetzungen Lieferungen von Gas, Elektrizität, Wärme und Kälte durch einen im Ausland ansässigen Unternehmer,[39] Übertragungen von Gas- und Elektrozertifikaten, die Lieferung von in der Anlage 3 zum UStG aufgeführten Gegenständen (insbesondere Industrieabfälle und Altmetalle), Gebäudereinigungen, Lieferungen von Gold, Lieferungen von Mobilfunkgeräten (wenn die Summe der Entgelte in einem wirtschaftlichen Vorgang mindestens 5 000 € beträgt) und Lieferungen von den in der Anlage 4 zum UStG aufgeführten Metallen (wenn die Summe der Entgelte in einem wirtschaftlichen Vorgang mindestens 5 000 € beträgt). Zum Teil geht die Steuerschuldnerschaft auch auf juristische Personen über (§ 13b Abs. 5 UStG).

(3) Haftung für schuldhaft nicht abgeführte Umsatzsteuer: In einigen Fällen **haftet** der **Leistungsempfänger oder ein Dritter für** die **Umsatzsteuer des leistenden Unternehmers**: 810

- Bei der **Abtretung einer Forderung** haftet der Abtretungsempfänger für die in der abgetretenen Forderung enthaltene Umsatzsteuer, sofern der Abtretungsempfänger Unternehmer ist, der leistende Unternehmer (dh der abtretende Unternehmer) die festgesetzte Umsatzsteuer nicht entrichtet hat und der Abtretungsempfänger die abgetretene Forderung ganz oder teilweise vereinnahmt hat. Die Haftung des Abtretungsempfängers gilt nur insoweit, als die Umsatzsteuer in dem tatsächlich vereinnahmten Betrag enthalten ist (§ 13c UStG, Abschnitt 13c.1 UStAE). Typisches Anwendungsbeispiel ist die Forderungsabtretung im Rahmen

38 Ein im übrigen Gemeinschaftsgebiet ansässiger Unternehmer ist ein Unternehmer, der in den Gebieten der übrigen Mitgliedstaaten der Europäischen Union, die nach dem Gemeinschaftsrecht als Inland dieser Mitgliedstaaten gelten, einen Wohnsitz, seinen gewöhnlichen Aufenthalt, seinen Sitz, seine Geschäftsleitung oder eine Betriebsstätte hat; dies gilt nicht, wenn der Unternehmer ausschließlich einen Wohnsitz oder einen gewöhnlichen Aufenthaltsort in den Gebieten der übrigen Mitgliedstaaten der Europäischen Union, die nach dem Gemeinschaftsrecht als Inland dieser Mitgliedstaaten gelten, aber seinen Sitz, den Ort der Geschäftsleitung oder eine Betriebsstätte im Drittlandsgebiet hat (§ 13b Abs. 7 S. 2 UStG).

39 Ein im Ausland ansässiger Unternehmer ist ein Unternehmer, der weder im Inland noch auf der Insel Helgoland oder in einem der in § 1 Abs. 3 UStG bezeichneten Gebiete einen Wohnsitz, seinen Sitz, seine Geschäftsleitung oder eine Zweigniederlassung hat. Hat der im Ausland ansässige Unternehmer im Inland eine Betriebsstätte, gilt er hinsichtlich der Umsätze als im Ausland ansässig, die nicht von der inländischen Betriebsstätte ausgeführt werden (§ 13b Abs. 7 S. 1 UStG).

des Factoring. Durch diese Regelung sollen Umsatzsteuerausfälle vermieden werden, die entstehen würden, wenn ein Unternehmer, der Forderungen abtritt, nicht in der Lage ist, die von ihm geschuldete Umsatzsteuer zu entrichten, weil der Abtretungsempfänger die Forderung eingezogen hat. Der Abtretungsempfänger haftet allerdings nur nachrangig, da erst feststehen muss, dass der leistende Unternehmer (Unternehmer, der die Forderung abtritt) die festgesetzte Umsatzsteuer nicht oder nicht vollständig entrichtet hat. Der Steuerschuldner (leistender Unternehmer) und der Abtretungsempfänger haften als Gesamtschuldner (§ 44 AO). Die Vorschrift gilt entsprechend bei Pfändung oder Verpfändung von Forderungen.

- Der **Betreiber eines elektronischen Marktplatzes** haftet grundsätzlich für die nicht entrichtete Steuer aus der Lieferung eines Unternehmers, die auf dem von ihm bereitgestellten Marktplatz rechtlich begründet worden ist (§ 25e Abs. 1 UStG). Diese Haftung **entfällt, wenn** der Betreiber entweder eine von dem liefernden Unternehmen übermittelte Bescheinigung über seiner steuerliche Erfassung vorlegt oder eine derartige Bescheinigung elektronisch bei der Finanzverwaltung einholt (§ 25e Abs. 2 UStG). Weitere Einzelheiten und Ausnahmen von diesen grundsätzlichen Regelungen sind in § 25e Abs. 3–8 UStG geregelt. Die Haftung des Betreibers eines elektronischen Marktplatzes weist einen unmittelbaren Bezug zu dessen Aufzeichnungsverpflichtungen nach § 22f UStG auf.[40] Erfüllt der Betreiber eines elektronischen Marktplatzes seine Aufzeichnungsverpflichtungen, haftet er nicht. Umgekehrt führt die Verletzung der Aufzeichnungsverpflichtungen zu einer Haftung.

I. Besteuerungszeitraum und Rechnungslegungsverpflichtungen

811 Besteuerungszeitraum für die Umsatzsteuer ist das Kalenderjahr (§ 16 Abs. 1 S. 2 UStG). Der Unternehmer hat bis zum 31. Juli des Folgejahres eine **Umsatzsteuererklärung** abzugeben (§ 18 Abs. 3 UStG iVm § 149 Abs. 2 AO). Er hat die Steuererklärung nach amtlich vorgeschriebenem Datensatz auf elektronischem Weg zu übermitteln.[41] Da der Unternehmer die Umsatzsteuer selbst zu berechnen hat, handelt es sich um eine **Steueranmeldung**. Die Steueranmeldung steht einer Steuerfestsetzung unter dem Vorbehalt der Nachprüfung durch das Finanzamt gleich (§ 168 iVm § 164 AO).

---

40 Siehe hierzu Kapitel I., Rn. 816 und BMF-Schreiben vom 28.1.2019, BStBl. 2019 I, S. 106 sowie zB Prätzler, StuB 2018, S. 769; Vobbe/Dietsch, BB 2019, S. 535; Zugmaier/Oldiges, DStR 2019, S. 15. Zukünftig soll bei Lieferungen bis zu einem Wert von 150 € eine umsatzsteuerliche Lieferkette fingiert werden, wenn der Lieferant nicht in der EU ansässig ist und der Abnehmer kein Unternehmer ist. Ähnlich wie bei Kommissionsgeschäften (§ 3 Abs. 3 UStG) liegen zwei Lieferungen vor: (1) vom Nutzer des elektronischen Marktplatzes an den Betreiber des elektronischen Marktplatzes und (2) vom Betreiber des elektronischen Marktplatzes an den Endabnehmer. Diese Neuregelung hat zur Folge, dass der Betreiber eines elektronischen Marktplatzes nicht mehr nur Haftungsschuldner ist, sondern Steuerschuldner für die Lieferung an den Abnehmer (Art. 14 Abs. 4, Art. 14a Richtlinie 2017/2455/EU des Rates vom 5.12.2017).

41 Zur Vermeidung von unbilligen Härten kann das Finanzamt auf Antrag auf eine elektronische Übermittlung verzichten. In diesem Fall hat der Unternehmer eine Steueranmeldung nach amtlich vorgeschriebenem Vordruck abzugeben und eigenhändig zu unterschreiben (§ 18 Abs. 3 S. 3 UStG).

Bereits während des Kalenderjahres muss der Unternehmer spätestens zehn Tage nach Ablauf des Voranmeldungszeitraums eine **Voranmeldung** nach amtlich vorgeschriebenem Datensatz auf elektronischem Weg an das Finanzamt übermitteln und die in diesem Zeitraum entstandene Umsatzsteuer entrichten (§ 18 Abs. 1 UStG).[42] **812**

Für die **Bestimmung des Voranmeldungszeitraums** gelten folgende Grundsätze (§ 18 Abs. 2, 2a UStG):

- Voranmeldungszeitraum ist grundsätzlich das Kalendervierteljahr.
- Beträgt die Umsatzsteuerschuld für das vorangegangene Kalenderjahr mehr als 7 500 €, stimmt der Voranmeldungszeitraum mit dem Kalendermonat überein.
- Bei einer Steuerschuld für das vorangegangene Kalenderjahr von nicht mehr als 1 000 € kann das Finanzamt den Unternehmer von der Verpflichtung zur Abgabe der Voranmeldungen und zur Entrichtung von Vorauszahlungen entbinden.
- Nimmt der Unternehmer seine berufliche oder gewerbliche Tätigkeit auf, ist in den ersten beiden Jahren der Kalendermonat Voranmeldungszeitraum (zwischen 2021 und 2026 ausgesetzt).
- Hatte der Unternehmer im Vorjahr einen Erstattungsanspruch von mehr als 7 500 €, kann er als Voranmeldungszeitraum den Kalendermonat wählen.

Für die Voranmeldungen gelten die gleichen Grundsätze wie für die Jahressteuererklärung: Der Unternehmer hat die entstandene Umsatzsteuer (§ 13 UStG) der angefallenen Vorsteuer (§ 15, § 15a UStG) gegenüberzustellen (§ 16 Abs. 2 UStG) und den Differenzbetrag an die Finanzbehörde abzuführen (Steueranmeldung). Die im Voranmeldungszeitraum entrichteten oder erstatteten Beträge werden im Rahmen der Jahressteuererklärung **auf** die **Gesamtsteuerschuld angerechnet**. Bei der jährlichen Umsatzsteuererklärung handelt es sich in erster Linie um eine Kontrolle der monatlichen Voranmeldungen. Abweichungen ergeben sich beispielsweise, wenn ein Bonus erst am Jahresende entsteht oder wenn unentgeltliche Wertabgaben bei den Voranmeldungen nicht berücksichtigt wurden.

Übersteigt die abziehbare Vorsteuer die abzuführende Umsatzsteuer, kann das Finanzamt die **Auszahlung des Vorsteuerüberhangs** von der **Bereitstellung einer Sicherheitsleistung** (zB Bankbürgschaft) abhängig machen (§ 18f UStG).

Innergemeinschaftliche Lieferungen und im übrigen Gemeinschaftsgebiet ausgeführte steuerpflichtige sonstige Leistungen, für die der in einem anderen EU-Staat ansässige Leistungsempfänger die Steuer dort schuldet, sind in einer **Zusammenfassenden Meldung** anzugeben (§ 18a, § 18b UStG, Abschnitte 18a.1–18a.5 UStAE). In der Zusammenfassenden Meldung sind zusätzlich zur Umsatzsteuervoranmeldung die Umsatzsteuer-Identifikationsnummern der ausländischen Abnehmer und für jeden Erwerber bzw Leistungsempfänger die Summe der Bemessungsgrundlage der an ihn ausgeführten Warenlieferungen bzw der an ihn erbrachten sonstigen Leistung anzugeben. Die Zusammenfassende Meldung ist beim Bundeszentralamt für Steuern einzureichen. **813**

Die von Unternehmern und „Halbunternehmern" für den innergemeinschaftlichen Leistungsverkehr benötigte **Umsatzsteuer-Identifikationsnummer** wird in Deutschland vom Bundeszentralamt für Steuern erteilt (§ 27a UStG). **814**

42 Zur Vermeidung von unbilligen Härten kann das Finanzamt auf Antrag gestatten, dass die Voranmeldung in Papierform übermittelt wird (§ 18 Abs. 1 S. 2 UStG).

815 Im Drittlandsgebiet ansässige Unternehmer, die ausschließlich elektronische Umsätze nach § 3a Abs. 5 UStG gegenüber Privatpersonen erbringen, sind grundsätzlich dazu verpflichtet, sich in jedem Mitgliedstaat der EU, in dem sie Leistungen erbringen, steuerlich registrieren zu lassen. Sie haben allerdings das Wahlrecht, sich nur in einem Mitgliedstaat der EU registrieren zu lassen und hierdurch ihre Erklärungspflichten in allen Mitgliedstaaten zu erfüllen. Bei einer Registrierung in Deutschland erklärt der Unternehmer aus dem Drittlandsgebiet alle gegenüber Privatpersonen in der EU erbrachten elektronischen Dienstleistungen (§ 18 Abs. 4c, 4d UStG).

816 Umsatzsteuerliche Unternehmer haben zur Feststellung der Steuer **umfangreiche Aufzeichnungspflichten** zu erfüllen (§ 22 UStG, § 63 – § 68 UStDV).

Die **Betreiber von elektronischen Marktplätzen** sind verpflichtet, Angaben zu ihren Nutzern aufzuzeichnen (§ 22f UStG). Durch diese Aufzeichnungen soll die Finanzverwaltung prüfen können, ob die Nutzer bei ihren Leistungen ihre steuerlichen Pflichten ordnungsgemäß erfüllen. Die Aufzeichnungspflicht bezieht sich auf alle Lieferungen, die entweder in Deutschland beginnen oder enden. Dies bedeutet, dass sowohl innerstaatliche Lieferungen als auch Einfuhren und Ausfuhren erfasst werden. Nicht relevant ist, ob der Nutzer (= Leistungserbringer) im Inland oder im Ausland ansässig ist.

Bei Nutzern, die sich als Unternehmer registrieren, hat der Betreiber des elektronischen Marktplatzes für rechtlich auf seinem elektronischen Marktplatz begründete Lieferungen folgende Daten aufzuzeichnen: den vollständigen Namen und die vollständige Anschrift des liefernden Unternehmers, die dem liefernden Unternehmer von dem nach § 21 AO zuständigen Finanzamt erteilte Steuernummer und soweit vorhanden die ihm vom Bundeszentralamt für Steuern erteilte Umsatzsteuer-Identifikationsnummer, den Gültigkeitszeitraum der auf längstens drei Jahre befristeten Bescheinigung über die steuerliche Erfassung des für den liefernden Unternehmer zuständigen Finanzamts, den Ort des Beginns der Beförderung oder Versendung sowie den Bestimmungsort und den Zeitpunkt und die Höhe des Umsatzes. Die Finanzbehörde speichert die Daten zu dem Unternehmer und stellt diese zum Datenabruf durch den Betreiber des elektronischen Marktplatzes bereit (§ 22f Abs. 1 UStG). Bei Nutzern, die sich bei dem Betreiber nicht als Unternehmer registrieren, ist anstelle der Steuernummer und der Gültigkeitsdauer der Bescheinigung über die steuerliche Erfassung das Geburtsdatum aufzuzeichnen (§ 22f Abs. 2 UStG). Die aufgezeichneten Daten sind auf Verlangen dem Finanzamt elektronisch zu übermitteln (§ 22f Abs. 3 UStG). Diese Aufzeichnungsverpflichtungen stehen im Zusammenhang mit der Haftung des Betreibers eines elektronischen Marktplatzes nach § 25e UStG. Diese Haftung entfällt, wenn der Betreiber seinen Aufzeichnungsverpflichtungen nachkommt.[43]

817 Führt der **Unternehmer** steuerpflichtige Leistungen aus, ist er **verpflichtet**, eine **Rechnung auszustellen**, wenn es sich um Leistungen an andere Unternehmer für ihr Unternehmen oder um Leistungen an juristische Personen, die nicht Unternehmer sind, handelt. In der Rechnung ist die **Umsatzsteuer gesondert auszuweisen**. Bei steuerpflichtigen Werklieferungen und sonstigen Leistungen im Zusammenhang mit einem Grundstück muss unabhängig davon, wer der Leistungsempfänger ist, eine

43 Siehe hierzu Kapitel H., Rn. 810 und BMF-Schreiben vom 28.1.2019, BStBl. 2019 I, S. 106 sowie zB Prätzler, StuB 2018, S. 769; Vobbe/Dietsch, BB 2019, S. 535; Zugmaier/Oldiges, DStR 2019, S. 15.

Rechnung ausgestellt werden. Ansonsten ist der Unternehmer bei Leistungen an Privatpersonen berechtigt, aber nicht verpflichtet, eine Rechnung auszustellen (§ 14 Abs. 2 UStG).

Rechnung ist jedes Dokument, mit dem über eine Lieferung oder sonstige Leistung abgerechnet wird. Die Echtheit der Herkunft der Rechnung, die Unversehrtheit ihres Inhalts und ihre Lesbarkeit müssen gewährleistet werden. Echtheit der Herkunft bedeutet die Sicherheit der Identität des Rechnungsausstellers. Unversehrtheit des Inhalts bedeutet, dass die nach dem UStG erforderlichen Angaben nicht geändert wurden. Die Echtheit der Herkunft, die Unversehrtheit des Inhalts und die Lesbarkeit sind durch innerbetriebliche Kontrollverfahren zu gewährleisten, die einen verlässlichen Prüfpfad zwischen Rechnung und Leistung schaffen. Rechnungen sind auf Papier oder (sofern der Empfänger zustimmt) auf elektronischem Weg zu übermitteln (§ 14 Abs. 1 UStG). Die Anforderungen an eine elektronische Rechnung regelt § 14 Abs. 3 UStG.

Eine Rechnung muss **mindestens folgende Angaben** enthalten (§ 14 Abs. 4 UStG, § 31, § 32 UStDV, Abschnitte 14.1–14.11 UStAE):

- Name und Anschrift des leistenden Unternehmers
- Name und Anschrift des Leistungsempfängers
- Steuernummer oder Umsatzsteuer-Identifikationsnummer des leistenden Unternehmers
- Rechnungsdatum und fortlaufende Rechnungsnummer
- Menge und handelsübliche Bezeichnung des Gegenstands der Lieferung bzw Art und Umfang der erbrachten sonstigen Leistung
- Zeitpunkt der Leistung bzw Zeitpunkt der Vereinnahmung des Entgelts
- das nach Steuersätzen und einzelnen Steuerbefreiungen aufgeschlüsselte Entgelt für die Lieferung oder sonstige Leistung
- den anzuwendenden Steuersatz sowie den auf das Entgelt entfallenden Steuerbetrag bzw im Fall einer Steuerbefreiung einen Hinweis darauf, dass für die Leistung eine Steuerbefreiung gilt
- bei Leistungen im Zusammenhang mit Grundstücken, sofern der Empfänger nicht Unternehmer ist oder die Leistung für den nichtunternehmerischen Bereich eines Unternehmers ausgeführt wird: einen Hinweis auf die zweijährige Aufbewahrungspflicht des Leistungsempfängers nach § 14b Abs. 1 S. 5 iVm § 14 Abs. 2 S. 1 Nr 1 UStG.
- Wird die Rechnung vom Leistungsempfänger ausgestellt, ist die Angabe „Gutschrift“ aufzunehmen.

Besondere Anforderungen gelten für Lieferungen innerhalb der EU sowie für die Leistungen, bei denen der Leistungsempfänger Steuerschuldner ist (§ 14a UStG). Für Rechnungen bis zu einem Gesamtbetrag von 250 € sowie für Fahrausweise gelten Vereinfachungen (§ 33, § 34 UStDV). Unternehmer haben ein Doppel der für ihre Leistungen ausgestellten Rechnungen sowie alle Eingangsrechnungen über bezogene Leistungen zehn Jahre aufzubewahren (§ 14b UStG).

Bei einer **Änderung der Bemessungsgrundlage** (zB Skontoabzug, nachträglicher **818**
Rabatt, Preisnachlass aufgrund eines Produktmangels, uneinbringliche Forderungen,

bezahlte Leistung wird nicht erbracht, Rückgängigmachung von Leistungen) ist eine Umsatzsteuerberichtigung vorzunehmen (§ 17 UStG).

819 Wird in der Rechnung die **Umsatzsteuer unrichtig oder unberechtigt ausgewiesen**, ist die ausgewiesene Umsatzsteuer dennoch an das Finanzamt abzuführen (§ 14c UStG). Ein unrichtiger Steuerausweis liegt vor, wenn der Unternehmer in seiner Rechnung für eine Leistung einen höheren Steuerbetrag ausweist, als er nach dem Gesetz schuldet. Ein unberechtigter Steuerausweis ist gegeben, wenn der Unternehmer zum Ausweis einer Steuer nicht berechtigt ist oder wenn ein Nichtunternehmer eine Rechnung mit Umsatzsteuerausweis ausstellt. Da der Leistungsempfänger nur die gesetzlich geschuldete Umsatzsteuer als Vorsteuer geltend machen kann, besitzt er bei unrichtigem oder unberechtigtem Steuerausweis (insoweit) kein Vorsteuerabzugsrecht (§ 15 Abs. 1 S. 1 Nr 1 UStG). Mehrbelastungen lassen sich nur vermeiden, wenn der Rechnungsaussteller die Rechnung berichtigt (§ 17 UStG, § 31 Abs. 5 UStDV).

820 Zur Sicherstellung einer gleichmäßigen Festsetzung und Erhebung der Umsatzsteuer haben die Finanzbehörden das Recht, unangemeldet (dh ohne vorherige Ankündigung) die Grundstücke und Räume von Unternehmen zu betreten, um die Sachverhalte festzustellen, die für die Umsatzsteuer erheblich sein können **(Umsatzsteuer-Nachschau)**. Die Finanzbehörden haben die Möglichkeit, ohne vorherige Prüfungsanordnung zu einer Außenprüfung überzugehen. Soweit anlässlich der Umsatzsteuer-Nachschau Verhältnisse festgestellt werden, die für andere Steuerarten bedeutsam sind, dürfen diese unter bestimmten Voraussetzungen verwertet werden (§ 27b UStG).

821 Die Nichterfüllung von Aufzeichnungs- und Aufbewahrungspflichten kann mit einer Geldbuße von bis zu 5 000 € geahndet werden (§ 26a UStG). Die **Nichtbezahlung der Umsatzsteuer** kann als Ordnungswidrigkeit mit einer Geldbuße von bis zu 50 000 € geahndet werden (§ 26b UStG). Die gewerbsmäßige und bandenmäßige Schädigung des Umsatzsteueraufkommens wird mit einer Freiheitsstrafe von bis zu fünf Jahren oder mit einer Geldstrafe belegt (§ 26c UStG).

J. Besonderheiten bei Ermittlung der Umsatzsteuer

I. Kleinunternehmer

822 Bei **Kleinunternehmern** wird die **Umsatzsteuer** grundsätzlich **nicht erhoben** (§ 19 Abs. 1 UStG). Kleinunternehmer sind nicht berechtigt, die Umsatzsteuer in der Rechnung gesondert auszuweisen. Ihnen steht konsequenterweise **kein Vorsteuerabzugsrecht** zu.

Kleinunternehmer sind inländische Unternehmer, deren **Gesamtumsatz** zuzüglich der darauf entfallenden Umsatzsteuer **im vorausgegangenen Kalenderjahr 22 000 € nicht überstiegen** hat und **im laufenden Jahr 50 000 € voraussichtlich nicht übersteigen** wird. Die Berechnung des für diesen Grenzwert heranzuziehenden Umsatzes ist in § 19 Abs. 3 UStG geregelt.

Die Kleinunternehmerregelung **wirkt wie** eine **Steuerbefreiung mit Ausschluss des Vorsteuerabzugsrechts**. Die Kleinunternehmerregelung dient der **Verwaltungsver-**

einfachung. Mit dem Charakter der Umsatzsteuer als allgemeine Verbrauchsteuer ist sie aber nicht zu vereinbaren.

Um Nachteile aus dem fehlenden Vorsteuerabzug zu vermeiden, **kann** der Kleinunternehmer **für** die **Normalbesteuerung optieren** (§ 19 Abs. 2 UStG). Die Erklärung bindet ihn für mindestens fünf Jahre.

II. Pauschalierte Vorsteuersätze

Zur **Vereinfachung** des Besteuerungsverfahrens kann **für Gruppen von Unternehmern**, bei denen hinsichtlich der Besteuerungsgrundlagen annähernd gleiche Verhältnisse vorliegen und die nicht verpflichtet sind, Bücher zu führen und aufgrund jährlicher Bestandsaufnahmen regelmäßig Abschlüsse zu machen, die **Vorsteuer nach Durchschnittssätzen festgesetzt** werden (§ 23 Abs. 1 UStG, § 69, § 70 UStDV mit Anlagen). Die pauschale Vorsteuer beträgt zB für Bäckereien 5,4%, für Eisdielen 5,8%, für Friseure 4,5% und für Textilwareneinzelhändler 12,3% des Umsatzes. 823

Die Durchschnittssätze müssen zu einer Steuer führen, die nicht wesentlich von dem Betrag abweicht, der sich nach der Normalbesteuerung ergeben würde (§ 23 Abs. 2 UStG). Die Pauschalierung ist ausgeschlossen, wenn der Gesamtumsatz im vorangegangenen Kalenderjahr 61 356 € überstiegen hat (§ 69 Abs. 3 UStDV).

Für (kleinere) gemeinnützige Organisationen, die von der Körperschaftsteuer befreit sind, wird die Vorsteuer unter bestimmten Voraussetzungen mit 7% der steuerpflichtigen Umsätze pauschaliert (§ 23a UStG). Diese Sonderregelung führt dazu, dass diese Organisationen keine Umsatzsteuer abführen müssen. Für die erbrachten Leistungen gilt der ermäßigte Steuersatz (§ 12 Abs. 2 Nr 8 UStG). Damit gleichen sich Umsatzsteuerschuld und Vorsteuerabzug aus. Bei der Pauschalierung des Vorsteuerabzugs handelt es sich um eine Subventionierung kleinerer gemeinnütziger Organisationen. Voraussetzung für eine derart weitgehende Pauschalierung der Vorsteuer ist, dass der Umsatz im vorangegangenen Kalenderjahr 35 000 € nicht überstiegen hat.

III. Durchschnittssätze für Land- und Forstwirte

Für Umsätze, die ein **land- und forstwirtschaftlicher Unternehmer** erbringt, beträgt der **Regelsteuersatz 10,7%**. Für bestimmte Umsätze gelten Sondersteuersätze (5,5%, 19%). Die **Vorsteuer** wird **pauschaliert**. Im Allgemeinen sind **10,7% der Umsätze** als Vorsteuer abziehbar, alternativ sind es 5,5% (§ 24 Abs. 1 UStG). 824

Diese Sonderregelung führt dazu, dass **Land- und Forstwirte im Regelfall keine Umsatzsteuer abzuführen** haben. Die 10,7%ige (5,5%ige) Umsatzsteuer wird durch den pauschalierten Vorsteuerabzug von 10,7% (5,5%) der Umsätze ausgeglichen. Bei dieser Vorschrift handelt es sich um eine **Subvention** für Land- und Forstwirte, die einen groben Verstoß gegen die mit der Umsatzsteuer verbundenen Ziele darstellt. Ob und inwieweit der private Endverbraucher davon profitiert, hängt davon ab, in welchem Umfang Land- und Forstwirte die Subvention durch eine Minderung der Absatzpreise weitergeben.

Land- und Forstwirte haben zusätzlich die Möglichkeit, zur Normalbesteuerung zu optieren (§ 24 Abs. 4 UStG).

IV. Reiseleistungen

825 Für **Reiseleistungen**, bei denen der Unternehmer (Reisebüro, Reiseveranstalter) gegenüber dem Leistungsempfänger im eigenen Namen auftritt und für die er Reisevorleistungen in Anspruch nimmt, besteht eine Sonderregelung (§ 25 UStG):

- Die Reiseleistung gilt als eine einheitliche sonstige Leistung.
- Der Ort der sonstigen Leistung befindet sich an dem Ort, von dem aus der Unternehmer sein Unternehmen betreibt (entsprechend der Grundsatzregelung in § 3a Abs. 1 UStG für sonstige Leistungen, die an Nichtunternehmer erbracht werden).
- Die sonstige Leistung ist steuerfrei, soweit die ihr zuzurechnenden Reisevorleistungen im Drittlandsgebiet bewirkt werden.
- Die **Umsatzsteuer** auf die Reiseleistung **bestimmt sich aus** der **Differenz zwischen** dem **Reisepreis und** dem **Wert der Reisevorleistungen**. Die Umsatzsteuer gehört nicht zur Bemessungsgrundlage. Bemessungsgrundlage bildet also die **Nettomarge des Reiseunternehmers.**
- Der Reiseunternehmer darf die auf die Reisevorleistungen entrichtete Umsatzsteuer nicht als Vorsteuer abziehen.

Beispiel:

	Rechnungspreis (einschließlich Umsatzsteuer)	7 000,00 €
–	Reisevorleistungen, wie Bahnfahrten, Hotelunterkunft (einschließlich deutscher und ausländischer Umsatzsteuer)	5 000,00 €
=	Bruttomarge (einschließlich Umsatzsteuer)	2 000,00 €
–	darin enthaltene Umsatzsteuer (= 0,19 / 1,19 × Bruttomarge)	319,33 €
=	Nettomarge (**umsatzsteuerliche Bemessungsgrundlage**)	1 680,67 €
	darauf 19% Umsatzsteuer	319,33 €

Im **Ergebnis** kommt es zu einer **additiven Berechnung der Umsatzsteuer**. Die Gesamtbelastung setzt sich aus der (in- und ausländischen) Umsatzsteuer auf die Reisevorleistungen und der deutschen Umsatzsteuer auf die Nettomarge (Wertschöpfung) des inländischen Reiseunternehmers zusammen.

V. Wiederverkäufer (Differenzbesteuerung)

826 Für bestimmte Lieferungen kann abweichend von der Regelbesteuerung die **Differenzbesteuerung** gewählt werden. **Voraussetzungen** für die Differenzbesteuerung sind (§ 25a Abs. 1 UStG):

- Der Unternehmer muss **Wiederverkäufer** sein. Als Wiederverkäufer gilt, wer gewerbsmäßig mit beweglichen körperlichen Gegenständen handelt oder solche Gegenstände im eigenen Namen öffentlich versteigert.
- Es muss sich um die **Lieferung von beweglichen körperlichen Gegenständen** handeln. Nicht einbezogen wird beispielsweise die Lieferung von Grundstücken.

Für Edelsteine und Edelmetalle ist die Differenzbesteuerung gleichfalls nicht möglich.
- Der Wiederverkäufer muss die **Gegenstände im Gemeinschaftsgebiet erworben** haben.
- **Beim Erwerb darf keine Umsatzsteuer entstanden** sein oder für die Vorleistung wurde die Differenzbesteuerung vorgenommen.

Die **Wirkung** der Differenzbesteuerung besteht darin, dass sich die **Bemessungsgrundlage** aus der **Differenz zwischen** dem **Verkaufspreis** und dem **Einkaufspreis** errechnet, dh aus der Wertschöpfung des Wiederverkäufers und nicht aus dem Gesamtentgelt (§ 25a Abs. 3 UStG). Als Steuersatz ist der **allgemeine Steuersatz von 19%** heranzuziehen, der ermäßigte Steuersatz ist nicht anzuwenden (§ 25a Abs. 5 UStG).

Wichtige **Anwendungsfälle** der Differenzbesteuerung sind der **Handel mit Gebrauchtwagen** sowie **Antiquitäten**. Diese beweglichen Gegenstände werden typischerweise von Privatpersonen erworben. Die beim (ursprünglichen) Kauf dieser Gegenstände angefallene Umsatzsteuer konnte deshalb nicht als Vorsteuer abgezogen werden. Beim Verkauf von Gebrauchtwagen oder Antiquitäten an einen Unternehmer fällt keine Umsatzsteuer an, da die Gegenstände durch einen Nichtunternehmer geliefert werden. Der Weiterverkauf durch den Auto- oder Antiquitätenhändler ist eine steuerpflichtige Lieferung. Würde die umsatzsteuerliche Bemessungsgrundlage mit dem Verkaufspreis übereinstimmen, würde es zu einer Kumulation von Umsatzsteuer kommen: Umsatzsteuer im Zeitpunkt des Ersterwerbs durch eine Privatperson und Umsatzsteuer im Zeitpunkt des Verkaufs durch den Wiederverkäufer. Durch die Differenzbesteuerung wird die im Zeitpunkt des Wiederverkaufs anfallende **Umsatzsteuer auf die Wertschöpfung des Wiederverkäufers begrenzt**. Damit werden **Wettbewerbsnachteile gegenüber Privatpersonen vermieden**, bei denen der Verkauf von Gebrauchtwagen oder Antiquitäten aufgrund der fehlenden Unternehmereigenschaft nicht umsatzsteuerbar ist. Auf Märkten, auf denen typischerweise sowohl Nichtunternehmer als auch Unternehmer Gegenstände veräußern, ist nämlich die Umsatzsteuer nicht oder nur zum geringen Teil überwälzbar.

Beispiel: Ein Autohändler nimmt einen Gebrauchtwagen im Wert von 10 000 € in Zahlung. Nach einigen Reparaturen wird der Gebrauchtwagen zum Nettopreis von 13 000 € weiterverkauft. Die Umsatzsteuer beläuft sich auf 570 € (= 19% × [13 000 € – 10 000 €]), sodass sich bei der Differenzbesteuerung der Verkaufspreis auf 13 570 € erhöht. Würde der Gebrauchtwagen von der Privatperson selbst veräußert, würde sie auch einen Preis von 13 570 € verlangen: Wert des Wagens vor Reparatur (= 10 000 €) + Reparaturen (= 3 000 €) + Umsatzsteuer auf die Reparaturen (= 19% × 3 000 €).

Nach der Regelbesteuerung müsste der Verkaufspreis des Autohändlers 15 470 € betragen: 13 000 € zuzüglich 19% Umsatzsteuer. Dies sind im Vergleich zum Verkauf durch eine Privatperson und zur Differenzbesteuerung 1 900 € (= 15 470 € – 13 570 €) mehr. Diese Mehrbelastung entspricht dem Produkt aus Einstandspreis multipliziert mit dem Umsatzsteuersatz. In dieser Höhe wirkt die Umsatzsteuer kumulativ, da der Wert des Gebrauchtwagens bereits im Zeitpunkt des Ersterwerbs mit Umsatzsteuer belastet wurde.

Die Anwendung der Differenzbesteuerung auf Kunstgegenstände (§ 25a Abs. 2 UStG) steht damit im Zusammenhang, dass die Lieferung durch den Künstler an den

Wiederverkäufer dem ermäßigten Steuersatz unterliegt (§ 12 Abs. 2 Nr 13 UStG iVm Anlage 2 Nr 53), während die Lieferung durch den Wiederverkäufer mit dem allgemeinen Steuersatz besteuert wird (und nicht mehr wie bis zum Jahr 2013 dem ermäßigten Steuersatz). Die Differenzbesteuerung dient zum Ausgleich der damit verbundenen Steuererhöhung. Ergänzt wird diese Regelungen dadurch, dass unter bestimmten Voraussetzungen die Bemessungsgrundlage beim Wiederverkäufer auf 30% des Verkaufspreises festgesetzt wird (§ 25a Abs. 3 S. 2 UStG).

VI. Anlagegold

827 Die **Umsätze** (Lieferungen, Einfuhren, innergemeinschaftliche Erwerbe) **mit Anlagegold** sind **steuerfrei**. Die Vorsteuer, die auf diese Umsätze entfällt, kann nicht geltend gemacht werden. Der Unternehmer hat das Recht, für eine Steuerpflicht zu optieren, wenn er die Umsätze an andere Unternehmer für deren Unternehmen ausführt (§ 25c UStG).

K. Ertragsteuerliche Behandlung

828 Die ertragsteuerliche Behandlung der Umsatzsteuer hängt von **zwei Kriterien** ab (§ 9b EStG, R 9b EStR):

1. von der **Einkunftsermittlungsmethode**
   - Betriebsvermögensvergleich nach § 4 Abs. 1, § 5 EStG
   - Überschuss der Betriebseinnahmen über die Betriebsausgaben nach § 4 Abs. 3 EStG
   - Überschuss der Einnahmen über die Werbungskosten nach § 8 – § 9a EStG
2. von der **Art der Umsatzsteuer**
   - Umsatzsteuer auf Lieferungen und sonstige Leistungen (einschließlich Einfuhrumsatzsteuer, Umsatzsteuer auf innergemeinschaftliche Erwerbe und Umsatzsteuer, bei der die Steuerschuldnerschaft auf den Leistungsempfänger übergegangen ist)
   - Umsatzsteuer auf unentgeltliche Wertabgaben
   - abziehbare Vorsteuer
   - nichtabziehbare Vorsteuer.

I. Betriebsvermögensvergleich

829 Die für Lieferungen und sonstige Leistungen vom Unternehmer **vereinnahmte Umsatzsteuer** wird durch **Passivierung einer Verbindlichkeit** gegenüber dem Finanzamt erfolgsneutral behandelt. Als Umsatzerlöse werden lediglich die Nettopreise ausgewiesen (§ 277 Abs. 1 HGB). Die **Umsatzsteuer** auf Lieferungen und sonstige Leistungen geht **nicht in** die **Gewinn- und Verlustrechnung** ein:

Beispiel:

a) Zeitpunkt der Rechnungsstellung

Forderungen aus Lieferungen und Leistungen	119	an	Umsatzerlöse Umsatzsteuerschuld	100 19

b) Zeitpunkt der Abführung der Umsatzsteuer

Umsatzsteuerschuld	19	an	Bank	19

Vergleichbares gilt für die Einfuhrumsatzsteuer, die Umsatzsteuer auf innergemeinschaftliche Erwerbe und die Umsatzsteuer, bei der die Steuerschuldnerschaft auf den Leistungsempfänger übergegangen ist.

Die **auf unentgeltliche Wertabgaben erhobene Umsatzsteuer**, soweit diese Entnahmen oder verdeckte Gewinnausschüttungen sind, und die Vorsteuerbeträge auf Aufwendungen, für die das Abzugsverbot des § 4 Abs. 5 S. 1 Nr 1–5, 7, Abs. 7 EStG gilt, sind **nicht** als **Betriebsausgabe** abziehbar. Dies gilt sowohl für die Einkommen- bzw Körperschaftsteuer als auch für die Gewerbesteuer (§ 12 Nr 3 EStG, § 10 Nr 2 KStG, § 7 S. 1 GewStG).

Die **abziehbare Vorsteuer** beeinflusst den Erfolg des Unternehmens gleichfalls nicht. Buchungstechnisch wird dieses Ergebnis dadurch erreicht, dass die auf Vorleistungen entrichtete Umsatzsteuer **auf** dem **Vorsteuerkonto verbucht und in der Bilanz aktiviert wird**. Aufgrund des Vorsteuerabzugs geht die an Lieferanten gezahlte Umsatzsteuer nicht in die Anschaffungs- oder Herstellungskosten der erworbenen Wirtschaftsgüter ein (§ 9b Abs. 1 EStG). In der Gewinn- und Verlustrechnung wird nur der Nettorechnungspreis im Zeitpunkt des Verbrauchs oder über Abschreibungen als Aufwand verrechnet. **830**

Da die abziehbare Vorsteuer eine Forderung gegenüber dem Finanzamt darstellt, wird sie am Ende eines Besteuerungszeitraums (Voranmeldungszeitraum) erfolgsneutral mit der Umsatzsteuerschuld des Unternehmers verrechnet:

Beispiel:

a) Zeitpunkt der Lieferung (Einkauf von Gegenständen)

aktives Bestandskonto (zB Maschinen)	100	an	Verbindlichkeiten aus	
Vorsteuer (Forderung)	19		Lieferungen und Leistungen	119

bzw Zeitpunkt der sonstigen Leistung (Inanspruchnahme von Dienstleistungen)

Aufwandskonto (zB Beratung)	100	an	Verbindlichkeiten aus	
Vorsteuer (Forderung)	19		Lieferungen und Leistungen	119

b) nach Ablauf des Besteuerungszeitraums (Voranmeldungszeitraum)

Umsatzsteuerschuld	19	an	Vorsteuer	19

Die **nichtabziehbare Vorsteuer** wird im Grundsatz genauso behandelt wie der empfangene Leistungswert, dh sie wird entweder als **Anschaffungsnebenkosten** auf einem aktiven Bestandskonto bilanziert **oder** sofort als **Betriebsausgabe** erfolgsmindernd in der Gewinn- und Verlustrechnung verbucht. Die nichtabziehbare Vorsteuer, die auf Zahlungen entfällt, die zu aktivieren sind, beeinflusst die Ertragsteuern über höhere Abschreibungen bzw über einen geringeren Veräußerungsgewinn.

Berichtigungen des Vorsteuerabzugs nach § 15a UStG (zB aufgrund einer Nutzungsänderung darf die Vorsteuer nachträglich nicht abgezogen werden) müssten vom Prinzip her nachträglich bei den Anschaffungs- oder Herstellungskosten des jeweiligen Wirtschaftsguts aktiviert werden. Aus Vereinfachungsgründen werden in der Steuerbilanz die Anschaffungs- oder Herstellungskosten nicht verändert, sodass die Vorsteuerberichtigungen sofort **als Betriebseinnahmen bzw Betriebsausgaben gewinnwirksam** werden (§ 9b Abs. 2 EStG).

831 Zur Ermittlung der Wertgrenzen für **geringwertige Wirtschaftsgüter** des Anlagevermögens von 800 € bzw 250 € und 1 000 € (§ 6 Abs. 2, 2a EStG) wird die Umsatzsteuer nicht einbezogen. Es wird auch dann auf den Nettowert abgestellt, wenn die in Rechnung gestellte Umsatzsteuer nicht als Vorsteuer abziehbar ist (R 9b Abs. 2 EStR).

II. Überschuss der Betriebseinnahmen über die Betriebsausgaben

832 Steuerpflichtige, die ihren Gewinn durch eine Einnahmen-Ausgabenrechnung nach § 4 Abs. 3 EStG ermitteln, passivieren weder die Umsatzsteuer auf eigene Leistungen als Verbindlichkeit gegenüber dem Finanzamt noch aktivieren sie die gezahlte Umsatzsteuer auf Vorleistungen als Forderung. Die in den Ausgangsrechnungen **ausgewiesene Umsatzsteuer** ist im Zeitpunkt der Zahlung durch den Kunden als **Betriebseinnahme** zu erfassen. Die **Abführung der Umsatzsteuer** an die Finanzbehörde stellt eine **Betriebsausgabe** dar.

In analoger Weise wird die für Vorleistungen anfallende Umsatzsteuer behandelt. Zu dem Zeitpunkt, zu dem der Zahlungsvorgang stattfindet, werden die **abziehbaren Vorsteuerbeträge** als **Betriebsausgaben** behandelt. Die **Erstattung im Rahmen des Vorsteuerabzugsverfahrens** führt zu **Betriebseinnahmen**.

Im Ergebnis sind die Umsatzsteuer auf eigene Leistungen und die Vorsteuer auf Vorleistungen wie bei der Gewinnermittlung durch Betriebsvermögensvergleich **erfolgsneutral** (kein Bemessungsgrundlageneffekt).

833 **Für die weiteren Vorgänge besteht** hinsichtlich der ertragsteuerlichen Behandlung der Umsatzsteuer **zwischen den verschiedenen Gewinnermittlungsmethoden Übereinstimmung**. Die **Umsatzsteuer auf Entnahmen** und die nicht als Vorsteuer abziehbare Umsatzsteuer auf Repräsentationsaufwendungen sind nicht als Betriebsausgabe abziehbar (§ 12 Nr 3 EStG, § 7 S. 1 GewStG). Die **nichtabziehbare Vorsteuer** wird wie der empfangene Leistungswert entweder den Anschaffungskosten zugerechnet und über die Abschreibungen bzw eine Minderung des Veräußerungsgewinns erfolgswirksam verrechnet oder sofort als Betriebsausgabe geltend gemacht. Vorsteuer- und Umsatzsteuerberichtigungen nach § 15a und § 17 UStG verändern im

Zahlungszeitpunkt den Gewinn des Steuerpflichtigen. Die Wertgrenzen für geringwertige Wirtschaftsgüter des Anlagevermögens von 800 € bzw 250 € und 1 000 € (§ 6 Abs. 2, 2a EStG) werden anhand des um die Umsatzsteuer verminderten Rechnungspreises geprüft (R 9b Abs. 2 EStR).

III. Überschuss der Einnahmen über die Werbungskosten

Der umsatzsteuerliche Unternehmerbegriff ist weiter gefasst als der Begriff des Gewerbebetriebs iSd Einkommen-, Körperschaft- und Gewerbesteuergesetzes. **Umsatzsteuerlich relevante Tätigkeiten** können sich deshalb **auch im Zusammenhang mit Überschusseinkunftsarten** ergeben. Dies gilt insbesondere für Einkünfte aus Vermietung und Verpachtung. **834**

Die **ertragsteuerliche Behandlung** der Umsatzsteuer auf eigene Leistungen und der Vorsteuer auf von anderen Unternehmern in Anspruch genommene Leistungen **stimmt** bei Überschusseinkunftsarten **prinzipiell mit** der **Behandlung** bei einer Gewinnermittlung durch Gegenüberstellung **der Betriebseinnahmen und der Betriebsausgaben überein** (§ 4 Abs. 3 EStG). Aus systematischen Gründen wird allerdings die Umsatzsteuer auf eigene Leistungen als Einnahme (nicht als Betriebseinnahme) und die abziehbare Vorsteuer als Werbungskosten (nicht als Betriebsausgabe) erfasst.

Umsatzsteuer, **die Nichtunternehmer entrichten**, ist **nur** dann ertragsteuerlich **von Bedeutung**, **wenn** sie auf Ausgaben entfällt, die **in Zusammenhang mit einer** der **Überschusseinkunftsarten** stehen. Als Werbungskosten ist der Rechnungspreis abziehbar. In Höhe der darin enthaltenen Umsatzsteuer **verringern** sich bei Nichtunternehmern die **einkommensteuerlich relevanten Einkünfte**. **835**

Der insbesondere bei Arbeitnehmern bedeutsame sofortige Abzug von Arbeitsmitteln bis zu einem Wert von 800 € wird anhand des Nettowerts (= Rechnungspreis abzüglich Umsatzsteuer) bestimmt (R 9.12 LStR).

Sechster Teil

Grundzüge der Konzernbesteuerung

Erster Abschnitt

Allgemeine Charakterisierung und Beurteilungsmaßstäbe

836 Kapitalgesellschaften besitzen als juristische Person eine eigenständige Rechtsfähigkeit (§ 1 Abs. 1 AktG, § 13 Abs. 1 GmbHG). Die Anknüpfung des Steuerrechts an die zivilrechtliche Einordnung eines Unternehmens führt bei den Ertragsteuern dazu, dass Kapitalgesellschaften selbständig körperschaftsteuerpflichtig sind (§ 1 Abs. 1 Nr 1 KStG) und dass sie für die Gewerbesteuer unabhängig von der Art ihrer Geschäftstätigkeit als Gewerbebetrieb kraft Rechtsform gelten (§ 2 Abs. 2 S. 1 GewStG).

Aufgrund des Trennungsprinzips ist die Besteuerung auf Ebene der Kapitalgesellschaft grundsätzlich unabhängig von der Besteuerung auf der Ebene der Anteilseigner. Häufig sind allerdings **rechtlich eigenständige Unternehmen wirtschaftlich unter** einer **einheitlichen Leitung** zusammengefasst (**Konzern**, § 18 AktG). Die wirtschaftliche Einheit eines Konzerns wird bei den Ertragsteuern durch die **Organschaft** berücksichtigt. Dies gilt sowohl für die **Körperschaftsteuer** (§ 14 – § 19 KStG) als auch für die **Gewerbesteuer** (§ 2 Abs. 2 S. 2 GewStG). Eine Organschaft lässt sich allgemein dadurch beschreiben, dass **zwischen** den **beteiligten Unternehmen** ein **Über-Unterordnungsverhältnis** besteht.

Kennzeichen der körperschaftsteuerlichen sowie der gewerbesteuerlichen Organschaft (kurz: ertragsteuerlichen Organschaft) ist, dass die **Gewinne bzw Verluste der untergeordneten Kapitalgesellschaft** nicht bei ihr erfasst werden. Vielmehr unterliegen die Erfolge der untergeordneten Kapitalgesellschaft **zusammen mit den eigenen Einkünften des beherrschenden Unternehmens**, dh auf Ebene des Anteilseigners, der Besteuerung.

837 Bei der Organschaft handelt es sich **nicht** um **eine steuerliche Begünstigung von Konzernen**. Mit der – über die unmittelbare Besteuerung der Erfolge einer Kapitalgesellschaft auf Ebene des Anteilseigners verbundenen – teilweisen Durchbrechung des Trennungsprinzips wird lediglich verhindert, dass Unternehmensverbindungen, die zwar wirtschaftlich eine Einheit bilden, aber in mehrere rechtlich selbständige Teileinheiten aufgeteilt sind, gegenüber Unternehmen benachteiligt werden, die sowohl wirtschaftlich als auch rechtlich eine Einheit bilden (Einheitsunternehmen). Aus **methodischer Sicht** sind also an eine Konzernbesteuerung **drei** grundlegende **Anforderungen** zu stellen:

- **Vermeidung einer Doppelbelastung von Gewinnen**. Innerhalb eines Konzerns darf es nicht zu einer mehrfachen Belastung der gleichen Einkunftsteile kommen.

- **Konzerninterner Verlustausgleich**. Verluste eines Konzernmitglieds müssen mit den Gewinnen eines anderen Konzernmitglieds verrechenbar sein.
- **Eliminierung von Zwischenerfolgen**. Lieferungen und Leistungen innerhalb eines Konzerns sind nicht als Gewinnrealisierungstatbestand zu werten. Gewinne sollten nur aus Leistungsbeziehungen mit Außenstehenden entstehen. Eine Unterform der Zwischenerfolgseliminierung stellt die Aufwands- und Ertragskonsolidierung dar.

Werden diese drei Kriterien erfüllt, wird ein Konzern (Unternehmen ist in mehrere rechtlich selbständige Einheiten aufgeteilt) gegenüber einem Einheitsunternehmen (Unternehmen ist nicht nur wirtschaftlich eine Einheit, sondern auch rechtlich) nicht benachteiligt.[1]

Aus **steuerplanerischer Sicht** wird die **Organschaft** daran **gemessen**, ob es gegenüber einer getrennten Besteuerung von Tochterkapitalgesellschaft und Mutterunternehmen (**Einzelveranlagung**, Nicht-Organschaftsfall) zu einer Minderung oder Erhöhung der **Steuerbelastung** kommt. Der Vergleich der Organschaft mit einer Einzelveranlagung aus steuerplanerischer Sicht führt insoweit zum gleichen Ergebnis wie eine Beurteilung aus methodischer Sicht, als durch die Organschaft die bei einer Einzelveranlagung auftretenden Nachteile vermieden werden können und damit Konzerne wie ein Einheitsunternehmen besteuert werden. Die beiden Betrachtungsweisen können allerdings auch mit einer abweichenden Beurteilung verbunden sein: (1) Soweit durch die Organschaft eine geringere Belastung als bei einem Einheitsunternehmen erreicht werden kann, liegt zwar ein Verstoß gegen die aus steuersystematischer Sicht formulierte Leitlinie vor. Die Unternehmen werden diese Abweichung jedoch aus steuerplanerischer Sicht positiv werten. (2) Umgekehrt werden die Unternehmen Nachteile gegenüber einer Einzelveranlagung auch dann kritisieren, wenn die steuerlichen Effekte einer Organschaft mit der Leitlinie „Besteuerung von Konzernen wie ein Einheitsunternehmen“ übereinstimmen.

Der Anwendungsbereich der Organschaft beschränkt sich nicht auf die Ertragsteuern **838**
(Körperschaftsteuer und Gewerbesteuer). Bei der **Umsatzsteuer** wird gleichfalls versucht, eine steuerliche Benachteiligung von Konzernen mit Hilfe der Organschaft zu verhindern. Insbesondere sollen auch bei der Umsatzsteuer aus konzerninternen Lieferungen und Leistungen keine Mehrbelastungen gegenüber einem Einheitsunternehmen auftreten.

Bei der Erläuterung der Organschaft werden folgende **Begriffe** verwendet (Abb 6.1): Die Obergesellschaft, dh das Unternehmen, das die wirtschaftliche Leitung ausübt (beherrschende Gesellschaft: Mutterunternehmen), heißt **Organträger**. Die **Organgesellschaft** ist die Untergesellschaft, dh die beherrschte Kapitalgesellschaft (Tochterunternehmen). Die Zusammenfassung der Unternehmen, die die Voraussetzungen einer Organschaft erfüllen, stellt den **Organkreis** dar.

---

1 Aus betriebswirtschaftlicher Sicht ist es weiterhin wünschenswert, dass konzerninterne Umstrukturierungen nicht mit der Auflösung stiller Reserven verbunden sind, dass sie nicht zum Wegfall von Verlust- und Zinsvorträgen führen und dass sie keine grunderwerbsteuerpflichtigen Vorgänge darstellen. Diese Zielsetzungen werden durch das UmwStG, die Konzernklauseln in § 8c Abs. 1 S. 4 KStG, § 8a Abs. 1 S. 3 KStG sowie § 6a GrEStG zumindest ansatzweise erfüllt.

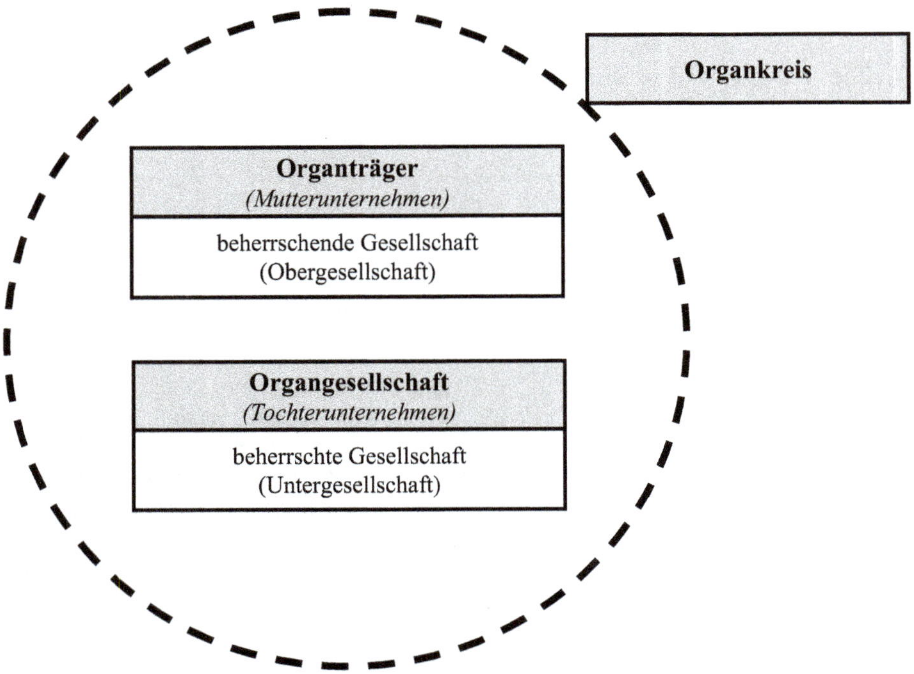

Abb. 6.1: Grundbegriffe der Organschaft

Zweiter Abschnitt

Körperschaftsteuerliche und gewerbesteuerliche Organschaft

839 Die körperschaftsteuerliche Organschaft ist zwar aus rechtlicher Sicht von der gewerbesteuerlichen Organschaft zu trennen. Da die Voraussetzungen und in weiten Bereichen auch die steuerlichen Auswirkungen dieser beiden Organschaften übereinstimmen, werden sie im Folgenden gemeinsam betrachtet. Diese Zusammenfassung von körperschaftsteuerlicher Organschaft und gewerbesteuerlicher Organschaft bietet sich auch deshalb an, weil deren Effekte häufig besser verständlich sind, wenn beide Ertragsteuern gemeinsam betrachtet werden. Insbesondere die Rückwirkungen der Gewerbesteuer auf das Nebeneinander von Einkommen- und Körperschaftsteuer können auf diese Weise klarer herausgearbeitet werden.

A. Voraussetzungen einer Organschaft bei den Ertragsteuern

Die Voraussetzungen für die körperschaftsteuerliche Organschaft stimmen mit den Voraussetzungen überein, die für eine gewerbesteuerliche Organschaft gelten. Bei beiden Ertragsteuern liegt eine Organschaft vor, wenn eine **inländische Kapitalgesellschaft** (Organgesellschaft) **in den Gewerbebetrieb eines** inländischen **Unternehmens** oder in die inländische Betriebsstätte eines ausländischen Unternehmens (Organträger) **finanziell eingegliedert ist** und sich die Organgesellschaft verpflichtet, ihren **Gewinn vollständig an** den **Organträger abzuführen** (§ 14, § 17 KStG bzw § 2 Abs. 2 S. 2 GewStG).[2] 840

(1) Organgesellschaft: Organgesellschaften können **nur Kapitalgesellschaften** (insbesondere AG, SE, KGaA und GmbH) sein, die ihre Geschäftsleitung im Inland und ihren Sitz in einem Mitgliedstaat der EU (einschließlich Deutschland) oder in einem EWR-Staat haben (§ 14 Abs. 1 S. 1, § 17 Abs. 1 S. 1 KStG). 841

Ob eine Kapitalgesellschaft als inländisch angesehen wird, bestimmt sich danach, ob ihre **Geschäftsleitung im Inland** ist. Die Geschäftsleitung befindet sich an dem Ort, an dem sich der Mittelpunkt der geschäftlichen Oberleitung befindet (§ 10 AO). Der Sitz der Kapitalgesellschaft (§ 11 AO) kann, muss sich aber nicht in Deutschland befinden. Er kann auch in einem anderen EU-Staat oder in einem EWR-Staat sein.[3]

(2) Organträger: Der Organträger muss im Inland ein **gewerbliches Unternehmen** unterhalten. Seine **Rechtsform** ist grundsätzlich **unbedeutend**. Organträger können Gewerbebetriebe kraft gewerblicher Betätigung (Einzelunternehmen, Personengesellschaften), Gewerbebetriebe kraft Rechtsform (Kapitalgesellschaften) und Gewerbebetriebe kraft wirtschaftlichen Geschäftsbetriebs (sonstige juristische Personen des privaten Rechts und nicht rechtsfähige Vereine) sein. Vorausgesetzt wird allerdings eine originär gewerbliche Tätigkeit, sodass eine gewerblich geprägte Personengesellschaft nicht Organträger sein kann. 842

Die Ansässigkeit des Organträgers ist **nicht relevant**. Organträger können sowohl im Inland unbeschränkt Steuerpflichtige (Steuerinländer) als auch in Deutschland beschränkt Steuerpflichtige (Steuerausländer) sein. Entscheidend ist, dass die Beteiligung an der Organgesellschaft einer inländischen Betriebsstätte des Organträgers zu-

2 Zur Interpretation der gesetzlichen Regelungen durch die Finanzverwaltung siehe BMF-Schreiben vom 26.8.2003, BStBl. 2003 I, S. 437; BMF-Schreiben vom 10.11.2005, BStBl. 2005 I, S. 1038. Siehe auch Dötsch/Jost/Pung/Witt, Die Körperschaftsteuer, Kommentar, Stuttgart (Loseblattausgabe), § 14 – § 19 KStG; Frotscher/Maas, Körperschaftsteuergesetz, Gewerbesteuergesetz, Umwandlungssteuergesetz Kommentar, Freiburg (Loseblattausgabe), § 14 – § 19 KStG; Herrmann/Heuer/Raupach, Einkommensteuer- und Körperschaftsteuergesetz, Kommentar, Köln (Loseblattausgabe), § 14 – § 19 KStG. Lenski/Steinberg, Gewerbesteuergesetz, Kommentar, Köln (Loseblattausgabe), § 2 GewStG, Rz. 3000–3039; Müller/Stöcker/Lieber, Die Organschaft, 10. Aufl., Herne 2017, S. 3–263; Prinz/Witt, Steuerliche Organschaft, 2. Aufl., Köln 2019, S. 54-99, 503–529; Schumacher, Die Organschaft im Steuerrecht, 3. Aufl., Berlin 2016, S. 25–237.

3 Zur Beschränkung der ertragsteuerlichen Organschaft auf inländische Tochtergesellschaften siehe grundlegend EuGH vom 13.12.2005 *(Marks & Spencer)*, ECLI:EU:C:2005:763 sowie zuletzt EuGH vom 19.6.2019 *(Memira Holding)*, ECLI:EU:C:2019:510; EuGH vom 19.6.2019 *(Holmen)*, ECLI:EU:C:2019:511.

zurechnen ist. Eine inländische Betriebsstätte ist nur gegeben, wenn die dieser Betriebsstätte zuzurechnenden Einkünfte sowohl nach innerstaatlichem Recht als auch nach einem DBA im Inland der Besteuerung unterliegen (§ 14 Abs. 1 S. 1 Nr 2 KStG).

Durch diese Voraussetzungen wird sichergestellt, dass die Gewinne der Organgesellschaft, unabhängig von der Ansässigkeit des Organträgers, im Inland sowohl der Einkommen- bzw Körperschaftsteuer als auch der Gewerbesteuer unterliegen.

843 *(3) Finanzielle Eingliederung:* Eine finanzielle Eingliederung liegt vor, wenn dem **Organträger** entweder unmittelbar oder mittelbar die **Mehrheit der Stimmrechte** zusteht. Der Organträger muss also beherrschender Gesellschafter der Organgesellschaft sein (§ 14 Abs. 1 S. 1 Nr 1 KStG). Aus der Voraussetzung, dass der Organträger die Organgesellschaft beherrschen muss, folgt, dass eine Organgesellschaft immer nur einen Organträger haben kann. Eine „Mehrmütterorganschaft" (mehrere Unternehmen zusammen fungieren als Organträger) ist nicht möglich.

Ist eine Personengesellschaft Organträger, muss die finanzielle Eingliederung der Organgesellschaft im Verhältnis zur Personengesellschaft selbst bestehen, dh die Anteile, die die Mehrheit der Stimmrechte an der Organgesellschaft vermitteln, müssen sich im Gesamthandsvermögen (Gesellschaftsvermögen) der Personengesellschaft befinden. Eine Zuordnung zum Sonderbetriebsvermögen des Gesellschafters (die Anteile an der Kapitalgesellschaft gehören einem der Gesellschafter der Personengesellschaft) ist nicht ausreichend (R 14.3 KStR).

Mittelbare Beteiligungen sind zu berücksichtigen, wenn die Beteiligung an jeder der vermittelnden Gesellschaften die Mehrheit der Stimmrechte gewährt. Unmittelbare und mittelbare Beteiligungen können zusammengerechnet werden (**kein Additionsverbot**). Mittelbare Beteiligungen sind allerdings nur zu berücksichtigen, wenn die Beteiligungen an jeder vermittelnden Kapital- oder Personengesellschaft die Mehrheit der Stimmrechte gewährt. Bei mittelbaren Beteiligungen wird die Beteiligungsquote multiplikativ berechnet (R 14.2 KStR).

Die finanzielle Eingliederung muss ununterbrochen während des gesamten Wirtschaftsjahres bestehen, dh sie muss zu Beginn vorliegen und ohne Unterbrechung am Ende des Jahres weiterhin erfüllt sein. Beim Übergang der Anteile zum Jahresende ist die zeitliche Voraussetzung sowohl für den Veräußerer (bis zum Ende des Wirtschaftsjahres) als auch für den Erwerber erfüllt („Mitternachtsregelung", R 14.4 Abs. 2 KStR).

Für den **Aufbau eines Organkreises** sind neben der Grundform „Organgesellschaft – Organträger" zahlreiche weitere Gestaltungen denkbar:

- Ein Organträger kann mehrere Organgesellschaften haben.
- Eine Organgesellschaft (Tochtergesellschaft) kann ihrerseits Organträger einer anderen Organgesellschaft (Enkelgesellschaft) sein.
- Die Obergesellschaft (Muttergesellschaft) kann Organträger einer Enkelgesellschaft sein (mittelbare Beteiligung).

844 *(4) Gewinnabführungsvertrag:* Der **Gewinnabführungsvertrag** nach § 291 Abs. 1 AktG (AG, KGaA, SE) oder **Ergebnisübernahmevertrag** (GmbH) muss **zivilrecht-**

lich wirksam sein, für **mindestens fünf (Zeit-)Jahre** abgeschlossen werden und während seiner gesamten Geltungsdauer durchgeführt werden (§ 14 Abs. 1 S. 1 Nr 3, § 17 Abs. 1 S. 1 KStG, R 14.5, R 17 KStR). Im Einzelnen gelten folgende gesellschaftsrechtliche Regelungen:

- Die Haupt- bzw Gesellschafterversammlung der Organgesellschaft muss dem Vertrag mit einer Mehrheit von mindestens 75% der abgegebenen Stimmen zustimmen (§ 293 Abs. 1 AktG). Ist der Organträger eine AG oder KGaA, muss auch deren Hauptversammlung mit mindestens 75% der abgegebenen Stimmen zustimmen (§ 293 Abs. 2 AktG).
- Die Gewinnabführung ist auf den laufenden Jahresüberschuss abzüglich der vorgeschriebenen Zuführungen zu den gesetzlichen Rücklagen nach § 300 AktG beschränkt (§ 301 AktG, § 17 Abs. 1 S. 2 Nr 1 KStG).
- Der Organträger hat während der Vertragslaufzeit die Verluste der Organgesellschaft zu übernehmen (§ 302 AktG, § 17 Abs. 1 S. 2 Nr 2 KStG).
- Der Vertrag ist schriftlich abzuschließen (§ 293 Abs. 3 AktG).
- Der Vertragsabschluss ist in das Handelsregister einzutragen.

Die körperschaft- und gewerbesteuerliche Organschaft wird erstmals in dem Kalenderjahr wirksam, in dem das Wirtschaftsjahr der Organgesellschaft endet, in dem der Gewinnabführungsvertrag wirksam wird (§ 14 Abs. 1 S. 2 KStG). Sofern das Wirtschaftsjahr der Organgesellschaft dem Kalenderjahr entspricht, bedeutet dies, dass der Gewinnabführungsvertrag vor dem Ende des Wirtschaftsjahres, in dem er erstmals steuerlich Wirkung entfalten soll, nicht nur abgeschlossen, sondern auch im Handelsregister eingetragen sein muss. Wird beispielsweise der Gewinnabführungsvertrag am 23.10.01 abgeschlossen und am 11.1.02 in das Handelsregister eingetragen, besteht erst ab dem Wirtschaftsjahr 02 eine Organschaft. Die fünfjährige Mindestlaufzeit (§ 14 Abs. 1 S. 1 Nr 3 KStG) beginnt im Wirtschaftsjahr 02, nicht bereits im Wirtschaftsjahr 01.

Wird der Gewinnabführungsvertrag vor Ablauf der fünfjährigen Bindungsfrist durch Kündigung oder in gegenseitigem Einvernehmen **ohne wichtigen Grund beendet**, entfallen die Wirkungen der Organschaft **rückwirkend**. Als **wichtige Gründe** und damit als nicht schädliche Vorgänge sind insbesondere die Veräußerung oder Einbringung der Beteiligung an der Organgesellschaft durch den Organträger sowie die Verschmelzung, Spaltung oder Liquidation des Organträgers oder der Organgesellschaft anzusehen (R 14.5 Abs. 6 KStR). In diesen Ausnahmefällen bleibt der Vertrag für die Jahre **steuerrechtlich wirksam**, in denen er **tatsächlich durchgeführt** wurde.

Der Gewinnabführungsvertrag **gilt auch dann als durchgeführt**, wenn die Gewinnabführung auf einem Jahresabschluss beruht, der **fehlerhafte Bilanzansätze** enthält, sofern der Jahresabschluss der Organgesellschaft wirksam **festgestellt ist** und die Fehlerhaftigkeit bei Erstellung dieses Jahresabschlusses unter Anwendung der **Sorgfalt eines ordentlichen Kaufmanns nicht hätte erkannt werden müssen**. Ein von der Finanzverwaltung (zB im Rahmen einer Außenprüfung) beanstandeter Fehler muss **spätestens** in dem nächsten nach dem Zeitpunkt der Beanstandung des Fehlers aufzustellenden Jahresabschluss der Organgesellschaft und des Organträgers **korrigiert** und – soweit es sich um einen Fehler handelt, der in der Handelsbilanz zu korrigieren ist – das Ergebnis entsprechend **abgeführt und ausgeglichen** werden (R 14.5 Abs. 3 KStR).

Die **Gewinnabführung umfasst** grundsätzlich den **gesamten Gewinn**. Die Organgesellschaft darf nur insoweit Teile ihres Erfolgs den Gewinnrücklagen zuführen, als dies bei vernünftiger kaufmännischer Beurteilung wirtschaftlich begründet ist (§ 14 Abs. 1 S. 1 Nr 4 KStG).

Die Vereinbarung und Leistung einer variablen, vom Gewinn der Organgesellschaft abhängigen Ausgleichszahlung an die Minderheitsgesellschafter gilt dann als Abführung des gesamten Gewinns an den Organträger, wenn diese Ausgleichszahlung den anteilig auf die Minderheitsgesellschafter entfallenden Gewinn nicht übersteigt und der über den Mindestbetrag hinausgehende Betrag nach vernünftiger kaufmännischer Beurteilung wirtschaftlich begründet ist (§ 14 Abs. 2 KStG).

B. Besteuerungskonzept

845 Die Folgen einer körperschaftsteuerlichen Organschaft ergeben sich aus der Zurechnungstheorie. Bei der Gewerbesteuer gilt zwar die Einheitstheorie. Bei deren Ausgestaltung werden aber weitreichende Modifikationen vorgenommen (modifizierte Einheitstheorie), sodass im Ergebnis in weiten Bereichen die gleichen Rechtsfolgen eintreten wie bei der Zurechnungstheorie.

I. Körperschaftsteuer: Zurechnungstheorie

846 Die **Organgesellschaft bleibt** selbständig **körperschaftsteuerpflichtig**. Sie **ermittelt** ihren **Gewinn so, als ob keine Organschaft bestehen würde**. Für die Anwendung der steuerlichen Gewinnermittlungsvorschriften beim Organträger bzw bei der Organgesellschaft gelten keine Besonderheiten.[4] Dies gilt sowohl für Vertragsbeziehungen mit Außenstehenden als auch für die schuldrechtlichen Verträge zwischen der Organgesellschaft und dem Organträger.

Konzerninterne Lieferungs- und Leistungsbeziehungen werden dem Grunde nach grundsätzlich anerkannt und gehen – soweit sie der Höhe nach angemessen sind – in die Gewinn- und Verlustrechnung der beiden Vertragspartner ein. Unangemessene Vertragsbedingungen sind nach den Grundsätzen von verdeckten Gewinnausschüttungen und verdeckten Einlagen zu korrigieren. Dies bedeutet, dass sich bei Lieferungen innerhalb des Organkreises der **Gewinn** in Höhe der Differenz zwischen dem angemessenen Kaufpreis (Verrechnungspreis) und dem bisherigen Buchwert des Wirtschaftsguts **erhöht**.

Die körperschaftsteuerliche Organschaft setzt also nicht an der Art und Weise der Gewinnermittlung an, vielmehr wirkt sie sich darauf aus, **wer die Gewinne zu versteuern** hat. Das Konzept einer körperschaftsteuerlichen Organschaft besteht darin, dass

4 Da die Organgesellschaft körperschaftsteuerpflichtig bleibt, sind beispielsweise die Voraussetzungen für die Gewährung von Investitionszulagen, für die Möglichkeit zur Übertragung von Veräußerungsgewinnen auf ein Ersatzwirtschaftsgut (§ 6b EStG, R 6.6 EStR) sowie den Abzug von Spenden jeweils getrennt zu prüfen. Durch die Organschaft ergeben sich insoweit keine Unterschiede gegenüber dem Nicht-Organschaftsfall.

die **Gewinne** der Organgesellschaft nicht von ihr zu versteuern sind, sondern **vom Organträger**. Da der von ihr erzielte Erfolg dem Organträger zugerechnet wird, ist die Organgesellschaft **grundsätzlich einkommenslos**. Beim Organträger setzt sich die Bemessungsgrundlage aus seinem eigenen Einkommen und dem (zugerechneten) Einkommen der Organgesellschaft zusammen.[5]

Ergebnis ist, dass die Gewinne nicht von dem Unternehmen versteuert werden, das die Gewinne erzielt hat (Organgesellschaft), sondern von dessen Anteilseigner (Organträger). Hinsichtlich der Nichtbesteuerung auf Unternehmensebene wird **durch** die der körperschaftsteuerlichen Organschaft zugrunde liegende **Zurechnungstheorie** eine **Gleichstellung mit Einzelunternehmen und Personengesellschaften** erreicht. Allerdings unterscheidet sich die Begründung wesentlich: Die körperschaftsteuerliche Organschaft hebt insoweit das ansonsten bei Kapitalgesellschaften geltende Trennungsprinzip auf. Bei Einzelunternehmen und Personengesellschaften werden Erfolge immer unmittelbar beim Inhaber bzw bei den Gesellschaftern erfasst, weil Personenunternehmen aufgrund ihrer fehlenden zivilrechtlichen Rechtsfähigkeit weder einkommen- noch körperschaftsteuerpflichtig sind (Einheitsprinzip bzw Transparenzprinzip).

Die **Höhe** des **abzuführenden Gewinns** wird **in** der **handelsrechtlichen Gewinn-** 847
und Verlustrechnung bestimmt. Die Gewinnabführung wird in der handelsrechtlichen Gewinn- und Verlustrechnung als Aufwand erfasst (§ 277 Abs. 3 S. 2 HGB). Der Handelsbilanzgewinn der Organgesellschaft ist deshalb grundsätzlich null.

Das **zuzurechnende Einkommen** ist **nach steuerlichen Vorschriften zu bestimmen** (R 14.6 KStR). Eine uneingeschränkte Anknüpfung an das Ergebnis der handelsrechtlichen Rechnungslegung scheidet aus, weil deren Ergebnis null beträgt. **Zur steuerlichen Gewinnermittlung** wird **auf** eine **„Vorbilanz“ abgestellt**. Diese „Vorbilanz“ gibt das Ergebnis *vor* Gewinnabführung wieder. Sie ist notwendig, weil die Gewinnabführung nicht Bestandteil der Gewinnerzielung ist, sondern Gewinnverwendung darstellt. Unter Berücksichtigung von steuerfreien Einkünften und nichtabziehbaren Betriebsausgaben (steuerliche Besonderheiten) sowie dem Betrag, der nach § 268 Abs. 8 HGB von der Organgesellschaft nicht abgeführt werden darf (Ausschüttungssperre), und einer zulässigen Rücklagenbildung bei der Organgesellschaft (handelsrechtliche Besonderheiten) gelten folgende Zusammenhänge:[6]

5 Die Organgesellschaft haftet allerdings für die Steuern des Organträgers, für die eine Organschaft besteht (§ 73 AO). Die Haftung der Organgesellschaft erstreckt sich auf die gesamte Körperschaftsteuerschuld. Sie ist nicht auf die Körperschaftsteuer begrenzt, die auf die Organgesellschaft selbst entfällt. Die Haftung der Organgesellschaft bezieht sich nur dann zusätzlich auf die Umsatzsteuer, wenn auch bei der Umsatzsteuer eine Organschaft besteht. Siehe hierzu Bröder, SteuerStud 2008, S. 164.

6 Die bei einem Abweichen zwischen handels- und steuerrechtlichem Wertansatz in der Handelsbilanz zu bildenden latenten Steuern (§ 274 HGB) wirken sich auf die Gewinnabführung nicht aus, da diese auf Ebene des Organträgers zu bilden sind, vgl DRS 18.32. Damit kann es insoweit zu keinen Abweichungen zwischen handelsrechtlicher Gewinnabführung und steuerrechtlicher Einkommenszuordnung kommen.

handelsrechtliche Gewinn- und Verlustrechnung der Organgesellschaft

	Erträge (davon steuerfrei 40 000 €)	400 000 €
–	Aufwendungen (davon nichtabziehbar 10 000 €)	180 000 €
=	Zwischensumme (= Ergebnis vor Gewinnabführung)	220 000 €
	(davon nach § 268 Abs. 8 HGB nicht abführbar 25 000 €)	
–	Gewinnabführung an den Organträger	175 000 €
=	Jahresüberschuss	45 000 €
–	nach § 268 Abs. 8 HGB nicht abführbar	25 000 €
–	zusätzliche Einstellung in die Gewinnrücklagen	20 000 €
=	Bilanzgewinn der Organgesellschaft	0 €

Einkommenszurechnung auf den Organträger

	Jahresüberschuss der Vorbilanz (= Ergebnis vor Gewinnabführung)	220 000 €
–	steuerfreie Betriebseinnahmen	40 000 €
+	nichtabziehbare Betriebsausgaben	10 000 €
=	vom Organträger zu versteuern	190 000 €

Die steuerpflichtige Einkommenszurechnung von 190 000 € übersteigt die handelsrechtliche Gewinnabführung von 175 000 € um 15 000 €, da die steuerfreien Betriebseinnahmen (= 40 000 €) höher sind als die Summe aus nichtabziehbaren Betriebsausgaben, dem Betrag, der aufgrund der Ausschüttungssperre nach § 268 Abs. 8 HGB von der Organgesellschaft nicht abgeführt werden darf, und zulässiger Zuführung zu den Rücklagen der Organgesellschaft (= 10 000 € + 25 000 € + 20 000 €).

848 Übersteigt das dem Organträger zuzurechnende Einkommen den abgeführten Gewinn, erhöht diese Differenz das **steuerliche Einlagekonto der Organgesellschaft**. Unterschreitet das dem Organträger zuzurechnende Einkommen den abgeführten Gewinn, mindert sich hinsichtlich des Unterschiedsbetrags das steuerliche Einlagekonto. Dies gilt allerdings nur insoweit, als die Minder- oder Mehrabführungen ihre Ursache in einer Veränderung der Rücklagen der Organgesellschaft haben. Steuerfreie Betriebseinnahmen und nichtabziehbare Betriebsausgaben verändern den Stand des steuerlichen Einlagekontos nicht (§ 27 Abs. 6 KStG).

Die **Besteuerung** auf Ebene **des Organträgers** erfolgt so, **als ob er das zugerechnete Einkommen selbst erzielt hätte**. Dies gilt sowohl für die Steuerart als auch für den Steuertarif. Bei Organträgern in der Rechtsform einer Kapitalgesellschaft fällt Körperschaftsteuer an. Handelt es sich beim Organträger um ein Personenunternehmen (Einzelunternehmen oder Personengesellschaft), unterliegen die Einkünfte der Organgesellschaft auf Ebene des Inhabers bzw der Gesellschafter der Personengesellschaft (unter Berücksichtigung der Steuerermäßigung bei Einkünften aus Gewerbebetrieb nach § 35 EStG) der Einkommensteuer.

Die Aussage, dass der Organträger das zugerechnete Einkommen so zu versteuern hat, als ob er es selbst erwirtschaftet hätte, bezieht sich **auch** auf die **Gewährung von Steuerermäßigungen** (§ 19 KStG). Die Tarifvorschriften (zB Anrechnung ausländischer Steuern) sind **beim Organträger** so anzuwenden, als ob die Voraussetzungen für ihre Anwendung bei ihm selbst erfüllt wären. Unterliegt der Organträger der Einkommensteuer, sind Steuerermäßigungen nur in dem Umfang zu gewähren, in dem für die Einkommensteuer gleichartige Tarifvorschriften wie für die Körperschaftsteuer bestehen. Für die **Gewährung von Steuerbefreiungen** sind gleichfalls die **Verhältnisse** auf Ebene **des Organträgers ausschlaggebend**.

Ist der zuzurechnende steuerpflichtige Gewinn höher als der handelsrechtlich abzuführende Gewinn, ist in der **Steuerbilanz des Organträgers** ein besonderer aktiver Ausgleichsposten zu bilden. Umgekehrt ist dann, wenn der zuzurechnende steuerpflichtige Gewinn niedriger ist als der handelsrechtlich abzuführende Gewinn, ein passiver Ausgleichsposten zu bilanzieren. Dieser **Ausgleichsposten** ist nur zu bilden, wenn die **Mehr- oder Minderabführungen** ihre **Ursache in organschaftlicher Zeit** haben. Er ist anteilig in Höhe der Beteiligungsquote des Organträgers am Nennkapital der Organgesellschaft anzusetzen. Der Wert der Beteiligung an der Organgesellschaft in der Steuerbilanz des Organträgers selbst bleibt zwar unverändert. Der Ausgleichsposten führt aber im Zeitpunkt der Veräußerung der Beteiligung an der Organgesellschaft zu einer Minderung (aktiver Ausgleichsposten) bzw Erhöhung (passiver Ausgleichsposten) des dabei erzielten Gewinns. Damit ergibt sich die gleiche Wirkung, als ob die Mehr- bzw Minderabführungen zu einer Veränderung des steuerbilanziellen Werts der Anteile an der Organgesellschaft führen würden (§ 14 Abs. 4 KStG, R 14.8 KStR).

Mehrabführungen, die ihre Ursache in vororganschaftlicher Zeit haben (zB Auflösung von Gewinnrücklagen, die vor Begründung der Organschaft gebildet wurden), gelten als Gewinnausschüttungen der Organgesellschaft an den Organträger. Sie werden wie Dividenden besteuert. Minderabführungen, die ihre Ursache in vororganschaftlicher Zeit haben, sind als Einlage des Organträgers in das Vermögen der Organgesellschaft zu behandeln (§ 14 Abs. 3 KStG).

Das dem Organträger zuzurechnende Einkommen der Organgesellschaft und damit **849** zusammenhängende weitere Besteuerungsgrundlagen werden gegenüber dem Organträger und der Organgesellschaft **gesondert und einheitlich** festgestellt. Der Feststellungsbescheid wird von dem Finanzamt erlassen, das für die Besteuerung der Organgesellschaft zuständig ist (§ 14 Abs. 5 KStG). Der **Feststellungsbescheid** hat die **Funktion eines Grundlagenbescheids**. Damit ist bei einer Änderung auf Ebene des Organträgers auch eine Änderung der bestandskräftigen Veranlagung des Organträgers möglich. Der Erlass eines Feststellungsbescheids hat gleichzeitig den Vorteil, dass damit bestätigt wird, dass die Voraussetzungen einer ertragsteuerlichen Organschaft erfüllt sind.

II. Gewerbesteuer: modifizierte Einheitstheorie

Kennzeichen der gewerbesteuerlichen Organschaft ist, dass die **Organgesellschaft** **850** trotz ihrer eigenständigen Rechtsfähigkeit **als Betriebsstätte des Organträgers gilt** (§ 2 Abs. 2 S. 2 GewStG). Als Folge der Betriebsstättenfiktion bildet die **Organgesellschaft** selbst **keinen Steuergegenstand**, obwohl ansonsten Kapitalgesellschaften Gewerbebetriebe kraft Rechtsform sind (§ 2 Abs. 2 S. 1 GewStG).

Die **Organgesellschaft** wird in die Besteuerung des Organträgers einbezogen. Die Organgesellschaft ist **nicht Steuerschuldnerin**. Für das aus Organträger und Organgesellschaft bestehende Steuerobjekt „Gewerbebetrieb" ist ausschließlich der Organträger Steuerschuldner.[7]

851 **Trotz der Betriebsstättenfiktion** kommt es **nicht** zu einer **vollständigen Gleichbehandlung mit einer „echten" Betriebsstätte**. Zwischen Organträger und Organgesellschaft besteht nicht wie zwischen einem Stammhaus und seiner Zweigniederlassung eine rechtliche Einheit. Die **eigenständige Rechtsfähigkeit der Organgesellschaft** wird insbesondere in zwei wichtigen Bereichen weiterhin **beachtet**:

- **Organgesellschaft und Organträger ermitteln** ihren **Gewerbeertrag getrennt**. Die gewerbesteuerlichen Bemessungsgrundlagen des Organkreises werden erst bei Berechnung der Steuermessbeträge zusammengefasst (Addition der Gewerbeerträge).
- **Schuldrechtliche Verträge** innerhalb eines Organkreises sind so abzuwickeln **wie Verträge mit Außenstehenden**. Unangemessene Vertragsbedingungen sind nach den Grundsätzen von verdeckten Gewinnausschüttungen und verdeckten Einlagen zu korrigieren. Lieferungen innerhalb des Organkreises führen wie Leistungsbeziehungen mit Außenstehenden zu einer Gewinnrealisierung (keine Konsolidierung).

Der gewerbesteuerlichen Organschaft liegt also eine **modifizierte** Form der **Einheitstheorie** zugrunde. Würde die Organgesellschaft in vollem Umfang als Betriebsstätte behandelt, wäre der Gewerbeertrag ausschließlich beim Organträger zu ermitteln. Schuldrechtliche Vertragsbeziehungen zwischen Organgesellschaft und Organträger wären wie im handelsrechtlichen Konzernabschluss zu konsolidieren, sodass es unter anderem zu einer Eliminierung von Zwischenerfolgen sowie zu einer Aufwands- und Ertragskonsolidierung kommen würde.

C. Wirkungen einer Organschaft bei den Ertragsteuern

852 Die folgenden Unterabschnitte werden jeweils danach **gegliedert**, ob die beiden Formen einer ertragsteuerlichen Organschaft zum gleichen Ergebnis führen bzw ob sich die Effekte einer körperschaftsteuerlichen Organschaft von denen einer gewerbesteuerlichen Organschaft unterscheiden. In Teilbereichen ist zusätzlich danach zu differenzieren, ob das Mutterunternehmen eine Kapitalgesellschaft oder ein Einzelunternehmen bzw eine Personengesellschaft ist.

I. Gewinne der Organgesellschaft

1. Zuordnung der Erfolge der Organgesellschaft

853 Konsequenz der körperschaftsteuerlichen Organschaft ist, dass die Gewinne, die die Organgesellschaft erzielt, ausschließlich auf Ebene des Organträgers der Besteuerung unterliegen. Die Organgesellschaft selbst ist grundsätzlich einkommenslos (Zurech-

7 Die Organgesellschaft haftet allerdings für die Steuern des Organträgers, für die eine Organschaft besteht (§ 73 AO). Analog zur körperschaftsteuerlichen Organschaft erstreckt sich die Haftung der Organgesellschaft auf die gesamte Gewerbesteuerschuld. Sie ist nicht auf die Gewerbesteuer begrenzt, die auf die Organgesellschaft selbst entfällt.

nungstheorie). Bei der Gewerbesteuer werden die Gewinnabführungen einer Organgesellschaft aus dem Gewerbeertrag des Organträgers herausgerechnet, soweit diese bereits durch die Zusammenrechnung der Gewerbeerträge der Besteuerung unterliegen (modifizierte Einheitstheorie). Da die Organgesellschaft einkommenslos ist (Körperschaftsteuer) bzw keinen eigenständigen Steuergegenstand bildet (Gewerbesteuer), werden die Einkünfte, die von der Organgesellschaft erwirtschaftet werden, nur einmal besteuert. Durch die ausschließliche Besteuerung auf Ebene des Organträgers können Doppelbelastungen prinzipiell nicht entstehen. Die Zielsetzung, einen Konzern wie ein Einheitsunternehmen zu besteuern, wird hinsichtlich der Gewinne der Organgesellschaft erreicht.

Innerhalb des geltenden Körperschaftsteuersystems kommt allerdings dem **Ziel** der **körperschaftsteuerlichen Organschaft**, eine **Doppelbelastung von ausgeschütteten Gewinnen zu vermeiden, keine große Bedeutung** zu. Dieses Ziel wird grundsätzlich bereits durch die Dividendenfreistellung (§ 8b Abs. 1, 4 KStG)[8] bzw durch das Teileinkünfteverfahren (40%ige Steuerbefreiung von Dividenden nach § 3 Nr 40 EStG)[9] erreicht.

Bei der **Gewerbesteuer** ist in der Erreichung des Ziels, eine Doppelbelastung von ausgeschütteten Gewinnen auszuschließen, gleichfalls kein Vorteil der Organschaft zu sehen. Auch im Nicht-Organschaftsfall wird die gewerbesteuerliche Doppelbelastung von ausgeschütteten Gewinnen durch das Nebeneinander von Dividendenfreistellung nach § 8b Abs. 1, 4 KStG bzw Teileinkünfteverfahren einerseits und gewerbesteuerlichem Schachtelprivileg nach § 9 Nr 2a GewStG andererseits grundsätzlich vermieden.[10] Da für die Dividendenfreistellung nach § 8b Abs. 1, 4 KStG eine Mindestbeteiligung von nur 10% und für die 40%ige Steuerbefreiung von Dividenden nach § 3 Nr 40 EStG überhaupt keine Mindestbeteiligungsquote erforderlich ist und das gewerbesteuerliche Schachtelprivileg nach § 9 Nr 2a GewStG bereits ab einer Beteiligungsquote von 15% gewährt wird, wird das **Ziel „Vermeidung der Doppelbelastung von Gewinnen einer Kapitalgesellschaft"** im **Nicht-Organschaftsfall** bereits unter **weniger strengen Voraussetzungen** als bei einer Organschaft **erreicht**. Auch hinsichtlich der Mindestbeteiligungsdauer gehen die Voraussetzungen einer Organschaft (ununterbrochen über mindestens fünf Jahre) weiter als die für das gewerbesteuerliche Schachtelprivileg erforderliche Mindestbesitzdauer („zu Beginn des Erhebungszeitraums").

Da für Kapitalgesellschaften und für Personenunternehmen unterschiedliche Besteuerungskonzeptionen gelten und bei einer Organschaft die Gewinne der Organgesell-

8 Die Mindestbeteiligungsquote von 10% (§ 8b Abs. 4 KStG) ist im Organschaftsfall generell erfüllt, da die finanzielle Eingliederung die Mehrheit der Stimmrechte voraussetzt.

9 Werden die Anteile an einer Kapitalgesellschaft auf Ebene des Gesellschafters dem Betriebsvermögen zugerechnet, kommt die Abgeltungsteuer nicht zur Anwendung (§ 20 Abs. 8 iVm § 32d Abs. 1 EStG). Werden die Anteile dem Privatvermögen zugerechnet, liegen die Voraussetzungen einer ertragsteuerlichen Organschaft nicht vor, da das Mutterunternehmen einen Gewerbebetrieb führen muss (§ 14 Abs. 1 S. 1 KStG).

10 Die Hinzurechnung nach § 8 Nr 5 GewStG muss im Organschaftsfall nicht betrachtet werden, da diese Hinzurechnungsvorschrift nur zur Anwendung kommt, wenn die Beteiligung des Gesellschafters unter 15% liegt. Für die gewerbesteuerliche Organschaft ist jedoch aufgrund der geforderten finanziellen Eingliederung eine Beteiligung von mindestens 50% notwendig.

schaft beim Organträger so besteuert werden, als ob es sich um eigene Einkünfte des Organträgers handeln würde, ist bei der **Analyse**, ob sich durch die Begründung einer **Organschaft gegenüber dem Nicht-Organschaftsfall**, dh einer Einzelveranlagung, eine **Minderung** oder eine **Erhöhung der Steuerbelastung** ergibt, danach zu differenzieren, ob das Mutterunternehmen eine Kapitalgesellschaft oder ein Einzelunternehmen bzw eine Personengesellschaft ist. Darüber hinaus existieren auch Bereiche, in denen die Besteuerungsfolgen unabhängig von der Rechtsform des Organträgers sind.

2. Mutterkapitalgesellschaft

854 Hinsichtlich der Gewinne, die eine Tochterkapitalgesellschaft an ihre Mutterkapitalgesellschaft ausschüttet, führt die Organschaft zu **einer geringen Entlastung:**

Ohne Organschaft hat die Tochterkapitalgesellschaft Gewerbesteuer und Körperschaftsteuer (zuzüglich Solidaritätszuschlag) zu zahlen. Führt der Gesellschafter einer Kapitalgesellschaft sein Unternehmen gleichfalls in der Rechtsform einer Kapitalgesellschaft, bleiben die Dividenden auf Ebene des Gesellschafters sowohl bei der Körperschaftsteuer als auch bei der Gewerbesteuer außer Ansatz (Dividendenfreistellung nach § 8b Abs. 1, 4 KStG, § 7 S. 1 GewStG). Besteht eine Organschaft, hat der Anteilseigner die Gewerbesteuer und die Körperschaftsteuer zu bezahlen. Die Tochterkapitalgesellschaft ist einkommenslos (Körperschaftsteuer: Zurechnungstheorie) bzw bildet keinen Steuergegenstand (Gewerbesteuer: modifizierte Einheitstheorie). Durch die Organschaft verlagert sich die Steuerpflicht. Aus Sicht des Anteilseigners wirkt sich dies jedoch per Saldo nicht aus: Entweder hat er die Ertragsteuern zu bezahlen (mit Organschaft) oder ihm fließen Dividenden zu, die um die von der Tochterkapitalgesellschaft gezahlten Ertragsteuern geringer ausfallen (ohne Organschaft).

Belastungsunterschiede ergeben sich lediglich aufgrund des pauschalen Betriebsausgabenabzugsverbots nach § 8b Abs. 5 KStG. Bei einer Einzelveranlagung gelten auf Ebene der Mutterkapitalgesellschaft 5% der Dividenden als nichtabziehbare Betriebsausgaben. Im Gewinnfall beschränkt sich für Mutterkapitalgesellschaften der **Vorteil einer Organschaft** darauf, dass die aus **§ 8b Abs. 5 KStG resultierende Mehrbelastung vermieden** werden kann. Dieser Effekt ist sowohl aus steuersystematischer Sicht (Gleichstellung von Konzernen mit einem Einheitsunternehmen) als auch aus steuerplanerischer Sicht (Vermeidung eines Nachteils, der bei einer Einzelveranlagung auftritt) zu begrüßen. Der Vorteil der Organschaft beläuft sich – bezogen auf den Gewinn des Tochterunternehmens vor Ertragsteuern – auf ca. einen Prozentpunkt:

5%	×	$(1 - s_{GewSt} - s_{KSt} \times [1 + s_{SolZ}])$	×	$(s_{GewSt} + s_{KSt} \times [1 + s_{SolZ}])$
5%	×	Dividende	×	Ertragsteuern des Gesellschafters
5% des Gewinns des Tochterunternehmens nach Ertragsteuern			×	Ertragsteuern des Gesellschafters

Gewinnfall (Mutterunternehmen ist eine Kapitalgesellschaft)		**mit Organschaft**	**ohne Organschaft**
Tochterkapitalgesellschaft			
	Gewinn	100,00	100,00
–	Gewerbesteuer (zB Hebesatz 400%)	–.–	14,00
–	Körperschaftsteuer (15%)	–.–	15,00
–	Solidaritätszuschlag (5,5% der KSt)	–.–	0,83
=	Gewinnabführung/Dividende	100,00	70,17
Mutterkapitalgesellschaft			
	Gewinnabführung/Dividende	100,00	70,17
	davon steuerpflichtig (100% bzw 5%)	100,00	3,51
–	Gewerbesteuer (zB Hebesatz 400%)	14,00	0,49
–	Körperschaftsteuer (15%)	15,00	0,53
–	Solidaritätszuschlag (5,5% der KSt)	0,83	0,03
=	Nettoeinkommen (= Gewinnabführung bzw Dividende abzüglich Gewerbesteuer, Körperschaftsteuer und Solidaritätszuschlag)	70,17	69,12
Summe der Steuerzahlungen		**29,83**	**30,88**
davon Tochterkapitalgesellschaft		0,00	29,83
Mutterkapitalgesellschaft		29,83	1,05
Vorteil der Organschaft		**1,05**	

Abb. 6.2: Vorteil der Organschaft im Gewinnfall der Organgesellschaft (Kapitalgesellschaft als Organträger)

3. Mutterpersonenunternehmen

Handelt es sich bei dem Mutterunternehmen um ein Einzelunternehmen oder eine Personengesellschaft, führt die Organschaft zu einem **grundlegenden Wechsel des Besteuerungskonzepts**: 855

- **Ohne Organschaft** (Einzelveranlagung) fällt auf Ebene der Tochterkapitalgesellschaft Gewerbesteuer und Körperschaftsteuer (zuzüglich Solidaritätszuschlag) an. Der nach Abzug der von dem Tochterunternehmen gezahlten Ertragsteuern verbleibende Betrag unterliegt auf Ebene des Mutterpersonenunternehmens zu 60% der Besteuerung (Teileinkünfteverfahren: § 3 Nr 40 EStG). Gewerbesteuer fällt aufgrund des Nebeneinanders von 40%iger Steuerbefreiung nach § 3 Nr 40 EStG und gewerbesteuerlichem Schachtelprivileg nach § 9 Nr 2a GewStG auf Ebene des Mutterpersonenunternehmens nicht an. Da die Dividenden nicht in den Gewerbeertrag eingehen, wird die Steuerermäßigung nach § 35 EStG nicht gewährt. Die Gesamtsteuerbelastung setzt sich wie folgt zusammen:

Tochterunternehmen + Mutterpersonenunternehmen

$$s_{KapGes} + 0{,}60 \times (1 - s_{KapGes}) \times s_{ESt} \times (1 + s_{SolZ})$$

mit $s_{KapGes} = s_{GewSt} + s_{KSt} \times (1 + s_{SolZ})$

- Liegen die Voraussetzungen einer ertragsteuerlichen **Organschaft** vor, hat die Tochterkapitalgesellschaft weder Gewerbesteuer noch Körperschaftsteuer zu bezahlen. Auf Ebene des Mutterpersonenunternehmens fallen Gewerbesteuer und Einkommensteuer (zuzüglich Solidaritätszuschlag) an, wobei die Gewerbesteuerbelastung durch die Steuerermäßigung nach § 35 EStG weitgehend kompensiert wird:

$$s_{GewSt} + (s_{ESt} - 3{,}8 \times 0{,}035) \times (1 + s_{SolZ})$$

Beim Spitzensteuersatz der Einkommensteuer von 45% und einem Hebesatz der Gewerbesteuer von 400% errechnet sich für die Organschaft – bezogen auf den Gewinn des Tochterunternehmens vor Ertragsteuern – ein Vorteil von 2,38 Prozentpunkten.

Gewinnfall (Mutterunternehmen ist ein Personenunternehmen)	**mit Organschaft**	**ohne Organschaft**
Tochterkapitalgesellschaft		
Gewinn	100,00	100,00
– Gewerbesteuer (zB Hebesatz 400%)	–.–	14,00
– Körperschaftsteuer (15%)	–.–	15,00
– Solidaritätszuschlag (5,5% der KSt)	–.–	0,83
= Gewinnabführung/Dividende	100,00	70,17
Mutterpersonenunternehmen		
Gewinnabführung/Dividende	100,00	70,17
davon steuerpflichtig (100% bzw 60%)	100,00	42,10
– Gewerbesteuer (zB Hebesatz 400%)	14,00	0,00
– Einkommensteuer (beispielsweise 45%)	45,00	18,95
+ Ermäßigung der Einkommensteuer nach § 35 EStG	13,30	0,00
– Solidaritätszuschlag (5,5% der ESt nach Abzug der Steuerermäßigung nach § 35 EStG)	1,74	1,04
= Nettoeinkommen (= Gewinnabführung bzw Dividende abzüglich Gewerbesteuer, Einkommensteuer und Solidaritätszuschlag)	52,56	50,18
Summe der Steuerzahlungen	**47,44**	**49,82**

Gewinnfall (Mutterunternehmen ist ein Personenunternehmen)	**mit Organschaft**	**ohne Organschaft**
davon		
Tochterkapitalgesellschaft	0,00	29,83
Mutterpersonenunternehmen	47,44	19,99
Vorteil der Organschaft	**2,38**	

Abb. 6.3: Vorteil der Organschaft im Gewinnfall der Organgesellschaft (Personenunternehmen als Organträger)

Aus Sicht eines Mutterpersonenunternehmens wird die Vorteilhaftigkeit einer körperschaft- und gewerbesteuerlichen Organschaft von **zwei Faktoren** bestimmt: Die Steuerfolgen im Bereich der Einkommen- und Körperschaftsteuer einerseits und bei der Gewerbesteuer andererseits.

Im Bereich der **Körperschaftsteuer und Einkommensteuer** wird die Körperschaftsteuer der Tochterkapitalgesellschaft und die 60%ige Besteuerung der Dividenden mit Einkommensteuer durch eine 100%ige Besteuerung der Gewinne des Tochterunternehmens mit Einkommensteuer ersetzt. Liegt der persönliche Einkommensteuersatz des Inhabers des Muttereinzelunternehmens bzw der Gesellschafter der Mutterpersonengesellschaft unter 30,31%, ist – bei ausschließlicher Betrachtung von Körperschaftsteuer und Einkommensteuer – die Begründung einer Organschaft mit einer Minderung der Steuerbelastung verbunden. Bei einem Einkommensteuersatz von über 30,31% ist die Einkommensteuer höher als die Summe aus Körperschaftsteuer der Tochterkapitalgesellschaft und 60%iger Einkommensteuer des Gesellschafters auf die Dividenden: 856

mit Organschaft		**ohne Organschaft**
Einkommensteuer	=	Körperschaftsteuer + Einkommensteuer (Teileinkünfteverfahren)
$s_{ESt} \times (1+s_{SolZ})$	=	$s_{KSt} \times (1+s_{SolZ})$ $+ 0{,}6 \times (1 - s_{KSt} \times [1+s_{SolZ}]) \times s_{ESt} \times (1+s_{SolZ})$
bei $s_{KSt} = 15\%$ und $s_{SolZ} = 5{,}5\%$ gilt		
$s_{ESt} \times 1{,}055$	=	$0{,}15 \times 1{,}055$ $+ 0{,}6 \times (1 - 0{,}15 \times 1{,}055) \times s_{ESt} \times 1{,}055$
s_{ESt}	=	30,31%

Abb. 6.4: Kritischer Steuersatz für die Vorteilhaftigkeit der Organschaft im Gewinnfall bei ausschließlicher Betrachtung von Körperschaft- und Einkommensteuer (Personenunternehmen als Organträger)

Bei der **Gewerbesteuer** weist eine Organschaft den Vorteil auf, dass die auf den Gewinnabführungen der Organgesellschaft lastende Gewerbesteuer durch die Steuerermäßigung nach § 35 EStG weitgehend kompensiert wird. Dem Inhaber des Muttereinzelunternehmens bzw den Gesellschaftern der Mutterpersonengesellschaft wird bei Berechnung der Einkommensteuer eine Steuerermäßigung in Höhe des 3,8fachen 857 des (anteiligen) Gewerbesteuermessbetrags gewährt. Besteht keine Organschaft (Einzelveranlagung), hat die Tochterkapitalgesellschaft die Gewerbesteuer zu entrichten. Auf Ebene des Mutterpersonenunternehmens werden die Gewinne zu 60% der Besteuerung unterworfen. Gewerbesteuer fällt beim Mutterpersonenunternehmen aufgrund des Nebeneinanders von 40%iger Steuerbefreiung (§ 3 Nr 40 EStG) und gewerbesteuerlichem Schachtelprivileg (§ 9 Nr 2a GewStG) nicht an. Aufgrund der getrennten Besteuerung im Nicht-Organschaftsfall entfaltet die Steuerermäßigung nach § 35 EStG insoweit keine Wirkung.

858 **Fasst man die Effekte** im Bereich der Einkommen- und Körperschaftsteuer und der Gewerbesteuer **zusammen** (Abb. 6.5), ist erkennbar, dass sich für Mutterpersonenunternehmen die Begründung einer (körperschaftsteuerlichen und gewerbesteuerlichen) **Organschaft grundsätzlich empfiehlt**. Die Vorteile fallen **umso höher aus, je niedriger der persönliche Einkommensteuersatz** des Einzelunterunternehmers bzw der Gesellschafter der Personengesellschaft ist. Bei einem Hebesatz der Gewerbesteuer von 400% bleibt die Organschaft auch beim Spitzensteuersatz der Einkommensteuer von 45% gegenüber dem Nicht-Organschaftsfall vorteilhaft.[11]

Einkommensteuersatz	mit Organschaft	ohne Organschaft	Vorteil einer Organschaft
0%	0,00%	29,83%	29,83%
10%	10,55%	34,27%	23,72%
15%	15,79%	36,49%	20,69%
20%	21,07%	38,71%	17,64%
25%	26,34%	40,93%	14,59%
30%	31,62%	43,15%	11,53%
35%	36,89%	45,37%	8,48%
40%	42,17%	47,59%	5,42%
45%	47,44%	49,82%	2,38%

Abb. 6.5: Vorteilhaftigkeit der Organschaft in Abhängigkeit vom Einkommensteuersatz des Mutterpersonenunternehmens im Gewinnfall

859 Die Vorteile einer Organschaft für Mutterpersonenunternehmen werden durch **zwei Nebeneinflussfaktoren** verstärkt: (a) Nimmt der Einzelunternehmer oder der Gesellschafter einer Personengesellschaft die **Begünstigung der nicht entnommenen Gewinne nach § 34a EStG** in Anspruch, gilt für die Einkommensteuer ein Sondersteuersatz von 28,25%. Bei einer Organschaft wirkt diese Steuersatzreduzierung auf den gesamten Gewinn des Tochterunternehmens. Liegen die Voraussetzungen einer Organschaft nicht vor, macht sich der Sondersteuersatz nur auf 60% der Dividende bemerkbar und die Steuerbelastung auf Ebene der Tochterkapitalgesellschaft bleibt un-

11 Beim Einkommensteuersatz von 0 bzw 10% wurde angenommen, dass aufgrund des Freibetrags nach § 11 Abs. 1 S. 3 GewStG von 24 500 € keine Gewerbesteuer anfällt. Damit entfaltet auch die Steuerermäßigung nach § 35 EStG keine Wirkung.

verändert. (b) Organträger, die ihr Unternehmen als Einzelunternehmen oder Personengesellschaft führen, können bei Bestehen einer gewerbesteuerlichen Organschaft auch für die Gewinne der Organgesellschaft den **gewerbesteuerlichen Freibetrag** in Höhe von 24 500 € nutzen (§ 11 Abs. 1 S. 3 GewStG). Besteht keine Organschaft, fällt auf Ebene des Tochterunternehmens die Gewerbesteuer an, sodass der gewerbesteuerliche Freibetrag nicht zur Anwendung kommt. Diesem Vorteil einer Organschaft kommt aber nur dann Bedeutung zu, wenn die Gewinne des Unternehmens niedrig sind oder wenn bei der Berechnung der Steuerermäßigung nach § 35 EStG eine der Begrenzungen greift: Zum einen wird der Freibetrag nur wirksam, soweit der Gewerbeertrag des Mutterpersonenunternehmens so gering ist, dass der Freibetrag dadurch nicht vollständig ausgeschöpft werden kann. Zum anderen wirkt die Minderung der zu zahlenden Gewerbesteuer durch den Abzug des Freibetrags nur insoweit, als eine ohne diesen Freibetrag anfallende Gewerbesteuer nicht durch die Steuerermäßigung nach § 35 EStG kompensiert werden würde.

Die beiden Nebeneinflussfaktoren (Begünstigung der nicht entnommenen Gewinne nach § 34a EStG und Freibetrag nach § 11 Abs. 1 S. 3 GewStG) kommen so zur Anwendung, als ob das Mutterunternehmen die Einkünfte direkt erzielt hätte. Durch die Organschaft wird also auch insoweit eine Gleichstellung mit einem Einheitsunternehmen erreicht. Diese beiden Regelungen dienen dazu, das Ziel „Vermeidung einer Doppelbelastung von Gewinnen" vollständig zu erreichen. Zwischen der Beurteilung aus steuersystematischer Sicht sowie den steuerplanerischen Zielen der Unternehmen kommt es zu keinem Zielkonflikt.

Aus Sicht der Steuerpflichtigen weist eine körperschaftsteuerliche Organschaft den **860**
Nachteil auf, dass als Folge der unmittelbaren Einkommenszurechnung die Entscheidung über den Zeitpunkt der Gewinnausschüttung nicht mehr als Instrument der Steuerplanung eingesetzt werden kann. Da aufgrund der verpflichtenden Gewinnabführung keine Gewinnverwendungsentscheidung zu treffen ist, **entfällt bei Mutterpersonenunternehmen die Möglichkeit, durch eine vorübergehende Thesaurierung** auf Ebene der Tochterkapitalgesellschaft **die persönliche Einkommensteuer der Anteilseigner** zunächst **zu vermeiden** und auf diese Weise während des Thesaurierungszeitraums die Steuerbelastung auf die 15%ige Körperschaftsteuer (zuzüglich Solidaritätszuschlag) und die Gewerbesteuer der Kapitalgesellschaft zu begrenzen. Die unmittelbare Einkommenszurechnung der Gewinne des Tochterunternehmens sichert aber die aus steuersystematischer Sicht angestrebte Gleichbehandlung von Konzernen mit einem Einheitsunternehmen. Es kommt also zu einem Auseinanderfallen von Beurteilung aus steuerplanerischer Sicht und steuersystematischer Wertung.

4. Von der Rechtsform des Organträgers unabhängige Rechtsfolgen

Bei der Besteuerung von Gewinnen einer Tochterkapitalgesellschaft sind in zwei Be- **861**
reichen die steuerlichen Folgen einer Organschaft unabhängig von der Rechtsform des Organträgers: Ausgleichszahlungen an Minderheitsgesellschafter der Organgesellschaft sowie Kapitalertragsteuer.

(1) Ausgleichszahlungen an Minderheitsgesellschafter der Organgesellschaft: Die **862**
Organgesellschaft ist zwar verpflichtet, ihren gesamten Gewinn an den Organträger

abzuführen. Allerdings haben **Minderheitsgesellschafter** der Organgesellschaft einen **Anspruch auf** einen **angemessenen Ausgleich** (**„Garantiedividende“**, § 304 Abs. 1 S. 1 AktG). Die Ausgleichszahlungen sind weder bei der Organgesellschaft noch beim Organträger als Betriebsausgaben abziehbar (§ 4 Abs. 5 S. 1 Nr 9 EStG). Die **Organgesellschaft** hat einen Betrag in Höhe von **20/17 der Ausgleichszahlung als eigenes Einkommen zu versteuern.**[12] Die Ausgleichszahlung ist auch dann von der Organgesellschaft zu versteuern, wenn der Organträger die Zahlungen leistet. Um eine Doppelbelastung auf Ebene der Organgesellschaft und auf Ebene des Organträgers zu vermeiden, sind die von der Organgesellschaft zu versteuernden Beträge nicht in die Einkommenszurechnung zum Organträger einzubeziehen (§ 16 KStG, R 16 KStR).

Die generelle Besteuerung der Ausgleichszahlungen durch die Organgesellschaft **stellt sicher**, dass auf den an die Minderheitsgesellschafter gezahlten **Garantiedividenden auch dann** eine (definitive) **Körperschaftsteuer** von 15% **lastet, wenn** der **Organträger** sein Unternehmen in der Rechtsform eines **Einzelunternehmens** oder einer **Personengesellschaft** führt. Die Minderheitsgesellschafter des Tochterunternehmens werden also unabhängig vom Bestehen einer Organschaft behandelt. Die Gleichstellung mit einem Einheitsunternehmen bezieht sich nur auf den Teil der Einkünfte, der auf das Mutterunternehmen (Organträger) entfällt. Die Minderheitsgesellschafter des Tochterunternehmens werden nicht in die Konzernbesteuerung einbezogen (steuersystematische Beurteilung). Aus steuerplanerischer Sicht ist festzustellen, dass hinsichtlich der an die Minderheitsgesellschafter der Tochterkapitalgesellschaft gezahlten Ausgleichszahlungen durch die Begründung einer Organschaft weder Mehrbelastungen auftreten noch Steuerersparnisse erzielt werden können.

Die Besteuerung der Ausgleichszahlungen auf Ebene der Organgesellschaft gilt nur für die Körperschaftsteuer. Bei der Gewerbesteuer gehen in den Gewerbeertrag des Organträgers sowohl sein eigener Gewerbeertrag als auch der getrennt davon ermittelte Gewerbeertrag der Organgesellschaft ein. Die Summe der beiden Gewerbeerträge unterliegt in vollem Umfang beim Organträger der Besteuerung. Dies gilt unabhängig davon, ob der Organträger oder die Organgesellschaft die Ausgleichszahlungen leistet. Insoweit kommt es zu einem Auseinanderfallen von körperschaftsteuerlicher Organschaft und gewerbesteuerlicher Behandlung.[13]

863 *(2) Kapitalertragsteuer:* Gewinnabführungen unterliegen im Gegensatz zu Dividenden **nicht** der **Kapitalertragsteuer**. Es kommt also auch insoweit zu einer Gleichstellung von Konzernen mit einem Einheitsunternehmen. Damit können die Zinsnachteile vermieden werden, die bei Nichtbestehen einer Organschaft dann auftreten, wenn der Zeitpunkt des Abzugs der Kapitalertragsteuer (Gewinnausschüttung durch das Tochterunternehmen) vor dem Zeitpunkt liegt, in dem die Kapitalertragsteuer auf die

12 Die Ausgleichszahlung entspricht der Bruttobardividende, dh dem um die Körperschaftsteuer geminderten Einkommen: 20/17 = 100/(100 – 15) oder allgemein 100/(100 – s_{KSt}).

13 Vgl zB Erle/Sauter, Heidelberger Kommentar zur Körperschaftsteuer, 3. Aufl., Heidelberg 2010, § 16 KStG, Rn. 93–97. Der gemeinsame Gewerbeertrag wird auf die Gemeinden verteilt, in denen der Organkreis eine Betriebsstätte unterhält. Die Steuerpflicht verbleibt aber ausschließlich beim Organträger. Zur gewerbesteuerlichen Zerlegung und zu ihrem Einfluss auf die Organschaft siehe Kapitel C.VIII., Rn 880.

Steuerschuld des Anteilseigners angerechnet wird (Veranlagung der Spitzeneinheit).[14]

Aus steuerplanerischer Sicht kommt dem Aspekt „Kapitalertragsteuerabzug" nur geringe Bedeutung zu. Der bei einer Einzelveranlagung möglicherweise auftretende negative Zeiteffekt kann nämlich durch eine Anpassung der Einkommensteuer- bzw Körperschaftsteuer-Vorauszahlungen weitgehend vermieden werden (§ 37 Abs. 3 EStG, § 31 KStG).

II. Verluste der Organgesellschaft

Sowohl aus steuersystematischer Sicht als auch aus steuerplanerischer Sicht gilt als **wichtigster Vorteil** einer körperschaftsteuerlichen Organschaft, dass die Zurechnung der Verluste einer Organgesellschaft auf den Organträger einen **sofortigen Ausgleich der Verluste der Organgesellschaft mit** den **Gewinnen des Organträgers** ermöglicht.[15] Damit wird eine der grundlegenden betriebswirtschaftlichen Anforderungen an eine Konzernbesteuerung erfüllt. Besteht keine Organschaft, sind aufgrund des Trennungsprinzips Verluste einer Kapitalgesellschaft ausschließlich mit den von ihr im Vorjahr erzielten oder bei ihr in der Zukunft entstehenden Gewinnen ausgleichbar. Entstehen bei einer Tochterkapitalgesellschaft **vorübergehend Verluste**, können diese bei einer Einzelveranlagung (Nicht-Organschaftsfall) bei ihr nur über einen Verlustvortrag verrechnet werden. Bei Vorliegen der Voraussetzungen einer körperschaftsteuerlichen Organschaft können die daraus resultierenden negativen Liquiditäts- und Zinseffekte vermieden werden. Erzielt der Anteilseigner (Organträger) Gewinne, können die Verluste des Tochterunternehmens (Organgesellschaft) sofort mit den Gewinnen des Mutterunternehmens verrechnet werden. Die Organschaft ermöglicht also einen sofortigen Verlustausgleich. 864

Im Organschaftsfall wird der **Konzern** – wie aus betriebswirtschaftlicher Sicht gewünscht – **wie ein Einheitsunternehmen besteuert**. Durch die Bildung eines Konzerns mit mehreren rechtlich selbständigen Tochterunternehmen, die sowohl Gewinne als auch Verluste erzielen, treten keine Mehrbelastungen auf. Durch die Einkommenszurechnung wird die **Separierung von Verlusten** innerhalb der einzelnen rechtlich selbständigen Konzerneinheiten **vermieden.**[16]

Bei **dauerhaften Verlusten** der Organgesellschaft ist eine Organschaft noch bedeutsamer, da nur auf diese Weise eine unmittelbare Verlustverrechnung auf Ebene des Gesellschafters (Organträgers) erreicht werden kann (positiver Bemessungsgrundlageneffekt).

---

14 Da die Anteile an der Tochterkapitalgesellschaft zum Betriebsvermögen gehören, entfaltet die Kapitalertragsteuer keine abgeltende Wirkung (§ 20 Abs. 8 iVm § 32d Abs. 1 EStG).

15 Für die Verpflichtung, in der Zukunft Verluste der Organgesellschaft ausgleichen zu müssen, kann der Organträger in seiner Steuerbilanz keine Rückstellung für drohende Verluste aus schwebenden Geschäften bilden (§ 5 Abs. 4a S. 1 EStG).

16 Negative Einkünfte der Organgesellschaft bleiben bei der inländischen Besteuerung ausnahmsweise unberücksichtigt, soweit sie in einem ausländischen Staat im Rahmen der Besteuerung des Organträgers, der Organgesellschaft oder einer anderen Person berücksichtigt werden (§ 14 Abs. 1 S. 1 Nr 5 KStG). Damit soll bei doppelt ansässigen Organgesellschaften vermieden werden, dass der Verlust sowohl im Inland als auch im Ausland verrechnet wird.

Verluste der Organgesellschaft		**mit Organschaft**	**ohne Organschaft**
Tochterkapitalgesellschaft			
	Verlust	– 100,00	– 100,00
+	Verlustübernahme	+ 100,00	–,–
=	zu versteuerndes Einkommen	0,00	– 100,00
	Verlustvortrag (GewSt und KSt)	–,–	100,00
Mutterkapitalgesellschaft			
	Verlustübernahme	– 100,00	
+	eigene Einkünfte	+ 100,00	+ 100,00
=	zu versteuerndes Einkommen	0,00	+ 100,00
–	Gewerbesteuer (zB Hebesatz 400%)	0,00	14,00
–	Körperschaftsteuer (15%)	0,00	15,00
–	Solidaritätszuschlag (5,5% der KSt)	0,00	0,83
Summe der Steuerzahlungen		**0,00**	**29,83**
davon Tochterkapitalgesellschaft		0,00	0,00
Mutterkapitalgesellschaft		0,00	29,83
Vorteil der Organschaft		**29,83**	

Abb. 6.6: Vorteil einer Organschaft bei Verlusten der Organgesellschaft (Kapitalgesellschaft als Organträger)

865 Analoge Aussagen gelten für die **gewerbesteuerliche Organschaft**. Die Saldierung der negativen Gewerbeerträge der Organgesellschaft mit den positiven Gewerbeerträgen des Organträgers führt zu einem sofortigen **Verlustausgleich**: Liegen die Voraussetzungen einer gewerbesteuerlichen Organschaft vor, ergibt sich bei vorübergehenden Verlusten der Organgesellschaft ein positiver Zeiteffekt. Bei dauerhaften Verlusten der Organgesellschaft ist nur über eine Organschaft eine Verlustverrechnung auf Ebene des Gesellschafters zu erreichen (positiver Bemessungsgrundlageneffekt).

866 Der Grundsatz, dass die Organgesellschaft ihr Einkommen so ermittelt, als ob keine Organschaft bestehen würde, wird insoweit durchbrochen, als auf Ebene der Organgesellschaft kein Verlustabzug zulässig ist. Dies gilt sowohl für die Körperschaftsteuer (§ 15 S. 1 Nr 1 KStG) als auch für die Gewerbesteuer (§ 10a S. 3 GewStG). Negative Ergebnisse der Organgesellschaft sind aufgrund des Gewinnabführungsvertrags durch den Organträger auszugleichen. Deshalb können während des Bestehens einer Organschaft bei der Organgesellschaft keine Verluste entstehen. Die in § 15 S. 1 Nr 1 KStG und § 10a S. 3 GewStG genannten Beschränkungen betreffen also nur Verluste, die auf Ebene der nunmehrigen Organgesellschaft vor Begründung der Organschaft angefallen sind. Diese **„vororganschaftlichen“ Verluste** können während des Bestehens einer Organschaft **weder auf Ebene der Organgesellschaft noch bei der Besteuerung des Organträgers** über einen Verlustvortrag **berücksichtigt** werden. Die „vororganschaftlichen" Verluste sind erst dann wieder auf Ebene der Tochterkapitalgesellschaft verrechenbar, wenn die Voraussetzungen einer ertragsteuerlichen Organschaft nicht mehr vorliegen.[17]

Ergebnis ist, dass die konzerninterne Verlustverrechnung auf die Verluste des Tochterunternehmens beschränkt ist, die während des Vorliegens einer Organschaft entstehen. Dies ist auch gerechtfertigt, weil nur für diesen Zeitraum eine Gleichstellung mit einem Einheitsunternehmen begründbar ist. In den Zeiträumen vor bzw nach Bestehen einer Organschaft liegt kein Konzern (mehr) vor, sodass auf die selbständige Rechtsfähigkeit der (Tochter-)Kapitalgesellschaft abzustellen ist. Diese aus steuersystematischer Sicht ableitbare Rechtsfolge kann aus Sicht der Unternehmen zu Mehrbelastungen führen. Diese Nachteile können dadurch vermieden werden, dass die Voraussetzungen für eine Organschaft erst dann geschaffen werden, wenn auf Ebene des Tochterunternehmens der (körperschaftsteuerliche und/oder gewerbesteuerliche) Verlustvortrag mit den von ihr erzielten positiven Ergebnissen verrechnet ist.

III. Verluste des Organträgers

Spitzeneinheit ist eine Kapitalgesellschaft: Führt der Anteilseigner sein Unternehmen **867**
in der Rechtsform einer Kapitalgesellschaft, weist die Organschaft auch dann einen großen Vorteil auf, wenn beim **Anteilseigner Verluste** entstehen. Liegt keine Organschaft vor (Einzelveranlagung), können aufgrund der Dividendenfreistellung nach § 8b Abs. 1, 4 KStG die Gewinnausschüttungen einer Tochterkapitalgesellschaft nicht mit den Verlusten des Anteilseigners verrechnet werden. Darüber hinaus gelten 5% der Dividenden als nichtabziehbare Betriebsausgaben (pauschales Betriebsausgabenabzugsverbot nach § 8b Abs. 5 KStG), sodass sich insoweit auf Ebene der Mutterkapitalgesellschaft die Höhe des Verlustvortrags reduziert. Besteht eine Organschaft, hat die Tochterkapitalgesellschaft keine Einkünfte zu versteuern. Die Verluste der Mutterkapitalgesellschaft können unmittelbar **mit den Gewinnen der Tochterkapitalgesellschaft verrechnet** werden. Durch die (körperschaft- und gewerbesteuerliche) Organschaft kann durch die sofortige Verlustverrechnung auf Ebene der Mutterkapitalgesellschaft ein positiver Zeiteffekt (vorübergehende Verluste des Organträgers) oder ein positiver Bemessungsgrundlageneffekt (dauerhafte Verluste des Organträgers) erreicht werden. Durch den konzerninternen Verlustausgleich wird nicht nur eine der grundlegenden betriebswirtschaftlichen Anforderungen an eine Konzernbesteuerung erfüllt, sondern auch eine Gleichstellung von Konzernen mit einem Einheitsunternehmen erreicht.[18]

17 Das Gleiche gilt für einen Zinsvortrag nach § 4h EStG iVm § 8a KStG der Organgesellschaft, da für die Berechnung der Zinsschranke der Organträger und die Organgesellschaft als ein Betrieb gelten (§ 15 S. 1 Nr 3 KStG).

18 Negative Einkünfte des Organträgers bleiben bei der inländischen Besteuerung unberücksichtigt, soweit sie im Ausland im Rahmen einer der deutschen Besteuerung des Organträgers entsprechenden Besteuerung berücksichtigt werden (§ 14 Abs. 1 S. 1 Nr 5 KStG). Diese Regelung bezieht sich auf ausländische Organträger, die sowohl im Inland als auch im Ausland ansässig sind. Bei diesen „doppelt ansässigen" Organträgern soll eine zweifache Verlustverrechnung vermieden werden.

Von besonderer Bedeutung ist die Verrechnung von Gewinnen der Tochterkapitalgesellschaft mit den Verlusten der Mutterkapitalgesellschaft **für Holdingkonzerne**, bei denen die Obergesellschaft sich weitgehend auf die Koordination zwischen den Tochterunternehmen konzentriert. Entfaltet die Mutterkapitalgesellschaft keine eigenständige gewerbliche Tätigkeit, bestehen ihre Erträge überwiegend aus Gewinnausschüttungen der Tochterunternehmen. Da diese Beteiligungserträge aufgrund der Dividendenfreistellung bei Ermittlung der Einkünfte aus Gewerbebetrieb des Gesellschafters außer Ansatz bleiben, stehen im Nicht-Organschaftsfall den Aufwendungen der Mutterkapitalgesellschaft (zB Kosten der Geschäftsführung, Aufwendungen im Zusammenhang mit der Verwaltung der Beteiligungen, Zinsen aus der Finanzierung des Kaufpreises für die Anteile an einem Tochterunternehmen mit Fremdkapital) keine steuerpflichtigen Erträge gegenüber. Auch wenn handelsrechtlich ein Gewinn ausgewiesen wird, entsteht ertragsteuerlich ein negatives Ergebnis.

Verluste des Organträgers		mit Organschaft	ohne Organschaft
Tochterkapitalgesellschaft			
	Gewinn	100,00	100,00
–	Gewinnabführung	- 100,00	–.–
=	zu versteuerndes Einkommen	0,00	100,00
–	Gewerbesteuer (zB Hebesatz 400%)	–.–	14,00
–	Körperschaftsteuer (15%)	–.–	15,00
–	Solidaritätszuschlag (5,5% der KSt)	–.–	0,83
=	Dividende	–.–	70,17
Mutterkapitalgesellschaft			
	eigener Verlust	- 100,00	- 100,00
+	Gewinnabführung/Dividende	+ 100,00	+ 70,17
	davon steuerpflichtig	100,00	3,51
=	zu versteuerndes Einkommen	0,00	- 96,49
	Verlustvortrag	0,00	96,49
Summe der Steuerzahlungen		**0,00**	**29,83**
davon Tochterkapitalgesellschaft		0,00	29,83
Mutterkapitalgesellschaft		0,00	0,00
Vorteil der Organschaft		**29,83**	

Abb. 6.7: Vorteil einer Organschaft bei Verlusten des Organträgers (Kapitalgesellschaft als Organträger)

Spitzeneinheit ist ein Personenunternehmen: Für Mutterunternehmen in der Rechtsform eines Einzelunternehmens oder einer Personengesellschaft stellt die Verrechnung von Verlusten der Spitzeneinheit mit Gewinnen der Organgesellschaft gleichfalls einen wichtigen Vorteil einer ertragsteuerlichen Organschaft dar: (1) Im Bereich der **Einkommensteuer** tritt im Nicht-Organschaftsfall das Problem der Verrechenbarkeit von eigenen negativen Einkünften mit den Gewinnen der Tochterkapitalgesellschaft im Vergleich zu Mutterkapitalgesellschaften in abgeschwächter Form auf. Würde das Mutterpersonenunternehmen Gewinne erzielen, wären die Dividenden des Tochterunternehmens zu 60% steuerpflichtig. Fallen bei einem Mutterunternehmen Verluste an, können diese negativen Einkünfte mit dem steuerpflichtigen Teil der Dividenden des Tochterunternehmens saldiert werden. Durch diesen Verlustausgleich kann die ansonsten auf die Dividenden anfallende Einkommensteuer vermieden werden. Der gravierende Nachteil, dass das Tochterunternehmen auch dann auf seine Gewinne Körperschaftsteuer und Gewerbesteuer zu zahlen hat, wenn der Gesellschafter negative Einkünfte erzielt, bleibt allerdings bestehen. (2) Bei der **Gewerbesteuer** besteht grundsätzlich Übereinstimmung mit Spitzeneinheiten in der Rechtsform einer Kapitalgesellschaft, da die Dividenden der Tochterkapitalgesellschaft aufgrund des Nebeneinanders von 40%iger Steuerbefreiung von Dividenden nach § 3 Nr 40 EStG und gewerbesteuerlichem Schachtelprivileg nach § 9 Nr 2a GewStG in den Gewerbeertrag von Mutterpersonenunternehmen nicht eingehen. 868

IV. Eigene Aufwendungen des Organträgers, Bilanzierung der Beteiligung an der Organgesellschaft

(1) Eigene Aufwendungen des Organträgers: Entstehen dem Gesellschafter im Zusammenhang mit der Beteiligung an einer Tochterkapitalgesellschaft Aufwendungen und wird das **Mutterunternehmen** als **Einzelunternehmen** oder als **Personengesellschaft** geführt, sind im Nicht-Organschaftsfall die auf Ebene des Gesellschafters anfallenden Betriebsausgaben bei der einkommensteuerlichen Gewinnermittlung nur zu 60% abziehbar (§ 3c Abs. 2 EStG). Bei Ermittlung des Gewerbeertrags sind die Aufwendungen mit der Kürzung der Dividenden der Tochterkapitalgesellschaft zu verrechnen (§ 9 Nr 2a S. 3 GewStG). Damit können die Aufwendungen des Gesellschafters in dem Umfang, in dem er Gewinnausschüttungen der Tochterkapitalgesellschaft vereinnahmt, gewerbesteuerlich überhaupt nicht abgezogen werden. Soweit die auf Ebene des Gesellschafters anfallenden Aufwendungen die von der Tochterkapitalgesellschaft gezahlten Dividenden übersteigen, mindern sie zwar den Gewerbeertrag des Mutterunternehmens. Aufgrund der Beschränkung nach § 3c Abs. 2 EStG iVm § 7 S. 1 GewStG allerdings nur zu 60%. 869

Durch eine Organschaft können die bei einer Einzelveranlagung **aus** dem **eingeschränkten Betriebsausgabenabzug auftretenden Nachteile vermieden** werden. Liegen die Voraussetzungen einer Organschaft vor, werden die Aufwendungen des Anteilseigners mit den Einkünften der Tochterkapitalgesellschaft sowie den weiteren Einkünften des Organträgers zusammengefasst. Dies bedeutet, dass die eigenen Aufwendungen des Gesellschafters sowohl seine Einkünfte aus Gewerbebetrieb (körperschaftsteuerliche Organschaft) als auch seinen Gewerbeertrag (gewerbesteuerliche Organschaft) in vollem Umfang mindern.[19]

870 **Mutterkapitalgesellschaften** können die bei ihnen entstehenden Aufwendungen bei Ermittlung der Einkünfte aus Gewerbebetrieb grundsätzlich ohne Einschränkung abziehen. Dem Nachteil, dass bei Fehlen der Voraussetzungen für eine Organschaft 5% der Dividenden als nichtabziehbare Betriebsausgaben gelten (§ 8b Abs. 5 S. 1 KStG), steht der Vorteil gegenüber, dass auf Ebene des Gesellschafters für Aufwendungen, die im Zusammenhang mit der Beteiligung an der Tochterkapitalgesellschaft stehen, keine Abzugsbeschränkung besteht. § 8b Abs. 5 S. 2 KStG schließt für Mutterkapitalgesellschaften die Anwendung des § 3c Abs. 1 EStG explizit aus. Durch eine Organschaft können damit **keine über die Vermeidung des pauschalen Betriebsausgabenabzugsverbots hinausgehenden Vorteile** erzielt werden. Da bei Spitzeneinheiten in der Rechtsform einer Kapitalgesellschaft die Gewinnausschüttungen des Tochterunternehmens bereits in der Ausgangsgröße zur Ermittlung des Gewerbeertrags nicht enthalten sind (§ 7 S. 1 GewStG iVm der Dividendenfreistellung nach § 8b Abs. 1, 4 KStG), bedarf es keiner Kürzung nach § 9 Nr 2a GewStG. Damit können die eigenen Aufwendungen des Gesellschafters auch im Nicht-Organschaftsfall bei Ermittlung seines Gewerbeertrags prinzipiell abgezogen werden.

Durch den über die Begründung einer Organschaft möglichen Abzug der Aufwendungen, die auf Ebene des Gesellschafters anfallen, der sein Unternehmen als Einzelunternehmen oder Personengesellschaft führt, wird das Nettoprinzip beachtet. Damit wird – unabhängig von der Rechtsform der Spitzeneinheit – die betriebswirtschaftliche Zielsetzung erreicht, Konzerne wie ein Einheitsunternehmen zu besteuern. Dieses Ergebnis entspricht sowohl steuersystematischen Überlegungen als auch den steuerplanerischen Zielen der Unternehmen.

871 *(2) Bilanzierung der Beteiligung an der Organgesellschaft:* Die Bilanzierung und Bewertung der Beteiligung an der Organgesellschaft in der Steuerbilanz des Organträgers erfolgt nach den allgemeinen Grundsätzen der steuerlichen Gewinnermittlung. Die Beteiligung ist im Zeitpunkt des Zugangs mit den Anschaffungskosten einzubuchen. Eine Teilwertabschreibung ist nur dann zulässig, wenn der Wert der Beteiligung an der Organgesellschaft auf Dauer gesunken ist (§ 6 Abs. 1 Nr 2 EStG).

Verluste der Organschaft bilden keine Begründung für eine **Teilwertabschreibung**, da diese Verluste aufgrund des Gewinnabführungsvertrags vom Organträger übernommen werden (R 14.7 Abs. 3 KStR). Eine Teilwertabschreibung ist also nur dann möglich, wenn der Wertverlust der Beteiligung an der Organgesellschaft auf Gründe zurückzuführen ist, die über den Gewinnabführungsvertrag nicht neutralisiert werden (zB Minderung des beim Erwerb der Beteiligung im Kaufpreis vergüteten Geschäfts- oder Firmenwerts der Organgesellschaft). Wird eine Teilwertabschreibung verrech-

19 Eine Ausnahme gilt insoweit, als nach den allgemeinen Kriterien eine Hinzurechnung von Fremdfinanzierungsaufwendungen vorzunehmen ist (§ 8 Nr 1 GewStG) oder der Abzug eingeschränkt ist (zB nach § 4h EStG iVm § 8a KStG, Zinsschranke).

net, wirkt sich diese bei Mutterkapitalgesellschaften nicht (§ 8b Abs. 3 S. 3 KStG)[20] und bei Mutterpersonenunternehmen nur zu 60% (§ 3 Nr 40 EStG) aus.

V. Zinsaufwendungen, steuerfreie Einkünfte und Beteiligungserträge der Organgesellschaft

(1) Zinsaufwendungen der Organgesellschaft: Der Grundgedanke, dass die Organgesellschaft ihre Einkünfte so ermittelt, als ob keine Organschaft bestehen würde, wird im Zusammenhang mit der Berechnung der abziehbaren Zinsaufwendungen (**Zinsschranke**, § 4h EStG iVm § 8a KStG) durchbrochen. Für die Berechnung der abziehbaren Zinsaufwendungen gelten Organträger und Organgesellschaft als ein Betrieb (§ 15 S. 1 Nr 3 KStG). Damit werden die Einschränkungen hinsichtlich des Abzugs der Zinsaufwendungen nicht bei der Organgesellschaft und dem Organträger getrennt berechnet, sondern auf den Organkreis als Ganzes bezogen.[21] Die **Zinsaufwendungen** und die **Zinserträge, die im Einkommen der Organgesellschaft enthalten sind**, sind bei Ermittlung der Einschränkungen des Betriebsausgabenabzugs für Zinsaufwendungen **beim Organträger einzubeziehen**. Dies bedeutet, dass für die Berechnung der abziehbaren Zinsaufwendungen das Einkommen der Organgesellschaft und des Organträgers einerseits und deren Zinsaufwendungen bzw Zinserträge andererseits zusammengefasst werden. Hieraus ergeben sich beispielsweise folgende **Vorteile**: 872

- Hat die Spitzeneinheit nur eine Tochterkapitalgesellschaft, kann durch die Zusammenfassung von Organträger und Organgesellschaft das Entstehen eines Konzerns vermieden werden. Aufgrund der Konzernklausel kommen die Einschränkungen der Zinsschranke nicht zur Anwendung (§ 4h Abs. 2 S. 1 Buchst. b EStG).
- Handelt es sich bei dem Organträger um eine Holdinggesellschaft, würde bei einer Einzelveranlagung ein Zinsabzug weitgehend ausscheiden. Bei Holdinggesellschaften in der Rechtsform einer Kapitalgesellschaft bleiben Beteiligungserträge aufgrund der Dividendenfreistellung nach § 8b Abs. 1, 4 KStG außer Ansatz. Dadurch weisen Holdinggesellschaften nur ein geringes oder negatives steuerliches EBITDA (**E**arnings **B**efore **I**nterest, **T**axes, **D**epreciation and **A**mortization) aus. Zinsaufwendungen, die über die Zinserträge hinausgehen, könnten damit steuerlich nicht berücksichtigt werden (§ 4h Abs. 1 EStG).
- Durch die Zusammenfassung der für die Zinsschranke relevanten Größen auf Ebene des Organträgers kommt es dann zu einem Ausgleichseffekt, wenn bei einem Konzernmitglied das für die Abziehbarkeit von Zinsaufwendungen relevante verrechenbare EBITDA nicht ausgeschöpft ist, während bei anderen Kon-

20 Da bei einer eventuellen Wertaufholung im Anschluss an eine Teilwertabschreibung der Zuschreibungsertrag zu 5% als nichtabziehbare Betriebsausgabe gilt (§ 8b Abs. 2 S. 3, Abs. 3 S. 1, 2 KStG), empfiehlt es sich, das in § 6 Abs. 1 Nr 2 EStG enthaltene Wahlrecht zu nutzen und auf die Teilwertabschreibung zu verzichten.

21 Bei der Prüfung der Abziehbarkeit von Aufwendungen für Rechteüberlassungen nach § 4j EStG (Lizenzschranke) bleibt es bei dem Grundsatz, dass Organgesellschaft und Organträger ihre Einkünfte getrennt ermitteln.

zernmitgliedern der negative Zinssaldo mehr als 30% des steuerlichen EBITDA ausmacht.

- Bei konzerninternen Darlehensbeziehungen werden bei Bestehen einer Organschaft die Zinsaufwendungen des darlehensaufnehmenden Konzernunternehmens mit den Zinserträgen des darlehensgebenden Konzernunternehmens verrechnet. Damit kann bei dem darlehensaufnehmenden Konzernunternehmen insoweit kein negativer Zinssaldo entstehen.
- Darlehen des Organträgers an die Organgesellschaft können nicht dazu führen, dass auf Ebene der Organgesellschaft die in § 8a KStG für die Gesellschafterfremdfinanzierung vorgesehenen Einschränkungen zur Anwendung kommen. Da die Darlehensbeziehungen zwischen Organträger und Organgesellschaft herausgerechnet werden, entfällt die Prüfung, ob der Anteil der Gesellschafterfremdfinanzierung an den Zinsaufwendungen des Tochterunternehmens 10% übersteigt.

Diesen bedeutsamen positiven Effekten steht beispielsweise der Nachteil gegenüber, dass die Freigrenze von 3 Mio. € für den Organkreis nur einmal gewährt wird und nicht jeweils gesondert für den Organträger und die Organgesellschaft.

Die bei der Berechnung der abziehbaren Zinsaufwendungen vorgenommene Zusammenfassung von Organgesellschaft und Organträger zu einem Betrieb stimmt mit der Zielsetzung überein, Konzerne so weit wie möglich wie ein Einheitsunternehmen zu besteuern. Auch insoweit stimmen steuersystematische Wertungen und steuerplanerische Ziele der Unternehmen überein.

Aus der getrennten Ermittlung der gewerbesteuerlichen Bemessungsgrundlagen folgt, dass bei der **Hinzurechnung von Fremdkapitalaufwendungen** der Freibetrag **nach § 8 Nr 1 GewStG** sowohl der Organgesellschaft als auch dem Organträger gewährt wird.[22] Die Organschaft und die Einzelveranlagung führen zum gleichen Ergebnis. Diese mehrfache Nutzung des Freibetrags von 100 000 € stellt einen Verstoß gegen die der gewerbesteuerlichen Organschaft zugrunde liegende Einheitstheorie dar. Aus Sicht der Unternehmen ergeben sich durch die Organschaft insoweit gegenüber einer Einzelveranlagung weder Vorteile noch Nachteile.

873 *(2) Steuerfreie Einkünfte der Organgesellschaft:* **Schüttet** eine Kapitalgesellschaft **steuerfreie oder ermäßigt besteuerte Einkommensteile an einen einkommensteuerpflichtigen Anteilseigner aus**, gehen im Nicht-Organschaftsfall diese Steuervorteile durch die 60%ige Besteuerung der Bruttobardividende beim **Gesellschafter** zum Teil verloren. Die Zurechnung des Einkommens auf den Organträger **verhindert** den aus der selbständigen Steuerpflicht einer Kapitalgesellschaft resultierenden **Nachholeffekt**, soweit der Organträger die für die Steuerbefreiung oder die Steuerermäßigung erforderlichen Voraussetzungen gleichfalls erfüllt (§ 19 Abs. 1–4 KStG, R 19 KStR). Dieser Effekt ist insbesondere dann von Bedeutung, wenn das Unternehmen im Ausland eine Betriebsstätte errichtet, deren Einkünfte nach einem Doppelbesteuerungsabkommen im Inland von der Besteuerung freigestellt sind. Im Bereich der Gewerbesteuer ist dieser Vorteil einer Organschaft nur von geringer Bedeutung, da der Nacholeffekt bei steuerfreien oder ermäßigt besteuerten Einkünften der Tochterkapitalge-

22 Vgl Gleich lautende Erlasse der obersten Finanzbehörden der Länder vom 2.7.2012, BStBl. 2012 I, S. 654, Tz. 45.

sellschaft nur dann eintritt, wenn die Dividenden bei Ermittlung des Gewerbeertrags eines Mutterpersonenunternehmens ausnahmsweise nicht nach § 9 Nr 2a GewStG gekürzt werden.

Für Anteilseigner in der Rechtsform einer Kapitalgesellschaft wirkt sich dieser Vorteil einer Organschaft nur in geringem Umfang aus, da Beteiligungserträge aufgrund der Dividendenfreistellung von der Besteuerung ausgenommen sind (§ 8b Abs. 1, 4 KStG). Gegenüber einer Einzelveranlagung ergeben sich lediglich für Mutterkapitalgesellschaften aus der Vermeidung der Umqualifizierung von 5% der Dividenden in nichtabziehbare Betriebsausgaben (§ 8b Abs. 5 KStG) Entlastungen.

Da die Organschaft dazu führt, dass die steuerfreien Einkünfte des Tochterunternehmens wie bei einem direkten Bezug dieser Einkünfte durch den Gesellschafter besteuert werden, wird durch die Begründung einer Organschaft im Vergleich zur Einzelveranlagung eine Mehrbelastung vermieden. Damit wird die Gleichbehandlung von Konzernen mit einem Einheitsunternehmen erreicht.

(3) Beteiligungserträge der Organgesellschaft: Dividenden einer in- oder ausländi- **874**
schen Kapitalgesellschaft sowie Gewinne aus der Veräußerung eines Anteils an einer in- oder ausländischen Kapitalgesellschaft bleiben bei Mutterkapitalgesellschaften außer Ansatz (§ 8b Abs. 1, 2 KStG). Ist die Organgesellschaft (Tochterunternehmen) an einer anderen Kapitalgesellschaft (Enkelkapitalgesellschaft) beteiligt, bleiben diese Steuerbefreiungen bei der Ermittlung des Einkommens der Organgesellschaft unberücksichtigt. Hinsichtlich dieser von der Organgesellschaft erzielten **Beteiligungserträge** sind die **Regelungen zur Besteuerung von Dividenden und Veräußerungsgewinnen** (Teileinkünfteverfahren bzw Dividendenfreistellung) **erst bei Ermittlung des Einkommens des Organträgers anzuwenden („Bruttomethode"**, § 15 S. 1 Nr 2 KStG, § 7a GewStG).[23] Der Organträger kann für die von der Organgesellschaft erwirtschafteten Beteiligungserträge die Steuerbefreiungen nach § 8b KStG nur in Anspruch nehmen, wenn er bei einem direkten Bezug dieser Einkünfte die Steuerbefreiung nutzen könnte. Der Organträger muss also körperschaftsteuerpflichtig sein. Einkommensteuerpflichtigen Organträgern wird für die Beteiligungserträge der Organgesellschaft die Steuerbefreiung nach § 8b Abs. 1, 2 KStG nicht gewährt. Sie haben die Beteiligungserträge der Organgesellschaft unter Beachtung der 40%igen Steuerbefreiung nach § 3 Nr 40 EStG zu versteuern.

Die auf Einkünfte der Organgesellschaft erhobene Kapitalertragsteuer wird auf die Steuerschuld des Organträgers angerechnet (§ 19 Abs. 5 KStG). Für den Abzug der mit den Beteiligungserträgen zusammenhängenden Aufwendungen gelten gleichfalls die beim Direktbezug bestehenden Einschränkungen nach § 8b Abs. 3, 5 KStG (Organträger ist eine Kapitalgesellschaft) bzw § 3c Abs. 2 EStG (Organträger ist einkommensteuerpflichtig).

23 Die Bruttomethode gilt auch für Gewinnanteile aus der Beteiligung an einer ausländischen Kapitalgesellschaft, die nach einem Doppelbesteuerungsabkommen von der Besteuerung freigestellt sind (§ 15 S. 2 KStG iVm DBA-Schachtelprivileg), und für Erfolge bei der Übertragung des Vermögens einer Kapitalgesellschaft auf ein Einzelunternehmen oder eine Personengesellschaft (§ 3 – § 10 UmwStG). Die Bruttomethode kommt in vergleichbarer Weise bei Erträgen aus Investmentfonds zur Anwendung (§ 15 S. 1 Nr 2a KStG).

Durch die Bruttomethode wird eine Gleichstellung von Konzernen mit einem Einheitsunternehmen erreicht. **Gegenüber einem direkten Bezug** der Beteiligungserträge entstehen **weder Vorteile noch Nachteile.**[24] Insbesondere ist ausgeschlossen, dass Mutterpersonenunternehmen durch den Bezug von Beteiligungserträgen über eine Organgesellschaft die 60%ige Besteuerung der Gewinnausschüttungen der Enkelkapitalgesellschaft vermeiden können. Dazu würde es aber kommen, wenn der Grundsatz beibehalten werden würde, dass die Organgesellschaft ihren Gewinn so ermittelt, als ob keine Organschaft bestehen würde. Würde die Bruttomethode nicht angewendet, wären die Beteiligungserträge auf Ebene der Organgesellschaft weitgehend steuerfrei (§ 8b KStG) und auf Ebene des Mutterpersonenunternehmens (Organträgers) würde eine Besteuerung der Beteiligungserträge unterbleiben. Diese würde zwar den Wünschen der Unternehmen entsprechen, allerdings würde es zu einem Verstoß gegen die aus steuersystematischer Sicht gewünschte Gleichstellung mit einem Einheitsunternehmen führen.

875 Im **Vergleich zum Nicht-Organschaftsfall** ergeben sich aus einer ertragsteuerlichen Organschaft folgende **Entlastungen**:

- Ist der **Organträger eine Kapitalgesellschaft**, wird die 5%ige Umqualifizierung von Beteiligungserträgen in nichtabziehbare Betriebsausgaben (§ 8b Abs. 3 S. 1, 2, Abs. 5 KStG) nur einmal vorgenommen (auf Ebene des Organträgers). Liegen die Voraussetzungen einer Organschaft nicht vor, kommt es zu einem „Kaskadeneffekt“, weil die Umqualifizierung sowohl auf Ebene der Tochterkapitalgesellschaft als auch bei Weiterleitung der Beteiligungserträge auf Ebene der Spitzeneinheit erfolgt. Dieser Vorteil ist sowohl für die körperschaftsteuerliche Organschaft als auch für die gewerbesteuerliche Organschaft relevant.
- Für **Personenunternehmen als Organträger** kann gleichfalls die Umqualifizierung von 5% der Beteiligungserträge auf Ebene des Tochterunternehmens vermieden werden. Die Dividenden der Enkelkapitalgesellschaft unterliegen zu 60% der Einkommensteuer. Ohne Organschaft wären die Gewinnausschüttungen in den Dividenden der Tochterkapitalgesellschaft enthalten. Sie wären also auf Ebene der Spitzeneinheit gleichfalls zu 60% einkommensteuerpflichtig.

VI. Innerorganschaftliche Lieferungen und Leistungen

876 *(1) Lieferung von Wirtschaftsgütern innerhalb des Organkreises:* Der Grundsatz, dass die Organgesellschaft ihren Gewinn so ermittelt, als ob keine Organschaft besteht, führt dazu, dass **Lieferungen innerhalb des Organkreises** so behandelt werden wie Kaufverträge zwischen fremden Dritten. Entspricht das Entgelt nicht dem Drittvergleich, wird es nach den Grundsätzen von verdeckten Gewinnausschüttungen und verdeckten Einlagen korrigiert. Konsequenz ist, dass die Lieferung von Wirt-

24 Diese Gleichstellung wird allerdings bei Mutterkapitalgesellschaften nicht vollständig erreicht, da die für die Dividendenfreistellung erforderliche Mindestbeteiligungsquote von 10% (§ 8b Abs. 4 KStG) für Beteiligungen der Organgesellschaft und für Beteiligungen des Organträgers getrennt ermittelt wird (§ 15 S. 1 Nr 2 S. 4 KStG). Eine Gleichstellung mit einem Einzelunternehmen wäre bei einer Addition der Beteiligungen innerhalb des Organkreises erreicht.

schaftsgütern zwischen der Organgesellschaft und dem Organträger wie Verkäufe an Außenstehende zur **Gewinnrealisierung** führen. Innerorganschaftliche Lieferungen **erhöhen** den **Erfolg des Organkreises** in Höhe der Differenz zwischen dem vereinbarten Kaufpreis (Verrechnungspreis) und dem bisherigen Buchwert des Wirtschaftsguts. Diese Aussage gilt nicht nur für die der Zurechnungstheorie folgende körperschaftsteuerliche Organschaft, sondern auch für die gewerbesteuerliche Organschaft. Nach der Einheitstheorie müssten konzerninterne Lieferungen konsolidiert werden. Allerdings wird die Einheitstheorie bei Lieferungen zwischen dem Organträger und der Organgesellschaft nicht angewandt (modifizierte Einheitstheorie).

Beispiel: Die Organgesellschaft A veräußert an ihren Organträger V ein Fahrzeug. Die Herstellungskosten der Organgesellschaft A für dieses Fahrzeug belaufen sich auf 25 000 €. Der Marktwert dieses Fahrzeugs beträgt 40 000 €. Beim Verkauf des Fahrzeugs weist die Organgesellschaft in Höhe der Differenz zwischen dem Marktwert und den Herstellungskosten des Fahrzeugs einen Gewinn von 15 000 € (= 40 000 € – 25 000 €) aus. Der Organträger V aktiviert das Fahrzeug mit seinen Anschaffungskosten von 40 000 €.

Insoweit unterscheidet sich die Behandlung von konzerninternen Lieferungen konzeptionell vom handelsrechtlichen Konzernabschluss. In diesem werden die Gewinne aus konzerninternen Lieferungen bei Aufstellung der Konzernbilanz herausgerechnet. Aufgrund dieser Zwischenerfolgseliminierung wird das Fahrzeug in der Konzernbilanz des Organträger V mit den Konzernherstellungskosten von 25 000 € aktiviert (§ 304 HGB).

Würde die Organgesellschaft A an den Organträger V das Fahrzeug zu einem Preis veräußern, der unter dem Marktpreis liegt, würde es nach den Grundsätzen einer verdeckten Gewinnausschüttung zu einer Korrektur des Verrechnungspreises auf den Marktpreis von 40 000 € kommen. Die Angemessenheit von Preisen von konzerninternen Lieferungen wird also nicht nur im grenzüberschreitenden Bereich geprüft, sondern auch bei national tätigen Konzernen.

Die **fehlende Zwischenerfolgseliminierung** führt dazu, dass sich insoweit für Kon- **877**
zerne (Aufteilung eines wirtschaftlich einheitlichen Unternehmens in mehrere rechtliche Einheiten) gegenüber Einheitsunternehmen (rechtlich und wirtschaftlich ein Unternehmen) ein **negativer Zeiteffekt** ergibt. Im Zeitpunkt der konzerninternen Lieferung wird ein Gewinn in Höhe der Differenz zwischen dem Marktwert und den Herstellungskosten des Fahrzeugs (im Beispiel 15 000 €) ausgewiesen. Diese Erhöhung der steuerpflichtigen Bemessungsgrundlage wird dadurch in den kommenden Jahren wieder rückgängig gemacht, dass sich beim erwerbenden Konzernunternehmen die Abschreibungen bzw Veräußerungsgewinne nicht aus den (Konzern-)Herstellungskosten (= 25 000 €) errechnen, sondern aus dem gezahlten Verrechnungspreis, der mit dem Marktpreis von 40 000 € übereinstimmt.

Da auch im Organschaftsfall eine Zwischenerfolgskonsolidierung unterbleibt, können bei **Lieferungen innerhalb des Organkreises** durch eine körperschaft- und gewerbesteuerliche **Organschaft keine Vorteile** erzielt werden. Damit können zum einen Unternehmen ihre steuerplanerischen Ziele nicht erreichen. Zum anderen wird eine der grundlegenden **betriebswirtschaftlichen Anforderungen** an eine Konzernbesteuerung **verletzt**. Konzerninterne Lieferungen führen zur Gewinnrealisierung, obwohl im Hinblick auf die angestrebte Gleichbehandlung mit einem Einheitsunternehmen die Voraussetzungen des Realisationsprinzips erst als erfüllt anzusehen sind, wenn es zu einer Lieferung an Außenstehende kommt.

878 *(2) Erbringen von Leistungen innerhalb des Organkreises:* Der Leistungsaustausch zwischen der Organgesellschaft und dem Organträger ist auch bei Vorliegen der Voraussetzungen für eine ertragsteuerliche Organschaft wie zwischen fremden Dritten durchzuführen. Unangemessene Vertragsbeziehungen gelten als verdeckte Gewinnausschüttungen bzw verdeckte Einlagen.[25] Die fehlende Aufwands- und Ertragskonsolidierung bei Darlehens-, Miet- bzw Pacht-, Lizenz- oder Dienstleistungsverträgen innerhalb des Organkreises stellt im Vergleich mit einem Einheitsunternehmen grundsätzlich keinen Nachteil dar, da regelmäßig die Erträge bei dem leistungserbringenden Unternehmen den Aufwendungen des leistungsempfangenden Unternehmens entsprechen. Da bei Leistungen grundsätzlich keine Aktivierung vorzunehmen ist, fallen der Zeitpunkt der Erfolgswirksamkeit beim leistenden Konzernunternehmen und der Zeitpunkt der Aufwandsverrechnung auf Ebene der leistungsempfangenden Einheit zusammen.[26]

Besonderheiten gelten für die **gewerbesteuerliche Organschaft**.[27] Soweit Erträge bereits im gemeinsamen, durch Addition ermittelten Gewerbeertrag des Organkreises enthalten sind, unterbleibt eine Hinzurechnung nach § 8 GewStG. Diese sich aus der Betriebsstättenfiktion nach § 2 Abs. 2 S. 2 GewStG (Einheitstheorie) ergebende Rechtsfolge ist insbesondere bei Darlehens-, Miet- bzw Pacht- und Lizenzverträgen von Bedeutung:

- Entgelte aus **Darlehensverträgen** werden **nicht** nach § 8 Nr 1 Buchst. a GewStG **hinzugerechnet**, **wenn** sie **bereits** in einem der beiden Gewerbeerträge **enthalten** sind (R 7.1 Abs. 5 GewStR). So sind beispielsweise die Zinsen für ein Darlehen, das der Organträger der Organgesellschaft gewährt hat, im Gewerbeertrag des Organträgers enthalten. Sie werden deshalb bei Ermittlung des Gewerbeertrags der Organgesellschaft nicht hinzugerechnet. Da die Zinsen den Gesamtgewinn des Organkreises nicht erhöhen, führen sie zu keiner gewerbesteuerlichen Mehrbelastung des Konzerns.
- Vergleichbare Aussagen gelten für konzerninterne **Miet- und Pachtverträge**. Da die Miet- bzw Pachtzahlungen beim Empfänger (zB Organträger) im Gewerbeertrag enthalten sind, unterbleibt bei dem Konzernunternehmen, das die beweglichen oder unbeweglichen Wirtschaftsgüter mietet bzw pachtet (zB Organgesellschaft), eine Hinzurechnung nach § 8 Nr 1 Buchst. d, e GewStG.
- Eine gewerbesteuerliche Doppelbelastung wird auch **bei anderen Fremdfinanzierungsaufwendungen** (Renten und dauernden Lasten, stillen Gesellschaften, Lizenzen) vermieden (§ 8 Nr 1 Buchst. b, c, f GewStG).

Konzerninterne Leistungen werden also in gleicher Weise behandelt wie Leistungen zwischen Betriebsstätten eines Einheitsunternehmens. Aus Sicht der Unternehmen besteht der Vorteil der gewerbesteuerlichen Organschaft darin, dass die sich aus der

---

25 Eine Ausnahme gilt für Unterpreisleistungen des Gesellschafters an die Tochterkapitalgesellschaft, da verdeckte Einlagen nur angenommen werden, wenn ein bilanzierungsfähiger Vermögensvorteil zugewendet wird, vgl BFH vom 26.10.1987, BStBl. 1988 II, S. 348; BFH vom 6.11.2003, BStBl. 2004 II, S. 416; R 8.9 Abs. 1 KStR.

26 Eine Ausnahme gilt dann, wenn die Leistung beim Empfänger als Teil der Anschaffungs- oder Herstellungskosten eines Wirtschaftsguts zu aktivieren ist.

27 Siehe hierzu ausführlich Richter, FR 2007, S. 1042.

Hinzurechnung von Fremdkapitalaufwendungen nach § 8 Nr 1 GewStG ergebende mehrfache Erfassung der Vergütungen im Organschaftsfall vermieden wird. Dieses Ergebnis folgt aus der angestrebten Gleichstellung von Konzernen mit einem Einheitsunternehmen.

VII. Erweiterte Kürzung von Grundstückserträgen

Die getrennte Ermittlung der gewerbesteuerlichen Bemessungsgrundlagen führt dazu, **879** dass von grundstücksverwaltenden Organgesellschaften die erweiterte Kürzung für Grundstückserträge auch dann in Anspruch genommen werden kann, wenn der Organträger die in § 9 Nr 1 S. 2–6 GewStG genannten Voraussetzungen selbst nicht erfüllt (H 9.2 Abs. 2 GewStH).[28] Dies widerspricht der im Rahmen der Gewerbesteuer ansonsten geltenden Einheitstheorie. Im Vergleich mit einem Einheitsunternehmen können damit Konzerne durch die Auslagerung der Immobilienaktivitäten in eigenständige Tochterkapitalgesellschaften gewerbesteuerliche Vorteile erzielen. Aus steuersystematischer Sicht sind diese Entlastungen als Minderbelastung zu interpretieren. Die Gewährung der erweiterten Kürzung für Grundstückserträge für grundstücksverwaltende Tochterkapitalgesellschaften führt zu einem Widerspruch zwischen den steuersystematischen Anforderungen an eine Konzernbesteuerung (negative Beurteilung) und den steuerplanerischen Vorstellungen der Steuerpflichtigen (neutrale Beurteilung).

VIII. Zerlegung des Steuermessbetrags

Aus der Betriebsstättenfiktion nach § 2 Abs. 2 S. 2 GewStG folgt, dass der einheitli- **880** che Steuermessbetrag des Organkreises auf die Gemeinden zu zerlegen ist, in denen sich Betriebsstätten befinden. **Zerlegungsmaßstab** bilden wie bei jedem Unternehmen, das in mehreren Gemeinden Betriebsstätten unterhält, grundsätzlich die **Arbeitslöhne** (§ 29 Abs. 1 Nr 1 GewStG). Die Aufteilung erfolgt **nicht** im **Verhältnis der** für die beteiligten Unternehmen **getrennt ermittelten Gewerbeerträge**.

Das **Vorzeichen der Wirkungsrichtung** der Zerlegung ist **nicht eindeutig**. Durch die Bildung einer Organschaft kann es sowohl zu Mehrbelastungen als auch zu Minderbelastungen kommen. Die Abweichungen gegenüber einer Einzelveranlagung fallen umso stärker aus, je mehr der Zerlegungsmaßstab „Arbeitslohn" von der Verteilung des Erfolgs innerhalb des Organkreises abweicht und je mehr die Gewerbesteuerhebesätze differieren:

- Durch die Organschaft **sinkt** die Gewerbesteuer, wenn sich Unternehmen, deren Anteil an den Arbeitslöhnen größer (kleiner) ist als ihr relativer Beitrag zum gemeinsamen Steuermessbetrag, in Gemeinden mit einem unterdurchschnittlichen (überdurchschnittlichen) Hebesatz befinden.

28 Siehe auch BFH vom 30.7.1969, BStBl. 1969 II, S. 629. Voraussetzung für die erweiterte Kürzung von Grundstückserträgen ist, dass der Grundbesitz Konzernfremden überlassen wird, vgl BFH vom 18.5.2011, BStBl. 2011 II, S. 887.

– Umgekehrt gilt, dass sich im Organschaftsfall die zu zahlende Gewerbesteuer **erhöht**, wenn sich Unternehmen, deren Anteil an den Arbeitslöhnen kleiner (größer) ist als ihr prozentualer Beitrag zum gemeinsamen Steuermessbetrag, in Gemeinden mit einem unterdurchschnittlichen (überdurchschnittlichen) Hebesatz befinden.

Beispiel:

	Organgesellschaft	**Organträger**	**Summe**
selbst erwirtschafteter Gewerbeertrag	100,00	100,00	200,00
Hebesatz in %	300,00	450,00	–,–
Arbeitslöhne	400,00	100,00	500,00
GewSt mit Organschaft			
zu versteuernder Gewerbeertrag (= Anteil an der Zerlegung)	160,00	40,00	200,00
Gewerbesteuer	16,80	6,30	23,10
GewSt ohne Organschaft			
zu versteuernder Gewerbeertrag (= selbst erwirtschafteter Gewerbeertrag)	100,00	100,00	200,00
Gewerbesteuer	10,50	15,75	26,25

Durch die Begründung einer Organschaft sinkt die Gewerbesteuerbelastung von 26,25 auf 23,10.[29] Der Grund dafür ist, dass in der Gemeinde, in der die Organgesellschaft ansässig ist, ein Gewerbeertrag von 160 anstatt von 100 zu versteuern ist und in dieser Gemeinde ein niedrigerer Hebesatz gilt als in der Gemeinde, in der der Organträger ansässig ist. Dem höheren Gewerbesteuerhebesatz von 450% unterliegen nur noch 40 anstatt 100 (so im Nicht-Organschaftsfall).

Gemessen an dem Ziel, Konzerne wie Unternehmen zu besteuern, die sowohl wirtschaftlich als auch rechtlich eine Einheit bilden, ist die Zerlegung des einheitlichen Steuermessbetrags nach dem allgemein üblichen Zerlegungsschlüssel sachgerecht. Eine Verteilung des gemeinsamen Steuermessbetrags nach dem Verhältnis der Erfolge, die sich aus der eigenständigen Ermittlung des Gewerbeertrags ergeben, ist mit der Betriebsstättenfiktion der Tochterkapitalgesellschaft nicht vereinbar. Die Beurteilung durch die Unternehmen hängt vom Einzelfall ab, dh davon, ob es durch die Zerlegung gegenüber einer Einzelveranlagung zu Mehrbelastungen oder zu einer Minderung der insgesamt zu zahlenden Gewerbesteuer kommt.[30]

29 Die Gewerbesteuer ergibt sich jeweils aus der Multiplikation des Gewerbeertrags mit der bundeseinheitlichen Steuermesszahl von 3,5% (§ 11 Abs. 2 GewStG) und dem von der betreffenden Gemeinde festgesetzten Hebesatz (§ 16 GewStG).

30 Zu den sich hieraus ergebenden steuerplanerischen Gestaltungen siehe Scheffler, Ubg 2011, S. 262.

D. Zusammenfassung

In der nachfolgenden Übersicht sind die wichtigsten Rechtsfolgen einer Organschaft stichwortartig aufgelistet. In der vorletzten Spalte ist angegeben, inwieweit die Zielsetzung „Besteuerung eines Konzerns wie ein Einheitsunternehmen" erfüllt ist (Beurteilung aus systematischer Sicht). In der letzten Spalte werden die Auswirkungen auf die Steuerbelastung der Unternehmen (Beurteilung aus steuerplanerischer Sicht) aufgezeigt. **881**

Hauptvorteil einer körperschaft- und gewerbesteuerlichen Organschaft stellt die **Verrechnung von negativen Ergebnissen** innerhalb des Organkreises dar. Dies gilt nicht nur dann, wenn die negativen Einkünfte aus Gewerbebetrieb bzw die negativen Gewerbeerträge bei der Tochterkapitalgesellschaft (Organgesellschaft) entstehen, sondern auch dann, wenn die Spitzeneinheit (Organträger) Verluste ausweist.

Im **Gewinnfall** ist die Organschaft weniger bedeutsam, da auch bei einer Einzelveranlagung eine Doppelbelastung durch die Dividendenfreistellung nach § 8b Abs. 1, 4 KStG (Mutterkapitalgesellschaft) und das Teileinkünfteverfahren nach § 3 Nr 40 EStG (Mutterpersonenunternehmen) sowie das gewerbesteuerliche Schachtelprivileg nach § 9 Nr 2a GewStG weitgehend vermieden wird. Als Vorteil einer Organschaft ist jedoch zu werten, dass bei Mutterkapitalgesellschaften eine Umqualifizierung von 5% der Beteiligungserträge nach § 8b Abs. 5 KStG unterbleibt und dass bei Spitzeneinheiten in der Rechtsform eines Einzelunternehmens oder einer Personengesellschaft die Summe aus Einkommen- und Gewerbesteuer (bei einer Organschaft) zu einer niedrigeren Belastung führt als das Nebeneinander von Körperschaft- und Gewerbesteuer der Tochterkapitalgesellschaft und die 60%ige Besteuerung der Dividenden mit Einkommensteuer (ohne Organschaft).

Weitere wichtige Vorteile einer Organschaft sind: (1) Bei Ermittlung des Gewerbeertrags des Organkreises unterbleibt bei konzerninternen Darlehens-, Miet- bzw Pacht- und Lizenzverträgen eine Hinzurechnung nach § 8 Nr 1 GewStG. (2) Bei Mutterpersonenunternehmen ist der volle Abzug der eigenen Aufwendungen möglich. (3) Steuerfreie Einkünfte des Tochterunternehmens (insbesondere Gewinne einer ausländischen Betriebsstätte, die nach einem Doppelbesteuerungsabkommen im Inland freigestellt werden) können an Spitzeneinheiten in der Rechtsform eines Einzelunternehmens oder einer Personengesellschaft ohne zusätzliche Belastung weitergeleitet werden. (4) Bei der Verrechnung von Zinsaufwendungen machen sich die Beschränkungen der Zinsschranke im Regelfall weniger bemerkbar. (5) Bei Beteiligungserträgen können die Nachteile aus der (mehrfachen) Umqualifizierung von 5% der von einer Enkelkapitalgesellschaft gezahlten Dividende in nichtabziehbare Betriebsausgaben vermieden werden. **882**

Die fehlende Möglichkeit zur Gewinnverwendungspolitik beruht auf dem Ziel der Gleichbehandlung von Konzernen mit einem Einheitsunternehmen. Die Unternehmen werden diese Einschränkungen eher negativ beurteilen. Die **Zerlegung des gemeinsamen Steuermessbetrags** der Gewerbesteuer nach dem Verhältnis der Arbeitslöhne entspricht gleichfalls der Einheitstheorie. Die Wirkung auf die Steuerbelastung der Unternehmen ist offen, dh durch die Begründung einer Organschaft können sich bei der Gewerbesteuer sowohl Mehr- als auch Minderbelastungen ergeben.

Die Besteuerung der an die Minderheitsgesellschafter der Tochterkapitalgesellschaft gezahlten Ausgleichszahlungen bei der Organgesellschaft sowie die fehlende Verrechnung von „vororganschaftlichen" Verlusten ist insoweit gerechtfertigt, als die Minderheitsgesellschafter nicht zum Konzern gerechnet werden bzw die „vororganschaftlichen" Verluste vor der Begründung eines Konzerns entstanden sind.

Auswirkungen einer Organschaft bei der Körperschaftsteuer und der Gewerbesteuer

	Körperschaftsteuer	**Gewerbesteuer**	**E**	**S**
Gewinne der Organgesellschaft a) Organträger: Kapitalgesellschaft	KSt + GewSt beim OT anstatt KSt + GewSt bei OG + § 8b Abs. 5 KStG beim OT		☑	+
b) Organträger: Personenunternehmen	ESt und GewSt – § 35 EStG beim OT anstatt KSt + GewSt bei OG + 60% ESt beim OT		☑	+
	Sondersteuersatz nach § 34a EStG auf den gesamten Gewinn anstatt auf 60% der Dividende	Freibetrag von 24 500 € (§ 11 Abs. 1 S. 3 GewStG)	☑	+
	keine Möglichkeit der Gewinnverwendungspolitik		☑	–
c) unabhängig von der Rechtsform des Organträgers	Ausgleichszahlung an Minderheitsgesellschafter der OG von OG selbst zu versteuern (§ 16 KStG)	–.–	☑ a)	±
	keine Kapitalertragsteuer	–.–	☑	+
Verluste der Organgesellschaft a) während des Bestehens der Organschaft	Verrechnung mit den Gewinnen des OT		☑	++
b) vororganschaftliche Verluste	keine Verrechnung während des Bestehens der Organschaft (§ 15 S. 1 Nr 1 KStG)		☑ b)	–
Verluste des Organträgers	Verrechnung mit den Gewinnen der OG		☑	++
eigene Aufwendungen des Organträgers	OT: Kapitalgesellschaft voller Abzug		☑	±
	OT: Personenunternehmen voller Abzug anstatt 60%iger Abzug bzw Verrechnung mit Kürzung nach § 9 Nr 2a GewStG		☑	++

<table>
<tr><th colspan="5">Auswirkungen einer Organschaft bei der Körperschaftsteuer und der Gewerbesteuer</th></tr>
<tr><th></th><th>Körperschaftsteuer</th><th>Gewerbesteuer</th><th>E</th><th>S</th></tr>
<tr><td rowspan="2">Zinsaufwendungen des Organträgers und der Organgesellschaft</td><td colspan="2">OT und OG gelten als ein Betrieb anstatt getrennte Anwendung der Zinsschranke (§ 15 S. 1 Nr 3 KStG iVm § 4h EStG, § 8a KStG)</td><td>☑</td><td>+</td></tr>
<tr><td colspan="2">mehrfache Nutzung des Freibetrags nach § 8 Nr 1 GewStG bei der Hinzurechnung von Fremdkapitalaufwendungen</td><td>∅</td><td>±</td></tr>
<tr><td rowspan="2">steuerfreie Einkünfte der Organgesellschaft</td><td colspan="2">OT: Kapitalgesellschaft
keine Besteuerung anstatt 5%ige Besteuerung nach § 8b Abs. 5 KStG (KSt und GewSt)</td><td>☑</td><td>+</td></tr>
<tr><td colspan="2">OT: Personenunternehmen
keine Besteuerung anstatt 60%ige Besteuerung nach § 3 Nr 40 EStG (ESt)</td><td>☑</td><td>+</td></tr>
<tr><td rowspan="2">Beteiligungserträge der Organgesellschaft</td><td colspan="2">OT: Kapitalgesellschaft
einmal 5%ige Besteuerung nach § 8b Abs. 5 KStG anstatt zweimal 5%ige Besteuerung nach § 8b Abs. 5 KStG (KSt und GewSt)</td><td>☑</td><td>+</td></tr>
<tr><td colspan="2">OT: Personenunternehmen
60%ige Besteuerung nach § 3 Nr 40 EStG (ESt) anstatt 5%ige Besteuerung nach § 8b Abs. 5 KStG (KSt und GewSt) zuzüglich 60%ige Besteuerung nach § 3 Nr 40 EStG (ESt)</td><td>☑</td><td>+</td></tr>
<tr><td>innerorganschaftliche Lieferungen</td><td colspan="2">keine Zwischenerfolgseliminierung</td><td>∅</td><td>±</td></tr>
<tr><td rowspan="2">innerorganschaftliche Leistungen</td><td colspan="2">keine Aufwands- und Ertragskonsolidierung</td><td>∅</td><td>±</td></tr>
<tr><td>–.–</td><td>keine Hinzurechnung von Fremdfinanzierungsaufwendungen nach § 8 Nr 1 GewStG für konzerninterne Darlehens-, Miet- und Lizenzverträge</td><td>☑</td><td>+</td></tr>
<tr><td>erweiterte Kürzung von Grundstückserträgen</td><td>–.–</td><td>getrennte Anwendung von § 9 Nr 1 S. 2–6 GewStG beim OT und bei OG</td><td>∅</td><td>±</td></tr>
<tr><td>Zerlegung des Steuermessbetrags</td><td>–.–</td><td>im Verhältnis der Arbeitslöhne anstatt nach Anteil am Gewerbeertrag</td><td>☑</td><td>?</td></tr>
<tr><td colspan="5">a) Minderheitsgesellschafter der Tochterkapitalgesellschaft werden nicht dem Konzern zugerechnet.
b) Die Verluste fallen in dem Zeitraum an, in dem der Konzern noch nicht entstanden ist.</td></tr>
</table>

Auswirkungen einer Organschaft bei der Körperschaftsteuer und der Gewerbesteuer				
	Körperschaftsteuer	**Gewerbesteuer**	**E**	**S**

E Prüfung der Zielsetzung „Besteuerung von Konzern wie Einheitsunternehmen“ (systematische Beurteilung)
☑ Zielsetzung erfüllt
∅ Zielsetzung nicht erfüllt

S Auswirkungen auf die Steuerbelastung (Sicht der Unternehmen)
++ bedeutsamer Vorteil einer Organschaft gegenüber einer Einzelveranlagung
\+ Vorteil einer Organschaft gegenüber einer Einzelveranlagung
± keine Veränderung durch Organschaft
– Nachteil einer Organschaft gegenüber einer Einzelveranlagung
? Effekt einer Organschaft unbestimmt

Abb. 6.8: Überblick über die Auswirkungen einer ertragsteuerlichen Organschaft

883 Die bislang genannten Effekte einer ertragsteuerlichen Organschaft stimmen mit den Anforderungen an eine Konzernbesteuerung überein. Die Fälle, in denen es zu **Abweichungen gegenüber der Besteuerung eines Einheitsunternehmens** kommt, sind aus steuerplanerischer Sicht unterschiedlich zu beurteilen:

- Die fehlende Eliminierung von Zwischenerfolgen bei der Lieferung von Wirtschaftsgütern innerhalb des Organkreises ist sowohl aus steuersystematischer Sicht als auch aus Sicht der Unternehmen **negativ** zu werten.
- Das Unterlassen einer Aufwands- und Ertragskonsolidierung ist aus Sicht der Unternehmen **neutral** zu beurteilen, da im Regelfall der Zeitpunkt der Aufwandsverrechnung beim leistungsempfangenden Konzernteil und der Zeitpunkt der Ertragsvereinnahmung beim leistungserbringenden Konzernmitglied zusammenfallen.
- Die Gewährung der erweiterten Kürzung von Grundstückserträgen bei grundstücksverwaltenden Organgesellschaften stellt zwar einen Verstoß gegen die Gleichbehandlung mit einem Einheitsunternehmen dar. Für die Unternehmen ergeben sich hieraus allerdings Ansatzpunkte zur **Minderung der Steuerbelastung**.

Dritter Abschnitt

Umsatzsteuerliche Organschaft

A. Voraussetzungen

884 Umsatzsteuerlicher Unternehmer ist derjenige, der eine gewerbliche oder berufliche Tätigkeit selbständig ausübt (§ 2 Abs. 1 S. 1 UStG). Aufgrund ihrer Eigenschaft als juristische Person sind **Kapitalgesellschaften grundsätzlich selbständig** tätig. Sie **verlieren** aber ihre **Unternehmereigenschaft, wenn** sie nach dem Gesamtbild der tatsächlichen Verhältnisse **finanziell, wirtschaftlich** und **organisatorisch in** ein **herrschendes Unternehmen eingegliedert** sind. Ein Gewinnabführungsvertrag ist für die Begründung einer umsatzsteuerlichen Organschaft nicht erforderlich (§ 2 Abs. 2 Nr 2 UStG, Abschnitt 2.8 UStAE).[31]

Untergesellschaft (**Organgesellschaft**) kann **jede juristische Person** des Zivil- oder Handelsrechts sein, also nicht nur Kapitalgesellschaften.

Da nach dem Wortlaut des deutschen Umsatzsteuergesetzes nur eine juristische Person Organgesellschaft sein kann, ist eine Personengesellschaft, soweit sie umsatzsteuerlich als Unternehmer anzusehen ist, grundsätzlich selbständig. Eine Personengesellschaft kann ausnahmsweise Organgesellschaft sein, wenn die finanzielle Eingliederung wie bei einer juristischen Person zu bejahen ist. Dies setzt voraus, dass Gesellschafter der Personengesellschaft neben dem Organträger nur Personen sind, die nach § 2 Abs. 2 Nr 2 UStG in das Unternehmen des Organträgers finanziell eingegliedert sind, sodass die erforderliche Durchgriffsmöglichkeit selbst bei Anwendung des Einstimmigkeitsprinzips gewährleistet ist. Ein Beispiel dafür ist eine GmbH & Co. KG, bei der alle Gesellschafter Kapitalgesellschaften sind und ein Unternehmer bei allen Kapitalgesellschaften die Mehrheit der Stimmrechte hält. In diesem Fall ist die GmbH & Co. KG in das Unternehmen dieses Unternehmers eingegliedert (Abschnitt 2.8 Abs. 2 S. 5, Abs. 5a UStAE).

Die Rechtsform der Obergesellschaft (**Organträger**) ist ohne Bedeutung. Vorausgesetzt wird lediglich, dass der Organträger ein **umsatzsteuerliches Unternehmen** unterhält. Organträger können Einzelunternehmen, Personengesellschaften, Kapitalgesellschaften und weitere juristische Personen sein.

Eine **finanzielle Eingliederung** liegt vor, wenn der **Organträger** durch Mehrheitsbe- **885**
schluss bei der Organgesellschaft seinen Willen durchsetzen kann. Im Regelfall ist diese Bedingung erfüllt, wenn dem Organträger entweder unmittelbar oder mittelbar die Mehrheit der Stimmrechte zusteht. Es muss ein Über-Unterordnungsverhältnis bestehen. Eine Organschaft zwischen Schwestergesellschaften ist nicht möglich (Abschnitt 2.8 Abs. 5–5b UStAE).[32]

Wirtschaftliche Eingliederung bedeutet, dass die Tätigkeit der Organgesellschaft in einem engen wirtschaftlichen Zusammenhang mit dem Gesamtunternehmen steht und die Tätigkeit der Organgesellschaft die wirtschaftlichen Aktivitäten des Gesamtunternehmens fördert oder ergänzt (Abschnitt 2.8 Abs. 6–6c UStAE).

Die **organisatorische Eingliederung** ist gegeben, wenn die mit der finanziellen Eingliederung verbundene Möglichkeit der Beherrschung der Tochtergesellschaft durch das Mutterunternehmen in der laufenden Geschäftsführung tatsächlich wahrgenommen wird. Der Organträger muss durch die Art und Weise der Geschäftsführung die Organgesellschaft beherrschen oder zumindest sicherstellen, dass eine von seinem

---

31 Zur umsatzsteuerlichen Organschaft siehe zB Feldgen, BB 2013, S. 2967; Hartmann, SteuerStud 2011, S. 393; Müller/Stöcker/Lieber, Die Organschaft, 10. Aufl., Herne 2017, S. 265–438; Orth, WPg 2003, S. S63; Rau/Dürrwächter, Kommentar zum Umsatzsteuergesetz, Köln (Loseblattausgabe), § 2 UStG, Anm 780–1094; Schirmer, GmbHR 2013, S. 797; Schumacher, Die Organschaft im Steuerrecht, 3. Aufl., Berlin 2016, S. 239–260.

32 Ist Organträger eine Personengesellschaft, müssen die Anteile (unmittelbar oder mittelbar) der Personengesellschaft zugerechnet werden. Eine Beteiligung der Gesellschafter der Personengesellschaft an der Tochterkapitalgesellschaft ist nicht ausreichend.

Willen abweichende Willensbildung nicht stattfindet. Die Voraussetzung kann entweder durch personelle Verflechtungen (zB die Geschäftsführung wird bei beiden Unternehmen von den gleichen Personen ausgeübt) oder eine institutionell abgesicherte, unmittelbare Eingriffsmöglichkeit in den Kernbereich der laufenden Geschäftsführung der Tochtergesellschaft (zB detaillierte Anweisungen für die Entscheidungsfindung in einer Geschäftsführungsordnung oder Konzernrichtlinie, Beherrschungsvertrag nach § 291 AktG, Eingliederung nach § 319, § 320 AktG) erfüllt werden (Abschnitt 2.8 Abs. 7–11 UStAE).

Die wirtschaftliche und organisatorische Eingliederung sind für sich zu prüfen. Es kann nicht davon ausgegangen werden, dass diese beiden Eingliederungsvoraussetzungen gleichzeitig mit einer finanziellen Eingliederung gegeben sind.

Die Ansässigkeit des Organträgers bzw der Organgesellschaft ist nicht ausschlaggebend. Die Wirkungen der Organschaft erstrecken sich allerdings **ausschließlich** auf **im Inland gelegene Unternehmensteile** (§ 2 Abs. 2 Nr 2 S. 2–4 UStG, Abschnitt 2.9 UStAE).

Liegen die Voraussetzungen einer umsatzsteuerlichen Organschaft vor, treten die damit verbundenen Rechtsfolgen ein. Dem Steuerpflichtigen wird kein Wahlrecht eingeräumt.[33]

886 Ein **Vergleich der Voraussetzungen** für eine umsatzsteuerliche Organschaft mit denen einer körperschaftsteuerlichen sowie gewerbesteuerlichen Organschaft zeigt die nachstehende tabellarische Zusammenstellung.

	körperschaftsteuerliche Organschaft (§ 14 – § 19 KStG)	**gewerbesteuerliche Organschaft (§ 2 Abs. 2 S. 2 GewStG)**	**umsatzsteuerliche Organschaft (§ 2 Abs. 2 Nr 2 UStG)**
Organgesellschaft	inländische Kapitalgesellschaft, dh Ort der Geschäftsleitung im Inland und Sitz in einem EU- oder EWR-Staat		inländische und ausländische juristische Personen (beschränkt auf im Inland belegene Unternehmensteile)
Organträger	inländische und ausländische Steuerpflichtige, wenn die Beteiligung an der Organgesellschaft einer inländischen Betriebsstätte des Steuerpflichtigen zuzurechnen ist.		inländische und ausländische umsatzsteuerliche Unternehmer (beschränkt auf im Inland belegene Unternehmensteile)
finanzielle Eingliederung	erforderlich		erforderlich
wirtschaftliche Eingliederung	nicht erforderlich		erforderlich

33 Vgl BFH vom 29.10.2008, BStBl. 2009 II, S. 256.

	körperschaftsteuerliche Organschaft (§ 14 – § 19 KStG)	**gewerbesteuerliche Organschaft (§ 2 Abs. 2 S. 2 GewStG)**	**umsatzsteuerliche Organschaft (§ 2 Abs. 2 Nr 2 UStG)**
organisatorische Eingliederung	nicht erforderlich		erforderlich
Gewinnabführungsvertrag	erforderlich		nicht erforderlich

Abb. 6.9: Vergleich der Voraussetzungen einer ertragsteuerlichen mit den Voraussetzungen einer umsatzsteuerlichen Organschaft

B. Wirkungen

Die **umsatzsteuerliche Organschaft folgt** der **Einheitstheorie**. Organträger und Organgesellschaft werden trotz ihrer rechtlichen Selbständigkeit zu einem einheitlichen Unternehmen zusammengefasst. Unternehmer iSd Umsatzsteuergesetzes ist nur der Organträger. **Alle Umsätze** der Organgesellschaft mit Außenstehenden werden **dem Organträger zugerechnet**. Das Unternehmen des Organträgers umfasst den gesamten Organkreis. **Innerorganschaftliche** (innerkonzernliche) **Umsätze** zwischen Organgesellschaft und Organträger stellen (nicht steuerbare) **Innenumsätze** dar. Insoweit wird der Leistungsaustausch mit einer rechtlich selbständigen Tochterkapitalgesellschaft (Organgesellschaft) in gleicher Weise behandelt wie Leistungsbeziehungen mit einer rechtlich unselbständigen Betriebsstätte. 887

Schuldner der Umsatzsteuer des Organkreises **ist** der **Organträger**. Die Obergesellschaft kann auch die Umsatzsteuer als Vorsteuer abziehen, die der Organgesellschaft von außen stehenden Dritten in Rechnung gestellt wurde.[34]

Zur verfahrenstechnischen Erleichterung wird insoweit von der Einheitstheorie abgewichen, als die für innergemeinschaftliche Leistungsbeziehungen benötigte Umsatzsteuer-Identifikationsnummer auf Antrag nicht nur dem Organträger erteilt wird, sondern auch der Organgesellschaft (§ 27a Abs. 1 S. 3–5 UStG).

C. Vorteile

Innerhalb des geltenden Allphasen-Nettoumsatzsteuersystems mit sofortigem Vorsteuerabzug lassen sich – im Gegensatz zum Allphasen-Bruttoumsatzsteuersystem – durch eine **Organschaft** grundsätzlich **keine steuerlichen Vorteile** erzielen. Die Organschaft beeinflusst die umsatzsteuerliche Würdigung von Leistungsbeziehungen 888

34 Die Organgesellschaft haftet allerdings für die Steuern des Organträgers, für die eine Organschaft besteht (§ 73 AO). Die Haftung der Organgesellschaft erstreckt sich auf die gesamte Umsatzsteuerschuld. Sie ist nicht auf die Umsatzsteuer begrenzt, die auf die Organgesellschaft selbst entfällt. Die Haftung der Organgesellschaft bezieht sich nur dann zusätzlich auf die Körperschaftsteuer und die Gewerbesteuer, wenn auch bei diesen beiden Ertragsteuern eine Organschaft besteht.

mit Außenstehenden prinzipiell nicht. Für den Leistungsaustausch zwischen dem Organträger und der Organgesellschaft führt die Nichtsteuerbarkeit von innerorganschaftlichen Leistungsbeziehungen im Organschaftsfall weitgehend zum gleichen Ergebnis wie die ansonsten bestehende Umsatzsteuerpflicht des leistenden Unternehmers, da diese durch den Vorsteuerabzug des Leistungsempfängers kompensiert wird.[35]

Die Bedeutung der umsatzsteuerlichen Organschaft liegt im Wesentlichen in **kurzfristigen Liquiditäts- und Zinseffekten**, da die eventuell bestehenden geringfügigen Zeitdifferenzen zwischen Abführung der Umsatzsteuer und Erstattung über den Vorsteuerabzug entfallen.

Beispiel: Das Mutterunternehmen M liefert am 2.8.01 Waren an die Tochterkapitalgesellschaft T. Die Umsatzsteuer-Voranmeldungen werden bei beiden Unternehmen am 10.9.01 abgegeben. Eine Organschaft besteht nicht. Die Rechnung wird alternativ im Zeitpunkt der Lieferung am 2.8.01 (Fall 1) oder am 5.10.01 (Fall 2) fällig. Die Umsatzsteuer wird nach vereinbarten Entgelten berechnet (Sollbesteuerung, § 16 UStG).

zu Fall 1 „Barverkauf“: Werden die Waren bereits im Zeitpunkt der Lieferung bezahlt, vereinnahmt das Mutterunternehmen M die in der Rechnung enthaltene Umsatzsteuer am 2.8.01. Die Weiterleitung der Umsatzsteuer an das Finanzamt erfolgt erst am 10.9.01. Umgekehrt wird dem Tochterunternehmen T die am 2.8.01 im Rechnungspreis mit bezahlte Umsatzsteuer erst im Rahmen der Umsatzsteuervoranmeldung am 10.9.01 erstattet.

zu Fall 2 „Verkauf auf Ziel“: Gewährt das Mutterunternehmen M dem Tochterunternehmen T ein Zahlungsziel, hat sie die Umsatzsteuer am 10.9.01 an das Finanzamt abzuführen, obwohl ihr erst am 5.10.01 liquide Mittel zufließen. Dementsprechend kann das Tochterunternehmen T den Vorsteuerabzug im Rahmen der Umsatzsteuervoranmeldung am 10.9.01 geltend machen. Die Bezahlung dieser Umsatzsteuer an das Mutterunternehmen M erfolgt erst am 5.10.01.

Auswertung: Beim „Barverkauf“ hat das leistende Unternehmen einen Liquiditätsvorteil und das leistungsempfangende Unternehmen ein kurzfristiges Liquiditätsdefizit. Beim „Verkauf auf Ziel“ gilt umgekehrt, dass das leistende Unternehmen zunächst über weniger Liquidität verfügt, während das leistungsempfangende Unternehmen einen Liquiditätsvorteil hat.

Ob die umsatzsteuerliche Organschaft zu einer **Verwaltungsvereinfachung** führt, lässt sich nicht allgemein beantworten. Zwar ergeben sich dadurch Arbeitsersparnisse, dass innerhalb des Organkreises die Umsatzsteuer nur für den Organträger zu berechnen, zu bezahlen und zu verbuchen ist und innerorganschaftliche Leistungsbeziehungen nicht steuerbar sind. Diesen Erleichterungen steht jedoch gegenüber, dass die (nicht steuerbaren) innerorganschaftlichen Leistungen getrennt von den gegenüber Außenstehenden erbrachten (steuerpflichtigen) Leistungen zu erfassen sind.

889 **Materielle Bedeutung** kommt der Organschaft insbesondere im Zusammenhang mit unsystematischen Regelungen des Umsatzsteuergesetzes zu. Ein Beispiel hierfür sind Leistungen innerhalb des Organkreises, die im Nicht-Organschaftsfall zum Ausschluss des Vorsteuerabzugs führen. Durch die umsatzsteuerliche Organschaft kön-

35 Bei einer Allphasen-Bruttoumsatzsteuer wird durch die umsatzsteuerliche Organschaft eine mehrfache Belastung mit Umsatzsteuer vermieden. Durch die Nichterfassung von konzerninternen Leistungen wird dadurch eine Kumulation vermieden, dass die Anzahl der steuerbaren Vorgänge reduziert wird. Siehe hierzu Fünfter Teil, Dritter Abschnitt, Kapitel A.I.2., Rn. 689–697.

nen die bei Steuerbefreiungen innerhalb der Unternehmerkette ausgelösten (systemwidrigen) Mehrbelastungen vermieden werden.[36]

Die umsatzsteuerliche Organschaft ist also in erster Linie für Unternehmen von Bedeutung, die umsatzsteuerfreie Leistungen erbringen und von Tochtergesellschaften Leistungen in Anspruch nehmen, die umsatzsteuerpflichtig sind. Ohne eine Organschaft kann die von Tochtergesellschaften in Rechnung gestellte Umsatzsteuer von der Spitzeneinheit nicht als Vorsteuer abgezogen werden. Besteht eine Organschaft, handelt es sich um (nicht steuerbare) Innenumsätze. Da keine Umsatzsteuer anfällt, kann es auch nicht zum Ausschluss des Vorsteuerabzugs kommen. Wichtige Anwendungsbeispiele stellen die Auslagerung von Rechenzentrumsleistungen durch ein Kreditinstitut auf eine Tochterkapitalgesellschaft oder die Ausgliederung einer Wäscherei aus einem Krankenhaus dar.[37]

In allgemeiner Form ergeben sich für Organträger, die steuerfreie Leistungen erbrin- **890**
gen, und die Leistungen von Tochtergesellschaften in Anspruch nehmen, die ohne Vorliegen der Voraussetzungen einer umsatzsteuerlichen Organschaft umsatzsteuerpflichtig wären, durch die Begründung einer Organschaft folgende **Entlastungen**:

- Umsatzsteuer auf die Leistungen der Tochtergesellschaft
- Vorsteuer auf die von der Tochtergesellschaft in Anspruch genommenen Vorleistungen.

Bei der umsatzsteuerlichen Organschaft handelt es sich – wie bei der ertragsteuerlichen Organschaft – **nicht** um **eine steuerliche Begünstigung von Konzernen**. Vielmehr wird lediglich eine Gleichstellung von Unternehmensverbindungen, die zwar wirtschaftlich eine Einheit bilden, aber in mehrere rechtlich selbständige Teileinheiten aufgeteilt sind, mit Unternehmen erreicht, die sowohl wirtschaftlich als auch rechtlich eine Einheit bilden (Einheitsunternehmen).

Beispiel: Ein Pflegeheim erbringt Leistungen, die nach § 4 Nr 16 UStG steuerfrei sind. Im Zusammenhang mit dem Reinigen der Wäsche entstehen Vorsteuern von 3 000 €.

Für die Durchführung des Reinigens der Wäsche bestehen drei Alternativen:

Fall 1: Die Wäsche wird von dem Pflegeheim selbst gewaschen.

Das Pflegeheim kann die Vorsteuer, die im Zusammenhang mit dem Reinigen der Wäsche entsteht, nicht als Vorsteuer abziehen, da ihre Leistungen steuerfrei sind (§ 15 Abs. 2 S. 1 Nr 1 UStG). Die Umsatzsteuerbelastung beläuft sich auf 3 000 €.

Fall 2: Das Reinigen der Wäsche wird auf die Tochterkapitalgesellschaft Wäscherei-GmbH ausgelagert. Die Voraussetzungen einer umsatzsteuerlichen Organschaft liegen nicht vor. Die Wäscherei-GmbH stellt für ihre Leistungen eine Rechnung von 100 000 € zuzüglich 19% Umsatzsteuer aus.

Die Wäscherei-GmbH stellt in ihrer Ausgangsrechnung dem Pflegeheim Umsatzsteuer von 19 000 € in Rechnung. Da die Wäscherei-GmbH umsatzsteuerpflichtige Leistungen erbringt, kann sie die ihr in Rechnung gestellte Umsatzsteuer als Vorsteuer abziehen (§ 15 Abs. 1 S. 1 Nr 1 UStG). Die Wäscherei-GmbH führt 16 000 € (= 19 000 € – 3 000 €) an das Finanzamt ab.

---

36 Siehe hierzu Fünfter Teil, Dritter Abschnitt, Kapitel D.II., Rn. 774–786.
37 Siehe hierzu und zu weiteren Vorteilen zB Slapio, DStR 2000, S. 999.

Das Pflegeheim kann die von der Wäscherei-GmbH in Rechnung gestellte Umsatzsteuer von 19 000 € nicht als Vorsteuer abziehen (§ 15 Abs. 2 S. 1 Nr 1 UStG).

Durch die Auslagerung der Wäscherei ergibt sich eine Mehrbelastung von 16 000 €. Dieser Betrag entspricht der Umsatzsteuerschuld der Wäscherei-GmbH, dh der Differenz zwischen der Umsatzsteuer der Wäscherei-GmbH (= 19 000 €) und der bei ihr anfallenden Vorsteuer (= 3 000 €).

Fall 3: Das Reinigen der Wäsche wird auf die Tochterkapitalgesellschaft Wäscherei-GmbH ausgelagert. Die Voraussetzungen einer umsatzsteuerlichen Organschaft liegen vor.

Bei den Leistungen der Wäscherei-GmbH handelt es sich aufgrund der Einheitstheorie um (nicht steuerbare) Innenumsätze. Für die der Wäscherei-GmbH in Rechnung gestellte Umsatzsteuer geht die persönliche Vorsteuerabzugsberechtigung auf den Organträger über, dh auf das Pflegeheim. Da das Pflegeheim steuerfreie Leistungen erbringt, ist die sachliche Voraussetzung für den Vorsteuerabzug nicht erfüllt (§ 15 Abs. 2 S. 1 Nr 1 UStG).

Da das Pflegeheim die von der Wäscherei-GmbH in Rechnung gestellte Umsatzsteuer nicht als Vorsteuer abziehen kann, ergibt sich eine Umsatzsteuerbelastung von 3 000 €. Dieser Betrag stimmt mit dem überein, der sich ergibt, wenn das Reinigen nicht auf eine Tochtergesellschaft ausgelagert wird, sondern von dem Pflegeheim selbst durchgeführt wird (Fall 1).

Die Entlastungen fallen umso höher aus, je höher die Wertschöpfung der Tochterkapitalgesellschaft ist. Bei einer Beurteilung ist allerdings zu beachten, dass die Entlastungen nicht zu einem Vorteil des Organträgers führen (Fall 1 und Fall 3 stimmen überein), sondern die **umsatzsteuerliche Organschaft** lediglich **verhindert**, dass durch die Auslagerung auf eine Tochtergesellschaft **Mehrbelastungen** entstehen (Fall 2).

Siebter Teil

Grundzüge der internationalen Unternehmensbesteuerung

Erster Abschnitt

Doppelbesteuerung als Kernproblem der internationalen Unternehmensbesteuerung

A. Begriff der internationalen Doppelbesteuerung

Ausgangspunkt der internationalen Besteuerung bildet das **Souveränitätsprinzip**. Dieses auf dem völkerrechtlichen Grundsatz der Gleichheit der Staaten beruhende Prinzip besagt, dass jeder Staat selbständig darüber entscheiden kann, wie er sein Steuerrecht gestaltet und wie er seine Steueransprüche gegenüber den Ansprüchen von anderen Staaten abgrenzt. Jedes Land besitzt innerhalb seiner Staatsgrenzen grundsätzlich die alleinige Gesetzgebungs-, Verwaltungs- und Rechtsprechungshoheit. 891

Dem Souveränitätsprinzip steht es nicht entgegen, wenn sich der Steueranspruch eines Staates auch auf ausländische Sachverhalte erstreckt. Jeder Staat besitzt das Recht, bei Steuerinländern die im Ausland erzielten Einkünfte oder im Ausland belegenen Vermögenswerte im Rahmen der inländischen Besteuerung zu erfassen. Umgekehrt können bei Steuerausländern im Inland verwirklichte Anknüpfungsmerkmale einen Besteuerungsanspruch auslösen. Wie bei Inländern der Auslandsbezug bzw wie bei Ausländern der Inlandsbezug konkretisiert wird, kann von den einzelnen Staaten selbst bestimmt werden.

Da grundsätzlich jeder Staat sein Steuersystem nach seinen Vorstellungen gestalten kann, kommt es häufig dazu, dass der gleiche wirtschaftliche Sachverhalt in zwei oder mehreren Staaten besteuert wird. Aufgrund der dadurch ausgelösten internationalen Doppelbesteuerung ist die Steuerbelastung eines grenzüberschreitend tätigen Unternehmens höher als die eines vergleichbaren ausschließlich national tätigen Unternehmens.

Üblicherweise wird zwischen einer **Doppelbesteuerung im rechtlichen Sinn** und einer Doppelbesteuerung im wirtschaftlichen Sinn differenziert. Aus juristischer Sicht liegt eine internationale Doppelbesteuerung vor, wenn derselbe Steuerpflichtige mit denselben Einkünften bzw denselben Vermögenswerten gleichzeitig in mehreren (dh in mindestens zwei) Staaten zu einer gleichen oder vergleichbaren Steuer herangezogen wird.[1] Aus dieser weit verbreiteten Definition des Begriffs der Doppelbesteuerung im rechtlichen Sinn leiten sich **vier Merkmale** ab: 892

1 Vgl zB OECD-MC, Introduction, Nr 1, Art. 23A and Art. 23B, Nr 1 sowie Vogel/Lehner, Doppelbesteuerungsabkommen, 6. Aufl., München 2015, Grundlagen, Rz. 6–9a.

- Identität des Steuersubjekts (zB die gleiche natürliche Person),
- Identität des Steuerobjekts (zB die gleichen Einkünfte),
- Identität des Besteuerungszeitraums (zB im gleichen Kalenderjahr),
- Identität bzw Gleichartigkeit der Steuerart (zB die in den beiden Staaten jeweils erhobene Einkommensteuer).

Beispiel: Ein deutscher Einzelunternehmer errichtet in den Niederlanden eine Zweigniederlassung (steuerlicher Begriff: Betriebsstätte). Da es sich bei einer Zweigniederlassung um einen rechtlich unselbständigen Teil des Unternehmens handelt, liegt nur ein Steuerpflichtiger vor (Einheitsprinzip). Zu einer internationalen Doppelbesteuerung kommt es, wenn der Inhaber des Einzelunternehmens auf die Gewinne, die er über die in den Niederlanden belegene Zweigniederlassung erzielt, sowohl in Deutschland als auch in den Niederlanden Einkommensteuer zu bezahlen hat.

893 Eine **Doppelbesteuerung im wirtschaftlichen Sinn** unterscheidet sich von der juristischen Doppelbesteuerung dadurch, dass auf das Kriterium „Identität des Steuersubjekts" verzichtet wird. Bei einer grenzüberschreitenden Geschäftstätigkeit wird von einer wirtschaftlichen Doppelbesteuerung oder **Doppelbelastung** gesprochen, wenn dieselben Einkünfte bzw dieselben Vermögenswerte gleichzeitig in mindestens zwei Staaten von einer gleichen oder vergleichbaren Steuerart erfasst werden.[2]

Beispiel: Ein deutscher Einzelunternehmer gründet in den Niederlanden eine Tochterkapitalgesellschaft. Die von dem Tochterunternehmen erzielten Gewinne sind in den Niederlanden körperschaftsteuerpflichtig. Gehören die Anteile an der niederländischen Tochterkapitalgesellschaft zum Betriebsvermögen des inländischen Einzelunternehmers, gehen die Dividenden in Deutschland auf Ebene des Gesellschafters zu 60% (Teileinkünfteverfahren) in die Bemessungsgrundlage der Einkommensteuer ein. Die niederländische Tochterkapitalgesellschaft und der inländische Anteilseigner sind nach dem Trennungsprinzip zwei verschiedene Steuerpflichtige. Da das Merkmal „Subjektidentität" nicht erfüllt ist, liegt aus *rechtlicher Sicht* keine Doppelbesteuerung vor. *Wirtschaftlich* betrachtet werden die erzielten Gewinne jedoch zweifach besteuert, da die Gewinnausschüttungen eine Beteiligung des Anteilseigners am Erfolg der Tochterkapitalgesellschaft darstellen.

894 Aus **betriebswirtschaftlicher Sicht** ist die **Unterscheidung zwischen** (juristischer) **Doppelbesteuerung** und (wirtschaftlicher) **Doppelbelastung nicht zweckmäßig**. Entscheidend ist vielmehr, dass das gleiche Steuerobjekt einer zweifachen oder mehrfachen Belastung unterliegt. Wer aus rechtlicher Sicht Steuerschuldner ist, ist für die Höhe der Gesamtsteuerbelastung prinzipiell ohne Bedeutung. Die Nettoerträge mindern sich unabhängig davon, wer die Steuern zu entrichten hat.[3] Die Differenzierung zwischen diesen beiden Begriffen ist allerdings deshalb bedeutsam, weil die gesetzlichen Regelungen zur Vermeidung einer internationalen Doppelbesteuerung sich bei Doppelbesteuerungen und Doppelbelastungen unterscheiden. Die Maßnahmen zur Vermeidung einer internationalen Doppelbelastung hängen zusätzlich von der Ausgestaltung des Körperschaftsteuersystems ab, dh von der Art und Weise der Besteuerung von Dividenden.

Für die Prüfung, ob ein Steuerobjekt (zB bestimmte Einkünfte) mehrfach besteuert wird, kann es auch nicht darauf ankommen, in welchem Veranlagungszeitraum die

2 Vgl OECD-MC, Art. 23A and Art. 23B, Nr 2.
3 Vgl zB Tipke/Lang, Steuerrecht, 23. Aufl., Köln 2018, S. 261–262.

Steuern erhoben werden. Vielmehr sollte man von einer Doppelbesteuerung auch dann ausgehen, wenn die beteiligten Staaten den Zeitpunkt, zu dem die Steuerpflicht ausgelöst wird, nach unterschiedlichen Kriterien festlegen. Die Besteuerung des gleichen Steuerobjekts zu mehreren Zeitpunkten wird als **intertemporale Doppelbesteuerung** bezeichnet.

Ergebnis: Bei einer **betriebswirtschaftlichen Sichtweise** sind die beiden Merkmale „Identität des Steuersubjekts" und „Identität des Besteuerungszeitraums" überflüssig. Die zweifache Belastung ist auch dann mit einer Mehrbelastung verbunden, wenn die Steuern bei unterschiedlichen Rechtssubjekten oder zu unterschiedlichen Zeitpunkten erhoben werden. Folgt man dieser Auffassung, ergibt sich folgende **modifizierte Begriffsabgrenzung**: Eine internationale Doppelbesteuerung liegt vor, wenn dieselben Einkünfte bzw dieselben Vermögenswerte in mehreren (dh mindestens in zwei) Staaten mit einer gleichen oder vergleichbaren Steuer belastet werden. In seiner allgemeinen Fassung beinhaltet der Begriff der Doppelbesteuerung damit **nur zwei Kriterien: Identität des Steuerobjekts** und Identität bzw **Gleichartigkeit der Steuerart**.

B. Ursachen der internationalen Doppelbesteuerung

I. Überblick

Bei Personensteuern (zB Einkommen-, Körperschaft-, Erbschaft- und Schenkungsteuer) entstehen internationale Doppelbesteuerungen **insbesondere** aus dem **Nebeneinander von unbeschränkter Steuerpflicht im Inland und beschränkter Steuerpflicht im Ausland**. Darüber hinaus kann es bei einer grenzüberschreitenden Geschäftstätigkeit in folgenden Fällen zu einer mehrfachen Besteuerung kommen:[4] **895**

- zweimalige unbeschränkte Steuerpflicht (konkurrierende unbeschränkte Steuerpflicht)
- zweimalige beschränkte Steuerpflicht (konkurrierende beschränkte Steuerpflicht)
- Überschneidungen bei Ermittlung der Bemessungsgrundlagen
- unterschiedliche Kriterien zur Bestimmung des Besteuerungszeitpunkts.

II. Nebeneinander von unbeschränkter und beschränkter Steuerpflicht als Hauptursache

Eine Steuerpflicht entsteht entweder durch eine persönliche oder durch eine sachliche **896** Beziehung zu einem bestimmten Staat. Bei der Umschreibung des Kreises der **unbeschränkt steuerpflichtigen Personen** wird auf den **persönlichen Bezug** zum erhebungsberechtigten Staat abgestellt. Nach dem *Wohnsitzstaatsprinzip* (Ansässigkeitsprinzip)[5] ist der Wohnsitz oder gewöhnliche Aufenthalt einer natürlichen Person bzw

4 Zu den Ursachen von Doppelbesteuerungen siehe auch Fischer/Kleineidam/Warneke, Internationale betriebswirtschaftliche Steuerlehre, 5. Aufl., Berlin 2005, S. 30–31; Jacobs, Internationale Unternehmensbesteuerung, 8. Aufl., München 2016, S. 6–10.

5 Siehe hierzu und zu weiteren Prinzipien der internationalen Besteuerung zB Fischer/Kleineidam/Warneke, Internationale betriebswirtschaftliche Steuerlehre, 5. Aufl., Berlin 2005, S. 41–48; Kluge, Das internationale Steuerrecht, 4. Aufl., München 2000, S. 29–32.

der Sitz oder Ort der Geschäftsleitung einer juristischen Person ausschlaggebend. Nach dem *Nationalitätsprinzip* bestimmt sich die unbeschränkte Steuerpflicht einer Person nach ihrer Staatsangehörigkeit. Der Umfang der unbeschränkten Steuerpflicht ergibt sich zumeist aus dem *Universalitätsprinzip* (Totalitätsprinzip, Welteinkommensprinzip). Nach dem Universalitätsprinzip erstreckt sich der Steueranspruch des Staates auf das Welteinkommen bzw Weltvermögen eines Steuerpflichtigen. Die steuerliche Bemessungsgrundlage umfasst damit sowohl inländische als auch ausländische Einkünfte bzw Vermögenswerte.

Fehlt es an einem persönlichen Bezug zu dem betrachteten Staat, kommt es dann (im Ausland) zu einer **beschränkten Steuerpflicht**, wenn zu diesem Staat über eine wirtschaftliche Betätigung ein **sachlicher Bezug** besteht. Beschränkt steuerpflichtige Personen versteuern in dem ausländischen Staat die dort erzielten Einkünfte bzw das dort belegene Vermögen. Die Begrenzung des Steueranspruchs auf die in dem betrachteten Staat erzielten Einkünfte bzw die dort belegenen Vermögenswerte wird als *Territorialitätsprinzip* (Territorialprinzip, Inlandsprinzip) bezeichnet. Die konkrete Ausgestaltung der Bemessungsgrundlage für beschränkt steuerpflichtige Personen orientiert sich an sachlichen Kriterien. Die individuellen persönlichen Verhältnisse der Steuerpflichtigen bleiben nach der Konzeption einer beschränkten Steuerpflicht weitgehend unberücksichtigt. Aufgrund der innerhalb der EU geltenden Grundfreiheiten ist allerdings darauf zu achten, dass es für EU-Ausländer nicht zu einer Schlechterstellung gegenüber Steuerinländern kommt.

Die meisten Staaten kennen sowohl eine unbeschränkte Steuerpflicht von Steuerinländern als auch eine beschränkte Steuerpflicht von Steuerausländern. Die **gleichzeitige Verwendung von persönlichen Merkmalen** und **sachlichen Anknüpfungskriterien** in zwei verschiedenen Staaten bildet die mit Abstand **bedeutsamste Ursache von internationalen Doppelbesteuerungen**. Die im Ausland erzielten Einkünfte unterliegen im Rahmen der unbeschränkten Steuerpflicht im Wohnsitzstaat (Ansässigkeitsstaat) der Einkommen- oder Körperschaftsteuer. Zusätzlich werden im Ursprungsland (Quellenstaat) die gleichen Erfolge aufgrund der in diesem Staat bestehenden beschränkten Steuerpflicht erfasst.

III. Weitere Ursachen für internationale Doppelbesteuerungen

897 Eine **zweimalige unbeschränkte Steuerpflicht** tritt zum einen dann auf, wenn eine natürliche Person sowohl im Inland als auch im Ausland einen Wohnsitz hat, und zum zweiten dann, wenn der Steuerpflichtige in einem Staat seinen Wohnsitz hat (zB Wohnsitz im Inland), sich aber für einen längeren Zeitraum in einem anderen Staat aufhält (zB gewöhnlicher Aufenthalt im Ausland). Zum dritten kommt das Universalitätsprinzip dann zweimal zur Anwendung, wenn ein ausländischer Staatsangehöriger im Inland einen Wohnsitz begründet und sein Heimatland die unbeschränkte Steuerpflicht nach dem Nationalitätsprinzip ausrichtet. Ein Beispiel hierfür bilden US-amerikanische Staatsbürger mit Wohnsitz in Deutschland. Analog kommt es bei juristischen Personen zu einer zweifachen unbeschränkten Steuerpflicht, wenn sich der gesellschaftsrechtliche Sitz der Organisation in einem Staat und die Geschäftsleitung in einem anderen Staat befinden oder wenn bei global agierenden Unternehmen zwei Staaten davon ausgehen, dass sich die Geschäftsleitung einer Kapitalgesellschaft in ihrem Staatsgebiet befindet. Aus Sicht des Steuerpflichtigen weist die konkurrierende unbeschränkte Steuerpflicht den gravierenden Nachteil auf, dass damit sein Welteinkommen in beiden Staaten der Besteuerung unterliegt.

Eine **zweimalige beschränkte Steuerpflicht** liegt vor, wenn dasselbe Steuerobjekt in zwei Staaten besteuert wird und der Steuerpflichtige in keinem der beiden Staaten ansässig ist. Eine zweifache Besteuerung nach dem Territorialitätsprinzip tritt beispielsweise dann auf, wenn ein Steuerpflichtiger mit Wohnsitz im Staat A im Staat B eine Betriebsstätte errichtet und dem Erfolg dieser Betriebsstätte Zinsen aus einem weiteren Staat (Staat C) zugerechnet werden. Die Zinsen unterliegen in Staat C im Rahmen der beschränkten Steuerpflicht der Kapitalertragsteuer. Die konkurrierende beschränkte Steuerpflicht beruht darauf, dass Staat B die Zinsen aus Staat C (*Drittstaatseinkünfte*) dem Gewinn der in seinem Staatsgebiet belegenen Betriebsstätte zurechnet und der Steuerpflichtige im Staat B mit seinen Betriebsstätteneinkünften beschränkt steuerpflichtig ist. **898**

Zu einer Mehrbelastung der grenzüberschreitenden Geschäftstätigkeit kommt es auch dann, wenn sich die Regeln zur **Ermittlung der Bemessungsgrundlagen überschneiden**. Obwohl formal, dh nach dem Wortlaut der steuerlichen Vorschriften, keine Doppelbesteuerung besteht, wird durch eine unterschiedliche steuerrechtliche Einordnung derselbe wirtschaftliche Sachverhalt sowohl im Inland als auch im Ausland besteuert. Ein praktisch sehr bedeutsames Beispiel für derartige (positive) Qualifikationskonflikte bildet die unterschiedliche Konkretisierung des als angemessen angesehenen Verrechnungspreises für konzerninterne Leistungsbeziehungen sowie Abweichungen bei der Erfolgszuordnung zwischen einer ausländischen Betriebsstätte und ihrem inländischen Stammhaus.[6] **899**

Eine internationale Doppelbesteuerung kann des Weiteren dadurch entstehen, dass die beteiligten Staaten den **Besteuerungszeitpunkt unterschiedlich** festlegen. Ein typisches Beispiel hierfür sind die im Rahmen der Mitarbeiterbeteiligung eingeräumten Stock Options. Besteuert Staat A den geldwerten Vorteil des Rechts, Aktien des Arbeitgeberunternehmens zu einem geringeren Preis als den Börsenkurs zu erwerben, im Zeitpunkt der Einräumung der Option und Staat B im Zeitpunkt der Ausübung der Option und wechselt der Arbeitnehmer in dem Zeitraum zwischen Einräumung und Ausübung der Option seinen Wohnsitz von Staat A in Staat B, wird der Wert der Stock Option sowohl in Staat A (Wohnsitz des Arbeitnehmers im Zeitpunkt der Gewährung der Stock Option) als auch in Staat B (Wohnsitz des Arbeitnehmers im Zeitpunkt der Ausübung der Option) besteuert. Vergleichbare Effekte treten bei Altersbezügen auf, wenn Staat C die während der Aktivenzeit für die Altersversorgung aufgewendeten Beiträge besteuert (dh nicht zum Abzug zulässt) und Staat D die ausbezahlten Altersbezüge in vollem Umfang als steuerpflichtige Einkünfte erfasst und ein Steuerpflichtiger nach dem Ausscheiden aus dem Berufsleben seinen Wohnsitz von Staat C in Staat D verlegt.[7] **900**

---

6 Zur Bedeutung der zwischenstaatlichen Erfolgszuordnung siehe Jacobs, Internationale Unternehmensbesteuerung, 8. Aufl., München 2016, S. 541–546.

7 In Abhängigkeit von der Ausgestaltung des Steuerrechts der beteiligen Staaten und der Richtung des Wohnsitzwechsels kann es damit sowohl bei Stock Options als auch bei Alterseinkünften zu einer doppelten Nichtbesteuerung kommen (negativer Qualifikationskonflikt).

C. Anrechnungs- und Freistellungsmethode als Grundformen zur Vermeidung der internationalen Doppelbesteuerung

901 Internationale Doppelbesteuerungen sind mit dem Nachteil verbunden, dass sie zu einer finanziellen Mehrbelastung der betroffenen Steuerpflichtigen führen. Aus dem Nebeneinander von Besteuerung im Inland und Besteuerung im Ausland resultiert eine Minderung der Nettoeinkünfte. Damit sind **grenzüberschreitend tätige Unternehmen** sowohl gegenüber inländischen Unternehmen, die sich ausschließlich im eigenen Land betätigen, als auch gegenüber ausländischen Konkurrenten, die nur auf dem betrachteten Staatsgebiet tätig sind, **benachteiligt**. Es besteht international zwischen den Unternehmen und allen Staaten **Einigkeit** darüber, **dass Doppelbesteuerungen zu vermeiden** bzw zumindest abzuschwächen **sind**. Strittig ist lediglich, auf welchem Weg eine Mehrfachbelastung der grenzüberschreitenden Unternehmenstätigkeit verhindert werden soll. Als **Grundformen** zur Vermeidung einer internationalen Doppelbesteuerung haben sich die **Anrechnungsmethode** und die **Freistellungsmethode** herausgebildet.

Bei Doppelbesteuerungen, die aus einer zweimaligen unbeschränkten Steuerpflicht resultieren, ist ein anderer Ansatz notwendig. Die Grundidee zur Vermeidung der bei dieser Form entstehenden internationalen Doppelbesteuerung besteht darin, dass sich die beteiligten Staaten über eine Zuordnung des Besteuerungsrechts einigen. Dies kann beispielsweise dadurch erfolgen, dass in Abhängigkeit davon, zu welchem Staat der Steuerpflichtige eine engere Beziehung aufweist, festgelegt wird, in welchem Staat der Steuerpflichtige unbeschränkt und in welchem Staat er beschränkt steuerpflichtig ist (dh nicht mehr unbeschränkt steuerpflichtig ist). Rechtstechnisch erfolgt diese Zuordnung durch die Konkretisierung der Ansässigkeit eines Steuerpflichtigen.[8]

Die prinzipielle Wirkungsweise der Anrechnungs- und der Freistellungsmethode wird im ersten Schritt für die Situation untersucht, in der sowohl im Inland als auch im Ausland positive Einkünfte erzielt werden (Gewinnfall). Im zweiten Schritt wird darauf eingegangen, wie sich diese beiden Verfahren auswirken, wenn im Ausland negative Einkünfte entstehen (Verlustfall).

I. Im Ausland werden positive Einkünfte erwirtschaftet (Gewinnfall)

1. Konzeption der Anrechnungs- und Freistellungsmethode

902 Sowohl die Anrechnungsmethode als auch die Freistellungsmethode kommen im Rahmen der Besteuerung im Ansässigkeitsstaat (Wohnsitzstaat) zur Anwendung, dh im Rahmen der unbeschränkten Steuerpflicht. Die Besteuerung im Rahmen der beschränkten Steuerpflicht, dh die Besteuerung im Quellenstaat, ist grundsätzlich unabhängig davon, wie im Ansässigkeitsstaat des Steuerpflichtigen die internationale Doppelbesteuerung vermieden wird.

8 Siehe hierzu die Ausführungen in OECD-MC, Art. 4.

a) Anrechnungsmethode

Die Anrechnungsmethode setzt am **Steuerbetrag** an. Im Rahmen der unbeschränkten Steuerpflicht entspricht die Bemessungsgrundlage dem Welteinkommen. Zum Ausgleich für den Einbezug der ausländischen Einkünfte in die inländische Bemessungsgrundlage mindert die im Ausland bezahlte Steuer die inländische Steuerschuld. Die ausländische Steuer wird **wie eine Steuerermäßigung** von dem sich aus dem inländischen Steuertarif ergebenden Steuerbetrag abgezogen. **903**

In Abhängigkeit davon, in welchem Umfang die Auslandssteuer von der inländischen Steuerschuld abgezogen werden darf, ist zwischen der unbegrenzten Anrechnung und der begrenzten Anrechnung zu differenzieren. Bei der **unbegrenzten** (uneingeschränkten) **Anrechnung** wird die ausländische Steuer im Inland in vollem Umfang angerechnet. Der Abzug von der inländischen Steuerschuld ist unabhängig davon, wie hoch die ausländische Steuer ist. Demgegenüber wird bei der **begrenzten** (eingeschränkten) **Anrechnung** der Abzug von der inländischen Steuerschuld auf die inländische Steuer beschränkt, die anteilig auf die ausländischen Einkünfte entfällt. Die Begrenzung auf den Teil der inländischen Steuer, der anteilig auf die ausländischen Einkünfte entfällt, wird als **Anrechnungshöchstbetrag** bezeichnet. Der Teil der Auslandssteuer, der über den Anrechnungshöchstbetrag hinausgeht, kann nicht angerechnet werden. Es kommt insoweit zu einem **Anrechnungsüberhang**.

Obwohl Unternehmen im Hinblick auf das Ziel der Nettogewinnmaximierung eine uneingeschränkte Anrechnung der Auslandssteuer wünschen, ist aufgrund der fiskalischen Interessen des Ansässigkeitsstaates die begrenzte Anrechnung zu akzeptieren. Aus Sicht des Fiskus darf nur die Auslandssteuer angerechnet werden, die aus Sicht des Ansässigkeitsstaates (= Inland) dem Grunde und der Höhe nach gerechtfertigt ist. Würde jede im Ausland bezahlte Steuer im Inland angerechnet werden, könnten andere Staaten ihr Steueraufkommen zu Lasten des Ansässigkeitsstaates erhöhen, ohne dass sie mit einer Einschränkung der grenzüberschreitenden Geschäftstätigkeit rechnen müssten. Die Begrenzung der Anrechnung im Ansässigkeitsstaat stellt insoweit für den Quellenstaat indirekt ein „Druckmittel" dar, seine Besteuerung zu reduzieren.

b) Freistellungsmethode

Bei der Freistellungsmethode bildet die **Bemessungsgrundlage** den Ausgangspunkt. Die ausländischen Einkünfte werden ausschließlich im Quellenstaat besteuert. Im Ansässigkeitsstaat gehen lediglich die inländischen Einkünfte in die Bemessungsgrundlage ein. Im Rahmen der unbeschränkten Steuerpflicht wird auf die Besteuerung der im Ausland erzielten Einkünfte verzichtet. Die Freistellungsmethode wirkt im Rahmen der unbeschränkten Steuerpflicht **technisch wie eine Steuerbefreiung** für ausländische Einkünfte. **904**

In Abhängigkeit davon, mit welchem Steuersatz die im Inland verbleibende steuerpflichtige Bemessungsgrundlage besteuert wird, ist zwischen einer uneingeschränkten Befreiung und einer Freistellung mit Progressionsvorbehalt zu differenzieren. Bei der uneingeschränkten Freistellung (**Freistellung ohne Progressionsvorbehalt**) bleiben im Inland die ausländischen Einkünfte nicht nur bei der Berechnung der Bemessungsgrundlage ausgeklammert, sondern auch bei Bestimmung des darauf anzuwendenden Steuersatzes. Die Besteuerung im Inland erfolgt so, als ob der Steuerpflichtige im Ausland keine wirtschaftlichen Aktivitäten entfalten würde. Bei der **Freistellung mit Progressionsvorbehalt** gehen im Rahmen der unbeschränkten Steuerpflicht in die Bemessungsgrundlage gleichfalls lediglich die inländischen Einkünfte ein. Diese werden jedoch mit dem Steuersatz belastet, der gelten würde, wenn im Ansässigkeitsstaat das Welteinkommen besteuert werden würde.

c) Vergleich der beiden Methoden

905 International ist es üblich, bei der Anrechnungsmethode die Anrechnung der Auslandssteuer auf den Teil der inländischen Steuer zu beschränken, der anteilig auf die ausländischen Einkünfte entfällt, und die Freistellung mit einem Progressionsvorbehalt zu verbinden. Deshalb werden im Folgenden ausschließlich die begrenzte Anrechnung sowie die Freistellung mit Progressionsvorbehalt betrachtet:

begrenzte Anrechnung	Freistellung mit Progressionsvorbehalt
Ansatzpunkt: Steuerbetrag Bemessungsgrundlage im Ansässigkeitsstaat entspricht dem Welteinkommen ausländische Steuer wird von dem sich aus dem inländischen Tarif ergebenden Steuerbetrag abgezogen (Steuerermäßigung)	**Ansatzpunkt: Bemessungsgrundlage** ausländische Einkünfte werden nur im Quellenstaat besteuert im Ansässigkeitsstaat werden nur die inländischen Einkünfte besteuert (Steuerbefreiung für die ausländischen Einkünfte)
Merkmal einer begrenzten Anrechnung Anrechnung der ausländischen Steuer ist auf den Teil der inländischen Steuer begrenzt, der anteilig auf die ausländischen Einkünfte entfällt *Anrechnung* = Minimum aus ausländischer Steuer und Anrechnungshöchstbetrag, m.a.W. ausländische Steuer, maximal Anrechnungshöchstbetrag *Anrechnungshöchstbetrag* $= \text{inländische Steuer} \times \frac{\text{ausländische Einkünfte}}{\text{Welteinkommen}}$ *Anrechnungsüberhang* = ausländische Steuer – Anrechnungshöchstbetrag (sofern positiv)	**Merkmal einer Freistellung mit Progressionsvorbehalt** der auf die inländischen Einkünfte anzuwendende Steuersatz errechnet sich aus dem Welteinkommen

begrenzte Anrechnung	Freistellung mit Progressionsvorbehalt
Belastungswirkung Besteuerung im Ausland $s_{Ausland} \times E_{Ausland}$ Besteuerung im Inland $s_{Inland} \times (E_{Inland} + E_{Ausland})$ $- \min (s_{Ausland} \times E_{Ausland},$ $s_{Inland} \times E_{Ausland} / (E_{Inland} + E_{Ausland}))$ s_{Inland} wird aus dem Welteinkommen berechnet (Welteinkommensprinzip)	**Belastungswirkung** Besteuerung im Ausland $s_{Ausland} \times E_{Ausland}$ Besteuerung im Inland $s_{Inland} \times E_{Inland}$ s_{Inland} wird aus dem Welteinkommen berechnet (Welteinkommensprinzip iVm Progressionsvorbehalt)

Abb. 7.1: Konzeption der begrenzten Anrechnung und der Freistellung mit Progressionsvorbehalt

2. Belastungswirkungen

Die grundsätzlichen Auswirkungen der begrenzten Anrechnung und der Freistellung mit Progressionsvorbehalt werden anhand eines einfachen Zahlenbeispiels verdeutlicht:[9] Ein Steuerpflichtiger erzielt ein Welteinkommen von 150 000 €, das sich aus inländischen Einkünften (E_{Inland}) von 100 000 € und ausländischen Einkünften ($E_{Ausland}$) von 50 000 € zusammensetzt. Aus dem inländischen Einkommensteuertarif errechnet sich bei einem Einkommen von 150 000 € ein Durchschnittssteuersatz von 25%. **906**

Der Steuersatz im Ausland ($s_{Ausland}$) beträgt alternativ

Fall 1: 15%	Steuersatz im Inland > Steuersatz im Ausland
Fall 2: 25%	Steuersatz im Inland = Steuersatz im Ausland
Fall 3: 40%	Steuersatz im Inland < Steuersatz im Ausland.

Bei der Anrechnungsmethode errechnet sich im Inland die tarifliche Steuer aus dem Welteinkommen multipliziert mit dem inländischen Steuersatz. Nach Abzug der ausländischen Steuer von der inländischen Steuerschuld ergibt sich die im Inland festzusetzende Steuer. Bei der **begrenzten Anrechnung** wird die ausländische Steuer maximal bis zu dem Betrag angerechnet, zu dem die inländische (tarifliche) Steuer anteilig auf die ausländischen Einkünfte entfällt. Der **Anrechnungshöchstbetrag** errechnet sich aus folgender Formel:

$$\text{inländische Steuer auf das Welteinkommen} \times \frac{\text{ausländische Einkünfte}}{\text{Welteinkommen}}$$

oder

$$37\,500\,€ \times \frac{50\,000\,€}{150\,000\,€} = 12\,500\,€$$

9 Zu vergleichbaren Berechnungen siehe Jacobs, Internationale Unternehmensbesteuerung, 8. Aufl., München 2016, S. 13–15; Scheffler, Internationale betriebswirtschaftliche Steuerlehre, 3. Aufl., München 2009, S. 15–19; Schmidt/Sigloch/Henselmann, Internationale Steuerlehre, Wiesbaden 2005, S. 18–45; Vogel/Lehner, Doppelbesteuerungsabkommen, 6. Aufl., München 2015, Art. 23, Rz. 1.

Bei der begrenzten Anrechnung wird der niedrigere Betrag aus „ausländischer Steuer“ (= $s_{Ausland}$ × 50 000 €) und „Anrechnungshöchstbetrag“ (= 12 500 €) von der tariflichen Steuer abgezogen. Liegt der ausländische Steuersatz unter dem inländischen Steuersatz (Fall 1) oder stimmen die beiden Steuersätze überein (Fall 2), kann die im Ausland bezahlte Steuer in vollem Umfang auf die inländische Steuer angerechnet werden. Übersteigt der ausländische Steuersatz den inländischen Steuersatz (Fall 3), verhindert der Anrechnungshöchstbetrag, dass es im Inland zu einer anteiligen Erstattung von im Ausland bezahlten Steuern kommt.

907 Aus Sicht des Steuerpflichtigen hängt damit die Belastung der ausländischen Einkünfte vom Verhältnis zwischen dem inländischen und dem ausländischen Steuerniveau ab:

Fälle 1 und 2	$s_{Inland} \geq s_{Ausland}$:	$s_{Inland} \times E_{Ausland}$	=	25% × 50 000 € = 12 500 €
Fall 3	$s_{Inland} < s_{Ausland}$:	$s_{Ausland} \times E_{Ausland}$	=	40% × 50 000 € = 20 000 €

Ist das inländische Steuerniveau niedriger als die im Ausland gezahlten Steuern, kommt es zu einem Anrechnungsüberhang. In dem Umfang, in dem die ausländischen Steuern den Anrechnungshöchstbetrag übersteigen, können sie nicht angerechnet werden: 20 000 € (ausländische Steuer) – 12 500 € (Anrechnungshöchstbetrag) = 7 500 € (Anrechnungsüberhang). Insoweit werden die ausländischen Einkünfte höher belastet als vergleichbare Einkünfte, die im Inland erzielt wurden.

Das Steueraufkommen des Auslands bestimmt sich nach den in diesem Staat geltenden Regelungen. Im Inland entsteht nur dann ein Steueraufkommen, wenn der ausländische Steuersatz niedriger ist als der inländische. Ist der ausländische Steuersatz höher oder stimmen die beiden Steuersätze überein, gleichen sich (anteilige) tarifliche Steuer und Anrechnung der Auslandssteuer aus. Die Begrenzung der Anrechnung auf den Anrechnungshöchstbetrag verhindert, dass der inländische Fiskus dem Steuerpflichtigen – bezogen auf die ausländischen Einkünfte – Steuern erstatten muss.

begrenzte Anrechnung	**Fall 1** $s_{Inland} > s_{Ausland}$	**Fall 2** $s_{Inland} = s_{Ausland}$	**Fall 3** $s_{Inland} < s_{Ausland}$
Besteuerung im Ausland $s_{Ausland} \times E_{Ausland}$	7 500 €	12 500 €	20 000 €
Besteuerung im Inland			
tarifliche Steuer auf das Welteinkommen $s_{Inland} \times (E_{Inland} + E_{Ausland})$	37 500 €	37 500 €	37 500 €
– Anrechnung der ausländischen Steuer *[Minimum aus ausländischer Steuer und Anrechnungshöchstbetrag]*	–7 500 €	–12 500 €	–12 500 €
= festzusetzende Steuer	30 000 €	25 000 €	25 000 €

begrenzte Anrechnung	**Fall 1** $s_{Inland} > s_{Ausland}$	**Fall 2** $s_{Inland} = s_{Ausland}$	**Fall 3** $s_{Inland} < s_{Ausland}$
Gesamtsteuerbelastung Anrechnungsüberhang (nicht anrechenbarer Teil der Auslandssteuer)	37 500 € –.–	37 500 € –.–	45 000 € 7 500 €
Belastung der ausländischen Einkünfte davon im Ausland im Inland	12 500 € 7 500 € 5 000 €	12 500 € 12 500 € ±0 €	20 000 € 20 000 € ±0 €
Vergleich mit der Belastung von im Inland erzielten Einkünften von 150 000 € (entspricht Welteinkommen)	±0 €	±0 €	+7 500 €

Abb. 7.2: Berechnungen für die begrenzte Anrechnung im Gewinnfall

Bei der **Freistellung mit Progressionsvorbehalt** werden die ausländischen Einkünfte ausschließlich im Tätigkeitsstaat besteuert. Die Belastung der ausländischen Einkünfte bestimmt sich nach dem ausländischen Steuerniveau: $s_{Ausland} \times E_{Ausland}$. Der ausländische Steuersatz wird aus den ausländischen Einkünften errechnet. Im Rahmen der beschränkten Steuerpflicht kommt es grundsätzlich nicht zu einem Progressionsvorbehalt. Inwieweit es im Vergleich zu im Inland erzielten Einkünften zu einer höheren oder niedrigeren Belastung kommt, hängt davon ab, in welchem Verhältnis das inländische Steuerniveau (berechnet aus dem Welteinkommen des Steuerpflichtigen) und das ausländische Steuerniveau (berechnet aus den in diesem Staat erwirtschafteten Einkünften) zueinanderstehen. 908

Im Rahmen der unbeschränkten Steuerpflicht gehen zwar lediglich die inländischen Einkünfte in die Bemessungsgrundlage ein (Freistellung der ausländischen Einkünfte). Die inländischen Einkünfte werden jedoch mit dem Steuersatz belastet, der gelten würde, wenn im Inland das Welteinkommen besteuert werden würde (Progressionsvorbehalt). Bei Steuerarten, die wie die Einkommensteuer einen progressiven Tarif kennen, wird nicht der Steuersatz herangezogen, der sich ergeben würde, wenn nur die inländischen Einkünfte betrachtet werden würden. Für die inländischen Einkünfte bewirkt der Progressionsvorbehalt, dass für die inländischen Einkünfte der gleiche Steuersatz gilt wie bei der Anrechnungsmethode bzw wie für Steuerpflichtige, die ihre gesamten Einkünfte im Inland erzielen. Bei einer Freistellung mit Progressionsvorbehalt ergeben sich also nur hinsichtlich der ausländischen Einkünfte Steuersatzeffekte (keine Besteuerung im Inland, sondern mit dem – im Vergleich zum inländischen Steuersatz auf das Welteinkommen höheren oder niedrigeren – ausländischen Steuersatz).

Die Verteilung des Steueraufkommens zwischen den Staaten ist eindeutig. Das Ausland besteuert die ausländischen Einkünfte mit seinem Steuersatz. Im Inland werden die inländischen Einkünfte nach den für den Steuerpflichtigen geltenden persönlichen Verhältnissen besteuert. Die Minderung des inländischen Steueraufkommens beruht 909 ausschließlich darauf, dass die ausländischen Einkünfte im Inland freigestellt sind. Bezogen auf die inländischen Einkünfte verändert sich das inländische Steueraufkommen nicht.

Freistellung mit Progressionsvorbehalt	**Fall 1** $s_{Inland} > s_{Ausland}$	**Fall 2** $s_{Inland} = s_{Ausland}$	**Fall 3** $s_{Inland} < s_{Ausland}$
Besteuerung im Ausland $s_{Ausland} \times E_{Ausland}$ Der ausländische Steuersatz wird aus den ausländischen Einkünften von 50 000 € errechnet.	7 500 €	12 500 €	20 000 €
Besteuerung im Inland Steuer auf die inländischen Einkünfte $s_{Inland} \times E_{Inland}$ mit Bemessungsgrundlage: inländische Einkünfte (100 000 €); für den Steuersatz relevantes Einkommen: Welteinkommen (150 000 €)	25 000 €	25 000 €	25 000 €
Gesamtsteuerbelastung	32 500 €	37 500 €	45 000 €
Belastung der ausländischen Einkünfte davon im Ausland im Inland	7 500 € 7 500 € ±0 €	12 500 € 12 500 € ±0 €	20 000 € 20 000 € ±0 €
Vergleich mit der Belastung von im Inland erzielten Einkünften von 150 000 € (entspricht Welteinkommen)	–5 000 €	±0 €	+7 500 €

Abb. 7.3: Berechnungen für die Freistellung mit Progressionsvorbehalt im Gewinnfall

3. Vergleich der beiden Methoden

910 Hinsichtlich der Besteuerung der **Inlandseinkünfte** besteht zwischen der begrenzten Anrechnung und der Freistellung mit Progressionsvorbehalt Übereinstimmung:

- Bei beiden Formen zur Vermeidung einer internationalen Doppelbesteuerung unterliegen die inländischen Einkünfte ausschließlich im Inland der Besteuerung.
- Der für die inländischen Einkünfte relevante Steuersatz errechnet sich bei beiden Formen aus dem Welteinkommen.

Bei der Anrechnungsmethode ergibt sich dieser Effekt daraus, dass die Anrechnung der Auslandssteuer erst im Anschluss an die Berechnung der tariflichen Steuer vorgenommen wird. Bei der Freistellungsmethode beruht die Verwendung des sich aus dem Welteinkommen ableitbaren Steuersatzes aus dem Progressionsvorbehalt. Durch den Progressionsvorbehalt wird bei international tätigen Steuerpflichtigen ein Splittingeffekt verhindert. Ohne Progressionsvorbehalt wäre es möglich, durch Verteilung des Gesamteinkommens auf mehrere Staaten sowohl im Quellenstaat als auch im Ansässigkeitsstaat Progressionssteigerungen zu vermeiden.

Bei der Anrechnungsmethode stimmt die Belastung von **ausländischen Einkünften** grundsätzlich mit der überein, die auch für im Inland erzielte Einkünfte gilt. Ist das ausländische Steuerniveau niedriger als das inländische (Fall 1), kommt es im Inland zu einer Besteuerung in Höhe der Differenz zwischen in- und ausländischer Steuerbelastung. Durch diesen Nachholeffekt wird die Gleichbehandlung mit im Inland erzielten Einkünften erreicht. Bei der begrenzten Anrechnung kommt es aber dann zu einer Mehrbelastung, wenn der ausländische Steuersatz den (aus dem Welteinkommen errechneten) inländischen Steuersatz übersteigt (Fall 3). Bei der Freistellungsmethode ist hinsichtlich der ausländischen Einkünfte auf die Differenz zwischen dem inländischen und dem ausländischen Steuerniveau zu achten. Bei der Freistellung mit Progressionsvorbehalt werden ausländische Einkünfte dann niedriger belastet, wenn der (aus den in diesem Staat erzielten Einkünften errechnete) ausländische Steuersatz niedriger ist als der (sich aus dem Welteinkommen ergebende) inländische Steuersatz (Fall 1). Umgekehrt gilt, dass bei der Freistellungsmethode ausländische Einkünfte höher belastet werden, wenn der ausländische Steuersatz den inländischen Steuersatz übersteigt (Fall 3). Stimmen der in- und der ausländische Steuersatz überein (Fall 2), spielt es aus Sicht des Steuerpflichtigen sowohl bei der Anrechnungsmethode als auch bei der Freistellungsmethode keine Rolle, ob die Einkünfte im Ausland oder im Inland erzielt werden. 911

Mehrbelastung (+) oder Minderbelastung (–) der ausländischen Einkünfte	**Fall 1** $s_{Inland} > s_{Ausland}$	**Fall 2** $s_{Inland} = s_{Ausland}$	**Fall 3** $s_{Inland} < s_{Ausland}$
begrenzte Anrechnung	±0 €	±0 €	+7 500 €
Freistellung mit Progressionsvorbehalt	–5 000 €	±0 €	+7 500 €

Abb. 7.4: Belastung von ausländischen Gewinnen bei der Anrechnungsmethode und bei der Freistellungsmethode im Vergleich mit im Inland erzielten Einkünften

Für die Belastung der im Ausland erwirtschafteten Einkünfte ist es also entscheidend, durch welche Methode im Ansässigkeitsstaat die internationale Doppelbesteuerung vermieden wird. Die prinzipielle Wirkung besteht darin, dass bei der **Anrechnungsmethode** die ausländischen Einkünfte in Höhe des inländischen Steuerniveaus besteuert werden. Gegenüber der Besteuerung von im Inland erzielten Einkünften besteht grundsätzlich kein Unterschied. Die Belastung nach den Verhältnissen, die im Ansässigkeitsstaat des Steuerpflichtigen gelten, dh mit dem Steuerniveau des Staates, aus dem das eingesetzte Kapital stammt, wird als **Kapitalexportneutralität** bezeichnet.[10] 912

10 Zu den Begriffen Kapitalexportneutralität und Kapitalimportneutralität siehe grundlegend Musgrave, United States taxation of foreign investment income, Cambridge 1969, S. 109–121; Vogel, Steuerliche Behinderungen des internationalen Kapitalflusses zwischen einer Muttergesellschaft und ihrer Tochtergesellschaft, CDFI 1984, S. 20–22.

	Fall 1 $s_{Inland} > s_{Ausland}$	**Fall 2** $s_{Inland} = s_{Ausland}$	**Fall 3** $s_{Inland} < s_{Ausland}$
begrenzte Anrechnung	inländisches Steuerniveau (Nachholeffekt)	inländisches Steuerniveau	ausländisches Steuerniveau (Anrechnungshöchstbetrag)
Freistellung mit Progressionsvorbehalt	ausländisches Steuerniveau	ausländisches Steuerniveau	ausländisches Steuerniveau

Abb. 7.5: Belastung von ausländischen Gewinnen bei der Anrechnungsmethode und bei der Freistellungsmethode

913 Bei der **Freistellungsmethode** unterliegen die Auslandseinkünfte ausschließlich im Quellenstaat der Besteuerung. Eine Belastung in Höhe des Steuerniveaus des Staates, in dem die Geschäftstätigkeit ausgeübt wird, wird mit dem Begriff **Kapitalimportneutralität** belegt. Inwieweit es bei einer grenzüberschreitenden Betätigung im Vergleich zu einer reinen Inlandsaktivität zu Mehr- oder Minderbelastungen kommt, hängt vom Verhältnis zwischen dem in- und ausländischen Steuerniveau ab.

Diese **Grundaussagen** sind allerdings bei der begrenzten Anrechnung dann **zu modifizieren**, wenn das ausländische Steuerniveau die deutsche Steuerbelastung übersteigt (Fall 3). Wird der **Anrechnungshöchstbetrag** überschritten, führen begrenzte Anrechnung und Freistellung mit Progressionsvorbehalt auch hinsichtlich der ausländischen Einkünfte zum gleichen Ergebnis. Durch den Anrechnungsüberhang (der Teil der Auslandssteuer, der nicht angerechnet werden kann) bestimmt auch bei der begrenzten Anrechnung der (höhere) ausländische Steuersatz die Belastung der ausländischen Einkünfte.

II. Im Ausland entstehen negative Einkünfte (Verlustfall)

1. Im Ausland keine Verlustverrechnung

914 In diesem Abschnitt wird auf die Situation abgestellt, in der im Ausland über mehrere Jahre Verluste entstehen, sodass die Wirkungen eines (interperiodischen) Verlustabzugs im Ausland ausgeklammert werden können. Auf diese Weise können die prinzipiellen Effekte der Anrechnungs- und Freistellungsmethode beim Entstehen von ausländischen Verlusten deutlicher herausgearbeitet werden. Entstehen im Ausland weder in Vorjahren noch in zukünftigen Jahren Gewinne, scheidet im Quellenstaat eine Verrechnung der Verluste aus. Diese für eine dauerhafte Verlustphase abgeleiteten Ergebnisse gelten auch für die Fälle, in denen im Ausland entweder generell kein Verlustabzug gewährt wird oder der Verlustabzug aufgrund einer zeitlichen Begrenzung nicht geltend gemacht werden kann oder der Verlustabzug nach einem Umstrukturierungsvorgang (zB Gesellschafterwechsel, Rechtsformwechsel, Verschmelzung) untergeht.

915 Entstehen im Ausland auf Dauer negative Einkünfte, fallen im Quellenstaat keine Ertragsteuern an. Wird von einer mehrjährigen Verlustphase ausgegangen, können die

Wirkungen eines (interperiodischen) Verlustabzugs im Ausland unberücksichtigt bleiben. Für die Besteuerung im Inland ist analog zum Gewinnfall zu untersuchen, welche Bemessungsgrundlageneffekte und welche Steuersatzeffekte von den Maßnahmen zur Vermeidung der internationalen Doppelbesteuerung ausgehen. Bei der **Anrechnungsmethode** stimmt die inländische Bemessungsgrundlage mit dem Welteinkommen überein, sodass die ausländischen Verluste in gleicher Weise wie im Inland entstandene negative Einkünfte mit inländischen Gewinnen verrechnet werden können. Die Steuerbelastung der Inlandseinkünfte errechnet sich aus dem für das Welteinkommen relevanten Steuersatz. Bei der Anrechnungsmethode führt das Welteinkommensprinzip dazu, dass die ausländischen Verluste im Inland sowohl die Bemessungsgrundlage als auch den Steuersatz mindern.

Kommt die **Freistellungsmethode** zur Anwendung, scheidet ein zwischenstaatlicher Verlustausgleich aus. Die inländische Bemessungsgrundlage stimmt mit den im Inland erzielten Gewinnen überein. Die ausländischen Verluste können im Ansässigkeitsstaat nicht von der Bemessungsgrundlage abgezogen werden. Bei der Freistellung mit Progressionsvorbehalt schwächt sich im Verlustfall die inländische Steuerbelastung nur dadurch ab, dass die ausländischen Verluste den auf die positiven inländischen Einkünfte anzuwendenden inländischen Steuersatz reduzieren. Diese Minderung des für die inländischen Einkünfte relevanten Steuersatzes wird als negativer Progressionsvorbehalt bezeichnet. Der Progressionsvorbehalt führt dazu, dass sich auch bei ausländischen Verlusten der auf die inländischen Einkünfte anzuwendende Steuersatz aus dem Welteinkommen des Steuerpflichtigen ergibt. **916**

Während aus Sicht des Steuerpflichtigen im Gewinnfall die Vorteilhaftigkeit der beiden Grundformen zur Vermeidung einer internationalen Doppelbesteuerung vom Verhältnis zwischen in- und ausländischem Steuerniveau abhängt, ist im Verlustfall die Reihenfolge zwischen den beiden Methoden eindeutig. Bei der Anrechnungsmethode fällt die Steuerbelastung geringer aus, da sich im Inland sowohl die Bemessungsgrundlage als auch der Steuersatz verringert. Bei der Freistellung mit (negativem) Progressionsvorbehalt können die Auslandsverluste von der im Inland steuerpflichtigen Bemessungsgrundlage nicht abgezogen werden. Es reduziert sich lediglich der Steuersatz, aus dem der für die inländischen Einkünfte anzuwendende Steuersatz errechnet wird. **917**

Zur Verdeutlichung der grundsätzlichen Auswirkungen der Anrechnungs- und der Freistellungsmethode wird ein einfaches **Beispiel** herangezogen:[11] Ein Steuerpflichtiger erzielt ein Welteinkommen von 150 000 €, das sich aus der Zusammenfassung von inländischen Gewinnen von 200 000 € und ausländischen Verlusten von 50 000 € ergibt. Bei einem zu versteuernden Einkommen von 150 000 € errechnet sich aus dem inländischen Einkommensteuertarif ein Durchschnittssteuersatz (s_{Inland}) von 25%. Es wird von dauerhaften Verlusten ausgegangen, dh ein eventuell im Ausland möglicher Verlustabzug wird nicht betrachtet.

Bei der Anrechnungsmethode werden die ausländischen Verluste wie inländische Verluste behandelt. Die Verluste mindern im Inland die Bemessungsgrundlage

11 Vgl Jacobs, Internationale Unternehmensbesteuerung, 8. Aufl., München 2016, S. 16–19; Scheffler, Internationale betriebswirtschaftliche Steuerlehre, 3. Aufl., München 2009, S. 19–21.

(150 000 € anstatt 200 000 €). Damit errechnet sich der Steuersatz (= 25%) aus dem Welteinkommen (= 150 000 €). Bei einer Freistellung mit (negativem) Progressionsvorbehalt können die ausländischen Verluste im Inland nicht verrechnet werden (Bemessungsgrundlage 200 000 € anstatt 150 000 €). Sie führen aber wie Inlandsverluste zu einer Reduzierung des für die inländischen Gewinne geltenden Steuersatzes. Aufgrund des (negativen) Progressionsvorbehalts errechnet sich der im Inland auf die inländischen Einkünfte anzuwendende Steuersatz wie bei der Anrechnungsmethode aus dem Welteinkommen. Insgesamt entsteht bei der Freistellung mit Progressionsvorbehalt im Vergleich zur Anrechnungsmethode eine Mehrbelastung von 12 500 €. Diese ergibt sich aus der Multiplikation der ausländischen Verluste mit dem (aus dem Welteinkommen errechneten) inländischen Steuersatz: 50 000 € × 25%.

	Anrechnungsmethode	**Freistellung mit Progressionsvorbehalt**
Besteuerung im Ausland	–.–	–.–
Besteuerung im Inland		
Bemessungsgrundlage	Welteinkommen $E_{Inland} + E_{Ausland} = 150\,000$ €	inländische Einkünfte $E_{Inland} = 200\,000$ €
× für die Berechnung des Steuersatzes maßgebliche Einkünfte	Welteinkommen $s_{Inland}(E_{Inland}+E_{Ausland}) = 25\%$	Welteinkommen $s_{Inland}(E_{Inland}+E_{Ausland}) = 25\%$
= tarifliche Steuer	37 500 €	50 000 €
Vergleich mit der Belastung bei im Inland entstehenden Verlusten		
Steuerbelastung bei inländischen Einkünften von 150 000 € (entspricht Welteinkommen)	37 500 €	37 500 €
Mehrbelastung bei Auslandsverlusten	keine	+12 500 €

Abb. 7.6: Anrechnungsmethode und Freistellung mit Progressionsvorbehalt im Verlustfall (im Ausland keine Verlustverrechnung)

2. Im Ausland Verlustverrechnung möglich

918 Bei der Analyse des Einflusses der Verlustverrechnung im Ausland auf die Gesamtsteuerbelastung wird vereinfachend auf die Situation abgestellt, in der das inländische Steuerniveau den ausländischen Steuersatz übersteigt (Fall 1 des Gewinnfalls). Darüber hinaus werden die sich aus progressiven Steuertarifen ergebenden Steuersatzeffekte nicht berücksichtigt, dh sowohl im Inland als auch im Ausland wird von einem konstanten Steuersatz ausgegangen.[12]

12 Siehe zum Folgenden und zu der Situation, in der das inländische Steuerniveau niedriger ist als der ausländische Steuersatz, Jacobs, Internationale Unternehmensbesteuerung, 8. Aufl., München 2016, S. 16–19; Scheffler, Internationale betriebswirtschaftliche Steuerlehre, 3. Aufl., München 2009, S. 21–25.

a) Im Ausland Verlustrücktrag

Ist es im Ausland möglich, die Verluste über einen Verlustrücktrag mit Gewinnen zu saldieren, die in einem dem Verlustjahr vorangehenden Veranlagungszeitraum in diesem Staat entstanden sind, kommt es insoweit zu einer Erstattung von im Ausland im Rücktragsjahr gezahlten Steuern. Im Ausland fließen dem Steuerpflichtigen im Verlustjahr über den Verlustrücktrag liquide Mittel in Höhe des Produkts aus ausländischem Steuersatz und ausländischem Verlust zu. **919**

Wird im Inland die internationale Doppelbesteuerung durch die **Anrechnungsmethode** vermieden, wird zum einen der Auslandsverlust im Inland nach dem Welteinkommensprinzip verrechnet und zum zweiten wird die in früheren Jahren vorgenommene Anrechnung korrigiert. Da die im Ausland im Rücktragsjahr erhobene Steuer über den Verlustrücktrag erstattet wird, besteht nachträglich für die Anrechnung keine Notwendigkeit mehr. Die Erstattung der Auslandssteuern im Quellenstaat und die Berichtigung der Anrechnung im Ansässigkeitsstaat erfolgen in dem Jahr, in dem die ausländischen Verluste über den Verlustrücktrag im Ausland mit in Vorjahren entstandenen Gewinnen verrechnet werden. Durch die Verrechnung des Auslandsverlusts mit den inländischen Gewinnen resultiert eine Minderung der inländischen Steuerbelastung in Höhe des ausländischen Verlusts multipliziert mit dem inländischen Steuersatz. Die Entlastung durch den Verlustrücktrag im Ausland wird im Inland durch die Korrektur der in den Vorjahren vorgenommenen Anrechnung von ausländischen Steuern neutralisiert.

Bei der **Freistellungsmethode** bleiben die ausländischen Verluste im Rahmen der inländischen Veranlagung unberücksichtigt. Die Entlastung über den Verlustrücktrag wirkt sich ausschließlich im Ausland aus. Für die inländische Besteuerung ergeben sich keine Folgewirkungen.

im Ausland Verlustrücktrag	Anrechnungsmethode	Freistellungsmethode
Besteuerung im Ausland		
Entlastung durch Verlustrücktrag	–7 500 €	–7 500 €
Besteuerung im Inland		
Bemessungsgrundlage	150 000 €	200 000 €
× inländischer Steuersatz	25%	25%
= tarifliche Steuer	37 500 €	50 000 €
+ Korrektur der im Rücktragsjahr vorgenommenen Anrechnung	+7 500 €	–.–
= festzusetzende Steuer	45 000 €	50 000 €
Gesamtsteuerbelastung	37 500 €	42 500 €
Entlastung durch Verrechnung des ausländischen Verlusts	–12 500 €	–7 500 €
im Vergleich zur Entlastungswirkung von im Inland entstandenen Verlusten	±0 €	+5 000 €

Abb. 7.7: Anrechnungsmethode und Freistellung mit Progressionsvorbehalt im Verlustfall (im Ausland Verlustrücktrag)

b) Im Ausland Verlustvortrag

920 Können die ausländischen Verluste im Quellenstaat über einen Verlustvortrag verrechnet werden, scheidet zwar im Verlustjahr im Ausland eine Verlustverrechnung aus. Allerdings mindern sich die in Zukunft im Ausland zu zahlenden Steuern, da die zukünftigen Gewinne mit den entstandenen Verlusten saldiert werden können.

Bei der **Anrechnungsmethode** ist die Verrechnung der ausländischen Verluste mit den inländischen Gewinnen im Verlustjahr unabhängig von der Verlustbehandlung im Ausland. Durch den Verlustvortrag im Ausland mindern sich jedoch die in späteren Jahren im Ausland zu zahlenden Steuern. Damit kann es insoweit in der Zukunft im Inland zu keiner Anrechnung kommen. Der Vorteil aus dem Verlustvortrag im Vortragsjahr wird im Rahmen der inländischen Besteuerung durch eine entsprechende Reduzierung der anrechenbaren Steuern neutralisiert. Als Vorteil verbleibt die sofortige Verrechnung der ausländischen Verluste mit inländischen Gewinnen.

Der Einbezug der ausländischen Verluste in den Verlustvortrag im Ausland wirkt sich bei der **Freistellungsmethode** auf die inländische Besteuerung nicht aus. Unabhängig vom Umfang der Verlustverrechnung im Quellenstaat bleiben die ausländischen Verluste und die im Ausland anfallenden Steuerbelastungen und -entlastungen im Inland unberücksichtigt. Im Ergebnis werden die Verluste nur im Ausland berücksichtigt. Die Entlastungswirkung tritt allerdings erst in dem Jahr ein, in dem im Ausland Gewinne entstehen. Im Vergleich mit der Anrechnungsmethode kommt es bei der Freistellungsmethode zu einem negativen Zeiteffekt.

im Ausland Verlustvortrag	Anrechnungsmethode	Freistellungsmethode
Besteuerung im Ausland		
im Verlustjahr: keine Verrechnung	–.–	–.–
im Vortragsjahr: Verrechnung mit positiven ausländischen Einkünften	– 7 500 €	– 7 500 €
Besteuerung im Inland im Verlustjahr		
Bemessungsgrundlage	150 000 €	200 000 €
× inländischer Steuersatz	25%	25%
= inländische Steuer	37 500 €	50 000 €
Besteuerung im Inland im Vortragsjahr		
Minderung der Anrechnung ausländischer Steuern	7 500 €	–.–
Gesamtsteuerbelastung		
im Verlustjahr	37 500 €	50 000 €
+ im Vortragsjahr	0 €	– 7 500 €
= insgesamt	37 500 €	42 500 €
Entlastung durch Verrechnung des ausländischen Verlusts	– 12 500 €	– 7 500 €

im Ausland Verlustvortrag	Anrechnungsmethode	Freistellungsmethode
im Vergleich zur Entlastungswirkung von im Inland entstandenen Verlusten	±0 €	+5 000 € erst im Vortragsjahr

Abb. 7.8: Anrechnungsmethode und Freistellung mit Progressionsvorbehalt im Verlustfall (im Ausland Verlustvortrag)

3. Auswertung

Aus **Sicht der Steuerpflichtigen** ist im **Verlustfall** die **Anrechnungsmethode eindeutig vorzuziehen**. Unabhängig davon, in welcher Weise die ausländischen Verluste im Rahmen der ausländischen Besteuerung berücksichtigt werden, können die ausländischen Verluste im Verlustjahr mit positiven inländischen Einkünften verrechnet werden. Die Entlastungswirkung errechnet sich aus dem inländischen Steuersatz. Im Vergleich zu Verlusten, die im Inland entstehen, treten weder Nachteile noch Vorteile auf. Die Verluste werden im Verlustjahr einmal verrechnet. Die Verlustverrechnung im Ausland hat aus Sicht des Steuerpflichtigen keinen Einfluss auf die Gesamtsteuerbelastung. 921

Demgegenüber hängt bei der Freistellungsmethode die Behandlung der Verluste von den im Ausland geltenden Verhältnissen ab. Können die ausländischen Verluste im Ausland nicht über einen Verlustabzug verrechnet werden, wirken sich die Verluste weder im Ausland noch im Inland auf die Bemessungsgrundlage aus. Besteht im Ausland die Möglichkeit eines Verlustrücktrags, mindert sich im Verlustjahr die Gesamtsteuerbelastung um das Produkt aus ausländischem Verlust und ausländischem Steuersatz. Beim Verlustvortrag wird der Steuersatznachteil durch einen negativen Zeiteffekt verstärkt, da die Entlastung erst in dem Veranlagungszeitraum wirksam wird, in dem im Ausland Gewinne entstehen. Die **Nachteile der Freistellungsmethode** fallen also umso stärker ins Gewicht, je schlechter im Ausland die Verlustverrechnungsmöglichkeiten sind (Abb. 7.9):

- im Ausland keine Verlustverrechnung
  Freistellungsmethode im Vergleich zur Anrechnungsmethode: negativer Bemessungsgrundlageneffekt
- im Ausland Verlustvortrag
  Freistellungsmethode im Vergleich zur Anrechnungsmethode: negativer Steuersatzeffekt und negativer Zeiteffekt
- im Ausland Verlustrücktrag
  Freistellungsmethode im Vergleich zur Anrechnungsmethode: (nur) negativer Steuersatzeffekt

Umfang der Verrechnung der ausländischen Verluste im Ausland	**Anrechnungsmethode**	**Freistellungsmethode**
im Ausland keine Verlustverrechnung	sofort inländischer Steuersatz	keine Verlustverrechnung
im Ausland Verlustvortrag • Zeitpunkt der Verlustverrechnung • Entlastungswirkung	sofort inländischer Steuersatz	später ausländischer Steuersatz
im Ausland Verlustrücktrag • Zeitpunkt der Verlustverrechnung • Entlastungswirkung	sofort inländischer Steuersatz	sofort ausländischer Steuersatz

Abb. 7.9: Entlastung von ausländischen Verlusten bei der Anrechnungsmethode und der Freistellung mit Progressionsvorbehalt in Abhängigkeit von der Verlustverrechnung im Ausland

D. Bedeutung von Doppelbesteuerungsabkommen

I. Funktion von Doppelbesteuerungsabkommen

922 Maßnahmen zur Vermeidung einer internationalen Doppelbesteuerung können entweder durch unilaterale (einseitige, nationale) Vorschriften oder durch bilaterale (zweiseitige) Verträge eingeführt werden. **Unilaterale Maßnahmen** führen zu einem einseitigen Steuerverzicht eines Staates, der seinen Steueranspruch gegenüber Steuerinländern im Rahmen der unbeschränkten Steuerpflicht bzw gegenüber Steuerausländern im Rahmen der beschränkten Steuerpflicht reduziert. Im deutschen Steuerrecht wird bei den Personensteuern die internationale Doppelbesteuerung im Regelfall durch die **Anrechnungsmethode** vermieden (§ 34c iVm § 34d EStG, § 26 KStG, § 21 ErbStG). Bei im Ausland ansässigen Steuerpflichtigen ist der inländische Steueranspruch auf die in § 49 EStG im Einzelnen konkretisierten inländischen Einkünfte begrenzt.

923 Zu den **bilateralen Normen** gehören **Doppelbesteuerungsabkommen**. DBA sind völkerrechtliche Verträge zwischen zwei Staaten, in denen die beiden Vertragspartner gegenseitige Steuerverzichte vereinbaren, um eine internationale Doppelbesteuerung der grenzüberschreitenden Geschäftstätigkeit der in ihrem Staatsgebiet ansässigen Steuerpflichtigen zu vermeiden. Durch ein DBA werden **keine Besteuerungsrechte geschaffen**. Ihre Aufgabe besteht **vielmehr** darin, die im nationalen Recht der beiden Staaten kodifizierten **Besteuerungsrechte einzuschränken**. In einem DBA wird festgelegt, welche der nach nationalem Recht bestehenden Besteuerungsnormen im Geschäftsverkehr mit dem anderen Vertragsstaat noch angewendet werden dürfen und damit in welchem Umfang Besteuerungsrechte nicht mehr ausgeübt werden dürfen.

924 Obwohl DBA im Regelfall nur zwischen zwei Staaten abgeschlossen werden, orientieren sie sich an bestimmten Leitlinien, die in „Musterabkommen" formuliert sind.

Bei „Musterabkommen" handelt es sich um Abkommensmodelle, die als Ausgangspunkt für die Verhandlungen zwischen zwei Staaten dienen. Musterabkommen entfalten keine unmittelbare Rechtswirkung; sie haben lediglich den Charakter von Empfehlungen. Für die konkreten Abkommen üben sie die Funktion eines technischen Hilfsmittels oder einer Formulierungshilfe aus. Die größte Bedeutung kommt dem **OECD-Musterabkommen** zu.[13] Es bildet die Leitlinie für Abkommen zwischen westlichen Industriestaaten. Es beruht auf der Annahme, dass der Wirtschaftsverkehr zwischen den beiden Staaten annähernd ausgeglichen ist. Die Einschränkung der Wohnsitz- oder der Quellenbesteuerung hat damit für das Steueraufkommen der beiden Vertragspartner in etwa die gleichen Auswirkungen.

Die in einem DBA enthaltenen Vorschriften werden durch **Transformation** zu unmittelbar anwendbarem nationalem Recht (Art. 59 GG, § 2 AO). Die in einem Abkommen enthaltenen Regelungen gehen als Spezialnormen dem unilateralen Steuerrecht vor. Das Verhältnis zwischen den beiden Rechtskreisen stellt sich so dar, dass mit den nationalen Vorschriften der jeweilige Staat seinen Besteuerungsanspruch schafft. Innerhalb eines DBA grenzen die beiden Staaten den Umfang ihres Besteuerungsrechts gegeneinander ab, sodass der in den nationalen Vorschriften kodifizierte Besteuerungsanspruch ganz oder teilweise nicht (mehr) geltend gemacht werden kann.

Da das DBA-Recht den Charakter von Schrankennormen besitzt, ist eine Fallunterscheidung vorzunehmen: (1) Gehen die nationalen Vorschriften weiter als das innerhalb des DBA zugewiesene Besteuerungsrecht, darf der betroffene Staat sein Besteuerungsrecht nur innerhalb der Grenzen ausüben, die in dem DBA formuliert werden. (2) Gehen demgegenüber die Regelungen in dem DBA über den in den nationalen Vorschriften abgesteckten Besteuerungsanspruch hinaus, dürfen die Steuern lediglich auf der Grundlage des nationalen Rechts erhoben werden. Das darüber hinausreichende Besteuerungsrecht, das sich aus dem DBA ergibt, kann nicht geltend gemacht werden.

Die in den Abkommen vereinbarten Steuerverzichte gelten für beide Staaten. Diese **925**
Regelungen beruhen auf Gegenseitigkeit und führen dazu, dass die Abkommensartikel relativ schwer zu lesen sind. So heißt es beispielsweise im Art. 7 Abs. 1 OECD-MA: „Gewinne eines Unternehmens *eines Vertragsstaates* können nur *in diesem Staat* besteuert werden, es sei denn, das Unternehmen übt seine Tätigkeit *im anderen Vertragsstaat* durch eine *dort* belegene Betriebsstätte aus. Übt das Unternehmen seine Geschäftstätigkeit auf diese Weise aus, so können die Gewinne des Unternehmens *im anderen Staat* besteuert werden, jedoch nur insoweit, als sie *dieser* Betriebsstätte zugerechnet werden können."

Wendet man diese Regelung beispielsweise im Verhältnis zwischen Deutschland und Frankreich an, ist diese Vorschrift für ein deutsches Unternehmen wie folgt zu interpretieren: Gewinne eines *deutschen* Unternehmens (eines Vertragsstaates) können nur *in Deutschland* (in diesem Staat) besteuert werden, es sei denn, das *deutsche* Un-

13 Vgl OECD-MC, Introduction, Nr 12–15 sowie Endres/Spengel, International Company Taxation and Tax Planning, Alphen aan den Rijn 2015, S. 223–225; Vogel/Lehner, Doppelbesteuerungsabkommen, 6. Aufl., München 2015, Grundlagen, Rz. 35.

ternehmen übt seine Tätigkeit *in Frankreich* (im anderen Vertragsstaat) durch eine *in Frankreich* (dort) belegene Betriebsstätte aus. Übt das *deutsche* Unternehmen seine Geschäftstätigkeit auf diese Weise *in Frankreich* aus, so können die Gewinne des *deutschen* Unternehmens *in Frankreich* (im anderen Staat) besteuert werden, jedoch nur insoweit, als sie dieser *französischen* Betriebsstätte zugerechnet werden können.

Analog gilt für ein französisches Unternehmen: Gewinne eines *französischen* Unternehmens können nur *in Frankreich* besteuert werden, es sei denn, das *französische* Unternehmen übt seine Tätigkeit *in Deutschland* durch eine *in Deutschland* belegene Betriebsstätte aus. Übt das *französische* Unternehmen seine Geschäftstätigkeit auf diese Weise aus, so können die Gewinne des *französischen* Unternehmens *in Deutschland* besteuert werden, jedoch nur insoweit, als sie dieser *deutschen* Betriebsstätte zugerechnet werden können.

II. Aufteilung der Besteuerungsrechte in Doppelbesteuerungsabkommen

926 Da die Bundesrepublik Deutschland mit den meisten wirtschaftlich bedeutsamen Staaten ein Doppelbesteuerungsabkommen abgeschlossen hat,[14] wird die internationale Doppelbesteuerung zumeist durch abkommensrechtliche Regelungen vermieden. Den nationalen Vorschriften zur Vermeidung einer internationalen Doppelbesteuerung kommt nur eine ergänzende Funktion zu.

Da sich die deutsche Abkommenspraxis weitgehend am OECD-Musterabkommen orientiert, wird für die folgende Darstellung aus Vereinfachungsgründen das OECD-Musterabkommen herangezogen. Im konkreten Einzelfall ist zwar die spezifische Regelung in dem betreffenden Abkommen maßgebend. Die Abweichungen zwischen den von der Bundesrepublik abgeschlossenen Abkommen gegenüber dem OECD-Musterabkommen beschränken sich allerdings auf spezielle Sachverhalte. Die Struktur und die grundsätzliche Vorgehensweise stimmen mit dem für DBA zwischen Industriestaaten konzipierten Abkommensmodell weitgehend überein.[15]

---

14 Der Stand der Doppelbesteuerungsabkommen wird jeweils zu Beginn eines Jahres im Bundessteuerblatt veröffentlicht. Für das Jahr 2020 siehe BStBl. 2020 I, S. 162.

15 Zu einem Vergleich zwischen dem OECD-Musterabkommen und den deutschen Abkommen siehe insbesondere Vogel/Lehner, Doppelbesteuerungsabkommen, 6. Aufl., München 2015. Die Texte der von der Bundesrepublik abgeschlossenen Doppelbesteuerungsabkommen können auf den Seiten des Bundesministeriums der Finanzen abgerufen werden (BMF, Doppelbesteuerungsabkommen, http://www.bundesfinanzministerium.de/Web/DE/Themen/Steuern/Internationales_Steuerrecht/Staatenbezogene_Informationen/staatenbezogene_info.html). Zur Kommentierung der von Deutschland abgeschlossenen Abkommen siehe im Einzelnen Gosch/Kroppen/Grotherr/Kraft, DBA-Kommentar, Teil 3 sowie Wassermeyer, Doppelbesteuerung, Länderteil. Zur deutschen Abkommenspolitik siehe auch die Verhandlungsgrundlage für Doppelbesteuerungsabkommen im Bereich der Steuern vom Einkommen und Vermögen (Verhandlungsgrundlage, D-VG), https://www.bundesfinanzministerium.de/Content/DE/Standardartikel/Themen/Steuern/Internationales_Steuerrecht/Allgemeine_Informationen/2013-08-22-Verhandlungsgrundlage-Doppelbesteuerungsabkommen-Steuern-vom-Einkommen-und-Vermoegen.html.

1. Nebeneinander von unbeschränkter und beschränkter Steuerpflicht

Das primäre Ziel des OECD-Musterabkommens besteht darin, im Bereich der Ertrag- und Substanzsteuern die aus dem Nebeneinander von unbeschränkter Steuerpflicht im Ansässigkeitsstaat und beschränkter Steuerpflicht im Quellenstaat resultierende rechtliche Doppelbesteuerung zu vermeiden. Erreicht wird dies durch die Verteilungsnormen (Art. 6 bis Art. 22 OECD-MA) sowie die Vermeidungsnorm (Art. 23A oder Art. 23B OECD-MA). Da international keine Einigkeit besteht, ob im Ansässigkeitsstaat internationale Doppelbesteuerungen über die Anrechnungsmethode oder die Freistellungsmethode zu vermeiden ist, enthält das OECD-Musterabkommen in der Vermeidungsnorm einen Alternativvorschlag. Die Bundesrepublik Deutschland orientiert sich bei den von ihr abgeschlossenen Abkommen bei Direktinvestitionen im Ausland weitgehend an der im Art. 23A OECD-MA geregelten Freistellungsmethode. 927

Das OECD-Musterabkommen ist von der Grundüberlegung geprägt, dass es nicht zu einem einseitigen Steuerverzicht eines Staates kommen darf, sondern beide Vertragsstaaten ihren Besteuerungsanspruch in annähernd gleichem Umfang einschränken. Innerhalb des OECD-Musterabkommens lässt sich hinsichtlich der Vermeidung von internationalen Doppelbesteuerungen weder eine einheitliche Orientierung am Wohnsitzstaatsprinzip (Ansässigkeitsprinzip)[16] noch eine alleinige Ausrichtung nach dem Territorialitätsprinzip erkennen. Da die verschiedenen Abkommensartikel eine **Kombination von Eingrenzung der Besteuerung im Ansässigkeitsstaat und Reduzierung der Quellenbesteuerung** vorsehen, wirkt sich der Abschluss eines DBA sowohl auf den Umfang der beschränkten Steuerpflicht im Ausland als auch auf die unbeschränkte Steuerpflicht im Inland aus. Die Aufteilung der Besteuerungsrechte zwischen den beteiligten Staaten bestimmt sich nach dem Grad der wirtschaftlichen Verbundenheit mit dem (ausländischen) Quellenstaat. Sie wird deshalb für die einzelnen Einkunftsarten in unterschiedlicher Weise vorgenommen. In der Abb. 7.10 sind die wichtigsten Regelungen überblicksartig zusammengestellt. 928

Einkunftsart	**Besteuerung im Quellenstaat**	**Besteuerung im Ansässigkeitsstaat**
Einkünfte aus unbeweglichem Vermögen (Art. 6)	uneingeschränktes Besteuerungsrecht	Freistellung
Unternehmensgewinne (Art. 7)	Begrenzung des Umfangs des Besteuerungsrechts auf Betriebsstättengewinne	Freistellung von Betriebsstättengewinnen keine ausländische Betriebsstätte: Besteuerung
Dividenden (Art. 10)	Begrenzung der Höhe der Kapitalertragsteuer auf 15% (bei „Schachteldividenden“ auf 5%)	Besteuerung mit Anrechnung der ausländischen Quellensteuer

16 Die Bezeichnung „Wohnsitzstaat“ bezieht sich nur auf natürliche Personen. Da vom persönlichen Anwendungsbereich eines Abkommens auch juristische Personen erfasst werden, wird im DBA-Recht der Begriff „Ansässigkeitsstaat“ verwendet.

Einkunftsart	Besteuerung im Quellenstaat	Besteuerung im Ansässigkeitsstaat
Zinsen (Art. 11)	Begrenzung der Höhe der Kapitalertragsteuer auf 10%	Besteuerung mit Anrechnung der ausländischen Quellensteuer
Lizenzgebühren (Art. 12)	Aufhebung des Besteuerungsrechts	Besteuerung
Veräußerungsgewinne (Art. 13)	Begrenzung des Umfangs des Besteuerungsrechts auf Gewinne aus der Veräußerung von unbeweglichem Vermögen und Betriebsstättenvermögen	Freistellung von Gewinnen aus der Veräußerung von unbeweglichem Vermögen und Betriebsstättenvermögen andere Veräußerungsgewinne: Besteuerung
Einkünfte aus unselbständiger Arbeit (Art. 15)	Grundsatz: Besteuerungsrecht Ausnahme: kein Besteuerungsrecht, wenn Art. 15 Abs. 2 erfüllt ist	Grundsatz: Freistellung Ausnahme: Besteuerung, wenn Art. 15 Abs. 2 erfüllt ist

Abb. 7.10: Abgrenzung der Besteuerungsrechte im OECD-Musterabkommen und ihre Umsetzung in die deutsche Besteuerungspraxis

929 Besteht eine nachhaltige Verknüpfung mit der Volkswirtschaft, in der die ausländische Geschäftstätigkeit ausgeübt wird, wird das Besteuerungsrecht des Quellenstaates nicht eingeschränkt. Diese Voraussetzung ist nach den Vorstellungen der OECD grundsätzlich bei **Einkünften aus unbeweglichem Vermögen** erfüllt. Einkünfte aus der Überlassung von Grundstücken sowie aus Land- und Forstwirtschaft werden nach dem **Belegenheitsprinzip** ausschließlich im Quellenstaat besteuert (Art. 6 OECD-MA). Im Inland werden die Einkünfte aus unbeweglichem Vermögen freigestellt (Art. 23A Abs. 1 OECD-MA, Freistellung mit Progressionsvorbehalt).

930 Bei der Besteuerung von Unternehmensgewinnen und bei Einkünften aus unselbständiger Arbeit kennt das OECD-Musterabkommen eine Begrenzung der Bemessungsgrundlage im Quellenstaat (Einschränkung des Besteuerungsrechts dem Grunde nach). Im Ausland ist eine Besteuerung nur dann zulässig, wenn sich die Verknüpfung mit der dortigen Volkswirtschaft durch bestimmte Anknüpfungsmerkmale konkretisiert hat:

- **Unternehmensgewinne** sind **im Quellenstaat** nur dann steuerbar, **wenn im Ausland eine Betriebsstätte** unterhalten wird (Betriebsstättenprinzip, Art. 7 Abs. 1 OECD-MA). Zu den Unternehmensgewinnen gehören sowohl die Einkünfte aus Gewerbebetrieb als auch die Einkünfte aus selbständiger Arbeit. Für den Umfang des Besteuerungsrechts des ausländischen Staates ist damit für gewerbliche Einkünfte und für freiberuflich tätige Personen der in Art. 5 OECD-MA festgelegte Inhalt des Begriffs der Betriebsstätte von grundlegender Bedeutung.[17] Im Inland

17 Zum Inhalt des DBA-Betriebsstättenbegriffs siehe OECD-MC, Art. 5, Nr 1–42 sowie Endres/Spengel, International Company Taxation and Tax Planning, Alphen aan den Rijn 2015, S. 312–316; Reimer/Rust, Klaus Vogel on Double Taxation Conventions, 4. Aufl., Alphen aan den Rijn 2015, S. 333–407.

wird die internationale Doppelbesteuerung durch die Freistellung mit Progressionsvorbehalt vermieden (Art. 23A Abs. 1 OECD-MA).

- Wird im Ausland **keine Betriebsstätte** errichtet, dürfen die Unternehmensgewinne **ausschließlich im Ansässigkeitsstaat** des Unternehmers besteuert werden. Für den Quellenstaat entfällt insoweit das Besteuerungsrecht. Damit werden beispielsweise Warenexporte (Außenhandel) oder gewerbliche Dienstleistungen ausschließlich im Ansässigkeitsstaat des liefernden bzw leistenden Unternehmers besteuert.

Bei **Arbeitnehmern** steht das Besteuerungsrecht grundsätzlich dem Quellenstaat **931**
(Tätigkeitsstaat) zu (Art. 15 Abs. 1 OECD-MA). Diese Grundregel wird durch Art. 15 Abs. 2 OECD-MA modifiziert. Der Quellenstaat besitzt dann kein Besteuerungsrecht, wenn sich der Arbeitnehmer im Ausland innerhalb eines Zeitraums von zwölf Monaten nicht länger als 183 Tage aufhält *und* der Arbeitgeber, der die Vergütung zahlt bzw für den die Vergütung gezahlt wird, nicht im Tätigkeitsstaat ansässig ist *und* die Vergütung nicht von einer Betriebsstätte getragen wird, die der Arbeitgeber im Tätigkeitsstaat hat. Sind diese drei Bedingungen kumulativ erfüllt, liegt das Besteuerungsrecht beim Ansässigkeitsstaat. Die Einkünfte des Arbeitnehmers werden also dann in seinem Ansässigkeitsstaat besteuert, wenn er nur für kurze Zeit (weniger als 183 Tage) im Ausland tätig ist und wenn die Vergütung vom Arbeitgeber im Inland als Betriebsausgabe abgezogen werden kann. Liegt eine der Bedingungen nicht vor, verbleibt das Besteuerungsrecht beim Tätigkeitsstaat (**eingeschränktes Arbeitsortprinzip**).[18] Der Tätigkeitsstaat kann also die Einkünfte aus einer im Ausland ausgeübten Tätigkeit dann besteuern, wenn der Arbeitnehmer über einen längeren Zeitraum dort tätig ist oder wenn sich die Vergütung beim Arbeitgeber in diesem Staat gewinnmindernd auswirkt. Die internationale Doppelbesteuerung wird dadurch vermieden, dass für die Einkünfte, für die der Tätigkeitsstaat das Besteuerungsrecht hat, im Ansässigkeitsstaat eine Besteuerung unterbleibt (Art. 23A Abs. 1 OECD-MA, Freistellung mit Progressionsvorbehalt).

Besteuerungsrecht beim Tätigkeitsstaat	Besteuerungsrecht beim Ansässigkeitsstaat
Grundsatz: Besteuerung im Tätigkeitsstaat (Art. 15 Abs. 1 OECD-MA) Ausnahme: Art. 15 Abs. 2 OECD-MA erfüllt	Besteuerung im Ansässigkeitsstaat nur dann, wenn Art. 15 Abs. 2 OECD-MA erfüllt ist

Rust, Klaus Vogel on Double Taxation Conventions, 4. Aufl., Alphen aan den Rijn 2015, S. 333–407. Zur Diskussion auf Ebene der OECD zur Ausweitung des Betriebsstättenbegriffs siehe Bendlinger, SWI 2016, S. 194; Haase, Außensteuergesetz Doppelbesteuerungsabkommen, 3. Aufl., Heidelberg 2016, Kapitel II, Art. 5 MA, Rn. 38–57; Hruschka, Betriebsstätten nach BEPS, in: Oestreicher (Hrsg.), BEPS konkret und weitere Entwicklungen im deutschen Steuerrecht, Herne 2018, S. 23–33; Lübbehüsen/Kahle, Brennpunkte der Besteuerung von Betriebsstätten, 2. Aufl., Herne 2019, S. 140–248; Schönfeld, Neue Entwicklungen zur Betriebsstätte im Internationalen Steuerrecht: Betriebsstättenbegriff, in: Achatz (Hrsg.), Internationales Steuerrecht, Köln 2013, S. 239–242; Wassermeyer/Andresen/Ditz, Betriebsstätten Handbuch, 2. Aufl., Köln 2018, Rz. 2.70–2.72, Rz. 2.219–2.225.

18 Siehe hierzu BMF-Schreiben vom 3.5.2018, BStBl. 2018 I, S 643. Besonderheiten gelten für Grenzgänger, dh für Arbeitnehmer, die in Grenznähe wohnen und arbeitstäglich von ihrem im Ausland gelegenen Arbeitsplatz zu ihrem Wohnsitz im Inland zurückkehren, siehe hierzu Vogel/Lehner, Doppelbesteuerungsabkommen, 6. Aufl., München 2015, Art. 15, Anhang I, Rz. 128–156b.

Besteuerungsrecht beim Tätigkeitsstaat	**Besteuerungsrecht beim Ansässigkeitsstaat**
Konsequenz: Voraussetzung für ein Besteuerungsrecht des Tätigkeitsstaates	Konsequenz: Voraussetzung für ein Besteuerungsrecht des Ansässigkeitsstaates
• der Arbeitnehmer hält sich im Tätigkeitsstaat mindestens 183 Tage auf oder • der Arbeitgeber, der die Vergütung zahlt bzw für den die Vergütung gezahlt wird, ist im Tätigkeitsstaat ansässig oder • die Vergütung wird von einer Betriebsstätte getragen, die der Arbeitgeber im Tätigkeitsstaat unterhält	• der Arbeitnehmer hält sich im Tätigkeitsstaat nicht länger als 183 Tage auf und • der Arbeitgeber, der die Vergütung zahlt bzw für den die Vergütung gezahlt wird, ist nicht im Tätigkeitsstaat ansässig und • die Vergütung wird nicht von einer Betriebsstätte getragen, die der Arbeitgeber im Tätigkeitsstaat unterhält

Abb. 7.11: Aufteilung der Besteuerungsrechte bei Einkünften aus unselbständiger Arbeit nach Art. 15 OECD-MA

932 Besitzt ein Einkommensbezieher eine schwächere Beziehung zur ausländischen Volkswirtschaft, ist aber der Schuldner der Leistungsentgelte im Quellenstaat wirtschaftlich tätig, sieht das OECD-Musterabkommen gleichfalls ein Besteuerungsrecht des Auslands vor. Allerdings wird die Höhe des Steuersatzes auf einen vorgegebenen Prozentsatz der geleisteten Bruttovergütung begrenzt (Einschränkung des Besteuerungsrechts der Höhe nach):

– Nach den Vorstellungen des OECD-Musterabkommens darf der Quellenstaat auf **Dividenden**, die eine Kapitalgesellschaft an eine *natürliche Person* zahlt, die im anderen Vertragsstaat ansässig ist, eine Kapitalertragsteuer von bis zu 15% erheben (Art. 10 Abs. 2 S. 1 Buchst. b OECD-MA). Zu einer weitergehenden Reduzierung der Kapitalertragsteuer kommt es bei Dividenden, die an eine *andere Kapitalgesellschaft* gezahlt werden: Beträgt die Beteiligung einer Mutterkapitalgesellschaft mindestens 25%, darf die Quellensteuer 5% der Bruttodividenden nicht übersteigen („Schachteldividenden", Art. 10 Abs. 2 S. 1 Buchst. a OECD-MA). Wird die Mindestbeteiligungsquote von 25% nicht erreicht (keine „Schachteldividenden"), liegt nach den Vorstellungen des OECD-Musterabkommens auch bei Gewinnausschüttungen an eine andere Kapitalgesellschaft im Rahmen der Quellenbesteuerung die Obergrenze bei 15%. In vielen von Deutschland abgeschlossenen Doppelbesteuerungsabkommen wird die Mindestbeteiligungsquote für die Absenkung der Kapitalertragsteuer bei Gewinnausschüttungen an Kapitalgesellschaften von 25% auf 10% reduziert. Zum Teil wird bei „Schachteldividenden" keine Kapitalertragsteuer erhoben.[19]

19 Diese Aussage bezieht sich ausschließlich auf die abkommensrechtliche Regelung. Die nationalstaatlichen Regelungen (zB Aufhebung der Quellenbesteuerung aufgrund der Umsetzung der Mutter-Tochter-Richtlinie) bleiben unberücksichtigt. Zur Übersicht über die deutsche Abkommenspraxis siehe Gosch/Kroppen/Grotherr/Kraft, DBA-Kommentar, Art. 10 OECD-MA, Anhang; Jacobs, Internationale Unternehmensbesteuerung, 8. Aufl., München 2016, S. 269–271; Vogel/Lehner, Doppelbesteuerungsabkommen, 6. Aufl., München 2015, Art. 10, Rz. 67; Wassermeyer, Doppelbesteuerung, Vor Art. 10–12 OECD-MA, Anlage 1 sowie BZSt, Quellensteuer, https://www.bzst.de/SharedDocs/Downloads/DE/EU_OECD/anrechenbare_ausl_quellensteuer_2019.pdf.

- Für **Zinsen** beträgt die Obergrenze für die im Quellenstaat erhobene Kapitalertragsteuer 10% (Art. 11 Abs. 2 OECD-MA).[20] In vielen von der Bundesrepublik abgeschlossenen DBA wird abweichend hiervon bei Zinsen auf den Kapitalertragsteuerabzug im Quellenstaat vollständig verzichtet.[21]
- Ein weiterer Unterschied zwischen der deutschen Abkommenspraxis und dem OECD-Musterabkommen tritt bei **Lizenzgebühren** und ähnlichen Entgelten auf. Während Art. 12 OECD-MA das Besteuerungsrecht ausschließlich dem Ansässigkeitsstaat zuweist, sehen die von Deutschland abgeschlossenen Abkommen zum Teil im Quellenstaat einen Steuerabzug vor, der häufig 5%, 10% oder 15% des Auszahlungsbetrags ausmacht.[22]

Dividenden, Zinsen und Lizenzen gehen im Ansässigkeitsstaat des Steuerpflichtigen **933** grundsätzlich in die steuerpflichtige Bemessungsgrundlage ein. Das Welteinkommensprinzip im Rahmen der unbeschränkten Steuerpflicht bleibt insoweit aufrecht erhalten. Bei diesen Einkünften wird eine internationale Doppelbesteuerung im Regelfall dadurch vermieden, dass die im Ausland erhobene Quellensteuer auf die inländische Steuerschuld angerechnet wird (Art. 23A Abs. 2 OECD-MA, begrenzte Anrechnung der ausländischen Kapitalertragsteuer).

Modifikationen ergeben sich bei Dividenden sowie Zinsen, für die nach innerstaatlichem Recht Sonderregelungen gelten: (1) Bei natürlichen Personen wird bei Einkünften aus Kapitalvermögen auch dann der 25%ige Sondersteuersatz gewährt, wenn die Einnahmen aus dem Ausland stammen (Abgeltungsteuer nach § 32d EStG). Die Anrechnung der ausländischen Kapitalertragsteuer richtet sich nach § 32d Abs. 5 EStG. Bei Dividenden, die bei natürlichen Personen im Inland dem Teileinkünfteverfahren nach § 3 Nr 40 EStG unterliegen, wird auch bei Bestehen eines Doppelbesteuerungsabkommens die 40%ige Steuerbefreiung gewährt. Die ausländische Kapitalertragsteuer kann nach § 34c Abs. 1 EStG auf die inländischen Einkommensteuer angerechnet werden. (2) Dividenden, die einer juristischen Person zufließen, unterliegen im Inland dann keiner Besteuerung, wenn die Beteiligung an der ausländischen Kapitalgesellschaft mindestens 10% beträgt (§ 8b Abs. 1, 4 KStG). In den von Deutschland abgeschlossenen Doppelbesteuerungsabkommen wird häufig unter bestimmten

---

20 Diese Aussage bezieht sich ausschließlich auf die abkommensrechtliche Regelung. Die nationalstaatlichen Regelungen (zB Aufhebung der Quellenbesteuerung aufgrund der Umsetzung der Zins-Lizenz-Richtlinie) bleiben unberücksichtigt.

21 Zur Übersicht über die deutsche Abkommenspraxis siehe Art. 11 Abs. 1 D-VG sowie Gosch/Kroppen/Grotherr/Kraft, DBA-Kommentar, Art. 11 OECD-MA, Anhang; Jacobs, Internationale Unternehmensbesteuerung, 8. Aufl., München 2016, S. 269–271; Vogel/Lehner, Doppelbesteuerungsabkommen, 6. Aufl., München 2015, Art. 11, Rz. 48–52; Wassermeyer, Doppelbesteuerung, Vor Art. 10–12 OECD-MA, Anlage 1, sowie BZSt, Quellensteuer, https://www.bzst.de/SharedDocs/Downloads/DE/EU_OECD/anrechenbare_ausl_quellensteuer_2019.pdf.

22 Diese Aussage bezieht sich ausschließlich auf die abkommensrechtliche Regelung. Die nationalstaatlichen Regelungen (zB Aufhebung der Quellenbesteuerung aufgrund der Umsetzung der Zins-Lizenz-Richtlinie) bleiben unberücksichtigt. Zur Übersicht über die deutsche Abkommenspraxis siehe Art. 12 Abs. 1 D-VG sowie Gosch/Kroppen/Grotherr/Kraft, DBA-Kommentar, Art. 12 OECD-MA, Anhang; Jacobs, Internationale Unternehmensbesteuerung, 8. Aufl., München 2016, S. 269–271; Vogel/Lehner, Doppelbesteuerungsabkommen, 6. Aufl., München 2015, Art. 12, Rz. 29–37; Wassermeyer, Doppelbesteuerung, Vor Art. 10–12 OECD-MA, Anlage 1. Zu einer Übersicht der angewendeten Quellensteuersätze siehe BZSt, Reststeuersatzliste für Lizenzen, https://www.bzst.de/SharedDocs/Downloads/DE/Abzugsteuern/Reststeuersatzliste_Lizenzen.pdf.

Voraussetzungen eine Freistellung von Auslandsdividenden vereinbart, die eine in Deutschland ansässige Kapitalgesellschaft bezieht. Dieses DBA-Schachtelprivileg hat allerdings erheblich an praktischer Bedeutung verloren, da der Anwendungsbereich der Dividendenfreistellung nach § 8b Abs. 1, 4 KStG regelmäßig weiter geht als der des DBA-Schachtelprivilegs. Wenn die Dividenden im Inland nicht besteuert werden, kann die im Ausland auf die Gewinnausschüttungen erhobene Kapitalertragsteuer nicht angerechnet werden. Für inländische Kapitalgesellschaften ist es deshalb besonders bedeutsam, dass im Ausland die auf die Dividenden erhobene Kapitalertragsteuer zumindest reduziert wird.

934 Die Besteuerung von **Veräußerungsgewinnen** orientiert sich an den für die Erfassung der laufenden Einkünfte aufgestellten Kriterien. Bei unbeweglichem Vermögen sowie Betriebsstättenvermögen wird das Besteuerungsrecht dem Quellenstaat zugewiesen. Bei allen anderen Wirtschaftsgütern sind die Veräußerungsgewinne im Ansässigkeitsstaat des Veräußerers steuerpflichtig. Im Ausland entfällt insoweit eine Besteuerung der Veräußerungsgewinne (Art. 13 OECD-MA).[23]

2. Zweimalige unbeschränkte Steuerpflicht

935 Doppelbesteuerungsabkommen enthalten neben der Aufteilung der Besteuerungsrechte zwischen dem Quellenstaat und dem Ansässigkeitsstaat weitere Regelungen, deren Zielsetzung darin besteht, internationale Doppelbesteuerungen zu vermeiden. Dazu gehört insbesondere die **Konkretisierung der Ansässigkeit** einer (natürlichen oder juristischen) Person. Über das Kriterium „Ansässigkeit" wird festgelegt, wer die in einem DBA vorgesehenen Entlastungen in Anspruch nehmen kann. Abkommensberechtigt sind die Personen, die in einem der Vertragsstaaten ansässig sind. Eine Person ist in einem Staat ansässig, wenn sie nach dem Recht dieses Staates dort aufgrund ihres Wohnsitzes, ihres ständigen Aufenthalts bzw des Orts ihrer Geschäftsleitung oder eines ähnlichen Merkmals steuerpflichtig ist (Art. 4 Abs. 1 OECD-MA). Die Ansässigkeit nach DBA-Recht bestimmt sich also nach den Kriterien, nach denen bei natürlichen und juristischen Personen die unbeschränkte Steuerpflicht abgegrenzt wird. Personen, die in einem Staat nur beschränkt steuerpflichtig sind, gelten in diesem Staat nicht als ansässig.

936 Die Konkretisierung der Ansässigkeit einer Person hat zusätzlich die Aufgabe, die aus einer gleichzeitigen unbeschränkten Steuerpflicht in beiden Vertragsstaaten resultierende Mehrfachbelastung des Welteinkommens zu vermeiden. Dies wird dadurch erreicht, dass für Personen, die nach dem nationalen Recht in beiden Staaten ansässig sind **(doppelansässige Personen)**, im Zusammenhang mit der Anwendung des DBA ein Staat als der (alleinige) Ansässigkeitsstaat bestimmt wird. Leitlinie für die Festlegung des Ansässigkeitsstaates und damit die Auflösung der Doppelansässigkeit ist, zu welchem Staat diese Person eine engere Beziehung aufweist. In dem Staat, in dem eine Person als ansässig gilt, ist sie auch im DBA-Fall unbeschränkt steuerpflichtig. Dies bedeutet, dass der Ansässigkeitsstaat als Wohnsitzstaat (natürliche Person) bzw als Sitzstaat (juristische Person) gilt. In dem anderen Staat ist diese Person bei Beste-

23 Dies gilt grundsätzlich auch für die Besteuerung von Gewinnen aus der Veräußerung von Anteilen an einer ausländischen Kapitalgesellschaft.

hen eines Doppelbesteuerungsabkommens nicht mehr unbeschränkt steuerpflichtig, sondern nur noch beschränkt steuerpflichtig, m.a.W. der Nichtansässigkeitsstaat wird als Quellenstaat angesehen.

Bei **natürlichen Personen** wird zur Auflösung des Konflikts bei einer doppelten Ansässigkeit nach folgender Prüfreihenfolge vorgegangen (Art. 4 Abs. 2 OECD-MA):[24] **937**

- Wohnstätte
- persönliche oder wirtschaftliche Beziehungen (Mittelpunkt der Lebensinteressen)
- gewöhnlicher Aufenthalt
- Staatsangehörigkeit
- gegenseitiges Einvernehmen zwischen den Behörden der beiden Vertragsstaaten.

Bei **juristischen Personen** (insbesondere Kapitalgesellschaften) wird bei einer Ansässigkeit in beiden Vertragsstaaten (nach nationalem Recht Doppelansässigkeit) die für das Abkommen maßgebliche (einmalige) Ansässigkeit durch die beteiligten Finanzbehörden in gegenseitigem Einvernehmen festgelegt (Art. 4 Abs. 3 OECD-MA). Bei dieser Entscheidung können beispielsweise folgende Kriterien Berücksichtigung finden: Ort der tatsächlichen Geschäftsleitung (Ort, an dem die „Schlüsselentscheidungen" in geschäftsleitender und unternehmerischer Hinsicht getroffen werden), Ort der Hauptverwaltung, Ort der Gründung der Kapitalgesellschaft und andere maßgebliche Faktoren (zB Ort, an dem üblicherweise die Sitzungen des Aufsichts- oder Verwaltungsrates stattfinden).[25] **938**

Zweiter Abschnitt

Besteuerung von deutschen Unternehmen mit internationaler Geschäftstätigkeit

A. Alternativen

Die Besteuerung eines international tätigen Unternehmens wird entscheidend davon beeinflusst, in welcher organisatorischen Form die Auslandsaktivitäten durchgeführt werden.[26] Die Auslandsaktivität kann durch Außenhandel (insbesondere **Export von** **939**

---

24 Siehe hierzu OECD-MC, Art. 4, Nr 10–20 sowie Endres/Spengel, International Company Taxation and Tax Planning, Alphen aan den Rijn 2015, S. 225–226; Gosch/Kroppen/Grotherr/Kraft, DBA-Kommentar, Art. 4 OECD-MA, Rn. 36–61; Vogel/Lehner, Doppelbesteuerungsabkommen, 6. Aufl., München 2015, Art. 4, Rz. 71, Rz. 160–229; Wassermeyer, Doppelbesteuerung, Art. 4 OECD-MA, Rz. 29–36.

25 Vgl OECD-MC, Art. 4, Nr 24; Pohl, IWB 2018, S. 922.

26 Siehe hierzu ausführlich Brähler, Internationales Steuerrecht, 8. Aufl., Wiesbaden 2014, S. 218–323; Fischer/Kleineidam/Warneke, Internationale betriebswirtschaftliche Steuerlehre, 5. Aufl., Berlin 2005, S. 303–445; Frotscher, Internationales Steuerrecht, 4. Aufl., München 2015, S. 147–237; Jacobs, Internationale Unternehmensbesteuerung, 8. Aufl., München 2016, S. 371–540; Mössner, Steuerrecht international tätiger Unternehmen, 5. Aufl., Köln 2018, Rz. 6.1-7.136; Rose/Watrin, Internationales Steuerrecht, 7. Aufl., Berlin 2016, S. 267–293; Scheffler, Internationale betriebswirtschaftliche Steuerlehre, 3. Aufl., München 2009, S. 339–416.

Waren und grenzüberschreitende Erbringung von gewerblichen oder freiberuflichen Dienstleistungen) entfaltet werden. Der Außenhandel wird steuerlich als Direktgeschäft bezeichnet. Bei einem Direktgeschäft wird der Leistungsaustausch mit dem ausländischen Kunden vom Inland aus durchgeführt, dh im Ausland wird kein Stützpunkt errichtet.

Übt das Unternehmen seine Aktivitäten über eine ausländische Grundeinheit aus, erfordert dies, dass im Land des Abnehmers Investitionen getätigt werden. Wird die Direktinvestition in Form einer rechtlich unselbständigen Zweigniederlassung durchgeführt, liegt im steuerlichen Sinn eine **Betriebsstätte** vor.[27] Für die Kombination von inländischem Stammhaus (Spitzeneinheit) und ausländischer Betriebsstätte (Grundeinheit) wird der Begriff „internationales Einheitsunternehmen" verwendet.

Bei Gründung einer **Tochterkapitalgesellschaft** besteht im Ausland ein mit eigenständiger Rechtsfähigkeit ausgestatteter und selbständig steuerpflichtiger Rechtsträger. Das Nebeneinander von inländischem Mutterunternehmen (Spitzeneinheit, Gesellschafter) und ausländischer Tochterkapitalgesellschaft (Grundeinheit) wird als internationaler Konzern bezeichnet. Aufgrund des bei Kapitalgesellschaften geltenden Trennungsprinzips kann der Gesellschafter mit der Tochterkapitalgesellschaft schuldrechtliche Verträge abschließen. Wie im Inlandsfall kann der inländische Gesellschafter einer ausländischen Tochterkapitalgesellschaft die finanziellen Mittel entweder durch eine **Kapitalerhöhung** (Eigenfinanzierung) oder durch ein **Gesellschafterdarlehen** (konzerninterne Fremdfinanzierung) zur Verfügung stellen.

Bei der Erläuterung der steuerlichen Folgen für deutsche Unternehmen mit grenzüberschreitender Geschäftstätigkeit wird davon ausgegangen, dass mit dem ausländischen Staat ein Doppelbesteuerungsabkommen besteht.

B. Export von Waren

940 Warenexporte unterliegen **nur im Inland** der Besteuerung. Da im Ausland keine Betriebsstätte besteht, besitzt das Ausland abkommensrechtlich kein Besteuerungsrecht. Der deutsche Unternehmer ist damit im Quellenstaat nicht beschränkt steuerpflichtig (Art. 7 Abs. 1 OECD-MA).

Die Gewinne aus dem Export von Waren werden im Inland im Rahmen der unbeschränkten Steuerpflicht des Unternehmers erfasst. Wird das inländische Unternehmen als Einzelunternehmen oder Personengesellschaft geführt, fällt im Inland sowohl Gewerbesteuer als auch Einkommensteuer (einschließlich Solidaritätszuschlag) an. Die Gewerbesteuerbelastung wird wie bei inländischen Gewinnen allgemein üblich durch die Steuerermäßigung nach § 35 EStG in pauschalierender Form weitgehend ausgeglichen. Handelt es sich bei dem inländischen Unternehmen um eine Kapitalge-

27 Aufgrund des bei Personengesellschaften geltenden Transparenzprinzips kann in einer groben Vereinfachung die Beteiligung an einer ausländischen Personengesellschaft steuerlich der Errichtung einer ausländischen Betriebsstätte gleichgestellt werden. Zur Besteuerung von Personengesellschaften im internationalen Steuerrecht siehe zB Wassermeyer/Richter/Schnittker, Personengesellschaften im Internationalen Steuerrecht, 2. Aufl., Köln 2015.

sellschaft, wird im Inland auf die durch den Warenexport erwirtschafteten Gewinne Gewerbesteuer und Körperschaftsteuer (einschließlich Solidaritätszuschlag) erhoben.

C. Errichtung einer Betriebsstätte (Niederlassung)

Nach deutschem Recht ist eine Betriebsstätte jede feste Geschäftseinrichtung oder Anlage, die der Tätigkeit eines Unternehmens dient (§ 12 S. 1 AO). Nach Art. 5 Abs. 1 OECD-MA ist eine Betriebsstätte definiert als eine feste Geschäftseinrichtung, durch die die Tätigkeit eines Unternehmens ganz oder teilweise ausgeübt wird. Sowohl nach § 12 S. 2 AO als auch nach Art. 5 Abs. 2 OECD-MA sind insbesondere der Ort der Leitung (Stätte der Geschäftsleitung), Zweigniederlassungen, Geschäftsstellen, Fabrikations- und Werkstätten als Betriebsstätten anzusehen.[28] **941**

Einkünfte, die ein inländischer Steuerpflichtiger über eine **im Ausland** belegene Betriebsstätte erzielt, werden bei Bestehen eines Doppelbesteuerungsabkommens prinzipiell nur im Ausland besteuert (Art. 7 Abs. 1 OECD-MA). Der Inhaber des inländischen Stammhauses wird im Ausland **beschränkt einkommensteuerpflichtig** (Einzelunternehmen, Personengesellschaften) bzw **beschränkt körperschaftsteuerpflichtig** (Kapitalgesellschaften).

Im **Inland** gehen die über eine ausländische Betriebsstätte erzielten Erfolge nicht in die steuerpflichtige Bemessungsgrundlage ein, da nach den von Deutschland abgeschlossenen DBA in Anlehnung an Art. 23A Abs. 1 OECD-MA bei Betriebsstätteneinkünften die internationale Doppelbesteuerung regelmäßig über die **Freistellungsmethode** vermieden wird. Konsequenz ist, dass im Inland weder Gewerbesteuer noch Einkommen- bzw Körperschaftsteuer anfällt. Bei inländischen Personenunternehmen wird die Freistellung beim Inhaber eines Einzelunternehmens bzw Gesellschafter einer Personengesellschaft mit einem Progressionsvorbehalt verbunden.

D. Gründung einer Tochterkapitalgesellschaft

I. Finanzierung mit Eigenkapital (Kapitalerhöhung)

Bei einer Tochterkapitalgesellschaft handelt es sich zivil- und steuerrechtlich um einen eigenständigen Rechtsträger. Die ausländische **Tochterkapitalgesellschaft** ist **in ihrem Ansässigkeitsstaat unbeschränkt körperschaftsteuerpflichtig**. Die Besteuerung richtet sich nach den im Ausland für Kapitalgesellschaften geltenden Nor- **942**

28 Siehe hierzu und zu Abweichungen zwischen dem innerstaatlichen und dem abkommensrechtlichen Betriebsstättenbegriff Endres/Spengel, International Company Taxation and Tax Planning, Alphen aan den Rijn 2015, S. 309–316; Haase, Außensteuergesetz Doppelbesteuerungsabkommen, 3. Aufl., Heidelberg 2016, Kapitel II, Art. 5 MA, Rn. 1–37; Jacobs, Internationale Unternehmensbesteuerung, 8. Aufl., München 2016, S. 299–350; Lübbehüsen/Kahle, Brennpunkte der Besteuerung von Betriebsstätten, 2. Aufl., Herne 2019, S. 116–167; Schönfeld, Neue Entwicklungen zur Betriebsstätte im Internationalen Steuerrecht: Betriebsstättenbegriff, in: Achatz (Hrsg.), Internationales Steuerrecht, Köln 2013, S. 235–239; Wassermeyer/Andresen/Ditz, Betriebsstätten Handbuch, 2. Aufl., Köln 2018, Rz. 2.1–2.14.

men. Die Rechtsform des inländischen Mutterunternehmens ist insoweit ohne Bedeutung.

Der nach Abzug der von der Tochterkapitalgesellschaft zu zahlenden Körperschaftsteuer verbleibende Betrag kann als Dividende an den inländischen Gesellschafter ausgeschüttet werden. In Abhängigkeit von der Rechtsform, in der der **inländische Gesellschafter** sein Unternehmen führt, ergeben sich im Rahmen seiner **beschränkten Steuerpflicht** im Ansässigkeitsstaat der ausländischen Tochterkapitalgesellschaft folgende Auswirkungen:

- Bei Mutterpersonenunternehmen (Einzelunternehmen, Personengesellschaften) wird auf die Dividende eine Kapitalertragsteuer von höchstens 15% erhoben (Art. 10 Abs. 2 S. 1 Buchst. b OECD-MA).
- Bei Mutterkapitalgesellschaften reduziert sich die Obergrenze für die Kapitalertragsteuer auf 5%, wenn die Beteiligung an der ausländischen Tochterkapitalgesellschaft mindestens 25% beträgt („Schachteldividenden", Art. 10 Abs. 2 S. 1 Buchst. a OECD-MA). Bei einer geringeren Beteiligungsquote bleibt es bei einer Kapitalertragsteuer von bis zu 15%.

Ist die Tochterkapitalgesellschaft in einem anderen EU-Staat ansässig, sieht das nationale Recht des anderen EU-Staates vor, dass auf die Dividenden keine Kapitalertragsteuer anfällt, sofern die inländische Kapitalgesellschaft an der ausländischen Kapitalgesellschaft zu mindestens 10% beteiligt ist. Dieser Verzicht auf die Erhebung der Kapitalertragsteuer ergibt sich aus der Umsetzung der Mutter-Tochter-Richtlinie in nationales Recht (§ 43b EStG-anderer Mitgliedstaat). Das im DBA dem Ansässigkeitsstaat der ausländischen Tochterkapitalgesellschaft zugewiesene Besteuerungsrecht wird damit nach seinem innerstaatlichen Recht nicht ausgeübt.

943 Der Gesellschafter hat die von der ausländischen Tochterkapitalgesellschaft gezahlten Dividenden im **Inland** im Rahmen seiner **unbeschränkten Steuerpflicht** zu versteuern. Nach dem in Deutschland geltenden Körperschaftsteuersystem hängt die Besteuerung der Dividenden im Inland davon ab, ob diese einer natürlichen Person oder einer juristischen Person zufließen. Sowohl bei der Einkommensteuer als auch bei der Körperschaftsteuer werden die Dividenden einer ausländischen Tochterkapitalgesellschaft in gleicher Weise besteuert wie Gewinnausschüttungen einer inländischen Kapitalgesellschaft. Für die Vermeidung der internationalen Doppelbelastung werden also die gleichen Regeln angewendet wie für die Vermeidung der nationalen Doppelbelastung. Es geht darum, eine Mehrfachbelastung durch das Nebeneinander von (in- oder ausländischer) Körperschaftsteuer und (inländischer) Einkommensteuer sowie eine mehrfache Erhebung von Körperschaftsteuer im In- und Ausland zu vermeiden.

944 Bei international tätigen gewerblichen **Mutterpersonenunternehmen** ist davon auszugehen, dass die Anteile an der ausländischen Tochterkapitalgesellschaft dem Betriebsvermögen des inländischen Unternehmens zuzurechnen sind. Damit werden die Gewinnausschüttungen der ausländischen Tochterkapitalgesellschaft nach dem Teileinkünfteverfahren besteuert. Bei Einkünften aus Gewerbebetrieb kommt die Abgeltungsteuer (§ 32d EStG) nicht zur Anwendung. Die Dividenden unterliegen in Deutschland zu 60% der Einkommensteuer zuzüglich Solidaritätszuschlag (§ 3 Nr 40 EStG, Ziel: Vermeidung einer internationalen Doppelbelastung). Die im Ausland erhobene Kapitalertragsteuer kann auf diese inländische Einkommensteuer angerechnet werden (Art. 23A Abs. 2 OECD-MA, Ziel: Vermeidung einer internationalen Doppelbesteuerung). Gewerbesteuer fällt aufgrund des Nebeneinanders von Teileinkünfteverfahren und Kürzung nach § 9 Nr 7 GewStG nicht an (Ziel: Sicherung des Inlandscharakters der Gewerbesteuer).

Bei der Gewinnermittlung von **Mutterkapitalgesellschaften** bleiben die Dividenden der ausländischen Tochterkapitalgesellschaft außer Ansatz, sofern die Beteiligung an der ausländischen Kapitalgesellschaft mindestens 10% beträgt (Dividendenfreistellung nach § 8b Abs. 1, 4 KStG, Ziel: Vermeidung des mehrfachen Anfalls von Körperschaftsteuer). Allerdings erhöhen sich im Inland die Einkünfte aus Gewerbebetrieb (Körperschaftsteuer) und der Gewerbeertrag (Gewerbesteuer) der Mutterkapitalgesellschaft insoweit, als 5% der Dividenden als nichtabziehbare Betriebsausgabe gelten (§ 8b Abs. 5 KStG). Sofern bei nicht in einem anderen EU-Staat ansässigen Tochterkapitalgesellschaften im Quellenstaat auf die Dividenden Kapitalertragsteuer erhoben wird, kann diese im Inland nicht angerechnet werden, weil die Dividenden aufgrund der Dividendenfreistellung (§ 8b Abs. 1 KStG) im Rahmen der unbeschränkten Steuerpflicht der inländischen Mutterkapitalgesellschaft nicht steuerpflichtig sind. 945

II. Finanzierung mit Fremdkapital (Gesellschafterdarlehen)

946 Aufgrund des Trennungsprinzips können zwischen einer ausländischen Tochterkapitalgesellschaft und ihrem inländischen Anteilseigner schuldrechtliche Verträge bestehen. Damit können der ausländischen Tochterkapitalgesellschaft die benötigten finanziellen Mittel nicht nur durch eine Kapitalerhöhung (gesellschaftsrechtlicher Bereich: Eigenfinanzierung) zur Verfügung gestellt werden, sondern – wie im Inlandsfall – durch ein Gesellschafterdarlehen (konzerninterner Leistungsaustausch auf schuldrechtlicher Basis: konzerninterne Fremdfinanzierung).

Wird die **ausländische Tochterkapitalgesellschaft** durch ein Gesellschafterdarlehen finanziert, mindern die an den inländischen Gesellschafter gezahlten Zinsen im Ausland grundsätzlich das von der Tochterkapitalgesellschaft zu versteuernde Einkommen. Wird vereinfachend davon ausgegangen, dass der aus Außenbeziehungen erzielte Gewinn mit den Zinsen aus dem Gesellschafterdarlehen übereinstimmt, weist das Tochterunternehmen einen Gewinn von null aus. Damit fällt im Rahmen der **unbeschränkten Steuerpflicht** der Tochterkapitalgesellschaft keine ausländische Körperschaftsteuer an. Ob es sich bei dem inländischen Gesellschafter um ein Personenunternehmen oder um eine Kapitalgesellschaft handelt, ist insoweit ohne Bedeutung.

947 Die von der ausländischen Tochterkapitalgesellschaft gezahlten Zinsen können im Ausland zu einer beschränkten Steuerpflicht des inländischen Gesellschafters führen. Nach dem Leitbild des OECD-Musterabkommens wird die **beschränkte Steuerpflicht des inländischen Gesellschafters** durch die Erhebung einer 10%igen Kapitalertragsteuer abgegolten (Art. 11 Abs. 2 OECD-MA). In der deutschen Abkommenspraxis wird abweichend von dieser Leitidee die Kapitalertragsteuer zum Teil auf 5% reduziert oder vollständig aufgehoben. Werden die Zinsen von einer Tochterkapi-

talgesellschaft, die in einem anderen EU-Staat ansässig ist, an eine inländische Mutterkapitalgesellschaft gezahlt, sieht das nationale Recht des anderen EU-Staates vor, dass bei den Zinsen aus dem Gesellschafterdarlehen auf die Erhebung einer Kapitalertragsteuer zu verzichten ist, sofern der inländische Gesellschafter zumindest 25% an der Tochterkapitalgesellschaft beteiligt ist. Die Begründung dafür ist, dass die Mitgliedstaaten der EU aufgrund der Zins-Lizenz-Richtlinie verpflichtet sind, ihr innerstaatliches Recht entsprechend zu gestalten (§ 50g, § 50h EStG-anderer Mitgliedstaat). Diese innerstaatliche Regelung führt dazu, dass ein eventuell im DBA zugewiesenes Besteuerungsrecht auf Zinsen vom Quellenstaat nicht ausgeübt werden darf.

Die Zinsen aus dem Gesellschafterdarlehen werden im Rahmen der **unbeschränkten Steuerpflicht** des Gesellschafters in gleicher Weise besteuert wie Einkünfte, die im Inland erzielt werden. (1) Bei Einzelunternehmen und Personengesellschaften wird Gewerbesteuer und Einkommensteuer einschließlich Solidaritätszuschlag erhoben. Die im Ausland eventuell auf die Zinsen aus dem Gesellschafterdarlehen erhobene Kapitalertragsteuer kann auf die inländische Einkommensteuer angerechnet werden (Art. 23A Abs. 2 OECD-MA). Die Belastung mit Gewerbesteuer wird durch die Steuerermäßigung nach § 35 EStG weitgehend kompensiert. (2) Bei Kapitalgesellschaften setzt sich die Steuerbelastung aus der Gewerbesteuer, der Körperschaftsteuer und dem Solidaritätszuschlag zusammen. Wird im Ausland auf die Zinsen aus dem Gesellschafterdarlehen eine Kapitalertragsteuer erhoben, ist diese auf die inländische Körperschaftsteuer anrechenbar.

Wird die auf die inländische Einkommen- und Körperschaftsteuer anrechenbare ausländische Kapitalertragsteuer vernachlässigt, stimmt die Steuerbelastung von Gesellschafterdarlehen mit der von Warenexporten überein.

E. Auswertung

948 Geht man davon aus, dass die Steuerbelastung von im Inland erzielten Einkünften höher ist als das ausländische Steuerniveau und dass im Ausland der Einkommensteuersatz den Körperschaftsteuersatz übersteigt, ergibt sich bezogen auf die vier Formen einer grenzüberschreitenden Geschäftstätigkeit im Regelfall folgende **Reihenfolge**:[29]

- Errichtung einer ausländischen Betriebsstätte
- Gründung einer ausländischen Tochterkapitalgesellschaft: Finanzierung durch Eigenkapital (Kapitalerhöhung)
- Warenexporte = Gründung einer ausländischen Tochterkapitalgesellschaft: Finanzierung durch Fremdkapital (Gesellschafterdarlehen).

Diese Reihung ist **weitgehend unabhängig davon, welche Rechtsform das inländische Unternehmen hat**. Allerdings fällt bei **Mutterpersonenunternehmen** die **Gesamtsteuerbelastung** in vielen Fällen **höher** aus als bei inländischen Spitzeneinhei-

29 Zu einer rechnerischen Analyse siehe zB Jacobs, Internationale Unternehmensbesteuerung, 8. Aufl., München 2016, S. 885–902, S. 923–944; Kußmaul/Schäfer, StuB 2002, S. 275; Maiterth, FB 2002, S. 566; Scheffler, Internationale betriebswirtschaftliche Steuerlehre, 3. Aufl., München 2009, S. 339–382.

ten in der Rechtsform einer Kapitalgesellschaft.[30] Die Hauptursachen für diese Ergebnisse lassen sich wie folgt zusammenfassen:

- Bei der Betriebsstätte fallen nur im Ausland Ertragsteuern an.
  Begründung für die bei Mutterkapitalgesellschaften geringere Gesamtsteuerbelastung: Der ausländische Einkommensteuersatz ist höher als der ausländische Körperschaftsteuersatz.
- Bei einer mit Eigenkapital finanzierten ausländischen Tochterkapitalgesellschaft sind die ausländische Körperschaftsteuer sowie die Besteuerung der Dividenden im Inland zu addieren.
  Begründung für die bei Mutterkapitalgesellschaften geringere Gesamtsteuerbelastung: (1) Bei Mutterpersonenunternehmen unterliegen 60% der Dividenden dem inländischen Einkommensteuersatz. Bei Mutterkapitalgesellschaften sind nur 5% der Dividenden steuerpflichtig. (2) Die Summe aus Gewerbesteuer, Körperschaftsteuer und Solidaritätszuschlag ist zumeist niedriger als die Einkommensteuer zuzüglich Solidaritätszuschlag.
- Warenexporte = Gründung einer ausländischen Tochterkapitalgesellschaft: Finanzierung durch Fremdkapital (Gesellschafterdarlehen).
  Sowohl die Gewinne aus der Lieferung von Waren ins Ausland als auch die Zinsen aus einem der ausländischen Tochterkapitalgesellschaft gewährten Gesellschafterdarlehen werden mit dem inländischen Steuerniveau belastet. Dieses liegt auch dann über dem ausländischen Steuerniveau, wenn man bei einer mit Eigenkapital finanzierten Tochterkapitalgesellschaft die Körperschaftsteuer im Ausland und die Besteuerung der Dividenden im Inland addiert.
  Begründung für die bei Mutterkapitalgesellschaften geringere Gesamtsteuerbelastung: Die Belastung bei Einzelunternehmen und Personengesellschaften ist zumeist höher als die Besteuerung von Gewinnen, die auf Ebene einer Kapitalgesellschaft thesauriert werden.

	Spitzeneinheit: Personenunternehmen	**Spitzeneinheit: Kapitalgesellschaft**
Export von Waren	inländisches Steuerniveau GewSt – § 35 EStG + ESt/SolZ	inländisches Steuerniveau GewSt + KSt/SolZ bei Weiterausschüttung zusätzlich Besteuerung der Dividenden (zB AbgSt/SolZ)
Betriebsstätte	ausländisches Steuerniveau ausländische ESt	ausländisches Steuerniveau ausländische KSt bei Weiterausschüttung zusätzlich Besteuerung der Dividenden (zB AbgSt/SolZ)

30 Bei dieser Aussage bleiben sowohl die Thesaurierungsbegünstigung nach § 34a EStG (Einzelunternehmen, Personengesellschaft) als auch die Weiterausschüttung der nach Steuern verbleibenden Gewinne an die Gesellschafter der inländischen Mutterkapitalgesellschaft unberücksichtigt.

	Spitzeneinheit: Personenunternehmen	**Spitzeneinheit: Kapitalgesellschaft**
Tochterkapitalgesellschaft (Eigenfinanzierung: Kapitalerhöhung)	Nebeneinander von ausländischem Steuerniveau und Besteuerung der Dividenden im Inland ausländische KSt + ESt/SolZ auf 60% der Dividenden	Nebeneinander von ausländischem Steuerniveau und Besteuerung der Dividenden im Inland ausländische KSt + GewSt/KSt/SolZ auf 5% der Dividenden bei Weiterausschüttung zusätzlich Besteuerung der Dividenden (zB AbgSt/SolZ)
Tochterkapitalgesellschaft (Fremdfinanzierung: Gesellschafterdarlehen)	inländisches Steuerniveau GewSt – § 35 EStG + ESt/SolZ	inländisches Steuerniveau GewSt + KSt/SolZ bei Weiterausschüttung zusätzlich Besteuerung der Dividenden (zB AbgSt/SolZ)

Abb. 7.12: Besteuerung der ausländischen Geschäftstätigkeit in Abhängigkeit von der Rechtsform des inländischen Unternehmens

949 Bei der Aussage, dass bei grenzüberschreitend tätigen Unternehmen für Spitzeneinheiten in der Rechtsform einer Kapitalgesellschaft die Steuerbelastung regelmäßig unter der Belastung liegt, die sich für ein Personenunternehmen als Spitzeneinheit ergibt, wurde ausschließlich die Besteuerung auf Ebene des inländischen Mutterunternehmens betrachtet. Es wurde also davon ausgegangen, dass die Gewinne auf Ebene des inländischen Mutterunternehmens thesauriert werden. Damit die Anteilseigner über die Gewinne verfügen können, ist eine **Weiterausschüttung** bzw Entnahme notwendig. Bei Personenunternehmen ändert sich bei einer Entnahme die Steuerbelastung grundsätzlich nicht.[31] Demgegenüber kommt es bei Mutterkapitalgesellschaften im Ausschüttungsfall auf Ebene der Gesellschafter zu einer Besteuerung der Dividenden. Gehören die Anteile an der Mutterkapitalgesellschaft zum Privatvermögen einer natürlichen Person, unterliegen die Dividenden nach dem Konzept der Abgeltungsteuer der Einkommensteuer (§ 20 iVm § 32d EStG). Diese zusätzliche Belastung auf Ebene der Gesellschafter einer Mutterkapitalgesellschaft kann dazu führen, dass inländische **Mutterkapitalgesellschaften** gegenüber Mutterpersonenunternehmen **nachteilig** werden. Beim Vergleich der Steuerbelastung in Abhängigkeit von der Rechtsform des inländischen Mutterunternehmens sind zwei gegenläufige Effekte gegeneinander abzuwägen. Aus Sicht einer Mutterkapitalgesellschaft sind diese wie folgt zu formulieren:

- im Vergleich zu einem inländischen Personenunternehmen geringere Steuerbelastung, solange die Gewinne bei der inländischen Mutterkapitalgesellschaft thesauriert werden (**Thesaurierungsfall**)
- zusätzliche Belastung bei Ausschüttung der Gewinne durch die inländische Mutterkapitalgesellschaft an ihre inländischen Anteilseigner (**Ausschüttungsfall**).

31 Im Rahmen dieser Untersuchung wird ausschließlich die Regelbesteuerung betrachtet. Die Effekte der Thesaurierungsbegünstigung nach § 34a EStG bleiben unberücksichtigt.

Mutterkapitalgesellschaften sind gegenüber Mutterpersonenunternehmen dann vorteilhaft, wenn die Gewinne zunächst auf Ebene der Spitzeneinheit verbleiben. Werden die Erfolge an den Inhaber bzw Gesellschafter weitergeleitet, muss der Thesaurierungszeitraum so lange ausgedehnt werden, bis die Belastung aus der zusätzlichen Besteuerung der Dividenden auf Ebene des Anteilseigners über den Zeiteffekt so weit abgeschwächt wird, dass der im Thesaurierungsfall bestehende Steuersatzvorteil von Mutterkapitalgesellschaften im Ausschüttungsfall nicht aufgehoben wird.[32]

Dritter Abschnitt

Grundzüge der zwischenstaatlichen Erfolgszuordnung: Verrechnungspreise

A. Zielsetzung der zwischenstaatlichen Erfolgszuordnung: Zuordnungskonzept

Die **Aufteilung des Gesamterfolgs** in inländische Einkünfte und ausländische Einkünfte ist unabhängig davon **notwendig**, ob die internationale Doppelbesteuerung durch die Anrechnungsmethode oder die Freistellungsmethode vermieden wird: **950**

- Bei der Anrechnungsmethode beeinflusst die Ermittlung der Bemessungsgrundlage einerseits den Umfang der Besteuerung im Ausland. Andererseits entscheidet die Höhe der ausländischen Einkünfte im Zusammenhang mit der Berechnung des Anrechnungshöchstbetrags über die im Inland anfallende Steuerschuld.
- Die zwischenstaatliche Erfolgszuordnung ist bei der Freistellungsmethode für die Steuerpflicht im Ausland in gleicher Weise bedeutsam wie bei der Anrechnungsmethode. Trotz ausschließlicher Zuweisung des Besteuerungsrechts zum Quellenstaat hängt auch die inländische Steuerbelastung davon ab, welcher Teil des Unternehmenserfolgs im Ausland erzielt wird. Über die Festlegung des Teils der Bemessungsgrundlage, der auf das Ausland entfällt, wird bestimmt, welche Einkünfte im Inland freizustellen sind. Lediglich die verbleibenden Teile des Gesamtgewinns werden im Inland besteuert. Darüber hinaus wirkt die Höhe der Auslandseinkünfte über den Progressionsvorbehalt auf den im Ansässigkeitsstaat auf die inländischen Einkünfte anzuwendenden Steuersatz.

Die **Zielsetzung** der zwischenstaatlichen Erfolgszuordnung ist es, den **Gesamterfolg** eines grenzüberschreitend tätigen Unternehmens **verursachungsgerecht** auf die ausländische Grundeinheit und die inländische Spitzeneinheit **aufzuteilen**. Die Erfolge sind jeweils dem Unternehmensteil zuzuordnen, zu dem sie wirtschaftlich gehören, dh mit dessen Geschäftsbetrieb sie wirtschaftlich im Zusammenhang stehen. Die Zuordnung der Erfolge zu dem Teil, zu dem sie funktional gehören, erfordert eine ge- **951**

32 Vgl Houben/Maiterth, StuW 2008, S. 228; Jacobs/Scheffler/Spengel, Unternehmensbesteuerung und Rechtsform, 5. Aufl., München 2015, S. 605–609; Scheffler, Internationale betriebswirtschaftliche Steuerlehre, 3. Aufl., München 2009, S. 378–382.

trennte Betrachtung jedes Unternehmensbereichs. **Leitlinie** für die zwischenstaatliche Erfolgszuordnung ist es, der ausländischen Grundeinheit den Teil des Gesamtgewinns zuzuordnen, den sie erwirtschaftet hätte, wenn sie

- eine gleiche oder ähnliche Tätigkeit
- unter gleichen oder ähnlichen Bedingungen
- als selbständiges Unternehmen ausgeübt hätte und
- im Verkehr mit der inländischen Spitzeneinheit völlig unabhängig gewesen wäre.

Dieser Gedanke lässt sich nur umsetzen, wenn von der Einheit des Gesamtunternehmens abstrahiert wird. Eine verursachungsgerechte Aufteilung des Gesamterfolgs ist nur möglich, wenn davon ausgegangen wird, **dass jeder Betriebsteil wie ein wirtschaftlich selbständiges Unternehmen agiert**. Diese Aussage gilt unabhängig davon, ob es sich bei der ausländischen Grundeinheit um eine zivilrechtlich selbständige Tochterkapitalgesellschaft (§ 1 Abs. 1 S. 1, AStG, Art. 9 OECD-MA) oder um eine rechtlich unselbständige Betriebsstätte (§ 1 Abs. 4 S. 1 Nr 2, Abs. 5 AStG, Art. 7 Abs. 2 OECD-MA) handelt.[33]

952 Die zwischenstaatliche Erfolgszuordnung dient dazu, Besteuerungsrechte dem Grunde nach zuzuweisen. Die Bemessungsgrundlage wird in einen inländischen und in einen ausländischen Teil aufgeteilt. **Maßstab** für die Zuordnung von Betriebseinnahmen und Betriebsausgaben bildet das **Veranlassungsprinzip** (§ 4 Abs. 4 EStG). Die eingesetzten Wirtschaftsgüter sind bei dem Betriebsteil zu erfassen, zu dem sie **wirtschaftlich gehören**.

953 Als Kriterium für die Umsetzung des Veranlassungsprinzips wird der **Fremdvergleich** herangezogen, der auch als Drittvergleich oder als dealing-at-arm's-length-principle bezeichnet wird. Eine wichtige Arbeitshilfe bei der Auslegung dieses Grundsatzes bilden die Verrechnungspreisleitlinien der OECD.[34]

Im deutschen Steuerrecht stehen für die Prüfung und ggf Korrektur der Verrechnungspreise mit der verdeckten Gewinnausschüttung und der verdeckten Einlage zwei Normen zur Verfügung, die sowohl bei Beteiligungen an inländischen Kapitalgesellschaften als auch bei Beteiligungen an ausländischen Kapitalgesellschaften anwendbar sind. Bei Auslandssachverhalten kann es zusätzlich zu einer Gewinnberichtigung nach § 1 AStG kommen. Art. 9 OECD-MA schafft die Voraussetzung dafür, dass diese im nationalen Recht enthaltenen Korrekturvorschriften auch bei Bestehen eines DBA angewendet werden dürfen.[35] Bei der Gewinnabgrenzung zwischen einem inländischen Stammhaus und ihrer ausländischen Betriebsstätte wird von der Annah-

---

33 Zum Einfluss der Rechtsform der ausländischen Grundeinheit auf die zwischenstaatliche Erfolgszuordnung siehe Scheffler, Internationale betriebswirtschaftliche Steuerlehre, 3. Aufl., München 2009, S. 418–424, aktualisiert durch Scheffler, TaxFACTs Schriftenreihe: Gewinnaufteilung im internationalen Einheitsunternehmen nach der Betriebsstättengewinnaufteilungsverordnung – Gemeinsamkeiten und Unterschiede gegenüber Tochterkapitalgesellschaften, Nürnberg 2013, S. 24–27.

34 Vgl OECD, Verrechnungspreisleitlinien für multinationale Unternehmen und Steuerverwaltungen, Paris 2017. Zu aktuellen Entwicklungen siehe zB Weggenmann/Blank/Brunnhübner, IStR 2019, S. 769.

35 Zu den Rechtsgrundlagen der zwischenstaatlichen Erfolgszuordnung siehe ausführlich Endres/Spengel, International Company Taxation and Tax Planning, Alphen aan den Rijn 2015, S. 349–372; Jacobs, Internationale Unternehmensbesteuerung, 8. Aufl., München 2016, S. 541–563 sowie BMF-Schreiben vom 23.2.1983 (Verwaltungsgrundsätze), BStBl. 1983 I, S. 218; speziell zu Betriebsstätten Betriebsstättengewinnaufteilungsverordnung (BsGaV), BStBl. 2014 I, S. 1378; BMF-Schreiben vom 22.12.2016 (Verwaltungsgrundsätze Betriebsstättengewinnaufteilung – VWG BsGa), BStBl. 2017 I, S. 182.

me ausgegangen, dass eine Betriebsstätte für Zwecke der steuerlichen Erfolgszuordnung ein wirtschaftlich unabhängiges, selbständiges Unternehmen bildet (Functionally Separate Entity Approach, auch als Authorized OECD Approach, AOA, bezeichnet). § 1 Abs. 4 S. 1 Nr 2, Abs. 5 AStG setzt diesen in Art. 7 Abs. 2 OECD-MA enthaltenen Grundgedanken in nationales Recht um. Die Geschäftsvorfälle zwischen der Betriebsstätte und dem übrigen Unternehmen (Stammhaus) sind als anzunehmende schuldrechtliche Beziehungen zu erfassen (dealings).

B. Auswirkungen von Verrechnungspreisen für die Unternehmen und die beteiligten Staaten

I. Positiver oder negativer Steuersatzeffekt

Aus der Einkommensverteilungsfunktion der Verrechnungspreise folgt, dass die Festlegung eines angemessenen Verrechnungspreises für innerkonzernliche bzw innerbetriebliche Lieferungen und Leistungen sowohl für die Finanzverwaltung als auch für international tätige Unternehmen eines der zentralen steuerlichen Probleme darstellt. 954

Der Einfluss von Verrechnungspreisen wird anhand eines einfachen, aber praktisch sehr relevanten Sachverhalts verdeutlicht: Die im Staat A ansässige Spitzeneinheit produziert Waren, die über eine im Staat B ansässige Grundeinheit an Endabnehmer verkauft werden. Der von der Grundeinheit im Staat B erzielte Verkaufserlös liegt bei 300. Bei der Produktion der Waren im Staat A fallen Herstellungskosten von 200 an. Der von dem Unternehmen erwirtschaftete Gesamtgewinn entspricht der Differenz zwischen dem Veräußerungserlös und den Herstellungskosten: 100 (= 300 – 200).

Wird die internationale Doppelbesteuerung durch die Freistellungsmethode vermieden, beeinflusst der Verrechnungspreis, dh das Entgelt, das für die Lieferung der Waren von der im Staat A produzierenden Spitzeneinheit an die Grundeinheit im Staat B festgesetzt wird, den Gewinn der beiden Betriebsteile wie folgt:

Gesamtgewinn	=	Gewinn der Spitzeneinheit	+	Gewinn der Grundeinheit
VE – HK	=	VP – HK	+	VE – VP

mit VE = Veräußerungserlös; HK = Herstellungskosten; VP = Verrechnungspreis.

Der Verrechnungspreis hat auf die **Verteilung der Bemessungsgrundlage zwischen den beiden Staaten** folgende Auswirkungen: 955

- Werden die Waren von der Spitzeneinheit an die Grundeinheit zu einem Preis von 200 geliefert, erzielt die Spitzeneinheit keinen Gewinn, da der Verrechnungspreis mit den Herstellungskosten übereinstimmt. Der gesamte Gewinn aus den Leistungsbeziehungen mit Außenstehenden fällt bei der im Staat B ansässigen Grundeinheit an.
- Beträgt der Verrechnungspreis 300, weist die Spitzeneinheit im Staat A einen Gewinn von 100 aus, während bei der Grundeinheit das Ergebnis ausgeglichen ist.
- Liegt der Verrechnungspreis zwischen diesen beiden Eckpunkten, verteilt sich der Gewinn auf die beiden Unternehmensteile. Der Gewinn der produzierenden Unternehmenseinheit (= Spitzeneinheit) ist umso höher, je höher der Verrechnungs-

preis ist. Umgekehrt gilt, dass der Gewinn der Grundeinheit umso mehr steigt, je niedriger das Entgelt für die unternehmensinterne Lieferung festgesetzt wird.

	Gewinn			Steuerbelastung		
Verrechnungs-preis	**Spitzen-einheit (Staat A)**	**Grund-einheit (Staat B)**	**Summe**	**Spitzen-einheit (Staat A)**	**Grund-einheit (Staat B)**	**Summe**
200	0	100	100	0	20	20
220	20	80	100	10	16	26
240	40	60	100	20	12	32
260	60	40	100	30	8	38
280	80	20	100	40	4	44
300	100	0	100	50	0	50
Qualifikations-konflikt Staat A VP = 300 Staat B VP = 200	100	100	200	50	20	70

Abb. 7.13: Bedeutung der zwischenstaatlichen Erfolgszuordnung für die Belastung von Unternehmen und das Steueraufkommen der beteiligten Staaten

Die sich bei einem Steuersatz des Staates A (s_A) von 50% und einem Steuersatz im Staat B (s_B) von 20% ergebenden steuerlichen Effekte sind in der Abb. 7.13 zusammengestellt. Aus **Sicht der Unternehmen** kann der Verrechnungspreis einen positiven oder einen negativen **Steuersatzeffekt** auslösen. Die Gesamtbelastung setzt sich aus den Steuern, die die Spitzeneinheit zu zahlen hat, und der Steuerschuld der Grundeinheit zusammen:

Steuern der Spitzeneinheit + Steuern der Grundeinheit

$$s_A \times (VP - HK) \quad + \quad s_B \times (VE - VP)$$

Bei einer Variation des Verrechnungspreises um den Faktor ΔVP verändert sich die Summe der von dem Unternehmen zu zahlenden Ertragsteuern um:

$$(s_A - s_B) \times \Delta VP$$

956 Das **Vorzeichen des Steuersatzeffekts** hängt vom Verhältnis zwischen dem Steuerniveau in den beiden Staaten ab:

- Fall 1: Ist das Steuerniveau im Staat A höher als das im Staat B (so in Abb. 7.13), ist eine möglichst weitgehende Verlagerung des Gesamtgewinns auf die Grundeinheit im Staat B anzustreben.
- Fall 2: Stimmt das Steuerniveau in den beiden Staaten überein, hat die zwischenstaatliche Aufteilung des Gesamtgewinns keinen Einfluss auf die Summe der zu zahlenden Steuern.

- Fall 3: Ist das Steuerniveau im Staat A niedriger als im Staat B, sollten die Gewinne so weit wie möglich bei der im Staat A ansässigen Spitzeneinheit ausgewiesen werden.

Während es für die Unternehmen (abgesehen von Steuersatzeffekten) ohne Bedeutung ist, in welchem Staat der Gewinn ausgewiesen wird, entscheidet die zwischenstaatliche Erfolgszuordnung darüber, welchem Staat das **Steueraufkommen** zusteht. Bei einer Variation des Verrechnungspreises um den Faktor ΔVP verändert sich für die beteiligten Staaten das Steueraufkommen um:

Staat A	Erhöhung des Steueraufkommens um	$+s_A \times \Delta VP$
Staat B	Minderung des Steueraufkommens um	$-s_B \times \Delta VP$

Im Hinblick auf ihr Steueraufkommen werden beide Staaten bestrebt sein, den Anteil am Gesamterfolg, der auf sie entfällt, möglichst hoch festzusetzen. Der Interessenkonflikt zwischen den Staaten ist für die Unternehmen mit der Gefahr verbunden, dass die zwischenstaatliche Erfolgszuordnung von den beteiligten Finanzbehörden in unterschiedlicher Art und Weise vorgenommen wird. Kommt es zu einem (positiven) **Qualifikationskonflikt**, entstehen für die Unternehmen steuerliche Mehrbelastungen. In der extremen Situation, in der der Staat A den Verrechnungspreis auf 300 festsetzt (Erhöhung des Verrechnungspreises) und der Staat B einen Verrechnungspreis von 200 als angemessen ansieht (Reduzierung des Verrechnungspreises), hat das Unternehmen in den beiden Staaten einen Gewinn von jeweils 100 zu versteuern. Damit erhöht sich die steuerpflichtige Bemessungsgrundlage in der Summe auf 200, obwohl das Unternehmen aus Leistungsbeziehungen mit Außenstehenden nur einen Gewinn von 100 erzielt. Die Steuerbelastung steigt auf 70, weil der Gewinn sowohl im Staat A als auch im Staat B besteuert wird, dh das in- und das ausländische Steuerniveau sind zu addieren (Abb. 7.13, unterer Teil). In der Praxis werden die Meinungsverschiedenheiten zwischen den Finanzbehörden der beteiligten Staaten häufig nicht so gravierend sein wie in dem betrachteten Extrembeispiel. Das Grundproblem einer uneinheitlichen zwischenstaatlichen Erfolgszuordnung und den damit verbundenen Doppelbelastungen bleibt aber bestehen; lediglich das Ausmaß fällt geringer aus. **957**

II. Negativer Zeiteffekt

Bei der **Übertragung eines Wirtschaftsguts** aus dem Betriebsvermögen des inländischen Gesellschafters **in das Betriebsvermögen einer ausländischen Tochterkapitalgesellschaft** sind die stillen Reserven zwingend aufzulösen. Aufgrund der rechtlichen Verselbständigung des Tochterunternehmens ändert sich im Zeitpunkt der Übertragung die persönliche Zurechnung. Es kommt zu einem **Rechtsträgerwechsel**. Wird die Übertragung in Form eines Kaufvertrags vollzogen, kommt es nach den allgemeinen Besteuerungsregeln (Realisationsprinzip) auf Ebene des veräußernden Gesellschafters zu einer Besteuerung der in der Vergangenheit gebildeten stillen Reserven. Weichen bei der Übertragung in Form eines Kaufvertrags die Bedingungen von denen ab, die zwischen fremden Dritten üblich sind, erfolgt nach den Grundsätzen einer verdeckten Gewinnausschüttung (zu hoher Kaufpreis) bzw einer verdeckten **958**

Einlage und ergänzend durch eine Gewinnberichtigung nach § 1 AStG (zu niedriger Kaufpreis) eine Korrektur.

959 Bei der **Überführung eines Wirtschaftsguts** vom inländischen Stammhaus in **eine ausländische Betriebsstätte** liegen weder die Voraussetzungen des Realisationsprinzips noch die Kriterien einer Entnahme vor: (1) Ein Kaufvertrag kann deshalb nicht abgeschlossen werden, weil das Wirtschaftsgut beim gleichen Steuersubjekt verbleibt. Der für den Abschluss eines schuldrechtlichen Vertrags notwendige Vertragspartner fehlt. Nach den handelsrechtlichen Grundsätzen ordnungsmäßiger Buchführung sind die Gewinne erst in dem Zeitpunkt realisiert, in dem das Wirtschaftsgut über die Betriebsstätte an einen Außenstehenden veräußert wird (§ 5 Abs. 1 S. 1 EStG iVm § 252 Abs. 1 Nr 4 HGB). Im Zeitpunkt der Überführung ändert sich die persönliche Zurechnung nicht. (2) Der Ersatzrealisationstatbestand „Entnahme" (§ 4 Abs. 1 S. 2, § 6 Abs. 1 Nr 4 EStG) ist nicht erfüllt, weil das Wirtschaftsgut den betrieblichen Bereich des Einheitsunternehmens nicht verlässt, dh im Zeitpunkt der Überführung ändert sich die sachliche Zurechnung nicht.

Bei der Überführung eines Wirtschaftsguts in eine ausländische Betriebsstätte kommt es allerdings zu einem **Wechsel der Zuordnung zu einer Steuerhoheit**, dh im Zeitpunkt der Überführung ändert sich die räumliche Zurechnung des Wirtschaftsguts. Die Überführung eines Wirtschaftsguts aus dem Inland in eine ausländische Betriebsstätte wird deshalb durch eine gesetzliche Fiktion einer Entnahme (Stammhaus ist ein Einzelunternehmen oder eine Personengesellschaft, § 4 Abs. 1 S. 3, 4 EStG) bzw einer Veräußerung gleichgestellt (Stammhaus ist eine Kapitalgesellschaft, § 12 Abs. 1 KStG). Unabhängig von der Rechtsform der Spitzeneinheit wird das überführte Wirtschaftsgut mit dem gemeinen Wert bewertet (§ 6 Abs. 1 Nr 4 S. 1 HS 2 EStG, § 12 Abs. 1 KStG). Die Besteuerung in dem Zeitpunkt, in dem das Besteuerungsrecht der Bundesrepublik Deutschland ausgeschlossen oder beschränkt wird, wird als **Entstrickung** bezeichnet. Die Entstrickung bewirkt, dass die bis zum Zeitpunkt der Überführung des Wirtschaftsguts entstandenen stillen Reserven in Deutschland der Besteuerung unterliegen. Die Besteuerung erfolgt grundsätzlich bereits im Zeitpunkt der Überführung des Wirtschaftsguts in eine ausländische Betriebsstätte. Eine sofortige Besteuerung der stillen Reserven kann nur vermieden werden, wenn das überführte Wirtschaftsgut zum Anlagevermögen gehört und wenn sich die aufnehmende Betriebsstätte in einem EU-Staat befindet (§ 4g EStG). Wird nach § 4g EStG ein Ausgleichsposten gebildet, wird die Besteuerung der bei der Überführung aufgelösten stillen Reserven (= gemeiner Wert – Buchwert) über fünf Jahre verteilt. Bei der Überführung von Wirtschaftsgütern, die zum Verkauf durch die Betriebsstätte bestimmt sind, kommt es zu einer sofortigen Besteuerung, da die Stundung nach § 4g EStG für Wirtschaftsgüter des Umlaufvermögens nicht beantragt werden kann. Gleiches gilt bei der Überführung eines Wirtschaftsguts in eine in einem EWR-Staat oder in einem Drittstaat belegene Betriebsstätte.

Übertragung auf eine ausländische Tochterkapitalgesellschaft	Überführung in eine ausländische Betriebsstätte
Auflösung der stillen Reserven Fremdvergleichspreis (= gemeiner Wert) – Buchwert (Anschaffungs- oder Herstellungskosten, ggf vermindert um planmäßige oder außerplanmäßige Abschreibungen)	Auflösung der stillen Reserven gemeiner Wert – Buchwert (Anschaffungs- oder Herstellungskosten, ggf vermindert um planmäßige oder außerplanmäßige Abschreibungen)
Rechtsgrundlage: Realisationsprinzip bei Abweichung vom Fremdvergleichspreis: Korrektur als verdeckte Gewinnausschüttung bzw als verdeckte Einlage, ggf ergänzend um eine Gewinnberichtigung nach § 1 AStG	Rechtsgrundlage: Entstrickung Einzelunternehmen und Personengesellschaften: § 4 Abs. 1 S. 3, 4 iVm § 6 Abs. 1 Nr 4 S. 1 HS 2 EStG (fiktive Entnahme) Kapitalgesellschaften: § 12 Abs. 1 KStG (fiktive Veräußerung)
keine Stundungsmöglichkeit	auf Antrag Verteilung der aufgelösten stillen Reserven über fünf Jahre (§ 4g EStG) Voraussetzungen – Überführung in eine EU-Betriebsstätte – Wirtschaftsgut des Anlagevermögens

Abb. 7.14: Übertragung bzw Überführung eines Wirtschaftsguts in eine ausländische Grundeinheit

Durch die Bewertung nach den Grundsätzen des Fremdvergleichs bzw mit dem gemeinen Wert werden sowohl bei der Übertragung von Wirtschaftsgütern auf eine ausländische Tochterkapitalgesellschaft als auch bei der Überführung von Wirtschaftsgütern in eine ausländische Betriebsstätte die in den Wirtschaftsgütern enthaltenen stillen Reserven in Deutschland besteuert. Eine sofortige Besteuerung kann nur unter bestimmten Voraussetzungen (Überführung in eine EU-Betriebsstätte, Wirtschaftsgut des Anlagevermögens) vermieden werden. Bei der Übertragung eines Wirtschaftsguts auf eine Tochterkapitalgesellschaft, bei der Überführung von Wirtschaftsgütern des Umlaufvermögens in eine ausländische Betriebsstätte und bei der Überführung von Wirtschaftsgütern des Anlagevermögens in eine Nicht-EU-Betriebsstätte (EWR-Staat, Drittstaat) werden die stillen Reserven bereits zu einem Zeitpunkt besteuert, der vor dem Zeitpunkt liegt, zu dem das Wirtschaftsgut an Außenstehende veräußert wird. Da die Gewinne vor Bestätigung durch eine Leistungsbeziehung mit Außenstehenden steuerlich erfasst werden, entsteht insoweit ein **negativer Zeiteffekt**. Dieser fällt umso stärker aus, je höher der bei der Übertragung bzw Überführung anzusetzende Verrechnungspreis ist. **960**

C. Merkmale des Fremdvergleichs

(1) Grundlagen des Fremdvergleichs: Leitlinie für die zwischenstaatliche Erfolgszuordnung innerhalb eines internationalen Einheitsunternehmens und für die Verrechnungspreisgestaltung innerhalb eines internationalen Konzerns bildet der Fremdvergleich (Drittvergleich, dealing-at-arm's-length-principle). Als **Beurteilungsmaßstab** **961**

dienen die Bedingungen, insbesondere die Preise, die unabhängige, also ausschließlich über schuldrechtliche Vertragsbeziehungen miteinander verbundene Vertragspartner unter gleichen oder vergleichbaren Verhältnissen vereinbart hätten (gesetzliche Definition des Fremdvergleichsgrundsatzes in § 1 Abs. 1 S. 1 AStG).

Der Fremdvergleichsgrundsatz wird **international** sowohl von den Unternehmen als auch von den Finanzbehörden **allgemein anerkannt**.[36] Meinungsverschiedenheiten treten aber bei der Übertragung dieses unbestimmten Rechtsbegriffs auf den konkreten Einzelfall auf. Der zum einen zwischen den Unternehmen und den Finanzbehörden und zum zweiten zwischen den Finanzbehörden der beteiligten Staaten bestehende **Interessenkonflikt** lässt sich **am besten bewältigen**, wenn bei der **Konkretisierung von Verrechnungspreisen auf betriebswirtschaftliche Grundsätze der Preisbildung zurückgegriffen** wird.

Sofern die tatsächliche Abwicklung mit den vertraglichen Vereinbarungen übereinstimmt, werden der Verrechnungspreisprüfung die tatsächlich abgeschlossenen Geschäfte zugrunde gelegt. Die Zielsetzung des Fremdvergleichs beschränkt sich darauf, **Gewinnverlagerungen zu vermeiden, die auf unangemessenen Entgeltvereinbarungen** oder einer nicht sachgerechten Ergebniszuordnung **beruhen**. Die Freiheit der Unternehmen zur Gestaltung ihrer wirtschaftlichen Verhältnisse wird nicht eingeschränkt. Korrigiert werden lediglich buchmäßige Verlagerungen der Gewinne (profit shifting).[37]

962 *(2) Formen des Fremdvergleichs:* Beim **tatsächlichen Fremdvergleich** wird auf Marktdaten abgestellt. Die innerhalb eines grenzüberschreitend tätigen Unternehmens bestehenden Lieferungs- und Leistungsbeziehungen sind mit Transaktionen zu vergleichen, die zwischen unabhängigen Vertragspartnern stattgefunden haben. Die Vertragsbeziehungen zwischen verbundenen Unternehmen werden von den Finanzbehörden nicht als ausreichend aussagekräftig angesehen, da nicht ausgeschlossen werden kann, dass innerhalb eines international tätigen Unternehmens die Erfolgszuordnung aufgrund des fehlenden Interessengegensatzes nach anderen Kriterien vorgenommen wird als die Preisbildung zwischen fremden Dritten.[38]

Sind die innerhalb eines international tätigen Unternehmens vollzogenen Geschäftsvorfälle so spezifisch, dass keine (uneingeschränkt oder eingeschränkt) vergleichbaren Marktdaten zu ermitteln sind, scheidet ein tatsächlicher Fremdvergleich aus. Damit besteht nur die Möglichkeit, hilfsweise auf den **hypothetischen Fremdvergleich** zurückzugreifen (§ 1 Abs. 3 S. 5 AStG). Beim hypothetischen Fremdvergleich wird der Preisbildungsprozess zwischen Fremden simuliert. Es ist danach zu fragen, welchen Preis voneinander unabhängige Dritte unter gleichen oder vergleichbaren Verhältnissen nach betriebswirtschaftlichen Grundsätzen vereinbart hätten. Der Verrechnungspreis wird also durch „Nachdenken" abgeleitet.[39]

36 Vgl OECD, Verrechnungspreisleitlinien für multinationale Unternehmen und Steuerverwaltungen, Paris 2017, Nr 1.6–1.15 (mit Ablehnung einer globalen formelhaften Gewinnaufteilung in Nr 1.16–1.31).

37 Vgl OECD, BEPS Actions 8–10 Final Reports, Paris 2015, S. 38–40.

38 Vgl OECD, Verrechnungspreisleitlinien für multinationale Unternehmen und Steuerverwaltungen, Paris 2017, Nr 1.40.

39 Vgl Wassermeyer, Sind Verrechnungspreise justitiabel?, in: Schaumburg (Hrsg.), Internationale Verrechnungspreise zwischen Kapitalgesellschaften, Köln 1994, S. 135.

(3) Maßgeblichkeit der Verhältnisse im Zeitpunkt des Vertragsabschlusses: Da zwischen fremden Dritten eine nachträgliche Korrektur des vereinbarten Preises regelmäßig nicht vorgenommen wird, sind bei der Vereinbarung des Verrechnungspreises jeweils die **Erkenntnisse** heranzuziehen, die **in dem Zeitpunkt gelten, in dem der Vertrag** über das unternehmensinterne Geschäft **abgeschlossen wird**.[40] **963**

(4) Bandbreite von angemessenen Verrechnungspreisen: Trotz der Orientierung am Grundsatz des Fremdvergleichs ist für die Festlegung eines angemessenen Verrechnungspreises ein Ermessensspielraum unvermeidlich. Deshalb gibt es nicht den einen „richtigen" Verrechnungspreis, sondern nur eine **Bandbreite von vertretbaren Verrechnungspreisen**. Die Unbestimmtheit des Verrechnungspreises beruht im Wesentlichen darauf, dass aufgrund der Spezifika der unternehmensinternen Leistungen häufig **ein vergleichbarer Marktpreis fehlt**. Durch das Abstellen auf den Grundsatz des Fremdvergleichs lässt sich in diesen Fällen lediglich eine Annäherung an die unter unabhängigen Vertragspartnern geltenden Bedingungen erreichen. **964**

Sind die Fremdvergleichspreise **nur eingeschränkt vergleichbar**, ist die **Bandbreite**, die sich aus den verschiedenen Fremdvergleichspreisen ergibt, **einzuschränken** (§ 1 Abs. 3 S. 3 AStG). Die Bandbreite wird dadurch eingeengt, dass jeweils die 25% der niedrigsten und die 25% der höchsten Werte aus der Bandbreite eliminiert werden. Betrachtet werden nur die 50% der mittleren Werte der Bandbreite (**Methode der „Interquartile-Range"**).

Liegt der von den Unternehmen vereinbarte Verrechnungspreis **innerhalb der** (ggf eingeschränkten) **Bandbreite**, ist der Verrechnungspreis von den Finanzbehörden anzuerkennen. Diese Aussage gilt grundsätzlich für jeden Wert innerhalb der Bandbreite.[41] Vereinbaren die Vertragspartner einen Wert, der **außerhalb der** als angemessen angesehenen **Bandbreite** liegt, ist der **Median** anzusetzen (§ 1 Abs. 3 S. 4 AStG). Der Median ist der Wert, der von mindestens 50% der anderen Fremdvergleichspreise innerhalb der Bandbreite nicht überschritten wird.[42]

D. Verrechnungspreismethoden

I. Standardmethoden

Für unternehmensinterne Leistungen, wie sie auch zwischen Außenstehenden erbracht werden (können), eignen sich zur Beurteilung der Angemessenheit des Verrechnungspreises insbesondere die Standardmethoden. Zu den Standardmethoden gehören die Preisvergleichsmethode, die Wiederverkaufspreismethode und die Kostenaufschlagsmethode. Die drei Standardmethoden sind international allgemein anerkannt.[43] Auch im deutschen Steuerrecht wird vorgegeben, dass in den Situationen, in denen Fremdvergleichspreise vorliegen, die Standardmethoden vorrangig anzuwenden sind (§ 1 Abs. 3 S. 1 AStG). **965**

40 Zu den Ausnahmen beim hypothetischen Fremdvergleich siehe § 1 Abs. 3 S. 11, 12 AStG.
41 Vgl BFH vom 17.10.2001, BStBl. 2004 II, S. 171.
42 Zu den Besonderheiten beim hypothetischen Fremdvergleich siehe § 1 Abs. 3 S. 6, 7 AStG.
43 Vgl OECD, Verrechnungspreisleitlinien für multinationale Unternehmen und Steuerverwaltungen, Paris 2017, Nr 2.13.

1. Preisvergleichsmethode

966 Nach der Preisvergleichsmethode (comparable uncontrolled price method, CUPM) bestimmt sich der Verrechnungspreis nach dem Entgelt, das für vergleichbare Geschäfte zwischen fremden Dritten am Markt unter vergleichbaren Verhältnissen vereinbart worden ist.[44] Die Preisvergleichsmethode geht von drei **Voraussetzungen** aus:

- Preisbildung auf dem Markt
- Preisbildung zwischen unabhängigen fremden Dritten (dh nicht zwischen verbundenen Unternehmen)
- Vergleichbarkeit hinsichtlich der gelieferten Waren bzw erbrachten Dienstleistungen sowie hinsichtlich der Geschäftsbedingungen.

Hinsichtlich der **beteiligten Vertragspartner** ist zwischen einem äußeren Preisvergleich und einem inneren Preisvergleich zu unterscheiden. Der **äußere Preisvergleich** (betriebsexterner Fremdvergleich) beinhaltet einen Vergleich mit Marktpreisen, die anhand von Börsennotierungen, branchenüblichen Preisen oder Geschäften unter (unabhängigen) fremden Dritten festgestellt werden. Beim äußeren Preisvergleich werden Vertragsbeziehungen betrachtet, bei denen beide Vertragspartner außerhalb des Unternehmens stehen. Beim **inneren Preisvergleich** (betriebsinterner Fremdvergleich) erfolgt eine Betrachtung von am Markt entstandenen Preisen, die ein Konzernunternehmen oder eine Betriebsstätte bei Geschäften mit Außenstehenden vereinbart hat. Beim inneren Preisvergleich wird auf Transaktionen abgestellt, bei denen lediglich ein Vertragspartner außerhalb des Unternehmens steht.

Die Preisvergleichsmethode bildet **theoretisch den idealen Ansatz** zur Bestimmung eines angemessenen Verrechnungspreises. Durch die Orientierung am tatsächlichen Marktgeschehen wird der Fremdvergleichsgrundsatz in idealtypischer Form umgesetzt. In der praktischen Anwendung weist die Preisvergleichsmethode aber das Problem auf, dass häufig die notwendigen Informationen nicht vorliegen oder nur mit großem Aufwand gewonnen werden können. Konsequenz ist, dass die Verwendung der Preisvergleichsmethode zwar wünschenswert ist, ihr **Anwendungsbereich** in der Besteuerungspraxis aber **sehr eingeschränkt** ist.

2. Wiederverkaufspreismethode

967 Nach der Wiederverkaufspreismethode (resale price method, RPM) ist der Verrechnungspreis **retrograd** zu bestimmen. Auszugehen ist von dem Preis, zu dem ein Konzernunternehmen oder eine Betriebsstätte seine Lieferungen oder Leistungen gegenüber Außenstehenden erbringt. Vom Wiederverkaufspreis ist auf den Verrechnungspreis für die Vertragsbeziehungen innerhalb eines internationalen Konzerns oder eines Einheitsunternehmens zurückzurechnen, indem der Wiederverkaufspreis um

44 Vgl BMF-Schreiben vom 23.2.1983 (Verwaltungsgrundsätze), BStBl. 1983 I, S. 218, Tz. 2.2.2; OECD, Verrechnungspreisleitlinien für multinationale Unternehmen und Steuerverwaltungen, Paris 2017, Nr 2.14–2.26 sowie Vögele/Borstell/Engler, Verrechnungspreise, 4. Aufl., München 2015, Kapitel D, Rn. 50–138; Wassermeyer/Baumhoff, Verrechnungspreise international verbundener Unternehmen, Köln 2014, Rz. 5.5–5.14.

die Handelsspanne (Rohgewinnmarge) vermindert wird, die unabhängige Unternehmen unter vergleichbaren Bedingungen aus vergleichbaren Geschäften erzielen:[45]

	Wiederverkaufspreis des leistungsempfangenden Unternehmensteils (Wiederverkäufer)
–	Handelsspanne (Rohgewinnmarge) des Wiederverkäufers
=	Verrechnungspreis

Bei der Wiederverkaufspreismethode **setzt** die Prüfung des Verrechnungspreises **auf Ebene des leistungsempfangenden Unternehmensteils** an. Die Grundsätze des Fremdvergleichs werden insoweit berücksichtigt, als zur Bestimmung des Verrechnungspreises von Marktdaten ausgegangen wird. Das größte Problem der Wiederverkaufspreismethode liegt in der Bestimmung der branchenüblichen Handelsspanne. Zur Prüfung, ob die Handelsspanne (Rohgewinnmarge) dem dealing-at-arm's-length-principle entspricht, müssen Unternehmen gesucht werden, die mit Außenstehenden mit ähnlichen Produkten handeln, die vergleichbare Funktionen ausüben und ähnliche Risiken tragen und bei denen vergleichbare Geschäftsbedingungen gelten.

Die Wiederverkaufspreismethode ist in erster Linie anwendbar, wenn die ausländische Tochterkapitalgesellschaft bzw Betriebsstätte lediglich die Vertriebsfunktion übernimmt.[46] Der Wiederverkaufspreismethode sind jedoch in den Fällen konzeptionsbedingt Grenzen gesetzt, in denen der empfangende Unternehmensteil an dem gelieferten Produkt noch erhebliche Veränderungen vornimmt und auf diese Weise in starkem Umfang am Wertschöpfungsprozess beteiligt ist.

3. Kostenaufschlagsmethode

Bei der Kostenaufschlagsmethode (cost plus method, CPLM) kehrt sich im Vergleich zur Wiederverkaufspreismethode die Vorgehensweise um. Der Verrechnungspreis ist **progressiv** zu ermitteln. Ausgangspunkt bilden die Selbstkosten des leistungserbringenden Unternehmensteils. Die Selbstkosten sind um einen Gewinnaufschlag zu erhöhen. Die Selbstkosten werden nach den Kalkulationsmethoden bestimmt, die das leistende Unternehmen bei seiner Preispolitik gegenüber Fremden zugrunde legt. Sofern vergleichbare Marktdaten fehlen, sind andere den betriebswirtschaftlichen Grundsätzen entsprechende Kalkulationsverfahren heranzuziehen. Der Rohgewinnaufschlag ist aus dem Gewinn abzuleiten, den ein unabhängiges Unternehmen bei vergleichbaren Geschäften erzielt:[47] 968

45 Vgl BMF-Schreiben vom 23.2.1983 (Verwaltungsgrundsätze), BStBl. 1983 I, S. 218, Tz. 2.2.3; OECD, Verrechnungspreisleitlinien für multinationale Unternehmen und Steuerverwaltungen, Paris 2017, Nr 2.27–2.44 sowie Vögele/Borstell/Engler, Verrechnungspreise, 4. Aufl., München 2015, Kapitel D, Rn. 150–217; Wassermeyer/Baumhoff, Verrechnungspreise international verbundener Unternehmen, Köln 2014, Rz. 5.15–5.38.

46 Vgl BFH vom 17.10.2001, BStBl. 2004 II, S. 171.

47 Vgl BMF-Schreiben vom 23.2.1983 (Verwaltungsgrundsätze), BStBl. 1983 I, S. 218, Tz. 2.2.4; OECD, Verrechnungspreisleitlinien für multinationale Unternehmen und Steuerverwaltungen, Paris 2017, Nr 2.45–2.61. Siehe hierzu auch Scherrer, Zur Problematik der Kostenzuschlagsmethode für die Ermittlung angemessener Verrechnungspreise, in: Fischer (Hrsg.), Unternehmung und Steuer, Wiesbaden 1983, S. 345–362; Vögele/Borstell/Engler, Verrechnungspreise, 4. Aufl., München 2015, Kapitel D, Rn. 250–337.

	Selbstkosten des leistungserbringenden Unternehmensteils
+	Rohgewinnaufschlag des Herstellers oder Leistenden
=	Verrechnungspreis

Bei der **Bewertung der** einzubeziehenden **Kostenkomponenten** sind drei Aspekte zu konkretisieren:[48] (1) Der Preisbildungsprozess auf dem Markt wird am besten simuliert, wenn Plankosten oder zumindest Normalkosten (der Durchschnitt der in der Vergangenheit entstandenen Istkosten) herangezogen werden. (2) Bei der Ermittlung der Selbstkosten sind sowohl die variablen als auch die fixen Kostenbestandteile einzubeziehen (Vollkostenrechnung). (3) Die betriebswirtschaftlichen Grundsätze der Preiskalkulation erfordern grundsätzlich eine Bewertung mit den am Umsatztag geltenden Wiederbeschaffungskosten.

Die **Höhe des Rohgewinnaufschlags** orientiert sich wie bei den beiden anderen Standardmethoden an der zwischen den Vertragspartnern vorgenommenen Funktions- und Risikoverteilung. Der Gewinnaufschlag muss dem Rohgewinnaufschlag entsprechen, der bei vergleichbaren Geschäften mit Außenstehenden üblich ist. Bei der Ermittlung des Rohgewinnaufschlags treten die gleichen praktischen Schwierigkeiten auf wie im Zusammenhang mit der Ermittlung der für die Wiederverkaufspreismethode benötigten Handelsspanne.

Die Kostenaufschlagsmethode ist insbesondere dann geeignet, wenn sich auch zwischen fremden Dritten die Preise nach den kalkulierten oder angefallenen Kosten bestimmen. Hierzu gehören die Lieferung von unfertigen Erzeugnissen, subunternehmerähnliche Verhältnisse (wie Lohnfertigung), Wirtschaftsgüter mit einer kleinen Auflage, Sonderanfertigungen (zB im Anlagenbau oder bei Bauprojekten), Auftragsforschung und andere spezielle Dienstleistungen (zB Abrechnung nach Anzahl der Arbeitsstunden).

Der wichtigste Vorteil der Kostenaufschlagsmethode ist, dass auf sie auch dann zurückgegriffen werden kann, wenn mangels Marktdaten die beiden anderen Standardmethoden nicht anwendbar sind. Die Kritik an der Kostenaufschlagsmethode bezieht sich insbesondere auf ihr theoretisches Grundkonzept: Sie geht von den angefallenen Kosten aus und nicht, wie es wünschenswert wäre, von Marktdaten. Die bei der Leistungserbringung entstehenden Kosten sind aber nur ein Indiz für den Wert der abgegebenen Leistung. Diese Kritik verliert bei längerfristigen Vertragsbeziehungen an Gewicht, da sich auch fremde Dritte bei ihrer Preisbildung umso mehr an den mit der Leistungserbringung verbundenen Kosten orientieren, je längerfristiger die Liefer- oder Dienstleistungsbeziehungen sind.

48 Vgl Baumhoff, IStR 1996, S. 53; Wassermeyer/Baumhoff, Verrechnungspreise international verbundener Unternehmen, Köln 2014, Rz. 5.39–5.81.

II. Gewinnorientierte Verrechnungspreise

1. Funktionsorientierte Gewinnzerlegung

Global tätige Unternehmen zeichnen sich häufig dadurch aus, dass der unternehmens- **969**
interne Leistungserstellungsprozess so eng aufeinander abgestimmt ist, dass die verschiedenen Teileinheiten **bei ihrer Leistungserbringung gegenüber Außenstehenden gemeinsam auftreten**. Ziel dieser unternehmensinternen Zusammenarbeit ist es, durch aufeinander abgestimmte Aktivitäten den **Gewinn des Gesamtunternehmens zu erhöhen**. Die Aktivitäten der einzelnen Betriebsteile sind wirtschaftlich so eng miteinander verknüpft, dass sie sich nicht voneinander trennen lassen. Dies bedeutet gleichzeitig, dass sich die Leistungsbeiträge der einzelnen Teileinheiten nicht auf der Grundlage von Marktpreisen abrechnen lassen. Diese Situation gilt nicht nur für den häufig als Beispiel angeführten Anlagenbau, sondern auch für Banken im Bereich des Global Banking und weltweit tätige Versicherungsunternehmen sowie für eine Vielzahl von weiteren Aktivitäten. Durch die weltweite Vernetzung innerhalb eines Unternehmens stößt die Bestimmung von Verrechnungspreisen zur Bewertung des unternehmensinternen Leistungsaustauschs mit Hilfe der Standardmethoden an ihre Grenze.

Bei einer integrierten Leistungserstellung lässt sich bei der zwischenstaatlichen Erfolgszuordnung das Veranlassungsprinzip nur durch die Verwendung von geschäftsfallbezogenen, gewinnorientierten Verrechnungspreismethoden durchführen Diese sind dadurch gekennzeichnet, dass bei ihnen versucht wird, den gemeinsam erwirtschafteten Erfolg nach dem Veranlassungsprinzip entsprechend der Beiträge der einzelnen betrieblichen Faktoren zu diesem Erfolg aufzuteilen. Die wichtigste Methode innerhalb der geschäftsfallbezogenen, gewinnorientierten Verrechnungspreisermittlung stellt die **funktionsorientierte Gewinnzerlegung** (transactional profit split method, TPSM) dar. Die funktionsorientierte Gewinnzerlegung ist in zwei Teilschritten aufgebaut:[49]

- Ermittlung des Gewinns, der aus dem betrachteten Geschäft mit einem Außenstehenden erwirtschaftet wird, und
- Aufteilung dieses Gewinns nach einem Maßstab, der den Außenerfolg mittels betriebswirtschaftlicher Grundsätze verursachungsgerecht den beteiligten Unternehmensteilen zuordnet.

2. Nettomargenmethode

Eine Zwischenstellung zwischen den Standardmethoden und der funktionsorientier- **970**
ten Gewinnzerlegung nimmt die Nettomargenmethode (transactional net margin method, TNMM) ein. Bei der Nettomargenmethode werden produktbezogen die Gewinne, die aus unternehmensinternen Geschäften erzielt werden, mit den Gewinnen

49 Vgl OECD, Verrechnungspreisleitlinien für multinationale Unternehmen und Steuerverwaltungen, Paris 2017, Nr 2.114–2.151 sowie Brähler, Internationales Steuerrecht, 8. Aufl., Wiesbaden 2014, S. 443–444; Vögele/Borstell/Engler, Verrechnungspreise, 4. Aufl., München 2015, Kapitel D, Rn. 450–500; Wassermeyer/Baumhoff, Verrechnungspreise international verbundener Unternehmen, Köln 2014, Rz. 5.123–5.135.

verglichen, die unverbundene Unternehmen unter vergleichbaren Bedingungen aus gleichartigen Geschäften erzielen.[50] Die Nettorendite erhält man dadurch, dass man den aus einer Transaktion erzielten Gewinn auf eine geeignete Bezugsgröße bezieht. Vorgeschlagen werden insbesondere der Umsatz (Umsatzrendite), das eingesetzte Kapital (Kapitalrendite) oder die angefallenen Kosten (Gewinnaufschlag). Die Nettomargenmethode ordnet den Gewinn transaktionsbezogen zu. Sie wird auf das einzelne Geschäft angewendet, nicht auf das Gesamtunternehmen.

Die Nettomargenmethode ist hinsichtlich ihres Aufbaus und ihrer Vorgehensweise **mit** der **Wiederverkaufspreismethode** bzw der **Kostenaufschlagsmethode vergleichbar**. Der Unterschied besteht darin, dass nicht auf Handelsspannen (Rohgewinnmargen) bzw Rohgewinnaufschläge abgestellt wird, sondern auf die entsprechenden Nettogrößen. Die Nettomargenmethode beruht auf der Überlegung, dass bei einer Veränderung der Funktions- und Risikoverteilung die Nettorenditen weniger schwanken als die damit vergleichbaren Bruttoerfolgsgrößen: Mit einer Zunahme oder Minderung der übernommenen Funktionen verändern sich gleichzeitig die damit verbundenen Aufwendungen. Gegenüber dieser Argumentation ist allerdings einzuwenden, dass sich mit einer Veränderung des Anteils an der Wertschöpfungskette auch die Aufteilung des aus der Transaktion mit Außenstehenden erzielten Gewinns verschieben wird. Ein Vorteil der Nettomargenmethode gegenüber der Wiederverkaufspreismethode und der Kostenaufschlagsmethode ist, dass sich hinsichtlich der Nettomargen bzw Nettogewinnaufschläge die erforderlichen Nachweise häufig leichter erbringen lassen als bei den entsprechenden Bruttogrößen.

III. Kostenverteilung (Kostenumlageverträge)

971 Vergleichbare Überlegungen wie für die integrative Leistungserbringung gegenüber einem außenstehenden Vertragspartner gelten für die Situationen, in denen mehrere Unternehmensteile auf die Weise zusammenarbeiten, dass sie eine bestimmte betriebliche Funktion gemeinsam übernehmen, um damit eine Minderung der dabei anfallenden Aufwendungen und der dabei auftretenden Risiken zu erreichen. Bei der gemeinsamen Ausübung von konkreten betrieblichen Funktionen erfolgt die Aufteilung nur hinsichtlich der **Aufwendungen**. Die Erlöse werden weiterhin nach dem Veranlassungsprinzip jeweils dem Unternehmensteil zugeordnet, der die betreffende Vertragsbeziehung mit Außenstehenden eingeht. Die zur Aufteilung der angefallenen Aufwendungen auf die beteiligten Unternehmensteile getroffenen **Kostenverteilungsvereinbarungen** werden unter dem Begriff **„Kostenumlageverträge“** zusammengefasst.[51]

50 Vgl OECD, Verrechnungspreisleitlinien für multinationale Unternehmen und Steuerverwaltungen, Paris 2017, Nr 2.64–2.113 sowie Kroppen/Rasch, Handbuch Internationale Verrechnungspreise, Kapitel OECD-Kap. III, Anm 105–184; Vögele/Borstell/Engler, Verrechnungspreise, 4. Aufl., München 2015, Kapitel D, Rn. 350–370; Wassermeyer/Baumhoff, Verrechnungspreise international verbundener Unternehmen, Köln 2014, Rz. 5.92–5.122.

51 Siehe hierzu BMF-Schreiben vom 5.7.2018, BStBl. 2018 I, S. 743 mit Verweis auf OECD, Verrechnungspreisleitlinien für multinationale Unternehmen und Steuerverwaltungen, Paris 2017, Kapitel VIII (Nr 8.1–8.53). Siehe auch Baumhoff, IStR 2000, S. 693, S. 731; Fischer/Kleineidam/Warneke, Internationale betriebswirtschaftliche Steuerlehre, 5. Aufl., Berlin 2005, S. 699–714; Frotscher,

Bei Kostenumlageverträgen werden **zwei Grundformen** unterschieden. Die Zusammenarbeit von mehreren Unternehmenseinheiten im gemeinsamen Interesse kann dazu dienen, (1) um Vermögenswerte gemeinsam zu entwickeln (Entwicklungskostenumlage), oder (2) um Dienstleistungen in Anspruch zu nehmen (Dienstleistungskostenumlage). Die Differenzierung zwischen diesen beiden Formen ergibt sich daraus, dass bei **Entwicklungskostenumlagen** regelmäßig dauerhafte, künftige Vorteile geschaffen werden, während es sich bei **Dienstleistungskostenumlagen** um laufende, sofort verbrauchende Vorteile handelt. Dienstleistungskostenumlagen betreffen häufig verwaltungsbezogene Dienstleistungen, wie Buchhaltungsarbeiten und andere kaufmännische Dienstleistungen oder Dienstleistungen auf dem Gebiet der Informationstechnologie.

Die über einen Kostenumlagevertrag verbundenen Unternehmen sind im gemeinsamen Interesse tätig. Zwischen den Poolmitgliedern bzw dem Pool und seinen Mitgliedern findet kein schuldrechtlicher Leistungsaustausch statt. Vielmehr bilden die Poolmitglieder eine Innengesellschaft, ohne eine Personengesellschaft oder Betriebsstätte zu begründen. Kostenumlageverträge beruhen auf dem **Gedanken eines Aufwandspools**. Aufgrund der Poolfunktion darf **kein Gewinnaufschlag** verrechnet werden. Die zunächst auf Ebene des Pools anfallenden Aufwendungen und anschließend auf die Poolmitglieder **verteilten Aufwendungen gelten** bei den Poolmitgliedern **als eigene** (originäre) **Aufwendungen**. Damit gelten die im Rahmen des Pools geschaffenen immateriellen Wirtschaftsgüter für die Poolmitglieder als unentgeltlich erworben. Sie dürfen deshalb nicht aktiviert werden (§ 5 Abs. 2 EStG). 972

Der **umlagefähige Betrag** setzt sich aus den direkten und indirekten Aufwendungen zusammen, die im wirtschaftlichen Zusammenhang mit der Tätigkeit des Pools stehen. Die Leistungsbeziehungen des Pools gegenüber Außenstehenden sind nach den allgemeinen steuerrechtlichen Kriterien zu behandeln. Leistungen von Nichtmitgliedern an den Pool sind nach dem Grundsatz des Fremdvergleichs (dh mit Gewinnaufschlag) abzurechnen. 973

Der umlagefähige Betrag wird entsprechend dem Fremdvergleichsgrundsatz nach dem Verhältnis **auf die Poolmitglieder verteilt**, in dem sie voraussichtlich an den Leistungen des Pools partizipieren. Der zu erwartende Nutzen ist anhand von betriebswirtschaftlichen Grundsätzen und unter Berücksichtigung der Umstände und Entwicklungen, die vernünftigerweise im Zeitpunkt des Vertragsabschlusses vorhersehbar sind (Planrechnungen), zu ermitteln. Der Nutzen kann entweder in ersparten Aufwendungen oder in späteren Jahren zu erwartenden Erträgen bestehen. Es ist der Schlüssel zu wählen, der im Einzelfall am plausibelsten begründet werden kann. Denkbar sind beispielsweise Materialaufwand, Maschinenstunden, Anzahl der Arbeitnehmer, Lohnsumme, Wertschöpfung, investiertes Kapital, Betriebsgewinn oder Umsatz. Der gewählte Schlüssel ist in regelmäßigen Abständen auf seine Angemessenheit zu überprüfen und gegebenenfalls an die geänderten wirtschaftlichen Verhältnisse anzupassen.

Internationales Steuerrecht, 4. Aufl., München 2015, S. 378–386; Jacobs, Internationale Unternehmensbesteuerung, 8. Aufl., München 2016, S. 597–609; Kuckhoff/Schreiber, IStR 2000, S. 346, S. 373; Wassermeyer/Baumhoff, Verrechnungspreise international verbundener Unternehmen, Köln 2014, Rz. 6.329.

Sachverzeichnis

Die Angaben beziehen sich auf die Randnummern.

Abfärbetheorie 94
Abflussprinzip 82, 178
Abgeltungsteuer 50, 80, 130, 215, 239, 316, 344, 378, 415, 419, 425, 431, 445, 537
Abgeordnetenbezüge 154
Abschmelzmodell 591
Abschnittsprinzip 167, 289, 311, 376
Abschreibung 179, 222, 575
abziehbare Belastungen 580
Abzugsbetrag 294, 586
Abzugsverfahren 50, 118, 439, 445, 832
Additionsverbot 843
Alleinerziehende
– Entlastungsbetrag für 58, 374
Allphasen-Netto/-Bruttoumsatzsteuer 689, 798
Alterseinkünfte 116, 149, 243, 356
Altersentlastungsbetrag 58, 149
Altersvorsorge
– -vertrag 155, 254, 365
– betriebliche 111, 155, 359, 365
Altersvorsorgeaufwendungen 243, 365
Altersvorsorgebeiträge 242
Altersvorsorgezulage 58, 254, 333
Angemessenheitsprüfung 448
Anlagegold 827
Anrechnung
– -shöchstbetrag 903, 906
– -smethode 903
– -süberhang 903, 905
– -sverfahren 381, 436
Ansässigkeitsprinzip 896
Äquivalenzprinzip 8, 472, 633
Arbeitnehmer
– -Pauschbetrag 115
– -Sparzulage 120
Arbeitsgemeinschaften 484
Arbeitslohn 110, 113
Arbeitsortprinzip
– eingeschränktes 931
arm's-length-principle 953, 961
Aufsichtsratsvergütungen 395, 399
Ausbildungsfreibetrag 270, 374
Ausbildungskosten 252
Ausfuhrlieferung 768, 775
Ausgleichszahlung 862
außerbilanzielle Korrekturen 174, 451
außergewöhnliche Belastungen 265, 294
außerordentliche Einkünfte 317

Back-to-Back-Finanzierungen 131
Basissicherung 245
Bauleistungen
– Steuerabzug bei 50, 58, 343, 345
Bebaute Grundstücke 569, 593, 640, 680
Bedarfsbewertung 670
Behaltensfrist 567, 587
Behinderte
– Pauschbetrag 270
Beiträge 7
Belegenheitsprinzip 929
Bemessungsgrundlage 22, 59, 223, 388, 486, 535, 561, 647, 678
– -neffekt 286, 297, 407, 864
– Mindest- 795
Bestandsidentität 576
Besteuerung
– nachgelagerte 116, 149, 244, 260, 359, 361
– vorgelagerte 244, 359, 361
Bestimmungslandprinzip 698, 741, 767
Betreuungsfreibetrag 368
Betriebsausgaben 60, 178, 191, 196, 659

– nichtabziehbare 60, 178, 201, 400, 419
Betriebseinnahmen 60, 178, 191 ff
– steuerfreie 60, 173, 194
Betriebsgrundstück 641
Betriebsstätte 474, 480, 517, 850, 930, 941, 948
Betriebsstättenfiktion 850, 880
Betriebsstättenprinzip 930
Betriebsvermögen 576
Betriebsvermögensvergleich 172, 391, 829
Betriebsvorrichtung 569, 640
Betriebswohnungen 565
Beurteilungsabhängigkeit 35
bewegte Lieferung 732
Bewertungsgrundsätze 563
– Anteile an Kapitalgesellschaften 573
– Betriebsvermögen 576
– Grundvermögen 569
– land- und forstwirtschaftliches Vermögen 565
– übrige Vermögenswerte 578
Bewertungsstichtag 562
Bewertungsverfahren (Erbschaft- und Schenkungsteuer) 563
– Discounted Cashflow-Verfahren 574
– Ertragswertverfahren 571
– Multiplikatormethode 574
– Sachwertverfahren 572
– vereinfachtes Ertragswertverfahren 574
– Vergleichswertverfahren 570
Bewertungsverfahren (Grunderwerbsteuer)
– Bodenrichtwert 680
– Ertragswertverfahren 680
Binnenmarktgedanke 701
Bodenrichtwert 649
Bodenwert 571
Bruttobardividende 415, 417
Bruttomethode 874
Bruttoumsatzsteuer 689, 696
Bruttowert 567, 661
Buchführungspflicht 186

Carried Interest 105
Cash-Flow-Besteuerung 68
Clearing-Verfahren 701

dealing-at-arm's-length-principle 953, 961
Definitivbelastung 425
Definitivcharakter 415, 425, 430
Dependenzen 31
Dienstverhältnis 110, 148, 711, 753
Differenzbesteuerung 826
Differenzsteuersatz 26, 371
Direktgeschäft 939, 948
Direktinvestition 939
Direktzusage 111, 116, 359
Discounted-Cashflow-Verfahren 574
disponibles Einkommen 227
Dividendenabzugsverfahren 439, 445
Dividendenfreistellung 378, 400, 417, 422, 427, 442, 445
Dividendenfreistellungsverfahren 442, 445
Doppelbelastung 377, 400, 423, 894
– erbschaft- und ertragsteuerliche 617
– ertragsteuerliche 52
– verkehrsteuerliche 664
Doppelbesteuerung 377, 381, 400, 415, 698, 891
– intertemporale 894
– rechtliche 892
– wirtschaftliche 893
Doppelbesteuerungsabkommen 40, 194, 400, 922
Drei-Objekt-Grenze 143
Dreiecksgeschäft 765
Drittlandsgebiet 707, 722, 734, 758
Drittstaatseinkünfte 898
Drittvergleich 390, 448, 450, 876, 953, 961
Durchführungsverordnung 46
Durchschnittsertrag 574
Durchschnittssteuersatz 26, 303, 306

EBITDA 208, 459, 872
effektive Gewerbesteuerbelastung 334, 337, 492

ehrenamtliche Tätigkeit 117
Eigenfinanzierung 431, 939, 942, 948
Eigenkapitalvergleich 460
Einfuhr 700, 706, 723, 734, 758, 762, 794
Eingliederung
– finanzielle 843, 885
– organisatorische 885
– wirtschaftliche 885
Einheitsprinzip 97, 327
Einheitstheorie 845, 850
– modifizierte 850
Einkommensverwendung 54, 72, 164, 223, 266, 396, 448, 804
Einkunftsarten 60, 76
Einkunftsermittlungsmethoden 164
Einkunftserzielungsabsicht 54, 72, 79, 144, 158
Einlagen 173, 193
Einnahmen 60
– steuerfreie 400
Einzelhandelsteuer 697
Einzelvermögensvergleich 69
Endstufenbefreiung 779
Entfernungspauschale 217
Entgelt 788
Entnahmen 173, 197
Entscheidungsneutralität 33
Entstrickung 959
Erbanfallsteuer 542
Erbersatzsteuer 547, 560, 612
Erbschaft- und Schenkungsteuer 547
Ergebnisübernahmevertrag 844
Ermäßigungshöchstbetrag 338
Ertragswert 648
Ertragswertverfahren 571, 574, 650
Erwerb von Todes wegen 556, 561
Erwerbsschwelle 763
Escapeklausel 208, 460

Familienförderung 354, 374
Familienheim 594, 598
Familienleistungsausgleich 367
Familienstiftungen und -vereine 560, 602, 611
Feuerschutzsteuer 660
Finanzierungsart 492
Finanzierungsneutralität 467, 492
Finanzverfassung 39
Fiskalzweck 2, 54
Förderbetrag zur betrieblichen Altersvorsorge 123
Förderungs- und Lenkungsziele 545
fortführungsgebundener Verlustvortrag 411
Freiberufler 105, 471
Freibetrag (allgemein) 27
Freibetrag (Erbschaftsteuer)
– persönlicher Freibetrag 603
– Versorgungsfreibetrag 604
Freigrenze (allgemein) 28
– Zinsschranke 208, 459, 872
Freistellungsmethode 904
– mit Progressionsvorbehalt 904, 941
– uneingeschränkte 904
Fremdfinanzierung 431
Fremdvergleich 390, 450, 953, 961
– betriebsexterner 966
– betriebsinterner 966
– hypothetischer 962
– tatsächlicher 962
Functionally Separate Entity Approach 953

Garantiedividende 862
Gebäude 141, 276, 565, 569, 638, 671
Gebäudeertragswert 571
Gebäudesachwert 572
Gebietsbegriffe 722
Gebühren 3
Geldstrafen 3, 197, 223, 395, 398
geldwerter Vorteil 113
Gemeindesteuer 469, 631
gemeiner Wert 544, 680, 959
Gemeinschaftsgebiet 705, 722, 769, 826
Gemeinschaftsteuer 13, 380, 704
geringwertige Wirtschaftsgüter 833
Gesamtvermögensvergleich 69
Gesellschaft-Gesellschafter-Verträge 98, 390, 448 f, 456, 471, 490
Gesellschafterdarlehen 131, 431, 460, 491, 939, 946, 948

Gewerbebetrieb 90, 92, 106, 114, 128, 143, 334, 478
Gewerbeertrag 469, 476, 486
Gewerbekapital 469
Gewerbesteuer 467
- Anrechnung bei der Einkommensteuer 334, 531
- Freibetrag 525
- Reformüberlegungen 471
Gewerbesteuerbescheid 530
gewerbesteuerliche Modifikationen 490
- Funktionen 493 f
Gewerbesteuermessbescheid 530
Gewerbesteuerumlage 474
gewerbliche oder berufliche Tätigkeit 708, 715, 884
Gewinnabführungsvertrag 844, 866, 884
Gewinneinkünfte 163, 168
Gewinnermittlungsmethoden 172, 186
Gewinnermittlungszeitraum 189
Gewinnerzielungsabsicht 93, 157, 479, 710
Gewinnverwendungsneutralität 439, 467, 490
Gewinnzerlegung 969
gewöhnlicher Aufenthalt 64
Grenzsteuersatz 26
Grund und Boden 142, 565, 569, 638, 671
Grund- und Hilfsgeschäfte 720
Grundbesitz 506, 595, 631, 638, 647
Grunderwerbsteuer 660
- Ersatztatbestände 675
- Erwerbsvorgänge 672
- Haupttatbestand 672 f
- Nebentatbestände 674
- share deal 675
Grundfreibetrag 54, 301, 350
Grundsteuer 627, 631
- Erlass 644
- Öffnungsklausel 12
- Reform 630
- Umlage 634
Grundsteuerwert 506, 630, 637
Grundstück 638, 671
- -serträge 477, 506, 879
- -shandel 143
Grundstücke
- bebaut 650 f
- unbebaut 649
Grundvermögen 569

Halbunternehmer 702, 713, 736, 763
Haltefrist 71, 152
Haupteinkunftsart 128, 160
Hauptfeststellungszeitpunkt 658
haushaltsnahe Beschäftigungsverhältnisse 58, 61, 333
haushaltsnahe Dienstleistungen 58, 374
Hebesatz 104, 335, 471, 474, 528, 631, 655
Hinzurechnungen 477, 486, 490
Holdinggesellschaften 872

Imparitätsprinzip 175, 191
Individualprinzip 55, 349
Infektionstheorie 94, 479
Inlandscharakter 469, 476, 493, 507, 509, 517
Innenumsätze 719, 748, 887
innergemeinschaftliche Lieferung 768 f, 775
innergemeinschaftlicher Erwerb 706, 735, 761
innergemeinschaftliches Verbringen 719, 738, 764, 791
Interdependenzen 31
Interimscharakter 436
Investmentsteuergesetz 45, 139, 384
Istbesteuerung 107, 788, 808

Kapitalerhöhung 391, 452, 939, 942, 948
Kapitalertragsteuer 18, 50, 130, 137, 316, 343, 863, 928
Kapitalexportneutralität 912
Kapitalimportneutralität 913
Kapitalisierungsfaktor 567, 574
Kassenvermögensvergleich 69
Katalogberuf 105, 108

Katalogwerbungskosten 216
Kinderfreibetrag 370, 535
Kindergeld 369
Kinderzulage 257, 374
Kirchensteuer 534
Kleinunternehmer 713, 822
konsumorientierte Besteuerung 68
Konzern 836, 939
Konzernklausel 208, 408, 460
Körperschaftsteuer 375
– -anrechnungsanspruch 436
– Anrechnungsverfahren 436, 445
– definitive 432, 862
– Halbeinkünfteverfahren 381
– Interimscharakter der 436
– Klassisches -system 435, 445
Kosten der Lebensführung 60, 164, 197, 203, 219, 223
Kostenaufschlagsmethode 968
Kostenumlageverträge 971
Kraftfahrzeugsteuer 660, 666
Krankenversicherung 245
Kumulationseffekt 690, 798
Kürzungen 477, 486, 490

Land- und Forstwirtschaft 648
Leistungsbegriff 688, 725
Leistungsfähigkeitsprinzip 8, 54, 223, 632
Lenkungszweck 2, 54, 545
Liebhaberei 73, 143
Lieferschwelle 702
Lieferung 728
Lizenzschranke 465
Lohnsteuer 118, 343
– -abzug 118
– pauschale 119
Lohnsumme 469, 587

Maßgeblichkeitsprinzip 175, 389
Mehrabführung 848
Mehrwertsteuer 689
Minderabführung 848
Mindestbesitzzeit 400, 417
Mindestbesteuerung 291, 403, 522
Mindestbeteiligungsquote 102, 400, 418, 508, 853, 932
Mindestlohnsumme 588
Mindestwert 567
Mittelstandsbauch 308
Mitternachtsregelung 843
Mitunternehmer 98, 485, 488
Multiplikator-Mischtarif 101, 159, 317 f, 320
Multiplikatormethode 574

Nachbewertungsvorbehalt 567
nachgelagerte Besteuerung 116, 149, 359
Nachhaltigkeit 93, 157, 484, 710
Nachlasssteuer 542
Nachlassverbindlichkeit 580
Nachversteuerung 91, 103, 327, 332, 589
Nachversteuerungskonto 332
nahestehende Person 450
Nationalitätsprinzip 896
Nebeneinkunftsart 160
Nettobardividende 415
Nettomargenmethode 970
Nettoprinzip 133, 164, 202, 215, 226, 279, 288, 376, 401, 421, 471, 580
Normaltarif 301
Nullzone 301
Nutzungsvergütungen 159, 317, 500

Objektcharakter 51, 471, 476, 490, 507, 515
Objektsteuer 51, 467, 485, 490, 631
OECD-Musterabkommen 924, 926
Öffnungsklausel 568, 572
Optionsabhängigkeit 36
Optionsrecht 416, 774, 777, 783
Organgesellschaft 838, 840, 846, 850, 884
Organkreis 838
Organschaft
– gewerbesteuerliche 839
– körperschaftsteuerliche 839
– umsatzsteuerliche 884
Organträger 838, 842, 884
Ort der Geschäftsleitung 384, 553, 841, 896
Ort der Lieferung 731

Ort der sonstigen Leistung 741

Personensteuern 10, 51, 62, 375, 538, 547
Pflegeversicherung 245
Preisvergleichsmethode 966
private Kinderbetreuungskosten 251
private Lebensführung 60, 164, 197, 203, 219, 223
private Zusatzvorsorge 254
privates Veräußerungsgeschäft 71, 152 f, 162, 171
Pro-rata-temporis-Abzug 689
Progressionsvorbehalt 61, 314, 904, 908
Progressionszone 303
Proportionalzone 304

Qualifikationskonflikte 899
Quellenstaat 902
Quellensteuer 18, 50, 343, 928
Quellentheorie 69, 170, 209

Realisationsprinzip 82, 175, 877, 958
Realsplitting 151, 158, 241
Realverkehrsteuer 661
Rechtsformneutralität 445, 467, 491
Rechtsverkehrsteuer 661
Regelbesteuerung 332, 826
Regelverschonung 585
Reichensteuer 51, 304
Reihengeschäft 739, 765
Reingewinnsätze 567
Reinvermögensänderungstheorie 69, 78, 127, 169, 191
Reinvestitionsklausel 567, 589
Reisegewerbebetrieb 478
Reiseleistungen 740, 825
Rennwett- und Lotteriesteuer 660
Renten und dauernde Lasten 217, 495
Rentenbezugsmitteilung 149
Rentenversicherung 148, 242, 359
Restaurationsleistungen 736, 767
Richtlinien 43, 47
Riester-Rente 155, 254, 359, 365
Rürup-Versicherung 149, 242, 359, 365

Sachinbegriff 141
Sachwertverfahren 570, 651
Sachzuwendungen 119, 749, 791
sales tax 697
Sanierungsklausel 410
Schachtelprivileg
– DBA 400, 933
– gewerbesteuerliches 508, 853
Schätzung 185
Schedulensteuer 87
Schenkung unter Lebenden 557
Schenkungsteuer 541, 547
schuldrechtliche Leistungsbeziehungen 390, 448, 491
Schütt-aus-hol-zurück-Verfahren 436
Selbständigkeit 93, 481, 711
Shareholder-Relief-System 378, 428, 433
Sitz 384, 553, 841, 896
Sockelbetrag 291, 403, 522
Solidaritätszuschlag 538
Sollbesteuerung 107, 788, 808
Sonderabgaben 8
Sonderausgaben 226, 231
– -Pauschbetrag 263
– beschränkt abziehbare 240
– unbeschränkt abziehbare 234
Sonderbetriebsvermögen 576
Sondersteuersatz 130, 284, 316, 327
Sondervergütungen 98, 393, 488
sonstige Leistung 153, 740
Souveränitätsprinzip 891
Sparer-Pauschbetrag 132, 283, 425
Spenden 200, 239, 261, 394, 519, 559
Spendenvortrag 261, 394, 519
spezielle Entgeltlichkeit 727
Spielbankabgabe 660, 665
Splitting-Verfahren 350, 353
Stammhaus 851, 939
Stand-alone-Klausel 460
Steuer-auf-die-Steuer-Effekt 690, 781, 798
Steueranmeldung 811
Steuerarten 9
Steueraufkommen 9, 13, 57, 907, 909, 955

Steuerbefreiungen 117, 194, 386, 400, 483, 583, 594, 642, 677, 766
Steuerbilanzgewinn 486
Steuerdestinatär 20, 688
Steuerermäßigung 61, 262, 317, 320, 333, 531, 535, 539, 607, 610, 623, 797, 848, 903
Steuerertragshoheit 13
Steuergesetzgebungshoheit 12
Steuergläubiger 15
Steuerklassen 602
Steuermessbetrag 477, 526, 532, 637, 654, 880
Steuermesszahl 477, 526, 631, 654
Steuern 2
– ausländische 333, 382, 518, 551, 902
– Ertrag- 11, 50
– Objekt- 10, 51
– Personen- 10, 51
– Substanz- 11, 625
– Verbrauch- 10
– Verkehr- 10, 660
Steuerobjekt 22
Steuerpflicht
– beschränkte 64, 385, 554, 895
– persönliche 62, 383, 552
– sachliche 68, 169, 388, 551, 555
– unbeschränkte 63, 384, 553, 895
Steuerpflichtiger 16
steuerpflichtiger Erwerb 561
Steuersatz 24, 300, 412, 525, 605, 653, 681, 796
– -effekt 298, 364, 921, 954
– ermäßigter 101, 317, 320, 796
Steuerschuldner 15, 485, 645, 682, 808, 850
Steuerschuldnerschaft des Leistungsempfängers 809
Steuersubjekt 15
Steuersystem 9
Steuertarif 24, 300, 412, 525, 601, 653, 681, 796
– progressiver 26
– proportionaler 26
Steuerträger 15
Steuerüberhänge 338, 812
Steuerverwaltungshoheit 14
Steuerzahler 15
Stichtagsprinzip 541, 620
Stille-Reserve-Klausel 409
Stundung 592, 614, 959
Subsidiarität der Nebeneinkunftsarten 160, 162
synthetische Einkommensteuer 87

Tarifbegrenzung 607
Tarifbesonderheiten 300, 607
Tarifglättung 61, 91, 312
Tatbestandsbestimmtheit 2
Tatbestandsmäßigkeit 2
Tausch 747, 789
Teileinkünfteverfahren 416, 419, 421, 426, 535, 539, 944
Teilwertabschreibung 515
Territorialprinzip 64, 385, 896
Thesaurierungsbegünstigung 61, 91, 103, 107, 109, 284, 327, 859
Tonnagebesteuerung 183
Totalitätsprinzip 896
Transparenzprinzip 32, 62, 98, 126, 139, 327, 384, 507
Trennungsprinzip 139, 377, 390, 401, 407, 414, 481, 836

Überschuss der Betriebseinnahmen über die Betriebsausgaben 107, 178, 832
Überschuss der Einnahmen über die Werbungskosten 209, 834
Überschusseinkünfte 71, 78, 168, 209, 834
Überwälzung 688
Umsatz mit Optionsrecht 783
Umsatz mit Vorsteuerabzug 775, 798
Umsatz ohne Optionsrecht 777
Umsatzsteuer 688
– -Identifikationsnummer 800, 814
– -Mindestbemessungsgrundlage 795
– -Nachschau 820
– -Voranmeldung 812
– Brutto 690
– Netto 689
Umsatzsteuer-Binnenmarktgesetz 701

Umsatzsteuersysteme 689
Umverteilungszweck 2, 54
unbebaute Grundstücke 569, 640, 671
unbestimmter Rechtsbegriff 35, 961
unbewegte Lieferung 733
unentgeltliche Abgabe von Dienstleistungen 755, 792 f
unentgeltliche Wertabgaben 749, 791, 829
Universalitätsprinzip 63, 384, 896
Unternehmensbegriff 714
Unternehmensbesteuerung 30
Unternehmensidentität 523
Unternehmerbegriff 708
Unternehmerfähigkeit 709
Unternehmeridentität 523
Unternehmerinitiative 93, 98
Unternehmerrisiko 93, 98
Ursprungslandprinzip 700, 742

Veranlagung
– -sverfahren 50, 348
– -szeitraum 166, 190, 230, 287, 348, 412
– getrennte 351
– Haupt- 658
– Nach- 658
– Neu- 658
– Zusammen- 350
Veranlassungsprinzip 214, 952
verdeckte Einlage 452
verdeckte Gewinnausschüttung 446
vereinfachtes Ertragswertverfahren 574
Vergleichswertverfahren 570
Verlust
– -abzug 166, 230, 287, 401, 520, 864, 914
– -ausgleich 134, 166, 230, 279, 401, 520, 864, 914
– -rücktrag 290, 403, 520, 919
– -verrechnung 230, 280, 287, 867, 914, 918
– -vortrag 291, 403, 522, 920
– vororganschaftlicher 866
Vermögensteuer 628 f, 652
Vermögenstransfer, -übertragung 541
Vermögensverwaltung 93, 129, 143
Verordnung 43
Verprobung 185
Verrechnungspreise 954, 964
Verrentung 615
Verschonungsbedarfsprüfung 592
Verschonungsregelungen (Erbschaftsteuer)
– Abzugsbetrag 586
– Familienheim 594
– Regelverschonung 586
– vermietete Grundstücke 593
– Verschonungsabschlag 586
Versicherungsteuer 660
Versorgungsbezüge 116, 154, 361
Versorgungsfreibetrag 116, 365, 604
Verwaltungsvermögen 584
Verwaltungsvorschriften 47
Vollverschonung 586
Vorab-Bewertungsabschlag 575, 584
Vorbilanz 847
vorgelagerte Besteuerung 359
Vorgesellschaft 387
Vorgründungsgesellschaft 387
Vorsorgeaufwendungen 242, 247 f
Vorsorgepauschale 264
Vorsteuerabzug 798
Vorsteuerberichtigung 807, 830
Vorumsatzverfahren 689
vorweggenommene Erbfolge 584

Welteinkommen 63, 384
Weltvermögen 553
Werbungskosten 214, 659, 834
Wertungsabhängigkeit 34
Wettbewerbsverzerrungen 471, 701
wiederkehrende Bezüge 148
Wiederverkäufer 826
Wiederverkaufspreismethode 967
wirtschaftliche Einheit 481, 836
wirtschaftlicher Geschäftsbetrieb 479
Wirtschaftsteil 565
Wohnsitz 63
Wohnsitzstaatsprinzip 896
Wohnteil 565
Wohnungsbauprämie 120
Wohnungseigentum 570, 640

Zeiteffekt 286, 359, 461
Zerlegung (gewerbesteuerliche) 474, 532
Zinsschranke 208, 459, 466, 497, 872
Zölle 3
Zollwert 706, 794
Zuflussprinzip 212
Zugewinnausgleich 583
Zurechnungstheorie 845 f
Zusammenveranlagung 55, 350
Zuschlagsteuern 138, 533
Zuwendungen 117, 158, 261, 394, 519
Zweckzuwendung 559
Zwischenstufenbefreiung 781